张栻与理学

蔡方鹿 主编

人民出版社

目　录

1

前　言

陈　来

由中华朱子研究会、四川师范大学和张浚张栻思想研究会、中国人民大学孔子研究院、香港孔教学院、湖南大学岳麓书院、湖南第一师范学院等单位联合举办的张栻思想与现代社会国际论坛，在张栻诞辰880周年之际，在四川成都召开，我谨代表中华朱子研究会向与会代表们表示热烈的欢迎！对四川师范大学师生承担会议主办所付出的辛劳表示衷心的感谢！

张南轩是朱子学前期形成期的重要创始人之一。他曾从胡宏问学，聪明早慧，在青年时代已在理学上达到了较高的造诣。乾道初年朱子曾数次就理学的中和已发未发问题向张栻请教，以了解湖湘学派在这样问题上的看法和结论。乾道三年朱子到长沙与南轩会面，共论太极中和之义，此后二人成为思想学术交往最深的友人。乾道五年之后，吕祖谦亦参加其中，形成了朱、张、吕为核心的南宋道学的交往网络，而朱、张、吕的思想主张共同形成了乾淳道学的主流。朱、张、吕三人各有思想体系，但相通、相同处是主要的。张、吕二人在淳熙中早亡，朱子独立支撑南宋道学的后续发展，而终于建构、完成了代表乾淳理学的大体系。

这一体系习惯上以"朱子学"的名义为表达，并在后世历史上传承发展，取得了重大的影响。但我们必须看到，朱子学这一体系，在其形成过程中，张南轩是核心的参与者而且作出了重要的贡献。在这个意义上，以一个不太恰当的例子来比拟，正如"毛泽东思想"与"毛泽东的思想"不同，毛泽东思想是包含了刘少奇、周恩来等共同参与的理论与实践，朱子的思想和"朱子学"也可有类似的差别。在这个意义上说，"朱子学"的成立包含了东南三贤的共同参与，"朱子学"的概念可以有丰富的含义，这是我们今天论及张南轩和朱子学时不可不注意的。目前学界多关注把张南轩作为湖湘学派的代表，这是无可非议的。但也要指出，若只把张南轩定位于此，无形之中可能会只突出了张南轩对地域文化的贡献，成为地域文化的代表，而容易掩盖、忽略了他对主流文化——道学的贡献。当然，湖湘学派也可以有两种理解：一种只是作为学术流派的简称；一种则是突出地域文化的特色。我们把张南轩作为朱子学前期创世人之一，把南轩与朱子学联结起来，而不把他限定在湖湘文化，正是为了凸显他对乾淳主流理学的贡献。这就是中华朱子研究会参加主办此次会议的一个重要理由。

本次论坛到会中外学者代表超过一百人，是近年来规模较大的一次学术盛会，我在此祝愿大会圆满成功，祝大会代表身心健康、交流愉快，取得丰硕的学术成果！谢谢！

（作者单位：清华大学国学研究院）

张栻为湖湘学的集成

张立文

胡宏的传人是张栻（1133—1180），他与朱熹、吕祖谦并称"东南三贤"。他系统阐述了湖湘学理论思维，为宋明理学的发展作出了重要贡献。其父张浚是抗金名将，曾任丞相。张栻从小便受"仁义忠孝之实"的家教，终于成就其学。他之所以成为"东南三贤"，黄宗羲有一说明："南轩之学，得之五峰，论其所造大要，比五峰更纯粹，盖由其见处高，践履又实也。朱子生平相切磋得力者，东莱、象山、南轩数人而已。东莱则言其杂，象山则言其禅，惟于南轩，为所佩服。一则曰敬夫见识卓然不可及，从游之久，反复开益为多；一则曰敬夫学问愈高，所见卓然，议论出人表。近读其语，不觉胸中洒然，诚可叹服。然南轩非与朱子反复辩难，亦焉取斯哉，第南轩早知持养是本，省察所以成其持养，故力省而功倍。朱子缺却平日一段涵养工夫，至晚年而后悟也。"① 一是张栻学说比胡宏纯粹，见高履实，胡宏的湖湘学得张栻而光耀；二是与朱熹频繁切磋学术，为朱熹所佩服，在互相切磋中，亦互相吸收；三是朱熹赞扬张栻见识卓越，受益良多，学问高，议论精。

一、太极之所以生生

如果说胡安国、胡寅将北宋以来心理二分而加以融突和合的萌觉，胡

---

① 《南轩学案》，《宋元学案》卷50，《黄宗羲全集》第4册，浙江古籍出版社1992年版，第981页。

宏又有将道性融突和合的觉解，那么张栻与朱熹、吕祖谦、陆九渊、杨万里等交友论学，书信往返，答问切磋，意深义重。此时朱陆两派，学术观点分歧已显，张栻克继湖湘学的"心与理一""道与性一"的思想路线，企图将周敦颐以来道学各派理论思维核心范畴太极、理、性、心加以融突和合，而开出新内涵、新思维。然而由于其中年谢世，而未能完成其新思维的理论体系建构。他死后，由于内外形势的影响，而呈离析之势。这一方面是朱、陆和浙东永嘉、永康学派理论思维的盛行，使湖湘学派边缘化；另一方面是湖湘学派失去了领军的思想大家，而"无一人得其传"①，后继无大家，是其学术地位日落的主因。

之所以讲张栻未完成其新思维的理论体系的建构，一是未能把道学所论述的太极、理、心、性等范畴融突而和合为一统摄的核心范畴，即构成以某一范畴为核心的逻辑结构；二是未能从逻辑序列上构成核心范畴与诸多范畴的统摄关系；三是未能高屋建瓴地在清理朱、陆、永嘉、永康学派理论思维基础上，彰显湖湘学的理论思维独特性、个体性。统而言之，其吸收道学各派核心范畴的理论成果多，而自己独创性弱，这是其蔽。

张栻尊崇周敦颐的《太极图说》，认为自秦汉以来，言治者溺于五霸功利之说，求道者沦于异端空虚之说，周敦颐在这个情境下，"崛起于千载之后，独得微旨于残编断简之中，推本太极，以及乎阴阳五行之流布，人物之所以生化，于是知人之为至灵，而性之为至善，万理有其宗，万物循其则，举而措之，则可见先生之所以为治者，皆非私知之所出，孔孟之意于以复明"②。以周敦颐为继孔孟之绝学，是使道统复明的人，而与程颐讲程颢为道统复明者并。周敦颐复明道统之功，在于残编断简之中，推本太极，以阴阳动静、五行流布，人物化生。由立无极至立人极，人得无极之真，二五之精，妙合而凝，而最灵，五性感动而善恶分。万物万理便有其宗其则。张栻对太极作了规定：

其一，太极为所以生生者。"太极之说，某欲下语云：《易》也者，生生

① 《南轩学案》，《宋元学案》卷50，《黄宗羲全集》第4册，第982页。
② 《南康军新立濂溪祠记》，《南轩集》卷10，《张栻全集》，长春出版社1999年版，第706页。

之妙也；太极者，所以生生者也。曰《易》有太极，而体用一源可见矣。"① 天地万物生生不息，太极是所以生生的根据，是万物生生的形而上者。作为天地万物所以生生的本根、本体，程、朱等一般将其规定为寂然不动、感而遂通的。张栻依周敦颐《太极图说》的"太极动而生阳""静而生阴"思想，直接赋予太极动的功能，换言之，赋予理动的功能，化解了朱熹人骑马之喻的理、太极所以生生的困境。太极如何生生？"太极动而二气形，二气形而万物化，生人与物俱本乎此者也。"② 太极动，阴阳二气形成；二气形，万物化生，人与物都以太极为本根。"太极混沦，生化之根，阖辟二气，枢纽群动"③。《易》有创生的神妙，太极是生命流动的根源，是开合二气、群动万物的总枢纽。

阴阳二气，即是两仪。"夫自太极既判，两仪肇焉，故阖户之坤所以包括万物而得阴也；辟户之乾所以敷生万物而得阳也。即乾坤之一阖一辟，所以谓之变；即乾坤之往来不穷，所以谓之通。"④ 太极的分判，而生两仪，乾坤的开合，敷生、包括万物而得阴阳；乾坤的开合往来，构成其变通化生流行形态。这构成了

　　开合　乾阳　变

太极——两仪——万物的逻辑结构，回应了太极如何化生万物

　　往来　坤阴　通

以及化生万物的程序话题。

其二，太极为中道。他说："《易》有太极者，函三为一，此中也。如立天之道曰阴与阳，而太极乃阴阳之中者乎！立地之道曰柔与刚，而太极乃刚柔之中者乎！立人之道曰仁与义，而太极乃仁义之中者乎！此太极函三为一，乃皇极之中道也。"⑤ 太极是天、地、人三道的阴阳、柔刚、仁义之中，它统摄天、地、人三道，包含三者为一。换言之。是天、地、人三道的阴阳、刚柔、仁义融突为中而和合为中道。显然，这是对太极是什么、太极

① 《答吴晦叔》，《南轩集》卷19，《张栻全集》，第825页。
② 《存斋记》，《南轩集》卷11，《张栻全集》，第719页。
③ 《存斋记》，《南轩集》卷11，《张栻全集》，第722页。
④ 《系辞上》，《南轩易说》卷1，《张栻全集》，第11页。
⑤ 《系辞上》，《南轩易说》卷1，《张栻全集》，第11—12页。

的本质如何表述的追问。如果与张栻的中和之辨相联系，那么，中和之辨的形而上追寻，就是太极中道，或曰皇极中道。太极之所以为中道："圣人作《易》，所谓六爻者乃三极之道，故三才皆得其中，是乃顺性命之理也。"①《易》每个卦有六爻，六爻象征天、地、人三极之道。穷理尽性而至于命，中是对理、性、命的把握和体贴。

其三，太极为道器、有无相即。彭子寿问"无极而太极"，张栻答："此语只作一句玩味。无极而太极存焉，太极本无极也。若曰自无生有，则是析为二体矣。"②无极与太极不能离析为二体。之所以会产生"自无生有"误解，是由于对周敦颐《太极图说》中"太极本无极也"的诠释。张栻认为，若把无极作为太极的本根讲，就会导致"自无生有"说，这样必然得出无极与太极为二体的结论。无极而太极，是即无极即太极。如果以无极为无，太极为有，或者以无极为道，太极为器，都会导致以无极与太极为二体之蔽。

太极即道即器，即有即无，道器不离，有无相依。张栻说："道不离形，特形而上者也；器异于道，以形而下者也。试以天地论之，阴阳者形而上者也，至于穹窿磅礴者，乃形而下者欤！离形以求道，则失之恍惚，不可为象，此老庄所谓道也，非《易》之所谓道也。《易》之论道器，特以一形上下而言之也。"③《周易·系辞传》说："形乃谓之器"，道不离形，即道不离器。张栻从道不离形出发，批评老庄离形求道，而陷惟恍惟惚，不可察识，与《易》所讲的道不离形异趣。朱熹曾与陆九渊辩论道器的形而上下问题。陆九渊认为，"一阴一阳之谓道"，阴阳即是道，阴阳为形而上者。朱熹则认为"形而上者谓之道，形而下者谓之器"，阴阳为形而下者，而非形而上者，其所以阴阳者，道也。道是阴阳的所以然者。张栻"以一形而上下"，即以道器、形而上下为一，而与朱熹异，亦与陆九渊殊。陆氏以道器形而上下不分，张栻以道器形而上下相即、不离相依。"是故形而上者之道托于器而后行，形而下者之器得其道而无弊"④。道器形而上下只有相依不离，才能举措天下。

---

① 《系辞上》，《南轩易说》卷1，《张栻全集》，第12页。
② 《答彭子寿》，《南轩集》卷31，《张栻全集》，第983页。
③ 《系辞上》，《南轩易传》卷1，《张栻全集》，第16—17页。
④ 《系辞上》，《南轩易传》卷1，《张栻全集》，第17页。

道器相即相依，而推之有无关系。他说："圣人悟《易》于心，觉《易》于性，在道不泥于无，在器不堕于有，微妙并观，有无一致。故化而裁之者明乎道器，穷而能变也；推而行之者察乎道器，变而能通也。"① 圣人对心性体认，是由于对《易》的觉悟，由此而推致道器无有的不泥不堕。道泥于无而不有，器堕于有而无无，这就偏离道器有无相即相依的原则，若以微妙并观的观法，即兼观方法，便可体认道有无的一致性。张栻以化而裁之和推而行之的实践，沟通形而上之道（无）的玄妙性、虚无性、普遍性与形而下之器（有）的具体性、形象性、特殊性，使形而上玄虚的道（无）与形而下日用的器（有）融突而和合，体现了张栻对百姓日用的关切，"乃推其道器举而措之天下，而世之人指之为事业也"②。

其四，太极体用一源。张栻认为，太极"体用一源，显微无间，其太极之蕴欤！所谓'太极天地之性'，语意亦未圆，不若云天地亦形而下者，一本于太极"③。太极有体有用，体用一源，显微无间，形而上天地，亦即形而下者，形而下之天地，一本于太极。"《易》也者，生生之妙也；太极者，所以生生者也。曰《易》有太极，而体用一源可见矣。"④ 由此可见，道器、形而上下、有无都可归约为太极"体用一源"。这种"体用一源"是承认有差分的一源。

太极为所以生生者的天地万物本根；太极为皇极中道最高范畴；太极为道器、有无相即不离，沟通形而上下的融突和合；太极为体用一源。张栻对太极的这种规定，使太极既具有形而上的本根性，天地万物的根据，又具有融合形而下形器的圆融性，构成体用一源的思维结构。

二、理为事物的所以然

张栻体用一源的思维结构，是以太极为核心话题，而推演、圆融理、性、心等范畴，展开其哲学逻辑结构。太极与理的关系。他说："是乃顺性

---

① 《系辞上》，《南轩易传》卷1，《张栻全集》，第17页。
② 《系辞上》，《南轩易传》卷1，《张栻全集》，第17页。
③ 《答吴晦叔》，《南轩集》卷19，《张栻全集》，第822页。
④ 《答吴晦叔又》，《南轩集》卷19，《张栻全集》，第825页。

命之理也。爰自太极既判，乃生两仪者，在天为阴阳，在地为柔刚，在人为仁义。"① 顺性命之理，是指太极既判的天、地、人三极之道的阴阳、刚柔、仁义之理，以太极三极之道的阴阳、柔刚、仁义的原理、道理为指导、为价值标准，来评价、分析事物。"以其穷理之奥，而天下之好恶取舍，从违去就，揆之以理，莫不一以贯之而无所遗也。"② 衡量天下的好恶、取舍事物的违就，都以理为准则，并一以贯之。如果说，太极是天地万物之所以生生的本根，那么，理是太极判别天地万物是非好恶和选择天地万物取舍的准则。基于此，张栻对理做了规定。

其一，理为所以然的天理。张栻说："在天有理，惟顺以循其理，则天必眷顾而不违；在人有心，惟信以结其心，则人必归往而来辅。"③ 事物只有顺从、遵循天理，而不违背，天就会眷顾它。在天有理犹如在人有心，以诚信来聚结人心，则人必来归辅。换言之，理犹如天地事物之心，所以只有遵循理而不可违。这是因为理是事物的所以然者。"事事物物，皆有所以然，其所以然者，天之理也。思其所以然而循天理之所无事，则虽日与事物接，而心体无乎不在也。"④ 所以然者是指事物终极的原因、根源、根据，它是隐藏在事物之内或度越于事物之外的所以然者。"天下之事，莫不有所以然，不知其然而作焉，皆妄而已。圣人之动，无非实理也，其有不知而作者乎？"⑤ 事物之所以作为事物而存在，必然有其所以然存在的理，这所以然实存之理，是事物之所以存在的根据，"本然之理，非人之所得而为也。有是理则有是事，有是物"⑥。有理便有是事是物，理是事物的根源、本体。不知此，便是迷妄。

其二，万理在万物。张栻说："天下之生久矣，纷纭轇轕，曰动曰植。变化万端。而人为天地之心。盖万事具万理，万理在万物，而其妙著于人心。一物不体则一理息，一理息则一事废。"⑦ 天下万事万物纷纭交错，变化万

---

① 《系辞上》，《南轩易说》卷1，《张栻全集》，第12页。
② 《系辞上》，《南轩易说》卷1，《张栻全集》，第7页。
③ 《系辞上》，《南轩易说》卷1，《张栻全集》，第14页。
④ 《告子上》，《孟子说》卷6，《张栻全集》，第442页。
⑤ 《述而篇》，《论语解》卷4，《张栻全集》，第125页。
⑥ 《离娄下》，《孟子说》卷4，《张栻全集》，第384页。
⑦ 《敬斋记》，《南轩集》卷12，《张栻全集》，第724页。

端，然万事万物具有天理，万理是万事万物的生命，是这一事与物的性质的
体现者，是这一物分别于某一物的标志，一理息灭了，这一事就废了；一物
不体现理，理亦息灭了。万理与万事万物相依不离。理在事物，万理在则万
事万物在。这是就理遍在万物的普适性的万殊之理说的，但作为万物万事所
以然之理而言，它是万事万物之所以存在的根据，而具有度越的形而上性，
是一而非万殊。"大本者，理之统体。会而统体，理一而已。散而流行，理
有万殊。若曰大本即此理而存，达道即此理之行，却恐语意近类释氏。万殊
固具于统体之中。"① 这是张栻对学生彭龟年问《中庸》"中也者，天下之大
本也；和也者，天下之达道也"的回答。他认为，所谓大本，就是指理的统
体，会聚统体为理一，这与朱熹解"大本者，天下之理皆由此出"稍异。理
一发散流行而为万殊，万殊又具于理一的统体之中。他指出彭龟年解"大本
者即此理之存，达道者即此理之行"②，其语意近类佛教的说法。大本与达道
的中和，不是理存与理行的关系，而是理一万殊的关系。"其所以万殊者，
固统乎一，而所谓一者，未尝不各完具于万殊之中也。"③ 万殊统摄于一理，
一理又完全具于万殊之中。在这里理一与万殊不是整体与部分、普遍性与特
殊性关系，而是理一完整地具于万殊之中，这样犹如月印万川，江河湖海中
的月亮，不是天上月亮的部分，而是整个地印在万川之中。张栻批评其学生
彭龟年"语意近类释氏"，其自己亦吸收佛教思想，这是理学家的共性。但
张栻与朱熹直接引用佛教"月印万川"之喻不同，而依儒家推己及人及物
的推理的方法展开。"理一而分殊者，圣人之道也。盖究其所本，则固原于
一，而循其所推，则不得不殊"④。他把理一分殊，提升为圣人之道。追究其
所本，原于理一。由理一而推至万殊。譬如君子对于物没有不爱的，爱是普
施的，没有不同。然而物与人有分，人为万物之灵，天地间的至贵者，因此
人与物品性不同。"仁民爱物"，仁有仁爱的意思，人须仁，如老其老，幼其
幼，物则爱。这是天叙天秩使然，不可混乱，"过与不及，皆非天之理矣。

---

① 《答彭子寿》，《南轩集》卷31，《张栻全集》，第981页。
② 《答彭子寿》，《南轩集》卷31，《张栻全集》，第981页。
③ 《尽心上》，《孟子说》卷7，《张栻全集》，第480页。
④ 《尽心上》，《孟子说》卷7，《张栻全集》，第492页。

亲亲而仁民，仁民而爱物，由一本而循其分，惟仁者为能敬而不失也"①。遵循天理，便是无过无不及的中庸，即恰如其分。理一分殊，万理在万物，理既具与万事万物相依不离性，又有度越万事万物，而成万事万物之所本，理一便具有形而上性，它是所以一者。"盖道一而已，其所以一者，天之理也。"② 天理是道的所以一者。

其三，理为化私欲而为天理之理。张栻在理欲观与朱熹等道学家同，认为天理人欲不两立。仁作为"人之所以为人"的基本道德人性，是人必须守住的。他说："仁与不仁，特系乎操舍之间，而天理人欲分焉。天理存则人欲消，固不两立也，故以水胜火喻之。然用力于仁，贵于久而勿舍，若一暴而十寒，倏得而复失，则暂存之天理，岂能胜无穷之人欲哉？……天理寖明，则人欲寖消矣。及其至也，人欲清尽，纯是天理，以水胜火，不其然乎？"③ 坚持不懈地用力于仁的道德修养工夫，否则，就不能胜无穷的人欲。天理人欲，犹如水胜火，人欲消尽，纯是天理。

为什么人会产生人欲？是因为"人有是身，则知其皆在所爱，爱之则知其皆在所养，而无尺寸之肤不及也。然人知有口腹之养而已，而莫知其所受于天盖有所甚重于此者可不知所以养之乎！"④ 人都爱护自己的身体，爱护自己的身体，必须满足身体的生理需要，如人的口腹之养的欲望，人为了满足口腹之欲，而忘了有比人的口腹之欲更重要的天理。"人惟不知天理之存，故憧憧然独以养其口腹为事。自农工商贾之竞乎利，以至于公卿大夫士之竞乎禄仕，是皆然也。良心日丧，人道几乎息，而不自知。"⑤ 不知天理之存，而独只顾口腹之欲，这是人欲产生的缘由。人既有己便有私，私也不是不合理的。"人惟有己则有私，故物我坐隔，而昧夫本然之理。己欲立而立人，己欲达而达人，于己而譬，所以化私欲而存公理也。"⑥ 化解私欲而存公理方法，就在于立己立人、达己达人的为仁之方。

张栻探讨了人欲之所以产生的原因，虽主张消尽人欲，纯是天理，但

① 《尽心上》，《孟子说》卷 7，《张栻全集》，第 493 页。
② 《离娄下》，《孟子说》卷 4，《张栻全集》，第 367 页。
③ 《告子上》，《孟子说》卷 6，《张栻全集》，第 444 页。
④ 《告子上》，《孟子说》卷 6，《张栻全集》，第 441 页。
⑤ 《告子上》，《孟子说》卷 6，《张栻全集》，第 441 页。
⑥ 《雍也篇》，《孟子说》卷 3，《张栻全集》，第 116 页。

他不完全否定人的口腹之欲。若不如此，则人的生命就不能维持，消尽人欲，岂不要人饿死渴死？因而，他认为："人饥渴而饮食，是亦理也，初何罪焉？然饮食之人，人所为贱之者，为其但知有口腹之养，而失其大者耳。如使饮食之人而不失其大者，则口腹岂但为养其尺寸之肤哉！固亦理义之所存也。"① 饥食渴饮，这是天理，而非人欲。如果只知口腹之欲的需要，而丧失其大者的天理，这便陷溺于人欲了。基于此，张栻要人先立乎其大，因为人欲横流，口腹之欲无穷，人就离禽兽不远了。所以人要"天理明，则一饮一食之间，亦莫不有则焉，此人之所以成身而通乎天地者也，然则可谨其源哉！"② 如果"天理不明，而人欲莫之遏矣"③。张栻哲学在天理人欲关系上，其价值评价的基本精神是明天理，遏人欲。"孟子当战国横流之时，发挥天理，遏止人欲，深切著明，拨乱反正之大纲也。"④ 以《孟子》书是在战国人欲横流之时，发挥天理、遏止人欲的拨乱反正的大纲。

　　其四，理为伦理道德的理。四德之道为仁。"所以谓'仁，人心者'。天理之存乎人也。'义，人路也'，天下之所共由也。仁义立而人道备矣……故君子造次克念，战兢自持，'非礼勿视，非礼勿听，非礼勿言，非礼勿动'，所以收其放而存之也。存之久则天理寖明，是心之体将周流而无所蔽矣。"⑤ 放其仁心而不求，舍其义路而不走，人与鸡犬又有什么分别呢！学问之道，以求放心为主。仁心不远于人，君子若能造次克服妄念、欲念，做到非礼勿视、听、言、动，就能求其放心，而天理寖明而无所蔽。孔子讲道洙泗，教人求仁的方法。"盖仁者天地之心，天地之心而存乎人，所谓仁也。人惟蔽于有己，而不能以推，失其所以为人之道，故学必贵于求仁也。"⑥ 孟子认为"仁，人心也"，张栻将其提升扩充为天地之心，仁便成为天地人之心的总和，是天地之心存于人，便是所谓仁。若仁为爱人，则天地与人一样具有仁爱之心，仁就具有博大性、泛爱性、普适性。

　　天理的仁的内涵，便使理由事事物物所以然的形而上本根、本体，转

---

　　① 《告子上》，《孟子说》卷6，《张栻全集》，第441页。
　　② 《告子上》，《孟子说》卷6，《张栻全集》，第441页。
　　③ 《告子上》，《孟子说》卷6，《张栻全集》，第429页。
　　④ 《孟子讲义序》，《南轩集》卷14，《张栻全集》，第754页。
　　⑤ 《告子上》，《孟子说》卷6，《张栻全集》，第439页。
　　⑥ 《洙泗言仁序》，《南轩集》卷14，《张栻全集》，第752页。

换为形而下的社会生活的伦理道德活动，这不是天理的堕落，而是天理的安顿。这种安顿在仪礼典章上，便是以理为礼。他说："所贵乎知者，为其明见理之是非也。僭上失礼之事，而处之不疑，则其昧于理孰大于是。"① 若僭上失礼而泰然处之不疑，就是最大的对理的愚昧。昧于理而失礼，就必须"克尽己私，一由于礼，斯为仁矣。礼者，天则之不可踰者也，本乎笃敬，而发见于三千三百之目者，皆礼也"②。礼是天的规则，必须遵循而不能逾越的。克尽己私而复礼，这就是仁。非礼勿视听言动，是克己复礼的条目。克己复礼的功夫，从始学而至于成德，贯彻于成人成德的整个过程。"夫惟大人者，己私克尽，天理纯全，非礼之礼、非义之义，有所不萌于胸中矣。"③ 胸中无非礼、非义的礼义，就不会作出非礼非义的事。理为礼，礼是讲别，礼的分别是依宗法伦辈、贵贱等级、社会人际差的规则和制度来别，以维护社会秩序，安定社会。

张栻把社会的有序、道德的有范、人心的善良，寄望于主体自觉克己复礼的工夫上。"惟其涵养纯熟，天理昭融，于过之所形，无纤介之滞，其化也如日之销冰，然则奚贰之有？是二者，盖克己复礼，心不违仁者之事也。"④ 主体人要以克己复礼、修身为本。天理昭融，"崇德辩惑，修身切要之务也。以忠信为主，而见义则徙焉，则本立而日新，德之所以崇也。不主忠信，则无徙义之实；不能徙义，则其所主亦有时而失其理，二者盖相须也"⑤。提高人的品德，辨别迷惑，最切要的要以忠诚信实为主，唯义是从，这是崇德之本，本立而日新。不主忠信，不唯义是从，就是失理。张栻在诠释《论语·颜渊》篇"自古皆有死，民无信不立"时认为，诚信比人的生命更重要。"生则有死，人之常理。至于无信，则欺诈倾夺，无复人理，是重于死也。夫食与兵固为急务，然信为之本。"⑥ 人有生必有死，这是自然的道理。若人不讲诚信，就丧失了道德理性。对于人来说，诚信是比死还重要的事。张栻是把道德作为人之所以为人的最基本、最重要的先决条件。

① 《公冶长篇》，《论语解》卷3，《张栻全集》，第103页。
② 《颜渊篇》，《论语解》卷6，《张栻全集》，第165页。
③ 《离娄下》，《孟子说》卷4，《张栻全集》，第371页。
④ 《雍也篇》，《论语解》卷3，《张栻全集》，第108页。
⑤ 《颜渊篇》，《论语解》卷6，《张栻全集》，第168页。
⑥ 《颜渊篇》，《论语解》卷6，《张栻全集》，第167页。

理是事事物物的所以然者，理一万殊，万理在万物，理化私欲为天理，理为伦理道德，理融突天地万物所以然形而上本根之理与社会典章、百姓日用形而下交往活动之理。这个理无论是形而上的，抑还形而下的，其基本倾向是心外之理，而未达到心消融理，或理消融心的程度。但就理的本能来说，是"贯乎古今，通乎万物者也。众人自昧之，而是理也何尝有间断？……盖公天下之理，非有我之得私"①。他批评佛教以为万法皆吾心所造，皆自吾心所生，"是昧夫太极本然之全体，而返为自利自私，天命不流通也，故其所谓心者是亦人心而已，而非识道心者心"②。佛教既不能识太极本然之全体，又昧于人心而不识道心，人心蔽于人欲，而不明道心之天理。天下之公理与太极本然之全体相贯通。

三、性的善与不善

作为事事物物所以生生的太极和理，流行到事事物物，物物有一太极，万理在万事，流行到人，便是人性，在事物便是物性。张栻说："太极不可言合，太极性也。惟圣人能尽其性，太极之所以立也。"③ 以性规定太极，太极因性而立。太极便具有了自己的品性。尽管以性定太极之性，但性毕竟以太极之本。"论性之本，则一而已矣，而其流行发见，人物之所禀，有万之不同焉。盖何莫而不由于太极，何莫而不具于太极，是其本之一也。"④ 太极为一，理为一，性也可说为一。太极、理、性均具有流行的功能，在流行中而万有不同，这便是理一万殊。然何不由于太极，何不具于太极，最终归一于太极。

太极、性如何流行？如何万殊、万有不同？张栻说："然有太极则有二气五行，绲缊交感，其变不齐，故其发见于人物者其气禀各异，而有万之不同也。虽有万之不同，而其本之一者亦未尝不各具于其气禀之内，故原其性之本一，而察其流行之各异；知其流行之各异，而本之一者初未尝不完也，

---

① 《答胡季立》，《南轩集》卷25，《张栻全集》，第900页。
② 《答胡季立》，《南轩集》卷25，《张栻全集》，第900页。
③ 《答周允升》，《南轩集》卷31，《张栻全集》，第976页。
④ 《告子上》，《孟子说》卷6，《张栻全集》，第427页。

而后可与论性矣。"① 太极的二气五行，互相缊缊交感，变化不同，人物的气禀也各异而不同。然原性本于一，其万不同，是流行各异。在这里本一之性与气禀之性，虽都是太极缊缊交感、流行变化的实现，但与太极的体用相关联。"盖论性而不及气。则昧夫人物之分，而太极之用不行矣；论气而不及性，则迷夫大本之一，而太极之体不立矣。用之不行，体之不立，焉得谓之知性乎！异端之所以贼仁害义，皆自此也。"② 无论是讲性不及气，抑还讲气不及性，都是一偏，要么是太极之用不行，要么是太极之体不立。太极之体用不立不行，便导致迷失大本或昧于人物之分的偏颇。

之所以讲昧于人物之分，因为人为天地之精英、五行之秀气，所以为人，大体不异。然而就人身来说，则参差不齐，如有刚柔缓急的禀性，有上智生知和愚昧昏笨者，人毕竟与禽兽草木不同类，但"太极一而已矣，散为人物而有万殊，就其万殊之中而复有所不齐焉，而皆谓之性。性无乎不在也，然而在人有修道之教焉，可以化其气禀之偏，而复全夫尽已之性，尽人之性，尽物之性，其极与天地参，此人所以为人之道，而异乎庶物者也"③。太极是一，分散流行为人与物，而有万殊，万殊而所以不齐，是由于个个物性的不同。人可通过修道教化，而变化气质、气禀，由尽已之性到尽人之性再到尽物之性，而与天地参，这是人与物的不同所在。从这个意义上说，"有太极则有物，故性外无物；有物必有则，故物外无性。斯道也，天下之所共有、所共由，非有我之得私也"④。这是张栻对《孟子·告子上》所引《诗》："天生蒸民，有物有则"及孔子所解："为此诗者，其知道乎！故有物必有则"的理解。他认为不仅物有规则，人的言行和情感也有一定的规则。如视听言动、喜怒哀乐，有视听言动、喜怒哀乐的规则，而具有普遍性、必然性、共有性、共由性。这是因为有太极便有物，太极或理的流行，人物便具有人性和物性，所以讲性外无物，无无性之物；有物必有物的规则，所以讲物外无性。所谓规则，即是天之所命，又是极恰当而不过头，即无过不及的意思。有太极则有物，物具有规则性，故性外无物，物外无性，并无以性

---

① 《告子上》，《孟子说》卷 6，《张栻全集》，第 427 页。
② 《告子上》，《孟子说》卷 6，《张栻全集》，第 428 页。
③ 《告子上》，《孟子说》卷 6，《张栻全集》，第 428 页。
④ 《告子上》，《孟子说》卷 6，《张栻全集》，第 432 页。

为宇宙本体、性为物的造作者的意蕴。

明太极与性的关系，再讲理与性的关系。张栻说："实然之理具诸其性，有是性，则备是形以生。性无不善也，凡其所为，视听言动莫不有则焉，皆天之理也，性则然矣。"① 人的诞生受之天地，本于父母，不以事天之道事奉父母，就不是孝子；不以事奉父母亲之道事奉天，就不是仁人。事天事父母，这是实然的理。实然的理具有其性，有性就具备了形生，性是善的，其视听言动都有规则，这便是天理。"凡有是性者，理无不具是，万物无不备也。"② 人与万物都具是性是理，物虽具有是理，但为气质所蔽，而不能像人那样推己及人及物；人能反身而诚，"推己及人，以克其私，无欲既克，则廓然大公，天理无蔽矣"③。人性物性作为太极、天理在人物上的体现，性是太极、天理流行的一种存在形态。以便达到"心与理一"的境域，这是对胡安国、胡寅"心与理一"的发扬。

是性是理，性必合乎理，才是孝子仁人。"盖人之生，其爱之理具其性，是乃所以为人之道者。惟其私意日以蔽隔，故其理虽存，而人不能合之，则人道亦几乎息矣。惟君子以克己为务，已私既克，无所蔽隔，而天理睟然，则人与仁合而为人之道矣。"④ 人的诞生，爱的理便具于性中，这是人所以为人之道，但由于私意蔽隔，理虽存而人道几乎窒息了。君子克己之私，消除蔽隔，天理清明，人与仁合而为人道。"原人之性，其爱之理乃仁也，知之理乃知也。仁者视万物犹一体，而况人与我同类乎。"⑤ 人与仁合之所以为人道，是因为爱之理为仁；又"事亲之道，人人具于其性"⑥ 的缘故。

性是什么？就人性来说，"人之性，仁、义、礼、智四德具焉；其爱之理则仁也，宜之理则义也，让之理则礼也，知之理则智也。是四者虽未形见，而其理固根于此，则体实具于此矣。性之中只有是四者，万善皆管乎是焉"⑦。人性具有仁、义、礼、智、四德，体现了爱、宜、让、知的理。虽然

① 《洁白堂记》，《南轩集》卷13，《张栻全集》，第738页。
② 《尽心上》，《孟子说》卷7，《张栻全集》，第466页。
③ 《尽心上》，《孟子说》卷7，《张栻全集》，第467页。
④ 《尽心下》，《孟子说》卷7，《张栻全集》，第502页。
⑤ 《颜渊篇》，《论语解》卷6，《张栻全集》，第172页。
⑥ 《离娄上》，《孟子说》卷4，《张栻全集》，第366页。
⑦ 《仁说》，《南轩集》卷18，《张栻全集》，第803页。

四德之性没有显现出来，但爱、宜、让、知的理根存于四德。如爱之理是天地生物的心，所以仁为四德之首，兼其四者。四德发动而见于情，便是恻隐、羞恶、是非、辞让四端。人由于被己私所蔽，而失掉性之理而为不仁，只有克去己私，廓然大公，爱之理无所蔽，就可以与天地万物血脉贯通。

仁义是人性的核心内涵，"有太极则有两仪，故立天之道曰阴与阳，立地之道曰柔与刚，立人之道曰仁与义。仁义者，性之所有，而万善之宗也。人之为仁义，乃其性之本然……若违乎仁义，则为失其性矣"①。仁义是人的本然之性，是万善之宗。自亲亲和长长而推之至于仁义，都是顺其本然之性，而非取于外，假如违背仁义，就是丧失人性。他把仁义本然之性的立人之道，与天道、地道并立，既证明仁义之性先在固有性和不可动摇性，又说明仁义之性合理性和普遍性。由道德人性的进路对生存世界的存在作道德理性的诠释。

仁义之性的本质内容，是万善之宗，这就是说，人性是善的。张栻说："原物之始，亦岂有不善者哉！其善者天地之性也。而孟子道性善，独归之人者何哉？盖人禀二气之正，而物则其繁气也。人之性善，非被命受生之后，而其性旋有是善也。性本善而人禀夫气之正，初不隔其全然者耳。若物则为气所昏，而不能以自通也。惟人全夫天地之性，故有所主宰，而为人之心所以异乎庶物者独在于此也。"② 追寻物的原始，没有不善的，善是天地的性，宇宙间天地万物都性善，而与孟子异。为什么孟子把性善独归属于人，一是因人禀阴阳二气的正气，物禀繁杂的气，所以人一生来其性就善，即性本善；二是人全部具备天地之性，而没有界隔，物为气禀所昏蔽，界隔而不能自通；三是人能自作主宰，人心所以与庶物不同。这就是人具有主体意识、价值评判，而物不具备，这就是人性与物性的差分。张栻认为人和物共同具有善性，人的始生，无恶可萌，由此而推，"何独人尔，物之始生，亦无有不善者"③。在性善面前，人和物的始生都是平等拥有的，这是天命之谓性的一视同仁。

人和物生性固善，为什么有不善呢？他说："然人之有不善，何也？盖

---

① 《告子上》，《孟子说》卷6，《张栻全集》，第425页。

② 《存斋记》，《南轩集》卷11，《张栻全集》，第719—720页。

③ 《告子上》，《孟子说》卷6，《张栻全集》，第426页。

有是身，则形得以拘之，气得以汩之，欲得以诱之，而情始乱，情乱则失其性之正，是以为不善也，而岂性之罪哉！"①人有身体生命，维持身体生命就需要衣食住行的供给，于是人受形气、欲的拘之、汩之、诱之，在这种情境下，人情不定而乱，情乱就丧失性的正；失性之正，就有不善，这不是性本身的罪过。意谓人之所不善，是情乱而失性之正的结果。在这里张栻作了分梳：从始生而言，性固善，不善是始生后受形气情欲的执著和牵累所造成；从性情关系看，性善情乱，情乱而后使性失正，形成不善；性固善，不善非性之罪，为性开脱了罪责。

然而，"程子谓善固性也，恶亦不可不谓之性也，然则与孟子有二言乎？曰：程子此论，盖为气禀有善恶言也……谓恶亦不可不谓之性者，言气禀之性也"②。把孟子的性善、荀子的性恶融突为善恶都是性，张栻认为，程颐是把性分别为天命之性与气禀之性。"天命之性，纯粹至善，而无恶之可萌"③。气禀之性有善恶。道学家对性的这种差分，虽为遏人欲之恶而复天理之善的实践工夫和修身养性的道德教化开拓了空间，然气禀之性既然善恶兼存，可并行不悖，又可水火不容，两者互相消长，气禀之性的善恶便处于不稳定的混乱之中。

张栻对性善论有其自己的思议。他说："伊川先生曰：荀子之言性，杞柳之论也；扬子之言性，湍水之论也。盖荀子谓人之性恶，以仁义为伪，而扬子则谓人之性善恶混，修其善则为善人，修其恶则为恶人，故也。告子不识大本，故始譬性为杞柳，谓以人性为仁义；今复譬性为湍水，谓无分于善不善。夫无分于善不善，则性果何物耶？沦真实之理而委诸茫昧之地，其所害大矣。"④告子、荀子、扬雄论争的问题，不是有无性的问题，而是性的本质是否为善。善是人性固有的或是后天教化的？道德的来源与道德价值是什么？荀子以性为杞柳，无论是顺着杞柳本性，还是损害杞柳本性来制成杯盘，都不能盛液体，以否定人性为善，以仁义为后天人为，而与张栻"善固性也"异趣。扬雄以性为湍水，修善为善人，修恶为恶人，犹湍水决之东则

---

① 《告子上》，《孟子说》卷6，《张栻全集》，第426页。
② 《告子上》，《孟子说》卷6，《张栻全集》，第427页。
③ 《告子上》，《孟子说》卷6，《张栻全集》，第426页。
④ 《告子上》，《孟子说》卷6，《张栻全集》，第426页。

东流，决之西向西流，性善恶混而无定性，也在一定程度上否定了性善。告子始喻性为杞柳，又喻性为湍水，性不分善与不善，这就陷入逻辑悖论。张栻认为三人都否定了性善说，为害甚大。人性善恶是修齐治平的基础和出发点，是价值观念、伦理道德的基石。正由此，中国历代思想家都十分关注人性善恶的探索。

如果以"善固性也"，那么恶从何来？张栻认为，论性之本，太极有二气五行的絪缊交感，人与物其气禀各异。人也由于其气禀不同，而有气禀之性，气禀之性有善有恶，但可以化恶为善。"气禀之性可以化而复其初，夫其可以化而复其初者，是乃性之本善者也。"① 回复到其原初的性本善。张栻以天命之性与气禀之性讲人性，是乃继张载、二程之说，朱熹曾称赞张、程天命之性与气质（禀）之性的观点，是"极有功于圣门，有补于后学"② 的发明。

四、心为万物主宰

孟子讲尽心、知性、知天和存心、养性、事天。张栻诠释时将孟子由内到外、由下至上的度越，化为由外到内、由上而下的流行，即由太极、理、天命至性、心。他说："理之自然，谓之天命，于人为性，主于性为心。天也，性也，心也，所取则异，而体则同。尽其心者，格物致知，积习之久，私意脱落，万理贯通，尽得此生生无穷之体也。尽得此体，则知性之禀于天者，盖无不具也。"③ 天（太极、理）——性——心，取异体同。张栻虽颠倒孟子所说的心、性、天的次序，但仅是契入的次序，而非本质的差分，其终极的境域都是通达天（太极、理）。"主于性为心"，是对于胡宏《知言》"心也者，知天地，宰万物，以成性者也"的修改。朱熹认为，"'以成性者也'，此句可疑，欲作'而统性情'，如何？"张栻说："统字亦恐未安，欲作'而主性情'如何？"即心主性情。朱熹赞扬张栻"所改'主'字极有功"④。

---

① 《告子上》，《孟子说》卷 6，《张栻全集》，第 427 页。

② 参见拙著：《宋明理学研究》（修订本），人民出版社 2002 年版，第 68—74 页；另见《善恶论》，《中国哲学范畴发展史（人道篇）》，中国人民大学出版社 1995 年版，第 423—441 页。

③ 《尽心上》，《孟子说》卷 7，《张栻全集》，第 464 页。

④ 《胡子知言疑义》，《晦庵先生朱文公文集》卷 73，《朱子全书》第 24 册，上海古籍出版社、安徽教育出版社 2002 年版，第 3555 页。

心主性，因此，还需从尽心起，心经格物致知，积习久了，私意脱落，万理贯通，知性知天。

张栻予心以规定，他说："心也者，贯万事，统万理，而为万物之主宰也。致知所以明是心也，敬者所以持是心而勿失也。"① 心既具贯通万事、统摄万理的功能，又具主宰万物的地位。"盖心宰事物，而敬者心之道所以生也，生则万理森然，而万事之纲总摄于此。"② 心主宰万物，格物致知的价值目标是为了明心，居敬工夫是为了持守本心而不放失。万理森然繁密有序，万事纲举目张，都总统摄于心。怎样总摄于心？"事有其理而著于吾心，心也者，万事之宗也。惟人放其良心，故事失其统纪。"③ 凡事都有其理，其理显著于心，心为万事的宗主，由于人放失其心，所以万事失其统纪。

心既是道德主体意识，又是总摄万物的本体。"夫人之心，天地之心也，其周流而该遍者本体也。"④ 人心即天地之心，而具有普遍性。然人心如何提升为天地之心，张栻无说明，只有结论而无逻辑论证的进路，是其蔽。心作为周流而该遍的本体，必须通过存心养心工夫而不使放失。今"人之所以私伪万端，不胜其过失者，梏于气，动于欲，乱于意，而其本体以陷溺也"⑤。救此本体陷溺的工夫，就在于"其于是心也，治其乱，收其放，明其蔽，安其危，而其广大无疆之体可得而存矣"⑥。治、收、明、安是心的乱、放、蔽、危，广大无疆的本体的心就可存养。"存者，颠沛造次必于是也，养者，全之而弗害也。存之养之，是乃所以事天也……然在学者则当求放心而操之。其操之也，虽未能尽其体，而体亦固在其中矣。用力之久，则于尽心之道有所进，而存养之功寖得其所施矣。"⑦ 存心养心，以尽心知性；尽心知性，就在于求放心而操存之。操存涵养的工夫，就是居敬工夫。张栻说："伊川先生曰：'主一之谓敬。'又曰：'无适之谓一。'嗟乎，求仁之方，孰要乎此！"由此他写了《主一箴》："惟学有要，持敬勿失，验厥操舍，乃知出

① 《敬斋记》，《南轩集》卷 12，《张栻全集》，第 724 页。
② 《敬简堂记》，《南轩集》卷 12，《张栻全集》，第 732 页。
③ 《静江府学记》，《南轩集》卷 9，《张栻全集》，第 678—679 页。
④ 《桂阳军学记》，《南轩集》卷 9，《张栻全集》，第 685 页。
⑤ 《桂阳军学记》，《南轩集》卷 9，《张栻全集》，第 685 页。
⑥ 《桂阳军学记》，《南轩集》卷 9，《张栻全集》，第 685 页。
⑦ 《尽心上》，《孟子说》卷 7，《张栻全集》，第 464—465 页。

入。曷为其敬，妙在主一。曷为主一，惟以无适。居无越思，事靡它及。"①
居敬主一无适，就是指视听言动，不离存心养心；饥食渴饮、朝作夕息、夏
葛冬裘，亦不离存心养心。心要谨守或保持绝对专一，不为物所牵累，这便
是主一；心无旁骛，无越思妄想，这便是无适。主一无适的居敬工夫，是主
体内心自我道德修炼，是主体自觉遏欲存心工夫。这种道德觉解，张栻注重
主体能动性、主宰性。以明心之蔽和安心之危。

居敬主一无适为存心，然人由于内外因缘，而放其心便需要收放心。
人往往放其心而不知求，人就沦于与普通的事物无分别了，这便是物化人，
人被物所化。张栻认为，"是以学问之道，以求放心为主"②。放心便使人心
危机加剧，其害无穷。求放心就是收其放而存其本心、良心。求（收）放心
的实践，就是造次之间克服私念，战兢谨守自持，非礼勿视、听、言、动，
这样便能收其放而存心养心。放心与收放心，操舍存亡，有疑以为心有出
入。张栻认为："心本无出入，言心体本如此。谓心有出入者，不识心者也。
孟子之言，特因操舍而言出入也。盖操之则在此，谓之入可也；舍则亡矣，
谓之出可也，而心体则实无出入也。此须深自体认，未可以语言尽之耳。"③
心的本体本无出入，心被物牵累，并非心出；放心，乃心之逐物，都非讲心
的本体，而是心用。

张栻太极、理、性、心是以太极为核心而展开的，然而未能将此四个
范畴逻辑层次和结构关系梳理完成，若将四范畴均为天地万物的所以然者、
统摄者，还为主宰者、宗主者，互不统属，则犹四味良药未分君臣佐使，各
自为君，乃是将前人对此四范畴的论点，加以陈述而已，而未融会贯通，圆
融无碍，也许这与其英年早逝有关。

五、中和之辨

张氏虽未能建构其完整的理论思维体系，但其在当时思想界影响甚大。
乾道三年朱熹访问张栻，两人论学，"相与讲明其所未闻，日有问学之益，

---

① 《主一箴》，《南轩集》卷36，《张栻全集》，第1048页。
② 《告子上》，《孟子说》卷6，《张栻全集》，第439页。
③ 《答游诚之》，《南轩集》卷32，《张栻全集》，第995—996页。

至幸至幸。敬夫学问愈高，所见卓然，议论出人意表。近读其语说，不觉胸中洒然，诚可叹服"①。对张栻的学问见识，朱熹赞扬备至。然后多次通信，探索《中庸》"喜怒哀乐之未发谓之中，发而皆中节谓之和"的未发已发的中和问题。朱熹师承李侗，从杨时到李侗的道南一脉，把静中体悟中和，作为其学宗旨。它要求体验者把个体意识活动转化为心性的直觉，在极大限度内排除妄念，以进入无意识状态，然后便会豁然获得使主体意识与外部世界获得圆融贯通的体验，这是其提高心性修养和道德境界的方法。但朱熹从李侗受《中庸》之书，"求喜怒哀乐未发之旨，未达而先生没。余窃自悼其不敏，若穷人之无归"②。在这种犹如穷人无归的情境下，听说张栻得胡宏之学，往而问学，"退而沉思，殆忘寝食。一日，喟然叹曰：'人自婴儿以至老死，虽语默动静之不同，然其大体莫非已发，特其未发者为未尝发尔。'自此不复有疑，以为《中庸》之旨果不外乎此矣。后得胡氏书，有与曾吉父论未发之旨者，其论又适与余意合，用是益自信"③。朱熹经深思熟虑后，接受了张栻的观点，认为从婴儿到老死，虽有语默动静的不同活动形式，但大体都为已发，其未发就是未尝发，便无未发的体验。后来与曾吉父讨论未发之旨，更坚定了自己的看法，即使与程颐之说有不合的地方，也认为是恐程颐之说有失传的可能。

朱熹接受湖湘学派张栻的什么观点呢？朱熹在与张栻信中说："人自有生，即有知识，事物交来，应接不暇，念念迁革，以至于死，其间初无顷刻停息，举世皆然也……学者于是致察而操存之，则庶乎可以贯乎大本达道之全体而复其初矣。不能致察，使梏之反复，至于夜气不足以存而陷于禽兽，则谁之罪哉！"④此书朱熹自注："此书非是，但存之以见议论本末耳。"⑤该书的要旨是接受了张栻"先察识而后存养"的工夫论。书中讲述"未发之中，寂然不动"，验之日用之间，感而通，触而觉，浑然全体应物不穷，而其寂然本体却未尝不寂然，别无不应物处存养，即是从心的已发处用功，这与朱

① 《与曹晋叔书》，《晦庵先生朱文公文集》卷24，《朱子全书》第21册，第1089页。
② 《中和旧说序》，《晦庵先生朱文公文集》卷75，《朱子全书》第24册，第3634页。
③ 《中和旧说序》，《晦庵先生朱文公文集》卷75，《朱子全书》第24册，第3634页。
④ 《与张敬夫》，《晦庵先生朱文公文集》卷30，《朱子全书》第21册，第1315—1316页。
⑤ 《与张敬夫》，《晦庵先生朱文公文集》卷30，《朱子全书》第21册，第1315—1316页。

熹老师李侗"静中体验未发"异趣。

随着中和参究的深入，朱熹的中和未发已发思想发生转折。乾道五年（1169）在与蔡元定讲论中，忽然自疑。"复取程氏书，虚心平气而徐读之，未及数行，冻解冰释，然后知情性之本然，圣贤之微旨，其平正明白乃如此。而前日读之不祥，妄生穿穴，凡所辛苦而仅得之者，适足以自误而已。"①朱熹经探赜反思，推倒了其中和旧说，即先察识而后存养的湖湘学派的主张，而提出了中和新说：以心之体用说否定"心为已发，性为未发"的中体和用或性体心用说；心通贯未发已发，心性圆融不二，以心为主，贯通性情之德，中和之妙；未发性之静不能不动，已发情之动而必有节，心寂然感通，体用不离。从而回到先涵养而后察识上来。于是体认到湖湘学派有缺平日涵养一段工夫之失，李侗有重静坐的直觉体验之偏，他自觉担当圆融二者，在程颐"涵养须用敬，进学则在致知"的形式下，在心统性情、心有体用、性情未发已发体认中，建构了以心贯通未发已发、体用、性情的理论思维体系，标志着他度越道南学派而直承程颐的思维理路，又有越程颐而综合纵贯与横摄当时学术思想成果的意味，体现一个学者无私求真的胸怀和其学术生命的活力。②

张栻坚持"先察识而后存养"的心性修养工夫，而不取道南学派从主静中体验未发的寂然不动气象，以中体和用的分析范式，体认已发流行过程中主一居敬之功。先察识，即是指在心性已发状态和流行中的日用酬酢处用功修养。"道德性命，初不外乎日用之实，其于致知力行，具有条理，而诐淫邪遁之说，皆无以自隐。"③道德性命的初始存在于日用之间，在致知力行日用之实中获得察识。操舍存亡，"方其存时，则心之本体固在此，非又于此外别寻本体也。子约又谓当其存时，未能察识而已迁动，是则存是一心，察识又是一心，以此一心察彼一心，不亦胶扰支离乎！"④心外别无心本体，心本体固在心，不是存养是一心，察识又是一心，察识存养是一心本体。若

① 《中和旧说序》，《晦庵生先文公文集》卷75，《朱子全书》第24册，第3635页。

② 参见拙著：《中国哲学范畴发展史（人道篇）》，中国人民大学出版社1995年版，第167—171、450—460页。

③ 《道州重建濂溪周先生祠堂记》，《南轩集》卷10，《张栻全集》，第699页。

④ 《答朱无晦秘书》，《南轩集》卷20，《张栻全集》，第830页。

将心本体支离为二，这是胶误。先察识而后存养是心本体流行的不同的体段，而非以此心察彼心。

之所以先察识而后存养，张栻说："物之感人，其端无穷。人为物诱，欲动乎中。不能反躬，殆灭天理。圣昭厥猷，在知所止……四端之著，我则察之。岂惟虑思，躬以达之。工深力到，大体可明。"① 未发之中是不显现的，已发之和而发现，人们只有在日用酬酢处察识，才能"达见本根"。因为物能感人，人若不能反躬而诚，天理殆灭；若能反躬察识四端之心的发见处，其未发的心的大体便可彰明。在察识过程中，"毋忽事物，必精吾思。察其所发，以会于微。忿欲之萌，则杜其源。有过斯改，见善则迁。是则天命，不遏于躬"②。察识已发，精思忿欲的萌蘖，改过迁善，存养天命。

湖湘学与闽学在中和未发已发的问题上之分歧：前者以先察识而后存养，后者则涵养用敬，进学在致知，意蕴先涵养后进学；前者在已发处用功体认，后者在未发处用功体认。其实，两家只是对未发已发的体认进路不同，然殊途同归，其终极的目标都是达到对天下大本达道的中和的体认。朱熹晚年成书的《中庸章句》里，把性情世界的中和转换为德性世界的中庸。他说："喜怒哀乐，情也。其未发，则性也，无所偏倚，故谓之中。发皆中节，情之正也，无所乖戾，故谓之和，大本者，天命之性，天下之理皆由此出，道之体也。达道也，循性之谓，天下古今之所共由，道之用也。此言性情之德，以明道不可离之意。"③ 将未发之中的大本，诠释为道体，天下之理皆由此出，道体之中便蕴含着理出之动、已发之和的达道，解为道用。受容了湖湘学派的中体和用之道的观点，两家趋向圆融。

（作者单位：中国人民大学孔子研究院）

---

① 《艮斋铭》，《南轩集》卷 36，《张栻全集》，第 1039 页。
② 《敬斋铭》，《南轩集》卷 36，《张栻全集》，第 1040 页。
③ 《中庸章句》，《四书章句集注》，《朱子全书》第 6 册，第 33 页。

朱熹与张栻的论学：
性体情用心统与性体心用导向心之九义

我们讨论朱熹与张栻的论辩，固然需要对文本和历史作出深刻的了解，这是经典诠释的基本要素。但是，单纯的经典诠释无法获得本体层面的根源性了解。因之我们尚需采取本体诠释学的方法，从根源上寻求体系的发展与成立。在这个意义上，朱子和胡五峰、张南轩的湖湘学派，是相互引申与相互攻错的关系，而不应将之看作谁是谁非的关系。更重要的是，在这种相互引申、相互攻错的关系之中，吾人可以就孟子以来的心性之学提出九项意义，亦即"心之九义"，显示"心"的意义多形多样。我为了彰显与体会其心与性情之际的多形多样而一体之义，乃回顾了四书、二程、胡五峰、张南轩、朱子的学说，在此提出"心"之九种含义之说。

心性之学在中国哲学史上占有重要地位，围绕着心性问题的讨论，使中国哲学得到持续发展。通过讨论朱熹与张栻关于心性问题的论辩，我概括孟子以来心性之学的演变发展，提出"心之九义"说如下：

（1）心的本体性。心能发育，可见其有本体性、根源性，又能从根源处形成一种独立的思维自觉之判断能力。所以心也能够在性之上自成一体。

（2）心的活动性。朱子解决了性的静态结构之问题，假如心能有活动性，恰是因为性也具有活动性，即《孟子》中所谓"食色，性也"①、仁义德行亦性也。故而，心的活动性是很明显的。

---

① 朱熹：《四书章句集注》，中华书局 1983 年版，第 326 页。

（3）心的创发性。因为心有本体性，其就能有所感觉，乃能够认知万物、发其思虑、作出决定，乃有创发性。心的活动性亦满足了心的创发性之要求。

（4）心的情感性。透过我们对《大学》《中庸》的分析可知，心具有感知情的基本功能。心的活动性包含了情感性。其活动性能表达为一种情感，而情感正体现了其感通之能力。

（5）心的知觉性。心的创化活动无时不在，未发之前、已发之后均未尝不在，故有知觉、感受的整合性。

（6）心的意志性。心能表达为情感、表达为知觉，更能深化与表达为意志。

（7）心的实践性。心表达为意志之后，乃能通过意志来界定行为。

（8）心的统合性。心能知觉，故能统合性、情，即能观察到两者间的关系而将之整合起来。

（9）心的贯通性。心能参与在各种功能之中，使人成为一种活动的整体、创造的整体。

一、朱熹心性之学的原初探索

1167 年，37 岁的朱熹从福建崇安赴湖南长沙，往见张栻以论学，两人对于心性之学多有探讨。其岁前后，朱子正处在整理《二程遗书》之际。先前，他始受学于三先生，继而受李延平的影响，进入了理学思考的殿堂。但当时的朱熹仍于一事处存惑待解：到底怎么从自己的体验中来掌握、来体验《中庸》所说的情之已发、未发问题？从《中庸》处说，"喜怒哀乐之未发谓之中，发而皆中节谓之和"①，后者是可体验的，前者则不能被体验、不涉于"和"的境界。从认识体验的角度来说，"中"处存有一个大问题，因为"中"是未发之"中"，既然是未发，就无法体察"中"是何物。更重要的是：从理论上讲，发而不中节，便不能体验到中节之和，如此则怎么去修养？这便是朱子存疑之所在，也涉及程颐在《近思录》中对苏炳所提的未发

---

① 朱熹：《四书章句集注》，第 18 页。

如何体察之问题的回应。

在《近思录》的《存养》篇中，苏季明（炳）问："喜怒哀乐未发之前求中可否？"程颐答曰："不可。既思于喜怒哀乐未发之前求之，又却是思也。既思即是已发。"① 程颐认为，既思于未发之前求之，就已不可能"求"到其"中"。因为所谓"求"者，已然是一种思虑了；假若要在得"中"于未发之前，就不能去"求"之并掌握它——否则即是已发，而只能去感受它、去"存养"它。他说："若言存养于喜怒哀乐未发之时，则可；若言求中于喜怒哀乐未发之前，则不可。"苏季明所问的，是喜怒哀乐未发之前"求"中，这当然是不可以的；若要称"求"，便不能说是未发。这便是此中的第一个命题。

其后，程颐提出了第二个命题：人无法在喜怒哀乐之前去"求"乎其"中"，故若要把握"中"，就必须"涵养""存养"于喜怒哀乐未发之前。② 知觉即已是动，故程颐在这段话里提到喜怒哀乐已发之时，乃谓需要存养，亦只能说存养。所谓存养者，即能够感受到（不能说思虑到）未发之"中"，指对"中"的逐渐之体验和保存。而"存养""涵养"者，自需要长期之修持。他又说，凭着"涵养"，虽无所见、无所闻，但能有夫知觉。"涵养"之中包含了一种知觉；这种知觉，不但可使长时间之"涵养"拥有感知、体验的能力，而且使喜怒哀乐均能发而中节。推进一步而言，"涵养"不能只谓是一种静。程颐反对佛家之静，谓"既有知觉，却是动也，怎生言静"，认为若能知觉到喜怒哀乐未发之"中""见天地之心"，就已是一种动了，不复能说是静。对于心的活动而言，与其言动静，不如谓"心"之"动"中更有个"敬"。程颐亦有这方面的了悟，认为先秦儒家圣人有一种"止"与"敬"的观点，类乎释氏之谓"定"者，即指在"动"之中找到内含的性体，即潜在的"中"之状态。"中"含有人性之本、之正的意思，这样的"中"，才能在没有私欲的情况之下，发展为"和"。程颐谓，在知的体验中能看到知觉，看到天理之所在。静中不是无物，是有物——即"敬"。若要去掌握这样一个能体会喜怒哀乐未发之"中"的"性"之本体状态，就要求"性"做

---

① 朱熹编：《近思录》，商务印书馆1937年版，第152页。
② 参见朱熹编：《近思录》，第153页。

到"定"，在动中有所止。程颐把它界定为"莫若主一"，意思是须有个主宰，在敬中乃不会流入寂静——即不会倒向佛学的命题；而又不至分散，所以谓之"主一"。故而，程颐对苏炳开示，谓只有主敬才能认识"中"。这就是"敬中涵养"的命题。

苏炳又自陈"尝患思虑不定，或思一事未了，他事如麻又生"。程颐认为，这就是"不诚之本"①。"诚"的工夫即：当我在动中知觉之时，能有所止，并能够对这个所止有所贞定，这就是"诚"——即能够坚持之意。兹"诚"是一种真实的状态，要掌握诚就要做到专一，这里便显示了心的作用。

这段涉及心性之学的论述，在二程理学中有着重要的含义、启示。我将此视为本文面对的基本问题，把程颐对此的解说当作重点加以分析。借以说明何以后来朱熹在编订《二程遗书》的时候感觉到这个问题的重要，并决心要对此问题作出解答，因而产生了对《中庸》所述中中和概念的先后认识；从上文的论述可以看出，朱熹此举是有其必然性的。

此外，朱熹两见李延平，其中一次见面之际，李延平指导朱熹要在平日里注意静坐。朱熹一开始并没能领会：静坐并非要归于寂静，而是要在心的知觉活动中体会、把握并坚持人性之"中"及心能为善的状态及潜力；经过这一工夫问题，然后才能够用之于事、用之于行而不偏离，不受人欲的影响，进而能够达到一种终极之"和"，即应对处事行为上能恰到好处、能产生转化为合理性的作用、能合乎意而发于情、能表达仁而合乎义。这是人性之中的一种重要感知。

以上的论述之所以重要，是因其说明了朱子为何要与张南轩见面，以论心性修持问题的背景。朱子要了解心与性的关系。心可以体会、知觉、存养，而性则是喜怒哀乐未发之前的原始状态。如何掌握这种状态，使之能发挥"和"而非偏向一种不正不和，这自是相当重要的。但试图掌握此一原始状态、掌握性之"中"时，并不一定会得到"和"，这涉及修养的工夫问题。不过，掌握到性之"中"，至少就能更好地发挥情之"和"，更好地行践合情合理的行为与生活方式。朱子当初面对此一问题，可能并没有得到解决。我把这个问题提出来，就是为了对朱子访问张栻有基本的说明，也能了解朱子

---

① 朱熹编：《近思录》，第156页。

在论学中如何受到张南轩的影响，而得到"性体心用"（"此性情之所以为体用，而心之道则主乎性情者也"①）的结论。当然，他回到福建后对此观点又有所不满，显然反映他对程子答苏季明所问喜怒哀乐未发是性而非心的问题仍有保留。他不能单纯地把"性体心用"之说当作最后结论，而必须要考虑一个新的更为完整的典范。

首先，朱子将性、情、心之关系，看作是心之统合性情即"心统性情"②，是由于心能存养于未发之"中"。心能照顾性、能参与情，故有心统性情的表达。事实上，张载已在早前提过心统性情的观点。南轩则提出了"心主性情"③ 的看法。朱子后来固然没有同意心主性情之论，但其定于心统性情的观点也不能排除心主性情的含义。朱子经过与张南轩的论辩，他亦必须承认"心主性情"也合乎程子的原意。"心"能统合与包含，但也有主宰与影响的含义在其中。对朱子来说，这样一个理解之过程，正是他从所谓中和旧说到中和新说的过程。

要说明此一过程中的转变，我们还需要补充两个学术背景：一个是张载之学；另一个是胡宏之学。张载写《正蒙》，强调气化之性的重要。他在《太和》篇中说"由太虚，有天之名；由气化，有道之名；合虚与气，有性之名；合性与知觉，有心之名"④，这段话很重要。所谓人之性者，其所成由天道而来，天道又是由太虚通过气化而产生的一种运行，这种运行又与具有本体性的"虚"即太虚之气相合，亦即由天道之动产生万物的品类流行，可谓为生生之性。对于人而言，"性"有了本体性也是个体性的潜能，以万物为机缘，才有一种知觉，才产生了"心"。

以张载作为论性的开始，才能更好地说明二程对天理的突出认识。大程认为，事物之所以成其然，莫非天理，对天理的体验是心对品类万物与天道流行的最大感受。天理可说包含在天道之中，使万物终于成为宇宙中的品类，而心作为觉知与感应之体，才能觉知而体验天道的万物，产生天理的概念。所谓天理者乃事物自然而必然的存在状态。当然，二程并没有就这个宇

① 影印文渊阁《四库全书》第 1167 册，台湾商务印书馆 1986 年版，第 570 页。
② 黎靖德编：《朱子语类》，中华书局 1986 年版，第 91 页。
③ 影印文渊阁《四库全书》第 1167 册，第 570 页。
④ 喻博文：《正蒙注译》，兰州大学出版社 1990 年版，第 12 页。

宙的本体处说起，而是就人的心性的体验来理会，即"天理二字却是自家体贴出来"①，兹亦合乎所谓"天命之谓性"者。"性"就是天之所命，亦可谓是道之化成。有了这个背景之认识，我们可以看到，二程所谓的性，中间已经有理的成分，也有气的成分，亦有天道的成分。所以"性"是事物存在的枢纽。后来胡五峰对此有所发挥，乃谓事物必须就"性"而谈，舍之则无法论物。此中包含了一种传承：张载影响二程，二程影响胡五峰。再者，上文谓小程提到喜怒哀乐之未发谓之中，这个"中"实际上就是"性"，而此"性"也可以说为张载所说合乎理之气化本体原始和谐状态。朱子是否有这样的一个认识，当然是值得探讨的问题。但我们所可知的是：胡五峰是杨时的弟子，杨时又是二程的弟子，从杨时到胡五峰之思虑传承重点均放在对性的体悟上。他们要解决的问题是：虽然《论语》中所谓性与天道是夫子所不多谈的，但夫子并非完全没有相应的观点。要解决性与天道的问题，就必须在此致力。这种探讨要经过一种体悟、体察、体会，再把它变成一种察识，实际上是体悟人性之"中"然后发挥人性之"和"的实践之工夫。② 朱子欲论性之本体，就必须要对"'心'如何主导'体'"的问题具备一种重新的认识。故他乃不得不面向湖湘学派进行探讨。

二、张栻发挥胡宏的"知言"哲学

胡宏，湖湘学派的创始者，作为杨时的弟子，显然对"性"的概念有特别关注。他在《知言》中说："诚成天下之性，性立天下之有，情效天下之动，心妙性情之德。"③ 张栻写《知言》序时，在其中引用了胡宏的这句话。"性"由于诚而得以显出，但诚是原始的真实的天道活动（这也是张载的观点）。在这个体验之中，"性"与天道有一贯性，"情"和"性"也有一贯性，这就更好地说明了天道之为善以及人性之为善，把孟子的以情为基础的性善论发挥出来。张南轩引胡宏之语，非常综合地表现了胡五峰的《知言》之道。张南轩于此认为人能够立诚，即能深刻地去认识天道、掌握性情

---

① 黎靖德编：《朱子语类》，第 2518 页。
② 朱子受龟山影响讲究静坐，讲静中思虑而非动中探求。
③ 胡宏：《知言》卷 3，复性书院 1940 年版，第 4 页。

之真。能够立诚，掌握性之真实的动静，就能了解性命之理，能默然识得性情之理。张栻认为胡宏《知言》必然是持觉察的工夫、明心见性的工夫，而且根于儒学的孔孟之大本。这就是张南轩对胡五峰的诠释与说明。

在这种基础之上，我们要更好地了解"性体心用"，就要体悟到其深刻的含义，明白其甚至启发了朱熹的"心统性情"之认识。当然，"心统性情"之说不一定取消了张南轩的"性体心用"之说法。应当说，"心"可以有两种含义：一则，"心"有一种认知的意义；二则，"心"也有引发情感的意义、感应事物之情性的作用。从张南轩论胡宏之学的话里可引申出"性体心用"，亦能再启发出朱子的"心统性情"。可见，"性体心用"与"心统性情"，其中不只有矛盾，更是一种引申。一方面，心有统合、主宰性情的意思；另一方面，心也可以有引发性之情的作用——甚至可以把情看作心的作用之所致。以此足见，"心"的意义有其多面性，下文乃将谈到心所含的九种特性。有这样的背景了解之后，我们才能认识朱子经历的两次综合之悟觉及其含义所在，并更好地认识张南轩哲学于此中所扮演的意义。

后来朱子对《知言》的观点有些意见，乃写成了《知言疑义》①之文，其中记载了他与张栻的观点之交锋。朱子审视了胡宏的以下观点：先追溯《中庸》"天命之谓性"之论，然后遍观尧、舜、禹、汤、孔子，知其人均曰性而不曰心；继而谓，心能够知天地、宰万物以成性，尽心能立天地之大本，人尽心方能知性。此际，朱子审查胡五峰的错误，谓"知天地宰万物以成性"之辞可疑。朱熹乃提出自己的观点，认为应将"成性"改说"心统性情"；张南轩于其时，则谓应改为"心主性情"。朱子对此表示同意，还说改为"主"字"极有功"。但是朱子话锋回转，终谓还是"心统性情"较好。他强调心不止是主，而引孟子之语，论及尽心知性、存心养性，进而谓"心"是养性、知性的，而不能说"成性"。他又谓，《大学》里讲致知格物，就是尽心知性的意思；诚意正心则正是存心养性。

朱熹自有其道理，但我觉得应在本文中为胡五峰加以辩解：夫"成性"者，回复到张载那里，则"心"是由"性"得来。假设"成性"是有一种使"性"更加发挥、以完成其自身的作用，也未尝不可说"成性"。吕祖谦认

---

① 影印文渊阁《四库全书》第1145册，第506页。

为，与其谓心统性情，不如说心兼性情，尽心以集大成，能显示心之条理，如此方能做圣人之事。"心"能条理而集大成，就能将"性"加以发展，故也确实可以叫作"成性"。① 另一方面，朱子反对胡宏所说"天理人欲同体而异用、同行而异情"②。胡宏谓，两者之"性"则一，只是其"用"不同罢了。朱熹谓此言立论不稳，乃是胡宏性无善恶之说的延续罢了。朱子认为，理气应该严格地划分，善来自于天命之性，欲则来自于气质之性，是物的开始、人欲流行的开始。这两者之间不能说同体或同形，否则让人无法探讨其间差异。但是，胡宏于此其实是就本体论而言的，其谓人都是从天道的气化而来，此观点实乃上承张载之说，认为不该把理气绝对二分。这个想法，吕祖谦颇为支持，谓"天理人欲同体而异用者，却似未失。盖降衷秉彝，固纯乎天理，及为物所诱，人欲滋炽，天理泯灭，而实未尝相离也。同体异用，向行异情，在人识之耳"③。他认为，理和欲可以有不同的发挥，发挥理就成为善、发挥欲就成为恶，但理气并无相离，重点是人能否查知。可见朱熹认为性与气、性与欲之关系是二元的，胡宏则认为理气一体，甚至以气化为基础，以理为一种条理。从此可见，在出发点上，朱子对性的了解和胡宏、张栻之了解有根本差异。且《知言》谈到，既然气与理同体、欲与性同体，若心发自于性，心就无所不在，甚至"与天地参"。从这里看，胡宏不仅遵从张载的气化之性的看法，还发挥了孟子的"浩然之气""至大至刚以直养而无害则塞于天地之间"④ 之原意，谓万物皆备于我。"心"能备于我，不是单纯的知觉之问题，而是指"心"作为气能够摄于天地之间、感受天地间万物之同体。孟子这个精神被张载继承，其后又为胡宏所继。而在朱子眼中，"心"实际上更接近于理性而非气性，有所差别。于此，通过对朱子与胡五峰的差别，可以看出胡宏更近孟子，朱熹则更受小程影响，将理气分得很开，让两者无法沟通。

在以上的了解之下可知，朱子对心性的了解，在其所综合的几类旧说之间，故我认为他还有迟疑之处。当时他尚没有绝然地分开理气（后期的朱

① 影印文渊阁《四库全书》第 1150 册，第 234 页。
② 黎靖德编：《朱子语类》，第 91 页。
③ 影印文渊阁《四库全书》第 1150 册，第 234 页。
④ 朱熹：《四书章句集注》，第 231 页。

子是将理气分得很开的），甚至说理气虽不杂亦不离，《朱子语类》亦有"理生气""气生理"①之谓。明确了这点，乃可在朱子的思想发展之中去认识性情的关系。整理《二程遗书》的时候，朱熹确要解决其自身之基本概念的问题，故思与主旨明确的湖湘学派进行论学。他的目标，是想澄清自己的思考，找寻自己的一贯之思想。这次论学，确然对朱子影响很大。他第一次与张南轩见面，已部分地被张南轩的心性之论所说服，乃接受了"性体心用"之认识。此认识在其41岁回忆时，亦有清楚的表述。张南轩的思想则很清晰，从胡宏到张栻，一以贯之地以性为体，谓之"天之所命也"，发挥为一种自觉。这并没有否定"情"的存在，因为"性"本就能感受万物；也没有取消《中庸》所说"性"之已发未发的重要性，作为"中"的"性"，可以发挥喜怒哀乐之"情"，而"情"可以说是"性"之用。同样，"心"亦可说是"性"之用。"情"作为"性"之用，是自然发育而出的；"心"作为"性"之用，则是在对"性"加以知觉的过程中获得的，也能继承"性"之统合性。当然，张南轩也没有否认"性"能自作主宰。"性"有"情"之用，亦有"心"之用。据此模型，张栻乃能将"心"的来源表述得足够清楚。

在朱子后期的"心统性情"说之下，"心"之所从来则并未被彰显清楚，"心"与"性"的关系亦不够清晰。1163年、1164年、1167年，朱熹（1130—1200）与张栻（1133—1180）三次见面，最后一次见面时讨论了心性问题。两人主要以胡宏的湖湘学派的思想为背景，论说心性的关系与作用。因之，我们必须以胡宏的《知言》为基础来考察朱张两人的哲学命题及其论辩所涉及的论述与主张。张南轩站在《知言》的立场，以"性"为本、体，以"心"为用。他认为，"性"是人的存在之本，"心"是"性"的一种应用，是人之行为的扩大方向，是人规范行为的要求，是一种主宰能力。当时正在整理《二程遗书》的朱熹，则对程颐提出的《中庸》未发已发之问题思而未决。小程子的模型其实还是相当清晰的，但其学生未必能完全掌握，留下的著述或许也不甚清晰。其实程颐已提出："存养于喜怒哀乐未发之前"②，即此之谓也。至于怎么涵养、怎么存养，就是动而静、动而有止的问题，这代表

---

① 黎靖德编：《朱子语类》，第71页。
② 朱熹编：《近思录》，第156页。

了对自身之"性"的不断了解，更代表了对"性"的引导。朱子彼时尚不能确知于此，故要去加以探讨。朱子的头脑是具有分析性的，有着把握"心"之本体作用、地位、功能的野心，也欲把握"心""性"间的相对关系。就从我们的分析来看，"心"的重要之处已被提到，即在于"心"能有所知觉，而这种知觉又来自于"性"。对于这点，朱子后来并未再度强调。他所关心的是：未发之"中"到底是何情况？如何使之导向"和"？这就涉及修养工夫的问题，他乃欲将之与"心"做一定位。

三、宋明心性之学的四书背景

"性体心用"与"心统性情"之"性"的本质定义，可由朱熹、胡宏、程颐处上溯至张载，但说得更深刻点，其要回到孟子乃至其他先秦儒家之认识。此处我将就自己的旧文"A Generative-Ontological Unity of Heart-Mind and Nature In the Four Books"① 加以发挥。

从对心性的经验认识之发展上看，可知孔子在《论语》中并未将心性当作一个问题展开来谈。事实上，孔子固然有谈到"性"，但仅将"性"当作一种现象加以描述，如"性相近也，习相远也"②；亦有谈到"心"，但要么将"心"视作一种感知能力，如"饱食终日，无所用心"③，要么将之作为人道德发挥的表达，如"七十而从心所欲不逾矩"④。孔子虽已认识到了"心"的一些功能，但没有加以发挥，于"性"之一词就谈得更少了，正如他鲜言天道一样。

四书中的《大学》，只有一字涉"性"，而谈"心"则有多处，如"正心"之"心"。这个"心"基本上是起一种情感作用。《大学》对"正心"有如下的描述："所谓修身在正其心者，身有所忿懥则不得其正，有所恐惧则不得其正，有所好乐则不得其正，有所忧患则不得其正。心不在焉，视而不

---

① Chung-Ying Cheng："A Generative-Ontological Unity of Heart-Mind and Nature In the Four Books"，Journal of Chinese Philosophy，2013，pp.234-251.

② 朱熹：《四书章句集注》，第 175 页。

③ 朱熹：《四书章句集注》，第 181 页。

④ 朱熹：《四书章句集注》，第 54 页。

见，听而不闻，食而不知其味，此谓修身在正其心。"① 其所谓"正心"者，要在让"心"发挥其自觉、专一之能力，不受忿懥、恐惧、好乐、忧患之影响；换一个角度说，即忿懥、恐惧、好乐、忧患皆可被"心"所感觉到，由此可知《大学》之"心"关乎情感，与"情"有密切的联系。《大学》重视"心"，除了"正心"之外，诚意、致知、格物也涉及"心"的问题。而所谓修身者，也属于"心"的应用，即："所谓齐其家在修其身者，人之其所亲爱而辟焉，之其所贱恶而辟焉，之其所畏敬而辟焉，之其所哀矜而辟焉，之其所敖惰而辟焉。故好而知其恶，恶而知其美者，天下鲜矣。"② 这里列举的各种偏颇，也是"心"的问题。至于齐家、治国、平天下，涉乎孝悌、仁民等，也莫非"心"的态度问题。夫"心"者，就是要发挥人的潜在之能力，使人能孝悌、仁民，绝乎自身的偏颇之心。故《大学》谓"亲民"，要培养新的、不受偏倚之情而影响的人，乃有"心"之德，也就是"情"之真或诚。所以，《大学》在论述"治国必先齐其家"时，引《康诰》之语，谓"'如保赤子'，心诚求之，虽不中不远矣"③，亦是在强调"心"的作用。"所谓平天下在治其国者，上老老而民兴孝，上长长而民兴弟，上恤孤而民不倍，是以君子有絜矩之道也。"④ 这当然是针对"君子"起感召与榜样作用而言的。但其举"絜矩之道"，即"所恶于上，毋以使下；所恶于下，毋以事上；所恶于前，毋以先后；所恶于后，毋以从前；所恶于右，毋以交于左；所恶于左，毋以交于右"⑤，则终在言"心"具有普遍性的知觉与自身节制之作用，然后才能够"是故君子有诸己而后求诸人，无诸己而后非诸人"⑥。于此，可见《大学》多有论"心"的作用之处。"心"不仅能所而为"情"，还能自身有所节制而为"德"，以上所举的《大学》对于"心"之发挥，是相当重要的。至于《大学》所说的"平天下"，其过程中所体现的是"心"之"决策""认知"作用。因之，更关系到《中庸》所说的"国家有九经，曰修身也，尊贤也，亲亲也，敬大臣也，体群臣也，子庶民也，来百工也，柔远

① 朱熹：《四书章句集注》，第 8 页。
② 朱熹：《四书章句集注》，第 8 页。
③ 朱熹：《四书章句集注》，第 9 页。
④ 朱熹：《四书章句集注》，第 10 页。
⑤ 朱熹：《四书章句集注》，第 11 页。
⑥ 朱熹：《四书章句集注》，第 9 页。

人也，怀诸侯也"。这九项修持显然体现了"心"的实践之智慧与决策之能力，人能坚守此原则，才可以治乎天下之国。但《中庸》却不明说，而更视为尽性之道。

《中庸》与《大学》的不同之处在于，《中庸》基本上在谈"性"，谈"心"则无。通观《中庸》全篇，不见一个"心"字，而从其始就开始论"性"。其谓"天命之谓性，率性之谓道，修道之谓教，道也者不可须臾离也，可离非道也"①，然后则谈到"中""和"的问题。"君子戒慎乎其所不睹，恐惧乎其所不闻"②，隐然涉及"心"的问题，但却是"性"的能力之发挥。《中庸》最大的发挥，在于提出知"中"之后可以用"中"于行。能达致日用平常、安定和乐之境，正是因为人能用"中"于行。而用"心"于行者，是自"性"所发出的自然之"中"、涵养所得之"中"。所以，要使"性"发挥出来，就要谈"知性"的问题。谁能"知性"呢？只有"心"能"知性"。从本体层面上，可知"心""性"有密切之关系。故孟子曰："尽其心者，知其性也。"而《中庸》的对应之表达则更具本体性，谓："唯天下至诚，为能尽其性；能尽其性，则能尽人之性；能尽人之性，则能尽物之性；能尽物之性，则可以赞天地之化育；可以赞天地之化育，则可以与天地参矣。"③所谓"天下至诚"，就是能知觉自己的"性"，而又能发挥自己的"性"，使之不偏于正。这种论述，当然也假设了有"心"，但重点在于如何尽"性"。《中庸》同时曰"自诚明，谓之性"④，即从真实之存在的角度表达了何者谓"性"；而"自明诚谓之教"，则是外在地从已有的道理促进人达致"诚"。致"诚"之后，则能"自成""自道"，能维护"性"之真实，故曰"诚者自成也，而道自道也"且"诚者非自成己而已也，所以成物也"。"成己仁也，成物知也"，仁和智，其实都是"性"之德。"心"尽其"性"，"性"发其"心"，乃相互作用，然后成己、成人，成就一种仁智之德。如此，则"合外内之道也，故时措之宜也"，能有所实用。"心""性"（生心，心生）在中文里本就接近，《中庸》此处之论更交杂，但重点终在"性"上。

---

① 朱熹：《四书章句集注》，第 17 页。
② 朱熹：《四书章句集注》，第 17 页。
③ 朱熹：《四书章句集注》，第 32 页。
④ 朱熹：《四书章句集注》，第 32 页。

至于《孟子》，先秦古典儒家的心性之学已然发展到一大高峰。所谓高峰，在于孟子能将"心""性"明白地并言。孟子谓人性善，而善有其善端，在自然的情况之下能有不得已之发挥，即可以知觉、感受，乃称为德之四端。① 四端要变成行为的指导，就要靠"心"来修养、深化于兹，以发挥其能力——这也是一种以"心"尽"性"。依孟子观之，"心"是能尽"性"的，"心""性"是内外交融的。

以上论述，是为了说明：在古典儒家思想的基础上，由于有张载、二程、胡宏、张栻之学术传承②，乃有本体性之传统。我觉得，我们应将宋儒的心性之学追溯到孟子，在更深远、更根本的背景之下，进一步理解二程、胡宏、张栻、朱熹的心性说之论学前提。我要指出此一理解的方法极为重要，它导向两个部分：一是文字义理诠释，一是心灵反思本体的体验，合称为本体诠释，显示了"对客体"与"自主体"的互动。可以说，"性"属于"本"，在此之上产生了"心"之体；又可以谓"性"为体，谓"心"为其用。"心"同时具有体、用的意涵，正如"性"同时具有本、体的含义一般。甚至可以说，如果我们将宇宙与人存设为天人合一之一贯，当然也可以说心有天地之本。这种认识，就是对心性之学的本体性认识；对其了解，也可谓是本体之诠释。

四、对朱子心性之学发展的本体诠释

孟子对心性的理解集先秦学之大成。他结合了孔子、曾子与子思的理解与体验提出了性善而发为心的四端说。此说的创意历史上并未能完全彰显，因其所说之心是情与知觉的共同体，既是 feeling 又是知觉，故我早年英译为 heart-mind。虽至今为人所通用，但用者往往无见其意指。此一"感知"之认识可以张载语证之："由太虚，有天之名；由气化，有道之名；合虚与气，有性之名；合性与知觉，有心之名。"③ 孟子并有心之官则思的观察，思则能明觉。

---

① 参见朱熹:《四书章句集注》，第 238 页。
② 牟宗三认为此传承可于张载之前上溯至周敦颐。此观点当属卓见，我是同意的。
③ 喻博文:《正蒙注译》，第 12 页。

此心正是孟子四端之心。但孟子更有新意：性中有四德，乃根植于心，所谓"君子所性，仁义礼智根于于心"①。由此可见心性是相通的：性之原善因心的拣择与知觉发为不同相应的德，乃能"亲亲而仁民，仁民而爱物"。再者，心是可以用养气充实的，以致仁义不可胜用。孟子又有不动心之说，且不同于告子。他主张"不得于心，无求于气，可。不得于言，勿求于心，不可。"②此处显示发于言的道理可以应征于心，可见心的备万物与天理，有了心的理解乃能发而为生气之行了。此处看出了心的本体通贯性，是联系性与行的动力，甚至可以说是意志。心能"尚志"，"志"为"气之帅"，因而能成为意志。因之我最后提出"heart-mind-will"一词的对孟子之心的诠释。由此可以说明心的主体性与包含性以及发展性，形成了大丈夫的担当精神。

孟子的心的概念所包含的主体性与意志性事实上来自于孔子。孔子论语六次用心字。其中自谓"七十而从心所欲不逾矩"③，又说颜回"其心三月不违仁"④。可见心之自律性。其实孔子对心的理解非常深刻，不举心之名而实显心的主体意志，如言"己所不欲，勿施于人"等，其所谓己实乃意志之心也。未明言心之主体意志，而实示之，在《中庸》则有"率性之谓道，修道之谓教"，能率者能修者何？显然非心莫属。乃至孟子之"尽心"者，《中庸》之"诚则明，明则诚"者，《大学》之"诚意而正心"者，皆以心为主体而不显。由此可见心之自立性与彰显性。故可说尽心所以知性，知性所以知天。

孟子作有性与命之分别，《尽心下》即谓："口之于味也，有同耆焉；耳之于声也，有同听焉；目之于色也，有同美焉；至于心，独无所同然乎？心之所同然者何也？谓理也、义也。"⑤由此以见性之具有创发与自然开拓性，何以如此则必以心的创发性与自主性说明之。性是自然的、不自觉的，而心则为创造的、知觉的乃至自觉的。

---

① 朱熹：《四书章句集注》，第355页。
② 朱熹：《四书章句集注》，第230页。
③ 朱熹：《四书章句集注》，第54页。
④ 朱熹：《四书章句集注》，第86页。
⑤ 朱熹：《四书章句集注》，第369页。

　　二程的心性之说是在孟子的基础上建立起来的，其建立的源泉来自于义理的肯认与心灵的体验与体悟。但二程也把《易传》中的天道流行阴阳互动的考察引入，体现了心有天理与作为万物生机之源的一面。得出"心即性，性即生"①的观点，而又实感受之。

　　我认为二程的心性之说基本上是孟子心性之说的一种发展，在四处深化了孟子：（1）心能感通于道而知万物之理。道是整体的，理是分别的，心能兼通道理，最后得到理一分殊的结论。这是心的本体性。（2）因心的无形迹，故心能通道与太虚，成为了虚灵之心，可能受到了张载《正蒙》"大其心"思想的影响。（3）由于对天理的体会，理成为心的潜在的内涵，"在天为命，在义为理，在人为性，主于身为心，其实一也"②，说明心之理一份（分）殊的显现。既显之后则不可后天的等同，而必须分别开来。可说为心的本体性的现象化。在现象化的层次乃可以说性发为情，又可说心之具有持善而行的能力与意志，但也有陷溺于私欲与蒙蔽的可能，因之本体全善之本体心成为现象心之后，或持善为道心，或陷于恶成人心。这是程颐"心有善恶"的说明。（4）孟子有心之修养之说，"心勿忘，勿助长也"③。人要靠修持以持善并反其本心，二程的"治心"更从理上说，治心在求与理一。理则为天地之理。

　　程颢倾向于就本体的心性一体来面对差别，而程颐则逐渐强调了落实于气的人的实体现象来说心性的差异，发展了性气、性情、性心的差别，以性理为体为本而以气情为用。心乃有体性的一面又有性用之一面。在未发与已发的辨别上以未发之性为体而以已发之心或情为用显然不妥，因心性同本。善恶的问题也必须从本体性与现象性的分别来说方有意义。程颐之异于程颢于此可见。本体上只有善，但事实上的善恶即使不离本体言，也因现象被说成本体的性也有善恶了。这是程颢的推理，但程颐却更能重视心之为人经验上的判断力与选择了。朱子之重"性无不善"而"心有善恶"也正是程颐分别性的本体性与心的现象性的结果。

---

　　①　成中英：《孔子哲学中的创造性原理——论生即理与仁即生》，《孔子研究》1990 年第3 期。

　　②　朱熹编：《二程遗书》，上海古籍出版社 2000 年版，第 254 页。

　　③　朱熹：《四书章句集注》，第 232 页。

胡宏从天地之大体论述"万物生于性""万事贯于理"①,所谓"生于性"指的是万物因生而有性而各为物。这是物性个体化原则的提出,借以说明生→性→心→善恶的发生过程。依此,他看不出理的作用,以为理是性的内涵而非根基。此一与二程的差异来之于易学的生命哲学,以理为心的格致的学问,而非性存的本体。有回归孟子的气概。为何胡宏主张"性无善恶"②呢?我的解释是:他认为心生于性,心成立后方能分辨善恶,因选择而有善恶。性无心之辨别则无善恶。其所谓性无善恶可说明为性为绝对的自然,不受心的判断左右而超越于心。这是过分还原于本,而无视心性是循环的一体以及心之现象性。可能是受了道家与告子的影响。

胡宏又有心性二元论的倾向,以心无不仁,除了认知能力外,心有感通能力而能与天一。但心源于性,即成为心,则其功能异于性而为性之用。"性不能不动,动则心矣。"③未发为体而已发为中。至于何以心宰万物以成性。这里说明了心的功能,是体现及实现性的潜力的唯一或重要途径与手段,也就是显性以成行的所指。我认为胡宏仍能自成其说的圆融,只是不能彰显心的其他功能而已。

显然,胡宏虽然影响了张栻,使其学有同于己处,却也促使张栻就自身的体验来发展其心性之学。

南轩的心说是基于孟子的心性学的另一种陈述:以心为宇宙主体来说性之谓性。他仍接受了胡宏物生成为性的观点,但却用心来贯穿性的创发性与道德之善性,是另一种以心明性的本体论证:心为本,性故善。所谓心则是天地之心的创发与创化之动能与创造力也。心扮演了朱熹哲学中理生气的理的角色。心显然也是认识的能力,能够觉知天地万物之动。心有仁的内涵:"仁者,天地之心,天地之心而存乎人,所谓仁也。"④心与理一,故是心即理。与陆象山何异?其异在较能以性为心的载体体现本体上一心性众的生命原理。他的心本气末的思想也有雷同孟子之处:不得于心,无求与气。以心为主宰。以天地之本体为心之本体,体现孟子的天人一体。另外,性对南轩

---

① 影印文渊阁《四库全书》第 1137 册,第 156 页。
② 影印文渊阁《四库全书》第 1145 册,第 507 页。
③ 影印文渊阁《四库全书》第 1145 册,第 511 页。
④ 影印文渊阁《四库全书》第 1167 册,第 539 页。

来说为发生的本,而心则为主宰之本。完全继承了孟子与《中庸》的性说:性为本根,为全善,性是正理,涉及气则有偏,由于气化之故,有二元论的调和问题。

夫心性关系者,从原始儒学乃至宋明理学,似乎均有二元的冲突:性之著见为心,以心发表于性,但性又赖心来发挥。两者应联合起来,形成一个较圆融与动态的理论。可以说心体性用,也可以说性体心用。应该发为心性互为体用的说法。

以上的认识前提,并不妨碍朱子将之化为一种新的结构,在此转化中,他借助了《中庸》里传统的中和之说。中之所指显然是一个活动的性,此性中已有心的发动。因为必须考虑到知觉的重要,往往因知觉而有情发。总言之,性、情与心(甚至心智与心志)均有内在的联系。若以性为体,则情心均可说为用。但就心的自主与独立言之,则情更为用,心为主为体也是可以说得通的。这与孟子之说实际上亦可以契合。

朱子对心性问题之分析存在疑难。经过1167年与张南轩的沟通,他被暂时地说服了,认同"性体心用"。其后他重新以之为非,盖是遥受二程的影响。此外,他回想到李延平的静坐默思之法。朱熹向来觉得心有独立的作用,而在张南轩之"性体心用"中没看到情之独立表达。最终他的思想发生转向,发挥程颐所论的存养之说,认为"心"无时不在,不管"性"是否已发为"情","心"的运行都在其中。他也特别强调"心"在情感作用之外的认知作用,并强调心具有虚灵明觉的作用。心能发挥变动不居之力量,应能独立于性地法天理以成道心,亦可落入欲念而成人心。人应尽可能使之成为道心,进而于行为上通于仁者之心。朱熹综合心知,对人的心灵有所体悟,乃写成了《仁说》之文。朱熹的心同时具有本体创化性,知觉性与反思性,经格物而知万物,因其本具万物之理。但心却有气的虚灵知觉,可以落入欲念,必须法天理以成道心。也必须发挥其道德的修持能力方可。朱熹认为仁者之心是以天地生物之心为心,所谓"天地以生物为心者也,而人物之生,又各得夫天地之心以为心者也。故语心之德,虽其总摄贯通,无所不备,然一言以蔽之,则曰仁而已矣"[①]。人心包四德而贯四端。

---

① 影印文渊阁《四库全书》第1145册,第323页。

朱熹此心究竟如何与性相接？朱熹的理气相生的概念说明了性为生命之体，兼气质与天理。情则为性之用，彰显了气质的一面，故是有善有恶。但心的地位如何则成为朱熹思想中的根本问题。这个难题困扰着他，在程颐与苏季明的对话中并未能确定一个答案，因而在他 37 岁春月访张南轩以解心中之惑。他所感受的困惑是什么？乃是心性在义理上都有本体性，但不知何者更为根本？他大可以性为本，以心为体，以情为用而形成一个动力的心性体系。但他当时看不到此，以后的发展则需要进一步整合讨论。对于之后的朱子而言，"心"事实上是一种反思、知觉、存养的意向，"心"存养于未发之际、已发之前。所谓存养者，即要参与其中。"心"一方面参与，一方面又能超越，乃成为一种可以克己复礼、规范其"性"的力量。这样一来，朱熹当然不能再继续接受"性体心用"，而是把"情"当作"用"，把"心"当作能统之主。当然，在这个过程中，朱子忘掉了"心"的根源性，及"心""性"的相互发挥之作用。在这个意义上，朱子是以"性"为本、以"心"为体、以"情"为用，而不可只说是以"性"为体、以"心"为用。这样一来，"心"的地位得到了彰显，但"性"的来源之问题就被掩盖了。关于此论，可参考笔者发表在 2006 年《朱子学刊》上的论文：《朱熹四书次第与其整合问题：兼论朱熹中和新旧说的内容与含义》一文。这是我对朱熹体系发展的一个分析。

从前面的分析中，我们看到朱子、胡宏、张南轩的心性一体说之思想背景与思维方式，和张载、程颐均有关系。朱子主张"性本心体情用"与张南轩主张"性体心用"，在学术上到底有没有可以调和的地方？需要强调的是，从双方学理的分析上看，张南轩固然启发了朱子，使之走向三分结构之学说的道路；他对朱子的影响，应不止于启发作用，应该还有补充作用。张南轩的"性体心用"说，更清楚地说明了"性"的根源地位，并彰明了"性"有感思"心"的能力，而非把"心"突出为一些分别的作用而已，以致与情与义失去内在的关联。事实上，心之为性之用在心为一知觉、情感与意志（所谓知情意）的统合体，更能发挥与实现性之为性的创造与实践的能力。显然，朱子也不是不感受到此一灼见，故用"心统性情"来进行对心性关系的表达，只是此一"统"字却未能反映出心之本体性的地位，心源于性而为性之用。从此一角度看，南轩是有帮助于朱子的观点，而不可为朱子之中和新说遽废也。

蔡方鹿《宋明理学心性论》一书中论及张栻与朱熹的中和之辨，至为清楚。其要点为指出张栻从胡宏主张"性体心用"，有其学统的背景。在1167年张朱会晤论学中说服了朱熹，认定了"性体心用"。未发之性未发之前无法体认，只有已发之时察识。这是朱熹的丙戌之悟。返回或随即反思而生疑。何以有此一生疑，朱熹已有43岁时的说明（《中和旧说序》）。导致他自性体情用以至"心统性情"之中和新说，是为他的己丑之悟。此处突出了朱子之转化仍在从用以见体的了悟，而不必把心性视为二橛。因之我指出，朱子的中和新说不必非否认中和旧说的本体内涵，而必须要以中和旧说中的性体心用为基源引导出心与性或与性情之间的多种关系。心之统合性情或心之统率性情只是此等多种关系之一二端而已。

我谓南轩有助于朱子，并非指朱子必然超越了或扬弃了南轩。南轩有助于朱熹的地方是：使朱熹对心之作用有了新的思想与经验整合，提升了一个层次，直觉到心的统合性以及主宰性。但于此亦不必否认性的本原性与基础性，而心实为性的创发性的提升，事实上更应借助张栻"性体心用"以表达"心"的直接呈现之意义，而不止于广延的包含与独立的主宰之意义而已。就张栻而言，他虽同意朱熹的两个见解，但究其自身与胡宏的心性贯通的认识，并非不可与朱熹之说并列同行而互补，显示心之为用的呈现义，以及心之为体的包含义（情）与主宰义（意）。也就是说，"性""心""情"的功能，涉及了本与体、体与用之关系，性情更属于本体性之问题，"心体"之说则更属于认识论之问题。

结论：心之九义的透视

我们通过探讨朱熹与张栻关于心性问题的论辩，概括孟子以来心性之学的演变发展，提出"心之九义"之说，即关于心的本体性、心的活动性、心的创发性、心的情感性、心的知觉性、心的意志性、心的实践性、心的统合性、心的贯通性等心之九义。

与以上这些意义相应，我乃提出下列九个同时基于体验与分析的重要命题：(1) 心本性情；(2) 心发性情；(3) 心体性情；(4) 心感性情；(5) 心知性情；（6）心主性情；（7）心践性情；（8）心统性情；（9）心贯性情。这些命题均是对心之功能的发挥，以显示了心之本于性之为体的本体意义，当然也同时显示了心之为知识与价值创发的功能。

此等含义与命题相应于当代西方道德哲学中的道德心理学而超越之，因为它们不只是心理命题，而且是或者更是人的本体存在的命题，可名为 moral-mind-nature ontology（道德心性本体学，不等同牟宗三的道德形上学）或道德心性学，发挥了道基（源）、性本、心体、情用、理行之说，而为我说的本体伦理学 onto-ethics 的本体基础。

（作者单位：美国夏威夷大学哲学系）

张栻在宋代道学中的宗主地位及其影响

张劲松

张栻在宋代道学中占有宗主地位，为道学理论的建构和道的传播作出重要贡献。这得到朱熹、杨万里、方回、岳珂、杜杲、韩淲、真德秀等著名学者的肯定和高度评价。张栻融理入心，强调"性"为万物之主宰；主张经世致用、躬行践履，而具有自身思想的鲜明特点。张栻思想对湖湘学和蜀学，乃至在近代都产生了重要影响。探讨和弘扬张栻思想的当代价值，具有重要意义。

张栻（1133—1180），字敬夫，号南轩，汉州绵竹（今四川绵竹）人，南宋著名思想家，与朱熹、吕祖谦齐名，并列"东南三贤"之中。张栻创办城南书院，主教岳麓书院，在宋代理学史上占有重要地位。所谓道学，最初的含义是指论述儒家圣人之道及其传授的学问，到后来则内涵日益丰富，外延更加广泛，以至成为一代学术思潮的称谓，也即是指理学。到南宋乾道、淳熙年间，由于张栻、朱熹等人的提倡和相互博约，道学大盛。张栻继承胡宏，倡道于湖湘，朱熹倡道于闽，均得河南程氏之正传。加上与吕祖谦、陆九渊等大家交流学术，相互辩难，著书立说，创立学派，开办书院，传道授教，道学蔚然演成一代学术思潮，广泛影响学界和整个社会。而张栻在宋代道学中占有宗主之地位，得到当时人们的高度评价，其学术思想的特点也产生了广泛影响，至今亦具有重要价值。

一、张栻在宋代道学的宗主地位

张浚（1097—1164）由于力主抗金，与宋高宗、秦桧等政见不同，被贬，居住湖南零陵（今永州）、潭州（今长沙）等地。由于秦桧等人污蔑张浚要"独霸西蜀"，因此，为了避嫌，张栻虽然出生于四川，却随父长期居住在湖南，很少回四川。张栻自幼勤学，来自父亲张浚的言传身教，莫非仁义忠孝之实；后来尊父命，拜胡宏为师，问河南二程洛学。"先生一见，知其大器，即以所闻孔门论仁亲切之指告之。"称之曰："圣门有人，吾道幸矣！公以是益自奋厉，直以古之圣贤自期。"[1] 张栻融张浚家学和胡宏湖湘学为一体，形成南轩学，成为湖湘学派的集大成者和湖湘文化的奠基人。

乾道元年（1165），张栻33岁，刘珙知潭州，重建岳麓书院，次年修复告竣，张栻亲撰《潭州重修岳麓书院记》，刘珙特聘张栻主教岳麓书院。张栻往来于城南、岳麓之间，从此岳麓书院名盛一时。从游之士，请业问学者至千人，弦诵之声洋溢于衡峰湘水。当时，南宋中兴有四大儒，张栻主教岳麓书院，朱熹主教白鹿洞书院，吕祖谦主教丽泽书院，陆九渊主教象山书院，形成"乾淳之盛"的局面，而岳麓书院居四大书院之首。是时，湖湘学渊源最正，未有出湖湘之右者。当时的学子"以不得卒业于湖湘为恨"[2]。湖湘学派声誉鹊起，引起了理学南传福建的另一大师朱熹的关注，他于乾道三年（1167）不远千里前来潭州，向张栻求教，两人相与探讨《中庸》之未发已发、察识与涵养以及太极、仁等理学的重大理论问题。张朱二人"会友讲学"历时二月，开创了书院自由讲学的新风。各地的学者闻风而至，听者甚众，盛况空前，成为岳麓书院史乃至理学史上的大事。这次会讲以朱熹大体上接受张栻的思想而结束，此后双方又陆续展开讨论，促进了理学的大发展。"张朱会讲"也开创了中国学术交流的崭新形式。张朱会讲后，朱熹对张栻的学识给予了高度评价："熹闻道虽晚，赖老兄提掖之赐，今幸略窥。"[3] 以得到张栻的提携帮助而荣幸。并在赠张栻的诗中称："昔我抱冰炭，从君

---

① 《右文殿修撰张公神道碑》，《朱熹集》，四川教育出版社1996年版，第4545页。

② 《答刘公度》，《朱熹集》，第3399页。

③ 《与张钦夫》，《朱熹集》，第1293页。

识乾坤。"① 并预言："万化自此流，千圣同兹源。"② 奠定了张栻和朱熹作为中国哲学史乃至世界哲学史上两大名人的地位。张栻和朱熹一起登岳麓山观日出撰写《登岳麓赫曦台联句》："泛舟长沙渚，振策湘山岑。烟云渺变化，宇宙穷高深。怀古壮士志，忧时君子心。寄言尘中客，莽苍谁能寻?"③ 其"莽苍谁能寻"道出一代道学宗主张栻的气魄。

淳熙五年（1178），由于张栻在广南西路知静江府（今广西桂林）任上的突出政绩，朝廷改任张栻为湖北路转运副使、改知江陵（今湖北荆州），安抚本路。据记载："公入境，首劾大吏之纵贼者罢之，捕奸民之舍贼者斩之，群盗破胆，相率遁去。公又益为条教，喻以利害。……于是一路肃清，善良始有安居之乐。"④ 由于积劳成疾，淳熙七年（1180）二月初二病逝于知江陵府任上，享年四十八岁。张栻病重将死，还给宋孝宗上奏折："臣再世蒙恩，一心报国。大命至此，厥路无由。犹有微诚，不能自已。伏愿陛下亲君子，远小人，信任防一己之偏，好恶公天下之理，永清四海，克巩丕图，臣死之日，犹生之年。"⑤ 张栻遗奏天下传诵之。

张栻以理学思想治国，明于天理、人欲之辨，重视民生，勤政爱民；加强民族团结，使边民和睦相处；重实事实功，整治贪腐；经世致用，躬行践履，深受百姓拥戴。当他去世时，"枢出江陵，老稚挽车号恸，数十里不绝。讣闻，上亦深为嗟悼。四方贤士大夫往往出涕相吊，而静江之人哭之尤哀。盖公为人坦荡明白，表里洞然。诣理既精，信道又笃，其乐于闻过，而勇于徙义，则又奋厉明决，无毫发滞吝意。以至疾病垂死，而口不绝吟于天理人欲之间，则平日可知也。"⑥ 就是说，老人和小孩扶着灵车痛哭，数十里相送，这是当时的老百姓对张栻无比爱戴的真实写照。

张栻"有公辅之望"⑦，在南宋的儒学界、政坛和民间具有很高的威望和影响。

---

① 《二诗奉酬敬夫赠言并以为别》，《朱熹集》，第 211 页。
② 《二诗奉酬敬夫赠言并以为别》，《朱熹集》，第 211 页。
③ 《登岳麓赫曦台联句》，《朱熹集》，第 192 页。
④ 《右文殿修撰张公神道碑》，《朱熹集》，第 4552 页。
⑤ 《遗奏》，《南轩集》，《张栻全集》，长春出版社 1999 年版，第 664 页。
⑥ 《右文殿修撰张公神道碑》，《朱熹集》，第 4545 页。
⑦ 脱脱：《张栻传》，《宋史》，中华书局 1977 年版，第 12774 页。

张栻在湖北任安抚使时，一天，负责观察天象的司天向宋孝宗上奏："司天奏相星在楚地。上曰：张栻当之。"① 宋孝宗随口就说："张栻当之。"这就是说，张栻虽然还没有做宰相，但天象已显示张栻将做宰相，而且宋孝宗也认为张栻可以做宰相了。

宋朝末年的著名学者方回在《南轩集钞序》中认为张栻是一代道学宗主，并分析了张栻能成为道学宗主的主要原因。道学就是后来说的理学，也就是宋代新儒学。方回云：

> 是故能以其身方驾并驱于千古之上，为一世道学之宗主，夫岂偶然也哉？然则道之准的在乎仁，学之准的在乎敬，敬则仁，仁则道，此不可易之，要也。而其所以渐磨视效者，犹有人焉。南轩以魏国忠献公为之父，以胡文定五峰为之师，以晦庵、东莱为之友，而又取诸古人。其修身也，期以颜子为准的，著《希颜录》；其治世也，欲以孔明为准的，著《诸葛忠武侯传》。上下古今内外体用，学莫不得其要以守之，其亲切可概见者，盖如此。予节钞《南轩集》分类以观，著是说于前，将以示士大夫之有志于道学者，宜不可不得其要，以为之准的也。②

把张栻看作"一世道学之宗主"，给予了恰如其分的评价，这客观反映了张栻的学术地位。指出张栻之所以成为一世道学宗主，这不是偶然的。认为张栻能够把道学之道与仁、敬等联系起来，拜胡宏为师，以朱熹、吕祖谦为友，著书立说，以体现道学的宗旨。并鼓励士大夫通过阅读《南轩集钞》来掌握道学之旨要。

南宋另一著名学者韩淲云："张敬夫卓然有高明处，虽未十分成就，而拳拳尊德乐道之意，绝出诸贤之上。吕伯恭拳拳家国，有温柔敦厚之教。朱元晦强辩，自立处亦有胆略。盖张之识见，吕之议论，朱之编集各具所长。"③ 韩

---

① 脱脱：《赵雄传》，《宋史》，第12075页。

② 程敏政：《南轩集钞》，《新安文献志》卷35，文渊阁《四库全书》本，上海古籍出版社1989年版。

③ 韩淲：《涧泉日记》卷中，文渊阁《四库全书》本，上海古籍出版社1989年版。

浅所撰《涧泉日记》是一部记录宋代史实，品评人物，考证经史的学术性笔记，它对研究宋代历史人物有一定的价值。韩浅认为，张栻之识见卓然高明，是其所长，而其尊德乐道之意更是在诸贤之上。给予较高评价。

同时代的学者，理学集大成者朱熹则认为张栻："惟公家传忠孝，学造精微。外为军民之所属望，内为学者之所依归。治民以宽，事君以敬。正大光明，表里辉映。自我观之，非惟十驾之弗及。"① 足以见张栻在当时学者中享有盛誉。

当时的诗坛领袖杨万里十分推重张栻在学术上的造诣，他说："圣域有疆，南轩拓之；圣门有钥，南轩扩之；圣田有秋，南轩获之。"② 给张栻以很高评价。

宋末抗元名将杜杲在《重修建康张栻祠堂记》认为：

> 南轩先生张氏，文公所敬。二先生相与发明，以续周程之学，于是道学之升，如日之升，如江海之沛，妇人孺子闻先生之名，皆知其为贤。譬之景星麟凤不以为瑞者，妄人也。凡讲习之地，皆有祠宇，崇尚严洁，足以启人之敬仰。百年之间儒风彬彬，岂无自而然。③

指出张栻乃受到朱熹的尊敬，张朱二人相互启发，继承周敦颐、二程之学，于是道学得以广泛流传，就连妇女儿童都知道张栻的大名。并认为："南轩之名，与道俱尊。"④ 可见张栻之名具有与道同尊的地位。杜杲此记作于淳祐三年（1243），距张栻去世已六十三年，并自称"后学"，表明张栻在南宋末期的道学界占有崇高地位，连战功显赫的爱国将领杜杲都深为佩服。杜杲还将抗元的统帅府设在建康张栻祠堂里，杜杲抗元百战百胜，升任刑部尚书兼吏部尚书。

南宋著名学者、历史学家、岳飞的孙子岳珂也十分敬重张栻，他作

---

① 朱熹：《祭张敬夫殿撰文》，《朱熹集》，第 4475 页。

② 杨万里：《祭张钦夫文》，《诚斋集》，文渊阁《四库全书》本，上海古籍出版社 1989 年版。

③ 周应合：《南轩先生祠重修祠堂记》，《景定建康志》，文渊阁《四库全书》本，上海古籍出版社 1989 年版。

④ 周应合：《南轩先生祠重修祠堂记》，《景定建康志》。

《张宣公书简帖》：

> 赞曰：紫岩之传，原委一忠。遡而伊濂，根本一中。事君致身，其用则同。自我淑人，脉于五峰。力久积真，至公而充。淳熙之间，天下为公。守道彬彬，洙泗之风。公于是时，不下禹功。据德游艺，言立志通。故其遗书，笔意俱工。我得而藏，敢忘所宗。渊渊其心，皓皓其容。学冠穹壤，名侪岱嵩。万世仰之，曰人中龙。①

称在宋孝宗淳熙年间，整个天下以张栻的名气为大，"公于是时，不下禹功"，认为张栻的功劳不在禹之下。并认为张栻"学冠穹壤，名侪岱嵩。万世仰之，曰人中龙"，给予很高的评价。

宋末学者周密在《齐东野语》中称："南轩以道学倡名，父子为当时宗主。"②认为张栻以倡道学著称于世，而为当时道学方面的宗主。《齐东野语》所记，多宋元之交的大事，可作为正史的补充。

宋末著名理学家真德秀撰《先贤祠祝文》云：

> 濂溪先生周元公、明道先生程纯公、伊川先生程正公、武夷先生胡文定公、五峰先生胡公、南轩先生张宣公、晦庵先生朱文公，圣学不明，千有余载，数先生相继而出，遂续孔孟不传之统，可谓盛矣。惟时湖湘渊源最正，盖濂溪之生实在春陵，而文定父子又以所闻于伊洛者设教于衡岳之下，张朱二先生接迹于此，讲明论著，斯道益以光大。③

此处真德秀论宋代道学之流传，从周敦颐、二程，到胡安国、胡宏父子，再到张栻、朱熹，接续了孔孟相传之道统。真德秀肯定两点：一是其时湖湘学为最正；二是把张栻放在朱熹前面，认为"张朱二先生接迹于此，讲明论

---

① 岳珂：《张宣公书简帖》，《宝真斋法书赞》，文渊阁《四库全书》本，上海古籍出版社1989年版。

② 周密：《张魏公三战本末略》，《齐东野语》，文渊阁《四库全书》本，上海古籍出版社1989年版。

③ 真德秀：《先贤祠祝文》，《西山文集》，文渊阁《四库全书》本，上海古籍出版社1989年版。

著"，使得儒家圣人相传之道益以光大。

以此可见，张栻在南宋学界、政坛和民间具有很高的威望，为"道学"的理论建构和"道"的传播作出重大贡献。得到了朱熹、杨万里、方回、岳珂、杜杲、韩淲、真德秀等著名学者的高度评价，甚至认为张栻的贡献要比朱熹大，在当时位列朱熹之前。由此体现出张栻在宋代道学中占有重要地位，被视为"一世道学之宗主"。

二、张栻思想的特点

张栻思想博大精深，按朱熹的说法"非惟十驾之弗及"① 概括起来，其思想的特点主要有以下几点。

（一）融理入心，强调"性"为万物之本原

张栻在继承二程天理论的同时，又肯定心的本原地位，指出"心也者，贯万事，统万理，而为万物之主宰者也"②。表现出心学的倾向。在心与理的关系问题上，张栻主张本体与主体融为一体，体现了融理入心的特征，认为心与理无彼此之分，二者就是一回事。他说："心与理一，不待以己合彼，而其性之本然、万物之素备者皆得乎此。"③ 本体理与主体心合为一体，这种合一，不是把两种不同的东西混合为一，而是它们本身就是一样东西，心即是理，理即是心。不必以心合理，也不必以理合心。张栻心与理一的思想即是融理入心，把主体本体化，同时也是把本体主体化，心或理作为宇宙的本体具有主观精神的色彩，它们既是性的本然状态，又是万物之所以存在的根据。

胡宏提出性本论哲学，他说："性，天下之大本也。"④ 又说："非性无物，非气无形。性，其气之本乎。"⑤ 强调性为天地的本原，性亦是气的根本。张

---

① 《祭张敬夫殿撰文》，《朱熹集》，第 4475 页。
② 《敬斋记》，《南轩集》，《张栻全集》，第 724 页。
③ 《孟子说》卷 7，《张栻全集》，第 467 页。
④ 《胡子知言疑义》，《胡宏集》，中华书局 1987 年版，第 328 页。
⑤ 《事物》，《知言》，《胡宏集》，第 22 页。

栻秉承师说，指出"天命之谓性，万有根焉"①。认为性是世界的本体或本原，世界万事万物都根源于性，是性的产物。湖湘学派的代表人物张栻以性为宇宙本体，这是其思想的特点。

在性与万物的关系问题上，张栻认为，性是一，事物是万，性与物是一与万、理一分殊的关系。他说："论性之本则一而已矣，而其流行发见人物之所禀，有万之不同焉。……故原其性之本一，而察其流行之各异。知其流行之各异，而本之一者，初未尝不完也，而后可与论性矣。"②强调包括人在内的万物都统一于本原之性，性是体，发见于人物是本体之性的表现和作用，本体之性的流行之各异，而有万物的不同；不同之万物又都以本体之性为存在的根据。体现了张栻性本论思想的特征。

（二）主张经世致用、躬行践履

张栻有较为突出的经世致用思想，在当时产生了重要影响，同时也促进了整个宋代文化的繁荣和发展。

张栻的经世致用思想体现在他重视关系到国计民生的实事。他说："铁钱事如何计？循其理而为之，不若它人做工作事也。大抵今日人才之病，其号为安静者，则一切不为；而其欲为者，则又先怀利心，往往贻害。要是儒者之政，一一务实，为所当为，以护养邦本为先耳，此则可贵也。"③认为涉及民生日用的铁钱之事不应仅停留在口头上去讲理，而应实际去做工作事，以取得实际效果。一方面张栻反对号为安静，无所作为，空谈性理的倾向；另一方面也反对先怀利己之心，贻害他人的行为。主张治国理政，一一务实，尽力而为，造福于国家民众。

张栻重躬行践履的思想与其经世致用的实学密切联系。他说："圣门实学贵于践履，隐微之际无非真实。"④认为实学讲求一个真实，它需要通过躬行践履表现出来。在知行关系上，张栻重视行，主张知行互发并进。他说："盖致知力行，此两者工夫互相发也。寻常与朋友讲论，愚意欲其据所知者

① 《孟子说》卷7，《张栻全集》，第385页。
② 《孟子说》卷6，《张栻全集》，第427页。
③ 《与施蕲州》，《南轩集》，《张栻全集》，第908页。
④ 《论语解》卷4，《张栻全集》，第117页。

而行之，行而思之，庶几所践之实而思虑之开明。不然贪高慕远，莫能有之，果何为哉？"①指出知行双方互相启发，缺一不可。必须把所知付诸实行，通过实践，即所践之实，使得思虑开明，反过来又指导实践。不然的话，如果好高骛远、扫去力行的工夫，那是不可能取得成效的。

对于当时贪高慕远、忽视躬行践履的学风，张栻感到忧虑。他批评道：

> 近岁以来，学者又失其旨，曰："吾惟求所谓知而已。"而于躬行则忽焉。故其所知特出于臆度之见，而无以有诸其躬。识者盖忧之。此特未知致知力行互相发之故也。孔子曰："学而不思则罔，思而不学则殆。"历考圣贤之意，盖欲使学者于此二端兼致其力。②

指出当时的学者只去追求所谓的知，而对于躬行则忽略而不践履。由此，脱离了躬行的知，不过是出于臆度之见，使得有识者感到忧虑，这即是知行双方互相脱离带来的弊病。为了纠正这种弊端，张栻强调于致知力行两端都要用力，互相促进，并以是否践履作为是否真知的标准。他说："若如今人之不践履，直是未尝真知耳。"③这种对躬行践履的重视，体现了张栻思想的突出特点。

以躬行践履为指导，张栻居官期间，廉明清正，关心人民。每到任，常问民疾苦，调查当地"利病"，认真改革地方的弊政，减轻人民的负担。这体现了张栻的经世致用思想。

三、张栻思想的影响

张栻在宋代道学中占有重要地位，其思想独具自身特点，对中国传统文化的各个领域，尤其对四川、湖南的学术文化产生了广泛而深刻的影响，亦对中国近代史产生了重要影响。

---

① 《寄周子充尚书》，《南轩集》，《张栻全集》，第817页。
② 《论语说序》，《南轩集》，《张栻全集》，第751页。
③ 《答朱元晦》，《南轩集》，《张栻全集》，第961页。

（一）张栻思想对湖湘学和蜀学的影响

张栻作为蜀人，又长期在湖南一带活动。他讲学于岳麓，传道于二江，湘蜀门徒之盛，他处不能相比。在张栻的影响下，涌现出一大批学有成就的弟子，据《宋元学案》记载，有名有姓的就有六十多人。南轩之教始兴于湖南，再盛于四川。其弟子不限于湖湘一带的学者，其家乡四川也有不少学者慕名而来，学成后又返蜀讲学，在蜀地传播张栻的思想，扩大了南轩之学的影响。

张栻开创湖湘学发展的新局面，这对于宣传理学、治国理政、抵抗侵略、发展文化教育事业均产生了重要影响。张栻著名弟子有胡大时、彭龟年、游九言、游九功、吴猎、赵方等。

胡宏之子胡大时受教于张栻，张栻死后又受业于陈傅良，并向朱熹问学，最后又拜陆九渊为师，体现了湖湘学融贯超越、重视事功的特点。彭龟年强调治理，不尚空谈，稳定米价，救济百姓。同时，提出寓兵于民的战略思想，对于整军备战，抗击侵略具有重要意义。官至吏部侍郎，被誉为"忠鲠可嘉"之臣。游九言、游九功兄弟批评秦桧，主张抗金，反对投降。积极率兵备战，抵御金兵入侵，并收复邻疆。既主张明天理，不得图利而害义，又提出宽以养民，革除夫役之弊，减轻民众负担，体现了湖湘学派重躬行践履、经世致用的务实学风。吴猎发扬湖湘学派主张抗战、反对投降的传统，直接领导抗金斗争，在湖北前线击败金军，解襄阳之围。又平定吴曦反叛，入蜀治理。吴猎不仅在岳麓书院任堂长时教授传播张栻学说，而且在四川安抚制置使兼知成都府任上，宣传张栻的思想，并祀周敦颐、程颢、程颐于成都学宫，配以朱熹、张栻，使张栻等人的理学在蜀地得以流行，扩大了张栻思想的影响。赵方历任京湖制置使兼知襄阳府等职，以儒生为将，帅边十年，积极抗金，多次取得胜利，体现了湖湘学派反抗侵略、反对投降的爱国主义精神和重躬行践履的务实学风。《宋元学案·南轩学案》记载："南轩先生岳麓之教，身后不衰。宋之亡也，岳麓精舍诸生乘城共守，及城破，死者无算。"全祖望说："长沙之陷，岳麓诸生荷戈登埤，死者十九，惜乎姓名多无考。"① 体现了南轩之教的爱国主义传统。

---

① 黄宗羲：《丽泽诸儒学案》，《宋元学案》，商务印书馆 1933 年版。

黄宗羲曾评价张栻的思想是"见处高，践履又实"①。正是这种思想，对后世学风产生了重要影响，从明清到近代，长沙及整个湖南地区在湖湘学派教育背景下，产生了一代又一代叱咤风云的历史人物，这是一个令人惊叹而又深思的历史现象。

张栻思想除影响湖湘学外，亦对蜀学产生了重要影响。不少四川学人赴湖南求学于张栻，回归后在蜀地讲学。也有的四川学人私淑张栻，以求学于张栻学术为己任，也传播和发展了张栻的思想。全祖望指出，张栻的巴蜀后学不亚于其在湖湘的弟子。他说："宣公（张栻）居长沙之二水，而蜀中反疏。然自宇文挺臣（宇文绍节）、范文叔（范仲黼）、陈平甫（陈概）传之入蜀，二江之讲舍，不下长沙。黄兼山（黄裳）、杨浩斋（杨子谟）、程沧洲（程公许）砥柱岷峨，蜀学之盛，终出于宣公之绪。"②史载"淳熙、嘉定而后，蜀士霄续灯，雨聚笠以从事于南轩之书，湖湘间反不如也"③。可见张栻之学除盛行于湖南一带外，还回流巴蜀，影响了蜀学的发展。并经过魏了翁等私淑弟子集宋代蜀学之大成，理学在巴蜀逐渐确立了其主导地位。蜀学遂入于洛学学统。此时的蜀学即巴蜀地区的学术与时代学术的发展相呼应，已转入以理学为主的思潮之中。

（二）张栻思想在近代的主要影响

近代，由于清朝的黑暗统治和帝国主义的侵略，中华民族到了最危险的时刻，中华仁义志士为了寻求救国救民的真理，涌现出一大批杰出人物，这其中又以湖南人群为代表。

"大江东去，无非湘水余波"。近代的湖南人怎么有这么大的口气？其根源就在湖湘文化。如果说近代中国历史有一半是湖南人写就的话，那么人们也可以说，湖南人写就的历史的一半就是张栻创立的城南书院的学生写就的。湘军统帅、洋务运动领袖曾国藩就是城南书院的著名学生，曾国藩起兵镇压洪秀全太平天国运动，主要反对洪秀全以基督教文化代替儒家文化。太平天国运动被镇压下去后，汉人才真正掌权。曾国藩给张栻重新修墓，并在

---

① 黄宗羲：《南轩学案》，《宋元学案》。
② 黄宗羲：《二江诸儒学案》，《宋元学案》。
③ 黄宗羲：《二江诸儒学案》，《宋元学案》。

墓碑篆刻："高瞻远瞩"四个大字。同治皇帝下圣旨："大小文武官员，至此止步下车"参拜。

还有中兴名将、收复新疆的民族英雄左宗棠，左宗棠是抬着棺材上战场的。辛亥革命元勋黄兴，开国领袖毛泽东，党的早期领导人蔡和森，党和解放军的卓越领导人任弼时等，这些响亮的名字，都毕业于城南书院。在中共一大的 13 名代表中就有毛泽东、蔡和森、何叔衡和李达 4 位是在城南书院及后续的湖南一师求学或教书的。岳麓书院有个著名的对联"惟楚有材，于斯为盛"，杰出思想家王夫之、近代启蒙思想家魏源、维新变法干将谭嗣同、中华民国的缔造者之一宋教仁、讨袁护国战争的领导人蔡鄂将军等近代著名人物均出自岳麓书院或与岳麓书院有渊源。可以说，城南书院和岳麓书院是近代湖南人才的摇篮。而这两个书院都拥有一位杰出的灵魂人物和导师——张栻。在这些杰出人物青年时期世界观形成的阶段，就受到张栻爱国保民、传道济民、经世致用等思想的影响。毛泽东在城南书院读书工作八年之久，可以说，毛泽东能成为一代杰出的政治家、军事家和诗人，与在城南书院（即湖南一师）所受到的教育有关。毛泽东在湖南一师读书期间，和肖子升一起到长沙宁乡张栻墓去祭拜，并追寻张栻留下的足迹。他在 1916 年冬写的《登云麓宫联句》有云："赫曦联韵在，千载德犹馨。""赫曦联韵在"是指张栻和朱熹写的登岳麓山赫曦台联句；"千载德犹馨"是指千年以后张栻和朱熹的道德文章依然美好芬芳。后来毛泽东在 1955 年写的《和周世钊同志》诗中，有"卅年仍到赫曦台"一句，回忆年轻时与同学同游岳麓山赫曦台。

近代，张栻思想不但在湖南有影响，在四川也影响了一大批仁人志士。维新变法六君子之一的杨锐就十分敬仰张栻。现存于张栻故里绵竹南轩中学校内南轩祠杨锐所题对联，赞颂张栻云："高天仰北斗，正学崇南轩。"其对张栻的敬仰之情溢于言表。

四、张栻思想的当代价值

挖掘中国优秀传统文化的当代价值，是实现中国梦和中华民族伟大复兴的重要前提。以中国优秀传统文化为基础，结合社会主义文化和西方文化中有价值的成分以及民主法治思想，构建当代新文化，这是我们的历史使命。弘扬张栻思想的价值，是复兴中国优秀传统文化的重要之举。

(一) 学习张栻的爱国主义精神和高尚人格

南宋诗人刘黻称张栻是"维世之模"①。南宋大诗人杨万里谓紫岩父子，"无一语不相勉以天人之学，无一念不相忧以国家之患也"②。抗金报国、收复中原是张栻毕生的追求。正如他自己在遗奏中所写得那样："臣再世蒙恩，一心报国。"③岳麓书院千载文化传承，爱国主义是其主要精神。张栻主教岳麓书院后，积极宣传抗金思想，表现出"我与金人义不同天日"④的坚定立场，并将之贯穿到教学活动和理学研究之中，深深地影响了他的学生。以张栻为主形成了一个爱国主义湖湘学派团体，《宋元学案》记载这个团体共有33人，他们中间的大多数在抗金斗争中都有过突出表现，其中以李壁、吴猎、赵方最为突出，他们在抗金斗争中，见义必为，勇不可当，无日不战，无战不胜。

南宋末，元兵南进潭州，知衡州尹谷寓居潭州，尹谷先生不顾个人生死安危，仍率领学生聚居而学。元将阿里海牙兵围长沙，尹谷为示抗元之志，激励学生及全城将士、百姓奋勇参战，全家纵火自焚。尹谷死后，学生甚感悲痛，"谷死，诸生数百人往哭之，城破，多感激死义者"⑤。学生在老师的行动感召下，与抗元将士一起"乘城共守"。后来，不幸城被攻破，大批学生战死。表现出英勇不屈的爱国主义精神。两百多年后的明代，著名文学家李东阳至岳麓书院游历，追述此事时尚说："潭人至今道其事，犹慷慨泣下。"⑥弘扬张栻的爱国主义精神，这是我们纪念和研究张栻，倡导优秀传

---

① 刘黻:《蒙川遗稿·四先生像赞南轩张宣公》，文渊阁《四库全书》本，上海古籍出版社 1989 年版。

② 杨万里:《跋张魏公答忠简胡公书十二纸》，《诚斋集》，文渊阁《四库全书》本。

③ 《遗奏》，《南轩集》，《张栻全集》，第 664 页。

④ 李幼武:《张栻南轩先生宣公》，《宋名臣言行录》，文渊阁《四库全书》本，上海古籍出版社 1989 年版。

⑤ 脱脱:《尹谷传》，《宋史》，第 13257 页。

⑥ 李东阳:《宋知潭州李忠烈公祠记》，《怀麓堂集》，文渊阁《四库全书》本，上海古籍出版社 1989 年版。

统文化复兴的真正原因。

（二）学习张栻成就人才、传道济民的教育思想

张栻认为教育的主要目的在于成就人才、传道济民，反对追求功名利禄和语言文辞的工整。他说："但为决科利禄计乎？抑岂使子习为言语文词之工而已乎？盖欲成就人才以传斯道而济斯民也。"① 不仅批评追求功名利禄和语言文辞的工整，而且指出"成就人才以传斯道而济斯民"乃教育的目的。

张栻的教育思想具有重要的现实意义，现代的中国教育制度主要问题是缺少灵魂和目标，不少人是为了将来升官和发财，或者移居海外去学习。一位大学教授呼吁：现在中小学生都成了考试机器了。这就是中国教育的现状。要改革中国的教育现状，首先要对教育制度进行改革，学习张栻的教育思想，改变教育的宗旨。学习和教育的目的不是为了升官发财，不是为了言语文辞之工，而是为了成就人才，传道济民，为人民服务。对全国的教师进行张栻思想的再教育是非常必要的，通过对老师的教育，从而达到对广大学子教育的目的。

（三）学习张栻明人伦、重教化的思想

明人伦、重教化是人与动物相区别的一个重要方面。张栻认为兴办学校的主要目的是"明人伦"。他说："其所以学者，何也？明人伦也。"②"人伦之在天下，不可一日废，废则国随之。然则有国者之于学，其可一日而忽哉！"③ 父子有亲、君臣有义、夫妇有别、长幼有序、朋友有信这人之五伦，张栻认为与天地并行而不可一日废。

五伦思想仍具有现实意义。在古代社会中，君主要代表国家权力，是国家的象征，因此，君臣有义；在现代社会中，可以改为"国义民忠"，国是指各级政府及部门。其他四伦可以继承发展。

在中国传统社会，政府官吏不但要治理社会，还有一个重要职能是社

① 《潭州重修岳麓书院记》，《南轩集》，《张栻全集》，第693页。
② 《孟子说》卷3，《张栻全集》，第317页。
③ 《袁州学记》，《南轩集》，《张栻全集》，第680页。

会教化，他们是道德的师表和模范。所谓父母官，就是以父母对待子女之心去对待关心民众、爱护民众，这是一个很高的道德要求，并非什么封建意识。在传统社会，如果教化出了问题，地方主要官员肯定要被撤职，因为你不配做父母官。如果当今中国的官员都能以父母对待子女之心对待民众，中国的社会秩序、社风民情就会更好。

其实，在中国古代，特别是宋以后历代王朝，国家的治理模式主要有以下几点：一是尊崇道统，以孔子、孟子、二程、张栻和朱熹的思想为指导。二是治统以皇帝和士大夫共治天下，治统的行为要符合道统，对治统予以有力约束。康熙皇帝曾说："万世道统之传，即万世治统之所系也。"① 提出道统为治统之所系，道乃政治治理的指导原则。三是乡绅和家族自治，民间活动和老百姓由乡绅和家族给予引导、管理，充分发挥道德教化的引导和约束作用。张栻在地方治理中特重道德教化，深受民众拥戴。这体现了张栻思想的现代价值，而值得借鉴和吸取。

（四）学习张栻经世致用、勤政为民的作风，为中华民族伟大复兴而努力

张栻重视民生，勤政爱民；反对侈靡之风，提倡简易朴实；重实事实功，整治贪腐；德刑结合，重视道德教化；内修外攘，爱国献身等经世致用的事功修为集中体现了他的经世致用精神，也在一定程度上体现了中华传统文化的精华。

张栻的经世致用思想提倡实用，反对流于"虚文"的形式主义。他说："凡所以施惠于民者，类非虚文，皆有诚意存乎其间。千载之下即事而察之，不可掩也。"② 主张施行惠民政策，要体现出诚意，而非形式主义的虚文。这样才能够在千年之后也能查寻而不可掩没。并指出："务为实用，不汩于习俗。"③ 主张务为实用，不为形式主义的习俗所扰乱。

张栻主张在执政方面要关心民众疾苦，以民为心，推行仁政。他说："上骄慢以残其下而不恤也……有司视民之死而不之救，则民视有司之死而

---

① 康熙：《日讲四书解义序》，《圣祖仁皇帝御制文集》，文渊阁《四库全书》本，上海古籍出版社1989年版。

② 《文帝为治本末》，《南轩集》，《张栻全集》，第781页。

③ 《直秘阁詹公墓志》，《南轩集》，《张栻全集》，第1080页。

亦莫之救矣，此其所以为得反之者也。然则于此，其可不深自省察而以行仁政为急乎！君行仁政而以民为心，民之疾痛疴痒无不切于己，则民亦将以君为心，而亲其上，死其长矣。"① 批评官吏见死不救，骄慢对下而不体恤民众的官僚主义，主张行仁政，认真检讨省察官吏对老百姓的态度，以百姓之心为心，关心民众"疾痛疴痒"之疾苦，这样百姓才能以君为心而亲其上，形成君民关系的良性互动。

张栻反对享乐主义。他说："节礼乐者，进反之义，乐节礼乐，则足以养中和之德；乐道人之善，则足以扩公恕之心；乐多贤友，则足以赖辅成之功。是乌得不日益乎！乐骄乐则长傲，乐佚游则志荒，乐宴乐则志溺，乌得不日损乎？损益之原，存于敬肆而已。"② 批评享乐主义，认为追求享乐，将会带来长傲、志荒、志溺的不良后果。

张栻提倡以忠厚爱民作为其职守，"其为政大体本于忠厚爱民，不苟其职，而不为赫赫名利之为。"③ 以忠厚爱民为从政之本，把爱民落到实处，尽职尽责、一丝不苟，不去追求那种世俗的显赫名利。由此，张栻的经世致用、勤政爱民的作风，不仅在当时得到了民众的拥戴和赞誉，而且对今天纠正不良社会风气也是有所启示，而值得借鉴的。

（作者单位：张浚张栻思想研究会）

---

① 《孟子说》卷1，《张栻全集》，第269页。
② 《论语解》卷8，《张栻全集》，第210页。
③ 《夔州路提点刑狱张君墓志铭》，《南轩集》，《张栻全集》，第1077页。

南宋二江诸儒与南轩之学返传回蜀

胡昭曦

张栻（1133—1180）是宋代与朱熹齐名的理学家，对理学的发展和传播起到了重大作用。南轩之学指张栻的学术思想和著述。张栻生于西蜀，长于南楚，六岁即跟随父亲张浚（1097—1164，蜀中著名学者）在湘、桂任官处所居住，后定居潭州（今湖南长沙）。其间，绍兴二十六年（1156）曾随父护祖母灵柩归葬，一度返回绵竹故里。张栻的学术，得到乃父蜀学之教和胡宏洛学之传。① 南宋中后期，南轩之学返传回蜀，大大促进了蜀学的转型，并形成"蜀学再盛"的局面②，所以有学者说："南轩之学，盛行于湖湘，流衍于西蜀。"③ "南轩承继了家学，又受学于五峰（胡宏），于是蜀学与湖南学合流，而南轩一人占住了蜀学与湖南学两席。"④ 作为我国地域文化，湖湘学和蜀学在宋代都有鼎盛发展，张栻既是理学中湖湘学派的代表人物，也是蜀学的代表人物。对于南轩之学返传回蜀，《宋元学案》（以下简称《学案》）载之较为集中，留下了有关学统、学派、学者的一些资料和论著，写道："淳熙、嘉定而后，蜀士宵续灯、雨聚笠以从事于南轩之书，湖湘间反不如也。""蜀学之盛，终出于宣公（张栻）之绪。"⑤ 然而在该书的记述中，尚有需要考订、辨析、补充之处，这即是试撰本文的缘起。

---

① 参见蔡方鹿：《一代学者宗师——张栻及其哲学》，巴蜀书社 1991 年版。

② 参见胡昭曦：《宋代蜀学的转型》，《宋代蜀学论集》，四川人民出版社 2004 年版。

③ 杨东莼：《中国学术史讲话》，北新书局 1932 年版，第 218 页。

④ 夏君虞：《宋学概要》，商务印书馆 1937 年版，第 131 页。

⑤ 《二江诸儒学案》，《宋元学案》卷 72，中华书局 1986 年版。

一、南轩之学返蜀的倡导者

《宋元学案·二江诸儒学案》（以下简称《二江学案》）云："宣公居长沙之二水，而蜀中反疏。然自宇文挺臣、范文叔、陈平甫传之入蜀，二江之讲舍不下长沙。""《宋史》竟以平甫为南轩门人，或者请益既久遂执弟子之礼乎？"需探究的，一是宇文绍节、陈概二人与张栻的具体学术渊源如何；二是此二人是否为南轩门人。

宇文挺臣（绍节？—1213①），淳熙九年（1182）进士。与张栻之学术联系，《二江学案》未明言。魏了翁说："尝见宇文挺臣自言，某向尝亲登张南轩之门，而传遗言。"② 宇文绍节因其族祖虚中、族叔师瑗出使金朝而死于北，无子，宋孝宗乃命以宇文师说之子绍节继其后。宇文氏与张栻为至亲，朱熹写道："其（张栻）配曰宇文氏，朝散大夫师中之女。"③ 张栻写有《送外弟宇文挺臣二首》《祭宇文使君三十一舅》等诗文④，还为宇文绍节的学斋命名为"顾斋"且作铭文⑤。宇文绍节登张栻之门并传其遗言当是自然之举，他是张栻的亲戚也是南轩门人。魏了翁写道："某昔以诸生受知于公，"⑥ 则宇文绍节还以南轩学传之蜀人。

《二江学案》对陈概的记述亦略，云："陈概，字平甫，普城（今四川剑阁）人也。乾道（1165—1173）进士。对策慷慨，魏艮斋读而奇之，告以'君乡有张敬夫（栻）者，醇儒也'，先生遂以书问学，与兄栗同刻志于圣贤之道。"但它对《宋史》以平甫为南轩门人的说法质疑："予读《南轩集答平甫书》及所作《洁白堂记》，盖友朋之列……或者请益既久，遂执弟子之礼

---

① 《宋史》卷398《宇文绍节传》："嘉定六年正月甲申卒。赠少师。谥忠惠。"中华书局1977年版。

② 魏了翁：《师友雅言》，《鹤山先生大全文集》卷109，《四部丛刊》本。《宋元学案补遗》卷72《二江诸儒学案补遗》第六分册，（简称《二江学案补遗》）引此语，"而传遗言"一句作"而传其遗言"，人民出版社2012年版。

③ 《右文殿修撰张公（栻）神道碑》，《晦庵先生朱文公文集》卷89，《四部丛刊》本。

④ 参见杨世文、王云贵校点：《南轩集》卷5、卷44，《张栻全集》，长春出版社1999年版。外弟，即妻弟。

⑤ 参见《顾斋铭》，《南轩集》卷36，《张栻全集》。

⑥ 《哭宇文枢密绍节文》，《鹤山先生大全文集》卷91，《四部丛刊》本。

乎！"关于陈概与张栻的学术联系，宋理宗时王辰应（潼川人，剑州教授）所撰《三贤堂记》有较详记述，引录于后：

　　南轩蜀产也，而家衡湘，蜀士之获亲炙者盖不数也。乾道己丑（五年、1169，张栻37岁），普成陈公概以直言擢上第。时艮斋魏公在上庠，一见与进曰："世有张南轩，子知之乎？吾与编修朱公（朱熹）、资政刘公（刘珙）咸委重焉，弗敢况也。苟得见之，必有以成子之志矣。"授以河南、南轩等书为别。道江陵，谒刘公于帅府，论及理学，公大喜，凡南轩所与切琢玉汝之辞敷露无隐，勉以涉湘，与魏一辞。陈念母老，谢弗克往。归则与先生之犹子然处而自通，以书先生。因其书而得其人，问答往复，讲析精微，且为作《洁白堂记》，皆圣贤服行之训，犹可复也。……绍定四年（1231）潼川王辰应记。①

　　在张栻著作中，留下一些他与陈概联系的记录。《答陈平甫》书云："往岁得建安魏元履书，始知足下之名……恨未之识耳。……今得足下书并所论著，连缄累牍，伏而读之，无非以讨论问学为事，而果有以知足下之所存，甚幸甚惠！……意欲与之共讲斯道，而勉为君子之归，固所愿者。"接着谈了他的求学闻道经历，自胡宏溯二程至孔孟之道，"别纸所谕，亦各以鄙意批呈，未知然否？自尔既定交于万里之外，则不惜时惠音，有箴有诲，有得有疑，一一详及，勿为无益之书，所愿望也"②。另一《答陈平甫》书，回答了陈概提出的有关礼、仁、天理、人欲及《论语》《孟子》等问题共十七条，并寄给一些相关著述。③ 张栻还为陈概的家堂撰写了《洁白堂记》："剑南陈君自蜀以书抵予曰：'……家故有堂，因取《周诗·白华》孝子洁白之义……以警以戒，敢请为记。'予虽未识君，而尝闻之吾友魏捺之元履谓君直谅，又得君书勤甚，则不果辞……陈君名概，字平甫。"④

　　可见，张栻从未同陈概谋面，只是以书信和著作联系。陈概勤于以信

　① 《艺文志》，《同治剑州志》卷10，同治十二年刻本。
　② 《答陈平甫》，《南轩集》卷26，《张栻全集》。
　③ 《答陈平甫》，《南轩集》卷30，《张栻全集》。
　④ 《洁白堂记》，《南轩集》卷13，《张栻全集》。

请教，张栻也乐于答问。这是一种亦师亦友的关系，从陈概来说是执弟子之礼，但严格而言还不能把陈概称作"张栻门人"。因此《宋史》称"平父（甫），张栻之门人"①，是不够确切的，而《二江学案》虽质疑却仍列为"南轩门人"，也是欠确切的；陈概应是"南轩私淑"。陈概得到张栻的许多教益，是南轩之学返蜀的传人。《二江学案》说，"其时蜀士除宇文枢密外，尚未有从南轩游者，平甫请益最先"，陈概有"倡导之功"，确实如此。

陈概还积极传播南轩之学，南宋著名学者剑州（今四川剑阁）人黄裳（兼山）即受其益。黄裳，乾道五年（1169）进士，官至嘉王府翊善、礼部尚书兼侍读。"有《王府讲义》及《兼山集》，足以发明伊洛之旨。尝与乡人陈平父兄弟讲学，平父张栻之门人也，师友渊源盖有自来云。"②故明代有学者说，"兼山之道……溯其所源，近则资平甫，远得朱、张"③。

《二江学案》"南轩门人"列有杨知章，潼川（今四川三台）人，所见资料，只知他在张栻家乡受其学。魏了翁写道："周程子诸书虽传于蜀，于时未广，通议（杨知章，赠通议大夫）游广汉，得张宣公之学以授公（杨知章子子谟），且诲之曰：'欲造圣门，先从此入……'公朝夕究图，凝然一室，往往逾月不出户。"④又说："杨公虽不及登张子之门，而师友渊源实自之。"⑤《学案》亦说杨知章"得张宣公之学"。据此尚不能说杨知章是"南轩门人"，但确乎得到南轩之学，且以之教子。

南轩之学返传回蜀，宇文绍节、陈概、杨知章起到了倡导作用。他们都同成都的沧江书院、二江诸儒有学术渊源和联系。

二、沧江书院——返传南轩之学的主要据点

在《二江学案》中记载着一条材料，即南宋时成都的沧江书院，这是有关南轩之学返传回蜀必须探究的，当今著述论及不多。可惜所见资料甚

---

① 《黄裳传》，《宋史》卷393。
② 《黄裳传》，《宋史》卷393。
③ 任维贤：《剑阳名儒录序》；李熙阳：《剑州重修兼山书院记》，《艺文志》，载《同治剑州志》卷10。
④ 《中大夫秘阁修撰致仕杨公（子谟）墓志铭》，《鹤山先生大全文集》卷74。
⑤ 《杨伯昌浩斋（子谟）集序》，《鹤山先生大全文集》卷55。

少，只能拾遗集散，窥其大概。《二江学案》于"南轩私淑"写道：

　　提刑虞沧江先生刚简……二江范教授仲黼者，南轩先生高弟也，方会文讲学，以明湖、湘之绪，先生（虞刚简）因是得和齐斟酌，尽闻胡文定公父子以至南轩所讨论于岳麓者，而致精焉。……卜居成都之合江，范季才繁，（原注——梓材案："蘩"当作"苏"，即华阳先生。谢山稿有《华阳别传》，云："沧江先生虞刚简亦师事之。"）亦南轩高弟也，为题曰沧江书院。学者称为沧江先生。

虞刚简（1164—1227），仁寿人，虞允文之孙，赵雄之婿。"以郊恩任官，再举礼部"，历知华阳县、知永康军、利州路提点刑狱、四川制置使司参议官等。著作有《永康军图志》。26岁（淳熙十六年、1189）后，任监郫县犀浦镇酒税，继任华阳县丞，"自上华阳，即筑室成都之合江，以成雍公（虞允文）卜居未遂之志，秀（季）才范公为榜曰'沧江书院'"，直至逝世。① 则沧江书院存在，从宋光宗绍熙年间（1190—1194）到理宗宝庆三年（1227），约三十年之久。

　　沧江先生、沧江书院之得名，或与成都河流有关。沧江，以江水呈苍色即暗绿色故称。成都城乃二江（郫江即府河、流江即南河）环绕，江水沧沧，流向大海，历代诗句尝咏及此。唐代岑参《万里桥》诗："成都与维扬，相去万里地。沧江东流疾，帆去如鸟翅。"② 宋人宋祁《集江渎池亭》诗："五月追凉地，沧江剩素涟。"又《北楼》诗云："少城西北之高楼，此地苍茫天意秋。……缨上朔尘久不洗，安得手弄沧江流。"③

　　宋代是中国书院制度的形成期，民办书院中有专用校舍并聚徒授课的，亦有以学者住宅或读书处为院址的，或团聚学者讲道问学，或著述立言，或聚徒授学。沧江书院是以虞刚简住宅为讲学之所。沧江书院在成都何处，未见确切记载。有文章引虞集（虞刚简玄孙，著名学者）"我家成都雪山

---

① 《朝请大夫利州路提点刑狱主管冲佑观虞公（刚简）墓志铭》，《鹤山先生大全文集》卷76。

② 岑参：《岑参集校注》卷4，"编年诗"，上海古籍出版社2000年版。

③ 宋祁：《景文集》卷5；曹庭栋编：《宋百家诗存》卷3，俱《四库全书》本。

东""先庐昔（一作旧）在小东郭""故家东郭百花洲，梅柳西郊总旧游"等诗句，说："成都虞氏旧居在成都西郊，雪山之东的小东郭。"① "在成都西郊"之说需商榷，虞集明言"先庐"在"小东郭""东郭"、唐宋时成都城二江汇合处附近有大东门、小东门（小东郭门）、合江园等，② 上引魏了翁撰虞刚简《墓志》说虞氏"筑室成都之合江"，《元史》说虞刚简"讲学东门外"③。沧江书院旧址当在今成都城东二江汇合处（今合江亭）一带。④

沧江书院的学术活动，主要是虞刚简和一些在成都一带为官的学者，在此会文讲学。虞刚简是张栻的私淑弟子，他曾从其妻舅赵昱（赵雄之子）处，"得程、张、吕、谢、杨诸子《语》、《孟》读之，犁然会心"，又与范仲黼等"相与切磋于义理之会"。所著有《易传》《论语解》《诗说》，尤致精者《易》，本邵子之学，参以周、程诸书及汉上朱氏说论，随文申义，历十六年，写成专书，"书成而未出"。张栻弟子吴猎评论虞刚简说："湖湘中张子流风所据，而得其学若此者鲜。"虞刚简是名相虞允文后代，是南轩之学的传人，又热心于持续邀请学者在沧江书院讲学，乃有诸儒常聚、"二江之讲舍不下长沙"⑤ "宾朋毕集，其乐融融"⑥ 之状，先后有不少士人受益于此。参加过沧江书院活动的魏了翁写道："士之请益者肩摩袂属，谒无留门，座无虚席，爨无停炊。自二十年来，知与不知，皆曰'沧江先生'。（虞刚简）卒之日，蜀之士民途泣吊，学于成都者二百余人，聚哭于沧江。"⑦ 二三十年间，沧江书院讲学状况和效果于此可见一斑。

沧江书院是南宋时南轩之学返传回蜀的主要据点。虞集写道："昔我先大父利州府君（虞刚简）亲以丞相孙，讲学沧江之上。时则有若资中赵希光昱，成都范文叔仲黼、季才苏、少才子长、少约子该，豫章李思永修己，延

① 邓锡斌：《虞集乡里考》，《兰州学刊》2013 年第 4 期。

② 《华阳县志》卷 27《古迹》载："小东门。门名屡见放翁诗……《虞道园集》亦有'先庐旧在小东郭'句，皆成都东门尔。"民国二十三年刻本。参见冯举等主编：《成都府南两河史话》，四川民族出版社 1998 年版，第 118、126、139 页。

③ 脱脱：《虞集传》，《元史》卷 181，中华书局 1976 年版。

④ 《华阳县志》卷 28，《古迹》载："虞刚简宅。……宅虽久废，揆其地，疑在今同庆阁侧近，唐宋以来所谓合江园风景最佳胜处矣。"

⑤ 《二江诸儒学案》，《宋元学案》卷 72。

⑥ 魏了翁：《虞公（刚简）墓志铭》，《鹤山先生大全文集》卷 76。

⑦ 魏了翁：《虞公（刚简）墓志铭》，《鹤山先生大全文集》卷 76。

平张子真士佺，汉嘉薛仲章绂，陵阳程叔达遇孙，李微之心传、贯之道传，唐安宋正仲德之，汉嘉邓元卿谏从，相为师友，而文靖公（魏了翁）以高科显官亦来定交。悉去记诵词章之习，切劘相长，以究极圣贤之旨要。吾蜀之士尽知伊洛之渊源，则我曾大父与文靖公实发挥之也。"①

三、二江诸儒——返传南轩之学的主力学者群

《宋元学案》专设《二江诸儒学案》，列出一些返传南轩之学的学者，其中提到有"二江九先生"："其时二江有九先生之目，谓范荪、范子长、范子该与先生（范仲黼）皆成都人，薛绂、邓谏从皆汉嘉人，虞刚简、程遇孙仁寿人，宋德之唐安人。或亦有未及事南轩者，皆从先生私淑得之，而南昌李修己、延平张仕佺亦同讲习其间。"

"二江"乃泛指成都，因郫江即府河、流江即南河绕成都城而过，有"二江珥城""二江双流"之谓。二江诸儒中学者较多，《学案》为何特称"其时二江有九先生之目"？又为何称为"九先生"？未述其详。笔者所见资料如下：

一是早有"永嘉九先生"之称。

> 按《周博士集》（即周行己《浮沚集》），元丰时永嘉（今浙江温州）同游太学者蒋元中、沈彬老、刘元承、刘元礼、许少伊、戴明仲、赵彦昭、张子充，所谓不满十人（加上周行己共九位学者），而皆经行修明为四方学者敬服者也。②

> （周）浮沚时与许景衡、刘安节、（刘）安上、戴述、赵霄、张辉、沈躬行、蒋元中称"元丰太学九先生"。考所谓"九先生"者，其六人及程门，其三则私淑也。吾浙学之盛，实始于此。③

> 永嘉自"九先生"而后，伊川之学统在焉。④

---

① 虞集：《魏氏请建鹤山书院序》，《道园学古录》卷6，《四部丛刊》本。
② 叶适：《题二刘文集后》，《水心先生文集》卷29，《四部丛刊》本。
③ 《周许诸儒学案》，《宋元学案》卷32。
④ 全祖望：《永嘉张氏古礼序》，《鲒埼亭集》卷31，《四部丛刊》本。

二是南宋时有专设"九先生祠"以供祭祀者。

或于孔庙或学校设祠以从祀，如常州无锡县学，"宝祐间四明袁从为邑宰，即明伦堂之西为堂三楹，以祀杨龟山（时）、陆象山、张南轩、杨慈湖（简）、袁洁斋（燮）、袁蒙斋（甫）、喻玉泉（樗）、尤遂初（袤）、蒋实斋（重珍），为'九先生祠'"①。"（濂溪先生、明道、伊川、康节、横渠、文正、南轩、吕太史、朱晦庵），历乎千载，实惟九人。视汉唐训诂之徒尚陪从祀，接孔孟湮微之统当有丛（一作崇）祠，爰即州庠载严像设，冀笃信好学之士启见贤思齐之心。"②"尧、舜、禹、汤、文、武、周公、孔子心法相授，统绪相承。自兹以降，汉唐历代名儒、'宋九先生'、我元朝许文正公，皆以得其正传，故从祀孔子庙庭，实为尊崇贤哲启迪世教之大义也。"③

或在书院设祠，如明朝陕州复初书院有祠，"祀周、张、二程、朱、陆以往九先生"④。

或在孔庙设祠从祀本地乡贤，如宋四明（今浙江宁波），"'九先生祠'一所，在尊经阁之右，以奉庆历、淳熙乡达九先生之祀。前进士王应麟为之记。"⑤"及鄞江桃源五先生起庆历中，舒、袁四君子起淳熙中，其德行道学卓然人师，时为'四明九先生'，合荐于一堂，以启来者"⑥。

笔者以为，《学案》称二江之"九先生"，很可能是借鉴"永嘉九先生"之称和受到专设"九先生祠"的影响。"永嘉九先生"传洛学入浙，被叶适称作为伊洛之学入浙"开道"，使浙学大盛⑦；"二江九先生"返传南轩之学回蜀，推进了"洛蜀会同"，使蜀学大盛，二者都起到学术传承作用，接续孔、孟、二程学统，传播并发展洛学，大力弘扬理学。因此，列出二江诸儒

① 《学校》，《无锡县志》卷3下，《四库全书》本。
② 薛友谅：《九先生祠上梁文》，苏天爵《国朝文类》卷47，《四部丛刊》本。
③ 宋褧：《刘静修改封谥升补从祀》，《燕石集》卷13，《四库全书》本。
④ 王世贞：《中顺大夫杭州守初庵方先生墓志铭》，《弇州四部续稿》卷119，《四库全书》本。此志记万历年间方初庵任陕州知州时设复初书院事。
⑤ 袁桷：《学校志》，《延祐四明志》卷13。王应麟《九先生祠堂记》亦载于此卷。《四库全书》本。
⑥ 胡文学编：《序》，《甬上耆旧诗》卷8，《四库全书》本。
⑦ 参见周梦江：《试论永嘉"元丰"九先生》，《杭州师范学院学报》（社会科学版）1991年第5期；陆敏珍：《"违志开道"：洛学与永嘉元丰九先生》，《中山大学学报》（社会科学版）2009年第6期。

中九位着力传播南轩之学的蜀中学者，以之喻比"永嘉九先生"，示尊崇表彰、激励后学之旨。还值得注意的是，南宋时于两浙东路四明（明州、庆元府）有九先生之祀；宝祐时四明人袁从为两浙西路常州无锡县令，也于县学设九先生祠。《宋元学案》的原著者黄宗羲是浙江绍兴府余姚人，补修者全祖望、王梓材、冯云濠均为浙江宁波府鄞县人①，他们熟悉"九先生"之称及其内涵，因此把这个对理学名儒的誉称，给了南宋时在成都研习和传播南轩之学者。或者，南宋时在成都早已有"九先生"之称。由于数据所限，还需继续探究。

二江诸儒在成都的学术活动主要据点在沧江书院，他们是南轩之学返蜀的传播中起了很大作用的主力学者，而范仲黼、虞刚简等九先生则是其中尤为突出者。

范仲黼，字文叔，成都双流人，淳熙五年（1178）进士，历官知彭州、权礼部郎官等，曾被列入"庆元党籍"，他与朱熹、彭龟年、叶适、楼钥等均有学术联系。②学者称为月舟先生，《二江学案》又称为二江先生，并说他是"正献公祖禹之后"。《二江学案补遗》辨云，范仲黼"果为荣公之曾孙，而非华阳（范祖禹）之孙也"。朱熹说，范仲黼之父范灌是荣国公范百禄之后。③李石更具体写道："叔源讳灌，以赠太尉锴为曾祖，以荣国公百禄为祖，以赠太中大夫祖述为父……叔源二子：长仲黼，次仲芸。"④《补遗》之辨当是。⑤

范仲黼是张栻的门人，"仲黼杜门几十年，不汲汲于进取，蜀人高其行。东游吴、楚，张敬夫、吕伯恭一见皆叹赏，具以其学告之"⑥。张栻还为范仲黼的学斋撰铭，序云："成都范文叔以'主一'名斋，予嘉其志，为铭以勉

① 参见陈金生：《宋元学案》，《宋元学案》，中华书局1986年版，"点校前言"。

② 参见《官联》，《南宋馆阁续录》卷8，中华书局1998年版；李心传：《建炎以来朝野杂记·甲集》卷6《学党五十九人姓名》，中华书局2000年版；题沧洲樵叟撰：《庆元党禁》，《四库全书》本。

③ 参见《晦庵先生朱文公文集》卷90。

④ 李石：《方舟集》卷15，《四库全书》本。

⑤ 参见胡昭曦：《蜀学研究与文物资料——宋代成都范氏墓志新见》，《蜀学》第4辑，巴蜀书社2009年版；胡昭曦：《旭水斋存稿》，四川大学出版社2012年版。

⑥ 《安人王氏墓表》，《晦庵先生朱文公文集》卷90。

之。"① 他也得到朱熹的诲迪，在今存朱熹文集中，可以见到朱熹多次提到同范仲黼的交往，并致信回答范所问学。魏了翁说："二江范文叔早从张子问学，剖析精微，罗络隐遁，朱、吕氏皆推敬之。"②《二江学案》说："初南轩虽蜀产，而居湖湘，其学未甚通于蜀。先生（范仲黼）……晚年讲学二江之上，南轩之教遂大行于蜀中。"元人赵汸说，范仲黼、虞刚简等"讲学蜀东门外，非洙泗伊洛之道不言，著《易》《诗》《书》《论语》说，以发明其义，由是蜀士尽知周、程、张、朱传授之旨"③。

在"二江九先生"中，还有成都范氏后代范荪、范子长、范子该（一作垓）。"乾（乾道）、淳（淳熙）以后，南轩之学盛于蜀中，范文叔为之魁，而范少才、少约与先生（范荪）并称嫡传，时人谓之'四范'。"其资料今见不多，大致简况如下。

范荪，字季才，是范镃（范镇胞兄）长子范百之的四世孙。④ 淳熙年间（1174—1189）进士，历知邛州、大理寺丞、夔州路转运判官等，著有《五代史正误》《八阵图论》。⑤ 魏了翁曾"受教于知邛州、张栻的弟子范季才"⑥。《二江学案》说："鹤山魏文靖公初为考索记问之学，先生（范荪）以敛华就实语之。"虞刚简"尝请先生讲学沧江书院"。

范子长，字少才，其弟范子该字少约，俱淳熙进士。⑦ 二人皆是范灉次子仲芸（仲黼之弟）的儿子。⑧《二江学案》说，二人"同游南轩之门……鹤山之初志学，由先生（范子长）兄弟及薛符溪以得门户"。范子长著作有《皇州郡县志》一百卷、《格斋集》四十卷。⑨

---

① 《主一斋铭》，《张栻全集》卷 36。

② 《苏和父（在镕）墓志铭》，《鹤山先生大全文集》卷 86。

③ 赵汸：《邵庵先生虞公（集）行状》，《东山存稿》卷 6，《四库全书》本。

④ 参见胡昭曦：《蜀学研究与文物资料——宋代成都范氏墓志新见》，《蜀学》第 4 辑。

⑤ 据楼钥：《干办审计司范荪太府寺主簿》，《攻媿集》卷 39；陈傅亮：《大理寺簿范荪除大理寺丞》，《止斋先生文集》卷 18，俱《四部丛刊》本；雍正《四川通志》卷 33、43，《四库全书》本；《宋史》卷 173《食货志》。

⑥ 参见缪荃孙：《魏文靖公年谱》，转引自彭东焕：《魏了翁年谱》，四川人民出版社 2003 年版，第 71 页。

⑦ 《选举志》，雍正《四川通志》卷 33。

⑧ 参见胡昭曦：《蜀学研究与文物资料——宋代成都范氏墓志新见》，《蜀学》第 4 辑。

⑨ 分见《艺文志》，《宋史》卷 204；黄虞稷：《千顷堂书目》卷 29，上海古籍出版社 1990 年版。

宋德之，字正仲，庆元二年（1196）进士。或云唐安人（《二江学案》，蜀州宋为蜀州唐安郡），或云彭山人（《彭山在线》），《宋史》写道："宋德之其先京兆人……（隋朝时其先祖）远谪彭山，子孙散居于蜀，遂为蜀州（今四川崇州）人。"① 历官潼川路转运判官、兵部郎中等。他在任山南西道掌书记时，参加了著名地方文献总汇《成都文类》的编辑②，著作有《清城遗稿》二卷。《二江学案》说："先生学于南轩之门，少与范文叔辈讲道。"

程遇孙，字叔达，仁寿人，淳熙年间进士。历官潼川府路转运判官、权知遂宁府等。③ 他在任云安军使兼知夔州云安县主管劝农公事时，参加了著名地方文献总汇《成都文类》的编辑④。《二江学案》说他："少年雄于文，已而折节为南轩之学。范文叔居二江，所谓九先生者，先生其一也。"

薛绂，字仲章，龙游（今四川峨眉山市）人，淳熙十一年（1184）进士⑤，历官成都教授、秘书郎、知黎州，曾在黎州（今四川汉源）建玉渊书院以讲学，学者称为符溪先生。有文章说，薛绂号符溪子与其家乡地名有关。⑥ 著作有《则书》十卷，皆谈《易》理。《二江学案》称他是"二江讲学九子之一"。《二江学案补遗》把魏了翁列为"薛氏所传"。

邓谏从，字符卿，汉嘉（今四川雅安）人。历官奉议郎通判黎州军州事、知怀安军、制置司干办等。⑦ 淳祐三年程公许写道："先兄伯刚（程公说）……而邓元卿、薛仲章、宋正仲……诸贤，则同志而相与讲论也。"⑧ 他亦"二江九子之一"。

综上所述，"二江九先生"是：范仲黼、范荪、范子长、范子该、宋德

---

① 《宋德之传》，《宋史》卷400。

② 《成都文类》提要，《四库全书总目》卷187，中华书局1965年版；参见屈守元：《成都文类》整理本，中华书局2011年版，"序"。

③ 《蜀士立功立节次第》，《建炎以来朝野杂记·乙集》卷10，中华书局2000年版；《宁宗纪》，《宋史》卷40；《选举志》，雍正《四川通志》卷33。

④ 《成都文类》提要，《四库全书总目》卷187；参见屈守元：《成都文类》整理本，"序"。

⑤ 《南宋馆阁续录》卷8。

⑥ 唐长寿：《镇子场》写道，峨眉山市的镇子场，"正名是符溪镇，在宋代又称符汶镇，与苏稽一样，为龙游四大镇之一。……有宋一代，镇子场颇为繁荣，文化发达而出名人，号'符溪子'的薛绂就是其中之一。"（《三江都市报》2011年12月22日）

⑦ 周必大：《文忠集·附录》卷1，《四部丛刊》本；《水心先生文集》卷7；《蜀士立功立节次第》，《建炎以来朝野杂记·乙集》卷10。

⑧ 程公许：《春秋分纪·序》，程公说：《春秋分纪》卷首，《四库全书》本。

之，皆张栻门人；虞刚简、程遇孙、薛绂、邓谏从，皆张栻私淑。他们都是巴蜀本土学者，或长期或一段时间在成都一带担任官职。

与"二江九先生"共同讲道传学的重要学者，还有以下一些。

李修己，丰城（今属江西）人，乾道五年进士。历官成都府通判、知成州等。因同年彭龟年的介绍，从张栻游，是张栻门人。著述有《同谷志》十七卷、《李成州集》十卷。通判成都府时，范仲黼"方聚同志讲学，先生（李修己）与上下其议论。时蜀中后进盛从事于南轩之教，而先生与延平张仕佺子真参焉"①。

张仕佺，延平（福建延平，朱熹作南剑州剑浦）人。南轩门人。历官朝奉郎、知西和州等。著作有《西和州志》，②朱熹所撰张仕佺父张维的墓志写道："仕佺从予亡友张敬夫宦学有闻"③。他同李修己一起参与了二江诸儒传播南轩之教。

张方，资州（今四川资中）人，庆元五年（1199）进士，历官知邛州、成都路提点刑狱、四川制置使司参议等，著述有《亨泉遗稿》一百卷④。程公许写道，程公说与邓元卿、薛仲章、宋正仲、张义立等"诸贤，则同志而相与讲论者也"⑤。

《二江学案》还列出以上一些学者的传人，计：

宇文绍节门人：程公说、程公许、程公硕兄弟，"眉之丹棱（今四川丹棱）人，居于叙之宣化（今四川宜宾）"⑥。程公说（1171—1207）著有《春秋分记》九十卷⑦。《二江学案》说"眉人程克斋兄弟并游于宇文（宇文绍

<hr/>

① 《二江诸儒学案》，《宋元学案》卷72；《艺文志》，《宋史》卷204；《雍正江西通志》卷50，《人物志·南昌府》。

② 参见武威一宁：《甘肃修志》，新浪博客。

③ 《右司张公（维）墓志铭》，《晦庵先生朱文公文集》卷93。

④ 陆心源：《张方传》，《宋史翼》卷22，中华书局1991年影印本；参见彭东焕：《魏了翁年谱》，第78页。

⑤ 程公许：《春秋分记序》，《春秋分记》卷首。

⑥ 刘光祖：《程伯刚墓志铭》，《春秋分记》卷首。诸书或云"眉山人""宣化登龙人""叙州人"，皆欠确。

⑦ 刘光祖：《程伯刚墓志铭》。程公说《春秋分记》一书，今仍存，有《四库全书》本；网载还存有清钞本，孔夫子旧书网介绍说："小楷钞写，数百万言。眉端行间有墨朱笔批语。绘图十数幅。"参见北京保利2011年6月3日拍卖会·古籍文献专场介绍。

节）之门"，未言其详。程公许《春秋分记序》写道："宇文公正父从南轩最久，以学行著西南，兄（程公说）事之期年，得南轩讲论理性之说。"又说，程公说与邓元卿等"诸贤，则同志而相与讲论者也"，则程公说是"宇文门人"，"南轩再传"，且与"二江九先生"相与讲论。但是否"兄弟并游于宇文之门"，尚未见根据。程公许（？—1251），累官刑部尚书、龙图阁学士①，今存其著《沧州尘缶编》十四卷，有四库全书本。

范仲黼门人：苏在镕，郫（今四川郫县）人；张钧，江源（今四川崇州）人，均"受业范文叔之门"；师遇，成都人，范仲黼之婿，"生平守南轩之教，至为醇固"②。

虞刚简门人：范晞，"沧江门人"③。

范子长门人：高载，邛州蒲江（今四川蒲江）人，魏了翁同产长兄。嘉泰二年（1202）进士。他调任泸州录事时，为知州范子长"留之入幕府，于是朝夕讲学"④。

宋德之门人：高崇，邛州蒲江人，魏了翁同产叔兄。嘉定七年（1214）进士。任眉山尉时，宋正仲为太守，从之讲学。"……先生（高崇）兄弟自相师友，而渊源则出自南轩"⑤。

杨知章家学：杨子谟（1153—1226），潼川人。其父杨知章得张宣公之学以授之。曾与虞刚简"同学《易》于沧江之上"⑥。奉祠归乡后，于县之南山自建云山书院，聚友并讲授，"信道益笃，讲明义理之学，以淑后进。一方之士，执经受业，所趋向正"⑦。其著有《浩斋退稿》四十卷。

虞刚简家学：虞炕，虞刚简侄，魏了翁婿。"传其家学，又得妇翁之传。"⑧

---

① 《程公许传》，《宋史》卷 415；《人物志·叙州府》，雍正《四川通志》卷 8；《学校志》，嘉庆《四川通志》卷 79。

② 《二江诸儒学案》，《宋元学案》卷 72。

③ 《二江诸儒学案》，《宋元学案补遗》卷 72。

④ 《鹤山学案》，《宋元学案》卷 80。

⑤ 《鹤山学案》，《宋元学案》卷 80。

⑥ 虞集：《题赵秘书景纬所撰知郡王公庚应墓碑后》，《道园学古录》卷 10。

⑦ 《应诏荐杨子谟等五人奏状》，《鹤山先生大全文集》卷 24；《牟子才传》，《宋史》卷 411。

⑧ 《鹤山学案》，《宋元学案》卷 80；参见胡昭曦：《魏了翁的书院教育及其助手李肩吾》，《国际社会科学杂志》（中文版）2011 年第 4 期；胡昭曦：《旭水斋存稿》，四川大学出版社 2012 年版。

黄裳门人：杨泰之，青神（今四川青神）人。"少受业于黄兼山……南轩私淑之传，以先生为第一。"①

魏了翁《虞公（刚简）墓志铭》指出，在成都，同二江诸儒"相与切磋于义理之会"的学者，还有李心传（1167—1244）、李道传（1170—1217）兄弟等。

《二江学案》写道："宣公居长沙之二水，而蜀中反疏。然自宇文挺臣、范文叔、陈平甫传之入蜀，二江之讲舍不下长沙。""淳熙、嘉定而后，蜀士宵续灯、雨聚笠以从事于南轩之书，湖、湘间反不如也。"南宋中后期，蜀中南轩之学大盛，二江诸儒实为返传南轩之学的主力学者群。

四、从二江诸儒到鹤山学派

宋代蜀学发展有两个高潮：一是北宋中期，以苏学为主；二是南宋中后期，以程朱理学为主。南轩之学返传回蜀，推动了宋代蜀学的转型、"洛蜀会同"和宋代蜀学发展第二个高潮的形成，"洛蜀会同"的过程，就是蜀学由以苏学为主转而以程朱理学为主的过程。作为学术思想的苏学渐渐衰隐，似乎全为程朱理学所代替，其实它是学术思想的相互吸收融合发展。②

张栻的父亲张浚官至相位，学术上曾受学于谯定，是程颐、苏轼的再传弟子，张栻青年时代受到的教育就包括蜀学与洛学。29岁时，在衡山拜二程再传弟子、著名理学家胡宏（五峰先生，1105—1161）为师。在张栻的学术思想中，不仅有胡宏"洛学之传""湖湘之教"，也有蜀学渊源，所以朱熹也说："自其（张栻）幼壮，不出家庭而固已得夫忠孝之传，既又讲于五峰之门，以会其归。"③此后较长时间在岳麓、城南等书院讲学授徒，著书立说，辩学论道，发展理学。由于张栻对理学的丰富与发展的贡献，加之师承胡宏，因而被认为与朱熹共宗二程，同续儒学正统，与朱熹齐名的理学大家。时人周密说："盖孔孟之道，至伊洛而始得其传，而伊洛之学，至诸公

---

① 《二江诸儒学案》，《宋元学案》卷72。
② 参见胡昭曦、刘复生、粟品孝：《宋代蜀学研究》，巴蜀书社1997年版；胡昭曦：《宋代蜀学的转型》，参见民族英雄张浚张栻纪念馆博客。
③ 《张南轩文集序》，《晦庵先生朱文公文集》卷76。

（指张栻、吕祖谦、朱熹）而始无余蕴。必若是，然后可以言道学也已。"①
杜杲也说："南轩先生张氏，文公（朱熹）所敬，二公相与发明，以续周、
程之学，于是道学之升，如日之升，如江汉之沛。"② 作为蜀人的张栻在湖南
奠定了湖湘学派的规模，其学术返传回蜀，推进了传统蜀学同湖湘学、洛学
的交融，使洛学成为蜀中学术的主流和蜀学的再盛。

在南轩之学返传回蜀之前，伊洛之学就已入蜀。著者如两宋之际，涪
州（今重庆涪陵）人、蜀学学者谯定，就到洛阳向程颐求学问道，宋哲宗绍
圣、元符年间程颐被贬"涪州编管"的两年里，谯定得以从学，"师友游泳
其中"，得到了程颐之学的"精义"。③ 作为程颐传人，谯定是巴蜀地区直接
得到伊洛之传的一位重要学者。《宋元学案》计其门人、再传二百余人，并
云刘勉之、胡宪、张浚等"皆自先生（谯定）以上溯伊洛，则先生固程门一
大宗也"④。对谯定及其在蜀中的传人，近世有学者称为"涪陵学派"⑤。然而，
谯定传程门之教，并未给蜀学发展带来如同南轩之学返蜀那样深广的影响，
究其主要原因至少有三：一是当时理学的地位未为官方认定，尚是洛、蜀、
新三个相互角立的学派之一；二是谯定长期隐处不仕，未能"通显"，著述
不多且散佚⑥，其著名传人在朝为达官显宦者很少，对当时学术思想全局的
影响不大；三是同苏氏蜀学衰隐的原因一样，谯定及其蜀中传人不重视运用
书院教育，缺少聚合学术群体、发展学术思想、繁衍学术传人、形成稳定学
派的重要阵地。⑦

同两宋之际相比较，南轩之学面临"庆元党禁"解禁之后，皇帝对理
学的高度重视和推崇，理学从庆元时的"伪学"，到嘉定时的"正学"，理宗
时更成为独尊的"官学"⑧，处于鼎盛的形势。此时的南轩之学，已是继承孔

---

① 周密：《道学》，《齐东野语》卷 11，中华书局 1983 年版。
② 张栻：《张南轩先生文集》卷 7，附杜杲：《重修张南轩先生祠堂记》，《丛书集成》本。
③ 《谯定传》，《宋史》卷 459。
④ 《刘李诸儒学案》，《宋元学案》卷 30。
⑤ 杨金鑫：《程朱理学与书院》，《哲学与文化》（台湾）1990 年第 17 卷第 6 期。
⑥ 参见李胜：《涪陵学派论纲》，《重庆师范大学学报》2005 年第 1 期。
⑦ 参见胡昭曦：《宋代书院与宋代蜀学》，载胡昭曦：《巴蜀历史文化论集》，巴蜀书社
2002 年版。
⑧ 参见胡昭曦：《晚宋史研究中的几个问题》，载胡昭曦：《旭水斋存稿》，四川大学出版
社 2012 年版。

孟学统之显学、官学理学之嫡传。再者，二江诸儒中，不少学者或其先辈、传人在朝为官或至宰执，如宇文绍节、虞刚简、范仲黼、黄裳、程公许、魏了翁等，他们对朝廷的学术决策和社会文化具有不小影响。而在巴蜀政治文化中心成都延续二三十年的沧江书院，则起了团聚学者、研讨学术、弘扬理学、薪火相传的作用。其中，魏了翁是一个杰出的代表人物。

魏了翁（1178—1237），邛州蒲江人，人称鹤山先生。庆元五年（1199）进士，较长时间在四川为官，累至权礼部尚书、同签枢密院事督视京湖军马等。著述颇丰，是南宋后期与真德秀齐名的理学家。① 他私淑张栻，也私淑朱熹，是二江诸儒中的一位，同二江九先生有密切的学术联系。从年龄和学统而言，较之张栻、朱熹和二江诸儒中的大部分学者，魏了翁是后学之辈。② 少时即从乡先生受蜀中学问和义理之学，很早就得到张栻弟子范荪、宇文绍节的指点。《明一统志》说薛绂"与魏了翁讲明易学"③。《二江学案》云，"鹤山之初志学也，由先生（范子长）兄弟及薛符溪以得门户"，乃"范氏所传，朱、张再传"，列入南轩学统。

魏了翁与虞刚简的关系最为密切。魏中进士的次年即庆元六年（1200），以佥书剑南西川节度判官试西川幕府，到成都就任。与虞刚简相识（此时已有沧江书院），"倾盖如故交"。并与二江诸儒"相与切磋于义理之会"。此后，魏了翁聚杨熹之女杨氏（其母与虞刚简妻为姊妹）为妻，二人成为亲戚。之后，魏了翁女又嫁虞刚简从子虞㤋（亦魏了翁弟子）为妻。二人密切交往长达近三十年之久。④ 魏了翁写道：同虞刚简、范仲黼等，"相与切磋于义理之会……始犹以记问词章相尚也，既皆幡然改之曰，事有大于此

---

① 已有学者对魏了翁作过全面系统的研究和论述，主要著作有蔡方鹿：《魏了翁评传》，巴蜀书社 1993 年版；彭东焕：《魏了翁年谱》，四川人民出版社 2003 年版；张文利：《魏了翁文学研究》，中华书局 2008 年版。

② 张栻卒于 1180 年，时魏了翁 3 岁。朱熹卒于 1200 年，时魏年 23 岁。宇文绍节卒于 1213 年，时魏年 36 岁。魏比虞刚简小 15 岁。魏中进士比范氏四先生和程遇孙迟 20 年以上，比薛绂迟 16 年。

③ 《嘉定州·人物》，《明一统志》卷 72，台湾商务印书馆文渊阁《四库全书》本 1983 年版。

④ 参见胡昭曦：《诗书持家，理学名门——宋代蒲江魏氏家族研究》，载胡昭曦：《宋代蜀学论集》；胡昭曦：《魏了翁的书院教育及其助手李肩吾》，胡昭曦：《旭水斋存稿》。

者"①，同二江诸儒的接触，促使魏了翁由记问词章转向探究义理，深入南轩之学。这在魏了翁的家学中也充分体现，《宋元学案·鹤山学案》写道："先生兄弟自相师友，而渊源出自南轩"，"兄弟各有所成，皆南轩之瓣香也。"魏了翁在同张栻的蜀中弟子长期交往中，了解并接受了张栻的理学思想。他以私淑朱熹、张栻为业，其思想更接近于张栻。② 虞集也说：(虞刚简) 讲学沧江之上，"而文靖公 (魏了翁) 以高科显官亦来定交。悉去记诵词章之习，切劘相长，以究极圣贤之旨要。吾蜀之士尽知伊洛之渊源，则我曾大父与文靖公实发挥之也"③。

魏了翁是南宋促使理学由民间传播转而确立为官方学术正统地位的重要人物，也是实现"洛蜀会同"、集宋代蜀学之大成的主要学者，他的理学思想及其"鹤山学派"，在中国思想史和蜀学发展史上占有重要地位。时人王迈说：魏了翁"文追正始之音，学探圣贤之秘"，"凡笔端之游嬉，指理窟而超诣……续程、苏之位置"④。全祖望评论说："嘉定而后，私淑朱、张之学者，曰鹤山魏文靖公。兼有永嘉经制之粹，而去其驳。世之称之者，以并之西山……梨洲则曰：'鹤山之卓荦，非西山之依门傍户所能及。'"⑤

魏了翁及其"鹤山学派"的学术成就，与南轩之学返传回蜀和二江诸儒的传承渊源甚明。《宋史》评价说，魏了翁举办书院，传播理学，"由是蜀人尽知义理之学"⑥，作为理学名家和宋代蜀学集大成者，魏了翁确实有此作用和地位。但同时也要看到当时的学术背景和前人的学术传承，以及魏了翁的学术基础及其源流，诚如赵汸所云，范仲黼、虞刚简等"讲学蜀东门外……由是蜀士尽知周、程、张、朱传授之旨"⑦。虞集所说"吾蜀之士尽知伊洛之渊源，则我曾大父与文靖公实发挥之也"。在评价魏了翁的学术地位时，加上元代人的这些论述，当更为全面和确切。

---

① 《虞公 (刚简) 墓志铭》，《鹤山先生大全文集》卷76。

② 参见蔡方鹿：《魏了翁评传》，第153—157页。

③ 虞集：《魏氏请建鹤山书院序》，《道园学古录》卷6。

④ 王迈：《祭魏鹤山先生文》，《臞轩集》卷11，《四库全书》本。

⑤ 《鹤山学案》，《宋元学案》卷80。

⑥ 《魏了翁传》，《宋史》卷437。

⑦ 《邵庵先生虞公 (集) 行状》，《东山存稿》卷6。

南轩之学返传回蜀，是中国思想史和蜀学发展史上的重要内容，限于资料缺乏和零散，本文只是从学统方面进行学案式梳理和探讨，不少问题尚需深入发掘和补充。至于在学术思想上的传承、影响、互动和变化，更需细致研究。

（作者单位：四川大学历史文化学院）

道 治 一 体

——湖湘学派的学术旨趣

朱汉民

湖湘学者追求道治一体的学术旨趣，故而他们没有沾染那种空谈心性的迂腐之习，在学术风格上，保持了内圣与外王、道德与事功的统一，体现出理学经世派的学术特色。

胡安国、胡宏、张栻、游九言、彭龟年等一批理学家被合称为湖湘学派，不仅在于他们具有学术上的授受关系，尤其在于他们有着共同的学术旨趣，这种共同的学术旨趣对后来的湖湘学者产生深刻的影响。探讨湖湘学派的学术旨趣，对深入挖掘湘学传统精神十分重要。

湖湘学派的学术旨趣是什么呢？就是道治一体的学术追求。

首先，湖湘学派的知识旨趣体现出对"道"的追求。作为理学学派的湖湘学也和佛老之学一样，热衷于探讨天道的理论学说。但是，湖湘学者认为儒学和佛道两家在天道论方面是有根本区别的。胡宏说："释氏与圣人，大本不同。"① 就是说，儒家和佛老之学不仅仅是价值观念、人生态度、修养方法的不同，最根本的，而是天道论的"大本不同"。具体而言，儒家之道以"实"为根本特征，而释老之道则以"空""无"为根本特征。

湖湘学者认为，儒家学说从来就是肯定道物一体，不能分割，而佛教哲学的荒谬之处就在于把二者分离，从而引起错误的结论。胡宏指出：

---

① 《与原仲兄书》，《胡宏集》，中华书局 1987 年版，第 122 页。

　　离物求道者，妄而已矣。①

　　即物而真者，圣人之道也；谈真离物者，释氏之幻也。②

　　他认为道物是一体而不能分离的，作为本体的"道""真"只能存在于物之中，因而儒家哲学主张"物中求道""即物而真"。但是，佛教哲学恰恰相反，他们总是"离物求道""谈真离物"，终于引出以"空""无"为世界之本的虚幻结论。佛教是这样，道教也是这样，胡宏说：

　　一阴一阳之谓道。有一则有三，自三而无穷矣。老氏谓"一生二，二生三"，非知太极之蕴者也。③

　　老氏乃以有无为生物之本，陋哉！天得地而后有万物，夫得妇而后有男女，君得臣而后有万化，此一之道也，所以为至也。④

　　他引用《易传》"一阴一阳之谓道"的观念，证明儒家所遵循的道是形而下的阴阳之气的变化规律、原则，道、太极不能离开阴阳之气，而只能蕴含在此气之中。而老子哲学则将道看成是可以脱离气物而又化生气物的抽象存在，最后只能以"无"作为生物之本，使整个客观存在的物质世界建立在"虚无"的本体论基础之上。这和佛教的"四大皆空"同样荒谬。

　　湖湘学者进一步指出上述错误见解的严重后果。由于佛教哲学把道与物、心与迹分离，因而在现实世界中，必然会作出种种"犯理背义"的错误而不能自知。胡寅在其《崇正辩》一书中说：

　　盖佛氏以心、迹为两途，凡其犯理背义，一切过失，必自文曰："此粗迹，非至道也。"譬如有人终日涉泥涂，历险阻，而谓人曰："吾足自行耳，吾心未尝行也。"则可信邪？⑤

---

① 《知言·修身》，《胡宏集》，第 4 页。
② 《知言·往来》，《胡宏集》，第 13 页。
③ 《知言·阴阳》，《胡宏集》，第 7 页。
④ 《知言·阴阳》，《胡宏集》，第 8 页。
⑤ 《衡麓学案》，《宋元学案》卷 41，中华书局 1986 年版。

一个人必须生活在形而下的现实世界之中，因而必须遵循这个世界的理义原则，由于佛教哲学将心迹分离，因而会导致"犯理背义"的严重错误。可见，儒佛之间由于本体论的不同，从而导致日用生活的根本区别：一种是合乎人情天理的世俗生活，一种则是犯理背义的"离亲毁形"生活。此正如胡宏所说："释氏与圣人，大本不同，故末亦异。……释氏毁性命，灭典则，故以事为障，以理为障，而又谈心地法门何哉！"① 释氏的学说再高妙，由于他们分离了道与物、心与迹，因而只能流于"毁性命，灭典则"的可悲结局。

所以，湖湘学者在建构儒家本体论时，其中一个首要的原则和命题，就是强调形而上与形而下、道与物、性与物是统一整体，以确立儒家的宇宙本体是一种实体存在。湖湘学者认为，释老之徒所以会以虚无为本，就在于他们总是"离物求道"，而儒家之道所以会是"实"的，就在于儒家主张道物一体。胡宏说：

> 道不能无物而自道，物不能无道而自物。道之有物，犹风之有动，犹水之有流也，夫孰能间之？②

胡宏将道和物的关系，视为体和用的关系，因而用风与动、水与流为喻。他进一步强调道、物之间不可分离、不可割裂的思想，他认为只有坚持二者的统一，才能建立起儒家具有实学特征的天道论。张栻继承了胡宏关于道物一体的思想，他进一步提出：

> 道不离形，特形而上者也；器异于道，以形而下者也。试以天地论之，阴阳者形而上者也，至于穹窿磅礴者，乃形而下者也欤。离形以求道，则失之恍惚，不可为象，此老庄所谓道也。③

他把道和物的关系，看成是形而上与形而下的关系，并肯定二者是不可能分

---

① 《与原仲兄书》，《胡宏集》，第122页。
② 《知言·修身》，《胡宏集》，第4页。
③ 《南轩易说》卷1，《张栻全集》，长春出版社1999年版。

离的统一体。由于人们所能接触的是形而下的物质世界，所以必须在形而下的物质世界去探寻形而上的道。如果企图"离形求道"，这种道只能是"异端"所言恍惚不实的道，而绝不会是儒家之道。

所以，张栻在论述老师胡宏的学术成就时，曾论述其哲学本体论特征是："即形而下者而发无声无臭之妙，使学者验端倪之不远，而造高深之无极。"① 这里所谓"无声无臭之妙"，即是指形而上的太极和道，而胡宏正是倡导太极或道只可能存在于形而下的气物之中，如前所述，这种道物一体的思想正是湖湘学派的本体论思想的重要特征。张栻还用"体用一源"的观念来说明二者的关系，提出："体用一源，显微无间，其太极之蕴欤！"② 太极或道虽是宇宙本体，但它不是可以脱离气物的虚无存在，而必须蕴含在气物之中，作为"体"的太极和作为"用"的气物是同一实体存在，这就叫作"体用一源，显微无间"。

湖湘学者所说的道，往往又是指性，胡宏说："有是道则有是名也，圣人指明其体曰性。"③ 湖湘学者也往往用"形而上"与"形而下"来说明性与物（气）的关系。胡宏说："形而上者谓之性，形而下者谓之物。"④ 他进一步指出，由于性是无声无臭的形而上者，它必须也能够存在于感性的形而下者之中。所以，湖湘学者十分强调性与气物是一体而不可分割的，他们认为：

> 性外无物，物外无性。⑤
> 有太极则有物，故性外无物；有物必有则，故物外无性。⑥

他们否定性本体能够于气物之外而独立存在，从而肯定形而上的性体并不是一种虚无存在，而是一种有质有用的实体存在，即如胡宏所说："子思子曰：'率性之谓道。'万事万物，性之质也。因质以致用，人之道也。"⑦

---

① 《胡子知言序》，《胡宏集》，第 338 页。
② 《答吴晦叔》，《南轩集》卷 19，《张栻全集》。
③ 《知言疑义》，《胡宏集》附录一，第 336 页。
④ 《释疑孟》，《胡宏集》，第 318 页。
⑤ 《知言·修身》，《胡宏集》，第 6 页。
⑥ 《孟子说》卷 6，《张栻全集》。
⑦ 《知言·往来》，《胡宏集》，第 14 页。

形而下的"万事万物"是形而上的性体的质料，因而，"性"是一种质、有用的实体存在物，而如果离开万事万物的具体"质"和"用"，性体就会成为一种不可捉摸的虚无存在。所以，张栻在强调儒家的实体论哲学时，就是认为"道德性命，初不外乎日用之实"①。

湖湘学者的"性"是一种实体存在，还在于它是合理欲为一体的。湖湘学者主张"道物一体""物外无性"，同样承认理欲是一体不可分割的，这样，才可以肯定性是实体之性，理是实体之理。胡宏说：

天理人欲，同体异用，同行异情，进修君子，宜深别焉。②

他提出了"理欲同体"的著名命题，因为性体就存在于形而下的感性情欲的基础上，或者说感性情欲总是表达形而上的性体。所以，胡宏常常把形而上的性体置之于形而下的感性活动之中，他说："好恶，性也。"③"夫人目于五色，耳于五声，口于五味，其性固然，非外来也。"④ 湖湘学者针对释老之学泯灭人欲，使性、理悬于虚空之地的谬误。"欲"不仅是一种客观存在，不可能否定，而且正是形而上的性体必须落实之处。张栻虽然不赞成"理欲同体"的命题，但他也不主张讲"无欲"，否则会流于异端的虚无之说，他说："若异端之谈无欲，则是批根拔本，泯弃彝伦，沦实理于虚空之地。"⑤ 可见，他们肯定性、理应和人欲共存，认为佛道两教的"无欲"是"沦实理于虚空之地"，最终会导致虚无本体论。

湖湘学者把形而上的道、性等，视为人们所必须遵循的客观法则，以证明道、性等不是空、无，而是一种实体存在。从表面上看，道、性、理等都是表示事物的本质和法则，它们本身是无形迹的形而上的东西，人们不能直接用视觉、听觉、嗅觉来感知它们的存在。但是，人有理性能力理解和认识它，并在日常生活中遵循它。胡宏把人的理性能力称为"心"，这种理性能力

① 《道州重建濂溪周先生祠堂记》，《南轩集》卷10，《张栻全集》。
② 《知言疑义》，《胡宏集》附录一，第329页。
③ 《知言疑义》，《胡宏集》附录一，第330页。
④ 《知言·阴阳》，《胡宏集》，第9页。
⑤ 《答罗孟弼》，《南轩集》卷26，《张栻全集》。

是在感知的基础上，就能获得对事物法则和本质的理解和认识，即所谓"睹形色而知其性，闻声音而达其义，通乎耳目之表、形器之外"①。人们不仅可以认识性、理，尤其必须遵循它们，它们是不可违背、不可分离的，胡宏说：

> 诚，天道也。人心合乎天道，则庶几于诚乎！不知天道，是冥行也。冥行者，不能处己，焉能处物？②
>
> 道之明也，道之行也，或知之矣。变动不居，进退无常，妙道精义未尝须臾离也。③

人们必须认识天道、遵循天道，才能做到"理于事而心有正"，能够成己成物，与天地参。否则，就是不能处己处物的"冥行"，就会"未知止于其所，故外伦理而妄行"。

既然道、性、理是人们必须遵循的法则，可见它们并非是不存在的空、无，而是具有客观存在的实在性。正是在此意义上，湖湘学者总是将性、理视为实性、实理。胡宏说：

> 五典，天所命也；五常，天所性也。天下万物皆有则，吾儒步步着实，所以允蹈性命，不敢违越也。④

他认为人们必须遵循、不能违越事物的法则，这样才能"步步着实"，可见，作为事物法则、本质的命、性皆是"实"的。张栻往往直接称这些事物的法则、本质为"实理"，以标明它们作为实体的特征，他说：

> 天下之事，莫不有所以然，不知其实而作为皆妄而已。圣人之功，无非实理也，其有不知而作者乎！⑤

---

① 《知言·往来》，《胡宏集》，第14页。
② 《知言·一气》，《胡宏集》，第28页。
③ 《知言·往来》，《胡宏集》，第15页。
④ 《与原仲兄书》，《胡宏集》，第122页。
⑤ 《述而篇》，《论语解》卷4，《张栻全集》。

> 然所谓物者，果何谓乎？盖其实然之理而已。实然之理具诸
> 其性。①

他肯定事物的本质、法则是必须认识而遵循的，不知不循为"妄"，识而循
之则为"实"，所以，一切理皆是"实理"，性是实理的总汇，故而也应是
"实性"。

由此可见，湖湘学派肯定，无论是从哲学范畴的思想形式，还是从它
们的思想内容来看，性、理、道等均是儒学的实体论范畴，它们是实体存在
而不是虚无存在。

宋代是理学兴起并走向鼎盛的时期，理学家们大讲内圣修养，热心讨
论"性与天道"，本意也是为了由内圣而达外王、由道德而达事功。但是，
许多理学家过分注重心性哲理的思辨和离群索居的道德修养，忘记了儒家
的"务实"品格，出现了湖湘学者所指斥的那种"多寻空言，不究实用"的
倾向。

湖湘学派本也是一个理学学派，但是，他们没有因热心讨论"性与天
道"而流于空谈，没有因追求内圣品德而忽视外王事功，而是注重"体用合
一，未尝偏也"②，力求保持内圣与外王、求道与求治的统一。所以，他们对
理学内部出现的"多寻空言，不究实用"的倾向展开了批判。胡宏批评说：

> 伊洛老师为人心，切标题，"天理人欲"一句，使人知所以保身、
> 保家、保国、保天下之道。而后知学者多寻空言，不究实用，平居高
> 谈性命之际，叠叠可听，临事茫然，不知性命之所在者，多矣。③

也就是说，对"天理人心"的内圣追求，是为了"保国保天下"的外王事
功。但许多学者只会"多寻空言""高谈性命"，结果是"不究实用""临事
茫然"。这就违背了儒家的经世致用的精神，与佛老等"异端"之学没有区
别。湖湘学派努力追求"得其体必得其用"的，使得他们能在理学学派群

---

① 《洁白堂记》，《南轩集》卷 13，《张栻全集》。
② 《与原仲兄书》，《胡宏集》，第 122 页。
③ 《与樊茂实学》，《胡宏集》，第 124 页。

中，显示出求道、求治统一的学术旨趣。

胡安国是湖湘学派的奠基人，他用毕生精力研治春秋学，并完成了理学家治《春秋》的代表作——胡氏《春秋传》。胡安国对《春秋》的重视，并非一种好古的历史兴趣，而是经世致用的现实需要。所以他"强学力行，以圣人为标的，志于康济时艰"①，体现出将求道、求治结合的知识旨趣。他在《春秋传》中反复强调《春秋》大一统、三纲为人伦大本、华夷之辨，一方面将人道上升为天道，体现出一种求道的精神；另一方面则是针对现实社会中民族矛盾、阶级矛盾极端尖锐的状况，试图达到加强中央集权、抵御金军、收复中原的现实目的，体现出求治的精神。他在奏事高宗时就明确提出：

> 《春秋》经世大典，见诸行事，非空言此。今方思济艰难，《左氏》繁碎，不宜虚废光阴，耽玩文采，莫若潜心圣经。②

胡安国以《春秋》为"经世大典"，这是他重视研治《春秋》学的一个主要原因。他秉承孙复、程颐以义理说《春秋》的学术途径，试图通过复兴儒家伦理，最终还是为了达到"康济时艰"的治世目的。为了经世致用的现实需要，胡安国"感激时事，往往借《春秋》以寓意，不必一一悉合于经旨"③，可见他"通经"的学术活动，主要是为了"致用"的政治需要。胡安国的这一治学特点影响了他的弟子们，一些学者在南岳时，"日从文定讲明《春秋》复仇之说"④，他们皆把《春秋》之义的学术思想和抗金复仇的经世要求统一起来，体现了湖湘学派注重体用结合的学术旨趣。

胡宏终身不仕，隐居湖南衡山研究和传播理学思想，但是他仍然坚持经世致用的学术旨趣，积极倡导"有体有用"之学。他在论述儒家的"圣人之道"时说：

---

① 《胡安国传》，《宋史》卷435，中华书局1985年版。
② 《胡安国传》，《宋史》卷435，中华书局1985年版。
③ 《武夷学案补遗》，《宋元学案补遗》卷34，中华书局2012年版。
④ 《武夷学案》，《宋元学案》卷34。

学圣人之道，得其体，必得其用。有体而无用，与异端何辨？井田、封建、学校、军制，皆圣人竭心思致用之大者也。①

胡宏所说的"体"，就是人道与天道合一之道体，也是指人的既内在又超越的性体；而所谓"用"，就是指经世致用，包括与"治"有关的经济、政治、教育、军事等各个领域在内。他要求一切致力于"圣人之道"的理学家把形上之道和形上之治统一起来，这样，才能体现儒家重视政治、讲究功用的学术精神。他在研究儒家经典、建构儒学哲理时，仍然关注由体而达用的政治事功。正如他自己所说的："然口诵古人之书，目睹今日之事，心维天下之理，深考拨乱致治之术。"②他关注社会现实，重视"拨乱致治"，体现了经世致用的学术精神。那么，他是如何将原道之学和经世之学统一起来的呢？一方面，他也像其他理学家那样，把心、性、仁等伦理规范上升到天道的高度，以之作为一种超越性的"圣人之道"。他在给宋高宗的上书中说："治天下有本，仁也；何谓仁，心也。"③作为内圣之本的性体既是一种超越的天道本体，又是一种主体的伦理精神。但另一方面，作为超越的内圣之道必须落实于社会政治的层面，仁、心又可以具体化为一种经世致用的治国方案，正如胡宏所说："士选于庠塾，政令行乎世臣，学校起于乡行，财出于九赋，兵起于乡遂，然后政行乎百姓，而仁覆天下矣。"④在这里，仁不再是一种抽象本体和主体精神，而成为客观现实。

张栻继承了湖湘学派的经世致用的传统，他也像胡宏那样，要求把内圣的道德精神和外王的政治功业统一起来，他在论述"义利之辨"时说："嗟乎！义利之辨大矣！岂特学者治己之所当先，施之天下一也。王者所以建立邦本，垂裕无疆，以义故也。"⑤在这里，内圣的修己工夫和外王的"施之天下"是统一的。张栻热心于"性与天道"的哲理思辨，致力于"义利之辨"的道德追求，最终是为了"得时行道，事业满天下"⑥的事功实现。因

---

① 《与张敬夫》，《胡宏集》，第 131 页。

② 《与吴元忠》，《胡宏集》，第 107 页。

③ 《胡宏传》，《宋史》卷 435。

④ 《知言·天命》，《胡宏集》，第 1 页。

⑤ 《孟子讲义序》，《南轩集》卷 14，《张栻全集》。

⑥ 《潭州重修岳麓书院记》，《南轩集》卷 10，《张栻全集》。

此，张栻十分重视当时社会现实所面临的实际问题，如兵政、兵法等军事方面知识，一般而言，是为注重内圣之道的理学家们所不重视的，但是，张栻则认为这是学者们必须探究、学习的内容。他说：

> 盖君子于天下之事，无所不当究，况于兵者，世之兴废，生民之大本存焉，其可忽而不讲哉？兵政之本在于仁义，其为教根乎三纲，然至于法度、纪律、机谋、权变，其条不可紊，其端为无穷，非素考索乌能极其用？①

他完全是从现实的社会政治的需要出发，考虑到了"世之兴废""生民之大本"以及抗金复仇等经世致用的要求，而将包括军事在内的一切"天下之事"作为学者必须学习的内容。这一切，使得湖湘学派将"学"与"治"统一的学术旨趣更加突出、鲜明。

张栻的弟子们发展了这种以经世致用为内容的实学精神，他们一方面仍然坚持对"性与天道"合一的求道追求，另一方面在经世致用方面更是作出了突出贡献。正如清学者全祖望所评价的："南轩弟子多留心经济之学，其最显者，为吴畏斋（猎）、游默斋（九言），而克斋（陈琦）亦其流亚云。"② 张栻的弟子们更注重经邦济世之学，避免了那种空谈心性、玩弄章句的"迂儒"之习。张栻的大弟子吴猎、游九功、游九言、彭龟年、赵方等人，皆是一些既能研经治学又能经邦治国、带兵作战的经世之才。他们特别注重把心性修养和经邦治国统一起来。彭龟年在论述修养心性时，并不把它看作是一种澄心默坐的闭门工夫。他说："故欲治性者必知天，欲知天者必知人，若能知巧伪之人而不为其所惑，则性可得而治矣。"③ "识巧伪之人"是一种政治活动才能，但却成为心性修养赖以实现的条件，从而使得湖湘学派中的务实风格更加突出。吴猎也继承发扬了这一学风特色，他把仁道的内圣工夫和经世的外王事功统一起来，即如全祖望所称："有得于宣公求仁之学而施之于经纶之大者，非区区迂儒章句之陋，而其好用善人，则宰相材

---

① 《跋孙子》，《南轩集》卷34，《张栻全集》。
② 《岳麓诸儒学案》，《宋元学案》卷71。
③ 彭龟年：《论人主当理性情疏》，《止堂集》卷4，商务印书馆1935年版。

也。"① 可见，由于吴猎能将内圣的"求仁之学"和外王的经世致用很好地结合起来，故成为难得的经世之才。

综上所述，湖湘学派发扬了"得其体必得其用"的学术旨趣，因而使得这一学派没有沾染那种空谈心性的迂儒、腐儒之习，在学术风格上，保持了内圣与外王、道德与事功的统一，体现出"理学经世派"的学术特色。

（作者单位:湖南大学岳麓书院）

---

① 《岳麓诸儒学案》,《宋元学案》卷 71。

张南轩"儒佛之辨"刍议[*]

刘学智

在宋代理学家崇儒排佛的思想背景下，张栻（南轩）对佛教采取了极力排斥的态度。出于纠正当时社会上一些儒者受佛教"空虚"思想所"惑"，或"偏离"儒家正学，或名为"辟佛"却流于"诐淫邪道之域"，而"自陷于异端之中而不自知"的状况，张栻从立本虚实、心性与理欲以及修养工夫等方面，深入辨析儒佛之异，尽力去划清儒学与佛教"异端"在本体论、心性论和修养工夫论等方面的思想界限。从中既反映出张栻崇儒与反佛立场的坚定性，同时也暴露出其自身思想方法的某种偏向和思想弱点。

张栻（1133—1180），字敬夫，号南轩，汉州绵竹（今属四川）人，仕至右文殿修撰。丞相张浚（1097—1164）之子。南宋著名的理学家。其学术思想渊源于二程，直接的师承则自于胡宏。曾先后主讲岳麓书院、城南书院，为"湖湘学派"代表人物，与朱熹、吕祖谦并称"东南三贤"。其学又与朱熹"闽学"、吕祖谦"婺学"鼎足而三。一般地说，理学是在唐宋以来儒释道三教合一的学术背景下形成的，故其思想家大都自觉或不自觉地受到佛道二教的影响。不过，与佛道学者坦承和高扬"三教合一"的学术态度不同，理学家虽然大都吸收了佛道的思想，然却往往公开地贬斥佛道二教，甚至以"力辟二氏"为嚆矢，如张载、二程。可能受此学术背景的影响，张栻对佛教亦采取了极力排斥的态度。在张栻的学术思想中，力斥佛教之弊、辨

---

[*] 本文属于教育部哲学社会科学研究重大课题攻关项目"儒释道三教关系史研究"（11JZD005）成果。

析儒佛之异是其重要的内容之一。本文试就其儒佛之辨略作分析。

一、儒佛立本虚实之辨

张栻虽然也曾为官，但却是一位非常正统的儒家学者，无论是言治和为学，都在尽力坚守和维护孔孟以来的道德性命之学，并以此为为学之本，将其他异学皆视为末流（如申韩）或异端（如佛教）。他曾回顾了中国学术发展的历程，认为孔孟之后，其言"仅存于简编"，汉儒之特点在于"穷经学古"，往往"求于训诂章句之间"，其学之大弊，在于"大本之不究，圣贤之心，郁而不章"，认为汉儒有失儒学之"大本"，因而无益于世，此与张载对秦汉以来儒学之蔽的认识基本一致。① 另有一些经生文士，则又专注于文词，追逐功利，更造成儒家的性命之学不能得以倡扬。正是在这种情况下，佛教"异端者，乘间而入，横流于中国"，于是使中国学术到魏晋以降更走向偏离，"儒而言道德性命者，不入于老，则入于释"，遂使儒学"陵夷至此"②，故秦汉以来，那些孜孜"求道者"总不免"沦于异端空虚之说"③。虽然有一些"希世杰出之贤"如韩愈者，"攘臂排之"，起而反佛老，但是其所起的作用非常有限，其原因在于，他们的学说"未足以尽吾儒之指归，不足以抑其澜"，如韩愈所提出的道统说，由于没有系统的思想体系，故尚不能振兴儒家的道德性命之学，不足以抑其佛教泛滥之势，反而因其采取了过激的做法，"如是反以激其势"，使佛教的传播更变本加厉。正由于其"言学而莫适其序，言治而不本于学"，遂使儒学"言道德性命而流入于虚诞"④，完全偏离了传统儒学的实学方向。从儒家学术发展的视野看，拯救儒学之危机，高扬儒学之指归，延续孔孟之道统，正是张栻反佛的思想基础。

在张栻看来，儒学是一种实学，而佛教则总是陷于虚诞。他首先指出儒学之实学特征，说："盖圣门实学，循循有序，有始有卒者，其惟圣人

---

① 《宋史·张载传》："知人而不知天，求为贤人而不求为圣人，此秦汉以来儒者之大蔽也。"中华书局 1985 年版。

② 《道州重建濂溪周先生祠堂记》，《南轩集》卷 10，《张栻全集》，长春出版社 1999 年版。

③ 《南康军新立濂溪祠记》，《南轩集》卷 10。

④ 《道州重建濂溪周先生祠堂记》，《南轩集》卷 10。

乎！"① 就是说，自孔孟以来，儒家所传圣学都是实学，其通过实实在在的君臣父子、兄弟夫妇等日用伦常关系的实行而得以实现，所以他说："治不可以不本于学，而道德性命初不外乎日用之实。其于致知力行，具有条理，而诐淫邪道之说皆无以自隐。"② 意即儒家的道德性命之学，最终要落实到日用伦常的道德实践中。但是佛教"自谓一超径诣，而卒为穷大而无所据"③，尽说些空虚无用、没有根据的话，结果使性命之学成为空言。如果能将儒学道德性命之学"致知力行"，则佛教的"诐淫邪遁"之语将无以藏身。可惜的是，有些"明敏之士"往往受佛教的迷惑，不能分辨儒佛之异，甚至"渺茫臆度"，遂使其学"非为自误，亦且误人"④。

他又说：

> 左右谓异端之惑人，未必非贤士大夫，信哉斯言也！然今日异端之害烈于申、韩，盖其说有若高且美，故明敏之士乐从之。惟其近似而非，逐影而迷真，凭虚而舍实，拔本披根，自谓直指人心，而初未尝识心也。使其果识是心，则君臣、父子、兄弟、夫妇，是乃人道之经，而本心之所存也，其忍断弃之乎！嗟乎，天下之祸莫大于似是而非，似是而非，盖霄壤之隔也。学者有志于学，必也于此一毫勿屑，而后可得其门而入也。然而欲游圣门，以何为先，其惟求仁乎！仁者圣学之枢，而人之所以为道也。有见于言意之表，而后知吾儒真实妙义，配天无疆，非异端空言比也。⑤

他认为，佛教之害所以超过申韩，就在于佛教更有其迷惑性，给人的感觉是"若高且美"，理论高明，境界美好，使一些思想敏锐的人乐意跟从。但是，殊不知佛教那一套理论，实是"逐影而迷真，凭虚而舍实，拔本披根"，即或把虚幻当作真实，或追求空虚而舍弃真实，遂失去了为学之根本。如佛

---

① 《答周允升》，《南轩集》卷26。
② 《道州重建濂溪周先生祠堂记》，《南轩集》卷10。
③ 《答周允升》，《南轩集》卷26。
④ 《答周允升》，《南轩集》卷26。
⑤ 《答陈择之》，《南轩集》卷25。

教标榜"直指本心",然而其根本不识"本心",因为他们出家本身,就把人与人之间根本的伦常关系抛弃了,故其理论最大的祸患是"似是而非"。在他看来,仁学是"圣学之枢",要真正做一个游于圣门的儒者,就要把"仁"放在首位,识仁行仁,才是儒学的"真实妙意",此绝非"异端空言比也"。由此,张栻常对那些受释氏迷惑而失儒学之"大本"的儒者的学术路向表示担忧。如他说:"近见季克寄得蕲州李士人周翰一文来,殊无统纪。其人所安本在释氏,闻李伯谏为其所转,可虑可虑!"① 又有一位叫彪德美的友人在给张栻的信中,常引佛书来阐释儒家的"性命"之学,此引起张栻的不快,他在回信中指出了其"虽辟释氏,而不知正堕在其中"的实质所在:

> 来书虽援引之多,愈觉泛滥,大抵是舍实理而驾虚说,忽下学而骤言上达,埽去形而下者,而自以为在形器之表,此病恐不细,正某所谓虽辟释氏而不知正坠在其中者也。故无复穷理之工,无复持敬之妙,皆由是耳。②

在他看来,友人彪德美是"舍实理而驾虚说,忽下学而骤言上达",即求虚说而扫去了下学的工夫,虽然他也辟佛,但却不知自己恰恰堕于释氏的空虚之中,由此导致既不能"穷理",也做不到"持敬"。在张栻看来,"工夫须去本源上下沉潜培植之功"③,而这个本源就是识"心"。但是,问题在于"今之异端直自以为识心见性",于是一些"高明之士往往乐闻而喜趋之,一溺其间,则丧其本心",即一些儒者往往为释氏的"识心"说所迷惑而沉溺其间,遂丧失其道德本心。他指出,儒者所识之心当是"仁心",如胡宏所说:"仁者,心之道也","惟仁者为能尽性至命",但那些受释氏迷惑的儒者往往"不得其意而徒诵其言,不知求仁而坐谈性命,则几何其不流于异端之归乎!"张栻指出,只有辨析佛儒所说"识心"之异,明确儒者所说"识心"是"识仁"并能进行"尽性至命"的修养,才不至于陷入"不知求仁"而

---

① 朱熹:《朱文公文集》卷54,《朱熹集》,四川教育出版社1996年版。
② 《答彪德美》,《南轩集》卷25。
③ 《答萧仲秉》,《南轩集》卷26。

"坐谈性命"的空虚之域，否则就可能"流于异端之归"。①

张栻在评论周敦颐道学的实学价值时也指出了佛教之虚。他认为，自秦汉以来，那些"求道者"往往"不涉于事"，而"沦于异端空虚之说"，唯周敦颐始能"推本太极，以及乎阴阳五行之流布，人物之所以生化，于是知人之为至灵，而性之为至善，万理有其宗，万物循其则"，遂使"孔孟之意，于是复明"。到二程先生出，又"推而极之"，于是使儒学"本末始终，精析该备"，更使"异端空虚之说，无以申其诬"，所以周氏"有功于圣门而流泽于后世"。② 这里，张栻非常明确的划清了以实为特征的儒学与以虚为弊端的佛教的界限，告诫儒者要守儒学之"大本"，而杜佛教空虚之弊。他甚至直批王安石之学是虚学，说："介甫之学，乃是祖虚无而害实用者。"③

确立儒家实学之"大本"，反对佛教的空虚无用，是张栻从理论上需要划清的界限。他所说坚守儒学之"大本"，其实就是要以"理"为根本，说："大本者理之统体。会而统体，理一而已；散而流行，理有万殊。"④ 即万殊统于一理，理一与万殊的关系如同二程、朱熹所说的"理一分殊"的关系。但是，张栻不认为"大本即此理之存，达道即此理之行"，认为这样"恐语意近类释氏"，因为在他看来，如果把儒学之大本说成是理本身的存在，儒学之大本就可能类同于佛性，就可能与佛教划不清界限。他理解的"大本"是"理之统体"，也就是"万殊固具于统体之中"。其实，如果把"大本"理解为"理一"，它与"万殊"的关系就是"理一分殊"的关系，此与佛教所说"月印万川"是一致的，其间的界限是难以划清的。由于张栻的立场是要排斥佛教，所以他认为其语意"类释氏"。显然，他不仅要反佛，进而还要把理学中吸收佛教的要素排除出去。

二、儒佛心性、理欲之辨

"道心""人心"之说，出自伪《古文尚书·大禹谟》所谓"人心惟危，

---

① 《胡子知言序》，《南轩集》卷 14。
② 《南康军新立濂溪祠记》，《南轩集》卷 10。
③ 《寄周子充尚书》，《南轩集》卷 19。
④ 《答彭子寿》，《南轩集》卷 31。

道心惟微；惟精惟一，允执厥中"的所谓"十六字心法"。由二程始，"人心"与"道心"乃成为理学的重要范畴，二程并认为二者的对立表现为"人欲"（私欲）与"天理"的对立。这一点在张栻那里也承继下来，并成为他反佛的重要武器。张栻说：

> 夫天命之全体流行无间，贯乎古今，通乎万物者也。……盖公天下之理，非有我之得私。此仁之道所以为大，而命之理所以为微也。若释氏之见，则以为万法皆吾心所造，皆自吾心生者，是昧夫太极本然之全体，而返为自利自私，天命不流通也，故其所谓心者是亦人心而已，而非识道心者也。《知言》所谓自灭天命，固为己私，盖谓是也。①

张栻认为，"理"是天下之公理，非为我之得而私也。但是释氏则以为"万法皆吾心所造"，这是昧于"太极本然之全体"，在张栻看来，这就走向了"自利自私"，遂使天命不能流通。所以释氏所说的"心"就属于"人心"而非"道心"了。其实这不尽合乎佛教的本意，佛教说"心"虽然众家不尽相同，但大体上都承认清净本心，此心一般与佛性相通，如佛教有所谓"即心即佛"的说法。而佛性恰是要排除引起人自身烦恼的"私欲"（贪欲）的，故此"心"是与"道心"相通的。张栻显然是出于反佛的需要，以为佛教只讲"人心"而不识"道心"，其目的在于要彰显儒家的天理。这一点对明代关学大儒冯从吾有极大的影响。冯从吾就明确讲佛教只讲"人心"而不讲"道心"，说："人丢过理说心，便是人心。""吾儒之旨只在'善'之一字，佛氏之旨却在'无善'二字。""盖佛氏之失正在论心论性处与吾儒异。"（参见冯从吾《涂宗浚辨学录序》）

张栻还与朱熹等辨析儒佛"存心"说之异同。朱熹在来信中提及"为佛学者言，人当常存此心，令日用之间，眼前常见光烁烁地。此与吾学所谓'操则存'者有异同不？"②张栻对朱熹信中所说表示赞同，说："所论释氏存心之说，非特甚中释氏之病，亦甚有益于学者也。"③同时也复信讨论了朱子

---

① 《答胡季立》，《南轩集》卷25。
② 《答朱元晦》，《南轩集》卷30。
③ 《答朱元晦秘书》，《南轩集》卷21。

所提出的儒佛"存心"说的异同问题。张栻说：

> 某详佛学所谓与吾学之云"存"字虽同，其所为存者固有公私之
> 异矣。吾学"操则存"者，收其放而已。收其放则公理存，故于所当
> 思而未尝不思也，于所当为而未尝不为也，莫非心之所存故也。佛学
> 之所谓"存心"者，则欲其无所为而已矣。故于所当有而不之有也，
> 于所当思而不之思也，独凭藉其无所为者以为宗，日用间将做作用，
> 目前一切以为幻妄，物则尽废，自私自利，此其不知天故也。①

张栻认为，佛教所说的"存"与儒学所说的"存"其根本的差异在于，一是
儒所存者为"公"，而佛所存者为"私"；二是儒所谓"操则存"，是"收其
放"，是孟子所说的"求放心"，即把放遗掉的道德本心、公理之心寻找回
来，而佛教的"存心"则是"欲其无所为"，使自己无事可做，因而当有者
而没有，当思者而不思，甚至以"无所为者以为宗"，将眼前的一切视为幻
妄，"物则尽废，自私自利"，其根本原因在于佛教不知天道。这就从一个侧
面把儒佛的心性论严格区别开来了。

　　在理学家那里，"道心""人心"的讨论总是与"天理""人欲"问题联
系在一起的，张栻也是如此。他认为，如果"道心""人心"的关系不明，
那么"毫厘之差，则流于诐淫邪遁之域"，甚至"自陷于异端之中而不自
知"②。他结合"天理""人欲"关系对之加以说明：

> 试举天理人欲二端言之。学者皆能言有是二端也，然不知以何为
> 天理而存之，以何为人欲而克之，此未易言也。天理微妙而难明，人
> 欲汹涌而易起，君子亦岂无欲乎？而莫非天命之流行，不可以人欲言
> 也。常人亦岂无一事之善哉？然其所谓善者未必非人欲也。故大学之
> 道，以格物致知为先，格物以致知，则天理可识，而不为人欲所乱。
> 不然，虽如异端谈高说妙，自谓作用自在，知学者视之皆为人欲而已

---

① 《答朱元晦》，《南轩集》卷30。
② 《答直夫》，《南轩集》卷27。

矣。孟子析天理人欲之分，深切著明。……盖乍见而怵惕恻隐形焉，
此盖天理之所存。若内交，若要誉，若恶其声，一萌乎其间，是乃人
欲矣。①

张栻明确指出，天理与人欲有鲜明的分界，人生而有善的道德本心，如能格
物致知，则天理可识，善的道德本心得以保持，此则为天理；相反，如果如
佛教异端不识天理，而只是空虚"谈高说妙，自谓作用自在"，如所谓"佛
向性中作，莫向身外求"，空谈"识心见性"，而丢弃本心天理于不顾，此
"皆谓人欲而已矣"。孟子所说的人生皆有"怵惕恻隐"之心，正体现了天理
之所存。相反，如果丢弃此道德本心而追求外在的声名利禄，则是人欲。不
过，他对儒佛关于"天理"与"人欲"的看法，还不同于有些人所认为的儒
主天理，佛主人欲（如关学大儒冯从吾②），而是对儒佛关于天理与人欲的
关系做了具体的考察和详细的比较。他在《酒诰说》一文中说：

> 酒之为物，本以奉祭祀、供宾客，此即天之降命也。而人以酒
> 之故，至于失德丧身，即天之降威也。释氏本恶天降威者，乃并与天
> 之降命者去之；吾儒则不然，去其降威者而已，降威者去，而天之降
> 命者自在。为饮食而至于暴殄天物，释氏恶之，而必欲食蔬茹，吾儒
> 则不至于暴殄而已；衣服而至于穷极奢侈，释氏恶之，必欲衣坏色之
> 衣，吾儒则去其奢侈而已；至于恶淫慝而绝夫妇，吾儒则去其淫慝而
> 已。释氏本恶人欲，并与天理之公者而去之，吾儒去人欲，所谓天理
> 者昭然矣；譬如水焉，释氏恶其泥沙之浊，而窒之以土，不知土既窒，
> 则无水可饮矣，吾儒不然，澄其沙泥，而水之澄清者可酌。此儒释之
> 分也。③

---

① 《答直夫》，《南轩集》卷 27。

② 冯从吾："彼（指佛教）所云一点灵明，指人心人欲说，与吾儒所云一点灵明，所云
良知，指道心天理说，全然不同。……虽理不离气，而舍理言气，便是人欲。天理人欲之辨，
乃儒佛心性之分。"（《辨学录》）

③ 《酒诰说》，叶绍翁：《四朝闻见录》，沈锡麟、冯惠民点校，《东莱南轩书说》，中华书
局 1989 年版。

显然，张栻并不是一般地、笼统地从天理与人欲对立的角度来批评佛教，而是通过揭露释氏关于正常人欲观念上的错误认识，以彰显天理。他举例说：酒是用来祭祀、供宾客之用的，不可否认，饮酒过度会使人"失德丧身"，但适度地饮酒是可以的，只是不能过度地酗酒。但是，释氏却要绝对禁止它，这则是不可取的。人在日常生活中总是要穿衣吃饭的，这是正常的人欲，儒家反对的是过度的追求奢侈，但是佛教却主张以吃素、蔽衣来磨砺自己的身心，这也是不足取的。还有，夫妻之间的性关系是人伦日常正常的关系，儒家也不反对正常的夫妻性关系，只是不主张纵欲和淫乱，但是佛教因为痛恨淫欲而戒色出家，禁绝正常的夫妻生活，这也是不可取的。张栻认为，佛教因讨厌"天降威者"，结果到头来连"天之降命者"也抛掉了。而儒学则不然，仅"去其降威者"，而"天之降命者自在"。意即儒学的目的是要彰显天理，而佛教则走到了极端，连合乎天理的行为也不要了。他认为这是极其错误的，就如同担心泥沙会使水变混浊而"窒之以土"，结果连喝的水也不要了。而儒家是把水中的泥沙加以澄清，使水变澄清而已。张栻认为，合理的人欲中包含天理的内容，只是这些"人欲"需要以一定的准则和规范加以约束，这就是儒佛在天理与人欲上的区别。这里也可以看出，理学家并不是要"灭人欲"，而承认人有正常合理的情欲。

张栻又指出："如饥食渴饮，昼作夜息固是义。然学者要识其真，孟子只去事亲从兄指示上做的当，释氏只为认扬眉瞬目运水般（搬）柴为妙义，而不分天理人欲于毫厘之间，此不可不知也。"① 意即"饥食渴饮，昼作夜息"这是正常的人欲，是合乎天理的。不过，儒家的关注点不在这上面，而在于"事亲从兄"等体现道德本心的伦常之事上，但佛教却关注的是"扬眉瞬目""运水般（搬）柴"等细微的举动，以为其都具有真谛妙义，但这些并非能彰显天理，甚至还可能包含人欲的成分。他指出，此正说明释氏"不分天理人欲于毫厘之间"②。

---

① 《答俞秀才》，《南轩集》卷 27。
② 《答俞秀才》，《南轩集》卷 27。

三、儒佛修养工夫之辨

在修养论上，张栻与二程所主省察持敬的工夫论相通。他对那种"欲速逼迫"以求近功的做法不与苟同，而主张以"弘毅为先，循循为常"。他在《答吕子约》中说："但所谓二病，若曰荒怠因循，则非游泳之趣；若曰蹙迫寡味，则非矫揉之方。此正当深思，于主一上进步也。要是常切省厉，使凝敛清肃时寖多，则当渐有向进，不可求近功也。"这是说，他对那种"荒怠因循""蹙迫寡味"等"以求近功"的做法，是不赞成也不采取的。他主张在"深思""主一上进步"，通过"常切省厉""凝敛清肃"的"省察"工夫，"当渐有向前"。在另一《答吕子约》的信中说：

> 所谓近日之病却不在急迫，而惧失于因循，此亦可见省察之功。然此亦只是一病，不失之此则失之彼矣。以至于闺门之间，不过于严毅则过于和易；交游之际，厚者不失于玩则失于过。纷纷扰扰，灭于东而生于西。要须本源上用功，其道固莫如敬。若如敬字有进步，则弊当渐可减矣……惟主敬以立本，而事事必察焉，学之要也。①

张栻指出工夫之要在"深思""主一上进步"，关键是"要须本源上用功"，这个本源就是以心持"敬"。故他说："其道固莫如敬，若如敬字有进步，则弊当渐可减矣。"由此他主张"惟主敬以立本，而事事必察焉，学之要也。""主敬立本"和"省察"正是修养身心的关键所在。他说："存养是本，工夫固不越于敬。敬固在主一，此事惟用力者方知其难。"② 又说，修身"要切处乃在持敬，若专一，工夫积累多，自然体察有力，只靠言语上苦思，未是也"③。所以，"学者有志于学，必也于此一毫勿屑，而后可得其门而入也"④。意即立志于圣学者当从立本心、敬人伦上入门。也就是说，要游圣学

---

① 《答吕子约》，《南轩集》卷 32。
② 《答乔德瞻》，《南轩集》卷 27。
③ 《答潘端叔》，《南轩集》卷 19。
④ 《答陈择之》，《南轩集》卷 25。

当以"求仁"为先。但是，佛教恰恰是在这个根本问题上失足，其脱离人伦道德，无父子之亲、兄弟夫妇之情。他批评说：佛教"自谓直指人心，而初未尝识心也。使其果识是心，则君臣父子，兄弟夫妇，是乃人道之经，而本心之所存也，其忍断弃之乎!"① 在他看来，"敬"立于"心"，"识心"须立意于"君臣父子，兄弟夫妇"之"人道之经"，此正是人"本心之所存也"。故"异端"则将此根本的东西舍弃了，故其所谓"识心"是乃"空言"也。②

上面仅从本体虚实之辨、心性与理欲之辨、修养工夫之辨诸方面略作分析。张栻力辨儒佛，其目的在于使那些受佛教影响而迷真的儒者能从佛教的"迷惑"中清醒过来，致力于儒家正学的倡扬；另外，也使长期以来在佛教压抑下失去自我的儒者获得理论的自信，并努力提高自身。不过也要看到，张栻力辨儒佛，并非是就事论事，而是承继张载、二程等人的批佛立场且有过之，基本上对其采取了全盘否定、抨击和排斥的态度，几无一字之褒扬，说明他受时儒反佛风气的极大影响，对佛教较少理性地分析，表现出思想方法上的某种片面性；同时也说明他对佛教理论的了解尚不够深入，由此也使其在辨析儒佛时未免简单化的倾向，这可能与他没有如张载、二程那样有出入佛老的经历有关。

（作者单位：陕西师范大学哲学系）

---

① 《答陈择之》，《南轩集》卷25。
② 《答陈择之》，《南轩集》卷25。

张栻佛教观研究

李承贵

张栻是南宋理学主要代表人物之一，与朱熹、吕祖谦齐名，时称"东南三贤"，与两宋时期其他儒家学者一样，如何处理儒学与佛教的关系，也是张栻"继往圣之绝学"不能绕开的课题。在张栻的著作中，关于佛教认知、理解和评论的言论不是很多（与朱熹比较），但颇有自己的特色，这是很值得我们关注和研究的。

一、"辟而堕于释氏"与"礼而杂于异端"

佛教在两宋时期的广泛传播，进一步向社会生活、思想文化、礼仪制度等方面渗透：就学者而言，有的沉迷于佛教，有的辟佛而陷于佛，还有的理直气壮地宣布佛教有可取之处；就礼俗而言，昏嫁、丧葬、祭祀等礼俗中，常常伴有佛家的仪式；就教义、思想而言，佛教与儒学似是而非者日渐增多。正如张栻所说："嗟乎！言学而莫适其序，言治而不本于学，言道德性命而流入于虚诞，吾儒之学其果如是乎哉？陵夷至此，亦云极矣。"① 讲学问的没有了章法，谈治国的不以学为本，言道德性命的流于荒诞。如是，张栻既要评估佛教影响儒学之状况，又要申述儒学之本旨。

---

① 张栻：《道州重建濂溪周先生祠堂记》，《张栻全集》，长春出版社 1999 年版，第 699 页。

（一）评议昔之排佛

我们知道，张栻以前，批佛、排佛的儒者大有人在，然而效果并不理想。所谓"儒而言道德性命者，不入于老，则入于释，间有希世杰出之贤，攘臂排之，而其为说复未足以尽吾儒之指归，故不足以抑其澜，而或反以激其势"①。也就是说，虽然不断涌现出排斥佛教的"希世杰出之贤"，但由于那些"希世杰出之贤"未能把握儒家思想要领、未能领悟儒学本旨，以致不仅不能有效地抑制佛教，反而助长了佛教的威势，推动了佛教的发展。张栻甚至认为，就是韩愈、欧阳修亦未能在排斥佛教方面取得满意的成绩。他说："自唐以来名士如韩、欧辈攻异端者非不多，而卒不能屈之者，以诸君子犹未能进夫反经之学也。如后周、李唐及世宗盖亦尝变其说矣，旋即兴复而愈盛者，以在上者未知反经之政故也。"②原因就在于他们未能进入"反经"之学，不知"反经"之政。可见，历史上积极的、正面的排佛运动，并没有得到张栻太多的肯定。而那种阴奉阳违、表里不一的所谓"排佛"更为张栻所不能容忍。张栻说：

> 予过京口，登北固山甘露寺，访求旧迹，及观曾畋所编《丹阳类集》，载熙宁中寺僧应夫因治故殿基，获舍利并李文饶手记云："宝历间创甘露刹，以资穆皇之冥福。"文饶有《祭言禅师》文云："因甘露之降瑞，立仁祠于高标。"与此记合。予尝怪文饶不乐释氏，毁其室庐貌像，沙汰其徒，若真疾恶之者，至其谕张仲武之辞，则又疑其太甚；而观其奉道士法甚至，则文饶岂真知恶异教者哉？今考甘露刹，所谓建刹以资冥福，此在释氏说为最陋者，文饶方且惑之，以此崇奉其君，则文饶之欲绝弃释氏，又岂其本心也哉？以予观之，文饶虽有才气，然富贵中人耳。武宗素重道士，故其势必排释氏；文饶极力为此，不过逢迎其君之意云耳。不然，与建刹藏舍利之事何大不类耶？孰知数百载之后，断刻出于土中，其不可掩，有如此者！或曰，文饶谓建刹可以资福，而宁不畏毁刹之招祸乎？殊不知富贵移人之意，岂独此哉。

---

① 《道州重建濂溪周先生祠堂记》，《张栻全集》，第699页。
② 《答朱元晦》，《张栻全集》，第962页。

嗟乎！异端之为害烈矣，文饶乃以此心薪腾之，不亦难乎？宜其复之之速且益炽也，予重为之叹息云。①

李文饶（787—850）即李德裕，唐代名士，曾任翰林学士、中书舍人、御史中丞、兵部尚书等职。张栻认为，李德裕一方面为佛教建造寺刹，希望建刹以资冥福，另一方面又毁其室庐貌像，沙汰其徒。那么李德裕究竟是"排佛"还是"护佛"呢？张栻认为是"护佛"，因为李德裕作出"排佛"的行为只不过是为了配合武宗崇奉道教，以讨武宗的欢心而已。所以张栻指出，像李文饶这样"阴佛阳道"，是不可能达到排斥佛教目的的。在中国排佛史上，"排佛"的形式多种多样，有些人"排佛""护佛"只是做做样子，其排佛也好，护佛也好，只是以自己的利益为中心，至于其排斥的对象（佛教）之真理性、思想性，或消极性、落后性，根本就不是他用心所在。因此，张栻指李德裕"以此心薪腾之，宜其复之之速且益炽也"，实在是没有半点虚言。而在笔者看来，张栻思想的深刻性及排佛立场的坚定性，也由是而凸显于世人面前的。

（二）评点学者涉佛

两宋时期的儒者，几无不受佛教的影响，但所受影响之程度又因人而异。对那些痴迷佛教的学者，张栻表示深深的忧虑。张栻说："近见季克寄得蕲州李士人周翰一文来，殊无统纪。其人所安本在释氏，闻李伯谏为其所转，可虑可虑！"②《朱文公文集》（卷45）中有《答吕季克》函一件，《张栻集》中也收有《答吕季克》函一件，可见吕季克与朱熹、张栻皆有交往，且关系较为密切。而李伯谏与朱熹更为熟悉，《朱文公文集》（卷43）收有《答李伯谏》函三件。朱熹在函中有"详观所论，大抵以释氏为主，而于吾儒之说，近于释氏者取之，异于释氏者，在孔孟，则多方迁就以曲求其合，在伊洛，忌惮而直斥其非"③之说，足见李伯谏受佛教影响之深，而其如此，又

---

① 《记甘露李文饶事》，《张栻全集》，第804页。
② 《书·答朱元晦》，《张栻全集》，第868页。
③ 朱熹：《答李伯谏》，《晦庵先生朱文公文集》卷43，《朱子全书》第22册，上海古籍出版社、安徽教育出版社2002年版，第1952页。

是受李周翰的影响。由此不难推论,李周翰既是一位嗜佛者,也是一位高人(隐士)。张栻对李周翰的评价是"殊无统纪""所安本在释氏",而对李伯谏受其影响而陷于佛教深表忧虑。在写给王居之的信中,张栻再次表达了这种忧虑:"《原说》前日吕季克已寄来。观其言殊无统纪,其所安乃是释氏,而又文其说。说亦浅陋,本不足以惑人,不意伯谏乃尔。向来与元晦相从,不知讲论甚事?其人亦可谓不善变矣。前日答季克书谩录去,今得所示伯谏之语,益知蕲州李君乃是类告子之不动心者,不知既不穷理,如何去得物蔽?其所谓非蔽者,未必非蔽,而不自知也。"① 此函提到的《原说》,就是上封信所提"季克寄得蕲州李士人周翰一文",故是李周翰的作品。张栻对李周翰的评价,除了与写给吕季克的信中的评论一样("殊无统纪""所安本在释氏")之外,还指责李周翰"乃告子不动心者,不知穷理,不能去物蔽",并再次为李伯谏陷入佛教表示忧虑和惋惜。

对那些徒有排佛勇气而缺乏判断能力的学者,张栻不仅指出他们"病"在何处,而且为他们指点迷津,帮助他们识得佛教的"不是"。张栻说:"来书虽援引之多,愈觉泛滥。大抵是舍实理而驾虚说,忽下学而骤言上达,扫去形而下者而自以为在形器之表。此病恐不细,正某所谓虽辟释氏,而不知正堕在其中者也。故无复穷理之工,无复持敬之妙,皆由是耳。"② 张栻认为,彪德美之为学是"舍实理而驾虚说""下学不足而上达空幻""有形上而无形下",完全是佛教的一套,正是他所批判的那种"虽然批判佛教却正堕于其中而不知"的人。而要摆脱佛教的影响,张栻认为,除了"穷理""持敬",彪德美无路可走。那么,应该如何"穷理"、如何"持敬"呢?张栻说:"生死鬼神之说,须是胸中见得洒落,世间所说不得放过,有无是非一一教分明方得。若有丝毫疑未断,将来被一两件碍着,未必不被异端摇动引去。觉得诸友多于此处疑着,正好玩味横渠之说。昨见文集有数处极精切,盖横渠皆是身经历做工夫,剖决至到,做于学者疑滞处尤为有力耳。工夫须去本源上下沉潜培植之功,不然,区区文义之间,一知半解,岁月只恁地空过也。"③ 张栻认为,要分辨生死鬼神之说,就得洒落无碍,而要做到洒

---

① 《答王居之》,《张栻全集》,第 917 页。
② 《答彪德美》,《张栻全集》,第 897 页。
③ 《答萧仲秉》,《张栻全集》,第 914 页。

落无碍，就应仔细玩味横渠之说，仔细玩味横渠之说的目的，就是从本源上培植工夫，而不能飘浮在字义之间。而所谓从本源上培植工夫，就要识得"仁"、把握"仁"，做个"仁者"。张栻说："今之异端直自以为识心见性，其说诗张雄诞，又非当时之比，故高明之士往往乐闻而喜趋之，一溺其间，则丧其本心，万事隳驰，毫厘之差，霄壤之缪，其祸盖有不可胜言者。先生于此乌得而忘言哉！故其言有曰：'诚成天下之性，性立天下之有，情效天下之动。'而必继之曰：'心妙性情之德。'又曰：'诚者，命之道乎！中者，性之道乎！仁者，心之道乎！'而必继之曰：'惟仁者为能尽性至命。'学者诚能因其言而精察于视听言动之间，卓然知夫心之所以为妙，则性命之理盖可默识，而先生之意所以不异于古人者，亦可得而言矣。若乃不得其意而徒诵其言，不知求仁而坐谈性命，则几何其不流于异端之归乎！"① 这段话当然不是针对彪德美一个人说的，而是针对千千万万个"彪德美"说的。在张栻看来，他的老师胡宏的言论对那些身陷佛门的学者，是最有警醒和救拔作用的。因为胡宏告诉学者："性"乃天下万物之本体，"性"是未发，"心"是"已发"，故"心"是性情之妙用；但"仁者，乃心之道"，即"心"以"仁"为体，所以"仁者"能尽性至命。张栻顺此指出，儒家所谈性命是"实"而不是"空"，由此才可避免佛家坐而论道之弊。质言之，儒者若要不为佛教所迷惑以至陷于其中，就应该把握"惟仁者为能尽性至命"的道理，就应该求"仁"。何谓"仁"者？"仁者，爱人。"②"九合诸侯，不以兵车。"③"博施于民而能济众。"④ 等等。可见，"仁"者不空，故行"仁"可与佛教空谈性命划清界限。在另一方面，对那些与佛教作斗争的学者，对那些主动远离佛教影响的学者，张栻给予了表彰。张栻说："今得清之（刘靖之之弟）所寄行录一编，大抵皆赣之士记述君之言行。谓君之教人，首务正其趋向，目校其士以行义为先，视其文论治道而尊管、商，谈学问而涉佛老，言时事而忘仇敌者，必痛抑力排之。……岂不贤哉？"⑤ 刘靖之去逝，其弟刘清之请张

---

① 《胡子知言序》，《张栻全集》，第 756 页。

② 杨伯峻：《论语·颜渊》，《论语译注》，中华书局 1980 年版，第 131 页。

③ 《论语·宪问》，《论语译注》，第 151 页。

④ 《论语·雍也》，《论语译注》，第 65 页。

⑤ 《教授刘君墓志铭》，《张栻全集》，第 1092 页。

栻写墓志铭。刘靖之痛恨谈学问杂于佛老，而张栻对刘靖之大为赞扬，称其为"贤者"。又有魏元履者，拒绝以佛教仪式安葬他。张栻说："元履病矣。病且革，顾念君亲，处理家事，无一语谬。其母游氏视之，不巾不见也。戒其子：'毋以僧巫俗礼浼我'。招其友朱君熹，至则尽以终事为托。……嗟乎！习俗之弊久矣，唯一己之便利是图，而其它有不遑恤也。若元履，平日制行，以急病攘夷为心，一日起布衣，有列于朝，则无隐君父，言众人之所不敢言，其比于区区自谋者，相去岂止十百而已哉！"① 根据这份墓表我们知道，魏元履人生较为坎坷，但笃信儒家之学，持守儒家礼仪，所以在即将死去时，特别告诫儿子不要在安葬他时用佛教的仪式，以免玷污了他。对此，张栻也给予了很高的赞赏。

我们知道，儒者是儒学传播、发展的主体基础，这个主体基础数量很重要，但更重要的是质量。而由于佛教的影响，张栻时代的儒学群体的质量出现了很大问题。因此，张栻对嗜佛者的批判和点拨、对排佛者的肯定和赞扬，以及如何抵御佛教影响策略的提出，对于保持儒学主体队伍的纯洁性、从而使之成为儒学真正的继承者，是极为有意义的。

（三）评判安石新学

王安石乃北宋著名政治家、改革家，其新学是与其政治实践相伴而生的，具有较大的创新性，而安石本人对佛教有相当程度的好感。由此而故，当程朱学派将北宋的灭亡归于王安石时，便进一步将安石新学归为佛禅之学。如杨时说："王氏乃不会其是非邪正，尊其人师其道，是与陈良之徒无以异也。而谓知道者为之乎？夫所贵乎知道者，谓其能别是非审邪正也。如是非邪正无所分辨，则亦乌在其知道哉？然以其博极群书，某故谓其力学溺于异端以从夷狄，某故谓其不知道。"② 张栻对安石的态度，与程朱学派基本上是一致的。张栻说："宋兴百有余年，四方无虞，风俗敦厚，民不识干戈。有儒生出于江南，高谈诗书，自拟伊、傅，而实窃佛、老之似，济非、辅之术，举世风动，虽巨德故老有莫能烛其奸者。其时私说一行，而天下始纷纷

① 《教授魏元履墓表》，《张栻全集》，第 1100 页。
② 杨时：《书·答吴国华》，《杨龟山先生全集》，台湾学生书局 1974 年版，第 765 页。

103

多事，反理之评，诡道之论，日以益炽，邪慝相乘，卒兆裔夷之侮，考其所致，有自来矣。靖康初，龟山杨公任谏议大夫、国子祭酒，始推本论奏其学术之谬，请追夺王爵，罢去配飨。虽当时余党犹伙，公之说未得尽施，然大统中兴，论议一正，到如今学者知荆舒祸本，而有不屑。然则公之息邪说、距诐行、放淫辞以承孟氏者，其功顾不大哉！是宜列之学宫，使韦布之士知所尊仰。"① 张栻认为，有宋民风败坏，国力衰竭，都是因为王安石新学所造成，认为王安石窃佛老之术，弄得诡道丛生、邪慝相乘、天下大乱，所以对"杨龟山由本揭露新学之谬误，请皇帝剥夺安石的爵位，罢去安石配祀圣人的资格"的主张，张栻拍手称快，并将杨时对新学的批判等同于当年孟子息邪说、距诐行、放淫辞之壮举，极其颂扬。在这里，批判、否定王安石，也就是批判、否定佛教。

张栻认为，王安石窃佛教的祸害之一，就是以释老之学乱孔孟之真。张栻说："孙公此数贴，其处死盖已素定，事豫则立，岂不信乎？自熙宁相臣以释老之似乱孔孟之真，其说流遍，蠹坏士心，波荡风靡。中间变故，伏节死义之臣鲜闻焉，论笃者知其有所自来也。观公训敕诸子从事经史，大抵以实用为贵，以涉虚为戒，其不受变于俗学可知，卒有以自立，宜也。"② 张栻不仅指责王安石以佛教、老学乱孔孟之真，致使人心大坏、淫波风靡，而且肯定孙忠悯"以实用为贵、以涉虚为戒"的学风。张栻甚至认为，王安石标榜释氏报应之说，其本质是图报自私。张栻说："后一帖，大理少卿许遵守京口时王丞相与之书，遵刻之石。始遵在登州论阿云狱事，丞相为从臣，力主之。自后杀人至十恶，亦许案问，自首减死，长恶惠奸，甚逆天理。今次帖乃谓遵寿考康宁，子孙蕃衍，由其议法求所以生之故。盖丞相炫于释氏报应之说，故以长恶惠奸为阴德。议国法而怀私利，有所为则望其报，其心术之所安，盖莫掩于此，予故表而出之。"③ 张栻认为"图报自私"正是王安石心术之所安。因此，张栻对于学者混新学与洛学为一，表示忧虑，因为这实际上是混儒学与佛教为一。张栻说："窃观左右论程氏、王氏之学，有兼与而混为一之意。此则非所敢闻也。学者审其是而已。王氏之说皆出于私意

---

① 《浏阳归鸿阁龟山杨谏议画像记》，《张栻全集》，第 709 页。
② 《跋孙忠悯帖》，《张栻全集》，第 1034 页。
③ 《跋王介甫帖》，《张栻全集》，第 1029 页。

之凿，而其高谈性命，特窃取释氏之近似者而已。夫窃取释老之似，而济之以私意之凿，故其横流，蠹坏士心，以乱国事，学者当讲论明辨而不屑焉可也。今其于二程子所学不翅霄壤之异，白黑之分，乃欲比而同之，不亦异乎？愿深明义利之判，反求诸心，当有不待愚言之辩者，惟深察焉。"① 在张栻看来，王学窃释氏，高谈性命，乃图一己之私，而程氏洛学无适无莫，经世济民，天下为公，完全不是一个层次的学问。

可见，张栻对佛教的批判，也由对王安石的批判再次体现出来。然而，王安石对佛教虽有好感，而且并不仅是表现在晚年，但王安石还是改革家，而改革意味着要破坏一些、舍弃一些、更新一些、建造一些，对当时人的生活习惯、传统观念都会产生很大影响。因此，即便王安石"嗜佛"，也绝不可能等同于程朱诸儒所批判的那样：完全是儒家思想的背离者。遗憾的是，在这方面，张栻的态度与见识没有超越程、朱范围。

（四）反对用佛教仪式

佛教进入中国之后，不唯在思想层面对中国思想文化产生了深刻影响，其戒律、仪式也程度不同地被融入中国的婚、丧、祭等礼俗之中。张栻对此亦持批判态度。张栻说："祭不可疏也，而亦不可数也。古之人岂或忘其亲哉？以为神之之义或黩焉则失其理故也。良心之发，而天理之安也。时祭之外，冬至祭始祖，立春祭先祖，季秋祭祢，义则精矣。元日履端之祭亦当然也。而所谓岁祭节祠者，亦有可议者乎。若夫其间如中元，则甚无谓也。此端出于释氏之说，何为徇俗至此乎？"② 所谓"中元"即农历七月十五，是鬼节。既是道教地官生日，佛教也于此日举办盂兰会，民间更在此日祭奠先祖亡灵，以追风思远，亦称"接老人"。在张栻看来，祭祀乃依理而行，古代有完善的祭祀且各有规定，既不能太烦琐，也不能太简单。而如果改成岁祭节祠，背离中国传统的祭祀规定，那就是"徇俗"，甚无意义。所以，当张栻听说萧中秉家办丧事不用佛教仪式时，他很开心，并在信函中予以赞扬。张栻说："闻丧事谨朝夕之奠，不用异教，甚善。此乃为以礼事其亲，若心

---

① 《与颜主簿》，《张栻全集》，第 822 页。
② 《答朱元晦秘书》，《张栻全集》，第 832 页。

知其非而徇于流俗之义，则为欺伪，不敬莫大焉。惟致哀遵礼，小心畏忌以守之，乡曲之论，久当自孚，勉为在我者可也。"① 张栻认为，如果知道以佛教仪式办丧事为非却还要去办，这是欺诈行为，是大大的不敬；相反，如果能"致哀遵礼，诚信乡曲之论"，则是值得嘉许的。

可见，张栻对佛教仪式侵蚀、融入中国传统的冠、昏、丧、祭诸礼俗之情状，既反对又担忧。因此，对于任何有助于消除佛教对中国传统礼俗影响的工作，张栻都会毫不犹豫地肯定。张栻说："右文正司马公、横渠张先生、伊川程先生《昏丧祭礼》，合为五卷。窃惟道莫重乎人伦，教莫先乎礼，礼行则彝伦叙而人道立。先王本天理，因人心而为之节文，其大体固根乎性命之际，而至于毫厘曲折之间，莫不各有精义存焉。当是时，人由于其中，涵泳服习，敦庞淳固，盖有不期而然者。自先王之制日以缺坏，情文之不称，本末之失序，节乖而目疏，甚至于杂以异端之说，沦胥而入于夷，风俗之所以不厚，人才之所以不振，职是故欤！夫冠昏丧祭，人事之始终也。冠礼之废久矣，未能遽复也，今姑即昏丧祭三者而论之，幸而有如三公之说，其可不尽心乎！三公之使定，虽有异同，然至其推本先王之意，罢黜异端之说，是则未尝不同也。司马氏盖已著言，若横渠、伊川二先生虽尝草定而未具，然所与门人讲论反复，其所发明深矣。抑尝谓礼之兴废，学士大夫之责也，有能即是书探考而深思，深思而力行，宗族相亲，朋友相辅，安知风俗之美，不由是而作兴乎？妄意可助圣时善俗之一端，于是刻于桂林郡之学宫云。"② 在张栻看来，人伦是最重要的"道""礼"是诸教之首，先圣以天理为本，因人心而建立礼节文化，人正是涵泳服习于此礼节文化之中，以浚德升华。可是，自从受到佛教影响之后，中国传统礼俗便"沦胥于夷，风俗淡薄，人才不振"。所以，见有人将司马光、张载、程伊川三人关于昏、丧、祭诸礼俗的论述合编成《昏丧祭礼》，张栻也是极其表彰，认为有助于改变佛教侵蚀传统礼俗之状况，并且"可助圣时善俗"，要求学者都应"探考而深思"此书。

佛教的斋僧、拜忏、放焰口等仪式都程度不同地被改造而融入儒家的

① 《答萧中秉》，《张栻全集》，第 913 页。
② 《跋三家昏丧祭礼》，《张栻全集》，第 1010—1011 页。

相关礼俗中，这在宋代已成趋势，所以无论理学家程颢、程颐兄弟，还是文学家欧阳修，都给予了批判。就儒学而言，佛教仪式的融入是对儒家制度秩序完整性、纯洁性的损害。所以，对于以佛教仪式改变传统礼俗之状况提出批判、对学者拒斥佛教仪式的行为予以赞扬、对消除佛教仪式影响的策略或措施的肯定，只不过是张栻批佛、排佛立场的注脚而已。

二、"有适有莫"与"无适无莫"

如果说，不满于学者迷于佛教、担心学者堕于佛教，批判、贬毁王安石的新学，反对佛教仪式、戒律掺入儒家的礼俗系统中，仅是从"形式上"说明了张栻的佛教态度。那么，张栻在"内容上"的佛教态度又是怎样的呢？这就是我们接下去要讨论的问题。张栻说："或曰异端无适无莫矣，而不知义之比，此其所以异于吾儒，盖失之矣。夫异端之所以不知义者，正以其有适有莫之故也，盖未有不堕于一偏者。若果能无适无莫，则所谓义者，盖森然自得于物则之中矣。"① 所谓"适"，指"有所执"，"莫"，指"无所主"，因此，"适莫"即"两端"。张栻认为，儒家君子皆为"无适无莫"，而佛教都是"有适有莫"，总会堕于一偏，因而佛教也就不知什么叫作"义"了。那么，佛教又"偏"在何处呢？

（一）佛儒"存心"之异

儒家有"存心"之说，如孟子说："以仁存心，以礼存心。"② 孟子又有"求放心"之说，所谓"心"即仁、义、礼、智是也；所谓"放心"，即仁、义、礼、智的"丢失"。因此，儒家所谓"存心"，就是"存仁""存美德"。那么，佛家所存是什么"心"呢？所谓"为佛学者言，人当常存此心，今日用之间，眼前常见光烁烁地。此与吾学所谓'操则存'者有异同不？"③ 对于朱熹的提问，张栻是这样回答的："某详佛学所谓与吾学之云'存'字虽同，其所为存者固有公私之异矣。吾学操则存者，收其放而已。收其放则

---

① 《论语解》卷2，《张栻全集》，第94页。
② 杨伯峻：《孟子·离娄下》，《孟子译注》，中华书局1984年版，第197页。
③ 《答朱元晦》，《张栻全集》，第966页。

公理存，故于所当思而未尝不思也，于所当为而未常不为也，莫非心之所存故也。佛学之所谓存心者，则欲其无所为而已矣。故于所当有而不之有也，于所当思而不之思也，独凭藉其无所为者以为宗，日用间将做作用，目前一切以为幻妄，物则尽废，自私自利，此其不知天故也。"①在张栻看来，佛教虽然也叫"存"，但与儒学有根本的差别，这个差别就是佛教所存者为"私"，儒学所存者为"公"。为什么这样说呢？儒学所谓"操则存"，是将"放"（流失）了的"心"（良心、良知）捡回来，所以"收其放"自然就是公理"存"了。相反，佛教所谓"存心"，则是想使自己无事可做，因而当有者却没有，当思者而不思，仅以"无"为宗，将日用之事当作用，视眼前一切为幻妄，尽废物则，自私自利，而之所以如此，在于佛教根本不懂什么是天道。然而奇怪的是，尽管佛教不懂什么是天道，也不识得"心"之真正内涵，但却能令聪慧豪杰之士神魂颠倒、心甘情愿地皈依它。张栻说："伏蒙赐书，陈义粲然。重惟兹世讲学之绪不绝如带，有如高致，感叹何胜！而某荒疏，不足以辱来问，姑以其所从事焉者共论之。左右谓异端之惑人，未必非贤士大夫，信哉斯言也！然而今日异端之害烈于申、韩，盖其说有若高且美，故明敏之士乐从之。惟其近似而非，逐影而迷真，凭虚而舍实，拔本披根，自谓直指人心，而初未尝识心也。使其果识其心，则君臣、父子、兄弟、夫妇，是乃人道之经，而本心之所存也，其忍断弃之乎？嗟乎！天下之祸莫大于似是而非、似非而是，盖霄壤之隔也。学者有志于学，必也于此一毫勿屑，而后可得其门而入也。然而欲游圣门，以何为先？其惟求仁乎！仁者圣学之枢，而人之所以为道也。有见于言意之表，而后知吾儒真实妙义，配天无疆，非异端空言比也。"②原因就在于佛教说"法""近似而非，逐影而迷真，凭虚而舍实，拔本披根"，弄得一些人晕头转向。然而，佛教毕竟未曾识得"心"，所以会摒弃"本心"所存的"君臣、父子、兄弟、夫妇"之道。因此，张栻告诫学者，如果不想为佛教所俘虏，就应该认真理会佛教与儒学的真正差别，而要弄清楚佛教与儒学的差别，就应首先弄清楚佛教之"存心"与儒学所"存心"的差别，而求"仁"又是把握儒学精神的根本。

---

①《答朱元晦》，《张栻全集》，第 966 页。

②《答陈择之》，《张栻全集》，第 904 页。

也就是说，儒学所存"心"，即"仁"，即道德关怀，即经世致用，即利用、厚生，这也就是儒学的"妙义"所在。

（二）绝天命去人伦

在儒家学说中，"欲"被认为是妨碍人性完善的一个重要因素，所以儒家学者要求"寡欲"。如孟子说："养心莫善于寡欲。"① 如荀子说："人生而有欲，欲而不得，则不能无求；求而无度量分界，则不能不争。争则乱，乱则穷。先王恶其乱也，故制礼义以分之。"② 总之，儒家是主张"少欲"的，但不主张禁欲。佛教好像与儒学不同，主张弃绝任何欲望，并且连根带本拔起。张栻说："所谓无欲者，无私欲也。无私欲则可欲之善著，故静则虚，动则直。虚则天理之所存，直则其发见也。若异端之谈无欲，则是批根拔本，泯弃彝伦，沦实理于虚空之地，此何翅霄壤之异哉？不可不察也。"③ 根据儒家学说，凡物有则，就是说任何事物都有其规则或规律。《诗》曰："天生蒸民，有物有则；民之秉彝，好是懿德。"④ 这个思想在后儒那里被不断复述，如《孟子·告子上》云："天生蒸民，有物有则；民之秉彝，好是懿德。"也就是说，儒家不仅认为"凡物有则"，而且因为此乃"天命"，所以号召人们要以把握常理或规律、追求美德为快乐。而佛教是怎样的态度呢？张栻说："有物必有则，此天也，若非其则，则是人为乱之，妄而已矣。只如释氏扬眉瞬目，自以为得运用之妙，而不知其为妄而非真也。此毫厘之间，正要辨别得。"⑤ 佛教不仅不把握"其则"，反而乱"其则"；佛教不仅乱"其则"，而且以"其则"为幻妄；佛教不仅以"其则"为幻妄，而且自以为得运用之妙。然而，佛教本是虚妄。

张栻认为，酒是用来贡奉祭祀、接待宾客的，这即是"天命"；但有人因为酒的原因而失德失身，天就会"降威"于人。佛教因为讨厌、忌恨"天之降威"，便连同"天命"一起绝去。张栻说："酒之为物，本以奉祭祀、供

---

① 《孟子·尽心下》，《孟子译注》，第 339 页。
② 《荀子·礼论》，《诸子集成》（2），上海书店 1999 年版，第 231 页。
③ 《答罗孟弼》，《张栻全集》，第 913 页。
④ 程俊英、蒋见元：《蒸民》，《诗经注析》，中华书局 2005 年版，第 869 页。
⑤ 《答吴晦叔》，《张栻全集》，第 955 页。

宾客。此即天之降命也。而人以酒之故，至于失德丧身，即天之降威也。释氏本恶天降威者，乃并与天之降命者去之；吾儒则不然，去其降威者而已。降威者天，而天之降命者自在。为饮食而至于暴殄天物，释氏恶之，而必欲食蔬茹；吾儒则不至于暴殄而已。衣服而至于穷极奢侈，释氏恶之，必欲衣坏色之衣；吾儒则去奢侈而已。至于恶淫匿而绝夫妇，吾儒则去其淫匿而已。释氏本恶人欲，并与天理之公者而去之；吾儒去人欲，所谓天理者昭然矣。譬如水焉，释氏恶其泥沙之浊，而窒之以土，不知土既窒，则无水可饮矣。吾儒不然，澄其沙泥，而水之澄清者可酌。此儒释之分也。"①《尚书》有"惟天降命，肇我民，惟元祀。天降威，我民用大乱丧德，亦罔非酒惟行，越小大帮用丧，亦罔非酒惟辜"② 之说，就是说，天降福命，兴旺国民，便用酒举行重大祭祀；天降惩罚，是因为国民犯上作乱，丧失德行，而这又归于饮酒乱行。诰酒就是禁酒，因为过度饮酒而发生事故，故要禁酒。张栻认为，佛教是惧怕并厌恶天降下惩罚的（厌恶饮酒过度的），并因此反对天降福命时所举行的大型祭祀活动（反对饮酒）。具体而言，对于由饮食而暴殄天物，佛教恶之，并进而食蔬茹素，儒家则在不暴殄天物的前提下尽情享受；对于由服饰而穷极奢侈，佛教恶之，并进而衣坏色之衣，儒家则在去奢侈的前提下不拒绝任何服饰；对于夫妇淫匿，佛教恶之，并进而绝夫妇之伦，儒家则去其淫匿而尚夫妇之伦；对于人欲，佛教恶之，并连同"天理"一并绝去，而儒家只去人欲而彰天理。概言之，佛教是因厌恶泥沙而以土塞之，结果是无水可饮，儒家则是澄其沙泥而使水澄清，饮之不尽且无害。因此，所谓"去其降威者"，即是去"人之违背天命者"。但佛教为了"去其降威者"而连同"天之降命者"去之，实在是矫枉过正，因噎废食。

张栻认为，无论是去"欲"，还是否定"物则"，或者是"去天之降命"，都在于佛教不懂"天命之全体流行无间"，不懂"天命流行"即是"公"天下之理。张栻说："垂谕，足见讲学之勤，至所愿幸。某愚，惟不敢不深潜其思，时有所见，亦未必是也，惟愿与朋友共论焉。夫天命之全体流行无间，贯乎古今，通乎万物者也。众人自昧之，而是理也何尝有间断？圣

① 《酒诰说》，《张栻全集》，第 1187—1188 页。
② 李民、王健：《酒诰》，《尚书译注》，上海古籍出版社 2004 年版，第 270 页。

人尽之，而亦非有所增益也。未应不是先，已应不是后，立则俱立，达则俱达，盖公天下之理，非有我之得私。此仁之道所以为大，而命之理所以为微也。若释氏之见，则以为万法皆吾心所造，皆自吾心生者，是昧夫太极本然之全体，而返为自利自私，天命不流通也，故其所谓心者是亦人心而已，而非识道心者也。《知言》所谓自灭天命，固为己私，盖谓是也。"① 既然"天命"是一种自自然然的自我运动、自我规定，而且没有厚此薄彼之心，那当然不会因为众人的"无知"而间断，也不会因为圣人的"尽知"而增加，而接应"天命"也无先后，其所立者则皆立，其所达者则皆达。所以，"天命"所展示的是天下公理，而不是某人囊中私物。所谓"大仁""微命"即此也。然而，佛教概然不知"天命全体之流行"何意，反以为万法乃"心"所造，从而将"大化流行"的"天命"化为"吾命"、将"公天之理"的"道心"变为"人心"，如此，佛教便不知不觉地走向了"自利自私"。所以，佛教的错误实在于自灭天命。

（三）"一超径诣"

儒家虽然说"吾道一以贯之"，但并不认为把握"道"的过程是"一悟百悟""一超径诣"，而是认为需要经历一个艰难的学习积累过程。如《诗》曰："如切如磋，如琢如磨。"② 如孔子说："学而时习之。"③ 又如《中庸》说："博学之、审问之、慎思之、明辨之、笃行之。"④ 概言之，儒家把握"道"的方式和路径，具有感觉性、量化性、长期性特征。张栻认为，佛教把握"道"就缺乏这样的设计和耐心。张栻说："盖圣门实学，循循有序，有始有卒者，其惟圣人乎！非若异端惊夸笼罩，自谓一超径诣，而卒为穷大，而无所据也。近世一种学者之弊，渺茫臆度，更无讲学之功，其意见只类异端一超径诣之说，又出异端之下，非惟自误，亦且误人，不可不察。"⑤ 在张栻看来，圣人之学是讲究次第、讲究终始的，脚踏实地地积累是圣人之学的

---

① 《答胡季立》，《张栻全集》，第 900 页。
② 《卫风·淇奥》，《诗经注析》，第 155 页。
③ 《学而》，《论语译注》，第 1 页。
④ 杨天宇：《中庸》，《礼记译注》，上海古籍出版社 2004 年版，第 703 页。
⑤ 《答周允升》，《张栻全集》，第 909 页。

不二法门；佛教与此不同，认为求道不需要读书，不需要积累，"一超径诣"才是求道的不二法门。而在张栻看来，这种情况不仅废了讲学工夫，而且既误了自己，也贻害他人。

基于此，张栻对流行于学者中的一些错误观点进了批判。当有人问"思"是否可等同于"奔逸绝尘"时，张栻直截了当地给予了否定。"（陈平甫问）：奔逸绝尘在乎思。（张栻回答说）：如此等语，皆涉乎浮夸，不稳贴。夫思者沉潜缜密，优游涵泳，以深造自得者也。今而曰奔逸绝尘，则有臆度采取之意，无乃流入于异端'一闻便悟，一超直入'之弊乎？非圣门思睿作圣之功也。推此类察之。"① 为什么不能说"奔逸绝尘在乎思"呢？在张栻看来，"思"并非如脱了缰绳的野马，可以毫无顾忌地、为所欲为地驰骋，而是一种既关联"学"，又表现为缜密、沉潜、涵养诸品质的工夫。因此，如果将"思"等同于"奔逸绝尘"，自然与佛家"一闻便悟，一超直入"没有什么两样，而与圣人之学对"思"的理解相距甚远。当有人将"一日克己复礼，天下归仁"理解为不需要积累、不需要学习的时候，张栻又坐不住了。他说："一日克己复礼，天下归仁。盖是积累工夫到处，非谓只勇猛便能如此，如释氏一闻一超之说也。如云尚何序之循，又何必待于自迩自卑而后有进？此等语意，全不是学者气象，切宜戒之。所谓循序者，自洒扫应对进退而往皆序也，由近以及远，自粗以至精，学之方也。如适千里者，虽步步踏实，亦需循次而进。今欲阔步一蹴而至，有是理哉？自欺自误而已。"② 按照儒学的观念，学必有序，而这个序就是：洒扫应对、进退而往、由近及远、由粗至精，而舍去积累而欲"一悟得道"，只是自欺欺人而已。因此，儒家讲"一日克己复礼，天下归仁"，并不是说无须任何工夫而"一超直入"，而是经由相当长的时间和努力的积累而获得的。那么，佛教为什么会堕于"一超直入"的毛病呢？因为佛教"不穷理"。张栻说："释氏之学，正缘不穷理之故耳，又将尽性至命，做一件高妙恍惚事，不知若物格、知至、意诚、心正，则尽性、至命亦在是耳。"③ 在张栻看来，有物有则，万物莫不有理，而要把握这个"理"，必须感性地、实践地接触这个"理"，尽性至命无非此

---

① 《答陈平甫》，《张栻全集》，第 970 页。

② 《答胡季随》，《张栻全集》，第 1001 页。

③ 《答王居之》，《张栻全集》，第 917 页。

"理"，所以，佛家如不穷理，当然只有另辟蹊径，走不读书、不思考的"一超直入"之路了。

（四）"去物存我"

二程说："格犹穷也，物犹理也，犹曰：穷其理而已矣。"① 所谓"不穷理"，也就是"不格物"。不过，佛教并非"不格物"，而是佛教所谓"格物"与儒学不同。张栻说："所谓礼者天之理也，以其有序而不可过，故谓之礼。凡非天理，皆己私也。己私克则天理存，仁其在是矣。然克己有道，要当深察其私，事事克之。今但指吾心之所愧者必其私，而其所无负者必夫礼，苟工夫未到，而但认己意为，则且将以私为非私，而谓非礼为礼，不亦误乎？又如格物之说，格之为言至也，理不循乎物，至极其理，所以致其知也。今乃云物格则纯乎我，是欲格去夫物，而己独立，此非异端之见而何？且物果可格乎？如其说，是反镜而索照也。推此二端，其它可见。"② 在张栻看来，儒家之"礼"即"天理"，这个"天理"实际上就是一种不可僭越的秩序；"天理"也是"公意"，所以反"天理"者即为"己私"；所以，克抑了"己私"也就保存了"天理"，而"仁"也就在其中了。不过，克抑"己私"并非一件简单轻松的事情，而是要真正识得"己私"，并且要"事事克之"。因此，如果有人仅仅是把自己以为愧疚者看成"私"，而把自己所"没有辜负者"看成"礼"，而未见其真正工夫，光以己意为凭，以"私"为"非私"，以"非礼"为"礼"，这是极大的谬误！（而佛教就是如此）其次，"格"即"至"，而"理"并不完全与"物"为一，"理"有幽曲，所以需要"格"，格物就是"至理"，也即致知。可是现在有人认为"物格"由心而定，是欲将物"格"去，而留下光秃秃的"我"而已。可见，佛教对"私"的克抑和对"礼"的遵守都只是观念行为，所以从根本上说，是省去了"格物"工夫。另外，物皆有"理"，而"理"有幽曲，即需要"格"、需要"穷"，可是佛教认为"心生万法"、"万法皆幻"，所以是"去物存我"，连"物"都弃去了而"我"也不存在了，还有什么"理"可"穷"呢？因此，佛教绝对不能说

---

① 程颢、程颐：《二程遗书》卷25，《二程集》，中华书局1981年版，第316页。

② 《答吕季克》，《张栻全集》，第916—917页。

是"格物"之学。

按照儒家的规矩,"格物"也是长期复杂的过程,如程颐说:"须是今日格一件,明日格一件,积习既多,然后脱然自有贯通处。"① 具体到"知",那就是说"知"是有序的,由粗到细、由近到远,由表到里,所以"格"字见工夫。"下学"与"上达"是一贯的,"下学"就是道问学,就是"洒扫应对",就是修为,"上达"是尊德性,是极高明,"下学""上达"是一体,"下学"即"上达",所以不是"下学"之外还有个"上达"。所以,讲"知无先后"不对,讲"下学"之外另有"上达"工夫也不对。张栻说:"所论尚多驳杂,如云知无后先,此乃是释氏之意,甚有病。知有浅深,致知在格物,格字煞有工夫。又云倘下学而不加上达之功,此尤有病,上达不可言加功也。圣人教人以下学之事,下学工夫浸密,则所为上达者愈深,非下学之外又别为上达之功。致知力行皆是下学,此其意味深远而无穷,非惊怪恍惚者比也。"② 致知力行都是"下学",如果"下学"工夫浸密,那么"上达"者愈深幽,因而"下学"所负载的意义是极深极远的。因此,儒家"格物"之学,虽有"会通",但却是以积累为前提的,"顿悟"是以"下学"为基础的。所以"格物"是在实有其事、实有其学者,而与佛家空阔恍惚大不同也。张栻说:"第祥观所论,不喜分析,穷理不应如此。理有会有通,会而为一,通则有万,厘分缕析,各有攸当,而后所谓一贯者,非溟滓臆度矣。此学所以贵乎穷理。而吾儒所以殊夫异端也。"③

三、"反经"与"固本"

根据学术研究的一般思路,在找到了问题症结所在之后,进一步要做的工作便是提出应对措施。因此,张栻既然揭示出佛教的不足,那么,他接下来要做的工作便是积极地寻找对策,以抑制佛教危害的蔓延。因而我们现在的兴趣在于:张栻提出了什么样的应对策略?

① 《二程遗书》卷18,《二程集》,第188页。
② 《答周允升》,《张栻全集》,第909页。
③ 《答彭子寿》,《张栻全集》,第918—919页。

（一）"反经"

在张栻看来，对佛教的批判，也是不得已而为之，而要真想"正人心、息邪说"，"反经"才是最佳的办法。所谓"夫将以正人心，则异端之攻亦有不得而已者。然君子贵于反经而已矣"①。何谓"反经"？就笔者所涉猎文献看，约有两种意义相关的解释：一是恢复、返回到儒家"大经"。如朱熹说："经便是大经，君臣、父子、夫妇、兄弟、朋友五者。若便集义，且先复此大经。天下事未有出此五者，其间却煞有曲折。如《大学》亦下指此五者为言。使大纲既正，则其他节目皆可举。"② 也就说，君臣、父子、夫妇、兄弟、朋友等人伦纲常就是宋儒心中的"经"，而且，返回到"经"，道路还很坎坷。二是"反经"即与"经"相悖，但却是可以接受的，此"反经"谓之权。朱熹说："《公羊》以反经合道为权，伊川以为非。若平看，反经亦未为不是。且如君臣兄弟，是天地之常经，不可易者。汤、武之诛桀、纣，却是以臣弑君；周公之诛管、蔡，却是以弟杀兄，岂不是反经？但时节到这里，道理当恁地做，虽然反经，却自合道理。但反经而不合道理，则不可。若合道理，亦何害于经乎？"③ 也就是说，"反经"就是指常理（经）"行不到处"，不得已而有所变通之行为，但"反经"是符合"道"的，如周公之诛管、蔡。可以看出，不管是返回到"大经"之释，还是"背离常理而行常理所不到处"之释，"反经"都是要求人"去善近恶"，正如朱熹说："所谓反经，去其不善，为其善者而已。"④ 张栻显然非常看好"反经"在"息邪说"中的作用，但认为仅仅停留于对"经正则庶民兴"的信念是没有用的。

（朱熹问）"叔京云：'经正则庶民兴。'盖风化之行，在上之人举而措之而已。庶民兴，则人人知反其本而见善明，见善明则邪慝不能惑也。既人不之惑，则其道自然销铄而至于无也。欧阳永叔云：'使王政明而礼义充，虽有佛，无所施于吾民也。'亦此意也。"张栻答曰："经乃天下之常经，所谓尧舜之道也。经正则庶民晓然趋于正道，邪说不能入矣。但反经

---

① 《论语解》卷1，《张栻全集》，第79页。
② 《朱子语类》卷61，《朱子全书》第16册，第2000页。
③ 《朱子语类》卷37，《朱子全书》第15册，第1378页。
④ 《朱子语类》卷61，《朱子全书》第16册，第2001页。

之妙，乃在我之事，不可只如此说过也。只如自唐以来名士如韩、欧辈攻异端者非不多，而卒不能屈之者，以诸君子犹未能进夫反经之学也。如后周、李唐及世宗盖亦尝变其说矣，旋即兴复而愈盛者，以在上者未知反经之政故也。"①孔子说："其身正，不令而行；其身不正，虽令不从。"②朱熹信奉这个教导，认为社会风俗的改善，在于当权者的表率作用。张栻当然不会否认"在上位之人作为榜样的教化作用"，但又认为事情并非这么简单。张栻认为，"经"乃尧舜之道，尧舜之道既是成人之道，也是治国之道，是"在我"之事，是需要劳筋骨、苦脑筋、费气力、耗心灵的。自唐朝以来，韩愈、欧阳修等人的排佛非谓不力不猛，但收效甚微，就是因为他们没有真正进入"反经"之学；后周、李唐及世宗时期先后都对佛教采取过抑制措施，但佛教仍然是愈兴愈盛，就是因为他们不懂"反经"之政。概言之，"反经"作为对付佛教的策略，在张栻这里，既有学术层面的要求，又有制度层面的考虑。

（二）"固本"

张栻说："甚矣，学之难言也！毫厘之差，则流于诐淫邪遁之域，生于其心，害于其政，发于其政，害于其事，可不畏与！世固有不取异端之说者，然不知其说乃自陷于异端之中而不自知，此则学之不讲之过也。"③也就是说，"学之不讲"，是使学者陷于异端而不自知的重要原因。而"讲学"的前提是兴办学校、培养儒学人才。在《张栻全集》中，收集的"记"共有46篇（附录不计在内），几乎每篇都以振兴儒家之学为中心。具体表现为：第一，对当时一些地方纷纷改"浮屠废宫"为学校，感到很兴奋，很鼓舞。至少有4篇"记"是专门为"浮屠废宫"改为学校而写的，如《静江府学记》《郴州学记》《桂阳军学记》《雷州学记》。第二，强调培养学者"立志"的重要性。张栻说："郴学之成，某尝为之记，而桂之士复以请，于是告之曰：差夫，学之不可不讲也久矣！今去圣虽远，而微言著于简编，理义存乎人心者，不可泯也。善学者求诸此而已。虽然，圣贤之书，未易读也。盖自

① 《答朱元晦》，《张栻全集》，第961—962页。
② 《子路》，《论语译注》，第136页。
③ 《答直夫》，《张栻全集》，第927—928页。

异端之说行，而士迷其本真，文采之习胜，而士趋于塞浅，又况平日群居之所从事，不过为觅举谋利计耳。如是而读圣贤之书，不亦难乎！故学者当以立志为先，不为异端诐，不为文采眩，不为利禄汩，而后庶几可以言读书矣。"① 第三，要求学校以宣讲、弘扬儒家之学为使命。张栻说："某惟古人所以从事于学者其果何所为而然哉？天之生斯人也，则有常性；人之立于天地之间也，则有常事。在身有一身之事，在家有一家之事，在国有一国之事。其事也非人之所能为也，性之所有也。弗胜其事则为弗有其性，弗有其性则为弗克若天矣。克保其性而不悖其事，所以顺乎天也。然则舍讲学其能之哉！凡天下之事皆人之所当为，君臣、父子、兄弟、夫妇、朋友之际，人事之大者也，以至于视听言动、周旋食息，至纤至悉，何莫非事者？一事之不贯，则天性以之陷溺也。然则讲学其可不汲汲乎！学所以明万事而奉天职也。虽然，事有其理而著于吾心。心也者，万事之宗也。惟人放其良心，故事失其统纪。学也者，所以收其放而存其良也。……尝窃怪今世之学者其所从事往往异乎是。"② 在张栻看来，立于天地之间的人，无不有事，此为天之"常性"，可当世学者多为异端所惑，不知事其所事，不知学其所学，反而失掉做人之本，而只有通过讲学才可让学者清醒起来，才可以使之"明万事而奉天职"，才可以使之"收放心"，所以，讲学应在百事之首。

　　然而，培植儒学根基可能还不仅仅局限于办学讲学，还要在讲学中让学者懂得怎样培植自己的儒学根基。在这方面，张栻表现出独到的智慧。首先，"固本"就是要在"事亲"上体认儒家之道。两宋学者，绝大多数表示以服膺儒学为志，但究竟有几个人真正体悟到了儒家之学的真谛，实在是不能乐观，否则怎么会有"天下豪杰之士纷纷遁入佛门"之说呢？而之所以出现此种让人尴尬的景象，张栻认为就是学者们不能从"事亲"上体认儒家之道。张栻说："所谓一阴一阳之道，凡人所行，何尝须臾离此？此则固然。然在学者未应如此说，要当知其所以不离也，此则正要用工夫，主敬穷理是已。如饥食渴饮、昼作夜息固是义，然学者要识其真。孟子只去事亲从兄上指示，最的当。"③ 人当然不能须臾离"道"，但这种认识还不够；而要知其所

---

① 《桂阳军学记》，《张栻全集》，第 684 页。

② 《静江府学记》，《张栻全集》，第 678 页。

③ 《答俞秀才》，《张栻全集》，第 930 页。

以不离，知其所以不离还不够，而要识得其真；而要识得其真，则需在"事亲"上体认。但是，佛教主张出家离世，去妻离子，所以，佛教不仅不能在"事亲"上体认"道"，反而以"事亲"为累赘、以尽人之天职为苦为累。因此，要求在"事亲"上体认"道"，便意味着培植儒学本根的同时，也是对佛教的否定。

其次，"固本"就是要识得"天理""人欲"之别。为什么"固本"要识得"天理""人欲"之别呢？张栻说："试举天理、人欲二端言之。学者皆能言有是二端也，然不知以何为天理而存之，以何为人欲而克之，此未易言也。天理微妙而难明，人欲汹涌而易起，君子亦岂无欲乎？而莫非天命之流行，不可以人欲言也。常人亦岂无一事之善哉？然其所谓善者未必非人欲也。故大学之道，以格物致知为先。格物以致知，则天理可识，而不为人欲所乱。不然，虽如异端谈高说妙，自谓作用自在，知学者视之皆为人欲而已矣。"① 按照张栻的理解，"天理"是难于把握的，比如君子所欲，皆为天命之流行，不能以"人欲"言，而常人所为善，则未必不是人欲。当然，难于把握不等于没有办法把握，这个办法便是"格物致知"。何谓"格物致知"？《礼记》曰："致知在格物，物格然后致知。"② 后来的儒者对此解释不一，但有两点是相同的：一是"实而非空"的认知过程，强调接触事物获得知识，如朱熹"言欲致吾之知，在即物而穷理也"③。二是格物也好、致知也好，都以获得儒家之道为目标，如王阳明说："所谓格物致知者，致吾心之良知于事事物物也。"④ 光这两项，便足以构成对佛教的否定，因为佛教主张"一超径诣"，其达到"道"的路径是反经验的、神秘的；佛教去绝人伦物理，遁世离家，自然不可能体悟什么是儒家的君臣、父子、兄弟、夫妇、朋友之伦。而从根本上讲，儒家所谓"天理"，就是"仁"，就是"礼"，就是儒家的伦理道德原则。所以，张栻要求学者识得"天理""人欲"之别，就是识得佛教、儒学之别，就是要知道从根本上树立儒学的信念，涵养培植，百折不挠。

---

① 《答直夫》，《张栻全集》，第 927—928 页。
② 《大学》，《礼记译注》，第 800 页。
③ 《朱子语类》卷 15，《朱子全书》第 14 册，第 488 页。
④ 《答顾东林书》，《王阳明全集》，上海古籍出版社 1992 年版，第 45 页。

最后，"固本"就是要在源头上体认儒学之道。张栻说："不知苗裔，固未易培壅根本，然根本不培，则苗裔恐愈濯濯也。此话须兼看。大抵涵养之厚，则发见必多；体察之精，则本根益固。未知大体者，且据所见自持，而于发处加察，自然渐觉有功。不然，都不培壅，但欲省察，恐胶胶扰扰，而知见无由得发也。'敬以致知'之语，'以'字有病，不若云'居敬致知'。公字只为学者不曾去源头体究，故看得不是。观元晦亦不是略于省察，令人不知有仁字，正欲发明仁字。如说爱字，亦是要人去所以爱上体究，但其语不容无偏，却非闭目坐禅之病也。"① 在张栻看来，学者不能不为佛教所惑，实在于自己没能认真体认到儒学精神，或者不知道如何体认儒学精神。而要体认儒学精神，就要从源头上体认。比如，要把握儒家的"公"，就要从"何以为公"上去体认；要把握儒家的"仁"，就要从"何以为仁"上去体认。这就是知大体、培本根。这样也才能真正抵御佛教的侵蚀。张栻以为，二程之学乃有"大体"者，所以要求学者如琢如磨："后来玩伊川先生之说，乃见前说甚有病。来说大似释氏，讲学不可老草。盖'过'须是子细玩味，方见圣人当时立言意思也。过于厚者谓之仁则不可，然心之不远者可知，比夫过于薄甚至于为忮、为忍者，其相去不亦远乎？请用此意体认，乃见仁之所以为仁之义，不至于渺茫恍惚矣。"② 而所谓"大体"者，也就是"仁"。

四、"亲物去物"与"此得彼失"

概而言之，张栻对佛教认知、理解和评价主要表现为：对涉佛、嗜佛、传佛的儒家之批评，对佛教某些教理教义之批判，提出"反经""固本"以消除佛教影响之策略等三方面内容。那么，这三项内容所反映的张栻佛教观基本特征是怎样的呢？其对宋代新儒学又内含着一种什么样的影响呢？如下即是我们讨论之结论。

---

① 《答吴晦叔》，《张栻全集》，第 953—954 页。
② 《答周允升》，《张栻全集》，第 979 页。

(一) 培植本根：对消解佛教影响路径的新探索

自佛教进入中土之后，中国儒家学者便开始批判、排斥佛教，但批判、排斥佛教的方式不尽相同。概而言之，有从文化优劣之角度出发，判佛教为蛮夷之学；有从国计民生之角度出发，判佛教为"耗财蠹利"之学；有从儒家伦理之要求出发，判佛教为"寂灭人伦"之学。儒家之学崇尚文明进步，隆礼尚文，儒家之学注重生养之道，利用厚生，儒家之学推崇人伦物理，讲究秩序，所以我们可以说这些批判没有偏离儒家思想轨道。但在张栻看来，以往对佛教的批判并没有起到息邪说、黜异端之效果，而原因在于不懂"反经"之学。所谓"反经"就是回到儒家之"大经"，就是回到儒家的仁义之道，就是回到儒家本有的伦理架构，就是要夯实儒家理论，培植本根，增强免疫力。张栻对如何培植本根提出了多种路径：第一，倡导兴办学校，以传播圣学，培养儒学人才。儒学的传播与发展，必须以一大批德才兼备的儒家学者为基础，而兴办学校就是为了培养以儒学的理想、价值为己任的真儒。所以，这一措施对于增强学者的儒学信念，壮大儒学的队伍，提升儒学队伍的素质，从而抵挡佛教的诱惑具有根本性意义。第二，号召学者认真阅读时贤的作品，从时贤的著作中体验儒学之真。张载、程颢、程颐、胡宏等都被张栻视为儒学的真正代表，他们的作品中寓含着儒学之道，认为学者真能依照诸贤的言论而精察于视听言动之间，懂得"心"之所以为妙，那么性命之理便可默识，也就能致力于"仁"而不至于空谈性命，也就能不流于异端。第三，要求学者从源头上体认儒家之道，知道何以为"仁"、何以为"爱"、何以为"公"。儒学之道，本是平平常常，简简单单，然而却是"百姓日用而不知"，很多人并不知道儒家之学的妙义所在。正由于学者知"仁"而不知所以"仁"，知"爱"而不知所以"爱"，知"公"而不知所以为"公"，所以儒学的本根就培植不起来，就容易被佛教所诱惑。比如，有人知道去"仁"，但不知道为什么要去"仁"，这个"仁"能长久吗？这个"仁"会正确吗？佛教也讲"爱"也讲"仁"，但与儒家大大不同。反过来，如果有人对何以为"仁"清楚明白，是建立在一种理性的认知之中，那么，这个"仁"就不会有错，也不会随意流失。而要知道何以为"仁"，就要在"事亲"上体认。总之，张栻提出"反经"，就是要固本，固儒学之本，儒学之本一旦坚固起来，佛教就钻不到空子。所以，"反经"之策略既是"固本"

又是排"异端",是体用一源,因为从源头上把握了儒学、培植起本根,就意味着佛教难有用武之地。对儒家而言,这是最省本钱的策略,是一举两得的策略。

(二)亲物去物:对佛教与儒学差异的深切把握

张栻以前,儒者们关于儒学与佛教差异的讨论不可谓不多,总括起来主要有这样几种观点:在下学上达方面,儒学是一贯的,佛教则有上达无下学;在内圣外王方面,儒学是一体的,佛教则有内圣无外王;在人伦物理方面,儒学讲究秩序亲情,佛教则背弃君臣、父子、夫妇之伦;在生死观方面,儒学视生死为分内事,自然而然,佛教则执着生死;等等。这些差异放在儒学的思想价值体系中去评判,是可以接受的。但显然,这些"异",并不能说是深刻的。比如,佛教何以有上达而无下学呢?何以有内圣无外王呢?以往的比较并不能告诉我们这些问题的答案。而张栻的比较分析却给我们以新气象。张栻认为,佛教之所以有"内圣"无"外王"并不是因为不愿意"外王",而是因为其对世界的看法存在问题,佛教将世间万物包括天地、植物、动物、人伦社会不是看成"天命"之流行,不是当作一种客观存在(这却是儒家的基本观点),而是认为"世间万法"出于吾心,且以"世间万法"为幻妄,自然就不会有"向外的"方法上的作为,不会想到要投身于"齐家、治国、平天下"的运动中去。佛教又何以有"上达"无"下学"呢?张栻的分析再次显示了他的独特性和深刻性。张栻认为,儒学认为世间万物是天之所命,人若"尽天命",则要尽己之性、尽物之性,则要"致知力行",则要改造自然、改良社会、改善人性。与此相反,佛教以世间万物为幻妄,而以佛性、真如为本体,以世间万物为幻妄,当然亦就无物可"格"、无理可"穷"了,也就无所谓"下学"了;以佛性、真如为本体,而佛性、真如乃超验之物,当然亦只有"一超径诣"了。佛教何以背弃人伦物理呢?通常,儒者都批判佛教去其君、离其子,是对儒家伦理的破坏。但是,佛教为什么背弃人伦物理呢?人所共知,儒学有所谓"大经",此"大经"即是君臣、父子、夫妇、兄弟、朋友之伦,即忠、孝、贞、悌、信诸德,儒家所谓"性""礼""仁"皆是天之所命者,皆是本来如此而不能僭越者。佛教不能认识到人伦物理是天之所命,不是外在的,更不是强加于人的,反而以万法为幻、以人为疣，以社会关系、伦理制度为赘，所以佛教根本就不把君臣、父子、夫妇、兄弟、朋友之伦放在眼里，而选择出家遁世。我们知道，佛教与儒学关系演进到有宋一代，似是而非者多了起来，致使更多的儒家学者陷于佛教而不自知。张栻对佛教与儒学差异的揭示，就是在更深的层面将佛教与儒学差异的原因暴露出来，这是极有价值的。它一方面可以使儒家学者提升自我儒学的品质；另一方面可以帮助儒家学者认清佛教"坏"的原因所在。

（三）此得彼失：对佛教及相关问题的偏颇评判

如上所言，张栻对佛教与儒学差异的揭示是极富建设性而且是极有深度的，但这并不意味着张栻对佛教的批判不存在需要检讨的地方。第一，按照儒家的立场，佛教言"心生万法"，视"世间万物"为空为幻，所以佛教所存之"心"，自不可能是"君臣、父子、夫妇、兄弟、朋友"之伦，自不可能是仁爱，自不可能是正德、利用、厚生，自不可能是"齐家、治国、平天下"，所以佛教应该遭到批判。然而，或许亦可以从另一角度看佛教，佛教的产生源于佛祖对世间事象的深刻沉思和检讨，进而形成对世间事象的否定性把握，其言世事皆苦、万法皆幻，正如乐观主义言世事皆甘、万象皆真一样，都只是人类经验的一面。从这个意义上讲，佛教那种对世界具有超验性的把握，至少是不应该简单否定了事的，而是应该被容受、被欣赏的。张栻自然不能达到这个层次的认识。第二，张栻认为，佛教因为厌恶"天之降威"进而割去"天之降命"。这种结论也是需要加以检讨的。所谓"天之降命"就是"天降下福命"，而所谓"天之降威"就是天降下惩罚，而"皇天无亲，惟德是辅"，故天之所以"降威"，乃是因为人饮酒纵欲，犯上作乱，所以，"天之降威"与"天之降命"之间没有因果关系，"天之降威"并不能成为弃去"天之降命"的原因，佛教因为暴殄天物而食蔬茹素，因为男女淫慝而去夫妇之伦、因为奢侈而衣坏色之服，实在是佛教基本的世界观所决定的。因此，佛教去"天之降命"，是因为佛教"世界万法为空为幻"的基本观点所致。由此而言，张栻对佛教的认知亦有浅薄处。第三，张栻判佛教为"自私自利"，为了一己的修行，抛妻弃子，推卸责任。言佛教自私自利的儒者很多，但佛教究竟能不能简单地归为自私呢？显然不能。因为佛教慈悲为怀，佛教教义中没有肯定"自私"的任何观念，相反，倒是有牺牲的观念、为公的理想、救赎的精神；从佛教徒的行为看，真正的佛教徒，虽然出家绝世，修行成佛，但并没有任何个人私利的企图。因此，并不能因为其出家离世就简单地断定其为只顾自我不顾他人的"自私"。更何况，在人迹罕至的山林，看不到灯红酒绿，听不见靡靡之音，争不到功名利禄，与尘世绝缘，哪有什么"私利"可言？因此，判佛教为自私自利，显然是过于简单了。张栻此论囿于宋儒的"集体性误判"，显示其佛教观之简单的一面。

（作者单位：南京大学哲学系）

张栻的经世致用思想探讨

蔡方鹿

张栻（1133—1180），字敬夫，号南轩，汉州绵竹（今四川绵竹）人，南宋著名理学家，与朱熹齐名，并列"东南三贤"之中，在宋代理学史上占有重要地位。张栻在对佛老的批判中，提出经世致用和求实、求理的实学思想，强调道德性命离不开日用之实，肯定人的生存欲望和物质利益需求；重躬行践履，主张知行互发，把知付诸行；重视笺注训诂之细节，提出"朴学"概念，把义理与训诂结合起来。张栻在治国理政的实践中，作出不少事功修为，集中体现了他的经世致用精神，即使对现代社会也有一定的借鉴意义和价值。作为其理学的重要组成部分，张栻有较为突出的经世致用思想，在当时产生了重要影响，为宋代理学的发展作出了贡献。张栻的经世致用思想与其实学紧密相连，体现在肯定日用之实及人的欲、利需求，主张"一一务实"，重躬行践履，不废训诂，谨守朴学，以及诸多经世致用的事功修为等方面，而值得认真总结和探讨。

一、"道德性命初不外乎日用之实"

宋代理学之中也包含了实学的成分，在张栻的思想里就有求实、求理的内涵。张栻强调事物不是空无，而是实然之理。他说："物者，实然之理也。"①

---

① 《告子下》，《孟子说》卷 6，《张栻全集》，长春出版社 1999 年版，第 449 页。

"所谓物者，果何谓乎？盖其实然之理而已。"① 认为物是真实之理的体现，它是实然存在的，而不是空幻虚无。并指出："万物有自然之理，一身有自然之性。"② 万物之中存在着自然而然的规律，具体事物之理不以人的主观意志为转移，它是客观存在的。由此，他批评舍实理而崇尚虚说的释氏之病。他说："舍实理而驾虚说，忽下学而骤言上达，扫去形而下者而自以为在形器之表。此病恐不细，正某所谓虽辟释氏，而不知正堕在其中者也。"③ 指出舍去实理而崇尚虚无之说，正是释氏之弊，而儒学则是通过形而下的具体事物来体现社会纲常伦理。张栻并把满足百姓的色、货需求作为天理之公，而非人欲之私，以此与佛教的禁欲主义划清界限。他说："其所谓好货者，欲己与百姓俱无不足之患而已。……其所谓好色者，欲己与百姓皆安于室家之常而已。夫其为货与色者如此，盖天理之公且常者也。"④ 张栻对好货与好色作出解释，并与天理联系起来。所谓好货，就是使自己与百姓都无物质财货不足的忧虑；所谓好色，就是使自己与百姓都安居于男女结合组成的家室之中。这里的色与货都指正常的人生欲望，张栻主张对此加以满足，而不是作为人欲之私来灭掉。这不仅与佛教的禁欲主义不同，而且体现了其"天理之公且常"的内在本质。张栻指出："言道德性命而流入于虚诞，吾儒之学其果如是乎哉？……道德性命初不外乎日用之实。"⑤ 强调道德性命离不开日用之实，谈论道德性命并非流入虚诞之空谈，而是有其实在的内容。即认为儒家的日用之实学并不是佛老异端的虚无荒诞之说。

实事求是、客观地对人的生存欲望和物质利益加以适当的肯定，在循理的前提下，对于铁钱等涉及国计民生的实事，一一务之，这亦是张栻经世致用思想的重要体现。张栻认为，即使是圣贤也是有欲的，这难道不是平常的人情吗？由此他主张道义不能离开欲、利而存在，物质利益是人人所追求的。他说："人孰不欲富贵，此言人情之常也。谓圣贤独不欲，则岂人情哉？"⑥ 指出追求富贵等物质利益，是人情之常，即使圣贤也不可避免。如果

---

① 《洁白堂记》，《南轩集》卷 13，《张栻全集》，第 738 页。
② 《系辞下》，《南轩易说》卷 3，《张栻全集》，第 43 页。
③ 《答彪德美》，《南轩集》卷 25，《张栻全集》，第 897 页。
④ 《梁惠王下》，《孟子说》卷 1，《张栻全集》，第 263 页。
⑤ 《道州重建濂溪周先生祠堂记》，《南轩集》卷 10，《张栻全集》，第 699 页。
⑥ 《公孙丑下》，《孟子说》卷 2，《张栻全集》，第 306 页。原文有缺。

离开了日常生活中的物质利益和人欲而空谈仁义道德，这是张栻所反对的。他说："义利交战，卒为利所夺；君子小人相好，卒为小人所汩。盖亦理势之必然。"① 张栻承认，在实际生活中存在着这种现象，即利不仅不被义所埋没，反而战胜了义；高尚的君子也最终陷入小人之中。这说明，物质利益和欲望是客观存在的，它不以人们主观意志的好恶为转移，人们想要否定它，也是否定不了的，利的存在是"理势之必然"。

在义利关系上，张栻虽重义轻利，但不完全抹系利，而是把利纳入义的包容之中，在行义的同时，自然就体现了利。他说："盖行仁义，非欲其利之，而仁义之行，固无不利者也。"② 张栻指出，行仁义并不是为了获利，但在仁义推行之时，利也就在其中了。给利留下了一定的位置。由此张栻反对空谈仁义，"一切不为"的思想，主张在循理的原则下，解决具体的日用问题，把利包容在义之中，而不是把利排斥在义之外。他说："铁钱事如何计？循其理而为之，不若它人做工作事也。大抵今日人才之病，其号为安静者，则一切不为；而其欲为者，则又先怀利心，往往贻害。要是儒者之政，一一务实，为所当为，以护养邦本为先耳，此则可贵也。"③ 这里所谓号为安静，一切不为，即指空谈仁义，不做工作不做事的人。所谓先怀利心，即指一事当先，先考虑自己私利的人。张栻对这两种倾向都加以反对，他所主张的是既要务实，又不怀利心。对于铁钱等涉及国计民生的实事，要求一一务之。张栻的这种留心经济之事，不尚空谈，主张"一一务实"的思想是其经世致用思想的表现，而与陈亮、叶适功利学派的主张有相同之处。

张栻对事功的重视，表明在理学家的思想中也包含着对物质利益的肯定，而非绝对的排斥。这是理学与实学相互涵摄的表现。

二、重躬行践履

重躬行践履是张栻经世致用思想的重要内涵。张栻开宗明义地指出：

① 《答朱元晦》，《南轩集》卷23，《张栻全集》，第876页。
② 《梁惠王上》，《孟子说》卷1，《张栻全集》，第242页。
③ 《与施蕲州》，《南轩集》卷26，《张栻全集》，第908页。

"圣门实学，贵于践履，隐微之际，无非真实。"① 强调儒家圣门的实学贵在躬行践履，隐微之际的事物都是真实的。这表明，重践履的务实精神，贯穿于张栻的实学思想之中。并要求学者身体力行圣人之教。他说："圣人之教人求仁，则具有途辙。《论语》一书，明训备在，熟读而深思，深思而力体，优游厌饫，及其久也，当自知之，有非人之所能与矣。"② 主张将《论语》中教人求仁的圣人之教不仅要熟读深思，而且要知之而力行，体现在行为上。他说："考圣人之教人，固不越乎致知、力行之大端，患在人不知所用力耳，莫非致知也。日用之间，事之所遇，物之所触，思之所起，以至于读书、考古，苟知所用力，则莫非吾格物之妙也。其为力行也，岂但见于孝悌忠信之所发，形于事而后为行乎？自息养瞬存，以至于三千三百之间，皆合内外之实也。行之力则知愈进，知之深则行愈达。区区诚有见乎此也。"③ 强调致知、力行是圣人教人的大端绪。认为人们在致知上不知如何用力，是因为未能掌握格物之妙。通过格物掌握了知识，还须贯彻到力行上。力行也不仅限于孝悌忠信方面，还包括了众多事物。所以，张栻主张内外结合，知行统一，相互促进，而不应相互脱离。

据此，张栻批评了当时重知轻行、忽视躬行践履的学风。他说："近岁以来，学者又失其旨，曰：吾惟求所谓知而已。而于躬行则忽焉。故其所知特出于臆度之见，而无以有诸其躬。识者盖忧之。此特未知致知力行互相发之故也。孔子曰：'学而不思则罔，思而不学则殆。'历考圣贤之意，盖欲使学者于此二端兼致其力。"④ 张栻指出，离开了躬行的所谓知，仅是一种臆度之见，是不完全的认识。张栻反对出于"臆度之见"的知，强调知与行互发并进。这种知与吾心固有的良知，显然不是一回事。良知是人心固有，非缘事物的知，而张栻反对臆度之见，主张知行互发的知是不能离开躬行而存在的知。一离躬行，知便成为臆度之见。可见，张栻提倡知行互发，主张知行双方互相依赖，不得脱离。并且他指出："声气容色之间、洒扫应对进退之

---

① 《述而》，《论语解》卷 4，《张栻全集》，第 117 页。
② 《仰止堂记》，《南轩集》卷 12，《张栻全集》，第 733 页。
③ 《答陆子寿》，《南轩集》卷 26，《张栻全集》，第 920 页。
④ 《论语说序》，《南轩集》卷 14，《张栻全集》，第 751 页。

事，乃致知力行之原也。其可舍是而他求乎？"① 把洒扫应对的日常生活之事作为致知与力行的共同之源，其所谓知，便是对日用之事的认识，而与吾心固有的良知是两码事。

以上可见，张栻主张知行互发，反对忽视行。强调："若如今人之不践履，直是未尝真知耳。"② 这种真知不离践履、重躬行践履的学风，是张栻经世致用思想的一大特色。

张栻及其岳麓弟子在治理国家和抵御侵略的实践中，均有突出的事功修为和政绩，这正是他们重躬行践履学风的表现。而朱熹则对只说践履有不同的见解，他在批评湖湘学者时说："湘中学者之病诚如来教……只说践履而不务穷理，亦非小病。"③ 虽然朱熹也主张"力行"，并没有否定践履，但在践履与穷理之间，朱熹更重视穷理。张栻则批评了当时重知轻行、忽视躬行践履的学风，强调要把所知付诸践履，否则，就是未尝真知。这种重躬行践履的学风，在一定程度上亦体现了张栻理学的特征。

三、义理与训诂相结合

重义理，是宋学的主要特征。张栻作为宋学中的人物，对义理的重视是不言而喻的。但在他的思想中，仍然有稽考经书、训诂文字为阐发义理服务的成分，把义理与训诂相结合，提倡考据实学。这成为顾炎武"舍经学无理学"思想的先导。

站在理学家的立场，张栻虽对重训诂的汉学提出批评，但也适当肯定训诂章句对于理解经典文义的帮助。他说："盖自孔孟没，而其微言仅存于简编，更秦火之余，汉世儒者号为穷经学古，不过求于训诂章句之间，其于文义不能无时有所益。然大本之不究，圣贤之心郁而不章，而又有颛从事于文辞者，其去古益以远，经生、文士自歧为二途。"④ 在批评汉学不究大本使

---

① 《论语说序》，《南轩集》卷 14，《张栻全集》，第 751—752 页。

② 《答朱元晦》，《南轩集》卷 30，《张栻全集》，第 961 页。

③ 《答詹体仁》，《朱熹集》卷 38，郭齐、尹波点校，四川教育出版社 1996 年版，第 1734 页。

④ 《道州重建濂溪周先生祠堂记》，《南轩集》卷 10，《张栻全集》，第 699 页。

道失传的前提下，也主张把经生之训诂与文士之穷理合为一途，不使之分二。即训诂章句对掌握经典的文义是有帮助的，只不过要把它与穷究大本联系起来。并指出："如笺注诂训，学者虽不可使之溺乎此，又不可使之忽乎此，要当昭示以用工之实，而无忽乎细微之间，使之免溺心之病，而无躐等之失，涵濡浸渍，知所用力，则莫非实事也。凡左右之言，皆道其用力之实也。"① 认为不可忽略笺注训诂之学。考证训诂，要注重用工之实，而不可忽视其细节。将用力于此，视之为"用力之实"的实事。可见张栻把笺注诂训之学作为经世致用之实学的一部分，而予以重视。在这里，张栻"无忽乎细微之间"，重视笺注诂训之细节的思想与汉学学风比较接近，而与魏晋玄学之"好读书，不求甚解"的学风相异。

由此，张栻重视读书，谨守朴学，其目的在致乎道。他说："某幸安湘滨，不敢废学，无足縻记念。自惟不敏，窃守朴学。顾世衰道微，邪说并作，肯信此者少。"② 张栻讲学于湘江之滨，勤于记诵之功，而不废学。自称天资不敏，而谨守朴学。正因为当时"世衰道微"，张栻才努力问学以求道。在这里，张栻提出了"朴学"这一概念，虽不能等同于后来清代乾嘉时期的考据之朴学，但亦具有朴实问学之意。张栻在其治学生涯中，著《南轩论语解》《南轩孟子说》和《南轩易说》等多部重要著作，对儒家经典《论语》《孟子》等详加注解。其书虽以阐发义理为主，然也有训诂章句的成分。如前所引张栻说："《论语》一书，明训备在，熟读而深思，深思而力体，优游厌饫，及其久也，当自知之。"③ 在读《论语》的过程中，参照"《鲁论》所载，疏程子之说于下，而推以己见"④，撰成《洙泗言仁》一编，摘录《论语》中"言仁处类聚以观而体认之"⑤。把对"仁"字的考释与对"仁"之道的阐发结合起来，以发明孔子讲道之意。这是张栻把训解文字与阐发义理相结合的表现。

① 《答陆子寿》，《南轩集》卷26，《张栻全集》，第920页。
② 《寄刘共甫枢密》，《南轩集》卷19，《张栻全集》，第810页。
③ 《仰止堂记》，《南轩集》卷12，《张栻全集》，第733页。
④ 《洙泗言仁序》，《南轩集》卷14，《张栻全集》，第752页。
⑤ 《洙泗言仁序》，《南轩集》卷14，《张栻全集》，第752页。

四、经世致用的事功修为

以经世致用思想为指导，张栻在治国理政的实践中，把经世致用之实学贯穿于行，作出了不少事功修为，淳熙二年（1175），张栻赴知静江府（今属广西）、经略安抚广南西路任。张栻到任后，精简州兵，汰冗补阙。又传令各溪洞酋长头领，喻之以大义，规劝他们互相之间消除积怨，和睦相处，爱惜人命，为子孙长久安宁之计，不得相互掳掠，仇杀生事。随后张栻又派兵谨关防，以备不测，并捉拿反抗的边民。各头领见状安分守己，边民逃逸者自动归案，于是广西境内清平，方外柔服，社会治安得到好转。

当时朝廷在广西横山地区买马，时间一长便产生弊病，使得边区百姓不满，而朝廷又没有马用。在运马的途中，马又常常死在半道。张栻深入调查，掌握了其利弊六十余条，如水旱路运送过程中的问题、等量支付问题等。上奏革其弊。于是边民感悦，争相以善马卖给朝廷。运马路上，马无滞留，人知爱惜，以后便没有发生马死在路上的事。①

张栻历访所属地区，了解到当地社会风俗存在着一些落后的方面。于是发布《谕俗文》，企图以理学思想改变社会风俗，通过教化和法律措施达到社会的治理。《谕俗文》云：

一、访闻愚民无知，遇有灾病等事，妄听师巫等人邪说。……

一、访闻愚民无知，丧葬之礼不遵法度，装迎之际，务为华饰。……不知丧葬之礼，务在主于哀敬。随家力量，使亡者以时归土，便是孝顺，岂在侈靡？无益亡者，有害风俗。

一、访闻婚姻之际，亦复僭度，以财相徇。……婚姻结好，岂为财物？其侈靡等事。

一、时之间，徒足以欺眩乡间无知之人，而在身在家，所损不细。若有不悛，当治其尤甚者，以正风俗。……

---

① 张栻的事功修为可参见：杨万里：《诚斋集》卷116《张左司传》；《朱熹集》卷89《右文殿修撰张公神道碑》；《宋史·张栻传》；王开琫：《张宣公年谱》，有道光十九年（1839）刊本；近人胡宗楙编：《张宣公年谱》，民国二十一年（1932）胡氏梦选楼刻本。

一、访闻愚民无知，病不服药，妄听师巫淫祀诣祷，因循至死，反谓祈祷未至，曾不之悔，甚至卧病在床，至亲不视，极害义理。契勘疾病生于寒暑冲冒，饮食失时。自合问医用药治疗。……至于师巫之说，皆无是理，只是撰造恐动，使人离析亲党，破损钱物，枉坏性命，上件诳惑百姓之人。本府已出榜禁止捉押，决定依条重作施行。

一、访闻乡落愚民，诱引他人妻室，贩卖他处，谓之卷伴。词讼到官，追治监锢，押往寻觅。缘此破荡者前后非一，不知惩戒。其卷伴之人，官司自合严行惩治。①

以上条文，既有反对封建迷信、妄听巫师邪说、不及时问医用药而造成破损钱物、枉坏性命恶果的内容，又有批评丧葬之礼过于侈靡炫耀，务为华饰之风，而提倡哀敬孝顺，简易朴实的风俗；也有反对买卖婚姻，禁止拐骗、贩卖妇女的规定。早在南宋时代的张栻就提出这些治理方法，不能说没有积极的社会意义。张栻并告诫众人，以上规定，如有违反，"官司自合严行惩治"，用法律的手段保障社会治理的实行，其态度可谓严明，亦是张栻经世致用思想中德刑并重的表现。

淳熙五年（1178），孝宗闻张栻治理静江有方，乃诏特转承事郎进直宝文阁，寻除秘阁修撰、荆湖北路转运副使，改知江陵府（今属湖北），安抚本路。张栻到任后，整顿军政，一日去贪吏十四人，首劾大吏之纵贼者罢之。当时有金国官员入境，勾结宋朝京西路的流民盗窃杀人，他们掠夺财物，杀死县令，归途路过荆湖北路时被张栻派人拿获。张栻下令把里通敌国的贼人斩首示众，而缚其金人放回。金国得知后，叹曰："南朝有人。"② 信阳守刘大辨依仗势力，邀功请赏，广招流民，把有人耕种的熟田作为无人耕种的荒田分给招来的流民，以图请赏。并把不满百数的流民虚增十倍奏上。按当时朝廷的规定，凡荒田可分给流民耕种，以发展生产，防止农民迁徙。但凡占田已垦的土地，不得再分给他人，两年不垦，才能收回。张栻上奏，论刘大辨之罪，揭露其以熟田作为荒田授予流民的行为，是使朝廷失信于民。

① 《谕俗文》，《南轩集》卷15，《张栻全集》，第774—776页。
② 《道学三·张栻传》，《宋史》卷429，中华书局1985年版。

结果朝廷仅把刘大辨调往他郡。张栻自知为权臣所嫉，不能伸展用事，乃求离职。淳熙七年（1180）二月六日，诏张栻以右文殿修撰提举武夷山冲佑观。诏书未到，张栻却先于二月二日因病卒于江陵府舍，终年48岁。张栻病重临死之前"犹手疏劝上，'亲君子，远小人。信任防一己之偏，好恶公天下之理。'天下传诵之。栻有公辅之望。"①

张栻逝世后，其弟张杓护丧归葬于其父张浚墓侧。当张栻的灵柩从江陵运出时，当地百姓挽车号哭，悲哀之声"数十里不绝"。孝宗皇帝闻讣后，"亦深为嗟悼"，各地贤士大夫纷纷挥泪致哀相吊，而张栻治理过的静江百姓"哭之犹哀"②。这说明张栻在地方官任上，治理有方，为老百姓谋福利，否则会有老百姓自发地哭声载道来相送数十里吗？如果对老百姓不好的话，有数十里路来送行的吗？不可能，这肯定要讲事功的。这包括"修德立政，用贤养民，选将帅，练甲兵，通内修外攘进战退守以为一事，且必治其实，而不为虚文，则必胜之形，隐然可见"③。强调"必治其实，而不为虚文"，这体现了张栻经世致用思想的特点。

由此，张栻提出先养民后教民、减轻农民的经济负担、轻徭薄赋的德治思想，对于稳定社会秩序，促进生产的恢复和发展，具有一定的积极意义。张栻的教化之学也可以起到预防犯罪、防患于未然的作用。这比一味实行严厉镇压和滥用刑罚的手段，更有利于统治秩序的巩固。他说："先王之于民，所以养之、教之者无所不用其极，故民心亲附其上，服习而不违。"④把养民与教民结合起来，从而使民心悦诚服，不至于铤而走险，作出违法的事来。

其所谓刑政为治国之末，是指在德治、教化的基础上，根据形势在一定的情况下使用刑罚的手段，来对付犯法的行为。"如是而犹有不率焉，而后刑罚加之"⑤。张栻以刑罚为末，不是说不用刑罚，而是说对那些经过道德教化而不率，仍然违背统治者法律的人，实行刑罚惩治。他说："以理论之，

---

① 《道学三·张栻传》，《宋史》卷429。
② 《右文殿修撰张公神道碑》，《朱熹集》卷89，第4554页。
③ 《道学三·张栻传》，《宋史》卷429。
④ 《子张》，《论语解》卷10，《张栻全集》，第233页。
⑤ 《子张》，《论语解》卷10，《张栻全集》，第233页。

则必待教而不改，然后诛之。"① "教而不改，然后诛之"，这就是张栻所谓的刑政为末。

张栻认为，施用刑罚是不得已而为之，刑法必须明告于天下，使人知趋利避害。他说："明刑法以示之，本欲使之知所趋避，是乃生之之道也。而民有不幸而陷于刑法，则不得已而致辟焉。……严刑厉法者，固不足道。"② 强调使用刑法不是目的，只是手段，刑法的制定是为了使百姓明白什么事可做，什么事不能做，这样就可以遏绝犯罪的源流，给老百姓指明一条生路。

张栻虽然重视刑罚在社会治理中的辅助作用，但他还是提倡以无讼、无刑为贵。这体现了儒家重德轻刑的传统和相对轻视法治的思想。他说：

> 圣人之意不以听讼为能，而以无讼为贵也。夫人之所以至于争讼者，必有所由而然，于其本而正之，则讼可亡也。故教之以孝爱，而悖慢之讼亡矣；教之以礼逊，而倾夺之讼亡矣。以至于均田有制，民得其养，而田野之讼何自而兴？昏姻以礼，不失其时，而昏姻之讼何自而兴？凡此皆使之无讼之道也。③

提倡以无讼为贵，用道德教化来代替打官司。他认为，各种官司都有其产生的原因，从根源上做起，就可避免官司。如向百姓灌输孝爱的思想，就可避免家庭问题的官司；灌输礼逊的思想，就可避免争夺的官司；使耕者有其田，均田有制，就可避免侵占田地的官司；婚姻结好，男女适时结婚，就可避免婚姻问题上的官司。凡此种种，张栻认为这些都是"无讼之道"。

张栻提倡天理治国论，以德礼为本，刑政为末，主张施行仁政，把德礼放在刑政之上，以刑政维护德礼。这既是对传统儒家思想的继承，又具有宋代理学思潮兴起的时代背景。

张栻之世，中国境内的民族矛盾十分尖锐。对金王朝的南侵，张栻秉承父志，坚决抗金，反对议和。他在朝期间，屡次上疏，力陈抗金之事。

---

① 《万章下》，《孟子说》卷5，《张栻全集》，第418页。
② 《尽心上》，《孟子说》卷7，《张栻全集》，第470页。
③ 《颜渊》，《论语解》卷6，《张栻全集》，第169页。

疏曰：

> 吾与虏人乃不共戴天之仇，向来朝廷虽亦尝兴缟素之师，然玉帛之使未尝不行乎其间，是以讲和之念未忘于胸中，而至诚恻怛之心无以感格乎天人之际。此所以事屡败而功不成也。①

张栻强烈表明，金兵南侵，灭亡北宋，这是不共戴天之仇，绝没有和金人讲和的道理。他向皇帝建议，不要被失败所吓倒，要益坚抗金之志，不向金人妥协，加强备战，等待时机，迟早将会成功。他说："继今以往，益坚此志，誓不言和，专务自强，虽折不挠。使此心纯一，贯彻上下，则迟以岁月，亦何功之不成哉！"②把抗金恢复的意志贯彻上下，不向金人屈服，誓不言和，这是张栻抗金的基本态度，并在具体的实践中加以贯彻。以往把张栻等理学家说成类似投降派的人物，这是与历史事实不符的。张浚、张栻父子及朱熹的爱国主义思想影响深远，体现了理学家的基本精神。受其影响，宋末岳麓书院诸生，当元兵攻陷长沙时，个个奋起操戈登城，抗击元兵，民族气节，实为可敬。"长沙之陷，岳麓诸生荷戈登陴，死者十九，惜乎姓名多无考。"③与此相关，朱熹的三传弟子文天祥的爱国主义精神，彪炳史册，激励了一代代的中国人，这也是理学精神的集中体现。

以上张栻重视民生，勤政爱民；加强民族团结，使边民和睦相处；提倡孝道，反对封建迷信；整顿社会治安，惩治贩卖妇女；反对侈靡之风，提倡简易朴实；重实事实功，整治贪腐；德刑结合，重视道德教化；内修外攘，爱国献身等经世致用的事功修为集中体现了他崇尚真理、维护国家统一、科学求实、求知探索、躬行践履的经世致用精神，也在一定程度上体现了中华传统文化的精华。即使对现代社会也有一定的借鉴意义和价值，这对于当前强调走群众路线，树务实之风，也是有所借鉴，而值得提倡的。

（作者单位：四川师范大学政教学院）

---

① 《右文殿修撰张公神道碑》引，《朱熹集》卷89，第4546页。
② 《右文殿修撰张公神道碑》引，《朱熹集》卷89，第4546—4547页。
③ 《丽泽诸儒学案》，《宋元学案》卷73，中华书局1986年版。

张栻内圣外王合一的经世之学

李振纲　邢靖懿

宋代理学兴起后，为了对抗佛老对儒家伦理的冲击，抑制唐末宋初"尚文词而遗经业"的浮虚学风，一些儒家学者在将儒家伦理上升为宇宙本体，借超验之理的绝对至上性为宗法社会安立道德形上学的根据，进行抽象的哲学思辨和大谈性理的过程中，偏离了儒学经世致用的品格，致使儒学素所重视儒家以"安人""安百姓"为基本价值取向的经世精神，未能得到充分发扬。对此，张栻精思力践，倡明儒学之力行实践、经世致用的精微大义，提出了道德与功业并重、内圣与外王合一，开物成务、明体达用的经世之学。

一

在张栻的理论体系中，太极、道、理、性、心是同体异取的关系。他说："理之自然，谓之天命，于人为性，主于性为心。天也，性也，心也，所取则异，而体则同。"① 太极、理、性、心同为本体，皆为善、仁，但在概念范畴的具体运用上却各有侧重。太极、道、理、性等产生万物，而万物无不彰显太极、性、理，以其作为存在的根据和基础。张栻认为将宇宙根本道理发用于具体事物，于万事万物，在日用伦常中寻求天理之实现，是价值目的与实际事功的双重实现，儒家内圣外王、修德治世的本色。

---

① 《尽心上》，《孟子说》卷7，《张栻全集》，长春出版社1999年版。

张栻认为："天地者，万物父母。故有万物然后天覆乎上，地载乎下，而万物在天地间，充满宇宙，此盈天地之间者唯万物也。"① 而"天地亦形而下者，一本于太极"②。故"物莫不皆有太极，则所谓太极者，固万物之所备也"③，太极是万物之本体。太极或性产生万物，有太极则有物，也就是性之外无物。万物无不具性，物之外无性。"有太极则有物，故性外无物；有物必有则，故物外无性。"④ 太极或性与万物是体用一源、显微无间的关系。他说："若只曰性而不曰太极，则只去未发上认之，不见功用，曰太极则性之妙都见矣。体用一源，显微无间，其太极之蕴欤！"⑤ 太极是形而上之道，而具体之物为形而下之器，是本体之道的显现。

理（道）与物也不可分离。理（道）是事物所以然之根据，"事事物物，皆有所以然。其所以然者，天之理也"⑥。"事事物物，莫不有其道。"⑦ 万事具万理，万理存万物，每个事物都有其理，所以"理"（道）是决定于物的形上本体和内在本质。"有是理则有是事，有是物"⑧。事物本身不过是真实之理的显现，物的存在以理的存在为前提。万物都是天理的发现和作用，人之生老病死，寒暑易节，饥食渴饮，皆以理为事物自然而然的规律。他说："物者，实然之理也。"⑨ 形而上之理（道）总是作用于人们的日用常行之中，"至理无辙迹，妙在日用中"⑩。而理（道）与性相通，"万物有自然之理，一身有自然之性。"⑪ 万物各具其性，性存诸于物中。"率性之谓道者，在人为人之性，在物为物之性，各正性命而不失，所谓道也。"⑫ "实然之理具诸性。有是性，则备是形以生。"⑬ 性、理与形、气本身就是体用不离的关系。"盖

① 《说卦》，《南轩易说》卷 3，《张栻全集》。
② 《南轩集》卷 19，《张栻全集》。
③ 《南轩集》卷 31，《张栻全集》。
④ 《告子上》，《孟子说》卷 6，《张栻全集》。
⑤ 《南轩集》卷 19，《张栻全集》。
⑥ 《告子上》，《孟子说》卷 6，《张栻全集》。
⑦ 《卫灵公篇》，《论语解》卷 8，《张栻全集》。
⑧ 《离娄下》，《孟子说》卷 4，《张栻全集》。
⑨ 《告子下》，《孟子说》卷 6，《张栻全集》。
⑩ 《南轩集》卷 1，《张栻全集》。
⑪ 《说卦》，《南轩易说》卷 3，《张栻全集》。
⑫ 《南轩集》卷 29，《张栻全集》。
⑬ 《南轩集》卷 13，《张栻全集》。

论性不论气，则昧夫人物之分，而太极之用不行矣；论气而不及性，则迷夫大本之一，而太极之体不立矣。用之不行，体之不立，焉得谓之知性乎？"① 道（理）与万物体用一源，相互依存，不离不弃。"道也者，不可须相离也，可离非道也。道无往而不存，《遗书》中所谓道外无物，物外无道……如何离得？"② 道不离物，物不离道，道之外无物，物之外无道，本体之道通过事物得以显现。

张栻认为道器一体，道为天地万物的本体，不可离器，道以器为存在的前提。"道不离形，特形而上者也；器异于道，以形而下者也。"③ 道器体用一源，道托于器而行。他说："道与器非异体也"④，"形而上者之道托于器而后行，形而下者之器得其道而无弊"⑤。道不是器，但礼乐刑赏这些治理社会的规律原则，通过器这一物质载体得以体现。所以道寓于器中，以器为先在。"道虽非器，礼乐刑赏，是治天下之道也；礼虽非玉帛，而礼不可以虚拘；乐虽非钟鼓，而乐不可以徒作。刑本遏恶也，必托于甲兵，必寓于鞭朴；赏本扬善也，必表之以旗常，必铭之于钟鼎。是故形而上者之道托于器而后行，形而下之器得其道而无弊。"⑥ 张栻既主张在现实社会中完成对道的体认，又提倡在躬行实践、经邦济世的活动中使道得以实现。

基于道托于器而后行的思想，张栻又继承胡宏"天理人欲同体而异用，同行而异情"⑦ 观点，指出："天理人欲，同行异情，毫厘之差，霄壤之谬，此所以求仁之难，必贵于学以明之欤？"⑧ 他认为天理人欲，同行异情，基本物质财货的追求，是人之本性的正常的欲望诉求，道德性命不离日用之实，在功利中凸显仁义。离开日用的伦常人事而空谈道德，会使"实理"沦于"虚空"。"言学而莫适其序，言治而不本于学，言道德性命而流入于虚诞，吾儒之学其果如是乎哉？……治本不可以不本于学，而道德性命初不外乎日

---

① 《告子上》，《孟子说》卷6，《张栻全集》。
② 《南轩集》卷19，《张栻全集》。
③ 《系辞上卷下》，《南轩易说》卷1，《张栻全集》。
④ 《子罕篇》，《论语解》卷5，《张栻全集》。
⑤ 《系辞上卷下》，《南轩易说》卷1，《张栻全集》。
⑥ 《系辞上卷下》，《南轩易说》卷1，《张栻全集》。
⑦ 《附录一：宋朱熹胡子知言疑义》，《胡宏集》，中华书局1987年版。
⑧ 《南轩集》卷10，《张栻全集》。

用之实。"① 这是天理之公的表现，若能满足百姓的平常的家室之利，则可以存诸天理灭一己私利。因此，"若在上者躬仁义以为本，则在下者亦将惟仁义之趋。仁莫大于爱亲，义莫先于尊君。人知仁义之趋，则其有遗其亲而后有其君者乎？此其益于人之国，可谓大矣。盖行仁义，非欲其利之；而仁义之行，固无不利者也"②。

现实社会中人的精神生活的追求是建立在现实世界物质利益需要的满足之上。天理、人欲"同行而异情"，就是强调在遵循理的原则之下，解决具体的日用问题，把利包容在义之中。"铁钱事如何计？循其理而为之，不若它人做工做事也。大抵今日人才之病，其号为安静者，则一切不为，而其欲为者则又先怀利心，往往贻害。要是儒者之政，一一务实，为所当为，以护养邦本为先耳，此则可贵也。"③ 张栻主张既要重义轻利，重理轻欲，不怀欲利之心；又要务实涉及国计民生的实事，不尚空谈。这种道德性命不离日用之实的观点，并不完全抹杀合理之欲、利的存在，而把利与欲纳入义理的包容之中，从而为其经世思想的实践提供了依据。

二

对于知与行的关系，张栻认为知虽常在行先，但真正的知必须躬行实践而后得。任何离开行的知，皆不是真知，"若如今人不践履，直是未尝真知耳；使其真知，若知水火之不可蹈，其肯蹈乎？"④ "真见""真知"必须经过认识主体的躬行实践，才能产生，知行双方是互相联结、互相促进的。"致知力行，互相发也。盖致知以达其行，而力行以精其知，工深力久，天理可得而明，气质可得而化也。"⑤ 知行不可分离，相互并进："始则据其所知而行之，行之力则知愈进，知之深则行愈达。是知常在先，而行未尝不随之也。知有精粗，必由粗以及精；行有始终，必自始以及终。内外交正，本

① 《南轩集》卷10，《张栻全集》。
② 《梁惠王上》，《孟子说》卷1，《张栻全集》。
③ 《南轩集》卷26，《张栻全集》。
④ 《南轩集》卷30，《张栻全集》。
⑤ 《南轩集》卷15，《张栻全集》。

末不遗，条理如此，而后可以言无弊。"① 知有精粗，行有深浅，致知和力行不可分开，紧紧相随、相互促进。致知是为了付诸实行，力行是为了深化认识。

儒家学者如果不能把致知力行结合起来，过于强调知之重，贪高慕远，扫去力行的工夫，就不能达于明心体道的境界。从而使"圣学失传"，"臆度之见"丛生，流于异端。张栻认为，社会上存在着的"重知轻行""循名忘实"的虚浮之习，皆是士人忽视躬行、遗弃践履的务实品格的结果。这也是孔孟以后，道统之所以断绝的重要原因。"秦汉以来，学者失其传，其间虽或有志于力行，而其知不明，摛埴索途，莫适所依，以卒背于《中庸》。……然近岁以来，学者又失其旨，曰：吾惟求所谓知而已，而于躬行则忽焉。故其所知特出于臆度之见，而无以有诸其躬，识者盖忧之，此特未知致知力行互相发之故也。"② 这些平日高谈性命、不务践履之人，名以继承二程洛学相标榜，实则背离了儒学真精神，败坏了道学名声。"夫所贵乎儒学者，以真可以经世而济用也。若夫腐儒则不然，听其言则汗漫而无纪，考其事则迂阔而无成，则亦安所用夫学哉？"③

要摈除这种"游谈相夸""贪慕高远""多寻空言"的弊端，张栻认为当以孔孟之学为旨，承续儒学之务实精神，贯彻致知力行相发之原则，以经世为宗。张栻极为推崇《论语》，把《论语》作为学者终身学习的经典，并作《论语说序》，以阐发致知力行之原，推明圣贤之意。故其言："践之为言，履践之践也"④，"道虽不远人，而其至则圣人亦有所不能。虽圣人有所不能，而实亦不远人，故君子只于言行上笃实做工夫，此乃实下手处"⑤。足见张栻学术遵循儒家传统，将道德修养工夫奠定于躬行实践的基础之上。他认为，儒家务实力行的经世传统才是圣学的真实奥义。"学贵力行。……学者若能务实，便有所得。或问务实之说，曰：于践履中求之。仁之实，事亲是也；义之实，从兄是也。日用常行之际，无非实用。"⑥ "力行"是儒家最重要的

---

① 《南轩集》卷 14，《张栻全集》。

② 《南轩集》卷 14，《张栻全集》。

③ 《南轩集补遗》，《张栻全集》。

④ 《尽心上》，《孟子说》卷 7，《张栻全集》。

⑤ 《南轩集》卷 30，《张栻全集》。

⑥ 胡广：《学七·力行》，《性理大全》，山东友谊书社 1989 年版。

为学工夫，也是学者学以致用的根本途径。"务实近本"的实学宗旨要在实事中躬行求之。道德之善绝非空言心性者可以达到，只有"日用常行"的践履才可实现。日用之间，事之所遇，物之所触，思之所起，读书考古，只要格物穷理，皆为力行践履，这才是张栻之修养工夫的真实面目。他勉励学生："学者诚能因其言而精察于视听言动之间，卓然知夫心之所以为妙，则性命之理盖可默识，而先生之意所以不异于古人者，亦可得而言矣。若乃不得其意而徒诵其言，不知求仁而坐谈性命，则几何其不流于异端之归乎！"①

张栻认为，致知力行互发是培育造就经世致用之才的必经之路。"圣门实学，贵于践履，隐微之际，无非真实。"② 儒学精义，无非就是传道问教，经世致用。"本之六经以发其蕴，泛观千载以极其变，即事即物，身亲格之，超然会夫大宗，则德进业广，夫然，故富贵不能淫，贫贱不能移，威武不能屈。居天下之广居，行天下之大道，致君泽民，真古所谓大臣者矣"。③ 真正的担荷圣道、治国安邦的国家栋梁是明乎人伦、传道而济斯民的致用之才。"盖欲成就人才，以传道而济斯民也。"④ 他反对将学校作为追求功名利禄的场所和科举考试的附庸，"岂特使子群居族谈，但为决科利禄计乎？亦岂使子习为言语文辞之工而已乎？"⑤ 他重视"以行天下之事"作为教学的内容，在经邦济世、周旋食息、视听言动的万事之中明心见性，复求天理之本然。学者应有"事天下保民之心"，立志做致君泽民，对社会、国家有所贡献的人："儒者之政，一一务实，为所当为，以护养邦本为先耳，此则可贵也。"⑥ 这才是民惟邦本的儒学本质，符合儒家传道济民，修身、齐家、治国、平天下的根本宗旨。

张栻将道德修养与经世致用相结合，主张为学、为政都必务实。但是，应当注意的是，张栻虽然也讲经世、务实、功利，但并不像浙东学者那样认为心之本在于功利，而是将内圣之德、心性修养置于更根本的地位。张栻以伦理本体为求学、治世的根本，反映在他的学术思想和政治活动中，总是

---

① 《南轩集》卷 14，《张栻全集》。
② 《述而篇》，《论语解》卷 4，《张栻全集》。
③ 《南轩集》卷 15，《张栻全集》。
④ 《南轩集》卷 10，《张栻全集》。
⑤ 《南轩集》卷 10，《张栻全集》。
⑥ 《南轩集》卷 26，《张栻全集》。

以"正心诚意""修养心性""义利之辨"为一切的根本，为政者必须首先做到"正心诚意"，为学者首先要"明义利之辨"。张栻谆谆教诲他的学生要成就真才、真器，不要被私意所动，虚尊降贵，"争功利之末"。读书问道是为了"求厥初"、明人伦，而不是"有所为"，为一己之私而学。"学固不独在于书籍之间。然学必贵于读书者，以夫多识前言往行，古之人所以畜德者实赖乎是。"① 张栻主张由内圣开出外王、由道德而致事功，具有宋代理学"谈性命而辟功利"的内圣型的经世之学的思想特色，但同时又矫正了宋儒多寻空言、徇名忘实的弊病，从而由"实体"而"达用"，内圣与外王合一，弥补了理学偏重内圣以致外王不足的局限，实现了内圣和外王的有效互动。

三

经世致用本儒学道术，以明道救世为目标，是儒家内圣的实践与推衍，是实现外王的途径与手段。儒家以"内圣""外王"合一为至道，讲求"为仁由己"、推己及人及物。在重视内在身心修养的同时，又强调将"内圣"之道，转化为外在的事功。在"内圣"与"外王"的关系中，"内圣"是"外王"的前提，"外王"是"内圣"的实现。所谓"修身"与"治平"、"正心诚意"与"齐家治国"、"内圣"与"外王"等在儒家都要求把治学修身与经邦救世紧密结合起来，学术与政治，内圣与外王在儒家那里相互交融在一起。在张栻的思想体系中，这一经世特征得到了充分体现，他以治学修身为手段、过程，把经邦济世作为目的，终极追求。"伸大义于天下"，使内圣的道德修养，在完整和彻底的意义上得以实现。将内圣修养与外在事功有机地结合起来，使之互推并进、共同成就，真正实现了儒家的人伦社会理想。同时，张栻把内圣即于逻辑上被赋予了先验意义，即"体"，而外王作为内圣的推演与实现，成为了"用"，由此，"道器一源""体用不二"凸显了儒家经世思想的明显特征。而对于儒家的这一经世传统，宋明理学是以内圣为主的道德哲学，外王是内圣的延伸与彰显，具有崇尚性理、鄙弃事功利欲的倾向。过分强调修养身心，将"内圣"推至儒学的主导地位，却造成了本末倒

---

① 《南轩集》卷6，《张栻全集》。

置，使原来"安人""安百姓"的终极关怀被抛诸脑后。于是，儒学被赋予了内敛性格，讲学论道代替了从政问俗，外王事功被置诸高阁。这在一定程度上偏离儒学务实传统，而孔子创业垂统、开物成务的真精神未能充分发挥。而张栻的经世思想，不仅注重个人道德修养的完善状态，而且又有实事实功的要求，并要求义理之学、心性修养，最终一定要体现在实政功业之中。将"内圣"作为手段，为外王的事功目的服务。

张栻认为应研究包括政治、军事、文化等各方面的一切有用务实之学，为封建国家提供治国安邦的佐治人才，"盖君子于天下之事无所不当究，况于兵者！世之兴废，生民之大本存焉，其可忽而不讲哉！夫兵政在于仁义，其为教根乎三纲，然至于法度纪律、机谋权变，其条不可紊，其端为无穷，非素考索，乌能极其用！"① 这就大大突破了以伦理为中心的狭隘教育观，有一些接近事功学派的经世思想。由此出发，既反对循名遗实的专于考索，又反对多寻空言的骛于高远："讲学不可以不精也，毫厘之差，则其蔽有不可胜言者。故夫专于考索，则有遗本溺心之患；而骛于高远，则有躐等凭虚之忧。二者皆其弊也。考圣人之教人，固不越乎致知力行之大端，患在人不知所用力耳，莫非致知也。日用之间，事之所遇，物之所触，思之所起，以至于读书考古，苟知所用力，则莫非吾格物之妙也。……如签注、训诂，学者虽不可使之溺乎此，又不可使之忽乎此，要当昭示以用工之实，而无忽乎细微之间，使之免溺心之病，而无躐等之失，涵濡浸渍，知所用力，则莫非实事也。"②

张栻推崇理学，注重把性理哲学与经世致用、心性修养与躬行实线结合起来，故避免了流于空谈义理、空疏无用的弊端。他指出为学不务实，不得真知，"为学谨于人伦，贵实用而耻空言"③。张栻之学，是以经世致用为旨归的，他以成圣成德之教，提倡经世致用的义利并重观，既重内圣又重外王，既重尊德性又重道问学，追求价值目的与实际事功的双重实现。可谓之孔孟先儒内圣外王、修德治世的本色体现。故其学生胡广仲说张栻"贵实用而耻空言"，对其极加赞赏。曹集在回忆老师张栻教诲时说："以为士君子之

---

① 《南轩集》卷 34，《张栻全集》。
② 《南轩集》卷 26，《张栻全集》。
③ 《南轩集》卷 40，《张栻全集》。

学，不过—实字。"① 对张栻务实精神，吕祖谦也极为称道："张荆州教人以圣贤语言见之行事，因行事复求之圣贤语言。"② 张栻一生身体力行，居学"心忧天下"，用世则"康济时艰"，以关心民瘼和抗金名于世。在其影响下，湖湘学子大多重经世、重践履，在政治、经济、军事等经世活动中，多有建树，他们投身抗金斗争，以奋伐仇虏克复神州为己任，在淳熙到嘉定年间抗金斗争中作出了重要贡献。《宋元学案》就列"岳麓诸儒"，明表了 33 人。张栻志在经世致用的学风，泽被后世，深刻影响湖湘文化近千年，至今广为流传。

(作者单位:河北大学图书馆;天津工业大学人文与法学院)

① 黄宗羲:《岳麓诸儒学案·知军曹先生集》,《宋元学案》,中华书局 1986 年版。
② 《南轩学案·附录》。

浅析张栻经世思想及其实践活动的内在根据

——以《经世纪年序》为中心

赵　淼

一、问题的提出

"经世"二字连用，先秦时代已经出现，在《庄子·齐物论》中有："六合之外，圣人存而不论；六合之内，圣人论而不议。春秋经世，先王之志，圣人议而不辩。"这里的"经世"一词可作"经纬世事"解①，有"纬人伦而经世道"之意，与"经济"含义相近，可引申为"治世"或"治道"。②留心湖湘学派的发展历程，从胡安国、胡宏父子开创学派，张栻主教岳麓书院，并培养出彭龟年、吴儆等"岳麓诸儒"，再到王夫之对湖湘学派的推崇和吸收，以至近代以来，湖湘学派和湖湘文化对魏源、曾国藩等诸多思想家、政治家、军事家所产生的影响，我们可以看到，无论是早期的胡氏父

---

① 成玄英对"春秋经世，先王之志，圣人议而不辩"的解释是："春秋者，时代。先王，三皇、五帝。志，记也。祖述轩、顼，宪章尧、舜，记录时代，以为典谟。圣人议论，利益当时，终不取是辩非，滞于陈迹。"王先谦《庄子集解》按："'春秋经世'，谓有年时，以经纬世事，非孔子所作春秋也。正成训春秋为时代，王氏从之，谓'有年时以经纬世事'"。查《辞源》，"经世"一词有两层意思：1. 治理世事，如《抱朴子》："故披洪范而知箕子有经世之器，览九术而见范生怀治国之略。"2. 所历世代。如《庄子·齐物论》："六合之外，圣人存而不论；六合之内，圣人论而不议。春秋经世，先王之志，圣人议而不贬。"《淮南子·俶真训》："养生以经世，抱德以终年，可谓能体道矣。"

② 查《辞海》，"经纬"二字有"治理"之意，如《左传·昭公二十九年》："夫晋国将守唐叔之所受法度以经纬其民。""经纬"作名词解也有"常道"的含义，如《左传·昭公二十五年》："礼，上下之纪、天地之经纬也。"

子、张栻，还是后来的张栻门人，他们都积极人世，参与政治活动，阐述治道理念。而张栻更是由于其学识及其父亲张浚的身份屡次与孝宗对谈，以其理学家的政治主张进行劝谏。至于张栻的门人，正如《宋元学案》记载："南轩弟子，多留心经济之学，其最显者为吴畏斋（猎）、游默斋（九言），而克斋（陈琦）亦其流亚云。"①而后湖湘学派思想又影响到诸多政治、军事人物。可见，在湖湘学派创立和发展的过程中，其始终与现实社会有着紧密的联系，这与奠定湖湘学派教育模式、将湖湘学派发展壮大的关键人物——张栻的经世思想紧密相关。

自胡安国、胡宏父子"为无经济学，万理筑幽栖"开创湖湘学派以来，"经世济民"一直成为湖湘学派的办学宗旨和思想传统，在这一精神的熏陶下培养出了许多优秀的儒士和思想家。而张栻作为将湖湘学派发扬光大的传承性关键人物，亦是典型地贯彻了湖湘学派经世精神的实干家。②为此，一些学者对张栻的经世思想从外在实践活动的角度进行了概括性研究。③

一般认为，张栻的经世实践活动主要表现在以下两个方面：

首先，在政治上力主抗金救国是张栻经世思想的一个体现。张栻之父张浚为南宋的抗金名相。而张栻亦秉承父志，力主抗金，反对议和。张栻曾

---

① 黄宗羲、全祖望：《岳麓诸儒学案》，《宋元学案》卷71，中华书局1986年版。

② 湖湘学派的创立与赵宋王朝的靖康之难、金人的入侵，国家面临危难关头密切相关，而胡氏父子为了培养出尊王攘夷、能够挽救时局的人才，不辞辛劳远赴地处偏僻的湘潭创立了"碧泉书院"，这也成为湖湘学派成立的标志性事件。可以看出，从初创时确立的经世济民宗旨开始，经世思想传统就深深地根植在了这一学派的性格之中，在其发展延续的历程中，对于这种思想传统的继承和发扬，张栻是尤其重要的一位。张栻受其师胡宏的影响颇深，在主持岳麓书院的八年间，丰富和发展了坚守"春秋大义""先王法度"，注重"治心修身""通经致用""康济时艰"的学派传统。

③ 相关论文有：1. 喻峰：《张栻经世实学思想》（《文化研究》2009年第8期）；2. 王丽梅：《经世致用的诠释与实践——论南宋重臣张栻的经世活动》（《社会科学家》2006年第5期）。关于"经世"一词，查《辞海》和《中国哲学大辞典》（上海辞书出版社出版）均找不到单独的词条，均在"经世致用"词条中出现。王宏斌的《关于"经世致用"思潮的几点质疑》一文指出：将"经世"作为一种学问，冠以"经世之学"之名，是到清代以后才出现的。一些研究张栻思想的学者在谈及他的经世思想时，使用了"通经致用"一词，根据上述论文中的考证，这样的用法同样是在清代出现的。至于更为常见的"经世"与"致用"连用，形成"经世致用"的说法，这一词汇的使用肇始于梁启超。由于"经世"与"致用"连用时有语义重复之嫌，因此使用这一词汇时应当更为谨慎一些。

为抗金进言孝宗，并以其理学思想劝勉孝宗。① 曾奏言孝宗说："陛下上念宗社之仇耻，下闵中原之涂炭，惕然于中，而思有以振之。臣谓此心之发，即天理之所存也。"② 之后张栻屡次上书建议朝廷坚持抗金。朱熹称其"慨然以奋伐仇虏，克复神州为己任"③。

另外，张栻在朝为官期间所实施的政治举措及其成效也被看作其"经世活动"的内容，认为从这些政治实践活动中，体现出张栻关心民生的特点。从1169年之后的约十年间，张栻辗转严州（今天浙江建德）、袁州（今江西宜春）、静江（今广西桂林）、江陵（今天湖北江陵）等地，担任地方官员，其间在朝担任吏部侍郎一年，为孝宗所赏识。由于张栻有较长的时间在各地任知府，对民生疾苦有较多的了解。在《多稼亭记》中他写道："观稼穑之厪劳，而念民生之不易，其时之不可以夺，其力之不可以不裕，而又谨视其苗之肥瘠，时夫雨旸之节，以察吾政事之若否。"④《游东山记》中，他有感于范文正公"居庙堂之高则忧其民，处江湖之远则忧其君"的博大胸怀。他留心下层人民的疾苦，在为官期间采取了一些减轻徭役赋税的措施，并努力兴利除害。在担任严州知府时，他针对严州繁重的苛捐杂税，与朝廷力争，为百姓减免了一半的赋税。

亦有学者认为，张栻将上述两者，即儒家传统的民本思想与抗金救国的现实政治联系在一起，认为在抗金斗争中最重要的是"得民心"。其引《宋史》中的记载，张栻认为："欲复中原之地，先有以得中原之心；欲得中原之心，先有以得吾民之心。"而"得吾民之心"的关键在于"不尽其力，不伤其财"。⑤ 可见，张栻在治内攘外的问题上重视"用贤养民""内修外攘"的特点。

---

① 青少年时代的张栻跟随张浚辗转于各地。张浚出将入相，坚决主张抗金，宋孝宗即位后，张浚被任命为枢密使，开府治戎，主持北伐，此时张栻"时以少年，内赞密谋，外参庶务，其可综画，幕府之人皆自以为不及也"。曾为此进言孝宗，并以其理学思想劝勉孝宗。另外，其师胡宏亦是力主抗金的一员，张栻深受两位前辈的影响。

② 《道学三·张栻传》，《宋史》卷429，《四库全书》本。绍兴三十二年（1162），此年宋、金进行了蔡州之战、河州之战、长伯之战等，战事频频。

③ 《右文殿修撰张公神道碑》，《晦庵先生朱文公文集》卷89，《四部丛刊》本。

④ 《多稼亭记》，《南轩集》卷13，长春出版社1999年版。

⑤ 转引自朱汉民：《湖湘学派史论》，湖南大学出版社2004年版，第179页。

但以上所罗列的一些事例和结论皆是从外在事功的角度来介绍和评价了张栻的经世思想与活动，虽然这一思想需要与现实社会发生作用才能显现于我们面前，然而单从外在表象来研究这一话题是不完满的。从思想的角度看，它必须具有内在化的某种东西作为基础和依托才能引起种种外部活动。我们只有在研究清楚了这些内在的原动力和出发点的基础上，明白了思想家的思想成因之后才能理解其在现实政治中成败得失的原因，也只有这样才能够对其经世思想及其现实得失有一个较为完整的把握。从广义上来讲，他所发表的治道观念、历史评述等内容皆可看作其经世思想的一部分。但如果要讨论最根本的内在根据，也许最直接的而切实的方式是从张栻对"经世"的理解入手，更直接的是在张栻对"经世"一词的用法和理解中去寻找他对"经世"最原初的思考，从中也许可以发现我们所要考察的内容。

二、从张栻对"经世"二字的理解寻找内在根据

张栻对"经世"一词的使用，最重要的一处在他的《经世纪年》一书中，该书于张栻有生之年已有刻本，但清代以后便不见传本。南宋陈振孙《直斋书录解题》中提道："《经世纪年》二卷侍讲广汉张栻敬夫撰。用《皇极经世》谱编，有所发明则著之。其言邵氏以数推知去外丙、仲壬之年，乃合于《尚书》'成汤既没，太甲元年'之说。"① 说明该书二卷，其内容大致是沿用邵雍《皇极经世》一书的年谱，对诸多历史事件有所发明而著，并且张栻认为按照邵雍的纪年法推算到外丙、仲壬那个年代，与《尚书》关于"成汤既没，太甲元年"② 的说法吻合。但由于该书原文已失，因此无法对具

---

① 陈振孙：《直斋书录解题》卷 4，编年类，上海古籍出版社 1987 年版。

② 关于商太甲即位的问题颇具争议。所依据的史料主要有：《尚书·伊训》记："成汤既没，太甲元年，伊尹作《伊训》《肆命》《徂后》。"正义曰："成汤既没，其岁即太甲元年。伊尹以太甲承汤之后，恐其不能纂修祖业，作书以戒之。史叙其事，作《伊训》《肆命》《徂后》三篇。"《史记·殷本纪》记："汤崩，太子太丁未立而卒，于是乃立太丁之弟外丙，是为帝外丙。帝外丙即位三年，崩，立外丙之弟中壬。帝中壬即位四年，崩，伊尹乃立太丁之子太甲，太甲，成汤嫡长孙也，是为帝太甲。"《孟子·万章》曰："伊尹相汤以王天下，汤崩，太甲未立，外丙二年，中壬四年，太甲颠覆汤之典刑，伊尹放之于桐，三年，太甲悔过自怨自艾，于桐处仁迁义三年，以听伊尹之训己也。复归于亳。"一般认为《竹书纪年》之说不可置信，其曰："伊尹即位于太甲七年，太甲潜出自桐，杀伊尹，乃立伊陟、伊奋，命复其父之田宅而中分之。"

体内容详加分析，甚是遗憾，然而这并不意味着我们无法知晓张栻在此对"经世"二字的用法，以及从中窥见解析本文话题的有益线索。

在张栻本人所作的自序中，明确了写作此书的出发点以及将其命名为"经世纪年"的缘由，曰：

> 太史迁作《十二国世表》，始纪甲子起于成周共和庚申之岁，庚申而上则莫纪焉。历世浸远，其事杂见于诸书，靡适折衷，则亦传疑而已。本朝嘉祐中，康节邵先生雍出于河南，穷往知来，精极于数，作《皇极经世书》，上稽唐尧受命甲辰之元，为《编年谱》。如去外丙、仲壬之祀，康节以数推知之，乃合于《尚书》成汤既没太甲元年之说。……某不自揆，辄因先生之历，考自尧甲辰至皇上乾道改元之岁，凡三千五百二十有二年，列为六图，命之曰《经世纪年》，以便观览。间有鄙见，则因而明之，其大节目有六。①

张栻写道：由于太史公马迁在写作《十二国世表》②时，按照甲子纪年从庚申西周共和元年开始记起，而庚申年以前就没有记载了，历经时代久远，其中的事件散见于许多书籍中，无所适从、调和，便也保留了可疑之处。而本朝嘉祐年间，康节先生出生于河南，通晓过去、未来，精极于易数，作有《皇极经世书》，往上稽考至唐尧受命的甲辰元年，并作《编年谱》。如若考察到外丙、仲壬之年，康节以易数推衍，与《尚书》成汤既没太甲元年之说相合。③

张栻按照邵雍推算年代的方法从尧甲辰之年稽考至孝宗改年号为乾道

---

① 《张栻集》点校者按：此序宋代即有两个版本传世：一为朱熹所定《南轩文集》本；二为魏齐贤、叶棻所辑《五百家播芳大全文粹》本。两本所差较大。由于《五百家播芳大全文粹》本信息更为充足，本文除特别说明为《南轩文集》本外，均引《五百家播芳大全文粹》本"序言"。《南轩集》卷14，《经世纪年序》。

② 张栻所言"太史迁作《十二国世表》……"查钦定四库全书，只有张栻提到这一表名，应该是指《史记·十二诸侯年表》。该年表记共和元年（前841）到周敬王四十三年（前477）间周、吴与十二国的纪年及大事，因周为天子，吴到春秋后期才兴起，故周、吴不在十二诸侯之列。

③ 《皇极经世·卷第五之上》："丁未商王成汤崩，元子太甲践位，不明，伊尹放之桐宫。戊申。己酉。庚戌商王太甲思庸，伊尹冕服奉嗣王于亳，返政。"《四库全书》本。

之年，共 3522 年，将其列为六个图谱，命名为《经世纪年》，以方便世人观览，偶尔有自己的见解，遂借此得以阐明。可见，张栻对邵雍之学十分钦佩，对《皇极经世书》大加赞赏，这段话也暗示我们，张栻此处对"经世"的使用与邵雍《皇极经世书》中"经世"二字的用法略同。鉴于《经世纪年》一书的缺失以及研究很少，我们不妨先考察邵雍《皇极经世书》中"经世"二字的用法看看。

一般认为，《皇极经世》乃是以伏羲易学为最高原则，通过天道推演而确立治世法则的著作。对于"皇极经世"这四字，邵雍之子邵伯温解释道："至大之谓皇；至中之谓极；至正之谓经；至变之谓世；大中至正应变无方之谓道。"① 也就是以"大中正变"来解释皇、极、经、世四字。在儒家文献中，特别是宋代以前，对"皇极"二字的解释显得比较一致。《尚书·洪范》相传为箕子答周武王治世之问，共九条，而"皇极"居中，位列第五，言："次五曰建用皇极。"汉代孔安国《洪范》之传将"皇极"解释为"大中"，曰："皇，大；极，中也。凡立事，当用大中之道。"② 唐代孔颖达正义指出："'皇，大'，《释诂》文。'极'之为'中'，常训也。"③ 但至北宋，王安石则将"皇"释为"君"，其有破除汉代以来的"传注之学"的意图。而朱熹在庆元二年（1196 年，是时张栻已逝）所发表的《皇极辨》则一反旧说，将"皇"训为"君"，"极"训为"至极"，为标准之名。④ 而邵伯温对"皇极"的解释与孔《传》同，并认为《皇极经世书》凡十二卷，其十一之十二"述皇帝王伯之事以明大中至正之道"⑤。按照这样的解释，邵雍以"皇极经世"命名此书具有以儒家"中正"之道应世事之变的意味。我们可以通过一些文本进一步证明，张栻对"经世"二字的用法也是出于这层含义。

---

① 王植：《皇极经世书解》卷 8，附邵伯温《皇极系述》，《四库全书》本。

② 孔安国传，孔颖达正义：《洪范第六》，《尚书正义》卷 12，北京大学出版社 1999 年版。

③ 孔安国传，孔颖达正义：《洪范第六》，《尚书正义》卷 12，北京大学出版社 1999 年版。

④ 朱熹指出："《洛书》九数，而五居中，《洪范》九畴，而皇极居五，故自孔氏《传》训皇极为'大中'，而诸儒皆祖其说，余独尝以《经》之文义语脉求之，而有以知其必不然也。盖皇者君之称也，极者至极之义，标准之名，常在物之中央，而四外望之以取正焉者也。故以极为在中之准的则可，而便训极为中则不可。"（朱熹：《皇极辨》）

⑤ 王植：《皇极经世书解》，《卷首上·总论》，《四库全书》本。

不仅张栻在这篇自序中对邵雍的学识大加褒扬，似乎张栻对"经世"的理解还受到邵雍相当大的影响。《经世纪年序》末尾的一段话表明了其"经世"思想的主旨：

> 嗟乎！世有今古，太极一而已矣，太极立则通万古于一息，会中国为一人，虽自尧而上，六阕逢无纪，然上圣惟微之心，盖未尝不周流该遍，亘乎无穷而贯于一也。①

嗟乎！世有今古而太极只有一个！太极立则万古于瞬息之间便得以贯通。可见，贯通今古、亘古常在的"一者"乃是"太极"，虽然由于生理的限制以及记录的缺失，我们无法知晓尧之前的历史，但先圣微妙灵明的道心，却周流、遍及天下，连绵不断乃至无穷而又一以贯之。此可谓《易》之妙用。

那么张栻对太极有什么独特的理解呢？《南轩易说》云：

> 易有太极者，函三为一，此中也。如立天之道曰阴与阳，而太极乃阴阳之中者乎！立地之道曰柔与刚，而太极乃刚柔之中者乎！立人之道曰仁与义，而太极乃仁义之中者乎！此太极函三为一，乃皇极之中道也。②

太极函三为一，分别从天、地、人三者来看，乃阴阳、刚柔、仁义之中者，为皇极之中道。从这段话可以清楚地看出，同邵雍一样，张栻对"经世"的理解继承了儒家坚守中道的传统。可以说，张栻对"经世"的理解大致可以归结到以恒常中道御世事之变这一层面上。

从上面的分析可以看出张栻在"经世"的态度上恪守了儒家中道的传统。他在序言最后说道："若夫《易》《春秋》之用不明，则经世之旨不几于息乎？"③说明经世之旨就蕴藏在《易》与《春秋》之用中。那么在张栻看

---

① 《经世纪年序》，《南轩集》卷14。
② 《系辞上》，《南轩易说》卷1。
③ 《经世纪年序》，《南轩集》卷14。

来，《易》《春秋》之用为何呢？何为《易》之妙用前文已谈及，另外，他在《南轩易说》中也有："是以圣人作《易》，所谓六爻者乃三极之道，故三才皆得其中，是乃顺性命之理也。"①《易》之妙用在于"得其中"，在于中道而行、顺应性命，这在张栻的思想中是一贯的。

对于《春秋》之用，他说：

> 是以《春秋》书元，以著其妙用，成位乎其中者也。大君明斯义，则首出庶物，天地交泰，裁成辅相之妙矣。为人臣而明斯义，则有以成身而佐其主矣。②

这句话中"以著其妙用"可以是说《春秋》之妙用，也可以是《易》之妙用，根据上下文来看，张栻想表达的应该是《春秋》的首句③用来彰显《易》之妙用，而这个妙用也就是"成位乎其中"。而《南轩文集》本《经世纪年序》更为清楚地表明张栻将《易》与《春秋》看成"体用"的关系，其曰："是故《易》本太极，《春秋》书元，以著其体用，其示后世至矣。然则大《易》、《春秋》之义，其可以不明乎！"可见，《春秋》之用在于使《易》之大义得以彰显。《系辞》曰："易简而天下之理得矣；天下之理得，而成位乎其中矣。"张栻认为《春秋》之用，仍然是以其特有的笔法彰显出太极之中道，使人们成就其位。具体来讲就是，为人君者若明了这个大义，则超越万物、统御万物，天地万物通泰，《易》裁成辅相之妙用得矣；为人臣者若明了这个大义，则得以修身涵养进而辅佐君主。

可以看出，张栻将《易》与《春秋》所阐明的中正之道看作成就事功的要义。因此，他在"通书后跋"中感叹道：

---

① 《系辞上》，《南轩易说》卷1。
② 《经世纪年序》，《南轩集》卷14。
③ 《春秋·隐公》："元年春王正月。"胡安国解释"元年"道："即位之一年必称元年者，明人君之用也。'大哉乾元，万物资始'，天之用也；'至哉坤元，万物资生'，地之用也；成位乎其中，则与天地参。故体元者人主之职，而调元者宰相之事。元即仁也，仁人心也。《春秋》立文兼述作，按《舜典》纪'元日'，《商训》称'元祀'，此经书'元年'，所谓祖二帝、明三王，述而不作者也。正次王，王次春，乃立法创制，裁自圣心，无所述于人者，非史册之旧文矣。"显然，张栻受胡氏之学影响十分深刻。

嗟乎！自圣学不明，语道者不睹夫大全，卑则割裂而无统，高则汗漫而不精，是以性命之说不参乎事物之际，而经世之务仅出乎私意小智之为，岂不可叹哉！①

可见，张栻是如此迫切地想要昌明圣学、道明经世之要旨，而这里所谓的语道者必须明了的"大全"也就是《易》之大义，其核心就是所谓大中至正的太极中道、皇极中道。②

三、从内在根据看张栻的经世活动

至此，我们可以得到这样的结论，张栻经世思想中的内在根据乃是从《易》与《春秋》中所彰显出的太极之道、皇极之道，亦即儒家传统的中正之道。有历史学者认为，宋代中叶"春秋学"兴起，春秋学家以《易》与《春秋》为儒经中的两部大经。其肇始乃追溯到宋初孙复提出的："尽孔子之心者大《易》，尽孔子之用者《春秋》，是二大经，圣人之极笔也，经世之大法也。"风从此论的后儒甚多。③ 如果把重视《易》《春秋》二经中的尊王思想看作当时的时代思潮，也许张栻或多或少亦受其影响。另外，也有学者认为，张栻之师胡宏乃孙复的再传弟子，孙复治《春秋》强调"尊王"为《春秋》大义，胡安国继承和发挥了孙复的这一思想，因此孙复乃湖湘学派思想来源之一。④ 从这点来看，或许张栻亦间接受到孙复思想影响。但倘若仅从上述两个角度来考虑张栻的观点，首先，不啻将张栻看作一般俗儒。其次，宋代"春秋学"家普遍强调《春秋》的"尊王"理念而少讲"攘夷"，高唱尊王而鞭挞僭上乱名之举。⑤ 显然，这与张栻从事的抗金事业极为不符。再者，如前所述，张栻将《易》与《春秋》结合起来看，从《春秋》中发挥出

---

① 《通书后跋》，《南轩集》卷33。

② 从分析的文本来看，张栻似乎并没有区分太极与皇极，而是将两者看成一个东西。

③ 参见王天顺：《宋代史学的政治功利主义与春秋宋学——蠡测宋代史学成就的另一面》，《学术月刊》2008年11期。

④ 参见朱汉民：《湖湘学派史论》，湖南大学出版社2004年版，第19页。

⑤ 参见王天顺：《宋代史学的政治功利主义与春秋宋学——蠡测宋代史学成就的另一面》，《学术月刊》2008年11期。

除"尊王"外的另一层大义，即大中至正的皇极中道，可见，张栻的经世思想断无盲从孙复或时风之嫌。所以，我们必须将张栻看作一个独立思考的思想家，从这个内在根据出发再来反观张栻一生中主要的政治活动，便可以看出一部分得失缘由。

以上所推论的张栻经世思想最根本的内在根据，它与内圣外王的"内圣"一面接近，但并不等同于"内圣"。所谓内圣，乃是指内在道德（如仁、义、礼、智、信、忠、孝等道德品质）的修养和建立，而这里的所谓内在根据是指其内在根本的原动力，往外推之便可以看出张栻对内圣之学的重视，同时，又必然与其"外王"的事功相应，由此便可以解释其外在的经世活动。

我们知道，张栻在为官期间有过不少政绩，这些无不与他守先圣之道的道学倾向有关，也体现出他个人修为方面，内圣与外王、内在"敬德"与外在"保民"在一定程度上得到统一。比如他十分重视《孟子》体现出的民本思想，他说："夫王者天下之义王也，民以为王则谓之天王，天子民不以为王，则独夫而已矣。"① 张栻认为孟子"保民而王"这一句"固足以尽王道矣。保云者，若保赤子之保也。"② 他认为要像保护赤子一样保护人民。因此，张栻为官期间勤政爱民而颇受百姓拥护，这些也就是顺理成章的。

但在治内攘外的重大问题上，或多或少体现出张栻思想中的矛盾性。如前所说，在张栻经世思想的根底里是儒家传统的中正思想，而在对"皇极"等重要概念的理解上，张栻也是接纳旧说的。这不免让人想到余英时先生在《朱熹的历史世界——宋代士大夫政治文化的研究》一书中提到的孝宗时期的"国事"问题。淳熙八年（1181）至淳熙十五年（1188）（张栻去世后不久），王淮为首的官僚集团把握政权，此时"皇极"问题成了一个"国是"问题，也就是说有关"皇极"的解释关涉当时国家最上层应当采取何种政策的重大问题。而王淮集团坚守的是自高宗以来的"国是"，也就是在宋金对抗中保持安稳，将"皇极"理解为"大中"便突出了"安中之善"之

---

① 《梁惠王上》，《孟子说》卷 1。
② 《梁惠王上》，《孟子说》卷 1。

义。而孝宗试图变"安稳"为"恢复",亦即采用收复失地的国策。① 我们看到张栻思想中有明显的道统意识,具有坚守祖训祖制的倾向,因此,在对待皇极等问题上,张栻的思想还是倾向于孔安国《尚书》之传以来的旧说,强调、推崇皇极之中道,虽然这避免了言论上与朝廷之意图形成正面冲突,但也使这一思想中不可避免地渗透了安善、和议的成分,与其对待金人入侵问题上的主战立场甚是矛盾。笔者且无力从张栻的言说中找出能化解这一矛盾的线索,暂将其视作张栻思想的不彻底性。

同时,在内政上,张栻在为官期间勤于政务,努力采取措施为民谋利、安顿民心,曾上疏朝廷,提出一系列改革时弊的措施。比如,据《宋史》记载:

> 栻在朝未期岁,而召对至六七,所言大抵皆修身务学,畏天恤民,抑侥幸,屏谗谀,于是宰相益惮之,而近习尤不悦。退而家居累年,孝宗念之,诏除旧职,知静江府,经略安抚广南西路。所部荒残多盗,栻至,简州兵,汰冗补阙,籍诸州黥卒伉健者为效用,日习月按,申严保伍法。谕溪峒酋豪弭怨睦邻,毋相杀掠,于是群蛮帖服。朝廷买马横山,岁久弊滋,边氓告病,而马不时至。栻究其利病六十余条,奏革之,诸蛮感悦,争以善马至。②

张栻在诏除旧职的第二年知静江(今广西桂林)。广南西路地处偏远、蛮荒多杀、盗,张栻到任后,精简州兵,汰冗补阙,谕以大义,劝其和睦相处,于是群蛮帖服。又当时朝廷在广西横山地区买马,久之弊病滋生,边民不满,朝廷却无马可用。张栻深入调查找出其利弊六十余条,上奏朝廷革除弊病,于是边民感悦,争相将好马卖给朝廷。可见,张栻在恤民安邦的事业上十分得力,政绩斐然。但张栻认为,当时朝政的病根实际上在于"争驰乎功利之末"而不具先王"严恭、寅畏、事天、保民"之圣心。张栻将"仁"看

---

① 关于这一史实的考证参见余英时:《朱熹的历史世界——宋代士大夫政治文化的研究》,三联书店 2004 年版。

② 《道学三·张栻传》,《宋史》卷 429。

作人心之本,认为:"盖仁者天地之心,天地之心而存乎人,所谓仁也。"① 在《胡子知言序》中,张栻引胡宏语:"中者,性之道乎! 仁者,心之道乎!"② 又说:"不知求仁而坐谈性命,则几何其不流于异端。"③ 而"王氏之说皆出于私意之凿,而其高谈性命,特窃取释氏之近似者而已"④。他认为王安石激进的改革建立在错误的性命之理上。因此,同朱熹、陆九渊一样,张栻对王安石变法采取了否定态度。

张栻十分看重"内圣",上面所引《宋史》中讲的另一事件也就是张栻在乾道六年(1170)屡次得到孝宗召对,其进言的内容,大致便是修身务学、畏天恤民等儒家传统的内圣之学,但由于张栻劝谏孝宗"抑侥幸,屏谗谀"而遭人嫉恨,不到一年便被左相虞允文等官僚排挤而去。对于这次政治上的失意,张栻怀有一种惆怅无奈的情绪,却也表现出顺天应时的态度,临行前他写道:

> 某十三日被命出守,次日早出北关……自惟备数朝列,荷吾君知遇,迄无所补报。学力不充,无以信于上下,归当温绎旧学,益思勉励,它皆无足言。惟是吾君聪明,使人眷眷,不忍置耳。⑤

然而,即便现实的处境令人感到惋惜,政治上的抱负无法完全施展,从张栻的经世思想及其政治活动中体现出的那种犯颜力谏的勇气,那种爱民思君的拳拳之心,以及无处不在的、正直不阿的士大夫精神,可谓感人至深。

结 语

鄙文写罢,对于所论话题,自知不过只是个开头而已。本文试图直接抓住张栻经世思想中最核心者、最根本者。通过分析,找出了其经世思想的

---

① 《洙泗言仁序》,《南轩集》卷14。
② 《胡子知言序》,《南轩集》卷14。
③ 《胡子知言序》,《南轩集》卷14。
④ 《与颜主簿》,《南轩集》卷19。
⑤ 《答朱元晦》,《南轩集》卷22。

内在根据乃是儒家传统的大中至正的中道思想，并试图通过它来反观张栻的一系列外在政治实践活动。相关内容虽大致言及，但论述有待进一步扩充。首先，作为内在根据的中道思想具体内容为何，需要进一步阐明。另外，在张栻看来，这一内在根据与作为本体的"性"实际上又是一体的，他说："中者，性之道乎！"我以为进一步探究下去，张栻思想的统一性或许得以呈现于眼前。

（作者单位：中国人民大学哲学院）

忠孝传家：南轩"孝悌观"初探

舒大刚

张栻是南宋著名的理学家，是湖湘学派的集大成者，这是古今学人的共识，故黄宗羲《宋元学案》以及王梓材等《宋元学案补遗》俱为立《南轩学案》（或《补遗》），将其作为开宗立派、卓然成家的理学大师。今人研究张栻也将他作为"湖湘学派"干城、"东南三贤"主脑对待。但是，无论是黄、王等的"学案"，还是今人的若干论著，都详于张栻的理学思想，对其"主敬为本""义利之辨"等论，析之甚详，此无可非议者。不过，张栻是一位发展较为全面的学者，他的价值似乎不仅仅局限于"理学"和"湖湘学"上，他在其他方面的贡献也应当引起人们的关注。朱熹《南轩集序》曾说："自其幼壮不出家庭，而固已得夫忠孝之传。既又讲于五峰之门以会其归，则其所以默契于心者，人有所不得而知也。独其见于论说，则义利之间，毫厘之辨，盖有出于前哲之所欲言而未及究者。措诸事业，则凡宏纲大用、巨细显微，莫不洞然于胸次，而无一毫功利之杂。是以论道于家，而四方学者争乡往之；入侍经帷，出临藩屏，则天子亦味其言，嘉其绩，且将倚以大用，而敬夫不幸死矣。"从这段赞语不难看出，张栻在"忠孝"传家、"义利"之辨、从政"事业"、"经帷"讲学、居家"论道"等方面，都有建树，都值得后人探讨。在张栻诸般成就之中，我们认为，他少年所得"忠孝之传"和平生的"孝悌"修为最是基础，也最为根本，自然不应该被研究者所忽视。

本文拟以"孝悌"为主题，博考其文，俱论其语，胪列资料，不嫌辞费，以备南轩"孝悌"学案，聊补黄、王"学案"之未逮。①

一、忠孝传家，世生贤达

朱熹《南轩集序》称其"自其幼壮不出家庭，而固已得夫忠孝之传"，吴儆《祭张南轩文》也说"先生忠孝之节，世有家法，渊源之学，心契圣传"②，都注意到张栻自幼所受过门庭之训和家族门风的熏染作用，这里不妨对张氏孝悌家风首先作一简述。

张栻家族自谓出西汉留侯张良之后。但据朱熹所作《张浚墓志铭》，蜀中张氏的直接祖先，仅可追溯至唐代宰相张九龄之弟张九皋。入宋后，张氏家庭初亦寒微，至栻曾祖、祖父之时，乃以儒学起家。栻自谓"予家起寒素，豫公（弦）、雍公（咸）以儒学显"③。自是之后，至栻父浚及己身，乃世生贤达，为时名门（名儒之家）。

张栻曾祖父名张弦，"幼慷慨有大志"，"不肯屑屑为举子业"，博一举之名，而是潜心博览，"于书无所不通"。庆历年间，周询、程戡将其《庆历御戎策》三十篇推荐入仕。他针对宋代将不知兵、兵不知将、卒无练卒、士无选锋的状况，建议朝廷要加强"陕西四路、河北三路、河东一路"防线，给以特殊政策，"割兵属将，公选其人，不拘官品"，"使各得自辟其属，丁壮之目、财赋之用悉付之，勿使中官扰其事，勿使小人分其权"，这对意在抑黜武将兵权的北宋时期可谓犯了忌讳。弦曾为程戡幕府机宜文字，后改秩雷州知州。他不恋仕路，年刚逾六十，"即浩然思归"，自号"希白先生"，筑希白堂，一时名公皆为赋诗。

张弦有子咸，即张栻之祖。弦对其亲自教授，使之顺利获得元丰二年进士科第。咸亦有令德，历官州县职事，还"覃思载籍，诸子百氏之说，无不贯穿，而折衷于《六经》"，是一位博学多通而归本于儒学的儒吏。元祐三

---

① 按，黄宗羲等《宋元学案》、王梓材等《宋元学案补遗》俱设《南轩学案》（或《南轩学案补遗》），引述南轩要语至伙，但是所列南轩孝悌之论，各自都只有两条，显然对此主题比较忽略。至于今人关于南轩孝悌思想的研究，则更付阙如。

② 吴儆：《祭张南轩先生文》，《竹洲集》卷13。

③ 《送犹子焕炳序》，《南轩集》卷15。

年，应"贤良方正能直言极谏科"，"奏篇为天下第一"，不幸未入等。过后六年，复召试，以"文辞杰出"，获"置高等"。可是宰相章惇见其策文并不攻击"元祐政治"，反而批评当时"庙堂用私意等事"，"甚不悦"。数日后，张咸前往章惇府称谢，惇嬉笑着说："贤良一日之间万余言，笔锋真可畏！"后来章惇竟为之"奏罢'贤良方正科'，而更置'宏词科'"。

这种正直、忠孝家风，无疑影响张氏后人。朱熹说，张浚生才四岁，父亲张咸便亡故了。当时浚母年方二十五，父母欲嫁之，浚母"誓而弗许"。于是"勤苦鞠育"张浚，当浚刚会说话时，浚母即教他"诵雍公（咸）文"。当他能记事时，即"告以雍公言行"，时时耳提面命，"无顷刻令去左右"。因此张浚虽在幼时，就表现出中规中矩的成人之风，朱熹说他"视必端，行必直，坐不敧，言不诳"。因而亲族乡党都看好他，"皆称为大器"。浚年十六入汉州郡学，学习非常刻苦，"讲诵不间早夜"，"未尝一窥市门"。当时教授、苏轼侄孙苏元老叹曰："张氏盛德，乃有是子！吾观其文无虚浮语，致远未可量也！"后来果如元老之言，张浚刚即冠，就被推荐到京城太学读书（"与计偕，入上庠"）。张母送之，拊其背叮嘱说："门户寒苦，赖尔立，当朝夕以尔祖、尔父之业为念。"手书数十条教语于策，授予张浚随身携带，使张浚虽然远离母亲，却"常若在旁"一般，"无一言一动不遵太夫人之教"。

后来张浚举进士，为重臣，提出经营川陕防线，抵抗金人入侵，并亲自出任川陕宣抚处置使，为南宋一时中流砥柱，实现了父、祖当年的设想和志向。后来他位至宰相，入宰中枢，为中兴名臣，出将入相，尽忠尽孝，忠君爱民，自然与他少时接受慈母之教有关。他转徙各地，尽量将母亲和家人带在身边，随时奉养，可谓忠孝两全。他在遭遇贬谪自作《谢表》中说："敢不专精道学，黾勉身修？求以事亲，方谨晨昏之养；庶几报国，敢忘药石之规？"许国以忠、事亲以孝，无怨无悔，古今少有。后来张母去世，他亲自扶柩西归，安葬之日，宾客纷至，自朝及夕，张浚以堂堂宰相之身，竟"哭泣应接不少倦"。子侄们都交相规谏他"尊年不宜致毁"，而他"孝诚自天，不能已也！"不幸的打击接踵而至，由于秦桧倾陷，他在刚刚安葬母亲十日后，便接到朝廷谪书，只得匆匆从四川出发，赶赴东南贬所福州。

尽管有许多不公正待遇，但张浚为人的准则、忠孝的传统没有一刻丢掉，常以"循礼居敬"训其诸子及门人："学以礼为本，礼以敬为先。"又曰："学者当清明其心，默存圣贤气象，久久自有见处。"摒除物欲私念，以圣贤为榜样，时时存想，处处忆念。他见人有一善，为之喜见辞色。子侄辈言动小不中理，则对之愀然不乐，人自感砺，是一个十足的己欲立而立人、己欲达而达人的忠厚长者！

张浚既有良好的家风，择配当然也不能含糊，故其所娶妻室都有良好修养。他先娶杨国夫人乐氏，新婚十天便离开了，乐氏就成了代替张浚尽孝、服侍太夫人的主妇。张浚升为朝廷重臣后，有人劝他盛年当买妾，张浚却感念"国事如此，太夫人在远，吾何心及此？"拒绝了朋友们的"好意"，竟然终身不置妾。后来再娶蜀国夫人宇文氏。宇文氏"贤明淑慎"，与张浚经历兴衰、共当荣辱，生栻与枃兄弟，个个成才。她恪尽孝道，事太夫人时时"尽礼"："鸡初鸣，已冠帔立寝前，俟太夫人寝觉。夜，则俟太夫人寝，至息匀寐安乃去。食饮汤药，一一亲之。"太夫人感动地说："吾儿孝，天赐贤妇，以成其心。"内外宗族，对她都十分尊敬和喜欢（"敬仰无间言"）。张浚贵盛之时，她从来不为娘家人有所请托，而是常常训诫诸子："吾朝夕兢兢，履地如履冰，惟恐一言之失、一事之差。"可谓是居敬处慎之楷模！①

有这样好的门风，又有这样贤的父母，张栻自然会得到良好的教育和陶冶。前引朱熹《南轩集序》说他"自幼得忠孝之传"，并非虚语。朱子又在《静江府学记》中说，栻"其学近推程氏，以达于孔孟，治己教人，一以'居敬'为主，'明理'为先"②。这个学术特色与其说是受程子影响，不如说受其父张浚"循礼居敬"和其母"居敬处慎"影响更多些。朱熹在为张栻写的《神道碑》中，说他"生有异质，颖悟夙成"③，父亲张浚"爱之，自其幼学，而所以教者，莫非忠孝仁义之实"④，可见过庭之训实为成就张栻德性的重要原因。朱熹感慨地说："呜呼！靖康之变，国家之祸乱极矣。小大之臣，奋不顾身以任其责者，盖无几人。而其承家之孝，许国之忠，判决之明，计

① 以上引文转引自朱熹：《少师保信军节度使魏国公致仕赠太保张公行状》，《晦庵集》卷95。
② 朱熹：《静江府学记》，《晦庵集》卷78。
③ 朱熹：《右文殿修撰张公神道碑》，《晦庵集》卷89。
④ 朱熹：《右文殿修撰张公神道碑》，《晦庵集》卷89。

虑之审，又未有如公者。"① 危难之际，张浚、张栻父子都能做到忠孝两全，没有忠孝传家的素来修养，是难以实现的。

朱熹又说："公为人坦荡明白，表里洞然，诣理既精，信道又笃。其乐于闻过，而勇于徙义，则又奋厉明决，无毫发滞吝意，以至疾病垂死，而口不绝吟于天理人欲之间，则平日可知也。故其德日新、业日广，而所以见于论说行事之间者，上下信之，至于如此。"② 这些成就当然也与他后来从师胡五峰不无关系，但主要动力应该还来自幼时的家庭教育，毕竟"少成若天性，习惯成自然"。

张栻的两个侄子张焕、张炳（张杓子），将扶护母丧西还营葬，栻特撰序文送行。序文回顾张氏家族的光荣历史："予家起寒素，豫公（弦）、雍公（咸）以儒学显。至于我魏公（浚），逢时之难，身任天下之重，德业光显。"③ 重申祖先修治儒术、天下己任的传统。然后又自述他与兄弟张杓二人的出处风范，上以究明天理，发为事业，下以孝悌忠信、修身谨行，并要宗党一起继承弘扬："予兄弟藐然，惟惧荒坠不克承，抑望于我宗共勉励，以羽以翼，以无替我家二百年之轨范。上焉亲师求仁，发明天地之全，古人之大体，居则讲业传道，出则继我魏公之业；次焉尤当服孝弟忠信之训，饬身谨行，无为门户羞。"④ 最后具体告诫二侄要睦族和亲、谨行慎为、勿事奢靡，并持之以恒：

> 吾侄之归于乡也，治丧事，奉祭飨，事长抚幼，予将有观焉。念祖先积累之艰勤，而朝夕悚惕，毋放于欲，毋狃于逸，毋交非朋，毋从事于奢靡，则予有望，予又将察焉。其能久守是也，则复有进焉。呜呼，尚深念哉。⑤

这就将从父、祖那里继承来的孝悌忠信传统，传递给子侄们去继续发

① 朱熹：《右文殿修撰张公神道碑》，《晦庵集》卷89。
② 《送犹子焕炳序》，《南轩集》卷15。
③ 《送犹子焕炳序》，《南轩集》卷15。
④ 《送犹子焕炳序》，《南轩集》卷15。
⑤ 《送犹子焕炳序》，《南轩集》卷15。

扬光大，这便是义门儒学教育后人的正确做法。真不愧是一门忠孝、千古望族！

二、仁以孝悌为本，孝以爱敬为实

朱熹说南轩学特色在于"义利之间毫厘之辨"①，说他"一以'居敬'为主，'明理'为先"，还揭示其教育学生的途径是："先有以察乎义利之间，而后明理、居敬以造其极。"② 张栻自己亦屡次称道河南程氏"穷理居敬""致知力行"之学行，并明确提倡"莫先于义利之辨"③。是南轩之学以"明辨义利""居敬明理"为主体，盖无疑矣。如何才能明乎"义利之辨"，如何才能实现"居敬穷理"呢？在张栻看来，无非仁义为质、礼仪为文，而究其根本则端在于五品协理、彝伦攸叙的孝悌之道得到提倡和践履而已矣！

他讲"义利之辨"时说："非特名位货殖之慕而后为利，凡处君臣、父子、夫妇以至朋友、乡党之间，起居话言之际，意之所向，一涉于徇己自私，是皆利也。其事虽善，而内交要誉，或萌于中，是亦利而已矣。"④ 可见"义利之辨"也要在父子、夫妇、乡党之间进行。如何才能革除此种"唯利"的积弊呢？他认为就是要明乎人伦、遵从礼教："道莫重乎人伦，教莫先乎礼，礼行则彝伦叙而人道立。"⑤《孝经》开宗明义就说："先王有至德要道，以顺天下，民用和睦，上下无怨。"什么是"至德要道"？郑玄注："孝悌，至德也。礼乐，要道也。"《孝经》又说："教民亲爱，莫善于孝；教民礼顺，莫善于悌；安上治民，莫善于礼；移风易俗，莫善于乐。"张栻之所要明义利之辨于"君臣、父子、夫妇以至朋友、乡党"之间，不正是五伦吗？不正是以孝悌为核心吗？他主张明人伦"教莫先乎礼，礼行则彝伦叙而人道立"，也正是修起礼乐，正是居敬守慎。可见，张栻学术特色，与《孝经》完全是相通的，我们甚至可以说，南轩学术乃植根于孝悌礼乐之中也未尝不可。

---

① 《南轩集·南轩集序》。
② 朱熹：《右文殿修撰张公神道碑》，《晦庵集》卷89。
③ 朱熹：《右文殿修撰张公神道碑》，《晦庵集》卷89。
④ 《孟子讲义序》，《南轩集》卷14。
⑤ 《跋三家氏丧祭礼》，《南轩集》卷33。

南轩关于孝悌的论述，是直接《论语》和《孝经》统绪的。首先，他继承了有子"孝为仁本"和《孝经》"孝为德本"之说，提出"仁者无不爱，而莫先于事亲、从兄"。他解《论语》"有子曰君子务本"章说：

> "其为人也孝弟"……盖言人之资质有孝弟者，孝弟之人和顺慈良，自然鲜好犯上。不好犯上，况有悖理乱常之事乎？"君子务本"，言君子之进德，每务其本，本立则其道生而不穷。孝弟乃为仁之本，盖仁者无不爱也，而莫先于事亲、从兄。人能于此尽其心，则夫仁民爱物，皆由是而生焉。故孝弟立，则仁之道生，未有本不立而末举者也。或以为由孝弟可以至于仁，然则孝弟与仁为异体也，失其旨矣。①

他的《癸巳孟子说》甚至认为，就是尧舜那样伟大的圣人，也是扩充孝悌之道的结果，因而非常赞成孟子"尧舜之道，孝弟而已矣"的论断，因为尧舜是仁义之君，而仁义的根本则在于孝悌：

> "尧舜之道孝弟而已矣"，孝弟足以尽尧舜之道。盖人性之德，莫大于仁义，仁莫先于爱亲，义莫先于从兄，此孝弟之所由立也。尽得孝弟，则仁义亦无不尽。是则尧舜之道，岂不可一言蔽之乎？人孰无是心哉，顾体而充之何如耳。②

既然孝悌是修成仁德的立足点和发轫处，士子文人要想成为善士，进而成就其圣人贤士之业，就必须由孝悌入手，才可能及阶升堂入室。张栻在解"子曰弟子入则孝"章时，明确指出"孝弟入道之所先，必以是为本推而达之也"，故"为学当以孝悌为本，余力学文"：

> 入孝出弟、谨行信言、泛爱亲仁，皆在己切要之务。…言当以是数者为本，以其余力学文也。若先以学文为心，则非笃实为己者矣。"文"

---

① 《癸巳论语解》卷1，《南轩文集》，南轩祠刻，清咸丰四年。
② 《癸巳孟子说》卷6，《南轩文集》，南轩祠刻，清咸丰四年。

谓文艺之事。圣人之言，贯彻上下，此章虽言为弟、为子之职，始学者之事，然充而极之，为圣、为贤，盖不外是也。此数言先之以孝弟，盖孝弟人道之所先，必以是为本推而达之也。①

孝悌既为人道所先，那么在上者在施行教化时，就当以孝悌为第一课了。张栻《癸巳孟子说》中明确提出"庠序之教，孝悌为先"，对在学的士子首先要进行孝悌教育，使之成为孝子和君子。还要在"乡党之间"，以"孝悌薰陶"，使其风俗纯化，人人敬老，使君子焕发良知，小人畏义远罪，"王道"才会真正实现。他解孟子"谨庠序之教，申之以孝悌之义"章说：

> 又使知老者之当养，而老幼之有别，教亦行乎其中矣。于是立之庠序，以谨其教。庠序之教，孝悌为先。……夫自乡党之间，而各立之学以教民，孝悌薰陶，渐渍之深，其君子固有以自得其良心，而其小人亦知畏义而远罪，至于颁白者不负戴于道路。则足以见孝悌之教行于细民，虽负戴者亦知有亲，而王道成矣。②

怎样才能做到孝悌呢？张栻提出"以父母之心为心"的法则，主张要设身处地、用心爱亲，他解"父母在不远游"章说："以亲之心为心也。"又解"孟武伯问孝"章说：

> 人子以父母之心为心，舍有疾之外，其他无以忧其亲者，则其一举足、一出言之不敢忘可知矣。然而不幸而遇疾可也，若所以卫养者不谨，自取疾疢，以贻亲忧，则亦为非孝而已。③

孝亲关键还是一个"敬"字。《论语》载"子游问孝"，孔子说："今之所谓孝者，是谓能养，至于犬马皆能有养，不敬何以别乎？"张栻十分赞同，认为"事亲以敬为本"。他解"子游问孝"章说："事亲以敬为本，养而不知

---

① 《癸巳论语解》卷1，《南轩文集》，南轩祠刻，清咸丰四年。
② 《癸巳论语解》卷1，《南轩文集》，南轩祠刻，清咸丰四年。
③ 《癸巳论语解》卷1，《南轩文集》，南轩祠刻，清咸丰四年。

敬，则但为养而已，是何以别乎？以敬为本，则所以养者，固亦在其敬之中矣。"这种敬还包括对亲人的和颜悦色，辞气温恭。他认为要随时随地达到这一境界，自非内心深处对亲人爱之深、敬之极而不能为，这一点即使是圣门高第的子游、子夏，也不一定时时都做得很好。其解"子夏问孝"章"色难"说：

> "色难"，《记》所谓"愉色婉容"者是已。盖非爱敬之至，和顺充积，则形于外者不能常然也。意者子夏于事亲之际，犹或少此与？游、夏圣门高弟，其于致养服勤，盖所优为，故一则告之以"敬"，一则告之以"色难"，皆勉其所未尽，而所以进之者远矣。①

《论语》有"孟懿子问孝"章，说的是孔子弟子孟孙何忌问孝，孔子答曰"无违"。孔子的"无违"并不是唯命是从，可惜何忌未加深究，故孔子后来对樊迟说："生事之以礼，死葬之以礼，祭之以礼。"可见"无违"乃是不违背礼义。什么是礼义呢？在张栻看来，就是宋代理家们所提倡的"天理"而已。一切违背礼义的举动，也是违背天理的行为，即使是出于亲命、用于亲身，也都是不可以的：

> "无违"，谓无违于理也。礼者，理之所存也。"生事之以礼"，以敬养也。"死葬之以礼"，必诚必信也。"祭之以礼"，致敬而忠也。亲虽有存没之间，而孝子之心则一而已，存是心而见于节文者无不顺。所谓"以礼"也，以孟懿子之不能问也，故因樊迟之御以告之。使懿子因圣人之言而有发，则夫三家之所以养其亲、与所以葬、所以祭者，皆违理之甚者也，其敢斯须而安之乎？②

他在《孟子说》中解"世俗所谓不孝者五"章，也是用"理"来衡量"孝"与"非孝"的，认为"一失其所以行身之理，则为非孝矣"：

---

① 《癸巳论语解》卷1，《南轩文集》，南轩祠刻，清咸丰四年。
② 《癸巳论语解》卷1，《南轩文集》，南轩祠刻，清咸丰四年。

孟子所论不孝五者，盖言世俗之所谓不孝者，世俗之所共知者也。若夫君子之行身，则"居处不庄，非孝也。事君不忠，非孝也。莅官不敬，非孝也。朋友不信，非孝也。战阵无勇，非孝也"。一失其所以行身之理，则为非孝矣。①

孝悌必须出于真诚，出于自然，不要做样子、搞过场。他解"季康子问使民"章说：

古之治天下者，修之吾身而已耳。夫临民以庄，孝于亲，慈于下，善者举之，不能者教之，此皆在我所当为，非为欲"使民敬忠以劝"而为之也。然临之以庄而民敬心生，孝慈而民忠于己，举善教不能，而民感悦以劝，其应盖有不期然而然者，则修之吾身，岂不至约乎？季康子不知自反，而望于民者深，而有是问。夫子以正理告之耳。②

只有事亲之心出于至诚，才会取得良好效果。从前舜的父母对他不好，但是舜却仍然以至诚相待、孝心不减，最终令其父（瞽瞍）感动，天下之人也都感动了，这就是"舜尽事亲之道，而天下之道无不得焉"的道理。他在《孟子说》中解"舜尽事亲之道而瞽瞍厎豫"章说：

舜尽事亲之道，夫事亲之道，人人具于其性，他人不能尽，而舜能尽之。舜能尽之，亦非有所加益乎其间也，尽事亲之道而瞽瞍砥豫，惟天下之至诚有以感通也。

夫道一而已，舜尽事亲之道，而天下之道无不得焉，感一而已。瞽瞍砥豫，而天下之化无不孚焉。既曰"瞽瞍砥豫而天下化"，又曰"瞽瞍砥豫而天下之为父子者定"，盖不得乎亲，为人子者惟当求之己而已。

舜尽其道而瞽瞍砥豫，然后父子之大经正，此所谓定也。舜为

---

① 《癸巳孟子说》卷 4，《南轩文集》，南轩祠刻，清咸丰四年。
② 《癸巳论语解》卷 1，《南轩文集》，南轩祠刻，清咸丰四年。

法于天下，岂特天下之为人父子者定哉？万世之为人父子之道亦莫不
定矣。

嗟乎！为人子者，苟以大舜为不可跂及而不取法焉，是自诬其天
性者也。欲取法于舜如何？其亦曰"反诚其身"而已矣。①

张栻认为，只要将孝悌诚心发挥到极致，他就可以无敌于天下。如果将爱亲
之心、敬亲之心、养亲之心推而广之，形成足以孝养天下人父母的仁政，轻
徭薄赋、省刑厚施，让人民精耕细作，衣食无忧，他们才会有时间和精力去
尽孝尽悌。如果再设立学校，在其中大讲孝悌之道，人民才会知道为什么要
孝，怎样才是孝。爱亲敬亲之心成，必然有忠君敬长之行生。人民的心齐
了，一个国家自然会强大，就没有人能够战胜它。张栻解《孟子》"王如施
仁政于民……可使制挺以挞秦楚之坚甲利兵矣"章说：

省刑罚，薄税敛，深耕易耨，使之安于田里，惟其有以仰事俯育，
故可使民壮者以暇日修其孝悌忠信。古者乡有庠，党有塾，皆讲明所
以修孝悌忠信之教也。民知孝悌忠信之为贵，则入有以事其父兄，出
有以事其长上矣。爱敬之心笃，则其于君之事，将如子弟之于父兄，
有不期然而然者矣。民心一，则天下孰御焉？②

孝悌史上一个最为悖论的难题是，如何对待父母的瑕疵和错误？攻击
儒家孝道伦理的人认为，忠孝的强调将使臣子失去正义判断，唯命是从，愚
忠愚孝。其实这是歪曲了儒家的孝悌思想，儒者所倡的孝悌观是辩证的，是
以道义为前提的，《论语》说"事父母几谏"，《荀子》说"从道不从君，从
义不从父"，《孝经》还专门设有"谏诤章"，提倡"见不义则争之"。张栻解
"父在观其志"章也明确提出"孝子成父之美，不成父之恶"：

父在，人子有不得行其志者，志欲为之而有不得行焉，则孝子之

①《癸巳孟子说》卷4，《南轩文集》，南轩祠刻，清咸丰四年。
②《癸巳孟子说》卷1，《南轩文集》，南轩祠刻，清咸丰四年。

所以致其深忧者，亦可得而推矣。"父没观其行"者，首于其居丧之际而观之也。"三年无改于父之道"，志哀而不暇他问也。或曰如其非道之甚，则亦待三年乎？盖"三年无改"者，言其常也，可以改而可以未改者也。若悖理乱常之事，则孝子其敢须臾以宁？不曰"孝子成父之美，不成父之恶"乎？曰"父之道"，则固非悖理害常之事也。（一本云："旧说谓父在能观其志而承顺之，父没观其行而继述之，又能三年无改于父之道，可谓孝矣"，此说文理为顺。"三年无改于父之道"，尹氏谓孝子之心有所不忍也。）①

他又在解"孟庄子之孝…是难能也"说："以为'难能'，特曰'为之不易'云耳。盖父之臣与父之政必善矣，固当奉而笃之；若不幸而有悖于理、害于事，则当察而更之，是乃致其诚爱于亲也。孟庄子之所以终不改者，意者其事虽未为尽善，而亦不至于悖理害事之甚与？故有取其不忍以改也。盖善而不改，乃其常耳，不必称'难能'。恶而不改，则是成父之恶，不可称'难能'也。"② 非常强烈地主张，如果亲人"不幸而有悖于理、害于事，则当察而更之"，否则"恶而不改"，就有"成父之恶"、陷亲于不义的危险。

张栻认为，要取得谏诤的最好效果，儿女应该时刻观察父母言行，一旦发现有错误和弊政的隐患，就应当及早加以提醒和规谏，这就是《论语》所说的"几谏"。如果那时弊端还不明显，父母不能接受，自己也不要顶牛，但也不要气馁，不要改变初衷，要等父母高兴了再行劝谏，这样即使劳苦一点也没有什么。他解"事父母几谏"章说：

> 事亲者，心存乎其亲，听于无声，视于无形，其体之精矣，故"几微"所形，必得于心，谏于其未著，为易反也。"见志不从，又敬不违"，河东侯氏曰："加诚敬而不违其几谏之初心。"盖积其诚意如此。"劳而不怨"，竭力而不弛也。③

---

① 《癸巳孟子说》卷1，《南轩文集》，南轩祠刻，清咸丰四年。
② 《癸巳论语解》卷10，《南轩文集》，南轩祠刻，清咸丰四年。
③ 《癸巳论语解》卷2，《南轩文集》，南轩祠刻，清咸丰四年。

金华邵元通取其斋名曰"弗措"，作为"朝夕讲习居处之地"，向张栻求取斋记，栻作《弗措斋记》予之。他说，《中庸》讲"至诚"之道，有"学、问、思、辩、行"五个途径，五者未至，皆"弗措"（不止）也。可是学什么、问什么、思什么、辩什么、行什么呢？张栻以为皆当从"孝悌"入手：

> 夫子之言曰："弟子入则孝，出则弟，谨而信，泛爱众而亲仁。行有余力，则以学文。"……圣人之言，化工也，学者如果有志，盖亦于所谓"入孝出弟"、所谓"谨而信"、所谓"泛爱亲仁"者，学之而弗措乎。①

不能孝悌不知，忠信不服，而去奢谈什么功名利禄、革命事业。他认为"学不躐等"，"至诚"从孝悌始，而悌孝又当从关心亲人、洒扫应对等小事做起，他说："且夫为孝必自冬温、夏凊、昏定、晨省始，为弟必自徐行后长者始，故善言学者，必以洒扫、应对、进退为先焉。"②

昏定晨省、洒扫应对，看似小事，却是尽孝的必修功课，如果从此类小处开始，再向大处扩充，则其盛德期矣。他说人本有"四端"之善，看似细小，如果加以扩展，便成大善了。武夷胡广仲取其斋名曰"扩斋"，张栻以朋友的身份为他写《扩斋记》。他说："太极之动，发见周流备乎己也，然则心体不既广大矣乎？道义完具，事事物物，无不该、无不遍者也。"③吾身本来是具有太极之理、本善之质的，只因人们"局于血气之内"，受个人利欲影响，把自己搞得小器了（"而自小之"）。不过人类虽然"自小"于太极之理，但其元气缊缊赋予的广大、道义等本能仍然是潜在的："虽曰自小之，而其广大之体本自若。"要想恢复其浩大之气，就在于扶微使著："是以贵夫能扩也。"不过，如果"知之之端不发，则扩之之功亦无自而施"。故孟子明确指出，人与生俱来就有"恻隐、羞恶、辞让、是非"这四种情感，谓之"四端"。如果人们能够意识到它，就可以发现自己的"良心"了："一萌

---

① 《弗措斋记》，《南轩集》卷11。
② 《弗措斋记》，《南轩集》卷11。
③ 《扩斋记》，《南轩集》卷11。

于中，亦知其所以然乎？知其所以然，则良心见矣。"如果再加以"扩而充之"，就是"仁、义、礼、智"四德了。比如"充无欲害人之心，而至于仁不可胜用；充无穿窬之心，而至于义不可胜用"。由这些细小之事扩充开来，就可以达到"仁义之不可胜用"。最后他反问，人之善德"岂自外来乎？"① 驯此理而推广之，将孝悌之心"扩而至于如'天地变化草木蕃'"，这不就达到了尽心知性、知命知天的天地之道、圣人之德的境界了吗？张栻的《乐堂记》对此又作了申说。上饶徐衡仲，幼育于龚氏，为龚氏后，长读书，取科第，事龚氏父母，养生送终，克共其子事。年逾五十，游宦四方，有感于"正本明宗"之义，向朝廷申请"愿归徐姓"，得到"诏可"。张栻根据这件事情，阐发了一番"孝顺父母"与"报答天地"一致的议论。他说人本是天地之子："原民之生，与万物并于天地之间，父天而母地，本一而已。"但对于每个个体而言，无不有亲父母兄弟之爱："而于其身，莫不有父母之亲、兄弟之爱。"于是形成宗族家支等关系，但究其本无不是同一个祖宗："以至于宗支之属，厘分缕析，血脉贯通，分虽殊而本实一。"② 这是每个人具有，也是天地赋予他的："此性之所具，而天之所为也。"③ 姓氏虽然有分，而来源本来无别。

剑南陈君感父母养育之恩，取周诗《白华》"孝子洁白"之义，将其家故有之堂命名曰"洁白堂"，请张栻为他作《洁白堂记》。文中张氏更将上文所述天地、父母之义阐述无遗。他主张孝子之心，要以对待天地之道来侍奉父母，以侍奉父母之情来对待天地：

> 惟人之生，受之天地，而本乎父母者也。然则天地其父母乎，父母其天地乎！故不以事天之道事亲者，不得为孝子；不以事亲之道事天者，不得为仁人。④

意谓天地即父母，父母即天地，尽孝即尊天，尊天当尽孝。《孝经》曰："事

---

① 《扩斋记》，《南轩集》卷11。
② 《一乐堂记》，《南轩集》卷13。
③ 《一乐堂记》，《南轩集》卷13。
④ 《一乐堂记》，《南轩集》卷13。

父孝，故事天明；事母孝，故事地察。"此之谓也。张栻提出"孝子仁人事亲之道，而所以事天者也。"他引《传》曰："仁人不过乎物，孝子不过乎物。"此见《礼记·哀公问》。孔子答哀公问"成身"曰："仁人不过乎物，孝子不过乎物。是故仁人之事亲也如事天，事天如事亲，是故孝子成身（保全并成就自己）。"什么是"物"呢？张栻说是"实然之理"，实即"天理"："所谓'物'者果何谓乎？盖其实然之理而已。实然之理具诸其性，有是性，则备是形以生，性无不善也。凡其所为视听言动，莫不有则焉，皆天之理也，性则然矣。是故君子无敢不敬也。"

这些理的具体表现，就是礼义，孔子提出"非礼则勿视，非礼则勿听，非礼则勿言，非礼则勿动"。张栻也说，只有这样才能"顺保其彝性，庶几乎勿失"，使自己的身体和本有善性得到保全，他说这就是儒家提倡"父母全而生，己全而归之"之为孝的真谛，也是曾子为何在易箦之时还要呼唤"启予足、启予手"，见身体毫发无损后乃安心地说："而今而后，吾知免夫"① 的缘故。

"不过乎物"还有另外一层意思，就是保持中庸，不走极端。《南轩答问》讨论"观过，斯知仁矣"时说："观君子之过于厚，则如鬻拳之以兵谏，岂非过于忠乎？唐人之剔股，岂非过于孝乎？阳城兄弟之不娶，岂非过于友悌乎？此类不可胜数，揆之圣人之中道，无取焉耳，仁安在哉！"② 于是将全身、遵礼、中庸和孝亲、敬天吻合起来了。

有人问《西铭》云"知化则善述其事，穷神则善继其志"，其旨何如？张栻答："《西铭》发明仁孝，盖仁人之事亲也如事天，事天也如事亲，须臾不在焉则失其理矣。神是心，化是用，然须默识所谓神，则化可得而言矣。能继志，乃能述事也。"③ 更从哲学的高度，将事亲与事天统一起来了。

孝子还要爱惜身体、珍视生命，勿使父母担忧，更"勿遗父母恶名"。张栻《思终堂记》取《礼记》"慎行其身，不遗父母恶名，可谓能终矣"之义，告诫人子们说："人子之于亲，终其事之为难也；所为终其事之难者，亦在于吾身而已。"一个"终"字，即切上切下、自始至终，一切时刻、一切

① 《洁白堂记》，《南轩集》卷13。
② 《答周允升》，《南轩集》卷31。
③ 《答周允升》，《南轩集》卷31。

事情，都要想到不给父母担心和丢脸。一个人当亲人没后，看到他用过的"栘耒"则奉之而泣，看到故乡"桑梓"则竦然而敬，这些都是由于与父母亲有关的缘故。人们对于故物尚且如此，"而吾之此身，乃受之于吾亲，而为亲之遗体，然则所以敬其身，当何如耶？"因此《孝经》上说："身体发肤，受之父母，不敢毁伤。"《礼记》也说"不敢以遗体行殆"。有了这分心情，一个人就不会做不雅不义的事了，否则就是不孝："故自视听言动之不庄不钦，以至朋友之不信，事君之不忠，莅官之不敬，皆谓之非孝。"（《礼记》）换句话说，只有做到遵礼、守信、尽忠、尽职，才是尽了孝。倘若这些节目有"一毫有歉乎其中，则为有辱乎其亲"，就会损伤自己的本性："故君子战战兢兢，每惧或失之，凡欲以顺保其性，以无失其身，而无辱乎其亲。"曾子之所以要谨慎到临终"全而归之"之时，因为只有这样才算做到了"行身而不遗父母恶名者"矣。

《孝经》讲孝子尽孝显亲之事，强调要行以其道，曰："立身行道，扬名后世，以显父母，孝之终也。"要想显亲扬名，是否立身行道是关键，也是前提。可是有的人却恰恰相反，结果也正好适得其反，不能显亲反而辱亲："世之昧者，顾以富贵利达为足以显其亲，汲汲然求之，曾不知枉道苟得，戕贼天性，莫此之甚！而负乘播恶，耻加遗体，若挞市朝，其得失为如何哉？"显达固亲之荣，不以其道得之，反为亲辱；富贵固亲之所乐，不以其道得之，是遗亲之羞。与其如此，还不如安贫守道，其亲反而安心些。因此张栻说：

> 是则行身以其道，则虽处贫贱，而其所为事亲者未尝不得；不以其道，则至于居富贵而所为辱亲者盖益以滋，甚矣！①

孝不孝既不在于富贵，亦不在于尊显，那么孝德以何事为要，孝行以何事为大呢？张栻认为在于自不自觉、存不存心、乐不乐为，如果自觉、存心而又乐为，虽从问寒问暖等小事做起，日益提升，直养而无害，就可以成就盛德大业。他在《寄周子充尚书》中说："所谓知之者不如好之者，好之

---

① 《思终堂记》，《南轩集》卷13。

者不如乐之者，是不知则无由能好而乐也。"首先要知道是人皆须孝敬父母，然后才能力行孝心；能知、能行孝心于父母，而后益加笃行扩展，则圣人之道可致：

> 且以孝于亲一事论之：自其粗者，知有冬温、夏清、昏定、晨省，则当行温清定省；行之而又知其有进于此者，则又从而行之；知之进则行愈有所施，行之力则知愈有所进，以至于圣人人伦之至，其等级固远，其曲折固多，然亦必由是而循循可至焉耳。盖致知力行，此两者工夫互相发也。①

注意这些日用常行之礼，尽此爱亲敬长之行，不仅可以成为孝子，还将参透天理，修成至德，进入道境。他在《名轩室记》中说：

> 惟至德可以凝道。古之人，礼仪三百，威仪三千，君臣、父子、兄弟、夫妇、朋友之际，洒扫应对，献酬交酢，以至于坐立寝食之间，无一而不在德焉，至纤至悉也，所以成其天理而已。盖毫厘之间不至，则毫厘之间天理不在。故学而时习之，无时而不习也，念念不忘天理也。此所以至德以凝道也。及其久也，融然无间，涣然和顺，而内外精粗、上下本末，功用一贯，无余力矣。②

孝悌既有如此效应，出于成己成人之心，张栻常常就以"孝德"劝人，亦以自勉：他在为新近平反的岳飞后人岳珂《送序》中说："念先世之忠勤，哀当时之祸变，则夫孝爱之根于心者油然生矣。感国家不赀之恩，思报称之无所，则夫忠义之根于心者油然生矣。"③又在《答潘叔度》中劝人，要想成为仁人君子，必先恭行孝悌以为之始："来书得以窥近日所存，甚幸。但以鄙见，尚恐未免于迫切之病，如云'以是心事亲则为孝，以是心从兄则为悌，视听言动无非是心，推之无所不用其极'之类，辞气皆伤太迫切。要当于

---

① 《寄周子充尚书》，《南轩集》卷19。
② 《名轩室记》，《南轩集》卷13。
③ 《送岳主管序》，《南轩集》卷15。

勿忘勿助长中，优游涵泳之，乃无穷耳。'孝弟为仁之本'，《遗书》中有一段说'非是谓由孝悌可以至仁'，乃是为'仁自孝悌始'，此意试玩味之。"①又说："'孝弟为仁'之说，某近来玩程先生'为仁自孝悌始'之意，极为精切。若如来说'于事亲从兄之时，体孝悌所从出，则仁可识'，却未尽。盖未免将一心体一心之病，更幸深思之。"②

他常常赞友人有能孝友和睦、忠孝传家者，鼓励他们将此情怀推广开来，以成善俗。其《送零陵贾使君二首》之二曰："孝友传家法，如君好弟兄。只应推此意，便足慰民情。间岁仍艰食，新书督劝耕。想今潇水畔，惟日望双旌。"③又有诗《送范伯崇》曰："堂堂延阁老，遗范见斯人。孝友传家旧，诗书用力新。人心危易失，圣学妙难亲。愿勉思弘毅，求仁可得仁。"④观乎南轩之文，凡涉及修养人伦之处，无不以孝悌忠信为话题者，其学术之深深植根于孝悌伦理亦可知矣。

三、政治以励俗为本，劝俗以孝悌为要

由于孝悌是修炼仁德之本，先王"为政之道"就是以教孝为先务的。尝有人问孔子"何不从政"，孔子引佚《书》答曰："孝乎唯孝，友于兄弟，施于有政。"以为在家庭之间恭行孝悌之道，就可以影响政治。张栻《癸巳论语解》卷一说孔子这句话，实际上是告诉我们要"孝治天下"（"孝友笃于家，则其施于有政，亦是心而已"）的"为政之道"：

> 惟孝友于兄弟，孝于亲则必友于兄弟也。孝友笃于家，则其施于有政，亦是心而已。然则虽不为政，而在家庭之间，躬行孝友之行，为政之道，固在是矣。何待夫为政哉？盖或者勉夫子以为政之事，而夫子告之以为政之道也。⑤

---

① 《答潘叔度》，《南轩集》卷27。
② 《答潘叔度》，《南轩集》卷27。
③ 《送零陵贾使君二首》，《南轩集》卷5。
④ 《送范伯崇》，《南轩集》卷5。
⑤ 《癸巳论语解》卷1，《南轩文集》，南轩祠刻，清咸丰四年。

为政之基，在于立教；立教之先，在于明伦。故先王为政，首先设立庠序学校，教以人伦天然之理，理顺君臣、父子、夫妇、兄弟、长幼等关系。张栻在《孟子说》卷三解"设为庠序学校以教之"说，如果"人伦明于上，而下民亦笃于孝爱"了：

> 三代之学，曰校、曰庠、曰序，名虽不同，而所以为学则一。庠言其养，养其材也。校言其教，教以道也。序言其射，射考德也。其所以学者何也？明人伦也。人之大伦，天之所叙，而人性所有也。人惟不能明其理，故不尽其分，以至于伤恩害义，而沦胥其常性。圣人有忧焉，为之学以教之，使之明夫君臣之有义、父子之有亲、夫妇之有别、长幼之有序。求以尽其分，而无失其性，故人伦明于上，而小民亦笃于孝爱，亲其君上而不可解，此三代风化之所为美也。后有王者起，不取法于是，而何求乎？盖三代之治，实万世王者之师也。①

要加强孝悌忠信教育，应当充分发挥"士君子"的道德表率和仁爱教化作用。孟子曾经说过："君子居是国也，其君用之则安富尊荣，其子弟从之则孝弟忠信，不素餐兮，孰大于是！"张栻十分赞同，他发挥说：

> 夫君子，仁义修于身，其居是国也，用之则民被其泽而安富，君由其道而尊荣；如其未用，子弟从之，则亦熏陶乎孝悌忠信之习，而足以善俗。君子之教人，使之由于孝悌忠信为先也。忠信对言之，忠则存于己者无不实，信则待人者无有欺也。君子有益于人之国若是，其为不素餐孰大焉。不然，饰小廉而妨大德，徇末流而忘正义，非君子之道也。②

当然，对国家民族最具影响力的无过于君王和后妃了，只要他们懂得

---

① 《癸巳孟子说》卷 3，《南轩文集》，南轩祠刻，清咸丰四年。
② 《癸巳孟子说》卷 7，《南轩文集》，南轩祠刻，清咸丰四年。

孝悌、励行勤俭，天下就无不从风而化了。张栻利用一切机会劝他们"孝治天下""礼让为国"。他在《经筵讲议》告诫想做仁君贤后的君后们，要时刻思念父母、悯时恤农、"节俭敦本"、"孝爱恭敬"。他在讲《诗经》"二南"时，就成功地将这些劝孝勉敬之意贯穿其中了：

> "二南"之诗，圣人示万世以制治之本源，乃三百六篇之纲要，如《易》之首乾坤然。《葛覃》次于《关雎》，盖述后妃虽贵，不可忘其初。处宫室之中，而思其在父母家之时；居富贵之位，而念夫女工之劳。感时抚事，而因以起其归宁之心思。其节俭敦本，孝爱恭敬，薰然见乎其辞。反复诵咏之，则可以得其趣矣。

又具体分析《葛覃》各章内容说，第一章是思念从前在父母身边时，春天葛藤延蔓于中谷茂盛的状况，读了此章，有旧时景物如接目前的感觉。第二章则是讲"葛既成而可采"也，读了此章"则其敦本之意可见"。第三章是讲因其思念父母，告诫师傅要治好葛衣，准备归宁。读了此章"则其孝爱恭敬与夫节俭之意，又岂不熏然于言辞之表乎？"从思父母，念勤劳，自然而然归结于"孝爱恭敬、节俭之意"上来，自然而然，感人至深。张栻又从古代帝王、后妃、贵胄、士子的师傅制度，引申出凡人都须教化的道理，指出周家是教化的成功典型。他说：

> 古者虽后妃之贵，亦必立之师傅以诏之，故此诗言归，必首以告师氏。而《左氏传》亦谓"傅母不在，宵不下堂"，则知师傅之职，所以朝夕辅导之也。法家拂士，非惟人主不可一日无，在后妃亦然。①

为什么这些在政治生活中已经居于"君子"之位的人，也需要教化呢？那是因为人心有欲，有欲就会乱动，如果不以义理防闲他们，这些"君子"仍然是要犯错误的。他说：

> 诚以人心易动，贵骄易溺，处其极而无所畏惮，则其可忧将有不可胜言者。是以古之明君与其后妃，相与夙夜警戒，而不敢少忽乎，

---

① 《经筵讲议》，《南轩集》卷8。

此也。①

他认为，只有周代由后稷开始，起家农业，知道稼穑之艰辛，故特别提醒后世君王和后妃，要厉行节俭、勤勉耕织，他认为这就是"帝王所传心法之要"：

> 臣尝考周家建国，自后稷以农事为务，历世相传，其君子则重稼穑之事，其室家则躬织纴之勤。相与咨嗟叹息，服习乎艰难，咏歌其劳苦，此实王业之根本也。如周公之告成王，其见于《诗》，有若《七月》，皆言农桑之候也；其见于《书》，有若《无逸》，则欲其知稼穑之艰难、知小人之依也。臣以为帝王所传心法之要，端在乎此。
>
> 夫治常生于敬谨，而乱常起于骄肆。使为国者而每念乎稼穑之劳，而其后妃又不忘乎织纴之事，则心不存焉寡矣。何者？其必严恭朝夕而不敢怠也，其必怀保小民而不敢康也，其必思天下之饥寒若己饥寒之也。是心常存，则骄矜放肆何自而生？岂非治之所由兴也欤？美哉，周之家法也！②

在具体的从政中，张栻十分赞成孔子"礼让为国"的主张，以为通过推行"典礼"，就可以大兴"孝顺和睦之风"，凝聚人心，从而无敌于天下（"其强孰御"）：

> 为国者，志存乎典礼，则孝顺和睦之风兴。协力一心，尊君亲上，其强孰御焉？不然三纲沦废，人有离心，国谁与立？军旅虽精，果何所用哉？③（"灵公问陈"章）

由于他有这样的"孝治"想法，他在自己从政时，就首以劝农勉孝为务。朱子说张栻做地方官时，所至"必茸其学"，在公事之暇，常常召集诸

---

① 《经筵讲议》，《南轩集》卷8。
② 《经筵讲议》，《南轩集》卷8。
③ 《癸巳论语解》卷8，《南轩文集》，南轩祠刻，清咸丰四年。

生，亲自告语，诲训不倦，州民以事至廷中者，张栻亦必"随事教戒"，特别是"于孝弟忠信、睦嫻任恤之意，尤孜孜焉"。这样还担心宣传未遍，又"刻文以开晓之"，细而"至于丧葬嫁娶之法，风土习俗之弊，亦列其事，以为戒命"。还令"闾井各推耆宿，使为乡老，授之夏楚，使以所下条教训厉其子弟，不变然后言之有司，而加法刑焉"①。真是为了教孝劝悌，想方设法，无微不至！

淳熙元年（1174），张栻被诏复旧职，知静江军，经略安抚广南西路。次年当职到任，下车伊始，便查问风俗，"访闻管下旧来风俗不美事件，理合先行告谕下项"，于是特撰《谕俗文》。榜文共四条，第一条：妄信巫师，乱迁祖坟。第二条：丧葬失礼，奢华无度。第三条：生子不举，断祖香火。第四条：病不吃药，妄听巫师。其实四条都涉及伦理问题，更关乎孝道推行，于是张栻援据儒家孝悌学说，予以严加禁止。

他在第一条说："访闻愚民无知，遇有灾病等事，妄听师巫等人邪说，辄归罪父祖坟墓不吉，发掘取棺，栖寄它处，谓之出祖。动经年岁，不得归土。"②告诫大家，大宋法律，"犯他人坟墓，刑禁甚重"③，他人祖坟尚且不许乱动，"岂有自己祖先既已归土，妄谓于己不利，自行发掘？于天理人情，岂不伤害！"④所以下令"榜到日，如有出祖未归土者，仰限一月各复收葬。过限不葬，及今后有犯上项事节，并许人陈告，依条施行"⑤。

他在第二条说："访闻愚民无知，丧葬之礼，不遵法度，装迎之际，务为华饰，墟墓之间，过为屋宇。及听僧人等诳诱，多作箓事，广办斋筵，竭产假贷，以侈靡相夸。"⑥可是此风所扇，贫穷之家就惨了："不能办者，往往停丧，不以时葬。"⑦《孝经》说："孝子之丧亲也，哭不偯，礼无容，言不文，服美不安，闻乐不乐，食旨不甘，此哀戚之情也。三日而食，教民无以死伤生，毁不灭性，此圣人之政也。丧不过三年，示民有终也。为之棺椁、衣衾

---

①　朱熹：《右文殿修撰张公神道碑》，《晦庵集》卷89。

②　《论俗文》，《南轩集》卷15。

③　《论俗文》，《南轩集》卷15。

④　《论俗文》，《南轩集》卷15。

⑤　《论俗文》，《南轩集》卷15。

⑥　《论俗文》，《南轩集》卷15。

⑦　《论俗文》，《南轩集》卷15。

而举之，陈其簠簋而哀戚之。擗踊哭泣，哀以送之；卜其宅兆，而安厝之。"并没有要求厚葬奢华，张栻于是令："曾不知丧葬之礼，务在主于哀敬，随家力量，使亡者以时归土，便是孝顺，岂在侈靡？无益亡者，有害风俗。"①

在第三条说："访闻愚民无知，生子多不举。"②《孟子》说："不孝有三，无后为大。"张栻也说："人各有生，莫亲于父母、儿女之爱，何忍至此？"③"以利灭亲，悖逆天道！"④因此下令："如有不悛，许人告捉支赏，依条施行。"⑤

在第四条说："访闻愚民无知，病不服药，妄听师巫，淫祀谄祷，因循至死，反谓祈祷未至，曾不之悔！"⑥甚至有"卧病在床，至亲不视"等现象。张栻严斥"极害义理！"他说"疾病生于寒暑冲冒，饮食失时，自合问医用药治疗"⑦。亲人病了，"亲戚之间，当兴孝慈之心，相与照管"，就是乡邻也不能无视无睹："其邻里等人，亦合时来存问。"⑧千万不要相信"师巫之说"，因为他们除了谋利，所言"皆无是理，只是撰造恐动，使人离析亲党，破损钱物，枉坏性命"⑨。

末了还严词申明："上件诳惑百姓之人，本府已出榜禁止捉押，决定依条重作施行！"⑩可见他禁止迁坟，是因为有违"天理人情"；他反对厚葬太奢，却提倡"哀敬孝顺"；他反对有子不举，是因其"以利灭亲"；他反对有病不医，同时又号召"孝慈之心"，如此等等，无不与孝悌之道相关。《孝经》说："教民亲爱，莫善于孝；教民礼顺，莫善于悌；安上治民，莫善于礼；移风易俗，莫善于乐。"于此更显其为经为典矣！朱子说张栻"至于丧葬嫁娶之法，风土习俗之弊，亦列其事，以为戒命"，也许正是就此而言的。

张栻在静江府，还于淳熙四年二月，奉诏劝农于郊，作《熙熙阳春》

---

① 《论俗文》，《南轩集》卷15。
② 《论俗文》，《南轩集》卷15。
③ 《论俗文》，《南轩集》卷15。
④ 《论俗文》，《南轩集》卷15。
⑤ 《论俗文》，《南轩集》卷15。
⑥ 《论俗文》，《南轩集》卷15。
⑦ 《论俗文》，《南轩集》卷15。
⑧ 《论俗文》，《南轩集》卷15。
⑨ 《论俗文》，《南轩集》卷15。
⑩ 《论俗文》，《南轩集》卷15。

之诗以示父老，并传之乡人令其歌之。该诗首先劝农人要勤勉工作，不违农时：

> 惟生在勤，勤则及时。惟时之趋，时不尔违。

然后才能保有收成，以养老幼：

> 民不违天，使尔有成。既穗既实，既坚既好。
> 尔获既周，先养尔老。保尔家室，抚尔幼稚。

然后明确宣扬忠孝教化：

> 嗟尔有生，君实覆汝。尊君亲上，其笃勿忘。

还提醒民众遵纪守法：

> 小心畏忌，率于宪章。

然后又谆谆告诫在家对父母在行孝，出门对他人要礼敬：

> 嗟尔父老，教之孝悌。孰无父母，与其同气？
> 反于尔心，孰无爱敬。即是而推，乌往不顺？①

朱熹说张栻"措诸事业，则凡宏纲大用、巨细显微，莫不洞然于胸次，而无一毫功利之杂"；黄震说："读南轩议论，当观其天性忠孝，以义理发为政事处。"② 张栻所"措诸事业"的"宏纲大用"是什么？他所"发为政事"的"义理"又是何物？我们认为，以上所举教孝劝悌等措施，就是最好的注

---

① 《淳熙四年二月既望，静江守臣张某奉诏劝农于郊，乃作"熙熙阳春"之诗二十四章。章四句，以示父老，俾告于其乡之人而歌之》，《南轩集》卷3。

② 黄震：《读本朝诸儒理学书（南轩先生语录）》，《黄氏日抄》卷39。

脚。张栻在将理论结合实践时，在以儒术润饰吏事时，紧紧地抓住了人性"孝悌"这根神经，拨动人们爱敬感恩的情怀，这就可以化民成俗、齐心一力，达到政教"不肃而成、不严而治"、天下无敌的目的。这些理论和实践，吾人要想完整地评价和研究张栻学术和事业，自然是不可或缺的。朱熹说张栻得乎"忠孝之传"，黄震说南轩"天性忠孝"，都抓住了张栻成材成德的根本，也突出了张栻为学为人的特征，这一点倒可以给我们当代所进行的研究和育人活动以许多启示。

结　　语

张栻是南宋著名理学家、思想家，是湖湘学派的重要奠基人，也是南宋"蜀学"之别开生面者。他在义利之辨、主静持敬等学术问题上，都具有卓越的突破和贡献。但是，我们认为他在孝悌之道的提倡、阐释和践履上，也是不可忽略的，更是在用意者稀的当下所当密切关注的。他正是出生于一个忠孝传家的书香门第和仕宦之家，才养成了他既追求学术卓越而又有温良恭俭的性情，既志存高远而又有注重日用常行的操守，既阐明性命义理又有关注现实生活的务实风格。他在从事心性之微、义利之辨等"理学"（而近于大程）问题探讨时，恰恰又是以"孝悌忠信"为其持论的最基本点和立足点，甚至成为他评判士类善否、学术良窳、官员忠奸、风俗清浊的基本准绳。他提倡孝为仁本、孝为教先、孝为政枢的诸多观点，不仅可以成为研究张栻学术成就无可回避的重要内容，也是我们研究古代学术以资当下时用的良好资源。这就是拙文为何在时贤研究张栻已经取得成百累万成果的背景下，仍然要不辞谫陋、不嫌辞费地缕述其孝悌言论于兹的缘故。盖欲揭其本相、补兹阙典，其有未备，幸识者教焉！

（作者单位：四川大学古籍所）

张栻与湖湘学派

——标点本《张栻集》前言

邓洪波

湖湘文化的精神支柱是湖湘学派，而湖湘学派的集大成者则是本书作者张栻。

一

张栻（1133—1180），字敬夫，一字钦夫，号南轩，学者称南轩先生。卒后三十余年，追谥曰宣，后世因称张宣公。南宋汉州绵竹（今属四川）人。绵竹张氏，世称大族。张栻曾祖张铉，宋仁宗时以殿中丞致仕。祖父张咸，宋神宗元丰二年（1079）进士，官到剑南西川节度判官。父亲张浚，宋徽宗政和年间进士，历仕钦宗、高宗、孝宗三朝，出将入相，力主抗金，组织北伐，号称中兴名相，但遭秦桧排挤，贬谪湘粤二十余年。临终，以曾任宰相而不能雪耻恢复中原为终身之憾，自觉无颜见先人于地下，遗嘱葬于衡山之下。张栻生于蜀而长于湘，长期随父辗转于潇湘岭南之间，至此乃遵嘱葬其父于潭州宁乡（今属湖南），并徙居其地，子孙繁衍至今，皆尊其为迁湘始祖。故而，绵竹张栻又得称为湖南宁乡人。

张栻"生有异质，颖悟夙成"，深得乃父张浚喜爱，令其长随身旁，"教以忠孝仁义之实"。既长，以荫补右承务郎，任职于其父的宣抚司都督府，负责机宜文字工作，除直秘阁。从此，踏入仕途，成为一名没有进士功名的南宋官员。计其一生，张栻历任严州知州，尚书吏部员外郎兼权左右司侍立

182

官、侍讲，左右司员外郎，袁州知州，静江府知府兼广南西路安抚使，转承事郎，进直宝文阁，除秘书阁修撰，荆湖北路转运副使，改知江陵府兼荆湖北路安抚使。淳熙七年（1180），以病请辞，诏以右文殿修撰，提举武夷山冲佑观，未及拜官而卒于江陵任所，年仅48岁。

张栻虽然英年早逝，历官未久，但他却以修德立政、清廉除贪、正直敢言、用贤养民、屯边善马、选将练兵、抗金复仇等正面形象享誉孝宗时代的官场。其生也，人们对其期待甚高，《宋史》称其"有公辅之望"；其死也，孝宗皇帝"深为嗟悼"，"四方贤士大夫往往出涕相吊，而江陵、静江之民尤哭之哀"①。由此可见，其官宦生涯闪耀光辉，是史有定论，流芳丹青。然而，张栻一生的最大贡献并不在从政，而在治学、育人，他以岳麓书院、城南书院、石鼓书院为基地，奠定了湖湘学派的规模，并最终将自己锻造成集湖湘学派之大成的代表性人物。

张栻与朱熹、吕祖谦齐名，并称"东南三贤"，是当时全国最有名的学者。早年他师从胡宏于碧泉书院，以其超群学识而深得器重，曾有"圣门有人，吾道幸矣"的赞语。学成之后，他先后创建城南、道山、南轩书院于善化、宁乡、衡山等地，倡导师说，将湖湘之学光大于胡氏身后。乾道元年（1165），湖南安抚使刘珙重建的岳麓书院，聘他主持教事，因撰《潭州重修岳麓书院记》，比较系统地提出了他反对"群居佚谭"，反对"但为决科利禄计"，反对仅为学习"言语文辞之工而已"，坚持辨理欲、明义利、体察求仁，将教学与治国平天下的经世活动联系起来，以培养"得时行道，事业满天下"的济世人才，即坚持"成就人才，以传斯道而济斯民"的办学方针和指导思想。②在教学方式方法上，他力主致知力行，知行互发，循序渐进，博约相须，学思并进，博思审择等，颇具特色。因此，"一时从游之士，请业问难者至千余人，弦诵之声洋溢于衡峰湘水"③。湖湘学派得以岳麓书院为中心基地而盛极当年。

东南三贤之一的朱熹，远在两千里之外的福建，得闻张栻阐胡宏之学

---

① 脱脱：《宋史》卷429，中华书局1985年版。
② 参见《南轩文集》卷10，《张栻集》，岳麓书社2010年版。
③ 杨锡铰：《改建书院叙》，《城南书院志》，岳麓书社2012年版。

于岳麓书院，即于乾道三年秋，偕学生"往从而问焉"①，这就是中国学术史上著名的朱张会讲。此次会讲，以"中和"（心性论）为主题，涉及太极、乾坤（本体论），持敬、察识持养（道德修养论）等理学所普遍关注的问题，讲论两月有余，"学徒千余，舆马之众，至饮池水立涸，一时有潇湘洙泗之目焉"②。

朱张会讲意义重大。首先，对张栻而言，学问越讲越明，思想趋于成熟，正所谓"遗经得绅绎，心事两绸缪。超然会太极，眼底无全牛"。对朱熹而言，它有着启导其集理学之大成的重要作用，正如朱熹答张栻赠诗所说："昔我抱冰炭，从君识乾坤。始知太极蕴，要妙难名论。谓有宁有迹，谓无复何存。"③ 书院两个多月的会讲，对朱学体系形成所产生的影响于此不言自明。其次，对岳麓书院而言，东南三贤中有二贤讲学于此，何其幸也。"自此以后，岳麓之为书院，非前之岳麓矣，地以人而重也！"④ 此正所谓"真儒过化之音不可绝而莫之继也"。后人继起，朱张二先生就这样被奉为岳麓百世之师，朱张之学即成岳麓之教的正统。这一点很重要，它确立了岳麓学统，朱张之学不仅影响书院数百年，而且通过书院影响湖湘文化数百年的发展。最后，此次学术活动，曾开不同学派借书院会讲之先河，大倡自由讲学之风，二先生辨《中庸》之义三昼夜而不辍，是为追求真理的大学术风范，可以楷模后世。

总之，朱张会讲是湖南乃至全国书院和学术发展史上里程碑式的大事，是不同学术流派在书院开展学术交流的典范，是书院与理学的一次完美结合，可以视作书院与学术一体化机制形成的标志，更是湖湘学派终成盛大之势的标志。从此以后，朱学与白鹿洞书院、吕学与丽泽书院、陆学与象山精舍（书院）相结合，它们和岳麓一起，号为"南宋四大书院"，开创了一个理学与书院一体发展的新时代，推动了中国文化的进步与繁荣。

---

① 朱熹：《中和旧说序》，《晦庵先生文集》卷75，《朱熹集》，四川教育出版社1996年版。
② 赵宁：《岳麓书院志》卷3，岳麓书社2012年版。
③ 张栻、朱熹：《南岳倡酬集》，《四库全书》本。
④ 吴澄：《岳麓书院重修记》，载陈谷嘉、邓洪波：《中国书院史资料》，浙江教育出版社1998年版，第322页。

二

湖湘学派是一个形成于宋代的地域性学术流派。命名学派、勾勒学统并首次对其作清晰而全面描述的是晚宋大儒真德秀。宋宁宗嘉定末年至宋理宗绍定初年间（约1224—1228），真德秀曾任潭州知州兼湖南安抚使，他在《潭州劝学文》中说：

> 窃惟方今学术源流之盛，未有出湖湘之右者。盖前则有濂溪先生周元公，生于舂陵，以其心悟独得之学，著为《通书》《太极图》，昭示来世，上承孔孟之学，下启河洛之传。中则有胡文定公，以所闻于程氏者设教衡岳之下，其所为《春秋传》专以息邪说，距诐行、扶皇极、正人心为本。熙宁以后，此学废绝，公书一出，大义复明。其子致堂、五峰二先生，又以得于家庭者，进则施诸用，退则淑其徒，所著《论语详说》《读史》《知言》等书，皆有益于后学。近则有南轩先生张宣公寓于兹土，晦庵先生朱文公又尝临镇焉。二先生之学源流实出于一，而其所以发明究极者，又皆集诸老之大成，理义之秘，至是无复余蕴。此邦之士，登门墙承謦者甚众，故人才辈出，有非他郡国所可及。今二先生虽远，所著之书具存，皆学者所当加意。而南轩之《论孟说》、晦庵之《大学中庸章句》《或问》《论孟集注》，则于学者为尤切，譬之菽粟布帛，不容以一日去者也。①

非常明显，在真德秀看来，南宋后期盛于全国的湖湘学派，它以人才辈出，"有非他郡国所可及"而著称，而考其学术源流，则由前期的周敦颐（元公），中经胡安国（文定公）、胡寅（致堂）、胡宏（五峰）父子，近则张栻（宣公）、朱熹（文公），构成一个完整的学统。在这个学统中，周敦颐上承孔孟，下启河洛，有开祖之目；胡氏父子设教衡岳，对湖湘后学多启导之

---

① 光绪《湖南通志》卷62，岳麓书社2009年版。按，《真西山文集》卷40亦载此文，唯文字稍有不同。

功；张栻、朱熹二先生则阐明理义，集诸老大成，更被推为学派的旗帜，其著作"譬之菽粟布帛，不容以一日去者也"，抬到了近乎神圣的地位。

　　需要特别指出的是，湖湘学派的学统与前述岳麓书院的学统重叠于"朱张之学"这一部分。这是岳麓书院在湖湘学派无上地位及领导作用的反映。这种地位和作用的影响是长期的，以至于它使当时的民众、士论广为接受而形成一种主宰性的看法，其结果就是将岳麓书院、朱张会讲推到了一种"文化霸权"的位置。当然，这种"霸权"地位的建立是漫长的，由宋及元而至明清，才得以最终完成，在南宋，它鲜少"强制"性，更多地则表现为湖湘学派这一区域性文化的象征意义。而且，我们还注意到，这一象征的表述，不是"朱张之学"，而是"张朱之学"。在潭州，真德秀是二先生并称，但将张栻排在朱熹之前。在永州，虞珏压根就只提张栻，而把朱熹排斥在外。虞氏《永州学释奠诗》小序称："惟湖湘理学自周元公倡之，五峰、南轩继之，远有端绪。"诗中也有"正学昭昭贵力行，湖湘一派到于今。好翻愚岛词峰手，密察濂溪理窟心"① 之句。即便是在岳麓书院，到元代吴澄作《百泉轩记》才将朱子置于张子之前，而在其所作《岳麓书院重修记》中还是张前朱后。直到明弘治年间，陈钢建朱张祠（又名崇道祠），朱张的排位才最终定型并沿用至今。"朱张之别祀……崇道学……从书院也。"② "祀朱张，崇道也。"③ 这是明清时代的说法，本质上与宋代并无二致，但为什么排序上有前后的差别呢？究其原因，极为复杂，但其中有两个因素是不能忽视的。一是张栻长期生活在湖南并迁居湘中，讲学书院，门人甚众，湖湘学派由他奠定规模；朱熹前后两次到湘讲学，门徒虽多，但终属作客，湖湘人士有心理认同的困难。二是朱学的地位在宋理宗时代虽然迅速上升，但它毕竟还没有从区域性文化象征变成国家文化的象征，儒家正统观念使得这个时期只能表述为"张朱之学"，这是极为自然的理念表现，正如后来朱学成为官学而变作"朱张之学"一样自然。

　　应该说，无论是"张朱之学"，还是"朱张之学"，无论是张在朱前，还是张在朱后，虽然表述容有不同，排序亦可先后有别，但张栻在湖湘学派

---

　　① 光绪《湖南通志》卷274。

　　② 赵宁：《庙祀》，《岳麓书院志》卷3。

　　③ 黄衷：《岳麓书院祠祀记》，载赵宁：《岳麓书院志》卷7。

的核心作用与灵魂性地位都是毋庸置疑的，也是不可动摇的。

三

张栻一生主要从事书院教育与学术研究，创新与传播理学是其不变的追求，而且他以"生有异质，颖悟夙成"，"闻道甚早"，师承名门；"铢积寸累"，勤于著述而闻名，身后留下了大量学术著作。兹据沈治宏《张栻著述考》、侯安国《张栻南轩文集版本考》二文，将其著作按失传和现存两类，予以简介。失传著作如下：

《希颜录》初成于绍兴二十九年（1159），张栻时年27岁。推颜渊为准的，以自近圣人之门墙。乾道六年（1170）曾作修订。宋元有刻本传世，明清以后失传。

《经世纪年》成于乾道三年（1167）。上起唐尧之世，下迄乾道元年，意在黜偏霸而尊正统。张栻生前已有刻本，清代以后不见传本。

《洙泗言仁》成于乾道六年（1170）前后。集孔孟言仁之语而予发挥。朱熹对此书颇有微词。宋有刻本，后失传。

《书说》先由张晞颜记录，后经张栻整理。初成于岳麓书院，而未最后定稿，不见诸家书目著录。

《诗说》作于乾道九年（1173），属于未完之稿。今无传本。

《中庸解》未见传本。《永乐大典》录有片段遗文。

《通鉴论笃》取《资治通鉴》精确之语表而出之。宋明皆有书目著录，至清则不见记录。

《太极解义》阐发周敦颐《太极图说》之义，南宋已有刻本。其后失传。

《南轩先生问答》宋人赵希弁《郡斋读书志》著录。后未见传本。

《南轩语录》宋明皆有书目著录，失传于清代。

《四家礼范》与朱熹共同完成，取司马、程、张、吕氏四家解《礼》之说，由刘珙刻于金陵。宋以后书目未见著录。

《南轩奏议》朱熹所编《南轩集》不收张栻奏议，后人编为十卷本刊行，著录于宋元书目，失传于明清之际。

除了以上十二种失传著作之外，张栻现存著作至少还有以下七种。

《南轩易说》成于乾道九年（1173）前后，集程颐、张载、杨时三人说《易》之词而时有心得。今有三种版本传世：国家图书馆藏明抄本，题作《南轩先生张侍讲易说》五卷；《四库全书》本，作三卷；沈家本《枕碧楼丛书》本，据明抄本刊行，作五卷。

《论语解》成于乾道九年（1173），题作《癸巳论语解》十卷。始刊于宋代，今有七个版本传世：明刻残本、清刻《通志堂经解》本、《张宣公全集》本，皆题作《南轩先生论语解》十卷；《四库全书》本、《摛藻堂四库全书荟要》本、《学津讨源》本、《丛书集成初编》本，皆题作《癸巳论语解》十卷。

《孟子说》成书于乾道九年（1173），故又题作《癸巳孟子说》七卷。始刊于宋代，今有四个版本传世：《通志堂经解》本、《张宣公全集》本，题作《南轩先生孟子说》七卷；《四库全书》本、《摛藻堂四库全书荟要》本，题作《癸巳孟子说》七卷。

《二程粹言》张栻以杨时《河南程氏粹言》重订而成。今存《河南程氏全书》本、《四库全书》本、《正谊堂全书》本。

《汉丞相诸葛忠武侯传》成书于乾道二年（1166）前后，表彰诸葛亮正义明道之功。今存宋刻本，收入《四部丛刊续编》，另有《宛委别藏》本、《明辨斋丛书初编》本、《十万卷楼丛书》本、《续古逸丛书》本等传世。

《南岳倡酬集》成书于乾道三年。朱熹与张栻岳麓书院会讲之后，携林用中等游南岳于冬雪之中，唱和诗作，集为此书。今存明弘治刻本、《四库全书》本。

《南轩先生文集》通行本为朱熹所编之四十四卷本，成于淳熙十一年（1184），史称"淳熙甲辰本"。而在其前，则有黄州等地刊印"别本"流传。"别本"收有张栻"早岁未定之论"及所有奏折与诸经训义文字，"淳熙甲辰本"则"断以敬夫晚岁之意"，将这些文字都删去了。后来，先出之"别本"失传，而后编之甲辰本流行。除了四十四卷《南轩文集》之外，明清两代还有六、七、八卷本的多种名目的诗文节本传世，此处不予详叙。

四

朱熹所编《南轩文集》44 卷，今存版本至少有 9 种。其中存世最早的是宋宁宗时刻本，现藏台北故宫博物院，缺 1 至 4 卷、33 至 44 卷，已属残本，1981 年列入该院《善本丛书》影印出版。明刻《南轩文集》本，今存五种。弘治十一年（1498）沈晖序刊本，今存日本宽文九年（1669）芳野屋权兵卫覆刻本；弘治黑口本；弘治、正德年间黑口残本；嘉靖元年（1522）刘氏翠严堂慎思斋刊本；嘉靖四十一年缪补之刻本。清代所刻《南轩文集》有三种。康熙四十五年（1706）锡山华氏剑光书屋刻本；《四库全书》本；道光乙巳（1845）陈钟祥主持绵邑洗墨池刻《宋张宣公诗文集论孟合刻》本，此本《文集》部分据康熙华氏本翻刻，因将《论语解》《孟子说》合刻，通常又称作《张宣公全集》。《张宣公全集》在道光己酉（1849）、咸丰甲寅（1854）、光绪辛卯（1891）、民国九年（1920）校补重印四次，流传甚广。除了 44 卷本《南轩文集》之外，明清两代还有 6、7、8 卷本的多种名目的诗文节本传世，此处不予详叙。

此次整理以流传甚广的《张宣公全集》本为底本，以文渊阁四库全书本为参校本，改名《张栻集》，收录《南轩文集》《论语解》《孟子说》三种著作。虽然，这还不到张栻现存七种著作的一半，但就篇幅而言，已占其总量的百分之九十以上，学术精华可谓尽入其中。

此次整理，标点、校勘皆遵《湖湘文库》统一则例，有关情况已在校记中说明，此不赘述。限于学识水平，错误或当难免，若得方家赐教，则洪波幸甚。

五

洪波自 1984 年 7 月忝为岳麓书院一员，即受南轩、考亭润化，身心受益，久怀感恩。1997 年 8 月，曾有整理南轩著作之议，计划收入其现存全部著作，并作《南轩文集集佚》，附录《张宣公年谱》及史志相关传记资料。此议先后得到杨慎初教授、陈谷嘉教授、朱汉民教授等三任岳麓书院山长，以及柳州张先知先生、祁东张石珍先生、邵东张克刚先生等南轩后裔支持，并复印日本翻刻弘治十一年序刊本《南轩文集》，道光洗墨池本《张宣公全集》，四库全书本《论语解》《孟子说》《南轩集》《汉丞相诸葛忠武侯传》《南岳倡酬集》，以及包括两种年谱在内的张栻生平传记资料，实施标点整理工作，但由于种种原因，一直进展不顺。如今，十余年心愿终因《湖湘文库》得以了却，其喜悦之情难以言表。诚然，当年的计划不能全部执行，实属美中不足。但愿，日后还有机会辑刊南轩现存全部著作及其年谱、传记资料，以成完璧。

南轩著作的整理工作延续十余年，得到了很多人的支持，除上述岳麓书院历任山长、南轩后裔之外，同事杨俊、王颖珊、杨瑞陶、段欣、张伶伟、杨瑞、孙建平、谢丰等，或复印、抄写，或标点、校对，做了大量具体工作；研究生蒋建国、邓雄、姚艳霞、周郁、王胜军、刘文莉、李芳、梁洋等提供了部分初稿，并参与校对，付出甚多；此次定稿，又参考了杨世文、王蓉贵两先生的研究成果，获益良多，在此一并深致谢忱。

（作者单位：湖南大学岳麓书院）

张栻朱熹书信编年考证

杨世文

　　张栻与朱熹交往近二十年，除中间两三次相见外，其余时间基本上靠鸿雁传书。朱熹文集中现存有致张栻书信 54 札，而张栻文集中也有致朱熹书信 73 札、答问一道（26 条）。张栻在给朱熹的书信中曾写道："世间相知，孰逾于元晦！切磋之义，其敢后于它人！"① 朱熹对张栻学问评价亦甚高，张栻去世后亲自编辑南轩文集，所作《张南轩文集序》称赞张栻"天资甚高，闻道甚早"，其学之所就"足以名于一世"。② 二人在往来书信中切磋道艺，交流心得，砥砺学行，推心置腹，直言不讳，"不期于同，而期于是"③，互为良师益友。他们通过书信往来，深化、完善了自己的学术思想，建构起各自的理学世界。笔者在做《张南轩文集编年笺注》及《张南轩年谱长编》的过程中，深感弄清张栻每篇诗文的写作时间，对于研究张栻学术思想的形成、发展至为重要，故不揣浅陋，对现存张栻写给朱熹的 74 道书信逐一考证，草成此文，请方家批评指正。

卷二十（题为《答朱元晦秘书》）

第一书（"示及诸君操舍出入之说"）
此书讨论"操舍出入"，主要针对吕祖俭（子约）之说而发，归结为

---

① 《答朱元晦秘书》十一，《南轩集》卷 20，《张栻全集》，长春出版社 1999 年版。
② 郭齐、尹波校点：《朱熹集》卷 76，四川教育出版社 1996 年版。
③ 《答张敬夫》十三，《朱熹集》卷 31。

"主一"。

书中言及"吕子约之说既误以乍存乍亡为感之用,而后说如谓'心之本体不可以存亡言'"。考朱熹《答石子重》(第三书)云:"又如所谓'心之本体不可以存亡言',此亦未安。"① 则张栻所谓"后说",盖指石子重之说。

又朱熹《答吴晦叔》(第十二书)云:"孟子'操舍'一章,正为警悟学者,使之体察,常操而存之。吕子约云因操舍以明其难存而易放,固也,而又指此为心体之流行,则非矣。今石子重、方伯谟取以评之者,大意良是,但伯谟以为此乃人心惟危,又似未然。人心私欲耳,岂孟子所欲操存哉?又不可不辨也。"② 则张栻所谓"后二说",当即石子重、方伯谟之说。

《朱熹集》卷47,《答吕子约》第十至十三、十六、十七诸书论操舍存亡之义,皆一时相承之书,作于淳熙元年甲午③,朱熹《答石子重》亦作于淳熙元年甲午(1174),则张栻此书亦约作于是年。

第二书 ("某向来有疑于兄辞受之间者")

此书言及朱熹"辞受之间",辞"至于再,至于三","忽复受之"。案,乾道六年十二月,朱熹以工部侍郎胡铨荐,召赴行在,以丧制未终辞;七年十二月,省札趣赴行在,以禄不及养辞;八年四月、五月、九月,九年三月、五月、十一月省札又多次趣赴行在,皆辞。淳熙元年二月、三月复辞;六月始拜命,改宣教郎,奉祠。④

《朱熹集》卷35,《答吕伯恭》(第三十五书)云:"即日庚伏酷暑","辞免不遂,今日已拜命矣。"则张栻此书约作于淳熙元年甲午(1174)六月左右。

第三书 ("示以所定祭礼")

此书言及"示以所定祭礼","古者不墓祭","祭不可疏也,而亦不可数也"。

---

① 《朱熹集》卷42。
② 《朱熹集》卷42。
③ 陈来:《朱子书信编年考证》(增订本),三联书店2007年版,第131—133页。
④ 参见《晦庵先生非素隐》,李心传:《建炎朝野杂记·乙集》卷9。

朱熹《答林择之》(第二书)约作于乾道五年己丑八九月间朱母未卒之时,云:"敬夫又有书理会《祭仪》,以墓祭节祠为不可。"① 即针对张栻此书而言。又朱熹《答张敬夫》(第九书)云:"《祭说》辨订精审,尤荷警发。然此二事初亦致疑,但见二先生皆有随俗墓祭,不害义理之说,故不敢轻废。至于节祠,则又有说"② 云云,即答张栻此书。

张栻书与朱熹讨论《祭仪》,约作于乾道五年己丑(1169)秋。

第四书("近伯逢方送所论'观过'之说来")

是书讨论两个问题:一为观过之说,二为太极中正仁义之论。

云"近伯逢方送所论'观过'之说来;某前日《洙泗言仁》中亦有此说,不知如何?"。张栻《洙泗言仁》序定于乾道七年底归长沙之后,当在八年初。朱熹于乾道六年草成《太极图说解》,寄张栻、吕祖谦等征求意见,在此基础上反复修改,于乾道九年癸巳四月序定。此书讨论"观过知仁"说,朱熹有回信(《答张敬夫》第七书,约作于乾道八年)云:"大抵'观过知仁'之说,欲只如尹说发明程子之意,意味自觉深长。如来喻者,犹是要就此处强窥仁体,又一句岐为二说,似未甚安帖也。又太极中正仁义之说,若谓四者皆有动静,则周子于此更列四者之目为剩语矣。"③

张栻此书约作于乾道八年壬辰左右(1172)。

第五书("'中'字之说甚密")

此书讨论"中""中恕",兼及《洙泗言仁》《知言》。

书云:"忠恕之说,如来谕。《精义》序引亦已亡疑。《言仁》已载往返议论于后,今录呈。"朱熹《答张敬夫》第十九书云:"中字之说甚善,而所论状性形道之不同,尤为精密","忠恕之说窃意明道是就人分上分别浅深而言伊川是就理上该贯上下而言若","至谓类聚《言仁》,亦恐有病者,正为近日学者厌烦就简,避迂求捷,此风已盛,方且日趋于险薄,若又更为此以导之,恐益长其计,获欲速之心,方寸愈见促迫纷扰,而反陷于不仁耳。然

---

① 《朱熹集》卷43。
② 《朱熹集》卷30。
③ 《朱熹集》卷31。

却不思所类诸说，其中下学上达之方，盖已无所不具，苟能深玩而力行之，则又安有此弊？今蒙来谕，始悟前说之非，敢不承命！然犹恐不能人人皆肯如此悫实用功，则亦未免尚有过计之忧，不知可以更作一后序，略采此意，以警后之学者否？不然，或只尽载此诸往返议论以附其后，亦庶乎其有益耳，不审尊意以为如何？"① 盖朱熹原来反对张栻辑录《洙泗言仁》，后经张栻解释，朱熹予以肯定，但建议作一后序，或载他们之间往返讨论之说于后。张栻接受了朱熹的建议，此书即响应朱熹第十九书。

又，朱熹《论孟精义序》作于"乾道壬辰月正元日"。《南轩集》卷25，《答胡季随》："归来所作《洙泗言仁序》、《主一箴》录去。"可知《洙泗言仁》作于乾道七年辛卯，序定于乾道七年十二月归长沙后，或已在八年春。此书亦当作于乾道八年壬辰（1172）。

第六书（"天命之谓性"）

书云"'在中'之说，前书尝及之，未知如何"，当承前书而作。

朱熹《答张敬夫》第十九书首节即回应此书②，云"所谓'在中'之义，犹曰在里面底道理云尔，非以'在中'之'中'字解未发之'中'字也。愚见如此，不审高明以为如何"。案，朱熹《大学章句》《中庸章句》于乾道八年底草成，约十月间先寄《中庸》首章与张栻讨论。此书讨论《中庸章句》首章，约在乾道八年壬辰（1172）底。

第七书（"示及《中庸》首章解义"）

此书讨论朱熹《中庸》首章解义。

张书云"《家语》之证终未安。《家语》其间驳杂处非一，兼与《中庸》对，其间数字不同，便觉害事"。朱熹《答张敬夫》第二十一书即对此书之回应，认为"所引《家语》只是证明《中庸章句》要见自'哀公问政'至'择善固执'处只是一时之语耳，于义理指归初无所害，似不必如此力加排斥也"③。

---

① 《朱熹集》卷31。
② 《朱熹集》卷31，壬辰冬。
③ 《朱熹集》卷31。

案，朱熹《大学章句》《中庸章句》于乾道八年底草成，约十月间先寄《中庸》首章与张栻讨论。张栻此书约作于乾道八年壬辰（1172）底。

第八书（"按《固陵录》"）

此书与朱熹讨论《建宁府学游胡二公祠堂记》① 中的史实及用语问题。

张栻原文有"考其言行而泝师友之渊源，体之吾身而明义理之正当"二句，朱熹认为下句不妥，欲作"即其所至而益求其所未至"，但张栻认为恐亦未安，改为"即其所至而益究夫问学之无穷"。改定后之二句见今本。

张栻《建宁府学游胡二公祠堂记》云："隆兴癸未，知府事陈侯正同始祠游公于东庑之北端；后六年，转运副使任侯文荐、判官芮侯辉又以邦人之请命祠胡公，且徙游公之祠为东西室于堂上，未毕而皆去。又五年，今转运副使沈侯枢始因其绪而卒成之，而教授王定方遂以书来属某为记。"以此推算，《祠堂记》作于淳熙元年甲午（1174），则此书亦当作于是年。

第九书（"仁之说，前日之意盖以为推原其本"）

此书讨论"仁"之说。盖朱熹在乾道八年写成《仁说》后，寄张栻讨论。朱熹《答张敬夫》第四十三书（题"答张钦夫论仁说"）、四十四书（题"又论仁说"）、第四十五书（题"又论仁说"）都是与张栻往来讨论《仁说》之书函。②

朱熹第四十三书回答了张栻"天地以生物为心，此语恐未安""不忍之心可以包四者乎""仁专言则其体，无不善而已，对义、礼、智而言，其发见则为不忍之心也。大抵天地之心粹然至善，而人得之故谓之仁，仁之为道，无一物之不体，故其爱无所不周焉""程子之所诃正，谓以爱名仁者""元之为义，不专主于生""孟子虽言仁者无所不爱，而继之以急亲贤之为务，其差等未尝不明"六条质疑。张栻此书即对朱熹第四十三书（"答张钦夫论仁说"）的响应，于旧说有所改正。朱熹得张栻回信后，又作三书反复开陈。朱熹《答胡广仲》第五书③ 云"仁之说昨两得钦夫书，诘难甚密，

---

① 张栻作，见《南轩集》卷 11。
② 《朱熹集》卷 32。
③ 《朱熹集》卷 42，作于乾道八年。

皆已报之，近得报云，却已皆无疑矣"。

张栻此书约作于乾道八年壬辰（1172）底。

第十书（"观所与广仲书"）

所谓"观所与广仲书"，未知具体所指。《朱熹集》中有《答胡广仲》六书，多长篇大论，故张栻云"析理精明"，但建议朱熹"言约而意该，于紧要处下针"。

张栻书提到"承有改秩崇道之命"。据《宋史·道学·朱熹传》，乾道九年癸巳五月，梁克家相，"克家奏熹屡召不起，宜蒙褒录，执政俱称之，上曰：'熹安贫守道，廉退可嘉。'特改合入官，主管台州崇道观。熹以求退得进，于义未安，再辞。淳熙元年，始拜命"。李心传《建炎以来朝野杂记》乙集卷9《晦庵先生非素隐》云："（乾道）九年春，梁郑公（克家）独相，复申前命，先生又辞。郑公进呈，因奏先生屡召不起，宜蒙褒录，执政俱称之。或奏曰：'熹学问该通，但泥于所守，差少通耳。'上曰：'士大夫读书当通世务，然熹安贫乐道，恬退可嘉，可特改宣教郎、主管台州崇道观。'其年五月也。先生又四辞，迄淳熙元年六月而后受。"又朱熹《辞免改官宫观状》云："右熹准建宁府送到五月二十九日尚书省札子一道，五月二十八日奉圣旨：'朱熹安贫守道，廉退可嘉，特与改合入官，主管台州崇道观，任便居住。'"

张栻书中又云"两日从共甫详问日用间事"，案，刘珙于乾道六年丁母忧，七年起复，除荆襄宣抚使，依旧同知枢密院事，但刘珙恳乞终丧，至八年十二月服除，除知潭州、荆湖南路安抚使，得与张栻相见。

张栻此书约作于乾道九年癸巳（1173）六月。

第十一书（"某近年以来，窃见尊兄往来书问之间"）

此书提到朱熹"奋然欲作《社仓记》"。案，朱熹《建宁府崇安县五夫社仓记》云："乾道戊子春夏之交，建人大饥，予居崇安之开耀乡，知县事诸葛侯廷瑞以书来属予及其乡之耆艾左朝奉郎刘侯如愚曰：'民饥矣，盖为劝豪民发藏粟，下其直以振之。'刘侯与予奉书从事，里人方幸以不饥饿。"后来朱熹与刘如愚向知建宁府沈度建议修建社仓，经始于乾道七年五月，而成于八月。《社仓记》作于淳熙元年（1174）甲午夏五月内戌，张栻此书当在《社仓记》作成之前。盖张栻并不反对建社仓备岁歉，但因传言朱熹称赞王安石青苗法，并欲作《社仓记》述王安石之意，张栻认为不妥，故作书规劝。后来朱熹虽作《社仓记》，并无称赞王安石青苗法的内容，或许接受了张栻的劝告。

又张栻书中提到"共甫之来"，当指刘珙第二次知潭州（乾道八年至淳熙二年，1172—1175）。此书约作于乾道九年癸巳（1173）。

第十二书（"某幸粗安"）

书谓"某幸粗安，日往城南水竹间翻阅简编，或遂与一二士留宿，颇多野趣，不觉伏暑之度"云云，指张栻于乾道七年十二月底从临安回到长沙后安顿下来之后。

又曰："《仁说》岳前之论甚多，要是不肯虚怀看义理。某近为说以明之。"指张栻所作《仁说》，作于乾道八年。朱熹《答钦夫仁说》①，即对此而发。盖张栻在乾道八年写成此文后，寄朱熹讨论。朱熹乾道九年癸巳除日《答吕伯恭》云："钦夫近得书，别寄《言仁录》来，修改得稍胜前本。《仁说》亦用中间反复之意改定矣。"可知改写于乾道九年癸巳（1173）。

张栻书中又说"共甫甚得此方人情""开府之初"云云。案刘珙于乾道八年十二月再知潭州。"伏暑"云云，则知此书约作于乾道九年癸巳（1173）夏。

第十三书（"来书披玩再四，所以开益甚多"）

此书云"《中庸》所引《家语》之证，非是谓《家语》中都无可取"，当为回应朱熹《答张敬夫》第二十一书②而作。

盖张栻《答朱元晦秘书》第七书云"《家语》其间驳杂处非一，兼与《中庸》对，其间数字不同，便觉害事"，朱熹《答张敬夫》第二十一书响应说，"所引《家语》只是证明《中庸章句》要见自'哀公问政'至'择善固

---

① 《朱熹集》卷32，"《仁说》明白简当，非浅陋所及"。
② 参见《朱熹集》卷31。

执'处只是一时之语耳,于义理指归初无所害,似不必如此力加排斥也",张栻此书即对此作答。

书中提到《克斋铭》,实为朱熹《克斋记》①,作于乾道八年壬辰。张书又云"某近作一《拙斋记》",见《南轩集》卷12,为曾撝(节夫)而作。

所谓"《中庸集解》俟更整顿",指石(敦山)所编《中庸集解》,初成于乾道八年,送张栻征求意见,经改定后,朱熹于乾道九年九月二十一日作序。②

张书又言及刘珙(共父)将再次来帅长沙,魏掞之(元履)病重,宋翔(子飞)家事。刘珙十二月到任,魏掞之乾道九年闰正月卒,宋翔于乾道八年秋连遭数丧,故张栻此书约作于八年壬辰(1172)十一月左右。

卷二十一(题为《答朱元晦秘书》)

第十四书("共父相处二年")

张栻书云"共父相处二年,心事尽可说,见识但觉日胜一日,亦不易得,作别殊使人关情也"。案,刘珙两知潭州:第一次在乾道元年至三年,第二次在乾道八年至淳熙元年。朱熹《刘枢密墓记》:"乾道元年三月,除敷文阁待制、知潭州、荆湖南路安抚使。……三年正月召赴行在,八月到阙,除翰林学士、知制诰、兼侍读。""八年十二月服除,除知潭州、荆湖南路安抚使……九年三月赴阙奏事,进大学士以行。淳熙二年正月,除知建康府、江南东路安抚使、兼行宫留守。"两次知潭州都约两年,张栻与这"作别",既可能在乾道三年丁亥,也可能在淳熙二年乙未,那么究竟在何年呢?

张书又云:"此间相识,却是广仲、晦叔甚进,德美已入书院,生徒十五六人,但肯专意此事者极难得耳。"详其文义,当在岳麓、城南二书院初成,胡宽、吴翌、彪居正从张栻学不久,为刘珙第一次帅长沙之时。

此书约作于乾道三年丁亥(1167)春。

---

① 参见《朱熹集》卷77。
② 参见《朱熹集》卷75。

第十五书（"辱示书，并见所与共甫书论校正二先生集事备悉"）

此书讨论《二程文集》校字问题。刘珙校刻程氏文集于长沙乃在第一次帅守湖湘之时。

张书谓"辱示书，并见所与共甫书论校正二先生集事备悉"云云，指朱熹《与刘共父》第一书①，其云："近略到城中，归方数日，见平父示近问，承寄声存问，感感！但所论《二先生集》，则愚意不能无疑。伯逢主张家学，固应如此，熹不敢议；所不可解者，以老兄之聪明博识，钦夫之造诣精深而不晓此，此可怪耳。若此书是文定所著，即须依文定本为正；今此乃是《二先生集》，但彼中本偶出文定家，文定当时亦只是据所传录之本，虽文定盖不能保其无一字之讹也。今别得善本，复加补缀，乃是文定所欲闻，文定复生，亦无嫌间，不知二兄何苦尚尔依违也？"又朱熹《与张钦夫》第五书曰："昨见共父家问，以为二先生集中误字老兄以为尝经文定之手，更不可改，愚意未晓"云云②，以上朱熹二书皆作于乾道二年丙戌冬。

朱熹与刘珙、张栻论校正《二程文集》当在乾道二年丙戌。张栻此书云"辱示书，并见所与共甫书论校正二先生集事备悉，然有说焉"，盖回应朱熹的质疑，约作于乾道二年丙戌（1166）底或三年丁亥（1167）春。

第十六书（"共甫之召"）

张书言"共甫之召，盖是此间著绩有不可掩"，指刘珙知潭州、荆湖南路安抚使，有平郴贼李金功，于乾道三年丁亥正月有召命入朝，其至都下在闰七月癸巳（二十八日）。又云"数日来，闻二竖补外"，"二竖"指曾觌、龙大渊，宋孝宗为建王时二人同为内知客，因善于察言观色，深得建王欢心。孝宗即位后，二人怙宠依势，号称"曾龙"。乾道三年丁亥二月，参知政事陈俊卿弹劾龙大渊与曾觌泄漏机密，孝宗将曾、龙驱逐出朝。③ 张栻此书约作于是时（1167）。

---

① 《朱熹集》卷37。

② 《朱熹集》卷30。

③ 《宋史·孝宗纪》。

第十七书（"复和仇虏，使命交驰"）

书言"复和仇虏，使命交驰"，指隆兴二年（1164）冬与金议和事。

陈应求"已去复召，却又供职"，指陈俊卿以宝文阁待制出知泉州，改提举太平兴国宫，乾道元年正月被召还京，除吏部侍郎兼侍读，同修国史。

"郴、桂盗贼"指郴州李金之乱。朱熹《观文殿学士刘公神道碑》："乾道元年，湖南旱饥，郴州宜章民李金以县抑买乳香，急乘众怒，猝起为乱，众逾万人，分道南出，犯广东西九郡之境，还入道州、桂阳军界，杀掠万计，连破郴、桂两城，数道大震。朝廷忧之，三月，以刘珙为敷文阁待制知潭州、荆湖南路安抚使。八月，遂平李金之乱。""共父到，颇能明信赏罚，上下悦之"，指刘珙于乾道元年三月除敷文阁待制、知潭州、荆湖南路安抚使，以平郴贼李金。

此书当做于乾道元年乙酉（1165）三月左右。

第十八书（"近世议论"）

本篇所云"近世议论"，当指乾道六年"时宰（指虞允文）方谓敌势衰弱可图，建议遣泛使往责陵寝之故，士大夫有忧其无备而召兵者，辄斥去之"，张栻对此非常反对，认为"臣切见比年诸道多水旱，民贫日盛，而国家兵弱财匮，官吏诞谩，不足倚赖，正使彼实可图，臣惧我之未足以图彼也。"[1]。

此书约作于乾道六年庚寅（1170）。

第十九书（"谕及'《易》与天地准'以下一章"）

此书讨论"易与天地准"以下一章。案，后面第三十书有"晦叔留此旬余"，"'《易》与天地准'章，后来愚意亦近是，然不如来说之详明，更不写去"云云，当接此书而发。约作于淳熙元年八月间（详后），故此书约作于淳熙元年甲午（1174）七月。

第二十书（"某今夏止酒"）

书云："某今夏止酒，又戒生冷，意思颇觉胜常年，一味善噉饭耳。"

---

[1] 《宋史·道学传》。

案，朱熹于淳熙元年甲午止酒，其《再次王宰韵》有"酒味今年不下喉"句。案，张栻《答朱元晦》（第五十书）："自甲午病后，虽痛节饮，但向来有酒积在腹间，才饮一两杯，便觉隐隐地，遂禁绝据不复饮，盖亦效贤者之决也。"①"甲午病后"指张栻淳熙元年春大病一场；所谓"效贤者之决"，即向朱熹学习止酒。

此书又云："昨见所与刘枢书，闻郡中既以再辞之状申省，今且当谨俟之也。"据李心传《建炎以来朝野杂记》乙集卷9《晦庵先生非素隐》云："（乾道）九年春，梁郑公（克家）独相，复申前命，先生又辞。郑公进呈，因奏先生屡召不起，宜蒙褒录，执政俱称之。或奏曰：'熹学问该通，但泥于所守，差少通耳。'上曰：'士大夫读书当通世务，然熹安贫乐道，恬退可嘉，可特改宣教郎、主管台州崇道观。'其年五月也。先生又四辞，迄淳熙元年六月而后受。"所谓"再辞"，当为淳熙元年五月之事。

又云"伯恭闻居深山间"，盖吕祖谦于淳熙元年三四月间入明招山读书讲学（见《吕东莱年谱》）。

又云："所谕释氏存心之说，非特甚中释氏之病，亦甚有益于学者也。"并讨论"何有于我哉"一句文义，批评吕氏（大临）、尹氏（焞）之说，乃回应朱熹《答张敬夫》第二十四书。②

张栻此书约作于淳熙元年甲午（1174）五月间。

第二十一书（"某幸粗安，不敢废学"）

书谓"近两书中所讲，再三详之，如《中庸章句》"云云，盖指朱熹《答张敬夫论中庸章句》《再答敬夫论中庸章句》。案，朱熹《大学章句》《中庸章句》草成于乾道八年底，约十月间先寄《中庸》首章与张栻讨论。又朱熹《答张敬夫》第二十八书（作于淳熙二年）云："《中庸》《大学》章句缘此略修一过，再录上呈。"可知朱、张讨论《大学》《中庸》章句持续数年之久。

又云"《仁说》如'天地以生物为心'之语，平看虽不妨，然恐不若只云'天地生物之心，人得之为人之心'似完全，如何？"朱熹《仁说》作于

---

① 《南轩集》卷23。
② 《朱熹集》卷31，"《中庸》谨独处"。

乾道八年，寄张栻讨论，但今本朱熹《仁说》首云："天地以生物为心者也，而人物之生又各得夫天地之心以为心者也"，似未采纳张栻的意见。朱熹《答张钦夫论仁说》① 即回应此书而作。又朱熹《答吴晦叔》第十书云："'天地以生物为心'，此句自无病，昨与南轩论之，近得报云亦已无疑矣。"② 所谓"昨与南轩论之"，见朱熹《答张钦夫论仁说》。

张栻书又云："《中庸集义》前日人行速附去，不曾校得，后见誊本错误处多，想自改正也。序文更幸为囊括。其间有云'若横渠张先生则相与上下讲论者也'，本作'合志同方者也'，不知如何？如此未稳，亦幸为易之。"案，《中庸集义》即石憝《中庸集解》，初成于乾道八年，朱熹有《中庸集解序》，写定于"乾道癸巳九月辛亥"③。张栻所摘序文中语不见今本，可能是朱熹接受了张栻的建议作了修改，但没有采用张栻所改文字。

张栻书又云："刘枢再帅，此间人情颇乐之，今次奏事，所以启告与夫进退之宜，想论之详矣。因其迓兵行，附此一纸，它俟后讯。"当指乾道八年壬辰十二月刘珙再知潭州、安抚湖南。"今次奏事"，据朱熹《刘枢密墓记》，刘珙入都奏事在乾道九年三月。盖张栻此书乃请迓兵转交朱熹，此书约作于乾道九年癸巳（1173）三月。

第二十二书（"吴晦叔八月间遂不起"）

所谓"吴晦叔八月间遂不起"，"近闻已葬矣"，盖吴翌卒于淳熙四年八月，以九月三日葬于衡山东海桥之原，见朱熹《南岳处士吴君行状》④。

"伯恭见报已转对，未知所言竟云何"，盖吕祖谦于八月下旬转对，有《轮对札子》⑤。

"英州固为病痛不小"，所谓"英州"，指龚茂良。淳熙四年七月，龚茂良责授宁远军节度副使、英州（今广东英德）安置。

张栻该书当做于淳熙四年丁酉（1177）九月。

---

① 《朱熹集》卷 32。
② 《朱熹集》卷 42。
③ 《朱熹集》卷 75。
④ 《朱熹集》卷 97。
⑤ 《淳熙四年轮对札子二首》，《东莱集》卷 3。

第二十三书（"某已拜书，偶有少事"）

书中提及李寿翁侍郎申明义米事。案，李椿（寿翁）约淳熙四五年左右任吏部侍郎，曾上《奏常平义仓疏》，见朱熹《敷文阁直学士李公墓志铭》①、《历代名臣奏议》卷 247。

又云"闻向来兄在乡所措置敛散米事，今极有伦理"，据朱熹《建宁府崇安县五夫社仓记》云："乾道戊子春夏之交，建人大饥，予居崇安之开耀乡，知县事诸葛侯廷瑞以书来属予及其乡之耆艾左朝奉郎刘侯如愚曰：'民饥矣，盖为劝豪民发藏粟，下其直以振之。'刘侯与予奉书从事，里人方幸以不饥饿。"后来朱熹与刘如愚向知建宁府沈度建议修建社仓，经始于乾道七年辛卯五月，而成于八月。此后朱熹非常重视社仓，历官所到，往往将崇安经验推广。

朱熹《章句或问》即朱熹《四书章句或问》，序定于淳熙四年。故张栻此书约作于淳熙四年丁酉（1177）左右。

第二十四书（"画僧只是一到城南经营"）

书云"画僧只是一到城南经营，即为刘枢闭在湘，春作图帐，到今未出两纸，只是想象模写，得其大都"，盖张栻于乾道九年癸巳整修城南书院，至淳熙元年春已小成，曾邀画僧作城南书院图，但因刘珙稽留，迟迟未成。

又本集卷 22，《答朱元晦》（第三十二书）云："九月间曾拜书送《城南图》并录小诗去，且求书楼大字，不知曾达否？都不见来书说及耳。"所谓"拜书"，即第二十四书；《城南图》即张栻请人所画城南书院图；"小诗"即张栻《城南杂咏二十首》。后来朱熹为书"月榭"题榜。

张栻此书约作于淳熙元年甲午（1174）九月。

第二十五书（"向来略有疑于辞受之际者"）

此书乃答朱熹《答张敬夫》第二十六"夷齐让国而逃"一书②。文中言及朱熹辞受之事。案，乾道六年庚寅十二月，朱熹以工部侍郎胡铨荐，召赴

① 《朱熹集》卷 94。
② 《朱熹集》卷 31。

行在，以丧制未终辞；七年十二月，省札趣赴行在，以禄不及养辞；八年四月、五月、九月，九年三月、五月、十一月省札又多次趣赴行在，皆辞。淳熙元年二月、三月复辞。六月始拜命，改宣教郎，奉祠。① 朱熹《答吕伯恭》（第三十五书）云："即日庚伏酷暑"，"辞免不遂，今日已拜命矣"②。

据张栻书云"但某寻常或虑兄刚厉之过，今宽裕乃尔"，则在朱熹拜命之后。"病后医者戒以少作文字，未欲下笔。冬间有可求教者，旋写去"，盖指淳熙元年春夏张栻病愈之后。"《中庸章句》如'道不远人'章文义亦自有疑，此便即行，容续条去"，案，朱熹于乾道八年底草成《大学章句》《中庸章句》，随即寄予吕祖谦、张栻讨论修改。

据"冬间"云云，则此信约作于淳熙元年甲午（1174）秋。

第二十六书（"胡广仲一病遂不起"）

书云"胡广仲一病遂不起，极可伤惜"，又云"元履家事如何？某寄赙仪等去已久，都未得其子回信，不知已达否？"据《教授魏元履墓表》，魏掞之（元履）卒于乾道九年癸巳闰正月。又据张栻《钦州灵山主簿胡君墓表》，胡寔（广仲）卒于乾道九年癸巳十月庚辰。则该书约作于此年（1173）十月左右。

第二十七书（"某幸如昨"）

书云"某幸如昨，但自家弟赴官，极觉离索之思耳"，指张构乾道九年癸巳十二月赴知严州之后，兄弟分离，未免感到孤寂。

"岳麓书院迩来却渐成次第。向来邵怀英做事不著实，大抵皆向倾坏，幸得共父再来，今下手葺也"，盖刘珙于乾道八年十二月再知潭州，整顿书院，气象一新。

"《中庸》义"指朱熹《中庸章句》。"子重编《中庸集解》，必经商量，刊成，愿早得之，此书极有益也"，指石（敦山）《中庸集解》，编成于乾道九年癸巳。

---

① 参见《晦庵先生非素隐》，载李心传：《建炎朝野杂记》乙集卷9。
② 《朱熹集》卷35。

《传心阁铭》，全称《南剑州尤溪县学传心阁铭》，张栻为石（墪）作。《尤溪县学记》，全称《南剑州尤溪县学记》，乾道九年癸巳冬十月庚申朔朱熹为（墪）作。《邵州复旧学记》，张栻作于作于淳熙元年三月。故张栻此书与之相近，约作于淳熙元年甲午（1174）三月左右。

第二十八书（"《知言》疑义反复甚详"）

书言"《知言》疑义反复甚详"。案，张栻、朱熹、吕祖谦讨论《知言》疑义，始于乾道六年初，至乾道七年底八年初朱熹编成《知言疑义》一书。

又曰"编《通鉴纲目》，极善"。案，朱熹编《通鉴纲目》始于乾道五年己丑，草成于乾道八年四月，其间与张栻讨论。

朱熹《朱熹集》卷39《答范伯崇》（作于乾道七年辛卯）曰："钦夫近为学者类集《论语》'仁'字，各为之说，许寄来看。然熹却不欲做此工夫，伯崇以为然否？"此指《洙泗言仁录》。张栻《答胡季随》："归来所作《洙泗言仁序》、《主一箴》录去。"① 可知《洙泗言仁录》作于乾道七年辛卯，序定于乾道七年十二月归长沙后，或已在八年春。张书所谓《论语仁说》"编程子之说，与同志者讲之"，当为《仁说》（见《南轩集》卷18），而非《洙泗言仁录》。朱熹《答钦夫仁说》② 云"《仁说》明白简当，非浅陋所及"，即对此而发。朱熹乾道九年癸巳除日《答吕伯恭》云："钦夫近得书，别寄《言仁录》来，修改得稍胜前本。《仁说》亦用中间反复之意改定矣。"可知《言仁录》《仁说》改定于乾道九年癸巳。张栻此书约作于乾道八年壬辰（1172）。

第二十九书（"比闻刊小书版以自助"）

书曰"比闻刊小书版以自助，得来谕乃敢信"，"为贫之故，宁别作小生事不妨"云云。案，朱熹乾道八年《答林择之》云："贫病殊迫，亦只得万事减节，看如何。钦夫颇以刊书为不然，却云别为小小生计却无害，此殊不可晓。别营生计，顾恐益猥下耳。"③ 所云正是针对张栻此书而言。

张栻书又曰："见子飞说宅上应接费用亦多。"案，宋翔（子飞）于乾

① 《南轩集》卷25。
② 《朱熹集》卷32。
③ 《朱熹集·别集》卷6。

道八年夏离开长沙归崇安①，张栻当从其宋翔口中获知朱熹宅上应接费用多。是年秋宋翔即卒，张栻此书约作于乾道八年壬辰（1172）夏秋间。

第三十书（"晦叔留此旬余"）

案，此书前后二段似不作于同时。前段言及"晦叔留此旬余，备详动止"，指吴翌于淳熙元年四月奔母丧，顺便面见朱熹后，于八月归湘，与张栻相见。朱熹"与诸人论操舍出入之说"，当在淳熙元年夏秋之际。"最后答游掾之语"，指朱熹《答游诚之》第三书（见《朱熹集》卷45，"心体固本静，然亦不能不动"）。"近因游掾来理会出入字，有答之之语，录呈"，见《南轩集》卷26《答游诚之》；卷32《答游诚之》。故前段约作于淳熙元年十月。

后段言："蕲州之说浅陋，不足动人，自是伯谏天资低所致。"张栻《答朱元晦》第四十四书（作于淳熙三年丙申春）云："近见季克寄得蕲州李士人周翰一文来，殊无统纪。其人所安本在释氏，闻李伯谏为其所转，可虑可虑！"盖吕胜己（季克）寄来蕲州士人李之翰（周翰）所作《原说》一书，溺于佛禅，而朱熹门人李宗思（伯谏）时任蕲州州学教授，为其所惑，故张栻有此担忧。朱熹《答敬夫孟子说疑义》（作于淳熙三年丙申）云："蕲州文字亦尝见之，初意其说止是不喜人辟佛，而恶人之溺于佛者，既而考之，其间大有包藏，遂为出数百言以晓之，只欲俟伯谏归而示之，未欲广其书也。近年士子稍稍知向学，而怪妄之说亦复鑵起，其立志不高，见理不彻者，皆为所引取，甚可虑也。"② 即顺便回应张栻第四十四书。张栻第三十书后段，即回应朱熹此书，当做于第四十四书之后。

张栻又言及"伯恭已造朝"，据《吕东莱年谱》：吕祖谦于淳熙三年十月除秘书省秘书郎，兼国史院编修官、实录院检讨官，十月二十九日如临安，十一月五日供职。故第三十书后一段当做于淳熙三年丙申（1176）底。

第三十一书（"某食饮起居皆幸已复旧"）

书中言"食饮起居皆幸已复旧"，盖张栻淳熙元年春疾病，作此书时已

---

① 《湖南参议宋与道奉祠归崇安里中赋此以别》，《南轩集》卷2；又《祭宋子飞参议》，《南轩集》卷44。

② 《朱熹集》卷31。

经康复。

又言及"伯恭近专人来讲论详细","但论兄出处,引'周之可受'之义,却似未然",盖乾道九年癸巳五月,以梁克家荐,有旨特改朱熹左宣教郎、主管台州崇道观。朱熹又四辞,到淳熙元年六月而后受。

又言及游诚之"今归,必首去未见","《孟子解》渠却录未毕,枢帅处却将写了,当祝封呈"。盖《癸巳孟子解》完成于乾道九年,游九言到长沙抄录未毕即归闽,后来张栻托刘珙帅府之人转交朱熹。

此书约作于淳熙元年甲午(1174)夏。

卷二十二(以下题为《答朱元晦》)

第三十二书("《通鉴纲目》想见次第")

朱熹编《通鉴纲目》始于乾道五年己丑,草成于乾道八年四月。所谓"九月间曾拜书",见张栻《答朱元晦秘书》第二十四书("画僧只是一到城南经营"),为淳熙元年九月。张栻于淳熙二年二月已至桂林。此书谈及"五王"及维州事,朱熹有答书,署"三月十四日"(《答张敬夫》第二十七书"熹昨承诲谕五王之事")①,当为淳熙二年乙未。则张栻此书约于作淳熙元年甲午(1174)冬。

第三十三书("某黾勉为州,不敢不敬")

乾道五年己丑,张栻以刘珙荐,除知抚州,未及上任,改知严州(今浙江建德),十二月到任,故曰"某黾勉为州,不敢不敬"。

又曰"丁税朝廷蠲末等无常产之输七万余缗",据杨万里《张左司传》云:"至郡,问民疾苦,首以丁盐绢钱太重为请,得蠲是岁之半。"即指此。吕祖谦时为严州州学教授,作《为张严州作乞免丁钱奏状》,获得朝廷同意,又作《为张严州作谢免丁钱表》。朱熹《答张敬夫》第十二书②当为回应书而作。

乾道六年庚寅五月七日,吕祖谦除太学博士;闰五月十七日,张栻亦自

---

① 《朱熹集》卷31。
② 《朱熹集》卷31,"窃承政成事简"。

严州被召为吏部员外郎。盖张栻在严州任仅半年。据"蚕麦差熟"句，此书约作于乾道六年庚寅（1170）四五月间。

第三十四书（"某出入省户，日负素殄"）

所谓"某出入省户"，"伯恭邻墙，日得晤语"，盖乾道六年五月，张栻召为尚书吏部员外郎，吕祖谦亦入朝为太学博士，二人又邻墙共事，得朝夕相见，论道谈学。张栻该书约作于是年（1170）五六月间。

第三十五书（"日自省中归，即闭关温绎旧学"）

吕祖谦于乾道六年庚寅五月七日除太学博士，闰五月入临安。张栻亦于是年闰五月十七日自严陵召归为吏部员外郎，与吕祖谦同巷居。朱熹《答张敬夫》第十四书有云："伯恭想时时相见"，并批评吕祖谦《阃范》，又批评吕氏"留意科举文字之久，出入苏氏父子"，"坏了心路"，且论及《孟子》答公都子好辨一章。① 张栻此书正是回应朱子第十四书而作，约作于乾道六年庚寅（1170）夏秋间。

第三十六书（"祈请竟出疆"）

书中提到祈请使出疆。案，《宋史·孝宗纪》：乾道六年庚寅闰五月戊子，"遣范成大等使金求陵寝地，且请更定受书礼"。朱熹屡致书鼓动张栻奏罢之，见《朱熹集》卷25，《答张敬夫书》一（"垂喻曲折，必已一一陈之"）、二（"今日既为此举，则江淮荆汉便当戒严以待"）、三（"奏草已得窃观"）。张栻于六月上疏论罢祈请，无果，见《续资治通鉴》卷141。

此为张栻回朱熹书，云"会庆在近"，会庆节在十月。据范成大《缆辔录》，范成大于六月十五日出国门。张书谓"某月初即求去"，"月初"者，当为乾道六年（1170）七月初，张栻此书约作于此月。

第三十七书（"某出入省户，日愧亡补"）

此书提到"请对之说，容更思之"。朱熹《答张敬夫》（"昨陈明仲转致

---

① 参见《朱熹集》卷31。

手书")有云"向者请对之云,乃为不得已之计",当为回应此书而作。① 朱熹书又云"筵中见讲何书",案,张栻除侍讲在乾道七年春。又据《续资治通鉴》卷142,"二月,尚书左司郎兼侍讲张栻讲《诗·葛覃》"。故此书约在乾道七年辛卯(1171)春。

第三十八书("《西铭》之论甚精")

书中提到"《西铭》之论甚精"。朱熹于乾道六年庚寅秋草成《西铭解》,寄张栻、蔡元定、吕祖谦讨论,乾道八年十一月修订成。张书又曰:"《知言》之说,每段辄书鄙见于后,有未是处,却索就此簿子上批来,庶往复有益也。"案,张栻与朱熹、吕祖谦讨论《知言》疑义,始于乾道六年庚寅。吕祖谦《与朱侍讲》六曰:"《知言》往在严陵时与张丈讲论,亦尝疏出可疑者数十条。今观来示,其半亦相类,见与张丈参阅,续当咨请也。"② 张栻此书约亦作于乾道七年辛卯(1171)。

第三十九书("某迩来思虑,只觉向来所讲之偏")

张栻书中讨论《西铭》之论。朱熹于乾道六年秋草成《西铭解》,寄张栻、蔡元定、吕祖谦讨论。

书中又提及"晦叔犹未得到长沙书",据吕祖谦于乾道六年六月《与朱侍讲》书("某供职已月余"),吴翌(晦叔)闻妻父之讣匆匆归建宁,吕托吴向朱熹转达口信。七月吕又与朱熹书("月初吴晦叔归,尝拜起居问,计已呈彻"),提到"晦叔必常相聚,本欲作书,又恐已归长沙,或尚未归,语次望道区区"③。张栻此书又提到刘珙丁庆国夫人忧已过九江。据朱熹《刘枢密墓记》,刘珙丁忧在乾道六年九月,则张栻此书约作于乾道六年庚寅(1170)十月左右。

第四十书("某备数于此")

书云"某备数于此,自仲冬以后凡三得对,区区之诚,不敢不自竭",

---

① 参见《朱熹集》卷25。
② 《东莱集·别集》卷7。
③ 《东莱集·别集》卷7。

"讲筵开在后月",指乾道六年五月被召为吏部员外郎,兼起居郎,十二月兼侍讲。又曰"刘枢归,想得欵曲,忧患中益进德业",指乾道六年九月刘珙丁母忧归闽。又曰"晦叔已行未耶",吴翌于乾道六年七月以妻父之丧归闽,张栻向朱熹询问其是否启程归长沙。

张栻此书后段针对朱熹乾道六年闰五月修订本《太极图说解》而发,约作于乾道六年庚寅(1170)十一月。

第四十一书("某十三日被命出守")

书言"某十三日被命出守,次日早出北关,来吴兴,省广德家兄,翌早可去此"云云,案,据朱熹《右文殿修撰张公神道碑》:"俄而诏以知合门事张说签书枢密院事,公夜草手疏,极言其不可,且诣宰相质责之,语甚切。宰相惭愤不堪,而上独不以为忤,亲札疏尾付宰相,使谕指。公复奏曰:'文武之势诚不可以太偏,然今欲左文右武以均二柄,而所用乃得如此之人,非惟不足以服文吏之心,正恐反激武臣之怒也。'于是上意感悟,命得中寝。然宰相实阴附说,明年,乃出公知袁州,而申说前命,于是中外讙(欢)哗。"盖因论张说之事与宰相虞允文冲突,于乾道七年辛卯(1171)六月十三日被命出守袁州。次日过吴兴,与堂兄张杅相见。此书作于十四日。

第四十二书("某黾勉南来,视事踰旬矣")

"某黾勉南来,视事踰旬矣"云云。案,淳熙元年张栻除旧职、知静江府、经略安抚广南西路,二年二月二十四日赴任。据"视事踰旬"句,此书约作于淳熙二年乙未(1175)三月。

第四十三书("某守藩倏八阅朔矣")

所谓"今岁缘茶贼之扰害",指淳熙二年赖文政率茶商于湖北起事,转入湖南、江西、广东。

"伯恭今次讲论如何","陆子寿兄弟如何?肯相听否",指淳熙二年五月朱熹与吕祖谦赴铅山鹅湖与陆九龄、陆九渊兄弟相会讲论之事。

朱熹《答张敬夫》第二十八书:"伤急不容耐之病,固亦自知其然,深以为苦,而未能革,若得伯恭朝夕相处,当得减损,但地远不能数见为恨耳。""子寿兄弟气象甚好，其病却是尽废讲学而专务践履，却于践履之中要人提撕省察，悟得本心，此为病之大者。要其操持谨质，表里不二，实有以过人者，惜乎其自信太过，规模窄狭，不复取人之善，将流于异学而不自知耳。""《乡约》之书，偶家有藏本，且欲流行，其实恐亦难行如所喻也。然使读者见之，因前辈所以教人善俗者，而知自修之目，亦庶乎其小补耳。"①即答张栻此书。

据书"某守藩倏八阅朔矣"，张栻淳熙二年乙未（1175）二月二十四日到桂林，此书约作于是年十月左右。

卷二十三（题为《答朱元晦》）

第四十四书（"某黾勉于此，亦复一载"）

所谓"本路盐法"，据《宋史全文》卷26上：淳熙二年八月甲戌，广西经略张栻言："诸郡赋入甚寡，用度不足。近年复行般卖盐，此诚良法，然官般之法虽行，而诸郡之窘犹故。盖以此路诸州全仰于漕司，漕司发盐使之自运，除本脚之外，其息固有限，而就其息之中，以十分为率，漕收其八，诸州仅得其二。逐州所得既微，是致无力尽行般运，而漕司据已拨之数，责八分之息，以为寄桩，则其窘匮何时而已？幸有仅能般到者，高价抑买，岂保其无？欲乞委本司及提刑郑丙、漕臣赵善政，公共将一路财赋通融斟酌，为久远之计，既于漕计不乏，又使一路州郡有以支吾，见行盐法不致弊坏。"从之。又《宋史》卷183《食货下五》云："淳熙三年，诏广西转运司岁收官盐息钱三分，拨诸州七分充漕计。从经略张栻请也。"

《虞帝庙碑》，朱熹应张栻请而作。朱熹《答吕伯恭》（作于淳熙二年乙未岁末）曰："钦夫书来，及其为政之意甚美，令作《修舜庙碑》文，题目不小，勉强成之，不及求教为恨，今亦未暇录呈，它时当见之耳。"②又朱熹《答张敬夫》第二十八书："近又读《易》，见一意思。圣人作《易》，本是使人卜筮，以决所行之可否，而因之以教人为善。"③张栻此书云"《易》说未

---

① 《朱熹集》卷31。
② 《朱熹集》卷33。
③ 《朱熹集》卷31。

免有疑""恐非为卜筮专为此书",即答朱熹之书。又朱熹《答敬夫孟子说疑义》:"《易》之说固知未合,亦尝拜稟,姑置之以俟徐考矣。"① 即答张栻此书。

张栻此书言"某黾勉于此,亦复一载",又有"本路""静江"语,即安抚广西、知静江府。张栻于淳熙二年乙未春至桂林,此书约作于淳熙三年丙申(1176)春。

第四十五书("某黾勉所职,无补是惧")

书云"伯恭相聚,计讲论彼此之益甚多,恨不得从容于中也",盖指淳熙二年四月吕祖谦至武夷山访朱熹;五月,朱熹送吕祖谦出闽,赴铅山鹅湖寺,与陆九渊兄弟及赵景昭、赵景明、刘清之、詹体仁、徐季益等相会论学;六月,吕祖谦归婺。张栻此书谈及"武氏事""维州之说",乃答朱熹淳熙二年三月十四日书(见《答张敬夫》第二十七书,"熹昨承诲谕五王之事")②。

张书又云"某此间应接宾客民事,通近两时","两时"即六个月,则该书约作于淳熙二年乙未(1175)八月。

第四十六书("出处之计竟何如")

所谓"出处之计竟何如",据《朱子年谱》:淳熙三年丙申夏六月,授秘书省秘书郎,辞,不允。秋八月复辞并请祠,许之,差管武夷山冲佑观。张书所提到的赵若海,即赵公瀚,乾道中知汀州、桂阳军,淳熙三年任广东路转运副使,改任广西路转运使。

张栻此处问及朱熹"出处之计",约作于淳熙三年丙申(1176)七八月间。

第四十七书("某丐祠,乃不获命")

书云"黾勉于此且三年矣",张栻淳熙二年二月赴任广西,到五年二月

---

① 《朱熹集》卷31。
② 《朱熹集》卷31。

为三年。文中提及"灾患悲悼之余",当指妻宇文氏卒。据张栻《书示吴益恭》有云:"于其行,会予有期服,不得为之赋诗,以致赠言之意。"末署"淳熙四年八月甲午"①。所谓"期服",当即宇文氏之丧。本书约作于淳熙四年丁酉(1177)秋冬间。

第四十八书("学中重刻《责沈》")

本集卷35,《跋了翁责沈》曰刻了翁(陈瓘)《责沈》于桂林学宫,末署"淳熙四年六月戊子"。又云:"詹漕体仁孜孜讲学,每相见,职事之外即商确义理,殊为孤寂之慰,其趣向亦难得也。"案,詹体仁漕广西约在四年底,此书约作于淳熙四年丁酉(1177)冬。

第四十九书("石子重、陈明仲、魏应仲三书烦为自使转达")

书言"郑自明直言"云云,据《宋史全文》卷26上:淳熙三年六月,上曰:"朝廷不可无直谅之士。近有郑鉴议论亦甚切直,观其所言,似出于肝胆,非矫伪为之者。"因看郑鉴札子,颇思魏掞之。鉴时为太学正,遂命召试馆职。秋七月,以郑鉴为校书郎。

张书又提到赵若海与詹仪之两易。据王懋竑《朱子年谱考异》卷2,赵若海与詹仪之两易其任当在淳熙四年丁酉。则此书约作于淳熙四年丁酉(1177)秋冬间。

第五十书("谕及《大学》中'人之其所亲爱而辟焉'处")

书谓"自甲午病后,虽痛节饮,但向来有酒积在腹间,才饮一两杯,便觉隐隐地,遂禁绝不复饮,盖亦效贤者之决也,以此益觉精力胜前耳"。盖淳熙元年春张栻大病之后遂止酒。案,朱熹于淳熙元年甲午止酒,其《再次王宰韵》诗有"酒味今年不下喉"句。张栻所谓"效贤者之决",盖谓向朱熹学习。

又此书引述朱熹所谓《大学》"人之其所亲爱而辟焉"之"辟"当读作"僻"字,以及"所谓若稍作意主张,便为旧说所蔽",当为回应朱熹《答敬

---

① 《南轩集》卷18。

夫孟子说疑义》一书①，约作于淳熙三年丙申（1176）冬。

第五十一书（"某比者蒙误恩因任"）

《南轩集》卷8《进职因任谢表》有云："臣昨承人乏，来守岭隅。忽坐
阅于两秋，亦既殚于五技"云云。自淳熙二年二月到四年二月恰两年任满。
朱熹《张公神道碑》云："上闻公治行，且未尝叙年劳，乃诏特转承事郎、
进直宝文阁，再任。"此书言"比者蒙误恩因任，辞而不获"，约作于淳熙四
年丁酉（1177）二月之后不久。

第五十二书（"某新岁来，即欲申前请"）

张栻此书中提到"某新岁来，即欲申前请"，当指请辞事。"新岁"即
淳熙五年。又谓"儿子素来气弱，哀苦之后遂得肺疾，尤非热地所宜，殊为
之忧虑耳"，当在四年秋张栻子焯护送母丧归长沙后之事。又据朱熹《答吕
伯恭》②："敬夫北归，私计甚便。近收初夏问书，云其子病，继闻音耗殊恶。
果尔，殊可念也。"所谓"初夏问书"，盖即此书。

又谓"詹体仁悫实肯讲学，不易得，但未免弱，盖胆薄而少决"，案，
詹仪之任广西漕臣约在淳熙四年底，盖与原漕赵如海互易。

又谓"《学记》得两石甚坚润且厚，见磨治刻字，当点检子细，日俟额
字之来耳"，即朱熹《静江府学记》（作于淳熙四年冬十有一月）。盖朱熹寄
来《学记》后，张栻即命人刻石，又请朱熹题额。

又谓"英州两遣人看之"，"英州"指龚茂良，淳熙四年七月责授宁远
军节度副使、英州安置。又言及"吴晦叔已葬"，盖吴翌卒于淳熙四年八月，
以九月三日葬于衡山东海桥之原，见朱熹《南岳处士吴君行状》。③

朱熹《答张敬夫》第三十二书（"诸谕一一具悉"）即答此书④。朱子书
中云"近作《濂溪书堂记》，曾见之否？"指《江州重建濂溪先生书堂记》，
作于淳熙四年丁酉春二月丙子。

---

① 《朱熹集》卷31。
② 《朱熹集》卷34。
③ 参见《朱熹集》卷97。
④ 《朱熹集》卷32。

此书约作于淳熙五年戊戌（1178）初夏四月。

第五十三书（"此间归长沙，一水甚便"）

朱熹《张公神道碑》："五年，除秘阁修撰、荆湖北路转运副使，改知江陵府，安抚本路。"杨万里《张左司传》同①。吕祖谦《与陈同甫书》②："张钦夫近丧子，得书极无况，力请出广，遂有鄂漕之命，亦且得归也。"张栻改知江陵在五六月间，而此书云："此间归长沙，一水甚便，只数日陆行，到清湘登舟，春夏间不十日，可泊城南书院堤下矣。"盖张栻因妻亡子病，欲辞官归长沙，是时约在三月间，尚无鄂漕、江陵之命。张栻书又云："《近思录》中可惜不载得说举业处，幸写示，尚可添入。是兄一手所编书，此不欲自添也。"朱熹《答张敬夫》第三十二书（"诸谕一一具悉"，作于春夏间）云："《近思》举业三段及横渠语一段并录呈，幸付彼中旧官属正之，或更得数字，说破增添之意尤佳。盖闽、浙本流行已广，恐见者疑其不同，兼又可见长者留意此书之意，尤学者之幸也。"即对此书回应。③ 朱熹《答吕伯恭》第五十六书云："钦夫寄得所刻《近思录》来，起欲添入说举业数段，已写付之，但不知渠已去彼，能了此书否耳。"《答吕伯恭》书约作于淳熙六年己亥，是时张栻已离开桂林。隐斋，张栻弟张构号，淳熙四年知袁州。④

张栻此书约作于淳熙五年戊戌（1178）三月。

第五十四书（"前时承书中谕及狄梁公书法"）

本书于广西新漕詹体仁多赞扬之辞。案，詹仪之（1143—1206），字体仁，遂安（今浙江淳安）人。绍兴二十一年进士。乾道五年己丑张栻知严州，吕祖谦掌教，詹仪之赋闲在家，常与张、吕以问学为事，遂成莫逆之交，张栻为其作《虚舟斋铭》。七年、九年，詹仪之两次邀朱熹来瀛山书院讲学，与之往复问学，商论《大学》"格致"章。淳熙初知信州，时值朱熹、吕祖谦、陆九渊等人在鹅湖论学，詹仪之往复问辩无虚日。詹仪之任广西

① 《诚斋集》卷116。
② 《东莱集·外集》卷6。
③ 参见《朱熹集》卷32。
④ 参见《曲引钱》条，载李心传：《建炎以来朝野杂记·甲集》卷15。

漕臣约在淳熙四年底，盖与原漕赵如海互易。张栻《答朱元晦》第四十八书云："詹漕体仁孜孜讲学，每相见，职事之外即商确义理，殊为孤寂之慰，其趣向亦难得也。"第五十二书又云："詹体仁慤实肯讲学，不易得，但未免弱，盖胆薄而少决。"而本书谓"本路新漕詹君仪之体仁岂弟爱民，凡事可以商量，又趋向正，孜孜以讲学为事，时过细论，殊慰孤寂。旧在严陵相见，颇惑佛学，今却不然，亦得伯恭之力，其人恐有可望也"云云，皆对詹氏称道有加。此书约作于淳熙四年丁酉（1177）底。

第五十五书（"尊嫂已遂葬事否"）

此书问及"尊嫂已遂葬事否"。据朱熹《答吕伯恭》三："熹私门祸故，老妇竟不起疾，悲悼不可为怀。"① 又朱熹《答刘共甫》三："私门不幸，老妇自去夏得疾，荏苒逾年，疗治无瘳，此至后一日遂至不起。"② 据《朱子年谱》，朱熹妻令人刘氏卒于淳熙三年丙申冬十一月十三日。刘氏卒后，朱熹迷信风水，选卜葬地，久而未决。吕祖谦、张栻皆曾致书询问、劝告。淳熙四年丁酉四月，朱熹葬刘氏于建阳县之唐石大林谷。③ 故张栻此书约作于淳熙四年丁酉（1177）春。

第五十六书（"游掾后来曾相见否"）

是书问及"游掾后来曾相见否？计今已还也"。据张栻《答朱元晦》第三十一书（"某食饮起居皆幸已复旧"）言游诚之"今归，必首去未见"，盖游九言于淳熙元年曾到长沙，春夏间归闽。又问及"晦叔不知尚留彼中否"，据朱熹《答吕伯恭》（作于淳熙元年四月）："吴晦叔来奔其母之丧，今日方见之，能道钦夫病状，亦得钦夫书，今已复常矣。"④ 吴翌于淳熙元年四月回闽奔母丧，顺便面见朱熹后，于八月归湘，与张栻相见。"《中庸》后解"指朱熹《中庸章句》修订之本。

此书约作于淳熙元年甲午（1174）夏。

---

① 《朱熹集》卷34。
② 《朱熹集·别集》卷4。
③ 参见束景南：《朱熹年谱长编》卷上"淳熙四年"，华东师范大学出版社2001年版。
④ 《朱熹集》卷33。

卷二十四（题《答朱元晦》）

第五十七（"《章句序》文理畅达"）

此书言及朱熹《章句序》《近思录》。朱熹初次序定《大学》《中庸》章句，约在淳熙四年丁酉六月，寄张栻征求意见。①

吕祖谦与朱熹编订《近思录》，在淳熙二年乙未。朱熹《书近思录后》（作于淳熙二年五月五日）云："淳熙乙未之夏，东莱吕伯恭来自东阳，过予寒泉精舍，留止旬日，相与读周子、程子、张子之书，叹其广大闳博，若无津涯，而惧夫初学者不知所入也，因共掇取其关于大体而切于日用者，以为此编。"《近思录》编成之后，朱熹、吕祖谦陆续有修订，淳熙二三年已有金华、建阳等刻本。

淳熙四年丁酉，张栻拟刻于桂林学宫。张栻《答朱元晦》第四十八书（作于淳熙四年冬）："《近思录》方议刻，欲稍放字大耳。"又第五十三书（作于淳熙五年春）："《近思录》中可惜不载得说举业处，幸写示，尚可添入。"朱熹《答张敬夫》第三十二书（"诸谕一一具悉"，作于春夏间）云："《近思》举业三段及横渠语一段并录呈，幸付彼中旧官属正之，或更得数字，说破增添之意尤佳。盖闽、浙本流行已广，恐见者疑其不同，兼又可见长者留意此书之意，尤学者之幸也。"②即回应张栻第五十二、第五十三书。而张栻此书云："《近思录》诚为有益于学者之近思，前此伯恭尚未寄来也。"似在议刻之前。

又言及修订《论语解》，云："某比改定得《语解》数篇，未及写去。《先进》以后，后来过目，有可示教，一一条示，至幸至望。"《语解》成于乾道九年癸巳，曾寄部分内容与朱熹讨论。《朱熹集》卷22有《答张敬夫语解》。按朱熹《答吕伯恭》二十三书（作于乾道九年癸巳）云："钦夫近得书，寄《语解》数段，亦颇有未合处。"则早在《语解》编纂期间即与朱熹交流意见，后来又不断修订。其《答朱元晦》第四十七书（作于淳熙四年

---

① 参见束景南：《朱熹年谱长编》卷上，"淳熙四年"。
② 《朱熹集》卷32。

秋）云："《论语》日夕玩味，觉得消磨病痛，变移气质，须是潜心此书，久久愈见其味。旧说多所改正，它日首以求教。向来下十章《癸巳解》，望便中疏其缪见示。"所谓"下十章"，正指此书所谓《先进》以后十篇。盖张栻在修订《语解》，之前，已先写去《先进》之前十章请朱熹提意见，后来又写去《先进》以后十章，到淳熙四年秋修订时，朱熹尚未反馈对后十章的意见。今《朱熹集》卷31有《与张敬夫论癸巳论语说》，所讨论条目涉及《论语》全部二十章，非仅《先进》之后十章而已。其中多处云"所撰《集注》已依此写入""已写入《集注》诸说之后"。案，朱熹《论语集注》序定于淳熙四年六月，已采用张栻《语解》之说。张栻第六十二书（作于淳熙五年春）云："《语说》荐荷指谕，极为开警。"当指朱熹《与张敬夫论癸巳论语说》。可推知朱熹书亦作于淳熙五年春。

又谓"某若祠请得遂"云云，指淳熙四年八月张栻因夫人丧请祠之事。又言及修静江府学并求记，朱熹《静江府学记》作于四年十一月。则张栻此书约作于四年（1177）九十月左右。

第五十八书（"某幸粗安常"）

书云"近缘宪、漕两台俱阙官，不免时暂兼摄"，"向来虑所论乞增拨诸州一分盐息钱及增边州米钱事，会适蒙恩旨施行"。据《宋史全文》卷26上，淳熙二年八月甲戌，广西经略张栻言："诸郡赋入甚寡，用度不足，近年复行般卖盐，此诚良法，然官般之法虽行，而诸郡之窘犹故。盖以此路诸州全仰于漕司，漕司发盐使之自运，除本脚之外，其息固有限，而就其息之中以十分为率，漕收其八，诸州仅得其二。逐州所得既微，是致无力尽行般运，而漕司据已拨之数，责八分之息，以为寄椿，则其穷匮何时而已！幸有仅能般到者，高价抑买，岂保其无！欲乞委本司及提刑郑丙、漕臣赵善政公共将一路财赋通融斟酌，为久远之计，既于漕计不乏，又使一路州郡有以支吾，见行盐法不致弊坏。"从之。此时提刑为郑丙、漕臣为赵善政。淳熙三年郑丙自广西提刑徙福建路转运副使；赵善政也卒于淳熙三年。《南轩集》卷19《寄刘共甫枢密》五云："某承乏远藩"，"近日郑宪既行，赵漕物故，两台俱阙官，不免兼摄，事绪丛委。"盖与此书时间相近。

此书又谓"虞帝庙磨崖已刻得有次第，前日打得数字谩附呈"，"近因取石，遂凿开一岩颇佳，岩之后正临皇泽之湾。今欲当户为亭以瞰之，岩曰韶音，亭曰南风"，云云。案，张栻刻《虞帝庙碑》始于淳熙三年春，韶音洞凿成于淳熙三年秋（见《韶音洞记》）。又谓"见刻《三家昏丧祭礼》，未毕也"，据本集《跋三家昏丧祭礼》称，《三家昏丧祭礼》刻于桂林郡之学宫，末署"淳熙三年六月甲戌朔旦"。又谓"欲秋凉后丐归长沙旧庐"，则此书约作于淳熙三年丙申（1176）夏。

第五十九书（"某近闻建宁书坊何人将《癸巳孟子解》刻版"）

此书言建宁书坊何人擅自将并未定稿的《癸巳孟子说》刻版，张栻移文漕司毁版，并请郑丙、傅自得督促此事。案，郑丙自广西提刑徙福建路转运副使约在淳熙三四年间。此信在后第六十一"《孟子解》板"一书前，约作于淳熙三年丙申（1176）秋。

第六十书（"奉教，以《礼书》中不当去冠礼"）

书中提到朱熹以《礼书》中不当去冠礼，当指《三家昏丧祭礼》（淳熙三年六月刻于桂林学宫）。后来朱熹甚不满于张书有昏、丧、祭而无冠礼，遂以此书为本，增吕氏一家，并增冠礼，约于淳熙四年底写成《四家礼范》，由刘珙刻于建康。据朝鲜古写徽州本《朱子语类》卷98曰："张钦夫尝订诸礼可行者，乃除冠礼不载。问之，乃云难行。某答之云：古礼惟冠礼最易行。如昏礼须两家皆好，礼方得行。丧礼临时哀痛中，少有心力及之。祭礼则终献之仪烦多长久，皆是难行。看冠礼比他礼却最易行。"又曰："敬夫在广西刊《三家礼》，除却冠礼。某问其故，敬夫曰冠礼难行。某曰：冠礼却易行，只一农事。昏礼却难行，碍两家，如五纳之仪，须是两家一样人始得。"即指此事而言。

此书又说到《虞庙乐章》。案，朱熹作《静江府虞帝庙碑》及《虞庙乐章》在淳熙二年十二月底，张栻刻《庙碑》在淳熙三年春，约刻成于三年夏。此信作于《庙碑》刻成之后，向朱熹解释《虞庙乐章》未刻之缘由，约作于淳熙三年丙申（1175）秋。

第六十一书（"《孟子解》板"）

论及《孟子解》劈版事，盖与第五十九书相接。张栻请郑丙毁《孟子解》板约在是淳熙三年秋。此书又及《虞庙碑》中"肸向"字。张栻刻《庙碑》在淳熙三年春，约刻成于三年夏。此书作于《庙碑》刻成之后，约在淳熙三年丙申（1176）秋。

第六十二书（"《语说》荐荷指谕，极为开警"）

书云"《语说》荐荷指谕，极为开警"，指朱熹《与张敬夫论癸巳论语说》（作于淳熙五年春）①。"学舍已成"，指静江府学，建成于淳熙四年秋，应张栻请求，朱熹作有《静江府学记》（淳熙四年冬十有一月己未）。

张书又提到"伯恭既已转对，恐当为去就计"。案，淳熙四年八月，吕祖谦转对，有《轮对札子》二首，见吕集。札子上，旋迁著作郎，以疾请祠归。十一月九日，吕祖谦以秘书郎入对。淳熙五年春，吕祖谦为殿试考官。

"近见台臣论程学，如伯恭在彼，尤不应恝然也"云云，据《宋史·孝宗纪》："淳熙五年春正月辛丑，侍御史谢廓然乞戒有司，毋以程颐、王安石之说取士。从之。"《续资治通鉴》卷146：淳熙五年春正月辛丑，侍御史谢廓然言："近来掌文衡者，主王安石之说，则专尚穿凿；主程颢之说，则务为虚诞。虚诞之说行，则日入于险怪；穿凿之说兴，则日趋于破碎。请诏有司公心考校，无得徇私，专尚王、程之末习。"从之。张栻所言即此事。

此书约于作淳熙五年戊戌（1178）春。

第六十三书（"《论语章句》精确简严"）

此书论及朱熹《论语集注》《论语或问》。据真德秀《西山读书记》卷30，引李方子《紫阳年谱》：淳熙四年丁酉"《论语》《孟子集注》《或问》成。初，先生既编次《语孟集义》，又约其精粹妙得本旨者为《集注》，又疏其所以去取之意为《或问》。然恐学者转而趋薄，故《或问》之书未尝出以示

---

① 《朱熹集》卷31。

人。"又《玉海》卷41:"淳熙《论语》、《孟子集注》、《或问》,朱文公熹撰,淳熙四年六月癸巳成。"《论语集注》及《或问》皆成于淳熙四年六月,刻于是年。又《朱子语类》卷19:"《论语集注》盖某十年前本,为朋友间传去,乡人遂不告而刊,及知觉,则已分裂四出,而不可收矣。其间多所未稳,煞误看读。要之圣贤言语正大明白,本不须恁地传注,正所谓记其一而遗其百,得其粗而遗其精者也。"所指即丁酉刻本。张栻劝朱熹《或问》"未须出",事实上朱熹接受了张栻的意见。

张栻此书约作于淳熙五年戊戌(1178)春。

第六十四书("共父一病,遽至薨逝")

此书专论刘珙(共父)薨逝及葬事。据朱熹代刘玶所作《刘珙行状》《刘枢密墓记》以及《观文殿学士刘公神道碑》,俱云刘珙(共父)卒于淳熙五年七月甲子(七月三日),葬于六年二月乙巳。朱熹有《祭刘共父枢密文》,作于淳熙五年九月二十日,是时刘珙灵柩当已归闽。

张栻此书问及"葬事在几时?有定论未耶?"当在刘珙灵柩归闽之后,约在淳熙五年戊戌(1178)九月左右。

第六十五书("某自附陈明仲书后")

此书中所谓"某自附陈明仲书",为张栻乾道七年辛卯六月出都过吴兴时请陈明仲转致,即《答朱元晦秘书》第四十一书,其云:"某(六月)十三日被命出守,次日早出北关,来吴兴,省广德家兄,翌早可去此。自此前涂小憩,残暑即由大江归长沙故居。偶见陈明仲,知有的便,具此纸奉报。自惟备数朝列,荷吾君知遇,迄无所补报。学力不充,无以信于上下,归当温绎旧学,益思勉励,它皆无足言。惟是吾君聪明,使人眷眷,不忍置耳。"

张栻此书中提到"秋凉行大江,所至游历山川,复多濡滞",盖指乾道七年辛卯被排斥出都返长沙之事。《南轩集》卷2,《六月晦发雪川》《游灵岩》《游惠山》《游池州齐山》《过马当山》《过洞庭》诸诗,即返湘途中所作。

又书中提及"《知言》疑义开发尤多"。案,朱熹、张栻、吕祖谦讨论《知言》疑义,始于乾道六年初,汇编于乾道七年底八年初。

又云"今方欲次鄂渚,更数日可解舟",盖张栻于乾道七年十二月初在武昌停留数日，撰有《黄鹤楼说》《江汉亭说》。① 又改《孟子》旧说，"俟到长沙，录去求教"，张栻归长沙时已是十二月底。

综上，张栻此书约作于乾道七年辛卯（1171）十二月停留武昌之时。

第六十六书（"某受任上流，到郡恰一月"）

书云"某受任上流，到郡恰一月"，当指知江陵府事。张栻何时到江陵任？

据《江陵到任谢表》云："便私有请，已媿乘轺；改命弥优，又叨分阃。"宋孝宗淳熙五年，诏张栻特转承事郎、进直宝文阁，寻除秘阁修撰、荆湖北路转运副使，改知江陵府（今湖北江陵），安抚本路。据吕祖谦《与陈同甫书》："张钦夫近丧子，得书极无况，力请出广，遂有鄂漕之命，亦且得归也。"② 又据朱熹《答吕伯恭》："敬夫北归，私计甚便。近收初夏问书，云其子病，继闻音耗殊恶。果尔，殊可念也。"③ 则张栻子焯约卒于淳熙五年四五月间。盖张焯于淳熙初夏（四月）得肺疾，不久（约四五月间）即亡，故张栻力请出广，遂有鄂漕之命。又据《冷水岩题名》，张栻于淳熙五年闰六月朔出广④，则"鄂漕之命"约在五月。张栻《谢表》所谓"便私有请，已媿乘轺"，指因丧妻请解职，得进职因任；"改命弥优，又叨分阃"，指改知江陵府、安抚本路。

但张栻因处理儿子葬事，并没有立即上任。吕祖谦《与朱侍讲元晦》书云："钦夫犹未得长沙书。近有兼知鄂渚之命，乡云欲请祠，犹未见文字到，或传已索迓吏，未知信否？今外郡犹可行志，苟其子葬毕，体力无它，且往之官，亦自无害也。"⑤ 又据张栻《袁州学记》："淳熙五年秋八月，某来宜春。"⑥ 张栻此次因何事到宜春与弟张构会面，因材料缺乏，不知其详。据以上材料推测，张栻到江陵府任可能在淳熙五年九月，此书言"到郡恰一月"，约作于是年（1178）十月左右。

① 参见《南轩集》卷18。
② 《东莱集·外集》卷6。
③ 《朱熹集》卷34。
④ 《桂胜》卷2，影印文渊阁《四库全书》本。
⑤ 《东莱集·别集》卷8。
⑥ 《南轩集》卷9。

又张端义《贵耳集》："南轩自桂帅入朝，以平日所著之书并奏议、讲解百余册装潢以进，方铺陈殿陛间，有小黄门忽问左司甚文字许多，张南轩斥之曰：'教官家治国平天下！'小黄门答云：'孔夫子道一言可以兴邦。'孝宗闻此言亦笑。"案，张栻任桂帅之后，并未入朝，张端义所记不确。

第六十七书（"恳辞再四，不获"）

书言"恳辞再四，不获，就国为宜"，案，淳熙五年八月，朱熹以史浩荐，差知南康军。朱熹再三上章乞宫观，不许，遂于淳熙六年己亥三月到南康，交接郡事。"共父遂葬"，据朱熹所作刘珙行状，珙"（淳熙）六年二月乙巳葬于瓯宁县慈善乡丰乐里新历之原"。

书中又谓"到此半年"，案，张栻约淳熙五年十月到任知江陵府、荆湖北路安抚使，故此书约作于淳熙六年己亥（1179）三月。

第六十八书（"仁风义气，想已周浃四境"）

书言"仁风义气，想已周浃四境"，当做于朱熹知南康军之后。朱熹于淳熙六年己亥三月到任知南康军，四月首布榜牒，下教三条，以养民力、敦风俗、砥士风。整顿军学，立濂溪祠于学宫，又立五贤祠。张栻为其作《南康军新立濂溪祠记》（淳熙六年六月戊子朔）。

是书又提到"近按一郡守"，据朱熹《右文殿修撰张公神道碑》，"信阳守刘大辩者，婺州人也，怙势希赏，诱致流民，而夺见户熟田以与之，一郡汹汹，公为遣吏平章，乃定。及是闻北人逐盗有近淮者，则又虚惊，夜弃城郭，尽室南走数十里，军民复大扰。公方劾奏之，而朝廷用大辩请，以见户荒田授流民，事下本道施行如章，公复奏"云云，即指此事。

又言"辰、沅等五郡刀弩手事"，据朱熹《神道碑》："辰、沅诸州自政和间夺民田，募游惰，号刀弩手，盖欲以控制诸蛮，而实不可用。中废复修，议者多不以为便，诏与诸司平处列上，公为奏去其病民罔上者数条，诏皆施行，人亦便之。"

又言"义勇事屡承问及"，据李心传《建炎以来朝野杂记》甲集卷18《荆鄂义勇民兵》："荆鄂义勇民兵者，绍兴末所创也。金亮寇江淮之日，诏淮、汉等郡籍民为兵，时修撰贾觱守荆南，乃请籍民为义勇。其法：取于主

223

户之双丁,十户为甲,五甲为团,甲团皆有长,又择邑豪为总首。岁当农隙,教以武事,而官给其粮。至乾道间,举七县之籍主客佃户凡四万二千余户,计十万余丁,除当差役人外,得义勇八千四百十九人。王公明为帅,奏言:'调集团教之际,使之自备食用,如不能办,乞截留本府苗米四万石,漕司应副钱二万缗,乃从都统司假甲三千,弓矢旗帜官为造给。'从之。时有四年矣。六年春,帅臣刘共甫又条上京西、湖北两路兵民事,乞为义勇者,并免科役及身丁,四等户仍免充保正长,五等户及免三分税役。每七十五人为一队,遇教阅日,以营兵屯田之穀食之,以供其费。奏可,仍以甲万副予之。淳熙初张钦夫为帅,益修其政,义勇增多至万五百。"案,此言"淳熙初",误。朱熹《右文殿修撰张公神道碑》亦云:"均犒赏,修义勇法,使从县道阶级。喻以农隙阅习武事,以俟不时按验而加赏罚焉。其后团教,则又面加慰谕,勉以忠义而教以敦睦。首领有捕盗者,为奏补官。"①

张栻此书云:"若今冬聚教,某未以罪去,当更一一整顿之。"又未提到《濂溪祠记》,则此书约作于淳熙六年己亥(1179)六月之前,约四五月左右。

第六十九书("幸安职守,今年雨旸以时")

所谓"盗贼颇戢,刑罚亦省",据朱熹《右文殿修撰张公神道碑》:"湖北尤多盗,州县不以为意,更共纵释,以病良民。公入境,首劾大吏之纵贼者罢之,捕奸民之舍贼者斩之,群盗破胆,相率遁去。公又益为条教,喻以利害,俾知革心,开其党与,得相捕告以除罪。其余禁令方略,大率如广西时。于是一路肃清,善良始有安居之乐。"

是书又云"某此间但有长沙梁仁伯秀才在此",案,梁子强,字仁伯,为张栻高弟,历官潭州教授。②

又云"近有澧州教授傅梦泉来相见",案,傅梦泉曾到江陵向张栻问学,录有《江陵问答》。朱熹《答傅子渊》曰:"所示《江陵问答》,读之,敬夫之声容恍若相接,悲怆之余,警策多矣。"③又朱熹《答曹立之》:"南轩

---

① 《朱熹集》卷89。
② 参见《宋元学案》卷71。
③ 《朱熹集》卷54。

顷亦云，传梦泉者，扬眉瞬目云云。"①

据"今年雨旸以时，可望一稔"云云，张栻此书约作于淳熙六年己亥（1179）六七月间。

第七十书（"梁仁伯主簿偕来者"）

此书又谈及梁仁伯、傅梦泉，当与前书时间不远。

"子澄有新功否"，所谓"子澄"即刘清之。据朱熹《与曹晋叔书》（作于淳熙六年六月）云："子澄近到此，相聚甚乐。"②又朱熹有《立秋日同子澄寺簿及金判教授二同寮星子令尹约周君段君同游三峡过山房登折桂分韵赋诗得万字辄成十韵呈诸同游》一诗。又朱熹《答吴伯丰》（作于淳熙七年二月）又云："子澄去秋相见甚欤。"知刘清之于淳熙六年六月至南康，秋后方去。

张栻此书又云"伯恭闻复丧偶"，据《东莱年谱》："（己亥）七月二十八日，夫人芮氏卒。"故此书约作于淳熙六年己亥（1179）八月左右。

第七十一书（《濂溪先生祠记》乃遂刻石）

书云"《濂溪先生祠记》乃遂刻石"，案，张栻《南康军新立濂溪祠记》作于淳熙六年己亥六月戊子朔。

所谓《别籍异财榜文》即朱熹《晓谕兄弟争财产事》（淳熙六年八月日榜）。

张书又曰"卧龙想见胜概，欲赋一诗，续当寄上"。案，朱熹于淳熙六年四月、七月两游卧龙，并建卧龙庵，自作记（作于淳熙七年冬十有一月丙辰)③，张栻有诗（《庐有胜处曰卧龙南康朱使君始筑茅绘诸葛武侯像于其中以书属予赋诗寄题此篇》）。

张书又言"重九日出郊二十里间，遂登龙山"。案，龙山在江陵。《晋书·孟嘉传》："（孟嘉）后为征西桓温参军，温甚重之。九月九日，温燕龙山，寮佐毕集，时佐吏并着戎服，有风至，吹嘉帽堕落，嘉不之觉，温使左右勿言，欲观其举止。嘉良久如厕，温令取还之，命孙盛作文嘲嘉，着嘉

---

① 《朱熹集》卷51。
② 《朱熹集》卷26。
③ 《朱熹集》卷79。

坐处。嘉还，见即答之，其文甚美，四坐嗟叹。"宋王象之《舆地纪胜》引《江陵志》："在江陵县西，昔孟嘉为桓温参军，九日游龙山落帽，今有落帽台。"宋祝穆《方舆胜览》卷37，"山川"："龙山，在江陵县西，有落帽台。"清顾祖禹《读史方舆纪要》卷78："龙山，在城西北十五里。桓温九日登高，孟嘉落帽处也。"张栻是日有《重九日与宾佐登龙山》诗①。此书约作于淳熙六年己亥（1179）九月九日后不久。

第七十二书（"少恳，比对郡学开一城门"）

此书言及于江陵建曲江楼，并恳请朱熹为之作记。李曾伯《跋晦庵记南轩建曲江楼》："予三年于此矣。登斯楼，诵斯文，今始见真迹焉。呜呼！两先生之作述，非曲江公孰称？曲江公之名，得两先生愈远。两先生之心，岂止为曲江公而发！我思古人，悠悠我心。"②案，朱熹《江陵府曲江楼记》作于"淳熙己亥十有一月己巳日南至"③。则张栻此书约作于淳熙六年己亥（1179）十月左右。

第七十三书（"伯恭近遣人送药与之"）

书中言及吕祖谦病，因及所编《文海》，即《圣宋文海》。

据李心传《建炎以来朝野杂记》乙集卷5称：临安书坊有所谓《圣宋文海》者，近岁江钿所编。孝宗得之，命本府校正刻板。周必大言其去取差谬，遂命祖谦校正。于是尽取秘府及士大夫所藏诸家文集，旁采传记他书，悉行编类，凡六十一门，一百五十卷，目录四卷。淳熙六年二月进呈，赐名《皇朝文鉴》。

张栻对《文海》是极力反对的，故云："如编《文海》，何补于治道？何补于后学？徒使精力困于翻阅，亦可怜耳！"

吕氏于淳熙六年二月进呈《文海》后，因病乞归，四月七日离开临安，十三日至婺州，五月买宅城西北隅。张栻此书约作于六年（1179）夏。

---

① 《南轩集》卷4。
② 《可斋杂稿·续稿》卷5，影印文渊阁《四库全书》本。
③ 《朱熹集》卷78。

卷三十（《答问》）

答朱元晦（"'王骥'一段，解之甚精"）

此书主要讨论《中庸章句》，兼及《论语》《孟子》等。案，朱熹于乾道八年底草成《大学章句》《中庸章句》，随即寄予吕祖谦、张栻讨论修改。张栻此书即是对《中庸章句》提出的修改意见。朱熹有《答张敬夫论中庸章句》《答张敬夫》《再答敬夫论中庸章句》①，即是对张栻意见的回复。到淳熙元年四月，朱熹又编订《大学》《中庸》新本，分经传复位篇次，刻于建阳。是年九月修订成《大学章句》《中庸章句》，再与张栻讨论。朱熹《答张敬夫》第二十八书（作于淳熙二年）云："《中庸》《大学章句》缘此略修一过，再录上呈。"②

张栻此书或作于朱熹修订《章句》之前，约乾道九年癸巳（1173）。

（作者单位：四川大学古籍所）

---

① 《朱熹集》卷31。
② 《朱熹集》卷31。

张栻的"性善"论说

向世陵

儒家性论的发展，先秦是奠基的阶段。在文献的层面，《孟子·告子上》所载孟子与告子有关性善与否的争论，开启了哲学史上人性善恶争辩的源头；同时，由于《礼记·乐记》提出了"人生而静，天之性也"的观点，这就促使人们对如何认识人生而静"以上""以下"之性及其善恶判断问题，有了进一步思考的必要。至于告子为阐明自己观点而提出的多样性的比喻，则成为后来学者探讨人性善恶不可能绕过的话题。

一、从程颐到张栻论荀、杨之说

程颐在人性论上是明确肯定孟子性善说的，故对于非难性善的论点给予了严肃的批评。他并将荀子和扬雄之说都联系了告子的论点，以为二者均可由此而引出。程颐言：

> "杞柳"，荀子之说也。"湍水"，杨子之说也。
>
> 杨子，无自得者也，故其言蔓衍而不断，优游而不决。其论性则曰："人之性也善恶混，修其善则为善人，修其恶则为恶人。"荀子，悖圣人者也，故列孟子于"十二子"，而谓人之性恶。性果恶邪？圣人何能反其性以至于斯耶？①

---

① 《河南程氏遗书》卷25，《二程集》，中华书局1981年版，第325页。

一方面，告子的"杞柳"之喻，要害是切割人性与仁义的内在关联。人性是随人生而有，所谓"生之谓性"，仁义则是后天人为或教化的结果，就像将杞柳编成杯棬一样。告子的"以人性为仁义"，在荀子则主张通过"察乎性伪之分"而"化性起伪"，借助于圣人教化和主体的学习活动，最终能够抑制欲望而走向善。然而，程颐认为，荀子的"反性悖情"说完全违逆于圣人，而且，荀子还将孟子置于"饰邪说，交奸言，以枭乱天下"的"十二子"之列而予以声讨，以便宣扬自己的性恶之说。

另一方面，告子的"湍水"之喻表明，"人性之无分于善不善也，犹水之无分于东西也"。相对于"杞柳"之喻是说人性的内外或先后天关系，"湍水"之喻强调的，则是对人性自身无法作先验的价值认定。不过，对于善恶"无分"的本身，还可以抽绎出多方面的意蕴：譬如"无分"可以是本来无善无恶或没有确定的善恶走向，以致无法区分；也可以是本有善恶但因处于潜在而没有表现出来，所以还谈不上区分；当然，还可以是善恶交织共生，故不应当硬性地贴上或善或恶的标签等。此类引申究竟何者为告子真实的心中所想，其实并不重要，重要的是程颐认可的是第三种推论，所以将扬雄视作为告子的后继者。

在这里，以"湍水"之喻为扬雄之说，在词义解说上其实是存在问题的。因为还原告子"湍水"之说的语境，只能是由外在的圣人或恶人来决口和引导，从而或向东或向西流（或向善或向恶）；但按扬雄自己的观点——"修其善则为善人，修其恶则为恶人"，走的却是内在的自我道德扩充之路，在方法上与孟子相类似。不过，在程颐自身，根本立场是必须有一个先天的本性作为基点，儒家全部的后天修养工夫——复返本性之善才有实现的可能。

程颐的观点在张栻得到了继承。这也是张栻论证人性善的基本出发点。他说：

> 伊川先生曰："荀子之言性，杞柳之论也；扬子之言性，湍水之论也。"盖荀子谓人之性恶，以仁义为伪；而扬子则谓人之性善恶混，修其善则为善人，修其恶则为恶人故也。告子不识大本，故始譬性为杞柳，谓以人性为仁义。今复譬性为湍水，惟无分于善不善。夫无分于

善不善，则性果何物邪？沦真实之理，而委诸茫昧之地，其所害大矣。善乎！孟子之言曰："人无有不善，水无有不下。"可谓深切著明矣。①

张栻所说，重要的不在于对程颐及荀、杨等观点的复述和评论，而是提出了"性果何物邪"的关键性质问，由此引出了他将性与善相关联的人性论基本立场和他所认为的真实之理。告子和荀、杨人性论之不善，就在于他们完全不明白人性善的道理，从根本上丢弃了儒学的"大本"。这个"大本"或真理，就是孟子论定的人性无不善。

但是，张栻又不是严守孟子指责告子的立场，而是也有自己的理论辨析。一是他认为告子以杞柳为杯棬之喻是可用的，因为"曲直者，木之性也，非有使之曲直也，木固有曲直之理也，以是而论性则可矣"②。就是说，可以顺杞柳之性为杯棬，而不必导致"戕贼人以为仁义"的情形。这里的关键在曲直正是木性之本身，而不是外力强使所致。二是由此推开，本性是善还是不善，唯一的标准就看是不是"有以使之"。张栻云：

> 性之本然，孰使之邪？故水之就下，非有以使之也。水之所以为水，固有就下之理也。若有以使之，则非独可决而东西也，搏之使过颡，激之使在山，亦可也，此岂水之性哉？搏激之势然也。然搏激之势尽，则水仍就下也，可见其性之本然，而不可乱矣。故夫无所为而然者，性情之正，乃所谓善也；若有以使之，则为不善，故曰"人之可使为不善"。然虽不善，而其秉彝终不可殄灭，亦犹就下之理不泯于搏激之际也。③

孟子提出了搏激之势的比喻，以说明外力对水流方向的改变，并不影响水之就下的本性。但他之"人之可使为不善"，尚停留于具体的外部作用的描述，张栻则将此一问题提高到一般的原则，即将"有以使之"与"性之本然"直接对应，是否"有以使之"，成为了判定是不是性之本然以及是善还是不善

---

① 张栻：《孟子说·告子上》，《张栻集》，邓洪波点校，岳麓书社2010年版，第343页。
② 《孟子说·告子上》，《张栻集》，第342页。
③ 《孟子说·告子上》，《张栻集》，第343页。

的最根本的标准。

借助于"有以使之",张栻实际从逻辑上排除了人性不善的可能——即凡不善者,皆有以使之也。有以使之自然不属于性之本然,故不善便与本性无关。孟子的"乃所谓善也",在张栻已成为"无所为而然"的结果,如果"有所加益于其间,则亦害于天理矣"①,也就不可能保持性情之正了。在这里,主张扩充本心而尽其才的积极德性修养的张栻,所以否定"有以使之",重点在倡导"顺"的工夫基础上维护性善的原则,"谓循其性之本然而发见者也,有以乱之而非顺之谓,是则为不善矣"②。

然而,"孟子道性善"及其所提出的理论,长期以来却一直受到质疑,在张栻之前实际上没有获得普遍性的认同。告子、荀子、扬雄辈自不用说,就是在北宋理学产生的同时,社会的主流思潮亦不是性善的基调,或者如欧阳修认为性不必究善恶,其后王安石、苏轼都走向了性无善恶论;司马光、张载则选择了性善恶混的立场;而程颢往往言"生之谓性",像程颐明确宣称性善者,在当时实际居于少数派的行列。那么,张栻想要来声援性善,他就必须对此问题进行更多的思考,提供更为充分的理论解答。

二、从程颢、胡宏到张栻的性"不容说"

作为胡宏之后湖湘学派的主要代表,张栻对人性的看法,也受到他老师的影响。但他对胡宏的观点又并非完全认同,而是有所取舍。他的性论主张,实际上带有兼顾二程和胡宏观点的特色。

二程言性,有一段名言,它长期影响着后来理学性论的走向。所谓:

> 盖"生之谓性","人生而静"以上不容说,才说性时,便已不是性也。凡人说性,只是说"继之者善"也,孟子言人性善是也。夫所谓"继之者善"也者,犹水流而就下也。③

---

① 《孟子说·告子上》,《张栻集》,第 352 页。
② 《孟子说·告子上》,《张栻集》,第 348 页。
③ 《河南程氏遗书》卷1,《二程集》,第 10 页。

这一段话，朱熹认为是程颢所言。程颢是认同"生之谓性"的说法的。就命题的层面看，"生之谓性"其实说得非常准确，因为"生"之前，由于静而不容说的缘故，根本无法去揣摩这个所谓的性；"性"实际上是"生"而有的，这就是孟子所说的现实人性。孟子说人性"善"，也就只限于后天人性，此性继天地生生而来，故"继之者善也"，这就如同水流就下一样是客观必然。

程颢这段话，经胡宏到张栻，又有不同的理解。张栻同门，胡宏侄子胡伯逢（大原）因"守其师说甚固"，与张栻颇有辩论①，其所说虽不可得，但从张栻的答书中可以臆测，胡伯逢应是从胡宏《知言》出发，维护的是胡安国、胡宏的性为"天地鬼神之奥"而"善不足以言之"②，亦即程颢以来的性不容说的原则。从后面的分析可知，这一原则张栻实际上并不反对。如何恰当理解程颢之言以及协调同门子弟之间的争论，张栻作出了自己的努力。他称：

> 垂喻性善之说详程子之言，谓"人生而静"以上更不容说，才说性时便已不是性；继之曰凡人说性，只是说"继之者善"也，孟子言人性善是也。但请详味此语，意自可见。大抵性固难名，而惟善可得而名之，此孟子之言所以为有根柢也。但所谓善者，要人能名之耳。若曰"难言"而遂不可言，曰"不容说"而遂不可说，却恐渺茫而无所止也。《知言》之说，究极精微，故是要发明向上事，第恐未免有弊，不若程子之言为完全的确也。某所恨在先生门阑之日甚少，兹焉不得以所疑从容质叩于前，追怅何极！然吾曹往复论辩，不为苟同，尚先生平日之志哉！③

这一长段文字，可以说有多层含义：首先，胡伯逢观点的引述。胡伯逢认为讲"性善"应严守程颢之言，即先天本性不容说善而只能说后天人性之善，并将其转引给张栻进行质正。其次，张栻认可程颢之言，并以为十分精准。但其理解却与胡伯逢不同。张栻认为，性之"难言"或"不容说"，并不等

---

① 黄宗羲、黄百家、全祖望：《五峰学案·胡大原传》，《宋元学案》，中华书局 1986 年版，第 1386 页。

② 《知言》卷 4，《胡宏著作两种》，岳麓书社 2008 年版，第 30 页。

③ 《南轩先生文集·答胡伯逢》，《张栻集》，第 724 页。

于不能言说，正是"善"之一字可以称谓。"善"附着在"性"上，性能够被发明，而善也才有根柢，孟子言人之"性善"就是非常恰当的表述，剩下的只是如何发明这个善。反之，如果不言性善，儒家自觉的道德实践便会没有了根基即"无所止"也。

张栻看到，他对程颢之言做这样的解说，在形式上与其师是有差异的，所以他需要说明其中的究竟。按张栻的理解，胡宏因要发明"向上事"即形而上的先天本性，所以"究极精微"而认为无法以善言性；但性不仅有先天性还有后天性即现实人性，这就必须要明言。程颢讲了先天性与后天性两面，既有性"不容说"也有"性善"之说，故比之胡宏的只讲一面来说，自然就更加"完全的确"。张栻虽然以为胡宏所说有不足，但他的态度仍是诚恳的，希望自己的理解能够获得老师的认可。他以为，他与胡伯逢及其他同门子弟的往复论辩，本身就体现了胡宏往日教诲的精神。的确，要求弟子能够独立思考，"不为苟同"，是为师者最重要的精神遗产。

恰当理解程颢之言及评论胡宏的观点，不仅在同门师弟中有讨论，更在学派外有争辩。在朱熹编集的《胡子知言疑义》中，他与张栻、吕祖谦围绕《知言》各抒己见，对于胡安国、胡宏"善不足以言性"的观点，张栻在其中有长段的评说。如谓：

> 论性而曰"善不足以名之"，诚为未当，如元晦之论也。夫其精微纯粹，正当以至善名之。龟山谓"人欲非性也"，亦是见得分明，故立言直截耳。《遗书》中所谓"善固性也，恶亦不可不谓之性也"，则如之何？譬之水，澄清者，其本然者也，而或浑焉，则以夫泥滓之杂也。方其浑也，亦不可不谓之水也。夫专善而无恶者，性也，而其动则为情。情之发，有正有不正焉。其正者，性之常也；而其不正者，物欲乱之也。于是而有恶焉，是岂性之本哉！其曰"恶亦不可不谓之性"者，盖言其流如此，而性之本然者，亦未尝不在也。故善学者，化其浑以澄其初而已。①

---

① 参见朱熹：《胡子知言疑义》所引，朱杰人、严佐之、刘永翔主编：《朱子全书》，第24册，上海古籍出版社、安徽教育出版社2002年版，第3558页。

所谓"元晦之论",即朱熹以"性无善恶"的观点归结的胡安国、胡宏之说。张栻这里虽认为"善不足以名性"有不足而主张性善,但他的性善仍然区别于朱熹,即性作为本体是如此精微纯粹,亟须有一个恰当的词去形容,从而遂有以善"名"性的必要。正因为如此,"善"在这里就是修饰语,属于虚指,实质上维护的仍是师门以性善为"叹美之辞"的立场。故而所谓"未当"之说,就不是完全否定之意,而是只说了一方面,不全面。事实上,《朱子语类》中记载:

> 又问:"胡氏说'性不可以善恶名',似只要形容得性如此之大。"曰:"不是要形容,只是见不明。若见得明,则自不如此。敬夫向亦执此说。"①
>
> 问:"南轩与先生书,说'性善者,叹美之辞',如何?"曰:"不必如此说。善只是自然纯粹之理。今人多以善与恶对说,便不是。"②

郑可学与李辉这两条语录的记载时间均在朱熹晚年,上距张栻去世已一二十年了。这不但说明,湖湘学对"性善"乃是对性本体这一"大体"的"形容"的观点仍然在发生影响,而且表明,在"善"是实词(理之实体)还是虚词(修饰性体)的根本点上,张栻仍坚守了性本论哲学的基本立场。

至于杨时所谓"人欲非性也",则是相对于"天命之谓性"而言,即人欲不属于本性的范畴。那么,又如何来看待程颢的恶亦谓性呢?张栻之解,是依本程颢论水之浑清的观点再加发明。即水虽受外来因素而由清变浑,但这并不能改变水体本来状态的澄清性质,而且,更重要的是,要看到浑浊之水仍然是水。就这两点说,前者即纯善无恶之性,后者则有善有恶之情(圣人例外)。由于水流的浑浊事实上难以避免,性被物欲扰动也相应具有必然的意味,所以,恶也不能不叫作性。但即便在此时,精微纯粹的本然之性仍常在不泯,这也是人作自觉的道德修养最根本的依据。所谓"化其浑以澄其初",可以联系到程颢所说的人通过自觉用力的"澄治之功"而复归到澄清

---

① 黎靖德编:《朱子语类》卷95,王星贤点校,中华书局1986年版,第2427页。
② 《朱子语类》卷103,第2606页。

的"元初水"的工夫。①

不过，由于程颢恶亦谓性说的深刻影响，学者对此还是有不少疑问的，张栻也就需要再加解释：

> 或曰：程子谓"善固性也，恶亦不可不谓之性也"，然则与孟子有二言乎？曰：程子此论，盖为气禀有善恶言也。如羊舌虎之生，以知其必灭宗之类，以其气禀而知其末流之弊至此。谓恶亦不可不谓之性者，言气禀之性也。气禀之性，可以化而复其初。夫其可以化而复其初者，是乃性之本善者也，可不察哉！②

张栻要解决恶亦谓性的问题并与孟子道性善相协调，气禀之性的加入就是必然的。气禀之性对人生的意义，就在于它决定了后来人实际的善恶禀赋。所以叔向母亲听闻杨食我（羊舌氏，非羊舌虎）出生时的哭声，便推定其将来会导致羊舌氏灭宗的灾难③。在这里，由于杨食我系其母（叔向之妾）禀赋恶气而生，恶谓之性也就不难理解。但从张栻之"气禀之性，可以化而复其初"来看，气禀非"初"非"本然"，属于后天的范畴，假定杨食我一辈人能够变化气质而复其初始本性，是可能避免后来的灾患的。

在张栻，性之本善为人变化气质而复初提供了最根本的支撑，所以他需要有所强调。但"本"善同样也是可以从叹美之辞的意义上去理解的。张栻之说本从程颢而来，程颢复其初的"元初水"之喻，结合其全段的文意来看，仍归属"继之者善也"和"孟子言人性善"的范畴，并非直接言说先天本性，本性在程颢是"不容说"的。那么，性本体容说不容说，善能言不能言，都需要相对于具体情况而论，不可以执着地判定一切。

明清之际，颜元总结批评理学，对张栻所采撷的程颢之说，作出了较为中肯的评判。颜元说：

---

① 参见程颢：《河南程氏遗书》卷1，《二程集》，第11页。
② 《告子上》，《孟子说》，《张栻集》，第343—344页。
③ 《国语》卷14，《晋语八》记载："叔鱼生，其母视之，曰：'是虎目而豕喙，鸢肩而牛腹，谿壑可盈，是不可餍也，必以贿死。'遂不视。杨食我生，叔向之母闻之，往，及堂，闻其号也，乃还，曰：'其声，豺狼之声，终灭羊舌氏之宗者，必是子也。'"

张南轩答人曰:"程子之言,谓'人生而静以上更不容说,才说性时,便已不是性。'继之曰:'凡人说性,只是说继之者善也。'"玩程子云:"凡人说性,只是说继之者善也",盖以《易》"继善"句作已落人身言,谓落人身便不是性耳。夫"性"字从"生心",正指人生以后而言。若"人生而静"以上,则天道矣,何以谓之性哉?①

张栻之解程颢,是认为程颢的性不容说不等于不能说,关键看如何恰当去说,其实最好的途径就是自师门传承而下的以"善"之叹美之词去说性。在此语境之下,说性善就可以不只是讲性之现实,也可以去描绘性之本然。颜元则进一步认为,从《易传》到程颢,"继之者善也"落脚点都在现实人身,既然是现实人身,也就离开了性之本然。而且,从"性"字的构造上讲,性是"生心"而成,这就只能是在人生之后。"人生而静"以上或以前,则属于天道本身,又何能以"性"称之呢? 颜元的评说,又回到了程颢和胡氏父子的性不容说的立场,但张栻自己对师说与孟子性善的折中,以及对程颢模式的兼容,也具有积极的理论值。

三、张栻性善论的理论基础与学派特色

张栻阐释人性善,其理论依据是他的性、仁义和太极的一体说。仁义从太极化生而来,构成为人性的实质,所以性是善的。张栻说:

有太极则有两仪,故立天之道曰阴与阳,立地之道曰柔与刚,立人之道曰仁与义。仁义者,性之所有,而万善之宗也。人之为仁义,乃其性之本然。……若违乎仁义,则为失其性矣。而告子乃以杞柳为杯棬为喻,其言曰:以人性为仁义,则失之甚矣。盖仁义,性也。而曰以人性为仁义,则是性别为一物,以人为矫揉而为仁义,其失岂不甚乎!②

---

① 颜元:《存性编·性理评》,《颜元集》,中华书局1987年版,第5—6页。
② 《告子上》,《孟子说》,《张栻集》,第342页。

"善"不仅可以赞叹先天本性的美好，也可以确指后天真实的德性，这就是仁义。仁义依存于性，是一切善德的源头，而仁义的发现，就是善的行为。由于太极化生带来的动能，内在的仁义可以自然地扩充展开。告子以人性为仁义，并以杞柳为杯棬来解说，实际上是把仁义与性分割了开来，仁义变成了非性所有的人为加工的产物，性善的根基也就保不住了。

在张栻，性善的普遍必然是建立在性的普遍必然基础上的："故太极一而已矣，散为人物而有万殊。就其万殊之中，而复有所不齐焉，而皆谓之性，性无乎不在也。"① 以一与殊的关系发明本体与万象的关系，自周敦颐、邵雍以来已成为理学家普遍性的思维方式。张栻通过此一结构说明，人物万象虽然表现不一，但同样都是禀赋太极性体而生，所以，物的普遍存在本身就是性无处不在的现实证明，以性为本的湖湘学的基本立场也由此得到昭示。

以性为本的理论，从存在的架构说，基本点就是性物一体、道器不离。所谓"有太极则有物，故性外无物；有物则有则，故物外无性。斯道也，天下之所共有，所共由，非有我之得私也"②。性外无物的观点最先由程颐提出，在胡宏则成为其性本论的基本主张。由于一切都是太极化生而成，本体论中的性无处不在，进入到人性论的领域，就成为仁义善性的生而共具。至于《易传》明言只有人道才能"立"仁义，张栻解释说：

> 物之始生，亦无有不善者。惟人得二气之精，五行之秀，其虚明知觉之心有以推之，而万善可备，以不失其天地之全，故性善之名独归于人，而为天地之心也。③

由于性物一体和善附著于性，可以容易地由性的普遍性推出善的普遍性。孟子所以只就人言性善，是因为只有人可以自觉推广扩充，尽性参天，保有天命之性的全体。由此，也就真正实现了天地生生的本性。那么，性善就不仅仅是一种禀赋，更是一种责任，这或许正是张栻主张性善的最根本的理由。

张栻主张性善，以为由此才能保有"天地之全"。"天地之全"是湖湘

---

① 《告子上》，《孟子说》，《张栻集》，第 345 页。
② 《告子上》，《孟子说》，《张栻集》，第 349 页。
③ 《告子上》，《孟子说》，《张栻集》，第 343 页。

学的一个重要概念，也是性本论的基本立场。胡宏曾在给其晚辈的题词中阐明，如果能"一见天地之全、古人之大体，庶几学成有立"①。学业是否成立，就看是否抓住了天命"全体"和为学的"大体"。推而广之，这种"全体"和"大体"意识也可以说是湖湘学"学成有立"的重要标志。但在胡宏，是基于本体论言性命之全；而在张栻，注重的是通过虚明灵觉之心的自觉扩充，去实现道德论上的"化其气禀之偏而复全"，从而突出了自张载、二程以来的变化气质而复性的工夫。

那么，性善就有本性善与人性善之别，二者的联系，张栻在解读孔子"性相近也，习相远也"的观点时认为："原性之理，无有不善，人物所同也"；但性既存乎气质，人因其禀气清浊厚薄之不同，习于不善而渐行渐远，于是复性就成为必要。故曰："善学者，克其气质之偏，以复其天性之本，而其近者，亦可得而一矣。"② 人禀气而有自己的人身，但气质的清浊厚薄是先于人主观选择的客观前提，人不可能否定作为自己生命载体的气质。但不能否定不等于就不能改变，人可以通过自我的努力，最终改变清浊厚薄的气质，复返原初的天命之性。人性善也就成为本性善（好）的现实证明。

张栻的性善论说，《孟子》一书是最基本的理论资源。但他又不满足于《孟子》，于是引来了《易传》的太极论予以补充，而这却不为朱熹所赞同。朱熹认定张栻的《孟子说》是未经过最后修改的未完稿。他称：

> 南轩《论语》初成书时，先见后十篇，一切写去与他说。后见前十篇，又写去。后得书来，谓说得是，都改了。《孟子说》，不曾商量。
>
> 南轩后来只修得此书（按指《论语解》）。如《孟子》，竟无工夫改。
>
> 若《孟子》，则未经修，为人传去印了，彼亦自悔。出仕后不曾看得文字，未及修《孟子》而卒。盖其间有大段害事者：如论性善处，却著一片说入太极来，此类颇多。③

---

① 《题大学》，《胡宏著作两种》，第 175 页。
② 《论语解·阳货篇》，《张栻集》，第 145—146 页。
③ 《朱子语类》卷 103，第 2606、2607 页。

就这三条记载来看，朱熹的意见一致，但也引出了值得思考的问题：

首先，对《论语解》，朱熹认为张栻完全吸收了自己的意见，并且"都改了"，但究竟改动的是文字的训诂、词义的解说还是思想的发挥，已无从得知。

其次，张栻撰《论语说》的动因和目的，按他自己在"序"中所说，是"辄因河南余论，推以己见，辑《论语说》，为同志者切磋之资"，即所著乃是继二程学脉而推以己见的结果，"为同志（当含朱熹在内）切磋之资"乃是成书之后之事。那么，究竟是今传本《论语解》为未吸收朱熹意见前的"初成书"，还是朱熹意见并不涉及重要问题而张栻在"序"中完全无须提及，事实上是值得研究的。

最后，对《孟子说》，朱熹明言未曾商量过。原因是他认为张栻政事繁忙而无暇顾及修改。但这其实是大有疑问的。按张栻"序"中所说，《孟子说》本为他在家塾的讲稿，并早在戊子年（1168）便"缀所见为《孟子说》"。辛卯年（1171）张栻遭排挤后，返长沙并主教岳麓，他有充裕的时间来修订旧著，如谓："辛卯岁，自都司罢归，秋冬行大江，舟中读旧说，多不满意，从而删正之，其存者盖鲜矣。还抵故庐，又二载，始克缮写"。尤其是他在"序"之最后称："岂敢以为成说以传之人哉？特将以为同志者讲论切磋之资而已。题曰《癸巳（1173）孟子说》云者，盖将断此而有考于异日也。"①

由此来看，朱熹所说并不属实：一是张栻出仕后仍然在"看文字"；二是张栻不但有工夫修改，而且改得面目全非，"其存者盖鲜矣"；三是张栻对此书非常慎重，从书之初成到最终缮写有五年多时间，且最后两年专事教学著述，并未从政。所以，他能以自己所著为"成说"而传之学者。

从而，《孟子说》既然是张栻的"成说"，其以太极说入性善论之类的"大段害事者"，就不是他未及修改而留下的缺陷，而恰恰是张栻自觉地保有和体现了有别于朱学的湖湘学自己的特色。张栻虽然在若干具体观点上有认同朱熹的意见并与其同门多有争论，但在以性为本等学派核心观念上，仍然坚守了湖湘学的基本立场。

（作者单位：中国人民大学哲学院）

---

① 《孟子说原序》，《张栻集》，第173页。

张栻《太极图说解》及其太极体性论

杨柱才

张栻接获朱熹《太极解义》以后，在讨论的过程中形成了他自己的《太极图说解》，张栻《太极图说解》基本存留于宋本《元公周先生濂溪集》中。张栻的这个注解本关于太极之体、太极之性的论说，有着理气（太极与阴阳）论与心性论相贯通、宇宙论与本体论相贯通的意蕴，体现了湖湘学派的思想特色，同时也是吸收二程及道南学派有关思想的结果。

引　言

两宋之际的道学之传，重要的流派有二，一是道南学派，一是湖湘学派。这两派在道学发展过程中各有所侧重，道南一派强调静中体验，观未发气象；湖湘一派强调性为未发，心为已发，先察识后涵养。道南至朱熹而大变，集全部道学之大成；湖湘至张栻亦有重要推进。道南与湖湘二派的具体思想主张虽有不同，但二者所承袭的道学重大主题、经典文献等却有一致之处。就作为思想来源与思想诠释基础的经典而言，除了传统儒学的基本经典即所谓"五经"及《论语》《孟子》之外，北宋道学如周敦颐《太极图说》《通书》、张载《西铭》、程颢《定性说》《识仁篇》等在南宋道学发展过程中有着非同寻常的意义，同样具有经典的地位。朱熹与张栻等道学家对此都有广泛深入的讨论或系统的诠释，从而推动了道学朝着更为宽广而又纵深的方向发展。就研究道学思想及其历史发展而言，对于朱熹和张栻等道学家关于北宋道学经典的诠释性著作及其讨论开展具体的研究，是十分有必要的。

本文仅就张栻对于周敦颐《太极图说》所作注解的有关问题做一讨论。张栻《太极图说解》不见于《南轩集》，而是基本存留于宋本《元公周先生濂溪集》。韩国学者苏铉盛教授曾整理《张栻太极解义》①，可以参考。就张栻思想研究而言，其《太极图说解》是不可不十分注意的一个作品。因为其中确有独到的思想见解，而以往的研究由于文献查阅不便的原因而未能对此给予充分的关注②，这不能不说是一个缺憾。

一、注解《太极图说》

就思想来源而言，张栻与朱熹一样，都是由道学背景的家庭及师友授受而来。并且，二人早在隆兴二年甲申（1164）就曾有"三日夜倾谈"，而后乾道三年丁亥（1167）朱熹专程前往长沙会晤张栻，从容论学两月有余，朱熹通过张栻而受到湖湘先辈胡宏学说的较大影响，此后朱张持续往复论学十余年。朱熹几乎从二十几岁便表现出学术上的精进不已，层层更新，终于南宋一朝，几无人望其项背。当然这是后话。就本文所论主题而言，朱张大约在乾道六七年间已各自草成《太极图说解》，其时朱熹四十岁出头，张栻三十七八岁，都属于盛年时期。具体来说，朱熹草成《太极解义》当在乾道六年庚寅（1170），定稿当在九年壬辰。张栻的《太极图说解》则稍晚于朱熹完成。这一点，可以从以下三个方面得到说明。

其一，张栻接获朱熹《太极解义》（《太极图解》与《太极图说解》的合称）以后，随即展开讨论，并在讨论过程中形成了他自己关于《太极图说》的注解。我们知道，朱熹作成《太极解义》之后，曾与汪应辰、张栻、吕祖谦、蔡元定等有广泛的讨论。张栻与朱熹书曾说：

> 《太极图解》析理精详，开发多矣。垂诲甚荷。向来偶因说话间妄

---

① 参见陈来主编：《早期道学话语的形成与演变》，安徽教育出版社2007年版，第516—520页。

② 关于张栻《太极图说解》的研究，目前仅有苏铉盛《张栻的〈太极说〉》（陈来主编：《早期道学话语的形成与演变》，第372—403页）。苏氏此文是目前关于张栻《太极图说解》较系统的研究论文。本文则尤为关注张栻关于太极之体、太极之性的论说及其思想意义。

为他人传写，想失本意多矣。要之，言学之难，诚不可容易耳。《图解》须仔细看，方求教。①

按，此书有"讲筵开在后月"一说。据《张宣公年谱》，张栻经筵开讲在乾道七年辛卯（1171）二月，可知此书作于是年正月。由此亦可知朱熹《太极解义》作于乾道六年庚寅。张栻这里所提及的《太极图解》或《图解》，即是指朱熹《太极解义》。而所谓"偶因说话间妄为他人传写"，则颇耐人寻味。对此可以有两种理解，一是仅仅议论朱熹《太极图解》，二是因着议论而同时讲出了张栻本人关于《太极图说》的诠释性看法。那么，事实究竟如何？先请看张栻与友人吴翌书，中有云：

伯逢前在城中颇款，某所解《太极图》渠亦录去。但其意终疑"物虽昏隔不能以自通，而太极之所以为极者，亦何有亏欠乎哉"之语。此正是渠紧要障碍处。②

虽然我们并不能由此认定上面张栻所谓"妄为他人传写"的"他人"就是胡伯逢（大原），但可以肯定的是，胡伯逢是积极传写张栻《太极图说解》的人之一。胡伯逢对于张栻注解中的"物虽昏隔不能以自通，而太极之所以为极者，亦何有亏欠乎哉"一说，并不认同，以至其后张栻与伯逢书专门作了批斥和强调。值得注意的是，张栻此说不见于现存《太极图说解》，是否《元公周先生濂溪集》的编纂者作了删节，或是张栻本人后来作了修订。联系张栻与朱熹、吴翌（及胡伯逢）的书信来看，可以形成这样的判断，张栻在接获朱熹《太极解义》书稿后，即与友人展开讨论，在讨论的过程中张栻也初步讲述了他自己关于《太极图说》的诠释性看法，并很快为他人所传写。这种情形与张栻极为关注北宋道学前辈的著作及张栻在当时学界有着举足轻重的地位，也是完全吻合的。

其二，朱熹的有关说法，也足以说明张栻作有《太极图说解》。《答钦夫

---

① 《答朱元晦》四十，《南轩集》卷22，《张栻全集》，长春出版社1999年版，第863页。
② 《与吴晦叔》八，《南轩集》卷28，《张栻全集》，第946页。

仁疑问》末尾附言：

> 刘子澄前日过此，说高安所刊《太极说》，见今印造。近亦有在延平见之者。不知尊兄以其书为如何？如有未安，恐须且收藏之，以俟考订而复出之也。言仁之书，恐亦当且住，即俟更讨论如何？①

同样意思的话，还见诸《答李伯谏》：

> 钦夫此数时常得书，论述甚多。言仁及江西所刊《太极解》，盖屡劝其收起印版，似未甚以为然，不能深论也。②

以上所谓《太极说》《太极解》，盖异名而同实，都是指张栻的《太极图说解》。据《张宣公年谱》，张栻于乾道七年六月出知袁州，实际从临安一路迁延至十二月径抵长沙。即使赴袁州任，恐怕也在八年初了。而此时刘子澄为高安县丞。张栻在袁州待的时间似乎很短，与刘子澄当属临郡为官。张栻如何于高安刻印其《太极图说解》，尚不得而知。但刘子澄知道实情，并告知朱熹，朱熹特为此事奉劝张栻暂时收板，待进一步商讨后再行刊印。③ 由此可知，张栻确实作有《太极图说解》。而此时朱熹《太极解义》尚在进一步修订之中，张栻的《太极图说解》则讨论并不怎么充分便匆匆刊印，无怪乎朱熹会表示明确的不同意见。朱熹之所以明确反对张栻刊印其《太极图说解》，除了张栻此书本身有待进一步"考订"以外，还与张栻此书中多次援引朱熹的注解有关，而朱熹并不认为他自己的注解已经很完备。事实上，现存张栻注解中所援引朱熹注解的两处文字，④ 皆与今传通行本《太极解义》

---

① 《朱文公文集》卷32，《四部丛刊》初编缩本，第512页。
② 《朱文公文集续集》卷8，第1853页。
③ 朱熹的主张也得到吕祖谦的积极响应。《与朱侍讲》（16）云："《太极说》娭有高安便，当属子澄收其板。"（《东莱别集》卷7，《四库全书》本第1150册，台湾商务印书馆1983年版，第237页）
④ 张栻注解援引朱熹注解的两处文字：一处为："太极立则阳动阴静而两仪分，两仪分则阳变阴合而五行具。五行者，质具于地，而气行乎天者也。"另一处为："有是性则有阴阳五行，有阴阳五行则有人物生生而无穷焉。凡此，皆无极之真者也。（引者按，真，原作具。显

有较大的出入，可见朱熹后来作了进一步的修订。

　　其三，从现存张栻《太极图说解》的文字来看，也可以看出张栻的注解是受到朱熹注解的启发或刺激而作成，尽管张栻注解中有其湖湘学派的思想主张在。宋版《元公周先生濂溪集》保存了张栻《太极图说解》（或亦称《太极解义》）的基本面貌，此本共有9段文字。如果联系朱熹《太极图说解》分为10章来看，张栻注解本似乎意味着分为9章。当然，并不排除这样的编排或许是《元公周先生濂溪集》的编纂者有意为之。就这9章文字而言，有2章起首即是"新安朱熹曰"或"朱熹曰"，而后紧接着张栻的说法。这与上面所述张栻接获朱熹《太极解义》之后"偶因说话""所解《太极图》"云云，是恰恰吻合的，也足以表明，张栻的注解是在朱熹的注解之后完成。

　　综上所述，张栻当是在乾道六年接获朱熹《太极解义》以后，即与朱熹往复讨论，① 并与门人朋友时有议论。乾道七年，张栻也作成了自己的《太极图说解》，随即为他人所传写。显然，张栻对于这个传写本有所保留，故向朱熹表示"想失本意多矣"。之后张栻当是有所修订，但似乎未臻完善，便于乾道八年刻印于高安。张栻在高安所刻印的《太极图说解》由于援引了朱熹注解，可是朱熹并不以其《太极解义》为定本，而张栻注解本也有待进一步修订完善，故而希望张栻收板止印。这大概是张栻《太极图说解》形成与刻印的基本情形。需要说明的是，朱熹于张栻去世后编订《南轩集》，未收录张栻《太极图说解》，幸而宋本《元公周先生濂溪集》收录了张栻此书。而《元公周先生濂溪集》得以收录此书，则当与张栻注解本"为他人传写"及"高安所刊"有一定的关系。职是之故，我们才有可能对张栻《太极图说解》及其思想作具体的讨论。此外，朱熹《太极解义》对于周敦颐的《太极图》与《太极图说》都有注解，而宋本《元公周先生濂溪集》所录张栻注

误）阴阳五行经纬错综，混融无间，其合妙矣。于是，阴阳又各以类凝结而成象焉。阳而健者，父之道，五行之所以布其气也；阴而顺者，母之道，五行之所以成其质也。"（《元公周先生濂溪集》卷3，《北京图书馆藏古籍珍本丛刊》第88册，书目文献出版社1998年版，第71页）按，这两段文字分别对应于通行本朱熹《太极解义》第三章、第四章，然文字出入较大，当是朱熹后来有修订。

　　①　参见杨柱才：《朱子〈太极解义〉研究》，《哲学门》总第24辑，北京大学出版社2011年版，第301—320页。

解，只有《太极图说解》，而无《太极图解》。是否张栻仅仅注解了《太极图说》，抑或张栻也对《太极图》作有注解而后来失传，尚不得而知。仅就现今可知者而言，张栻注解本称作《太极图说解》似较为合理，尽管宋本《元公周先生濂溪集》卷3于夹注中有所谓"解义或本"一说，① 但此所谓"解义或本"所指不详。

二、太极之体

张栻《太极图说解》云：

> 太极之体至静也，冲漠无朕而无不遍该焉。某所谓至静，盖本体贯乎已发与未发而无间者也。然太极不能不动，动极而静，静极复动。此静，对动者也。有动静则有形器，故动则生阳，静则生阴，一动一静，互为其根。盖动则有静，而静所以有动也，非动之能生静，静之能生动也。动静者，两仪之性情，而阴阳者，两仪之质也。分阴分阳，两仪立矣。有一则有两，一立则两见矣。两故，所以为一之用也；一不可见，则两之用或几乎息矣。②

这段文字为张栻《太极图说解》第一段（或即第一章），其意思是说，太极之体是无对的，是一种绝对之体，其特性是"至静"。太极至静之体也即是冲漠无朕的理体，这是其纯粹形而上的一面。同时，太极之体又是"无不遍该"，也即是无所不在。这是体不离用，亦即道不离器的一面。这两方面的统一，则是本体贯穿已发与未发的全部过程，未尝止息，未尝间断，也即至静的太极之体并非孤立独存的绝对静体，而是有动有静，静中有动，动中含静。所以说"太极不能不动"，此动即是至静的太极之体的自动。太极动而生阳，动极而静，静而生阴，静极复动，动静互为其根，即动静互为变化的基点，而不是指动静能够相互生成。此意义的动静是太极发动之后的动静，

---

① 《元公周先生濂溪集》卷3，《北京图书馆藏古籍珍本丛刊》第88册，第71页。
② 《元公周先生濂溪集》卷3，《北京图书馆藏古籍珍本丛刊》第88册，第70—71页。

是相互对待的，此即所谓"此静对动者也"。此动静又是两仪的内在特性，而阴阳则是两仪的形质表现。阴阳两仪的分立及其动静，与太极之体有着密切的内在联系，"有一则有两，一立则两见矣"。太极存在于阴阳动静的变化过程，即"无不遍该"，而阴阳在太极即冲漠无朕的至静之体的作用下展开其动静变化过程，离了太极之体，阴阳两仪便无从发生作用。张栻这里的两一关系说，应当是吸收了张载的说法。张载《正蒙》有云："两不立则一不可见，一不可见则两之用息。"① 但所谓两与一的所指，张栻与张载当有所不同。张载指的是气之一与阴阳之两的关系，张栻虽然未必否定张载的这个意思，但更根本的是指太极之一与阴阳动静之两的关系。

上段引文所谓"太极之体至静"，明确提出了"太极之体"的观念。太极之体是冲漠无朕的，其特点是"至静"，此"静"是无对的，也就是说太极之体以静为根本特性。同时，太极之体"不能不动"，也就是太极自身具有动静的功能，因而动而生阳，静而生阴，动极而静，静极复动。这实质上隐约透露出太极之体有一个静在先而动在后，也即由静入动的过程。这个思想与朱熹的太极论明显不同。朱熹反复思考之后认定太极之理自身无动静，体现在理气观上便是理无动静，气有动静，理是乘气而有动静。这大概也是朱熹反对张栻刊印其《太极图说解》的一个思想根源。就张栻来说，太极之体自身有动静，在宇宙论上有更多的说明。张栻说："太极所以明动静之蕴也。极乃枢极之义，圣人于《易》特名太极二字，盖示人根柢，其义微矣。"② "易也者，生生之妙也。太极者，所以生生者也。"③ 太极为枢极根柢，又是"所以生生者"，"所以明动静静之蕴也"，这是从阴阳动静和万物化生的根源来说明太极的意义。张栻说："太极混论，化生之根，阖辟二气，枢纽群动。惟物由乎其间而莫之知，惟人则能知之矣。"④ 太极首先是万物化生之根，其动静阖辟而生出阴阳，又是各种运动变化的枢纽所在。正是由于太极自身的动静，阴阳二气及万物才得以化生。张栻说："太极动而二气形，

① 《张载集》，中华书局1978年版，第9页。

② 《答吴晦叔》（一），《南轩集》卷19，《张栻全集》，第822页。

③ 《答吴晦叔》（五），《南轩集》卷19，《张栻全集》，第825页。

④ 《扩斋记》，《南轩集》卷11，《张栻全集》，第722页；并《元公周先生濂溪集》卷3，第70页。

二气形而万物化生，人与物俱本乎此者也。"① 张栻还从万物流行发育的意义来说明太极的意义。其《太极图解序》谓"《通书》之说大抵皆发明此（《太极图》）意"，认为太极可看作诚，作为万化的根源，太极有似于《通书》所谓"大哉乾元，万物资始，诚之源也"，即此可以"深明万化之一原"。而作为流行之体，太极之动有似于《通书》所谓"乾道变化，各正性命，诚斯立焉"，即此可以体现"本体之流行发现者"。② 因此，太极不仅是阴阳动静的根源，还是万物化生的根源，还是一个流行发育的"本体"。总而言之，阴阳五行，万物化生，"其本亦一太极而已"③。张栻所谓太极自动的论说，与朱熹所主张的太极自身不动有着重大的差异。而所谓太极为枢纽根柢，为所以明动静之蕴，则与朱熹所言太极为造化之枢纽，品汇之根柢，其意旨很是相近。

其实，朱熹在《太极解义》中也讲太极之体，不过区分得更为细致，有"太极本体"与"太极体用"两个观念。太极本体是绝对的万化根源，其自身也是冲漠无朕，无动静可言。太极体用则表现为因阴阳之气的静而为体，因阴阳之气的动而为用，"太极本体"通过"太极体用"的展开而化生万物。此体与用是太极的两种表现状态，但不可以动静的不同来判定太极有体与用的不同。④ 张栻则直接以太极之体自身有动静，从而太极之体的动静变化可以生出阴阳以及万物。这与朱熹的思想是很不一样的。

三、太极之性

据前面的引文，张栻讲到太极"本体贯乎已发与未发而无间"，此说具有心性论的意义，而并不是仅仅针对太极自身动静与否的问题。张栻说：

---

① 《存斋记》，《南轩集》卷11，《张栻全集》，第719页；并《元公周先生濂溪集》卷3，第70页。

② 《周子太极图解序》，《南轩集补遗》，《张栻全集》，第1180页；《元公周先生濂溪集》卷1，第31页。

③ 《元公周先生濂溪集》卷3，第71页。

④ 参见杨柱才：《朱子太极体用论》，载陈来主编：《哲学与时代：朱子学国际学术研讨会论文集》，华东师范大学出版社2012年版，第49—56页。

"太极,所以形性之妙也。性不能不动,太极所以明动静之蕴也。"① "太极,性也。惟圣人能尽其性,人极之所以立也。"② 太极为性,实质是以理为性。张栻还进一步讲到,为什么需要有太极与性两个概念,而不是有性这个概念即可。他说:"若只曰性,而不曰太极,则只去未发上认之,不见功用。曰太极,则性之妙都见矣。体用一源,显微无间,其太极之蕴欤。"③ 所谓曰性则只去未发上认之,实质反映的是湖湘学派性论的基本观念及其工夫导向。胡宏主张"未发只可言性,已发乃可言心"。④ 也就是性为未发,心为已发。胡宏又有"性,天下之大本也"⑤,"性立天下之有"⑥,"形而上者谓之性,形而下者谓之物"⑦ 诸说。凡此,奠定并支配了湖湘学派关于心性的基本论调。张栻有这样的担心也就完全可以理解,而使用太极这个观念,则不仅可以表达"性"的含义,还可以表达"性之妙",亦即"本体贯乎已发与未发而无间"的意蕴。故此,以性论太极,成为张栻特别喜好的一种思想观念,甚至被运用于诠释《孟子》。

张栻注解《孟子》告子"生之谓性"章,便是基于以性论太极的观念,阐发大段议论:

> 性之本,一而已矣。而其流行发现,则人物所禀有万不同焉。盖何莫而不由于太极,亦何莫而不具于太极,是其本之一也。然有太极,则有二气五行氤氲交感,其变不齐,故其发现于人物者,未尝不各具于其气禀之内。故原其性之本一,而察其流行之各异,知其流行之各异,而本之一者,初未尝不究也,而后可与论性矣。故程子曰:"论性不论气不备,论气不论性不明。"盖论性而不及气,则昧夫人物之分,

① 《答吴晦叔》(一),《南轩集》卷19,《张栻全集》,第822页;《元公周先生濂溪集》卷3,第66页。

② 《答周允升》,《南轩集》卷31,《张栻全集》,第976页;《元公周先生濂溪集》卷3,第70页。

③ 《答吴晦叔》(一),《南轩集》卷19,《张栻全集》,第822页;《元公周先生濂溪集》卷3,第66页。

④ 《与曾吉甫》(二),《胡宏集》,中华书局1987年版,第115页。

⑤ 《知言疑义》,《胡宏集》附录一,第328页。

⑥ 《知言·事物》,《胡宏集》,第21页。

⑦ 《释疑孟·辨》,《胡宏集》,第319页。

而太极之用不行矣；论气而不及性，则迷失大本之一，而太极之体不立矣……故太极一而已矣，散为人物而有万殊，就其万殊之中而复有所不齐焉，而皆谓之性，性无乎不在也。①

这里，张栻从太极本体与太极之流行的关系来揭示性之本一与人物气禀之殊的关系。性之本一是从本原上说，性也即是太极，是万物之性的总根源，其流行发现便形成万物之性。万物之性无不源于太极，亦无不具备太极。这种关系，南轩认为，就是程伊川所说的性与气之间的关系，即性之本一，而其流行则各异，此即既论性又论气；万物之性各异，即太极流行各异的表现，而其本原则一，此即既论气又论性。如果割裂开来，或只看到其中一面，则要么只强调太极之性的本一，而不能认清人物之不同，从而太极只是一无用之体；要么只看到人物差异，而不能认定其性之本原为一，从而太极之体无从显立。值得注意的是，张栻论"性之本一"与"人物气禀万殊"的关系，不是静态地看二者的关系，而是动态地强调"流行发见"的作用，并由此而提出"物物各具太极"之说。他在《答胡伯逢》中说：

> 或曰：天命独人有之，而物不与焉。为是说者，但知万物气禀之有偏，而不知天命初无偏也；知太极之有一，而不知物物各具太极也。故道与器离析，而天地万物不相管属，有害于仁之体矣。谓之识太极，可乎？不可不察也。②

按，张栻此说实质是针对胡伯逢始终怀疑他的《太极图说解》所谓"物虽昏隔不能以自通，而太极之所以为极者，亦何有亏欠乎哉"一说所做的进一步申说，也含有批评胡氏的意思。在张栻看来，从流行发现的意义上看，则太极之一与万物气禀之殊可以得到统一，而道与器也是相即不离的关系。这里，尤其"物物各具太极"一说，与朱熹所谓"一物各具一太极"，极为相似。

---

① 《孟子说》卷 6，《张栻全集》，第 427—428 页。
② 《答胡伯逢》，《南轩集》卷 29，《张栻全集》，第 957 页。并见《元公周先生濂溪集》卷 3，第 68 页。

由性气关系，张栻进一步讨论到未发与已发。其《太极图解后序》云：

> 先生（周濂溪）诚通诚复之论，其至矣乎！圣人与天地同用，通而复，复而通。《中庸》以喜怒哀乐未发已发言之，又就人身上推寻，至于见得大本达道处，又同只是此理。人与天一也，就此理上皆收拾得来，与天地合其德，与日月合其明，与四时合其序，与鬼神合其吉凶，皆其度内尔。①

按，此段引文自"《中庸》"以下至末尾，出自《延平答问》李侗答朱熹问"太极动而生阳"一节，只是略有删节而已。宋本《元公周先生濂溪集》卷一亦收录张栻此后序，于"《中庸》"以下至末尾的李侗答语无一字删节。以行文简洁顺畅及表达张栻本人的思想来看，当以《南轩集补遗》本为胜。在张栻看来，从纯粹的形而上，也即"天地之本源"的立场来看，太极本体只是理，是"至静"的。此太极及太极动而生阳，就人身上推寻，可以《中庸》喜怒哀乐已发未发言之。喜怒哀乐未发已发即是性之中、性之和，未发已发可以对应于太极之体的动静，因而可以说太极"本体贯乎已发与未发而无间"。张栻援引李侗的说法，并不是假借之说，而是实证之说，即从未发已发来体察太极之动静，从本原与分殊来体察性之本一（即太极）与人物之性各异的关系。而这也表明张栻吸收了道南学派的某些思想主张。

张栻以性论太极，无疑是受到胡宏性论的影响，而论性之本一与万物气禀之殊，则是采用程颐的说法。关于太极本体贯穿已发未发而无间的论说，则有李侗的影响在。所有这些，都在其《太极图说解》中有所体现。不论以太极为至静之体，还是以性论太极，张栻都强调太极"流行"的意义。这是张栻《太极图说解》的一大特色。朱熹《太极解义》则以理气关系为主导，建立起以理气论为基础的哲学架构。二者有诸多的不同，但以《太极图说》与《通书》相参互解，则是一致的。

---

① 《太极图解后序》，《南轩集补遗》，《张栻全集》，第1181页。并见《元公周先生濂溪集》卷1，第32页。二本文字有出入。

结　语

宋代道学的思想发展，离不开对道学自身经典的义理诠释，张栻与朱熹对于周敦颐《太极图说》的诠释可以具体地说明这一问题。张栻接获朱熹《太极解义》之后，在与朱熹及其他友人的讨论过程中形成了他自己的《太极图说解》，并很快为友人传抄，张栻也进行了刻印。由于张栻的注解本直接援引了朱熹《太极解义》的文字，而朱熹后来有许多修订，也由于张栻的注解本需要进一步完善，故而朱熹认为张栻的注解本应该收板止印。但张栻注解本还是通过某种方式得以流传，这也表明张栻的注解本确有其不可忽视的思想意义。

事实上，张栻《太极图说解》关于太极的诠释与论说有其独到之见。从纯粹形而上的理世界言之，太极之体至静。此静是指太极作为"本体"所固有的特性，且此静不是与动相对意义上的静，而是绝对的静。从流行发现言之，太极之动静生阴阳、五行、万物，此意义的太极自身可以动静，而生出阴阳，又贯串于阴阳动静的过程，进而存在于万物。这个意义上的动静是有动即有静，动静互相转化。太极存在于万物而为万物之性，万物又各有气禀，故太极与万物之间又有着性之本一与气禀万殊的关系。从心性论言之，太极本体（也即性之本体）的动静，可以从喜怒哀乐未发已发的角度来理解，已发未发是心的两种状态，这两种状态并不是决然分割的，而是始终连贯，川流不息的，故太极之性体也是"贯乎已发与未发而无间"。合而言之，张栻所谓太极之体与太极之性，有着理气（太极与阴阳）论与心性论相贯通，宇宙论与本体论相贯通的意蕴。

同时，应当看到，张栻关于太极体性的论说也有其语焉不详之处。一方面张栻主张太极之体是至静的，一方面又主张太极自身动静而生阴阳，那么太极之体的至静与太极自身的动静之间如何协调，是否二者之间有一个时间上的先后关系？果真如此的话，则将导致太极本体（理）可以独存于经验世界之外之上，而这又将导致形而上与形而下、道与器的分立，从而心性也必然分立，而无法融合。这应当是张栻《太极图说解》所面临的最大问题。尽管张栻在其注解中对于太极与万物、性与气关系的论述极力主张二者是浑然一体，从而形而上与形而下、道与器的关系并不显出割裂，但在最上一层关于太极之体至静与太极自身动静之间的关系问题确实没有很圆满地解决。无怪乎朱熹对张栻所谓太极自身动静一说始终持排斥态度。这或者也是张栻在注解周敦颐《太极图说》过程中吸收二程、张载及胡宏的有关思想而未能彻底消化所导致的结果。

（作者单位：南昌大学人文学院哲学系）

张栻《太极解义》的完整再现[*]

粟品孝

张栻（1130—1180），字敬夫，一字钦夫，号南轩，南宋著名理学家。他撰写的《太极解义》，又名《太极图解义》《太极图解》《太极说》等，是阐释周敦颐《太极图说》的重要文献。张栻生前此本曾在高安（今属江西）刊刻，但很快收版不传。① 朱熹在为张栻撰写的《神道碑》中将此书列为未定稿，说是"欲稍更定焉而未及也"②。但此书在南宋确曾流传，已知最早的周敦颐文集即由叶重开搜汇整理的《濂溪集》（序于淳熙十六年，即1189年，已佚），就将朱熹和张栻两人的《太极解义》一并收录③，南宋目录学著作《遂初堂书目》和《郡斋读书志·附志》也分别以《南轩太极图解》和《张子太极解义》为名予以著录。可惜此书在宋以后就不见于各种公私书目，绝大多数周敦颐文集也不收，故一般都认为此书久已失传。④

20世纪80年代，北京大学陈来先生在国家图书馆馆藏的宋刻本《元公周先生濂溪集》中首先发现了张栻《太极解义》的佚文⑤，但一直未获学界

---

  * 本文是国家社科基金西部项目"蜀学发展与演变研究"（10XZS015）的成果。

  ① 参见《答钦夫仁疑问》，《朱熹集》卷32，四川教育出版社1996年版，第1401—1402页；《与朱侍讲元晦》第十四书，吕祖谦《东莱集·别集》卷7，影印文渊阁《四库全书》本；参见束景南：《朱熹年谱长编》上册，华东师范大学出版社2001年版，第489页。

  ② 《右文殿修撰张公神道碑》，《朱熹集》卷78，第4555页。

  ③ 参见叶重开：《舂陵续编序》，《元公周先生濂溪集》卷8，《宋集珍本丛刊》第八册，线装书局2004年版。

  ④ 1999年长春出版社出版的《张栻全集》在"前言"中也将此书列为"失传的著作"。

  ⑤ 参见陈来：《朱熹哲学研究》，中国社会科学出版社1993年版，第124页注①。

重视。直到 21 世纪初，韩国学者苏铉盛博士才在陈来先生的指导下，以这一发现为核心资料，在其博士论文中集中讨论了张栻《太极解义》中的重要观念和一些问题，并附有他复原的张栻《太极解义》①。后来他又写成《张栻的〈太极解〉》一文，并附上《张栻〈太极解义〉》发表②。最近德国慕尼黑大学汉学研究所苏费翔（SoffelChristian）先生又在此基础上进一步探讨，尤其在考证方面做了一些恰当的纠正与补充（当然也有可商之处），对张栻《太极解义》重新进行了复原。③

不过，以上三位先生所见的实际只是张栻《太极解义》的"初本"（又称"或本"）④，而且还不完整。笔者前几年曾通过国家图书馆馆藏的另一时间更早的宋刻残本《濂溪先生集》，发现了较"初本"更为通达完善而且文字内容几乎完全不一样的张栻《太极解义》，并撰文加以表出。⑤ 只是此本中间缺失数页，致使张栻的三段解说脱略。

幸运的是，笔者最近又得见明朝中期周木重辑的《濂溪周元公全集》（日本名古屋市蓬左文库藏本），此本以宋刻本《元公周先生濂溪集》为底本而成，内容更为丰富，不但在卷三和卷五中保留了宋刻本《元公周先生濂溪集》所录存的全部张栻《太极解义》"初本"的佚文，而且在卷一的《太极图说·晦庵南轩解义论序》中又完整地收载了另一版本的张栻《太极解义》⑥，

---

① 参见苏铉盛：《张栻哲学思想研究》第四章《太极论》，北京大学博士学位论文，2002 年。

② 参见陈来主编：《早期道学话语的形成与演变》，安徽教育出版社 2007 年版，第 372—403、516—520 页。

③ 参见苏费翔：《张栻〈太极解义〉与〈西山读书记〉逸文》，《嘉大中文学报》（台湾）2009 年第 1 期。后又以《张栻〈太极解义〉与〈西山读书记〉所存张栻佚文》为题，入载刘东主编《中国学术》第 29 辑，商务印书馆 2011 年版。

④ 宋刻本《元公周先生濂溪集》在卷 3《诸儒太极类说·南轩文集并语录问答》的目录中注称"解义初本"，正文则注称"解义或本"；在卷 5《诸儒通书类说·南轩文集并语录问答》的正文中则有两段内容注为"图解初本"。上引苏铉盛先生著作称"初本"，苏费翔先生则称"或本"。笔者倾向于前者。

⑤ 参见粟品孝：《现存两部宋刻周敦颐文集的价值》，《四川大学学报》（哲学社会科学版）2010 年第 3 期。按：笔者撰写此文时，未能读到苏铉盛和苏费翔两位先生的论著，对陈来《朱熹哲学研究》第 124 页注①的内容也没有留意，故个别论述有欠周延，特别是未将宋刻本《元公周先生濂溪集》所收张栻《太极解义》佚文的发现权归于陈来先生，是一失误。

⑥ 事实上，宋刻本《元公周先生濂溪集》在卷 1 的目录中也标有"南轩解义"，只是在正文中不载。

文字内容与宋刻残本《濂溪先生集》所录几乎完全相同（仅有个别字词微异），还包括了宋刻残本所缺失的张栻三段解说。从辑者的编排和我们的比照来看，后者通达完善，当是张栻在"初本"基础上修订而成，代表了张栻更为成熟的思想，朱熹为张栻写《神道碑》时可能并未得见，故有"未定"之说。

为便于学界的相关研究，谨依周木重辑的《濂溪周元公全集》，将新发现的张栻《太极解义》还原如下（黑体字为周敦颐《太极图说》原文，小字为张栻解说文字）①，并结合宋刻残本《濂溪先生集》所录情况以及其他文献，以注释形式稍加说明。

无极而太极

此极夫②万化之源而言之也。曰"无极而太极"，其立言犹云"莫之为而为之"之辞也③。有无本不足以论道，而必曰"无极而太极"者，所以明动静之本，著天地之根，兼有无、贯显微、该体用者也。必有以④见乎此，而后知太极之妙，不可以方所求也。其义深矣。

太极动而生阳，动极而静，静而生阴，静极复动，一动一静，互为其根，分阴分阳，两仪立焉。

太极涵动静之理者也，有体必有用。太极之动，始而亨也，动极而静，利而贞也。动静之端立，则阴阳之形著矣。"一动一静，互为其根"。动为静之根，而静复为动之根，非动之能生静，静之能生动也。动而静，静而动，两端相感，太极之道然也。故曰："一阖一辟谓之变，往来不穷谓之通。"语其体，则无极而太极，冥漠无眹，而动静阴阳之理，无不具于其中。循其用，则动静之为阴阳者，阖辟往来，变化无

---

① 至于"初本"的内容，前举苏铉盛和苏费翔两位先生的论文都有复原，这里不再表出，有兴趣的读者自可参看比较。

② 宋刻残本此处夹注有"一作本"三小字。

③ 朱熹与门人曾谈及张栻这一观点，见黎靖德编《朱子语类》卷94："问：南轩说'无极而太极'，言'莫之为而为之'，如何？曰：他说差……"。中华书局1994年版，第2369页。另真德秀《西山先生真文忠公读书记》甲集卷1也载录张栻这一见解，只是文字略异："'无极而太极'，犹言'莫之为而为'。"中华再造善本丛书，北京图书馆出版社2006年版。

④ 宋刻残本此处无"以"字。

穷，而太极之体各全于其形器之丙①。此《易》之所以为《易》也。②

阳变阴合，而生水火木金土，五气顺布，四时行焉。

阳主乎变，阴主乎合，其性情然也。阴阳变合③，五行之质形焉。五行之④质形于地，而气行于天。质之所生则水为首，而火木金土次焉；气之所行，则木为⑤先，而火土金水次焉。五气顺布，四时之所以行也。二气五行，乃造化之功用，亦非先有此而后⑥有彼，盖无不具在⑦于太极之中，而命之不已者然也。

五行一阴阳也，阴阳一太极也，太极本无极也。

此复沿流以极其源也。言五行一阴阳，阴阳一太极，而太极本无极，然则万化之源，可得而推矣。非太极之上，复有所谓无极也。太极本无极，言无声臭之可名也。

五行之生也，各一其性。无极之真，二五之精，妙合而凝，乾道成男，坤道成女，二气交感，化生万物，万物生生而变化无穷焉⑧。

五行生质虽有⑨不同，然太极未尝不存⑩，故曰"各一其性"。无极之真，与夫二五之精，妙合凝聚，故有男女之象，非无极之真为一物，

---

① "丙"字，宋刻残本作"内"，当是。

② 此段内容又完整地见于真德秀《西山先生真文忠公读书记》甲集卷1，只是无"静之能生动也"的"也"字；"变化无穷，而太极之体各全于其形器之丙"做"变化万物，而太极之体全其形器之内"，与此微异。

③ 宋刻残本此处有"而"字。

④ 宋刻残本此处无"之"字。

⑤ 宋刻残本此处有"之"字。

⑥ "后"字，宋刻残本作"旋"。

⑦ 宋刻残本此处无"在"字。

⑧ 此段的"五行之生也，各一其性"一句原是放在上一段"太极本无极也"之后，下面张栻的解说文字"五行生质虽有不同，然太极未尝不存，故曰'各一其性'"，也相应地放在上面。不过这是依据朱熹对周敦颐《太极图说》的分段法。张栻的分段法与朱熹有别，故此本在张栻的解说文字"五行生质虽有不同，然太极未尝不存，故曰'各一其性'"之后夹注说："正本'五行之生各一其性'附在下段。"宋刻残本在录载周敦颐《太极图说》"万物生生而变化无穷焉"一句后也夹注有"南轩将上文'五行之生也，各一其性'一句连'无极之真'解"一句小字。这两段夹注是有根据的，朱、张二人为此还在书信中有所争论，见《朱熹集》卷31《答张敬夫书三》，第1308页。因此，我们这里录载周敦颐《太极图说》及张栻解义的文字在分段上已根据张栻的本意重新处理。

⑨ 宋刻残本此处无"有"字。

⑩ 宋刻残本此处有"也"字。

与二五之精相合也。言无极之真，未尝不存于其中也①。无极而②曰真，以理言也，二五而③曰精，以气言也。男女之象既成，则二象④交感而化生万物，万物生生而变化不穷矣。盖有太极，则有二气五行，而万物生焉，此所谓性外无物也。万物之生，禀二五之气，虽成质各不同，而莫不各具一太极，此所谓物外无性也。故《通书》曰："二气五行，化生万物。五殊二实⑤。是万为一，一实万分。"此之谓也。

惟人也，得其秀而最灵。形既生矣，神发知矣，五性感动而善恶分，万事出矣。

人与物均禀乎天而具太极者也。然人也禀五行之秀，其天地之心之所存，不为气所昏隔，故为最灵。物非无是，而气则昏隔矣。然就万物之中亦有灵者，盖于其身有气之所不能尽隔者也，人则为最灵矣。然人所禀之气，就其秀之中亦不无厚薄昏明之异，故及其形生神发，五行之性为喜怒忧惧爱恶欲者，感动于内，因其所偏，交互而形，于是有善恶之分，而万事从此出焉。盖原其本始，则天地之心，人与物所公共也。察其气禀之分，则人独为秀而最灵，而物则有异焉。又察其成质之后，于人之中又有厚薄昏明之殊焉。然人之赋质虽有殊，而其殊者可得而反也。其可得而反者，则以其气为最灵，太极之未尝不在者，有以通之故尔。物虽昏隔，而太极之所以为者，亦何有亏欠乎哉？

圣人定之以中正仁义而主静，立人极焉。故圣人与天地合其德，日月合其明，四时合其序，鬼神合其吉凶。

人不能以反其初，则人极不立，而去庶物无几矣，故定之以中正仁义而主静。圣人所以立人极也，动为诚之通，静为诚之复。中也，仁也，动而通也，始而亨者也。正也，义也，静而复也，利以贞者也。中见于用，所谓时中者也。仁主乎生，所谓能爱者也，故曰动而通也。

---

① 又见于真德秀《西山先生真文忠公读书记》甲集卷1，只是无"未尝不存于其中"的"于"字。

② 宋刻残本此处无"而"字。

③ 宋刻残本此处无"而"字。

④ "象"字，宋刻残本作"气"，疑是。

⑤ 宋刻残本此处还有"二本则一"四字，当是。

正虽因事而可见，然其则先定。义虽以宜而得名，然其方有常，故曰静而复也。中也，仁也，本为体，而周子则明其用。正也，义也，本为用，而周子则明其体，盖道无不有体有用，而用之中有体存焉。此正乾始元而终贞之意。动则用行，静则体立，故圣人主静而动者行焉，动者行而不失其静之妙，此太极之道，圣人所以为全尽之也。太极立，则天地、日月、四时、鬼神之理，其有外是乎? 故无所不合也，则以其一太极而已矣。

君子修之吉，小人悖之凶。

圣人者，不勉而中，不思而得。降于圣人，则贵乎修为，君子修之，而人极立，所谓吉也。小人悖之，而绝于天，所谓凶也。修之之要，其惟敬乎! 程子教人以敬为本，即周子主静之意也①。要当于未发之时，即其体而不失其存之之妙。已发之际，循其用而不昧乎察之之功，则人欲可息，天理可明，而圣可希矣。②

故曰："立天之道，曰阴与阳；立地之道，曰柔与刚；立人之道，曰仁与义。"又曰："原始反终，故知死生之说。"

此说明③ 三才之所以立也，天之阴阳，地之柔刚，人之仁义，皆太极之道然也。故《易》曰：六爻之动，三极之道也。死生之说，非别为一事也，亦不越乎动静阴阳者④ 而已。原⑤ 始而知其所以生，则反⑥ 终而知其所以死矣。⑦

大哉易也，斯其至矣!

易有太极，是生两仪，两仪生四象，四象生八卦，八卦定吉凶，吉凶生大业。《易》之道盖备于此，⑧ 图亦尽之矣。

---

① 划线部分又见于真德秀《西山先生真文忠公读书记》甲集卷18，只是无"为本"二字。

② 以上三段张栻解说在宋刻残本中已缺。

③ "说明"二字，宋刻残本作"言"字。

④ 宋刻残本无此"者"字。

⑤ 宋刻残本此处有"其"字。

⑥ 宋刻残本此处有"其"字。

⑦ 朱熹与门人曾谈及张栻这一观点，"林问:《太极》'原始反终，故知死生之说'，南轩解与先生解不同，如何? 曰:南轩说不然……"。见《朱子语类》卷94，第2386页。

⑧ 宋刻残本此处有"而此"二字，疑是。

最后要说明的是，周木重辑的《濂溪周元公全集》卷一还附有张栻的《太极图解序》和《太极图解后序》。其中收录的《太极图解序》与宋刻《元公周先生濂溪集》卷一、文渊阁四库全书本《周元公集》卷一所录完全一致，只是末尾多出"广汉张栻敬夫序"数字。收录的《后序》则与上述二书所录有明显差异，但与宋刻残本《濂溪先生集》所录一致，只是末尾无落款，不及宋刻残本全面。前举苏费翔先生的论文已正确地指出宋刻《元公周先生濂溪集》所录张栻《太极图解后序》窜入了《延平答问》的部分内容，只是未见宋刻残本《濂溪先生集》和明刻《濂溪周元公全集》，故未能复原；笔者在前列《现存两部宋刻周敦颐文集的价值》一文中也指出了这一问题，并以宋刻残本《濂溪先生集》为准，恢复了张栻《太极图解后序》的原貌，故这里就不再赘言了。

（作者单位:四川大学历史文化学院）

张栻性论思想及其源流辨析

肖永奎

张栻是南宋最为重要的思想家之一，与朱熹、吕祖谦论道讲学，时并称"东南三贤"。对于张栻的思想研究，学术界已经有了专门著作，使我们能够一窥张栻思想的全貌。张栻是一个擅长总结的思想家，他以传道为己任，对于周敦颐、二程的学说推崇备至。但张栻对于一些重要的哲学范畴都有着自己的体认，也有着自己的思想风格，这是其俨然思想大家的根本原因所在。

对于性论思想，张栻也有着自己的体认，早年问学胡宏，逐渐接受了性本论的思想倾向。与朱熹论辩，先是乾道三年至五年（1167—1169），与朱熹论未发已发，涉及性与心、情的关系问题。① 继有乾道六年（1170），与朱熹、吕祖谦讨论胡子《知言》②，而其中性论问题争论最多③。其一生当中，解读《论语》《孟子》《易传》《中庸》，以周敦颐、二程为宗，逐渐对于先前性论问题有了自己的体认与综合，形成了具有自身特色的性论思想。在其比较成熟的著作如《论语解》《孟子说》，④ 以及与朱熹、胡广仲、吴晦叔等人的书信论辩中，可以看到张栻性论思想已经比较系统了。

---

① 参见胡宗懋编：《张宣公年谱》，《儒藏·史部》第 63 册，四川大学出版社 2007 年版，第 682—702 页。

② 参见胡宗懋编：《张宣公年谱》，《儒藏·史部》第 63 册，第 707—710 页。

③ 《知言疑义》所列八条，有七条是关于性论问题的讨论的。参见《附录一·知言疑义》，《胡宏集》，中华书局 1987 年版，第 328—337 页。

④ 本文所引张栻著作，皆出自杨世文、王蓉贵校点本：《张栻全集》，长春出版社 1999 年版。

这种体认与综合使得张栻的性论思想在古代性论，特别是宋明理学的性论当中，占有一个比较特殊的位置。可以说张栻的性论思想采取了一种折中或和合的思维方式，一方面继承程颢、胡宏性本论的思想；另一方面又与朱熹一道批评当时学者的空疏习气，而对"性之渊源处"严加辨析，反对"性无善恶"的观念，主张"所性"之实。在性论的一些重要方面，如性心情以及太极与性之关系方面，都有着自己的体认。

由此，本文首先着力于辨析张栻性论思想的源流，其次对其性论思想系统进行分析，以使得能够我们更进一步地理解张栻思想的特征。

一、张栻性论思想源流辨析

要对张栻性论思想进行分析，我们首先要明了其性论思想的源流。总体而言，张栻性论主要来源于三个方面：一是胡宏《知言》；二是二程；三是孟子。

张栻对于性的问题的探索，受到胡宏《知言》的影响，早在乾道四年(1168)，张栻已经将《知言》付梓，并为之作《胡子知言序》。在其中谈到《知言》的一个特点，即"论性特详"，针对于此，张栻论述道：

> 至孟子之时，如杨朱、墨翟、告子之徒，异说并兴，孟子惧学者之惑而莫知所止，于是指示大本而极言之，盖有不得已焉耳矣。又况今之异端直自以为识心见性，其说诪张雄诞，又非当时之比，……先生于此又乌得而忘言哉！故其言曰："诚成天下之性，性立天下之有，情效天下之动。"①

可见张栻基本上认同了《知言》论性的态度。胡宏之所以取名"知言"，本来就是取自于孟子"吾知言"。在张栻看来，孟子讲"吾知言"，是"惧学者之惑而莫知所止也，于是指示大本而极言之"，这个大本就是"性善"了。那么胡宏《知言》也以性立天下之有，以此来批判异端，特别是禅宗的"识

---

① 《胡子知言序》，《张栻全集》，第756页。

心见性"的观念，这是一脉相承的传统。这样，张栻就很自然接受《知言》中"论性特详"以及"性立大本"的传统了。

但一年之后，也即乾道五年至六年（1169—1170），张栻开始与朱熹、吕祖谦讨论《知言》问题。在此过程中，张栻的性论思想也走向成熟，形成自己的特色。张栻《与朱元晦书》的第二十八、三十六、三十八、三十九书中论到《知言》的问题。① 这封书信写于乾道六年（1170）前后，其中提到：

> 《知言》自去年来看，多有所疑，来示亦多所同者，而其间开益鄙见处甚多，亦有来示未及者，见一一写俟后便方得上呈。更烦一往复，庶几粗定。甚恨当时刊得太早耳。②

"《知言》自去年来看，多有所疑"，"去年"也就是乾道五年，即刊刻《知言》后的一年，仅仅一年之后，张栻对于《知言》已"多有所疑"，并且"甚恨当时刊得太早耳"。那么张栻"所疑"的具体内容是什么呢？是"性立大本"的观念吗？了解这一点，对于我们进一步理解张栻性论思想有着重要意义。

张栻所疑的具体内容现在只能通过《知言疑义》来进行了解了，《知言疑义》将《知言》中有疑义的言论摘录出来，③ 附以朱熹、张栻、吕祖谦三人的意见，最后以"熹谓"做总结④。在《知言疑义》当中，三人所讨论的话题主要是围绕着性论的问题展开，包括"性为天下之大本""心以成性""性无善恶""性体心用"等。其中朱熹、张栻最为不满的便是胡宏"性无善恶"一说，《知言疑义》近乎一半的篇幅都在批评这一观点，而对于"性为天下之大本"，两者皆表示赞同。"心以成性""性体心用"都涉及心、性、情的关系问题，张栻与朱熹一开始就表现出很大的不同，核心在于两者对于性、心的理解不同，这一点我们下文将会论及。在《知言疑义》当中，

① 此处书信的编号皆依据《答朱元晦》书的顺序，参见《答朱元晦》，《张栻全集》，第830—891页。

② 《答朱元晦》，《张栻全集》，第859页。此书中讲到"祈请竟出疆"之语，此时张栻在京为官，可知是在乾道六年（1170）前后。

③ 参见《附录一·知言疑义》，《胡宏集》，中华书局1987年版，第328—337页。

④ 所以可以说《知言疑义》主要体现了朱熹的思想，但其中也有张栻某些思想片段。

张栻还提出了"心主性情"的观念。

由此可知，张栻对于《知言》的接受，在某种程度上可以说是对古代儒家性论传统的认可，这从张栻《胡子知言序》对孟子的评价中可以看出。为了"传道"，就要有一个核心的范畴来标明这个道的特点，在张栻看来，孟子所选择的这个道，也即"大本"，就是"性"，而胡子也是如此。通过这样的诠释，张栻不仅接受了《知言》性本论的取向，而且开始对古代的性论传统进行总结，其中二程与孟子便是这样的两个最主要的传统，也构成了张栻性论思想的重要来源。

张栻论性的另一源流是二程，张栻早在乾道元年至乾道四年（1165—1168）主持岳麓书院讲学时，便与朱熹等学者一道编集《二程粹言》。张栻以传道自认，而以周敦颐、二程为宗主。① 如在其比较成熟的著作《论语解》中，张栻往往以直解为本，对于汉唐注疏一概不引，唯以程子（兼指大程、小程而言）为宗，甚至对于小程所改经之处，也给予认可，可见其学术对于二程的倚重。

张栻对于二程之论性也有自己的体认，他更加注重大程的"天命之谓性，人生而静以上不容说"一段，也就是说对于天命之性与气质之性的划分，张栻更加注重天命之性。如《答胡伯逢》："性无不善。谓性有不善者，诬天者也。……。夫血气固出于性，然因血气之有偏而后有不善，不善一于其偏也。故就气禀言之，则谓善固性也，恶亦不可不谓之性也则可；即其本源而言之，则谓不善者性之所不为，乃所以明性之理也。"② "性无不善"，是就本源而言，不善非性所为；而就气禀而言，血气也可以说是性，但这并非不善产生的原因，张栻认为"不善一于其偏也"。而核心是要明"性之理"，也就是本然之性，或者是性之渊源，所以我们说张栻更加注重天命之性。之所以如此，我们认为是与张栻继承自胡宏的性本论有关。性为天下之本，也是价值之源，是修身之本，如何能够有不善呢？所以在此对胡伯逢的论辩中，极力辩解性之渊源只是性，性不可以有一丝的不善，而程子讲"恶亦不可以不谓之性者"，只是就气禀而言。性之渊源只是至善，这也是张栻为何

① 蔡方鹿对于张栻之"表彰周、二程"也有论述，参见蔡方鹿：《一代学者宗师：张栻及其哲学》，巴蜀书社1991年版，第192—194页。
② 《答胡伯逢》，《张栻全集》，第958—959页。

极力反对"性无善恶"的观点，因为假若如此，那个大本，最为微妙之处，差之毫厘，谬之千里，便可能不那么纯粹了，所以张栻要更加重视对于性之渊源的论述。

《孟子说》是张栻一生用力最多的著作之一，根据其《自序》①，我们知道早在张栻住持岳麓书院（乾道元年至五年）时，便与诸学者以及门人讲论《孟子》一书形成讲义②，后来屡经修改，在乾道九年时，始完成初步修改，并付梓出版。但张栻对此似乎又不满意，其后又不断进行修改。③ 在张栻看来，孔子之后，唯有孟子传道最为纯粹，其后便是周敦颐、二程了。④

早在乾道四年《胡子知言序》当中，张栻就认为孟子的贡献在于"指示大本而极言之"，这个大本就是"性善论"。⑤ 张栻明确地继承这一传统，发明"所性"的观念，提倡"性之实"即"仁义礼智"，这样就将"善"的具体含义固定为儒家的价值观念，对于"性无善恶"提出批判。这一点，我们在下文会具体论述。

综上所述，我们考察了张栻性论思想的三个主要的来源：孟子之性善论，二程之论天命之性或本源之性（性之渊源）以及胡宏之性本论。然而张栻秉持自身的学术追求，不苟同于人，对于三者皆有自身的体认，对于古代的性论传统也有自己的梳理，他一方面强调"性立天下之有"对于传承道学的重要性，另一方面要求严辨性之渊源处，发挥孟子的性善论，而反对"性无善恶"的观念，对于心性情的关系问题也有自己的体认，这最终形成张栻自身独特的性论思想体系。

---

① 参见《孟子说序》，《张栻全集》，第 889 页。

② 《张栻全集》有《孟子讲义序》一篇，可见此书刚一开刊刻时，就是以讲义的形式存在的。

③ 朱熹在《右文殿修撰张公神道碑》中讲"平生所著书，唯《论语说》最后出，而《洙泗言仁》《诸葛忠武侯传》为成书。其它如《书》《诗》《孟子》《太极图说》《经世编年》之属，则犹欲稍更定焉而未及也"。朱熹一直保持与张栻通信，此说不为无理。参见《张栻全集》，第 1247 页。

④ 张栻《癸巳孟子说序》中有"夫子之道至矣，微孟子其孰能发挥之"。参见《张栻全集》，第 239 页。

⑤ 张栻对孟子性善论的继承，可参见侯外庐等主编：《宋明理学史》，人民出版社 1997年版，第 330—334 页。张栻认为仁义礼智为性，可参见张立文主编："中国哲学范畴精粹丛书"之《性》，中国人民大学出版社 1995 年版，第 210—211 页。

二、张栻性论思想体系

张栻在总结诠释前代性论思想的基础之上，逐渐形成自身的体认，这些体认主要可以概括为太极即性、性之渊源至善、心主性情三个方面。太极即性可以说是性本论的明确表达，性为天下之大本，那么这个大本就必然是渊源至善的。心主性情的观点，张栻在《知言疑义》当中明确地表达过，但所论不详，仅仅从这一文本当中，我们无从得知这一观点的具体表述，在其后来与其他学者的书信中，可以看到对这一观念的明确表达。

(一) 太极即性

张栻对于"太极"的规定是多方面的。太极为"所以生生者"①，太极"函三为一，乃皇极之中道也"②，太极还是性与物、道与器合一的根本③。张栻有时将"极"解释为"中"，有时将其解释为"枢极"。解释为"中"，表示太极只存在于天地人，是为其中道；解释为"枢极"，表示太极变化之妙之极致。总之，太极有不同的含义，另外，将太极解释为天地万物所以生生者，建构起一整套的宇宙论的观念，也不是张栻的独创。在《易传》中"是故易有太极，是生两仪，两仪生八卦"，这种太极宇宙论的模式就已经存在。宋初周敦颐《太极图说》将阴阳五行加入其中，构成了宋明理学家典型的宇宙论解释模式，张栻对于这一传统是基本认可的。

> 夫自太极既判，两仪肇焉，故阖户之坤所以包括万物而得阴也；辟户之乾所以敷生万物而得阳也。即乾坤之一阖一辟，所以谓之变；即乾坤之往来不穷，所以谓之通。④
>
> 周敦颐"推本太极，以及乎阴阳五行之流布，人物之所以生化，

---

① 《答吴晦叔》，《张栻全集》，第 825 页。
② 《南轩易说》卷 1，《张栻全集》，第 11 页。
③ 参见《孟子说·告子上》，《张栻全集》，第 432 页。
④ 《南轩易说》卷 1，《张栻全集》，第 11 页。

于是知人之为至灵，而性之为至善。"①

太极动而二气形，二气形，万物化生，圣人与物俱本乎此者也。②

太极所以生生变化万物，是通过乾坤之"一阖一辟"而得以完成的。乾坤阖辟，万物得以生养；只有乾坤阖辟之无穷，万物之生养变化也才不会阻塞，才会通达，而乾坤阖辟的根本则在于"太极既判"矣。张栻对于周敦颐的推崇，主要是由于其"推本太极"，又以"阴阳五行之流布"，使得天地人物的变化生生得以明了，而人为至灵，性之本然渊源纯粹，无有一毫作伪。太极动而阴阳二气形成，万物也因此化生，圣人与万物都本乎于此，所以太极是天地万物所以立的根本所在了，那么既然如此，太极与万物的关系是怎样的呢？

故太极一而已矣，散为人物而有万殊，就其万殊之中而复有所不齐焉，而皆谓之性。性无乎不在也，然而在人有修道之教焉，可以化其气禀之偏，而复全夫尽己之性，尽人之性，尽物之性，其极与天地参，此人所以为人之道，而异乎庶物者也。③

论性之本，则一而已矣，而其流行发见，人物之所禀，有万之不同焉。盖何莫而不由于太极，何莫而不具于太极，是其本之一也。然有太极则有二气五行，氤氲交感，其变不齐，故其发见于人物者其气禀各异，而有万之不同也。④

这一段话首先讲太极为一，人物之有万殊，皆因气禀之不同，尽管就各个人物而言，皆可以称之为性，如人有人之性，牛有牛之性等，但此殊性之根源，却有一个"性之本"，这个"性之本"是人物所共有的。而只有人能够推及之，进而变化气质，能够全性尽性，其极致处则与天地相参，这便

---

① 《南康军新立濂溪祠记》，《张栻全集》，第 698 页。
② 《存斋记》，《张栻全集》，第 719 页。
③ 《孟子说·告子上》，《张栻全集》，第 428 页。
④ 《孟子说·告子上》，《张栻全集》，第 427 页。

是人与万物根本区别。①

太极与万物是一与万殊的关系，而性则亦有性一与万殊的区别。性一即是性之本，"论性之本，则一而已矣"。这个性之本也就是本源之性，是天命之性。我们前面讲过，张栻在总结二程论性的观念时，特别强调天命之性。

那么"性"与"太极"是什么关系呢？就性之表现于万物而言，都源于太极，都具于太极。"盖何莫而不由于太极，何莫而不具于太极，是其本之一也。"太极是其所以有所统归之处，"是其本之一也"。而世人之迷惑于人物之性的表现不同，只见气禀之万殊，其实都没有见到这个"性之本"，而最核心的就是这个"性之本"。

从"性之本"上而言，"太极性也"。如果仅仅讲太极之为一，人物为万殊；太极生化万物，则显得太极与人物为二，太极超然独立于万物之上，如此怎么能体现"体用一源，显微无间"的微妙精义呢？在其《答吴晦叔》中讲道："太极之说，某欲下语云：《易》也者，生生之妙也；太极者，所以生生者也。曰《易》有太极，而体用一源可见矣。"②"体用一源"，这个"体"就是"太极"，"用"就是万物生生之妙。太极为体，而其运用之妙显现在万物生生变化之中。张栻在很多地方讲到太极时，便是说性，而说性时，也在讲太极。如"有太极则有物，故性外无物；有物必有则，故物外无性"③。太极与性可以互相置换，由此可见，太极与性在张栻那里共为本体，太极即性，性即太极。只有这样，才能彰显圣人之道的"体用一源"。

在《答周允升》中，张栻有这样的一段话："天可言配，指形体也。太极不可言合，太极性也。惟圣人能尽其性，太极之所以立也。人虽具太极，然沦胥陷溺之，则谓之太极不立，可也。"④这里明确地表达了"太极性也"

---

① 关于人与物根本区别是什么的问题，张栻与胡宏后学有着重要的区别。张栻认为性之无乎不在，人与万物就其都本乎此性而言，没有区别，其区别在于人能推之，能全性尽性，而物不能；胡宏后学，如胡伯逢认为此性只应就人而言，人生而禀有此性，而物未必然，这是人与物的根本区别。参见《答胡伯逢》，《张栻全集》，第956—957页。

② 《答吴晦叔》，《张栻全集》，第825页。

③ 《孟子说·告子上》，《张栻全集》，第423页。

④ 《答周允升》，《张栻全集》，第976页。周允升是张栻门人，《宋元学案》卷71，《岳麓诸儒学案》中有"周奭，字允升，湘乡人。乾道间，乡荐再举，不第。南轩问：'天与太极

的观念。周允升是南轩门人，其对太极与性、与万物的关系发生疑问，认为太极化生万物，太极是第一位的范畴，是在先的，而性与万物都是第二位的，万物可灭，而太极恒有。而张栻的回答则很明确，"太极不可言合"，"合"便是有"二"，"太极性也"，两者本不相离，说太极即是说性，而说性即是指万物各有其则。太极并不是独立于万物而自存，即体即用，太极就万物而存在。太极是最为微妙的，其彰显有赖于"人能弘道"，所谓"圣人能尽其性，太极之所以立也"；如果自古以来就无圣人来彰显此道，谓之"太极不立可也"。

"太极性也"，"体用一源，显微无间"的精义尽在其中。在《答吴晦叔》中，讲道：

> 以为太极所以形性之妙也，性不能不动，太极所以明动静之蕴也。极乃枢极之义，圣人于易特名太极二字，盖示人以根柢，其义微矣。若只曰性而不曰太极，则只去未发上认之，不见功用，曰太极则性之妙都见矣。体用一源，显微无间，其太极之蕴欤！①

"太极所以形性之妙"，"性不能不动"，而其动之微妙无以言之，只说一个"太极"，其奥妙自在其中，"太极所以明动静之蕴也"。"太极"就是动静之枢极，由此可见天地万物变化的根柢所在。如果只说一个性字，固然见天地的本体，但却无法见其动静之妙，只是就未发而言，不见其功用显现之处了。而"太极"则将性之运动变化之妙都展现出来。所以"体用一源，显微无间，其太极之蕴欤"！天地万物的本体固然是性，但欲见其生生变化者，却不能离开太极。太极是本体，性也是本体，仅仅说太极是不完全的，仅仅说性也是不完全的。太极即性，才是圣人"体用一源，显微无间"之道。

何如？'先生曰：'天可言配，太极不可言合。天，形体也；太极，性也。惟圣人能尽性，人极所以立。'南轩以为然。题其亭曰敛斋。"与上所引主旨基本相同，但此却以为出自周允升之口，抑允升之得自于其师乎？参见《宋元学案》，中华书局 1986 年版，第 2381 页。

　① 《答吴晦叔》，《张栻全集》，第 822 页。

(二) 性纯粹至善

张栻论性之本纯粹至善, 无一丝恶掺杂其间, 这是就性之本源立论。我们前面分析到这与其性本论的思想取向有关, 性既为大本, 人生价值所在, 万物存在之本, 如何能够掺杂丝毫的不善于其中? 这也是张栻要严辨性之本源的原因所在。也就是基于这样的理由, 张栻在《知言疑义》当中, 才与朱熹一道批评胡宏的"性无善恶"的观念。《知言疑义》中:

> 栻曰: 论性而曰"善不足以名之", 诚为未当, 如元晦之论也。夫其精微纯粹, 正当以至善名之。龟山谓"人欲非性也", 亦是见得分明, 故立言直截耳。《遗书》中所谓"善固性也, 恶亦不可不谓之性也", 则如之何? 譬之水澄清者, 其本然者也。其或浑然, 则以夫泥滓之杂也。方其浑也, 亦不可不谓之水也。夫专善而无恶者, 性也, 而其动则为情。情之发, 有正有不正焉。其正者, 性之常也; 而其不正者, 物欲乱之也, 于是而有恶焉。是岂性之本哉! 其曰"恶亦不可不谓之性"者, 盖言其流如此, 而性之本然者, 亦未尝不在也。①

张栻极力辨明性之本然纯粹至善, 性之本然精微纯粹, "正当以至善名之", 至善就是专善而没有一丝恶在其中的, 张栻认为这就是性, 所谓"专善而无恶者, 性也"。恶产生于情之已发的不正, 不正就是喜怒哀乐不得其所, 这是由于感于外物而妄动的原因。就像水一样, 发源处澄清, 这是其本然的状态, 后来经过下游的时候, 有泥滓杂于水中, 使水变得浑然。后来的人看到这一点, 便说是水的源头出了问题, 这便不恰当了。后来水尽管变得浑了, 但水还是水, 只要将泥滓澄去, 水之本然便会呈现出来, 这才是源头之水。

张栻认为性之本然纯粹至善, 这与胡宏的区别在什么地方呢? 张栻为什么要极力批评胡宏"性无善恶"的观念呢? 在张栻与朱熹一道进行《知言疑义》的讨论时, 胡宏门人如吴晦叔、胡伯逢、胡广仲等人, 也不断向张栻发问, 辨明性之善恶问题, 这些辩论保留在张栻与他们的通信以及问答当中, 见于《张栻集》。通过这些论辩, 我们可以看到张栻为什么要批评"性

---

① 《附录一·知言疑义》,《胡宏集》, 第 331 页。

无善恶"的观念。在《答胡伯逢书》中：

> 大抵性固难言，而惟善可得而名之，此孟子之言所以为有根柢也。
> 但所谓善者，要人能名之耳，若曰难言而遂不可言，曰不容说而遂不
> 可说，却恐渺茫无所止也。《知言》之说，究极精微，固是要发明向上
> 事，第恐未免有弊，不若程子之言为完全的确也。某所恨在先生门阑
> 之日甚少，兹焉不得以所疑从容质扣于前，追怅何极！吾曹往返论辩，
> 不为苟同，尚先生平日之志哉！①

"性固难言"，张栻与胡宏都是认同这一观点的，而接下来就不同了，张栻
认为"惟善可得而名之"，而胡宏则认为"善不足以名之"。胡宏之所以这
样说，是因为其认为善恶相对，都是世俗评价的范畴，而性为天下之大本，
当然与恶相对的善是不足评价的。② 而张栻反对胡宏的这种观念，主要是基
于三点：一是难言而不能不言，否则只会陷入"渺茫无所止"的境地；二是
《知言》的说法，当然是有利于究极性之本体之精微之处，所谓"发明向上
事"，固然显得很高明，但却未免有弊，容易造成学者空疏之病③；三是"专
善而无恶"，不能将善与恶相对而言，这一点在其《答胡广仲》书中：

> 夫善恶相对之辞，专善则无恶也；犹是非相对之辞，曰是则无非
> 矣。性善云者，言性纯是善，此善字乃有所指。若如彼善于此之善，
> 则为无所指，而体不明矣。而云如彼善于此之善，非止于至善之善，
> 不亦异乎？且至善之外，更有何善？而云恐人将理字低看了，故特地
> 提省人，使见至善之渊源，无乃头上安头，使人想象描貌而愈迷其真
> 乎？④

---

① 《答胡伯逢》，《张栻全集》，第899页。
② 参见向世陵：《理气心性之间——宋明理学的分系与四系》，人民出版社2008年版，
第104—106页。
③ 在《寄吕伯恭》书中，张栻谈到胡宏一些门人，认为存在一种空疏之病，"晦叔已两
来相见，非久欲迁城居。岳下相识，如胡广仲、伯逢亦留意，但向来多是想象悬度，殊少工
夫，故病痛多不精进，亦数有书往来也。"《张栻全集》，第892页。
④ 《答胡广仲》，《张栻全集》，第926页。

胡广仲是胡宏门人，其来信已经遗失，我们无从得知其是怎样论述性善论的。但从张栻的论述当中，我们大概可以推测其观点，首先认为性善之善只是相对之善，并不能表达性之渊源纯粹的含义，这一点是继承于其师胡宏之说的。其次认为如果以善言性的话，人们就会将性之理"低看了"，所以只说性善是不行的，不能够"提省人"，胡广仲为其师胡宏辩护。① 张栻对其进行反驳，所谓"专善则无恶"，"性善云者，言性纯是善"。善就是善，专言善则没有恶，这样的善并非是与恶相对处于同一水平的概念，而是超越性的概念，这样的善的概念就是至善。接着张栻又批评说，不以善言性，而仅仅以"不容说"标示之，显得有些故弄玄虚，所谓"头上安头"，"使人想象描摹而愈迷其真"。

在《答吴晦叔》中，张栻又一次提到了其与胡伯逢的这封书信。② 再一次表明了自己的观点，"盖性之渊源，惟善而得名之耳"。性之渊源，只有善可以用来描述它。张栻又借用了《孟子》中"所性"的概念，"所性谓与生俱生者也"，"指言其所性之实，谓仁义理智也"。太极即性，此性万物生而具有，就人而言，此性也不例外，人所禀于本然之性者，就是"所性"；而"所性"还有另外一层含义，那就是指言"所性之实"，无非"仁义理智"。仁义礼智也就是性的具体内容了。在《孟子说·滕文公上》中：

> 孟子所以道性善者，盖性难言也，其渊源纯粹，其可得而名言者，善而已。所谓善者，盖以其仁义礼智之所存，由是而发，无人欲之私乱之，则无非恻隐、羞恶、辞让、是非之心矣。③

性以善言，善其实就是仁义礼智了。"所谓善者，盖以其仁义礼智之所

① 《宋元学案·五峰学案》中讲到"先生与广仲、澄斋守其师说甚固，与朱子、南轩皆有辩论，不以《知言疑义》为然"，先生即胡伯逢，澄斋即吴晦叔，皆为胡宏门人。转引自曾奕：《本体与工夫——湖湘学派研究》，上海人民出版社2007年版，第304页。

② 参见《答吴晦叔》，"伯逢书来，亦说及善不足以名之之说，某所答曾见否？大抵当时《知言》中如此说，要形容人生而静以上事却似有病。故程子云：'天命之谓性，人生而静以上更不容说，才说性时便已不是性。凡人说性，只是说得继之者善也。'斯言最为尽之。盖性之渊源，惟善可得而名之耳。"《张栻全集》，第823页。

③ 《孟子说·滕文公上》，《张栻全集》，第311页。

存"。由此可见，张栻严辨性之渊源，批判胡宏"性无善恶"的观念，继承了孟子性善论的传统，不仅以善言性，而且以仁义礼智为所性之实。其实，张栻很明白"性立天下之有"的思想框架，并不足以成为儒学的特色，在理学兴起之前，禅宗就已经在讲"识心见性"，而能够使儒学与禅分开的，核心就在于"所性之实"，说白了就是仁义礼智所确立的儒家核心价值。在张栻看来，这才是圣学之切实之处，才不会因此而流入异端。张栻讲学问，屡次强调"学可以驯至""要循序以进""学不可以躐等"，都是让学者就此切实处用功。

（三）心主性情

心性论是张栻性论思想的重要组成部分，也是其工夫论的根据之所在。我们这里由此篇幅，仅就其心性论进行简单的探析。在《知言疑义》当中，张栻提出"心主性情"，但张栻并没有进一步解释其含义，且是以一种与朱熹商量的口吻提出的，对这一观点自己似乎尚没有完全确定。① 但我们并不能因此认为张栻后来没有坚持这一观念。

在《答吴晦叔》书中，张栻又一次表达了"心主性情"的观念：

> 自性之有动谓之情，而心则贯乎动静而主乎性情者也。程子谓既发则可谓之情，不可谓之心者，盖就发上说，只当谓之情，而心之所以为之主者固无乎不在矣。②

首先，就性情关系而论，"性不能不动"，性有感应于物，就会有所发动，这便是情。情的根源在于性，情为性之所发，而性专善无恶，情则有恶。"然因其动也，于是而使有流于不善者。盖物之感人无穷，而人之好恶无节，则流为不善矣"。③ 性之动发而为情，而情不能够得到节制，有过有不及而不能得其正，所谓"好恶无节"，于是便有了恶。虽然如此，本然之

---

① "栻曰：'统'字亦恐未安，欲作'而主性情'如何？"参见《附录一·知言疑义》，《胡宏集》，第328页。
② 《答吴晦叔》，《张栻全集》，第953页。
③ 《答吴晦叔》，《张栻全集》，第827页。

性却也未尝不在，修身的核心在于得"性情之正"。

在张栻看来，性情之正，是性情的本然关系，性之本善，其所发之情本然中节；而人之好恶无节，失去了这种本然关系。所以人应当"深体于性情之际"①，通过察识涵养的工夫反之于"性情之正"。

其次，就心性关系而言，"心则贯乎动静而主乎性情者也"。"静者，性之本然"。② 心贯穿乎性情之始终，"无乎不在"，这是就心之存在讲；心主乎性情，是就心之作用而言。

"主"就是"主宰"，张栻多"以主宰言心"，《孟子说·尽心上》有"主于性为心"③之语。其后解"良知良能"一章，又有"而主于身为心"。④ 胡伯逢对这种说法提出疑问，南轩答曰："主宰处便是心，故有主于性、主于身之言。然两处亦当莹之，归于一也。"⑤

另一方面，张栻论"心"还注重其"知觉"的作用（张栻论"心"，也讲"心之体"，如解"求放心"一章），如谓"人心虚明知觉，万理森然，其好恶是非本何适而非正"，又言"若心为之主，则能思矣"⑥。由此可见，"心为主宰"，则人心之虚明知觉，自然洞见天理，而性情也得其正。⑦

最后，张栻与朱熹往来辩论，特别是在讨论中和之说、未发已发问题时，两人相互启发，互有进益。乾道五年，中和新说，朱熹悟"性为未发"之非，以书与张栻，张栻以为然。而朱熹早年前往岳麓书院，与张栻论学，其中和旧说，强调已发处用功，先察识后涵养，受到张栻即湖湘学的影响。但我们看张栻对于"心主性情"的议论，其讲"心贯乎动静"，心主乎性情而无乎不在，这与朱熹乾道五年"中和新说"中以心贯未发已发，以心为主，贯通性情之德，几乎没有差别了，其受朱熹影响深矣！⑧

---

① 《论语解》卷2，《张栻全集》，第88页。

② 《答吴晦叔》，《张栻全集》，第827页。

③ 《孟子说·尽心上》，《张栻全集》，第464页。

④ 《孟子说·尽心上》，《张栻全集》，第472页。

⑤ 《答胡伯逢》，《张栻全集》，第958页。

⑥ 《孟子说·告子上》，《张栻全集》，第442页。

⑦ 张栻论心，有时也讲"心之体"，如谓"存之久则天理寖明，是心之体将周流而无所蔽矣"，参见《孟子说·告子上》，《张栻全集》，第439页。

⑧ 参见张立文：《中国哲学范畴发展史》（人道篇），中国人民大学出版社1995年版，第169—171页。

张栻以传道为己任，秉持求真的精神与朱熹等人的往来论学，在这一过程中，确如其所说，"开益鄙见处甚多"。张栻早年坚持"先察识后涵养"的观点，后来却对这一观念进行批判，而提倡涵养与察识互相发。[①] 当然，张栻与朱熹是生活在同一时代的伟大思想家，两人相互影响，却各有自身的思想特色。张栻与朱熹一样，认为当时学者当中存在一种空疏的学风，需要对其进行批判，主张就切实处用功。这一点就是张栻要与朱熹一起批判《知言》当中"性无善恶"观念的原因。

以上我们对张栻性论思想及其源流进行了比较系统的分析，总的来讲，张栻论性不承袭一家，以求真为宗旨，以传道为己任，对于性论有着自己的体认。首先，"太极即性"可以说是张栻性本思想的明确表达，这承继于他的老师胡宏之学，而太极的观念来自于张栻对于易学的自身体认。其次，"性渊源至善"的观念，张栻以此显示出与其师的不同，张栻认为性为天下之大本，渊源纯粹，自是难言，但并非不能言，唯有善可言，专善而无恶是为性，而这个善有其具体的内容就是仁义礼智，所谓"性之实"也，这得益于孟子的性善论。张栻之批评"性无善恶"的观念，这与其意欲矫正当时学者空疏之弊有关，在张栻看来，只有明确"性之实"，才能够确定儒学的价值，才能避免流入异端。因此，从某种程度上可以说，与胡宏相比，张栻的性本观念更为明确表达了儒家的立场。最后，我们讲到了张栻"心主性情"的观念，情为性之所发，心之知觉为之主宰，贯穿乎性情始终，这与朱熹的"心统性情"的观念有很多相似之处。

（作者单位：中国人民大学哲学院）

---

① 参见《答吴晦叔》，《张栻全集》，第953—954页。吴晦叔主张先察识，后涵养，所谓"若不令省察苗裔，便令培壅根本，夫苗裔之盟尚未能知，而遽将孰为根本而培壅哉？此亦何异闭目坐禅，未见良心之发，便敢自谓我已见性者？"张栻主张察识涵养互相发，交互进行，其答语曰："不知苗裔，固未易培壅根本，然根本不培，则苗裔恐愈濯濯也。此话须兼看。大抵涵养之厚，则发见必多；体察之精，则本根益固。"

张栻心性论研究

张 卉

张栻（1133—1180），字敬夫，又字钦夫，号南轩，汉州绵竹（今四川绵竹）人，南宋著名的理学家、哲学家、教育家，是湖湘学之集大成者，与朱熹、吕祖谦时称"东南三贤"。其思想不但涉及本体论、心性论、工夫论、还涉及政治思想和教育思想，更留心经世致用的经济之学。张栻早逝，他的思想和为人在当时享有很高的声誉，于今，其思想也无不闪烁着理论的光辉。

儒家哲学是围绕着天人关系而展开的，但天人关系的核心并非天，而是人，在儒家看来，人的问题就是如何安身立命、如何修养身心的问题，身心安稳，齐家、治国、平天下则近矣。人生修养的问题是心性论、伦理学的基本问题，亦是内圣外王的基本问题。本文就将焦点集中在对张栻心性之学的探讨上，通过探究其心性思想，看清其时代意义和在心性学史上的地位以及对当今社会的价值。

一、张栻心性论之渊源

张栻心性论是在宋代理学思潮发展过程中形成的，宋代理学思潮产生的主要原因是：唐、五代时期国家分裂，宗教盛行，儒家伦常扫地，宋代政权的建立迫切需要新的儒家学说来维护和支撑，这是外在原因；到了宋代，传统儒家学说完全不能和精致的佛学相提并论，如何传承儒家学说的基本精神，又能在新的历史条件下有所创新，是儒学自身发展的内在需要。

张栻对其师胡宏的心性论主要是持批判态度，而主要继承和发展了孟子和二程的心性思想。孟子构建了以心性哲学为基础的儒家道德体系，在孟子这里，心是感性和理性的结合体，心天然内在于人的情感之中，同时心又具有理性认识的功能；还指出人性为善，而且是与生俱来的，这是孟子全部理论的哲学基础。孟子通过尽心、知性、知天的路径而达于天人合一的境界，这种精神追求在宋代理学家这里产生了共鸣，宋代理学家无一不重视心性问题，心性的问题经过张栻与朱熹多年的辩难，达到了宋代心性论的理论高峰。

张栻心性论的直接来源是二程这一学脉，真德秀把二程——谢良佐——胡安国——胡宏——张栻看作一派。① 张栻师事开湖湘学之学统的胡宏，胡宏持心性二元论的观点（与朱熹的心性二元论不同），认为性体心用，性为未发，心为已发，提出了"心以成性"的思想。他认为性乃天地万物之本原，这是从宇宙生成论的角度来说的，性以五常即仁、义、礼、智、信为内容，这是从伦理学的角度来说的，善恶不足以言性，这是从性的本质规定性来说的。在对待已发未发的问题上，强调在已发中察识。胡宏心性二元论的思想，对张栻早期心性论产生了重要的影响，在朱熹"己丑（1169）之悟"之前，张栻一直遵从师说，并进而影响到了朱熹，朱熹"己丑之悟"后张栻逐步扬弃师说。

二程尤其是程颐的心性论最大程度最直接的影响到了张栻，二程持心性一元论的观点，认为心即性，程颐谓"心即性也。在天为命，在人为性，论其所主为心，其实只是一个道"②，将心与性等同，这是程颐心性论的基本立场，又谓："心也、性也、天也，非有异也。"③ 将心、性、天等同，发展了孟子尽心、知性、知天理论，认为尽心就是知性，知性即是知天，与孟子一样都强调通过人的内省达于对性与天的认知从而归于天人合一。程颐主

---

① 真德秀云："二程之学，龟山得之而南，传之豫章罗氏，罗氏传之延平李氏，李氏传之考亭朱氏，此一派也；上蔡传之武夷胡氏，胡氏传其子五峰，五峰传之南轩张氏，此又一派也。"（参见真德秀：《西山读书记》卷31，《四库全书》本）这只是学派一个笼统的划分，实际上两个学派是之间的交流和影响是相互的。张栻之师胡宏又曾与杨时和侯师圣交往切磋，朱熹又师事胡宪而为胡安国的再传弟子。

② 《河南程氏遗书》卷18，《二程集》，中华书局1981年版，第204页。

③ 《河南程氏遗书》卷25，《二程集》，第321页。

张心、性皆善,谓:"心本善,发于思虑则有善有不善,若既发,则可谓之情,不可谓之心。"① 又云:"人性本善,有不可革者,何也? 曰:语其性则皆善也。"② 这对张栻心与性的定性有重要的影响。程颐在与吕大临讨论中和问题的过程中又指出了心有体用的观点:"心一也,有指体而言者,(寂然不动是也。) 有指用而言者,(感而遂通天下之故是也。)"③ 这对张栻心性论最后定论产生了重要影响,其"性之有形者谓之心,自性之有动者谓之情"的观点启发了张栻"心主性情"的观点,后文详述。

二、心 论

张栻的心论既不同于朱熹把心仅看作认知的主体和道德修养的对象,亦别于陆九渊不言性而纯粹言心,张栻的心论既具有认识论、心性论、伦理学的特征,还有宇宙本体论的倾向。

(一)心为万物的主宰

张栻认为,心乃万事、万理的主宰,这种主宰从根本上说,不是谓心是宇宙之本原,而指的是心具有无限的包容性,能认知物质世界和心灵世界,但无可否认的是,张栻所谓的心,又有着本体论的倾向。

张栻认为太极和阴阳才是生化之根,而太极、阴阳都存备于人与物中,谓:"太极动而二气形,二气形而万物化,生人与物俱本乎此者也。"④ 太极之流动,阴阳之生化的结果就是人与物的生成。既然人与物都根源于太极和阴阳,那么心同样也根源于太极和阴阳,人心之所以能认知,是因为天地之心的赋予和太极、阴阳的流动,也就是说人心根于阴阳和太极,同时还被赋予了反映万事万物之理的能力。"人之所以能知者,以其为天地之心,太极之动,发见周流,备乎己也"⑤。

---

① 《河南程氏遗书》卷 18,《二程集》,第 204 页。
② 《周易程氏传》卷 4,《二程集》,第 956 页。
③ 《河南程氏文集》卷 9,《二程集》,第 609 页。
④ 《存斋记》,《南轩先生文集》卷 11,载朱杰人、严佐之、刘永翔主编:《朱子全书外编》第 4 册,华东师范大学出版社 2010 年版,第 197 页。
⑤ 《扩斋记》,《南轩先生文集》卷 11,《朱子全书外编》第 4 册,第 199 页。

心的主宰性首先表现在心对万事、万理的统率。天地之心与人心是贯通的，人心可以彰显天地之心。所以天地之流行，万物之演化，都能被人心所认知。当人心领悟到万事之理，心则为万事之统领。"事有其理而着于吾心。心也者，万事之宗也。惟人放其良心，故事失其统纪。"① 又谓："而人为天地之心，盖万事具万理，万理在万物，而其妙着于人心。一物不体则一理息，一理息则一事废。一理之息，万事之紊也；一事之废，万事之隳也。心也者，贯万事，统万理，而为万物之主宰者也。"② 心体认的意义在于心贯通物和理而使其不失秩序。但人常常为血气所困而不能尽心，所以需扩其心而充实之，才能使道义臻于完善，心便能更好地发挥其统率作用。所以谓："然则心体不既广大矣乎？道义完具，事事物物无不该、无不徧者也。"③

心的主宰性还表现在心对事物的应接上，张栻云："心本虚，理则实。应事物，无辙迹。来不迎，去不留，彼万变，我日休。"④ 灵虚之心对事物的认知是一种无造作、不刻意的自然而然的认知，正是因为心的无造作、不刻意才能使得心能在事物之万变中准确认识和主宰事物。心是认知的主体，事物或义理则是认知的客体，这是反映与被反映的关系。张栻认为，正确认识事物的前提条件是有完善的心，而修炼完善之心则需格物（下文详述），即通过格物扩其心体以达于该备，心达于该备，才可正确的认知事物。一旦修炼好了人心，可除社会之弊，可复放逸之性，可维社稷之稳，张栻云："故其于是心也，治其乱，收其放，明其弊，安其危，而其广大无疆之体可得而存矣。"⑤ 张栻从心上去寻求社会和人生问题的出路，把心的修炼看作是社会和人生良性发展的必要条件。

朱熹批判张栻早年心论与陆九渊的心学相似是有道理的，张栻的心论确实将心的含义与功用有所夸大以至于上升到本体论的层面，把心看作生化之源，张栻云："天心粹然，道义俱全。是曰至善，万化之源。"⑥ 又谓："仁，

---

① 《静江府学记》，《南轩先生文集》卷9，《朱子全书外编》第4册，第158页。
② 《敬斋记》，《南轩先生文集》卷12，《朱子全书外编》第4册，第202页。
③ 《扩斋记》，《南轩先生文集》卷11，《朱子全书外编》第4册，第199页。
④ 《虚舟斋铭》，《南轩先生文集》卷36，《朱子全书外编》第4册，第533页。
⑤ 《桂阳军学记》，《南轩先生文集》卷9，《朱子全书外编》第4册，第164页。
⑥ 《艮斋铭》，《南轩先生文集》卷36，《朱子全书外编》第4册，第530页。

人心也，率性立命，知天下而宰万物者也。"① 他的论述如果再进一步发挥，很容易就会走向心本论。张栻后来的论述主要还是把心规定在认识论、伦理学和修养论的范围之内。

（二）心的本质为"仁"

张栻把心分为天地之心和人心，他认为人心就是天地之心，人心和天地之心的本质从形而上的层面来说，谓"元"，从形而下的层面来说，谓"仁"，"夫人之心，天地之心也，其周流而该徧者本体也。在乾坤曰元，而在人所以为仁也"。② 自孔子以来，"仁爱"就为儒家学说的宗旨，张栻把心与"仁"联系起来，认为心贯通万物、万理，仁则充盈于天地之间，"仁"不但具有道德的属性，还是宇宙存在和运行的法则之一。心之所以能够感知万物，体认万理，乃是因为心之本、心之妙在于仁。"人受天地之中以生，有是心也。天命之谓性，精微深奥，非言所可穷极而妙其蕴者心也。仁者心之所为妙也。仁之意至亲切，而亲切不足以形之；仁之体至广大，而广大不足以名之。"③

张栻指出，人的仁心是人与生俱来的，但从根本上说，人的仁心来源于天地之心具备仁的属性，"盖仁者天地之心，天地之心而存乎人，所谓仁也"④。天地之仁心只有通过人之仁心才能得以表现，但是由于物欲的沾染、自我的狭隘而使人不能尽其仁心而丢失人的本性。如果不把放逸掉的仁心找回来，则心之精微，仁之妙蕴便不能发挥，"然则其在人也，本安在乎仁是也。仁，人心也，人皆有是心，放而不知求，则其本不立矣"⑤。张栻视"仁"为宇宙生生不息的力量和永恒的精神，把"仁"看作人最高尚的品格，认为学习的目的就贵在求"仁"。关于如何求"仁"，他认为就是要做到克己，即反求诸己，"然则学者其可不以求仁为要，而为仁其可不以克己为道

① 《潭州重修岳麓书院记》，《南轩先生文集》卷9，《朱子全书外编》第4册，第173页。
② 《桂阳军学记》，《南轩先生文集》卷9，《朱子全书外编》第4册，第163—164页。
③ 《送曾裘父序》，《南轩先生文集》卷15，《朱子全书外编》第4册，第246—247页。
④ 《桂阳军学记》，《南轩先生文集》卷14，《朱子全书外编》第4册，第229页。
⑤ 《离娄下》，《孟子说》卷4，纳兰性德编：《通志堂经解》第14册，江苏广陵古籍刻印社1996年版，第562页。

乎?"① 这实则也是儒家一贯遵循的修己方法，儒家总是向内去寻求解决问题的答案，这是儒家理论的基本点。在张栻的思想体系中，他十分重视"仁"，他的仁学思想主要是对孟子和二程思想的继承和发展，并在与朱熹等人论"仁"的过程中，逐渐系统化。

（三）"扩心"在于"致知"

孟子谓："凡有四端于我者，知皆扩而充之"。四端之心备于人心之中，需要充实之，才能保四海、事父母。张栻指出，四端之心虽与生俱来，但如果放任自流，心的功用便不能发挥。这就要求扩充其心。张栻受到二程"涵养须用敬，进学则在致知"② 观点的影响，用"致知"的方法来充养人心。"致知所以明是心也，敬者所以持是心而勿失也。"③ 在张栻看来，最具操作性和现实意义的就是通过"格物"来"扩心"。张栻所言的"扩心"，其实就是孟子尽心思想之发展。"格物"能明心、知理，"格物"其实就是发挥人的主观能动性去认知和实践。当通过"格物"明心之后，就能准确的认识事物之理，明了义理后，不能束之高阁，还需心存而身履，这才是完整的认知过程。

张栻还指出了"扩心"的重要意义在于居敬知理。通过"格物"获得义理，涵养于内心，于己是受益无穷的。"扩心"不仅仅是对仁义之道不懈的认知，同时还能扩展到天地之间，从而让人感知到万事、万理都是人本心之自然呈现而已，这样一种呈现，其实就是天人合一的状态。

> 故孟子谓"凡有四端于我者，知皆扩而充之矣。"夫恻隐、羞恶、辞让、是非一萌于中，亦知其所以然乎？知其所以然，则良心见矣。……扩之之道，其惟穷理而居敬乎！理明则有以精其知，敬立则有以宅其知。从事于斯，涵泳不舍，则其胸中将益开裕和乐，而所得日新矣。故充无欲害人之心而至于仁，不可胜用；充无穿窬之心而至于义，不可胜用。仁义不可胜用，岂自外来乎？扩而至于如天地变化之

---

① 《仁说》，《南轩先生文集》卷18，《朱子全书外编》第 4 册，第 288 页。

② 《河南程氏遗书》卷18，《二程集》第 188 页。

③ 《敬斋记》，《南轩先生文集》卷12，《朱子全书外编》第 4 册，第 202 页。

草木蕃，亦吾心体之本然者也。故扩者生道也，恕之功也，仁之方也，学者所以求尽其心者也。①

宋代理学家都很重视对心的探索，张栻的心论实际上还是在孟子心论的范围之内，通过对孟子和二程心学思想的继承和发展，又有着自己的特色，其特色主要在于发展了孟子之尽心理论，而通过"致知"来明义理和充实人的良心。

三、性论

张栻的性论，与胡宏有一定的联系，实际上，二程的性论对其性论的体系化产生了更大的影响。

（一）性为万有之根

张栻把性看成是人、物之根，"天命之谓性，万有根焉"。② 这个"根"并不是指性是万物的本根，而指的是之所以为人、为物的内在原因。"而赋是形以生者，盖以其具是性也"。③ 张栻通过对事物的抽象，把性看成是万事万物的共同本质。人既然具有是性，"率性之谓道"，那么就应该循性而行道。张栻指出性为体，是一，其发见则为性之用，性之用表现在人、物有所不同，此不同来源于人、物所受之气有所不同。

> 论性之本则一而已矣，而其流行发见人、物之所禀，有万之不同焉。盖何莫而不由于太极，何莫而不具于太极，是其本之一也，然有太极则有二气，五行氤氲交感其变不齐。故其发见于人物者，其气禀各异，而有万之不同也，虽有万之不同而其本之一者，亦未尝不各具于其气禀之内，故原其性之本一而察其流行之各异，知其流行之各异

① 《扩斋记》，《南轩先生文集》卷11，《朱子全书外编》第4册，第199页。
② 《离娄下》，《孟子说》卷4，《朱子全书外编》第4册，第564页。
③ 《南轩先生文集》卷21，《思终堂记》，《朱子全书外编》第4册，第217页。

而本之一者初未尝不完也，而后可与论性。①

此段引述还表明了，万物之本根是太极、阴阳、五行，性只是万物之共同属性。张栻所言的性与古希腊哲学家柏拉图"理念型相"有点类似，柏拉图认为"理念型相"是可感事物的原因，可感事物分有了"理念型相"，比如美的东西之所以为美，那是因为他分有了美的理念型相。"理念"与"分有"之间相当于普遍与个别的关系，就如同张栻所言之性与万物之间的关系。

（二）性的内容是仁、义、礼、智

张栻的性论，主要针对的人性论和伦理学的问题。他把仁、义、礼、智看作是人与生俱来的本然之性和人道之根本，"有太极则有两仪，故立天之道，曰阴与阳，立地之道，曰柔与刚，立人之道，曰仁与义。仁义者，性之所有而万善之宗也。人之为仁义乃性之本然"②。

仁、义、礼、智不能只是具于人心之中，还要表现在亲亲、尊尊的日常生活之中，"仁义具于人之性，而其实见于事亲从兄之间"③。在仁、义、礼、智这"四德"中，仁是最根本的，起统率和贯通的作用。

张栻认为"四德"之著见表现为恻隐、羞恶、辞让、是非之心，"仁义礼知具于性，而其端绪之著见，则为恻隐、羞恶、辞让、是非之心。人之良心具是四者，万善皆管焉"。④人通过"致知"来明了心中的"四德"，当这"四德"备于心，心就可统领各种各样的善的品格。他还指出性为体、情为用，而心则主于性情，后文详述。

（三）性无不善

张栻继承了孟子先天性善论的观点，指出："性无不善，谓性有不善者，诬天者也。"⑤ 他认为，性与心都是善的，性善、心善的根据在于天理。日常

① 《告子上》，《孟子说》卷6，《朱子全书外编》第4册，第575页。
② 《告子上》，《孟子说》卷6，《朱子全书外编》第4册，第575页。
③ 《离娄上》，《孟子说》卷4，《朱子全书外编》第4册，第558页。
④ 《公孙丑上》，《孟子说》卷2，《朱子全书外编》第4册，第538页。
⑤ 《答胡伯逢》，《南轩先生文集》卷29，《朱子全书外编》第4册，第446页。

生活中出现的不善的现象是在于血气之不正，并不是性使然。"人之性善，非被命受生之后，而其性旋有是善也。性本善而人禀夫气之正，初不隔其本然者耳。若物则为气所昏，而不能以自通也。"① 这是对张载天地之性与气质之性观点的继承和发挥。

胡宏认为善、恶不足以言性，这受到了张栻和朱熹、吕祖谦的批判。张栻曰："论性而曰'善不足以名之'，诚为未当，如元晦之论也。夫其精微纯粹，正当以至善名之。……夫专善而无恶者，性也，而其动则为情。情之发，有正有不正焉。其正者，性之常也；而其不正者，物欲乱之也，于是而有恶焉。"② 张栻认为性乃纯善，性之动为情，情有善有恶，当情发之正，则是性之合理表现；发之不正，则是物欲之恶造成的，物欲的侵蚀让人失去了本然的善性、善心。张栻扬弃师说。胡宏之所以提出善、恶不足以言性，是基于他对性的认识，在胡宏看来性无所不包，天下一切皆在性中，善恶当然也置于其中。张栻则将性的外延缩小，把善作为性的本质规定性，同时把性与心、天联系起来，发展成更为精致的儒家心性哲学。

四、张栻与朱熹心性论之互动

在心性论问题上，与张栻互动最频繁的是朱熹，二人对心性论的互动始于对已发未发问题的讨论。

张栻先受到胡宏性体心用、"心以成性"观点影响，并把胡宏心性思想介绍给了朱熹，得到了朱熹的认同。"余蚤从延平李先生学，受《中庸》之书，求喜怒哀乐未发之旨，未达而先生没。……闻张钦夫得衡山胡氏学，则往从而问焉。钦夫告余以所闻，余亦未之省也，……一日，喟然叹曰：'人自婴儿以至老死，虽语默动静之不同，然其大体莫非已发，特其未发者为未尝发耳。'"③ 从此段引述中可知，张栻在朱熹"丙戌（1166）之悟"和潭州之会④

---

① 《存斋记》，《南轩先生文集》卷11，《朱子全书外编》第4册，第197页。

② 朱熹、张栻、吕祖谦：《胡子知言疑义》，《胡宏集》，中华书局1987年版，第331页。

③ 朱熹：《中和旧说序》，《晦庵先生朱文公文集》卷75，载朱杰人、严佐之、刘永翔主编：《朱子全书》，上海古籍出版社、安徽教育出版社2002年版，第3634页。

④ 乾道三年（1167），朱熹赴潭州访张栻，此次湖湘之行所涉及内容更加广泛："仁"、《中庸》之义、察识、涵养工夫、太极之妙、乾坤之动静等问题。

(1167)之前秉承师说，认为性体心用，性是未发，心是已发，人生大抵都在已发，所以要先察识后涵养，朱熹在经过思索之后欣然接受了张栻的观点。

潭州之会，张栻在遵循胡宏之学的基础上有了新的突破，他把工夫论与孟子的"四端之心"联系起来，朱熹《答程允夫》中曰："去冬走湖湘，讲论之益不少。然此事须是自做工夫于日用间行往坐卧处，方自有见处。然后从此操存，以至于极，方为己物尔。敬夫所见超诣卓然，非所可及。……如《艮斋铭》便是做工夫底节次。"①《艮斋铭》张栻作于乾道四年（1168），此铭讲到人如果不能在物欲中保持自我，则会损伤天理，所以要谨慎察识"四端之心"，时刻注意保持人的至善本心。"物之感人，其端无穷。人为物诱，欲动乎中。不能反躬，殆灭天理。……四端之著，我则察之；岂惟思虑，躬以达之。工深力到，其大体明。"②把人的本心作为察识和操存的对象，认为持守人的至善本心并践行之，"天理"才可显现。张栻把孟子的"四端之心"纳入心性论的体系之中，"心"的内涵丰富起来，但"心"仍指的是发用，未能提及"情"，更不可能讨论和思考到"心"之"统"和"心"之"主"。

潭州之会后，朱熹开始重新审视心性论，又复取二程之书读之，乾道五年（1169），朱熹提出了新的心性论思想，即所谓的"己丑（1169）之悟"，此次领悟使得张栻的心性论开始有了转变。但是张栻并未完全接受朱熹的理论。"己丑之悟"主要涉及两个方面的内容：第一，察识与涵养的问题，朱熹写信给张栻商榷"未发"之工夫问题，认为应当先涵养后察识，如果缺平日一段涵养工夫，遇事便察其已发，会茫然失措，所以在日常生活中就当涵养之。通过朱熹写给林择之的信中可知，张栻并未同意朱熹先涵养后察识之论，"近得南轩书，诸说皆相然诺，但先察识、后涵养之论执之尚坚；未发、已发条理亦未甚明。盖乍易旧说，犹待就所安耳"③。第二，心有体用之分，认为"未发"是"性"，是思虑未萌阶段，"已发"是"情"，是思虑已萌阶段，开始有了情的位置，推翻了心为"已发"的前说，而把"心"提

① 《答程允夫》，《晦庵先生朱文公文集》卷41，《朱子全书》，第1871—1872页。
② 《艮斋铭》，《南轩先生文集》卷36，《朱子全书外编》第4册，第529—530页。
③ 《答李择之》，《晦庵先生朱文公文集》卷43，《朱子全书》，第1965页。

升到了一个"纲领"的高度，把"心"作为关照"性情""中和""动静"的认知器官，这可谓是一个突破，同时还强调要把"敬"贯穿于"已发""未发"之中。朱熹把他的新观点书信给张栻，张栻深以为然，认为心有体用之分显然比前说更加兼顾和周全。但此时张、朱二人还是未明朗"心"的统摄和主宰作用。

五、心主性情

"己丑之悟"张栻接受了朱熹心有体用，性为未发，情为已发的观点，接下来，与朱熹、吕祖谦批判胡宏《知言》①提出了"心主性情"的思想，反省了察识涵养的工夫，讨论了性善、恶的问题（此问题前文已述），其心性论趋于完善。

> 《知言》曰：天命之谓性。性，天下之大本也。尧、舜、禹、汤、文王、仲尼六君子先后相诏，必曰心而不曰性，何也？曰：心也者，知天地，宰万物，以成性者也。六君子，尽心者也，故能立天下之大本。人至于今赖焉。……熹谓："以成性者也"，此句可疑，欲作"而统性情也"，如何？栻曰："统"字亦恐未安，欲作"而主性情"，如何？熹谓：所改"主"字极有功。②

张栻、朱熹、吕祖谦认为胡宏"心以成性"观点有疑惑之处，朱熹认为改之为"心统性情"，张栻认为"统"字欠妥，而作"心主性情"，这一观点得到了朱熹的极大赞许。张栻提出"心主性情"的观点是源于其对心、性关系的认知。张栻在解释《孟子》"尽心""知性""知天"云：

> 理之自然谓之天，命于人为性，主于性为心，天也，性也，心也，

---

① 庚寅（1170）朱熹把对《知言》的疑义书信给当时当时知严州的张栻和教授严州的吕祖谦，张栻和吕祖谦也提出了对《知言》的疑义，最后由朱熹加以整理。《知言》之论辩，始于庚寅，终于辛卯（1171）。

② 朱熹、张栻、吕祖谦：《胡子知言疑义》，第328页。

所取则异而体则同。尽其心者，格物致知积习之久，私意脱落，万理贯通，尽得此生生无穷之体也，尽得此体，则知性之禀于天者，盖无不具也，知性所素，具于我者，则知天之所以为天者矣。此物格知至之事，然人虽能尽心之体以知性之理，而存养之未至，则于事事物物之间，其用有未能尽者，则心之体未能周流而无所滞，性之理亦为有所未完也，故必贵于存心养性焉。①

这段引述表明了张栻继承了二程心即性的心性一元论思想，认为心、性、天的实质都是一样的，只是在具体问题论述的过程中侧重点不同而已，三者可以相互贯通，通过心之尽即格物而得性，通过体认性而知天。张栻的这一理路是对传统尽心、知性、知天理论的发展，孟子强调尽心在于内省，而张栻强调尽心在于格物，显然，张栻是很重视践履的，这与陆九渊只重视心而不重实践有很大的区别，也与朱熹心性二元的思想有区别。

张栻认为，心与情都根于性，性是体，情是用，情发于心，性的具体内容是仁、义、礼、智四德，心的内容是恻隐、羞恶、是非、辞让之心即四端，仁贯通"四德"，恻隐贯通"四端"。简言之，"心主性情"指的是心、情根于性，性动产生情，心则能够贯通动静，而主宰性情，且贯通和主宰无所不在。"夫性也，心也，情也，其实一也，今由前而观之，则是心与情各自根于性矣；由后而观之，则是情乃发于心矣。窃谓人之情发，莫非心为之主，而心根于性，是情亦同本于性也。"② 又谓："自性之有动谓之情，而心则贯乎动静而主乎性情者也。程子谓既发则可谓之情，不可谓之心者，盖就发上说，只当谓之情，而心之所以为之主者固无乎不在矣。"③

三人再次反思了察识与涵养的问题，此时，张栻在与朱熹和吕祖谦讨论过程中开始怀疑先察识后涵养之论，后又与朱、吕继续讨论，提出了以存养为本，存养、省察并进的工夫论。"某读书先庐，粗安晨夕。顾存养省察之功固当并进，然存养是本，觉向来工夫不进，盖为存养处不深厚，方于闲

① 《尽心上》，《孟子说》卷7，《朱子全书外编》第4册，第585页。
② 《答吴晦叔》，《南轩先生文集》卷29，《朱子全书外编》第4册，第440页。
③ 《答吴晦叔》，《南轩先生文集》卷29，《朱子全书外编》第4册，第441页。

暇，不敢不勉。"① 朱熹又在张栻的影响下开始改变先涵养后察识之论，提出涵养察识交相助的思想，朱、张在察识涵养的问题上基本趋同，但也有一定的差别，朱熹强调察识、涵养同时进行，同等重要，而张栻强调存养为本，日常工夫的修炼更重要，在修养和工夫问题上，张栻已由之前的已发时的察而后存转向未发时以存养为本，存与察并进。

在批判《知言》中，三人再次讨论了"性体情用"的观点，"《知言》曰：……'圣人指明其体曰性，指明其用曰心，性不能不动，动则心矣。'……熹按：……凡此'心'字，皆欲作'情'字，如何？"② 张栻赞同性之动为情，但他认为还不够完整，他指出程颐"自性之有形者谓之心，自性之有动者谓之情"才得当。程颐的这句话给张栻带来了很大的启发，对其心性论体系的建构有重要影响。性之动是情，这无可疑义，张栻如何解释性之有形为之心呢？云："仁义礼知具于性，而其端绪之著见，则为恻隐、羞恶、辞让、是非之心。"③。又谓："前日所谓对义礼智而言，其发见则为不忍之心者，非谓义礼智与不忍之心均为发见，正谓不忍之心合对义礼智之发见者言，羞恶辞逊是非之心是也。今再详不忍之心，虽可以包四者，然据文势对乾元坤元而言，恐只需曰：统言之，则曰仁而已可也。"④ 从这段引述我们可知，性表现为性之有形与性之有动，性指的是仁、义、礼、智"四德"，性之有形指的是恻隐、羞恶、辞让、是非"四端之心"，张栻之所以强调和区分"性之有形"与"性之有动"，是因为性之"有形"指向的是"四端之心"，是善的，性之"有动"指向的是情，有善也有不善的。"性之有形"的意义在于肯定"四端之心"是与生俱来的至善之心，要求人们要复其本然之善心。张栻这样就把心、性、情的关系进一步系统化了。朱熹则认为四端之心是性之用即情，这不但扩大了"四端之心"的外延，而且也不能与纯善的仁、义、礼、智"四德"相类应，因为情是有正有不正的，作为纯善的"四端之心"应该与纯善的"四德"相应，张栻性之"有形"与"有动"的区分，是很有说服力的，就这点来说，张栻的心性论要比朱熹的更加精致，更经得起推敲。张

---

① 《寄吕伯恭》，《南轩先生文集》卷20，《朱子全书外编》第4册，第377页。
② 《胡子知言疑义》，《胡宏集》，第336页。
③ 《公孙丑上》，《孟子说》，《朱子全书外编》第4册，第538页。
④ 《南轩先生文集》卷25，《答朱元晦秘书》，《朱子全书外编》第4册，第319页。

栻与朱熹、吕祖谦等人心性问题的互动过程，就是张栻心性问题逐步解决、心性论逐步体系化的过程。

乾道八年（1172），朱熹草成《大学章句》《中庸章句》，寄给张栻、吕祖谦征求意见。在心性问题上，张栻指出："中者性之体，和者性之用，恐未安。中也者，所以状性之体段，而不可便曰中者性之体；若曰性之体中，而其用则和，斯可矣。"①张栻十分严格的定义性与中、和的关系，认为言中是性之体，和为性之用，是不精确的表述，应该言性之体为中，性之用乃和，这才是正确的。张栻认为在此关系中，性才是最根本的。从中我们也看到了张栻对细节问题的认真态度。

六、张栻心性论的理论与现实意义

张栻心性论是在其对"心"与"性"的认识基础之上，在与朱熹、吕祖谦等人相互切磋学术的过程中，扬弃胡宏之学，回归并发展二程的心性学说而形成的。胡宏去世后，张栻成为湖湘学的领袖，他的思想在他生活的时代影响很大，朱熹赞曰："其学之所就既足以名于一世。"②陈亮赞谓："一世学者宗师。"③他与当时的学者交流切磋，还创办城南书院，教授于岳麓书院，不但扩大湖湘学影响的范围，而且把湖湘学发展到了顶峰。惜张栻早逝，逝后学派衰落，在庆元党禁中其学又受到了攻击，但仍然不能遮盖住其理论的光辉和人们对其思想的褒赞。张栻与同时代的理学家一样，用理学来重振儒学是他们的夙愿，正人心、扶三纲、明大义是他们学说的宗旨。在佛教盛行，儒学败落的状况下，张栻构建了较为精致的心、性、天的理论体系，为抵抗佛学作出了贡献。儒学值得一提的是，朱熹成为理学的集大成者，张栻功不可没。张栻的思想同样影响着元、明、清三代的思想家，于今又被现代新儒家所传承和发展。

张栻首次提出"心主性情"的思想，这在中国心性史上意义重大。先秦是中国哲学的始源时期，两汉哲学关注的是宇宙构成论，魏晋南北朝之后

① 《答元晦秘书》，《南轩先生文集》卷20，《朱子全书外编》第4册，第317页。
② 《南轩先生文集·序》，《朱子全书外编》第4册，第2页。
③ 陈亮：《陈亮集》（增订本）下册卷29，中华书局1987年版，第383页。

关注的是本体论的问题，这是中华民族思维水平的一次发展。隋唐时期，佛教心性论处在学术思想发展的领先位置，思辨性高于儒家哲学。中唐以后，经过韩愈、李翱等人的探索与倡导，并借鉴了佛、道的理论，开始发展儒家的心性之学。到了宋代，理学的兴起，心性之学的研究蔚然大观，宋儒对心性问题高度重视，建立了较为完备的儒家哲学理论体系，从本体论转入心性论，是中华民族思维水平的又一次提高。任继愈先生讲道："宋代理学兴起，心性论与治国平天下的封建政治学说相结合，形成理论完备的儒教体系，成为心性论的主力。佛、道二教没有能够继续发展，仍停留在原来的水平上，反而落后了。"① 张栻的心性论就是理学思潮中优秀思想的代表，为儒学的新发展作出了贡献。

当今时代，经济、社会快速发展的与精神的发展并不同步，我们的传统精神在流失，张栻的心性论让我们重新反省人的存在，重新思考人的本心、本性。我们应该从中获取精神的营养，为社会主义精神文明建设提供宝贵的思想资源。正如蔡方鹿先生所言："张栻的思想是时代的产物，只有用历史主义的眼光，才能认识张栻思想的本来面目；也只有以现实主义的态度，才能分清张栻思想中的精华与糟粕，去其过时的、封建性的糟粕，吸取可资借鉴的精华，古为今用，为建设今天的社会主义精神文明服务。"②

(作者单位：四川大学古籍所)

---

① 任继愈：《中国道教史·序》，上海人民出版社 1990 年版，第 5 页。
② 蔡方鹿：《一代学者宗师——张栻及其哲学》，巴蜀书社 1991 年版，第 204 页。

论张栻以心与太极为核心的理学思想

张　琴

　　以先秦儒学的基本理念为核心而重构一个完整的宇宙论与心性论哲学体系，是宋代理学运动之重要使命。理学家倾心于宇宙论建构之目的是为心性论与工夫论的建构提供必需的理论平台。湖湘学派创始人胡宏提出性本位的理学思想，其"理即性"①"性体心用""尽心成性"的观点，实为理学阵营中之独树一帜者。胡宏高弟张栻批判地发展了胡宏"性一分殊"与"性体心用"思想，建构了以性为本位，分别以太极与心为核心的宇宙论与心性论体系：性←→太极←→气；性←→心←→情。太极与心均为性体于宇宙论与心性论的"同体异取"之名，也分别为性气之动力机制与性情之妙用的主宰者与体现者。在张栻的理学体系中，此二者均具有表达性本体的功能与作用，均为具本体意义的理学范畴。

---

　　① 胡宏认为：作为宇宙的最高本体，性本身即涵摄了一切现象生灭变化之理，所以"性具万理"。"大哉性乎！万理具焉，天地由此而立矣。"又谓"理也者，天下之大体也；义也者，天下之大用也。"可以明显看出性、理、义三者之间的关系为：性为本、理为体、义为用；谓性为本，是说万物必有得于"大本之性"而成就其自身本质；谓理为体，是说万物既具是性而必具是理，性理圆具，方为事物之圆成的存在；谓义为用，是说万物所具之性理的当体发用即谓之义。胡宏与朱熹都认同二程"性即理"的观点，都认同性与天理作为本体的超然地位。朱熹的性理观与程颐的思想相承接，他论性理关系为"性是许多理散在处为性。"按此说，则理是总体，性为理所涵摄。而按胡宏的见解，则性为本位，为天下之大本，理实为性之"散在"的原理，故理为性所涵摄。侯外庐先生曾概括胡宏的性理关系为哲学上的一般与特殊的关系，称之为"性一理殊"，又把程朱的性理关系简称为"理一性殊"，他说："可见，胡宏与程、朱在性理关系上，其观点正相反对。"从胡宏对性理关系的处理上，体现出其不同于程朱之学的独特思想建构特色。具体有关湖湘学派之"理即性"观点的诠释见拙作《论胡宏性本位宇宙论的建构》一文，载《哲学研究》2012 年第 6 期。

张栻的宇宙论是对胡宏性本位宇宙论的发展。胡宏的著作《知言》向我们呈现了一个以性为本位的宇宙论与心性论的思想体系。①就世界现象之现存的整体而言，性为构成事物的基本元素——气之往来交合的根本内因，而性气的结合及其运动则形成山川大地，也造就禀赋了性之全体的人类。性为一切万物所共具的本质，也是人自身存在的真实本质，所以通过"尽心成性"的日常实践与德性践履，便不仅能够实现人之真实本质的回归，还能够实现宇宙本体在人本身的回归，从而达到与宇宙合一的最高精神境界而优入圣域。胡宏的学说，在整体上呈现为一个以心为核心、以性体为枢纽的由形而上的本体世界向经验的现实世界展开的系统，它以人对于至诚不息之天道的体认与顺应为原则，以人对于生活世界之能动的恰当干预或实践为归结，这一点亦最为深刻地体现了湖湘学派之由胡安国、胡宏、张栻一脉相承的实学精神。胡宏在建构以性为本位的理学体系时，虽对太极的本体地位予以确认，却没有对太极与性、心的关系作出详细地梳理与论证，而张栻则在继承胡宏的理学基础上特别强调太极的范畴在理学体系中的核心地位。

在湖湘学派的学说中，性作为自然现象与生命存在的本质，是普遍地存在于一切万物的生成发展过程之中的。区别于闽学论性为天理之分殊而偏重于人性而论，张栻认为性为涵盖人、物与一切自然现象的本体范畴，理则为性之分殊。在张栻那里，性是一个涵括人性、物性为一体的终极本体范畴，其意义与胡宏"性立天下之有""一人之性，万物备之"的观点是相一致的。作为宇宙的本原性实在，性总摄一切现象，为一切现象的共有本质。这一性本位思想，为湖湘学派弟子共同坚持。张栻在与胡伯逢的书信中谈道：

> 某窃详所录明道先生之说，盖明性之存乎人者也；伊川先生之说，盖明性之统体无乎不在也。天命之谓性者，大哉乾元，人与物所资始也；率性之谓道者，在人为人之性，在物为物之性，各正性命而不失，

---

① 按胡宏的理解，本具万理之性，既是宇宙的本原性实在，又是一切现象作为个体存在的本质根据。现象事物作为个体的存在，实质上即是性的"散而万殊"，而"散"作为本原之性的自身运动，便必然会存在一个动力机制。这一动力机制的基本要素，在胡宏那里，即是"气"，正是气的流行使"大本之性"的"散而万殊"获得实现。

*所谓道也。盖物之气禀虽有偏，而性之本体则无偏也。观天下之物，就其形气中，其生理何尝有一毫不足者乎？此性之无乎不在也。*①

针对湖湘弟子胡伯逢提出的关于性到底是指人性还是物性的疑问，张栻清晰界定了性的广义本体意义：性为生之理，为人与万物之终极本原。此性在人则成为人之所以为人的生命本质，此性在物则是事物之形成以至于消亡的存在本质。无论是对于物而言，还是对于人而言，性作为气之运动的本原是普遍存在于现象的。一方面，对于具体事物而言，其所禀具之性则有全面、偏失的种种区别，而此物性的差异性也体现于宇宙万物之丰富性与多样性；另一方面，人、物所禀赋的气禀之性虽各有不同，但现象间的差异并不影响性之本体的真实与圆满。如张栻所谓"物之气禀虽有偏，而性之本体则无偏"，各事物之所以生成，源于此大本之性本具"生之理"，而事物的灭亡则最终同归于此大本之性。这就是张栻对"性之统体无乎不在"的诠释。

在张栻的理学体系中，性与理这两个范畴的本体地位次序是否有先后的区别呢？在《孟子说》中张栻谈道："凡有是性者，理无不具是，万物无不备也。"②"有是性则具是理。"③性与理的关系是性为本源、理为性之派生或者衍伸的关系。性散而万殊，万物皆借性以成，然性之"散"乃必循其理，故性与理合一。胡宏谓"万物生于性者也，万事贯于理者也"④。对于性理关系，张栻强调说："天下之言性，言天下之性也。故者，本然之理，非人之所得而为也。有是理则有是事，有是物。夫其有是理者，性也。顺其理而不违，则天下之性得矣。"⑤"天下之性"的界定实则强调性作为万物与人的共同存在本质的意义。事与物的存在均因禀赋了分殊之理，而理又源于天下之性。可以看到，张栻论性理的逻辑关系与胡宏的观点是一致的，是"性一理殊"的逻辑关系，而这一性理关系的处理也体现了张栻对于胡宏性论思想的坚持及其与朱熹论性理关系的差异。

---

① 《答胡伯逢》，《张栻集》，岳麓书社 2010 年版，第 766 页。
② 《孟子说》卷 7，《张栻集》，第 380 页。
③ 《孟子说》卷 6，《张栻集》，第 345 页。
④ 《皇王大纪序》，《胡宏集》，中华书局 1987 年版，第 165 页。
⑤ 《孟子说》卷 6，《张栻集》，第 307 页。

性的普遍性恰恰在于殊相事物的无限多样性，而殊相的差异性又成为"天下之性"的适时显现。理作为一本之性的表达，体现于事物中。此处的事应指称为自然界和社会中的一切现象和活动，物指一切物质现象，二者和而言之则统指在时空中呈现的一切生命存在与物质现象的运动形态与过程。而"事物"的繁芜为天下之性的一体呈现，天下之性即为一切现象之繁芜的共相。而正因人、物具有一个共同的本质——性，人才能最终通过"尽性"或者"成性"的修身途径而达到与天地万物相参赞的至高精神境界，才能成为万物"主宰者"。

从湖湘学派胡宏与张栻对性理关系的处理上，体现出其不同于程朱之学的独特思想建构特色。在张栻的思想中，性既是派生理、道之根源，但性又是隐微而潜藏于事物之形表外的，那么，天道之流行的全体过程又是通过何种渠道与方式让潜隐之性得到显现的呢？

在张栻宇宙论的建构中，性本身虽然为形而上的本体存在，其必须通过宇宙万象之生灭运动而实现自身的显现，也可以说，性本身即具有表达自身的必然性；而潜藏、隐微的性体之表达就是宇宙万象之生生不息，全具于一切事物的生灭运动过程。与北宋理学家一样，在张栻宇宙论的建构中，不可缺少构成一切现象事物之要素——气。而气之运动则以性为原动力，正是基于性气之动力机制，宇宙才得以化生繁衍。由此，张栻引入太极的概念表达性、气之运动的动态过程。《南轩集》载周允升与张栻的书信中谈道：

> 太极不可言合，太极，性也。惟圣人能尽其性，太极之所以立。人虽具太极，然沦胥陷溺之，则谓之太极不立可也。

张栻明确阐述了太极为人与物所固有的存在本源，而非外在的，所以"太极不可言合"。"太极，性也"，即是对太极作出清晰的本体意义的定位。"太极，性也"，这意味着太极与性同为宇宙本体，但太极与性的范畴界定并非完全等同。性作为潜藏而隐微的宇宙终极本体，在张栻看来，其本身就具有运动属性，性的显现也即是性的流行与作用，而性之流行就是太极。张栻在书信中答复其讲友吴翌曰：

垂谕太极之说。某妄意以为太极所以形性之妙也，性不能不动，太极所以明动静之蕴也。极乃枢极之义，圣人于《易》特名太极二字，盖示人以根柢，其义微矣。若只曰性而不曰太极，则只去未发上认之，不见功用。曰太极，则性之妙都见矣。体用一源，显微无间，其太极之蕴欤！①

性作为宇宙终极本体，其自身具有"生之理"，所以"不能不动"，即具有运动之必然性。而太极即性在一切现象存在的流行与作用，反过来说，太极即流行于一切宇宙万物之性。在张栻看来，《中庸》中关于未发与已发的分野并非指两个不同事物，而是对于同一事物的不同维度与意义的规定与描摹。如果从未发、已发的意义上界定性与太极这两个范畴，则张栻用性表示宇宙本体潜隐之未发状态，用太极表示为宇宙本体流行无间之已发状态。而太极作为性体的另一种表现形式，能够通过动态的运动过程显现性体本有的动与静形态，即所谓"体用一源，显微无间"，太极的范畴兼涵性之动静两个层面的含义。

张栻认为，周敦颐《太极图说》的主要精神则在于确立太极为宇宙之永恒实在的本体。张栻分析周敦颐论"无极而太极"之旨要时谈道："此语只作一句玩味。无极而太极存焉，太极本无极也。若曰自无生有，则是析为二体矣。"②张栻强调，无极与太极并非两个不同的本体，太极也并非由无极演化或者生化而来。在张栻的宇宙论建构体系中，由本体化生万物现象，这种化生关系实则为本体与现象之万殊的体现。显然，太极与无极、太极与性都并非这种化生的关系，因这三者在张栻的思想中都具有宇宙本体意义。在张栻的宇宙论建构中，作为一切现象生存与发展、消亡的终极实体，性无时不在，无处不作用，而太极则表现潜藏之性在经验世界中之妙用。太极作为体现性之动静蕴义的"妙合"者，其存在是与性的真实存在一致的。换言之，太极的范畴涵括性体之动力机制（动）与实然存在（静）两方面的意义。就此意义而言，太极即性也。张栻对于宇宙的起源做了一番描述，他强

① 《答吴晦叔》，《张栻集》，第 668 页。
② 《南轩先生文集》卷 31，《张栻集》，第 789 页。

调以"太极"的范畴该涵有无、动静、生死等宇宙动态奥妙。在《孟子说》中，张栻谈道：

> 论性之本，则一而已矣。而其流行发见，人物之所禀，有万之不同焉。盖何莫而不由于太极，何莫而不具于太极，是其本之一也。然有太极，则有二气五行，氤氲交感，其变不齐，故其发见于人物者，其气禀各异，而有万之不同也。虽有万之不同，而其本之一者，亦未尝不各具于其气禀之内。……故太极一而已矣，散为人物而有万殊。就其万殊之中，而复有所不齐焉，而皆谓之性。①

这一段文字主要论述作为本体的性与太极与万物、人之间的逻辑关系。性作为现象存在的本体对于现象存在之本质的最终规定性是通过性之运动来体现的，所谓"性不能不动"，太极即表达运动之性。在这一段话中，张栻对于太极与性并未作以体用的区别。需要强调的是，性与太极作为宇宙本体，具唯一的、绝对的、普遍性，太极与性只是对于此宇宙本体于不同意义的名称。用张栻的语言，太极兼性之动静而言，所以体现性之动静形态与妙用。性与万物的关系是本体与现象的关系，即一本分殊的逻辑关系，如胡宏的"性一分殊"与朱熹的"理一分殊"。张栻描摹了一幅世界化生的图景，太极作用于其间，阴阳二种属性之气相互交感而万物化生。

"性不能不动。"张栻预设本体之性具有运动之必然性，引用太极的范畴说明性于现象世界的流行与作用，继而界定太极实则为性体之"同体而异取"的关系，即太极与性同体异名。而张栻将太极确立为宇宙本体，更强调了太极以兼摄性之动静的特殊意义。

"性不能不动"，动则名之为太极，而太极的显现则体现为阴阳二气的变化，气具有具体形象，其交感遇合之呈现即现象世界的展开，正是气的运动使太极与性之"散而万殊"获得实现。"太极动而二气形，二气形而万物化生，人与物俱本乎此者也。"② 阴阳二气的变化运动之本源为太极，换言

---

① 《孟子说》卷6，《张栻集》，第344—345页。
② 《存斋记》，《张栻集》，第591页。

之，太极或者性本身即具有能动之固有性质，即"生之理"，给阴阳二气之变化提供了动力机制，从而气之"化"而生，生而有"形"，"形"而呈现为人与物。"嗟乎！世有今古，太极一而已矣。太极立则通万古于一息。"① 世界的呈现实际就是人、物、生命现象于时间、空间的同时呈现，而在宇宙万象之运动历程中，太极（性）作为本体，其存在是唯一与绝对的，张栻持有太极（性）的一元宇宙本体论。太极之唯一性指万物皆由此出，而终又归于此的哲学思想。

性与太极是张栻建构其宇宙论与心性论思想体系的核心范畴，现有研究成果一般认为，如果须厘清性与太极的关系，则性与太极似乎为逻辑上的体用关系。笔者以为，对性与太极之体用关系的界定只是太极体现性之妙用的含义而言，而太极兼涵性之体用意义，是性之动静即本体实在者与流行者之一体，从此意义而言，性即太极，太极即性。太极与性实则体用一源，为同一本质意义的实体存在，二者名称的区别只是代表着宇宙本体之不同意义的界定与取向，这也体现了张栻所谓"同体异取"的义理建构准则。然而太极与性之命名体现的差异在于太极用以表述性与阴阳二气相互作用之本质与内容，是性气之动力机制与性气之实然相即不离的代名。就此意义而言，张栻对太极与性之意义界定与使用范围也存在差异。

如果梳理理学范畴并明晰其关系，则不难发现南轩之宇宙论的建构实具有明确的条理与体系，其宇宙论之化生与范畴之逻辑关系描述如下：性←→太极←→气。

形上之性与形下之气的结合与化生为"天命之全体流行"，此流行的体现即是太极作为二者之"妙合"，将隐微之性体、具象之阴阳二气予以动态的体现，由此呈现一幅永恒的、动态的、丰富的世界活泼繁兴之图景。作为本体，太极既是形而上之性体的动态表达，也是形而下之二气的内在动力与制约，太极将形上之本体与共相与形下之个体与殊相巧妙的融合而成就鬼斧神工之山川、河流、人物。

不同于胡宏的宇宙论建构，偏重于对于大本之性的挺立，张栻在胡宏"性本位"宇宙论的基础上，更详细阐述了太极作为宇宙本体的意义及其与

① 《经世纪年序》，《张栻集》，第 613 页。

性体之间的逻辑联系。张栻的宇宙论建构，试图以太极涵摄形上之性与形下之气之合一，呈现一个本体与现象同生共具而动静、有无皆该的宇宙真相。如果说张栻以"太极即性"为核心理念概况以性为本位、以太极为核心的宇宙论的建构，则其以"心主性情"约括心性论的建构。

张栻在完成以性与太极为宇宙本体以及道德本体的思想体系建构后，将视野与关注的焦点从恢弘广阔的宇宙星辰中重新投射于人的心灵，从而赋予了人以"万物之主宰者"的至尊地位，建构了以"心主性情"为核心理念的心性论思想体系。

与道家、佛教的宇宙论不同，儒家的宇宙观与天道思想在建构之初就被赋予了道德价值的内涵。而对于胡安国与胡宏论"性不可以善恶言"的说法，张栻予以了否定，从而于宇宙论与心性论的角度清晰界定了性善的内涵。张栻在《艮斋铭》中记曰："天心粹然，道义俱全。易曰至善，万化之源。"① 张栻认为天道之生生不息、天命全体之性的流行作用、太极之玄妙神用都是原初的、纯粹的、至善的。天道、性、太极之善，是就其体用一源而论，其体之唯一、绝对、永恒是为至善，其发用也必然是纯粹之善。张栻将天道之化生赋予了善的价值意义。那么按照这种逻辑关系，作为性与天道化生之万物之灵——人，自其生命伊始就禀赋了至善之性，由此，至善成为人性的唯一、绝对的约定。张栻认为，性为至善的理论论证与衔接在于对宇宙本体性与太极的溯源。

人与其他生命体与事物之存在都是性与太极一本分殊的产物，事物因其仅禀赋了性之部分而有先天局限。人贵为万物之灵，即因其禀具性与太极之全体。因此，人的存在本身即有可能是终极本体——性的全部本质与内容的表达。人只有实现自我之性，才能真正正名为人。

"性不能不动。"在宇宙论中，性的运动与流行通过太极涵摄性气之动力机制而获得体现。在人性论中，至善之性的运动又通过什么而获得开显呢？

作为潜存的宇宙本体、道德本体，性必须通过某种渠道于经验世界获得沟通与体现，而这一贯通性之全体的媒介就是人所独有的"虚灵知觉"之

---

① 《艮斋铭》，《张栻集》，第 831 页。

心。性的开显、理的认知、开物成务之社会生活实践都有赖于心之作用而获得实现之可能。"理之自然谓之天命，于人为性，主于性为心。天也，性也，心也，所取则异而体则同。"① 按照张栻此"同体异取"的观点，心与天、性为同一本体意义范畴。天与性是至善的，那么心体的本然存在也是至善，只是而当其向经验世界开展与显现自身的过程中，则产生了两种趋向：一是心体的自然开展。按照心体、性体之自然而体现于社会生活实践中，则表现为对于天理与礼乐文明的遵循与践履。二是心体的沉沦与流放。对心体、性体之自然的背离即体现为人欲的炽盛、天理的泯灭。张栻认为，在经验世界中，无论是前者还是后者，其先天固有之心体自身并无加损与改变。"原人之性，其爱之理，乃仁也。"② "仁，人心也。"张栻认为仁即宇宙本体的性体与天道之生生不息于人心的体现，就天道之生物而言，仁自然表达为"爱之理"，而"爱之理"自然包涵义、礼、智、信的道德内容。③ 张栻认为，仁即是人心的本质，因此以仁为根本的仁义礼智信等儒家伦理内涵也获得了内在于心体自身的本质意义。因此，张栻说：

> 人为天地之心，盖万事具万理，万理在万物，而其妙著于人心。……心也者，贯万事，统万理，而为万物之主宰者也。④
>
> 仁，人心也，率性立命，知天下而宰万物者也。⑤

张栻认为，至善性体的本质表现于心之虚灵，则为仁，心之仁在经验世界的表达就是仁义礼智信的伦理内涵。人只有真正知觉体达了本心之仁，才能真正获得心之虚灵知觉的全部意义，从而能够与万物为一体，掌握"天地之理"，成为参赞天地的"主宰者"。就心之虚灵而言，此虚灵源于性体之普遍、绝对、至善；就心之知觉而言，此能知觉既源于性体，也源于"气之

---

① 《孟子说》卷7，《张栻集》，第378页。

② 《论语解》卷6，《张栻集》，第104页。

③ 张栻《仁说》："人之性，仁、义、礼、智四德具焉。其爱之理则仁也，宜之理则义也，让之理则礼也，知之理则智也。是四者虽未形见，而其理固根于此，则体实具于此矣。性之中只有是四者，万善皆管乎是焉。"参见《仁说》，《张栻集》，第655页。

④ 《敬斋记》，《张栻集》，第595页。

⑤ 《潭州重修岳麓书院记》，《张栻集》，第572页。

有形体者"——人身。而心体作为性体与人身的双重主宰，具有表达、显现大本之性与二气的功能。可以说，在张栻那里，心作为"主宰者"，心的流行发用本然的涵摄性体与气之交感，二者统一于心之动静。就此意义而言，张栻说："主宰处便是心，故有主于性、主于身之言。然两处语，亦当莹之归于一也。"①

对于心为万物之"主宰者"的意义，张栻认为，心固然为宇宙之主宰，也为性与身之主宰，但此主宰意义是就心之妙用而言。心之至虚，所以能存天地之理从而统摄万物。"主宰"是论心体之广大而能涵万物，能运用万理的意义而言，并非如主观唯心主义论以心为万物之存在的本体的意义。张栻认为，心体虽为与性、天同一层次的本体存在，但心体之先天虚灵与仁的本质意义是建立在性与太极之纯然至善的理论基础之上的。因有宇宙本体之性与太极之纯粹至善，心体才得以获得了与宇宙本体同一本质的实在意义。

可以看到，张栻虽然注重突出人之主体性的树立，但其心学思想的建立仍然是以宇宙论的思想体系之建构为理论平台的，因此心的显明也并非为脱离性与太极之本体的张扬。张栻认为，与佛教论"一切唯心造"的思想不同，心固然为万物之"主宰者"，但其所以能主宰万物则在于本心之虚灵能够涵存实然之天理，在于心体即性与太极之纯粹至善。②

张栻在强调心之主宰者的超然地位的同时也注重性与理对于心体之制约性、规定性意义的阐发。侯外庐指出，张栻论心的主宰性与程朱论的观点有相离异之处，朱子论心虽也强调心的主宰意义，但归根结底，其论所"主宰者"也即是"所以然者"③。朱熹说："心固是主宰底意，然所谓主宰者即是理也。"④ 朱熹十分清晰地表示主宰性与主宰者之间的区别。主宰只是作用与功能、职事，正如他所说："心大概似个官人；天命，便是君之命；心虽是一

① 《答胡伯逢》，《张栻集》，第769页。
② 就张栻的论心、性、太极之逻辑关系而言，性与太极作为宇宙本体是先在的，是心体之先在本质"仁"的赋予者，人与万物同作为太极动静之妙用的化生产物，因其禀具全体至善之性而成为万物之灵。如果将此逻辑次序颠倒，以为天地之理、一切万物之则皆为吾心所造，为吾心所生，则是对于宇宙本体性与太极的蒙昧，是对心体之至善本质与仁道的抹杀，从而沦为异端。
③ 侯外庐：《宋明理学史》上，人民出版社1997年版，第324页。
④ 黎靖德编：《朱子语类》卷1，中华书局1986年版，第3页。

物，却虚，故能包含万理。这个要人自体察始得。"① 心具有认知的功能，所以能够穷理明理，"动处是心，动底是性"②。心具备主宰的作用，而所以能使心具主宰性的仍是理。较之不同的是，张栻认为"心为万物之主宰者"，可以说，张栻认为主宰者可以是心，而朱熹却强调主宰者必定是理。侯外庐先生谈道："张栻则把程、朱关于心的有限的主宰性放大成为'贯万事殊万理'以至主宰万物。这样，他与其师胡宏以'性'为宇宙本体一样，在本体论问题上，表现出与程朱理学相离异的思想倾向，从而为通向'心学'打开了大门。"③ 可以看到，张栻论心的观点，既具有心学特色，也糅合了湖湘学派与闽学以性、以理为宇宙与道德本体的逻辑前提。张栻论心为"主宰者"的思想确乎超越了以理为本位的理学建构之框架，然而张栻对于程朱理学的吸纳也使得他在放大心之主宰者地位的同时，着重强调太极、性对于心体自身内容的约括。由于张栻家学的佛教背景以及其对于湖湘学派、闽学等理学派系思想的糅合，使得其理学思想呈现出某种程度的调和论的色彩。

在湖湘学派中，就心与性的逻辑关系而言，胡宏首先提出"性体心用"的思想，这是胡宏心性思想的重要观点。性作为宇宙本体同时也是道德本体，心是性的作用与体现。胡宏曾有一段较为著名的语句：

> 圣人指明其体曰性，指明其用曰心。④
> 性不能不动，动则心矣。⑤
> 诚成天下之性，性立天下之有，情效天下之动，心妙性情之德。⑥

---

① 《朱子语类》卷5，第80页。

② 《朱子语类》卷5，第81页。

③ 侯外庐：《宋明理学史》上，第324页。

④ 对于心体的意义与以及心体与性的关系，牟宗三先生解释说："依五峰，并非性为体，心为用。心性俱是体。就道之用说心（指明其用曰心），或就性之动说心（性不能不动，动则心矣），皆是就道体或性体之'活动'义说心。此活动义是道体或性体之一本质，故就此说心，亦即是体也。故并非性是体，心为用。"牟先生解释了胡宏论'性体心用'思想的真实意义：心是性的'活动义'，心性并非为二，性之存在与活动是一体的，从这个意义上来看，'心性俱是体'。参见牟宗三：《心体与性体》中，第406—407页。

⑤ 《胡子知言疑义》，《胡宏集》，第336页。

⑥ 《知言》卷3，《胡宏集》，第21页。

张栻对胡宏"性体心用"的观点不甚赞同。他甚至主张删除《知言》中关于"性体心用"观点的有关论述。但张栻对朱熹提出的"性不能不动，动则情矣"的观点也不十分满意。《知言疑义》曰：

> 心性分体用，诚为有病。此若改作"性不能不动，动则情矣"一语，亦未安，不若"自性之有形者谓之心，自性之有动者谓之情"，语意精密也。此一段似亦不必存。①

张栻认为，性体具有表达其自身之必然、性之动即为性自身之表达与发越，性之动于人心的体现即是情。如果以朱熹的说法，则似乎性动则为情。如此说法，"性不能不动"，则性之存在似乎为情感所取代或掩盖，张栻认为，这样的表达方式必然导致性体之意义界定的蒙昧不明。张栻于《南轩文集》中就"心主性情"与"自性之有动者谓之情"的观点做了进一步的阐述：

> 自性之有动谓之情，而心则贯乎动静而主乎性情者也。程子谓既发则可谓之情，不可谓之心者，盖就发上说，只当谓之情，而心之所以为之主者固无乎不在矣。②
>
> 自性之有动者谓之情，顺其情则何莫非善，谓循其性之本然而发见者也；有以乱之而非顺之谓，是则为不善矣。夫善者性也，能为善者才也。③

张栻认为，体现于人，性体于经验世界的作用则为情的生发。性虽动，但其体仍实然存在，就其体之存在而言曰性，就其发用于人身而言曰情。性为本体，情为发用，而心之妙用贯通乎性之动静的全体过程。人与物都是太极（涵括性气之结合运动意义）的呈现，其存在都以性与太极为根据。而作为禀赋了性与太极之全体的生命存在，人确乎因"心"的特殊地位而于现象世界中获得凸显。心体之纯然实在、心体之至善无恶将人与其他生命体予以区别。心之虚灵知觉、心之官能思等特质使得心能够"推"——思考人与人、

---

① 《胡子知言疑义》，《胡宏集》，第337页。
② 《答吴晦叔》，《张栻集》，第765页。
③ 《孟子说》卷6，《张栻集》，第348页。

人与物、人与自我心灵三者之间的本质关系以及生命存在的意义。心之"推"及人与物的特质具有对一切现象以及自我存在之普遍共相的体认与把握。心之动则表现为喜怒哀乐爱恶欲之情感的发越，心之静则体现心体与性体的实然纯粹之存在。心主于身（气）者之动也体现为"性之欲"，为人之自然生理欲望。

心是该贯于性、情、气之动静的实然本体。正是就此意义而言，张栻的"同体异取"思想才具有理论效力。心是从种种万象的差异性中通过"思"与"推"而还原本体共相之实在本质的唯一主体，是赋予天地宇宙以道德价值意义的真实主体。应该说，性与天道只有通过心体的展示与开显才获得显现，才成为有道德的、有价值的。而作为性体的开展，现象只有成为心之虚灵所涵摄与认识的对象，才能获得其存在价值。就此意义而言，"人者，天地之心"。就此意义而言，心确乎是万物与人自身之主宰者。"主宰"并非意味着宇宙万象的客观存在与否由心所决定。张栻之"主宰者"义，是设定人为现象世界的一部分，而现象世界之本体与共相的认识与洞达都必须通过人心之反思与知觉等作用获得体认；人之性与情的流露也通过心之作用而获得呈现，通过心的主宰作用超越自我形体之滞碍而引导自我进入一个广大无垠而生生不息的至善之宇宙与道德境域。

关于心、性、情三者关系，张栻就"太极即性"的宇宙论思想于心性论方面作进一步的推演。张栻在书信中谈道：

> 元晦太极之论，太极固是性，然情亦由此出，曰性情之妙，似亦不妨。……伊川谓心一也，有指体而言，有指用而言。①

太极"所以形性之妙"，此理念不仅于宇宙论之建构有效，也可以应用于心性论的建构中。"太极之动，发见周流，备乎已也"②。"太极，性也"，情固然是性之动而生发，也可以说由太极之运动而产生。由此，太极作为连接性与气之运动的媒介，也即是表述性与情之德的承担者。而心为性情之主宰，其作用与本质意义与太极的本质意义是相呼应的。

---

① 《答吴晦叔》，《张栻集》，第 670 页。
② 《扩斋记》，《张栻集》，第 592 页。

就此意义而言，心体即太极。太极明性之动静之蕴，太极也表述心体之实在本质。张栻赞同胡宏所论"凡人之生，粹然天地之心，道义完具"一句中提到的"心"之意义表述。他认为，心体之呈现有体用之分，但此区分不是对于心体的割裂，而是就心体之流行的不同层面意义而论。张栻曰："惟性之中有是四者，故其发见于情，则为恻隐、羞恶、是非、辞让之端，而所谓恻隐亦未尝不贯通焉，此性情之所以为体用，而心之道则主乎性情者也。"① 心体即为无出入之实然本体，其未发之体为性体，而心之用则体现为"情"——恻隐、羞恶、是非、辞让之端。心体所生发之"情"，并非指喜、怒、哀、乐、爱、恶、欲之七情，而是心体与性体之本质状态的显露，即孟子所言"若其情"一语中人性之情状，喜、怒、哀、乐、爱、恶、欲之七情的发生如果能够时刻按照心体与性体之自然状态——"情"所表达，则心体之仁于现象世界获得无间断之开显，即是圣人的精神境域。所以，张栻就心之主宰作用而言：

　　所以成性而立命者何欤？一则不谓性，一则不谓命，而心之道行乎其中矣，非知仁者其孰能明之？②

仁作为先天的心体规定，必须通过后天的道德实践获得开显。张栻特别指出，"明德"为本心光明之体，此光明之心体是人人皆具有的先验道德本体。先天之光明心体的开显是个体生活的最高理想与目的。由此，张栻特别强调实践修证工夫的重要性。在张栻看来，如果只是标注心体之明德而不注重实学工夫，不强调通过道德实践、知行并进而实现个体心体之完全的开显，则是佛教禅宗的顿悟之说，并非古圣先贤之实学。

　　按照张栻的观点，未发之性体于心之作用已发时，未尝为心之发用所取代。换言之，心兼具已发与未发两个层面的意义与可能状态。③ 张栻"心

---

① 《仁说》，《张栻集》，第655页。
② 《答吴德夫》，《张栻集》，第790页。
③ "未发已发，体用自殊，不可溟涬无别，要须精析。体用分明，方见贯通一源。处有生之后，皆是已发，是昧夫性之所存也。"张栻：《答游诚之》，《张栻集》，第737页。关于"未发已发"的意义阐述，张栻所论较为简略，而实则张栻与朱熹对心之未发已发的诠释经历了两个不同阶段。朱熹于"丙戌之悟"后，受到胡宏的影响极为深刻，与张栻一起皆认同胡宏

主性情"之"主"为统摄、表达之义,而并非主宰的意义。① 因心之流行无时不在,无处不在,心之未发已发、动静之状态体现为性情。心之"妙用"即体现为隐微而潜隐之性体经由心的作用而获得完整与实在之显现。可以看到,张栻之"心主性情"思想实际上是对胡宏"性体心用"与"心妙性情之德"与张载"心统性情"思想的整合与改造。以逻辑公式表达张栻的心性论思想:性←→心←→情。

　　南轩心性论的建构以宇宙论建构为理论基础。心作为体现(妙)性体与情感之表述者、承担者,其能主宰、能表述的本原在于性体之实在、在于能妙性体动静之深蕴、能生化万物之宇宙本体——太极。

　　综合而言,以太极与心的理学体系建构,是张栻受到闽学的影响而有意识地对胡宏性本位思想的补充与修正。

　　首先,张栻提出"同体异取"的命题以消解湖湘学独特的"论性特详"之理论特点,起到平衡各个学说派系执着于不同本体论的分歧与争论的作用。胡宏着重于构建宇宙生成的最终本原与人性之道德内在本体的完全重合同一于一源的思想体系,而以"性"为沟通人天的枢纽。张栻则试图将性、太极、理、心的范畴有机结合起来重组一个新的融合湖湘学和程朱学特点的宇宙论与人生论。

以"性体心用"为核心的未发已发之义理诠释。而"中和新说"之后,在朱熹的影响下,张栻对于胡宏"性体心用"的思想产生了疑问。在经过两人的多次书信交流后,终于确定了以"心主性情"为核心理念的未发已发说。

　　① 张栻"心主性情"之"主"义犹张载之言"心统性情"之"统"义,这与朱熹对于"心统性情"之"统"义的理解有所区别。张载"心统性情"说曾极受朱熹推崇,以为"伊川'性即理也',横渠'心统性情',二句颠扑不破。惟心无对,'心统性情',二程却无一句似此切"(朱熹:《张子语录·后录(朱子语录)》,《张载集》,中华书局2008年版,第338页)。对于"统"义的理解,朱熹有两种诠释:一谓"统犹兼也";二谓"如统兵之统",言有以主之也。朱熹云:"性者理也。性是体,情是用,性情皆出于心,故心能统之。统如统兵之统,言有以主之也。"朱熹这里对于"主"之涵义的解释与张栻之意并不完全契合。按张栻的宇宙论与心性论建构之逻辑关系,中正至善之性为普遍的实体存在,体现为天地之生生不息之道,其存在于逻辑上先在于人心,所以"人受天地之中以生,有是心也。"朱熹所论"性出于心"的思想与张栻的心性论思想的逻辑结构是完全颠倒的。在张栻看来,"心主性情"之"主"的涵义并非是主宰的意,应为兼摄之义。按照张栻的思想,心只能主宰情感的流露与发越,而性则为心体之粹然至善、虚灵知觉的本体。如果"主"为主宰意,则心为性之本,为性之主,其本质并不受性体之规定,而这种思想论调正是违反张栻宇宙论与心性论以性与太极为终极本体的思想建构宗旨的。

其次，张栻巧妙地将胡宏心性论中的"性不能不动"的思想扩展至宇宙论的建构，他将太极规定该惯性体之动静的本体范畴。这样，性作为"不能不动"的终极本体，在宇宙论的建构中，该惯性体之动（性之流行作用）与性体之静（其本体实在性不因其流行作用而有所变更加损）的范畴为太极；在人性论的建构中，该惯性体之动静的范畴为心。

最后，张栻坚持涵养与察识并重的工夫论思想，而湖湘门人彪居正、胡伯逢等人仍一力坚守以胡宏之"尽心成性"与"识仁"为理论基础的"先察识后涵养"的工夫论。最后，张栻继承胡宏论"尽心成性"的思想，其论心为主宰者、心主性情的观点也有别于程朱理学。

侯外庐先生论张栻于理学方面的建树总述为三端：一是"发明天理而见诸人事"，这主要是就张栻理欲思想的扩展与创新而言；二是其工夫论并兼持养与省察，重视力行；三是奠定了湖湘学派的规模。① 这三端实为张栻以胡宏思想为基础与本源上的创新与发展。张栻于湖湘学与闽学的糅合既是其学说的优势又是其学说所以不传之肇因。如侯先生所论，张栻既注重心的发扬，又坚持以程朱之理本论为本体论基础；既主张以经世致用为要务，又明辨义利，大力否定"有所为"的事功思想。侯先生认为，正是张栻学说的多样化造成了湖湘学的后期分流，此诚为湖湘学后传无人之因由一端，张栻的学说杂糅两家而有所申发，这也是不可否认的事实。笔者以为，张栻的思想论证较胡宏细致谨慎，能兼及他说，其注重身心之内在修养而忽略于对于理学体系的系统性梳理与诠释，其对于胡宏思想的改造与起源均未有被湖湘门人所真正了解，其学说于弟子之传承与传播往往不得力。湖湘学子对于胡宏观点的执守以及与张栻的辩论不和也影响了湖湘学派后期的传播，其与湖湘门人在心性论上出现的分裂也是导致湖湘学最终不显于世的主要原因之一。在理学历史运动的思潮中，张栻的继承湖湘学说的主旨而展示了不同于朱熹理学以及陆九渊心学的不同理论特色，起到了承前启后的作用。

（作者单位：浙江科技学院语言文学学院中文系）

---

① 侯外庐：《宋明理学史》上，第338—339页。

诠释与传承

——以张栻《孟子说》中对《万章上二》的注释论儒家伦理思想的历史传承

[德] 施维礼（Wolfgang Schwabe）

儒家思想从《论语》以来非常重视历史的传承。虽然孔子最欣赏周代，但也同时肯定周代之前的二代以及更早的尧舜。《论语》本身对于尧舜的记载不多，记载的篇章主要强调两者在执政的贡献。到了《孟子》尤其对舜的记载就多很多，所记载的内容经常牵涉与执政无直接关联的作为，并且所记载的作为在表面上违背了孔子以来儒家所提倡的伦理观。极度认同孔子学说的孟子必须对这些历史记载有所交代。在《孟子》中关与舜的资料最丰富的篇章是《万章》篇。在整个《万章上》篇中，孟子的学生万章似乎试图透过历史的记载来挑战儒家思想的统一性。相当推崇孟子的宋代学者张栻① 在他的著作《孟子说》中对《万章上》篇中孟子与万章之间的讨论作了一些补充说明。从这些补充中说明我们可以看出，儒家如何透过对历史的诠释加以创造其文化传统。

一、万章对舜的疑惑

《万章上》篇中，万章对舜的个人表现提出许多疑问。在《万章上二》

---

① 张栻在其《孟子说》中的序把孟子视为孔子思想的继承者。"嗟乎！夫子之道至矣微孟子其孰能发挥之？"《张栻全集》，长春出版社 1999 年版。

里，他提到关于舜的两件事情，并且认为在两件事情上舜的表现似乎不完美。第一件事为"舜之不告而娶"。万章认为，舜的这种作为直接违背《诗经》中"娶妻如之何？必告父母"的要求。第二件事牵涉舜与其弟象之间的互动。因为张栻在他对《万章上二》的注释中只讨论到第二件事，在此也只专注于这件事。《万章章句上二》云：

> 万章曰："父母使舜完廪，捐阶，瞽瞍焚廪。使浚井，出，从而掩之。象曰：'谟盖都君咸我绩。牛羊父母，仓廪父母，干戈朕，琴朕，砥朕，二嫂使治朕栖。'象往入舜宫，舜在床琴。象曰：'郁陶思君尔。'忸怩。舜曰：'惟兹臣庶，汝其于予治。'不识舜不知象之将杀己与？"曰："奚而不知也？象忧亦忧，象喜亦喜。"曰："然则舜伪喜者与？"曰："否。昔者有馈生鱼于郑子产，子产使校人畜之池。校人烹之，反命曰：'始舍之圉圉焉，少则洋洋焉，攸然而逝。'子产曰'得其所哉！得其所哉！'校人出，曰：'孰谓子产智？予既烹而食之，曰：得其所哉？得其所哉。'故君子可欺以其方，难罔以非其道。彼以爱兄之道来，故诚信而喜之，奚伪焉？"

故事本身相当有戏剧性。舜的弟弟象顺着父母的要求两度试图害死舜。象以为他暗杀成功之后，到了舜的房子来拿舜的财产。结果进了房子之后，就遇到了舜。象因此感到相当尴尬。他用"郁陶思君尔"解释他为什么突然到了舜的住所。舜就叫象帮他施政而以这个方式化解尴尬的情况。万章对于舜的反应感到疑惑。他的疑惑在于舜是否不知道象原先要杀他。孟子解释舜的行为之后，万章又怀疑舜跟着象"喜"时，他的这个表现是否是假装的。孟子就以子产的行为加以说明舜是真"喜"的。

二、《孟子说》对《万章上二》的进一步说明

张栻在他的《孟子说》中对这一段故事作了进一步的说明：

> 若完廪、浚井，则事之所无也。程子曰："论其理，则尧在上，而

百官事舜于畎亩之中，岂容象得以杀兄，而二嫂治其栖乎?"学孟子者，以意逆志可也。故孟子未暇正其事之有无，独答其大意，以明舜之心。谓舜非不知象之将杀已也，然象忧亦忧，象喜亦喜。程子曰："人情天理，于是为至。"舜之于象，周公之于管叔，用心一也。盖象忧喜，舜亦忧喜，是其心与之为一，亲之爱之，未尝间也。夫象之所为忧者疾舜，故谋以杀之也；而舜亦忧者，忧乎已何以使象之至此也。象之喜者有时，而彼以喜来，则舜固不逆其诈，亦从而为之喜也。其忧也纯乎忧，其喜也纯乎喜，亲之爱之，而不知其他。此仁人之于弟也，天理人情之至也。象忧而舜漠然不以为忧，象喜而舜疑之不以为喜，则在我之诚先不笃矣，岂圣人之心也哉? 故周公之不知管叔之将叛，是大舜此心也。万章犹未之识，意以为忧则可也，喜其伪乎?

孟子于是引子产之事。子产虽未足以进乎圣贤之事业，然其不以诈待校人之心，则君子之心也。故曰"君子可欺以其方，难罔以非其道。"故可欺以其方，以忠信待人也；难罔以非其道者，以理义素明也。夫子产犹能以忠信待校人，况于圣人人伦之至，其于兄弟之间有一毫未尽者乎? 彼以爱兄之道来，来则我诚信而喜之，岂有伪也? 此当深味而默识之，不可以言语尽也。嗟乎! 舜处夫顽父、嚚母、傲弟之间，而蒸蒸乂不格奸，终至于化成天下。惟其纯乎是心而已。纯乎是心者，纯乎天也。夫何为哉? 恭己正南面而已，盖此心也。①

张栻主要在说明两件事：第一件为孟子以"象忧亦忧，象喜亦喜"解释舜的作为之含义；第二件为子产的故事在孟子与万章的对话中所扮演的角色。从此可见张栻基本上同意孟子所提出来的解释。张栻的说明一直沿着孟子所提出的答案使它更清楚；如此张栻再次肯定孟子对舜的肯定。

张栻从几个不同的方面肯定孟子对舜的肯定。他先对孟子对万章的整个回答作说明。张栻主要是要说明"舜之心"，为了强调舜在这个情境所展现之心态的伟大，他引用程子对"象忧亦忧，象喜亦喜"这句话的评论。程子认为，"人情"与"天理"在舜的表现达到极致的展现（"人情天理，于是

---

① 《孟子说》卷5，《张栻全集》。

为至")程子的这种解释往往超过孟子在此对舜的简单叙述。孟子最多认为，舜的作为符合君子"可欺以其方，难罔以非其道"的表现，舜如此的行为跟子产是相同的，如此而已。对程子而言，舜不只符合君子的表现，他认为，舜完全且完美地展现人与天的普遍原则。

张栻又加强程子所表列出来的普遍性。他先把舜与象的关系普遍化。舜与象之间如此的互动不是历史上的单一事件，在周公与管叔之间的互动出现了相同的完美心态。（"舜之于象、周公之于管叔，用心一也"）。舜与周公两者对其弟的态度又不只是两件特殊情境，两者的作为代表着"仁人"对弟的表现（"此仁人之于弟也，天理人情之至也"）。如此单一的历史事件在张栻的解释之下成为有普遍意义的人伦典范。

对于舜在此所展现的典范，张栻又给予一个普遍的原则："盖象忧喜舜亦忧喜，是其心与之为一，亲之、爱之未尝间也。"基于对弟的关怀（"亲之、爱之"）舜的心理状态跟象一样。如此的"心与之为一"的状态似乎超越一般的"同情"。

在强调舜之表现的普遍性之外，张栻也针对舜与象之间的互动作比较细腻的说明。虽然张栻十分肯定孟子"象忧亦忧，象喜亦喜"的解释，但是张栻同时强调，舜跟象所"忧"的原因不同："夫象之所为忧者，疾舜故谋以杀之也，而舜亦忧者，忧乎己何以使象之至此也。"象所"忧"的是，如何才能杀他所厌恶的舜；舜所"忧"的是，他弟怎么那么讨厌他？张栻如此进一步分析舜与象两者的心理状态之间的差异，使着他自己对人情的理解更清楚。

在进入对《万章上二》的详细讨论之前，张栻一开始对故事的可信度以及诠释思想的基本原则作一些说明。至于故事发生的可信度，张栻与一样程子认为是不可能的。主要原因在于象在舜已获得尧的重用的情况之下，不可能如此轻松地接近舜。为了解释为什么孟子没有指出这一点，张栻引用孟子"以意逆志"[①] 的解释原则加以说明之。

至于《万章上二》所论述之舜与象故事的后半段，张栻用一个巧妙的方式说明其与前半段的联系。后半段用子产与"校人"的故事加以说明舜与

———

① 参见《孟子·万章上四》。

象的互动。张栻认为,孟子在此提到与舜不相等的子产是因为万章对于"象喜亦喜"的可能性有所怀疑。《孟子》的原文中并没有讨论,为什么万章怀疑舜之喜是"伪喜"。为了张栻的解释在此试图说明对话中孟子没交代清楚对话的内部关联。对子产的行为张栻只用"忠信"的德性加以解释。如此张栻对于舜的作为以及对与子产的行为用不同的评价。在《孟子》的原文中虽然还见不到这些带着有普遍意味的价值判断,但是张栻如此地归类未必不符合《孟子》的原意。

在注释子产的段落之后,张栻又对此段的整体意义作评论。他提醒读者,"此当深味而默识之要,不可以言语尽也"。基于舜在此所展现的心态之奥妙,读者必须用"深味"与"默识"的个人体会去理解之,语言本身不足以解释之。张栻在此意识到语言的局限性。张栻如此的立场是否符合孟子自己提出之"以意逆志"的原则,在此无法进一步讨论。

最后张栻引用《尚书·尧典》以及《论语·卫灵公》加以强调,舜在《万章上二》中所呈现的心态与儒家其他地方所呈现的精神之一致性。

结　　论

张栻于其《万章上二》的注释中,从几个不同的面向分析之。除了故事本身的可信度之外,他论到解读的方法以及段落之间内部关联。他注释以舜的心理状态为核心。透过其他注释、历史典故以及文献,张栻给予这个故事一种普遍的伦理意义。因为张栻能够把过去的历史事件、孟子对此事件的分析、后人的注释以及其他文献的数据作一个合理的统合,儒家思想的传承才获得保证。今人若能如同他用一个又广阔又细腻的态度面对过去历史中所展现的价值观,起码对当代的伦理议题会有更敏锐的判断。

(作者单位:台湾佛光大学文化资产与创意系)

"无所为"与"有所为"

——张栻的义利观及其现代意义刍议

张利明

张栻（1133—1180），字敬夫，号南轩，是南宋时期著名的理学家，湖湘学派的重要代表人物，极具影响的教育家，与朱熹、吕祖谦并称"东南三贤"，与朱熹交往论学颇多，对朱熹学说产生了重大影响，朱熹称赞他"足以名于一世"。由于张栻英年早逝与著作遗失，后世学者对他的研究远远不及对朱熹理学思想的研究，本文在前人研究的基础上，①试图对张栻的义利观作一个尝试性探索，不妥之处，就教于方家。

一

义利之辨是传统儒家思想中一项重要内容。义利之辨涉及哲学、政治、经济、伦理、道德、教育各个领域。儒家所讲的义指伦理规范、道德原则，利指物质利益，因而义利关系即道德准则与利益追求之间的关系。孔子曾说，"君子喻于义，小人喻于利"②，"不义而富且贵，于我如浮云"③。儒家重

---

① 主要参考了蔡方鹿：《一代学者宗师——张栻及其哲学》，巴蜀书社 1991 年版；王丽梅：《张栻哲学思想研究》，湘潭大学 2001 年硕士论文；肖永明：《张栻之学与〈四书〉》，《船山学刊》2002 年第 4 期；马旭辉：《张栻的理学化史论》，《河北北方学院学报》2007 年第 3 期；邢靖懿：《张栻理学研究》，河北大学博士论文，2008 年；蔡方鹿：《张栻研究简述》，《哲学动态》1992 年第 2 期。

② 《论语·里仁》。

③ 《论语·述而》。

义轻利的基调由此确定。孟子一脉相承，弘扬孔子的义利观，从性善论出发，孟子十分重视道德的作用，强调义的重要性，并把孔子的重义轻利思想进一步推向前进。从《孟子》首篇可以看出孟子将仁义放于首位，反对"后义而先利"。儒家虽然肯定人对物质利益追求的合理性和正当性，但更强调对物质利益的追求要以符合道德原则为前提，君子爱财，取之有道，反对不择手段去追求个人利益，这是儒家义利观的基调。

张栻出身官宦世家，其父张浚是"中兴名相"，虽然张浚一生戎马倥偬，但对张栻的教育是非常严格，据《张左司传》记载"浚爱之，自幼常令在旁，教以忠孝仁义之实"，张栻从小接受儒学的熏陶与教育，正统的儒学底色为其日后生身之命和理学建树打下了坚实基础。

最能体现张栻义利观的就是他在《孟子讲义序》所言："学者潜心孔孟，必得其门而入。愚以为莫先于义利之辨。盖圣学无所为而然也。无所为而然者，命之所以不已，性之所以不偏，而教之所以无穷也。凡有所为而然者，皆人欲之私，而非天理之所存，此义利之分也。自未尝省察者言之，终日之间鲜为不利矣，非特名位货殖而后为利也。斯须之顷，意之所向一涉于有所为，虽有深浅之不同，而其徇己自私则一而已。"① 这段文字是其义利观的核心和要旨。在这里他把义利之辨当作治学之要。义利之辨是治学的头等大事，是"尊德性，道问学"的门径。从张栻一生看，他无论是研治理学、授徒讲学，还是忠言进谏、鞠躬尽瘁，还是体恤民疾，为民请命都把义利之辨作为首要。

张栻所言"无所为"与"有所为"是义利之分的标杆。"无所为而然者，命之所以不已，性之所以不偏，而教之者所以无穷也。"② 无所为是循性顺命，是得性之全的义；"凡有所为而然者，皆人欲之私，而非天理之所存，此义利之分也。"③ 有所为是违性逆命，与天理不符的利。张栻的义利观是他纯粹性善论的延伸。这种以"无所为"与"有所为"判断义利的表面背后，还隐含一个行为的动机问题，一个价值判断问题，有所为是有私欲之为，无所为，是无私欲之为，是否存在私欲是"无所为"与"有所为"之分的关

---

① 《孟子讲义序》，《张栻全集》，长春出版社1999年版。

② 《孟子讲义序》，《张栻全集》。

③ 《孟子讲义序》，《张栻全集》。

键。有私欲的行为是利，无私欲的行为是义。张栻所言"无所为"不是无所作为消极地面对人生，而是无私欲之所为。有所为是有为私欲之所为。张栻讲"理之所在，何有于己，则其于善也，奚伐？为吾之所当为而已。则其于功劳也，奚施？盖存乎公理而无物我之间也"①。可见，张栻"无所为"与"有所为"的判断标准是以道德审视行为，审视行为的动机，以行为的动机判断行为的价值，区分行为的善恶。动机是出于利则为不善，动机是出于义则为善。"无所为"也好，"有所为"也罢，二者都是行为，无所为而为的是义，有所为而为的是利。

南宋理学家所言的"天理"与"人欲"在此也有体现，"凡有所为而然者，皆人欲之私而非天理之所存，此义利之分也"②，有所为而为是违背天理的私欲行为，是人欲；无所为是循理顺命的无私为公的行为，是天理。"夫善者天理之公，孳孳为善者存乎此而不舍弃也。至于利则一己之私而已。盖其处心积虑，唯以便利于己也。然皆云孳孳者，犹言'君子喻于义，小人喻于利'之意。夫义利二者，相去之微不可以不深察也。"③处心积虑地考虑自己的一己之私利，是人欲最直接的表现。念念不忘公义，为公义而鞠躬尽瘁，是天理的具体表现。同样是行为，而天理与人欲判别的节点在于行为的动机。张栻在很多方面继承和发展了孟子思想，他剖析孟子见孺子落井而相救这一典型事例："孟子析天理人欲之分深切著明，如云今人乍见孺子匍匐将入于井，皆有怵惕恻隐之心，非所以内交于孺子之父母也，非所以要誉于乡党朋友也，非恶其声而然也。盖乍见而怵惕恻隐形焉，此盖天理之所存。若内交，若要誉，若恶其声，一萌乎其间，是乃人欲矣。"④孟子恻隐之心是其论证人性本善的重要依据，张栻看来，见孺子落井，恻隐之心使去相救，这就是天理，是无所为的体现；如果考虑到与孺子父母交情、名声或荣誉等外在因素而相救便是人欲。对孺子入井相救的判断，张栻以行为动机为切入点对义利之辩的分析淋漓尽致。

在儒家看来，义与利的问题，就是价值选择的问题。儒家虽然不完全

---

① 《南轩集》卷3，《张栻全集》。
② 《孟子讲义序》，《张栻全集》。
③ 《南轩集》卷16，《张栻全集》。
④ 《南轩集》卷26，《张栻全集》。

排斥和否定利，但同时强调对利的追求必须受道义的约束和节制。孔子讲"见利思义"①、"见得思义"②，就是要求人们在面对物质利益时，首先要考虑是否符合道义。如果符合道义，则当取；如果不符合道义，则当舍，千万不可以利害义。儒家反对不顾道义原则一味追求物质利益的行为，说："富与贵，是人之所欲也，不以其道得之，不处也；贫与贱，是人之所恶也，不以其道得之，不去也。"③ 虽然富贵是人人都向往的，但如果达到富贵的手段不符合道义原则，则宁可舍弃富贵；贫贱是每个人都不愿遭遇的，但如果摆脱贫贱的手段不正当，则毋宁安于现状。

以动机和价值判断行为，体现了儒家的一种道德情怀。儒家学说是有理想，有操守的。行为动机和行为效果相和谐统一，这种行为是最圆满、最理想。但动机和效果往往有差距，甚至二者相悖，以动机断定善与不善，天理、人欲、义、利之分际明矣。

二

儒家包括张栻在内的学者之所以重视义利关系，是因为在他们看来，义与利的关系就是社会整体利益与个人私利之间的关系，也是眼前利益与长远利益之间的关系。儒家以为，社会整体利益高于个人私利，个人私利要服从于社会整体利益。儒家讲以义节利，目的就在于防止个人自私自利之心的恶性膨胀，导致人与人之间的争斗，造成社会的动乱，最终导致全体社会成员皆不利的局面。

张栻主张在义利辨明之后，将道德修养与经世致用相结合，指出为学、为政都必务实。但是应当注意的是，张栻虽然也讲经世、务实、功利，但并不像浙东学者那样认为心之本在于功利，而是将内圣之德、心性修养置于更根本的地位。张栻以伦理本体为求学、治世的根本，反映在他的学术思想和政治活动中，总是以"正心诚意""修养心性""义利之辨"为一切的根本，

---

① 《论语·宪问》。
② 《论语·子张》。
③ 《论语·里仁》。

为政者必须首先做到"正心诚意",为学者首先要"明义利之辨"①。张栻谆谆教诲他的学生要成就真才、真器,不要被私意所动,虚尊降贵,"争功利之末"。读书问道是为了"求厥初"、明人伦,而不是"有所为",为一己之私而为。"学固不独在于书籍之间。然学必贵于读者,以夫多识前言往行,古之人所以畜德者实行赖乎是。"张栻主张由内圣开出外王、由道德而致事功。具有宋代理学"谈性命而辟功利"的内圣型的经世之学的思想特色,但同时又矫正了宋儒多寻空言,徇名忘实的弊病,从而由"实体"而"达用",内圣与外王合一,弥补了理学偏重内圣以致外王不足的局限,实现了内圣和外王的有效互动。

现实社会中人的精神生活的追求是建立在现实世界物质利益需要的满足之上。天理人欲"同行而异情",就是强调在遵循理的原则之下,解决具体的日用问题,把利包容在义之中。"铁钱事如何计?循其理而为之,不若它人做工作事也。大抵今日人才之病,其号为安静者,则一切不为,而其欲为者则又先怀利心,往往贻害。要是儒者之政,一一务实,为所当为,以护养邦本为先耳,此则可贵也。"②张栻主张既要重义轻利,重理轻欲,不怀利之心;又要务实涉及国计民生的实事,不尚空谈。这种道德性命不离日用之实的观点,并不完全抹杀合理之欲、利的存在,而把利与欲纳入义理的包容之中,从而为其经世思想的实践提供了依据。

儒家以"内圣""外王"合一为至道,讲求"为仁由己"、推己及人及物。"内圣"是指内心修养,"外王"是外在事功,内心修养的实现离不开外在事功的展开,而外在事功的展开也离不开内心修养的实践。所谓"修身"与"治平""正心诚意"与"齐家治国""内圣"与"外王"等等在儒家都要求把治学修身与经邦救世紧密结合起来,学术与政治,内圣与外王在儒家那里相互交融在一起。在张栻的思想体系中,这一经世特征得到了充分体现,他以治学修身为手段、过程,把经邦济世作为目的,终极追求。"伸大义于天下",使内圣的道德修养在完整和彻底的意义上得以实现。将内圣修养与外在事功有机地结合起来,使之互推并进、共同成就,真正实现了儒家的人

---

① 《南轩集》卷 6,《张栻全集》。
② 《南轩集》卷 26,《张栻全集》。

伦社会理想。同时，张栻把内圣即于逻辑上被赋予了先验意义，即"体"，而外王作为内圣的推演与实现，成为了"用"，由此，"道器一源""体用不二"凸显了儒家经世思想的明显特征。而对于儒家的这一经世传统，宋明理学是以内圣为主的道德哲学，外王是内圣的延伸与彰显，具有崇尚性理，鄙弃事功利欲的倾向。过分强调修养身心，将"内圣"推至儒学的主导地位，却造成了本末倒置，使原来"安人""安百姓"的终极关怀被抛诸脑后。于是，儒学被赋予了内敛性格，讲学论道代替了从政问俗，外王事功被置诸高阁。在一定程度上偏离儒学务实传统，而孔子创业垂统、开物成务的真精神未能充分发挥。而张栻所谓的经世思想，不仅注重个人道德修养的完善状态，而且又有实事实功的要求，并要求义理之学、心性修养，最终一定要体现在实政功业之中。

对于包括政治、军事、文化等各方面的一切有用务实之学张栻都极力倡导，"盖君子于天下之事无所不当究，况于兵者！世之兴废，生民之大本存焉，其可忽而不讲哉！夫兵政在于仁义，其为教根乎三纲，然至于法度纪律、机谋权变，其条不可紊，其端为无穷，非素考索，乌能极其用！"[1] 这些主张接近事功学派的经世思想。由此出发，既反对循名遗实的专于考索，又反对多寻空言的骛于高远："讲学不可以不精也，毫厘之差，则其蔽有不可胜言者。故夫专于考索，则有遗本溺心之患；而骛于高远，则有躐等凭虚之忧。二者皆其弊也。考圣人之教人，固不越乎致知力行之大端，患在人不知所用力耳，莫非致知也。日用之间，事之所遇，物之所触，思之所起，以至于读书考古，苟知所用力，则莫非吾格物之妙也……如笺注、训诂，学者虽不可使之溺乎此，又不可使之忽乎此，要当昭示以用工之实，而无忽乎细微之间，使之免溺心之病，而无躐等之失，涵濡浸渍，知所用力，则莫非实事也。"[2] 张栻这种不尚空谈、专注经济之事，主张"一一务实"的思想在其行为中都有所体现，张栻对事功的重视，表明他的利义思想中包含对物质利益的肯定。

以经世致用思想为指导，张栻在治国理政的实践中，把经世致用治学

---

① 《南轩集》卷34，《张栻全集》。

② 《南轩集》卷26，《张栻全集》。

贯穿在行为中，作出了不少利国利民的事功。淳熙二年（1175），张栻赴知静江府、经略安抚广南西路任，在任上张栻精兵简政、汰冗补阙，规劝各溪洞酋长头人消除积怨、爱惜人命、和睦相处；又派兵严谨关防，以备不测，捉拿反抗的边民，以正视听，这些措施使辖内清平，方外柔服，社会秩序得到治理。张栻对所辖区域的一些陈规陋俗割除，发布《谕俗文》，试图以理学思想改变社会风气，通过教化和法律手段达到社会的治理。故曹集在回忆老师张栻教诲时说"以为士君子之学，不过一实字"①。其学生胡广仲说张栻"贵实用而耻空言"对其极加赞赏。对张栻务实精神，吕祖谦也极为称道："张荆州教人以圣贤语言见之行事，因行事复求之圣贤语言"②。张栻一生身体力行，居学"心忧天下"，用世则"康济时艰"，以关心民瘼和抗金名于世。在其影响下，湖湘学子大多重经世、重践履，在政治、经济、军事等经世活动中，多有建树。朱熹曾高度评价张栻："盖其（张栻）常言有曰学者先于义利之辨，而义也者，本心之所当为而不能自已非有所为而为之者也，一有所为而后为之，则皆人欲之私而非天理之所存矣。呜呼！至哉言也，其亦可谓扩前圣之所未发，于性善养气之功者与。"③

三

对于义利的选择则是我们更加经常要面对的。在儒家哲学中，义与利的选择是君子小人的重要分野，见利思义，重义轻利、舍利取义都是一个人气节高尚的表现。目前我国正处在社会主义市场经济快速发展时期，无法不言利，也不能不重利，但是对利的追求必须建立在君子爱财、取之有道的基础上，当经济利益与道义原则发生矛盾时，就应以"富贵于我如浮云"的气概，舍弃经济利益，维护社会的正义与公正，这种舍弃，某种意义上说比面临生死抉择更需要勇气。毕竟死的选择是一时的决断，生的困境则需要长久地面对。这是儒家思想给予我们的启示。在现代的历史条件下，虽然义的内涵随时代的变化而赋予了新的内容，但张栻义利观的积极作用是值得弘扬

---

① 《岳麓诸儒学案》，《宋元学案》，中华书局1986年版。
② 《南轩学案》"附录"，《宋元学案》。
③ 《朱文公文集》卷89，《朱熹集》，四川教育出版社1996年版。

的。无论在经济领域、政治领域，还是文化领域，张栻的义利观都给我们现代人带来很多的启发与思考。

在经济领域中，防止见利忘义。伴随着市场经济全球化势头的迅猛增强，利益最大化的追求导致了竞争日趋升温，义利问题也逐渐成为了人们关注的焦点。面对着日益增加的义利的选择、取舍，有的人禁不住利益的诱惑，开始弃"义"从"利"，给广大人民造成了极大的危害，也不利于经济的持续、快速、健康发展。张栻的义利观是重义轻利，要求人们将义放在第一位，反对那种自私自利的做法。我们充分认识并发挥其有益于市场经济健康发展的积极因素，以抵御享乐主义、拜金主义等思想的侵蚀，克服市场经济发展过程中的负面效应，促进市场经济健康发展。由此我们可以从中得出以下几个启发：首先是提倡重义轻利，讲道德，诚实守信，反对欺诈无信。儒家提倡的重义轻利、诚实守信对于克服在市场经济发展过程中出现的背信毁约、尔虞我诈等道德败坏、经济无序现象有一定的积极意义。其次是树立利尚义、讲义取利、利义统一的正确义利观。最后是重义，反对拜金主义。变革传统的义利观、树立金钱观念是建立市场经济的基本法则，离开效益、不讲金钱，就无市场经济而言。所以，崇尚金钱是并没有错。我们要反对的不是金钱观念，而是拜金主义。张栻重义轻利，重视道德修养，这对抵御市场经济条件下，诱发拜金主义、利己主义，把人与人的关系变成赤裸裸的金钱关系，有一定的积极影响。

在政治领域，防止利用公共权力牟取私利在政治生活领域，"义"是公正、民主。"义"是人们的利，即人民群众的权利和利益。然而，现在有些领导干部置国家法律法规不顾，以权谋私，贪污受贿、损公肥私，他们"非其有而取之"，他们唯利是图、见利忘义，都是在这方面出了问题。在义利关系问题上，特别是公共利益与个人利益的关系。如何对待"义"和"利"的关系问题，将伴随着社会主义市场经济运行的全过程。义利观的问题，说到底是一个世界观、人生观、价值观的问题。只有确立了正确的世界观、人生观、价值观，才能更好地指导人们的社会实践。这就要求国家机关及其工作人员在思想上能够认识到作为人民的勤务员、人民的公仆，树立为人民服务的意识，依法办事。当然政府公务人员也有自身利益的要求，但这种自身利益必须是合理的、正当的，其实现必须以公共利益为出发点。

在文化领域，防止急功近利，杜绝重利轻义。文化事业是一项功在千秋的薪火相传事业，它需要几代人辛勤耕耘，形成独具特色的文化氛围，它需要有远大理想目标，不能因眼前一己之私利而断送前程，现在的文化领域中，很多人为了利益而作出许多违背道德的事情。就连神圣的学术殿堂，其腐败现象也日益严重。很多学者利用权力、金钱、其他物质或精神方面的资源，以非法的或不正当的手段为自己或帮助他人获得学术成果、学术声誉、学术地位或其他与学术有关利益的行为，严重败坏了学风文风，导致学术道德沦丧，贻误人才培养，严重损害了学术声誉和学术形象。孟子认为在主观修养上，我们应提倡唯义无利，同时代的朱熹则认为每个人谨守"天理之所宜"，而不去追求不应当得的各种利，倡导重义轻利。在文化领域，特别是学术界，应该张栻义利观作为行为准则，不为了个人名利而损害学术界及文化领域的声誉，应该坚持重义轻利，注重自己的道德修养，诚信治学，老老实实地做研究，对内是建立好自己的学术声誉和学术形象，对外是与其他学者一起重塑学术界的风气。

总而言之，对现代人来说，张栻的义利观在经济领域、政治领域还有文化领域都具有一定的启发，它能够启发我们在这些领域中如何处理义与利的关系问题。

(作者单位:吉林省社会科学院)

天理人欲不并立，反躬以存理遏欲

——南轩理欲论探析

邹啸宇

引　言

张栻（1133—1180），字敬夫，后避讳改字钦夫，又字乐斋，号南轩，南宋汉州绵竹（今四川绵竹）人，南宋著名的理学家，与朱熹、吕祖谦并称"东南三贤"，被陈亮誉为"一世学者宗师"①。义利之辨，系南轩理学所着力探讨的问题，② 关涉到其整个学问的宗旨和价值取向等重大问题，而其实质也即是理欲之辨。南轩从"意之所向"即行为的动机处，以顺性之"无所为而然"与逆性之"有所为而然"十分精微地辨析义利之分、理欲之别，并且在存天理遏人欲的工夫论上，力主以"反躬"为本，提出了自己独到的见解，备受朱子、真西山、杨诚斋等学者的称颂与推崇，③ 对宋代理欲思想的

---

　　① 《与张定叟侍郎》，《陈亮集》（上册）卷29，中华书局1983年版，第383页。

　　② 南轩云："学者潜心孔孟，必得其门而入，愚以为莫先于义利之辩。……嗟乎！义利之辨大矣，盖特学者治己之所当先，施之天下国家一也。"（《南轩集》卷14，附录《孟子讲义序》，《张栻全集》，长春出版社1999年版，第754—755页）可见，在南轩看来，义利之辨既是学者为学明道、修身治己的首要任务，也是治国者为国行政的头等大事。不明乎此，则无以为人、为学、为政。

　　③ 朱子云："公（张栻）之教人，必使之先有以察乎义利之间，而后明理居敬，以造其极。盖其常言有曰：'学者莫先于义利之辨，而义也者，本心之当为而不能自已，非有所为而为者也。一有所为而后为之，则皆人欲之私，而非天理之所存矣。'呜呼，至哉言也！其亦可谓扩前圣人之所未发，而同于性善养气之功者欤！"[朱熹：《朱子全书》第42册，《晦庵先生朱文公文集》（五）卷89，《右文殿修撰张公神道碑》，安徽教育出版社2010年版，第

丰富和发展产生了颇为重要的影响。

目前，学界对南轩理欲思想的研究主要是从其义利之辨入手，着重涉及天理、人欲的内涵及其关系这两个问题。在前一问题上，学者对南轩以人的"意之所向"是"无所为而然"还是"有所为而然"来判定天理与人欲这点已经达成共识；而在后一问题上，学界迄今主要存在三种观点：一是南轩主张天理与人欲是决然对立的；[①] 二是在南轩的理欲论中，天理与人欲既有对立区分的一面，又有统一融合的一面；[②] 三是南轩在其早期论说中保留了天理与人欲融合的余地，而后来则强调两者的严格区别和对立。[③] 而后两种观点都以南轩主张"天理人欲，同行异情"来断定其认同天理人欲之间具有相融统一性。诚然，这些成果已经大大推动了南轩理欲论的研究，但其中仍不乏问题的存在，如对南轩所谓"人欲"概念与一般所谓"人欲"概念有所混淆，并未加以清晰明确地界定和区分；对于南轩所云"天理人欲，同行异情"命题的真实义涵把握不够确当；对于南轩存理遏欲的实践工夫少有探究，等等。故本文直就南轩的理欲论，从理欲之义涵、理欲之关系、存理遏欲之工夫及其目的四个方面来探究南轩的理欲思想，以期能更为准确深入地阐明其理欲论的特质、宗旨及其价值。

4131—4132。] 真西山云："《大学》所谓利，专指财利而言。伊川先生云：'利不独财利之利，凡有一毫自便之心即是利。'此论尤有补于心术之微。南轩先生又谓：'无所为而为皆义也，有所为而为即利也，其言愈精且微，学者不可不知也。'"［真德秀：《西山先生真文忠公文集》（十五）卷30，《问治国平天下章》，商务印书馆，《四部丛刊》初编本，第17页］杨诚斋云："栻之言曰：'学莫先于义利之辨。义者，本心之所当为也。有为而为之，则皆人欲，非天理。'此栻讲学所得之要也。"（杨万里：《诚斋集》卷116，《张左司传》，文渊阁《四库全书》第1161册，商务印书馆，第479页）

① 参见侯外庐、邱汉生、张岂之主编：《宋明理学史》（上卷），人民出版社1997年版，第324—328页；卢钟锋：《张栻与南宋理学》，《天府新论》1992年第2期；刘蕴梅：《张栻"义利之辨"探析》，《天府新论》1992年第2期。

② 参见蔡方鹿：《一代学者宗师——张栻及其哲学》，巴蜀书社1991年版，第100—109页；王丽梅：《张栻哲学思想研究》，南京大学2004年博士学位论文，第93—108页；邢靖懿：《张栻理学研究》，河北大学2008年博士学位论文，第124—144页；何英旋：《张栻伦理思想研究》，中南大学2008年硕士学位论文，第20—24页。

③ 参见苏铉盛：《张栻哲学思想研究》，北京大学2002年博士学位论文，第129—138页；苏铉盛：《理学家的义利观——以张栻为中心》，载李诚主编：《巴蜀文化研究》第1期，第185—193页。

一、天理、人欲之义涵:"无所为而然者"即天理; "有所为而然者"即人欲

在对理欲问题的处理中,南轩所谓"天理""人欲"主要就道德和价值的意义层面立论,乃是对纯粹至善的性体之表现层上的事(或说人之表现其道德本性的实践行为)所作的价值判断,而性体自身则是判断的绝对标准。因此在这里,"天理"并非一个纯从本体宇宙论意义上空言或泛言的概念,而是道德律令、道德法则、道德性的天理,为善、为公、为正。"人欲"也并非一个抽象地一般地所言之中性概念,乃是相对"天理"而言,专指逆性悖理的人之私欲,为恶、为私、为邪。而南轩对"天理""人欲"的理解颇具特色之处在于:他紧扣人皆固有道德本性这点,从人的实践工夫上,以顺性之"无所为而然"与逆性之"有所为而然"来界分"天理"和"人欲",并从"意之所向"即行为的动机处来判定"无所为"与"有所为"。

(一)顺性之"无所为者"即"天理",逆性之"有所为者"即"人欲"

南轩所谓"天理""人欲"紧扣着人的"道德本性"来说,并且是就"性"之表现或发用而言。① 他说:"人之良能良知,如饥而食、渴而饮,手持足履之类,固莫非性之自然形乎气体者也。形乎气体,则有天理,有人欲,循其自然,则固莫非天理也。然毫厘之差,则为人欲乱之矣。"② 在他看来,人的良知良能如同饥食渴饮、手持足履之类,都是"性之自然形乎气体者"。此处"性"当然是指人的道德本性,而"性之自然形乎气体"则是指性体通过气体真实具体地表现出来。性体自身是纯粹至善的:"性无不善也。"③ 然而一旦表现出来,则会有天理、人欲之别。而之所以有这种差异,主要是因为人所禀受的气有清浊、厚薄等不同,南轩云:"论性之存乎气质,

---

① 注意侯外庐等主编的《宋明理学史》和卢钟锋在《张栻与南宋理学》中的意见,他们认为"无所为而然"是指性的未发状态,而"有所为而然"指性的已发状态。这种观点有待商榷,愚意以为南轩所谓"天理"、"人欲"之分辨都是就性的表现或发用上来说的。

② 《孟子说》卷7,《张栻全集》,第472页。

③ 《洁白堂记》,《南轩集》卷13,《张栻全集》,第738页。

则人禀天地之精，五行之秀，固与禽兽草木异。然就人之中不无清浊厚薄之不同。"① 虽然人人都具有道德本性，但是人的气禀有种种差异，而此性又须通过人的气禀发用呈露，所以当人所固有的善性混杂在气禀中表现出来的时候就会产生天理、人欲的不同。而其中性之表现合顺其自然者为天理，悖逆其自然者则为人欲。因为性之自然是纯粹至善的，故"天理"代表着"善"的价值，为人的道德本性所固有；而人欲则代表着"恶"的价值，根源于人的气禀之偏邪。② 就此而言，南轩所谓"天理""人欲"乃是就性体表现上的事所做的价值判断，而并非直就性体本身而言，性本身乃是纯粹至善的，恰恰是价值评判的绝对标准。南轩云：

> 《乐记》"人生而静"一章曰"静"，曰"性之欲"，又曰"人欲"。静者，性之本然也。然性不能不动，感于物则动矣，此亦未见其不善，故曰"性之欲"，是性之不能不动者然也。然因其动也，于是而始有流为不善者。盖物之感人无穷，而人之好恶无节，则流为不善矣，至此则岂性之理哉，一己之私而已。于是而有人欲之称，对天理而言，则可见公私之分矣。③

可见，性之本然是纯粹至善的，并且性不能不动，即必然能够流行发用从而有所表现，但是性体在实际表现出来的时候，因为人的好恶没有节制，常常不能顺性称体而发，于是便流为不善，"不善"并非性之自然、性之本然，而只是人的一己私欲。因而便有"人欲"之称，乃相对大公至正的天理而言。故南轩所谓"人欲"专指人的私欲，它往往遮蔽、陷溺了人所固

---

① 《论语解》卷 9，《张栻全集》，第 215 页。

② 南轩云："有是性则具是理。"（《孟子说》卷 6，《张栻全集》，第 429 页）又云："人皆有是性，则其理未尝不具也。"（《孟子说》卷 4，《张栻全集》，第 384—385 页）又云："失其大者则役于血气而为人欲，先立乎其大者则本诸天命而皆至理。"（《孟子说》卷 6，《张栻全集》，第 441 页）又云："夫血气固出于性，然因血气之有偏而后有不善，不善一于其偏也。……即其本源而言之，则谓不善者性之所不为，乃所以明性之理也。"（《答胡伯逢》，《南轩集》卷 29，《张栻全集》，第 958—959 页）又云："人之有不善，皆其血气之所为，非性故也。"（《孟子说》卷 3，《张栻全集》，第 311—312 页）这些都可以用来补充说明此意："天理"本具于人性，而"人欲"则根于血气之偏，绝非人之道德本性所固有。

③ 《答吴晦叔》第八书，《南轩集》卷 19，《张栻全集》，第 827 页。

有的道德本性，是人在道德实践当中必须克制的对象。① 而他又说："人性本善，由是而发，无人欲之私焉，莫非善也，此所谓顺也。情有不善者，非若其情故也。无不足者，天理之安也，本心也。若有不足，则是有所为而然，杜撰出来，此人欲也，有外之心也。"② 人性之自然、本然是纯粹至善的，若顺性称体而发，则必无人欲之私，而皆为天理之流行；否则，若违逆性之自然、本然而有所为，则是人欲之私，而为有外之心。所以在南轩看来，就道德和价值意义上所言天理、人欲之分判的产生，关键在于人在具体生活实践当中表现其固有的善性时是否能够顺性称体而发：顺之则为天理；逆之则为人欲。据此，南轩便从实践工夫的角度，以顺性之"无所为而然"与逆性之"有所为而然"来界分天理和人欲，他说："无所为而然者，命之所以不已，性之所以不偏，而教之所以无穷也。凡有所为而然者，皆人欲之私，而非天理之所存。"③ 又说："无所为者，天理，义之公也；有所为者，人欲，利之私也。"④ 这就直接点明：无所为而然者即天理，有所为而然者即人欲。也就是说，人在道德修养实践中，循顺其本性之自然而为，则是合乎天理的，一切行为和表现皆天理之所存；而违逆其本性之自然而为，则是不合于天理的，一切行为和表现皆为人的私欲。

那么，又何谓"顺性""逆性"？何谓"无所为""有所为"呢？南轩云：

① 南轩云："所谓善者，盖以其仁义礼知之所存，由是而发，无人欲之私乱之，则无非恻隐、羞恶、辞让、是非之心矣。"（《孟子说》卷3，《张栻全集》，第311—312页）又云："君子不谓性，所以遏人欲之流，而保其天性者也。"（《孟子说》卷7，《张栻全集》，第506页）由此可见，人欲是悖逆于人之纯粹至善、大公至正的道德本性的，为恶、为私、为非、为邪。而在南轩的理学中，"人欲"往往又被称为"私欲"或"物欲"。他说："惟夫局于气禀，迁于物欲，而天理不明……"（《郴州学记》，《南轩集》卷9，《张栻全集》，第683—684页）又说："众人迷于物欲，而君子存其良心故也。"（《孟子说》卷5，《张栻全集》，第423页）又说："物欲蔽之，而不知善之所以为善故耳。"（《雷州学记》，《南轩集》卷9，《张栻全集》，第688页）又说："及其至也，私欲尽而天理纯……"（《孟子说》卷7，《张栻全集》478—479页）又说："人皆有是心，然为私欲所蔽，则不能推而达之，而失其性之所有者。"（《孟子说》卷2，《张栻全集》，第289—290页）又说："惟夫动于私欲，则有所忿懥，有所恐惧，有所好乐，有所忧患，而其正理始昧矣。"（《孟子说》卷7，《张栻全集》，第480页）这里的"物欲""私欲"显然都是指人的私欲，也就是南轩所谓"人欲"。总之，在南轩看来，"人欲"是与纯粹至善、大公至正的"本性"亦即"天理"相违逆的，特指人的私欲。

② 《答吴晦叔》，《南轩集》卷29，《张栻全集》，第952—953页。
③ 《南轩集》卷14，附录《孟子讲义序》，《张栻全集》，第754—755页。
④ 《汉家杂伯》，《南轩集》卷16，《张栻全集》，第784页。

"性无有不善，其为善而欲善，犹水之就下然也。若所谓不善者，是其所不为也，所不欲也。……虽然，其所不为而人为之，其所不欲而人欲之，则为私欲所动，而逆其性故耳。善学者何为哉？无为其所不为，无欲其所不欲，顺其性而已矣。"① 既然性之自然、本然是纯粹至善的，那么为善、欲善则是性分之所固有，而不善则是性之所不为、所不欲者。所以善学者应当无为性之所不为、无欲性之所不欲，这就是所谓"顺性"、所谓"无所为"。但人在现实中往往局限于一己私欲而违逆其本有的善性，故对于性之所不为、所不欲者而却为之、欲之，这就是所谓"逆性"、所谓"有所为"。据此可知，"顺性"即是指为其所为而不为其所不为，此即"无所为"，也就是指为善去恶；而"逆性"则是指为其所不为而不为其所为，"为其所不为"即"有所为"，也就是指为恶去善。因此，南轩对于"天理""人欲"的界定和分判是紧扣着"道德本性"来进行的，因为在他看来，这是儒学之所以为儒学的根本所在，不明乎此，则无法真正界分"天理"和"人欲"，以至于陷入异端之教当中。故南轩批评异端举物而遗则，不能认识到天理、人欲分判的根据，以至于混淆了这两者，② 并进而指出，有些学者正因为不明儒学的宗旨所在，所以往往自陷于异端而不自知，只是知晓有天理、人欲二端，却不知天理、人欲究竟为何物，自然也就无法真正去存天理遏人欲了。③

（二）"无所为"与"有所为"于"意之所向"处分判

南轩对"天理""人欲"的界分无疑是就人之表现其道德本性的实践行为来说的，人之表现道德的行为顺其道德本性之自然的即是天理，而逆其道德本性之自然的便是人欲。但必须指出的是，顺性之"无所为"与逆性之"有所为"并非从行为的结果上去分判，而是以行为的动机即南轩所谓"意之所向"是否顺性称体作为评判根据的：

---

① 《孟子说》卷 7，《张栻全集》，第 473 页。

② 南轩云："若异端举物而遗则，则天理人欲混淆而莫识其源，为弊有不可胜言者矣。"（《孟子说》卷 7，《张栻全集》，第 472 页）

③ 南轩云："世固有不取异端之说者，然不知其说乃自陷于异端之中而不自知，此则学之不讲之过也。试举天理、人欲二端言之。学者皆能言有是二端也，然不知以何为天理而存之，以何为人欲而克之，此未易言也。"（张栻：《答直夫》，《南轩集》卷 27，《张栻全集》，第 927—928 页）

人受天地之中以生，仁义礼知皆具于其性，而其所谓仁者，乃爱之理之所存也。惟其有是理，故其发见为不忍人之心。人皆有是心，然为私欲所蔽，则不能推而达之，而失其性之所有者。……虽然，何以知人皆有是心？以其乍见孺子而知之也。必曰"乍见"者，方是时，非安排作为之所可及，而其端发见也，怵惕恻隐者悚动于中，恻然有隐也。方是时，非以内交，非以要誉，非以恶其声而怵惕恻隐形焉，是其中心不忍之实也。此非其所素有者邪？若内交、要誉、恶其声之类一毫萌焉，则为私欲蔽其本心矣。①

在南轩看来，人皆本具仁义礼智之性，而仁即爱之理，其发见则为不忍人之心。人皆本有此仁心，由乍见孺子入井之事便可知：一见孺子匍匐将掉落于井中，人的怵惕恻隐之心即刻萌生，于是便去救助，此乃人皆固有的道德本性的当下自然呈现，无丝毫人为造作、私欲夹杂在其中，这便是人性之所固有而天理之所存。若见孺子匍匐将入于井，因考虑到内交或者为了要誉或者因为恶其声才去救助，而并非根据其道德本性的必然律令和当然法则去施为，此即是人欲之私。乍见孺子入井一事，从救助行为的结果来看，并无二致；但就行为的动机而言，则迥然相异。所以南轩云："孟子析天理人欲之分，深切著明。如云人乍见孺子匍匐将入于井，皆有怵惕恻隐之心，非所以内交于孺子之父母也，非所以要誉于乡党朋友也，非恶其声而然也。盖乍见而怵惕恻隐形焉，此盖天理之所存。若内交，若要誉，若恶其声，一萌乎其间，是乃人欲矣。"②可见，南轩正是从行为的动机而非行为的结果来分判天理和人欲的：一念发动处为道德本性的当下自然呈现，则是天理；而一念发动处若有丝毫人为造作、私心杂念，便是人欲。所以天理、人欲之分别关键在于人心最初一念发动处是否合于、顺于道德本性之自然。而"人心一念发动处"即是南轩所谓"意之所向"③，他说：

---

① 《孟子说》卷2，《张栻全集》，第289—290页。

② 《答直夫》，《南轩集》卷27，《张栻全集》，第927—928页。

③ 在南轩看来，心之所发便是意，此可从其所云"圣人岂独无意哉？盖发于心者莫非实理，无一毫私意也，若有所作为，皆私意耳"（《论语解》卷5，《张栻全集》，第137页）推知。于是人心一念发动处即其所谓"意之所向"。

斯须之顷，意之所向，一涉于有所为，虽有浅深之不同，而其狥己自私则一而已。①

凡一日夕之间，起居饮食，遇事接物，苟私己自便之事，意之所向，无不趋之，则天理灭而人道或几乎息矣。②

在他看来，若人心一念发动处即意之所向逆性悖理而涉于有所为，虽然程度有浅深的不同，但无疑都是狥己自私的行为。据此可知，判断一个行为是合乎天理还是依于人欲，关键在于人心一念发动处是否循顺人所固有的道德本性，也就是当根据行为的动机或出发点来评定行为的价值取向。此即南轩所云："及其所为者而视之，其事善矣，则当观其所从由之道果为善乎？为利乎？人固有同为一事，而所发有善利之分矣。其所由者是，则又当察其所安者焉。所安，谓心之所主。"③ 这就是说，从道德和价值的意义上对一个行为加以评定，不能依据行为本身或行为的结果，而必须根据行为动机或出发点来进行。只有这样，对行为的评判才是真正合理的。因为人所为的事固然相同，但往往为此事的动机或出发点则迥然有异，由动机的不同则必然造成所为之事性质的变化。因此，南轩最终是以意之所向即行为的动机是否顺性合理来作为分判天理与人欲的依据。

二、天理、人欲之关系："天理人欲不并立"

在天理、人欲的关系问题上，南轩显然主张二者之间是截然对立的。这由其以人的"意之所向"是顺性之"无所为而然"还是逆性之"有所为而然"来界分"天理"和"人欲"这点便可以推知。虽然南轩根据人的行为动机顺性与否明确肯定了天理、人欲的分别与对立，但是他并没有否定人的一切欲求，他所谓"人欲"专指人的私欲，而对于维持人的生存与发展的基本欲求和人之发于公心的公欲等顺性合理之欲，他恰恰是积极肯定的，在他看来，这些欲求本身就是天理的体现，故当直接以"天理"称之，而不可以

---

① 《南轩集》卷14，附录《孟子讲义序》，《张栻全集》，第754—755页。
② 《送刘圭父序》，《南轩集》卷15，《张栻全集》，第769—770页。
③ 《论语解》卷1，《张栻全集》，第77页。

"人欲"甚至不可以"欲"去言说。所以他是在肯定合理之欲的前提下来推明"天理"与"人欲"之间的对立性的。

（一）天理人欲不可两立并存

根据前一节的分析便可知，南轩所谓"天理"与"人欲"是决然对立的，二者不可两立并存，毫无相融统一性可言。对于天理与人欲之间的这种对立关系，南轩极力凸显、反复推明之，他说："天理、人欲不两立也"①；"天理、人欲不并立也"②；"苟非天理，即人欲已"③。显然，"天理"与"人欲"是绝对对立的。而二者实处于一种此消彼长、此生彼灭的关系状态当中。南轩云："天理存则人欲消，固不两立也，故以水胜火喻之。……天理寖明，则人欲寖消矣。及其至也，人欲消尽，纯是天理，以水胜火，不其然乎"④；"人欲愈肆，而天理愈灭钦"⑤；"私欲浸消，天理益明"⑥。可见，天理、人欲之间势同水火，正因为天理与人欲的消长是完全相反的，所以二者无法并立共存。总之，在南轩看来，天理只是天理，人欲只是人欲，二者之别判然分明，绝不可有丝毫的混同。

天理人欲不可两立并存，这是南轩一以贯之的主张，毋庸置疑。但目前学界却存在不同的看法：有的学者认为，在南轩的理欲论中，天理与人欲既有相互联系、统一的一面，又有相互区别、对立的一面；⑦ 有的学者则把主张天理、人欲之间的融合统一性归结于南轩的早期论说，而后来他放弃了

---

① 《论语解》卷 7，《张栻全集》，第 180 页。
② 《论语解》卷 1，《张栻全集》，第 78 页。
③ 《勿斋说》，《南轩集》卷 18，《张栻全集》，第 805 页。
④ 《孟子说》卷 6，《张栻全集》，第 444 页。
⑤ 《答喻郎中》，《南轩集》卷 26，《张栻全集》，第 907 页。
⑥ 《洙泗言仁序》，《南轩集》卷 14，《张栻全集》，第 752 页。
⑦ 王丽梅："张栻将天理与人欲之关系规定为'同行异情'，一方面强调天理与人欲的区别，一方面注意强调二者之间的联系，即一方面保证道德世界的先验性与纯粹性，一方面又在道德世界中开显现实世界，在现实世界中奋争道德世界。"（王丽梅：《张栻哲学思想研究》，南京大学 2004 年博士学位论文，第 108 页）刑靖懿："就在宋代理学家大倡'存天理去人欲'，天理人欲相对立的过程中，张栻秉承、修正了胡宏'同体异用，同行异情'说，从天理人欲互相包容、统一的角度出发，提出天理人欲'同行异情'的独特的理欲观。"（邢靖懿：《张栻理学研究》，河北大学 2008 年博士学位论文，第 126 页）

这种观点，主张天理、人欲之间的严格区别和对立。① 虽然这些看法在具体论说上有不同，但都根据南轩"天理人欲，同行异情"② 之论，认为南轩肯定天理、人欲之间可以相互融合，二者具有统一性。笔者以为这种看法有待商榷：第一，对于南轩理欲论中的"人欲"概念缺乏全面、精准的了解，往往将其与一般所谓"人欲"概念等同看待。南轩所谓"人欲"并不是指人的一切欲求，更不是指那些顺性合理之欲，而是特指人的私欲。在这个地方必须加以区分和辨析，才能准确把握南轩所谓"天理""人欲"之间的关系。第二，对于"天理人欲，同行异情"这个命题的意义理解不够确当。该命题的义涵必须联系南轩之师胡五峰的相关思想，并将其置于南轩理学的整个脉络才能得以恰切理解。

南轩在《潭州重修岳麓书院记》中云："虽然，天理人欲，同行异情，毫厘之差，霄壤之缪，此所以求仁之难，必贵于学以明之与?"③ "天理人欲，同行异情"本为南轩师胡五峰的主张，后为南轩所吸收、继承。五峰云："天理人欲，同体而异用，同行而异情，进修君子宜深别焉。"④ 目前学界对这段话有不同解释，⑤ 笔者取牟宗三先生的说法。在牟先生看来，"'同体'

---

① 苏铉盛："在早期的作品中，张栻采取天理人欲同行异情说。日后他更积极地主张天理之优越性。……在早期天理人欲说中，他仍然保留天理和人欲之间的融合余地，但在尔后的探讨中，他扬弃这个观点，而强调两者之间的严格区别，并越来越重视道德原理的价值和意义"。(苏铉盛：《张栻哲学思想研究》，北京大学 2002 年博士学位论文，第 132—133 页；苏铉盛：《理学家的义利观——以张栻为中心》，载李诚主编：《巴蜀文化研究》2004 年第 1 期)

② 《潭州重修岳麓书院记》，《南轩集》卷 10，《张栻全集》，第 693—694 页

③ 《潭州重修岳麓书院记》，《南轩集》卷 10，《张栻全集》，第 693—694 页。

④ 《宋朱熹胡子知言疑义》，《胡宏集》，中华书局 1987 年版，第 329 页。

⑤ 陈来："天理人欲虽属同一事体，而表现上却显示其不同之用；虽属同一事行，而其情实确有溺与不溺之异。例如，夫妇之道，圣人行之，有道而安，便是天理；庸人溺之无节，便是人欲，这就是'同体异用，同行异情'。胡宏要人在生命欲望的活动中注意循其当然之则，即是说，欲的正当展开就是'天理'，'欲'的不合准则的放荡才是'人欲'。因而天理、人欲的分别并不意味着要排斥或禁绝人的正常的自然欲望，而是如何按照社会通行的准则合理地加以展开。胡宏坚持人的生命活动是不能否认的，不仅两性关系，人生的衣食住行与其他的活动莫不有其所当遵行的准则与规范。"(陈来：《宋明理学》，辽宁教育出版社 1995 年版，第 153 页) 向世陵："胡宏把'同体而异用'与'同行而异情.'前后意思相关，'同体'、'同行'是说理欲双方共存于同一人体及其事物活动之中，'异用'、'异情'则表明了天理人欲的作用和表现情形不同，即天理立足于道义的要求，人欲服务于生存的需要。何为天理，何为人欲，取决于人们评价的出发点和动机。所以，胡宏强调君子的修身养性，需要在同体、同行中认真地分辨异用和异情。……从'同体''同行'中去辨别'异用''异情'，实际上只

者'同一事体'之谓，非同一本体也。'异用'是异其表现之用，非体用之用。'同行而异情'与上句同义语。'同行'者，同一事行也。'异情'者，异其情实也。正因同体异用，同行异情，故'进修君子，宜深别焉'"①。故"同体而异用"与"同行而异情"的义涵相同，都是指在同一事体或事行上其表现有天理与人欲的差异。既然在同一事体、同一事行中都有天理、人欲之不同表现，所以五峰希望"进修君子宜深别焉"。因此，"天理人欲，同体而异用，同行而异情"并不能说明天理、人欲具有兼容性，而恰恰在于强调必须区别二者的不同。南轩在"天理人欲，同行异情"后紧接着说"毫厘之差，霄壤之缪，此所以求仁之难，必贵于学以明之与"即是在点明此意。而他所谓"天理只是天理，人欲只是人欲，都无夹杂念虑。毫厘之间，霄壤分焉，此昔人所以战兢自持不敢少弛也"②，则更明确地指出了天理与人欲之间的对立性，也可以说是对这段话的最好注脚。

综观南轩的相关著述，与此处大意相同的内容屡见不鲜、比比皆是，完全可以互诠互释、对照理解，如其云："自容貌颜色辞气之间而察之，天理人欲丝毫之分耳。"③ 又云："盖事一也，而情有异，则所感与其所应皆不同。是以古之谋国者以理义不以利害，此天理人欲之所以分，而治忽之所由系，盖不可不谨于其源也。……毫厘之间，霄壤之分，可不谨哉!"④ 又云：

能从价值观念上来进行，从客观事实上是区分不开的。正因为如此，这种分辨才十分地不易，所以他要求'进修君子，亦深别焉。'"（向世陵：《善恶之上：胡宏·性学·理学》，中国广播电视出版社 2000 年版，第 183、219 页）曾亦："牟宗三先生说得是。然而'同体'之体作本体解亦可通，所谓'同体而异用'，即天理、人欲这种伦理上的价值都是由那无善无恶之性派生出来，是同一个本体的不同发用而已。明道'恶亦不可不谓之性'之说，正是说明这个道理。"（曾亦：《本体与工夫—湖湘学派研究》，上海人民出版社 2007 年版，第 111 页）邓辉、周大欢："天理人欲是同一本体的不同显用，是本体流行的不同表现，未发之时用在体中，已发之后体在用中，体用本是一源。根据胡宏'性不能不动，动则心矣'和道物不两离的思想，本体之流行必见诸于人，行诸于事，因此不同的人行同一事务或同是一人行不同的事务，因心各异必然会异其情实而表现出天理或人欲之别，天理人欲既不相同也不并立，进修德业的君子实应深自辨别反省。"（邓辉、周大欢：《胡宏理欲观辨正》，《哲学研究》2011 年第 4 期）

① 牟宗三：《心体与性体》第二册，《牟宗三先生全集》，台北联经出版社 2003 年版，第 471—472 页。

② 《答俞秀才》，《南轩集》卷 32，《张栻全集》，第 1000 页。

③ 《敬简堂记》，《南轩集》卷 12，《张栻全集》，第 732 页。

④ 《孟子说》卷 6，《张栻全集》，第 450—451 页。

"盖出义则入利，去利则为善也，此不过毫厘之间，而有白黑之异，霄壤之隔焉。……夫善者，天理之公。……至于利，则一己之私而已。……夫义、利二者相去之微，不可以不深察也。"① "盖事一也，而情有异" 正是表达 "同行异情" 的意思，而南轩又常用 "丝毫之分" "毫厘之间，霄壤之分" "此不过毫厘之间，而有白黑之异，霄壤之隔" 等来描述天理与人欲的分别，这充分体现出其所谓 "天理" "人欲" 是截然对反、势不两立的，二者之间绝无任何包容性、融合性可言。其所谓 "天理人欲，同行异情，毫厘之差，霄壤之缪" 无疑也指明了此意。但学者却孤立地单提此一句，而不能贯通南轩理欲论的整个思路，故据此认为南轩主张天理、人欲之间具有融合性或包容性，这显然是误解了南轩的意思。

（二）顺性合理之欲亦即天理

南轩虽然从道德和价值的意义上截然分判天理和人欲，但是他并没有否定人的一切欲求，他所否定的只是与道德本性相违逆而不合于天理的人之私欲，其所谓 "人欲" 特指人的私欲而言。而对于维持人的生存与发展的基本欲求和人之发于公心的公欲等顺性合理之欲，南轩是积极肯定的。他说："人饥渴而饮食，是亦理也"②；"饮食有正味，天下之公也"③；"夏葛而冬裘，饥食而渴饮，理之所固存，而事之所当然者"④。在这里，南轩指出人的饥食渴饮等正常欲求是合乎天理的，乃天理之所当然。⑤ 这就明确肯定了人的基本欲求的合理性。并且在他看来，人人都有饥食渴饮等基本欲求，即便君

---

① 《孟子说》卷 7，《张栻全集》，第 478—479 页。
② 《孟子说》卷 6，《张栻全集》，第 441 页。
③ 《孟子说》卷 7，《张栻全集》，第 480 页。
④ 《南轩集》卷 9，《静江府学记》，《张栻全集》，第 678—679 页。
⑤ 王丽梅、刑靖懿等学者皆引 "饥而食，渴而饮，天理也；昼而作，夜而息，天理也。自是而上，秋毫加焉，即为人欲矣" 这段文本来证明南轩亦主张理、欲之间具有统一性和包容性，而实则此乃陈平甫所言，并非南轩之语。原著为：陈平甫云："吾心纯乎天理，则身在六经中矣。或曰何谓天理？曰饥而食，渴而饮，天理也；昼而作，夜而息，天理也。自是而上，秋毫加焉，即为人欲矣。人欲萌而六经万古失。"南轩针对其说云："此意虽好，然饥食渴饮，昼作夜息，异教中亦有拈出此意者，而其与吾儒异者何哉？此又不可不深察也。孟子只常拈出爱亲敬长之意，最为亲切，于此体认即不差也。"（《答陈平甫》，《南轩集》卷 30，《张栻全集》，第 970 页）

子、圣人也不能例外。他说："众人有喜怒哀乐，圣人亦未尝无也；众人夏葛冬裘，饥食渴饮，圣人亦不能违也。"① 既然圣人都不能没有正常欲求，那么这些欲求的存在必是不可否认而合情合理的。不仅如此，南轩还积极肯定了那种发于公心、合于天理的公共欲求。他说：

> 夫好货与好色，人欲之流，不可为也。今王自谓疾在于好货，而告之以公刘好货；王自谓疾在于好色，而告之以大王好色，是则有深意矣。夫公刘果好货乎哉？公刘将迁国于豳，使居者有积仓，行者有裹粮，弓矢斧钺备而后启行，是其所谓好货者，欲己与百姓俱无不足之患而已。大王果好色乎哉？大王与其妃来相宇于岐下，方是时也，内外无有怨旷焉，是其所谓好色者，欲己与百姓皆安于室家之常而已。夫其为货与色者如此，盖天理之公且常者也，故再言"与百姓同之，于王何有"。夫与百姓同之，则何有于己哉？人之于货与色也，惟其有于己也，是故崇欲而莫知纪极。夫其所自为者，不过于六尺之躯而已，岂不殆哉？苟惟推与百姓同之之心，则扩然大公，循夫故常，天理著而人欲灭矣。②

于此，南轩辩证地分析了人对于货、色的欲求。在他看来，为了满足一己私意的好货与好色行为乃人之私欲的流行，这是不可为的；而为了满足广大百姓需求的好货与好色行为则是天理之公且常，这是值得积极肯定并大力推举的。因此，那种基于人的公心所发的公益性欲求也是合乎天理的。所以南轩云："国人之公心，即天理之所存，苟有一毫私意加于其间，则失大同至义，而非天之理矣。"③ 国人的公心即是天理的体现，甚至可以说公心即天理，因为天理是纯粹至善、大公至正的，所以只要有分毫的私意夹杂在其中，那就不是天理了。显然，南轩是从行为的动机判断行为是否符合天理的，欲求什么并不重要，关键在于为何而欲求，其动机是立足于大公之天理还是一己之私欲：基于大公之天理所发的欲求，则是合于天理的，乃是"天

---

① 《孟子说》卷4，《张栻全集》，第391页。
② 《孟子说》卷1，《张栻全集》，第263页。
③ 《孟子说》卷1，《张栻全集》，第265页。

理"之发用；否则，便是"人欲"即人的私欲之流行。①

由上可知，对于南轩而言，人的基本欲求和发于公心的公欲都是合乎天理的，乃天理本身的体现。就此来说，理、欲非但不是截然对立的，反而具有根本一致性、统一性。只不过在南轩看来，合于天理、体现天理的欲求不可以"人欲"言说，而当称之以"理"或"天理"。他说："天理微妙而难明，人欲汹涌而易起，君子亦岂无欲乎？而莫非天命之流行，不可以人欲言也。"② 又说："圣人岂独无意哉？盖发于心者莫非实理，无一毫私意也……"③ 又说："夫饥而食，天之理也，圣人所欲不存，岂有一毫加意于此哉？"④ 在他看来，圣人、君子的欲求，包括基本欲求在内，都是合乎天理、顺于天理的，无不是天命的流行发见即天理的体现，所以当直接以"天理"而不可以特指人之私欲的"人欲"言之。因此，南轩虽然十分强调"天理"与"人欲"的分别与对立，力主存天理遏人欲，但是他并未否定人的一切欲望，对于人的正常欲求和发于公心之公欲等仍是积极肯定的。于此，问题的关键并不在于有无欲求或有何欲求，而在于欲求是否顺性合理：顺性合理者即为天理，逆性悖理者便是人欲。

三、存理遏欲之工夫：反躬以存天理遏人欲

至于如何存天理而遏人欲，南轩主张反躬即反求诸己。这是其理欲论颇有特色的地方。南轩云："反躬则天理明，不能反躬则人欲肆，可不念哉！"⑤

---

① 同样的观念亦体现在"梁惠王顾鸿雁麋鹿而谓孟子，孟子若告之曰，贤者何乐乎此？则非惟告人之道不当尔，而于理亦有未完也。对曰'贤者而后乐此，不贤者虽有此不乐也'，辞气不迫，而理则完矣。盖王之所谓乐者，人欲之私，期以自逸者也。孟子之所谓'贤者而后乐此'者，天理之公，与民偕乐者也。……嗟乎！民一也，得其心则子来而乐君之乐，失其心则害丧而亡君之亡。究其本，则由夫顺理与徇欲之分而已。人君若常怀不敢自乐之心，则足以遏人欲矣；常怀与民皆乐之心，则足以扩天理矣，可不念哉"（《孟子说》卷1，《张栻全集》，第242—243页）。此文本当中，这也表明南轩实质上是以公、私来辨明天理、人欲之别的，只不过他主张根据行为的动机或出发点是否合于道德来分判二者。
② 《答直夫》，《南轩集》卷27，《张栻全集》，第927—928页。
③ 《论语解》卷5，《张栻全集》，第137页。
④ 《论语解》卷5，《张栻全集》，第150页。
⑤ 《孟子说》卷4，《张栻全集》，第349页。

又云："绎其性之端以之，使之晓然知反躬之要，则天理可明，而人欲可遏矣。"① 又云："人为物诱，欲动乎中。不能反躬，殆灭天理。"② 又云："反躬而去其蔽，则斯见其大同者矣。其所同然者，理也。"③ 可见，反躬则天理可明而人欲可遏，不能反躬则天理殆灭而人欲肆行。所以存天理而遏人欲当以"反躬"为要。

在南轩看来，所谓"反躬"也就是指反求本心、向内用力做工夫，即操存涵养人所固有的道德本心。他说："天理人欲不并立也，操舍存亡之机，其间不能以毫发。"④ 又说："仁与不仁，特系乎操舍之间，而天理人欲分焉。"⑤ 天理、人欲之分立即在对本心的操存舍亡之间：操则存，即是天理，因为天理本具于人心，心存则天理明；舍则亡，便是人欲，因为本心放失，天理被人欲障避而无法得以显明。因此，遏欲存理的关键便在于存养本心。南轩云：

> 虽然，人饥渴而饮食，是亦理也，初何罪焉？然饮食之人人所为贱之者，为其但知有口腹之养，而失其大者耳。如使饮食之人而不失其大者，则口腹岂但为养其尺寸之肤哉？固亦理义之所存也。故失其大者则役于血气而为人欲，先立乎其大者则本诸天命而皆至理。人欲流，则口腹之需何有穷极？此人之所以为禽兽不远者也。天理明，则一饮一食之间，亦莫不有则焉，此人之所以成身而通乎天地者也。然则可不谨其源哉。⑥

南轩认为，人饥而食、渴而饮，这也是天理之所当然。只是饮食之人若只知满足口腹之欲，而不能先立定人之所以为人之大者即道德本心，以至于为血气所主宰，则口腹之养遂沦为人的私欲。若能先立乎其大者，本心得以存养而天理昭然呈露，则口腹之欲的满足必循天理之所当然而为，而此时

---

① 《孟子说》卷1，《张栻全集》，第253—254页。
② 《艮斋铭》，《南轩集》卷36，《张栻全集》，第1039页。
③ 《跋西铭示宋伯潜》，《南轩集》卷33，《张栻全集》，第1010页。
④ 《勿斋说》，《南轩集》卷18，《张栻全集》，第805页。
⑤ 《孟子说》卷6，《张栻全集》，第444页。
⑥ 《孟子说》卷6，《张栻全集》，第441页。

口腹之欲亦即天理的流行发见，绝非人之私欲。故当先立定人之所以为人之大者，以心主宰血气，克制人的欲望，则人欲消而天理可存。所以南轩说："饮食男女，大欲存焉。不为欲流，乃可圣贤。我思古人，以理制欲。常戒以惧，惟慎其独。"① 此"慎其独"也就是一种反诸本心、向内用力以克欲存理的道德修养工夫。对于南轩而言，存天理遏人欲须以"反躬"为本，而至于如何具体地展开和落实此工夫，他则主张格物致知与持敬。

（一）格物致知

南轩云："天理微妙而难明，人欲汹涌而易起，……故大学之道，以格物致知为先。格物以致知，则天理可识，而不为人欲所乱。"② 又云："盖致知以达其行，而力行以精其知，工深力久，天理可得而明，气质可得而化也。"③ 在他看来，天理难明而人欲易起，所以大学之道以格物致知为先，格物以致知，则天理可得以明识，而人欲可得以遏止。这显然主张以《大学》的"格物致知"之道作为存理遏欲的实践工夫。而他所谓"格物致知"的实质即明心、尽心，是一种反求诸己、向内用力的工夫。

何谓"格物"？南轩认为，"格物者，至极其理也"④，"格物"是指穷究万事万物之理到极处、尽处，也就是"穷理"之谓："探其所以然，求所当然，是之谓穷其理。"⑤ "穷理"即指探求事物之所以然之故及其所当然之则，而"天理"就是事事物物之所以然之故及其所当然之则。然在南轩看来，天理本具于人心，心即是理。他说："心之所为一者，天理之所存"⑥；"心与理一，不待以己合彼"⑦；"人心天理初无欠，正本端原万善生。"⑧ 可见，人心本具天理，心与理本来一体、本即为一，故心即理也。并且心能够统摄天理而主宰万事万物。南轩云："万事具万理，万理在万物，而其妙著于人心。……

---

① 《消人欲铭》，《南轩集补遗》，《张栻全集》，第 1190 页。
② 《答直夫》，《南轩集》卷 27，《张栻全集》，第 927—928 页。
③ 《送钟尉序》，《南轩集》卷 15，《张栻全集》，第 772 页。
④ 《答江文叔》，《南轩集》卷 26，《张栻全集》，第 915 页。
⑤ 《自修铭》，《南轩集补遗》，《张栻全集》，第 1190 页。
⑥ 《孟子说》卷 4，《张栻全集》，第 388 页。
⑦ 《孟子说》卷 6，《张栻全集》，第 466—467 页。
⑧ 《元日》，《南轩集》卷 7，《张栻全集》，第 632 页。

心也者，贯万事，统万理，而为万物之主宰者也。"① 又云："事有其理而著于吾心。心也者，万事之宗也。"② "心"乃是万事万物的宗主，万事万物及其所以然之理都由人的一心所统摄、所主宰。所以"穷理"并非向外探求一事一物之理，而是返本向内穷"心"本有之"理"，实际上也就是明心、尽心。因此南轩说："所谓穷理者，贵乎能有诸己者而已。在己习之偏、意之私亦不一矣，非反而自克，则无以会其理之归。"③ 穷理贵在能反求诸己，即能返本向内体证本心，确信其真实存在于己身从而做到实有诸己。而南轩又云："明尽心体之本然为尽其心，非善穷理者莫之能也。"④ 这就更加明确地指出了穷理的意义即在于明心、尽心。

何谓"致知"？南轩云："格之为言至也，理不循乎物，至极其理，所以致其知也。"⑤ 可见，致知乃是格物的结果，理穷自然知至，"至极其理"即是"致其知"。而南轩所谓"致知"之"知"并非一般认识论意义上的知识，而是指人心所本有的良知。他说："然所谓讲学者，宁有它求哉？致其知而已。知者，吾所固有也，……。"又说："良知固有，非缘事物。卓然独见，我心皭日。物格知至，万理可穷。"⑥ 显然，"致知"之"知"乃人的本心所固有之知，即所谓"良知"，也就是内在于人心之天理。所以"致知"即是指体认天理之所存、明觉心体之本然，此即"致知所以明是心也"⑦。因此，在南轩看来，格物以致知即格物以穷理，其实质都在于明心尽心。所以他说："尽其心者，格物致知，积习既久，私意脱落，万理贯通，尽得此生生无穷之体也。"⑧ 因而当他以"格物致知"存天理而遏人欲，自然会强调反求本心、向内用力。这也是南轩在工夫论上的一贯主张，他说："反身端本，君子之道也，故务尽其在己者而已。"⑨ 又说："学道者以务实反本为要，耻衣

---

① 《敬斋记》，《南轩集》卷 12，《张栻全集》，第 724 页。
② 《静江府学记》，《南轩集》卷 9，《张栻全集》，第 678—679 页。
③ 补《约斋记》，《南轩集》卷 12，《张栻全集》，第 729 页。
④ 《答彭子寿》，《南轩集》卷 31，《张栻全集》，第 983 页。
⑤ 《答吕季克》，《南轩集》卷 26，《张栻全集》，第 917 页。
⑥ 《克斋铭》，《南轩集》卷 36，《张栻全集》，第 1038 页。
⑦ 《敬斋记》，《南轩集》卷 12，《张栻全集》，第 724 页。
⑧ 《孟子说》卷 6，《张栻全集》，第 464 页。
⑨ 《孟子说》卷 4，《张栻全集》，第 386—387 页。

恶食者，其心何如哉？外驰如此，虽曰志于道，岂足与议道乎？"① 显然，南轩主张学道者应当务实反本，反身端本乃是君子之道，若心一味外驰则必是无法明道论道的。

（二）持敬

在存天理遏人欲的工夫上，南轩也颇为重视持敬的作用。他说："君子居敬为本，造次克念，战兢自持，旧习浸消，则善端易著。及其至也，私欲尽而天理纯"②；"程子教人以敬为本，即周子主静之意也。要当于未发之时，即其体而不失存之之妙，已发之际，循其用而不昧乎察之之功，则人欲可息，天理可明"③；"今欲用工，宜莫先于敬。用工之久，人欲浸除，则所谓可者亦可得而存矣"④。由此可知，君子存天理遏人欲当以持敬为本，持敬则人欲可息而天理可明。显然，南轩亦视"持敬"为存理遏欲的重要工夫。而"持敬"在他看来也就是一种存养本心的工夫。

南轩承继孟子的心性思想，亦以道德本心为人之所以为人而异于他物之所在，所以当人放失其本心而不知求，则必将失却其为人之道而沦为一物，因此他尤为强调求放心，以此来挺立人之所以为人之根本。而至于如何求放心，他则主张以"敬"为本："夫人位天地之中，而为万物之灵，岂不至贵至重矣哉？其惟心乎！放其良心，自流于物而不知，反为失其身矣。……故君子之学，持敬以为本，穷理以为要，涵养浸渍，致知力行，放心可求，而身得其养矣。"⑤ 由此可知，持敬乃是一种存养本心的工夫。南轩又于《敬斋记》云："敬者所以持是心而勿失也。"⑥ 这就直接指明了"敬"即操存本心而不令其放失。南轩极为重视"敬"对于"心"的存养作用，他说：

敬者心之道，所以生生也。⑦

① 《论语解》卷2，《张栻全集》，第94页。
② 《孟子说》卷7，《张栻全集》，第478—479页。
③ 《太极图说解义》，载杨世文：《张栻〈太极图说解义〉新辑》，第206页。
④ 《答宋伯潜》，《南轩集》卷30，《张栻全集》，第975页。
⑤ 《爱身堂说》，《南轩集补遗》，《张栻全集》，第1187页。
⑥ 《敬斋记》，《南轩集》卷12，《张栻全集》，第724页。
⑦ 《答李季修》，《南轩集》卷26，《张栻全集》，第924页。

盖心生生而不穷者道也，敬则生矣，生则乌可已也；怠则放，放则死矣。①

盖心宰事物，而敬者心之道所以生也。②

非敬则是心不存，而万事乖析矣，可不畏欤！③

在他看来，心乃生生之体，而此生生之体之所以能显发其生生之用，关键在于"敬"，"敬"即心之所以生生之道。也就是说，敬则心存，故心体能发用流行、生生不已；而不敬则心之生道止息，故不能显发其生生之大用。由此可见"敬"对于心体发用的重要性，甚至可以说，"敬"与"心"相即不离，二者是俱存俱立的。南轩云："方其存时，则心之本体固在此，非又于此外别寻本体也。"④ 又云："所谓持敬，乃是切要工夫，然要将个敬来治心则不可。盖主一之谓敬，敬是敬此者也。（原注：只敬便在此。）若谓敬为一物，将一物治一物，非惟无益，而反有害，乃孟子所谓必有事焉而正之，卒为助长之病。"⑤ 持敬工夫非指以"敬"去治"心"，先"敬"而后"心"方在，而是敬即心之敬，只敬心便在。因此"敬"与"心"实则处于一种相即不离的关系当中。所以南轩强调"克持其心，顺保常性。敬非有加，惟主乎是"⑥。

总之，在南轩看来，持敬的实质便是"存心""尽心"，亦即谨守本心、发明本心。存养本心离不开"敬"，"敬"与"心"相即而不离，"敬"乃为生生之体的"心"之所以能生生的根本条件。因"心"为人皆固有的道德本心，乃超越的本体，故"敬"作为存心工夫乃直就本体上而言，直指本体为大要，无疑也是一种反本向内用力的工夫。

综上所言，南轩主张以"格物致知"和"持敬"来存天理遏人欲，虽然二者的工夫侧重点有所不一样，但无疑都是一种反求本心、向内用力的工

① 《敬斋记》，《南轩集》卷12，《张栻全集》，第725页。
② 《敬简堂记》，《南轩集》卷12，《张栻全集》，第732页。
③ 《敬简堂记》，《南轩集》卷12，《张栻全集》，第732页。
④ 《答朱元晦书》第一书，《南轩集》卷20，《张栻全集》，第830页。
⑤ 《答曾致虚》，《南轩集》卷26，《张栻全集》，第912页。
⑥ 《敬斋铭》，《南轩集》卷36，《张栻全集》，第1040页。

夫，并且二者互相促发、相须并进："穷理持敬工夫，盖互相资耳。"① 总之，"反躬"乃是存天理遏人欲的工夫要领所在，而格物致知与持敬则是对此工夫的具体展开与落实，其最终目的即在于彰明人之道德本心而尽显人之道德本性，从而挺立人之所以为人之道。

四、存理遏欲之目的：立人道、行王政

南轩之所以明分天理与人欲并竭力主张反躬以存理遏欲，其宗旨即在于实现内圣成德，彰明人皆固有的道德本心，从而挺立人之所以为人之根本、昭显人之所以为人之道；并进而因此立定王道之本，由内圣至于外王，达到国治而天下平的理想境地。

（一）立人道

南轩认为，人之所以为人而异于他物者，即在于人皆固有本心以尽其性、全其性。他说："原人之生，天命之性，纯粹至善，而无恶之可萌者也。……何独人尔？物之始生，亦无有不善者，惟人得二气之精，五行之秀，其虚明知觉之心有以推之，而万善可备，以不失其天地之全，故性善之名独归于人，而为天地之心也。"② 人与物虽然都具有道德本性，但人得二气之精、五行之秀，有虚明知觉之心以推之而能够尽性全性，也就是说，人可以通过"心"的能动作用，把客观潜存的善性具体真实地实现出来，所以"性善之名独归于人，而为天地之心也"。可见，南轩实际上是从"心"上来区分人与物的，就"性"上而言，人与物并无不同，人之所以为人而异于物的根本在"心"而不在"性"。③ 因此他说："惟人禀得其秀，故其心为最灵而

① 《与吴晦叔》第二书，《南轩集》卷28，《张栻全集》，第943页。
② 《孟子说》卷6，《张栻全集》，第426—427页。
③ 南轩云："惟人全夫天地之性，故有所主宰，而为人之心所以异乎庶物者独在于此也。"（《南轩集》卷11，《存斋记》，《张栻全集》，第720页）可知，南轩以心能尽心全性这点从根本上区分人与物，即以心规定人的本性。而南轩又云："人与万物同乎天，其体一也，禀气赋形则有分焉。至若禽兽，亦为有情之类，然而隔于形气，而不能推也。人则能推矣。其所以能推者，乃人之道，而异乎物者也，故曰几希，言其分之不远也。人虽有是心，而必贵于能存；能存而后人道立。不然，放而不知求，则几庶物亦奚以异哉？故庶民之所以为庶民

能推之，此所以为人之性，而异乎庶物者也。"①

而在南轩看来，虽然人人都本有此心，但此心常被人的一己私欲陷溺、障避而无法得以彰明、呈露，以至于失却人之为人之道。他说："人皆有是心，然为私欲所蔽，则不能推而达之，而失其性之所有者。"②人虽皆有道德本心，但为私欲所蔽隔，故无法推而达之以尽其性之所有。因而南轩主张遏人欲而存天理，以去除本心的障蔽，从而令其得以显明昭著。他说：

> 盖人之生，其爱之理具其性，是乃所以为人之道者。惟其私意日以蔽隔，故其理虽存，而人不能合之，则人道亦几乎息矣。惟君子以克己为务，己私既克，无所蔽隔，而天理睟然，则人与仁合而为人之道矣。③
>
> 盖欲有以蔽之，而羞恶之端陷溺而莫之萌也。故曰：此之谓失其本心。嗟乎！举世憧憧，以欲为事。于得失之际，盖不能以自择也，而况于死生乎？是故君子遏人欲而存天理，……而人道立矣。④

南轩认为，人之所以失却其为人之道，是因为现实中人往往有私欲，障蔽了其固有的道德本心，从而无法以心尽性，具体真实地体现出人之所以为人之道。故须克尽一己私欲而存大公之天理，以祛除本心的障蔽，从而彰明人所固有的道德本心、挺立人之所以为人之道。因此，遏人欲而存天理，则本心可明，本性可尽，而人道可立。当然，换一个角度也可说，明心尽性则可使天理得存而人欲得遏，从而人之所以为人之道亦可得以挺立、昭显。因为心即理，心能主宰性、气，故这两个方面实际上是互涵互摄的，也就是

者，以其去之；君子之所以为君子者，则以其能存之耳。曰"去之"者，为其去而不反也；曰"存之"者，为其存而不舍也。去而不返，则无以自别于禽兽。存之之极，虽圣亦可几也。去与存，其几本于毫厘之间，可不谨哉？……嗟乎！人皆可以为舜，其本在乎存之而已矣。"（《孟子说》卷4，《张栻全集》，第380页）可见，他十分重视对本心的操存涵养，以此来尽性全性，从而成就人之所以为人者。

① 《答胡伯逢》，《南轩集》卷29，《张栻全集》，第956—957页。
② 《孟子说》卷2，《张栻全集》，第289—290页。
③ 《孟子说》卷7，《张栻全集》，第502页。
④ 《孟子说》卷6，《张栻全集》，第438—439页。

说，存天理遏人欲的过程亦即一个存养本心的过程。总之，明心尽性以立人道乃南轩理欲论的宗旨，也是其主张反躬以存理遏欲的根本原因所在。

（二）行王政

南轩极力主张存天理而遏人欲，在内圣方面乃是为了彰明人之所以为人之道、挺立人之所以为人之本，而在外王方面则是为了实行王道政治以治国平天下。南轩以天理、人欲之分，明王、霸之辨，竭力推行王道而贬抑霸道，充分体现出其理欲论在外王方面乃是为施行王道政治服务的。

在南轩看来，立人道乃施行王道政治之本，而人之为人之道即在于人皆固有其道德本心，故王道政治的施行必有赖于道德本心的存养。他说："尧舜之道固大矣，而其平治天下，必以仁政。……惟夫行仁政，是所以为尧舜之道也。……先王有不忍人之心，斯有不忍人之政。所谓不忍人之政者，即其仁心所推，尽其用于事事物物之间者也。……盖仁心之存，乃王政之本；而王政之行，即是心之用也。"① 南轩认为，为国者平治天下，必须施行仁政，而仁政的施行必须端赖于仁心的存养，治国者有仁心方能行仁政，所以存养仁心乃王道政治之本，而王政的实行也即是仁心本体的流行发用。又在南轩看来，仁心为人人所固有，贵在能够存养之。而反躬以存理遏欲的过程也就是一个操存涵养本心的过程，故存天理而遏人欲则可以立定王政之本，从而推动仁政之施、王道之行，最终实现王道政治的理想。所以南轩在外王经世的层面也十分重视天理、人欲之辨，他说："嗟乎！义利之辨大矣，盖特学者治己之所当先，施之天下国家一也。王者所以建立邦本，垂裕无疆，以义故也，而伯者所以陷溺人心，贻毒后世，以利故也。孟子当战国横流之时，发挥天理，遏止人欲，深切著明，拨乱反正之大纲也。"② 可见，天理人欲之辨不仅为学者修身治己的首要任务，并且也是治国者为国行政的头等大事：王者循顺天理而行，所以能建立邦本、垂域无疆；而霸者局限于一己私欲，所以才陷溺人心、贻害后世。因此，治国者必须存天理而遏人欲，以为王道政治的实现立定根基。

① 《孟子说》卷4，《张栻全集》，第346页。
② 附录《孟子讲义序》，《南轩集》卷14，《张栻全集》，第754—755页。

南轩将其理欲论运用于王、霸之辨，以天理、人欲判别二者，并极力推举王道而贬抑霸道，亦可反映出其理欲论落在外王方面是以实现王道政治为最终目的的。他说："大抵王者之政，皆无所为而为之，伯者则莫非有为而然也。无所为者，天理，义之公也；有所为者，人欲，利之私也。"① 在南轩看来，王道之所以为王道，即在于王者能本于大公至正之天理为政治国；而霸道之所以为霸道，即在于霸者常基于一己私欲为国行政。故王、霸之别即在顺理与徇欲之间，甚至可以说王道即天理，而霸道即人欲。因此，南轩以天理、人欲分判王道、霸道，并力主存天理而遏人欲，极为推尊王道而鄙弃霸道，其目的便在于希望统治者能祛除利欲之心，全然本于大公之天理为政治国，从而实现国治而天下平的王道政治理想。

结　语

理欲问题为宋明理学的核心论题，是对人性问题的基本思考。南轩的理欲论强调天理、人欲之分并力主存天理遏人欲，以期人皆能建立合理的价值取向，作出正确的价值判断，从而挺立人之所以为人之本、彰明人之所以为人之道。此乃为宋儒所共许，与宋儒的基本立场是一致的，也与先秦儒学是一脉相承的。而南轩理欲论的特质主要体现在以下两个方面：

其一，根据顺性之"无所为而然"与逆性之"有所为而然"，从"意之所向"即行为动机上十分精微地界定和分判天理与人欲，认为"天理"即顺性之"无所为而然者"，而"人欲"即逆性之"有所为而然者"。并以"人欲"特指人的私欲而对之加以彻底的否定和贬抑；以顺性合理之欲即为"天理"而对之加以极大地肯定和褒扬。

其二，竭力主张反躬以存天理遏人欲，即强调反求本心、向内用力以作存理遏欲的工夫。因为在南轩看来，心即是理，而心对理、性、气乃至万物万事都具有统摄、主宰作用，此即人之所以为人而异于他物之根本，亦即人道之所在，故存天理遏人欲必须反本向内用功，对本心加以操存涵养方可。而实际上对南轩来说，存理遏欲的过程也就是一个存养本心的过程。

---

① 《汉家杂伯》，《南轩集》卷16，《张栻全集》，第784页。

　　南轩的理欲论在继承先贤思想的基础上，对一些关键性的问题提出了自己颇为独到而又深刻的见解，显然有助于推动宋代理欲思想的发展和完善，对当时及后世的学者都产生了一定的影响。朱子、真西山、杨诚斋等学者对其义利之辨大加赞颂和推举①，而义利之辨的实质即理欲之辨，这无疑体现出南轩理欲论在宋代理学中的重要价值和影响。

（作者单位:武汉大学哲学学院）

---

① 参见"引言"部分相关注释。

张栻修养工夫论的内涵及其意义

刘原池

张栻的工夫论是其理学思想的一个重要内容，也是歧义最大、最被忽视的部分。近人牟宗三却认为，张栻随同朱子而疑《知言》，其蠢然随朱子脚跟转，因禀性清弱，力弱才短，而被朱子吞没，从而导致其学无传，愧对乃师。事实上，张栻在不断地省过矫偏的思想历程中，对其早期工夫论的修正、补充与深化，并非是对胡宏思想之抛弃和背叛，而是进一步发展和继承了胡宏的思想。在理学蓬勃发展之时，张栻预感并发现察识端倪说将导致好高骛远、不务其实之弊而予以及时纠正，而提出察识与涵养相须并进的思想。这对南宋理学之发展与成熟起到了重要的作用。在社稷多难之际，他探索并思考救国之路，因而提倡力行，强调践履。究其实，察识与涵养相须并进的思想已经孕育了经世致用的理论萌芽，对经世致用思想及其活动提供了直接理论来源和根据。对此，黄宗羲看得真切。所以，唯有从逻辑和历史的角度，才能正确理解张栻工夫论的真正内涵和价值以及其在思想史上的地位与作用。

前　言

张栻是胡宏最得意的弟子，黄宗羲对张栻在湖湘学派传承过程中的地位作了高度评价，认为张栻继承胡宏思想，所造比胡宏更纯粹精微，在湖湘学派中空前绝后，朱熹说："胡氏之说，惟敬夫独得之，其余门人皆不晓。"①

---

① 《朱子语类》卷103，中华书局1986年版，第2606页。

认为张栻独得胡宏之学，自宋代以来，张栻继承和发展了胡宏的学术思想，已是定论。但近人牟宗三却认为张栻是胡宏的不肖弟子，说张栻随同朱子而疑《知言》，"蠢然随朱子脚跟转，因禀性清弱，力弱才短"①，而被朱子吞没，从而导致其学无传，愧对乃师。在牟氏看来，湖湘学派后来无传的责任，要归咎于张栻，牟氏所论，并非全无所据，但说张栻完全被朱熹"吞没"。对于这个问题，应作具体分析。张栻从朱熹中和新悟后确实在有些问题上转从朱熹，但也不是在所有问题上混同于朱熹，张栻融合了朱熹的一些观点，但也保持着自己的独立思考和师门传授宗旨，从而使朱、张二人的思想既有相同之处也有异同之点。

张栻不仅是朱熹之挚友，"同道"之人，而且是南宋乾、淳时期著名的理学家，二人对南宋儒学的发展与完善都作出了重要的贡献。杜杲曾说："中兴以来，文公朱先生以身任道，开明人心，南轩先生张氏，文公所敬。二先生相与发明，以续周、程之学，于是道学之升，如日之升，如江汉之沛。"② 朱熹于乾道三年（1167）秋走潭州访张栻，归来后与门人书中叹曰："敬夫所见超诣卓然，非所可及！"③ 在朱子的众多师友中，唯对张栻敬重并叹服有嘉（加）。从思想史发展的历史进程和逻辑进程而言，张栻确实是不能被忽视的重要人物，他不但是乾、淳时期著名的学者，具有丰富的理学思想，而且同朱熹精研和切磋理学诸多问题，他的思想不仅深深地影响了朱子，而且对理学的发展与成熟具有不可低估的重要作用。

张栻的工夫论是其理学思想的一个重要内容——也是歧义最大、最被忽视的部分。研究者或站在胡宏的观点和立场、或从朱熹的价值与视域等来看待和理解张栻的思想，很少有人从张栻自身的观点和立场着手，客观而独立地探讨张栻工夫论的内涵及其意义。的确，如同朱子一样，张栻的工夫论确实有一个曲折和变化，前期和后期有所不同；但如何正确地看待这种曲折和变化？前期和后期的不同又说明了什么？这种曲折和变化是否就意味着张栻工夫论同于并转向朱子？张栻工夫论的内涵与意义究竟何在？本文试图从

---

① 牟宗三：《心体与性体》，上海古籍出版社1999年版，第400页。

② 杜杲：《重修张南轩先生祠堂记》，《张南轩先生文集》（二），中华书局1985年版，第125—126页。

③ 《答程允夫五》，《朱子文集》卷41，台北德富文教基金会2000年版，第1777页。

张栻与朱熹的文集以及朱熹与张栻的论辩中，来探讨分析张栻功夫论的内容及意涵。

一、察识端倪说

"察识端倪"或"端倪"一语源自张栻，但此语不见于张栻文集，而间接见于朱子（朱子转引张栻此语评价张栻及湖湘诸儒）。朱子曾说："南轩说'端倪'两字极好。此两字，却自人欲中生出来。人若无这些个秉彝，如何思量得要做好人！"① 在给张栻信中引张栻之言曰："学者先须察识端倪之发，然后可加存养之功。"② 等等。"察识端倪"即于应事接物之间，本心当下自然呈现，然后操存涵养反本体证以为体也。在早期思想中，张栻继承并发展了胡宏于日常生活中体道之思想。胡宏认为读书、晨昏之奉、室家之好、嗣续之托，交朋友，使奴隶，夏葛冬裘，渴饮饥食等日常生活均含有道，只是百姓不知而已。③ 因此强调省察日常生活，发现良心之苗裔，反本得道。他说：

> 齐王见牛而不忍，此良心之苗裔，因利欲之间而见者也。一有见焉，操而存之，存而养之，养而充之，以至于大，大而不已，与天地同矣。此心在人，其发见之端不同，要在识之而已。④

"此良心之苗裔"即本心、仁心，此心"因利欲之间而见"，故曰"逆觉体证"。抓住良心苗裔，存养扩充，以至于大，复见性体。究实而论，此乃是于已发处做工夫；这种于日用间察识本心之方法既亲切又可行，便是后儒谓之先察识后涵养之方法。张栻在解释"观过知仁"时说：

---

① 《胡氏门人》，《朱子语类》卷 130，第 2605 页。

② 《答张钦夫十八》，《朱子文集》卷 32，第 1273 页。

③ 胡宏说："兄不事科举，杜门读书，有晨昏之举，室家之好，嗣续之托，交朋友，使奴隶，夏葛冬裘，渴饮饥食。必如是行之，以后慊于心。此释氏所谓幻妄粗迹，不足为者。曾不知此心本于天性，不可磨灭，妙道精义具于是。圣人则寂然不动感而遂通，而百姓则日用而不知耳，盖不可以适莫也。"（《与原仲兄书》，《胡宏集》，中华书局 1987 年版，第 120 页）

④ 《知言疑义》，《胡宏集》，第 335 页。

虽曰过也，然观其过，而其心之不远者可知矣。……而其失至此，则其所陷溺者亦可知矣，故曰观过斯知仁矣。①

又说：

今之学者，苟能立志尚友，讲论问辩，而于人伦之际，审加察焉，敬守力行，勿舍勿夺，则良心可识，而天理自著。②

"人伦之际"相当于胡宏所说的"晨昏之奉，室家之好，嗣续之托，交朋友"等，在《静江府学记》中，张栻对此阐述得更为具体和亲切，他说：

夏葛而冬裘，饥食而渴饮，理之所固有，而事之所当然者。凡吾于万事皆见其若是也而后为，当其可学者求乎此而已。……嗟夫！此独未之思而已矣。使其知所思，则必悚然动于中，而其朝夕所接，君臣父子兄弟夫妇朋友之际，视听言动之间，必有不得而遁者，庶乎可以知入德之门矣。③

"夏葛而冬裘，饥食而渴饮，理之所固存，而事之所当然者"，说明道不离物，道就在日常的生活中。而这一点正是胡宏所着重强调的：

道不能无物而自道，物不能无道而自物。道之有物，由风之有动也，犹水之有流也。夫孰能间之？故离物求道者，妄而已矣。④

所以，"晨昏之奉，家之好，嗣续之托，交朋友，使奴隶，夏葛冬裘，渴饮饥食"，"妙道精义具在于是"。"而其朝夕所接，君臣父子兄弟夫妇朋友之际，视听言动之间，必有不得而遁者"，亦即在应事接物中，本心当下自

---

① 《里仁篇》，《论语解》卷 2，中华书局 1985 年版，第 25 页。
② 《郴州学记》，《张南轩先生文集》（二）卷 4，第 63 页。
③ 《静江府学记》，《张南轩先生文集》（二）卷 4，第 59—60 页。
④ 《知言·修身》，《胡宏集》，第 4 页。

然呈现，"必有不得而遁者"相当于胡宏所言"良心之苗裔"，然后于此作工夫，"敬守力行，勿舍勿夺"，则天理自著。总之，胡宏因利欲间发现良心苗裔的思想是张栻察识端倪说的理论根源，对此，朱子看得真切，他说：

> 五峰曾说，如齐宣王不忍觳觫之心，乃良心，当存此心。敬夫说，观过知仁，当察过心则知仁。二说皆好意思。①

至于，张栻早期察识端倪说之内容到底为何？在《潭州重修岳麓书院记》和《艮斋铭》中作了详细和清晰之说明。这两篇文章可以说是张栻早期之代表作，对研究张栻早期思想极为重要，是保留在文集中极为罕见的早期之作品。《潭州重修岳麓书院记》作于乾道二年（1166），《艮斋铭》作于乾道四年（1168）。在这两篇记中，张栻说：

> 善乎孟子之得传于于孔氏，而发人深切也。齐宣王见一牛之觳觫而不忍，则告之曰是心足以王矣。古之人所以大过人者，善推其所为而已矣。论尧舜之道，本于孝悌，则欲其体夫徐行疾行之间，指乍见孺子匍匐将入井之时，则曰恻隐之心，仁之端也，于此焉求之则不差矣。尝试察吾终日侍亲从兄，应物处事，是端也其或发见，亦知其所以然乎。诚能默识而存之，扩充而达之，生生之妙，油然于中，则仁之大体岂不可得乎！及其至也，与天地合德，鬼神同用，悠久无疆，变化莫测，而其则初不远也。②

又说：

> 物之感人，其端无穷。人为物诱，欲动乎中。不能反躬，殆灭天理。圣昭厥猷，在知所止。天心粹然，道义俱全。是曰至善，万化之源。人所固存，曷自违之？求之有道夫何远？而四端之著，我则察

---

① 《程子门人》，《朱子语类》卷110，第2593页。
② 《潭州重修岳麓书院记》，《张南轩先生文集》（二）卷4，第70页。

之。岂惟思虑，躬以达之。工深力到，大体可明。匪由外铄，如春发生。知其至矣，必由其知。造次克念，战兢自持。事物虽众，各得其则。其则匪他，吾性之德。动静以时，光明笃实。艮止之妙，于斯为得。任重道远，时不我留。①

张栻在此借引孟子就齐宣王不忍见牛觳觫而就死地，当下指出此是仁心之萌；以乍见孺子将入于井，皆有怵惕恻隐之心，说明此是仁之端的思想，并将之普遍化到侍亲从兄、应物处事，并曰"其或发见，亦知其所以然乎"。"知其所以然"即是仁心之萌、良心之苗裔。若于此时能"默识而存之，扩充而达之"，则可"与天地合德，鬼神同用"在《艮斋铭》中，张栻引入《周易》和《大学》思想，进一步深入阐述察识端倪说。他说：

在《易》艮为止，止其所也。某尝考《大学》始终之序，以知止为始，得其所止为终，而知止则有道矣。《易》与《大学》，其义一也。②

《艮斋铭》之命名便取源于《周易·艮卦》，《艮卦·彖传》曰：

艮，止也。时止则止，时行则行。动静不失其时，其道光明。艮为止，止其所也。③

《大学》则云：

知止而后有定，定而后能静，静而后能安，安而后能虑，虑而后能得。物有本末，事有终始，知有先后，则近道矣。④

张栻将《周易》与《大学》结合，掇其遗意，而作此铭。在《艮斋铭》

---

① 《艮斋铭》，《张南轩先生文集》（二）卷7，第111—112页。
② 《艮斋铭》，《张南轩先生文集》（二）卷7，第111页。
③ 《周易·艮卦》，《周易译注》，中华书局1991年版，第184页。
④ 朱熹：《大学章句》，《四书章句集注》，中华书局1983年版，第3页。

中，他指出天性亦即善，是人所共有的，无论圣人和凡人在此性上是相同的。但是在外物面前，便有圣凡之异；圣人面对于外物之诱惑，感而不动，凡人则欲动于中，从而殆灭天理。然则，凡人如何再现天理，这是张栻最为关注的。在此，张栻提出了反躬天理之具体途径：四端之著，我则察之；然后做工夫，这样才"大体可明"。日用伦常集于四端、表现于四端，四端是本心之流露；此时如果当下察之，并深下工夫，此心可与天同大。换言之，天性即未发之性，圣人与众人相同；面对外物所体现出的性是已发之性，此时便有圣凡之异。圣人寂而不动，众人为物所流。但是，张栻指出如像众生善于体察四端之著，则可反躬天理。朱熹年谱研究专家王懋竑说：

> 《艮斋铭》以知止为始，而格物致知，专以察识端倪为下手工夫，与学聚问辨之指不相类。……以审察见得为格物致知，以泰然行将去为正心诚意，亦仍是《艮斋铭》之指也。大抵以心为已发，以性为未发，要从已发处识得未发，故曰"为应酬酢处，特达见本根"。①

值得注意的是，在早期工夫论中，张栻反对只是体验于未发，并委婉地对此提出了批评："岂惟思虑"？另外，张栻援引《周易》与《大学》关于"止"的思想，并化为己用，这是其察识端倪说及工夫论中最具特色之处。止即是定，定是动亦是静。动静之中主一无适，便为敬。故曰定即是敬。这是张栻工夫论之核心与关键，也是与朱子工夫论最本质之区别，必须抓住这一点，才能把握张栻工夫论之真正内涵。

朱子极为重视和欣赏张栻的察识端倪说。他在讲学以及与门人的信中，经常提及张栻的察识端倪说。如前文所述，朱子说张栻"端倪"两字极好；在给门人的信中说：

> 钦夫尝收安问，警益甚多，大抵衡山之学，只就日用处操存辨察，本末一致，尤易见功。某近乃觉知如此，非面未易究也。②

---

① 《朱熹年谱》卷 1，王懋竑：《朱子年谱考异》，中华书局 1998 年版，第 310 页。
② 《答罗参议》，《朱熹文集续集》卷 5，《朱子文集》，第 4999 页。

在给程洵（字允夫）的信中说：

> 某去冬走湖湘，讲论之益不少。然此事须是自作工夫于日用间行住坐卧处，方自有见处，然后从此操存，以至于极，方为己物尔。敬夫所见超诣卓然，非所可及。近文甚多，未暇录，且令此一铭去，此尤胜他文也。……如《艮斋铭》，便是作工夫底节次，近日相与考证古圣所传门庭，建立此故个宗旨，相与守之。①

朱子与张栻书信往来已久，越加欣赏张栻的学问，因此决定"面究"问学；"去冬走湖湘"，即乾道三年（1167），朱熹在弟子林用中、范念德的陪同下，从福建去潭州访张栻。"敬夫所见超诣卓然，非所可及"，便是此次之行的最大收获。可见，朱子对张栻思想之佩服与重视。

二、涵养与省察相兼并进

乾道五年（1169，己丑），朱子对张栻察识端倪说由重视和欣赏，转为怀疑和批判。《朱子语类》卷九十七载：

> 问："南轩辨心体昭昭为已发，如何？"曰："不消如此。伊川只是改它赤子未发，南轩又要去讨他病。"②

又门人问：

> 伊川言："喜怒哀乐之未发谓之中"，中也者，"寂然不动"是也。南轩言："伊川此处有小差，所谓喜怒哀乐之中，言众人之常性；'寂然不动者'，圣人之道心。"又，南轩辨吕与叔《论中庸》说，亦如此。……曰："前辈多如此说，不但钦夫，自五峰发此论，某自是不晓

---

① 《答程允夫五》，《朱子文集》卷41，第1777、1778页。
② 《朱子语类》卷97，第2505页。

得。今湖南学者往往守此说，牢不可破。"①

所以，朱子有云：

> 五峰曾说，如齐宣王不忍觳觫之心，乃良心，当存此心。敬夫说
> "观过知仁"，当察过心则知仁。二说皆好意思。然却是寻良心与过心，
> 也不消得。只此心常明，不为物蔽，物来自见。②

如前文所述，张栻的工夫论确实有一个曲折和变化；但值得注意的是，朱熹对张栻的质疑和批判并不意味着张栻的思想就开始发生转变，也并非是他的思想发生变化的根本原因。确切言之，乾道五年（1169，己丑）是朱熹思想转变的起点和标志，史称"己丑之悟"；正因为朱子思想发生转变，故而对张栻思想产生质疑和批判。张栻的思想发生变化的真正原因及其内涵，必须从思想史的脉络去考察。

张栻的察识端倪说究竟何时发生转变，确切时间已不可考。后世学者一般以朱子"己丑之丑"为分野，并以在该年朱熹给林用中之信为依据。乾道五年（1169，己丑），朱子悟前说之非，在答林用中书曰：

> 近得南轩书，诸说皆相然诺，但"先察识，后涵养"之论，执之尚坚，"未发已发"条理亦未甚明，盖乍易旧说，犹待就所安耳。③

因此认为，"己丑之悟"后，张栻便转向朱子。实际上，朱子这则书信并没有说明张栻工夫论之转变；恰好相反，朱子这则书信提供了这样一个信息，即至少在乾道五年（1169），张栻仍坚持先察识后涵养之工夫论。而且，在乾道七年（1171），张栻答胡宏的书中仍强调察识端倪说：

> 故某欲其于操舍之间，体察而居，毋越思，事靡他及，乃是实下

---

① 《程子之书一》，《朱子语类》卷95，第2415页。
② 《程子门人》，《朱子语类》卷110，第2593页。
③ 《答林择之三》，《朱子文集》卷43，第1883页。

手处，此正为有捉摸也。若于此用力，自然渐觉近理趋约，意味日别，见则为实见，得则为实得。不然，徒自谈高揅妙，元只在胶胶扰扰域中，三二十年，恐只是空过了至善之则，乌能实了了乎？①

乾道七年（1171）底，张栻归抵旧庐长沙，"退而家居累年"，直至淳熙元年（1174）知静江府，这段时间张栻"归来惟自省厉，盖愈觉己偏之难矫"②，在给吕祖谦的信中说：

> 自归抵此，亦既半载，省过矫偏，但觉平日以为细故粗迹者，乃是深失销磨，虽庶几兢兢焉，惟恐乘间之窃发耳。③

该书云："自归抵此，亦既半载"（指南轩于乾道七年六月由除左司员外郎兼侍讲罢归，年底归抵长沙）。可见，此书作于乾道八年。"归来惟自省厉，盖欲觉己偏之难矫""自归抵此，亦既半载，省过矫偏"，指南轩于乾道七年六月由除左司员外郎兼侍讲罢归，年底归抵长沙。这段时间他"省过矫偏"。他认为旧学容易使学者产生"慕高远而忽卑近之病"，而疏于甚至不作具体扎实的工夫。他说：

> 今学者未循其序，遽欲识大本，则是先起求获之心，只是想象模量，终非其实。要须居敬穷理工夫日积月累，则意味自觉无穷，于大本当渐莹然。大抵圣人教人，具有先后始终。学者存任重道远之思，切戒欲速也。④

张栻除认为旧学易使学者产生好高骛远之病外，并对未发已发有了新的体会和认识，他说：

---

① 《答胡广仲》，《张南轩先生文集》（一）卷2，第31页。
② 《答陈平甫》，《张南轩先生文集》（一）卷2，第23页。
③ 《寄吕伯恭》第二书，《张南轩先生文集》（一）卷2，第11页。
④ 《答刘宰》，《张南轩先生文集》（一）卷2，第26页。

未发已发，体用自殊，不可溷淆无别，要须精析体用分明，方见贯通一源处。有生之后，岂无未发之十，正要深体之。若未有生之后，皆是已发，是昧夫性之所存也。①

未发和已发，有体用之别；有生之后，既有已发又有未发，所以，工夫不应只做在已发上，不应只注重应事接物时察识本心之萌，未发之时亦要涵养。据此，张栻对旧学进行了修正和补充，对早期为学问道之方法进行反思，从而明确提出察识与涵养应当并进。在致诸公的信中说：

存养省察之功固当并进。然存养是本，觉向来工夫不进，盖为存养处不深厚（原注：存养处欠，故省察少力也）。方于闲暇，不敢不勉。②

又说：

但当常存乎此，本原深厚，则发见必多；而发见之际，察之亦必精矣。若谓先识所谓一者而后可以用力，则用力未笃，所谓一者只是想象，何由意味深长乎？③

张栻一方面意识到强调察识之蔽；另一方面注意到察识与涵养之密切关系：本原深厚，则发见必多；而发见之际，察之亦必精。基于这种认识上的体会与转变，张栻立即复信致诸公，《答乔德瞻书》云：

存养体察，固当并进。存养是本工夫，固不越于敬。敬固在主一。④

---

① 《答游诚之》，《张南轩先生文集》（一）卷2，第27页。
② 《答吕伯恭》，《张南轩先生文集》（一）卷2，第9页。
③ 《答潘叔昌》，《张南轩先生文集》（一）卷2，第35页。
④ 《答乔德瞻》，《张南轩先生文集》（一）卷2，第34页。

致潘端叔信中云：

> 若专一工夫积累多，自然体察有力，只靠言语上苦思，未是也。①

在给吴晦叔之书亦云：

> 元晦谓略于省察，向来某与渠书，亦尝论此矣。后便录呈，如三省四勿，皆持养省察之功兼焉。大要持养是本，省察所以成其持养之功者也。②

由此可知，张栻指出存养的重要性，主张察识与涵养应当并进。没有察识，涵养便具有一定的盲目性；没有涵养，察识则具有拘迫性。涵养是无事时省察，省察是有事时涵养。简言之，张栻思想发生变化应是在乾道八年（1172），在这一年他与诸公开始明确讨论存养省察之功。

然而，问题的关键是，对于张栻工夫论的变化与转变之原因，多数学者以朱熹"己丑之悟"为据。乾道五年（1169，己丑），朱子思想发生转变，对原中和说进行反省和检验，认为原说"非是"③，并在中和问题上回归李侗，有"中和新说"，亦称"己丑之悟"。朱子自述说：

> 乾道己丑之春，为友人蔡季通言之，问辨之际，予忽自疑斯理也。……而程子之言，出其门人高弟之手，亦不应一切谬误，以至于此。然则予之所自信者，其无乃反自误乎？则复取程氏书，虚心平气而徐读之，未及数行，冻结冰释，然后知情性之本然，圣贤之微旨，其平正明白乃如此。而前日读之不详，妄生穿穴，凡所辛苦而仅得之者，适足以自误而已。至于推类究极，反求诸身，则又见其危害之大，盖不但名言之失而已也。于是又窃自惧，亟以书报钦夫，及尝同为此

---

① 《答潘端叔》，《张南轩先生文集》（一）卷1，第3页。
② 《与吴晦叔》，《张南轩先生文集》（一）卷2，第43页。
③ 王懋竑按："至己丑，始悟以性为未发之非。未发、已发各有时节，而于未发仍守延平之说，又深以先察识为非。"（《朱子年谱考异》，《朱熹年谱》卷1，第308页）

论者，惟钦夫复书深以为然，其余则或信或疑，或至于今，累年而未定也。①

朱子一方面交代了自己思想转变的经过；另一方面说明张栻对其转变之观点与态度：惟钦夫复书深以为然，即张栻对其中和新说有所认可。这意味着张栻对此问题早有所思考，并非盲目附和朱子；而张栻对朱子中和新说有所认可，同时亦对其有所质疑。亦即张栻对朱子中和新说并非完全赞同，他并非完全否定自己早期之察识端倪说。那么，朱子中和新说内容到底为何？他在《与湖南诸公论中和第一书》中进行了阐发：

《中庸》未发已发之义，前此认得此心流行之体，又因程子"凡言心者，皆知已发而言"，遂目心为已发，性为未发。然观程子之书，多所不合，因复思之，乃知前日之说，非惟心性之名命之不当，而日用工夫，全无本领，盖所失者，不但文义之间而已。按《文集》《遗书》诸说，似皆以思虑未萌、事物未至之时，为喜怒哀乐之未发，当此之时，即是此心寂然不动之体，而天命之性，当体具焉，以其无过不及，不偏不倚，故谓之"中"；及其感而遂通天下之故，则喜怒哀乐之情发焉，而心之用可见，以其无不中节。无所乖戾，故谓之"和"，此则人心之正，而情性之德然也。然未发之前，不可寻见，已发之后，不容安排。但平日庄敬涵养之功至，而无人欲之私以乱之，则其未发也镜明水止，而其发也不中节矣，此是日用本领工夫。至于随事省察，即物推明，亦必以是为本。而于已发之际观之，则其具于未发之首者固可默识。故程子之答苏季明，反复论辨，极于详密，而卒之不过以"敬"为言。又曰："敬而无失，即所以中"；又曰："入道莫如敬，未有致知而不在敬者。"又曰："涵养须是敬，进学则在致知。"盖为此也。向来讲论思索，直以心为已发，而日用工夫，亦止以察识端倪为最初下手处，以故阙却平日涵养一段工夫，使人胸中扰扰，无深潜纯一之味，而其发之言语事为之间，亦尝急迫浮露，无复雍容深厚之风，盖

---

① 《中和旧说序》，《朱子文集》卷75，第3786页。

所见一差，其害乃至于此，不可以不审也。①

朱子对中和旧说进行反省和检验，认为旧说"非惟心、性之名命之不当，而日用工夫全无本领"，即中和旧说之失不仅是心为已发、性为未发之定义与命名上，而且缺少平日涵养工夫。根据程子之意，思虑未萌、事物未至之时，为喜怒哀乐之未发，而此时即是此心寂然不动之体，而天命之性，全体具焉。即未发是心之体，以其无过不及、不偏不倚，故谓之"中"。已发是其感而遂通天下之故，则喜怒哀乐之情发焉，而心之用可见，亦即已发是心之用，以其无不中节、无所乖戾，故谓之"和"。这样，朱子在已发未发及其与心性之关系，便由原来的未发为性、心为已发转为未发是心之体、已发是心之用。因此工夫不应仅仅在已发上，未发之前也应该做工夫，否则阙却平日涵养一段工夫。据此，他力主"涵养于未发之前"，而"发处自然中节"，此即先涵养，后察识。

张栻对朱子中和新说肯认在何处？质疑在哪里？尤其是与朱子有所异议之书信，于张栻文集不可见，但于朱子文集中却提及：

> 而来喻曲折，虽多所发明，然于提纲振领处，似亦有所未尽。又如所谓"学者先须察识倪端之发，后可加存养之功"，则熹于此不能无疑。②

"学者先须察识端倪之发，然后可加存养之功"，此是朱子复书张栻时引录张栻之语。在该书中，朱子多次引张栻之语："言静则溺于虚无""动中涵静，所谓复见天地之心""以静为本，不若遂言以敬为本"等等，一方面表明张栻不完全同意朱子中和新说之内容；另一方面表明他至少并未完全否定早期之察识端倪说，这在朱子给门人林用中之信中说得更为明白。朱熹说：

> 近得南轩书，诸说皆相然诺。但"先察识，后涵养"之论，执之

① 《与湖南诸公论中和第一书》，《朱子文集》卷64，第3229—3230页。
② 《答张钦夫十八》，《朱子文集》卷32，第1274页。

尚坚,"未发已发"条理,亦未甚明。盖乍易旧说,犹待就所安耳。①

又说:

数日来玩味此意,日用间极觉得力,乃知日前所以若有若亡,不能得纯熟,而气象浮浅,易得动摇,其病皆在此。湖南诸友,其病亦似是如此。近看南轩文字,大抵都无前面一截工夫也。大抵心体通有无、该动静,故工夫亦通有无、该动静,方无渗漏。若必待其发而后察,察而后存,则工夫之所不至多矣。惟涵养于未发之前,则其发处自然中节者多,不中节者少。体察之际,亦甚明审,易为著力,与异时本无可据之说大不同矣。②

此即足以说明张栻没有随着朱子转,张栻在工夫论上之变化是其自己"省过矫偏"的必然结果,更是其思想发生变化不可忽视的重要内因。离开这个内因来谈思想之变化便无根据,从而亦失去意义。当然,不排除朱子之影响,亦不可否定朱子之影响。张栻与朱子的交流切磋,对双方思想及其变化均产生了很大的影响,但是这种影响不是必然的,无论是对于张栻,还是对于朱子,此种影响终究是一个外缘。

张栻工夫论的变化与转变受到湖湘学者的不满与批评。如何看待湖湘诸儒对张栻的不满与批评,也是理解张栻思想的重要一环。湖湘诸儒站在湖湘学之立场上,忠实地继承和维护胡宏的察识端倪说,主张先察识,后涵养,因此对于张栻提出的察识与涵养并进提出了质疑。吴翌问:

若不令省察苗裔,便令培壅根本,夫苗裔之萌且未能知,而遽将孰为根本而培壅哉?此亦何异闭目坐禅?未见良心之发,便敢自谓我已见性者?故胡文定公晓得敬字便不差也。③

---

① 《答林择之三》,《朱子文集》卷43,第1883页。
② 《答林则之二十二》,《朱子文集》卷43,第1903页。
③ 《与吴晦叔》,《张南轩先生文集》(一)卷2,第43页。

吴晦叔认为，如果没有发现良心苗裔，便培壅根本，操存涵养，这便与佛教的闭目坐禅没什么区别，而且没有发现良心之端，则性亦不可见。可见吴翌问题背后的理论根据是胡宏的性为未发、心为已发，心以成性的心性论模式。所以，在工夫论上强调先省察良心之苗裔，然后再培壅根本；否则培壅根本便没有明确目标。对此质疑，张栻回答说：

> 不知苗裔，故未易培壅根本。然根本不培，则苗裔恐愈濯濯也。此话须兼看。大抵涵养之厚，则发见必多；体察之精，则本根益固。未知大体者，且据所见自持（原注：如知有整衣冠、一思虑，便整衣冠、一思虑，此虽未知大体，然涵养之意已在其中）；而于发处加察，自然渐觉有功。不然，都不培壅，但欲省察，恐胶胶扰扰，而知见无由得发也。①

张栻承认未发现良心苗裔，而培壅根本，此是实难工夫。但紧接着张栻又说如果不培壅根本，则苗裔恐愈濯濯。这是从正反两方面论述察识与涵养之关系，故曰"此话须兼看"。吴翌只注意察识对涵养之作用，只看到问题之一面，认为只有察识，才能谈到涵养，而未认识到涵养对察识也具有一定之作用。张栻既不否认察识，亦不否认涵养，而更加注重察识与涵养的互相作用之关系：涵养之厚，则发见必多；体察之精，则本根益固。从张栻的复书中，可以体会到张栻对察识与涵养关系理解的自信与坚定。察识与涵养相须并进，这表明张栻工夫论思想的成熟与确立。

结　语

张栻的工夫论是把认识论与修养方法结合起来，提出居敬与穷理互发，既主张致知明心，又强调日积月累，把朱陆的认识方法结合起来，兼有二者之妙。张栻既主涵养又重省察，强调涵养与省察并进，论"持养"本诸"省察"，注意"涵养工夫"，重在"力行"，这是对宋代理学理论的充实和发展。

---

① 《与吴晦叔》，《张南轩先生文集》（一）卷2，第44页。

张栻工夫论是一个完整的、连贯的理论系统。在这个过程当中，张栻思想的演变、发展、确立的脉络清晰可见，当然其中不免会有一些看法、观点的改变和调整，甚至会存在矛盾，但这对于一个理学家的思想历程而言是不可避免的现象。知朱熹与张栻的交涉与论辩，既可以看出两人思想之关联，同时也明确地感受到两人思想之差异。二人对理学的重要概念反复地进行交流、探讨、辩论，其中对有些问题的理解与看法不谋而合，但对有些问题的观点与体悟终难契合，甚至朱熹喟然叹曰张栻"执之尚坚"。

张栻受师门之教，胡宏的思想对他的影响以及他继承并消化其师的思想是不言而喻的。在思想及生命的成长历程中，不断地"省过矫偏"，从而对前期思想进行修正和调整。因此，张栻对早期工夫论之补充与深化，并非是对胡宏思想之抛弃和背叛，而是进一步发展和继承了胡宏的思想。朱熹与张栻的交涉与论辩，并非是导致张栻思想变化的决定性因素，"己丑之悟"，确而言之，是朱熹思想转变的一个起点和标志，并非是张栻思想转变的一个开端和证据。"己丑之悟"与张栻思想的变化没有必然的联系，朱熹的"新悟"并不意味着张栻的心得体悟，这是"己丑之悟"的真正内涵和精神。在这场交涉和辩论中，涉及理学很多复杂的问题和学术背景，必须对其全面地加以探究，否则极易流于表象的考察，而造成对张栻的曲解。坚持察识与涵养并进，是张栻对旧学进行反思和修正的结果，并非等同和附和朱子，而是张栻工夫论思想成熟的标志。张栻察识与涵养并进的工夫论虽与朱熹先涵养、后察识的思想有相同之点，但更有相异之处，而后者更应是学术探究之所关注的重点。

此外，还须注意理学家思想的成长与变化，还伴随着复杂而深刻的学术背景和历史背景——乾、淳时期，是理学大发展的时期，同时也是国运危机四伏的时期。在理学蓬勃发展之时，张栻预感并发现察识端倪说将导致好高骛远、不务其实之弊而予以及时纠正，而提出察识与涵养相须并进的思想。这对南宋理学之发展与成熟起到了重要的作用。在社稷罹难之际，张栻担负君命，誓诛仇敌，他探索并思考救国之路，因而提倡力行，强调践履。他说："圣门实学，贵于践履，隐微之际，无非真实。"① 究其实质，察识与涵

---

① 《述而篇》，《癸巳论语解》卷4，第49页。

养相须并进的思想已经孕育了经世致用的理论萌芽，对经世致用思想及其活动提供了直接理论来源和根据。对此，黄宗羲看得真切，他说："南轩之学，得之五峰；论其所造大要，比五峰更纯粹。盖由其见处高，践履又实也。"①由此可见，只有从逻辑和历史的角度，才能正确理解张栻工夫论的真正内涵和价值以及其在思想史上的地位与作用。

（作者单位:台湾屏东科技大学）

---

① 黄宗羲:《南轩学案》,《宋元学案》卷50，中华书局1986年版，第1635页。

张栻反俗学思想初论*

——从其书院教育思想说起

刘　刚

重视书院教育是张栻教育思想的一个重要方面，通过书院讲学传播儒家思想与人文精神是其题中之意。需要说明的是，张栻力推书院教育的另一意义还在于抗衡与回应泛滥于当时社会的老释二氏之学、王安石新学及当时争驰于功利之末的世俗之学。张栻从通经明理、修身成德、经世致用为旨归的理学立场，将佛老二氏之学、王安石新学与重利忘义的世俗治学之风，在不同程度上皆视为"俗学"；并从人性论、心性论与知行观理论出发，对当时"俗学"进行强烈批评与坚决抵制，由此形成了较为系统的反俗学思想。揭示这一视角不仅有助于认识张栻理学重道德践履、传道济民的实学特征，也对当前教育浮躁乃至低俗化的不良风气有较强的针砭与矫正意义。

一、书院教育的核心思想：明人伦与善其俗

张栻的书院教育核心思想是维护社会伦理秩序与树立儒家道德精神。他说："故曰学则三代共之，皆所以明人伦也。"① 教育就是让人们认识并遵循社会伦理与道德准则，所谓"明"，不仅具有道德修养论意义上的知，还包含在知基础上的行。所以，传统的学所涵摄的内容是指教化而言，这与当前

---

* 本文是国家社科基金项目：(2011BKS064) 阶段成果。

① 《袁州学记》卷 4，《张南轩先生文集》(以下简称《南轩文集》)，上海商务印书馆1936 年版，第 60 页。

我们通常意义上的教育还不尽等同。张栻说："圣人有教焉，所以化其欲而反其初也。……降及三代，庠序之教尤详，故孟子曰，学则三代共之，皆所以明人伦也。明云者，讲明之而使之识其理之所以然者，然则人之所以为圣贤，与夫圣贤之教人，舍是五者其何以哉。"① 教与化之间，是教育手段与教育目的的联系，教育的内容指君臣父子兄弟夫妇朋友即五伦，这也构成了在当时看来尤为重要的事物。张栻说："凡天下之事，皆人之所当为。君臣父子兄弟夫妇朋友之际，人事之大者也。以至于视听言动周旋食息，至织至悉，何莫非事者。一事之不贯，则天性以之陷溺也。然则讲学其不可汲汲乎？学所以明万事而奉天职也。"② 教育的功能在于能够启发人们对以五伦为伦理内容的道德认识，使人对封建社会伦理规范的自觉遵循与践履。"明万事而奉天职"，蕴含的是对传统社会伦理规范从道德修养认识论意义上到精神信仰层面的升华。

如将视野拓展至社会整体看，书院教育对所在区域乃至社会层面就有着移风易俗、改良社会风气的文化功能，这是从"明人伦"到"善其俗"教化功能的进一步发展。张栻说："某惟念所以善其俗，宜莫先于学校。"③ 有宋以来，书院教育兴起与盛行，是与当时理学家将学校教育作为改良习俗的社会功能的这种认识分不开的，学校与书院教育不仅具有这种影响，在张栻看来，其还占据了首要的地位与作用。他说："学也者，所以成才而善俗也。"④ 成才而善俗，是个体道德修养获得提升之后及在此基础上对社会风俗所起的引领与辐射作用，在张栻看来，后者的意义更具根本性与目的性。张栻说："盖欲成就人才，以传斯道而济斯民也。"⑤ 成才的标准，不仅仅是个人在道德主体的意义上具有德性与德行，更根本的在于其能"传斯道而济斯民"，在于能够将儒家所倡导的社会伦理与道德规范在更大范围中传播与发扬。

"明人伦"与"善其俗"是张栻书院教育思想包含的两个重要方面，但这是建立在能够准确理解儒家道德性命之学的前提上才可能产生积极作用。

---

① 《阃范序》卷3，《南轩文集》，第45页。
② 《静江府学记》卷4，《南轩文集》，第59页。
③ 《雷州学记（一）》卷4，《南轩文集》，第65页。
④ 《钦州学记》卷4，《南轩文集》，第65页。
⑤ 《潭州重修岳麓书院记》卷4，《南轩文集》，第70页。

换句话说，当偏离以至违背孔孟圣门之学，书院教育所起到的教化功能从理学的立场看，则意味着误入歧途而只能产生自误与误人的教育后果。张栻说："师道之不可不立也久矣。良才美质，何世无之，而后世之人才，所以不古如者，以夫师道之不立故也。凡所谓为士者，固以孔孟为宗，然而莫知所以自进于孔孟之门墙。则亦没世穷年，怅怅然如旅人而已。幸而有先觉者出，得起传于千载之下，私淑诸人，使学者知夫儒学之真，求之有道，进之有序，以免于异端之归。去孔孟之世虽远，而与亲炙者，固亦何以相异，独非幸哉。……是则秦汉以来，师道之立，宜莫盛于今也。而近世学者，诚知所信慕者盖鲜。间有号为推崇，则又或窃虚声以自高，而不克践其实，顾反以为病。是则师道虽在天下，而学者亦莫知其立也。"① 正是基于对当时"师道虽在天下，然学者莫知其立"的状况，张栻认为以承载师道的书院教育如果远离孔孟圣门之道，就会致使士人或混于老释，或陷于功利之末的盗儒与"俗学"② 之流。尽管从表象上看，创办书院教育可谓兴盛，但越是这样，其危害反而越大。因此，在大力主张兴盛书院教育的张栻看来，书院治学的另一个重要功能便是与当时混迹其中的各种俗学进行针锋相对的回应与抗衡。由此，张栻首先对当时俗学的表现与本质及危害进行了强烈的批评与坚决抵制。

二、俗学的表现：徇名忘实与争驰乎功利之末

从理学为实学的立场出发，张栻对当时学者徇名忘实之病，深感不安。他说："重论近世学者徇名忘实之病，此实区区所忧者。俱因学者徇名忘实，而遂谓学之不必讲，大似因噎废食，后世盗儒为害者多矣。因夫盗儒之多，而遂谓儒之不可为，可乎？熙宁以来，人才顿衰于前，正以王介甫作坏之

---

① 《三先生祠》卷 4，《南轩文集》，第 75—76 页。

② 参见姜光辉：《义理与考据：思想史研究中的价值关怀与实证方法》，中华书局 2010年版，第 498—506 页。"俗学"，是指当时世俗所尚的"记问"、"词章"、"功利"之学，三者虽然形式上有很大的不同，却有一个共同特点，即都忽视道德性命之学。"功利"之学虽然极重现实，很讲实际，也不能称之为"实学"。"实学"的意义是通经、修德、致用的有机联系与结合，只会记诵经书词句，或单纯讲"致用"，都会落入"俗学"。

故，故介甫之学，乃是祖虚无而害实用者。"① 暂且不论张栻将近世学者之病归结于王学是否恰当，但将当时那些高谈性命并作为进取之资的人称为盗儒，并指出这类学者士人危害尤甚。

在张栻看来，盗儒源有来自，其要可归为二：第一，学者受异端之说误入歧途而迷本，需要说明，从学派的角度看，这同时也带有强烈的维护道统的辩护色彩。张栻说："盖自孔孟没而微言仅存于简编，更秦火之余，汉世诸儒者，号为穷经学古，不过求于训诂章句之间，其于文义不能无时有所益，然大本之不究，圣贤之心，郁而不章，而又有颛从事于文辞者，其去古益以远，经生文士，自岐为二塗，及夫措之当世，施与事为，则又出于功利之末，智力之所营，若无所与书者。于是有异端者，乘间而入，横流于中国，儒而言道德性命者，不入于老则入于释，间有希世杰出之贤，攘臂排之，而其为说，复未足以尽吾儒之指归，故不足以抑其澜，而或反以激其势。嗟乎，言学而莫适其序，言治而不本于学，言道德性命而流于虚诞，吾儒之学，其果如是哉，陵夷至此，亦云极矣。"② 训诂章而从事于文辞，与考究大本而发明圣贤之心，是在治学方法上汉学与宋学的区别，平实而论，两种治学路径各有短长。张栻认为汉儒"求于以训诂章句之间"却"大本之不究"，致使"圣贤之心"郁而不彰，并最终造成了儒学沦为虚诞，这是从对待经典在不同治学方法层面上的维护。另外，从儒释道及儒学自身阵营不同学派的观点看，张栻视称与儒学当时并存却旨趣大异的老、释为异端异学，这是从不同流派的立场对儒家道德性命的捍卫。张栻"窃观左右论程氏王氏之学，有兼与而混为一之意，此则非所敢闻也。学者审其是而已。王氏之说，皆出于私意之鉴，而其高谈性命，特窃取释氏之近似者而已。夫窃取释老之似，而济之以私意之鉴，故其横流，蠹坏士心，以乱国事，学者当讲论明辨而不屑可也。"③ 程氏王氏之争只是儒学内部之争，张栻将王氏之学同释老归在一起显然不当，但其出发点却同样出于为儒学正名这一目的相关。

第二，张栻指出盗儒在治学志向、治学途径上皆因本不立而远离孔孟

---

① 《寄周子充尚书（二）》卷1，《南轩文集》，第2页。
② 《道州重建濂溪周先生祠堂记》卷4，《南轩文集》，第71页。
③ 《颜主簿》卷1，《南轩文集》，第3页。

圣学之门墙。首先，俗儒士病在治学态度上以自利为先，以小己为重。张栻说："大抵今日人才之病，其号为安静者，则一切不为，而其欲为者，则又先怀利心，往往贻害。要是儒者之政，一一务实，为所当为，以护养邦本为先耳。此则可贵也。"①"后世之学校，朝夕所讲，不过缀缉文辞，以为规取利禄之计，亦与古道之大戾矣。"②"若是为学业而来，先怀利心，岂有就利上诱得就义之理。"③为所当为，是以义为先；为所欲为，是以利为先，两者之间在为治学时虽同为一事但其意义分野却大。张栻认为，治学原本是认识并践履儒家义之理，若怀利心求之，显然没有这种可能的道理。另外，张栻认为，由于治学志向不纯，从而在治学方式上必然会导致渺茫臆度与巧取躐等。他说："近世一种学者之弊，渺茫臆度，更无讲学之功。其意见只类异端一起径诣之说，（小注：又出异端之下）非惟自误，亦且误人，不可不察也。"④"升高自下，陟遐自迩，务本循序而进，久自有所至，不可先起求成之心，起求成之心，则有害于天理。"⑤"今世学者，慕高远而忽卑近之病为多。"⑥"虽然，所为进学之方，则亦有道矣。古之人于此盖终身焉，若升高之必自下，若陟遐之必自迩，岂苟然而已哉。予又病夫学者之不拙也。旁窥而窃取，耳受而口传，恃亿度而鉴空虚，难之不图而惟获之计，序之不循而惟至之必，久之不务而惟速之欲，若是而欲有诸其躬也难矣。予是以病夫学者之不拙也。"⑦求成之心、惟速之欲皆为利心，利心所驱使必然要滋生"渺茫臆度"、"慕高远而忽卑近之病"，并最终导致自误与误人的恶果。

第三，在以利心为先、躐等为序的为学驱使下，只能产生耳剽口诵之学，陷溺于功利之末的境地。张栻说："今日一种士子，将先觉言语耳剽口诵，用为进取之资，转趋于薄，此极害事。"⑧这是从治学方式上将儒学沦为耳剽口诵之学。他说："今日之大患，是不悦儒学，争驰乎功利之末，而以

---

① 《答施蕲州（少路）》卷2，《南轩文集》，第21页。
② 《邵州复旧学记》卷4，《南轩文集》，第63页。
③ 《寄吕伯恭（三）》卷1，《南轩文集》，第12页。
④ 《答周允升（一）》卷2，《南轩文集》，第22页。
⑤ 《答陈平甫（一）》卷2，《南轩文集》，第24页。
⑥ 《寄吕伯恭（二）》卷1，《南轩文集》，第11页。
⑦ 《拙斋记》卷4，《南轩文集》，第82页。
⑧ 《答湖守薛士龙寺正》卷1，《南轩文集》，第3页。

先王严恭寅畏事天保民之心，为迂阔迟钝之说，向来对时亦尝论及此。"①儒学继而沦为进取之徒的工具。张栻说："而士之居焉者，大抵操笔，习为文辞，以求应有司之程耳。嗟乎，是岂国家所望于多士之意哉。虽教养之法，疑若未尽复古。然为士者，岂可不思士之所以为士，果何事也哉？"②儒学所以培养的理想人格，在这里荡然无存，其结果士不知所以为士。张栻说："士病于不拙也久矣。文采之衒而声名之求，知术之滋而机巧之竞争，先以相胜诡遇以幸得，而俗以益薄。士病于不拙久也。"③士在这里不是指具有儒家精神品格与道德修为的人，只是在宽泛的意义上指读书人。"俗以益薄"与张栻对书院教育功能定位为"善其俗"，在这里已有天壤之别。张栻说："顾今仅百有余年，而其间兴坏之不常，甚至于徇寻常便利之说，徒就他所，甚失推崇先生长者流风遗泽之意，而与学校之教，所害亦大矣。"④"甚矣学之难言也。毫厘之差，则流于诐淫邪遁之域。生于其心，害于其政，发于其政，害于其事，不可不畏与？"⑤从内在心志失偏，到其为政害事这一理路看，当学校不能对治学者施以真正的儒家道德性命之理时，毫厘之差便会是士人沦于诐淫邪遁之域。

三、俗学的人性论根源：迁于物欲与人失其性

在指出当时俗学士病的表现与危害基础上，张栻还从人性论意义上说明了俗学产生的根源。在张栻看来，外在社会名利的物欲与气禀之性具有的人欲都对俗学及其功利为先的本质密切相关。

关于人有气禀之性及其对个人道德品质的影响，张栻说："惟夫局于气禀，迁于物欲，而天理不明，是以处之不尽其道，以至于伤恩害义者有之。"⑥从个体生理的层面说明了人易弊于物欲的原因所在。这种气禀之性即使是豪杰之士、天资美质之人也在所难免，他说："自后功名之俗兴，而迁

---

① 《答朱元晦（二）》卷1，《南轩文集》，第5页。
② 《郴州学记》卷4，《南轩文集》，第63页。
③ 《拙斋记》卷4，《南轩文集》，第82页。
④ 《邵州复旧学记》卷4，《南轩文集》，第61页。
⑤ 《答直夫（一）》卷2，《南轩文集》，第32页。
⑥ 《郴州学记》卷4，《南轩文集》，第63页。

就趋避之说起。三纲始堕而不得其正。虽豪杰之士，一为功名富贵所诱，失其性者多矣，可胜叹哉！"①"予念世衰，共学者鲜。天资秀美之士，往往为他歧所陷溺而不反。"②从人性方面说明了世之学者陷于歧途的原因，他说："性本善而人禀夫气之正，初不隔其全然者耳。若物为气所昏，而不能自通也。惟人全夫天地之性，固有所主宰，而为人之心，所以异乎庶物者，独在于此也。是以君子贵于存之，存之则在此，不存则孰知其极哉？存之则有物，不存则果何所有哉？"③形器不能相通，表现为儒家之道与人之物欲相隔，而深层次原因则很大程度上是道德个体的气禀之性使然。

但是，张栻并非将天理与人欲简单对立，他说："天理微妙而难明，人欲汹涌而易起也。君子亦岂无欲乎？而莫非天命之流行，不可以人欲言也。常人亦岂无一事之善，然其所谓善者，未必非人欲也。故大学之道，以格物致知为先，格物以致知，则天理可识，而不为人欲所乱。不然，虽如异端谈说高妙，自谓作用自在知，学者视之，皆为人欲也而已矣。"④评判天理人欲的标准，张栻从道德个体的主体意识出发进行了界定。一事物之善，其要不在于结果是否合于天理，更根本的在于道德主体是否在一种理性自觉下为之。他说："所谓无欲者，无私欲也，无私欲则可欲之为善。"⑤道德主体意识是天理还是人欲，并不在于其是不是欲望，而在于其是否以一种明确的道德意识对自身行为的明察。

由于纷扰繁复的事物对人意味着无时无刻不在的利诱，加之人性又局于气禀，道德个体实际上总是处于一种为物欲人欲所乱的可能，对此，张栻提出了讲学以致知明理：

> 盖天下之物众矣，纷沦胶葛，日更于前，可喜可怒，可慕可愕，所以荡耳目而动心志者，何可以数计？而吾以藐然之身当之，知诱于外，一失其所止，则迁于物。夫人者统役万物者也，而顾乃为物役，

---

① 《温峤得失》卷5，《南轩文集》，第91页。
② 《送曾裘父序》卷3，《南轩文集》，第53页。
③ 《存斋记》卷4，《南轩文集》，第78页。
④ 《答直夫（一）》卷2，《南轩文集》，第32页。
⑤ 《答项秀才（一）》卷2，《南轩文集》，第25页。

其可乎哉？是以贵于讲学也。天下之事变亦不一矣，几微之形，节奏之会，毫发呼吸之间，得失厉害，有霄壤之势。吾朝夕与之接，一有所滞塞，则昧几而失节，其发也不审，则其应也必周，一事之堕，万事之所由堕也，岂不可惧乎？是以贵乎讲学也。夫惟讲学而明理，则执天下之物不固，而应天下之变不胶，吾于天下之物无所恶，而物无以累我，皆为吾役者也，吾于天下之事无所厌，而事无以汩我，皆吾心之妙用也，岂不有余裕乎？有岂有穷极乎？然所谓讲学者，宁他求哉？致其知而已。知者吾所固有也。①

人处于一个纷纭复杂的物欲世界，而耳目身体又不断地产生各种欲望，一旦动心志失其性，则陷于各种利诱物欲之中。对此，张栻认为要发挥心即道德意识的主体作用，使其能明心致知，从而止其所止，不迁于物。因此，张栻认为只有通过讲学才能使人发现与不断扩充自身固有的天理，发明本心之妙用。

张栻说："物之感人，其端无穷，人为物诱，欲动乎中，不能反躬，殆灭天理。"②心为物诱，则人失其性，进而泯灭天理。而反躬明理，张栻认为，只有通过讲学致知以明之。从气质之性看待人的功利之心，意味着人性之欲具有生而有之的先天性，同时将人置于日接万物的社会中，则又每时每刻后天物诱的环境现实。正因为这样，张栻才更加反复强调要通过讲学明理以全其心性，这其中也包括以起获之心治学的功利欲望。

四、心性论、知行观对俗学的纠偏：立志为先与循循有常

以利心治学，其要在于克制利心，这一过程也是蓄德的过程，反之，即便是读书治学，如以利心为先，也是丧志。他说："读书次第，皆著实，蓄德丧志之分，诚不可不察。"③对此，张栻说："学者当立志以为先，持敬以为本，而精察于动静之间，毫厘之差，审其为霄壤之判，则有以用吾力矣。

---

① 《送张荆州序》卷3，《南轩文集》，第52—53页。
② 《艮斋铭》卷7，《南轩文集》，第111页。
③ 《寄吕伯恭（一）》卷1，《南轩文集》，第9页。

学然后知不足,平时未觉吾利欲之多也。灼然有见于义利之辨,将日救过不暇,由是而不舍,则趣益深,理益明,而不可以已。"①"立志为先,持敬为本"的治学原则,所立之志以儒家义利之辨为标准。他说:"故学者当以立志为先,不为异端术,不为文采眩,不为利禄汩,而后可以言读书矣。"② 强调在读书治学之前,要先端正动机与态度,这种心态与意志的正当与否从一开始就决定了明理与利欲的分野。他说:"自未尝省察者言之,终日之间鲜不为利矣,非特名位货殖而后为利也,斯须之顷,意之所向,一涉于有为,虽有深浅之不同,而其徇己自私则一而已。如孟子所谓内交要誉恶其声之类是也。是心日滋,则善端遏塞,欲迩圣贤之门墙以求自得,岂非却行以望及前人乎?使谈高说妙,不过渺茫臆度,譬犹无根之木,无本之水,其何益乎?"③ 意之所向属于意识观念活动的范畴,而修身成德的逻辑起点应该放在道德个体的内在理性认识层面,从这一点说,张栻精察个体动机的微妙变化是有一定道理的。名位货殖与意之所向相接,是否为私欲并不在名位货殖自身,而是取决于意之所向是否出自有为之心。这也意味着张栻并不是一味的反对利,毋宁说其强调的是道德个体在对待名位货殖时的理性态度。

立志为先还在于能够砥砺意志,提升学者弘毅自强、持之以恒的求道精神。张栻说:"是道也,夫人皆可勉而进,而用力者鲜无他。所以病之者多矣。病之者多,而不求以去之,期为完人,其以是终其身,岂不大惑欤。故学莫强于立志,莫进于善思,而莫害于自画,莫病于自足,莫罪于自弃。"④ 从积极方面说,立志表现出个体的主动自觉,从消极方面说,自画、自足、自弃丧志也取决于个体的自我放弃。张栻说:"任重道远,要须弘毅为先,循循有常,勿起求获之意乃佳。理义固须玩索,然求之过当,反害于心。"⑤ 弘毅进取的精神与求获之意在某种意义上都以个体意志的形式出现,两者之间颇为类似,故需要体味玩索,以防弘毅之意志沦为求获之利欲。

志只有化为每日持之以恒的用力求学方具有实际意义,所以张栻在强

---

① 《孟子讲义序》卷3,《南轩文集》,第48页。
② 《桂阳军学记》卷4,《南轩文集》,第64页。
③ 《孟子讲义序》卷3,《南轩文集》,第48页。
④ 《仰止堂记》卷4,《南轩文集》,第86页。
⑤ 《答吕子约(一)》卷1,《南轩文集》,第14页。

调立志为先的基础上，提出了循循有常的治学方法。他说："大抵圣人教人，具有先后始终。学者存任重道远之思，切戒欲速也。物欲之方，先觉所谨。盖人心甚危，气息难化，诚当兢业乎此。然随起随遏，将灭于东而生于西，纷扰之不暇。惟端本澄源，养之有素，则可以致消弭之力，旧见谢上蔡透得名利关，便是小歇处。疑斯言太快，透得名利关亦易事耳。如何便谓小歇处，年大更事，始知真透得诚未易。世有自谓能摆脱名利者，是亦未免被他碍著耳。前人之言不苟然类如此，要用力乃知耳。"① 急于求成、急功近利的后果往往事与愿违，适得其反，欲速则不达是通过经验理性认识所得，该认识从本质上说乃是出于功利主义的考量，这又与张栻反对以利心治学的一贯主张相悖。因此，张栻在强调求道时切戒欲速，恰恰不是从功利视角作出的告诫，而是从立志方面所作出的诫勉，这与程朱强调"读经前先明理"的治学方式是一致的。张栻说："迩来愈觉论学之难，盖升高自卑，陟遐自迩，学者多忽遗乎所谓卑与迩者，而渺茫臆度夫所谓高与远者。是以本根不立而卒无所进，彼盖未知圣贤本末精粗非二致，而学之有始有卒也。左右谓二程先生之说，天下知诵之，而不知习察之功，谓之不可传也，斯言是也。"② 好高骛远、好大喜功为世人之通病，对"升高自卑、陟遐自迩"明理规律的认识，不仅要理性意义上的认识，更需要有亲身的实践，张栻之所以愈觉论学之难，这种深刻感受与实践工夫相表里。张栻说："噫！学不躐等也。譬诸燕人适越，其道里之所从，城郭之所经，山川之所阻，风雨之晦冥，必一一实践焉。中道无画，然后越可几也。若坐环堵之室，而望越之渺茫，车不发辆，而欲乘云驾风以遂抵越，有是理哉？"③ 强于立志、志存高远之志向是建立在脚踏实地、循序渐进实践基础之上的。

将志向与实践统一起来，张栻还从知行观方面说明这一结合过程对修德的积极意义。张栻说："盖致知力行，此两者工夫互相发也。"④ 行是在知基础上的道德践履，这一过程中也意味着在知的意义上对儒家的道德与精神有了更深程度的体认。张栻认为，久而久之，个体在知行互发的潜移默化中最

---

① 《答刘宰（一）》卷2，《南轩文集》，第26页。
② 《答宋教授》卷2，《南轩文集》，第33页。
③ 《弗措斋记》卷4，《南轩文集》，第79—80页。
④ 《寄周子充尚书（一）》卷1，《南轩文集》，第1页。

终会达至不为俗学所乱的道德境界。他说:"如驾车结驷,徐行正直,所见日广,所进日远,虽欲驱之而使由于径,不可得已。故曰少成若天性,习惯如自然,此学之功也"①,将外在社会规范与儒家伦理思想转化为内在道德自觉。张栻非常强调行即道德践履在这一转化过程中的意义。换句话说,通过通经获得的在知层面意义上的明理,只有在进入行层面的道德实践,才真正获得了真正的价值。职是之故,张栻非常强调"学之功"的实践工夫,这也客观上与俗学在进取路径上划清了界限。

综上所述,从现代意义视角审视张栻反俗学思想的当代价值,尤其对当前教育领域出现的学术浮躁、学术不端、极端功利主义倾向蔓延的低俗现象,基本有以下几方面启示意义:

首先,张栻对俗学的批评与抵制是建立在当时书院教育兴盛的社会背景下展开的,其不仅注重书院教育在规模数量上的兴盛,更注重在讲学治学的旨趣与精神价值。这启发我们面对教育事业蓬勃的发展阶段时,不应该只是关注教育规模在量上的贡献,对其作正面的评价时应该引入教育理性与教育精神这一质量内涵的因素才具有更加合理与全面的真实意义。

其次,张栻说"岂有就利上诱得就义之理"的诘问引发我们在现代社会背景下培养人才教育观念的反思,即如何处理功利激励价值与超越其之上的精神价值,如果说传统重在强调两者之间的不兼容而过于凸显精神价值,相比之下,今天我们则更在意两者之间的交集部分并在现代理性的驱动下更强调功利价值。当前出现"何为大学"的反思与讨论折射出的是教育精神、教育品格有待提升的教育现实,这也促使我们需要去认真思考在功利主义颇为盛行的今天,教育领域的精神价值如何得以维护与提升这一教育难题。

最后,张栻从外在名利的物欲与气禀之性的人欲内外两个方面阐发了利欲滋生的原因,前者可看作是社会学意义上的说明,后者可看作为人性论上的说明,其启示意义并不在于张栻将俗学根源归于两者是否恰当与合理,而在于通过这种分析所彰显的是张栻对抵制俗学之困难与艰巨的理性估计。目前教育领域出现的低俗之风及其危害以及对其抵制与治理的认识,虽然社

---

① 《雷州学记(二)》卷4,《南轩文集》,第67页。

会、学界等不同层面已经有所关注，但总的说来人们在思想意识上还缺乏应有的重视与防范意识。联系张栻反俗学态度与思想，我们大致可以知道，俗学的产生确实有其深刻的社会背景与人性上的原因，这也意味着，我们至少不应采取漠然或轻率的方式对待当前教育领域出现的低俗现象，积极抵制教育低俗现象与我们大力发展教育事业，对我们应同样重要。

（作者单位：河南理工大学马克思主义学院）

张栻"异端"观研究

胡长海

孔子提出"异端"这一重要哲学命题，后学对"异端"的解读则莫衷一是。尤其宋明时期，理学家对"异端"的解读各有不同。张栻以"性"为本体，以儒家人伦道德及其政治治理的原则为标准来界定和批判"异端"，以此维护儒家学说的正统地位。其"异端"观强调儒家"实然之理"的躬行践履，批判佛教"为妄而非真"；杨墨"乱仁义之实"；词章之学沦为追逐功利的工具；霸道政治"以力假仁"。探讨张栻的"异端"观，有助于深化张栻思想的研究。

一、张栻对"异端"的界定

唐代佛教盛行，宗教的发展冲击了儒家人伦秩序，危及王朝统治。韩愈为维护儒学正统地位，排斥佛老，提出道统学说。他认为儒家圣人之道代代相传，自有统序，而佛老则是儒学之"异端"。宋明理学家延续和发展韩愈的道统思想，以人伦道德及其政治治理为核心价值观界定和批判"异端"。理学家还通过对佛老哲学理论的部分吸收，进一步将儒家伦理道德哲理化，以此作为对"异端"批判的本体论根据。

程朱以理为本体，陆王以心为本体，其内涵就是儒家人伦道德。张栻则继承胡宏关于性与道的论说，沟通性与道的关系，以性为最高本体。胡宏认为性乃是宇宙之本体，万事万物皆发端于性，他说："万物生于性者也，

万事贯于理者也。"① 张栻认为其师胡宏关于性的论述合乎圣人之意："今先
生是书于论性特详焉，无乃与圣人之意异乎？某应之曰：无以异也。"② 张栻
还认为孔孟遗留的著述对性的阐述甚为明确，认为性的内涵即是儒家人伦。
他说："夫子虽未尝指言性，而子贡盖尝识之，曰：'夫子之文章，可得而闻
也，夫子之言性与天道，不可得而闻也。'是岂真不可得而闻哉？盖夫子之
文章，无非性与天道之流行也。至孟子之时，如杨朱、墨翟、告子之徒，异
说并兴，孟子惧学者之惑，而莫知所止也，于是指示大本而极言之，盖有不
得已焉耳矣。"③ 张栻认为孔子虽然没有直接言明性的内涵，然而孔子之文章
体现了其对王道的追求。孔子的文章就是性与天道之流行。孟子之时杨朱、
墨翟、告子等"异说"并出，孟子亦明人伦大本以排斥"异端"。他认为孔
孟所谓性，不过天道人伦。在性与道的内涵上，他进一步说："天命之谓性，
所解立言极明快，但率性之谓道，窃疑仁、义、礼、智是乃道也。"④ 在张栻
看来，天命乃是性，率性才是道。道以仁、义、礼、智等伦理为内涵，是性
的展开。张栻以性为本体，而性亦涵摄仁、义、礼、智等儒家伦理道德。他
说："人受天地之中以生，仁义礼智，皆具于其性。"⑤ 张栻认为人受天地精华
而生，仁、义、礼、智与生俱来，皆存于性。

张栻所谓性与道皆是人伦，并以此作为界定异端之标准，认为凡是异
于此者皆是"异端"。他说："人为万物之灵，其虚明知觉之心，可以通夫天
地之理，故惟人可以闻道。人而闻道，则是不虚为人也，故曰'夕死可矣'。
然而所谓闻道者，实然之理自得于心也，非涵养体察之功精深切至，则焉能
然？盖异乎异端惊怪恍惚之论矣。"⑥ 张栻所谓道即是圣人之道，以儒家伦理
与政治治理原则为内在规定。闻道不过是将儒家伦理明了于心。所谓"实然
之理"即儒家人伦规范，他说："《传》曰：'仁人不过乎物，孝子不过乎物。'
此之谓也。所谓物者，果何谓乎？盖其实然之理而已。实然之理具诸其性。
有是性，则备是形以生。性无不善也，凡其所为，视听言动莫不有则焉，皆

① 《皇王大纪序》，《胡宏集》，中华书局 1987 年版，第 165 页。
② 《胡子知言序》，《张栻集》，岳麓书社 2010 年版，第 619 页。
③ 《胡子知言序》，《张栻集》，第 619 页。
④ 《答朱元晦秘书》，《张栻集》，第 676 页。
⑤ 《南轩先生孟子说》卷 2，《张栻集》，第 220 页。
⑥ 《南轩先生论语解》卷 2，《张栻集》，第 29 页。

天之理也，性则然矣。"① 儒家伦理是实实在在的规范，不同于佛老等"异端"的恍惚空谈之说。人伦道德是张栻辨别"异端"的核心标准。

以此，杨墨、佛老、词章训诂、功利俗学等皆可视为异端。张栻指出异端的特征乃是诐、淫、邪、遁。他说："孟子知道，故知言。不知言，则诐淫邪遁足以乱之矣。夫为'诐、淫、邪、遁'之说者，盖本亦高明之士，惟其所见之差，是以流而不自知。诐、淫、邪、遁此四者，足以尽异端之失矣。诐者，险辞也；淫者，放辞也；邪者，偏戾之辞也；遁者，展转而莫知其极也。今试征异端之说，可以推类而见。若告子杞柳桮棬，其诐辞也与？若杨氏为我、墨氏兼爱，其邪辞也与？至于淫遁之说，则列御寇、庄周之书具矣。"② 张栻明确指出告子、杨墨、老庄之类为"异端"。他认为诐、淫、邪、遁这四类学说本质上也是高明之人，其差错就在于其认知有所偏差。对于佛教，张栻则有更明确的论说："今之异端，直自以为识心见性，其说诪张雄诞，又非当时之比，故高明之士往往乐闻而喜趋之，一溺其间，则丧其本心，万事隳弛。毫厘之差，霄壤之缪，其祸盖有不可胜言者。"③ 佛教识心见性引得高明之士沉溺其中，危害不可胜言。故张栻以佛教为当时危害最大的"异端"。

需要指出，张栻虽将词章功利之学与"异端"并列加以批判，却没有指明霸道之学是"异端"，然其从重视儒家人伦义理和王道政治出发，而对霸道之学的批判尤为激烈，故霸道之学虽无"异端"之名却有"异端"之实。

二、佛教"为妄而非真也"

儒佛的冲突与融合贯穿中国佛教发展史，唐宋之季尤为突出。周世宗灭佛后，北宋政权对佛教采取适度容忍态度，佛教得到一定的恢复。《宋会要辑稿·蕃夷道释》记载："国初，两京、诸州僧尼六万七千四百三人，岁度千人。……景佑元年，……僧三十八万五千五百二十人，尼

---

① 《洁白堂记》，《张栻集》，第605页。
② 《南轩先生孟子说》卷2，《张栻集》，第214页。
③ 《胡子知言序》，《张栻集》，第619页。

四万八千七百四十二人。"① 伴随佛教的恢复，儒家与佛教的矛盾逐步突出。佛教追求出世出家，脱离人伦纲纪，这在儒者看来是不能容忍的。二程指出："其术，大概且是绝伦类，世上不容有此理。"② 南宋政权延续对佛教适度限制的政策。《宋会要辑稿·蕃夷释道》记载宋高宗对佛教的态度："朕于释氏，但不使其大盛耳。"③ 而儒者对佛教的批评从未间断。朱熹曾道："佛老之学，不待深辨而明。只是废三纲五常，这一事已是极大罪名！"④ 竭力抵制佛教冲击儒家伦理纲常造成的危害。

张栻与其他理学家都坚持以儒家基本原则对佛教等"异端"进行批判。而作为湖湘学派代表人物，他对佛教等"异端"的批判则带有一定的湖湘学派特色，即重视经世致用，强调对儒家伦理的躬行践履。他认为儒家伦理乃"实然之理"，批判佛教等"异端"是"沦实理于虚空之地"。张栻对佛教的批判侧重于倡儒家之实而黜佛教之虚。

张栻认为儒家之理乃实然之理，即具备仁、义、礼、智伦理内涵。若人们顺应天赋之性而遵循儒家之礼，视、听、言、动皆有礼的规范，则足以保持人伦。他说："实然之理具诸其性，……是故君子无敢不敬也，非礼则勿视，非礼则勿听，非礼则勿言，非礼则勿动，将以顺保其彝性庶几乎勿失。"⑤ 张栻认为不仅人有人伦约束，而且万物亦有自己的规则。而佛教与儒家的差异从形式上则表现为佛教不遵循应有的人伦规范。他说："若异端举物而遗则，天理人欲混淆而莫识其源，为弊有不可胜言者矣。"⑥ "有物必有则，此天也。若非其则，则是人为乱之，妄而已矣。只如释氏扬眉瞬目，自以为得运用之妙，而不知其为妄而非真也。"⑦ 张栻认为佛教不讲人伦规范，导致天理人欲混淆，危害甚大。佛教不知有物必有则，而空谈虚妄，非得儒家人伦之真。他还说："所谓无欲者，无私欲也。无私欲则可欲之善著，故

---

① 郭声波点校：《披度普度、度牒附》，《宋会要辑稿·蕃夷道释》，四川大学出版社2010年版，第618—619页。

② 《河南程氏遗书》卷2上，《二程集》，中华书局1981年版，第24页。

③ 《还俗》，《宋会要辑稿·蕃夷道释》，第643页。

④ 《朱子语类》卷126，中华书局1986年版，第3014页。

⑤ 《洁白堂记》，《张栻集》，第605页。

⑥ 《南轩先生孟子说》卷7，《张栻集》，第386页。

⑦ 《答吴晦叔》，《张栻集》，第767页。

静则虚，动则直。虚则天理之所存，直则其发见也。若异端之谈无欲，则是批根拔本，泯弃彝伦，沦实理于虚空之地，此何翅霄壤之异哉？不可不察也。"① 张栻指出，佛教异端所谓的无欲即是禁欲，从根本上弃绝人伦，将儒家伦理陷入于空虚之地。他认为所谓无欲乃是无不当之私欲，而非佛教弃绝欲望，绝灭人伦。可见理学所排斥的不当私欲，与佛教的禁欲主义有本质区别。张栻即是以儒家实然之伦理来批判佛教沦为虚无空谈。

佛教湮灭人伦道德，追求出世出家，是佛教以现世为虚妄的世界观的必然结果。佛教以实有为空，以心法起灭天地的心本论遭到张栻的强烈否定。张栻认为佛教之说是蒙蔽太极之本体，而沦为人心之自私自利。他说："若释氏之见，则以为万法皆吾心所造，皆自吾心生者，是昧夫太极本然之全体，而返为自利自私，天命不流通也，故其所谓心者是亦人心而已，而非识道心者也。"② 张栻认为所谓心有道心、人心之分，佛教讲识心见性乃是违背天命自然，为求一己之私，其心故为人心。而儒家追求之心乃是道心，仁义礼智存乎其间。他说："今日异端之害烈于申、韩，盖其说有若高且美，故明敏之士乐从之。惟其近似而非，逐影而迷真，凭虚而舍实，拔本披根，自谓直指人心，而初未尝识心也。使其果识其心，则君臣、父子、兄弟、夫妇，是乃人道之经，而本心之所存也，其忍断弃之乎？嗟乎！天下之祸莫大于似是而非。似是而非，盖霄壤之隔也。"③ 张栻认为佛教所指明心见性虚幻不真，儒家本心乃有儒家人伦的具体内涵，真实不虚。所谓识心需知本心所存乃儒家君臣、父子、兄弟、夫妇等实实在在的人伦道德。张栻将佛教作为当时主要的"异端"，认为佛教异端之害甚于申韩法家之祸，原因在于其理论高深美好，易迷众惑士。张栻批判佛教心本论，认为佛教理论似是而非，逐影迷真。强调从根本上还是落实到儒家人伦道德的实理上来。

张栻认为佛教流于空谈源于佛教修养论上追求形而上的精神超脱，而轻视形而下的践行功夫。这与儒家追求形而上与形而下相互统一，既追求对圣人之道的把握，又强调对伦理道德的践行有本质的区别。他说："大抵是舍实理而驾虚说，忽下学而骤言上达，扫去形而下者，而自以为在形器之

① 《答罗孟弼》，《张栻集》，第 734 页。
② 《答胡季立》，《张栻集》，第 725 页。
③ 《答陈择之》，《张栻集》，第 728 页。

表。此病恐不细，正某所谓虽辟释氏，而不知正堕在其中者也。"① 张栻批评友人堕落于佛教理论之中，舍弃实然之理而沦为虚妄之说。指出佛教片面强调形上之理论而缺失形下之器物践行。

由此，张栻提出要追求形而上下之统合，既要主体对人伦道德的领悟，又要对其进行践行。他说："所谓一阴一阳之道，凡人所行，何尝须臾离此，……如饥食渴饮，昼作夜息固是义，然学者要识其真。孟子只去事亲从兄上指示，最的当。释氏只为认扬眉瞬目、运水搬柴为妙义，而不分天理人欲于毫厘之间，此不可不知也。"② 张栻认为，凡人所行，不离其道，道体现在人们饮食男女、事亲从兄的日常生活之中，而非佛教混淆天理人欲所谓的运水搬柴之妙义。张栻认为上学下达不可截然分开，应统而合之。他说："圣人教人以下学之事，下学工夫浸密，则所为上达者愈深，非下学之外又别为上达之功也。"③ 张栻认为儒家之学乃上达下学相互统一，下学为具体之践行，下学工夫浸密，上达者愈深，没有脱离下学之外的所谓上达。他说："言道德性命而流入于虚诞，吾儒之学其果如是乎哉？……道德性命初不外乎日用之实。"④ 强调形而上的道德性命不离形而下的日用之实，谈论道德性命并非流入虚诞之空谈，而是有其实在内容。

张栻对佛教的批判始终强调儒家伦理乃是"实然之理"，注重对儒家伦理的躬行践履。他反对佛教虚妄与空谈，认为佛教学说着力在一个"虚"上。务实而黜虚是湖湘学派经世思想在张栻"异端"观中的重要体现。

三、杨、墨"乱仁义之实"

杨朱、墨翟乃战国时期道家和墨家代表人物。杨朱倡"为我"，墨翟重"兼爱"。战国时期孟子以"仁义"为本，批判杨、墨之学"无父无君"。儒学占据统治地位后杨、墨之学逐步消隐。宋儒发明道统思想，维护儒家正统地位。张栻在强化对佛教"异端"批判的同时，亦对杨、墨提出了批判。

---

① 《答彪德美》，《张栻集》，第 723 页。
② 《答俞秀才》，《张栻集》，第 747 页。
③ 《答周允升》，《张栻集》，第 731 页。
④ 《道州重建濂溪先生祠堂记》，《张栻集》，第 576 页。

张栻认为杨墨"为我""兼爱"之学无父无君，根本上偏离儒家仁义道德之实。他说："杨、墨者出，唱其为我、兼爱之说，以乱仁义之实。……夫为我、兼爱，特其见之偏耳，而比之遽及于禽兽者，何哉？盖为我则自私，自私则贼义，而君臣之分遂可废也。兼爱则无本，无本则害仁，而父子之亲遂可夷也。人之异乎庶物，以其有君臣、父子也。无父无君，则与禽兽有异乎哉？"① 他认为儒家仁义乃是实理。杨朱之"为我"片面追求个人利益而缺乏道义，以至君臣义绝。墨子之"兼爱"并无亲亲原则，乃是泛爱，无父子人伦之别。杨、墨之学无父无君，乃流于禽兽。在原因探讨上，张栻继承二程"杨朱本是学义，墨子本是学仁，但所学者稍偏"② 的观点，认为杨墨之学过于褊狭。他说："为我、兼爱，皆偏滞于一隅，乌能中节？……盖为我、兼爱皆道也，当为我则为我，当兼爱则兼爱，是乃道也。彼其堕于一偏者，固贼夫道，而于其间取中者，是亦举其一而废其百耳。"③ 张栻认为若能持中，"为我""兼爱"则皆合儒家之道。当"为我"则"为我"，当"兼爱"则"兼爱"，顺应天道自然，不可偏废，否则沦为异端而害道。杨、墨之学之所以违背圣人之道，就在于其学过于褊狭不能持中。张栻在对杨、墨的批判中坚持其践行儒家人伦之实然之理的根本原则，认为杨朱不义而墨翟不仁，偏离儒家仁义实理，故而沦为儒学之"异端"。

杨、墨之学在张栻看来皆不合圣人之道，然二者还是存在差别。张栻对杨、墨进行比较，认为墨家"兼爱"较之杨朱"为我"更难返人伦之本。他说："兼爱者，弃本而外驰者也。兼爱而行之有弊，则必思所以逃，逃则反诸其身而从夫为我，为我则有狭隘私胜之患。行之有弊，则必思所以逃，而求所以扩之者，而归于儒矣。墨之比杨，犹奢之比俭。自为者固非，然犹愈于兼爱之泛也，泛者尤难反耳。"④ 张栻认为墨子"兼爱"向外着力，不能践行便会折返走向杨朱"为我"。而杨朱片面"为我"过于狭隘自私，行而不通，则会推己及人，走向儒学之"亲亲"。由此看来墨子"兼爱"较杨朱"为我"更难返人伦之本。

---

① 《南轩先生孟子说》卷 3，《张栻集》，第 267 页。
② 《河南程氏遗书》卷 18，《二程集》，第 231 页。
③ 《南轩先生孟子说》卷 7，《张栻集》，第 392 页。
④ 《南轩先生孟子说》卷 7，《张栻集》，第 419 页。

四、张栻对词章功利之学的批判

儒家之学以人伦道德为本，以文词章句为末，故"文以载道"。汉唐经学注重考据训诂，而汉唐文风崇尚富丽繁复。以诗词歌赋为科举考试内容更是助长了华丽文辞的泛滥，使得载道之文流于形式。这与儒家注重人伦道德的根本原则不相符，更与宋明理学注重阐发义理的精神相违背。富丽繁复的文风遭到宋明理学家的批判。张栻认为圣人之道所以不传，部分原因乃是文学词章之学盛行，人心追名逐利。他说："今去圣虽远，而微言著于简编，理义存乎人心者，不可泯也。善学者，求诸此而已。……故学者当以立志为先，不为异端怵，不为文采眩，不为利禄汩，而后庶几可以言读书矣。圣贤之书，大要教人使不迷失其本心者也。"①张栻认为人伦义理本是天赋于人心，读圣贤之书在于发明义理，而异端之说迷惑士人，使之流于文采之争，而学习文辞不过谋求科举功名。张栻强调，读圣贤之书要不惑于异端，不追逐于名利，发明圣道以明本心。认为词章之学已经沦为求取功名之工具，偏离了"文以载道"的本义，将其与"异端"并列，批判眩于文采，汩于利禄的词章功利之学。

张栻认为词章功利之学盛行有两方面的原因：其一，王道衰微之后的学校教育使读书人从小怀有以词章博取功名利禄之心。他说："降及后世，则不复以仁义忠信取士，而乃求之于文艺之间。自孩提之童，则使之怀利心而习为文辞，并与其假者而不务矣。"②又说："后世之学校，朝夕所讲，不过缀缉文辞，以为规取利禄之计，亦与古之道大戾矣。"③张栻看到科举考试以文辞取胜而脱离以忠孝仁义为内涵的人伦道德标准，教育偏离儒家圣道，转而灌输以文辞之习谋取功名利禄的功利之心。其二，士人投机取巧，不下笨拙之功夫，不肯刻苦钻研。他说："士病于不拙也久矣！文采之炫而声名之求，知术之滋而机巧之竞，争先以相胜，诡遇以幸得，而俗以盛薄。士病于不拙

① 《桂阳军学记》，《张栻集》，第564页。
② 《南轩先生孟子说》卷6，《张栻集》，第359页。
③ 《邵州复旧学记》，《张栻集》，第562页。

也久矣!"① 张栻对词章科举之学的批判反映出科举制度带来的弊病。研读经典本是追求圣人之道，然而在世俗功利的熏染下逐步沦为获取功名利禄的工具。从本质上讲这是科举制度的弊端，是儒学官学化的必然结果。当时社会文风片面追求辞藻华丽。读书人不肯静心苦读来探求儒家经典中的微言大义，不去领悟圣人之道。对此张栻提倡博文以助求道，主张以文辞为末，强调义理为本。他说："若以博文见助，文辞抑末矣。"② 可见张栻也不完全排斥文辞之学，本着文以载道的精神，维护儒家人伦之理，将文辞作为圣人之道的辅助。

五、霸道政治"以力假仁"

义利王霸之辨源于先秦以法家为代表的刑赏治国与以儒家为代表的仁义治国的论争。法家主张以力服人，而儒家主张以德服人。齐桓公、晋文公等以力服人而又假借王道大旗，其策略被后世称为霸道。宋明理学家尤为重视义理，反对申韩等法家学说，认为秦之灭亡乃法家之过。对假借王道之名而行霸道之实亦是切齿不已。张栻以为王道、霸道的区别不过德与力的差别，强调治国应以仁义为先，根本上重民爱民。

四库馆臣评论张栻《癸巳孟子说》："于王霸、义利之辨，言之最明。"③ 张栻强调义利、王霸之辨，主张重道义行王道，批判霸道"便于一己之私"。张栻认为学者论治务必先明王霸之辨。他说："学者要须先明王伯之辨，而后可论治体，……大抵王者之政，皆无所为而为之，伯者则莫非有为而然也。无所为者，天理义之公也；有所为者，人欲利之私也。"④ 张栻认为王霸之差异在于为政的出发点，霸道出于人欲私利，而王道则出于天理公心。王者之治国顺应天理民心，无所为而为之；霸道之治国追求个人私心，则有所为而为之。张栻还认为以霸道政治治国会导致长久的祸患影响，霸道治国破坏了先王之道，使得王道遗风逐步消隐而社会更加混乱，故而张栻批判行霸道者

① 《拙斋记》，《张栻集》，第 596 页。
② 《答胡季履》，《张栻集》，第 725 页。
③ 《钦定四库全书提要》，《张栻集》，第 429 页。
④ 《汉家杂伯》，《张栻集》，第 639 页。

皆是罪人。他说:"五霸徇利而弃义,不禀王命,擅率诸侯以伐人之国,虽使有成功,而废制紊纪,启祸兆乱,故以为三王之罪人也。举五霸之盛,无若齐桓。葵丘之五禁,盖亦假仁义而言者。而孟子之时,诸侯虽此五禁亦皆犯之。故以为五霸之罪人也。"①

张栻认为王霸之别在于公心私心,亦在于义与利的差别。王道重义,霸道重利。他批判春秋五霸以来之霸道政治,认为其皆是假借仁义之名而行功利之实。他说:"谋国者不复知义理之为贵,专图所以为利者。"② 批评霸道政治贵利而贱义。

王霸义利之差别外在表现为以德服人还是以力服人。张栻认为,王道重以德服人,而霸道强调假力服人。他说:"王霸之分,德与力也。以力假仁者,以其势力假仁之事以行之。……若夫以德行仁,则是以德而行其仁政,至诚恻怛,本于其心,而形于事,为如木之有本,水之有源也。曰:'王不待大。'"③ 张栻认为霸道假借仁义而以力服人,不可长久。王道则发于至诚恻怛之本心,犹如活水源头,得到民众支持,自然力量无穷,故王道不在乎所治理国家的大小。王霸的区别还表现为对待百姓的态度,他说:"霸者之为利小而近,目前之利,民欣乐之,故曰'欢虞如也';王者之化远且大,涵养斯民,富而教之,民安于其化,由于其道,而莫知其所以然也,故曰'皡皡如也'。"④ 霸道政治治国巧取民众之心,以获得一时支持;而王道则注重对民众的引导,使其先富裕而后教化。故而王道不是片面顺应民心,而是让百姓潜移默化地沐浴王道恩德。

批判霸道政治而追求王道政治,以先王之道治理国家乃儒家治国理想。张栻认为要纠正霸道政治而实现王道,务必拔本塞源,从根源上发明先王之道。他说:"有明君者出,本于三王之法以制治,则拔本塞源,不得罪于天下矣。"⑤ 而要发明先王之道就务必明确先王之道的核心内涵,在儒者看来先王之道不过以仁义礼智等儒家伦常为根本的政治治理。从根本上要发明大

---

① 《南轩先生孟子说》卷6,《张栻集》,第369页。
② 《南轩先生孟子说》卷1,《张栻集》,第176页。
③ 《南轩先生孟子说》卷2,《张栻集》,第217页。
④ 《南轩先生孟子说》卷7,《张栻集》,第384页。
⑤ 《南轩先生孟子说》卷6,《张栻集》,第369页。

本，即要强调对仁义礼智为内涵的本体之性的领悟与自觉。他说："尧、舜性之者，自诚而明，率性而安行也。汤、武身之者，自明而诚，体之于身，以尽其性也。性之则不假人为，天然纯全。……五霸则异乎是，特慕夫仁义之名，有所为而为之，非能诚体之者也。夫假之则非真有矣，而孟子谓'久假而不归，恶知其非。'"①在张栻看来，三王行王道，率性而安行，不假人为，以尽其性；五霸行霸道，假借仁义之名，有所为而为之，实则假而非真，未能尽性。王、霸之区别就在于王道是出于本心自然而然地率仁义之性而安行，而霸道则假借仁义之名而推行功利私欲之实。

余　论

张栻与其他理学家都以儒家人伦道德及其政治治理原则为判定"异端"的根本标准，但其"异端"观也有自身特色。张栻以儒家人伦为内涵的性本体作为界定和批判"异端"的价值标准，这是湖湘学派"异端"观的首要特征。张栻从注重经世致用的立场出发，指出佛教"似是而非"，认为佛教"沦实理于虚空之地"，杨、墨则偏离"仁义之实"，词章之学与霸道政治都脱离圣人之道而走向功利。这反映出湖湘学派重视对儒家伦理躬行践履的务实学风，是张栻"异端"观的重要特征。

（作者单位：四川师范大学政教学院）

---

① 《南轩先生孟子说》卷7，《张栻集》，第394—395页。

《南轩易说》象数说述评

章启辉

张栻《南轩易说》于时贤先贤皆有承接，在趋时而主义理易学的同时复归《易传》理路：义理本于占筮，基于象数；在回归《易传》理路的同时又异于朱熹：以象为体，数为用，器为体，道为用，为其学术的经世致用确立易学基础，提供易理依据。

占筮、象数、义理、训诂是自《易传》以来传统易学的基本研究体例，并形成了占筮学、象数学、义理学、训诂学四种基本学术形态。作为易学发端，《易传》十翼以阐发义理为旨，但本于占筮，基于象数，三位一体。《系辞上》："《易》有圣人之道四焉：以言者尚其辞，以动者尚其变，以制器者尚其象，以卜筮者尚其占。是以君子将有为也，将有行也。"后世易学渐成分殊，占筮、象数于两汉北宋、义理于魏唐宋明、训诂于有清分别形成学术主流和专门学问。但是，朱熹《周易本义》著称于史，以其复归《易传》范式，试图纠正魏唐玄易清谈义理对《周易》占筮、象数本义的偏废。读张栻《南轩易说》，虽然只有《系辞上卷下》《系辞下》《说卦》《序卦》《杂卦》五篇，但其易学理路与朱熹一致，而内容更切近《易传》。本文主要述评其象数说对于《周易》象数的推崇及其对于《周易》义理的意义。

一、天地自然之象数

张栻易说先说数，后说象，再说象数与义理、体与用。首先要指出的是：其一，《南轩易说》开篇不是论义理的《系辞上卷上》，而是论象数的

《系辞上卷下》。其二，开篇没有按原本顺序始于"大衍之数五十"章，而是依照程颐《伊川易传》始于后面第三章的第一句"天一地二，天三地四，天五地六，天七地八，天九地十"；紧接的也不是"大衍之数五十"章，而是该章中间的"天数五，地数五，五位相得而各有合。天数二十有五，地数三十，凡天地之数五十有五，此所以成变化而行鬼神也"（与朱熹《周易本义》同）；接下来才是"大衍之数五十"章余文及其后文。其三，调整后的《系辞上卷下》形成了鲜明的数、象、义理之逻辑结构，即本于数、形于象、合于用的象数学体系。其一或许是文献存留的巧合，其二、其三则应当是张栻的易学思想。

《南轩易说》开篇：

《系辞上》："天一地二，天三地四，天五地六，天七地八，天九地十。"

《南轩易说》："阳数奇，一三五七九是也；阴数偶，二四六八十是也。故生于天者成于地，生于地者成于天，而天地五十五之数所以成变化，行鬼神，昆虫之出入，草木之生死不外乎是。"

《系辞上》："天数五，地数五，五位相得而各有合。天数二十有五，地数三十，凡天地之数五十有五，此所以成变化而行鬼神也。"

《南轩易说》："一三五七九者，此天数二十有五也；二四六八十者，此地数三十也；合天地之数乃见五行，其五位相得而各有合也。故天一生水，其性阳，而地六之阴以成之；地二生火，其性阴，而天七之阳以成之；天三生木，其性阳，而地八之阴以成之；地四生金，其性阴，而天九之阳以成之；天五生土，其性阳，而地十之阴以成之。此一与六共宗，二与七共朋，三与八为友，四与九同道，五与十相守，故曰五位相得而各有合。天数二十有五，合地数三十，此天地自然之数五十有五也。夫天地自然之数，盈虚消息，往来不停，变化虽妙，而数有以成之。"①

---

① 《南轩易说》卷1，《张栻全集》，长春出版社1999年版，第1页。

张栻提前的这两章，是《易传》关于《周易》之数的原则表述。张栻关于此两章所说，亦是张栻关于《周易》之数的基本理解。所谓"阳数奇，一三五七九是也；阴数偶，二四六八十是也。……天地五十五之数所以成变化，行鬼神，昆虫之出入，草木之生死不外乎是"，"一三五七九者，此天数二十有五也；二四六八十者，此地数三十也；合天地之数乃见五行。……夫天地自然之数，盈虚消息，往来不停，变化虽妙，而数有以成之"，都是以天地乾坤之数为自然，为阴阳五行、万物生化的根据。

> 《系辞上》："大衍之数五十，其用四十有九。分而为二以象两，挂一以象三，揲之以四以象四时，归奇于扐以象闰，五岁再闰，故再扐而后挂。"
>
> 《南轩易说》："揲蓍之法，虚一为无用之用，所以象道之用四十九数；会而总之，所以象也；挂一于指，所以象三者，不止于三才，所谓三者无所不象也；揲之以四，分蓍而揲之，皆以四四为数者，所以象四时也；归奇于扐，归其四之余蓍合于挂者，所以象闰。'五岁再闰，故再扐而后挂'，再扐再归奇也。两也，三也，四时也，闰月也，皆自然之数也。"①

此说占筮，以占筮之法合自然之象数，如揲蓍未分象天地一体，分于左右手象两（包括阴阳和一切对待），挂一于指象三（包括天地人三才和天地万物），揲之以四象四时，归奇于扐象闰，所谓"两也，三也，四时也，闰月也，皆自然之数也"。

> 《系辞上》："《乾》之策二百一十有六，《坤》之策百四十有四，凡三百有六十，当期之日。二篇之策万有一千五百二十，当万物之数也。"
>
> 《南轩易说》："以三百六十当期之日，以万有一千五百二十当万物之数也，此皆自然相当也。……是度之长短，量之多寡，天之星辰，皆

① 《南轩易说》卷1，《张栻全集》，第2页。

不逃于万有一千五百二十。"①

此以一年之日说占筮《乾》《坤》之三百六十策，以天地万物说占筮六十四卦之万有一千五百二十策。

《系辞上》：子曰："夫《易》何者也？夫《易》，开物，成务，冒天下之道，如斯而已者也。"

《南轩易说》："《易》之开物，则因其数之自生者从而与之开也。如出乎《震》，相见乎《离》，说言乎《兑》，劳乎《坎》，俾之流通而无所壅遏者欤！《易》之成务，则因其数之自成者从而与之成也。如制礼于《履》，作乐于《豫》，明政于《贲》，设教于《临》，俾之就绪而无所坠废者欤！夫开物则物咸得其性，成务则物咸有成功，凡道之在范围之中者，莫不冒之而无所遗，此《易》所以用数而不役于数者欤！"②

此说关键是"自生"，"自成"，"用数而不役于数"，即象数自然，非人为；数一象二，数常象变，所以普天之下万象充盈，张栻谓"天下之道无所遗"。

也要指出的是，基于天地乾坤之象数是阴阳五行、万物生化的根据，张栻有了乾坤并建的思想，所谓"生于天者成于地，生于地者成于天"，"合天地之数乃见五行"。这一原则和阐发不是偶然，在随后的易说中亦有多处。比如：

《系辞上》："是故阖户谓之坤，辟户谓之乾，一阖一辟谓之变，往来不穷谓之通。"

《南轩易说》："夫自太极既判，两仪肇焉，故阖户之坤所以包括万物而得阴也，辟户之乾所以敷生万物而得阳也。即乾坤之一阖一辟，所以谓之变；即乾坤之往来不穷，所以谓之通。夫乾坤者，生成万物之

---

① 《南轩易说》卷1，《张栻全集》，第3—4页。
② 《南轩易说》卷1，《张栻全集》，第8页。

体也；变化者，乃乾坤生化万物之用也。其覆载范围之中可得而见者，谓之象也；可指其形者，谓之器也；有圣人制而用之，所以谓之法也；利用出入、民咸用之而不可测者，谓之神也。"①

乾坤与万物，乾坤为生成万物之体，乾坤变化为乾坤生化万物之用，用而自然无测为神。体用之间，体得见有形，得见为象，有形为器；用无见无形，无见为数，无形为道，无测为神；由体知用，圣人制作典章法度。

张栻的乾坤并建思想尚属初步，不系统，不成熟，但为后继湘学发展，成为王夫之自然观的基本观点，宇宙生成论的终极根据。《周易内传》："无有阳而无阴，有阴而无阳；无有地而无天，有天而无地。故《周易》并建《乾》《坤》为诸卦之统宗，不孤立也。"②《周易外传》："太极者，乾坤之合撰。""太极之在两间，无初无终而不可间也，无彼无此而不可破也，自大至细而象皆其象，自一至万而数皆其数。故空不流而实不窒，灵不私而顽不遗，亦静不先而动不后也。"③认为天地乾坤，相反相成，和合不二，不是先有乾坤后有太极，也不是先有太极后有乾坤，而是乾坤本来就是统一而不可分离的整体，这个整体就是太极。由太极而万物，由阴阳五行、四象八卦而六十四卦，王夫之的乾坤并建论有系统的论证。

二、象数、道器、体用不二

程朱理学以无形隐微为体，有形显著为用，因而数为体，象为用，道为体，器为用。程颐发明体用一源："至微者理也，至著者象也。体用一源，显微无间。"④朱熹解释说："'体用一源'，体虽无迹，中已有用。'显微无间'者，显中便具微。天地未有，万物已具，此是体中有用；天地既立，此理亦存，此是显中有微。"⑤程颐以后，体与用成为宋明理学的重要范畴，体用一

---

① 《南轩易说》卷1，《张栻全集》，第11页。
② 《周易内传》，《船山全书》第1册，岳麓书社1988年版，第74页。
③ 《周易外传》，《船山全书》第1册，第990、1016页。
④ 程颐：《伊川易传·序》，《二程集》，中华书局1981年版，第689页。
⑤ 《朱子语类》，岳麓书社1997年版，第1483页。

源成为宋明理学的重要命题。后世于"一源"基本无分歧，于"体用"则多有出入，但主要有两种理解：本体与现象；实体与功用。

朱熹理学有理与气、天命之性与气质之性、知与行二分，以为理先气后，知先行后，天命之性善而气质之性或善或恶。《理气上·太极天地上》："问：'昨谓未有天地之先，毕竟是先有理，如何？'曰：'未有天地之先，毕竟也只是理。有此理，便有此天地；若无此理，便亦无天地，无人无物，都无该载了！有理，便有气流行，发育万物。'曰：'发育是理发育之否？'曰：'有此理，便有此气流行发育。'""问理与气。曰：'有是理便有是气，但理是本，而今且从理上说气。'"①《性理一》："问：'气质有昏浊不同，则天命之性有偏全否？'曰：'非有偏全。'""有是理而后有是气，有是气则必有是理。但禀气之清者为圣为贤，如宝珠在清冷水中，禀气之浊者为愚为不肖，如珠在浊水中。"②《学三·论知行》："知行常相须，如目无足不行，足无目不见。论先后，知为先；论轻重，行为重。"③ 其易学亦有象数二分，不因数说象，不因象说数。《易一·数》："问：'理与数，其本也只是一。'曰：'气便是数。有是理，便有是气；有是气，便有是数，物物皆然。'"④《易二·象》："伊川说象，只似譬喻样说。看得来须有个象如此，只是如今晓他不出。""易中取象处，亦有难理会者。"⑤

张栻不然，以有形显著为体，无形隐微为用，即象为体，数为用，器为体，道为用。如上述："夫乾坤者，生成万物之体也；变化者，乃乾坤生化万物之用也。"所谓"体"指实体，所谓"用"指实体之功用。关于象数关系，张栻思想亦与《易传》同，一则主张数成象，无数无象，以奇偶之数及其变化解释《周易》的卦象、爻象和物象，所谓"夫天地自然之数，盈虚消息，往来不停，变化虽妙，而数有以成之"；一则主张数寓于象，无象无数，以宇宙万象变化无穷、生生不息实证《周易》易理之"至神"，所谓"夫《易》有太极，而降以生两仪，两仪生四象，四象生八卦，八卦定吉凶，吉

---

① 《朱子语类》，第 1 页。
② 《朱子语类》，第 52、66 页。
③ 《朱子语类》，第 134 页。
④ 《朱子语类》，第 1440 页。
⑤ 《朱子语类》，第 1470、1471 页。

凶生大业,此《易》之兴乎世,圣人之兴乎《易》,《易》所以垂之天下后世者也"。总之,象数不二,体用不二。

在传统易学中,象数与道器紧密关联。张栻《南轩易说》复归《易传》理路,在形式上不及朱熹《周易本义》鲜明,但在内容上却更为切近:象数不二,道器不二。张栻明确提出:"圣人悟《易》于心,觉《易》于性,在道不泥于无,在器不堕于有,微妙并观,有无一致。"显然,张栻不主张数先象后,道先器后,也不主张象先数后,器先道后,而是主张象数、道器不二,象数、道器并观。

> 《系辞上》:"形而上者谓之道,形而下者谓之器,化而裁之谓之变,推而行之谓之通,举而措之天下之民谓之事业。"
>
> 《南轩易说》:"道不离形,特形而上者也;器异于道,以形而下者也。试以天地论之,阴阳者形而上者也,至于穹窿磅礴者,乃形而下者欤。离形以求道,则失之恍惚,不可为象,此老庄所谓道也,非《易》之所谓道也。《易》之论道器,特以一形上下而言之也。然道虽非器,礼乐刑赏是治天下之道也。礼虽非玉帛,而礼不可以虚拘;乐虽非钟鼓,而乐不可以徒作;刑本遏恶也,必托于甲兵,必寓于鞭扑;赏本扬善也,必表之以旌常,必铭之于钟鼎。是故形而上者之道托于器而后行,形而下者之器得其道而无弊。圣人悟《易》于心,觉《易》于性,在道不泥于无,在器不堕于有,微妙并观,有无一致。故化而裁之者明乎道器,穷而能变也;推而行之者察乎道器,变而能通也;举而措之天下之民,以至于为网罟,为耒耜,作舟车,作书契,天下后世不可无,万世不可易,乃推其道器举而措之天下,而世之人指之为事业也。"①

此为张栻道器观的经典表述。其核心是道器一体,显微无间,所谓"《易》之论道器,特以一形上下而言之也"(一形即形上形下一体,非二形二体);反对离形求道,所谓"离形以求道,则失之恍惚,不可为象,此老庄所谓

---

① 《南轩易说》卷1,《张栻全集》,第16—17页。

道也，非《易》之所谓道也"；要求于器求道，经世致用，所谓"道虽非器，礼乐刑赏是治天下之道也"，"推其道器举而措之天下，而世之人指之为事业也"。

> 《系辞上》："是故《易》有太极，是生两仪，两仪生四象，四象生八卦，八卦定吉凶，吉凶生大业。"

> 《南轩易说》："《易》有太极者，函三为一，此中也。如立天之道曰阴与阳，而太极乃阴阳之中者乎！立地之道曰柔与刚，而太极乃刚柔之中者乎！立人之道曰仁与义，而太极乃仁义之中者乎！此太极函三为一，乃皇极之中道也。是以圣人作《易》，所谓六爻者乃三极之道，故三才皆得其中，是乃顺性命之理也。……伏羲之兴网罟，神农之制耒耜，黄帝、尧、舜之垂衣裳，与夫帝之所兴，王之所成，所以举而措之天下之民者，无非本于此也。"①

这是关于太极与三才万物、理与性命的道器观。太极为三才万物之道，三才万物为太极之器。理为性命之道，性命为理之器。于是，太极与三才万物，理与性命，互相依存。

> 《系辞上》："《乾》《坤》其《易》之缊邪！《乾》《坤》成列而《易》立乎其中矣。《乾》《坤》毁，则无以见《易》；《易》不可见，则《乾》《坤》或几乎息矣。"

> 《南轩易说》"《乾》《坤》其《易》之门邪，言《易》出入于《乾》《坤》也。《乾》《坤》其《易》之缊邪，言《易》含蓄于《乾》《坤》也。故《乾》成位乎上，《坤》成位乎下，而《易》立乎其中矣。故《乾》《坤》者人之四支，而《易》者人之精神也。方其首圆足方，胸南背北，则精神有所托而立乎其中矣。若夫四支堕废，则精神散而之他，而手足亦几乎息矣。夫《乾》《坤》初未尝毁，而《易》亦未尝不可见也。圣人设此辞者，欲天下后世求《易》者，当即《乾》《坤》以

---

① 《南轩易说》卷1，《张栻全集》，第11—12页。

求之欤。"

张栻以《易》为道,《乾》《坤》为器,于是《易》寓于《乾》《坤》,《乾》《坤》以立《易》;以人的精神比《易》,象道之形上而无形,以人的四肢比《乾》《坤》,象器之形下而有形。而此章的终点仍然是,反对于虚无求道,要求即器求道,所谓"圣人设此辞者,欲天下后世求《易》者,当即《乾》《坤》以求之欤"。

张栻学术有经世致用特征。其象数不二,即象求数的象数观,道器不二,即器求道的道器观,体用不二,即体求用的体用观,是其经世致用特征的理论反映,亦是其易学基础和学理依据。这两个方面于后世湘学都产生了深远影响。

比如王夫之的道器观,是集大成者。其一,道与器都是阴阳二气和合而成。他说:"统此一物,形而上则谓之道,形而下则谓之器,无非一阴一阳之和而成。尽器则道在其中也。"① 这一方面修正了《易传》"一阴一阳之谓道"于气言道不言器的缺陷;另一方面又有别于朱熹于气言器不言道的偏差。其二,道与器不论形上形下,都是有形,都是实有。他说:"形而上者隐也,形而下者显也。才说个形而上,早已有一'形'字为可按之迹、可指求之主名。就者上面穷将去,虽深求而亦无不可。"② 认为形上形下都是形,是形的隐与显,不是形的有与无;形上是形之隐,依赖人的心力"深求",不能以人的感觉为转移。其三,道器相须,不可分离。他说:"形色与道,互相为体,而未有离矣。是何也?以其成也。""形而上者谓之道,形而下者谓之器,统之乎一形,非以相致而何容相舍乎?"③ "一形"即一体,即形上形下非二形二体(与张栻同);"相致"指人为结合,"相舍"指人为分离。道器合一是自然既成,不是人力所为,因而也不能人力所分。其四,天下惟器,器变则道变。他说:"天下惟器而已矣。道者器之道,器者不可谓之道之器。""道莫盛于趋时。""洪荒无揖让之道,唐虞无吊伐之道,汉唐无今日之道,则今日无他年之道者多矣。……故无其器则无其道,诚然之言也,

① 《思问录》,《船山全书》第 12 册,第 427 页。
② 《读四书大全说》,《船山全书》第 6 册,第 490 页。
③ 《周易外传》,《船山全书》第 1 册,第 905、1029 页。

而人特未之察耳。"① 认为器体道用，器本道末，无其器则无其道，器变则道变。如果说主张道器相须，还是主张道器分离，是宋明以来道器论分歧的出发点；那么道器关系如何，是道体器用，道本器末，还是器体道用，器本道末，则是宋明以来道器论论争的焦点。显然，王夫之的"天下惟器"的道器观属于后者，是张栻道观之大成。

三、占筮、象数、义理三位一体

后世易学，占筮、象数、义理分殊，占筮、象数派有以义理为空谈，义理派有以占筮、象数为荒诞。事实上，在《易传》中，占筮、象数、义理三位一体，是统一的，不是对立的。《南轩易说》主义理，但亦试图回归《易传》：本于占筮，基于象数，终于义理。

> 《系辞上》："夫《易》，圣人所以极深而研几也。唯深也，故能通天下之志；唯几也，故能成天下之务；唯神也，故不疾而速，不行而至。"
>
> 《南轩易说》："深者理之奥，能极深则天下之志果有不通者乎？几者事之微，能研几则天下之务果有不成者乎？然深之所以通天下之志者，以其穷理之奥，而天下之好恶取舍、从违去就揆之以理，莫不一以贯之而无所遗也；几之所以成天下之务者，以其察事之微，而天下之得失利害、成败存亡图之于微，莫不预为之计而无所废也。然深也有待于极，不极则不能造其至；几也有待于研，不研则不能穷其精。故通天下之志，成天下之务，可以指其方隅而言之也。至于神则不疾而速，初未尝疾而速也，感而遂通者乎；不行而至，初未尝行而至也，寂然不动者乎。"
>
> 《系辞上》："是故圣人以通天下之志，以定天下之业，以断天下之疑。"
>
> 《南轩易说》："惟天下之数能开物也，故圣人用之，其深足以通天下之志；惟天地之数能成务也，故圣人用之，其几足以定天下之业；惟

---

① 《周易外传》，《船山全书》第 1 册，第 1027、1028 页。

天地之数能冒天下之道也，故圣人用之，其神足以断天下之疑。"①

天地自然之数深奥而为万物之理，所以开物；精微而为万物之几，所以成务；广大而为万物共由，所以达道。《周易》极穷深奥之理，使万事莫不一以贯之而无所遗，所以通天下之志；研察精微之几，使万事莫不预为之计而无所废，所以定天下之业；出神入化万变之宗，使万事莫不动静咸宜而无所失，所以断天下之疑。

> 《系辞上》：子曰："书不尽言，言不尽意。"然则圣人之意其不可见乎？子曰："圣人立象以尽意，设卦以尽情伪，系辞焉以尽其言，变而通之以尽利，鼓之舞之以尽神。"
>
> 《南轩易说》："言蔓衍而无穷，非书之简册所能载；意幽深而周测，非言之声音所能穷也。然则圣人之意其不可见乎？……赜不易见也，圣人见赜而立象，此象所以尽意也；变不易观也，圣人观变而立卦，此卦所以尽情伪也；情不易知也，圣人达情而为辞，此系所以尽其言也。凡此三者，圣人作《易》而寓于书者也。若夫变而通之者，俾民仰事俯育，养生送死，耕而食，织而衣，舟楫以济其川途，室宇以御其风雨，一日不可无，万世不可易，均获其利者，此推其卦象系辞，变而通之以尽其利者欤。鼓之舞之，其道密庸，其化周测，动静变化，易其思虑，德威之震叠，德风之摇荡，由之而周觉，用之而不知，咸妙于神者，此推其卦象系辞，鼓之舞之以尽其神者欤。"

天地自然之数隐而不显，微而不著，书难尽言，言难尽意，于是《周易》生蓍立卦著爻明象，示天地自然之数于天下后世；于是天下后世推阐发明、通权达变而尽获其利，日由不觉、日用不知而咸妙其神。

> 《系辞上》："是故蓍之德圆而神，卦之德方以知，六爻之义易以贡，圣人以此洗心退藏于密，吉凶与民同患。"

---

① 《南轩易说》卷1，《张栻全集》，第7、8页。

《南轩易说》:"甚哉天地之数!所以成变化,行鬼神,大而日月寒暑,微而草木昆虫,未有不冒于此者。……夫蓍之四十九,乃衍天地之数也;卦之六十四,乃备天地之数也;爻之三百八十四,乃通天地之数也。……圣人为之蓍,为之卦,为之六爻,以济民行,使天下之人咸知其是非利害,得失臧否。吾又何必营为以忧其故邪?以此洗心退藏于密,是乃吉凶与民同患者乎!"①

《周易》设占筮,著象数,终于义理,《系辞上》所谓"蓍之德圆而神,卦之德方以知,六爻之义易以贡,圣人以此洗心退藏于密,吉凶与民同患",张栻所谓"圣人为之蓍,为之卦,为之六爻,以济民行,使天下之人咸知其是非利害,得失臧否"。以体用而言,象数为体,占筮为用,占筮、象数为体,义理为用,占筮、象数、义理三位一体。

总之,张栻《南轩易说》于先贤时贤皆有承接,但在趋时而主义理易学的同时回归《易传》理路:义理本于占筮,基于象数;在回归《易传》理路的同时又迥异于朱熹而更切近《易传》:以象为体,数为用,器为体,道为用,占筮、象数为体,义理为用,为其学术的经世致用确立易学基础,提供易理依据。

(作者单位:湖南大学岳麓书院)

---

① 《南轩易说》卷1,《张栻全集》,第8—9页。

《南轩易说》"道器"说辨析

马　耘

　　本文将针对《南轩易说》中张栻对《系辞》中"形而上者谓之道，形而下者谓之器"之诠释内容作一辨析，厘清其关键概念之义涵。

　　依张栻之见，"道器"之"道"应为某种治事之法或原则，而其所谓"器"，则为某类有形之物，尤特指作为兴国利民事业之依傍与凭借。用器有其应当之"道"，欲掌握此"形而上"之"道"则与其"悟易于心，觉易于性"之修养有关。要之，《南轩易说》中所论之"道器"问题，似非着重于分析万事万物之存在状态，而系修养与心性问题之延伸。

　　《南轩易说》是湖湘学派重要思想家张栻解《易》的重要著作，传世今本虽已非全帙，不过其中解释《系辞》《说卦》等若干重要内容仍大致可见。而《系辞》为易传中最具哲学意味之内容，从张栻《南轩易说》中对《系辞》之解说，不但可以掌握张栻思想中主要哲学理论之梗概，同时，也可以看出张栻易学思想的特殊意义。

　　"道器"说是易学里一个重要的论题，历来解易之名家都针对"道器"说提出各种诠释，诸说彼此间的差异，往往正显示了哲学基本立场之不同，如朱熹即抱持"道在器先"的看法，而张栻则认为"道"与"器"相即不离，但就哲学上万物存在与发生的逻辑关系而言，"器"应先于"道"。不过，如果要深入探讨此问题，则必须先分析以掌握各家"道器"说的主旨。本此，本文将针对《南轩易说》中张栻对《系辞》中"形而上者谓之道，形而下者谓之器"之诠释内容作一番辨析，试图厘清其关键概念之义涵。所据以论述者，基本以四库全书本《南轩易说》为主，另外以其《论语解》《孟子说》及《文集》中书函、答问之若干内容以为补充。①

一、张栻于其《易说》中所谓之"道"

为便于论述，在此先将《系辞》及《南轩易说》说解之原文迻录于下。《系辞》原文如下：

> 是故形而上者谓之道，形而下者谓之器，化而裁之谓之变，推而行之谓之通，举而措之天下之民谓之事业。

《南轩易说》之说解如下：

> 道不离形，特形而上者也。器异于道，以形而下者也。试以天地论之，阴阳者，形而上者也，至于穹窿磅礴者，乃形而下者欤！离形以求道，则失之惚恍不可为象；此老庄所谓道也，非易之所谓道也。易之论道器，特以一形上下而言之也。然道虽非器，礼乐刑赏，是治天下之道也。礼虽非玉帛，而礼不可以虚拘。乐非钟鼓，而乐不可以徒作。刑本遏恶也，必托于甲兵、必寓于鞭扑。赏本扬善也，必表之以旗常，必铭之于钟鼎。是故，形而上者之道托于器而后行，形而下者之器，得其道而无弊。圣人悟易于心，觉易于性，在道不泥于无，在器不堕于有，微妙并观，有无一致。故化而裁之者，明乎道器，穷而能变也。推而行之者，察乎道器，变而能通也。举而措之天下之民，以至于为网罟、为耒耜、作舟车、作书契，天下后世不可无，万世不可易，乃推其道器，举而措之天下，而世之人指之为事业也。②

此处，我们必须首先要处理的问题，即《南轩易说》中以上这一段文字中的"道"字所指究竟为何。我们首先注意到的是张栻强调"道"与

---

① 所引述《论语解》《孟子说》及《朱子文集》，皆以邓洪波点校《张栻集》为据。参见邓洪波点校：《张栻集》，岳麓书社 2010 年版。《张栻集》未收《南轩易说》。

② 《南轩易说》卷1，《钦定四库全书》第13册，台湾商务印书馆 1986 年版，第 640 页。

"器"是相即不离的关系，而且，"道"不能离"形"而独立存在，这也就是张栻所谓"易之论道器，特以一形上下而言之也"、"形而上之道，托于器而后行"。不过，我们如果细味这段文字，可以察觉到某些进一步探讨的线索，张栻似乎认为"道"与"形"或"器"不可分而论之，不过这一点并不是从"事实"的角度着眼，换言之，事实上"道"是有可能脱离于"形"或"器"而存在。张栻云："离形以求道，则失之惚恍不可为象。"张栻固然并不认可所谓"离形以求道"之"老庄之道"，但言下之意，其显然认为"道"是有可能独立于"形"或"器"而存在，只是如果由此所掌握的"道"并不是周易之道。而张栻又云："形而下者之器，得其道而无弊"，此处之器依其所举之例则为与"礼乐刑赏"相对举的"玉帛""钟鼓""甲兵""鞭扑""旌常""钟鼎"等物。张栻既强调"形而上之道，托其器而后行；形而下者之器，得其道而无弊"，那么就将产生一个饶富兴味的问题，即形而下之器有无可能"失其道而有弊"？以张栻所举的"甲兵"之例来看，固有"救民于水火"之革命"义师"，但我国历朝历代"不义之战"又岂少哉？这种不义之战，似乎就可用"失其道而有弊"来解释。由此，我们可以推测，张栻所谓的"道"，可能不是特指内在于事物本身的某种规律，换言之，张栻"道"之意并非指"形"或"器"存在意义上、事实上的相即不离。"道"是人使用、运用某物所应当采取之"合理方法"，相较之下，老庄之道与周易之道即有恰当与不恰当之别，犹如运用"甲兵"有其合理与不合理之方法。总之，张栻对道器问题的看法确谓不应离形以求道，道与器不应相离，然而这些都是从"应然"的角度所言的道器合一。

此外，张栻在诠释《中庸》"天命之谓性"章云：

> 天命之谓性者，大哉乾元，人与物所资始也；率性之谓道者，在人为人之性，在物为物之性，各正性命而不失，所谓道也。……为天之至诚能尽其性，而人之性、物之性亦无不尽。惟其有所丧失，则不能循其性，故有修道之教焉，所以复其性命之全也。①

---

① 《答胡伯逢》，《南轩先生文集》卷29，《张栻集》，第768页。

此处张栻将"性"与"道"对举，性是内在于人与物之内的某种性质，而其所谓"各正性命而不失，所谓道也"，显然将道视为"正性命"的某种所应待采取的作为。而后文云"惟其有所丧失，则不能循其性，故有修道之教焉，所以复其性命之全也"，亦可见张栻此处所谓之道是采取应然义而非事实义。不过，此处我们应留意，张栻所说的"形而上之道"，其之所以为应然，并不是就器的技术操作层次而言，而是指处置事物时使其达于合理的理想手段。故张栻云："事事物物莫不有其道，……夫以一日之间，起居则有起居之道，饮食则有饮食之道，见是人则有待是人之道，遇是事则有处是事之道"①、"道之流行，即事即物无不有恰好底道理"②，即以《南轩易说》言，张栻所谓的"道"之所以为应采取的用器之法，此说有其深刻的价值内蕴与目的性；这一点，本文的第三节会再续加探讨。

二、张栻于其《易说》中所谓之"器"

张栻将器与道对举，而在其用语中，器与物似各自有别而有特殊所指。在张栻看来，周易所谓之"物"指自然万物，张栻释"开物成务"云："易之开物，则因其数之自生者，从而与之开也，如出乎震，相见乎离……夫开物成物，咸得其性，成务则物咸有成功。"③ 又于另一处云："物固有法象，至于法象之大者，莫大乎天地。物故有变通，至于变通之大者，莫大乎四时。"④ 值得注意的是，张栻论物时，强调"大而天地，散而万物，举皆囿于造化之道"⑤。万物如日月、寒暑、雷霆、风雨、山岳、江河、草木等种种生成变化之中，有"神以行其变化"，此神并非指人格意义之神，而是阴阳不测的乾坤变化之体。器与物稍有不同，在张栻解《易》的用语中，张栻似乎认为器专指人工之物，因此有圣人可言制器而不能言制物，也因此论器之时，所举之例每以网罟、耒耜、舟车、书契等为说。换言之，张栻其所谓

---

① 《南轩论语解》卷 8，《张栻集》，第 138 页。
② 《答朱元晦秘书》，《南轩先生文集》卷 20，《张栻集》，第 675—676 页。
③ 《南轩易说》卷 1，《钦定四库全书》第 13 册，第 633 页。
④ 《南轩易说》卷 1，《钦定四库全书》第 13 册，第 637 页。
⑤ 《南轩易说》卷 1，《钦定四库全书》第 13 册，第 631 页。

"器"为某类有形之物,尤特指作为兴国利民事业之依傍与凭借。

张栻解释"制器"之说也值得注意。制器者为圣人,而器以物为材质,因此"象其物宜者,易之象也。制器者象之,则可以尽制物之智"①。所以说"夫乾坤者,生成万物之体也,变化者,乃乾坤生化万物之用也,其覆载范围之中可得而见者,谓之象也,可指其形者,谓之器也。"②换言之,圣人所制之器或成器其中也含蕴乾坤生化万物的不测之神。因此圣人处于一个非常重要的地位,即制器或立成器之时,要设法彰显乾坤之体,使所制之器发挥建立事业的重要作用。张栻云:"然崇高之极,惟宝位之富贵为莫大也,以至备物致用,立成器以为天下,俾民养生丧死、仰事俯育用之不穷者。"③又云:"圣人之心术,虽融贯天人之道于方寸之间,其见微知著,观往知来,无非吉事有祥也,故推之以制器,则利养天下之民。"④皆是此义。同时,这也正是张栻解释《系辞》"化而裁之谓之变,推而行之谓之通,举而措之天下之民谓之事业"时所谓"推其道器,举而措之天下,而世之人指之为事业也"之义。

综上,本文认为,张栻的道器观系将"道"视为合理使用"器"的方法,而且"器"的运用,另有其价值上的趋向及目的性。物与器固为万殊,因此用器之道亦如张栻所谓"事事物物莫不有其道"⑤。由此,我们可以进一步探讨物或器本身所具有的价值趋向及其意义内蕴为何并探讨张栻如何说明此问题。另外,我们也可探究圣人应如何掌握合理运用"器"之道,于此即转入张栻在其《易说》中对"太极""心""性"之讨论。

三、圣人觉易悟易于心性

首先,我们来看张栻认为应如何"明于道器"并掌握"推其道器"时所应采取的形而上之道。张栻作如下之解释:"圣人悟易于心,觉易于性,在道不溺于无,在器不堕于有,微妙并观,有无一致。"⑥张栻在解说"古者

① 《南轩易说》卷1,《钦定四库全书》第13册,第631页。
② 《南轩易说》卷1,《钦定四库全书》第13册,第636页。
③ 《南轩易说》卷1,《钦定四库全书》第13册,第637页。
④ 《南轩易说》卷2,《钦定四库全书》第13册,第659页。
⑤ 《南轩论语解》卷8,《张栻集》,第138页。
⑥ 《南轩易说》卷1,《钦定四库全书》第13册,第640页。

包牺氏之王天下也"一段时又云:"圣人之于易,觉之于心,悟之于性。"用语稍殊,大旨则同。盖皆谓圣人以其心性掌握体会"易之道"。此说涉及了张栻哲学主张之核心。第一,吾人应辨明张栻此说之"悟易""觉易"之方向或内容为何,此则可以张栻有关"太极""理""性""心"之看法说之。蔡方鹿先生等许多前辈皆已指出,张栻哲学的理论核心为其太极本体论,张栻认同朱熹"太极只是一个理字"之说,① 认为易中有太极,其中蕴含"天地人"三才之道:

> 易有太极者,函三为一,此中也。如立天之道曰阴与阳,而太极乃阴阳之中者乎!立地之道曰柔与刚,而太极乃刚柔之中者乎!立人之道曰仁与义,而太极乃仁义之中者乎!此太极函三为一,乃皇极之中道也。②

然而,在张栻看来,太极其中所谓的"立道"之根据何在?案《南轩易说》中并未针对一阴一阳之谓道、继善成性之文字作直接解释,不过,张栻在解说"阖户谓之坤,辟户谓之乾"时云:"夫自太极既判,两仪肇焉,故阖户之坤所以包括万物而得阴也,辟户之乾,所以敷生万物而得阳也。……夫乾坤者,生成万物之体也。"换言之,乾、坤二者是宇宙万物变化流行时推动乃至内蕴于万物之中的某种性质,乾坤判自太极,因此,太极本身即借着乾坤之运动变化而将此性质流布至万事万物之内。就万事万物而言,所获自太极之性质,张栻即以"性"说之。张栻云:

> 论性之本则一而已矣。而其流行发见,人物之所禀,有万之不同焉。盖何莫不由于太极?何莫不具于太极?是其本之一也。③

既然万物万物无不由乾坤变化所致,因此,太极也普遍存于万物之中,

---

① 黎靖德编,王星贤点校:《朱子语类》第1册,中华书局1986年版,第2页。
② 《南轩易说》卷1,《钦定四库全书》第13册,第636页。
③ 《南轩先生孟子说》卷6,《张栻集》,第344页。

此所谓"性"。① 此亦即"有太极则有物，故性外无物；有物必有则，故物外无性。"② 太极既为宇宙万物之本体，则此"理"作为一种价值上之"应然"，普遍内蕴于所有存在的万事万物之中，"凡有是性者，理无不具是，万物无不备也。程子曰非独人也，物皆然也。盖人与物，俱本于天而具是性故也。"③ 而人为万物之灵秀者，人之性当然也内蕴此太极之性，因此张栻又谓："太极，性也；唯圣人能尽其性。"④

太极或理之流行，除了成为人之"性"之外，似乎亦构成"心"的活动或状态。张栻云：

> 理之自然，谓之天命。于人为性，主于性为心。天也，性也，心也，所取则异，而体则同。尽其心者，格物致知，积习之久，私意脱落，万里贯通，尽得此声声无穷之体也。尽得此体，则知性之禀于天者，盖无不具也。知性之所素具于我者，则知天之所以为天矣。此物格知至之事。然人虽能尽心之体以知性之理，而存养之未至，则于事事物物之间，其用有未能尽者，则心之体未能周流而无所滞，性之理亦为有所未完也，故必贵于存心养性焉。⑤

张栻此处之"主"，并非就认识意义而言，其解《孟子》"心之官则思"云："官云者，主守之谓。若心为之主，则能思矣。……所谓思而得之者，亦岂外取之者乎？乃天之所以与我，是天理之存于人心者也。"⑥ 所谓"心主

---

① 张栻承明道之说，而有气禀亦可视为性之看法。张栻云："太极一而已矣，散为人物而有万殊，就其万殊之中，复有所不齐焉，而皆谓之性。""程子谓，善固性也，恶亦不可不谓之性也。……程子此论，盖为气禀有善恶言也。……谓恶亦不可不谓性者，言气禀之性也。"然此气禀之性特指人之事实状态，与此处内蕴太极之性不可相混。出处同《南轩先生孟子说》卷6，《张栻集》，第344、345页。

② 《南轩先生孟子说》卷6，《张栻集》，第349页。

③ 《南轩先生孟子说》卷7，《张栻集》，第380页。

④ 《答周允升》，《南轩先生文集》卷31，《张栻集》，第784页。

⑤ 《南轩先生孟子说》卷7，《张栻集》，第378页。

⑥ 《南轩先生孟子说》卷6，《张栻集》，第358页。张栻论心往往有似陆王之论者，如其所谓"心也者，贯万事，统万理，而为万物之主宰者也。"（《敬斋记》，《南轩先生文集》卷12，《张栻集》，第595页。）然此张栻之意仍与陆王之说有根本差异；张栻并不认为万理乃生自于心。张栻对于心与性之关系，涉及其修养理论的复杂内容，兹不再深究。

于性"意指人之各种活动能保持与太极或理一致之方向，此亦即其所谓"心与理一，不待以己合彼，而其性之本然哉！"① 尽心、知性实际为同样一件事，只是孟子自不同的角度来看待（所谓"所取则异，而体则同"）。②

总之，在张栻的思想中，心与性为同一事，同为太极流赋于万物之性质与价值理序，而心不落于认知功能，心之实现理，即借诸存养省察之功。故掌握易所谓之用器之形而上之道，不必经由认识，而可言觉、言悟，以心性觉易悟易，用语可相调换，而无碍于大旨。这也即是张栻所谓"形而上曰道，形而下曰器，而道与器非异体也。"③

结　　论

经由以上之分析，《南轩易说》中所论之"道器"问题，似非着重于分析万事万物之存在状态，而将其视为心性与修养问题之延伸。圣人以心性觉《易》，觉《易》即可贯通与万物共具之"性"，掌握用"器"之道，因此，"圣人之心术，融贯天人之道于方寸之间"④ 用"玉帛""钟鼓""甲兵""鞭扑""旌常""钟鼎"等皆可以其道而无弊，使礼乐刑赏得其正，乃至能"化而裁之""推而行之""举而措之"而成就圣人之业。而如此状态之圣人，则无异于《易》道之具体表现，故张栻云："易者无形之圣人，而圣人者有形之易。故易乃圣人之道，而圣人者乃尽易之道也。"⑤

以上对《南轩易说》中所论之"道器"问题，疏漏之处必多，尚祈方家不吝指正。

（作者单位：台湾崇仁医护管理专科学校通识教育中心）

---

① 《南轩先生孟子说》卷7，《张栻集》，第380页。
② 张栻认为周敦颐"先生之学，渊源精粹，实自得于其心。"可与此相发明，见《濂溪周先生祠堂记》，《南轩先生文集》卷10，《张栻集》，第581页。
③ 《南轩论语解》卷5，《张栻集》，第71页。
④ 《南轩易说》卷2，《钦定四库全书》第13册，第659页。
⑤ 《南轩易说》卷1，《钦定四库全书》第13册，第631页。

以"时中"解"易地则皆然"

——张栻对"易地则皆然"的阐释

辛晓霞

张栻借用《中庸》的"时中"来阐释孟子的"易地则皆然"并从三个方面进行了论证：首先，在时、位上，大禹、后稷于治世救民，颜回于乱世自修，三人皆是"其为当其可"，都达到了时中；其次，从道德、事功的角度讲，大禹、后稷能在德中安顿事功，做到了本末一致，颜回能够循义理之安，安贫乐道，坚守德本，这也是"其为当其可"，做到了时中；最后，他将话题扩展为孟子、颜回的比较，关注点转向辟杨墨，明正学，表明两人于各自所处的学术环境中行使了恰当的儒者之责，"其为当其可"，符合时中。由此表明贤者都能达于"时中"，所以都"同道"，"易地则皆然"。

《孟子·离娄下》中有一则孟子关于大禹、后稷、颜回的论说：

> 禹、稷当平世，三过其门而不入，孔子贤之。颜子当乱世，居于陋巷，一箪食，一瓢饮；人不堪其忧，颜子不改其乐，孔子贤之。孟子曰："禹、稷、颜回同道。禹思天下有溺者，由己溺之也；稷思天下有饥者，由己饥之也，是以如是其急也。禹、稷、颜子易地则皆然。今有同室之人斗者，救之，虽被发缨冠而救之，可也；乡邻有斗者，被发缨冠而往救之，则惑也；虽闭户可也。"

孔子认为大禹、后稷、颜回贤，由于三人身份功业迥异，这样的评价大概会引起很多人的困惑。孟子的理解是大禹、后稷在治世为民之急，颜回在乱世独乐于道，三人"同道"，"易地则皆然"。大禹相传是治理大洪水的功臣，是可与尧、舜齐名的圣贤。据《诗经·鲁颂·閟宫》的说法，后稷之"奄有下土"是"缵禹之绪"，意指禹治理洪水以后，后稷继承其业，指导农业生产，也是中华民族的大功臣。颜回是孔子最得意的弟子，素以德行著称，在孔门诸弟子中，孔子对他称赞最多。这三人在儒家传统中评价都极高，得到普遍的认可和推崇。但三人被认可的层面不同，在禹、稷突出的是润泽万世的功业；在颜回突出的是境界和仁德。

孟子所谓的"易地则皆然"，其诠释理路引起后世学者的兴趣，从而基于各自学术立场，以此为文本依据，重新建构了各异的理论间架，表现出不同的理论趋向。例如，张九成应用了《中庸》中"诚"的概念，认为大禹、后稷、颜回三人皆是天下之至诚，禹稷在庙堂以诚而忧，颜子在陋巷以诚而乐，三人同"诚"，也即"同道"，因而"易地则皆然"。而胡宏则从境界的角度切入，认为大禹、后稷达时能兼善天下，颜回穷时能独善其身，三人虽然时遇不同，但都达到了一种"仁者以天地万物为一体"的崇高境界，所以三人"同道"，"易地则皆然"。张栻有《孟子说》七卷，从时中的角度对这一问题也进行了详细地分析。他对这则对话的理解，所关注的问题，不离开理学语境，但其诠释思路又有自己的特色。

一、儒者气象：当于时位

禹、稷、颜子之事，疑不相似，然而孔子皆贤之，孟子又断以为同道，何哉？盖以禹、稷、颜子之心一故也。心之所为一者，天理之所存，而无意、必、固、我加乎其间，当其可而已，此之谓时中。禹、稷立乎唐虞平治之朝，当天下之任，故以生民之未得其所为己忧。其溺也犹己溺之，其饥也犹己饥之。在禹、稷之时，居禹、稷之任，固当然也。颜子生于乱世，鲁国之匹夫耳，任行道之责者有孔子在，则颜子退居于陋巷可也。在颜子之时，处颜子之地，固当然耳。譬诸同室之斗，则当被发缨冠而救之；乡人之斗，则闭户可也。此禹、稷、颜子之事所以为不同，然其为当其可则一而已。故曰："禹、稷、颜子，易地则皆然。"①

"疑不相似"是凡民的疑惑,但得到孔、孟一直的认同,其间的缘由值得深思。张栻先以心一、天理等抽象的概念进入阐释,并用时中为整个阐释定下基调,然后才展开具体的论证。他首先对三人所处之时及位作了一番梳理。禹、稷处治世,"当天下之任";颜子处乱世,"鲁国之匹夫耳"。禹在儒家传统中虽被视为圣王,但他治水时的身份与稷一样,同为舜的臣子。在其位谋其政,禹、稷既然为人臣,就应辅佐君主治理国家,教化百姓,"当天下之任"。张栻历来主张视民如伤,因而也从视"其溺也犹己溺之,其饥也犹己饥之"的角度解释禹治水、稷稼穑的行为,以天下之忧为忧,为臣之道应当如此。颜子之时,已是礼崩乐坏的乱世,"邦有道,则仕;邦无道,则可卷而怀之",不居位,为一匹夫,这也符合儒家的构想。

基于具体的时、位,禹、稷和颜子各自践行了儒家仕与不仕的两种选择,不过不仕还有两个维度:自修和行道。儒者不居位,首要的选择应当是"任行道之责",在此语境中,"行道"指向的是孔子,其内涵和禹、稷的"当天下之任"显然不同,指的是不在位的传道:"然而,使礼废于上,而学犹传于下,则庶几斯道未泯,而犹觊其可行也。"② 当"礼废"即乱世时,若在朝廷外能以学的形式保存道、传播道,使其绵延不断,那么,就还存在由乱而治的希望。此处的传学,即是上文所指的"任行道之责"。可见,张栻认为儒家行道有两种形式:居治世,在其位,实践道,辅佐君主治理天下;居乱世,不在位,传其学,保存道,以待治世践行道。因而,不居位,传其学是儒者的首要责任。然而,颜子不过是居陋巷自修,却依然为贤,其原因是"有孔子在"。孔子为圣人,"任行道之责",自然是最恰当的。颜子在既不能出仕也无资格传学的穷困之地,依然能泰然处之,不懈地修养道德,若没有坚定的信念支撑,处于或接近仁境是很难做到的。

因而禹、稷于治世治天下,颜子于乱世自修,其事虽不同,但皆是于其时、其位"固当然","其为当其可则一而已"。"可"的标准不在做了什么事,

---

① 《南轩先生孟子说》卷4,《张栻集》,岳麓书社2010年版,第309—310页。
② 《南轩先生孟子说》卷4,《张栻集》,第272页。

而在于所做是否符合所处时、位的应有之义，合适宜地展现儒者气象。何为儒者气象呢？张栻曾在《西汉儒者名节何以不竞》中这样评价西汉儒者：

> 西汉之儒者，予甚病之。盖自董相、申公（教）（数）人之外，自余往往以（估）（占）毕诂训为儒，无复气象，上焉既不能推寻问学之源流，而其次又不能以名节立于衰世，其亦何所贵于儒也？①

西汉儒者最紧要的问题就是"无复气象"。仅懂得文章训诂的算不上真正的儒者，器的层面不足以定义儒。"推寻问学之源流"，即对为学脉络的追寻，溯本清源才能流长，这一条可算作体认儒学正统，如此才能恰当地传其学而不偏离正确的方向。"以名节立于衰世"，所谓"衰世"，结合上下文，在这里更倾向于指儒学不受重视的时代，在同篇文章中，张栻有："然儒者之学，岂必为一时贵尚而后勉耶？待文王而后兴者，凡民也。"② 在习儒学无法明确地指向利禄时，坚守儒学，更能体现儒者的尊严和对儒学的纯粹信仰。这种尊严和信仰才是真正的儒者的应有之义，即儒者气象。

张栻非常强调儒者气象，以此来要求儒者。他在《温峤得失》中认为："昔之人不以穷达得失累其心，听天命而行其性命之情，故或仕或不仕，皆非有所为也，于其身所处之义当然也。"③ 所处时、位在人不在己，只能听天命，穷或达，得或失，非己所能选择，但真正的儒者能够做到"不以穷达得失累其心"，虽听天命，却能够不失其性。大禹、后稷虽非儒家学者，但被儒家极为推崇，代表了儒者向往的理想人格，因而两人也可算儒家心中的真儒者。颜回和大禹、后稷穷达皆各尽其义，达于时中，共同的儒者气象使他们"易地则皆然"。

二、儒者之安：德与事功，本末一致

梳理完大禹、后稷、颜回三人的时与位后，张栻将关注点从人物转向

---

① 《西汉儒者名节何以不竞》，《张栻集》，第 644 页。
② 《西汉儒者名节何以不竞》，《张栻集》，第 644 页。
③ 《温峤得失》，《张栻集》，第 653 页。

了事，抛开三人的身份，仅从三人所践行之事的角度来考察孔子的评价。禹、稷之事不必说，是公认的大事功。至于颜回，除了"三月不违仁"之类的鲜有人能及的道德修养外，似乎没有其他事迹："虽然，在常情观之，颜子未见于施为，而遽比之禹、稷，不亦过乎？"① 从人物的评价标准来看，三人皆可看作真君子，真儒者，但从事的角度来看，终究大禹、后稷的功业是颜回无法企及的。在儒家，"贤"明显是带有价值意味的评价，既然三者所行之事有明显差别，但都被定位为贤，这就涉及是以动机还是效果来进行价值评价的问题。从而也就转到了义利王霸的经典论题。关于这一论题的理论构建，在儒家，从孔孟开始一直在延续，宋明理学兴起后，理学家们更是将此问题提到了一个前所未有的高度。与张栻同时的朱熹与陈亮、叶适等人，围绕着王霸义利展开了一场激烈的争辩，其他学者也从各自的学派立场出发参加到王霸义利之辩中，提出了特色鲜明甚至是针锋相对的见解。

张栻自然也不例外："殊不知禹、稷之事功，果何所自乎？德者本也，事功者末也，而本末一致也。故程子曰：'有颜子之德，则有禹、稷之事功。'"② 针对自设的颜回事迹与大禹、后稷功业无法相提并论的问题，张栻首先提出一个答案似乎不言自明的问题，强调一好像被忽视了的事实：虽然通常称颂大禹、后稷时突出的是他们的功业，但不代表他们的德性不好，实际上，他们的德与功业同样值得称赞。上古圣贤德位兼备，这一点是普遍的共识，他们伟大的功业即是源于高尚的德性。从而，张栻推导出"德者本也，事功者末也，而本末一致也"，应用本末的理论间架构建德与事功的逻辑关系。

在义利王霸之辩中，以朱熹为代表的理学家的立足点是动机论，客观效果的好坏可以不顾，也不需要效果来检验动机。而以陈亮、叶适为代表的理学家则是从效果论出发的，强调实际效果的意义，同时也存在着以效果决定动机的倾向性，即以实践及其效果来检验道德和知识。可以看出，在根本立场上，张栻与朱熹是一致的，德为本，持动机论。这从他的多个言说中都可以看出：

① 《南轩先生孟子说》卷4，《张栻集》，第310页。
② 《南轩先生孟子说》卷4，《张栻集》，第310页。

以事是君为容悦者，慕爵禄而从君者。以安社稷为悦，则志存乎功业者也，与为容悦者固有间矣，然未及乎道义也。盖志存乎功业，则苟可就其功业而遂其志，则亦所屑为矣。古之人惟守道明义而已，故虽有盖世之功业在前可为，而在我者有一毫未安，则不敢徇也。盖功业一时之事，而良心万世之彝。舍彝常而徇近利，君子不忍为故耳。①

孟子提出"事君者""安社稷臣者""天民者""大人者"② 四种类型，事君者沽名钓誉不必讨论，张栻对"安社稷臣者"作了详细解释。他将"安社稷臣者"转化为"志存乎功业者"，以功业为志向的人，虽然境界上高于取悦君主的人，但是他们将功业看作最终目标和理想，陷于末而不知本。真正的君子，如果必须面临功业和良心的取舍时，即使是可以预见有巨大的功业，倘若于良心有一毫未安，即动机上有一丝与道义不符，也不能去做。所谓"功业一时之事，而良心万世之彝"，良心、道义是永恒不变的，万世一理，适用于任何时候；而功业即使再大，也是暂时的，其内容是不确定的。所以守道明义是根本的标准，张栻强调良心之安，德为本，持鲜明的动机论，这与朱熹立场一致。但是，他也强调"有颜子之德，则有禹、稷之事功"，即他坚持德为本，同时认为德可以产生相应的功业，他并不否定事功的价值。

所谓"本末一致"，这个本末结构隐含的前提是，有德才有事功，德立事功可以由于外在原因暂不显现，但事功的显现必然意味着德已然挺立。禹、稷的事功，缘于其本身具有的德。若遇到恰当的时、位，以颜回之德，必然能有禹、稷那样的功业。德和功业是一致的，这与朱熹将王霸义利完全对立起来的立场显然不同。张栻不仅坚持德本，也看重由德发用出的功业。他曾说"陈应《救时通书》极知忧国，但未见所以济之之策"③。只有情怀，却无良策，并非他所欣赏的类型，他是一个注重解决实际问题的人，能从良心之安处发用出功业是最为理想的状态。

---

① 《南轩先生孟子说》卷7，《张栻集》，第387页。

② 孟子曰："有事君人者，事是君则为容悦者也；有安社稷臣者，以安社稷为悦者也；有天民者，达行于天下而后行之者也；有大人者，正己而物正者也。"（《孟子·尽心上》）

③ 《答朱元晦秘书》，《张栻集》，第684页。

当然，这样的理论结构面临的困境就是，如何解释汉武唐宗的功业，既然"本末一致"，若否认他们是圣贤，他们的事功源于哪里？除非同时否定他们的事功。张栻并不在意这样的问题，他不仅仅是位学者，还是忧国忧民的在位者，这意味着他的视角和出发点不局限在理论上。四库全书对张栻的《孟子说》这样评价：

> 栻之出也，以谏除张说为执政，故是编于"臧仓沮孟子"及"王
> 欢为辅行"两章，皆微有寄托于时事。……其辞感愤，亦为南渡而发。
> 然皆推阐经义之所有，与胡安国《春秋传》务于借事抒义、而多失笔
> 削之旨意，固有殊焉。①

"推阐经义之所有"和"借事抒义"是经学的两种方法，"推阐经义之所有"指阐发经书的本义，"借事抒义"则是借经书来表达自己的意，甚至有意忽略经书本意，将己意强加于经。四库的编修者认为张栻注经的特点是能够在阐发经书本义的基础上抒义，表达对时事的感慨。当时，异族入侵和奸臣当道，内忧外患带给张栻深深的危机感，为之奔走呼号。他作《孟子说》阐经义的理论构建是一方面，同时寄托时事的抒义应当也是情不自禁地流露。在内忧外患中儒者应当以救民、救国为任，务实学，做实事，有所作为。

因而，他不仅坚持德为本，更强调在良心之安处，义理安处安顿、实现功业："夫非其道，则一箪食不可受于人；如其道，则舜受尧之天下而不以为泰。所谓其道者，天理之所安也。"②功业是否正当，以道为标准。若是发用于德，符合道，就是应当去践履的，值得称赞的。功业其实是德中应有之义，有此德，辅以时、位，就当有此功。张栻主张德的优先性，但不主张德的唯一性，只要循"义理之安"，就可"易地则皆然"。天理安处即是儒者安处，于安处修德立功，"其所为当其可"，才是儒者的应有之义。

---

① 《张栻集·附录（钦定四库全书提要）》，第429页。
② 《南轩先生孟子说》卷3，《张栻集》，第260页。

三、儒者之责：辨明正学

张栻已经从人、事两个角度为儒者立下了标准，论证了"禹、稷、颜子，易地则皆然"，但他又越过文本，将此话题扩展为"颜子、孟子易地则皆然"：

> 然而孟子历聘诸国，惶惶然以行道为任，有异乎颜子之为德，何哉？方是时，异端并作，人欲横流，世无孔子，孟子乌得不以行道自任？予则曰：颜子、孟子易地则皆然。若夫墨氏兼爱，则似乎禹、稷之忧民者；杨氏为我，则似乎颜子之在陋巷者。惟其不知天理时中，而妄意以守一（义）（偏）。盖墨氏终身被发缨冠，以求救天下之斗；而杨氏则坐视同室之斗而不顾者，其贼夫道岂不甚哉？则是人欲而已矣。①

颜回不当时、不当位，孟子似乎与此情况相同，但孟子没有居陋巷，而是游历诸国，积极推行自己的主张。

似乎张栻对颜回、孟子两者的对比颇为关注，多次讨论这个问题：

> 孟子当战国之时，以身任道，其历聘诸国，后车数十乘，从者数百人，夫岂尊己而自大乎哉？亦时义所当然，有不得而避也。……而孟子后车数十乘，从者数百人，以传食于诸侯之心，即颜子一箪食、一瓢饮、在陋巷之心也。皆以其道故也。②

张栻认为两者所处之时虽同为乱世，但还是有所不同，颜回时有孔子行道，可自修，孟子时无孔子，更为迫切的是"异端并作，人欲横流"。此时"杨墨之言盈天下"，因而孟子立足于学派生存和卫道，斥责杨墨之道导致无君无父，使"孔子之道不著"，以行道自任。孟子、颜回所作所为，皆

---

① 《南轩先生孟子说》卷4，《张栻集》，第310页。
② 《南轩先生孟子说》卷3，《张栻集》，第260页。

因时而起，总归都是其心一，以其道。

论证到这里，张栻将话题转向杨、墨。通常，人们很容易将墨子的"兼爱"和儒家的差等之爱对立起来，认为兼爱是无差别的爱，因而高于儒家。虽然有孟子的奋力卫道，但即使是儒学内部对此依然存在疑惑，二程的高足杨时就曾疑惑张载的民胞物与似与兼爱无二，担心人们将其末流的泛爱无分归罪到张载头上。鉴于此，从二程到朱熹都曾多次辨析墨子兼爱，以明正学，以正视听，张栻在这里也再次强调了这一问题。他认为虽然墨子兼爱看似和大禹、后稷的事迹一样，爱护百姓，有益于社会，杨朱的"贵生""重己"也和颜回的自修类似，但实际上都陷于一偏，没有达到时中。

再回到张栻一开始的论断："盖以禹、稷、颜子之心一故也。心之所为一者，天理之所存，而无意、必、固、我加乎其间，当其可而已，此之谓时中。"大禹、后稷、颜回之所以都被孔子评价为"贤"，首先是"心一"，都循良心之安，动机是一样好的；其次，所作所为符合天理，明道守义。同时，"无意、必、固、我"始终贯穿于这两点，从而不偏不倚，做到了时中。而墨子、杨朱虽看似与贤者无二，实际上，墨子兼爱二本，将亲人与他人同等看待，丧失了"亲亲而仁民，仁民而爱物"的亲切自然，这和终日披着头发、散着帽缨，却要去救天下人一样不知礼、不合礼。同样，杨朱的"贵生""重己"，忽视了学者的行道之责，就好像看到自家人互相打斗而无动于衷，这是不懂得轻重缓急，不知权，没有担当。这样的行为其实都是有违道义的，违背天理，因而是陷于人欲。

天理和人欲，正统和异端毫厘之差、千里之谬，因而辨明正学显得尤为重要。首先，异端兴起，惑乱儒学，扰乱社会人心，明正学，清道统，是儒者之责。从儒学的演进趋势说，辟杨墨是先秦儒者的使命，而宋代理学兴起的基本使命，是批判佛老以复兴儒学，以儒家之实理批判佛老之虚空。这里虽然讲的是杨墨，但借古说今，此时的儒者的行道之责就是辟佛老，一方面，与佛老争中国学术的正统，以便从事实层面论证并解决上千年名不副实的"独尊儒术"问题，使儒家独占正统性；另一方面，在儒家内部，则是在接续自尧舜周孔而下绵延数千载的儒家道统的基础上，与杂于佛老、杂于功利的儒家各派争儒学的代表权，以解决谁是儒学的正宗和主流的问题，并最终将自己一派所构筑的以理、气、性、心等不同范畴为根据的理论体系，确立成为中国古代社会后期儒家哲学的真正代表。

其次，外王起于内圣，以异学为基础的治天下必然会祸乱国家百姓，明正学，兴治道，也是儒者之责。王安石变法是一场彻底失败的政治实验——这是南宋士大夫的共识，张栻就极端反对他的，认为王安石的外王建立在错误的性命之理上：

> 熙宁以来，人才顿衰于前，正以王介甫作坏之故。介甫之学，乃是祖虚无而害实用者，伊洛诸君子盖欲深救兹弊也。①
>
> 窃观左右论程氏、王氏之学，有兼与而混为一之意。此则非所敢闻也。学者审其是而已。王氏之说皆出于私意之凿，而其高谈性命，特窃取释氏之近似者而已。夫窃取释氏之似，而济之以私意之凿，故其横流，蠹坏士心，以乱国事，学者当讲论明辨而不屑焉可也。今其于二程子所学不翅霄壤之异，白黑之分，乃欲比而同之，不亦异乎？愿深明义利之辨，反求诸心，当有不待愚言之辨者，惟深察焉。②

王安石之学，与佛家相似，祖虚无，出于私心人欲，对社会人心造成不良影响，更严重的是他依此治理天下，乱国乱政，民不聊生。如此异学，因与正学看似毫厘之差，混淆世人视听，若不辨黑白，将异端误作正统，其后果不堪设想。由此可见，辨明正学，才能为治天下确立根本，本立而道生，国家才能治理好。对于任何时代的儒者来说，辨明正学都是应有之责，孟子是如此，此时的张栻也是如此，类推的话，两者都是"其为当其可"，也可"易地则皆然"。

张栻借用《中庸》"时中"的概念来阐释大禹、后稷、颜回三人"同道"，"易地则皆然"，并从三个方面进行了论证：首先，在时、位上，大禹、后稷于治世救民，颜回于乱世自修，三人皆是"其为当其可"，都达到了时中；其次，从道德、事功的角度讲，大禹、后稷能在德中安顿事功，做到了本末一致，颜回能够循义理之安，安贫乐道，坚守德本，这也是"其为当其

---

① 《寄周子充尚书》，《张栻集》，第665页。
② 《与颜主簿》，《张栻集》，第667—668页。

可",做到了时中;最后,他将话题扩展为孟子、颜回的比较,关注点转向辟杨墨,明正学,表明两人于各自所处的学术环境中行使了恰当的儒者之责,"其为当其可",符合时中。从而表明贤者都是"其为当其可",符合时中,所以都"同道","易地则皆然"。

"时中"即"随时以处中",用《论语》所记孔子的话说,就是"无可无不可",用张栻的话讲就是"其为当其可"。同时,"时中"也可理解为变通趋时。"中"而因其"时","时"而得其"中"。得其"中",所谓经也;因其"时",所谓权也。有经有权,故能变通,但这种"变",并非没有标准。张栻虽然强调贤者的"随时以处中"、"其为当其可"的权,但更重视经,从为人、做事、责任三个方面为儒者确定了标准。坚守道义,以德为本,辨明正学是儒者必须坚守遵循的标准,唯有此,才能真正符合时中。

张栻对孟子"易地则皆然"的阐释,以时中为"同道"、"易地则皆然"定论开始,以"其为当其可"做具体的论证,又以杨墨不知时中,而辟异端,明正学而结束。无论是从时、位的角度讲儒者气象,还是从义利王霸之辨中引出儒者之安,或是在辨明正学中强调儒者之责,他的构建大致不出儒者的传统框架,但又有鲜明的个人特色和时代特色,体现了他正学的使命感和救世情怀。

(作者单位:中国人民大学哲学院)

张栻题跋范仲淹书帖述考

毛丽娅

　　张栻（1133—1180），字敬夫，号南轩，又号葵轩，汉州绵竹（今四川绵竹）人。南宋著名理学家、哲学家和教育家，湖湘学派的主要代表人物和集大成者，一生主要从事讲学、教育活动和学术研究，对传播和发展理学作出了杰出贡献，写过大量的著作，现存的著作主要有《南轩易说》《论语说》《孟子说》《二程粹言》《南岳倡酬集》《南轩先生文集》等，以张栻为代表的"湖湘学"和以朱熹为代表的"闽学"、以吕祖谦为代表的"婺学"三足而立，对当时及后世产生了重要影响。

　　范仲淹（989—1052），北宋著名政治家、军事家、教育家，字希文，江苏吴县（今苏州）人，宋真宗大中祥符八年（1015）进士，历任地方官，位至参知政事。他一生以天下为己任、"先天下之忧而忧，后天下之乐而乐"①，其人品学问、道德文章、文治武功、军事、教育思想对后世产生了深远影响。范仲淹生前留下了大量的著述。在宋代，范仲淹文集、奏议、尺牍是分别刊行的，没有合刊过。据方健先生考证，认为"宋代刊刻过的范仲淹文集、奏议、尺牍版本之多，远出乎我们今天的想象"②。元代范仲淹八世孙范文英在《重刊范文正公集跋》中云："《文正公集》在昔板行于世者何啻数十本，岁久皆不存矣。"目前所存宋刻范集本仅存于国家图书馆，已收入《古逸丛书三编》之中。

---

　　① 《岳阳楼记》，《范文正公文集》卷8，《范仲淹全集》，四川大学出版社2002年版，第194页。

　　② 方健：《范仲淹全集前言》，《范仲淹全集》卷首，第27页。

南宋时，许多文人学士、民间收藏家非常重视范仲淹手稿和刻本的收藏。张栻就曾见过范仲淹手稿和尺牍刻本，不仅题记于后，而且对范仲淹道德人品、思想学术给予了很高评价。本文就张栻《南轩集》所见几则有关范仲淹尺牍题跋考述于后。

一、张栻《跋范文正公帖》

张栻《跋范文正公帖》共有三则，第一则云："先公旧藏文正公与朱校理手帖墨刻一卷，某以示汶上刘君子驹，一见咨叹，不忍去手，即摹本写之箧笥，且属某志其后。"① 张栻以此墨刻示其友刘子驹。刘子驹爱不释手，摹写副本，加以珍藏，并请张栻"志其后"。张栻认为："文正范公德业之盛，借使字画不工，犹当宝藏，况清劲有法度如此哉！至于温然仁义之言，使人诵叹之不足也。"② 该题跋作于淳熙元年六月既望。

《朱校理》帖见《范文正公尺牍》卷下，《范文正公尺牍》卷上还有《朱氏帖》。张浚所藏范仲淹手帖墨刻虽明确说明为《朱校理》帖，而非《朱氏帖》，朱校理当是《朱氏帖》中的朱氏三侄、朱氏三哥、三哥、秀才三哥、三郎秀才、三哥秀才、朱侄秀才、直讲三哥、颖倅，为其继父朱文翰之孙，即张栻所云"今所与书者，即其朱姓时从子行也"。《朱校理》帖是范仲淹写给朱氏三侄的书信。又据张栻跋云："先公旧藏文正公与朱校理手帖墨刻一卷。"③ 可知，张栻父张浚所藏文正公朱校理手帖已为刻本，张栻作跋于淳熙元年六月十六日既望，可知早在淳熙元年以前就已有范仲淹尺牍刻本传世，但这个刻本在各种目录书中皆没有著录过。

《南轩集》卷34还载有另一则《跋范文正公帖》，云："右文正范公帖，某得之文定胡公之家，以刻桂林郡斋。"④ 《吴都文粹》卷五十五、《范文正公尺牍》卷下附《跋范文正公帖》题"淳熙三年元日广汉张栻书"，可知，此跋与跋刘子驹摹本《朱校理》不是同一帖。至于该帖是否为范仲淹写给朱氏

① 《跋范文正公帖》，《张栻全集》，长春出版社1999年版，第1025页。
② 《跋范文正公帖》，《张栻全集》，第1026页。
③ 《跋范文正公帖》，《张栻全集》，第1025页。
④ 《跋范文正公帖》，《张栻全集》，第1026页。

信札从张栻跋语中无从断定。张栻云："某闻君子言有教，动有法，某于文正公见之矣。观此虽一时书帖之间，亦足以扶世教、垂后法，非德盛者其能然乎？故敬志之以诏来世。淳熙三年元日，广汉张栻书。"① 可知张栻将此帖刻于桂林郡斋，时间在淳熙三年元日，这也是范仲淹尺牍较早的刻本。据《滂喜斋藏书记》卷三云：范仲淹尺牍三卷"是桂林一刻，吴中再刻，文英重刻，凡三刻矣"。可知，桂林郡斋刻本也是范仲淹《尺牍》中较早的刻本。

范仲淹两岁丧父，随其母育于长山朱氏家。既第，始归姓范氏。张栻跋云："某窃惟文正公平生事业光明伟特如此，及观此帖，味其辞意，而有以知公处事之周密，玩其书画，而有以见公日用之谨严，此岂非其事业渊源所自耶？"张栻还说："公虽以义还本宗，而待朱氏备极恩意，既贵，则用南郊恩赠朱氏父以及其诸子之丧，皆为之收葬，岁时奉祀，则别为飨。朱氏以公荫为官者三人，此载在遗事，世所知也。详观是帖，其亲爱惇笃之意发于自然，盖与待其本族何异！其于天理人情可谓得其厚矣。只此一事，表而出之，闻其风者盖可使鄙夫宽、薄夫敦也，诚盛德哉！"② 从中可以看出，张栻对范仲淹为人处世给予了很高评价。③

范仲淹对亲人的关心，不仅包括范家，还包括养父朱家，收入四川大学出版社出版的《范仲淹全集》中的家书有十五帖是范仲淹写给朱氏的。由于范仲淹两岁而孤，母贫无依，改嫁淄州长山朱文翰，以朱为姓，名说。虽然在真宗大中祥符八年（1015）范仲淹以朱说登进士第，"迎母归养"，以及"迁奉母丧"之后，范仲淹对朱家之"恩泽"，似仍有增无减。他"以朱氏长育有恩，常思厚报之。及贵，用南郊所加恩，乞赠朱氏父太常博士；暨朱氏诸兄弟，皆公为葬之，岁别为飨祭，朱氏子弟，以公荫得补官者三人。"④ "公之手帖，与博士之孙延之，在明道二年（1033）乃改郡至丹阳时，

---

① 《跋范文正公帖》，《张栻全集》，第 1026 页。

② 《跋范文正公帖》，《张栻全集》，第 1026 页。

③ 张栻在其《南轩集》中还多次提到范仲淹，如卷 8《答柳严州启》云："前瞻文正之风流，尚想子陵之节概"，卷 13《游东山记》云："文正之心，公得之矣"。《五百家播芳大全文粹》卷 84，张栻《谒三公堂祝文》云："惟三公（按：即田况、范仲淹、赵抃）之遗风流泽在焉，高山仰止，拳拳此心，敢不自勉，庶几万一。"《黄氏日钞》卷 39，张栻：《本朝人物》云："范文正公本朝第一等人。"

④ 《范文正公言行拾遗事录》卷 1，《范仲淹全集》，第 1479 页。

犹称延之为秀才，而待以子侄礼。又一帖在庆历五年（1045 年），则称之为官人，盖已受公奏补，而帖中颇及延之兄之子求异性恩泽事。"①

范仲淹虽任官在外，但朱家事皆视为自家事精心料理，把朱家人视为血亲骨肉，而愿与之"相见""聚会"。"某顿首秀才三哥……六婶神榇且安瓜洲寺中，悲感悲感！七哥骨肉上下各计安，甚时来得相见？骨肉聚会，此最幸也幸也！"② 对朱氏家族关怀备至，情同手足，"得儿子书，知体理爽和。云曾诣问，即不见宾客。或闻神思惊悸，近日调摄，渐安否？屡曾咨闻，以足下起发衰门，宜爱重，以副先德之心，何致多疾？极奉忧得，万万自爱。"③

二、张栻《题文正公条画沿边弓箭手稿后》

张栻《南轩集》卷三十四有《题文正公条画沿边弓箭手稿后》一篇，云："右文正公《条画约束沿边弓箭手事》，盖公在并州佐庞颖公时所具稿也。"④ 北宋弓箭手是宋朝乡兵体系下的民兵组织。弓箭手的出现与宋夏战争关系密切，部署于陕西、河东等路沿边一带，其主要职责是或耕或战，目的在于有效防御西夏的入侵，在戍守巡边、省费备军、战斗御敌、修筑工事等方面发挥了十分重要的作用。张栻题《条画沿边弓箭手稿》云："其察微虑远、固本防患之意甚备。观诸此，非独可以窥公制事之权度，抑可得为国御边之良法矣。"⑤ 评价甚高。

关于《文正公条画沿边弓箭手稿》，四川大学出版社出版的点校本《范仲淹全集》和南京凤凰出版社出版的点校本《范仲淹全集》皆作为范仲淹遗文收录其中。但实际上，张栻《南轩集》所题《文正公条画沿边弓箭手稿》为司马光所写，而非范仲淹手稿。分析两部《范仲淹全集》误收的原因，主要有以下三个方面：

---

① 丁黼：《池州范文正公祠堂记》，《范文正公褒贤集》卷 3，《范仲淹全集》，第 1109 页。
② 《家书·朱氏》，《范文正公尺牍》卷上，《范仲淹全集》，第 660 页。
③ 《家书·朱氏》，《范文正公尺牍》卷上，《范仲淹全集》，第 664 页。
④ 《题文正公条画沿边弓箭手稿后》，《张栻全集》，第 1018 页。
⑤ 《题文正公条画沿边弓箭手稿后》，《张栻全集》，第 1018—1019 页。

一是宋代有两位文正公，一个是范仲淹，一个是司马光，他们去世后皆谥文正，因此很容易混淆。

二是范仲淹和司马光文集中有许多论述弓箭手的文章。在《范文正公文集》中，有多篇文章论述到弓箭手的重要作用。《奏陕西河北和守攻备四策》之《陕西守策》云："缘边无税之地，所招弓箭手，必使聚居险要，每一两指挥共修一堡，以完其家，与城寨相应。彼戎小至，则使属户蕃兵暨弓箭手与诸寨土兵共力御捍。"《陕西攻策》云："虽四戎以山界蕃部为强兵，汉家以山界属户及弓箭手为善战。以此观之，各以边人为强，理固明矣。"① 《奏陕西河北画一利害事》之《陕西八事》云："缘边弓箭手逐一两指挥，各筑堡子居住。"② 《奏为陕西四路入中粮草及支移二税》亦云："将蕃部弓箭手相兼使用，不更占冗兵。……于弓箭手民兵肯战守之时，事须赏劝，所用金帛，诚须大备。"③ 庆历二年（1042），范仲淹巡边至环州（治今甘肃环县），过马岭镇，复上疏再议攻守策。二月，庞籍上疏支持用范仲淹之策。据《范文正公集》可知，庆历二年（1042）二月，范仲淹还上呈《差弓箭手防边利害奏》，云："相度所差弓手，并是人户三丁内破一丁充役。若是拨于极边州军屯戍，缘边上食物踊贵，亦少营舍。官中请受至薄，难裹缠，必于本家骨肉处频有呼索，动是数百里。本家更破一名往来供送，即是一户三丁之内，二丁防边，徒使破坏家产。伏乞朝廷更请相度。"④ 而《司马公文集》中也有许多关于弓箭手的论述。如司马光在治平二年正月十日上《陈述古札子》中提道："唯弓箭手及熟户蕃部，皆生长边陲，习山川道路，知西人情伪，材气勇悍，不惧战斗。从来国家赖之，以为藩蔽。"⑤ 司马光又在元丰八年四月《乞罢保甲状》和元丰八年七月《乞罢保甲札子》中多次提到"弓箭手法"，认为"宜悉罢保甲使归农，召提举官还朝，量逐县户口，每五十户置弓手一人，略依沿边弓箭手法，许荫本户田二顷，悉免其税役"⑥，"乞令逐县户马

---

① 《范文正公政府奏议》卷下，《范仲淹全集》，第591页。
② 《续资治通鉴长编》卷150，影印文渊阁《四库全书》本，台湾商务印书馆1983年版。
③ 《续资治通鉴长编》卷141。
④ 《范文正公年谱补遗》，《范仲淹全集》，第924页。
⑤ 《陈述古札子》，《温国文正司马公文集》卷32，《四部丛刊》本。
⑥ 《乞罢保甲状》，《温国文正司马公文集》卷46。

数每五十户置弓手一人，略依缘边弓箭手法，许荫本户田二顷，与免二税，或税轻者，与免若干石斗税，及户下诸般科役，本户田不足，听荫亲戚田，务在优假，使人劝募。然后招募本县乡村户有勇力武艺者投充弓手，计即今保甲中有勇力武艺者，必多愿应募。"① 因此，很容易将张栻所题《文正公条画沿边弓箭手稿》视为范仲淹的手稿。

三是范仲淹和司马光皆与庞籍相处共事。先就范仲淹与庞籍交往共事来看，北宋宝元元年（1038），西北党项族首领元昊建立西夏政权，公开反宋，连破北宋边城，百姓背井离乡，宋西北边防形势十分紧张，庞籍被任命为陕西都转运使，与范仲淹、韩琦共同掌握北宋西北军政大权，以防西夏入侵。庞籍一到边地立即整顿军纪，安抚百姓，稳定秩序，确保西北边境安宁。康定元年（1040）三月，范仲淹知永兴军，八月，兼知延州。庆历元年（1041）十月，始分陕西为秦凤、泾原、环庆、鄜延四路，范仲淹任环庆帅臣，庞籍进龙图阁直学士、知延州，随即兼鄜延都总管、经略安抚缘边招讨使。庆历二年（1042）四月，范仲淹除鄜州管内观察使，辞不受。庞籍改延州观察使，亦力辞。十月，朝廷以范仲淹为枢密直学士、右谏议大夫、鄜延路都部署、经略安抚招讨使。十一月，诏复置陕西四路都部署，以韩琦、范仲淹、庞籍三人分领之，并带诸路招讨使，同任陕西四路统帅，其余都部署、副部署所带经略使、招讨使皆罢，诸路招讨使并罢。庆历三年（1043）四月，范仲淹擢枢密副使，六月，除参知政事。庆历五年（1045），庞籍被任枢密副使。可见，范仲淹与庞籍主要交往时间在康定元年三月至庆历三年四月之间。再就司马光与庞籍交往共事来看，至和二年（1055）六月，司马光 37 岁，此时知郓州庞籍为昭德节度使、知永兴军，寻改知并州②。《宋史·庞籍传》亦云：庞籍"加观文殿大学士。拜昭德军节度使，知永兴军，改并州"③。根据苏轼《司马温公行状》，"庞籍为郓州，徙并州，皆辟公通判州事"④。嘉祐元年（1056）丙申，司马光通判并州。嘉祐二年（1057），知

---

① 《乞罢保甲札子》，《温国文正司马公文集》卷 48。
② 《续资治通鉴长编》卷 180。
③ 《庞籍传》，《宋史》卷 311，中华书局 1977 年版。
④ 《司马温公行状》，《苏轼文集》卷 144；曾枣庄、舒大刚主编：《三苏全书》第 15 册，语文出版社 2001 年版。

并州庞籍因麟州将郭恩在与夏人交战中牺牲而罢节度使、知青州，司马光连续三次上书引咎自责，改太常博士、祠部员外郎、直秘阁、判吏部南曹。可见，司马光与庞籍在至和二年至嘉祐二年间相处共事。不过，从张栻"盖公在并州佐庞颖公时所具稿也"可知，范仲淹与庞籍都是四路统帅，不存在辅佐关系，也未曾同在并州任官。而司马光与庞籍却一起在并州共事，庞籍任知州，司马光先是任判官，后改知通判，与庞籍是上下级关系，与张栻"盖公在并州佐庞颖公时所具稿也"相符。通过以上分析可知，张栻《南轩集》卷三十四所题《文正公条画沿边弓箭手稿》为司马光所撰，而非范仲淹所写。

对于范仲淹人品、事业，金人元好问《范文正公画像赞》称范仲淹"在布衣为名士，在州县为能吏，在边境为名将。其材、其量、其忠，一身而备数器。在朝廷，则又孔子所谓大臣者，求之千百年间盖不一二见"①。《四库全书总目提要》也评价："仲淹人品事业，卓绝一时，本不借文章以传，而贯通经术，明达政体。凡所论著，一一皆有本之言，固非虚饰词藻者所能，亦非高谈心性者所及。"② 实际上早在南宋，著名理学家、哲学家、教育家张栻在他的几则范仲淹书帖题跋中就已对范仲淹的御边方略和为人处事作了极高评价。范仲淹一生以天下为己任，其"先忧后乐"的精神、"不以物喜，不以己悲"的人生境界一直为后世所景仰。

（作者单位：四川师范大学中国哲学与文化研究所）

---

① 《范文正公画像赞》，《范仲淹全集》附录九，第 1256 页。
② 纪昀等：《文正集提要》，《钦定四库全书总目》卷 152，影印文渊阁《四库全书》本。

张栻与蜀地学者交游考述

钟雅琼

张栻是宋代蜀地著名的理学家，其学术思想融蜀学、洛学、湖湘学于一炉，自成南轩一派。张栻出生于四川绵竹，他自幼随父辗转各地，曾讲经京师、兴学湖湘、治郡广西、经略荆楚，一生在异乡的时间远多于在四川。尽管如此，他的思想仍有着蜀学的烙印，且在巴蜀流布广泛，这赖于他与诸多四川学者的交游。这种交游大部分建立在家族交往的基础上。

唐末五代关中、中原战火频仍，而四川由于深在内陆免遭罹难，经济文化有着平稳的发展，不仅本地的大家族得到发展壮大，一些世家大族也迁入此地。因此蒙文通先生说："中国之世族盛于晋唐，而蜀独盛于两宋。"① 这些世家大族不仅有富足的家产，更重要的是有着重视学问传统和诗礼传家的观念，他们之间的交游对宋代四川学术的发展起了重要的推动作用，张栻在蜀地的人脉很大程度上也是基于家族之间的交往。

张栻的家族可上溯至唐代张九龄弟张九皋，其先世在唐僖宗时入蜀，北宋真宗咸平年间"避川寇之乱"② 迁到绵竹。张栻的祖父张咸于北宋元丰二年（1079）中进士，是绵竹张氏的第一个进士，据说他学识渊博，"六艺百家，历代文史，无不该贯"③，这为张浚、栻父子成为"大将真儒"创造了条件。而当时与绵竹张氏交往较密切的大家族多是在成都附近聚居的，如成

---

① 蒙文通：《〈华西大学图书馆四川方志目录〉序》，华西大学图书馆 1951 年版。
② 宇文之邵：《武都居士墓志铭》，《四川历代碑刻》，四川大学出版社 1990 年版，第152 页。另见朱熹：《张公行状》。
③ 《张君说墓志铭》，《全蜀艺文志》卷 47。

都的宇文氏、华阳的范氏、眉山的李氏和史氏等。当然,张栻在蜀地的交游并不局限于几个大的家族,还有几位未必出身世家但是与张栻交游甚密的四川学者。本文将依时间先后之序,附以亲疏之别,略述张栻与蜀地学者的交游情况。

一、与史尧弼的交游

由于张栻自小便跟随父亲在外,使得他与蜀地的学人交往显得较少,特别是他从学的人中,蜀学之士较为鲜见,而对他较有影响的,应当数史尧弼。

史尧弼(1119—?),字唐英,四川眉州人。绍兴二十七年(1157)与弟史尧文同登进士第,"未授官卒"①。史尧弼出身书香门第,年少有才,周密《浩然斋雅谈》:"李仁甫(焘)18 岁为眉州解魁,时第二人史尧弼,字唐英,方十四岁。"任清全《莲峰集序》也说:"李巽岩(焘)以《南北六朝策》首送眉阳,莲峰在第二。年甚少,其文尤该博,非幼学所能。"②绍兴十一年(1141),"莲峰下第",于是"束书游东南"。当时,张浚公谪居潭州(今湖南长沙),"雅闻其名,欲一见之",史尧弼"乃以《古乐府》、《洪范》等论赞之",张浚得其文大喜,以示张栻曰:"此东坡先生之学也。"并称其"义理之学,大类东坡"。因此,史尧弼不仅是东坡的家乡后学,而且是东坡学术、文章的传人。张浚将史尧弼文章"示诸子侄",曰:"读是,则知为文之道。而况今天下学士,欲拜下风而不得,宁不瞬目于斯文也哉。"③史尧弼不仅文才出众,学问淳然有苏氏之风。张浚对史尧弼颇为赞赏,便将他留在潭州馆中,命张栻等人向其问学,史尧弼对张栻的影响也正是由此开始:

> 莲峰因以文章正宗示南轩,而尝曰:"文章一小技耳。"盖每开之以正大之学,引而不发也。是以南轩平生尊敬东坡先生,不忘莲峰。"④

---

① 傅璇琮主编,龚延明、祖慧撰:《宋登科记考》卷 9,江苏教育出版社 2005 年版。
② 任清全:《莲峰集序》,史尧弼:《莲峰集》卷 1,《四库全书》本。
③ 任清全:《莲峰集序》,史尧弼:《莲峰集》卷 1。
④ 任清全:《莲峰集序》,史尧弼:《莲峰集》卷 1。

史尧弼向青年张栻传授文章心法，告诫他遣词造句的文字工夫只是学问的支流余裔，而非主干正宗，并向他展示了东坡先生的"正大之学"和铮铮铁骨，东坡"蜀学"再次由史尧弼影响于张栻。如张栻曾在观摩东坡手迹之后赞叹道：

> 坡公结字稳密，姿态横生，一字落纸，固可藏玩，而况平生大节如此哉。……范太史家藏公旧帖，其间虽有壮老之不同，然忠义之气，未尝不蔚然见于笔墨间也，真可畏而仰哉。①

张栻不拘泥于洛蜀之间的嫌隙，而能够客观地评价苏轼的气节，这无疑受到过父亲及蜀中学者诸如史尧弼等人的影响，任清全说张栻"平生尊敬东坡先生，不忘莲峰"，信然！

绍兴十二年（1142），史尧弼与张栻一道参加湖南漕试，二人双双中试，任氏《莲峰集序》称："莲峰第一，南轩第二"。之后史尧弼又回到四川绵竹，这期间张栻与他频繁寄书，这从史尧弼的复信中可知：

> 今岁来绵竹，五收所惠书，三得所著文，眷眷于我厚甚！累年别来无如此慰满也。……近与仲随数数款晤，具言钦夫夙夜孝友，上奉重亲，外接事物，酬酢一切周旋切至之状，贤业方进如此。仲随极言之，不觉感慨出涕，闻之重增叹想，益充此心，放之四海，何往而不可也！文字真小技哉，愿益勉之，不倦不息，深所望者。②

信中所提"仲随"乃张栻堂兄弟张机之字。史氏在此声明，文字乃学问之小技。另外从信中看，史尧弼在不到一年的时间里"五收"张栻之书、"三得"张栻之文，此情此景可见史尧弼对于张栻的拳拳启发寄望之意。

另据任清全《莲峰集序》，张栻曾对尧弼"以书相开勉，具述《中庸》复性之理"③。此事在史尧弼与弟史尧夫同中进士第的第二年（绍兴二十八

---

① 《跋东坡帖》，《南轩集》卷35；《张栻全集》，长春出版社1999年版。
② 史尧弼：《与张丞相子钦夫》，《莲峰集》卷10。
③ 任清全：《莲峰集序》，史尧弼：《莲峰集》卷1。

年，1158），张栻已 26 岁，学术上已大有长进，且当时已经与胡宏有书信往来，史、张二人已然成为互相切磋学问、砥砺道德的亦师亦友的关系。因此任《莲峰集序》中说"是时南轩盖年未二十也，其自得已如此，非莲峰养正之功也哉？"① 却不是事实。四库馆臣曰：

> 任清全《序》乃因集中有论学之作，遂以张栻少年自得，为尧弼磨砻浸灌之功，欲援而入于道学。则门户标榜之习，转不足以见尧弼矣。②

因此，任《莲峰集序》中将张栻学问受到史尧弼影响略有夸大，不可不辨。但是，史尧弼对青年张栻的学术是有所开益的，尤其是在治学所应有之境界与眼光上，史尧弼确是带领张栻走上了正大之路。这既是基于张浚对史尧弼学问的认同，实际上也是张浚对张栻的家教、甚或"蜀学"传统的延伸。

二、与宇文氏的交游

宇文氏是鲜卑族大姓，四川的宇文家族大约是唐代中后期迁入，后来分为六支，到了南宋，只有成都这一支较为繁盛，其下又有四房，其中以广都一房与绵竹张氏关系最为密切。③ 广都房自北宋元丰年间宇文邦彦始登第，邦彦前三子宇文阆中、宇文虚中、宇文粹中均中进士，幼子宇文时中赐进士第，后以直龙图阁知潼川。张浚取宇文时中的女儿，张栻娶时中长子宇文师申的女儿，两代姻亲显示出两个大家族之间的密切关系。

其实广都宇文氏一支学有所成、仕有所达者不少，但《宋史》只为宇文虚中和宇文绍节立传，这与宇文虚中的经历不无关系。宇文虚中（1079—1146）字叔通，北宋徽宗大观三年（1109）进士，"历官州县，入为起居舍

---

① 任清全：《莲峰集序》，史尧弼：《莲峰集》卷 1。
② 《四库全书总目》卷 161。
③ 有关成都宇文氏，台湾有学者做过较为翔实的考证，具体参见王德毅：《宋代成都宇文氏族系考》，《台湾大学历史学系学报》1991 年 8 月。

人、国史编修官同知贡举，迁中书舍人"①。南宋高宗建炎二年（1128）应诏使金，迎还徽钦二帝未果，遂留在金，虽接受金人的官职，而暗中交结祖宋士人，并向宋廷秘密提供金人情报。后来事情泄露被金人杀害，全家数百口均遭焚死。宋孝宗即位后，令宇文时中二子师说之子绍节过继给虚中之子师瑗，以为后嗣。

宇文绍节（？—1213）字挺臣，淳熙十三年（1186）登进士第，官至试吏部尚书、除端明殿学士、签枢密院事。绍节为人正直刚毅，曾斥韩侂胄"有复仇之志，而无复仇之略；有开边之害，而无开边之利"②，引起韩的不快。宇文绍节既是张栻的外弟，也是他的门人，曾亲自登门求学，魏了翁在其《师友雅言》中提道：

> 尝见宇文挺臣自言："某向尝亲登张南轩之门，面传遗言：'凡作文字，须从源头说来。'"③

张栻的一生几乎都是在四川以外的地方度过的，所以他虽为蜀人，但其学早年并不行于蜀中。乾道初年张栻在湖南长沙寓居，受刘珙之荐与彪德美之邀主讲岳麓书院，一时从者甚众。不少四川学者也慕名前往从游，然后又回到四川，才使张栻之学在四川有了传播。《宋元学案·二江诸儒学案》说：

> 谢山《程氏春秋分记序》曰："南轩先生讲学湘中，蜀人多从之，而范文叔、宇文正甫最著。"

范文叔即范仲黼，他与宇文绍节二人是二江诸儒的代表，然论从学时间，则宇文绍节为先。宇文绍节的门人程公说著有《春秋分记》90卷，公说弟公许序之曰：

---

① 《宋史》卷371，中华书局1985年版。

② 《宇文绍节传》，《宋史》卷398。

③ 魏了翁：《师友雅言下》，《鹤山集》卷109。

宇文公正父从南轩最久，以学行著西南。兄事之期年，得南轩讲论理性之说，益以兹事自任。

《二江诸儒学案》也提道："其时蜀士除宇文枢密外，尚未有从南轩游者，平甫请益最先。"①

平甫即陈概，他的事迹在后文将有详论。从这两处记载已可知宇文绍节实是张栻在蜀门人中的第一人。张栻的文集中又有诗二首赠宇文绍节：

> 合族情尤重，论交意复深。还为万里别，未尽几年心。佳处应相忆，书来悦嗣音。及时须努力，莫待鬓华侵。
> 漠漠漓江上，匆匆送客情。平原宵雨湿，绝壁野云横。世路多新辙，韦编有旧盟。中流屹砥柱，过浪岂能倾。②

前文已提及宋孝宗念及宇文虚中忠而无后，故令绍节过继为宇文师瑗之子，此事在淳熙二年（1175），绍节因师瑗之荫补官，跟从张栻的日子也随之结束，因此在赴任之前张栻为之饯别并作此诗。诗中透露出二人兄弟间深厚的感情和张栻作为师长的谆谆教诲。

三、与范氏的交游

华阳范氏是唐末避乱迁入成都的，有宋一代范家出现了许多杰出人物。华阳范氏自范镇崛起，其从子范百禄、从孙范祖禹以及后人范冲、范仲黼等，在文学、史学、经学等方面都颇有造诣。范镇之学的特点是本于六经，"口不道佛、老、申、韩之说"③，"堪称纯儒"④。范祖禹承继了这个特点，力辟佛老，并坚持不结党。然而这种独立性在广泛地援佛老入儒的宋代是难以持续的，这一点从范冲开始即出现转变，到范仲黼时尤为明显。

---

① 黄宗羲、全祖望：《二江诸儒学案》，《宋元学案》，第 2049 页。
② 《送外弟宇文挺臣二首》，《南轩集》卷 5。
③ 《范镇传》，《宋史》卷 337。
④ 胡昭曦、刘复生、粟品孝：《宋代蜀学研究》，巴蜀书社 1997 年版，第 57 页。

范仲黼字文叔，范祖禹从孙，人称月舟先生。淳熙五年（1178）进士，官至通直郎，为国子博士兼皇侄许国公府教授。范仲黼早年“久从（李）石游”①，张栻讲学岳麓之时，一批蜀士前往问学，他也投身张栻门下。他从学的时间虽然不如宇文绍节长，然而却十分用心，“杜门十年，不汲汲于进取”②。因此魏了翁赞其“剖析精微，罗络隐遁，朱吕氏皆推敬之”③。张栻之学直承胡宏，遥接二程，《宋元学案》又以仲黼之学“直接五峰之传”④，可见其造诣。

然而范仲黼无文集著作传世，甚至零星的书信诗词等资料也不多，反而是张栻和朱熹的文集中保留有一些材料。张栻曾为之作《主一斋铭》：

> 成都范文叔以主一名斋，予嘉其志，为铭以勉之。
>
> 人之心，一何危。纷百虑，走千岐。惟君子，克自持。正衣冠，摄威仪。澹以整，俨若思。主于一，复何之。事物来，当其几。应以专，匪可移。理在我，宁彼随。积之久，昭厥微。静不偏，动靡违。嗟勉哉，自迩卑。惟勿替，日在兹。⑤

他还曾就此向朱熹请教过，朱熹在回信中说：“今读来喻，知于‘主一’盖尝用功，则致知之学宜无难矣，而尚欲更求其说何耶？”⑥

由此可见，范仲黼对“主一”用功颇深，不仅受到张栻的勉励，朱熹所答亦以为无须更求。此寥寥数语使我们间接得知，范仲黼颇有湖湘学重躬行践履之风，治学有恒，不急不浮。

宋宁宗庆元年间理学遭禁，作为张栻学生的范仲黼也受到影响，被列入“庆元党籍”，罢去官职，此后仕途并不太顺利。他晚年回到成都，讲学于成都东门外，大力倡导张栻之学。因此地是锦江与沱江合流处，《宋元学

---

① 李石：《范叔源墓志铭》，《方舟集》卷15。
② 黄宗羲、全祖望：《二江诸儒学案》，《宋元学案》，第2049页。
③ 魏了翁：《苏和父墓志铭》，《鹤山集》卷86。
④ 《二江诸儒学案》以此为魏了翁赞范仲黼之语，然考之《鹤山集》并无此语，兹以为《学案》作者之观点。《宋元学案》卷72，第2410页。
⑤ 《主一斋铭》，《南轩集》卷36。
⑥ 《答范文叔》，《晦庵集》卷38。

案》遂将当时在这里讲学的学者并归为"二江诸儒",其中卓有学识者九,是为"二江九先生",而"四范"又为九人中的核心人物:

> 乾淳以后,南轩之学盛于蜀中,范文叔为之魁,而范少才、少约与先生(范荪)并称嫡传,时人谓之"四范"。①

除范仲黼外,另外三人分别是范子长、范子该(该,一作垓)和范荪。范子长,字少才,号双流,淳熙年间进士,官太学,庆元四年(1198)任军器监主簿,开禧元年(1205)任国子监丞,嘉定三年(1201)任湖北转运判官。范子该(该,一作垓),字少约,子长弟,事迹不详。兄弟二人是范仲黼侄子,曾经"同游南轩之门"②。范荪,字季才,为范仲黼从孙,淳熙年间进士,绍熙五年(1194)闰十月三日由太府寺簿除大理寺丞,开禧中为夔州转运判官,官至宗正寺丞。范荪与虞刚简、魏了翁交往都很密切,属虞、魏二人的前辈。虞刚简于成都筑室讲学,范荪为之题名"沧江书院",并讲学于此。魏了翁初志于学是,曾向"四范"请教,并赞范荪"学本诚一,论不蔓葕,自浩气养心以味道腴,不茹柔吐刚而猎声利"③。

"四范"的资料都不甚详尽,然而他们的学术都有一个共同的特点,就是"敛华就实"——这一点在《宋元学案》中被反复提及,这固然是深受张栻之学强调躬行的濡染,也与范氏本身注重经世的家学渊源有关。

四、与丹棱李氏的交游

眉州丹棱李氏家族以史学闻名,其最显者当属李焘。李焘(1115—1184)字仁甫,号巽岩,谥文简。南宋绍兴八年(1138)进士,官至礼部侍郎。焘父李中于北宋大观三年(1109)中进士,"通习本朝典故"④,这极大地

---

① 黄宗羲、全祖望:《二江诸儒学案》,《宋元学案》,第2412页。
② 黄宗羲、全祖望:《二江诸儒学案》,《宋元学案》,第2411页。
③ 魏了翁:《谢邛守范季才宗丞启》,《鹤山集》卷66。
④ 《系年要录》卷183。又见卫泾:《祖中任朝大夫知陕州赠宣奉大夫拟太子少傅制》,《后乐集》卷1。

影响了李焘的志趣。李焘又私淑司马光，并敬重苏轼，"博览经传，独不乐安石学"①。李焘颇不满于王安石之学，至于理学，虽不像对王学那样反对，但也不甚热衷。他曾与张栻、吕祖谦等共事，张栻以"霜松雪柏"②喻其操守。李焘共有七子，皆博学多才，而又以李壁、李埴二人最为出众，有人以父子三人比之三苏。

李壁（1157—1222），字季章，自号雁湖居士，谥文懿，李焘第六子。李壁先以父任补官，后与弟李埴同登南宋光宗绍熙元年（1190）进士，仕至端明殿学士，知遂宁府，进资政殿学士。李埴（1159—1238），字季允，人称悦斋先生，李焘第七子。官至资政殿学士，知眉州，谥文肃。兄弟二人早年同受业于楼钥和朱熹门人刘黼，经刘黼推荐又从游于张栻：

> 是岁淳熙戊戌（1178），眉山参政李公（壁）年甫冠，其季今制闻侍郎（埴）十有八耳，静春皆以蜀中师表许之。二公果能以文章德业自著，不负所期。然静春不惟知之，又属宣公成就之。③

《宋元学案》将二人列于《岳麓诸儒学案》中，但以壁、埴二人的年龄来看，张栻讲学岳麓之时二人尚年幼，不太可能离家游学。而且据真德秀此跋所言，二人应该是在淳熙五年（1178）左右，经刘黼介绍往张栻处问学，这一年张栻任荆湖北路转运副使，改知江陵府。因此《学案》的归类似略欠妥。

李壁"少英悟，日诵万余言，属辞精博……嗜学如饥渴，群经百氏，搜抉靡遗。尤习典章制度"④。朱熹晚年与李壁书信往来颇密切，其编《礼传》之时也曾与李壁相与讨论。李埴治理州县，莫不"以安静镇之"⑤，这与张栻对他的教诲有很大关系：

---

① 《李焘神道碑》。
② 《李焘传》，《宋史》。
③ 真德秀：《跋刘静春与南轩帖》，《西山文集》卷36。
④ 《李壁传》，《宋史》卷398。
⑤ 《岳麓诸儒学案》，《宋元学案》，第2391页。

南轩先生受学于五峰胡子久而后得见，犹未与之言也，泣涕而请，仅令思忠清，未得为仁之理，盖往返数四，而后予之。……今帖所谓"无急于成"，乃先生以其所以效于人者效人耳。①

今未见有张栻与李壁、李𡎂兄弟来往的书信或序跋铭记等资料，且兄弟二人师从的时间也并不长，但由于他们一方面接受了朱张的理学思想；另一方面又继承了李焘重视苏学的态度，所以学术界一般将他们作为"洛蜀会同"的代表学者。

李焘七子中还有一位与张栻交游较为密切，但长期以来为人所忽视的人，即李𡎂。李𡎂（1148—1180），字季修，李焘第四子，"天资颖异靓深，美秀而文，身兼数器，高拔不群"②。李𡎂秉承家学，"自幼居其亲旁，凡所见闻，无非诗书礼乐之事，上下数千载间，其考之详、讲之熟矣。"③ 然李𡎂命运却颇坎坷，早年应制因阁试不中程序而见黜，一生仕途不畅，且又英才早逝，年仅 33 岁，因此，其流传下来的史料以及受人重视的程度远不及其弟。尽管如此，我们还是可以从他与张栻的交往中略窥其学问。

李𡎂推崇孟子的"浩然之气"，曾作《浩气集传》，并寄给张栻询问意见。张栻的回信中有几处要点颇耐人寻味：

大抵论学之难，如此等切要处，须涵泳体认，持之以久，方能通达。若只以已意悬断，则失之远矣。

且是未识之心所以为心，既未识心，则所谓浩然之气者安所本哉？本源既差，则其立言何适而非病？

孟子以集义为本，程子以居敬为先，皆其深造自得者然也。学者于是二者朝夕勉焉，循循不已，则所谓浩然之气者，浅深当自知之。

以直养之说，要将直来养气，便是私意，有害于养，敬便是养也，敬者心之道，所以生生也，与直字义异，须细味之。

---

① 魏了翁：《跋南轩所与李季允𡎂帖》，《鹤山集》卷 61。

② 李壁：《祭季修九兄文》，《全宋文》卷 6687，第 294 册，上海辞书出版社、安徽教育出版社 2006 年版，第 7 页。

③ 《约斋记》，《南轩集》卷 12，第 729 页。

所问《大学》正心之道，克己所以治怒，明理所以治惧，程子固
尝言之。……大抵用功处，克己、明理二端而已。①

　　胡宗楙《张宣公年谱》将此信系于乾道二年（1166）下，此时李塾年方
18，因此《浩气集传》可代表其早年所学的心得。张栻指出《浩气集传》最
明显的缺点就是"以己意悬断"，这是初志于学者由于体认不足、本心未识
常会犯的错误，也是体会天理、论学致知的难点。因此张栻进一步指出，惟
其先识本心，加以涵泳，然后可以养浩然之气。这便显示出宋儒在义理之外
讲求工夫、通过工夫修养体会义理的特色。这时张栻仍遵循胡宏的先察识后
涵养之说，朱熹于这一年前往长沙访学，也接受了这个观点，形成"中和
旧说"。
　　乾道八年（1172），张栻与李塾在武昌相遇，李塾请张栻为其书斋命名
并记之，张栻以"约"名其斋，然因"季修于是时从事于多闻之举，占毕
编缀，殆忘寝食也，故予无以进其说"②。直到七年之后（淳熙五年，1178），
张栻知江陵府，复与李塾见，此时李塾"尝抱其所学欲献之于吾君，而不得
以自伸"③，然而颜色之间并不以此为抑，颇有约要克己之意，张栻方为之作
《约斋记》，其言曰：

　　约之为言要也，而有检束之义。自学者而言，所贵乎趋夫要也，
曾氏之"守约"是也；自教者而言，则束之而使之惟要之归，"约我以
礼"是也。然而博与约实相须，非博无以致其约，而非约无以居其博。
故约我以礼，必先博我以文。盖天下之事众矣，非一二而穷之，则无
以极其理之著。然所谓穷理者，贵乎能有诸己者而已。在己习之偏、
意之私亦不一矣。非反而自克，则无以会其理之归。博文而约礼，圣
人之所以教人与！学者之所当从事焉者，亦无越乎此矣！④

---

① 《答李季修》，《南轩集》卷27，第923—924页。
② 《约斋记》，《南轩集》卷12，第729页。
③ 《约斋记》，《南轩集》卷12，第729页。
④ 《约斋记》，《南轩集》卷12，第729页。

这一篇记以"约礼"为题，但张栻在其中也强调了"博文"的重要性，并认为约礼必先博文。在《论语解》的相关篇章中，也有相似的论点。博文与约礼相须、穷理先反求诸己，从工夫论的角度来看，这是张栻由早期的先察识后涵养的观念向乾道中期以后察识与涵养并重转变的表现。

五、与陈概的交游

陈概，字平甫，隆庆府普成（今）人，乾道二年（1166）进士。当时虽为布衣但因学识高卓而颇受推举的魏掞之（字符履）见他对策慷慨，"读而奇之，告以'君乡有张敬夫者，醇儒也'，先生（陈概）遂以书问学。"① 张栻也曾表示"予虽未识陈君，而尝闻之吾友魏掞之元履，谓君直谅，又得君书甚勤，则不果辞（按：指为陈概作《洁白堂记》一事）。"② 陈概的生平事迹不详，也无著述传世。据说他一生"与兄栗隐居不仕，讲明伊洛之学"③，与真德秀、黄裳交往甚密。真德秀曾为其子取字，黄裳尝与兄弟二人相与讲学。

陈概是继宇文绍节之后最早向张栻问学的蜀人。虽然张陈未曾相见，但书信来往密切。陈概受张栻熏陶很大，今虽无他的著作传世，但他积极传播张学的事迹却流传下来，《宋元学案》将范仲黼等大批蜀人追随张栻游学之功归于陈概的倡导，并说：

> 其时蜀士除宇文正甫外，尚未有从南轩游者，平甫请益最先。自是范文叔、范季才始负笈从之，则皆平甫倡导之功也。……淳熙、嘉定而后，蜀士宵续灯、雨聚笠以从事南轩之学，湖湘间反不如也。④

可见陈概当时在蜀地是颇有影响的。张栻的文集中保留有一封与陈概的书信以及问答。从内容来看，此书应是张栻回应陈概问学的第一封信，这封信的

---

① 《二江诸儒学案》，《宋元学案》卷 72，第 3 册，第 2409 页。
② 《洁白堂记》，《南轩集》卷 13，第 738 页。
③ 《蜀学编》，第 69 页，光绪二十七年（辛丑，1901）锦江书局重刻本。
④ 《二江诸儒学案》，《宋元学案》卷 72，第 3 册，第 2409 页。

前半部分张栻回顾了自己得知陈概其人的缘由、拜师胡宏的经过以及仕途上的大事件，后半部分则为论学之语，皆以二程之学为宗，其中多涉及理欲之辨、义利之分，可看作张栻对自己40岁以前学问大旨的概括：

> 窃考二先生所以教学者，不越居敬穷理二事，取其书反复观之，则可以见。盖居敬有力，则其所穷者益精；穷理浸明，则其所居者益有地。①

此言居敬与穷理是为学的要领，学者欲求仁，必先有居敬之心与穷理之力。如果说居敬与穷理是张栻对二程心性论的总结，那么，他又在接下来的书信中阐释了达到居敬穷理的工夫：

> 二者言之虽近，而意味工夫无穷，其间曲折精微，惟能用力者当渐知之尔。升高自下，陟遐自迩，务本循序而进，久自有所至，不可先起求成之心，起求成之心，则有害于天理。②

至于问答，可能是朱熹从二人往来诸多信件中摘抄出的精要，内容比较宽泛，没有很明确的主题，但不外是有关理、心、性的讨论。

《与陈平甫》一书作于乾道八年（1172），而由问答中提到的张栻《洙泗言仁》及朱熹《论孟精义》等作品可知，这些信件应该不晚于淳熙初。这大约也就是陈概向张栻问学的具体时间。

结　　语

全祖望在《宋元学案·二江诸儒学案》中说："宣公居长沙之二水，而蜀中反疏。然自宇文挺臣、范文叔、陈平甫传之入蜀，二江之讲舍不下长沙。"南轩之学在湖湘，最终走向心学与经世两个方向，且其传不久。而在

---

① 《与陈平甫》，《南轩集》卷26，第911页。
② 《与陈平甫》，《南轩集》卷26，第911页。

蜀地，张栻虽远离桑梓故里，讲学长沙，游历各地，但其学终究还是在蜀有所传承。张栻的学术既呈现出醇然的程学基底，又融会了蜀、湘多种背景，而正由于这种丰富的经历和多方的融会，使得其学传回蜀地之后，为蜀学增添了一分别样的色彩，甚至影响到南宋中后期蜀学的学风。在后来魏了翁、李壁、李埴等蜀中学者身上所出现的"洛蜀会同"的现象中，张栻未必有明确而直接的作用，但不可否认，他的学术，确是理学与蜀学相融的前奏，他本人也在无意之中为"洛蜀会同"提供了助力。

（作者单位：四川大学古籍所）

张栻对胡宏性本体论的吸收和改造

郭 齐

胡宏虽然服膺二程，但在若干重大问题上多有自己的见解，并不亦步亦趋。这使得其学说特色鲜明，在宋代理学中独树一帜。作为其学术传承中最重要的一环，张栻虽然从胡宏问学时间只有短短三年，但所受影响仍不可小视。其中，性本体论就是最重要的问题之一。

首先，我们对胡宏的性本体论作一个简单的梳理。

性是什么？性是形而上的宇宙本体，是世间万物的根据。胡宏说："形而在上者谓之性，形而在下者谓之物。"① "性外无物，物外无性。""性，天下之大本也。"② "万物万事，性之质也。"③ "大哉性乎，万理具焉，天地由此而立矣。""万物皆性所有也。"④

性是从哪里来的？来自于天。胡宏说："天命为性。""性，天命也。"⑤ 这里的"天"，当然不是指苍苍物质之天，而是指莫之为而为之，自然而然地产生出来，类似于老子"道法自然"的"自然"。性是自然而然存在的，其来自哪里和谁不可究诘，只能强名之曰天。

性的基本特性是什么？是中。胡宏说："中者性之道乎。"⑥ 此即《中庸》之"喜怒哀乐之未发谓之中"。此时的性不偏不倚，无过不及。只不过胡宏

---

① 《释疑孟》，《五峰集》卷5，《四库全书》本。

② 《知言》卷1。

③ 《知言》卷2。

④ 《知言》卷4。

⑤ 《知言》卷1。

⑥ 《知言》卷1。

所说的性乃万物之性，不限于人。

性的功用是什么呢？它是宇宙万物产生的根源，运动变化的主宰。胡宏说："万物生于性者也。"① "非性无物，非气无形。性，其气之本乎。""气之流行，性为之主。"② "水有源，故其流不穷。木有根，故其生不穷。气有性，故其运不穷。"③

由此可知，在胡宏那里，性是形而上的本体，它自然存在，莫或使之，以中为基本特征，是宇宙万物产生和运动变化的根源和主宰。

那么，性与"道"、"理"、"太极"等范畴的关系怎样呢？

胡宏对"道"有很多论述。"形形之谓物，不形形之谓道。"④ "道不能无物而自道，物不能无道而自物。道之有物，犹风之有动，水之有流也，夫孰能间之？"⑤ 这是说形而上之道存在于事物之中，道、物不可分离。"道充乎身，塞乎天地。"⑥ 是说道无处不在。"道者体用之总名。"⑦ "中者道之体，和者道之用。"⑧ 这是说道涵体用，如仁体义用，性体心用等。"一阴一阳之谓道。有一则有三，自三而无穷矣。"⑨ "阳中有阴，阴中有阳，阳一阴，阴一阳，此太和之所以为道也。始万物而生之者。乾坤之元也。物正其性，万古不变，故孔子曰成之者性。"⑩ 这两条最为重要，明确指出道是事物运动变化的规律。阴阳的交互氤氲是事物产生和发展的根本驱动力，所谓"生生之谓易"。而道是一切运动变化所遵循的法则。这和性是不同的：规律和法则先天地具备于性中，由静而动时，在性的主宰下展示出来。性可言水源木本，道只是河床。胡宏说："子思子曰，率性之谓道。万物万事性之质也，因质以致用，人之道也。"⑪ 物正其性，万古不变，遵循顺遂性才是道，这就是道

---

① 《皇王大纪·序》。
② 《知言》卷3。
③ 《知言》卷2。
④ 《知言》卷3。
⑤ 《知言》卷1。
⑥ 《知言》卷1。
⑦ 《知言》卷1。
⑧ 《知言》卷2。
⑨ 《知言》卷1。
⑩ 《知言》卷4。
⑪ 《知言》卷2。

与性二者的关系。胡宏又说："天者道之摠名。"① 一事一物有一事一物之道，整个宇宙有整个宇宙之道。这些规律和法则皆莫或使之，天然存在，故总名之曰"天"。

在胡宏那里，"理"基本上与"道"同义，也是指事物运动变化的规律和法则，不过在具体应用的场合有细微的区别，如"物之生死理也，理者万物之贞也"②。"万物生于性者也，万事贯于理者也。"③ "大哉性乎，万理具焉，天地由此而立矣。世儒之言性者类指一理而言尔，未有见天命之全体者也。"④ 最后一条说明了理和性的关系，是理具于性中。在胡宏看来，言理不如言性，言理而不言性是不周延的，是以偏概全。

再看太极。胡宏说："一阴一阳之谓道。道谓何也？谓太极也。阴阳刚柔，显极之机，至善以微。"⑤ "天道保合而太极立，氤氲升降而二气分。"⑥ "阴阳常和而太极立，太极常存而天命行。"⑦ "太极具万象为神，神生象，象生器，器生数。"⑧ "太极函三为一，始动于子，参之于丑，得三。又参之于寅，得九。又参之于卯，得二十七。历十二辰，得十七万七千一百四十七，而天地之数备，阴阳保合，元气运行。"⑨ "若太极不立，则三才不备，人情横放，事不贯，物不成，变化不兴，而天命不几于息乎。"⑩ 细味以上论述，太极是气，是阴阳未分保合浑沦之气，阴阳常和、天道保合，太极方得以立。有时胡宏又称其为"太和"，如"太和涵动静之性，一动一静，交天地之道也。动则为阳，阳极则阴生。一阴一阳，交天之用也。静则为柔，柔极则刚生。一刚一柔，交地之用也"⑪。其为气的性质就看得更清楚。

---

① 《知言》卷5。
② 《知言》卷1。
③ 《皇王大纪·序》。
④ 《知言》卷4。
⑤ 《知言》卷5。
⑥ 《皇王大纪·序》。
⑦ 《天皇氏》，《皇王大纪》卷1。
⑧ 《炎帝神农氏》，《皇王大纪》卷1。
⑨ 《黄帝轩辕氏》，《皇王大纪》卷2。
⑩ 《皇王大纪·序》。
⑪ 《三皇纪·盘古氏》，《皇王大纪》卷1。

太极虽然是宇宙万物产生的总根源，但只是生物之具，而不是生物之本。"性，其气之本乎。""气之流行，性为之主。"真正的宇宙本体是性，它是高于太极的范畴。若问宇宙万物从哪里来？是来自阴阳二气。阴阳二气从哪里来？乃自太极而分。而性，乃太极之本，太极被性所决定。因此胡宏是从生成的角度而不是从本体的角度阐述太极的始初性的。

综上所述，胡宏通过对性、道、理、太极等范畴及其相互关系的论述，构成了他独特的性本体论，其逻辑结构自我完足。而他立论的依据，是《周易》的"乾道变化，各正性命，保合太和，乃利贞"，"易有太极，是生两仪"，《中庸》的"天命之谓性，率性之谓道"，以及周敦颐的《太极图说》，张载《正蒙》的"太和所谓道"，是他对儒家经典和前贤论说独立研究的结果。其对太极及与性关系的定位，正是朱熹所批判的"自无极而有太极"。

现在来看张栻的本体论。

张栻眼中的世界首先是一个经验世界。他说："天覆乎上，地载乎下，而万物在天地间，充满宇宙，此盈天地之间者唯万物也。"[①] 这个经验世界不是一成不变的，而是处于绝对的运动之中："大而天地，散而万物，举皆囿于造化之道，而为其推迁者也。"[②] 世界的运动变化非杂乱无章，而是无不遵循一定的法则规律，即"有物有则"："事事物物莫不有其道，盖所当然者，天之所为也。"[③]

那么这个运动着的世界是由什么质料、怎样构成的呢？是阴阳二气的氤氲交感、阳变阴合："乾坤者，生成万物之体也。变化者，乃乾坤生化万物之用也。"[④] 阴阳二气又从何而来，其交感为何所支配呢？是太极："太极混沦，生化之根。阖辟二气，枢纽群动。"[⑤] 又云："易也者，生生之妙也。太极者，所以生生者也。"[⑥] 此太极者又为何物呢？张栻说："无极而太极存焉，太极本无极也。"[⑦] 又进一步解释说："太极所以形性之妙也。性不能不动，太极

① 《南轩易说》卷3，《张栻全集》，长春出版社1999年版。
② 《南轩易说》卷1，《张栻全集》。
③ 《卫灵公篇》，《论语解》卷8。
④ 《南轩易说》卷1，《张栻全集》。
⑤ 《扩斋记》，《南轩集》卷12。
⑥ 《答吴晦叔》第五书，《南轩集》卷19。
⑦ 《答彭子寿》第二书，《南轩集》卷31。

所以明动静之蕴也。极乃枢极之义，圣人于《易》特名太极二字，盖示人以根柢，其义微矣。若只曰性而不曰太极，则只去未发上认之，不见功用。曰太极则性之妙都见矣。"① 显然，太极就是"性"的别称，其性质属于形而上，即"上天之载，无声无臭"。太极是张栻哲学的最高范畴，正是这个太极产生和支配着整个宇宙："太极动而二气形，二气形而万物化生，人与物俱本乎此者也。"② 不难看出，以上这些表述与周程的本体论、生成论几无二致，其生成论则完全是周敦颐《太极图说》的翻版。

然而张栻又说："天命之谓性，万有根焉。""有是理则有是事，有是物。夫其有是理者性也。顺其理而不违，则天下之性得矣。"③ "实然之理具诸其性。有是性，则备是形以生。"④ "万物成于性者也。"⑤ "赋是形以生者，盖以其具是性也。"⑥ "有太极则有物，故性外无物。有物必有则，故物外无性。"⑦ 像程朱一样论至有理则有物还不够，还要追溯到性。这些关于性的论述无疑就是胡宏的性本体论。其"万有根焉"、理具诸性、物成于性、性外无物、物外无性简直差不多就是胡宏的原话。这充分反映了胡宏性本体论对张栻的深刻影响。

然而张栻真正服膺的却是周程。

张栻的学术师承较为简单，一是家学，二是衡山胡氏之学。27岁前，主要随父张浚辗转贬所，穷经力学。张浚曾问道程颐门人谯定，与程门高足尹焞论学，深于经史，有洛学渊源。所著有《紫岩易传》、《中兴备览》、《张魏公集》等传世。绍兴二十九年，张栻始通书胡宏问学。绍兴三十一年至衡山，正式拜胡宏为师，但当年胡宏即去世了。胡宏主要受学其父胡安国，又曾问学程门高弟杨时、侯仲良。而胡安国则交程颐之友朱长文、靳裁之，又从程门高弟杨时、游酢、谢良佐游。因此张栻所师承，无论是家学，还是胡氏之学，均与二程洛学有着千丝万缕的联系。

---

① 《答吴晦叔》第一书，《南轩集》卷19。
② 《存斋记》，《南轩集》卷11。
③ 《孟子说》卷4，《张栻全集》。
④ 《洁白堂记》，《南轩集》卷12。
⑤ 《兼山中庸说序》，《古文集成》卷9。
⑥ 《思终堂记》，《南轩集》卷12。
⑦ 《孟子说》卷6，《张栻全集》。

胡宏虽源出洛学，但以精思自得见长，并不墨守程氏窠臼。如性为本体，性体心用，性无善恶，天理人欲同体异用，知先行后，先识仁体，然后敬有所施，先志于大，然后从事于小，本天道变化，为世俗酬酢，等等，皆与程门议论不尽相合，遂成为宋代理学中特色鲜明的一派。故朱熹尖锐地批评其"皆失圣贤本旨"①，"大本处不分晓"②，"却与告子扬子释氏苏氏之言几无以异"③。

由于张栻从胡宏问学时间很短，只见过一两次面，④故总体上所受影响有限。今存张栻著述中仅收《胡子知言序》《五峰集序》两篇与胡宏有关的文章，很少引用乃师的言论，没有保留与之往来论学的书信，甚至连祭文也没有。相反，对其师的观点表示异议的倒有数处，还参与了朱熹、吕祖谦对《知言》主要是批评的讨论，并有成书。

而对于周程，张栻的态度就完全不一样了。他说："惟先生崛起于千载之后，独得微旨于残编断简之中，推本太极，以及乎阴阳五行之流布，人物之所以生化，于是知人之为至灵而性之为至善，万理有其宗，万物循其则。举而措之，则可见先王之所以为治者，皆非私知之所出，孔孟之意于以复明。至于二程先生，则又推而极之，凡圣人之所以教人与学者之所以用功，本末始终精粗该备。于是五伯功利之习无以乱其正，异端空虚之说无以申其诬，求道者有其序而言治者有所本。其有功于圣门而流泽于后世，顾不大矣哉。"⑤其中，周敦颐功在发端，而二程之学才是广大精微，真正达到了登峰造极。他多次感叹，"近来读诸先生说话，惟觉二程先生完全精粹，愈看愈无穷"⑥，"近看惟二先生说话完全精粹，比其他先生不干事"⑦。因此他自称："某也学乎程子之门者也。"⑧对周程终身无一字批评。至于胡宏与二程的差距，他也毫不讳言："《知言》之说究极精微，固是要发明向上事，第恐未免

---

① 《答刘子澄》第四书，《晦庵集》卷35。
② 《朱子语类》卷101，中华书局1994年版。
③ 《答胡广仲》第三书，《晦庵集》卷42。
④ 《答陈平甫》，《南轩集》卷29。
⑤ 《南康军新立濂溪先生祠记》，《南轩集》卷10。
⑥ 《寄吕伯恭》第一书，《南轩集》卷25。
⑦ 《答乔德瞻》第二书，《南轩集》卷27。
⑧ 《送曾裘父序》，《南轩集》卷15。

有弊，不若程子之言为完全的确也。"①

张栻认同"轲死不得其传"的道统论，同程朱派理学家一样，他认为周程"续千载不传之绝学于遗编"，使孔孟圣贤之学重新大明于天下，从而使世人走出了漫漫长夜，踏上了康庄坦途。周敦颐发端于前，二程造极于后，"几无余蕴"，无人超越。这样，经由五峰，张栻最终确认了周程之学为终身服膺的学说。在张栻的学术传承中，胡宏只是通往周程的桥梁。

本体论要解决的是宇宙的本质和终极根源问题，"太极"无疑是较为合适的范畴。在二程那里，"理"才是本体，才是最高范畴、太极为理的别称。而胡宏的本体是性，太极则是气。张栻是怎样解决这一矛盾的呢？是对胡宏太极的改造，即太极状性之说。由上引可知，在张栻看来，太极就是"性"的别名，其性质属于形而上，即"上天之载，无声无臭"。正是这个太极产生和支配着宇宙万物的运动变化。称太极而不称性，有助于弥补有静而无动、有体而无用的理论缺陷。经过这种改造，张栻就将胡宏从属地位的形而下的太极与二程本体地位的形而上的太极调和起来。这样，既吸收了胡宏性本体论中他认为合理的部分，又与二程的学说初无矛盾，在本体论这个大本大原问题上达到了理论上的圆融。

从张栻对胡宏性本体论的改造中，我们可以得出以下几点结论：其一对胡宏的性本体论，张栻是基本认同的。对其中的理论缺陷，张栻采取了改良而不是摒弃的办法。这说明张栻从胡宏问学时间虽然不长，但所受影响不可小视。其二张栻治学以周程为究竟，终身崇信而笃守之。在张栻看来，其师胡宏既然源出洛学，在大本大原问题上不应有原则的差异，因此通过太极形性之说使胡宏的观点向二程靠拢。其三对胡宏性本体论存在的问题，张栻主要是不满于将太极定性为形而下之气并置于从属地位，且称本体为性也有有静无动、有体无用之嫌，须加完善。在这里，我们看到了胡宏思想对张栻的深刻影响以及张栻不固执一隅、唯善是从的治学态度。

（作者单位：四川大学古籍所）

---

① 《答胡伯逢》，《南轩集》卷25。

朱熹与张栻的思想异同

陈代湘

　　张栻是胡宏最得意的弟子。黄宗羲对张栻在湖湘学派传承过程中的地位作了高度评价，认为张栻继承胡宏思想，所造比胡宏更纯粹精微，在湖湘学派中空前绝后。① 朱熹说："胡氏之说，惟敬夫独得之，其余门人皆不晓。"② 认为张栻独得胡宏之学。自宋代以来，张栻继承和发展了胡宏的学术思想，已是定论。但近人牟宗三却认为张栻是胡宏的不肖弟子，说张栻随同朱子而疑《知言》，"蠢然随朱子脚跟转"③，因"禀性清弱"、"力弱才短"而被朱子吞没，从而导致其学无传，愧对乃师。在牟氏看来，湖湘学派后来无传的责任，要归咎于张栻。而张栻之所以难辞其咎，就是因为他最后完全倒向了朱熹，被朱熹所"吞没"。对于这个问题，我们应作具体分析。牟氏所论，并非全无所据，但说张栻完全被朱熹"吞没"，也不准确。张栻从朱熹中和新悟后确实在有些问题上转从朱熹，但也不是在所有问题上混同于朱熹。张栻接收和吸纳了朱熹的一些观点，但也保持着自己的独立思考和师门传授宗旨，从而使朱、张二人的思想既有相同之处也有相异之点。

一、朱熹与张栻思想之同

　　胡宏的《知言》一书，是由张栻作序之后而刊印的。朱熹得己丑之悟

---

① 《南轩学案》，《宋元学案》卷 50，中华书局 1986 年版，第 1635 页。
② 《朱子语类》卷 130，中华书局 1994 年版，第 2606 页。
③ 牟宗三：《心体与性体》中册，上海古籍出版社 1999 年版，第 400 页。

444

后，反省中和旧说之非，便开始用批判的眼光重新审视胡宏学说，因此，胡宏的代表作《知言》自然就成了朱熹批判的标靶。乾道六年庚寅（1170），朱熹把自己对《知言》的十数条批评意见寄给当时知严州的张栻，其时吕祖谦亦教授严州，于是张、吕二人在朱说基础上又整理出一些对《知言》的意见。三人之间展开了对《知言》的讨论，最后由朱熹综合整理而成《知言疑义》。两年后，朱熹谈到当时三人讨论《知言》的情况时说："《知言》之书用意精切，但其气象急迫，终少和平。又数大节目亦皆差误，如性无善恶，心为已发，先知后敬之类，皆失圣贤本指。顷与钦夫、伯恭论之甚详，亦皆有反复。虽有小小未合，然其大概亦略同矣。"①朱熹在此总结三人的议论虽小有未合，然大概略同。张栻当时在给朱熹的回信中也说："《知言》自去年来看多有所疑，来示亦多所同者，而其间开益鄙见处甚多，亦有来示未及者……甚恨当时刊得太早耳。"②看来，张栻在得到朱熹所寄对《知言》的批评意见前就已对《知言》有所存疑，朱熹的意见有很多是与张栻不谋而合的。

《知言疑义》对胡宏《知言》中的主要观点进行了讨论而以朱熹的意见为主，张栻赞同、附和、补充朱熹的意见，有时则未置可否或提出一些异议。有几个问题张栻在《知言疑义》中未完全赞同朱熹观点，但在稍后的几年时间里则渐渐趋同于朱熹。

第一，关于性之善恶问题。

朱熹质疑《知言》的第一个重要问题就是"性无善恶"。朱熹认为《知言》中"世儒乃以善恶言性，邈乎辽哉"、孟子道性善为叹美之辞、"天理人欲同体而异用"、"好恶，性也"等章皆为性无善恶之意，类同于告子的"湍水"之说。张栻说："论性而曰'善不足以名之'，诚为未当，如元晦之论也。夫其精微纯粹，正当以至善名之。"③从语意看，张栻否定了胡宏的说法，而同意朱熹的意见，且又自己提出以"至善"名性来反驳其师，显然不认为胡宏是性至善论者。朱熹坚决认为胡宏是性无善恶论者，尽管张栻没有明确指斥其师为性无善恶论者，但他既然同意朱熹的意见，那么对于胡宏为性无善恶论者这一点应无异议。实际上，在《知言疑义》中，朱熹、张栻、

---

① 《答刘子澄》，《朱熹集》卷35，四川教育出版社1996年版，第1540页。
② 《答朱元晦》，《张栻全集》，长春出版社1999年版，第859页。
③ 《知言疑义》，《胡宏集》，中华书局1987年版，第331页。

吕祖谦三人（"东南三贤"）对这一点皆无异议。"三贤"是当时的一流学者，张栻又是受到胡宏极口赞扬的最得意的弟子，三人都对《知言》做过全面而深入的研究，他们对胡宏的理解应不至于误差到连胡宏真是性至善论者都看不出来。有些人站在维护胡宏正统地位的立场上，硬是要说胡宏是性至善论者，难免有强词夺理之嫌。

张栻与朱熹一样，否定了胡宏的性无善恶论，而提出性为至善的观点（朱熹亦提出性为至善的观点，他说："性只是一个至善道理，万善总名，才有一毫不善，自是情之流放处。"①）。这是对传统性善论的维护和发扬。传统性善论最大的理论代表是孟子。孟子肯定人性先天之"善"，重视内省直悟，但对"恶"的来源却没有作出很好的解答。宋明理学家对此问题展开了讨论，张载提出"天地之性"和"气质之性"这对范畴来解决性与气以及与此相关的善与恶的问题。二程则以形上之理为性，天地之性原只是善，其中并无两物相对，具体人性的善恶乃是由于"气禀"的差异所致。朱熹对张载和二程的观点大加赞赏，称"张、程之说立，则诸子之说泯矣"②。

张栻在《知言疑义》中也谈到性善与恶的问题。他在提出性至善论之后，紧接着就讨论到程颢的一段话："善固性也，恶亦不可不谓之性。"善是性，这是性善论，没有问题，但说恶也是性，又如何理解？张栻用了一大段文字来阐述他的看法："譬之水澄清者，其本然者也。其或浑然，则以夫泥滓之杂也。方其浑也，亦不可不谓之水也。夫专善而无恶者，性也，而其动则为情。情之发，有正有不正焉。其正者，性之常也；而其不正者，物欲乱之也。于是而有恶焉。是岂性之本哉！其曰'恶亦不可不谓之性'者，盖言其流如此，而性之本然者，亦未尝不在也。"③张栻在这里也是把性分为两个层次：本然之性和发用流行之性，实际上跟张、程、朱所谓的天地之性（本然之性）和气质之性（气禀之性）的区分是一样的意思，所以朱熹称赞张栻此段论述"甚善"，并直截了当地指出："明道所谓'恶亦不可不谓之性'，是说气禀之性。"张栻此时已有性分两个层次的思想，但说了一大段话，始终没有点出"气禀之性"的概念。朱熹明确指出后，张栻就完全接受，在

---

① 《朱子语类》卷110，第2592页。
② 《朱子语类》卷4，第70页。
③ 《知言疑义》，《胡宏集》，第331页。

他后来的著作中，就明确使用"气禀之性"的概念了。譬如，他在《孟子说》中说："程子谓善固性也，恶亦不可不谓之性也，然则与孟子有二言乎？曰：程子此论，盖为气禀有善恶言也……谓恶亦不可不谓之性者，言气禀之性也。气禀之性可以化而复其初。夫其可以化而复其初者，是乃性之本善者也。"① 张栻在这里不仅反复提到"气禀之性"，而且又提到程颢的那段话，这次的解释，完全就是朱熹当年在《知言疑义》中的说法，直接称程颢"恶亦不可不谓之性"就是指"气禀之性"。

第二，关于心性关系。

胡宏主张性体心用，未发为性，已发为心，心以成性。朱熹在中和旧悟时信从胡宏，但新悟后则否定了性体心用，性为未发，心为已发的观点，而主张心分体用，贯乎未发已发。又强调必须将"情"引入心性关系，从而力主"心统性情"说。在《知言疑义》中，朱熹主张将胡宏"心也者，知天地，宰万物，以成性者也"中的"以成性者也"一语改成"而统性情也"②。朱熹完全是站在自己的理论立场上来评判胡宏之说，两人本属于两条不同的理路，所以吕祖谦说胡宏的"成性"固然可疑，但倘如朱熹所改，是兼性情而言，与胡宏本意不符。朱熹则坚持认为论心必兼性情而言，否则语意就不完备。张栻的观点基本上同朱熹是一样的，只不过不同意下一"统"字，而主张改为"而主性情"。实际上，主性情和统性情，基本意思是相同的，所以朱熹称赞张栻所改"主"字极有功。朱熹后来在解释"心统性情"时，就多次提到心统性情就包含心主性情的意思。他说：

> 性是体，情是用。性情皆出于心，故心能统之。统，如统兵之统，言有以主之也。③
>
> 性者，心之理也；情者，心之用也；心者，性情之主也。④
>
> 性，本体也；其用，情也；心，则统性情，该动静而为之主宰也。⑤

---

① 《孟子说》卷6，《张栻全集》，第427页。
② 《知言疑义》，《胡宏集》，第328页。
③ 《朱子语类》卷98，第2513页。
④ 《元亨利贞说》，《朱熹集》卷67，第3512页。
⑤ 《孟子纲领》，《朱熹集》卷74，第3890页。

在这里，朱熹反复强调性体情用，心统性情意即心主性情。在另一处，朱熹又谈到心主性情与未发已发："心主性情，理亦晓然……未发而知觉不昧者，岂非心之主乎性者乎？已发而品节不差者，岂非心之主乎情者乎？心字贯幽明，通上下，无所不在，不可以方体论也。"① 在朱熹看来，性为体，情为用，心则通于体用；性为未发，情为已发，心则贯乎未发已发。这都是讲心主性情。在《知言疑义》中，张栻提出"心主性情"，得到朱熹赞赏，其后朱熹就多处运用"心主性情"这一范畴，有时甚至把"心主性情"和"心统性情"互换使用，这一方面说明朱熹接受了张栻所改"心主性情"；另一方面也说明张栻当初提出的"心主性情"和朱熹所称扬的"心统性情"差别只在字词之上，其意蕴是一样的，都是对胡宏性体心用的否定，而将"情"字引入，主张性体情用，心则贯动静，通体用。从相互影响来说，总体上看，张栻受到朱熹影响，接受朱熹心、性、情三分之格局；在细节上，张栻提出"心主性情"，得到朱熹认同。总之，两人在心性关系问题上意见基本是一致的，是对胡宏心性论的否定。

第三，关于先识仁之体与涵养察识先后问题。

《知言疑义》引彪居正问为仁一段，胡宏答以"欲为仁，必先识仁之体"，朱熹批评说："此语大可疑。观孔子答门人问为仁者多矣，不过以求仁之方告之，使之从事于此而自得焉尔，初不必使先识仁体也。"张栻则说："必待识仁之体而后可以为仁，不知如何而可以识也。学者致为仁之功，则仁之体可得而见。"② 在这里，朱熹认为胡宏讲"欲为仁，必先识仁之体"，与孔子讲"仁之方"不类。孔子不讲先识"仁之体"，而只告人以求"仁之方"，只要从事于具体的道德践履，自然就会体悟到"仁之体"。张栻也附和朱熹的意见，认为只要学者致为仁之功，亦可自然体悟"仁之体"。

"为仁必先识仁之体"与先察识后涵养是同一个问题的两个方面。先识仁之体即先察识仁体，然后存养扩充，这是胡氏湖湘学的工夫入路。张栻在《知言疑义》中没有表达他对察识涵养先后的看法。张栻在此前不久写给

---

① 《答胡广仲》，《朱熹集》卷 42，第 1954 页。
② 以上均见《知言疑义》，《胡宏集》，第 335 页。

朱熹的书信中对胡氏之学先察识后涵养之说"执之尚坚"①，在《知言疑义》中虽然没有表达对涵养察识问题的看法，但从他怀疑乃师"为仁必先识仁之体"来看，他此时思想已发生动摇，在工夫论上已开始倾向朱熹。到乾道八年，张栻所讲工夫论就同朱熹完全一致了。这一年，张栻在写给吕祖谦的信中说："存养省察之功固当并进，然存养是本，觉向来工夫不进，盖为存养处不深厚。"②同年又在答乔德瞻书中说："存养体察，固当并进。存养是本，工夫固不越于敬。"③只不过，张栻并未完全背弃师门之教，他后来与朱熹一样，未发时涵养和已发时察识兼重并进，并未放弃胡宏察识于已发的观点，只不过觉得朱熹批评胡氏之学缺了平时涵养一截工夫有道理，所以接受了朱熹的批评意见。与此同时，朱熹虽然主张要重视未发时的涵养，却也并未完全否定胡宏已发时察识的观点，而是纠胡氏之偏，在胡氏已发察识的基础上，补上未发涵养这一段工夫。二贤最后同持一论，都是对胡宏工夫论的继承和发展。

第四，仁说。

朱熹和张栻都著有《仁说》同名文章，两人在文章定稿之前，以书信形式对仁的问题进行了辩论。两人定稿后的《仁说》，观点大部分达成一致。

朱熹和张栻关于仁之问题的辩论，始于乾道八年壬辰（1172），朱熹43岁，张栻40岁。是年朱熹作《仁说》，录寄张栻，张即复信对朱之《仁说》进行驳辩。一开始，二人意见颇为相异，张栻对朱熹《仁说》中的一些主要观点进行了质疑。根据朱熹给张栻复信《答张钦夫论仁说》④中的引述，张栻的质疑最重要者有以下三点：其一，"'天地以生物为心'此语恐未安"；其二，"不忍之心可以包四者乎"；其三，"程子之所诃，正谓以爱名仁者"。这三点引文，都是张栻的话，针对朱熹《仁说》而发。朱熹《仁说》原文太长，不便全引，下面对以上三点略作解释。

第一，朱熹《仁说》⑤首句即言"天地以生物为心者也，而人物之生，又各得夫天地之心以为心者也。"张栻去信不同意"天地以生物为心"一语。

---

① 朱熹在信中说："近得南轩书，诸说皆相然诺，但先察识后涵养之论执之尚坚。"参见《答林择之》，《朱熹集》卷43，第2028页。

② 《寄吕伯恭》，《张栻全集》，第891页。

③ 《答乔德瞻》，《张栻全集》，第930页。

④ 《答张钦夫论仁说》，《朱熹集》卷32，第1391页。

⑤ 《仁说》，《朱熹集》卷67，第3542页。

牟宗三在这一点上倒为朱熹辩护,认为"此语无'未安'处"①。朱熹自己也在信中作了辩护,并不接受张栻的质疑。朱熹此语,有经典依据。《易传》说:"天地之大德曰生。"《中庸》说:"天地之道,可一言而尽也:其为物不贰,则其生物不测。"朱熹"天地以生物为心"一语即是根据《易传》、《中庸》而说出,牟宗三这位批判朱子最激烈的人也承认"此语自可说",而张栻却怀疑此语而"未安"。张栻何以未安,牟宗三说"其故不详",而实际上张栻自己在写给朱熹的信中有说明:"《仁说》如'天地以生物为心'之语,平看虽不妨,然恐不若只云'天地生物之心,人得之为人之心'似完全,如何?"② 看来,张栻起初不但质疑朱熹"天地以生物为心"之语,而且强调"人得之为人之心"。但经过辩论,张栻后来又同意朱熹的意见了,所以朱熹在给吴翌的信中说:"'天地以生物为心',此句自无病。昨与南轩论之,近得报云亦已无疑矣。"③

第二,朱熹在《仁说》中提出"心之德"有四,曰仁、义、礼、智,而仁无不包,意即"仁包四德",与仁德相应的恻隐之心(或曰不忍之心)包乎四端之心。张栻对此提出质疑。朱熹提出仁包四德,是根据《论语》而来。在《论语》中仁是全德,地位最为崇高,是万德之源,朱熹说仁包四德,是要肯定仁、义、礼、智四德之中仁德最重要,地位最高。与仁德相应之恻隐之心(不忍之心)也在"四心"中最为重要。对于张栻的质疑,朱熹复信辩说,认为孟子论四端,自首章至孺子入井,皆只是发明不忍之心一端,初无义、礼、智之心,至其下文乃云无四者之心非人也,由此可见不忍之心足以包乎四端。在这一点上,张栻后来完全接受了朱熹的观点,所以张栻在其定文《仁说》中说:"故仁为四德之长,而又可以兼能焉。惟性之中有是四者,故其发见于情,则为恻隐、羞恶、是非、辞让之端,而所谓恻隐者亦未尝不贯通焉。"④ 至此,张栻已经完全放弃了先前写信给朱熹质疑"不忍之心可以包四者乎"的初意。这里所说的仁为四德之长,恻隐之心贯通四端,就是受到朱熹的影响而说出。至于何以仁能兼包四德,张栻作出了进一

① 牟宗三:《心体与性体》下册,上海古籍出版社 1999 年版,第 235 页。
② 《答朱元晦秘书》,《张栻全集》,第 847 页。
③ 《答吴晦叔》,《朱熹集》卷 42,第 1972 页。
④ 《仁说》,《张栻全集》,第 803 页。

步的论述:"惟仁者为能推之而得其宜,是义之所存者也;惟仁者为能恭让而有节,是礼之所存者也;惟仁者为能知觉而不昧,是智之所存者也。此可见其兼能而贯通者也。"① 说明只有仁兼有了义、礼、智的属性,才能使诸伦常通贯为一体。

第三,程颐(伊川)说仁是性,爱是情,朱熹则提出"以爱之理而名仁"的论断,即把仁定义为"爱之理"。当张栻起初对这一点表示怀疑时,朱熹非常自信地说:"熹前说以爱之发对爱之理而言,正分别性、情之异处,其意最为精密。而来谕每以爱名仁见病。"② 在朱熹看来,仁性爱情,性体情用,未发为性,已发为情。仁之性发于爱之情,而爱之情亦本于仁之性,性和情区分得相当精密。而张栻在信中常常以爱名仁,朱熹认为这既不符合程子(颐)之意,也与他自己的"精密"之论不类,所以指斥张栻之论为病。在这一点上,张栻后来也是完全接纳了朱熹的观点。张栻《仁说》曰:"指爱以名仁则迷其体,而爱之理则仁也。"在这里,张栻已改变了先前以爱名仁的看法,接受了朱熹仁为爱之理的观点。张栻在给朱熹和吕祖谦两人的信中,都对朱熹"爱之理"之说大加赞赏:"所谓爱之理发明甚有力。"③ "元晦《仁说》后来看得渠说爱之理之意却好,继而再得渠书,只拈此三字,却有精神。"④

总之,朱、张二人的仁说,起初观点差异很大,后经过反复辩论,在"天地以生物为心"、仁为"爱之理"、仁包四德等问题上皆取得一致。因此,朱熹在写给朋友的信中兴奋地提到张栻在仁之问题上已无疑问。如《答吕伯恭》:"仁字之说,钦夫得书云已无疑矣。"⑤ 《答胡广仲》:"仁之为说,昨两得钦夫书,诘难甚密,皆已报之。近得报云却已皆无疑矣。"⑥ 张栻的《仁说》,就是在吸纳朱熹意见之后修改而定的,所以与朱熹有诸多相同观点。

第四,以觉训仁问题。以觉训仁的观点源自二程高弟谢良佐(上蔡)。谢良佐是二程洛学南传发展出湖湘学的重要中介人物,其思想对湖湘学派影响极大。谢氏主张"心有知觉之谓仁",胡实、胡大原等湖湘学者把这句话推

---

① 《仁说》,《张栻全集》,第 803 页。
② 《答张钦夫论仁说》,《朱熹集》卷 32,第 1393 页。
③ 《答朱元晦秘书》,《张栻全集》,第 840 页。
④ 《寄吕伯恭》,《张栻全集》,第 893 页。
⑤ 《答吕伯恭》,《朱熹集》卷 33,第 1425 页。
⑥ 《答胡广仲》,《朱熹集》卷 42,第 1956 页。

尊为"谢先生传道端的之语",可以"救拔千余年陷溺固滞之病"①。朱熹却不以为然,而直斥以觉训仁是禅说。张栻在这个问题上与朱熹意见一致。尽管张栻指责朱熹在给胡实的信中有"过当"之言辞(朱熹后来在同弟子谈到湖湘学者说仁时,说他们"抬虚打险,瞠眉弩眼"②。今见给胡实的信中仍保留有"愤骄险薄"、"张眉弩眼"③ 等语,想是最初朱熹在给胡实的信中就有此类过甚之辞,故而张栻说:"元晦前日之言固有过当。"④ 又在给朱熹的信中说:"观所与广仲书,析理固是精明,亦可谓极力救拔之矣,然言语未免有少和平处。"⑤),但张栻却也是同朱熹一样,反对以觉训仁:"然知觉终不可以训仁。"⑥

胡实在辩论中又引《孟子》先知先觉来说明谢良佐的心有知觉之论,遭到朱熹和张栻的批驳。朱熹说:"广仲引《孟子》'先知先觉'以明上蔡'心有知觉'之说,已自不伦,其谓'知此觉此',亦未知指何为说。"⑦ 张栻则说得更明白,他认为"知者知此者也,觉者觉此者也",所谓"此",就是"仁",知觉是知觉此仁,不能以知觉为"此",故而不可以知觉训仁。⑧ 张栻直接以"知此觉此"为知仁觉仁,这一点朱熹却不赞成。他说:"今观所示,乃直以此为仁,则是以'知此觉此'为知仁觉仁也。仁本吾心之德,又将谁使知之而觉之耶?"⑨ 在他看来,《孟子》所言"知觉",谓"知此事,觉此理",并不直谓知仁觉仁;而谢良佐所言"知觉",则是"识痛痒,能酬酢"。孟、谢二人言知觉意旨不同。由此可见,朱熹和张栻二人在反对以觉训仁这一点上是一致的,但在一些具体的说法上仍有区别。

第五,观过知仁问题。"观过知仁"典出《论语·里仁》:"子曰:'人之过也,各于其党。观过,斯知仁矣。'"朱熹同程颐一样,解"党"为"类"。牟宗三认为"党"解为"类"可,解为"偏"亦可。⑩ 无论是类还是偏,皆

---

① 《答胡伯逢》以及《答胡广仲》,《张栻全集》,第 957、968 页。
② 《朱子语类》卷 6。
③ 《朱熹集》卷 42。
④ 《张栻全集》,第 968 页。
⑤ 《张栻全集》,第 837 页。
⑥ 《答胡广仲》,《张栻全集》,第 968 页。
⑦ 《答张钦夫又论仁说》,《朱熹集》卷 32,第 1396 页。
⑧ 《答胡广仲》,《张栻全集》,第 968 页。
⑨ 《答张钦夫又论仁说》,《朱熹集》,第 1396 页。
⑩ 牟宗三:《心体与性体》下册,第 278 页。

指人之个性或气质之差异而言。人之个性差异涵偏失，人之过失常依其个性不同而发。"观过知仁"意思是要通过察识人所发之个性偏失，不安于此，进而逆觉体证本心仁体并转化所发之偏失。

湖湘学者非常重视"观过知仁"说，因为"观过知仁"实际上跟他们先察识仁体然后操存涵养的修养工夫论意思是一样的。胡大原说："苟能自省其偏，则善端已萌。此圣人指示其方，使人自得，必有所觉知，然后有地可以施功而为仁。"① 胡大原这段话把湖湘学派观过说同先察识后涵养、知觉说融在一起，言简意赅。"自省其偏，则善端已萌"，是指人能自观其过，自省其偏，心有警醒，即是本心善端的萌发。"必有所觉知，然后有地可以施功而为仁"，此一语即涵湖湘派知觉说和先察识后涵养的修养工夫理论，有所觉知是指对仁体有所觉知，即先识仁之体。必先察识觉知仁之体，然后才有施功之地，才有为仁践履的前提。胡大原真可谓"守其师说甚固"，对胡宏的修养工夫论有准确的把握，而且在同朱熹的论辩中寸步不让。张栻一开始与胡大原观点相类，所以朱熹在给林用中的信中惊讶道："敬夫得书，竟主观过之说。因复细思，此说大害事。"② 后来张栻受朱熹影响，放弃了观过知仁说，这一点张栻自己供认不讳："示及元晦、伯逢观过知仁说，正所欲见。某顷时之说，正与伯逢相似，后来见解经义处……若如旧日所说，恐伤快了，圣人论仁不如是耳。"③ 张栻起初在观过知仁问题上与胡大原意见相似，后来自己承认旧日之说有病，"恐伤快了"。当有人追问张栻改变旧说是否受到朱熹的影响时，张栻自己不愿承认，只说是"后来玩伊川先生之说，乃见前说甚有病。"④ 张栻自己不承认受朱熹影响而放弃观过知仁说，而事实上朱熹的影响是存在的。张栻观点没有改变之前，朱熹给他写信，批评他主观过说，强窥仁体："大抵观过知仁之说，欲只如尹说，发明程子之意，意味自觉深长。如来喻者，犹是要就此处强窥仁体，又一句岐为二说，似未甚安帖也。"⑤ 朱熹批评张栻，提到程子（伊川）和尹氏（和靖），张栻正是在

---

① 《答胡伯逢》，《朱熹集》卷 46，第 2246—2247 页。
② 《答林择之》，《朱熹集》卷 43，第 2027 页。
③ 《与吴晦叔》，《张栻全集》，第 949 页。
④ 《答周允升》，《张栻全集》，第 978—979 页。
⑤ 《答张敬夫》，《朱熹集》卷 31，第 1315 页。

朱熹的指点下，细玩伊川之言而悟旧说之病，从而放弃观过知仁说。

二、朱熹与张栻思想之异

张栻的性格有一个很大的特点，即善于吸收别人的意见，兼收并蓄。朱熹谈到张栻这一特性时说："钦夫最不可得，听人说话，便肯改。"[1] 又举具体例证曰："南轩《论语》初成书时，先见后十篇，一切写去与他说。后见前十篇，又写去。后得书来，谓说得是，都改了。"[2] 张栻之所以深得朱熹的喜爱，一个很大的原因就是张栻"肯改"，这里朱熹谈到他帮张栻改《论语说》，前文所述张栻在涵养察识、仁说等问题上都"肯改"，肯改从朱熹之论。因此，张栻思想与朱熹在很多方面都是一致的。正因为如此，牟宗三指斥张栻背离师门，愧对乃师。但我们认为张栻虽然在某些观点上与其师不同，正是他吸收朱熹意见而对其师学说的发展，而在某些原则性问题上，张栻却还是能够坚守师门之说，显出与朱熹的思想差异。

第一，太极即性与太极即理。胡宏哲学的核心和基石是以性为宇宙万物的本体，在这一点上，张栻是毫不含糊地坚守师门之说并加以发展，而与朱熹截然不同的。朱熹继承和发展二程"理"学，又吸收周敦颐"太极"理论，提出太极即理，而张栻则坚守胡宏"性"学，融会周敦颐"太极"学说，提出太极即性。

"太极"这一范畴始见于《周易·系辞上传》。朱熹的弟子陈淳认为，自秦汉以来，对于太极问题"百家诸子都说差了，都说属气形去……直至濂溪作《太极图》，方始说得明白。"[3] 这就是说，周敦颐之前人们都把太极说成形而下（"气形"）的范畴，而周敦颐之所以说得明白，乃因他将太极作了形而上的宇宙本体论的提升。尽管由于他处在开创阶段，本体论和生成论缠夹在一起，但却为朱熹和张栻以太极为宇宙本体铺平了道路。在以太极为最高本体这一点上，朱、张二人的思想是一致的，都是受到周敦颐的影响，其差异就在于"太极"是"理"还是"性"。

---

① 《朱子语类》卷130，第2606页。
② 《朱子语类》卷130，第2606页。
③ 陈淳：《北溪字义》卷下，中华书局1983年版，第43—44页。

朱熹说："太极是理，形而上者。"① 又说："总天地万物之理，便是太极。"② 在朱熹看来，太极是理，而且是总天地万物之理，是理之全。太极和理都是形而上的本体，是宇宙万物的本原和最高法则。从宇宙本体这个角度来说，朱熹所说的"太极"和"理"处在同等地位，但二者也有细微的差别，最主要的就是，太极是天地万物之总理，是指全体的理而言，而与太极相对应的理，则是指物物之中较为具体的理。当然，这种区分也不是绝对地严格，朱熹也讲"一理"与"万理"，他说："物物各有理，总只是一个理。"③ 从这个意义上说，此"一理"实即"太极"。而当他讲"万理"时，有时也用太极的概念，所谓"人人有一太极"，"物物有一太极"。总之，朱熹哲学的核心是"理"，"太极"是用来表示理之全体和理之"极至"的范畴，实际上太极"非是别为一物"，"只是一个理而已"。④ 太极范畴表达的只是理，因为要表达极至之理，故名之曰太极。

张栻跟朱熹一样，因推尊周敦颐而重视"太极"这一范畴。但张栻不像朱熹以太极说理，而是以太极说性，这就表明张栻没有脱离胡宏之学以性为宇宙本体的根本原则，也表明张栻是胡宏性本论的传人，而没有被朱熹的理本论所"吞没"。

张栻说："天可言配，指形体也。太极不可言合，太极性也。"⑤ 又说："太极所以形性之妙也，性不能不动，太极所以明动静之蕴也……若只曰性而不曰太极，则只去未发上认之，不见功用，曰太极则性之妙都见矣。体用一源，显微无间，其太极之蕴欤！"⑥ 张栻提出太极即性的命题，从宇宙本体的角度看，太极和性是处于同一地位的两个范畴，但二者又不能完全等同。张栻说太极所以形性之妙、动静之蕴，若只曰性而不曰太极，则只去未发上认之，不见功用，是对胡宏性学的发展。胡宏讲性为宇宙本体，讲心以成性，讲性体心用、未发为性已发为心，张栻则特别强调太极的作用，太极一方面等同于性之本体；另一方面又从已发之功用上"形性之妙"，从而使

① 《朱子语类》卷5，第84页。
② 《朱子语类》卷94，第2375页。
③ 《朱子语类》卷94，第2374页。
④ 《朱子语类》卷94，第2371页。
⑤ 《答周允升》，《张栻全集》，第976页。
⑥ 《答吴晦叔》，《张栻全集》，第822页。

"体用一源，显微无间"，这就是太极之蕴。因此，张栻的太极具有"体"和"用"两个方面的意思，用胡宏的概念来说，具有"性"和"心"两方面的意蕴。朱熹讲太极是理，不讲太极是心，张栻则既讲太极是性，又讲太极是心，太极要实现对宇宙世界的支配和主宰，必须通过"心"。

第二，朱熹与张栻关于心的主宰性看法不同。朱熹关于心的主宰性一般只限于性、情，故而着重阐发"心统性情"之说；张栻虽也提出与心统性情意思相类的"心主性情"，但却把心的主宰性放大成为宇宙万物的主宰。他说："人为天地之心，盖万事具万理，万理在万物，而其妙著于人心……心也者，贯万事，统万理，而为万物之主宰者也。"① 张栻在这里把心看成是"贯万事，统万理"的"主宰者"，这是跟朱熹截然不同的。朱熹虽然有时也讲心对性、情以外事物的主宰作用，但主宰者是理，而不是心，他说："心固是主宰底意，然所谓主宰者，即是理也。"② 朱熹主张主宰者是理，而张栻则主张主宰者是心，这个理论差异是巨大的。张栻的这种思想倾向，与心学有相通之处。朱熹曾经指出这一点："陆子静之学，只管说一个心……南轩初年说，却有些似他。"③ 朱熹认为在讲到心的作用时，张栻和陆九渊有相似之处。陆九渊心学与朱熹理学在本体论上的根本区别就在于是否承认心即理。陆九渊提出"心即理"的命题，视"心"为宇宙本体和万物主宰，张栻"心为主宰者"的论断，与陆氏意思是一样的，而且张栻也曾经直接谈到"心与理一"④ 的问题。朱熹虽然也讲心的重要和主宰作用，却始终反对把心看作最高本体，他只讲"心具众理"，而不讲心即理，如"心者，人之神明，所以具众理而应万事者也"⑤。朱熹所讲的心是认识主体，而不是万物本体，本体是理而不是心。张栻在这一点上与朱熹相异，而与陆九渊相通。

(作者单位：湘潭大学哲学与历史文化学院)

---

① 《敬斋记》，《张栻全集》，第 724 页。

② 《朱子语类》卷 1，第 4 页。

③ 《朱子语类》卷 124，第 2981—2982 页。

④ 《论语解》卷 3，《张栻全集》，第 114 页。

⑤ 朱熹：《孟子集注·尽心上》，《四书章句集注》，上海古籍出版社 2001 年版，第 413 页。

张栻与朱子解经异同考论

——以《癸巳论语解》为例

陈良中

张栻（1133—1180），字敬夫，一字钦夫，号南轩，世称南轩先生，南宋汉州绵竹（今四川绵竹市）人。中兴名相张浚之子。幼承家学，既长，师从南岳衡山五峰先生胡宏，潜心理学。孝宗乾道元年（1165），受湖南安抚使刘珙之聘，主管岳麓书院教事，奠定了湖湘学派规模，成为一代学宗。后历知抚州、严州、吏部员外侍郎、起居郎侍立官兼侍讲，再历知袁州、江陵，淳熙七年（1180）迁右文殿修撰，提举武夷山冲佑观。著作经朱熹审定的有《南轩文集》44卷刊行于世，还有《论语解》10卷、《孟子说》7卷，后人合刊为《张南轩公全集》。卒谥宣，葬于湖南宁乡沩山（又名官山，为衡山之麓，现为国家级文物保护单位），朱熹志其墓（《右文殿修撰张公神道碑》）。理宗淳祐初年（1241）从祀孔庙。

张栻撰《癸巳论语解》10卷，其书《论语解》自南宋乾道三年（1167）前后开始撰作，至乾道九年（1173）始成，是年岁在癸巳，故名曰《癸巳论语解》。张栻书成，寄予学侣朱子讨论，《朱子文集》中《与张敬夫论癸巳论语说》详载了对张栻之解的意见，驳正张栻之说98条，张栻定稿从朱子改正者仅23条。肖永明先生《张栻〈论语解〉的学风旨趣与思想意蕴》一文论及张栻《论语解》宗奉二程、解经风格及发挥理学思想的特色，唐明贵先生《张栻〈论语解〉的理学特色》讨论了张栻的天理观、仁说、人性论、修养论、义利观。详绎张栻《论语解》及朱子对此书的批评，可见两人解经方法、旨趣和思想之异同，由此可见当时学术的风貌。

朱子对张栻《论语解》初稿提出修改意见98条，涉及对张栻解经用语，语言逻辑，字词训诂及义理的批评。对比剖析张栻《论语解》定稿与朱子对此书初稿的批评，张栻定稿或据朱子说改订，或不改，可见两人解经方法、旨趣和思想之异同。与朱子相比较，张栻解经不重训诂，疏解语言多带有讲章的率意，而少朱子《四书章句集注》注疏体的谨严。二人解经皆以发掘圣人精神为宗旨，强调解经有益于学者践行，然朱子解经则一言不苟，相较更具自觉意识。

一、解经方法

朱子对张栻批评最多的是其解经方法，有的字词使用、训诂无据及逻辑不当多个方面的内容，对张栻初稿展开了详尽的讨论。

（一）解说粗疏，用语未当

张氏《论语解》初稿在对经义的阐释及用语皆有未当之处，朱子每详为剖析，张栻定稿或改，或不改，于细微处可见二人解经之异。张栻解"学而时习之"云："学者之于义理，当时绅绎其端绪而涵泳之也。"朱子批评云：

> 此是《论语》第一句，句中五字虽有虚实轻重之不同，然字字皆有意味，无一字无下落，读者不可以不详，而说者尤不可以有所略也。学之为言效也，以已有所未知，而效夫知者以求其知；以已有所未能而效夫能者，以求其能之谓也。"而"者，承上起下之辞也。"时"者，无时而不然也。"习"者，重复温习也。"之"者，指其所知之理、所能之事而言也。言人既学矣，而又时时温习其所知之理、所能之事也。盖人而不学，则无以知其所当知之理，无以能其所当为之事。学而不习，则虽知其理、能其事，然亦生涩危殆而不能以自安。习而不时，虽曰习之，而其功夫间断，一暴十寒，终不足以成其习之之功矣。圣言虽约，而其指意曲折深密而无穷盖如此。凡为解者，虽不必如此琐细剖析，然亦须包含得许多意思，方为完备。今详所解于"学而"两字全

然阔略，而但言绅绎义理以解"时习"之意。夫人不知学，其将何以知义理之所在而绅绎之乎，且必曰绅绎义理之端绪而涵泳之，又似义理之中别有一物为之端绪，若茧之有丝，既绅绎出来，又从而涵泳之也。语意烦扰，徒使学者胸中扰扰，拈一放一，将有揠苗助长之患，非所以示人入德之方也。①

朱子批评张栻解释粗略，不解"学而"二字，认为"句中五字虽有虚实轻重之不同，然字字皆有意味"，并详解每字之义。而考察朱子《论语集注》可知其解经并未按照这一说法每字必解，而重点解释了学、习、时、说四字。又谓"绅绎义理以解时习之意"未当，义理由学而明，不学不可以明义理。"绅绎"又似义理之中别有一物为之端绪可以绅绎出来，经义未能阐明。朱子指出解经旨在"示人入德之方"，弃"学而"不解"将有揠苗助长之患"，孔门倡"下学上达"，"学"是人生的起点，张栻之解未论及"学"之要义，略显粗疏。朱子严加辨析，深刻著明。又："学而时习之，不亦说乎？"张栻解云："说者，油然内慊也。"朱子论云："程子但言'浃洽于中则说'，虽不正解说字，而说字之意已分明。今既述程语，而又增此句，似涉重复。且内慊者，行事合理而中心满足之意，施之于此，似亦未安。"② 批评张栻以"内慊"释"说"用语未当，"内慊"指"行事合理而中心满足"。此处论学而实习之说，乃"既学而又时时习之，则所学者熟，而中心喜悦，其进自不能已矣"③。孔子所论乃自得之乐，无疑朱子之解准确详明。但张栻定稿未据朱子批评而改，盖二人对"内慊"理解是不同的。又解"《诗》三百，一言以蔽之，思无邪"云："其言皆出于恻怛之公心，非有它也。"朱子批评云："恻怛与公心字不相属。非有它也，乃嫌于有它而解之之辞，然亦泛矣。诗发于人情，似无有它之嫌。若有所嫌，亦须指言何事，不可但以有它二字概之也。"④ "恻怛"意为悲痛忧戚，"公心"是指面对利益而无私，

---

① 朱熹：《晦庵先生朱文公文集》卷31，朱杰人、严佐之、刘永翔主编：《朱子全书》第21册，上海古籍出版社、安徽教育出版社2002年版，第1357页。
② 朱熹：《晦庵先生朱文公文集》卷31，第1357—1358页。
③ 朱熹：《四书章句集注》，中华书局1983年版，第47页。
④ 朱熹：《晦庵先生朱文公文集》卷31，第1361页。

二者各言一面，张栻以恻怛修饰公心，本欲合二而言，但文法上显然是错误的。又张氏"非有它"之说"嫌于有它"，意谓《诗》有发于私心者，如实有当在解释中明白指出。朱子解此云："凡《诗》之言，善者可以感发人之善心，恶者可以惩创人之逸志，其用归于使人得其情性之正而已。"① 明言《诗》中有恶，语意精确。又解"荷莜丈人"章云："植杖而芸，亦不迫矣。止子路宿，则其为人盖有余裕。又曰行以避焉，隘可知也。"朱子批评云："此语自相矛盾。"② "不迫""有余裕"与"隘"语义显然是矛盾的，张栻解经用语不严密，但定稿未改。

又解"孝弟也者，其为仁之本与"云："自孝弟而始为仁之道，生而不穷。其爱虽有差等，而其心无不溥矣。"张氏以爱言仁，未能阐明经义。有子之意盖谓事亲从兄、爱人利物皆为仁之道，事亲从兄为本，爱人利物为末，所以孝弟立而为仁之道生。朱子认为张氏之解"语意虽高而不亲切"③。又云：

> 此章仁字正指爱之理而言耳，《易传》所谓"偏言则一事"者是也。故程子于此但言孝弟行于家而后仁爱及于物，乃着实指事而言。其言虽近，而指则远也。今以心无不溥形容，所包虽广，然恐非本旨，殊觉意味之浮浅也。④

张栻定稿云："君子务本，言君子之进德每务其本，本立则其道生而不穷，孝弟乃为仁之本。盖仁者无不爱也，而莫先于事亲从兄，人能于此尽其心，则夫仁民爱物皆由是而生焉，故孝弟立则仁之道生，未有本不立而末举者也。"⑤ 朱子的批评言而有据，且释义明晰，实较张说优长，故定稿一据朱子说修订。解"有一言可以终身行之乎"云："行恕则忠可得而存矣。"朱子认为"此句未安，当云诚能行恕，则忠固在其中矣。"⑥ 指出张栻解语用词未

①《四书章句集注》，第 53 页。
② 朱熹：《晦庵先生朱文公文集》卷 31，第 1381 页。
③ 朱熹：《晦庵先生朱文公文集》卷 31，第 1358 页。
④ 朱熹：《晦庵先生朱文公文集》卷 31，第 1358 页。
⑤ 张栻：《癸巳论语解》卷 1，商务印书馆 1937 年版，第 1 页。
⑥ 朱熹：《晦庵先生朱文公文集》卷 31，第 1379 页。

当并提出修改意见。又解"吾之于人也,谁毁谁誉"云:"毁者指其过,誉者扬其美。"朱子指出"此说未尽。愚谓:毁者,恶未至此而深诋之也;誉者,善未至此而骤称之也。非但语其已然之善恶而已。"① 详辨何谓毁,何谓誉,一字不苟,无疑朱子的解说要精当些。

(二)训释未当

张栻《论语解》有不太注重训诂的地方,有的训释完全脱离经文而自为解说。如解"非其鬼而祭之,谄也"云:"无其鬼神,是徒为谄而已。""非其鬼"指非其所当祭之鬼,而不是无其鬼神而祭,此解脱离经文。朱子批评云:"圣人之意,罪其祭非其鬼之为谄,而不讥其祭无其鬼之徒为谄。"② 直指张解脱离经文,然其定稿未改。又解"所谓大臣者,以道事君,不可则止"云:"有不合于正理,则从而止之。"朱子批评云:"按经文意,'不可则止',但谓不合则去耳。……今为此说,穿凿费力,而不成文理,窃所未安。"③ "不可"盖谓不被容纳,"止"当谓去职,而非阻止人君为不合正理之事。但张氏定稿未改。又"不施其亲",朱子批评张"训施为施报之施,则误矣。此等处须说破,令明白也。陆德明《释文》本作弛字,音诗纸反,是唐初本犹不作施字也。吕与叔亦读为弛,而不引《释文》,未必其考于此,盖偶合耳。今当从此音读。"④ 朱子引《经典释文》与吕大临说订正张解,"施"音为"弛",义为"遗弃",言之有据。又解"人而不为周南、召南,其犹正墙面而立也与"云:"'为'者,躬行其实也。"朱子云:"按诸先生多如此说,意极亲切,但寻文义恐不然耳。'为'只是诵读讲贯,'墙面'只是无所见。《书》所谓'不学墙面',亦未说到不躬行则行不得处也。"⑤ 张解有不顾训诂而自立说之弊。又如"道千乘之国,敬事而信,节用而爱人,使民以时",张栻训"信"为"信于己",朱子云:"己字未安。"考察经文"信"当为信于民,非"信于己"。但张栻未改,其意当谓信己"事无大小一于敬"。朱子

---

① 朱熹:《晦庵先生朱文公文集》卷31,第1380页。
② 朱熹:《晦庵先生朱文公文集》卷31,第1362页。
③ 朱熹:《晦庵先生朱文公文集》卷31,第1374页。
④ 朱熹:《晦庵先生朱文公文集》卷31,第1381—1382页。
⑤ 朱熹:《晦庵先生朱文公文集》卷31,第1381页。

又谓张栻"自使民以时之外""无所当,恐是羡字"①。张定稿改为"使民以时,爱人者之先务也",以据朱子意见改正。又解"不愤不启,不悱不发"云:"愤则见于辞气,悱则见于颜色。"朱子云:谓"此两字与先儒说正相反,不知别有据否?"② 张栻定稿遵从朱说改订。又如解"毋友不如己者"云:"不但取其如己者,又当友其胜己者。"朱子批评云:"经但言'毋友不如己者',以见友必胜己之意。今乃以'如己''胜己'分为二等,则失之矣。而其立言造诣,又似欲高出于圣言之上者,解中此类甚多,恐非小病也。"③ 批评张栻解经脱离经文,无疑朱子的解说是准确的。

以上所解犹依凭经文言说,而更甚者乃完全无经文与训诂依据。如解"慎终追远"张栻云:"慎,非独不忘之谓,诚信以终之也。追,非独不忽之谓,久而笃之也。"朱子谓:"以'慎'为不忘,'追'为不忽,若旧有此说,则当引其说而破之。若初无此说,则此两句亦无所当矣。"④ 慎终盖谓"丧尽其礼",追远盖谓"祭尽其诚"⑤。张栻之说不仅训诂无据,且严重脱离经文。又谓"凡事如是,所以养德者厚矣"。"如是"指上文所解慎、追之"诚信以终之""久而笃之"之义,曾子只论丧祭之事,张栻推及人之行事。严肃虔诚地对待丧祭在朱子看来"自是天理之所当然,人心之所不能已者",人能如此则其德自厚。张栻以慎终追远为养德之事则"其意不专于慎终追远"⑥,其解背离经文。又解"罔之生也幸而勉"云:"罔则昧其性,是冥行而已矣。"训"罔"为迷昧,未当。朱子云:"此说似好,然承上文直字相对而言,则当为欺罔之罔。"⑦ 从上下文角度对此作了准确解释,然张氏定稿未改。解"为命,裨谌草创之,世叔讨论之,行人子羽修饰之,东里子产润色之"云:"虽然郑独其为命之善可以自保而已,假使贤才有进于此,而经理其国皆无憾如此,则岂特仅自保而已乎?凡此皆圣人言外之意也。"如此说则是孔子婉讽四人未能竭忠尽智以事国家。朱子不认同张说,云:"'虽

---

① 朱熹:《晦庵先生朱文公文集》卷31,第1358页。
② 朱熹:《晦庵先生朱文公文集》卷31,第1369页。
③ 朱熹:《晦庵先生朱文公文集》卷31,第1359页。
④ 朱熹:《晦庵先生朱文公文集》卷31,第1359页。
⑤ 朱熹:《四书章句集注》,第50页。
⑥ 朱熹:《晦庵先生朱文公文集》卷31,第1359页。
⑦ 朱熹:《晦庵先生朱文公文集》卷31,第1365页。

然'至'言外之意也'，恐圣人未有此意，但作今自推说却不妨耳。"① 孔子此语盖赞美四人之能，张解未当而定稿未改。解"民可使由之，不可使知之"云："使自得之。"自得之说是谓民众自己明白在上者何以如此行事，这一解释不合经文本义，是有意拔高。朱子批评曰："此亦但谓使之由之耳，非谓使之知也。"② 批评切当。钱穆解释云："民性不皆明，有智在中人以下者，固有不可使知者"，训释经义为："在上者指导民众，有时只可使民众由我所指导而行，不可使民众尽知我所指导之用意所在。"③ 有人解释为愚民政策，当非体察圣贤治世之心。张栻解释多有不合经义之出，朱子每详为剖析。解"恭近于礼，远耻辱也"云："恭谓貌恭。又曰：恭而过于实，适所以招耻辱。"张栻认为恭敬过度会招致耻辱，朱子批评云："恭不近礼，谓之无节而过卑则可；谓之貌恭而过实，则失之矣。且貌恭而过实，亦非所以取耻辱也。"④ 认为恭敬过度只是显得卑微。张栻未依朱子之说而改，"过恭"在张栻看来或许有失身份，耻辱是基于内在的认识，朱子则关注的是受辱于他人。解"信近于义，言可复也"云："言而不可复则不可行，将至于失其信矣。或欲守其不可复之言，则逆于理而反害于信矣。"朱子评论云："此结句似不分明，恐未尽所欲言之曲折也。窃原本意，盖曰欲其言之信于人，而不度于义者，复之则害于义，不复则害于信，进退之间，盖无适而可也。故君子欲其言之信于人也，必度其近于义而后出焉，则凡其所言者，后无不可复之患矣。恐须如此说破，方分明也。"⑤ 张栻之解未言明何谓可复，何谓不可复，朱子之说则义理分明，强调言合于义方可践行而取信于人。又解"子贡曰：文武之道，未坠于地，在人贤者识其大者，不贤者识其小者，莫不有文武之道焉。夫子焉不学，而亦何常师之有"云："万物盈于天地之间，莫非文武之道，初无存亡增损。"朱子提出批判云：

近年说者多用此意，初若新奇可喜，然既曰"万物盈于天地之

---

① 朱熹：《晦庵先生朱文公文集》卷31，第1376页。
② 朱熹：《晦庵先生朱文公文集》卷31，第1371页。
③ 钱穆：《论语新解》，三联书店2005年版，第208—209页。
④ 朱熹：《晦庵先生朱文公文集》卷31，第1361页。
⑤ 朱熹：《晦庵先生朱文公文集》卷31，第1361页。

间"，则其为道也，非文武所能专矣。既曰"初无存亡增损"，则未坠于地之云，又无所当矣。且若如此，则天地之间可以目击而心会，又何待于贤者识其大、不贤者识其小，一一学之，然后得耶？窃详文意，所谓文武之道，但谓周家之制度典章尔。孔子之时犹有存者，故云未坠也。大抵近世学者喜闻佛老之言，常迁吾说以就之，故其弊至此。读者平心退步，反复于句读文义之间，则有以知其失矣。①

定稿改"物"为"理"，以盈天地之理解文武之道，朱子认为张栻理解是错误，文武之道当指周家之制度典章，孔子之时犹存。张栻以为文武之道"初无存亡增损"，则又与经文"未坠于地"相悖。张解故为高论，有蹈虚之嫌。联系上下文，朱子之评实为切当。又解"三年无改于父之道"以为"志哀而不暇它之问"，"又曰：三年无改者，言其常也，可以改而可以未改者也。"② 朱子云：

此句之说，惟尹氏所谓"孝子之心有所不忍"者最为悫实。而游氏所谓"在所当改而可以未改"者，斟酌事理尤得其当。此解所云"志哀而不暇它之问"者，盖出谢氏之说，其意非不甚美，然恐立说过高，而无可行之实也。盖事之是非可否日接于耳目，有不容不问者。君子居丧，哀戚虽甚，然视不明、听不聪、行不正、不知哀者，君子病之，则亦不应如是之谜昧也。所谓"可以改而可以未改"者，则出于游氏之说，然又失其本指。盖彼曰"在所当改"，则近于理而不得不然之辞也。今曰"可以改"，则意所欲而冀其或可之辞也。二者之间，其意味之厚薄相去远矣。又此经所言，亦为人之父不能皆贤，不能皆不肖，故通上下而言，以中人为法耳。今解又云"三年无改者，言其常也"，似亦非是。若言其常，则父之所行，子当终身守之可也，岂但以三年无改为孝哉？③

---

① 朱熹：《晦庵先生朱文公文集》卷31，第1383页。
② 朱熹：《晦庵先生朱文公文集》卷31，第1360页。
③ 朱熹：《晦庵先生朱文公文集》卷31，第1360页。

朱子认为尹焞（1071—1142）解最为悫实，《四书章句集注》引述其云："如其道，虽终身无改可也。如其非道，何待三年然。则三年无改者，孝子之心有所不忍故也。"① 游酢（1053—1123）所解"斟酌事理尤得其当"，《四书章句集注》引述曰："三年无改，亦谓在所当改而可以未改者耳。"② 尹氏从情理角度为解，游氏则从义理角度阐释。张栻用谢良佐（1050—1103）"志哀而不暇它之问"之说解"不改"，朱子认为此说有害义理，君子居丧，哀戚虽甚，然行不失其正，"视不明、听不聪、行不正、不知哀者，君子病之，则亦不应如是之谜昧"。尹焞以"道"为标准对此句的解说最为合理。朱子又批评"三年无改者，言其常"之说义理未当，如谓"常"则"父之所行，子当终身守之"。但张栻定稿未改，盖朱子就义理上说，张栻就礼仪上说。朱子一一摘引张栻说之来源，是否包含了对朋友不注明观点出处的批评，不得而知。对于前贤之说的字斟句酌的评判，在策略上可能避免尖锐批评导致的友情伤害。

由此又可见二者解经观念的差异，朱子解经基本上是注疏体例，力求言必有据，凡引前贤之说皆为注明。张栻解经关注的是经文义理阐说，旨在言明经义。张栻解经不重视训诂是宋人义理解经的典型，他认为："大抵读经书须平心易气，涵泳其间，若意思稍过，当亦自失却正理。要切处乃在持敬，若专一，工夫积累多，自然体察有力，只靠言语上苦思，未是也。"③ 又云："若只靠言语上求解，则未是。须玩味其旨，于吾动静之中体之，久久自别也。"④ 坚信仅通过文字训解，不可能达到对经义的真正理解，而强调解经重体悟，由文字直达圣贤精神。朱子解经则颇重文字训释，且要求言必有据，训解多引前说。张栻致书朱子论学云："今但当玩其辞气，……此乃是读经之法。若必求之它书以证，恐却泛滥也。不知如何？"⑤ 二人解经方法有较大的差异。

---

① 朱熹：《四书章句集注》，第 51 页。

② 朱熹：《四书章句集注》，第 51 页。

③ 《南轩先生文集》卷 19，《答潘端叔》，朱杰人、严佐之、刘永翔主编：《朱子全书外编》第 4 册，华东师范大学出版社 2010 年版，第 303 页。

④ 《答胡季随》，《南轩先生文集》卷 25，第 386 页。

⑤ 《答朱元晦秘书》，《南轩先生文集》卷 20，第 318 页。

（三）逻辑不当

朱子还批评了张栻解经用语存在的逻辑问题，如张解"无终食之间违仁"云："无终食之间违仁，是心无时而不存也。造次颠沛必于是，主一之功也。"阐发"为仁"之功。朱子评论云：

> 此二句指意不明，语脉不贯，初窃疑其重复。既而思之，恐以上句为成德之事，下句为用功之目。若果如此，则当改下句云"所以存其心也"，乃与上文相应，庶读者之易晓。然恐终非圣人之本意也。①

指出张栻解语语脉不连贯，也就是两句之间没有明确的逻辑关系。朱子推断张栻本意以为"上句为成德之事，下句为用功之目"，因而改下句为"所以存其心也"。朱子《论语集注》则以终食、造次、颠沛为存仁之功，② 而未分为"成德之事"和"用功之目"两事言之。又解"质胜文则野"云："失而为府史之史，宁若为野人之野乎？"朱子论云："此用杨氏'与其史也，宁野'之意，然彼亦以为必不得已而有所偏胜，则宁若此耳。今解乃先言此，而又言'矫揉就中'之说，则既曰'宁为野人之野'矣，又何必更说'修勉而进其文'乎？文理错杂，前后矛盾，使读者不知所以用力之方。恐当移此于'矫揉就中'之后，则庶乎言有序而不悖也。"③ 认为张栻解语逻辑混乱，张氏定稿据朱子之说更订语序。

二、解经思想

朱子在批评张栻《论语解》时明确表达了自己的解经宗旨，提倡经解要发掘圣贤精神，以使学者犹入圣域。在讨论张栻《论语解》中多处论及如何发掘圣人气象的问题，也成为他与朋友论学的重要理据。如解"述而不作"云："圣人所以自居者，平易如此。老彭、孔子事同，而情性功用则异。"朱子认为此解未能发掘出孔子深意，云：

---

① 朱熹：《晦庵先生朱文公文集》卷31，第1363页。
② 朱熹：《四书章句集注》卷2，第70页。
③ 朱熹：《晦庵先生朱文公文集》卷31，第1365页。

孔子贤于尧舜，非老彭之所及，人皆知之，自不须说。但其谦退不居而反自比焉，且其辞气极于逊让，而又出于诚实如此，此其所以为盛德之至也。为之说者，正当于此发其深微之意，使学者反复潜玩，识得圣人气象，而因以消其虚骄傲诞之习，乃为有力。今但以平易二字等闲说过，而于卒章忽为此论，是乃圣人鞠躬逊避于前，而吾党为之攘袂扼腕于后也。且无乃使夫学者疑夫圣人之不以诚居谦也乎哉？大率此解多务发明言外之意，而不知其反戾于本文之指，为病亦不细也。①

老彭与孔子皆述而不作，信而好古，此乃张氏所说"事同"，而二人"情性功用则异"乃众人所知，张栻并未论及何处不同。朱子提出解经旨在要使学者"识得圣人气象"，于孔子"比于老彭"处发掘出圣人"谦退不居"之德，此精神可使学者"消其虚骄傲诞之习"而犹入圣域。朱子解经较之张栻随文衍义有鲜明的价值导向，可见朱子的经学思想已然成熟，而张栻无疑驳杂不纯。张栻定稿据朱子之说改订，谓"圣人之发斯言，欲使学者稽古务实而不敢苟作也。夫以圣人之德之至，而其辞气逊让温厚如此，学者所宜反复诵味而不厌也"②。此解较初稿泛泛而言要深刻著明。又解"人之将死，其言也善。君子所贵乎道者三。动容貌，斯远暴慢矣。正颜色，斯近信矣。出辞气，斯远鄙倍矣。笾豆之事则有司存"云："将死而言善，人之性则然。动容貌者，动以礼也。正颜色者，正而不妄也。出词气者，言有物也。动容貌则暴慢之事可远，正颜色则以实而近信，出词气则鄙倍之意可远。"经但云"动"，未可知其以礼与否；但云"正"，未可见其妄与不妄；但云"出"，未有以验其有物无物。动容固有非礼者，曰"动"则暴慢如何而遽可远乎？正色固有不实，但曰"正"则信如何而遽可近乎？出言固有不善者，今但曰"出"则鄙倍如何而遽可远乎？以文义考之，皆所未合。朱子批评云：

此说盖出于谢氏，以文意求之，既所未安；而以义理观之，则尤有

---

① 朱熹：《晦庵先生朱文公文集》卷31，第1367页。
② 张栻：《癸巳论语解》卷4，第49页。

病。盖此文意但谓君子之所贵乎道者，有此三事，动容貌而必中礼也，正颜色而非色庄也，出词气而能合理也。盖必平日庄敬诚实，涵养有素，方能如此。若其不然，则动容貌而不能远暴慢矣，正颜色而不能近信矣，出词气而不能远鄙倍矣。文势如此，极为顺便。又其用功在于平日积累深厚，而其效验乃见于此，意味尤觉深长。且其用力至浅而责效过深，正恐未免于浮躁浅迫之病，非圣贤之本指也。①

考谢良佐之说云："人之将死，无物我心，故其言善。人之应事，不过容貌、辞气、颜色三事，特系所养如何耳。动也，正也，出也，君子自收处，故暴慢鄙倍不生于心。远，自远也。信，以实之谓也。与礼乐不斯须去身之意同。"② 谢氏强调了平时涵养工夫，张说未及平时涵养，朱子责为"浮躁浅迫之病"。朱子又本谢氏涵养之说而推衍，动容貌而中礼，正颜色而色庄，出词气而能合理，是皆源于平时"庄敬诚实，涵养有素"，朱子解经强调积累功夫，有鲜明的导人向善的宗旨。又解"子之燕居，申申如也，跃跃如也"云："圣人声气容色之所形，如影之随形。"朱子云："声气容色不离于形，同是一物。影之于形，虽曰相随，然却是二物。以此况彼，欲密而反疏矣。且众人声气容色之所形，亦以有于中而见于外者，岂独圣人为然哉？"③ 认为张氏譬喻失当，又不能发掘出圣贤精神，此论切当。朱子《集注》引杨时"申申，其容舒也。夭夭，其色愉也"，直接勾勒出孔子精神面貌。程颐认为"唯圣人便自有中和之气"，④ 以见圣人精神。张氏定稿未改，考其言"申申，和乐中正也。夭夭，温裕安舒也"⑤。旨意与朱子殆同，只是以形影譬喻作结稍显画蛇添足。又解"子谓颜渊曰：用之则行，舍之则藏，惟我与尔有是夫"云："其用也，岂有意于行之。其舍也，岂有意于藏之。"经文但言用舍由人，无与于己，行藏安于所遇，张栻之解无疑有违圣人之旨。朱子批评云：

① 朱熹：《晦庵先生朱文公文集》卷 31，第 1370—1371 页。
② 《论孟精义》卷 4 下，《朱子全书》第 7 册，第 289 页。
③ 朱熹：《晦庵先生朱文公文集》卷 31，第 1368 页。
④ 朱熹：《四书章句集注》卷 4，第 93—94 页。
⑤ 张栻：《癸巳论语解》卷 4，第 50 页。

圣人固无意必，然亦谓无私意期必之心耳。若其救时及物之意皇皇不舍，岂可谓无意于行之哉？至于舍之而藏，则虽非其所欲，谓舍之而犹无意于藏，则亦过矣。①

"其用也，岂有意于行之"之解完全违背圣人汲汲救世的宗旨，"其舍也，岂有意于藏之"违背孔子"不在其位不谋其政"的思想。又解"默而识之"云："默识非言意之所可及，盖森然于不睹不闻之中也。又云：世之言默识者，类皆想象亿度，惊怪恍惚，不知圣门实学贵于践履，隐微之际，无非真实。"默识只是不假论辩而晓此事理，张栻"非言意之所可及，盖森然于不睹不闻之中"之论不合经旨，又接近佛老之说，与他自己批评的"想象亿度，惊怪恍惚"之学不异。朱子认为"默识"乃"圣人之谦词，未遽说到如此深远处"，张栻虽自践履立言，但其"词气则与所谓惊怪恍惚者亦无以相远"②，未能发掘出圣人真精神。

朱子对于圣贤精神的发掘基于对经典的基本认识，他深信经典承载着圣贤真精神，解经就是要以发掘圣人精神为宗旨，辞云："圣人言语，皆天理自然，本坦易明白在那里。"③而圣人言语明白揭示了宇宙与人世间之根本原则"天理"，包含着人世的基本大道，且时代相承，正如他所云："圣人千言万语，只是说个当然之理。恐人不晓，又笔之于书。自书契以来，《二典》、《三谟》、伊尹、武王、箕子、周公、孔、孟都只是如此，可谓尽矣。只就文字间求之，句句皆是。"④

自书契以来，圣贤都以文字传道，经典"文字"句句皆是当然之理的流露，解经就是要发掘出这种经世价值。"圣贤直是真个去做，说正心，直要心正；说诚意，直要意诚；修身齐家皆非空言。"⑤又云："圣贤千言万语无非只说此事须是策励此心，勇猛奋发，拔出心肝与他去做"⑥。圣贤之言"皆非空言"，"直是真个去做"，后世通过经典之言可以把握圣贤行事准则的基

① 朱熹：《晦庵先生朱文公文集》卷31，第1369页。
② 朱熹：《晦庵先生朱文公文集》卷31，第1367页。
③ 《朱子语类》卷11，《朱子全书》第14册，第335页。
④ 《朱子语类》卷11，第345页。
⑤ 《朱子语类》卷8，第281页。
⑥ 《朱子语类》卷8，第284页。

础，是学者优入圣域的凭借。在这一点，朱、张二人的旨趣是相同的，张栻作《论语解》有明确的宗旨，他于《论语说序》中云：

> 学者，学乎孔子者也。《论语》之书，孔子之言行莫详焉，所当终身尽心者，宜莫先乎此也。圣人之道至矣，而其所以教人者，大略则亦可睹焉。……故自始学则有致知力行之地，而极其终则有非思勉之所能及者，亦贵于行著习察，尽其道而已矣。①

学者要务就是学习圣人而尽其道，《论语》是圣人言行之实录，在张栻看来《论语》无疑是学者致知力行以尽圣人之道的凭借。解《论语》无疑是要开示学者以圣人之道，而秦汉以来学者失却圣人基本精神，"其间虽或有志于力行，而其知不明，摛埴索涂，莫适所依，以卒背于中庸"，二程出而"始以穷理居敬之方开示学者，使之有所循求，以入尧舜之道"，但张栻所处时代学者"惟求所谓知而已，而于躬行则忽焉""未知致知力行互相发之故"，其解《论语》力图阐明圣人旨意，使学者"始则据其所知而行之，行之力则知愈进，知之深则行愈达。……内外交正，本末不遗"，知"声气容色之间，洒扫应对进退之事"乃"致知力行之原"②。张栻解经明确倡导践行，朱子对张栻的批评，并不是二人解经思想的对立，而只是张栻解中的少数粗疏之处。

张栻解经常借题发挥，有过度阐释之处，朱子对此提出尖锐批评。如解"子行三军则谁与"云："临事而惧，好谋而成，古之人所以成天下之事而不失也，岂独可行三军而已哉！"朱子云："临事而惧，好谋而成，本为行三军而发，故就行三军上观之，尤见精密。盖圣人之言虽曰无所不通，而即事即物毫厘之间，又自有不可易处。是乃程子所谓'终日乾乾，节节推去'之病矣。"③经文仅就"行三军"而言，张说泛化为一种基本行为准则，无疑推衍过度。张氏解"志于道、据于德、依于仁、游于艺"云："艺者所以养吾德性而已。"朱子云：

---

① 《南轩先生文集》卷14，第227—228页。
② 《南轩先生文集》卷14，第227—228页。
③ 朱熹：《晦庵先生朱文公文集》卷31，第1369页。

上四句解释不甚亲切，而此句尤有病。盖艺虽末节，然亦事理之当然，莫不各有自然之则焉。曰游于艺者，特欲其随事应物各不悖于理而已。不悖于理，则吾之德性固得其养，然初非期于为是以养之也。此解之云，亦原于不屑卑近之意，故耻于游艺而为此说以自广耳。又按张子曰："艺者，日为之分义也。"详味此句，便见得艺是合有之物，非必为其可以养德性而后游之也。①

"上四句"即"游泳于道，履践于德，体切于仁，游涉于艺，艺者亦以养吾德性而已"②。"志"乃今言立志，志于道乃立志求道。"据"为执守之义，据于德谓得道于心而不失。"依"谓不违，"游"谓玩物适情。"艺"指艺术、技艺，艺为日用不可缺者，其功用本非养德，然小物不遗可广人情趣。张氏之解泛而不明，且有故为高论之嫌。张栻解经常有过度拔高之嫌，朱子多有指摘。又解"欲讷于言"云："言欲讷者畏天命，行欲敏者恭天职。"朱子"言行自当如此，不必为畏天命、恭天职而然。今若此言，则是以言行为小，而必称天以大之也。且言行之分属未稳当，行之欲敏，独非畏天命耶？"③说话容易而力行困难，所以孔子告诫要慎言敏行，无关乎天命天职，此解无疑过度拔高，在朱子看来言行均当畏天命。不管是对经义的理解，还是对用语的谨严，朱子的批评都是到位的。又解"中人以下不可以语上也"云："不骤而语之以上，是亦所以教之也。"朱子论云：

所谓亦者，非其正意之辞也。若孔子所言中人以下未可语上，而不骤语之以性与天道之极致，但就其地位，告之以切己著实之事，乃是教之道正合如此……今曰"是亦教诲之也"，则似教人者不问其人品之高下，必尽告以性与天道之极致，然后始可谓之教诲。才不如此，便与绝而不教者无异。此极害理，非圣门教人之法也。且著此一句，非惟有害上文之意，觉得下文意思亦成躐等，气象不佳。试思之，若但改云"不骤而语之以上，是乃所以渐而进之，使其切问近思而自得

---

① 朱熹：《晦庵先生朱文公文集》卷31，第1368页。
② 张栻：《癸巳论语解》卷4，第50页。
③ 朱熹：《晦庵先生朱文公文集》卷31，第1364页。

之也”，则上下文意接续贯通，而气象无病矣。①

认为张氏解释有害义理，朱子认为如张所解则似教人者不问其人禀赋之高下，必尽告以性与天道方可谓之教诲，不如此便与绝而不教无异。孔子之意盖谓教人者当审受教者之资质而施教，朱子提出了自己的解释，张氏定本依此改订。张栻解“奢则不孙，俭则固，与其不孙也宁固”云：“圣人斯言，非勉学者为俭而已。”圣人此言盖深恶奢之为害而宁取俭，旨在勉学者之为俭，张栻“非勉学者为俭而已”无疑有违圣人旨意。朱子批评云：“今为此说，是又欲求高于圣人，而不知其言之过、心之病也。……今读此书，虽名为说《论语》者，然考其实则几欲与《论语》竞矣。鄙意于此深所未安，不识高明以为如何？”②张氏解说过度是可以肯定的。又解“曾子有疾，召门弟子曰：启予足，启予手……”云：“形体且不可伤，则其天性可得而伤乎？”朱子云：“此亦过高之说，非曾子之本意也。且当著明本文之意，使学者深虑，保其形体之不伤而尽心焉，是则曾子所为叮咛之意也。且天性亦岂有可伤之理乎？”③曾子意谓身体受之父母，不敢毁伤，而张解未能言明经义。“天性可得而伤乎”是过度阐释，且天性不可以伤，又不可示人。又解“侍于君子有三愆：言未及之而言谓之躁，言及之而不言谓之隐，未见颜色而言谓之瞽”云：“言而当其可，非养之有素不能也。言及之而不言，当言之理不发也。”朱子不认同张说，云：“圣人此言只是戒人言语以时，不可妄发，未说到此地位也。”经文未言及修养问题，张解过度拔高。又谓张解后一句“甚怪”，若谓养之有素而言当其可，不言则是“自见不到，有隐于人”④，显然违背经文本义。

如何处理言外之意是经学家遇见的普遍问题。经学家解经每发掘经世之义，往往难以避免题外发挥。朱子与张栻的方式完全不同，张栻解经中直接发议论，朱子主张以设问另起，以明是注者发挥，而非经文本义。张栻解“巧言令色，鲜矣仁”云：“若夫君子之修身，谨于言语容貌之间，乃所以体

① 朱熹：《晦庵先生朱文公文集》卷31，第1365—1366页。
② 朱熹：《晦庵先生朱文公文集》卷31，第1370页。
③ 朱熹：《晦庵先生朱文公文集》卷31，第1370页。
④ 朱熹：《晦庵先生朱文公文集》卷31，第1380页。

当在己之实事，是求仁之要也。"此解显然脱离经文，孔子本意是评述"巧言令色"之人，而非论求仁之方，"谨于言语容貌"以求仁是张栻借经发挥，与经文本身无关。朱子云："今无所发端而遽言之，则于经无所当，而反乱其本意矣。如《易传》中发明经外之意，亦必设为问答以起之。盖须如此，方有节次来历，且不与上文解经正意相杂，而其抑扬反复之间，尤见得义理分明耳。"① 朱子的批评是得当的，但张栻定稿未改。《癸巳论语解》中张栻借题发挥之处颇多，如解"就有道而正焉"云："异世而求之书。"经文本谓就有道之人正其是非。朱子云："本文未有此意，恐不须过说。或必欲言之，则别为一节，而设问以起之可也。"② 又解"高宗谅阴三年"云："大君敕五典以治天下，而废三年之达丧。"经文本谓高宗守三年丧，未言废三年丧。朱子云："经文未有此意，短丧自是后世之失。若欲发明，当别立论而推以及之，不可只如此说，无来历也。"③ 对于随文阐发言外之意提出"别立论而推以及之"的处理方式。又解"十世可知"云："若夫自嬴秦氏废先王之道，而一出于私意之所为，有王者作，其于继承之际，非损益之可言，直尽因革之宜而已。"阐明秦始皇背离王道，其所施行出于私意而无法由前代制度推知。张说又暗示王霸之别，王道是可以损益言说的，霸道则不能。此说有一定的合理性，但此说对圣人可"尽古今之变"有怀疑。朱子批评云：

> 此一节立意甚偏而气象褊迫，无圣人公平正大、随事顺理之意。且如此说，则是圣人之言不足以尽古今之变，其所谓百世可知者，未及再世而已不验矣。尝究此章之指，惟古注马氏得之。何晏虽取其说，而复乱以己意，以故后来诸家祖习其言，展转谬误，失之愈远。至近世吴才老、胡致堂始得其说，最为精当。吴说有《续解》、《考异》二书，而《考异》中此章之说为尤详，愿试一观，或有取焉。大抵此二家说其它好处亦多，不可以其后出而忽之也。④

---

① 朱熹：《晦庵先生朱文公文集》卷31，第1358页。
② 朱熹：《晦庵先生朱文公文集》卷31，第1361页。
③ 朱熹：《晦庵先生朱文公文集》卷31，第1377页。
④ 朱熹：《晦庵先生朱文公文集》卷31，第1362页。

朱子批评张解有怀疑圣人之嫌，所谓"百世可知"者，朱子以为"三纲五常，礼之大体，三代相继，皆因之而不能变。其所损益，不过文章制度小过不及之间"①。关注的是世代因格中不变的义理"三纲五常"，亦即今日所谓普世价值，而变化的只是制度。朱子言及马融、吴才老、胡致堂三家之说，马、胡二氏之说见引于《四书章句集注》，吴说不存。马氏曰："所因，谓三纲五常。所损益，谓文质三统。"文质，谓夏尚忠，商尚质，周尚文。三统，谓夏正建寅为人统，商正建丑为地统，周正建子为天统。胡氏曰："子张之问，盖欲知来，而圣人言其既往者以明之也。夫自修身以至于为天下，不可一日而无礼。天叙天秩，人所共由，礼之本也。商不能改乎夏，周不能改乎商，所谓天地之常经也。若乃制度文为，或太过则当损，或不足则当益。益之损之，与时宜之，而所因者不坏，是古今之通义也。因往推来，虽百世之远，不过如此而已矣。"②所因者，马融以为"三纲五常"，胡氏以为"礼"。所损益者，两家皆以为制度。皆本于经文所作的阐释，而张栻之解夹杂对历史的评说，颇近讲章发挥。又解"原壤夷俟。子曰：'幼而不孙弟，长而无述焉，老而不死，是为贼。'以杖叩其胫"云："圣人自其幼不孙弟数之，则见其弊之所自。"朱子云："幼而孙弟至见其弊之所自也，恐圣人无此意，今以为当如是，推之则可耳。"③张说乃推论而言，经义本谓原壤自幼至长无一善可述。

朱子又讨论了经文言简义丰者如何处理的问题。如张栻解"无违"云："生事之以礼，以敬养也。死葬之以礼，必诚必信也。祭之以礼，致敬而忠也。"朱子云："专言敬则爱不足，专言诚信则文不足，忠字尤所未晓，然致敬而忠，恐亦未足以尽祭礼。"④朱子详绎张氏用词，认为事亲只言"敬养"则爱有不足，送葬只言"诚信则文不足"，祭祀不可以"致敬而忠"言。朱子《集注》解云："人之事亲，自始至终，一于礼而不苟，其尊亲也至矣。"⑤朱子未对事生、送葬、祭祀之礼作不同解释，"礼"所含内涵甚广，所谓

---

① 朱熹：《四书章句集注》卷1，第59页。
② 朱熹：《四书章句集注》卷1，第59—60页。
③ 朱熹：《晦庵先生朱文公文集》卷31，第1378页。
④ 朱熹：《晦庵先生朱文公文集》卷31，第1361—1362页。
⑤ 朱熹：《四书章句集注》，第55页。

"圣人此言至约，而所包极广，条举悉数犹恐不尽，况欲率然以一言该之乎?"① 这种处理方式涉及对于内涵极广的词语应当如何阐释，是解经理论的思考。

这一观念无疑涉及解经方法的探讨，此观念对于重义理之学的宋代学界具有普遍意义。宋儒解经往往借题发挥的作文方式，朱子强调解经要遵循经典本文。其《记解经》一文谈及了解经的基本原则，云：

> 凡解释文字，不可令注脚成文。成文则注与经各为一事，人唯看注而忘经。②

"注脚成文"是宋儒义理解经的流弊，朱子批评时人解书"只说得他自一片道理，经意却蹉过了"③，对当时学界解经方法进行了批评总结。这种解经作文大弊在于不但不能明经文之大义，还使"观者更不看本经，只读《传》"④，这种不看文本就肆意敷衍的风气，严重背离了学术的严肃性，败坏学者心术。

三、批评未当

但我们必须注意到朱子对张栻的批评并非全部得当，有的批评带有辩论相激的因素。如解"为人谋而不忠"谓"处于己者不尽也"，朱子云："处字未安。"⑤ 张栻定稿未改，张栻旨在阐释"为人谋而不忠"的原因，行文上"为人"与"处己"并行，语意明了。朱子《集注》云"尽己为忠"⑥，只训释"忠"字。各有所当，朱子批评断章取义。又解"仁者能好人恶人"云："仁者为能克己。"朱子批评云："此语似倒，恐当正之。"⑦ 考张栻原文"凡人

---

① 朱熹:《晦庵先生朱文公文集》卷31，第1361—1362页。
② 朱熹:《晦庵先生朱文公文集》卷74，第3581页。
③ 《朱子语类》卷103，《朱子全书》第17册，第3422页。
④ 《朱子语类》卷11，第351页。
⑤ 朱熹:《晦庵先生朱文公文集》卷31，第1358页。
⑥ 朱熹:《四书章句集注》卷1，第48页。
⑦ 朱熹:《晦庵先生朱文公文集》卷31，第1363页。

之好恶，每以己加焉而失其正。惟仁者为能克己，故能好人、能恶人，莫非天下之公理而已"①。谓圣人好恶能克己私心，此解无误，张栻定稿未正。朱子所谓此语恐倒当本"克己复礼为仁"为说，略有断章取义之嫌。张栻解"古之学者为己，今之学者为人"云："所以成物，特成己之推而已。"训"为己"为成己，"为人"为成物，朱子批评曰："按此为人，非成物之谓。"用程颐"求知于人"训"为人"，于经旨是准确的。但朱子"若学而先以成物为心，固失其序，然犹非私于己者，恐亦非当时学者所及"②之批评有所未当，张说以为己之学为先，未有"先以成物为心"之意，故定稿未改。最有代表性的是解"父在观其志"一节，张栻解云："志欲为之而有不得行，则孝子之所以致其深爱者可知。"朱子云：

> 此章旧有两说：一说以为为人子者，父在则能观其父之志而承顺之，父没则能观其父之行而继述之，又能三年无改于父之道，则可谓孝矣。一说则以为欲观人子之贤否者，父在之时，未见其行事之得失，则但观其志之邪正。父没之后，身任承家嗣事之责，则当观其行事之得失。若其志与行皆合于理，而三年之间又能无改于父之道，则可谓孝矣。此两说不同，愚意每谓当从前说所解为顺。若如后说，则上文未见志行之是非，不应末句便以"可谓孝矣"结之也。今详此解盖用后说，然谓"父在而志不得行，可以见其深爱"，则又非先儒旧说之意矣。经文但有一"志"字，乃是通邪正得失而言，如何便见得独为"志欲为之而不得行"，又何以见夫"致其深爱"之意耶？③

张栻定稿以小字附在前说，朱子谓"志"有邪正得失，张栻"志欲为之而不得行"、"致其深爱"之解无疑只解了正面意义。朱子《集注》解云："父在，子不得自专，而志则可知。父没，然后其行可见。"④"子不得自专，而志则可知"避免了对其作单方面理解，朱子对经义的解释却用后一说，并

① 张栻：《癸巳论语解》卷2，第23—24页。
② 朱熹：《晦庵先生朱文公文集》卷31，第1377页。
③ 朱熹：《晦庵先生朱文公文集》卷31，第1359—1360页。
④ 朱熹：《四书章句集注》，第51页。

未用他认为较顺的前说。四库馆臣批评云："'父在观其志'一章，朱子谓旧有两说，当从前说为顺，反复辩论至于二百余言，而后作《论语集注》乃竟用何晏《集解》所引孔安国义，仍与栻说相同。盖讲学之家于一字一句之异同务必极言辨难，断不肯附和依违，中间笔舌相攻或不免于激而求胜，迨学问渐粹，意气渐平，乃是是非非，坦然共白，不复回护其前说，此造诣之浅深，月异而岁不同者也。"朱子所论"特一时各抒所见，共相商榷之言，未可以是为栻病"①，完全以朱子观点批评张栻之说诚为未当，但朱子的批评多数是切当的，绝非出于一时辩论。

另外，朱子还纠正了张栻初稿用字之误及擅改引文之处，如解"敬鬼神而远之"云："远而不敬，是诬而已。"朱子认为"诬字未安"，② 张栻定稿改"诬"为"忽"。又解"宰予昼寝"云："知抑精矣"，朱子谓"抑字恐误。"张栻定稿改为"益"。③ 此上皆粗心而导致的笔误。又解"学而时习之"引程颐之解曰："时复绅绎。"朱子云："本文作思绎，今此所引，改思为绅，不知何说？"④ 张栻改动程颐原文而未做解说，朱子以为未当。

《晦庵先生朱文公文集》所载《癸巳论语说》本是张栻征询朱子意见的初稿，有的分歧来自张栻的粗疏，有的来自二者理解的差异。但我们从二人对于《论语解》的探讨中见到了宋代学者严谨的学风，朱子对于张栻之解的批评有的地方是相当尖锐的，张栻诚恳地接纳了朱子的批评，云："《语说》荷荷指谕，极为开警。近又删改一过，续写去求教。私心甚欲一相会，若得至长沙，当有可议耳。"⑤ 张栻对朱子的意见多有接纳。学术的交流无疑推动了二人的学术深化，也增进二人友谊，这种良好的学术风气值得今人学习。

（作者单位：重庆师范大学文学院）

① 永瑢等：《四库全书总目提要》卷35，中华书局1965年版，第295页。
② 朱熹：《晦庵先生朱文公文集》卷31，第1366页。
③ 朱熹：《晦庵先生朱文公文集》卷31，第1364页。
④ 朱熹：《晦庵先生朱文公文集》卷31，第1357页。
⑤ 张栻：《南轩先生文集》卷24，第367—368页。

知行之辩：周必大与张栻的学术交谊*

邹锦良

　　周必大和张栻在南宋前中期的政治和思想领域均有较大影响：一个是著名政治家、文人和学者；另一个是著名道学家，湖湘学派的集大成者。南宋隆兴年间，周必大与张浚同事孝宗，得以认识张栻，此后周必大与张栻交往渐多，频频通过书信交流学术问题，尤其在"知行"问题上两人论辩颇多。周必大和张栻的"知行"辩论反映的是南宋时期旧儒学与新理学之间的歧异互动。

　　宋代在对儒学的探索和发展中建立"新宋学"。宋学大体上形成于宋仁宗时期，嘉祐以后是宋学的发展阶段，形成了各具特色的荆公学派、温公学派、苏学派和以洛（二程）关（张载）为代表的理学派等四大学派。其中荆公学派影响最大，在北宋学术上居于主导地位达 60 年之久。① 与此同时，儒学吸收了佛、道理论与方法，逐渐形成一种新的哲学意识形态——理学。"宋初三先生"中，胡瑗首倡"明体达用"之学，孙复发挥《春秋》的微言大义，石介发扬儒家道统论，他们为儒学复兴开辟了道路。其后，周敦颐"得圣贤不传之学，推明阴阳五行之理"，被尊为"道学宗主"，张载"极言理一分殊之情，然后道之大原出于天者灼然而无疑焉"，使儒学呈现出全新面貌，程颢、程颐"受业周氏，已乃扩大其所闻，表章《大学》《中庸》二篇，与《语》《孟》并行，于是上自帝王传心之奥，下至初学入德之门，融

---

　　* 本文为江西省高校人文社会科学基金项目（项目编号：LS1209）阶段性成果。
　　① 漆侠：《宋学的发展和演变》，《文史哲》1995 年第 1 期。

会贯通，无复余蕴"，是北宋理学的重要奠基者。宋室南渡后，理学中心开始南移，如杨时"倡道东南"，为南渡洛学的"程氏正宗"。胡安国"上接二程"，开创湖湘学派。① 南宋乾淳年间是理学发展的高峰。这一时期，出现了朱熹、张栻、吕祖谦、陆九渊等理学大师，所谓："伊洛之学行于世，至乾道、淳熙间盛矣。其能发明先贤旨意，溯流祖源，论著讲解卓然自为一家者，帷广汉张敬夫、东莱吕氏伯恭、新安朱氏元晦而已。……盖孔孟之道，至伊洛而始得其传，而伊洛之学，至诸公而始无忾蕴。必若是，然后可以言道学也已。"② 具体而言，朱熹代表的是闽学，吕祖谦代表的是婺州金华学，薛季宣、陈傅良、叶适等代表的是浙东事功学派，张栻代表的是湖湘学派，陆九渊兄弟代表的是江西金溪学派。

在南宋政治、文学、思想和学术等领域表现全面的周必大，不仅与同时代的理学家有较深的交谊，而且还被称为道学党人的庇护者，史载："周洪道为集贤相，四方学者稍立于朝"③，被卷入"庆元党争"。余英时先生认为："周必大和孝宗时代四大理学大师——朱熹、张栻、吕祖谦、陆九渊——在学术思想上相互尊重，在政治更彼此支持。"④ 的确如此，朱熹父亲朱松与周必大伯父周利见、父亲周利建为同年进士，故周必大与朱熹为世交，两人相互尊重，交往较多。晚年周必大还应邀为朱松所藏王安石奏稿写题跋，⑤ 朱松去世后，朱熹仍邀周必大为其父撰写神道碑。⑥ 周必大与吕祖谦同朝为官，两人不仅在政务上多有合作，如两人一同受孝宗之旨编修《文海》和《皇朝文鉴》，周必大推荐吕祖谦编纂，孝宗则命周必大作序，⑦ 而且私下会聚亦多，周必大曾向孝宗推荐吕祖谦"不但能文，极知典故。翰苑须

---

① 脱脱：《道学一》，《宋史》卷427，中华书局1985年版，第12710页。

② 周密撰，张茂鹏点校：《齐东野语》卷11，中华书局1983年版，第202页。

③ 李心传，徐规点校：《道学兴废》，《建炎以来朝野杂记》甲集卷6，中华书局2000年版，第138页。

④ 余英时：《朱熹的历史世界——宋代士大夫政治文化的研究》，三联书店2004年版，第497页。

⑤ 周必大：《题新安吏部朱公乔年稿》，《庐陵周益国文忠公集》（以下简称《文忠集》）卷46，清道光二十八年欧阳棨瀛塘别墅藏版，咸丰元年续刻本，南京图书馆藏。

⑥ 周必大：《史馆吏部赠通议大夫朱公松神道碑》，《文忠集》卷70。

⑦ 周必大：《论文海命名札子》、《皇朝文鉴序》，《文忠集》卷104。

常用有学问之人，乃为有补"①。两人还经常通信讨论道学等事宜。② 周必大与浙东学派的陈傅良也有交谊，淳熙三年（1176），陈傅良入临安为太学录，从此两人"交游三十年，心实敬爱不少忘。"③ 既有诗文唱和，④ 又有生活上的关心与学问上的探讨。⑤ 周必大因与张浚同事孝宗而得以结识其子张栻，其后两人私交甚笃，经常探讨道学问题，在两人的书札交往中，即保存有对"知行"问题的辩论。周必大和张栻由"知行"问题引发的争论，实际上反映的是南宋时期旧儒学与新理学之间的歧异互动的现象。

一、周必大与张栻交往之始

周必大（1126—1204），字子充，号省斋，庐陵（今江西吉安永和镇）人，绍兴二十一年（1151）进士，绍兴二十七年中博学宏词科，历任翰林学士、礼部、吏部、兵部侍郎、尚书，参知政事，枢密使，右丞相，左丞相等职。宁宗嘉泰四年去世，谥"文忠"。他参与了南宋前中期的许多政事，既有政府基层事务，也有朝廷高层机密，在政坛颇有影响力。同时，在文学和学术领域也有较高地位，四库馆臣评价云："必大以文章受知孝宗，其制命温雅，文体昌博，为南渡后台阁之冠。考据亦极精审，岿然负一代重名。著作之富，自杨万里、陆游以外，未有能及之者。"⑥ 张栻（1133—1180），字敬夫、钦夫，又字乐斋，号南轩，因读书于金陵天喜寺南轩小方丈，学者称南轩先生。以荫补入仕，孝宗即位，他因进言受孝宗赏识，"遂定君臣之契"。他一生主张抗金，反对议和，多次上书孝宗谓"与金人有不共戴天之雠"。曾任宣抚司都督府书写机宜文字、左司员外郎、吏部侍郎、侍讲等职。乾道七年（1171）因反对孝宗任命张说为签书枢密院事而出知袁州（今江西宜春），后又曾除秘阁修撰、荆湖北路转运副使以及知江陵府（今湖北荆

---

① 周必大：《行状》，《文忠集》附录卷2。

② 周必大：《书稿一·吕伯共正字》，《文忠集》卷186。

③ 周必大：《书稿三·陈梅州自修》，《文忠集》卷188。

④ 周必大：《陈君举示张孝恺行状且求诗孝恺尝摄令华亭有善状》，《文忠集》卷5。

⑤ 周必大：《书稿二·陈君举舍人》，《文忠集》卷187。

⑥ 《周益国文忠公集》提要，影印文渊阁《四库全书》，台湾商务印书馆1983—1986年版。

州）。① 张栻是南宋著名的道学家，他与朱熹、陆九渊、吕祖谦齐名，并称"东南三贤"，被陈亮誉为"一世学者宗师"，宁宗赐谥曰"宣"，后世尊称张宣公，元仁宗皇庆二年（1313）从祀孔子庙廷。张栻少师于胡宏，胡宏乃胡安国之子，胡安国受教于杨时、谢良佐等二程门人，所以张栻也是"程学"后人。② 张栻在继承师说的同时，对胡宏的思想有所修正和发展，成为湖湘学派的集大成者。

周必大和张栻交往始于何时呢？考据史料，他们的相识源于周必大与张浚的同僚关系。张浚，字德远，汉州绵竹人。一生力主抗金，孝宗隆兴元年，任枢密使。周必大此时任监察御史，兼权中书舍人。隆兴元年（1163），周必大奉祠回乡，出临安城便拜见时相张浚，当时张栻也在场，但周必大对他似不太熟悉，"（四月）丁卯，大风雨不止。早枢密使张魏公入奏事，舟过谒之，并见其子钦夫及属官冯圆仲。"③ 这应是两人的首次会面。其后，两人交往渐深。乾道六年（1170），周必大受召返回临安，甫抵京城，便受到好友的迎候，张栻也在其列。数日后，周必大公务之余受张栻之邀赴其晚会。④ 可以说，两人交往逐渐加深。

二、周必大与张栻的"知行"之辩

周必大和张栻不仅生活上常相往来，而且经常探讨与交流学术问题。乾道九年（1173），奉祠在家的周必大便写信给张栻，称自己闭门钻研学术，但苦于独学无友。"与伯共（吕祖谦）游才觉过差，辄闻箴儆，今乃相望数千里，谁与晤语？此怀殊耿耿也。郑景望学问醇正，见于履践。前日奉祠过此，仅得一面，其在闽中尝类程氏遗书、文集、经说刊成小本，独易传在外耳。留本相遗其意甚厚，但慵惰愚闇，无受道之质，深自愧也。（刘）文潜岁前至此，勇于革弊，民甚德之，刘枢到阙，未若得留大幸，某甚欲因游岳

---

① 《张栻传》，《宋史》卷429，第12770页。
② 真德秀撰：《西山读书记》卷31，影印文渊阁《四库全书》本。
③ 周必大：《归庐陵日记》，《文忠集》卷165。
④ 周必大：《乾道庚寅奏事录》，《文忠集》卷170。

求见，负罪多畏，势未能动。"① 虽然吕祖谦、郑景望、刘文潜等好友对周必大的学问都给予帮助，但他稍觉遗憾的是，囿于各种原因不能当面请益。出于信任，周必大将心中的苦闷向张栻和盘托出。同年，周必大在给张栻的另一封信中则道出了他难于辞命的苦衷，并向张栻求教："望兄仔细垂教，辞受有义本无可疑，只缘吁天无路，而当轴不以廉耻待士人，致此扰扰耳。"②囿于史料，未能见到张栻的回信，亦无法知道他如何宽慰周必大。但周必大于乾道八年写给刘清之的信札称："（张）敬夫却时复通问，每以力学为言。"③ 乾道九年写给吕祖谦信称："（张）钦夫时通问，屡欲访至，蓄缩未敢轻动也。"④ 可见，周必大和张栻是经常书信往复的。

不久，周必大又去信张栻，与之讨论"知行"问题，他说：

> 顷见士友云，人患不知道，知则无不能行。及以《五经》、《语》、《孟》考之，窃恐不然。盖颜子钻仰坚高，所见既已了然在目，非特知之者，然于进步尚且如此之难，况余人乎？只此一事，欲请教者甚多……迩来晚辈喜窃伊、洛之言，济其私欲。诘之则恫疑虚喝，反谓人为寒浅。非如庸夫，尚有忌惮。此事不可不杜其渐，高明以谓如何？⑤

周必大此封书信谈及三个问题：一是与张栻探讨"知则无不能行"的问题；二是询问张栻教授学生的情况；三是提出一些道学后辈"假先儒以济其私"的问题。周必大从"五经"，《论语》《孟子》等经典著作中考之，认为"知则无不能行"的观点是不对的，他举例称，即便如颜回这样有极高的"知"（钻仰坚高，所见既已了然在目），但"行"（进步尚且如此之难）还是难，常人就更难了。可见并不是有了"知"就一定能"行"。

张栻很快便致信周必大，并回答其三个问题。他说：

---

① 周必大：《书稿一·张钦夫左司》第一书，《文忠集》卷 186。
② 周必大：《书稿一·张钦夫左司》第二书，《文忠集》卷 186。
③ 周必大：《书稿一·刘子澄》，《文忠集》卷 186。
④ 周必大：《书稿一·吕伯共正字》，《文忠集》卷 186。
⑤ 周必大：《书稿一·张钦夫左司》第三书，《文忠集》卷 186。

垂谕或谓人患不知道，知则无不能行。此语诚未完。知有精粗，行有浅深，然知常在先，固有知之而不能行者矣，未有不知而能行者也。《语》所谓"知及之，仁不能守之"，是知而不能行者也。所谓"知之者不如好之者，好之者不如乐之者"，是不知则无由能好而乐也……盖致知、力行，此两者工夫互相发也。寻常与朋友讲论，愚意欲其据所知者而行之，行而思之，庶几所践之实而思虑之开明，不然贪高慕远，莫能有之，果何为哉？然有所谓知之至者，则其行自不能已。然须致知力行，工夫至到而后及此，如颜子是也。彼所谓欲罢不能者，知之至而自不能以已也。若学者以想象臆度或一知半解为知道而，曰知之则无不能行，是妄而已。不识高明以为如何？问及此间相从者。某迩来退缩岂敢受徒？但有旧日士子数辈时来讲问，亦不过以行远自迩，登高自卑之方语之耳。所谓晚辈假先儒之论以济其私者，诚如所忧。胡文定盖尝论此，然在近日此忧为甚。是以使人言学之难非是不告语之。正恐窃闻一言半句返害事耳。要亦如玉石之易辨，即其行实。①

对于"知则无不能行"的问题，张栻先是表明"知先行后"是无疑的，并指出"有知之而不能行者矣，未有不知而能行者也"。他认为知是行的先导，并引用《论语》中关于知行之语来印证"知先行后"的观点。不过他觉得这句话还未表述完整，所谓的知须是致知，行须是力行。因为知有精粗，行有浅深，若功夫未至（粗知浅行），则"知则无不能行"的观点是不能成立的。假若学者的知只是停留在想象中或是一知半解中就说"知则无不能行"，这是"妄而已"。在此基础上，他主张知行是相须并进的，也就是说，知在先，无"知"不能"行"，但"行"的进步又会推动"知"的发展，"知"的发展又促进"行"的深入。关于授徒情况，张栻称最近只有一些以前的士子来探讨学问。关于周必大所提出的道学后辈"假先儒以济其私"的问题，张栻也表示赞同，但他希望能全面客观地看待这个现象，不能听一言半句。

---

① 《寄周子充尚书》第二书，《南轩集》卷19，影印文渊阁《四库全书》本。

接到张栻回信，周必大又去信给张栻，继续讨论"知、行"问题。

> 　知与行之说，具晓尊意。鄙意盖有激而云。观嘉祐以前名卿贤
> 士。虽未尝极谈道德性命，而其践履皆不草草。熙宁以后，论圣贤学
> 者，高矣、美矣，迹其行事，往往未能过昔人。至于近世，抑又甚焉。
> 虽其间真学实能固自有人，然而上智常少，中人常多，深恐贪名弃实，
> 相率为伪，其害有不可言者。且孔子善诱不倦，而二三子犹疑其有隐，
> 则其诲人固有先后，未尝一概语以极致也。子路有闻未之能行，惟恐
> 有闻，则学者进德，亦有次第，未敢遽以圣贤自期也。此事要非会面
> 莫能尽，若兄明年来宜春，尚图避席。①

　　周必大对张栻所阐述的"知行观"不太赞同，尤其不赞同张栻所提出
的"未有不知而能行者"的观点，他举例称，嘉祐以前的名卿贤士，虽没有
"知"（道德性命）的指导，但却有很好的"行"（践履），而熙宁以后，学者
虽极论圣贤之道（"知"），但他们"行事"却不如前辈。现在的道学之士就
更无法与嘉祐以前名士相比了。他觉得熙宁以后的伊洛之学可能只有上智之
人能"行"，而大多数则只是"贪名弃实，相率为伪"。不难看出，周必大对
道学之士是颇有微词的，正如其所言："鄙意盖有激而云。"至于所激为何？
余英时先生认为是由周必大对朱熹门人的不满造成。② 周必大觉得学问是通
过不断学习和钻研获得的，而现在的道学之士则过于自负，急于达到圣贤之
道。这种现象的危害性极大，为此，他希望与张栻能够面见详议此事，故信
末邀请张栻明年到袁州（今江西宜春）会面。

　　接到周必大信函后，张栻很快作出回应，回信称：

> 　垂谕近世学者徇名忘实之病，此实区区所忧者。但因学者徇名忘
> 实而遂谓学之不必讲，大似因噎废食耳。后世盗儒为害者多矣，因夫
> 盗儒之多而遂谓儒之不可为，可乎？熙宁以来，人才顿衰于前，正以

---

①　周必大：《书稿一·张钦夫左司》第四书，《文忠集》卷 186。
②　余英时：《朱熹的历史世界》，三联书店 2011 年版，第 501 页。

王介甫作坏之故，介甫之学，乃是祖虚无而害实用者。伊洛诸君子，盖欲深救兹弊也。所谓圣人诲人有先后，学者进德有次第，此言诚是也。然所谓先后、次第要须讲明，譬如适远，岂可不知路之所从，不然只是冥行而已。至如所谓不可以圣贤自期者，则非所闻。大抵学者当以圣贤为准，而所进则当循行序，亦如致远者以渐而至。若志不先立，即为自弃，尚何所进哉？所欲言者要须面尽。①

张栻也承认道学之士中确有些学者是"徇名忘实"，但他认为不能因为此弊就放弃"道学"。就如同社会上出现了很多口称仁义而行如盗贼的"盗儒"之人，若因此抛弃儒学，岂不是"因噎废食"？至于熙宁以来名士不如往昔的问题，张栻认为主要原因不在于道学的兴起，而在于王安石的"虚无害实"之学，伊洛之学的出现恰是为了革除这种弊端。关于"知行"问题，张栻再次强调"知"是先导，没有"知"作为指导的"行"只能是"冥行"。关于道学晚辈自负问题，张栻亦不赞同，他认为学者当以圣贤为准，然后循序渐进地向圣贤靠拢。只有立下以圣贤为准的志向，才能在学问上有所长进，学者不先立志，则是自弃，根本谈不上"进"。

此后，张栻又给周必大去信一封，对伊、洛之学和知行问题作了进一步阐述，他说：

垂谕子澄（刘清之，字子澄，临江人）所疑，且云禅，初不知其得失，不欲随众诋之。伊川未窥其闻奥，不敢以言语称道，足见君子所存之忠信也。第以某愚见，所谓不知其得失者，要当穷究其得失果何如？未窥其闻奥者，当穷究其闻奥果何如？讲论问辨，深思熟虑，必使其是非浅深了然于胸次，此乃致知之要，入德之方。岂可含胡闪避而已也？每窃敬叹下风，故所怀亦不复敢隐。有以见教，是所望也。②

---

① 《寄周子充尚书》第二书，《南轩集》卷19。
② 《寄周子充尚书》第三书，《南轩集》卷19。

囿于史料，未能见到周必大对此所作出的回应。淳熙六年（1179），周必大给张栻的一封信函主要是讨论时政、友人以及自己处境等，而未提及"知行"问题。① 同年，周必大还和张栻一起为好友胡长彦送行。② 不幸的是，淳熙七年（1180），张栻去世，周必大知悉好友早逝，为失去一位难得的学术之友而悲痛不已，撰写祭文，以抒悲意。③ 二十年后，当周必大再次读到好友张栻的文集时，竟梦见亡友，于是作诗感怀："道学人争说，躬行少似君。中心惟主一，余事亦多闻。湖广规模远，濂伊讲习深。平生忠与敬，仿佛在斯文。"④ 从诗文内容可见，周必大虽然对"人争说"的道学似有一定成见，但对张栻一生致知力行、发扬濂伊之学的品行是极为佩服的。

结　语

"知行"问题是中国思想史上的一个重要问题，所谓"知"，指认识、知识或道德意识，是对传统伦理道德观念和规范的继承和体认，即道德认识。所谓"行"，指实行、行为、行动，主要是指对传统伦理道德的践履，即道德实践。从先秦开始，哲人就开始讨论人类的致知和践履问题并由此形成了知行学说。《左传·昭公十年》中有："非知之实难，将在行之。"《尚书·说命中》也提出："知之非艰，行之惟艰。"关于知、行关系，孔子认为知是先于行的，所谓"生而知之者，上也。学而知之者，次也"⑤。孟子提出良能良知说："人之所不学而能者，其良能也；所不虑而知者，其良知也。"⑥也是强调知是形成于行之前的。宋代理学家则继承和发展了孔孟的知行观，程颐说："说到底，须是知了方行得。……不致知，怎生行得。"⑦ 他甚至将知和行比作光照与走路的关系："须是识在所行之先，譬如行路，须得光照。"⑧

① 周必大：《书稿一·张钦夫左司》第五书，《文忠集》卷186。
② 周必大：《次张钦夫经略韵送胡长彦司户还庐陵》，《文忠集》卷7。
③ 周必大：《祭张敬夫殿撰文》，《文忠集》卷38。
④ 周必大：《读张敬夫南轩集夜梦赋诗》，《文忠集》卷42。
⑤ 《论语集注·季氏第十六》卷8，《四书章句集注》，中华书局1983年版，第172页。
⑥ 《孟子集注·尽心章句上》卷13，《四书章句集注》，第353页。
⑦ 《刘元承手编》，《河南程氏遗书》卷18，《二程集》，中华书局1981年版，第187页。
⑧ 《谢显道记忆平日语》，《河南程氏遗书》卷3，《二程集》，第67页。

所以，二程始终强调知是行的先导。所谓"故人力行，先须要知。非特行难，知亦难也。《书》曰：'知之非艰，行之惟艰。'此固是也，然知之亦自艰。譬如人欲往京师，必知是出哪门，行哪路，然后可往。如不知，虽有欲行之心，其将何之？"① 朱熹也继承了"知先行后"的观点，他说："夫泛论知行之理，而就一事之中以观之，则知之为先，行之为后，无可疑者。"行是要靠知来指导的，所谓"夫泛论知行之理，而就一事之中以观之，则知之为先，行之为后，无可疑者。"② 他还强调"事事都有个极至之理，便要知得到。若知不到，便都没分明；若知得到，便著定恁地做，更无第二著、第三著。"③ 他还说："义理不明，如何践履？"④ 也就是说，没有知的指导，就无法行动，因此先知而后行。

从周必大与张栻的书信内容可知，两人在"知行"问题上是有歧异的。张栻秉承的是理学先师的知行观，认为"知尝在先，而行未尝不随之也"。他说："所谓知之在先，此固不可易之论。"⑤ "所谓讲学者，宁有它求哉？致其知而已。知者吾所固有也，本之六经以发其蕴，泛观千载以极其变，即事即物，身亲格之，超然会夫大宗，则德进业广。"⑥ 张栻不仅主张"知先行后"，而且对此作了新的阐发，他在给吴翌的书信中指出："所谓知之在先，此固不可易之论。但只一个'知'字，用处不同，盖有轻重也。如云'知有是事'则用得轻，'匹夫匹妇可以与知'之类是也；如说'知底事'则用得重，'知至至之'之知是也。在未识大体者且当据所与知者为之，则渐有进步处。工夫若到，则知至。知至矣，当至之，知终矣，当终之，则工夫愈有所施而无穷矣。所示有云'譬如行路，须识路头'，诚是也；然要识路头，亲去路口寻求方得，若只端坐于室，想象跋而曰：'吾识之矣'，则无是理也。元晦所论知字，乃是谓知里之知。要之，此非躬行实践则莫由至。但所谓躬行实践者，先须随所见端确为之，此谓之知常在先则可也。"⑦ 因此，在

① 《刘元承手编》，《河南程氏遗书》卷18，《二程集》，第187页。
② 《答吴晦叔》，《朱文公文集》卷3，《四部丛刊》本。
③ 《朱子语类》卷15，《四部丛刊》本。
④ 《朱子语类》卷9，《四部丛刊》本。
⑤ 《答吴晦叔》，《南轩集》卷19。
⑥ 《送张荆州序》，《南轩集》卷15。
⑦ 《答吴晦叔》，《南轩集》卷19。

"知行"先后的问题上，张栻和朱熹是保持一致的，他在给朱熹的信中也谈
到："知之而行，则譬如皎日当空，脚踏实地，步步相应；未知而行者，如暗
中摸索，虽或中，而不中者亦多矣。"①

周必大则不赞同"知先行后"的观点，尤其是不同意道学家所提出的
"知则无不能行"以及"未有不知而能行者"的论断，并举例反驳张栻。更
为重要的现象是，周必大在与张栻的书札中多次提出对道学之士的意见，在
他看来，道学似乎只有上智之人才能践履，大多数的人只是借道学之名"贪
名弃实，相率为伪"。他给郑伯熊的信中即谈到此问题："大凡深于学，必能
合乎内外之道。近世士人稍通其说，则谓施于事者便与圣贤合。自信太早，
而不知他日未免害道。所赖吏部及钦夫二三公，推所蕴以觉来者，于抑扬去
取间，使是非深浅，皆有所别，自然儒效日白于世。"② 他认为学者若真正深
入钻研儒学，是可以"合乎内外之道"，而现在道学人士则稍微接触，即自
负已达到"圣贤"境地。所以他很反感这些道学之士，劝诫郑伯熊和张栻
等人要通过自己的影响来努力改变这种不良现象。此后，他又去信吕祖谦，
聊及此问题："元晦一意古学，固无可议。只是晚辈喜假其说，轻试而妄用。
其于许可之际，更劝其致审为佳。"③ 虽然周必大对朱熹比较敬重，但对朱熹
的道学后辈却意见较大，因此他希望朱熹能对这些后辈有所"致审"。朱熹
后来专门致信作以回应：

> 唯是所与子约书中，疑"学道三十年"为后学之言者，则熹深惑
> 焉，而尤以为不可以不辨，不审明公何所恶于斯言而疑之也。以道为
> 高远玄妙而不可学邪？则道之得名，正以人生日用当然之理，犹四海
> 九州岛百千万人当行之路尔。非若老、佛之所谓道者，空虚寂灭而无
> 与于人也。以道为迂远疏阔而不必学耶？则道之在天下，君臣父子之
> 间，起居动息之际，皆有一定之明法，不可顷刻而暂废。故圣贤有作，
> 立言垂训以著明之，巨细精粗，无所不备。而读其书者必当讲明究索，
> 以存诸心，行诸身，而见诸事业，然后可以尽人之职，而立乎天地之

① 《答朱元晦》，《南轩集》卷30。
② 周必大：《郑公景望吏部》，《文忠集》卷186。
③ 周必大：《吕伯恭正字》，《文忠集》卷186。

间。……若谓欧公未尝学此，而不当以此自名耶？则欧公之学虽于道体犹有欠阙……若谓虽尝学之，而不当自命，以取高标揭已之嫌耶？则为士而自言其学道，犹为农而自言其服田，为贾而自言其通货，亦非所以为夸。……顾熹之愚，独有未能无疑者，是以不敢默默而不以求正于有道。所恨伪学习气已深，不自觉其言之狂妄，伏惟高明恕而教之。①

不难看出，朱熹对周必大指责道学及其后辈是非常不满意的，并向他详细阐述了道学的合理性所在。周必大提出的道学之士自负的问题，朱熹则认为是以圣贤自期是正常的"自言学道"，并不是自负。

由此可见，周必大与张栻在"知行"问题的辩论过程中，从私下友情而言相互尊重对方，而且作为政治家的周必大与同时期的理学名家均交谊深厚，并对朱熹、张栻、郑伯熊、吕祖谦等人的致知力行深怀敬意，这也反映了南宋政坛士人与理学士人的交往之态。但不可否认的是，两人在学术观点上则各持己见。同时，周必大还多次提出对道学及道学之士的一些质疑，并表示出对熙宁以后理学的不太赞同。他在给张栻的信中则极力推崇嘉祐以前的儒学，如范仲淹、李觏、欧阳修、苏轼、王安石等人的儒学主张，恰巧朱熹和张栻在给周必大的信中则代表理学家批评王安石的儒学为"虚无害实"之学，伊洛之学恰是来消除这些弊端的。由此可知，周必大和张栻两人由"知行"问题而引发的辩论实际上是以周必大代表的北宋旧儒学与以张栻代表的南宋新理学之间的歧异，这应是我们观察南宋时期旧儒学与新理学交锋互动的鲜明个案。

（作者单位：南昌大学人文学院江右哲学研究中心）

---

① 《答周益公》，《晦庵集》卷38。

张栻对张浚学术的继承与扬弃

金生杨

　　"东南三贤"之一的张栻是湖湘学派的核心人物。作为"一代学者宗师"，他幼承庭训，从小接受其父张浚的学术熏陶，师承胡宏更是奉父命而为。但他再见而胡宏没，直接接受胡宏的训导并不多。显然，张栻的学术与张浚有着密切的关系。张栻如何继承和扬弃张浚学术更应受到重视。不过，学术界虽关注张浚对宋代学术的影响，但对其本身的学术并没有太多重视，① 至于张栻如何继承、扬弃张浚学术，就少有涉足了。张栻如何继承与扬弃张浚学术显然是十分复杂的问题，笔者在此仅略陈一二，以引其端，多有不当，望方家指正。②

一、觉心悟性，以心悟《易》

　　张栻学术思想中有强烈的心学化气息，已为学者所关注，③ 但这一思想

---

　　① 参见梁太济：《赵鼎张浚分歧及其与道学的关系》，载田余庆主编：《庆祝邓广铭教授九十华诞论文集》，河北教育出版社1997年版，第469—478页；何俊：《南宋儒学建构》，上海人民出版社2004年版，第10页；沈松勤：《南宋文人与党争》，人民出版社2005年版，第39—47页；金生杨：《张浚与洛学》，《西华大学学报》2011年第6期；金生杨：《张浚与佛教》，《世界宗教研究》2012年第2期；金生杨：《张浚与新学》，未刊稿。

　　② 胡昭曦：《论张栻的学术源流》。文章曾从师承的角度对张栻的学术渊源及其学术流传作了深入的考察，参见邓广铭、漆侠主编：《国际宋史研讨会论文集》，河北大学出版社1992年版，第175—189页；胡昭曦：《胡昭曦宋史论集》，西南师范大学出版社1998年版，第229—244页。

　　③ 参见侯外庐、邱汉生、张岂之主编：《宋明理学史》上册，人民出版社1997年版，第

与张浚有莫大的关系，却少为人所认识。①

张浚发明孟子之说，正君心之非，非常注重治心的重要性。他曾上奏说："臣闻帝王之学，以治心修性为主。心本至静，因欲而动。欲不必邪欲，凡有外慕皆欲也。性本至善，因习以成，欺伪既生，遂拂天理。……帝王以天为宗，以礼为门，以敬为辅。心敬则畏天，如天之常在左右上下。诚自此立，治自此出，卓乎后世不可及也。"②张浚认为心本至静至善，因为欲念欺伪而动为不善，必须去欲为善，其关键则在于敬畏上天，以立其诚。绍兴三十二年（1162）七月，张浚又上奏孝宗说："人主之学本于一心，一心合天，何事不济？所谓天者，天下之公理而已。人主惟嗜欲私溺有以乱之，失其公理。故必须兢兢业业，朝夕自持，使清明在躬，惟是之从，则赏罚举措无有不当，人心自归，丑虏自服。"③学以心合天理为本，如此天下无不治；天理之失，在于嗜欲乱之，必修心养性，主诚敬，去嗜欲，然后复之。明代杨廷和对张浚此说非常欣赏，以为"其本原皆自圣贤学问中来，非汉、唐以下规规于功利之末者比"④。总之，张浚"论事于上前，必以人君当正心务学，修德畏天，至诚无倦为先"⑤，乃是其以治心修性格君心之非思想的真实体现。

张栻完全继承了张浚格君心之非的思想，更强化了天理、人欲之辨。在他看来，"心本无非，动于利欲，所以非也。君之心方且在利欲之中，滋长蔽塞，则是非邪正莫知所适，而万事之统隳矣，故当以格其心非为先"。如果"心非未格"，即便"责其人才，更其政事，幸其见听而肯改易，他日之所用所行，亦未必是也"，因为"其源流不正，不可胜救也"。相反，如果

323—324 页；陈谷嘉：《张栻与湖湘学派研究》，湖南教育出版社 1991 年版，第 33—38 页；陈谷嘉、朱汉民：《湖湘学派源流》，湖南教育出版社 1992 年版，第 223—228 页。

　① 参见金生杨：《宋代巴蜀易学研究》，四川大学 2007 年博士论文，第 122—180 页。

　② 杨士奇等编：《历代名臣奏议》卷 8，文渊阁《四库全书》本。

　③ 《少师保信军节度使魏国公致仕赠太保张公行状下》，《朱熹集》卷 95 下，四川教育出版社 1996 年版，第 4875 页。

　④ 杨廷和：《新建宋丞相魏国张公父子祠堂碑记》，杨慎《全蜀艺文志》卷 37，线装书局 2003 年版，第 1106 页。

　⑤ 杨万里撰，辛更儒笺校：《杨万里集笺校》卷 115，《张魏公传》，中华书局 2007 年版，第 4423 页。

"心非既格，则人才、政事将有源源而日新矣"①。在与朱熹的讨论中，张栻也以此为关键。他有感于孝宗之初，士大夫"不悦儒学，争驰乎功利之末，而以先王严恭寅畏、事天保民之心为迂阔迟钝之说"，称为"今日大患"，自己"向来对时亦尝论及此"，仍"恨无人朝夕讲道至理，以开广圣心，此实今日兴衰之本也"②。张栻不仅从学理上格君心之非，而且亲体实践，在孝宗面前大谈天理人心，以为"陛下上念宗社之雠耻，下闵中原之涂炭，惕然于中而思有以振之。臣谓此心之发，即天理之所存也"，"今日之事，固当以明大义，正人心为本"③。直到临终之前，张栻还手疏"愿陛下亲君子，远小人，信任防一己之偏，好恶公天下之理"④。

张浚主张"以心体《易》，以《易》行世"，顺乎天理而行。在他看来，圣人先求天地之理于心，然后将其著录于书，完成《周易》的制作。他说："圣人以心体《易》，以身用《易》，以书载《易》。《易》之至神，我心先得。寓以象数，其理曲尽。"⑤ 圣人用心去体会易道，用身去实践易道，最终将易道载之于书，又通过象数，将易道展露无遗。也就是说，圣人先体悟再践履。就体悟而言，张浚认为《易》是"天地之心"的化身，原本于"在天成象"的"自然之文"，"在地成形"的"自然之理"，圣人通过"虚一而静"的为学方法，"吻合天地而得其所以为心"，又通过"仰观俯察"，将"自然之文"与"自然之理"，"会之于心"，从而实现人心与天地之心的吻合，然后"著为《易》书"，再现"天地之心"于《易》。⑥ 在体悟上，"圣人以一心之微，稽诸天地"，著成《周易》，实现了"阴阳在吾身，造化在吾手，心法之一，与天地并"。但圣人并不满足于此，还实际践履运用，"阐万理于太极，揆常变于卦爻"⑦，"因心以立数，因数以立卦"，复因"卦之成体"而象具，"卦之列位"而爻成，通过"言之于象，道以之显"，"言之于爻，道

① 《孟子说》卷4，《张栻全集》，长春出版社1999年版，第362页。
② 《答朱元晦》，《南轩文集》卷22，《张栻全集》，第859页。
③ 《右文殿修撰张公神道碑》，《朱熹集》卷89，第4546、4547页。
④ 《遗奏》，《南轩文集》卷8，《张栻全集》，第664页。
⑤ 张浚：《系辞上》，《紫岩易传》卷7，台湾商务印书馆文渊阁《四库全书》本1983年版。
⑥ 《系辞上》，《紫岩易传》卷7。
⑦ 《系辞上》，《紫岩易传》卷7。

以之通"①。因此,《易》书之成,经历了圣人得心、立数、立卦、成象、显道的一系列过程。当然,这几个方面也不能过于拘泥,有其因自然而设,出于心意之一的内涵在。所以张浚又说:"《易》本于天,肇于数,形于象,具于卦,变于爻,成于自然。盖太极之道在天地先,以我至虚,流出万有。圣人会太极于一心,因其自然,揲数以出之,立象以阐之,设卦以命之,画爻以通之。天地神明之理,阴阳不测之用,万物无穷之化,自形自色,自纤自悉,神理妙用,总括无遗。"②

张浚认为《周易》只不过是历史的陈迹,真正有价值的是,要学习圣人体悟天道以成《周易》的知行之法,通过体悟《周易》中所蕴含的天理,将之运用于心身行世。他说:"夫书,《易》之迹也,蹈其迹而不明夫道,何以致受命之速?惟以心体《易》,《易》全于心,有为有行,言无非《易》,兹其所以能有格也欤?然则君子之问《易》在心而不在迹矣。"③ 也就是说,圣人得于心而著于《易》的悟道、用道之法也是后人学《易》、用《易》之法。张浚指出:"《易》本无也。《易》以一起。圣人清明在躬,得一于心,神物应之,其志以定。一之所统,了无遗焉。以自然之数,发自然之象,阐自然之理,生化之功于此不息,而易道于以大明。后之学《易》者,诚能致知止之功,极静定之理,复诚明之性,《易》之为一,我自得之,反身以求,万物皆备。"④ 圣人用"清明"之志得道于心,著而为《易》,以自然之象数阐发自然之道理,最终得生生不息的造化之功。后来的学者学《易》,所需要的功夫也在于"知止""静定""复性"。只要做到了这种悟道和践履的功夫,不但能够格物致知,通照万理,而且在酬酢致治方面也会得心应手。"夫天下万物之理不外乎《易》,以心体《易》,以《易》行世,如鉴之设,如水之止,有形有色,皆不能遁其情。自非精一不二,其能清明在躬,有所照烛若此哉?"⑤《易》书只是圣人之陈迹,真正的易道天理却在心中,心与《易》合,并用之于世才是学《易》的归趣。

---

① 《系辞上》,《紫岩易传》卷7。
② 《系辞下》,《紫岩易传》卷8。
③ 《系辞上》,《紫岩易传》卷7。
④ 《系辞上》,《紫岩易传》卷7。
⑤ 《系辞上》,《紫岩易传》卷7。

"以心体《易》，以《易》行世"正是张浚为学之法的一贯体现。其《双溪阁铭》称："万物同体，孰一其视？性圣德大，涵濡以心。我来双溪，默识帝意。一念昭澈，仁塞天地。"① 这同样是强调用心去涵濡体悟大道。具体而言，乃是静默心悟。他说："学者当清明其心，默存圣贤气象，久久自有见处。"②"留意圣贤之学，爱养精神，使清明在身，自然读书有见处。以之正身正家，而事业从此兴矣。"③ 张浚还以此与学人共勉，"尝为屏山刘公（子翚）书云：'无他用心，惟静默体道，卒究圣人心法。'"④ 朱熹总结张浚之学，以为其学"以虚静诚一求之于天为本，故其与人言亦未尝不依于此"⑤，其"奥学妙于心通"⑥。"虚静诚一""奥学心通"之说有静中养出端倪，静中体验天理之意，与周敦颐"主静立人极"，程颢"静坐可以为学"，罗从彦、李侗等"相传指诀"，"于静中体认大本未发时气象分明"相似，⑦ 而与程颐、朱熹"只用敬，不用静"的求道之法有异。⑧ 此外，邵雍称："先天学，心法也，故图皆自中起，万化万事皆生于心。"⑨ 魏了翁称赞说："众人以《易》观《易》而滞于《易》，邵子以《易》观心而得乎心。滞于《易》则象数文字然耳，得乎心则天地万物与我一本也。"⑩ 张浚曾师从谯定、苏元老，其主张虚静，既有谯定佛学化倾向的因素，也有苏氏融合老、庄、佛道的内涵，更与他本人亲近圆悟克勤、宗杲、宗达等佛教中人有关。张浚为"颇通易学旨要"的寂照禅师作铭就说："太极混成，全体不露。象数既分，尘尘毕举。夫惟寂然，乃能通故。一以知万，一亦莫睹。寂然如斯，作佛作祖。"⑪ 张浚推崇无心而感，则多少受到苏轼学的影响。他说："天地以无心相感，流动

① 张浚：《双溪阁铭》，曾枣庄、刘琳主编：《全宋文》第 188 册，上海辞书出版社、安徽教育出版社 2006 年版，第 138 页。

② 《少师保信军节度使魏国公致仕赠太保张公行状下》，《朱熹集》卷 95 下，第 4900 页。

③ 魏了翁：《跋张魏公帖》，《鹤山先生大全文集》卷 61，《四部丛刊》本。

④ 张献之：《紫岩易传跋》，《紫岩易传》卷末。

⑤ 《跋张魏公与刘氏帖》，《朱熹集》卷 81，第 4205 页。

⑥ 《少师保信军节度使魏国公致仕赠太保张公行状下》，《朱熹集》卷 95 下，第 4901 页。

⑦ 《答何叔京》，《朱熹集》卷 40，第 1841—1842 页。

⑧ 《朱子语类》卷 102，中华书局 1986 年版，第 2596—2597 页。

⑨ 邵雍：《观物外篇上》，《皇极经世书》卷 13，文渊阁《四库全书》本。

⑩ 《书潼川柳彦养墓碑阴》，《鹤山先生大全文集》卷 62。

⑪ 张浚：《寂照庵颂》，扈仲荣等：《成都文类》卷 48，文渊阁《四库全书》本。

之功出焉。圣人之感人心亦以无心，无心故格，格故化。"① 在《易传》中，张浚还多次引述老、庄之说，其"以心体《易》之说"受道家思想影响显而易见。

张栻明显继承了张浚之说，主张识心、明心，觉心悟性，悟《易》于心。他说："圣人悟《易》于心，觉《易》于性"②，"圣人之于《易》，觉之于心，悟之于性，神而明之，默然而成之"③。对于颜回"有不善未尝不知，知之未尝复行"，张栻认为"此非因人而知，乃悟之于心，觉之于性也，故曰'复以自知'"④。不依靠于外人而知，不满足于言意之表，而推求于心性，从而有所自知，心与《易》合，由此获得《周易》之道。圣贤之人"传之于心"而"悟之于理"⑤，所以即使不言《易》，也实得《易》之道。张栻推源圣人制作三《易》，以为其法也不外乎此，"圣人之心与天地之心相似"⑥，"今夫伏羲之始作八卦，神农之制耒耜，黄帝之迎日推策，尧之历象日月星辰，舜之在璇玑玉衡以齐七政，夏禹之《连山》，成汤之《归藏》，文王之重卦，武王之《洪范》，孔子之《十翼》，皆觉之于心，悟之于性，其聪所以闻天下之不闻，其明所以见天下之不见，其睿则默识心通，不待教而能者乎！其知则神解意悟，不待学而知者乎！"⑦ 圣人之制作原于觉心悟性，与天地造化为一，从而将天地之心转化为《易》。不但如此，"圣人悟《易》于心，而天道变化、人事云为，得之于心者如此"，从而"知几之神，吉事有祥"，"象事知器，占事知来"⑧，出神入化，功用无穷，学者学《易》，舍觉心悟性莫能。张栻不仅讲求以心体悟，更将心的地位提升，以为"心也者，贯万事，统万理，而为万物之主宰者也。致知所以明是心也，敬者所以持是心而勿失也。故曰主一之谓敬，又曰无适之谓一。噫！其必识夫所谓一而后有以用力也"⑨。不

① 《咸》，《紫岩易传》卷4。
② 《南轩易说》卷1，《张栻全集》，第17页。
③ 《南轩易说》卷2，《张栻全集》，第21页。
④ 《南轩易说》卷2，《张栻全集》，第35页。
⑤ 《南轩易说》卷1，《张栻全集》，第17、18页。
⑥ 《南轩易说》卷1，《张栻全集》，第13页。
⑦ 《南轩易说》卷1，《张栻全集》，第10页。
⑧ 《南轩易说》卷2，《张栻全集》，第40页。
⑨ 《敬斋记》，《南轩集》卷12，《张栻全集》，第724页。

过，张栻对以心悟《易》也有一定的调整，一方面接受程颐"涵养须用敬，进学则在致知"的思想，不再以虚静为本，而主张"孟子所谓持志者，即敬之道也，非持其志其能以集义乎？敬与义，盖相须而成者也"①；另一方面又向训诂、义理的实学方面靠拢，与张浚的虚静诚一的心通之说有所不同。在《答陆子寿》中，他就说："如笺注诂训，学者虽不可使之溺乎此，又不可使之忽乎此，要当昭示以用工之实，而无忽乎细微之间，使之免溺心之病，而无躐等之失，涵濡浸渍，知所用力，则莫非实事也。"② 在具体办法上，张栻主张循辞揆方。他说："大抵《易》之辞，其告人也各指其所之，有上有下，有内有外，循其辞而揆其所指之方，则不迷其所向。"③ 这就是说，体悟《易》，要通过其辞而知其义指，而不陷溺于"言意之表识《易》"。张栻认为《易》有深蕴，当深察细究，反复玩味，如果从文字表面来看待《易》，则失其内涵，不得其旨。他说："夫所谓《易》者何哉？圣人之言曰：'生生之谓《易》。'又曰：'天地定位，而《易》行乎其中矣。'又曰：'乾坤成列而《易》立乎其中矣。'此岂独谓此数卷书乎？其必有所谓矣。而此数卷之书所以述其蕴也。言有尽，蕴无穷，故学者必于言意之表识《易》，而后《易》可读也。"④ 所谓"必于言意之表识《易》"，就是指必须超越文字训诂之表，体会其背后所包含的深刻内涵。张栻举出《系辞》中多次对《易》内涵的解释，也就是要求综合体会《周易》文辞，多角度认识、把握《易》理，而不为文字本身所束缚。张栻甚至认为《系辞》本身就含有此层意识。他说："《大传》，后世所传圣人之言，其终之以'神而明之，存乎其人。默而成之，不言而信，存乎德行'，深虑天下后世徒泥其简册言语，而不能求圣人之心者乎？"⑤ 孔子作《系辞》已暗示学《易》不可拘泥于文辞，而在孔子之前，"伏羲、神农至黄帝、尧、舜之时，上下数千百年，无一简册之可传，言语之相授"，而圣人观象制器，应世而变，"所谓'易穷则变，变则通，通则久'者，皆先圣、后圣以心相传故也"⑥。张栻虽然仍主张以心悟《易》，但却强

---

① 《公孙丑上》，《孟子说》卷2，《张栻全集》，第282页。
② 《答陆子寿》，《南轩集》卷26，《张栻全集》，第920页。
③ 《南轩易说》卷2，《张栻全集》，第37页。
④ 《寄刘共甫枢密》，《南轩集》卷19，《张栻全集》，第811页。
⑤ 《南轩易说》卷1，《张栻全集》，第18页。
⑥ 《南轩易说》卷2，《张栻全集》，第23页。

调从文字训诂的角度去体悟，从而引向了二程的居敬格物之说，与张浚之说渐行渐远。他告诫潘端叔（友端）就说："大抵读经书须平心易气，涵泳其间。若意思稍过当，亦自失却正理。要切处乃在持敬，若专一工夫积累多，自然体察有力。只靠言语上苦思，未是也。"①

与张浚混合释老不同，张栻则通过形上形下、道器之辨，对易道与老、庄之道作了分别，从而继承改造了张浚体《易》、用《易》的思想。他说："道不离形，特形而上者也；器异于道，以形而下者也。试以天地论之。阴阳者，形而上者也。至于穹窿磅礴者，乃形而下者欤？离形以求道，则失之恍惚不可为象，此老庄所谓道也，非《易》之所谓道也。《易》之论道器，特以一形上下而言之也。然道虽非器，礼乐刑赏是治天下之道也，礼虽非玉帛，而礼不可以虚拘；乐虽非钟鼓，而乐不可以徒作。刑本遏恶也，必托于甲兵，必寓于鞭扑；赏本扬善也，必表之以旗常，必铭之于钟鼎。是故形而上者之道托于器而后行，形而下者之器得其道而无弊。圣人悟《易》于心，觉《易》于性，在道不拘泥于无，在器不堕于有。徼妙并观，有无一致，故化而裁之者，明乎道器，穷而能变也。推而行之者，察乎道器，变而能通也。举而措之天下之民，以至于为网罟，为耒耜，作舟车，作书契，天下后世不可无，万世不可易，乃推其道器举而措之天下，而世之人指之为事业也。"②道器之所以有不同，乃在于它们有形上形下的差别，比如"阴阳"就是形而上的道，而"穹窿磅礴者"乃是形而下的器。道器虽然有分别，但它们又是密切相联系的，有体与用的关系，这就是"形而上者之道托于器而后行，形而下者之器得其道而无弊"，正如礼乐刑赏作为治天下之道，需要托付于玉帛、钟鼓、甲兵、鞭扑、旗常、钟鼎之器才得以实施。《周易》之道是托器而行的道，是可以付诸实用的道，所以圣人依据它"为网罟，为耒耜，作舟车，作书契"，干出了一番又一番的事业。易道虽然如此，但在历史上被王弼等玄学家所形成的玄学易派以老、庄虚无之道所掩蔽。老、庄之道之所以有问题，关键在于它割离了道器之间的联系，就道论道，最终恍惚而不可为象，让人摸不到头脑，而不能举而措之天下，以成就事业。因此，

① 《答潘端叔》，《南轩集》卷19，《张栻全集》，第821页。
② 《南轩易说》卷1，《张栻全集》，第16—17页。

张栻所悟的《易》，所觉的性就与老庄之道有了本质的区别。

张栻着意于学问的道德躬行，强调"圣门实学，贵于践履，隐微之际，无非真实"①。他对圣人与《易》的关系作出新的诠释，又从道器的角度将易道与老庄之道相区别，不仅对其父以心体《易》说加以醇化，还是对其用《易》思想的继承弘扬，是其长于经济，注重实用的切实表现。此外，张栻兼重象数与义理，而尤重《系辞》，既是对二程学说的进一步发扬，又是继承其父易学思想基础上的新进境。他与朱熹不同，不谈图书，对邵雍之学虽重视，却舍其数学不谈，而关注于世道人心，纲常伦理，以道为用的经世致用思想更为突出。"南轩弟子多留心经济之学"②，具有事功倾向，显然是对其学的继承发扬。

张栻的心学化思想，往往被单方面地理解为接受了胡宏的影响。朱熹就称："敬夫说本出胡氏。胡氏之说，惟敬夫独得之，其余门人皆不晓，但云当守师之说。"③"陆子静之学，只管说一个心本来是好底物事，上面著不得一个字，只是人被私欲遮了。……南轩初年说，却有些似他。"④ 张栻觉心悟性之说有着明显的心学化倾向，而张栻师事胡宏，胡宏则师承杨时、侯仲良，为二程的再传弟子，本具有明显的心学倾向。因此，将张栻的心学思想追溯于胡宏无可厚非，但却忽略了张浚的影响。事实上，张浚才是对张栻心学思想影响最先甚至最大的人。

二、忠清非仁、居敬主一

张栻的识仁是在幼承张浚忠孝勤俭等思想基础上，经胡宏"忠清非仁"点拨而申发出来的，而其居敬主一说又与张浚的心悟诚说等思想有密切相关性。

张浚对忠孝勤俭等有较多的阐发与践履。张浚以忠君爱国为立身之

---

① 《述而》，《论语解》卷 4，《张栻全集》，第 117 页。

② 黄宗羲、全祖望：《岳麓诸儒学案》，《宋元学案》卷 71，中华书局 1986 年版，第 2383 页。

③ 《朱子语类》卷 103，第 2606 页。

④ 《朱子语类》卷 124，第 2981—2982 页。

本，以"举大义以清中原"为"平生心事"①，重忠信，守孝弟。在《与连壅帖》中，他提出"富贵不足道，孝弟忠信可以垂名百世，利泽万物"的思想。② 这一思想不仅限于学术言语，而且见诸行事，更有家学的渊源。史载张浚"事母至孝，彗星之见，浚将论时事，恐为母忧"，迟疑不敢发，以至于"瘠"。其母则诵其父张咸对策之语"臣宁言而死于斧钺，不忍不言以负陛下"以激励之，方使"浚意乃决"。其母丧，"浚逾六十，哀毁不自胜"，又"事兄滉，友弟尤至，教养其子如己子，置义庄以赡宗族"③。张浚尝教诲从孙张庶道："孝弟忠信，学之本。不然，虽工于文词，无益也。"④ 张浚之重忠孝，也得到了宋代士大夫的广泛认可。李纲尝称其"忠义贯日月，自任以天下之重"⑤，楼钥以为其"忠肝义胆，不徒因事而后见"⑥。真德秀则推明其"五遂堂"名堂之意，以"居处不庄，事君不忠，莅官不敬，朋友不信，战陈不勇"为非孝。⑦ 绍兴二十五年（1155），张浚《忧居帖》称"幸教使不悖孝道之情"，王柏读之，以为"足以想其笃厚淳至之素心，此又忠孝之本也"，而"每观魏国张忠献公之《行状》，见其一再奏疏于谪居二十年之后，寝苦枕块之时，忠孝之诚，真足以立天地之心，壮纲常之本，未尝不为之泣下"⑧。

张浚还将忠孝与勤俭结合起来。其戒子四德，以为"忠则顺天，孝则生福，勤则业进，俭则心逸"⑨，崇尚忠孝勤俭。面对社会的侈靡，张浚深感清廉之要。早在建炎三年（1129）八月，张浚就上奏说："今日之事，皆因风教败亡，淳朴凋丧，侈靡太甚，天实恶之。……臣愿陛下早暮见天，无忘诚祷，思天下之所以困穷，生民之所以涂炭，而自反自咎，身任其责。……所当急务者，特在于明教化耳。自古帝王所以致治，莫不深明此理。"⑩ 学士

① 《跋张魏公诗》，《朱熹集》卷83，第4307页。
② 周必大：《跋张魏公与连壅帖》，《文忠集》卷17，文渊阁《四库全书》本。
③ 徐自明撰，王瑞来校补：《宋宰辅编年录校补》卷17，中华书局1986年版，第1171页。
④ 魏了翁：《张晞颜墓志铭》，《鹤山先生大全文集》卷79。
⑤ 李纲：《与张德远枢密书别幅》，《梁溪集》卷121，文渊阁《四库全书》本。
⑥ 楼钥：《跋赵君靖所藏张紫岩帖》，《攻媿集》卷70，文渊阁《四库全书》本。
⑦ 真德秀：《跋张魏公五遂堂墨帖》，《西山文集》卷36，文渊阁《四库全书》本。
⑧ 王柏：《跋张魏公忧居帖》，《鲁斋集》卷11，文渊阁《四库全书》本。
⑨ 《少师保信军节度使魏国公致仕赠太保张公行状下》，《朱熹集》卷95下，第4859页。
⑩ 杨士奇等编：《历代名臣奏议》卷46。

大夫不能一以义理存心，而有惑于利害之际，丧淳朴而尚侈靡，以至风俗、教化败坏，故张浚主张明教化为当时急务。在《遗令》中，张浚强调了儒家礼仪，而大要在于节简，如昏礼主张"不用乐，三日后管领亲家，即随宜使酒成礼可矣"，不赞同"俗子徒为虚费，无益有损"；"祭礼重大，以至诚严洁为主"，要求单独置办"盘盏碗碟之类，常切封锁，以待使用"；"丧礼贵哀，佛事徒为观看之美"，于事无益，要求"节浮费而依古礼"，将节省的费用"施惠宗族之贫者"；宾客相见之礼，"尽诚尽礼可也"，以为"恣烹炮，饰器用，又群集妇女，言语无节，昏志损财，为害莫大"①。

　　张栻"生有异质，颖悟夙成"，张浚爱之，"自幼常令在旁，教以忠孝仁义之实"②。绍兴十六年（1146），张浚谪居连州，"日夕读《易》，精思大旨，述之于编，亲教授其子栻"③。张栻14岁时，张浚在孝宗面前称赞他"脱然可与语圣人之道"④。不过，"南轩先生受学于五峰胡子，久而后得见，犹未与之言也。泣涕而请，仅令思'忠清未得为仁'之理，盖往返数四而后予之"⑤。显然，张栻的"忠清"思想，在胡宏看来，与儒家之"仁"大有距离。胡宏赞赏张栻"问以为仁之方"，赞同其"私意害仁"之说，但启发他反思："如令尹子文之忠，似不可谓之私意，而孔子不以仁许之；如陈文子之清，亦似不可谓之私意，而孔子亦不以仁许之。仁之道大，须见大体，然后可以察己之偏，而习于正。乍见孺子入井之时，孟子举一隅耳。若内交，若要誉，若恶其声，此浅陋之私，甚易见也。若子文之忠，文子之清，而不得为仁，则难识也。敬夫试思之，此言或有理，幸深思之，则天地之纯全，古人之大体，庶几可见乎！"⑥胡宏抓住"忠清非仁"不放，但朱熹认为"如公之说，只是一说，非圣人当日本意"⑦，甚至说"若如五峰之说，却说出去得更远了，与仁字亲切处转无交涉矣"⑧。显然胡宏是有的放矢，是针对张浚所

---

① 刘清之：《张忠献遗令》，《戒子通录》卷5，文渊阁《四库全书》本。
② 杨万里：《张左司传》，《诚斋集》卷115，《四部丛刊》本。
③ 《少师保信军节度使魏国公致仕赠太保张公行状下》，《朱熹集》卷95下，第4859页。
④ 罗大经：《高宗眷紫岩》，《鹤林玉露》丙编卷1，中华书局1983年版，第242—243页。
⑤ 《跋南轩所与李季允帖》，《重校鹤山先生大全文集》卷61。
⑥ 胡宏：《与张敬夫》，《五峰集》卷2，文渊阁《四库全书》本。
⑦ 《朱子语类》卷29，第736页。
⑧ 《答林择之》，《朱熹集》卷43，第2042页。

授的忠孝勤俭之说而发。张栻反复斟酌，认为"仁岂易言哉，须会于言意之表，而的然有见焉可也"。此说得到胡宏的首肯，但他"反复"张栻之言，认为张栻"未能进于此者"，于是诱导张栻"以身处子文、文子之地，按其事而绳以仲尼之道，则二子之未知者，庶几可见，而仁之义可默识矣"。尽管如此，张栻还是未能参透其义，以至胡宏称其"示谕子文、文子之说善矣，然犹是缘文生义，非有见于言意之表者也"，告诫他"仁也者，人之所以为天也，须明得天理尽，然后克己以终之，以圣门实不与异端空言比也。空言易晓，实际难到，所以颜回、仲弓，亚圣资质，必请事斯语，不敢以言下悟便为了也"。此言直白无隐地告诉张栻如何为仁，而且除了察识之外，还要操存涵养，不能像禅宗一样，一超直入，以悟为了。同时，此言又间接地说明，就子文、文子之事而言，只有忠、清的内涵，故不能许以仁。张栻请教胡宏的信，今未能见之，未免遗憾。不过，张栻《论语说》却保留了他的解释。张栻早在乾道三年前后便开始撰写《论语说》，九年稿成，而其后又多次修订，并向朱熹等好友征求意见，以至《论语说》成为他生平著作之"最后出"者。如此而言，《论语说》的有关解释说，可以看作是张栻的最终认识。他说："子文、文子之事，圣人以清、忠目之。就此事上言，只可谓之清、忠也。而子张遽以仁为问，是未能究夫仁者之心也。曰'未知，焉得仁'，言未知其他，据此事言之，不得谓之仁也。若知微子、箕子、比干之所以称三仁，则知二子之事只可以为清、忠，而不可谓之仁矣。"又一本云："仁者之为，亦有时可以谓之忠、清，然指人一忠一清事，便以为仁则不可。"① 由此可以看出，张栻已充分接受了胡宏的意见，一是子文、文子之忠、清非仁，乃就此事而言，而单就是否为仁而言，则需"究夫仁者之心"而论。此说与朱熹"令尹子文、陈文子等是就人身上说仁，若识得仁之统体，即此等不难晓矣"②，正可参看。此外，张栻答吴晦叔（翊）问，还对《二程遗书》谓"圣人为之亦只是清、忠"的说法加以辨析，更显出他对仁的理解。③

张栻继承其父"忠孝仁义"之说，复得胡宏"以所闻孔门论仁亲切之

---

① 《公冶长篇》，《论语解》卷3，《张栻全集》，第104页。
② 《朱子语类》卷29，第736页。
③ 《答吴晦叔》，《南轩集》卷29，《张栻全集》，第954—956页。

旨告之"①，故朱熹称其"家传忠孝，学造精微"②。经过胡宏的点拨，张栻领会了忠清非仁，厘清了仁的内涵，从而弥补了张浚之学缺乏透彻领悟天理之本，然后涵养操存的功夫。这一点，在张栻继承改造张浚的心悟诚说思想上也有所表现。

张浚讲诚并以指点杨万里最为著名。杨万里居官永州零陵之时，恰巧张浚谪处永州。当时张浚"杜门谢客，万里三往不得见，以书力请始见之。浚勉以正心诚意之学，万里服其教终身，乃名读书之室曰诚斋"③。张浚的诚通过心悟而得，带有明显的禅学色彩。他说："自昔圣贤以传心为学，诚明合体，变化兴焉。西方之教指心空为解脱究竟，盖得一而不见诸用，而悟入要处，或几于尽性者所为。"④儒家、佛教都讲求修心养性，但儒家有体有用，指向社会教化，佛教有体无用，其悟入之深，几于尽性。张浚注意到了儒释两家在体用上的差别，却忽略了二者在本体上的根本不同。在张浚易箦之时，他作《不欺室铭》，以"泛观万物，心则惟一"的心悟，与"如何须臾，有欺暗室"的慎独，以及"君子敬义，不忘栗栗"⑤的敬义合而为一。张浚还将其诚说与其孝弟忠信之说协调起来，甚至不乏涵养操存的认识。其《新学门铭》就称："人不知学，莫适提身。学而不行，不学为均。行之伊何？惟一惟诚。孝弟忠信，本之于心。存之于性，守之以仁。日积月化，粹然其醇。可以格天，可以感神，可以正物，可以化人。发为辞章，德人之文。施于政事，君子之名。"⑥张浚重视学，也重视学而行之，认为其关键在诚与一，在于推求本心，倡行孝弟忠信，通过存性守仁，日积月化，粹精致醇，如此便可以格天感神，正物化人，应世自如。王十朋就赞其"学造诚明，才全文武，忠孝根于天性，节操贯乎岁寒"⑦。"孝弟忠信，本之于心"可以说是张浚心悟思想的体现，"日积月化，粹然其醇"则带有涵养操存的味道，至于"发为辞章"，"施于政事"，更有以体致用、学而行之的内涵。

---

① 《右文殿修撰张公神道碑》，《朱熹集》卷89，第4544页。

② 《祭张敬夫殿撰文》，《朱熹集》卷87，第4475页。

③ 脱脱：《杨万里传》，《宋史》卷433，中华书局1977年版，第12863页。

④ 张浚：《大慧普觉禅师塔铭》，《大正新修大藏经》卷47，第836页。

⑤ 《少师保信军节度使魏国公致仕赠太保张公行状下》，《朱熹集》卷95下，第4895页。

⑥ 曾枣庄、刘琳主编：《全宋文》第188册，第139页。

⑦ 王十朋：《祭张魏公文》，《梅溪后集》卷28，文渊阁《四库全书》本。

张栻幼承张浚之教，但拜师胡宏之后，明显接受了程颐"主一之谓敬"、"无适之谓一"的敬一之说，以为"求仁之方，孰要乎此"，将张浚的心悟诚说向"居敬主一"的修养方法转化。他作《主一箴》称："惟学有要，持敬勿失。验厥操舍，乃知出入。曷为其敬？妙在主一。曷为其一？惟以无适。居无越思，事靡它及。涵泳于中，匪忘匪亟。斯须造次，是保是积。既久而精，乃会于极。勉哉勿倦，圣贤可则。"① 同样是讲为学，张栻力主居敬主一，扫除了张浚虚静诚一之说，但涵泳操存，积久致精致醇，则有内在的继承与联系。对比《新学门铭》与《主一箴》，可以看出张栻对张浚之学的继承与扬弃。

三、舍杂转纯，粹励取精

朱熹生平相与切磋得力者，吕祖谦、陆九渊、张栻数人，但他于吕氏言其杂，于陆氏言其禅，惟于张氏，为所佩服。黄宗羲进而考察，以为"南轩之学，得之五峰。论其所造，大要比五峰更纯粹，盖由其见处高，践履又实也"②。张栻从学胡宏，却比胡宏之学更为纯粹。若进而溯之，张栻幼承父学，而张浚继承前辈，对洛学、新学各有是非，又兼有所取，实则杂糅不堪。显然，张栻之纯粹首先来自于超越乃父，而此首先得力于胡宏的指导。

北宋末年，张浚师承谯定，接闻洛学遗说，成为二程的再传弟子。但他并没有完全信从洛学，而是继承乃父是非新学、元祐学的家学。张浚曾称引其父张咸之说道："元祐待（宁）、（元）人太甚，所以致祸。人无君子、小人，孰不可为善？"③ 因此，绍兴五年（1135），他上奏时政七弊就称："夫天下之事，要当惟其是而已，何必曰此熙（宁）、（元）丰之失，此元祐之得，此绍圣之非，取此去彼，以彰先朝之未至。"④ 这就是说，新学与元祐学各有其是，各有其非，当是其是，非其非，而不必全是全非，完全继承了张咸的观点。也因为如此，一方面，张浚与赵鼎共相，大力引擢洛学之士，一

---

① 《主一箴》，《南轩集》卷36，《张栻全集》，第1049页。
② 《南轩学案》，《宋元学案》卷50，第1635页。
③ 《朱子语类》卷131，第3153页。
④ 杨士奇：《治道》，《历史名臣奏议》卷46，文渊阁《四库全书》本。

时洛学人士咸聚于朝,"伊洛之学从此得昌"①,出现"小元祐"的可喜局面;另一方面,他又"初不喜伊洛之学"②,在独相期间,"以为元祐未必全是,熙、丰未必全非",重修《神宗实录》,又"本黄英州(潜善)所荐,习闻绍述之论,数以孝弟之说陈于上前"③,甚至借陈公辅而禁抑洛学,拟旨称"士大夫之学,当以孔、孟为师,庶几言行相称,可济时用"④。此外,张浚还是苏氏蜀学的传人,在当政期间,大力援引蜀人。当张浚因抗金失败而遭到贬黜,复受秦桧打击后,他才"专精道学,黾勉身修","居闲玩意六经,考诸史治乱得失"⑤,在谪居地连州、永州,把玩注解《周易》,阐发其志,以忠孝仁义教子,而与胡诠、胡宏、李纲等士人书信往来,又命其子张栻从学刘芮、王大宝、胡宏等洛学之士,深受洛学熏陶浸渍,"精思力行,始知此学为可用",而"终信道学"⑥。

张浚学杂对张栻产生了很大的影响。张栻对蜀学颇有好感,在朱熹面前尽量为爱好蜀学而受朱熹批评的吕祖谦回护,以为"伯恭近来尽好说话,于苏氏父子亦甚知其非。向来见渠亦非助苏氏,但习熟元祐间一等长厚之论,未肯诵言排之耳,今亦颇知此为病矣"⑦。此说大有其父祖"元祐未必全是,熙、丰未必全非"的意味。在《易说》中,张栻权衡苏氏解说之后,有所采录,以苏轼《日喻》之说解"言不尽意",以"《杂卦》乃以其类相生,惟乾、坤、坎、离、小过、大过、中孚、颐八卦无反对。此圣人之深意,惟穆伯长、老苏明之,诸家并不达此"⑧。不过,张栻对"程子教人居敬,必以动容貌、整思虑为先"的分析梳理,⑨显然对苏氏"本于人情"而主张"打

---

① 《宋元儒学案序录》,《宋元学案》卷首,第9页。
② 《朱子语类》卷101,第2576页。
③ 《胡文定公乞封爵邵张二程先生列于从祀》按语,《道命录》卷3,《四库全书存目丛书》本,史部第82册第301页。
④ 《陈公辅论伊川之学惑乱天下乞屏绝》按语,《道命录》卷3,第299页。
⑤ 《少师保信军节度使魏国公致仕赠太保张公行状下》,《朱熹集》卷95下,第4853、4857页。
⑥ 《晦庵先生辞免进职状》按语,《道命录》卷5,第306页。
⑦ 《答朱元晦》,《南轩集》卷22,《张栻全集》,第859页。
⑧ 《南轩易说》卷3,《张栻全集》,第60页。
⑨ 《答朱元晦》,《南轩集》卷30,《张栻全集》,第966页。

破这'敬'字"的思想作了批判与扬弃。①

自张栻从学胡宏后，就日渐改其幼所受教。这一点从张栻编纂《希颜录》即可看出。胡宏指导张栻称："先贤之言，去取大是难事"，《程子语录》、张载《正蒙》有关颜氏之说未必妥帖，当细心辨析，而"文中子之言诞漫不亲切，扬子云浅陋不精通，庄子'坐忘'费力，'心齐'支离，《家语》如'不容然后见君子'，恐亦未免于陋也"②。张栻虚心接受了意见，回复称"旧来所编，不甚精切"③，"去取伦次多所未善"，"故今所录，本诸《论语》《易》《中庸》《孟子》所载，而参之以二程先生之论，以及濂溪、横渠与夫二先生门人高弟之说，列为一卷"④。尽管如此，胡宏仍不满意，认为虽扫除了异端，而于儒说之辨，未见得透，他说："某之意，《希颜子》如《易》《论语》《中庸》之说，不可瑕疵，亦须真实见得，不可瑕疵，然后可也。其它诸说，亦须玩味，于未精当中求精当。"⑤ 在《希颜录》成书后，胡宏更明确地说："敬夫著《希颜录》，有志于道，大哉志乎！颜子欲为大舜，其所为者，有始有终，如是焉终亦不已矣。故夫子既许颜子以损益四代，而犹戒以'放郑声，远佞人'，不以人心为可恃也。使敬夫而得是意，则玩是录可也，忘是录可也。庶几传之者广，而圣人可作，邪说可息，岂小补哉！"⑥ 胡宏称赏张栻"有志于道"，但又借孔子戒颜渊之语，告诫他辟异端，息邪说，所言之直而明，概可见焉。

张栻自然接受了胡宏的进一步指点，使其学术变得尤为精粹。但张栻的学术风格中，仍不失其父祖之学的影子，对各家学术既不全是，也不全非，而采取了兼容并包，各是其是，各非其非。与朱熹不同，张栻折中众说，融以己意，尽量兼载诸儒之说。张栻称："向来元晦所编多去诸先生之说。某意以为诸先生之说虽有不同，然自各有意思，在学者玩味如何，故尽载程子、张子、吕氏、杨氏之说，其他诸家有可取则存之，如元晦之说多在

---

① 参见漆侠：《宋学的发展和演变》，河北人民出版社2002年版，第488—507页。
② 《与张敬夫》，《五峰集》卷2。
③ 《答吕子约》，《南轩集》卷25，《张栻全集》，第898页。
④ 《跋〈希颜录〉》，《南轩集》卷33，《张栻全集》，第1012页。
⑤ 《与张敬夫》，《五峰集》卷2。
⑥ 《题张敬夫〈希颜录〉》，《五峰集》卷3。

所取也。此外尚有鄙意，即亦附之于末。"① 在反复阅读研讨中，张栻发现先儒解说未为尽当。他说："近来读《系辞》，益觉向者用意过当，失却圣人意脉。如横渠亦时未免有此耳。"② 又说："某近只读《易传》及《遗书》，益知学者病痛多，立言盖未易也。"③ 在与朱熹交流过程中，"反复开益为多"④，张栻也渐次接受了朱熹的一些思想，但绝不苟同。他说："《图解》须子细看，方求教，但觉得后面亦不必如此辩论之多，只于纲领处拈出可也。不然，却只是骋辩求胜，转将精当处混汩耳。"⑤ 对于张栻这样的学风，吕祖谦称赞称其"参观遍考，公而且博，未尝如世俗学士先生之言行，暧暧昧昧，不复广求"⑥；"不自是，不尚同，则相识中未见两人也"⑦。

在对待佛教上，尤能显现出张栻对张浚学术的继承与扬弃。张浚佞佛，在他看来，佛教"有益于世间，非特使人起为善之心"，而且"忘嗜欲，绝贪爱，轻富贵，外死生，视天下之物无一可以少动其心"，更"有补于教化"⑧。他赞赏宋杲"忠诚感格，得之天理"，"义笃君亲"，"爱君忧时"，"忠孝是依，忧国忧民"⑨。朱熹也回护张浚，以为"世之学士大夫措身利害之涂，驰骛而不反，是以生死穷达之际，每有愧于山林之士，观丞相魏公所以慨然于贤老者，则可见矣"⑩。不过，全祖望则明斥张浚"惑于禅宗"⑪。

在张浚佞佛的影响下，张栻也曾参禅，并有所领悟。释心泰记载：

> 栻字敬夫，号南轩，官至秘阁修撰。见万庵颜禅师曰："道之所在，

---

① 《答吴晦叔》，《南轩集》卷28，《张栻全集》，第949页。
② 《答朱元晦秘书》，《南轩集》卷21，《张栻全集》，第851页。
③ 《答朱元晦》，《南轩集》卷22，《张栻全集》，第860页。
④ 《答石子重》，《朱熹集》卷42，第1980页。
⑤ 《答朱元晦》，《南轩集》卷22，《张栻全集》，第863页。
⑥ 李幼武纂集：《张栻南轩先生宣公》，《宋名臣言行录外集》卷13，文渊阁《四库全书》本。
⑦ 吕祖谦：《与陈同父》，《东莱集·外集》卷6，文渊阁《四库全书》本。
⑧ 张浚：《天宁万寿禅寺置田记》，《成都文类》卷39。
⑨ 张浚：《大慧普觉禅师塔铭》，《大正新修大藏经》卷47，第836—837页；法宏、道谦编：《大慧禅师禅宗杂毒海》卷下，蓝吉富主编：《禅宗全书》第42册，台北文殊文化有限公司1989年版，第530页。
⑩ 《跋张魏公为了贤书佛号》，《朱熹集》卷81，第4164页。
⑪ 《宋元儒学案序录》，《宋元学案》卷首，第9页。

可以心寓，不可以力求，师谓如何？"师曰："会医少病。"公曰："见即便见，拟思即差，又作么生？"师曰："知有还同不知有。"公曰："政当知有时如何。"师曰："闻声见色只如常。"公豁然有省，乃留偈曰："闻声见色只如常，熟察精粗理自彰。脱似虚空藏碧落，曾无少剩一毫芒。"①

释道颜（1094—1164）号万庵，居江州东林寺，长期追随圆悟克勤，后依宗杲习禅。宗杲居云门及洋屿，道颜皆在其旁，朝夕质疑，最终大悟，其后住报恩寺、东林寺。张栻从道颜学，乃宗杲再传。他认为道可以用心体悟，却不能用力强求；可以心领神会，但不能用言语动作来拟议。道颜认为张栻未能参透有无，故让他即声色而求道，辨明理事关系。张栻因此得悟佛理。

秦桧当政，张浚长期谪居在外，与宗杲过从甚密，惑于禅宗。但在玩索六经、注解《周易》中，张浚逐渐意识到洛学有用，而终信道学，于是命张栻从胡宏问河南程氏学。然而胡宏并不愿意接见张栻。史载：

> 初，南轩见先生，先生辞以疾。他日，见孙正孺而告之。孙道五峰之言曰："渠家好佛，宏见他说甚！"南轩方悟不见之因。于是再谒之，语甚相契，遂授业焉。南轩曰："栻若非正孺，几乎迷路！"②

张浚家族陷溺于佛教，世人皆知，以至于不为洛学大儒胡宏所许可。张浚终信道学，命其子从胡宏学，已然在学术上有了转向。张栻最终能成为湖湘学大师，显然与张浚的思想变迁密切相关。张栻在拜师胡宏过程中遇到拒而不见的窘境，迫使他不断反思，最终归宗洛学，而斥责佛老。陈钟凡称"时人不受佛说之影响者，惟有张栻"③，显然只是针对其从师胡宏后的情况而论，与事实颇有差距。

对待佛老，张栻充分吸取了师说，以胡宏"此事是终身事，天地日月

---

① 释心泰：《张栻》，《佛法金汤编》卷14，明万历二十八年释如惺刻本。
② 《南轩学案》，《宋元学案》卷42，第1383页。
③ 陈钟凡：《两宋思想述评》，东方出版社1996年版，第153页。

长久，断之以勇猛精进，持之以渐渍熏陶，故能有常而日新"之说，先察识，后涵养，斥责学者"意见只类异端'一超径诣'之说"的"渺茫臆度，更无讲学之功"的弊端，①认为"一日克己复礼，天下归仁"，乃是"积累工夫到处"，并非"只勇猛便能如此，如释氏'一闻''一超'之说也"②。面对"今世学者慕高远而忽卑近之病为多"③，张栻谆谆劝导，以为"舍实理而驾虚说，忽下学而骤言上达，扫去形而下者，而自以为在形器之表。此病恐不细，正某所谓虽辟释氏，而不知正堕其中者也"④。此外，张栻还对佛教弥近理而大乱真之说作了更为深入地剖析和辨别，以为释氏之说不分人欲、天理于毫厘之间，儒之"操则存"与释之"常存此心"有着公私之异，"吾学操则存者，收其放而已矣。收其放则公理存，故于所当思而未尝不思也，所当为而未尝不为也，莫非心之所存故也。佛学之所谓存心者，则欲其无所为而已矣。故于所当有而不知有也，于所当思而不之思也，独凭藉其无所为者以为宗，日用间将做作用。……自利自私，此其不知天故也"⑤。陈钟凡认为张栻"以公私辨儒佛之存心，说虽未允，若有为无为之别，则诚两家之根本之差别也"⑥。这与张浚仅斥责佛教"毁弃天伦，绝灭世法"⑦的思想已有着本质上的区别。

张栻从胡宏之教的时间并不长，"仅得一再见耳，而先生没"，此后他"困于忧患，幸存视息于先庐，绎旧闻，反之吾身，寝识义理之所存"⑧。可以说，张栻受其父学的影响最深、最久，直到最后也是在"先庐"中完善其学术的。张浚晚明洛学之有用，而终信道学，本身就有一个学术上的转变。张栻学术之成，固然与其师有关，但更多的是在继承父学基础上，经胡宏的点化而变精变醇。

综合来看，张栻继承并改造张浚的心学化思想，一心格君心之非，主

① 《答周允升》，《南轩集》卷26，《张栻全集》，第909页。
② 《答胡季随》，《南轩集》卷32，《张栻全集》，第1001页。
③ 《与吕伯恭》，《南轩集》卷25，《张栻全集》，第893页。
④ 《答彪德美》，《南轩集》卷25，《张栻全集》，第897页。
⑤ 《答朱元晦》，《南轩集》卷30，《张栻全集》，第966页。
⑥ 陈钟凡：《两宋思想述评》，第154页。
⑦ 《天宁万寿禅寺置田记》，《成都文类》卷39。
⑧ 《答陈平甫》，《南轩文集》卷26，《张栻全集》，第911页。

张识心、明心，觉心悟性，悟《易》于心。他同时也深受其父祖是非各家学术观念的影响，故融会各家学说，各取其是而明其非。他接受了张浚有体有用观念的熏陶，留心于经济之学，"发明天理而见诸人事"①，进而生化出"义利之辨"。张浚忠孝勤俭思想也对张栻有重大影响，在胡宏的指导下，张栻更深入地理会二程思想，重新识仁，学问变得精醇。他宗主洛学，排斥异端，剔除了张浚学术中的禅老思想，乃至新学、蜀学的成分，改造了张浚的虚静诚一之说，而接受并阐发以程颢为主的仁说，以程颐为主的居敬主一之论以及胡宏阐发的察识涵养之说。对比张浚《新学门铭》、张栻《主一箴》等相关论说，仍可发现张栻的仁说、察识涵养论也多少有些张浚思想的影子。近人夏君虞称："南轩承继了家学，又受学五峰，于是蜀学与湖南学合流，而南轩一人占住了蜀学与湖南学两席。"②透过张栻对张浚学术的继承与扬弃，我们更能体会张栻学术融会、由粗转精、由杂转醇之功。

学术的关联性是极其复杂的事情，加以张浚、张栻的著述多有佚失，特别是张浚著述丰富，却仅有《易传》完整流传至今，更加大了对比分析的难度。从学术的深度具体分析张栻理学思想的内涵，任重道远，而其继承、扬弃张浚之学，仍不失为重要的议题，且对于研究蜀学的传承与发展也极富意义，值得进一步探索。

（作者单位:西华师范大学西部区域文化研究中心）

---

① 《右文殿修撰张公神道碑》，《朱熹集》卷89，第4544页。
② 夏君虞：《宋学概要》，商务印书馆1937年版，第131页。

张浚对张栻一生学问德行的影响

胡　杰

　　张栻（1133—1180），字敬夫，一字钦夫，又字乐斋，号南轩，学者称南轩先生，谥曰宣，又称张宣公。学术上，张栻"天资甚高，闻道甚早，其学之所就既足以名于一世"①，五峰之门，亦因"得南轩而有耀"②；并最终与"闽学"代表人物朱熹、"婺学"代表人物吕祖谦，在南宋理学领域鼎足而三，并称"东南三贤"，"一世学者宗师"③。从政治国，张栻曾内赞密谋，外参庶务，亦曾"奉法循理，期躬率于遐方，和众安民，用仰承于皇武"④。"事君以勿欺为主，御侮以得民为先。"⑤ 其政绩不仅得到皇帝的首肯，更得到了广大百姓的爱戴，也令北人叹曰："南朝有人。"⑥ 而奠定了张栻这一生的学问成就以及为人品行、为官道德修为最为关键的因子，莫过于张栻的父亲——魏国忠献公张浚。

---

　　① 《南轩文集序》，杨世文、王蓉贵点校：《张栻全集》，长春出版社 1999 年版，第1233 页。

　　② 《南轩学案附录》，《宋元学案》，《宋元学案》卷 50，中华书局 1986 年版，第 1635 页。

　　③ 《与张定叟侍郎》，《陈亮集》（增订本），中华书局 1987 年版，第 383 页。

　　④ 《到静江任谢表》，《张栻全集》，第 659—660 页。

　　⑤ 《江陵到任谢表》，《张栻全集》，第 660 页。

　　⑥ 《张栻传》，《宋史》卷 429，中华书局 1985 年版，第 12774 页。

一、幼承庭训

（一）幼承庭训，"脱然可语圣人之道"①

张浚不仅是南宋著名的抗金将领和清廉正直的政治家，亦是身兼文武之全才，心传圣贤之绝学的理学家；他深邃于易理，颇精于易学，著有《紫岩易传》10卷，《论语解》4卷，《春秋解》6卷，《中庸解》1卷，《中兴备览》等，可见一斑。张浚一生仕途坎坷，曾多次落职，但他从不放松对张栻的精心抚育；因家学之故，张栻4岁左右就在家中接受到儒家忠孝仁义的熏陶。从绍兴八年至绍兴三十一年，即张栻6岁到29岁期间，张浚带着张栻兄弟辗转于湖南永州、广东连州等地，并以教导张栻兄弟儒家仁义之道为乐。张浚门人杨万里曾说："（张栻）生有异质，颖悟夙成，浚爱之，自幼常令在旁，教以忠孝仁义之实。"②朱熹也曾说："（张栻）生有异质，颖悟夙成，忠献公（张浚）爱之。自其幼学，而所以教者莫非忠孝仁义之实。"③"自其幼壮，不出家庭而固已得夫忠孝之传。"④

绍兴十六年，张栻14岁，此时张浚又得罪秦桧谪居连州，"独絜子侄住，……日夕读《易》，精思大旨，述之于编，亲教授其子栻。"⑤张浚亲自教授张栻儒家经典，传张栻易学与圣人仁义之道。在父亲的谆谆教诲之下，张栻学业大进，14岁便"脱然可语圣人之道"⑥。

（二）拜师刘王，学圣人之道，"无斯须而可离"⑦

绍兴十二年（1142），张栻10岁时，张浚寓居长沙，曾命张栻从刘芮

---

① 《高宗卷紫岩》，《鹤林玉露》，台湾商务印书馆文渊阁《四库全书》本1983年版，第242—243页。

② 《张左司传》，《张栻全集》，第1248页。

③ 《右文殿修撰张公神道碑》，《朱熹集》卷89，四川教育出版社1996年版，第4545页。

④ 《张南轩文集序》，《朱熹集》卷76，第3978页。

⑤ 《少师保信军节度使魏国公致仕赠太保张公行状下》，《朱熹集》卷95（下），第4859页。

⑥ 《高宗卷紫岩》，《鹤林玉露》，第242—243页。

⑦ 《困斋记》，《张栻全集》，第730页。

学。绍兴十七年，王大宝知连州，张浚又"命其与子栻讲学"①。

刘芮，字子驹，东平人。南渡后居于湘中。刘芮，不媚权势、忠心爱国、志在恢复，"义不与仇人接"②。据《宋元学案·元城学案》：刘芮系孙伟门人，刘安世再传，司马光三传，后遍游尹和靖、胡文定之门：

> 祖望谨案：元城之得统于温公，大抵不出"刚健笃实"一语。元城门下，其最显者为李庄简公泰发，其厄于下寮者为先生（孙伟），其骨力皆得之元城。……先生之高弟曰刘芮。③
>
> 刘氏自学易以来，三世守其家学，不求闻达。虽阀阅亚于韩、吕，而节行与之埒。先生学于孙奇甫，其后遍游尹和靖、胡文定之门，所造粹然。④

张栻父子向与刘芮之师学有同道之交，互为欣赏。张浚初仕，孙伟赞其贤能。尹和靖曾入蜀至阆中，张浚也曾馆之于子弟之舍。而孙蒙正（孙伟之子）则曾助张栻师从胡宏，张栻尝为此叹曰："栻若非正儒（孙蒙正），几乎迷路！"⑤张浚居长沙，授刘芮室，并命张栻兄弟向刘芮问学，也是张浚对刘芮之学的赞赏。⑥绍兴十二年（1142），张栻从刘芮学。

王大宝，⑦字符龟，潮州海阳（今广东潮安）人，赵鼎门人。对儒学颇有研究，尤精于《易经》。他著述颇丰，曾进上《诗》《书》《易解》，高宗阅后曾赞曰："大宝留意经术，其书甚可采。"⑧明代郭棐《粤大记》曾将他与冯元、余靖、崔与之、李昴英、郭阆等一起列为宋代岭南六先生，赞叹他们"真五岭间气之钟灵，百代士林之仪表"。王大宝为官之时，淡薄名利，体恤

---

① 《王大宝传》，《宋史》张浚又"命与子栻讲学"。

② 《元城学案》，《宋元学案》，第 840 页。

③ 《元城学案》，《宋元学案》，第 834 页。

④ 《元城学案》，《宋元学案》，第 839—840 页。

⑤ 《元城学案》，《宋元学案》，第 839 页。

⑥ "已而张魏公卜居长沙之二水，授先生室，宣公兄弟严事之。"《宋元学案·元城学案》，第 84 页。

⑦ 参见《王大宝传》，《宋史》卷 386，第 11856—11858 页。

⑧ 《王大宝传》，《宋史》卷 386。

民苦;"逮斥权奸,了无顾忌"①。赵鼎称赞他:"文章学识,直谅劲正,廷臣无出右者。"王大宝亦力主抗金,反对媾和,曰:"今国事莫大于恢复,莫仇于金敌,莫难于攻守,莫审于用人。"②王大宝知连州时,张浚也谪居连州;每每张浚"奉不时得",王大宝便以经制钱接济。张浚不安地问:"如累君何?"大宝却不为变,其慨然答曰:"得丧,命也!"张浚很钦佩王大宝学识人品,遂命其子张栻向王大宝问学。

由此可见,张浚对张栻的教育也是不限于问学,而更重于品行道德。为此,他不仅对张栻言传身教,而且为张栻择师而处,遇贤即拜。在其精心抚育之下,张栻受到儒家忠孝仁义的层层熏陶,这不仅为张栻一生之学问成就打下极好的基础,也为其为人为官道德品行的塑造也营造了绝佳的氛围。

二、张浚易学对张栻经学与理学思想的影响

张浚本人深邃于易理,精于易学,"公(张浚)之学一本天理,尤深于《易》《春秋》《论》《孟》"③。尤其是被贬时期,张浚更是时时以解《易》释怀。杨万里在《故少师张魏公挽词三章》说他:"读《易》堂边路,曾闻赤舄声。心从画前到,身在《易》中行。"因家学之故,张栻14岁时,便得其父亲授易学:张浚"独絜子侄住,……日夕读《易》,精思大旨,述之于编,亲教授其子栻。"④张栻为此也深攻于《易》,在易学上颇有建树,乾道四年(1168),张栻考释《易》;乾道九年前后,张栻又哀集程颐、张载、杨时《易》说,并断以自己的心得,成《系辞说》;此后,张栻对《易说》进行不断地思考与修正,渐成《南轩易说》之稿。

(一)《易》与"道"

张浚易学继承二程"经所以载道"思想,将《易》作为载道之书,结合经学与理学义理,提出"圣人作《易》,将以载道。"认为圣人作《易》即

---

① 《王大宝传》,《宋史》卷386。

② 《王大宝传》,《宋史》卷386。

③ 《少师保信军节度使魏国公致仕赠太保张公行状下》,《朱熹集》卷95(下),第4898页。

④ 《少师保信军节度使魏国公致仕赠太保张公行状下》,《朱熹集》卷95(下),第4859页。

是为了载道、传道，他说：

> 圣人作《易》，将以载道，而传之天下后世也。书不能尽言，言不能尽意，无他，至道之妙，见于言者，非书可得而悉；寓于意者，非言可得而穷耳。不然，虽累千万言，亦何补于《易》哉！圣人为是，揲数以起象，因象以成卦，凡天下情伪不得遁其情。圣人之意既已默传，然后系之以辞，以发其象。故道以象显，言以书尽，意以言尽。书足于言，言足于意，皆本于自然之象，无毫厘丝发之差也。《易》之为道，于是无余蕴。变而通之，爻之所错也；鼓之舞之，道之所行也。天下之吉凶，至此而定，不亦尽利欤；天下之大业，因此而成，不亦尽神欤。①

张浚认为，圣人创作《易》的目的是为了用它载道、传道，至道之妙，从书上并非可以得到全面的把握，书中所寓含的道意，也并不是靠言辞就可以穷尽。书不能尽言，言不能尽意，故圣人"揲数以起象，因象以成卦"，使天下情伪不得遁其情，圣人之意方得以默传。系之以辞，以发其象，《易》道由此通过象得以表现，而书中之言，书中之意都本于自然之象而无毫厘之差，《易》之为道，由此得以明了。爻变通相错，道鼓舞而行，以此定天下之吉凶，成天下之大业。

张栻易学继承和发挥了二程"经所以载道"及其父"圣人作《易》将以载道"思想，并将"载道"的载体具体到了《易》，曰：

> 《易》者道也。②
> 《易》之书所以载道，以其载道，故不可远。如居则观其象而玩其辞，动则观其变而玩其占，譬之日月之于人，水火之养生，人虽欲远之，有不可得者。……大抵《易》之辞，其告人也各指其所之，有上有下，有内有外，循其辞而揆其所指之方，则不迷其所向。其道虽不可为典要，与其书则有典可循，有常可道也。凡此者皆以其书之不可远

---

① 《系辞上》，《紫岩易传》卷7，《四库全书》本。
② 《南轩易说》卷2，《张栻全集》，第26页。

者欤！呜呼！人能弘道，非道弘人，虽载道而不可远道，虽屡迁而未始有常，神而明之，存乎其人者也，苟非其人，则道安能虚行乎？①

张栻认为儒家经典《易》是载"道"的工具，既然《易》书是载道的工具，道不远人，人而弘道，那么道与人也就有了密切的联系。"圣人之道存乎《易》"②，故人可以通过"观其象""玩其辞""观其变""玩其占"，也即通过探究《易》而了解圣人之道，弘扬圣人之道。所以张栻认为，"道"比《易》更为重要，故主张在解经中发挥义理，并最终提出"治经以兴发义理"，认为治经学的目的在于兴发义理，使学者趋善远利，而不是为了治经学而治经学。

(二)"太极"与"道"

"太极"是易学中的重要范畴。周敦颐讲"太极"，但没有将道与太极二者等同，其《太极图说》，以"道"为基本范畴，表达了其"无极而太极"的宇宙论以及"动而生阳""静而生阴"的动静观，③以"太极"为中心，以"无极"为终极，从阴阳、动静、五行的变化，"明天理之根源，究万物之终始。"二程则将"道"理解为"理"。而另外一名理学大师邵雍，又将其的"太极"解释为"道""心"，④把"太极""心""道"皆视为最高的本体范畴。而张浚所谓"道"与周敦颐之"道"以及二程诸人之"道"皆有明显不同。张浚受到二程"经所以载道"以及邵雍"道为太极"思想的影响，提出"道"即太极之道；张浚还认为，太极之道存在于天地之先，圣人会太极于一心，太极即圣人之心，由我心之虚，流出世界万有，天地万物因此而产生。他说：

> 盖太极之道在天地先，以我至虚，流出万有。圣人会太极于一心，

---

① 《南轩易说》卷2，《张栻全集》，第36—37页。

② 张栻曾谈及圣人之道存乎《易》说："《易》者，无形之圣人，而圣人者有形之《易》。故《易》乃圣人之道。而圣人者乃尽《易》之道者也。"参见《南轩易说》卷2，《张栻全集》，第5页。

③ 参见《太极图说》，《周敦颐集》，中华书局2009年版，第3—5页。

④ 邵雍提出"道为太极""心为太极。"参见《观物外篇上》，邵雍著，李一昕点校：《皇极经世》卷63，九州出版社2003年版，第513页。

因其自然，揲数以出之，立象以阐之，设卦以命之，画爻以通之，天地神明之理，阴阳不测之用，万物无穷之化，自形自色，自纤自悉，神理妙用，总括无遗。舍《易》而天地之理或几乎息，阴阳之用或几乎泯，万物之化或几乎绝矣。是故《易》道尚变，非故多变也，数不得不变，圣人不得于《易》而不变之。是故六爻之位谓之六虚，其道自太极虚中来，惟变所适，吻合于天地阴阳之数，圣人体其虚而用之，天下万物由是而得其生。①

张浚还进一步提出"太极以一运"②、《易》亦以一起的思想。认为"一"包括天地万物之理；"一"得于心，统万物，没有外于一心的事物；由此，以自然之数、发自然之象、阐自然之理，生化之功于此不息，而《易》道得以体现。由于生化之功是建立在以自然之数，发自然之象、阐自然之理的基础上，故学《易》者须致知止之功，极静定之理，复诚明之性，内求于心，自得《易》之为一，如此反身以求，则万物皆备于我。人效法于天，由此尽人道，以配天道，其功用至大。又曰：

生物之功著，道之自然也。是故天道之大，在生物。生物者，天道之贞。君子协进生物之功，可以配天。③

立人之道曰仁与义。……以尧舜仁义之道启沃君心，鲜不入矣。④

这也即是说，生物是天道的功能，而人协进生物之功，即可配天；人道以仁义为本，包括了仁义道德的内涵。由此，张浚太极道也就具有了宇宙本体与

① 《系辞下》，《紫岩易传》卷8。

② "盖太极以一运，一之所通，包括万法，天地阴阳万物之理皆不得遁其情，故道以之而显，惟变所适，莫穷其用。故德行以之而神，可与酬酢，裁天下之变而有余也。可与佑神，赞天地之化而不匮也。呼！《易》本无也，《易》以一起，圣人清明在躬，得一于心，神物应之，其志以定。一之所统，了无遗焉。以自然之数，发自然之象，阐自然之理，生化之功于此不息，而《易》道于以大明。后之学《易》者，诚能致知止之功，极静定之理，复诚明之性，《易》之为一，我自得之，反身以求，万物皆备。如是而后，能尽人道。人道尽，而后能克配天地，其功用至大，学者所宜勉旃。"参见《系辞上》，《紫岩易传》卷7，《四库全书》本。

③ 《上经·临卦》，《紫岩易传》卷2。

④ 《下经·渐卦》，《紫岩易传》卷5。

儒家伦理相结合的双重属性。

张栻也强调"太极",认为世界统一于"太极",曰:"世有古今,太极一而已矣,太极通则立万古于一息,会中国为一人。"① 并结合周敦颐太极宇宙本体论与二程之心性论,在张浚"太极之道"的基础上,从"《易》道有三""《易》有太极"出发,把"太极论"引入《易》学,对太极作出了自己的诠释。② 他说:

> 《易》之为书,所以载三材之道,此其所以为广大悉备也。立天之道曰阴与阳,立地之道曰柔与刚,立人之道曰仁与义:此《易》所以六画而成卦,六位而成章。六者非他,乃三材之道也。③

> 《易》有太极者,函三为一,此中也。如立天之道曰阴与阳,而太极乃阴阳之中者乎! 立地之道曰柔与刚,而太极乃刚柔之中者乎! 立人之道曰仁与义,而太极乃仁义之中者乎! 此太极函三为一,乃皇极之中道也。是以圣人作《易》,所谓六爻者乃三极之道,故三才皆得其中,是乃顺性命之理也。④

在这里,张栻所谓"太极",把《易》书所载之"道"一分为三,即天道、地道、人道,也就是天、地、人"三材之道","太极"是涵盖天、地、人三才的本体范畴,也是宇宙万物之根本,故无论于自然之天地,还是于社会之人事,"三才皆得其中,"都有"太极"作为主宰存在其中。

在对《周易》太极说的解析中,张栻又承周敦颐《太极图说》的思想,在张浚对"太极之道"与"万物之化"关系的诠释基础上,进一步肯定了"太极"是"生化之根"⑤,即所谓"所以生生者也";并认为,"太极"生生不

---

① 《经世纪年序》,《张栻全集》,第749页。
② 他还曾以"性"释"太极",将"性"等范畴与"太极"联系起来,不仅达到将周敦颐的宇宙本体论与二程心性论结合起来互相阐明的目的,而且也为太极概念的阐释开拓了更广的空间。
③ 《南轩易说》卷2,《张栻全集》,第39页。
④ 《南轩易说》卷1,《张栻全集》,第11—12页。
⑤ "太极混沦,生化之根,阖辟二气,枢纽群动,惟物由乎其间而莫之知,惟人则能知之矣。"参见《张栻全集》,第722页。

穷，是"太极之道"使然。他说：

> 太极之说，某欲下语云：《易》也者，生生之妙也；太极者，所以生生者也。曰《易》有太极，而体用一源可见矣。①
>
> "无极而太极。"此语只作一句玩味，无极而太极存焉，太极本无极也，若曰自无生有则是析为二体矣。②
>
> 某妄以为太极所以形性之妙也，性不能不动，太极所以明动静之蕴也。极乃枢极之义，圣人于《易》特名曰太极二字，盖示人以根柢，其义微矣。若只曰性而不曰太极，则只去未发上认之，不见功用，曰太极则性之妙都见矣。体用一源，显微无间，其太极之蕴与！所谓"太极天地之性"，语意亦未圆，不若云天地亦形而下者，一本于太极。又曰："惟其有太极，故生生而不穷"，夫生生而不穷，故太极之道然也。③
>
> 盖何莫而不由于太极，何莫而不具于太极，是其本之一也。然有太极则有二气五行，氤氲交感，其变不齐，故其发见于人物者其气禀各异，而有万之不同也。虽有万之不同，而其本之一者亦未尝不各具于其气禀之内，故原其性本一，而查其流行之各异；知其流行之各异，而本之一者初未尝不完也，而后可与论性矣。④

这也即是说，"易"有万物产生、运动、变化之妙，"太极"是万物变化之妙出现的原因与根源，是万物的"生化之根"；太极之动产生二气，二气阖辟而万物化生，"人与物俱本乎此"⑤，即皆以太极为最后的根源，只不过万物存在其间却不知道这一点，只有人能够知之。而无极不过是用以形容太极的无形无象的修饰语，并不是一个与太极并存的本体范畴，在太极派生的天地之间，"其覆载范围之中可得而见者谓之象"⑥。具体事物是有形象

① 《答吴晦叔（五）》，《张栻全集》，第825页。
② 《答彭子寿》，《张栻全集》，第983页。
③ 《答吴晦叔》，《张栻全集》，第822—823页。
④ 《孟子说》卷6，《张栻全集》，第427页。
⑤ "太极动而二气形，二气形而万物化，生人与物俱本乎此者也。"《张栻全集》，第719页。
⑥ 《南轩易说》卷1，《张栻全集》，第11页。

可见的，而太极则是无形的。有形可见的天地万物本之于太极，"天地亦形而下者，一本于太极"①。天地间具有一定形体的事物是由抽象的、无形的本体——太极所派生，而太极之外，并没有一个超然于太极的本体。这样，张栻的太极，不仅存在于万物之中，又是万物生化之大本，不仅具有宇宙本体论的意义，同时也兼有宇宙生成论的价值。

（三）象数与义理

张浚易学以象数为本，同时又重视对义理的阐发，把义理建立在象数的基础上，从中阐发性理之学。易学突出义理，无疑是时代的产物。而张栻易学受二程、家学以及时代象数义理融合趋向的影响，也形成了其自己的特点。在《南轩易说》以及其他文集书信中，张栻对"象""数"都有所论述。尽管着笔不多，但仍可以见出其独具特色的"象""数"思想。

张栻重视以"象"解《易》的作用，提出"象以尽意"；在解说《易》之"易者象也，象也著像也"时，张栻认为"象"是用来表达《易》之"意"的，所以称之为"象"；② 圣人之作《易》，就是为了观"象"。圣人俯仰天地万物，观日月星辰、虹霓云雾，都是为取自然之象，而观江河山岳、草木虫鱼，都是为取法自然，观鸟兽之文，是为了知物之理；观地之宜，是为了知四时之气。圣人近取诸身，象乾以首，象坤以腹；远取诸物，象乾以马，象坤以牛。衍而伸之，触类旁通，以来所观之取象而作八卦，由此而通达神明之德，理清万物之情，他说：

> 圣人之于《易》，觉之于心，悟之于性，默然而成之，见天下之赜，见天下之动，抑何待于俯仰以观、远近以取哉？盖圣人以作《易》之法以传诸天下后世，示其有循而体自然乎？仰则观象于天，如观其日月星辰、虹霓云雾，皆取其自然之象也；俯则观法于地，如观其江河山岳、草木虫鱼，皆取其自然之法也。观鸟兽之文，如鸿之仪、如虎之炳是也。观其物之文，则知物之理从可知矣。观地之宜，如丘园

---

① 《答吴晦叔》，《张栻全集》，第822页。
② 《南轩易说》卷2，《张栻全集》，第26页。

之物产、如坎陷之幽悔，则四时之气从可知矣。近取诸身，则乾为首、坤为腹之类是也；远取诸物，则乾为马、坤为牛之类是也。于是始作八卦，以通神明之德，以类万物之情乎！①

既然圣人是有所因而观"象"，观象而作《易》，那么，要读懂《易经》，张栻认为，就要体察圣人观象之动机，阐发其义理；同时，既然圣人作《易》依凭于观象，所以解《易》不仅要重义理，也不可轻易抛弃象。

"数"也是不可随意抛弃的。张栻认为六十四卦皆本于"天地之数"，而天地之数为"五十五"；其中"五"在"五十"之中，所以不用，故大衍之数为五十；大衍之数为五十，而其用为四十九，但又并不是"一"不用，而是因为"方其初也，而一已在其中矣"，如同在四季中都有土而不可见土，就是这个道理，所以"一"可为虚，故张栻称"揲蓍之法，虚一为无用之用，所以象道之用四十九数。"又说："观天数乃知地数，每以两手揲其余，各以其所卦凑。"② 云：

> 　　大衍之数本于天地之数五十有五。而大衍之数五十者，以五在五十之中也。大衍之数五十，其用四十有九者，虚一为用也。譬之土分旺于四季而不可见。……天地之数五十有五，而大衍之数止于五十者也。……大衍之数五十，其用止于四十有九者，非不用一也。方其初也，而一已在其中矣。其道生于一，立于两，成于三。揲蓍之法，虚一为无用之用，所以象道之用四十九数；会而总之，所以象道之未判，……此观天数乃知地数，每以两手揲其余，各以其所卦凑。③

不仅如此，便是五行也是五位相得、天地之数相合的结果，曰：

> 　　若《月令》所谓鸠化为鹰，雀化为鸽，林木乃茂，草木黄落，可以历数推而迎之者，此天地之数有以成其变化也。鬼神虽幽而数有以

---

① 《南轩易说》卷2，《张栻全集》，第21—22页。
② 《南轩易说》卷1，《张栻全集》，第2页。
③ 《南轩易说》卷1，《张栻全集》，第2—3页。

行之。故其神句芒，其神祝融，其神蓐收，其神玄冥，各司其时，各治其职者，此天地之数有以行鬼神也。①

同时，张栻也认为孔子赞《易》，使《易》道明，而象数派泥于象数，使得易道复以不明。在解释《论语·述而篇》"子曰：'加我数年，五十以学《易》，可以无大过矣。'"这句话时，他说：

> 夫子未赞《易》之前，《易》书淆乱，传者失其旨。五十以学《易》者，夫子之意，谓今有所未暇，加数年而后可修也。程子曰："如八索之类，皆过也。云学、云大过者，皆谦辞也。"虽然，自夫子赞《易》而易道始备，垂于万世而不过也。而后之学者或泥于象数，而其义复以不明。善乎程子之言曰：推辞考卦，可以知变，象与占在其中矣。由辞以求《易》，而明夫所谓体用一原、显微无间者，则庶几圣人学《易》之旨可得而求也。②

张栻认为，在孔子未赞《易》之前，《易》书是淆乱的，传《易》者往往失其本旨。及至孔子赞《易》，使《易》道得以完备，遂影响了后世。然而后来的学者却又拘泥于象数，使得本已完备之《易》道，又陷于晦而不明的境地。由此，张栻发挥二程的义理易学，并把象数研究纳入义理的研究，希望能通过象、占、辞、卦四者求《易》之义，掌握《易》"体用一原、显微无间"的道理，张栻认为，做到这样，圣人学《易》之旨便可求而得，《易》旨也会因此得以显明。

由此可见，张栻的经学观尤其是张栻易学，正是基于父说又有了自己的发展。张栻说："《易》之书所以载道，以其载道，故不可远。"③他强调"《易》"与"道"的关系，将经学与理学结合，提出"《易》之书所以载道"，这与其父提出的"圣人作《易》将以载道"，皆是对二程"经所以载道"思想的继承和发挥；张浚将"道"与"太极"并提"太极之道"，张栻

---

① 《南轩易说》卷1，《张栻全集》，第1—2页。
② 《论语解》卷4，《张栻全集》，第121—122页。
③ 《南轩易说》卷2，《张栻全集》，第36页。

亦沿用了这一思想，并予以发挥；张浚易学以象数为本，同时又重视对义理的阐发，把义理建立在象数的基础上，从中阐发性理之学；张栻以义理解释儒家经典，从中发明圣人之道，一方面重视义理；另一方面不拘泥于象数。

三、张浚为人治国的品行道德操守对张栻的影响

张浚对张栻的影响不仅体现在张栻经学与理学思想的形成与发展成就上，更体现在张栻为人品行、为官道德的操守上。在为官之品行、为人之道德诸方面，张栻受到其父人忠孝廉洁、人品正直的影响是明显的。

张浚幼有大志，他4岁而孤，甚为好学，在其母教导下，行视端直，不言诳语，被认为必成大器。张浚"事母以孝称"①，很尊重母意。绍兴十六年，彗星出西方，浚将极论时事，但他又恐贻母忧，不敢擅作主张。母亲知道后，以其父对策之语激励张浚，诵其父曰："臣宁言而死于斧钺，不能忍不言以负陛下。"② 张浚才最终定下决心。

张浚力主抗金，是南宋主战派的代表。他不仅在学术上有收获，更是南宋著名抗金将领和政治家，被称为是"身兼文武之全才，心传圣贤之绝学。……出将入相，而浚捐躯许国忠孝之节，动天地而贯日月。……中兴以来，一人而已"③。

《宋史》曰：张浚"在京城中，亲见二帝北行，皇族系虏，生民涂炭，誓不与敌俱存，故终身不主和议。"④ 赵鼎上疏曾言曰："浚有补天浴日之功，陛下有砺山带河之誓，君臣相信，古今无二，而终致物议，以被窜逐。"⑤ 隆兴二年（1164）张浚得疾而终。遗言曰："吾尝相国，不能恢复中原，雪祖宗之耻，即死，不当葬我先人墓左，葬我衡山下足矣。"⑥ 讣闻，宋孝宗为之震悼，辍视朝，赠太保，后加赠太师，谥号忠献。

① 《张浚传》，《宋史》卷361，第11311页。
② 《张浚传》，《宋史》卷361，第11306页。
③ 《驳配享不当疏》，杨万里：《诚斋集》卷62，《四部丛刊》本，第29页。
④ 《张浚传》，《宋史》卷361，第11311页。
⑤ 《赵鼎传》，《宋史》卷360，第11288页。
⑥ 《张浚传》，《宋史》卷361，第11311页。

张浚在任，能处处以国家利益为重，任人以君子小人分别。绍兴七年，张浚去位之时，高宗曾问张浚可代者，曰："秦桧何如？"张浚却直言反对用秦桧为相，曰："近与共事，方知其暗。"① 高宗因此用了赵鼎。由是张浚得罪了即将掌权的秦桧，"台谏交章论浚，安置领表，鼎约同列救解，与张守面奏，各数千百言，桧独无一语。浚遂谪永州"②。直至绍兴九年张浚才因大赦复官。这时秦桧掌权，又逢金人遣使议和割地；"金遣使来，以诏谕为名，浚五上疏争之。"③ 很明显，张浚的言行举动又使他与秦桧的关系雪上加霜。绍兴十六年，张浚借彗星言事，曰："当今事势，譬如养成大疽于头目心腹之间，不决不止。惟陛下谋之于心，谨察情伪，使在我有不可犯之势，庶几社稷安全；不然，后将噬脐。"④ 再次惹怒权相秦桧，谪居连州。即便如此，张浚犹不忘上疏，劝皇上一定要亲贤。不独孝亲忠国亲贤，为官一任之时，张浚亦是清廉自守之人。绍兴七年十月，因权奸排挤，张浚"终致物议，以被窜逐"⑤。离朝之时，他随身之物却不过是经典书籍诸子百家破葛敝裘，使得高宗闻此也不得不感叹："张浚一贫如此哉！"遂赐之三百金。

张浚如此人品与人格，对张栻产生的影响是极大的。张栻27岁时，便与同志之士"以颜子为准的"，辑录孔子弟子颜渊的言行作《希颜录》，该书一出，"往往为朋友所传写"⑥。绍兴三十一年，张栻始见孝宗，便以理学思想进言勉励孝宗。⑦

登上仕途，张栻也以克己奉公自守，"奉法循理，期躬率于遐方，和众安民，用仰承于皇武"⑧。"事君以勿欺为主，御侮以得民为先。"⑨ 并将"亲君子""远小人"作为治道之本，认为"惟仁义足以得天下之心"⑩。并多次劝说

---

① 《奸臣三》，《宋史》卷473，第13751页。
② 《奸臣三》，《宋史》卷473，第13751页。
③ 《张浚传》，《宋史》卷361，第11305页。
④ 《张浚传》，《宋史》卷361，第11306页。
⑤ 《赵鼎传》，《宋史》卷360，第11288页。
⑥ 《跋希颜录》，《张栻全集》，第1012页。
⑦ 《右文殿修撰张公神道碑》，《朱熹集》卷89，第4546页。
⑧ 《到静江任谢表》，《张栻全集》，第659—660页。
⑨ 《江陵到任谢表》，《张栻全集》，第660页。
⑩ 《汉楚争战》，《张栻全集》，第777页。

孝宗，甚至临终遗言仍不忘规劝皇上"亲君子，远小人，信任防一己之偏，好恶公天下之理"①。张栻"高谈岂畏丞卿怒"②，不亚于其父。他认为，"人臣之立于朝，徇义而已，利害所不当顾也。功业之成，不必渐出于吾身也，义理苟存，则国家可存矣"③。"（张栻）每登对，必自盟曰：'切不可见上喜便随顺。'"④《宋史》亦曰："（张栻）每进对，必自盟于心，不可以人主意悦辄有所随顺。"⑤乾道六年，在不到一年的时间，张栻召对即达六七次之多，但他所言"大抵皆修身务学，畏天恤民，抑侥幸，屏谗谀"，得罪了宰相佞臣，"于是宰相益惮之，而近习尤不悦"⑥。

张浚一生志在恢复，屡遭打击而矢志不渝。张栻从幼年随父军营，至30岁参与军政，协助其父筹划北伐，一直深感靖康之耻，认定恢复中原之志是天理所在，曰："上念宗社之仇耻，下闵中原之涂炭，惕然于中而思有以振之。臣谓此心之发即天理之所存也。"⑦张浚余干去世，张栻秉承父志，誓与金虏不同天日，曰：

> 吾与金人有不共戴天之仇，异时朝廷虽尝兴缟素之师，然旋遣玉帛之使，是以讲和之念未忘于胸中，而至忱恻怛之心无以感格于天人之际，此所以事屡败而功不成也。今虽重为群邪所误，以蹙国而召寇，然亦安知非天欲以是开圣心哉。谓宜深察此理，使吾胸中了然无纤芥之惑，然后明诏中外，公行赏罚，以快军民之愤，则人心悦，士气充，而敌不难却矣。继今以往，益坚此志，誓不言和，专务自强，虽折不挠，使此心纯一，贯彻上下，则迟以岁月，亦何功之不济哉？⑧

在普通的生活中，张栻亦时时流露出对南宋偏安议和派的愤慨与他自

---

① 《遗奏》（一），《张栻全集》，第 664 页。

② 《五士游岳麓图》，《张栻全集》，第 524 页。

③ 《王陵陈平周勃处吕后之事如何》，《张栻全集》，第 780 页。

④ 《语录》，《张栻全集》，第 1204 页。

⑤ 《张栻传》，《宋史》卷 429，第 12774 页。

⑥ 《张栻传》，《宋史》卷 429，第 12773 页。

⑦ 《右文殿修撰张公神道碑》，《张栻全集》，第 1239—1240 页。

⑧ 《张栻传》，《宋史》卷 429，第 12770—12771 页。

己"恨枕戈之未遂"的感伤。《多景楼》中,张栻本欲描写沧海之景,却因"平原迷故国,沧海接江流"① 令人备感伤神。"风景自今古,斯亭今是非。绝怜江水去,还有固山围。得失同千虑,成亏共一机。所思惟谢傅,不但胜淮淝。"② 他所思的正是其父亲那样力排众议、坚持抗金的主张,而当前亦有多少新亭之泪?于是他借历史人物痛思故土难复的根由,《谢安淝水之功》曰:"以当时晋室之势,独任一谢安,足以当苻秦百万之师。以予观之,非特安方略之妙,抑其所存忠义纯固,负荷国事,直欲与晋室同存亡,故能运用英豪,克成勋业,诚与才合故也。大抵立大事者非诚与才合,不足以济。"③ 他认为,正是当朝缺少欲与国家同存亡而又具有将帅之才的忠义睿智之士,国家才不足以济。甚至在《南轩易说》中,张栻也不失时机地发挥其对于国家存亡的见解,曰:"故人皆乐于安也,乃安而不忘危;人皆知其存也,乃存而不忘亡;人皆习于治也,乃治而不忘乱。如此则身安而国家可保。"④ 甚至后来,他往来于城南、岳麓,不敢废学,也有唤醒人心、恢复故土的目的。《寄刘共甫枢密》中,张栻曰:

> 某幸安湘滨,不敢废学。……嗟乎!靖康之变,亘古所无。夷狄腥膻中原四十余年矣,三纲不明,九法尽废,今为何时耶?士大夫宴安江左,而恬莫知其为大变也。此无他,由不讲学之故耳。⑤

张栻不仅主张抗金,他更关注抗金收复中原所凭赖的民生现实。张栻曰:

> 夫欲复中原之地,先有以得中原之心,欲得中原之心,先有以得吾民之心。求所以得吾民之心者,岂有他哉?不尽其力,不伤其财而已矣。今日之事,固当以明大义、正人心为本。然其所施有先后,则

---

① 《多景楼》,《张栻全集》,第 590 页。
② 《新亭》,《张栻全集》,第 592 页。
③ 《谢安淝水之功》,《张栻全集》,第 801 页。
④ 《南轩易说》卷 2,《张栻全集》,第 30 页。
⑤ 《寄刘共甫枢密》,《张栻全集》,第 81 页。

其缓急不可以不详；所务有名实，则其取舍不可以不审。①

张栻认为"欲复中原之地，先有以得中原之心"，并从战乱频仍与灾荒迭出的现实出发，提出"修德立政，用贤养民"，这样，抗金才更切合实际。

由此可见，张栻一生问学成就及其为人为官之德行操守与其家教师承的关系密不可分。故朱熹曾言"（张栻）自其幼壮，不出家庭而固已得夫忠孝之传"②。方回言："南轩以魏国忠献公（张浚）为之父，以胡文定五峰为之师，以晦庵、东莱为之友，而又取诸古人。其修身也，期以颜子为准的，著《希颜录》；其治世也，欲以孔明为准的，著《诸葛》。上下古今，内外体用，学莫不得其要以守之，其亲切可櫽见者盖如此。"③ 这一概括，实为中的之言。张浚门人杨万里对此颇有感触，故曾在上疏中说：

> 臣窃见左司郎中张栻有文武之才，有经济之学，盖其父教养成就之三十年，以为陛下之用，陛下知之亦十年矣。朱熹也说："呜呼！靖康之变，国家之祸乱极矣。小大之臣，奋不顾身以任其责者盖无几人。而其承家之孝，许国之忠，判决之明，计虑之审，又未有如公（张栻）者。虽降命不长，不克卒就其业，然其志义伟然，死而后已，则质诸鬼神而不可诬也。"④

可以说，张栻正是在其父的影响之下，修仁义之实，承圣贤之学，续圣人之道，拥爱民之心，定收复之志，最终锻就了其一代"醇儒"⑤的为人品行以及为官道德的操守，形成了其为阐发义理服务的经学观与"治经而兴发义理"的治经方法，奠定了其经学理学相结合的新经学思想体系在宋学以及中国哲学思想发展史上的突出成就与地位的基础。只是，张栻中年而逝，尚未来得及对自己的思想理论作进一步充实与提高，更来不及对北宋以来的

---

① 《张栻传》，《宋史》卷429，第12771页。
② 《张南轩文集序》，《朱熹集》卷76，第3978页。
③ 《南轩集钞序》，《张栻全集》，第1237页。
④ 《右文殿修撰张公神道碑》，《张栻全集附录》，第1242页。
⑤ 《跋张敬夫所书城南书院诗》，《朱熹集》卷81，第4163页。

理学作出系统化的总结；为此，朱熹也曾极为遗憾的感叹说："使敬夫而不死，则其学之所至、言之所及，又岂予之所得而知哉!"① 清代史学家全祖望也说："向使南轩得其永年，所造更不知如何也。"②

（作者单位:成都市地方志办公室）

---

① 《张南轩文集序》，《张栻全集》，第 1234 页。
② 《南轩学案序录》，《宋元学案》卷 50，第 1609 页。

论朱熹的《张浚行状》

[法] 戴鹤白（Roger Darrobers）

序　论

在朱熹的作品中，关于张栻父亲的《张浚行状》占有特殊的地位。这主要表现在以下三个方面，一是篇幅长，二是文学价值高，三是提供了丰富的信息。在朱熹的著作中，除了经典注疏外，《张浚行状》是最长的单篇文章，差不多有五万字；在《朱子文集》中占了第95卷一整卷。由于第95卷又分成上、下两卷，篇幅几乎有一百页，因此，《张浚行状》实际上在《朱子文集》中占了两卷。比较而言，朱熹为他父亲朱松写的行状只有十页，为他老师李侗写的行状也不过五页，分别是《张浚行状》的十分之一和二十分之一。① 朱熹写的另一篇较长的行状是第96卷的《陈俊卿行状》，但篇幅不到《张浚行状》一半。②

《张浚行状》写于张浚（1096—1164）去世三年后的乾道三年（1167）。就是在这一年，朱熹专程来到湖南，拜访张浚的儿子张栻。

《张浚行状》不是一部通常意义上的传记，它的篇幅和内容已远远超出了一份简单"行状"的范畴。文中叙述的张浚的一生，先是经历了北宋的衰

---

① 《皇考左承议郎守尚书吏部员外郎兼史馆校勘累赠通议大夫朱公行状》，《朱子文集》卷97，朱杰人、严佐之、刘永翔主编：《朱子全书》第25册，上海古籍出版社、安徽教育出版社2002年版，第4505—4516页；《延平先生李公行状》(1163)，《朱子文集》卷97，第4516—4520页。

② 《少师观文殿大学士致仕魏国公赠太师谥正献陈公行状》，《朱子文集》卷96，《朱子全书》第25册，第4445—4485页。

亡，后来又在南宋早期生活了 35 年。这是中国历史上一个极为特殊的时期，北方已落入金朝女真人的手中，北宋的最后两位皇帝徽宗、钦宗被女真人掳走，囚禁在遥远的北方。和他们一起掳去囚禁的，还有许多官员和后宫人员。《张浚行状》也赞扬了张浚坚决抗金的意志，同时还论述了当时特有的地缘政治，我们从中可以了解到面对已经占领了北方的金人、苟安的南宋朝廷应该采取的地缘战略以及如何在敌占区采取军事行动等问题。

《朱熹大传》的作者束景南先生对《张浚行状》有如下论述：

> 乾道三年（1167）十月，朱熹在长沙根据张栻提供的资料写成洋洋四万余言的《张浚行状》。这篇行状是朱熹和张栻精心商量写成的杰作，虽然不乏大量诔墓之文常有的夸饰虚美之辞，也远不足以代表朱熹对张浚的全面看法，但它实质上却是对靖康以来南宋整整一部投降卖国、乞和苟安的屈辱史最沉痛含泪的总结。①

在《朱熹年谱长编》中，束景南先生这样写道：

> 四万余言《张浚行状》在长沙乾道三年（1167）十月中写成，此非一般行状之文，而为对南宋历史与现实的总结。②

《张浚行状》中的张浚，是两宋相交时期重要的政治人物，是朝廷重臣，曾任南宋宰相。但是，他也曾多次被贬出京，在外地流放达二十多年。最后，在高宗在位的最后一年即 1162 年，重返政坛。就在张浚回京后的同一年，高宗就把皇位让给了养子孝宗。

和通常的行状一样，朱熹笔下的张浚是一个美化了的人物。他是一个在政治上命运坎坷的非凡人物，也是张栻的父亲。事实上，《张浚行状》是朱熹为张浚非凡的一生竖立的丰碑，其中保留了张浚用文字和口头形式上呈的大量官方文献。但是，正如束景南先生强调的，《张浚行状》其实"远不

---

① 束景南：《朱子大传》，福建教育出版社 1992 年版，第 249—250 页。
② 束景南：《朱熹年谱长编》，华东师范大学出版社 2001 年版，第 374 页。

足以代表朱熹对张浚的全面看法"。在《朱子语类》中，我们也可以看到许多朱熹对张浚的看法和评价，和《张浚行状》多有不同。这就说明，朱熹对张浚的一些缺点并不是视而不见。在《朱子语类》中，尽管朱熹非常赞赏张浚的忠义，但也特别指出了他在能力方面的不足。

> 张魏公（张浚）可惜一片忠义之心而疏于事，亦是他年老，觉得精神衰，急欲成事，故至此。①

张浚去世 20 年后，朱熹还对他的弟子们谈到，张浚在与人共事方面的能力非常欠缺，也不具备有效的领导能力：

> 张魏公（张浚）不与人共事，有自为之意。也是当时可共事之人少，然亦不可如此，天下未有不与人共而能济者。②

更严重的是，朱熹还把张浚和他的政敌赵鼎进行比较。赵鼎曾和张浚同时为相。在对二者的比较中，朱熹虽然强调张浚大义分明，但对他在才智和明理方面的表现却非常不以为然：

> 张魏公（张浚）才极短，虽大义极分明，而全不晓事。扶得东边，倒了西边；知得这里，忘了那里。赵忠简（赵鼎）却晓事，有才，好贤乐善，处置得好，而大义不甚分命。③

从上面的引文来看，朱熹虽然在《张浚行状》中把张浚写成了英雄，但在别的地方并没有掩饰他的缺点。这些引文也明确了《朱子语类》具有的极高的史料价值，同时也是对那些缺少这一观点的较片面材料的补充。这也说明，朱熹写作《张浚行状》的本意并不是对张浚作全面彻底的描述，而是要塑造一个理想化的形象，目的是让传主进入历史。为此，作者抹去了传主

---

① 《朱子语类》卷 131，《朱子全书》第 18 册，第 4104 页。
② 《朱子语类》卷 131，《朱子全书》第 18 册，第 4104 页。
③ 《朱子语类》卷 131，《朱子全书》第 18 册，第 4089 页。

所有的负面特征，只保留了他的正面质量。

上面是序论的几点看法。下面我将首先介绍《张浚行状》的结构，然后在从细部研究《张浚行状》的内容，进而探讨从这样的作品中可以得到什么样的信息。最后，我将说明，朱熹通过《张浚行状》所传达的言外之意，其实是他自己对道德、政治等的认识和思想。在塑造张浚形象的同时，朱熹向我们传达的，其实也是他自己的形象。

一、《张浚行状》的形式

作为传记，《张浚行状》一开头就叙述了张浚的家世。张家的初祖是唐朝的张九皋，是宰相张九龄的弟弟。到张浚时已经是第十二代了。家谱的最后才提到张浚的前后两位夫人和两个儿子张栻和张构。在《张浚行状》中，除了在开头和结尾部分对家谱和家庭成员作了简单的介绍以外，其他部分都是关于张浚的内容，按年代叙述了张浚从出生到 1164 年去世共 68 年的人生中发生的主要事件。张浚生于哲宗在位时的 1096 年，一生经历了哲宗、徽宗、钦宗、高宗和孝宗五代皇帝，并在最后两位皇帝高宗和孝宗时任宰相和军队总率领。这一年代顺序都是围绕着张浚一生中发生的重大事件进行的。下面我们按年代列出最重要的事件：

- 女真人攻陷汴京（靖康，1126），掳走徽宗、钦宗及众多朝廷人员，并把他们囚禁在北方的金国。[1]
- 高宗南逃，宋军在溃逃时目无法纪，造成乱象。[2]
- 苗傅和刘正彦胁迫高宗让位。苗、刘"宫廷政变"失败。张浚和几位军事将领共同努力，实现了"高宗复辟"（建炎三年，1129）。[3]
- 抗击粘罕和兀术率领的女真人的进攻。（建炎四年至绍兴元年，1130—1131）。[4]

---

[1]　《张浚行状》，《朱子文集》卷 95，《朱子全书》第 25 册，第 4355—4356 页。
[2]　《张浚行状》，《朱子文集》卷 95，《朱子全书》第 25 册，第 4356—4358 页。
[3]　《张浚行状》，《朱子文集》卷 95，《朱子全书》第 25 册，第 4358—4365 页。
[4]　《张浚行状》，《朱子文集》卷 95，《朱子全书》第 25 册，第 4371—4373 页。

- 张浚帅兵保卫四川（绍兴二年，1132）。①

- 张浚被贬罢官，离开京城，退居福州（绍兴二年、三年，1132—1133）。②

- 刘麟、刘豫（伪齐）兄弟联合女真人攻打南宋。张浚应诏回京（绍兴四年，1134）。③

- 张浚和岳飞率兵平定洞庭湖杨幺湖寇（绍兴五年，1135）。④

- 张浚应诏回到京城，面见皇帝并陈述奏折（绍兴五年，1135）。⑤

- 宋军将领郦琼叛变，投靠刘豫的伪齐。张浚派间谍到金国散布流言，离间金人与刘豫的关系，最后使金人废除刘豫。郦琼的叛敌也导致了张浚被罢官（绍兴七年，1137）。⑥

- 张浚被召回朝廷，面见高宗。随后被派往福建（绍兴九年，1139）。⑦

- 金人毁掉和约，攻打南宋。南宋朝廷在秦桧的把持下，与金人签订的合约。张浚又一次被贬（绍兴十二年，1142）。⑧

- 张浚先是被贬到连州，后被贬至永州。在永州生活了十年（绍兴十六年至二十五年，1146—1155）。⑨

- 秦桧之死（1155）标志着朝廷的政治氛围的改变。但秦桧的余党沈该、万俟契、汤思退等人仍延续向金人媾和的政策。张浚两次向皇帝呈上奏折，力劝皇帝从宋朝自建国以来的历史中汲取教训，不再与金人媾和。张浚的奏议与媾和派势不两立，他与沈该、万俟契、汤思退的对立，使他再度被贬到永州四年（绍兴二十五年，1155）。⑩

- 颉颜亮帅兵攻打南宋，引发朝政变革。张浚的主张受到重视。

---

① 《张浚行状》，《朱子文集》卷 95，《朱子全书》第 25 册，第 4373—4374 页。
② 《张浚行状》，《朱子文集》卷 95，《朱子全书》第 25 册，第 4375—4376 页。
③ 《张浚行状》，《朱子文集》卷 95，《朱子全书》第 25 册，第 4376—4377 页。
④ 《张浚行状》，《朱子文集》卷 95，《朱子全书》第 25 册，第 4381—4382 页。
⑤ 《张浚行状》，《朱子文集》卷 95，《朱子全书》第 25 册，第 4388—4390 页。
⑥ 《张浚行状》，《朱子文集》卷 95，《朱子全书》第 25 册，第 4397—4398 页。
⑦ 《张浚行状》，《朱子文集》卷 95，《朱子全书》第 25 册，第 4400—4401 页。
⑧ 《张浚行状》，《朱子文集》卷 95，《朱子全书》第 25 册，第 4403 页。
⑨ 《张浚行状》，《朱子文集》卷 95，《朱子全书》第 25 册，第 4404—4407 页。
⑩ 《张浚行状》，《朱子文集》卷 95，《朱子全书》第 25 册，第 4407—4413 页。

高宗诏令张浚重返朝廷。张浚谢高宗不杀之恩。顽颜亮死。宋军的抵抗激励了收复失地的决心。高宗让位于孝宗。张浚第一次面见孝宗。张浚要求为秦桧时代造成的冤案平反（绍兴三十一年至三十二年，1161—1162）。①

• 张浚被任命为枢密使，及建康和镇江府都督。主持淮河与长江沿岸地区的防务。女真人仆散忠义和纥石烈志宁率军攻打南宋，并索要海、泗、唐、邓、商州等地。张浚帅军抵抗，实行坚壁清野的焦土政策。张浚、张栻父子与京中主和派进行坚决的斗争。父子二人应诏面见皇上并陈述己见。女真人恐吓宋朝来使，索要南宋土地。面对女真人的贪婪和要求，应该如何应对（隆兴元年，1163）。②

• 张浚任右仆射、同中书门下平章事、枢密使都督。汤思退任左仆射（左相）。以张浚为首的主战派和以汤思退、尹穑为首的主和派在朝中势不两立，发生激烈冲突。最后主和派胜出。张浚被贬出京城，流放长沙（隆兴二年，1164）。③

• 张浚前往长沙。途中，住在余干皇家宗室赵公颎家中，在余干去世了。张浚死后葬于衡山脚下（隆兴二年，1164）。④

《张浚行状》中按年代逐次展开的这一幕幕场景，在我们看来，就好像是众多情节构成的一部大戏，也像是莎士比亚的一部历史剧。这也是中国作为一个国家、一种文明生存历程的一个缩影。

朱熹对这些事件和场景的叙述，都大段引用了张浚写给皇帝的奏折或是皇帝的信函或诏书。其实，像《张浚行状》这样的人物传记，还有朱熹的弟子兼女婿黄榦⑤为朱熹写的长篇《张浚行状》，都具有极为重要的史料价值，是传主生平的第一手编年资料。《张浚行状》三分之一的内容是由张浚的奏折或朝廷的诏令组成的。

① 《张浚行状》，《朱子文集》卷95，《朱子全书》第25册，第4414—4421页。
② 《张浚行状》，《朱子文集》卷95，《朱子全书》第25册，第4423—4432页。
③ 《张浚行状》，《朱子文集》卷95，《朱子全书》第25册，第4432—4436页。
④ 《张浚行状》，《朱子文集》卷95，《朱子全书》第25册，第4436—4437页。
⑤ 黄榦：《朱先生行状》，《朱子全书》第27册，第534—567页。

朱熹对材料的这种安排，是为了强化《张浚行状》的历史价值和文献价值。我们注意到，朱熹对引文的组织显得生动，活灵活现，文中叙述的场景时常具有戏剧性的效果。在这里，我可以举出两个朱熹用对话的形式来组织引文的例子。

第一个例子是苗傅和刘正彦策划宫廷政变、强迫高宗让位于还是孩子的皇子时，张浚和太尉张俊会面并商讨对策时的场景：

> 公（张浚）独留（张）俊，握手语曰："太尉知皇帝逊位之由否？此盖（苗）傅（刘）正彦欲危社稷。"语未终，泣下交颐，（张）俊亦大哭曰："有辛永宗者来自杭，备为俊言。适遍喻将校辈，且当诣张侍郎求决。侍郎忠孝，必有处置。"公（张浚）虑（张）俊意未确，复再三感动之。（张）俊曰："只在侍郎。若官家别有他虞，何所容身？"公（张浚）应曰："某处置已定，当即日起兵问罪。"（张）俊大喜，且拜曰："更须侍郎济以机权，莫令惊动官家。"公（张浚）给（张）俊军衣粮并及其家，皆大悦。公召辛永宗问（苗）傅、（刘）正彦所与谋为谁，曰："归朝官王钧甫、马柔吉。旧闻侍郎尝识（王）钧甫等，请以书先离间。"是夜，公（张浚）发书约吕颐浩、刘光世兵来会。[1]

当然，并不是整个《张浚行状》都有这样的对话特质，但朱熹想把《张浚行状》写得灵活生动的意图是显而易见的。在这个意义上，"行状"一词正恰如其分地表达了"史诗性传记"的内涵。西方汉学家在翻译"行状"时，有时也是这么翻译的。另外值得注意的一点是，当皇帝在场时，朱熹也是以这种对话形式来描述的。《张浚行状》中充满了高宗和孝宗对张浚的评价和思考，有时甚至会从张浚的视角去描写皇帝的姿态或用语。

另一个例子出现在张浚和高宗之间。在张浚被贬多年之后，高宗于绍兴三十一年（1161）诏令张浚重返朝廷。下面是张浚呈递奏折时，君臣二人的对话：

---

[1] 《张浚行状》，《朱子文集》卷95，《朱子全书》第25册，第4359页。

公（张浚）奏："陛下当京城阽危之际，毅然请使不测之虏，后复受任开元帅府，以孤军当虏锋。当是时，不知陛下之心还知有祸福生死否？"上（高宗）曰："朕尔时一心家国，岂知有祸福？岂知有死生？"对曰："是心乃天心也。愿陛下试反此心而扩充之，何畏乎虏贼！"上首肯焉，且劳公曰："朕待卿如骨肉，卿在此，朕无北顾之忧矣。卿久在谪籍，闻甚清贫，郊祀合得奏荐及封邑当尽以还卿。"继遣内侍赐公黄金及象笏笔，公皇恐不敢辞。①

《张浚行状》中的引文有时也包括张浚奏折中的长篇段落。比如，《张浚行状》中引用的张浚在绍兴二十五年写的两个奏折就有好几页。②

《张浚行状》的内容主要集中于张浚的政治活动。关于他个人生活的部分却很少提及，而且主要是为了突出他的个人质量，如孝顺母亲，拒绝别人善待自己家人的廉直等。对张浚的一生，有些年份写得非常详细，有些年份却略而不谈。比如，对建炎三年苗傅、刘正彦胁迫高宗退位的事件就描写得非常详尽。这是一个非常关键的时刻，高宗的皇位岌岌可危，大宋的命运同样前途未卜。朱熹对这一事件的背景和每一个环节都作了详尽的叙述，我们甚至可以了解到张浚与朝中逆臣每一天的斗争，包括逆臣们向张浚许以高位，试图收买他的良知。张浚拒绝接受来自京城的号令，并以军务为借口，拒绝离开长江防务的位置。在这个关键时刻，他机智应变，最终和张俊、韩世忠、刘光世等军中重臣联合起来，进京勤王。此次讨伐逆贼行动，大获成功。张浚一举歼灭叛贼，逆臣逃往福建。张浚派精兵追至福建，将其捕获，并解至京城伏法。对这次事变，朱熹记述了从建炎三年三月九日到三十日几乎二十天内的所有重要活动，从而构成了《张浚行状》中描述的重大时刻之一。朱熹用报告的形式逐日记述了这三个星期的每一个重要时刻，篇幅整整八页，几乎占《张浚行状》的十二分之一。③

与此形成巨大反差的是，朱熹很少谈到张浚在贬谪地连州和永州数年间的生活，以至于张浚在绍兴十二年至绍兴十六年这四年间的资料几乎空

---

① 《张浚行状》，《朱子文集》卷95，《朱子全书》第25册，第4415页。
② 《张浚行状》，《朱子文集》卷95，《朱子全书》第25册，第4406—4413页。
③ 《张浚行状》，《朱子文集》卷95，《朱子全书》第25册，第4358—4365页。

白。我们能够了解到的，只是张浚在辞别母亲之际，母亲告诫他多读经书。在被贬的几年间，张浚在公务之余，几乎全身心地研读经书。他特别精心研读了《易经》，并教授儿子张栻。另外，他每个月都会派人回老家探望老母。同时，他对流放地的风景也非常喜欢，常常流连忘返，寄情山水。

> 公被命即行，自夫人以下皆留侍，独挈子偕往。太夫人（张浚之母）送之，曰："汝无愧矣，勉读圣人书，无以家为念。"公至贬所，月一再遣人至太夫人所。日夕读易，精思大旨，述之于编，亲教授其子栻。连为州，景物甚胜，暇即策丈游历。连人爱重公，争持肴果以迎，所至必为曲留终日。①

从某种意义上说，张浚的流放生涯是虽"贬"犹荣。正如他母亲所说，是"无愧"于皇帝与朝廷的。另外，张浚也不是唯一一个遭受不公正命运的人。在秦桧为相的最后几年，政坛的迫害愈发变本加厉。朱熹这样写道："时桧益肆凶焰，遭谪者不绝于道，四方观望。公处之恬然，形气益充实。"②《张浚行状》中也谈到，在张浚流放期间，连州在己巳年间（1149）曾发生过瘟疫，州衙也未能幸免，好在张浚没有染病。他积极实施救治措施，救活了许多生命。

> 己巳岁，岭南瘴疫大作，日色昼昏。官于连者，自太守而下死凡数人，郡人无不被疾，哭声连巷，乡落至有绝爨者。公和药拯之，病者来请，日至千余人。惟公家下至仆厮无一人告病，过者咨叹，莫不以为天相忠诚也。③

《张浚行状》中的另一个缺少记述的阶段，是张浚在绍兴二十五年（1155）也就是秦桧死的那一年到绍兴三十一年（1161）的活动情况。这一年，女真人完颜亮入侵，高宗不得不诏令张浚回京，但随后又把张浚贬谪

---

① 《张浚行状》，《朱子文集》卷95，《朱子全书》第25册，第4405页。
② 《张浚行状》，《朱子文集》卷95，《朱子全书》第25册，第4405页。
③ 《张浚行状》，《朱子文集》卷95，《朱子全书》第25册，第4405页。

到永州。《张浚行状》并没有清楚地说明高宗在张浚遭贬近二十年后又把他召回的背景和原因。不过，我们从朱熹在1188年为陈俊卿写的《张浚行状》中，可以找到明确的答案。此时离《张浚行状》的写作时间已经有25年了。根据《陈俊卿行状》的说法，张浚能够回到京城，是得益于陈俊卿的鼎力推荐。朱熹解释说，张浚是高宗初年秦桧掌权、大举迫害贤臣时，极少数能够活下来的重臣之一。高宗初年通常被称为"中兴"时期，可以和王莽篡汉后汉光武帝重振汉室的"中兴"相媲美。

> 中兴旧臣，唯张忠献公（张浚）独无恙，而方因于谗口，谪居湖湘，中外物情翕然属之，上（高宗赵构）心益以为疑，不肯用也。公（陈俊卿）乃上疏曰："窃惟今日事势，可谓危且迫矣。而窃闻之军民士夫之论，则皆曰张浚素怀忠义，兼资文武，且谙军旅之事，可当阃外之寄。臣素不识浚，且亦闻其为人，意广才疏，其初虽有勤王之节，安蜀之功，然陷陕服、散淮师，其败事亦不少。特其许国之忠，白首不渝。今居谪籍，杜门念咎，未尝不追悔前非，老而练事，殆非复前日浚矣。今事势危迫如此，而在廷之臣，又未有能过之者，虽有射钩斩祛之仇，犹当置而不问，况浚尝为陛下腹心之臣，初未尝有此隙乎？窃闻赞者言其阴有异志，又亦放弃之久，疑沮益甚，若付以权，恐渐难制。臣请有以明其不然。夫浚之所以得人心、伏士论者，为其有忠义之素心也。若其有此，则人将去之，谁复与为变乎？臣愿陛下察其谗诬，略加辩白，且与除一近郡，以系人心，庶几缓急之际可以相及。"①

我们注意到，在陈俊卿举荐张浚的陈辞中，并没有掩饰张浚的军事失败和失误（如：然陷陕服、散淮师，其败事亦不少）。这些事实《张浚行状》都不曾谈及，说明朱熹完全遵循了行状写作的手法。

绍兴三十二年（1162）至隆兴元年（1163），张浚被高宗召回朝廷任职，

---

① 《少师观文殿大学士致仕魏国公赠太师谥正献陈公行状》，《朱子文集》卷96，《朱子全书》第25册，第4450—4451页。

但很快又被孝宗贬谪到外地。随后，孝宗又任命张浚负责抵抗纥石烈志宁率领的女真军队。在《张浚行状》中，朱熹用了17页叙述张浚这两年的活动，约占全文的五分之一。① 正是在这一时期，宋人似乎有了收复失地的一线希望。张浚利用孝宗的高度信任，开始实施收复失地的政策和措施。自己未年（1139）南宋与金人签订的和议实施以来，孝宗的养父高宗早已放弃了收复失地的奢望。② 在《朱子语类》中，朱熹同样提到张浚在孝宗的高度信任下所做的有益的事情。但朱熹同时也指出，由于张浚遭贬在外的时间太长，已没有能力对周围的人才进行整合。这是他再一次失利的真正原因。

> 孝宗初，起魏公（张浚）用事，魏公议论与上（孝宗）意合，故独付以恢复之任，公亦当之而不辞。然其居废许时，不曾敢拾人才，仓卒从事，少有当其意者。③

当然，这些言辞并没有出现在"为尊者讳"的《张浚行状》中。

这样看来，《朱子语类》记述的一些事件，可以作为《张浚行状》中相同事件的补充。比如，在苗傅和刘正彦威逼高宗退位的建炎三年，派刺客刺杀张浚事就是一例。苗傅和刘正彦派刺客行刺张浚，但刺客却深明大义。他来到张浚住所，向张浚报告了后者所处的危险境况。

> 初，公（张浚）起义兵，行次嘉禾，一夕坐至夜分，外间警备亦甚严，忽有刺客至前，腰间出文书，乃（苗）傅、（刘）正彦，遣来贼公，赏格甚盛。公顾左右皆鼾睡，见其辞色不遽，问："尔欲何如？"对曰："某河北人，粗知逆顺，岂以身为贼用者？况侍郎精忠大节感通神明，某又安忍害侍郎邪？特见备御未至，恐后有来者，故来相报耳。"公下执其手问姓名，曰："某粗读书，若言姓名，是徼厚利。顾有母在河北，今径归矣。"遂拂衣而去，其超捷若神。④

---

① 《张浚行状》，《朱子文集》卷95，《朱子全书》第25册，第4416—4432页。
② 束景南：《朱熹年谱长编》，第57页。
③ 《朱子语类》卷131，《朱子全书》第18册，第4102页。
④ 《张浚行状》，《朱子文集》卷95，《朱子全书》第25册，第4366页。

在这里，整个事件被描写得活灵活现，很有戏剧效果。同一场景也出现在朱熹弟子廖德明所著《朱子语类》中。这个故事是张栻亲口告诉作者的。具体描述如下：

> 明受之祸，魏公（张浚）在江中，忽有人登其舟，公问为谁，云："苗太尉使我来杀相公。"公云："汝何不杀我？"云："相公忠义，某门不肯做此事。后面更有人来，相公不可不防备。"公问姓名，不告而去。①

可以看出，《张浚行状》中的叙述更具有戏剧化效果，也没有像《朱子语类》那样说明行刺地点是在船上。

二、史料价值

《张浚行状》提到的宋朝和前代人物约有三百多位。文中提供了关于南宋前 35 年政治局面的极为珍贵的材料。这一时期的南宋政权风雨飘摇，一直处于女真人入侵的威胁之中，而刘豫等叛臣又投靠金人，并于绍兴七年在淮北建立了傀儡的"伪齐"政权，统治湖北、河南两地。另外，在《张浚行状》叙述的事件中，有一部分是关于徽宗和钦宗被女真人俘虏，和宫廷中的部分人员一起被掳往金人统治的北地。

在文中，朱熹以一种隐晦的语言来叙述上述事件。比如，北宋二帝被俘虏，只是被简单地说成"二圣出城"。徽、钦二帝被掳至北地，也被轻描淡写地说成"二帝远在沙漠"，"二帝皇族远处沙漠"，或是"徽宗在沙漠"。或者干脆说成"二帝北狩"、"北狩事"等。朱熹还用一些隐晦曲折的说法来描述高宗在女真军队的追逐下乘船渡海南逃："车驾浮海东征"。② 这些淡化和不痛不痒的说法，是古代语言特有的用法特征。这就再一次提醒我们，只有真正了解了文本的具体背景，才能全面地、透彻地理解此类文献。

---

① 《朱子语类》卷131，《朱子全书》第18册，第4102页。
② 《张浚行状》，《朱子文集》卷95，《朱子全书》第25册，第4371页。

在《张浚行状》提供的最原始的数据中，有一条是关于张浚和女真军队的使者接触的事。当时，女真军队已攻陷汴京，张浚要女真使者传话，希望不要屠杀城中民众：

> 二圣（徽宗、钦宗二帝）出城，公（张浚）以职事在南熏门，有燕人姓韩者仕虏为要官，往来南熏，稔识公面。一日，谓公曰："大人辈（虏人呼贵酋为大人）以京城之人不肯尽出金帛，翌日当洗城。"指城一角曰："至时吾立大皂旗于此，尔来立旗下，庶可免。"公笑谓之曰："公宜为大人辈言，京师之人若尽死，金帛谁从而得乎？"姓韩人喜，若有得色。他日复值之，谓公曰："此日以尔言说诸大人，已罢洗城之议矣。"此事世莫知也。①

如果我们相信最后一句"此事世莫知也"，这一事件是其他文献不曾载录的史料，也是迄今第一次发现的材料。

高宗在位的前几年，在南方建立新的政治中心，一直受到女真人的持续威胁，社会处于一种混乱不堪的局面。溃散的宋军抢劫民众，胡作非为。对此，张浚采取了必要的措施，结束了由宋军造成的这一混乱局面，平息乱局，并重整军队。

> 时禁卫班直及诸军溃归无虑数万众，乏食，所至焚劫。一夕，知府事汤东野苍黄见公曰："城四外焚庐舍，火光并起，奈何？"公（张浚）笑曰："此必溃军之归，正当招集。"②

南宋初年，许多地区都不受皇家政权节制。比如在整个江淮地区，由于金、宋间的连年战乱，遭到极大的破坏。张浚曾在这一地区多次实行坚壁清野的政策，把方圆几百里村镇完全摧毁，不给入侵的女真军队留下任何可资利用的食品或物质。

---

① 《张浚行状》，《朱子文集》卷95，《朱子全书》第25册，第4355页。
② 《张浚行状》，《朱子文集》卷95，《朱子全书》第25册，第4358页。

绍兴二年（1132）会虏大酋撒离喝及刘豫叛党群聚大兵自金商入
寇，公（张浚）命严为清野之计，分兵据险，前后挠之。①

隆兴元年（1163）如其出奇自淮西来，则清野坚壁，使无所掠，
既不得进，合兵攻之，可大破也。②

建炎三年（1129），即朱熹诞生的前一年，整个淮南地区都落到了盗匪
手里，有些土匪势力非常强大，人数达数千人之众。岳飞曾率兵严加清剿。
张浚则施以安抚手段，使之归顺朝廷：

盗薛庆啸聚淮甸，兵至数万，附者日众。公以密迩行阙，一有
滋蔓，为患不细，且闻庆等无所系属，欲归公麾下，请往示大信以招
抚之。③

《张浚行状》是一部真正的政治地理和军事谋略的教科书。在宋、金和
刘豫的伪齐三家演出的"大戏"中，间谍和使者在战略上有时具有决定性的
作用。宋军间谍会把大量敌军的情报不断传送过来，使宋军对女真和刘豫的
入侵有所准备：

建炎四年（1130）会谍报虏将寇东南。④
绍兴六年（1136）谍报叛贼刘豫及其侄猊挟虏来寇。⑤
隆兴元年（1163）居数日，得谍者报，虏大兵将至。⑥

张浚多次向皇帝建言，放弃临安，迁都健康（今南京）。他认为，南京
的战略位置更有利于收复失地。
从《张浚行状》中，我们也可以了解到一些军事方面的事情。如：女真

---

① 《张浚行状》，《朱子文集》卷 95，《朱子全书》第 25 册，第 4374 页。
② 《张浚行状》，《朱子文集》卷 95，《朱子全书》第 25 册，第 4426 页。
③ 《张浚行状》，《朱子文集》卷 95，《朱子全书》第 25 册，第 4366 页。
④ 《张浚行状》，《朱子文集》卷 95，《朱子全书》第 25 册，第 4371 页。
⑤ 《张浚行状》，《朱子文集》卷 95，《朱子全书》第 25 册，第 4388 页。
⑥ 《张浚行状》，《朱子文集》卷 95，《朱子全书》第 25 册，第 4425 页。

人常常会在一场战役中动用数万兵力，最多的时候可达十万兵力。

> 建炎四年（1130）是月（二月）虏大酋粘罕复益二万骑，声言必取环庆路。①
>
> 绍兴四年（1134）时大酋兀术拥兵十万于维扬。②
>
> 绍兴三十二年（1162）时虏以十万众屯河南，多张声势，欲窥两淮。③

我们还注意到，双方的战争多在秋季或冬季展开。炎热的夏季不利于进行战争。另外，宋人和金人也会在战前进行协商，确定合适的开战日期。我们还了解到，士卒们的胳膊上和脸上有时会有纹身，这可能是为了便于识别。④ 还有，当南宋军队征兵时，江浙等南方士兵的费用是每人至少百缗，而这些士兵在战场上却没有什么战斗力："寻常诸军招江浙一卒之费不下百缗，而其人柔脆，多不堪用。"⑤ 为了解决兵员不足的问题，南宋军队更喜欢征募从北方逃出来的难民（归正人）。他们多骁勇善战，更有收复失地的意志和决心。在1142年写给高宗的奏折中，张浚反对禁止招募北方人的新政策，主张要继续坚持从陕西、山东及河南等北方难民中征兵的政策：

> 窃惟国家南渡以来，兵势单弱，赖陕西及东北之人不忘本朝，率众归附，以数万计。自为御营参赞，目所亲见，后之良将精兵，往往皆当时归正人也。三十余年，捍御力战，国势以安。⑥

1127年以前，契丹人被宋军和金国打败。此后契丹人就和女真人并肩作战。1129年，契丹人和北方的燕人都加入了粘罕的军队："公率诸将极力

---

① 《张浚行状》，《朱子文集》卷95，《朱子全书》第25册，第4371页。
② 《张浚行状》，《朱子文集》卷95，《朱子全书》第25册，第4378页。
③ 《张浚行状》，《朱子文集》卷95，《朱子全书》第25册，第4423页。
④ 《张浚行状》，《朱子文集》卷95，《朱子全书》第25册，第4417页。
⑤ 《张浚行状》，《朱子文集》卷95，《朱子全书》第25册，第4421页。
⑥ 《张浚行状》，《朱子文集》卷95，《朱子全书》第25册，第4421页。

捍御，虏势屡挫，生擒女真及招降契丹燕人甚众。"① 但是，33 年后，也就是绍兴三十二年（1162），契丹人发动了反抗女真人的叛乱，但后来被平息。此时，张浚向高宗建言，宋军应该招募契丹溃散军人，既可以加强自己的战斗力，同时也可以分化女真的联合阵营。

> 时契丹酋窝斡亦起兵攻虏，为虏所灭，其党奔溃。骁将萧鹧巴、耶律适里自海道来降。公以为女真一国之兵，其数有限，向来独以强力迫胁中国之民及诸国之人为用，是以兵盛莫敌。今当招纳吾民，厚抚诸国，则女真之心自生疑惑，中原诸国莫为其用，虏可亡也。②

在这场由各种力量参与的"大戏"中，宣传、迷惑和离间的作用不可小觑。宋人定期在敌占区，张贴标语，涣散敌方人心。女真人也使用恐吓和收买的手段，来分化宋人阵营。③ 张浚就曾成功使用离间计，分化了金人和刘豫的联盟关系。他派人到地方散布流言，使金人相信刘豫其实是身在曹营心在汉。张浚又利用宋将郦琼叛变、投靠刘豫这一事件，让金人相信郦琼的叛变其实是宋人的计策。张浚使人在刘豫的管辖区张贴传单，还故意让金人获取密信获悉内情，使金人对刘豫生疑，认定刘豫早有叛逆之心：

> 绍兴七年（1137）先是，公（张浚）遣人赍手榜入伪地云："刘豫本以书生被遇太上皇帝（钦宗），曾居言路。居言如能诱致金人，使之疲弊，精兵健马，渐次消磨，兹诚报国之良图，亦尔为臣之后效为臣。"金虏用事者见此榜，已疑豫。（疑）会郦、琼等叛去，公（张浚）复多遣间，散持蜡书故遗之。大抵谓刘豫已相结约，故遣郦、琼等降，而豫又乞兵于虏。十月，虏副元帅兀术径领兵来废豫。④

朱熹还记述了秦桧任宰相末期的恐怖统治。当时秦桧似乎独揽大权，

---

① 《张浚行状》，《朱子文集》卷 95，《朱子全书》第 25 册，第 4371 页。
② 《张浚行状》，《朱子文集》卷 95，《朱子全书》第 25 册，第 4423 页。
③ 《张浚行状》，《朱子文集》卷 95，《朱子全书》第 25 册，第 4378 页。
④ 《张浚行状》，《朱子文集》卷 95，《朱子全书》第 25 册，第 4397—4398 页。

架空皇帝。这就是朱熹所说的"无君之迹"。

在这一长段中，朱熹对当时的政治氛围，对秦桧奸党陷害忠良、指鹿为马等令人发指的恐怖行为进行了精彩的描写。我们从中了解到，张浚曾被奸党背后围攻，几乎被陷害至死。连前宰相赵鼎之子也在监狱中受到迫害。

> 至时，秦桧宠位既极，老病日侵，鄙夫患失之心无所不至，无君之迹显然著见。意欲先剪除海内贤士大夫，然后肆其所为。尤惮公（张浚）为正论宗主，使己不得安，欲亟加害，命台臣王珉、徐哲辈有所弹劾，语必及公（张浚）。至弹知洪州张宗元文，始谓公（张浚）国贼，必欲杀之。有张柄者，尝奏请令桧乘金根车，其死党也，即擢知潭州。汪召锡者娶桧兄女，尝告讦赵令衿，遣为湖南提举官，俾共图公（张浚）。又使张常先治张宗元狱，株连及公（张浚）。以为未足，又捕赵鼎子汾下大理狱，备极惨酷，考掠无全肤，令自诬与公（张浚）及李光、胡寅等谋大逆。凡一时贤士五十三人，桧所恶者，皆与狱下。会桧病笃，不能书判以死。时绍兴二十有五年也。上（高宗）始复亲庶务，先勒桧子熹致士，尽斥群凶，公（张浚）迹稍安，而太夫人（张浚母）遽薨。①

其实，朱熹这里所描写的政治环境，也是他本人一直到 25 岁亲身经历的政治现实。

三、张浚是朱熹的自我描摹吗

朱熹在刻画张浚这一特殊政治环境下的理想人物的同时，是不是也传达了自己的政治观念呢？他所揭示的张浚在内政和对女真人的政策方面的思想，难道不正代表了他自己的思想吗？朱熹在《行状》中一再赞扬，"直言"是臣子必备的责任，"纳言"是明君必备的品德。张浚在绍兴三十二年给高宗的奏折中开篇就说："真言不闻，非国之福。"要求彻底抛弃秦桧主政期间

---

① 《张浚行状》，《朱子文集》卷95，《朱子全书》第 25 册，第 4406 页。

的恐怖政策，并为受害者平反：

> 直言不闻，非国之福。自秦桧用事，二十年间，诬以它罪，贼杀忠良，不知几何人。愿下明诏以太上之意条具往以直言获罪之人，各加恩施。其诬之以事而身已沦漠，许本家开析事因，经朝廷雪诉，庶几冤愤之气得申今日。①

和后来的朱熹一样，张浚向皇帝当面陈述了真正的现实和事情的真相，尽了作为臣子的道德义务。绍兴十六年（1146），秦桧的权势如日中天，张浚想直言抗争，但又担心危及家庭，祸及年迈的母亲。母亲知道后，用父亲给哲宗的奏折中的一句话鼓励儿子："臣宁言而死于斧钺，不忍不言而负陛下。"

> （绍兴）十六年，公念桧欺君误国，使灾异数见，彗出西方，欲力论时事，以悟上意。又念太夫人年高，言之必致祸，恐不能堪。太夫人觉公形瘵，问故。公具言所以，太夫人诵先雍公（张浚父）绍圣初对方正策之词曰："臣宁言而死于斧钺，不忍不言而负陛下"②。

父亲的遗言给了张浚无比的勇气。他冒着自己和家人遭殃的危险，向皇帝直言。在奏折中，张浚这样写道：

> 窃惟当今事势，譬如养成大疽于头目心腹之间，不决不止。决迟则祸大而难测，决速则祸轻而易治。③

这里涉及面对真实的责任。作为忠臣，他的职责就是要向皇帝"直言"，而不是保持沉默。绍兴八年（1138），张浚面见高宗，宣读奏折，力劝皇帝抵抗女真人。他这样总结说：

---

① 《张浚行状》，《朱子文集》卷95，《朱子全书》第25册，第4420页。
② 《张浚行状》，《朱子文集》卷95，《朱子全书》第25册，第4403页。
③ 《张浚行状》，《朱子文集》卷95，《朱子全书》第25册，第4404页。

愿陛下思宗社之计，图恢复之实，逼之以大势，庶乎国家可得而立。臣罪戾之余，一意养亲，深不欲论天下事。顾惟利害至大至重，不忍缄默，以负陛下之知。惟陛下留意。①

这里，我们又一次感受到笔者在两年前研究朱熹时已经谈到过的"讲真话的勇气"。这是福柯在法兰西学院讲课时多次强调的一个概念。② 福柯也强调了君主找到一种能够使真话讲出来的"纳言方式"的重要性。在《张浚行状》中，朱熹曾多次用"嘉纳"这个词来赞赏高宗和孝宗勇于听取臣下的建议，甚至是张浚的训诫。③

这里我想介绍福柯的另一个概念。这就是在政治权利的实践中的"真话的展现仪礼"。福柯指出：

当一种权力在行使权力时，都会伴随着这种或那种方式的对真实的展现。我们很少找到相反的例证。当一种权力在行使权力时，都会伴随着这种或那种方式的对真实的展现。我们很难找到相反的例证。④

福柯还谈道：

我不是说，权利的实施只是简单地要求那些有权力的人去管控那些有用的或可用的知识等东西。我要说的是，权利的实施总是持续地伴随着对广泛意义上的真实的展示。⑤

① 《张浚行状》，《朱子文集》卷95，《朱子全书》第25册，第4399页。

② MichelFoucault（福柯），Lecouragedelavérité.LegouvernementdesoietdesautresII（讲真话的勇气。管制自己与管制他人。二）CoursauCollègedeFrance（1983-1984），Paris，Gallimard，Seuil，2009，p.14.

③ 《上（高宗）嘉纳焉》《上（高宗）皆嘉纳》《上（高宗）改容开纳》，参见朱熹：《张浚行状》，《朱子文集》卷95，《朱子全书》第25册，第4383、4385、4415页。

④ MichelFoucault（福柯），*DuGouvernementdesvivants.CoursauCollègedeFrance.1979-1980*《对生者的统治》，法兰西学院1979—1980年授课实录。Paris，EHESS，Gallimard，Seuil，2012，p.6。

⑤ MichelFoucault（福柯），*DuGouvernementdesvivants.CoursauCollègedeFrance. 1979—1980*《对生者的统治》，Paris，EHESS，Gallimard，Seuil，2012，p.7。

福柯又说道：

> 哪里有权力，哪里就必须有权力，就必须有真实。①

福柯还发明了由希腊语"真实"和"仪礼行为"组成的"真话仪礼行为"（alèthurgie）这个词，意思是：

> 所有可能让我们了解与虚假、隐瞒、不可表述、无法预见、遗忘等相对的真实的程序，不管是不是语言性的，我们都可以说，如果没有像"真话仪礼行为"这样的东西，那就没有权力的运用。②

这里要强调的是，张浚向哲宗和孝宗的建言，以及笔者在2010年和2011年的朱熹研讨会上谈到的朱熹向皇帝的建言，无论是书面的还是口头的，用福柯的话来说，都属于"真话表达仪礼"的范畴。因此，与政治权利密切相关的"直言"，也就是张浚和朱熹书面或口头的谏言，与福柯"orthonepos"（直言）的概念是完全一致的，意思是"将会成为真话仪礼行为巅峰的直言"③。

张浚、张栻父子在隆兴元年（1163）向孝宗上呈的几份关于武力抗金、反对向金朝派出求和使节的奏折，都揭示出"讲真话的勇气"，也都是我们上面谈到的"直言"。正是在这一年，朱熹应诏赴京，面见孝宗，陈述自己的主张。在此期间，他在临安拜会了张栻。三人有着共同的政治观点。④关于这次聚会，朱熹在《朱子语类》中有清楚的记述：

> 张魏公（张浚）被召入相，议北征。某（朱熹）时亦被召，辞归，

---

① MichelFoucault（福柯），*DuGouvernementdesvivants.CoursauCollègedeFrance. 1979—1980*《对生者的统治》，Paris，EHESS，Gallimard，Seuil，2012，p.10。

② MichelFoucault（福柯），*DuGouvernementdesvivants.CoursauCollègedeFrance. 1979—1980*《对生者的统治》，Paris，EHESS，Gallimard，Seuil，2012，p.8。

③ MichelFoucault（福柯），*DuGouvernementdesvivants.CoursauCollègedeFrance. 1979—1980*《对生者的统治》，Paris，EHESS，Gallimard，Seuil，2012，p.31。

④ 束景南：《朱熹年谱长编》，第311页。

> 尝见钦夫（张栻）与说，若相公诚欲出做，则当请旨尽以其事付己，
> 拔擢英雄智谋之士，一任诸己，然后可为。①

可以说，朱熹在政治和战略方面的观点与张氏父子不谋而合。我们注意到，朱熹在《壬午应诏封事》（1162）中的名句"夫金虏于我有不共戴天之雠，则不可和也，义理明矣"②，与张浚在兴隆元年面见孝宗时的口头建言如出一辙：

> 虏于我有不共戴天之雠，挟诈肆欺，不遗余力。自宣和、靖康以来，专以和议扰乱国家，反复诡秘，略无一实。③

和张浚力劝皇帝抗金、不向议和派让步的看法一样，朱熹也主张抵抗，反对任何形式的放弃。这样的例子在二人的文字和言论中还有很多。张浚和朱熹在奏折中的许多伟大的"台词"，都出现在能够决定中华文明未来的特殊历史时期。在 20 世纪的现代历史中，我们在戴高乐的《战争回忆录》和丘吉尔的《回忆录》中，同样可以看到抵御外敌入侵、实现民族复兴的伟大召唤。在 12 世纪的中国和 20 世纪中叶的欧洲，都涉及一种文明形式的生存。面对敌人入侵、民族存亡的关键时刻，伟人们都发出了同仇敌忾、血战到底的檄文。

朱熹区别于张氏父子的地方，是他对投身政治权力的保留态度。朱熹更愿意选择拒绝朝廷任命的官位，"辞归"福建，放弃"出做"。他塑造的张浚，是一个具有抗敌意志、忧国忧民、规谏皇帝步入正途的献身政治的理想人物。朱熹在《张浚行状》中赋予张浚的所有理念与朱熹本人的理念都是一致的。张浚提请皇帝注意防范近习，与朱熹在几篇《封事》以及向皇帝面奏的奏折中一再强调的，是完全一致的。请看朱熹在《张浚行状》中对张浚思想的介绍：

---

① 《朱子语类》卷 131，《朱子全书》第 18 册，第 4104 页。
② 《壬午应诏封事》，《朱子文集》卷 11，《朱子全书》第 20 册，第 573 页。
③ 《张浚行状》，《朱子文集》卷 95，《朱子全书》第 25 册，第 4428 页。

公（张浚）所论专自人主之身以及近习、内侍、戚里，以为正天下之本在此。①

张浚劝诫皇帝，要重新回到正确的道路上来，而实现这一回归的先决条件，是研习《大学》中的"修身""致知"和"治国"的重大原则。朱熹也一样，在他写给孝宗和以后几位皇帝的《封事》和《奏札》中，也曾一再引用《大学》的这些原则。

绍兴七年（1137），张浚向皇帝举荐了一个知名的儒生为皇帝授课：

公（张浚）以人主（高宗）当务讲学以为修身致治之本，荐河南门人尹焞宜在讲筵，有旨趣赴阙。②

这都是道学的基本原则，是把献身国家的行为纳入道德范畴。朱熹在1162年至1194年写给孝宗、光宗、宁宗的多封奏折中，也曾一再强调这些原则。

最后，作为结论，我们可以认为，《张浚行状》是传记文献和历史文献方面的一篇杰作，至少是一部极为重要的作品，也预示了在中国文学传统小说塑造理想化历史人物的先声。从某种意义上说，《张浚行状》也是朱熹本人及其政治思想的间接自画像。

（作者单位：法国西巴黎大学）

---

① 《张浚行状》，《朱子文集》卷95，《朱子全书》第25册，第4356页。
② 《张浚行状》，《朱子文集》卷95，《朱子全书》第25册，第4396页。

"明于治乱之道"的张浚

——以"苗、刘之变"考察为中心

潘忠伟

作为张栻的父亲，张浚在历史上以抗金名将而为后人所景仰。若是从民族大义的角度而言，这一评价无疑是恰当的。不过，若是从作为南宋名臣的张浚而言，仅仅从民族大义这一角度叙述和评价他，显然还不足以全面展示张浚的历史面貌。张浚之所以能成为南宋名臣，在政治上必有其过人的事功作为。

关于张浚作为中兴名臣的事功，首先值得玩味的是朱熹对他的评价。朱熹说："张魏公材力虽不逮，而忠义之心，虽妇人孺子皆知之，故当时天下之人唯恐其不得用。"① 魏公是张浚的爵位，朱熹对他的评价，可谓是非分明，认为他济世才能有所欠缺，而在君臣大义上，却非常值得推许和称赞。考虑到张浚是在南宋立国之初的乱世中获得了忠义之心妇孺之心的美誉，因此，朱熹的赞誉还有更深的含义，今人似未加以明白揭示。毕竟，乱世的忠义之臣和那些靠庸言庸行成为治世忠臣孝子的，其间对于"治乱之道"的体味和践履，相去甚远。张浚在建炎初期的政治作为，就非常生动地体现出他对政治趋势把握的战略眼光和勇于任事的机敏作风。体现此种政治才能的关键事迹，即为建炎三年（1129）张浚对"苗刘之变"的处置。

---

① 黎靖德编：《朱子语类》，中华书局 1986 年版，第 3150 页。

一、苗、刘之变背景略说

靖康之变后，赵构虽然在应天称帝，但赵宋中兴政权的巩固，面临一个非常大的问题，即皇权如何将宦官、武将和文臣等各派势力加以协调和均衡。赵构登基之初，宦官、武将和文臣三者之间，存在着异常深刻的矛盾，从而引发了苗傅、刘正彦兵变。这一兵变的最终解决，导致了赵构对于吕颐浩、张浚等人以文臣取代武将掌握军队主导权地位这一状况的认可，奠定了南宋早期政局中皇权中文臣与军队关系的基本格局，有利于南宋军民开展长期的抗金斗争。

赵构能在乱世中一跃成为宋高宗，其事功行迹和登基过程非常值得今人留意。《宋史·高宗本纪》记载：

> 钦宗遣合门祗候秦仔持蜡诏至相，拜帝为河北兵马大元帅，知中山府陈亨伯为元帅，汪伯彦、宗泽为副元帅。仔于顶发中出诏，帝读之呜咽，兵民感动。①

此事为赵构开始崛起的关键事件。他借助了皇权神威下的"蜡诏"，开始树立自己的政治威望，并初步建置以大元帅府为核心的行政组织班底。《宋史·张俊传》又记载：

> 中书舍人张澄，自汴京赍蜡诏，命高宗以兵付副帅还京，高宗问大计，俊曰："此金人诈谋尔。今大王居外，此天授，岂可徒往？"因请进兵，高宗许之，遂如济州。②

面对同样的蜡诏，高宗听从了张俊的建议，违背诏旨而留于河北，大元帅及其组织体系由此构成了赵构立业的基石。《宋史·宗泽传》又称：

---

① 脱脱等：《宋史》卷24，中华书局1985年版，第440页。
② 脱脱等：《宋史》卷369，第11470页。

时康王开大元帅府，檄兵会大名。泽履冰渡河见王，谓京城受围日久，入援不可缓。会签书枢密院事曹辅赍蜡封钦宗手诏，至自京师，言和议可成。泽曰："金人狡谲，是欲款我师尔。君父之望入援，何啻饥渴，宜急引军直趋澶渊，次第进垒，以解京城之围。万一敌有异谋，则吾兵已在城下。"汪伯彦等难之，劝王遣泽先行，自是泽不得预府中谋议矣。①

这是史书明文记载的又一次"蜡诏"，宗泽一心以恢复大业为重，不合赵构的心意，这已表明，赵构为身家计，已经将东京汴梁和两位皇帝置之不顾了。

需要指出的是，此时赵构的基本班底构成，是非常有限的少数几个人，其地位是异常不稳的。文臣中能依赖的，为黄潜善、汪伯彦等人，武将中则以张俊、王渊最受重用。除此之外，就是身边的少数亲信宦官了。《宋史·黄潜善传》记载潜善受到重用的缘由：

靖康初，金人入攻，康王开大元帅府，檄潜善将兵入援。张邦昌僭位，潜善趋白于帅府，王承制拜潜善为副元帅。二年，高宗即位，拜中书侍郎。②

其时，金军俘虏了在汴京的朝廷臣僚，赵构即便想立业登基，也无臣僚为臣属，在这种背景下，黄潜善率先与张邦昌划清界限，明确表示归附赵构，因而受到赵构重用，合情合理。关于汪伯彦，则是在关键时刻为赵构出谋划策，功业不可掩盖。《宋史·汪伯彦传》称：

未几，王奉蜡书，开天下兵马大元帅府，以伯彦为副将。王引兵渡河，谋所向，言人人殊，伯彦独曰："非出北门济子城不可。"王喜曰："廷俊言是也。"③

---

① 《宋史》卷360，第11277页。
② 《宋史》卷473，第13743页。
③ 《宋史》卷473，第13745页。

在危机之中，汪伯彦当机立断，使赵构免于厄难，这是汪伯彦受到重用的缘由。在绍兴七年（1137），赵构还向臣僚说："元帅旧僚，往往沦谢，惟汪伯彦实同艰难。"① 由此亦可见赵构对汪伯彦的倚重。

在乱世，能否成功地笼络武将，也是赵构面临的巨大考验。而恰恰在这一方面，赵构并不顺利。《宋史·王渊传》提到：

> 康王即皇帝位，渊与杨惟忠、韩世忠以河北兵，刘光世以陕西兵，张俊、苗傅等以帅府及降群盗兵，皆在行朝，不相统一。始置御营司，以渊为都统制，扈从累月不释甲。②

换言之，赵构最开始所依赖的武装力量和将领，存在明显的派系问题，而且兵员有非常强烈的地缘意识。在这些将领之间，只有得到赵构快速提拔和信用的张俊和王渊成为了心腹，这并不能从制度上彻底解决将领潜在的矛盾。

更加重要的是，赵构要建立一个朝廷，需要大量的文官为其服务。靖康之难后，金人立张邦昌为傀儡皇帝，《建炎以来系年要录》这样描述北宋旧臣的心态：

> 建炎元年三月，辛卯，朔，范琼率诸将陈兵以迓张邦昌，金人以铁骑送之，及门而返，晡时，邦昌入居尚书省，百官班迎，邦昌与百官交拜于道，司门郎中徐俯独不拜，持王时雍大呼号恸，挂冠而去。③

又：

> 邦昌之僭立也，有司趣百官入贺，太学博士孙逢独坚卧不屈，夜既半，同僚强起之，不从，垂泣而与之诀。④

---

① 《宋史》卷473，第13746页。
② 《宋史》卷369，第11486页。
③ 李心传撰：《建炎以来系年要录》卷3，《四库全书》本。
④ 李心传撰：《建炎以来系年要录》卷3。

除了少数例外，绝大多数臣僚都被迫屈从于张邦昌系统。而几乎没有文臣可用的赵构，对这批"失节"的旧臣，不能不加以劝导和招迎。

建炎三年（1129），赵构在应天登基之后，这种劝导和招迎的政策受到了李纲的攻击，南宋小朝廷建立初始就出现了第一次党争。《宋史·黄潜善传》简略记载了此事，其文如下：

> 时上从人望，擢李纲为右相，纲将奏逐潜善及汪伯彦，右丞吕好问止之。未几，潜善拜右仆射兼中书侍郎。纲遂罢。①

《宋史·李纲传》记载了李纲抨击黄潜善、汪伯彦等人，是基于君臣大义立场上彻底贬斥张邦昌的卖国行径。李纲占据道义上的制高点，但从现实来说，若是听从李纲的建议而排斥所有的靖康旧臣，将对赵构极为不利，因此，在李纲初次上奏的"十议"国策中，赵构将八条政纲在朝廷上公布，"惟僭逆、伪命二事留中不出"。②平心而论，李纲以君臣大义、夷夏大防为标榜，先清君侧，企图让赵构将亲信重臣黄潜善和汪伯彦加以贬斥，那确实不利于赵构小朝廷的稳定。这些亲信之臣所援引的臣僚，也包括了日后抗金名臣张浚，因为"浚亦伯彦所引"，③从这点而论，赵构在政治上不能容忍李纲，也属人之常情。

除了上述少数文臣武将可以信赖之外，赵构自然地将身边的宦官视为重要的组织资源和助手加以利用和笼络。《宋史·宦者传》描述了其实受到赵构重用的宦官蓝珪、康履的发迹过程：

> 蓝珪、康履，初皆为康王府都监、入内东头供奉官，尝从康王使金人行营。及开元帅府，并主管机宜文字。朝廷遣人趣师入援，履等请王留相州，王叱之而行。既即位，二人俱恃恩用事，履尤妄作威福，大将如刘光世等多曲意事之。帝知之，诏内侍不许与统兵官相见，违者停官编隶。履终无所忌惮，与内侍曾择凌忽诸将，或踞坐洗足，立

---

① 《宋史》卷473，第13743页。
② 《宋史》卷358，第11252页。
③ 《宋史》卷473，第13746页。

诸将于左右，声喏甚至马前，故疾之者众。①

这一记载有为赵构回护的嫌疑，事实上，赵构没有入援京师，也是赵的本意，并不完全出于两位宦官的建议。更重要的是，赵构并不希望看见内廷宦官与外朝武将过于亲密的关系，对宦官轻忽武将的举止，实际上是默许甚至纵容的。

换句话说，对赵构登基立下汗马功劳的武将及其士兵，不仅在地位上低于文臣势力，而且还要受到宦官的轻忽和辱骂，此点即为苗傅、刘正彦兵变的基本背景。至于兵变的过程，《宋史·高宗本纪》记载如下：

> 扈从统制苗傅忿王渊骤得君，刘正彦怨招降剧盗而赏薄。帝在扬州，阉宦用事恣横，诸将多疾之。癸未，傅、正彦等叛，勒兵向阙，杀王渊及内侍康履以下百余人。帝登楼，以傅为庆远军承宣使、御营使司都统制，正彦渭州观察使、副都统制。傅等迫帝逊位于皇子魏国公，请隆佑太后垂帘同听政。是夕，帝移御显宁寺。甲申，尊帝为睿圣仁孝皇帝，以显宁寺为睿圣宫，大赦。以张澄兼中书侍郎，韩世忠为御营使司提举一行事务，前军统制张俊为秦凤副总管，分其众隶诸军。丁亥，以东京留守杜充为资政殿大学士、节制京东西路。殿前副都指挥使、东京副留守郭仲荀进昭化军节度使。分窜内侍蓝珪、高邈、张去为、张旦、曾择、陈永锡于岭南诸州。择已行，傅追还，杀之。②

兵变过程并不复杂，武将苗傅、刘正彦利用逃难过程中的混乱局面，轻易地逼迫赵构就范退位，杀掉了文臣王渊和大部分内侍宦官。而从结果来说，此举意味着南宋朝廷成为了苗傅、刘正彦独揽权力的工具，当然不能为各地实力派官员所容忍和接受，如何挽救赵构的政治命运就成为这些官员的当务之急。

---

① 《宋史》卷469，第13668页。
② 《宋史》卷25，第462页。

在诛杀苗傅、刘正彦的过程中，起到关键作用的却是当时并未在赵构朝廷占据中枢位置的张浚。

二、张浚对苗、刘之变的处置策略

苗、刘之变，从发生到结束，前后不到一个月时间。事变能如此迅速结束，与张浚居中指挥、协调的关键作用是密切相关的。今依据《宋史·高宗本纪》和诸人本传，逐日叙述兵变发生、结束的全过程，以明了张浚的贡献。

建炎三年（1129）三月，赵构当时在杭州，在壬午这一天，苗傅、刘正彦就发生兵变，逼迫赵构逊位，让皇子魏国公登基，请隆佑太后主政。当天晚上，赵构就移居显宁寺。第二天（甲申），赵构正式退位，上尊号为睿圣仁孝皇帝，身边仅有 15 名内侍。同时，苗、刘为了瓦解地方实力派、赵构的亲信张俊，将其虚升为秦凤副总管，其原下属部众分隶诸军。此事让张浚迅速抓住机会，说服张俊与其一道共谋大事。《宋史·张浚传》称：

> 时傅以承宣使张俊为秦凤路总管，俊将万人还，将卸兵而西。浚知上遇俊厚，而俊纯实可谋大事，急邀俊，握手语故，相持而泣，因告以将起兵问罪。①

又，《宋史·张俊传》称：

> 苗傅、刘正彦反，俊时屯兵吴江县。傅等矫诏加俊捧日、天武四厢都指挥使，以三百人赴秦凤，命他将领余兵。俊知其伪，拒不受。三军汹汹，俊谕之曰："当诣张侍郎求决。"即引所部八千人至平江。张浚语俊以傅等欲危社稷，泣数行下，俊大恸。浚谕以决策起兵问罪，俊泣拜，且曰："此须侍郎济以机术，毋惊动乘舆。"②

---

① 《宋史》卷361，第11298页。
② 《宋史》卷369，第11470页。

综合上述记载，可知苗、刘兵变处置事项的第一步，是企图解决赵构亲信张俊的兵权。张俊当时驻扎在吴江县，北与张浚驻扎的平江（今苏州）相邻，南下可直达临安（今杭州）。张俊得知自己兵权被解除，迫不得已，只好率部众北进平江，向张浚问计。在苗、刘兵变后的第六天（戊子），张俊率领八千部众来到了张浚所驻防的平江。而张浚和张俊的这一会晤，奠定了今后赵构复位的基础。值得留意的是，在张俊到达平江的前一日（丁亥），"制置吕颐浩遗浚书，痛述事变。浚乃举兵"①。换句话说，身处张俊防地吴江和吕颐浩防地江宁（今南京）之间的平江张浚，不约而同成为了地方实力派官员瞩目的中心，均向他表达了同样的政治意愿，这无疑说明张浚在解决兵变的初期，就成为至关重要的居间协调者。更加值得玩味的是，作为叛乱者的苗傅等人，对张浚也抱有幻想，企图通过对张浚升官晋爵加以笼络。这更是让张浚在今后的平叛活动中，更有政治上操作的空间和余地。

张浚和张俊初步议定大事后，张浚就立即派人联络当时驻扎建业的吕颐浩和镇江的刘光世，"约颐浩、光世以兵来会"，同时命令张俊"分兵扼吴江"，防止叛兵北上袭扰。②不过，张浚对刘光世的说服并不成功，经过吕颐浩的劝说，才打动了刘光世，使后者也加入了平叛。《宋史·刘光世传》记载：

> 苗、刘为乱，素惮光世，迁光世为太尉、淮南制置使。张浚在平江，驰书谕以勤王，光世不从；吕颐浩遣使至镇江说之，乃引兵会于丹阳。③

张浚劝说刘光世的不成功，说明宋代武将和文臣之间长期存在的优劣地位，在战乱时期发生了某种转变。不过，张浚作为文官，能够团结绝大部分地方实力派武将，实际上已经是能力的极致了。为平叛锦上添花的是，此时韩世忠正从海上率领军队抵达常熟。《宋史·张浚传》记载：

---

① 《宋史》卷475，第13805页。
② 《宋史》卷361，第11298页。
③ 《宋史》卷369，第11481页。

会韩世忠舟师抵常熟，张俊曰："世忠来，事济矣。"白浚以书招之。世忠至，对浚恸哭曰："世忠与俊请以身任之。"浚因大犒俊、世忠将士，呼诸将校至前，抗声问曰："今日之举，孰顺孰逆？"众皆曰："贼逆我顺。"……于是，令世忠以兵赴阙，而戒其急趋秀州，据粮道以俟大军之至。①

又，《宋史·张俊传》对这种武将会集的情形，有更加详细的记载：

吕颐浩至，俊见之，亦涕泣曰："今日惟以一死报国。"刘光世以所部至，俊释旧憾。韩世忠来自海上，俊借一军与之俱。世忠为前军，俊以精兵翼之，光世次之。战于临平，傅等兵败，开城以出。②

这一叙述是从军事上概括平叛的过程，而实际的举动，远比这一过程复杂。苗、刘兵变并未引发过大的灾难，与张浚在政治上的积极作为密不可分。兵变第七天（己丑），苗、刘就更改年号，从建炎变成明受。而当天张浚上奏，请求赵构"亲总要务"③。这从侧面说明，张浚有信心说服叛乱者改变原有的举措，而使得和平解决兵变成为某种可能。果然，兵变的第八天（庚寅），苗傅、刘正彦就同意让百官朝睿圣宫，并且让张俊回临安担任礼部尚书。④ 顺便提一句，此事之后，吕颐浩才匆忙上书，请求赵构复位。不过，这一请求从政治上讲已经失去了先机。同时，张浚还对苗、刘进行了正面说服，《宋史·奸臣传》记载"张浚遗书二凶，奖其忠义以慰安之"。⑤ 尽管我们不知张浚在奏折中用何种方式打动了苗、刘二人，但可以肯定的是，这是在政治上具有决定性的平叛举措，它至少使得苗、刘二人对平叛的真正指挥者张浚丧失了某种警惕性，并且错误地将张浚视为未来可资利用的文官同盟者。

① 《宋史》卷 361，第 11298 页。
② 《宋史》卷 369，第 11472 页。
③ 《宋史》卷 25，第 462 页。
④ 《宋史》卷 25，第 462—463 页。
⑤ 《宋史》卷 475，第 13806 页。

正是苗、刘二人对张浚产生错误的期待，使得张浚能够充分利用这一错误积极备战和派遣使者游说苗、刘二人。据《宋史·高宗本纪》，兵变第十一天（癸巳），"张浚命节制司参议官辛道宗措置海舶，遣布衣冯轓持书说傅、正彦。"① 这一记载，前一事为积极备战作准备，而后一事，则对事态的发展产生了微妙的影响。《宋史·叛臣传》所附的苗、刘二人传记，记载了冯轓说服苗、刘二人的经过，其文如下：

> 辛卯，张浚遣进士冯轓赴行在，请帝亲总要务。复抵书马柔吉、王钧甫宜早反正，以解天下之惑。②

辛卯是兵变的第九天，两天后（癸巳）冯轓到达临安。这次说服整体上是颇为成功的，苗傅立即命令张浚奔赴临安以担任要职。但在这短短的几天中，张浚充分利用了这种有利形势，史称：

> 浚既遣轓，即檄诸路，约吕颐浩、刘光世会平江。傅以堂帖趣张浚赴秦州，命赵哲领俊军，哲不从；改命陈思恭，思恭亦不从。③

换言之，张浚在积极部署平叛作战的同时，苗、刘二人满怀期待地等待张浚的到来。《宋史·叛臣传》又记载：

> 冯轓说二凶反正，傅按剑瞋目视轓，正彦解之，曰："须张侍郎来，乃可。"即遣归朝官赵休与轓共招浚。④

刘正彦口中的"张侍郎"，即为张浚。此时的形势，对张浚一方极为有利：在兵变之后的第十三天（乙未），吕颐浩从建业来到丹阳；第十四天（丙申），韩世忠也来到平江。与此同时，张浚再次派遣冯轓前去游说，不过，

① 《宋史》卷 25，第 463 页。
② 《宋史》卷 475，第 13806 页。
③ 《宋史》卷 475，第 13806 页。
④ 《宋史》卷 475，第 13807 页。

需要如实指出的是，之后张浚过于急迫地讨贼檄文，差点断送了平叛的大好形势。《宋史·张浚传》有简略的记载，其文如下：

> 会傅等以书招浚，浚报云："自古言涉不顺，谓之指斥乘舆；事涉不逊，谓之震惊宫阙；废立之事，谓之大逆不道，大逆不道者族。今建炎皇帝不闻失德，一旦逊位，岂所宜闻。"傅等得书恐，乃遣重兵扼临平，亟除俊、世忠节度使，而诬浚欲危社稷，责柳州安置。俊、世忠拒不受。会吕颐浩、刘光世兵踵至，浚乃声傅、正彦罪，传檄中外，率诸军继进。①

此事在《宋史·叛臣传》中有更为详细的记载：

> 戊戌，浚以世忠兵少，分张俊兵二千益之，发平江。②

这是说兵变第十五天（戊戌），张俊接受张浚的调度，分兵两千给韩世忠，从平江向临安进发。《宋史·叛臣传》又说：

> 冯轓至平江，浚复遣入责贼以大义，谕以祸福，期虽死无悔。傅等初闻浚集兵，未之信，及得浚书，始悟见讨。奏请诛浚以令天下。诏责浚黄州团练副使，郴州安置。郑毂上疏谓浚不当责，密遣所亲谢向变姓名告浚宜持重缓进，贼当自遁，浚然之。③

苗、刘二人最初对张浚的举动一无所知，直至看到张浚檄文，才明白事态的严重性。而当时在临安的郑毂，一方面向赵构说明情形，安抚苗、刘；另一方面则秘密建言张浚不宜过早标榜平叛大义，而应该"持重缓进"。紧接着，张浚又派遣前期与苗、刘联络的冯轓，进一步安抚叛兵，《宋史·奸臣传》又说：

---

① 《宋史》卷361，第11299页。
② 《宋史》卷475，第13807页。
③ 《宋史》卷475，第13807页。

是日，贼遣苗瑀、马柔吉将赤心队及王渊旧部曲驻临平，以拒勤王之师。冯轓至临平，见马柔吉，同缒入城。诘朝，与傅等议，傅曰："尔尚敢来邪？"欲拘轓。浚逆知之，谬为书遗轓，言客自杭来，知二公于朝廷初无异心，殊悔前书失于轻易。贼得浚遗轓书，大喜，乃释轓。①

这说明张浚迅速意识到自己的失误，再次向苗、刘示好，避免平叛演变成大规模的武装对抗，而通过政治方式解决叛乱的可能性则大大增加。《宋史·奸臣传》紧接着记载：

壬寅，浚得谪命，恐将士解体，绐曰："趣召之命也。"是日，吕颐浩至平江，与浚对泣曰："事不谐，不过赤族。"乃命幕客李承造草檄告四方讨贼。贼闻勤王之兵大集，即呼冯轓、胜非议复辟。癸卯，张俊发平江，刘光世继之。贼亦遣兵三千屯湖州小林。丙午，颐浩、浚以大兵发平江。诏以浚为知枢密院事。②

又，《宋史·张浚传》记载：

浚进次临平，贼兵拒不得前，世忠等搏战，大破之，傅、正彦脱遁。③

据《宋史·叛臣传》，临平之战发生于庚戌，即兵变的第二十八日，此战并不激烈，苗傅、刘正彦逃回临安，请求赵构赐予免死铁券，而后逃离临安。④

根据上述记载，我们可以概括苗、刘兵变后期的情形：第十六天（戊戌），张浚派遣韩世忠出征，同日冯轓入临平开始游说苗、刘二人归政。在

① 《宋史》卷475，第13807页。
② 《宋史》卷475，第13807—13808页。
③ 《宋史》卷361，第11299页。
④ 《宋史》卷475，第13808页。

接下来的几天中，苗、刘二人的犹豫不决和临安臣僚对叛兵的哄骗，使得军事行动与政治解决在同步影响临安的政局。至兵变后的第二十天（壬寅），由于前期对苗、刘的檄文，造成张浚被赵构解除职务。虽然这一任免是苗、刘的意图，但毕竟是通过赵构的名义下达，在政治上使得以拥护赵构的张浚义兵面临了极大的尴尬局面，这是面对起兵平叛以来的最大危机。在这一危机中，吕颐浩给予张浚直接的支持，两人相互鼓励，并在兵变后的第二十一天（癸卯），二人派遣张俊、刘光世相继发兵。三天后（丙午），吕颐浩和张浚又从平江正式出征。在大兵压境和政治游说的双重举动下，苗、刘二人向张浚屈服，赵构任命张浚"知枢密院事"，在兵变发生的第二十六天（戊申），"太后下诏还政，皇帝复大位"①。至此，兵变在政治上得到了根本的解决，对苗、刘二人的处置，已属次要的后续问题。

可以这样说，建炎三年（1129）三月的苗、刘兵变，是南宋小朝廷建立之后的最大危机。在这场危机中，张浚通过巧妙的政治方式和军事调度，与临安臣僚相互配合，既实现了赵构权威的重塑和维护，又避免了大规模武装平叛的破坏后果，可谓是乱世的忠臣和能臣。

三、苗、刘之变后的张浚

张浚是顺利解决苗、刘之变的大功臣，体现了忠于赵氏的文臣势力对赵构权威的极力维护和辅佐，朱熹的评价，即是从这一意义上而言的。不过，张浚在今后的仕途上，险些因为功勋过高而与吕颐浩陷入党争，此事，张浚急流勇退，避免了南宋小朝廷文臣势力的再次分裂，使得抗金大业得以继续展开。

作为苗、刘之变的大功臣，赵构对其当然是礼遇有加。《宋史·张浚传》记载：

> 浚与颐浩等入见，伏地涕泣待罪，高宗问劳再三，曰："曩在睿圣，两宫隔绝。一日啜羹，小黄门忽传太母之命，不得已贬卿郴州。朕不

---

① 《宋史》卷25，第464页。

觉羹覆于手，念卿被谪，此事谁任。"留浚，引入内殿，曰："皇太后知卿忠义，欲识卿面，适垂帘，见卿过庭矣。"解所服玉带以赐。高宗欲相浚，浚以晚进，不敢当。①

上述描述可谓详尽，赵构亲自向张浚作出解释：在解决兵变的关键时期，罢黜张浚的诏令是太后的旨意，委婉地请求张浚谅解。此事颇值得玩味，至少可以反映：或者是赵构，或者是太后，他们对张浚能否成功解决兵变，是有顾忌的。这从侧面说明，皇权中枢与地方实力派的隔绝是南宋小朝廷面临的巨大政治考验。张浚的举动，实际上代表了地方实力派和文臣势力对皇权的向心力，极大地消除了赵构对地方实力派的不信任感。更加重要的是，李纲的党争举动对赵构是一个沉重的打击，故此时的张浚，对于赵构而言，意义更加深长。

然而遗憾的是，此后这些功臣之间却潜藏着党争的危机。《宋史·张浚传》记载：

> 或传浚为贼所执，吕颐浩等遽罢浚枢管。浚归，高宗惊叹，即日趣就职。②

这一记载颇为委婉，但从中可看出，吕颐浩同为平叛功臣，与张浚本身的关系并不融洽。在这种情形下，张浚"慷慨请行"，出任川、陕宣抚处置使，实在是高明的政治家。这不仅避免了朝廷文臣可能潜藏的党争，而且也实现了张浚本身的抱负。虽然有些遗憾的是，张浚经营川、陕并不成功，但从长远来说，张浚主动出任的举动，当时有利于南宋初期政局的平稳运作，也有利于张浚在合适的时机为抗金事业作出更大的贡献。

另外，可以附带提及的是，朱熹曾经批评张浚，说：

> 张魏公不与人共事，有自为之意。也是当时可共事之人少，然亦

---

① 《宋史》卷361，第11298页。
② 《宋史》卷361，第11300页。

不可如此。天下事未有不与人共而能济者。汪明远得旨出措置荆襄，奏乞迂路过建康，见张公。张公不与之言，问亦不答。①

朱熹又说：

孝宗初，起魏公用事。魏公议论与上意合，故独付以恢复之任，公亦当之而不辞。然其居废许时，不曾收拾人才，仓卒从事，少有当其意者。②

朱熹如实指出，"当时可共事之人少"，张浚在富平之战失败后，中枢文臣的反映是庆幸而非痛心，③此种潜藏的党争，是张浚不能不"明哲保身"的基本背景。而朱熹批评的失当之处，是没有明了当时主弱臣强的基本格局，张浚若是积极共事和笼络人才，对过于敏感的赵构及其子嗣而言，是否还会记得张浚在苗、刘之变的功劳，的确是存有疑问的。

总而言之，知人当论其世，若是局限于某种作为的成败来评价张浚的历史地位，不仅不能明了张浚的事功，而且还有管中窥豹的鄙陋之弊。这是研究历史特别是历史人物是非功过的难点。

（作者单位：四川师范大学政治教育学院）

---

① 《朱子语类》卷 131，第 3152 页。
② 《朱子语类》卷 131，第 3150 页。
③ 《朱子语类》卷 131，第 3152 页。

张浚与文昌帝君信仰

杨　燕

　　南宋一代名相张浚是相当值得一说的人物。他祖籍四川绵阳，父亲、祖父都是当朝响当当的人物，他的远祖可追溯到遥远的唐代，是唐朝大名鼎鼎的学者和宰相张九龄的弟弟张九皋。在他四岁的时候，父亲去世，家道中落。不过，庆幸的是，在母亲的悉心教导下，张浚自小就表现出不凡的德性和学识。《宋史》说："浚四岁而孤，行直视端，无诳言，识者知为大器。"①长大后的张浚果然不负良好的遗传和母亲的期望，先是进入当时的国立大学——"太学"学习，接着就跟他的父亲一样考中了进士，此后，他更是在南宋初的政治舞台上叱咤风云，成为一时之风流人物。而且，他还非常幸运地生养了两个杰出的儿子——张栻和张构。更加让人觉得神奇的是，张浚作为一介凡人，却被神化为文昌帝君在人间的化身之一，作为文昌神被供奉。至今，在我国台湾省南投县，还有供奉张浚文昌帝君的道观，与其他四位文昌帝君孔子、李老道君、吕洞宾、关羽一起享受香火。

　　为什么张浚会成为文昌帝君的化身？这种士人与神仙合体的文化现象背后又有哪些意旨呢？要解决这些问题，首先我们要了解一下文昌帝君信仰与巴蜀文化之间的渊源。

---

　　① 《宋史》卷 361，中华书局 1977 年版，第 11297 页。

一、文昌帝君信仰与巴蜀

"文昌"是中国对星宿"紫薇垣"中一个星宫的称呼。我国古代的星象学者把天空分为三垣二十八宿,三垣即紫薇、太微、天市。紫薇垣位居中宫,属于帝星之所。《史记·天官书》说:"斗魁戴匡六星曰文昌宫……在斗魁中,贵人之牢。"文昌星宫位于北斗七星勺头附近,共六颗,分别为:上将、次将、贵相、司命、司中、司禄。与紫薇垣其他星宫一起,构成一个类似人间帝王将相的权力机构,各个星宫之间的运行轨迹、星相变化以及星辰光泽的明暗,都映像着人间政治运作的情况。这种星座认知模式,是中国"天人合一"思想的形象反映。因此,我国很早就形成了"仰望星空"的信仰模式,其中也包括对"文昌"的信仰。由于文昌六星主要与功名利禄有关,这种天上的功名利禄向人间的投射,就逐渐形成了拜文昌以求人间的功名利禄了。

宋代,天上的文昌星宫实现了由天上而人间的一次融合,即与梓潼神合体而成为梓潼文昌神。而梓潼神的老家就是四川梓潼,这是文昌落入四川的初始。梓潼神本名张亚子,因为汉字字形的相似性及文献传承中,字迹被磨损的缘故,有时候,人们也叫他张恶子。梓潼神的部分属性为蜀王张育,张育因为抗击前秦王苻坚而死于四川绵竹(即今天的四川绵阳),蜀人造祠以纪念他——巴蜀英雄。碰巧的是,绵竹梓潼本来有一个颇为灵验的地方神梓潼神,即梓潼神张亚子,而纪念张育的这个神祠无意中建在了梓潼神神庙的附近,两个神又都姓张,慢慢地这两个神就合二为一,都称为梓潼神。

那么,这个梓潼神为什么在宋代又出现了和文昌神的合体呢?主要的原因有两个:一是宋代的文化制度;二是梓潼的地理位置。

大家都知道我国古代在人才选拔上有一个极富创举且非常具有特色的制度,就是科举考试。这种制度初创于隋,继之以唐,终成于宋。但是,隋唐时期,科举制度只是选拔人才的一种辅助手段,通过科举进入仕途的人数在整个国家政治制度中很少,而且这部分人也主要是官宦贵族子弟。到了宋代,情况就大不一样了,国家政治生活中主要的官职大都由科举产生。这在当时是一件非常了不起的创举,有助于社会各阶层之间的流动,从而保持社会的活力，推进社会发展。科举的兴盛，客观上形成了一个巨大的读书人群体，而这个群体最重要的目标就是求取功名。当人们对一个事物怀有极大的欲望时，此一事物必将能轻易左右其内心，使其忐忑不安。而在当时，寻求内心安定的最好方法就是拜神。因此，我们翻看宋代的小说杂记，几乎到处可见参加科举的书生拜神的各种趣事。当然，他们拜的神不一而足，可以说是见庙就进，逢神必拜。考生的这一作派也是中国人一贯的做派。

梓潼神恰好就是这么幸运的一个神。梓潼连接川陕，是出川的关键之地，有"梓潼失，成都危"的古语。四川境内的考生要到遥远的开封去赶考，必须经绵阳梓潼、过陕西而入河南。所以，拜梓潼神的考生就很多。拜的人多，应验的事情就相应的会多，传闻就越来越神。以至到了后来梓潼神甚至可以预见哪些人以后会做宰相。因为梓潼神灵验的事迹大多与科举考生的功名有关，于是，梓潼神的神性中就渐渐被融入了主宰"文思""功名"的特征，而这些特征正是文昌神才有的。时间长了，梓潼神与文昌神干脆被人们合二为一，称为"梓潼文昌神"。而张亚子则被看作文昌神在人间的一次转世，此后，他的人间踪迹不断增多，张浚的文昌帝君化就是这个历程中的一环。而文昌神的这种人神结合，也更增加了神的人情味和亲近感。他在四川绵阳的多次转世，也使得文昌与四川尤其是绵阳结下了不解之缘。到了元代仁宗延佑三年，由皇帝出面，正式诏封梓潼神为辅元开化文昌司禄宏仁帝君。于是梓潼神遂被称为文昌帝君，与文昌星信仰完全合并，梓潼文昌神也从一个地方神转成为全国性的文脉保佑神。

二、张浚与文昌帝君

梓潼神与文昌神合一并升格为文昌帝君的进程中，有祈求福寿安平的普通民众身影，有参加科考的书生身影，也有皇权的参与，等等，此外，还有一个非常重要的团体，就是道士集团。

在梓潼文昌神不断扩张世俗领地时，道教徒不失时机地把梓潼文昌帝君纳入道教信仰体系，他们陆续通过扶乩降笔等形式丰富与文昌帝君相关的文献，充实文昌帝君天上人间的履历表。这些典籍中讨论到文昌帝君行迹的主要有：《文昌帝君本传》《文昌化书》《梓潼帝君化书》等，张浚与文昌帝君融合为一就是这个过程的结果之一。

按这些与文昌帝君相关的书籍记载，文昌帝君在周初（周武王乙巳岁二月初三）降生于吴会间，十七世为大夫，先后有七十三次化身（也有说是九十七次化身）。但是十七世为大夫的说法各不相同，一种认为文昌帝君在周成王时为张善勋，宣王时为张仲，在汉为张良，在晋为凉王吕光，姚秦之世为张亚子，在唐为张九龄，五代为蜀王孟昶，在宋为张齐贤、司马光、张浚。还有一种认为他十七世的化身分别为：第一世张善勋，第二世张耆，第三世张忠嗣，第四世赵如意，第五世张勉，第六世张孝仲，第七世邓艾，第八世张亚子，第九世谢艾，第十世文仲子，十一世张儒生，十二世张凤翔，十三世高师，十四世张宋兴，十五世张翊圣，十六世张绍圣，十七世张浚。这两种说法有同有异，但相似的一点是，这些化身中张姓居多，且张亚子和张浚都是文昌帝君的化身之一，张浚都是文昌帝君在人间的最后一个化身。

文昌帝君在人间的化身之所以以张姓居多，大概与其第一代化身转世时的星象有关。据《梓潼帝君化书》等书记载。文昌帝君一世投胎之时，天上张宿闪烁，格外明亮。张宿系南方朱雀七宿第五宿，也就是朱雀身体与翅膀连接的地方，非"张"不飞，因此张宿多吉，至今民间有"开张大吉"之说，就源于此。张宿闪亮，可见此时实为吉辰，于是，帝君便托胎于一个正在祈祷神佑的张姓家中，以应天象，后降生为帝君第一代化身张善勋。此后，张姓与文昌帝君关系一直密切，不仅文昌帝君屡屡托身于张氏门庭，而且这些张姓有的还是前后宗族关系。如文昌帝君唐代化身张九龄就是张浚直系先祖张九皋的兄长。可见张氏一族与文昌信仰的神奇渊源。

具体到张浚化身文昌帝君一事，他与张亚子在后来的文昌帝君文献中均作为化身之一出现，客观上就把梓潼神张亚子与张浚的地位摆成了平行关系，这为后来直接称张浚为梓潼文昌帝君打下了伏笔，因为张浚的老家也在梓潼附近。

那么，张浚为什么会被选为文昌帝君的最后一个人间化身呢？

笔者以为，主要是因为张浚自身的德性和才能。在众神中，文昌帝君的特征主要有博学、至孝、行善。凡人常有一种"神性转移"的心态，在祭拜某些神通广大的神以期获得庇佑外，人们似乎觉得对某些神的祭拜和尊奉，也会将这些神自身的特性转移到自己身上。参加科举的学子拜文昌，亦无非如此。所以，我们可以看到，文昌帝君历代化身，无一不是学识渊博且具有极大现世功业的人。学识渊博则可得功名；现世功业，则有眼见的幸福。这正是俗人所求，也无怪乎这些过世的士大夫被一个个抬出来做神仙楷模了。因此，文昌帝君降世的人身都具有一个或几个这方面的典型特征，而张浚可以说三个方面都符合。

《宋史》载张浚4岁父丧，与寡母相依为命，事母至孝。又张浚自小聪明伶俐，胸怀大志，"于书无所不通"①，政和八年中进士，文官出身而多次带兵征战南北，不仅博学，更是文武全才；有济世之志，且慨然行之，可谓大善。朱熹在《少师保信军节度使魏国公致仕赠太保张公行状》中赞曰："忠贯日月，孝通神明，盛德邻于生禀，奥学妙于心通。勋存王室，泽在生民，威镇四夷，名垂永世。"②《宋史》则说："儒者之于国家，能养其正直之气，则足以正君心，一众志，攘凶逆，处忧患，盖无往而不自得焉。若张浚者，可谓善养其气者矣。"③可见张浚其人、其行、其才、其德！且张浚在南宋初多次征战南北，为岳飞的顶头上司，终其一生主张强硬的对外政策，在宋代政坛可谓一巅峰人物。在南宋偏安一隅的纠结民族关系中，张浚之功过，虽然在世人眼中褒贬不一，但对大多数人来讲，张浚无疑是一标杆式的人物，他代表着正义和民族气节！在大多数的读书人和民众心中，拥有相当高的地位。加上张浚姓张，又是四川人，又是名门之后，所以，文昌帝君在宋代最后一个化身融合到张浚身上，可以说是再合适不过了。

三、张浚文昌帝君化的文化旨趣

张浚文昌帝君化是一非常有趣的文化现象。这一现象体现了儒道文化交融，反映了我国大小传统间的文化流通，少数民族文化与汉文化的互动，同时，还反映了人类生存中仪式文化的重要性。

---

① 《朱子全书·晦庵先生朱文公文集》卷95上，上海古籍出版社2010年版，第4351页。
② 《朱子全书·晦庵先生朱文公文集》卷95上，第4442页。
③ 《宋史》卷361，第32册。

张浚本来是一个典型的儒者形象，他读儒书，以儒家特有的悲悯情怀和书生意气不顾个人生死地努力着，想救万民于水火，想荡平世间一切不美好的事物。但是，这样的一个人却被道教纳入自己的神仙体系，成为道教神仙系统中一位重要大神。而道教的这一位重要大神，他的主要职责，却是管辖极富儒家特色的科举、出仕以及行孝、为善等儒学式伦理规范执行。他本为天上的星辰，却一次次降临世间，以儒生的身份在红尘辗转，以自我的生命历程教化世人。在最后的一次红尘穿越结束后，文昌帝君也依然多次降临世间，通过扶乩降笔的形式，传达自己的救世意愿。

这一文化现象同时也是中国社会大小传统文化流通的表现，是少数民族与汉文化的一次互动。大小传统一说出自美国人类学家罗伯特·雷德菲尔德（RobertRedfield）的《农民社会与文化》一书，大传统主要指上层人士、知识分子所代表的文化，或者可以称之为精英文化；小传统主要指在农村中多数农民所代表的文化，或者可以称之为草根文化。张浚等文昌帝君的多次化身以及最初《史记·天官书》中所记载的"文昌宫"之类，都是典型的精英文化，属于大传统，同时也是中国文化圈中典型的汉文化；而梓潼神信仰以及此后形成的文昌帝君信仰却是十足的市井小民文化。梓潼神本源于羌氏，张亚子本身为氐人，梓潼帝君信仰本是一地域性极强的少数民族民间信仰。然而，这两种文化却通过科举考试，借助文昌帝君这一形象，以人类亘古以来共同追求的真、善、美等道德规范为依凭完美结合。在这一具体的文化现象中，大传统引导小传统的基本特质和品性，小传统活跃和丰富着大传统，在活生生的民众生命历程中，承载着大传统。小传统由大传统提供基本向度，而大传统则因小传统而有了生命，并得以延续；同时，以汉文化为主体的中华民族大文化圈通过少数民族与汉文化之间丰富互动也得到充实。从某种意义上说，中华民族的存在感、区别度、延续力，就在这无数次的大小传统流通，各民族文化互动中得以完成。

张浚文昌帝君化的文化现象，还反映了人类生存中文化仪式的重要性。从某种意义上讲，人类就是仪式的存在，没有这些仪式，族群没有办法找到存在的凭据，个体也同样没有办法找到存在的凭据。我们需要仪式寻找内心的安宁，也需要仪式确定族群的标识，需要仪式来构建神的无上性和神秘意涵，更需要仪式来说明，或者表明我们"人"真的在这里。对仪式的不断修订和改良，注入新的内容，特别是在神性的仪式中注入确切存在的"人"的符号，是保证仪式权威性之外，增添其可信性的一种重要手段。张浚以及其他十六位士大夫，包括梓潼张亚子本身与文昌星的结合，都在某种程度上体现了人类社会的这一特质与需求。

(作者单位:四川师范大学中国哲学与文化研究所)

中国文明的哲学基础

陈　来

中国文明的哲学基础主要体现为宇宙观。与西方近代以来的机械论的宇宙观相比，古典中国文明的哲学宇宙观是强调连续、动态、关联、关系、整体的观点，而不是重视静止、孤立、实体、主客二分的自我中心的哲学。从这种有机整体主义出发，宇宙的一切都是相互依存、相互联系的，每一事物都是在与他者的关系中显现自己的存在和价值，故人与自然、人与人、文化与文化应当建立共生和谐的关系。中国哲学的这种宇宙观不仅对古代中国文明提供了思想支撑，也为中国文明的价值观提供了哲学基础。

中华文明的哲学基础是什么？这个问题在中华文明当代复兴并走向世界的时代，是我们必须回答的问题，本文即是对这一问题给予回答的尝试。"哲学基础"或"哲学背景"的含义包含较广，笔者主张从两个方面加以回答：一个是哲学思维与宇宙观的方面；另一个是从价值观和世界观的方面。本文专就前一个方面即思维与宇宙观的方面来论述。

以黄河流域和长江流域为中心，农业在华北和华中两地最先发展，成为中国文明的基础。在新石器时代后期，不同文化区域的多元发展，如陕西、山西、河南、山东、湖北、长江中下游等区域文化，逐渐形成了以中原为核心，以黄河长江文化为主体，联结周围区域文化的格局。故中国文明的起源与形成是由多元的区系文明不断融合而成，其整合的模式是以中原华夏地区和华夏族的文明为核心，核心与周边互相吸收、互相融合而形成多元一体的文明格局。商代的文明已经是多元一体的格局，已形成华夏文明中心的结构，并显示出文化的中国性。从夏商周三代文明来看，中国文明地域的广阔和整体规模的巨大，是与其他古文明很不相同的一个特色。在这个过程中，民族的融合也达到了很高的程度，黄河流域的居民形成了华夏族，与四方的夷狄蛮戎集团不断融合，到秦代时已达到 6000 万人口而成为汉族。[①]中国文明的连续与扩大来自多种原因，其中也来自不少内部的文化因素，如祖先崇拜，宗族、国家的同构等。

已有汉学家者指出，要了解中国文明，就必须理解这一文明的思想根基，[②] 他们的做法是追溯到中国文明形成之初，以寻找当时建立的思维和观念对后世中国文明发展的重要影响，从而呈现中国文明的核心要素。在这些核心要素中，被认为最重要的，是理解中国人的宇宙观和世界观，了解中国人对时间、空间、因果性、人性的最基础的假定。这些世界观被认为与中国文明历史的各个方面都密切相关。

这种重视中国文明形成初期基本观念的看法，隐含着对于中国文明整体长久连续性的肯定，因为，如果这个文明是断裂的、异变的，仅仅关注文明形成初期就没有意义了。史华慈（Benjamin Schwartz）指出，过分重视早期文明时代往往受到批评，因为轴心时代以后到近代中国之间，中国历史发展中各领域都一直发生着重大变化，然而他强调，中国历史的那些变化确实需要置于一种文明框架来看待，因为中国文明的框架并没有出现过西方式的全盘的质的决裂。[③] 也就是说，中国文明的总体框架是持久的、连续的。这里所说的文明框架不仅包括外在的制度文化形式，也包含制度文化形式背后的观念特性。那么显然，这意味着作为中国文明的根基，其基本思维观念也是长久稳定和连续的。不过也应当指出，西方汉学追溯到中国文明形成之初，去寻找当时建立的思维和观念对后世中国文明发展的重要影响，这个做法并不全面，因为文明的特色不仅要看其早期的形成初期，还要看轴心时代，更要看这一文明成熟期的综合完整特色，成熟期文明更能彰显其全部内涵和特色。

很明显，与西方近代以来的机械论的宇宙观相比，古典中国文明的哲

---

① 参见袁行霈、严文明主编：《中华文明史》第 1 卷，北京大学出版社 2006 年版，第 4—5 页。

② 参见牟复礼：《中国思想之渊源》，北京大学出版社 2009 年版，"序言"第 1 页。

③ 史华慈：《古代中国的思想世界》，江苏人民出版社 2004 年版，"导言"第 2 页。

学宇宙观是强调连续、动态、关联、关系、整体的观点，而不是重视静止、孤立、实体、主客二分的自我中心的哲学。从这种有机整体主义出发，宇宙的一切都是相互依存、相互联系的，每一事物都是在与他者的关系中显现自己的存在和价值，故人与自然、人与人、文化与文化应当建立共生和谐的关系。以下我们将从几个方面略加呈现。

一、关联宇宙

法国社会人类学家葛兰言（Marcel Granet）20 世纪 30 年代曾在《中国的思维》中提出中国人的思维把各种事物看成关联性的存在，并认为这是中国人思维的主要特性。[①]70 年代美国汉学家牟复礼（Frederick Mote）则从另一个方向表达他对中国人世界观的揭示，他认为，欧美民族认为宇宙和人类是外在的造物主创造的产物，世界大多数民族也都如此主张，然而只有中国文明早期形成期没有创世神话，"这在所有民族中，不论是古代的还是现代的，原始的还是开化的，中国人是唯一的"[②]。这意味着，中国是唯一没有创世神话的文明，中国人认为世界和人类不是出自于造物主之手，而是自生自化的。与此相对，牟复礼提出，中国的宇宙生成论主张的是一个有机的过程，宇宙各个部分都从属于一个有机的整体，它们都参与到这个自生的生命过程的相互作用之中。[③] 这也就是说，有机主义的自生论宇宙观和思维方式可以用来说明中国早期文明为何没有产生创世神话。这种相互作用有机整体的说法和葛兰言关联思维的说法是相通的。不过这个的关联宇宙论形成于战国后期至汉代，并不能用来说明文明初期创世神话何以未出现，神话的发生应当早于哲学的宇宙观。牟复礼还认为，西方的创造的上帝来自"因果性"观念，而中国的有机的大化流行的观念是对"同时性"的重视，这是两种对世界和事物关系的不同解释。[④] 因此，"上古中国人构想的宇宙运行机制只

---

① 参见安乐哲：《和而不同》，北京大学出版社 2009 年版，第 202 页。
② 牟复礼：《中国思想之渊源·序言》，第 19 页。
③ 牟复礼：《中国思想之渊源·序言》，第 21 页。
④ 牟复礼：《中国思想之渊源》，第 23 页。

须用内在的和谐与世界有机部分平衡来解释就够了"①，不需要创世的上帝。他承认，中国与西方的这种分别，李约瑟（Joseph Needham）也曾以另外形式指出过，用李约瑟的话来说，中国思想如同怀特海（Whitehead）式的对于网状关系的偏好、对过程的偏好，而受牛顿（Newton）影响的西方偏好个别和因果链；前者把宇宙过程描述为相互交织的事件之网，后者把宇宙构想为一系列事件串成的因果之链。②

与此不同，史华慈认为，中国宇宙论多以出生、繁殖隐喻起源，而不采取创造（创世）的隐喻，这可能与农业文明的表达有关，但更可能是祖先崇拜的影响。③ 就是说，他认为中国早期文明没有创世神话，却有很多繁殖隐喻，这不是由于关联思维，而是由于祖先崇拜。其实史华慈用祖先崇拜只能说明与农业文明的作物生殖有关，还不能否定关联思维的作用。与此相联系，史华慈不认为关联思维对中国文明初期有作用，他认为关联性宇宙论出现较晚，到战国阴阳家的思想理论才表达了这一宇宙论；而甲骨文、金文以及五经典籍都不能提供有力证据说明此前曾存在关联性宇宙论。先秦古书中只有成书较晚的《左传》中才能找到这种思维的早期证据，即人类实践被看作与天体运行相关。他认为，老子思想中出现了整体主义的世界观，但这种整体主义的基本发展走向与关联性宇宙论截然不同。④ 所以史华慈不太强调关联思维的重要性，他所理解的关联性思维专指事物相互感应的一类，似乎较为狭窄，这是需要指出的。

针对牟复礼的中国文明没有创世神话的论断，杜维明展开了他的"存有的连续"的讨论，他承认，一般来说中国人的宇宙论是一个有机体过程的理论，即，整个宇宙中的万物是一个整体，其组成部分既相互作用，又同时参与同一个生命过程的自我产生和发展。杜维明指出，中国并非没有创世神话，只是中国思维更执着于存有的连续和自然的和谐；中国人的宇宙是动态的有机体，宇宙的实体是生命力——气，气是空间连续的物质力量，也是生命力量。杜维明强调连续性、动态性、整体性是把握中国宇宙观的三个要

---

① 牟复礼：《中国思想之渊源》，第26页。
② 牟复礼：《中国思想之渊源·序言》，第31页。
③ 史华慈：《古代中国的思想世界》，第25页。
④ 史华慈：《古代中国的思想世界》，第367页。

点，这是非常正确的。但杜维明肯定中国宇宙论可以承认宇宙起源于太虚，则存有的连续性本身就仍无法回应牟复礼有关中国缺少创世神话的疑问。①与史华慈立场相近，杜维明也没有提及关联性宇宙观的重要性。其实，既然杜维明承认中国宇宙观是有机体过程的宇宙观，而有机性与关联性相通，则注重关联性应成为中国宇宙论的第四个要点。

就关联性思维（correlativethinking）而言，李约瑟无疑是此说的主要提倡者，他认为至少在汉代，阴阳、五行、天人感应这些思想不是迷信，也不是原始思维，而是中国文明的某种特性即有机主义。所谓有机主义，是指这样的看法，事物各部分相互关联、协调，而具有不可分的统一性。汉代思维的特点是，象征的相互联系或对应组成了一个巨大模式，事物的运行并不必然是由于其他在先的事物的推动，而是事物在永恒运动循环的宇宙中被赋予了内在运动本性，运动对于它们自己是不可避免的。另一方面，所有事物都是有赖于整个世界有机体而存在的一部分，它们间的相互作用不是由于机械的推动或机械式作用，毋宁说是由于一种自然的共鸣。② 李约瑟认为这是一种特有的思想方式，在这种协调的思维中，各种概念不是相互对立、分别，而是相互影响、作用，这种相互的影响、作用不是由于机械的原因，而是由于相互的感应。在这样一种世界观里，和谐被认为是自发的世界秩序的基本原则，他所想象的宇宙整体是一个没有外来主宰者的各种意志的有序和谐。全宇宙各个组成部分都自发而协调地合作，没有任何机械的强制。所以在这种世界观中线性相继的观念从属于相互依赖的观念。③ 李约瑟的说法是对葛兰言的阐释，既然线性相继的观念不重要，创造神话自然不发达。葛瑞汉（A.C.Graham）算是哲学家中最重视李约瑟这一思想的人，只是他把关联宇宙论看成主要是汉代的思想，而忽略了先秦时期的关联思想。

把欧洲汉学和美国汉学加以比较，我们似乎可以说，欧洲的汉学家强调关联性思维的意义（安乐哲曾在英国学习，故其思想追随葛瑞汉），而美

① 杜维明：《试谈中国哲学中的三个基调》，郭齐勇、郑文龙编：《杜维明文集》卷5，武汉出版社2002年版，第4页。

② 李约瑟：《中国科学技术史》第2卷，科学出版社、上海古籍出版社1990年版，第305页。

③ 李约瑟：《中国科学技术史》第2卷，第308、531、304页。

国汉学家更注重社会文化（如孝与祖先崇拜）的意义。在宇宙论上，李约瑟强调存在的动态性、整体性，而杜维明强调存在的连续性。我们则认为中国的宇宙论思维既强调连续性、动态性，又强调整体性、关联性。

就文明初期的文化形式而言，卡西尔（Ernst Cassier）注重的是神话思维，他强调神话表达的是一种"生命一体化"的信念，生命的一体化沟通了各种各样的个别生命形式，使所有生命形式都具有亲族关系。① 生命的一体性与不间断的统一性，这个原则适用于同时性秩序也适用于连续性秩序，一代代的人形成一不间断的链条，上一阶段的生命被新的说明所保存，现在、过去、未来没有明确的分界线。原始神话的交感联系是从情感方面，希腊多神论开始用理性来研究人，成为"伦理交感"的形式，它战胜了"生命一体化的原始感情"②。可见，关联性有两种：一种是神话思维的原始的关联性；包括巫术式的联想；另一种是哲学思维的关联性，它是更高一级的关联性，我们关注的正是这种哲学的关联性思维。在中国，与历史的维新路径相似，中国的思维发展也包含了这个方面，即思维的发展不是一个战胜一个，而是原始的生命的一体化的原则被保存在轴心时代以后思想的发展中成为其一部分；但生命交感升华为伦理交感，宗教或神话的交感转变为哲学的感通，在更高的层次上持久地保留了交感互动的特性。因此，神话思维中的生命一体化的母题，在一定条件之下，可以在文明的后续发展中，在更高的文化形式中得以保留，而成为一种哲学的宇宙观。③ 汉代的关联性宇宙建构，在思维上正是承继了神话时代的生命一体化的思维而在更高层次的发展，成为中国宇宙观的一个特色。

二、一气充塞

中国哲学思维发展甚早，连续两千多年不曾间断，就其对宇宙、世界的总体理解及其所反映的思维方式而言，具有一些突出的特色，这是没有疑

---

① 卡西尔：《人论》，上海译文出版社1986年版，第105页。
② 卡西尔：《人论》，第130页。
③ 关联思维在其他文明中也存在过，但在中国的战国后期把神话时代的关联思维发展为哲学的关联性宇宙建构，这是不同于其他文明的。

问的。其中最突出的是，中国宇宙论的结构特色与"气"的观念密不可分。

关于存在世界的把握，在中国哲学中，气论是一个基本的形态。气的哲学是中国古代存在论的主要形态。由于气在本源的意义上是物质性的元素，宇宙论的气论代表了中国哲学从物质性的范畴解释世界构成的努力。在中国哲学中，"物"指个体的实物，"质"指具有固定形体的东西，有固定形体的"质"是由"气"构成的。未成形的"气"则是构成物体的材料。① 中国哲学中所说的"气"，是指最微细而且流动的存在物。西方哲学的原子论认为一切事物都是由微小固体组成的，原子是一种最后的不可分割的物质微粒；中国哲学的气论则认为一切物体都是气的聚结与消散。气论与原子论的一个基本不同是，原子论必须假设在原子外另有虚空，虚空中没有原子而给原子提供了运动的可能。而气论反对有空无的虚空，认为任何虚空都充满了气。中国思想的气论与西方思想的原子论，成为一种有意义的对照。在这个问题上，张岱年先生指出："中国古代哲学中讲气，强调气的运动变化，肯定气的连续性存在，肯定气与虚空的统一，这些都是与西方物质观念的不同。"②

中国古代的"气"概念来源于烟气、蒸气、雾气、云气等，如东汉的《说文解字》称："气，云气也。"气的观念是在对那些具体物气加以一般化后所得到的一个自然哲学概念，就自然哲学的意义而言，它仍然与平常所谓空气、大气的意义相近。把中国气论和西方原子论对照的一个明显结论，就是原子论表达的是物质的不连续的性质，而气论所反映的是物质的连续性的性质。应当说，注重气的连续性，从哲学上反映了中国文明对事物连续性的重视，这与中国文明被称之为"连续性文明"的特点也有密切的关系。考古人类学家张光直也正是在这个意义上强调：中国古代文明之所以是一个连续性的文明与中国文明中重视"存有的连续"有关，也与早期文明的整体性宇宙观有关。③

气作为一种连续性的存在，在中国哲学中有许多表达，如荀子说"充

---

① 参见张岱年：《中国古代元气学说》，湖北人民出版社 1986 年版，"序"第 1 页。

② 张岱年：《开展中国哲学固有概念范畴的研究》，《中国哲学史研究》1982 年第 1 期。

③ 张光直：《连续与破裂——一个文明起源新说的草稿》，载《中国青铜时代》，三联书店 1999 年版。

盈大宇而不窕"，意即云气充满宇宙而无间断，指示出气是连续的存在。宋代张载说"太虚不能无气""知太虚即气则无无"，① 强调虚空充满气，或虚空是气的一种存在形式。王廷相说："天地未判，元气混涵，清虚无间，造化之元机也。"② 这里虽然是就天地未分化时而言，而"无间"即是表达连续、无间断之意。方以智说"气无间隙"③，王夫之更明确说明"阴阳二气充满太虚，此外更无他物，亦无间隙"④。这些都是对古代关于气是连续性存在的观念的继续发展。事实上，朱子也说过"此气流行充塞"，他常常说此气"充塞周遍"，"充塞天地"，"充塞宇宙，无一息之间断，无一毫之空阙"，主张天地之间一气流行充塞，这种连续性是强调气的空间的连续充满和时间的连续不断。⑤

由于气是连续的存在，而不是原子式的独立个体，因而中国哲学的主流世界观倾向是强调对于气的存在要从整体上来把握；不是强调还原到原子式的个体，而是注重整体的存在、系统的存在。因此中国哲学中常常有所谓"一气流行""一气未分"的说法，"一气"既表示未分化，又表示整体性，而"流行"则表示气的存在总是处在一种流动的状态之中。朱子言："一气之周乎天地之间，万物散殊虽或不同，而未始离乎气之一。"⑥ 罗钦顺说："盖通天地，亘古今，无非一气而已。气本一也，而一动一静，一往一来，以阖一辟，一升一降，循环不已。"⑦ 刘宗周说"盈天地间，一气而已"⑧，黄宗羲说"天地之间，只有一气充周，生人生物"⑨。一气即整个世界为一连续、整全、流动之实在。这种宇宙论在中国哲学史的发展上为儒家、道家等各派哲学所共有，也成为中国哲学宇宙观的基本立场。存在的整体，即是人与世界的统一，又是人与宇宙的统一，近代哲学的二元分裂破坏了这种原始的统一

① 《正蒙·太和》，《张载集》，中华书局 1978 年版。

② 《慎言·道体》，《王廷相集》，中华书局 1989 年版。

③ 方以智：《物理小识·光论》，台湾商务印书馆文渊阁《四库全书》本 1983 年版。

④ 王夫之：《正蒙注·太和》，台湾商务印书馆文渊阁《四库全书》本 1983 年版。

⑤ 参见《答吕子约》等，《朱熹集》，四川教育出版社 1996 年版。

⑥ 《朱子语类》卷 27，中华书局 1986 年版。

⑦ 罗钦顺：《困知记》，中华书局 2013 年版。

⑧ 刘宗周：《刘宗周全集·语录》，浙江古籍出版社 2007 年版。

⑨ 黄宗羲：《孟子师说》，《黄宗羲全集》，浙江古籍出版社 2012 年版。

性，在现代之后的时代，人类应当返回作为人与宇宙统一性的存在整体。同时，在中国文化中，个人不是原子，是社会关系连续体中的关联性存在一方，这种理解得到了气论哲学的有力支持。①

三、阴阳互补

阴阳的观念比气的观念出现更早，阴与阳的观念在西周初年已经出现，最初是指日光照射的向背，向日为阳，背日为阴。《易经》中则把阴阳作为整个世界中的两种基本势力或事物之中对立的两个方面。

最著名的古代阴阳论的论断见于《易传》之《系辞》，《系辞上》说"一阴一阳之谓道"，指阴阳的对立分别与交互作用，是宇宙存在变化的普遍法则。《说卦》把阴阳普遍化："立天之道曰阴与阳，立地之道曰柔与刚，立人之道曰仁与义。"认为阴阳的对立和互补是天道，地道和人道也都是受此原理所支配。《庄子》中已经有阴阳生成论："至阴肃肃，至阳赫赫。肃肃出乎天，赫赫发乎地，二者交通成和，而万物生焉。"②

在西周末期，不仅以阴阳为宇宙的两种普遍的基本对立，也已把阴阳的观念和气的观念结合起来。战国时代如庄子说"阴阳者，气之大者也"，③把阴作为阴气，阳作为阳气。这样就产生了"二气"的观念。《易传》中发挥了这一思想，不仅提出气分为阴阳，也同时强调二气相感。如《象传》说"二气感应以相与，……天地感而万物化生"。④荀子也这样认为："天地合而万物生，阴阳接而变化起。"⑤阴阳二气作为宇宙最基本的构成性要素，不仅相互对立，而且相互作用，相互感应，阴阳二者的相互配合使万物得以生成，使变化成为可能。阴阳的对立互补是世界存在与变化的根源。用关联的语言来说，阴阳是最基本的关联要素。

汉代以后，阴阳的观念成为中国哲学根深蒂固的基本特征，董仲舒说：

---

① 黄俊杰《传统中国的思维方式及其价值观》论述了联系性思维方式，载黄俊杰编：《传统中华文化与现代价值的激荡与调适》，社会科学文献出版社 2002 年版。

② 《庄子·田子方》。

③ 《庄子·则阳》。

④ 《象辞·咸卦》，《周易》。

⑤ 《荀子·礼论》。

"天地之气，合而为一；分为阴阳，判为四时，列为五行。"① 在汉代思想当中，阴阳、五行、四时都是天地之气的不同分化形式形态，同时阴阳与五行、四时、五方、五色、五味等有高度的关联性，由此发展出一套关联宇宙图式的建构。除了阴阳之间的相互作用和相互补充外，五行之间也被理解为相生相克，即相互促进又相互制约。宋代周敦颐依然如此主张："分阴分阳，两仪立焉，阳变阴合，而生金木水火土。""二气五行，化生万物；五殊二实，二本则一。"② 宋代以来，没有一个哲学家不受阴阳观念所影响，新儒学哲学家尤依赖于《易传》的阴阳哲学而不断发展阴阳的世界观。如邵雍言："动之始，则阳生焉，动之极，则阴生焉。一阴一阳交，而天之用见之矣。"又说："阳下交于阴，阴上交于阳，四象生焉。阳交于阴，阴交于阳，而生天之四象。"③ 无论阴阳的"接"，或阴阳的"交"，哲学上都是指阴阳的相互作用，这种作用不是冲突对立，而是感合、相互吸引和配合。当然，就阴阳二者的本来规定而言，一般来说阳居主动，阴居被动，但"二气"哲学的宇宙生成论中并不强调这种差别。如朱子论阴阳二气云："天地只是一气，便自分阴阳，缘有阴阳二气相感，化生万物，故万物未尝无对。"④ 张载的名言"一物两体，气也。一故神，两故化"⑤，一物两体即是说一气之中包含阴阳两个方面。一故神是说阴阳结合为整体才能实现运动的妙用；两故化，是说一气中包含阴阳互动所以气有化生的功能。清代的戴震说："一阴一阳，流行不已，夫是之谓道。"⑥ 这干脆把"道"理解为阴阳二气流行不已的过程。

在先秦《管子》中早有对阴阳作用的认识，"春夏秋冬，阴阳之推移也；时之短长，阴阳之利用也；日夜之易，阴阳之化也。"⑦ 把阴阳看作是自然世界各种现象变化推移的动力和根源。张载说"气有阴阳，推行有渐为化，合一不测为神，"他还说："阴阳之气，则循环迭至，聚散相荡，升降相求，氤氲相揉，盖相兼相制，欲一之而不能。此所以屈伸无方，运行不息，莫或

① 董仲舒：《春秋繁露·五行相生》，中华书局 2011 年版。
② 周敦颐：《太极图说》，《周敦颐集》，中华书局 2009 年版。
③ 邵雍：《观物内篇》，《邵雍集》，中华书局 2010 年版。
④ 《朱子语类》卷 53。
⑤ 《正蒙·参两》，《张载集》。
⑥ 戴震：《孟子字义疏证》，《戴震集》，上海古籍出版社 2009 年版。
⑦ 《管子·乘马第五》。

使之一。"① 朱子云:"阳中有阴,阴中有阳;阳极生阴,阴极生阳,所以神化无穷。"② 所以,阴阳的相互联结、相互作用、相互渗透、相互转化,由此构成的动态的整体变化,是中国人宇宙观的普遍意识,影响到中国文明的各个方面。如中医是最充分地运用阴阳五行学说构建人体生命和疾病的理论说明,明代中医张景岳指出:"盖阳不独立,必得阴而后成。……阴不自专,必得阳而后行。……此于对待之中,而复有互藏之道。"③ 阴阳互相包含,相互作用,阴阳的平衡构成整体的健康。中医是整体主义和关联思维的集中体现的代表。

宇宙是各种物体相互联系的总体,更简单地说,是包含阴阳互补互动的整体,阴阳彼此为对方提供存在条件,阴阳的相互结合构成了世界及其运动。葛瑞汉指出:"正如人们早已知道的那样,中国人倾向于把对立双方看成互补的,而西方人则强调二者的冲突。"④ 人类世界的一切问题都根源于如何处理各种对立面的关系,中国文明的古老阴阳平衡思维不仅是古代中国的基本思维方式,在现代仍然有其普遍的意义。

张载在谈到对立面关系时指出"有象斯有对,对必反其为,有反斯有仇,仇必和而解",对立、冲突甚至斗争的结果,最终必定是相反相成、协调配合,走向和解,对立中求统一,化冲突为和谐,使整个世界不断焕发蓬勃的生机。

四、变化生生

与西方机械论宇宙观的另一最大不同,中国哲学的宇宙观是强调"生生"的宇宙观,以《易经》为代表的宇宙观始终把宇宙看成一个生生不息的运动过程。

把宇宙看成一个变易不息的大流,在孔子已经予以揭示:"逝者如斯夫,不舍昼夜!"⑤ 逝逝不已就是运动变化不已,我们所在的世界是一个如

---

① 《正蒙·参两》,《张载集》。
② 《朱子语类》卷98。
③ 参见张景岳:《类经》,中国医药出版社2011年版。
④ 葛瑞汉:《论道者》,中国社会科学出版社2003年版,第379页。
⑤ 《论语·子罕》。

同大河奔流一般的运动总体，这也就是说，一切都在流动变化之中，流动、变化是普遍的。庄子也说："物之生也，若骤若驰，无动而不变，无时而不移。"① "万物化作，萌区有状，盛衰之杀，变化之道也。"②

解释《易经》的《易传》十翼，以《系辞传》最为突出，《系辞传》全力强调变易的意义："易穷则变，变则通，通则久。为道也屡迁，变动不居，周流六虚，上下无常，刚柔相易，不可为典要，唯变所适。"③

世界不断变化、转化，永不静止，对于这样一个变动不已的宇宙，人不可以订立死板的公式去对待它，一切必须随变化而适应。《易经》为中国文明确立了这样的宇宙观：整个世界，从最小的东西到最大的东西，都处于永恒的产生和转化之中，处于不断的流动变易之中，处于无休止的运动和变化之中。整个世界，特别是自然界被看作是在永恒的流动和循环中变动着。在这种总观点下，世界绝对不变的见解是不可理解的。事物不是常住不变的，变易是存在的基本方式，存在就是流动和变化。正是这种变易的哲学支持着中国文明不断"与时俱进"的发展，与时俱进就是适应变化、与变化俱进。

在中国哲学思维中，以《周易》的宇宙观为代表，越来越强调变化是绝对的，而变化包含有确定的倾向，《易传》的哲学主张，变化不是没有内容的，变化的重要内容是"生生"。换言之，在宇宙的大化流行中，不断有新的东西生成，这是变易的本质，而不是单纯的无所方向的变化。宇宙不是死一般的寂静，而是充满着创造的活力。

这一点《系辞》说得最清楚："天地之大德曰生。富有之谓大业，日新之谓盛德，生生之谓易。"④ 因此，变化包含创新，永久的变易包含永远的革新，日新就是不断地创新，生生赋予了变易以更深刻的东西，变易是生命的不断充实、成长、更新和展开。"天行健"是生生不已之大易流行，这种宇宙观为中国文化精神"自强不息"提供了世界观的基础。

生生的观念同样渗透在宋以后的新儒家思想中，如周敦颐："二气交感，

---

① 《庄子·秋水》。
② 《庄子·天道》。
③ 《系辞下》。
④ 《系辞上》。

化生万物，万物生生而变化无穷焉。"① 程颢说："生生之谓易，是天之所以为道也。天只是以生为道。"② 这是以生生为宇宙最根本的法则，以生生为天道、天理的内容。程颐也重视生生，他说："天地之化，自然生生不穷。"③ 把生生化育看作自然的、无休止的过程。

可见在中国哲学中，变化之流即是生命之流，而这一生命之流是以气的连续统一为其载体的。宋明理学的宇宙观特别重视"大化流行"，大化流行也往往说成"气化流行"，如戴震说："一阴一阳，其生生乎!"④ "在天地则气化流行，生生不息，是谓道。"⑤ 气本身就是能动的流体，气的运行过程就是道。大化流行是一完整的连续体的活动，而万物是此连续体的不可分割的组成部分。

在这里，显示出中国哲学宇宙观的生成论特征。按照《周易》系统的哲学，天地万物是在时间的进程中逐渐生成的并变易着，它可能是在从某种浑沌中产生出来的东西，是某种发展起来的东西，某种逐渐生成的东西，生成就是 becoming。所以，不是 being 而是 becoming 才是中国哲学的基本问题意识，周易的哲学才是中国文明自己的哲学之根。从这个观点来看，生成是自己的生成，阴阳、五行的相互作用就是生成的基本机制，而不是由自然界之外的主宰者的创造或外来推动力一下子造成的东西。绝对不变的实体是不存在的。从这里，我们才能更深刻地理解牟复礼提出的中国文明缺少创世神话的问题，确实在本质上是一个关乎思维方式的问题。只不过，缺少创世神话的原因主要还不是像杜维明所说的存在的连续的问题，而是生成论思维主导的问题。没有创世神话表示不重视外在力量，表示更重视生成、生化和它的内在动因。世界是它自己的根源，自生自灭的生成论成为中国世界观的主流，《周易》的原理本身就包含了这一倾向。正如安乐哲（Roger Ames）也指出的，希腊更偏重静止，所以需要借助因果关系解释变化；中国则主张世界本来自然地就是过程和变化，自然的生成，因而它就不需要外在原则去

① 《太极图说》，《周敦颐集》。
② 《河南程氏遗书》卷2（上），《二程集》，中华书局1981年版。
③ 《河南程氏遗书》卷15，《二程集》。
④ 《原善》，《戴震集》。
⑤ 戴震：《孟子字义疏证》，《戴震集》。

解释变化。①"天行健，君子以自强不息"，如果《周易》象传的这句话是中国文化精神的体现，那么生生日新的宇宙观正是这个精神的哲学写照。

五、自然天理

牟复礼所说中国直到进入文明初期，没有出现过创世神话，以此作为中国文明思维方式的一个路径依赖，其实，尽管他指出中国缺少创世神话这一点是对的，但这并不意味着中国没有宇宙发生说，也不意味着中国古代思维认为宇宙是一永恒的存在。用中国哲学的话来说，天地万物如何产生、存在，也是古代中国哲学家思考的问题，屈原的《天问》最明显地表达出中国古代哲学思维对宇宙起源、构成的兴趣：

> 遂古之初，谁传道之？
> 上下未形，何由考之？
> 冥昭瞢暗，谁能极之？
> 冯翼惟像，何以识之？
> 明明暗暗，惟时何为？
> 阴阳三合，何本何化？
> 圜则九重，孰营度之？
> 惟兹何功，孰初作之？

当然，中国哲学的主流看法虽然认为天地万物不是永恒存在着的，而是有其发生历史的，但天地万物的发生不是由一个外在于宇宙的人格力量所创造的，在中国哲学家看来，天地万物如果有一个开始，这个开始也是自生、自然的。的确，在中国思想中，一般来说，不认为天地是被创造出来的；不认为人是被创造出来的；不认为宇宙时空是被创造出来的；尤其不认为存在着外在于宇宙的创造者——上帝。

主张天地不是被创造出来的，不等于主张天地是永恒的，例如在汉代

---

① 安乐哲：《和而不同》，北京大学出版社 2002 年版，第 45 页。

道家的宇宙论中并不认为天地是永恒存在的，而是从虚空中逐渐生成气，又由气的凝聚而生成天地。所以我们所在的这个世界，不是被创造出来的，而是化生出来的。

那么存在着宇宙之内的主宰者吗？回答不是否定的。商周时代都承认帝或天为宇宙之内的至上神，但早期中国文明中的"上帝"不是创造宇宙和人的神，而是在宇宙之内的主宰者，中国上古的"上帝"和"天"也没有被赋予创造宇宙的能力。不管是原因还是结果，西周以人为中心的立场的兴起必然也削弱了发明创世神话的冲动。所以早期中国文明的"帝"不是宇宙之外的创造之神，而是宇宙之内的事务主宰。就人不是上帝所创造这一点来说，这使得在中国文明中"人"的地位必然高于基督教文明中"人"的地位，"人受天地之中以生"的古老观念，[①] 表示在气论的背景之下，人可以获得高于宇宙内其他一切事物和生命形式的地位，"人最为天下贵"。[②] 至少，如中国哲学中易学哲学所主张的，人是与天、地并立的"三才"之一。天人相感、天人相通，所有中国哲学中"天—人"的说法，都是指人的理性、人性、价值使得它超出万物，而可以与天构成一对关系。中国哲学本来就有"与天地参"的传统，人能参与天地化育、参与大化流行，故"参与"论是十分中国的。人既能参与天的生成，又能与天相感相通，这在西方人看来这是多么奇特的思想啊。

在理学中，也出现了一种主张，如邵雍和朱熹，他们认为我们所在的这个宇宙或天地不是永恒的，它在消灭之后会有一个新的宇宙或天地来代替它；同样，在它之前也曾经有一个旧的宇宙或天地存在，而被它代替了。这意味着，一切生成的东西，都会走向消亡。这种生成与消亡借助"气"的聚散来说明，是非常自然的。古人所说的天地可以是今天所说的太阳系或宇宙，它是按照自然的途径生成的，而在它消亡之后，也一定会有另一个天地按照自然的途径再生成出来，这个循环是没有穷尽的。在这里也不需要造物主的概念。

在这个意义上，李约瑟称中国的世界观和宇宙模式是"没有主宰却和

---

① "人受天地之中以生"，见于《左传》成公十三年刘康公所说。
② 《荀子·王制》。

谐有序",既是有理由的,却又是不准确的。从新儒学的观点来看,首先,主宰是有的,但主宰是宇宙内的主宰,但不是创造宇宙的主宰。对于宇宙来说,主宰不是超越的,而是内在的。其次,这个主宰,商周时为"帝"为"天",但宋代以来,宇宙内的主宰已经被理性化,这就是"理"或"天理",这一对"理"的推尊成为一千年来成熟的中国文明的主导性观念,理是宇宙、社会的普适原理和法则。

众所周知,朱熹是肯定这一"理"的最有代表性的哲学家。朱熹说过:"所谓主宰者,即是理也。"① 与朱熹一样,元代的吴澄也是以太极为"道"、为"至极之理"。他说:"太极与此气非有两物,只是主宰此气者便是,非别有一物在气中而主宰之也。"② 吴澄仍然用"主宰"一词界定理,这一方面是由于理气论与人性论的牵连;另一方面也是理学形上学词汇的误用。无论如何,这种主宰说只是功能意义上的,而已经没有任何实体的意义了。明代罗钦顺指出朱熹理气观有严重失误,断言理并不是形而上的实体,而是气之运动的条理,他说:"理只是气之理,当于气之转折处观之,往而来,来而住,便是转折处也。夫往而不能不来,来而不能不往,有莫知其所以然而然,若有一物主宰乎其间而使之然者,此理之所以名也"③。罗钦顺认为,气是不断变化运动的,气之所以往复变易,乃有其内在的根据。从程颐到朱熹都认为,理对于气的作用正像一个做往复运动物体的操纵者,支配着气的往而复、复而往的变化运行。罗钦顺提出,从功能上看,理虽然支配着气的运动,但理并不是神,也不是气之中的另一实体。更重要的是,他提出"若有一物主宰乎其间",即理的这种支配作用类似主宰的作用,而其实,并非真的有一主宰者。

所以,在成熟的中国文明时期,哲学已经越来越显示出一种立场,即宇宙虽然不是由外在主宰者创生的,是无始无终的,所谓"动静无端、阴阳无始",但宇宙之中受到一种主宰性力量所引导和制约,这是宇宙之内的主宰,但此主宰不是神,而是道或理。李约瑟认为中国的宇宙观是"没有主宰的秩序",并不确切。在宋明新儒家的哲学中,宇宙之外没有主宰,宇宙之内也没有人格主宰,但"道"或"理"被理解为宇宙之内的一种主宰、调控

① 朱熹:《朱子语类》卷1。
② 吴澄:《吴文正集》卷2,台湾商务印书馆文渊阁《四库全书》本1983年版。
③ 参见罗钦顺:《困知记》。

力量，天地万物、人类社会的存在和运动都受到理的支配。因为理不仅是天地的本源，事物的规律，也是最高的价值。这种类似自然法的普遍性理论使得理学能够成为近古时代中国社会文明价值的有力的支撑。同时，这种物理普遍存在于事物之中的观念以及在此基础上发展的格物穷理思想也是中国科技文明得以在近代以前长期发达的理性基础。

理的作用是关系的调控，因此理不是实体，毋宁说是关系的体现。中国哲学的特点之一是注重关系，而不注重实体。实体思维倾向于把宇宙万物还原为某种原初状态，还原为某种最小实体单位，注重结果的既定实体状态，而不关注生成化育的过程；或者追求一个永无变化的实体，一个与其他事物没有关系的绝对实体。关系思维则把事物理解为动态的关系，而每一具体的存在都被规定为处在一种不可分离的关系之中，每一个存在都以与其发生关系的他者为根据。在理学中，天理即天道，天道的生生之理以"感通"为其实现方式，《周易》《咸卦》象辞"天地感而万物化生"，感通是万物相互关系的状态。感通是比感应更为哲学化的概念，没有直接的相互作用，而感通是直接的相互作用。因此，在社会伦理上，注重关系的立场必然不是个人本位的立场。它主张在个人与其他对象结成的关系中，个人与他方构成关系时，不是以自我为中心，而是以自我为出发点，互以对方为重。

从这种有机整体主义出发，宇宙的一切都是相互依存、相互联系的，每一事物都是在与他者的关系中显现自己的存在和价值，故人与自然、人与人、文化与文化应当建立共生和谐的关系。

六、天人合一

天人合一的观念认为天与人不是仅仅对待的，一方面天与人有分别，有对待；另一方面，从更高的观点来看，天与人构成了统一的整体，二者息息相关，二者之间没有间隔，这就是"天人合一"。这种天人合一的思想虽然可以看作是神话时代生命一体化思维的哲学升华，但更具有排除主体—客体对立的意义。

从道的角度看，天是人道的根源，人伦人道出于天与天道，人性来自天命的赋予，这个意义上的天人贯通一致的关系称作"天人相通"。天人相通是广义的天人合一的一种表达方式。张载是最重视天人合一思想的，他说："天人异用，不足以言诚。天人异知，不足以尽明。所谓诚明者，性与天道不见乎大小之别也"。① 这是说天之用与人之用没有差异，只有认识到这一点才能言"诚"。诚就是宇宙的真实。天之知与人之知也没有分别，不了解这一点就不能发挥"明"。明就是人的理性。所以他主张人性与天道没有大小的差别，是一致的。又说："性者万物之一源"。他进一步说："儒者则因明致诚，因诚致明，故天人合一，致学而可以成圣，得天而未始遗人。"②

天道与人道的同一性、天道与人性的同一性，这就是张载阐发的天人合一思想。这种思想在北宋已经十分普遍，二程兄弟也都分享了这样的思想，如程明道说："人与天地一物也，而人特自小之，何耶？"③"天人本无二，不必言合"。④ 程伊川也说："道未始有天人之别。""天地人只一道也，才通其一，则余皆通。"⑤ 这些都是强调天人合一、天人相通。如程颢所见，天与人是直接统一的，如果说人不能认识这一点，那主要是由于人在天地的面前降低了自己的地位。

这种哲学与绝对二分的形上学不同，人与自然、天道的一致，表达了统一整体的智慧，在这种智慧中，天地万物共同构成一个不可分割的统一的整体。同时，在这种思想支配下，哲学不认为本体和现象世界是割裂的，不认为本体和生活世界是割裂的，本体即在现象中显现，不离开生活现象。

张载的《西铭》主张，天地的交合生成了世界，赋予了人的身体和本性，所有人都是天地生育的子女；不仅如此，万物和人类一样，也是天地所生。因此，他人都是自己的同胞，万物都是自己的朋友，人与人，人与万物，人与自然，应成为共生和谐的整体。古代思想认为事实和价值不是对立的，而是一致的。

这又涉及"万物一体"的思想。张载认为，人和物都是由气构成的，宇宙中的一切都与自己有直接的关系，故从个人的角度来看，天地就是我的

---

① 《正蒙·诚明》，《张载集》。
② 《正蒙·诚明》，《张载集》。
③ 《河南程氏遗书》卷11，《二程集》。
④ 《河南程氏遗书》卷6，《二程集》。
⑤ 《河南程氏遗书》卷18，《二程集》。

父母，民众即是我的同胞兄弟姐妹，万物都是我的朋友，等等。这种思想以气为基础的高度的关联性论证了儒家伦理，尊敬高年长者，抚育孤幼弱小，都是自己对这个宇宙大家庭和这个家庭的亲属的义务。《西铭》的这种思想可以说就是"万物一体"的思想。在古代思想中可以明显看到，一定的宇宙观倾向于一定的价值观，或者一定的宇宙观基于一定的价值观，二者往往是相互联系的。关联性宇宙观和关联性价值正是这样的关系。

程颢的一段语录把这个意思说得更简明，而且把它与仁结合起来："医书言手足痿痹为不仁，此言最善名状。仁者以天地万物为一体，莫非己也。认得为己，何所不至？若不有诸己，自不与己相干，如手足不仁，气已不贯，皆不属己。……如是观仁，可以得仁之体。"① 这是要说明什么是"仁"，照程颢的看法，仁就是一种精神境界，是一种以万物为一体的精神境界；不仅是一体，而且是以"己"为基点，要把天地万物都看成是与"己"息息相通的，正如人能感受手、足是属于"己"的一部分一样。"万物一体"的思想是宇宙关联性的最高的伦理的体现，它既指示出个人对关联整体的义务，又指示出追求整体的和谐是人的根本目标。

这种仁的一体境界与纯粹的存在论的万物一体观不同，在于此种境界并非指示一种实在，而指向的是一种慈悯的情怀，即亲亲、仁民、爱物，以此境界实现人的社会义务。但程颢的这个境界思想与其存在论和宇宙论仍有密切关系，他说："万物之生意最可观，此元者善之长也，斯所谓仁也。"② 这表示，宇宙观的"生生"是他的一体境界和人格精神的基础。

这种对一体和谐的追求在古代宇宙论中就已经表达出来了，如西周的史伯说："夫和实生物，同则不继，以他平他谓之和，故能丰长而物归之。"③ 不同事物的调和、融合才能生成繁盛的、新的事物。差别性、多样性、他性的存在是事物生长的前提，多样性的调和是生生的根本条件。《系辞》"阴阳合德"的说法包含了阴阳的融合。《庄子》说阴阳"两者交通成和，而万物生焉"，以和为生成的根本。荀子说"阴阳大化，风雨博施，万物各得其和以生"，"和"被认为是事物生成的必要条件，他又说"天地合而万物生，阴

---

① 《河南程氏遗书》卷 2，《二程集》。
② 《明道学案上》，《宋元学案》，中华书局 1986 年版。
③ 《国语·郑语》。

阳接而变化起"，其意亦即"阴阳和而万物生"。阴阳的调和是古代宇宙论最普遍的理想。

以上所说的这些哲学的思维渗透在中国文化的各个方面，对中国文明的整体也起到了支撑的作用，可谓是中国文明的哲学背景。在本文结束的时候，我想就关联思维到关联价值再说几句。关联思维即普遍联系的思维，其特点就是对一般人只看到分别、分立、无关的事物能看到其相互联系，特别是把天、地、人、万事万物看成关联的整体。而关联是互动、和谐的基础，互动、和谐是关联的本质要求。葛瑞汉认为关联思维是汉代思维的突出特色，而认为后来宋代理学兴起后，中国哲学的宇宙观发生了巨大的范式转换。这个转换就是，对天地万物的观察和思考，用性理的主宰决定代替了元气的自然感通。其实，汉代和宋代的思想不是对立的，汉代的关联宇宙论建构作为统一的宇宙观，具有支持天下政治统一的意义；宋代的理学是在新的佛教挑战面前和隋唐以来新的制度变革下强化儒家思想的体系，它的理性化体系使中华文明在更成熟的高度上获得了一体化的统一。应当说，尽管以"天人感应"为特色的关联宇宙建构的高峰是在汉代，但关注事物的普遍联系，关注事物的相互依存、相互关系、相互作用、相互影响、相互感通，关注整体与部分间的相互包含，早已成为中国思维的重要特性，因此，虽然汉代的元气论后来被宋明的理气论所取代，但中国人注重关联性的思维并没有改变，改变的只是关联性表达的理论形态和关联性所体现的领域和形式。而且注重关联性不仅是中国文明的思维方式，也反映了中国文明的价值取向，轴心时代以后中国文明的基本价值，可以说都是以此种宇宙观为基础发展起来的。今天，面对西方现代性的问题，我们提倡东西方思想的多元互补，提倡对交互伦理、关联社群、合作政治、共生和谐的追求，必须珍视多元文明的价值，扩大人类解决困境的选择。① 就这个意义上来说，重温中国文明的世界观应当是有益的。

（作者单位：清华大学国学研究院）

---

① 强调关联性价值，并不是要整体替代近代对个人主义、权利意识，而是发扬关联性价值，与个人主义和权利意识形成良性的互补。

韩愈与佛教

文碧方

在中唐儒学的复兴运动中，韩愈可谓这场儒学复兴运动的主将，他在佛门强盛佛风劲吹的中唐挺身而亮出儒学的大旗，倡导儒学，开启了宋代新儒学的序幕，被视为宋代新儒学的先驱，故钱穆在《中国近三百年学术史》中称："治宋学必始于唐，而以昌黎韩氏为之率。"① 作为中唐复兴运动的主将，他又与佛教有着相当大的关系，故本文试图对他与佛教这种关系作一分析和探讨。

一

在佛风强势的中唐，面对佛教的冲击，韩愈不仅以倡导儒学著称，而且还以其排斥佛教而名世，实际上，他的倡导儒学与排斥佛教可谓一体两面，也就是说，他一方面通过排斥佛教来倡导儒学；另一方面又通过倡导儒学来排斥佛教。正因为如此，这位倡导儒学的健将也就与佛教有了某种关系。何为儒学的核心价值？应该重视哪一种儒学经典？究竟通过何种方式来倡导儒家思想？等等，处于儒学传统几近中断时期的韩愈、开始时并没有完全自觉的理论意识，他后来所推尊和宣扬的儒家思想可以说是在佛教思想的刺激与启发下逐渐形成的，他建立道统阐扬《大学》即充分显示了这一点。

---

① 钱穆：《中国近三百年学术史》，中华书局 1987 年版，第 1 页。

592

历史学家陈寅恪在《论韩愈》①一文中曾指出：韩愈的道统说是受佛教的传法世系的影响而建立，他列举历史事实从外因方面说明：韩愈幼年时生活于新禅宗的发祥地韶州，正值新禅宗学说宣传极盛之时，幼年颖悟的韩愈无疑受到了新禅宗学说浓厚的环境气氛的影响，故后来他借鉴禅宗教外别传之说建立儒家道统说。陈寅恪此说应当是合乎历史事实的看法。并且，依陈寅恪之见，在儒学衰微的中唐时期，韩愈在倡导儒学时之所以能"直指人伦，扫除章句之繁琐"，是因为他受新禅宗启发效仿其"直指人心见性成佛"方法之故。陈寅恪这一看法也是有其合理性的，因为从韩愈学儒的经历与渊源来看，无非是"沉潜乎训义，反复乎句读"②，这种训义注疏的章句之学，是两汉以来的学儒之传统，如果不是受到了新的刺激与启发，深受这一学儒传统训练熏陶的韩愈显然难以对这一流行近千年的烦琐支离的章句之学生出质疑，而发出振聋发聩的"春秋三传束高阁，独抱遗经究始终"③的呼唤。从内因方面来看，如果对韩愈那两篇著名的排佛文章《原道》《论佛骨表》作一分析，那么，亦可见出韩愈所推尊、宣扬的儒家思想与佛教的关系。

汤用彤曾把唐代士大夫反佛所持的理由归纳为四种：佛教害政；佛法无助于延长国祚；当以高祖沙汰僧徒为法；僧尼受戒不严，佛寺沦为贸易之场、逋逃之薮。④韩愈当然也不例外，他《送灵师》诗中所谓"佛法入中国，尔来六百年。齐民逃赋役，高士着幽禅，官吏不之制，纷纷听其然。耕桑日失隶，朝署时遗贤"⑤即如此；他《原道》中所谓"古之为民者四，今之为民者六；古之教者处其一，今之教者处其叁。农之家一，而食粟之家六；工之家一，而用器之家六；贾之家一，而资焉之家六。奈之何民不穷且盗也"⑥亦如此。但在《原道》《论佛骨表》中，韩愈则似乎更多是从夷夏之异来辟佛和倡导儒学，进而言之，《原道》《论佛骨表》二文尽管是通过揭橥夷夏之道之法之不同来排佛反佛，例如："'斯道也，何道也？'曰：'斯吾所谓道也，非

① 陈寅恪：《论韩愈》，《历史研究》1954年第2期。

② 《上兵部李侍郎书》，《韩昌黎集》卷15，商务印书馆1958年版。

③ 《寄卢仝诗》，《韩昌黎集》卷5。

④ 参见汤用彤：《隋唐佛教史略》，中华书局1982年版，第33—39页。

⑤ 《送灵师》，《韩昌黎集》卷2。

⑥ 《原道》，《韩昌黎集》卷11。

向所谓老与佛之道也。'"① "伏以佛者，夷狄之一法耳，自后汉时流入中国，上古未尝有也。""夫佛本夷狄之人，与中国言语不通，衣服殊制；口不言先王之法言，身不服先王之法服。"② 然而，正是在佛老特别是佛教之道之法的刺激与启发下，韩愈以佛之道之法为参照，比照其道其法一步步提出了与之相抗衡的儒家之道之法。

比照佛教之典籍，韩愈声称儒家也有自己的典籍，此即"《诗》《书》《易》《春秋》"③；比照佛教之法度，韩愈认为儒家之法度为"礼、乐、行政"④；比照佛教之僧尼及其关系，韩愈认为儒家所主张是"其民，士农工贾；其位，君臣父子师友宾主昆弟夫妇"⑤；比照佛教徒之食素衣僧服居寺庙，韩愈认为儒家所赞同的是"其服，麻丝；其居，宫室；其食，粟米果蔬鱼肉"⑥；等等，而这一切皆源于"斯吾所谓道也，非向所谓老与佛之道也"⑦。"斯吾所谓道"究竟为何？比照佛老之道，韩愈揭示与概括道："夫所谓先王之教者，何也？博爱之谓仁，行而宜之之谓义，由是而之焉之谓道，足乎己无待于外之谓德。"⑧ 这表明韩愈是以仁义道德为儒家之道的核心内容的。不仅如此，韩愈还比照佛教传法世系建立道统来说明以仁义道德为核心内容的儒家之道的传授渊源，他称："尧以是传之舜，舜以是传之禹，禹以是传之汤，汤以是传之文武周公，文武周公传之孔子，孔子传之孟轲；轲之死，不得其传焉。"⑨ 尽管《孟子》中已有儒家"道统"的雏形，但如此明确建立儒家"道统"者则为韩愈。对韩愈而言，这种从尧、舜、禹、汤、文、武、周公、孔子到孟轲一代一代传下来的儒家道统不仅源远流长，而且在时间上比佛教传法世系更久远更为历史所检验，故韩愈慨然以道自任，宣称"使其道由愈粗传，随灭死万万无恨"⑩。

---

① 《原道》，《韩昌黎集》卷 11。
② 《论佛骨表》，《韩昌黎集》卷 39。
③ 《原道》，《韩昌黎集》卷 11。
④ 《原道》，《韩昌黎集》卷 11。
⑤ 《原道》，《韩昌黎集》卷 11。
⑥ 《原道》，《韩昌黎集》卷 11。
⑦ 《原道》，《韩昌黎集》卷 11。
⑧ 《原道》，《韩昌黎集》卷 11。
⑨ 《原道》，《韩昌黎集》卷 11。
⑩ 《与孟尚书书》，《韩昌黎集》卷 18。

在排佛反佛的过程中，韩愈对佛教最为耿耿于怀的是"不知君臣之义，父子之情"①"外天下国家，灭其天常；子焉而不父其父，臣焉而不君其君，民焉而不事其事"②。在佛教这种刺激下，为了对抗佛教的这种"外天下国家""必弃而君臣，去而父子，禁而相生养之道"③，韩愈特意把《大学》提揭出来加以阐发："'古之欲明明德于天下者，先治其国；欲治其国者，先齐其家。欲齐其家者，先修其身；欲修其身者，先正其心；欲正其心者，先诚其意。'然则古之所谓正心而诚意者，将以有为也。"④《大学》的"齐家治国平天下"可谓与佛教的"不知君臣之义，父子之情"⑤"外天下国家，灭其天常"⑥ 真正针锋相对，这就为韩愈排佛反佛提供了真正的理论依据和经典依据。《大学》原为《礼记》中的一篇，自秦汉以来并不为人们所重视，如果没有佛教的刺激以及与佛教的行事比照，韩愈断不可提揭和重视作为《礼记》之一篇的《大学》。

唐代的佛学较之于儒学，心性之学无疑是其胜场，但佛教的明心见性的结果却与儒家所期望的截然相反，韩愈也深深认识到这一点，故他称："古之所谓正心而诚意者，将以有为也。今也欲治其心，而外天下国家，灭其天常。"⑦ 如何将"正心诚意"与"有为""治心"与"齐家治国平天下"结合起来二者一以贯之？这显然也是韩愈所着力要解决的问题，在佛教特别是禅宗的"明心见性""见性成佛"等思想的影响与启迪下，韩愈在阐扬《大学》之"齐家治国平天下"的同时亦致力于儒家心性之学的发掘和探讨，力图为儒家的"仁义"以及"齐家治国平天下"提供心性论的基础与根据，《原性》篇即他对"性"所作的儒家式的探究。在《原性》篇中，韩愈不仅视"性""与生俱生"先天本有，而且认为"其所以为性者五：曰仁、曰礼、曰信、曰义、曰智"⑧，这表明韩愈是以人之先天内在本有之"性"作

---

①　《论佛骨表》，《韩昌黎集》卷39。
②　《原道》，《韩昌黎集》卷11。
③　《原道》，《韩昌黎集》卷11。
④　《原道》，《韩昌黎集》卷11。
⑤　《论佛骨表》，《韩昌黎集》卷39。
⑥　《原道》，《韩昌黎集》卷11。
⑦　《原道》，《韩昌黎集》卷11。
⑧　《原性》，《韩昌黎集》卷11。

为儒家仁义等核心价值的依据的，他在《答陈生书》中也论及到了这一点："盖君子病乎在己而顺乎在天，待己以信而事亲以诚。所谓病乎在己者，仁义存乎内，彼圣贤者能推而广之，而我蠢焉为众人"①。仁义内在，确切说，"仁义"内在于"性"或"性"具"仁义"，具"仁义"之"性"无疑与禅宗"无相""无住"之性迥然有别。正因为此，朱子称赞道："韩文《原性》人多忽之，却不见他好处。如言'所以为性者五，曰仁义礼智信'，此言甚实。""退之说性，只将仁、义、礼、智来说，便是识高见处。"②"韩子《原性》曰：'人之性有五。'最识得性分明。"③ 当然，韩愈《原性》一文在理学家看来还相当粗疏，特别是他的性三品说，他试图对儒家的人性论作一总结以对抗佛教的人性论，但实质上与董仲舒的三品说没有什么本质的区别。韩愈《原性》一文对儒家心性之学的发掘与发明尽管粗疏简陋，但他毕竟是在佛学在此领域有着极大的发言权的氛围下的孤明先发，他之所以能独得先机，这显然也与佛教心性之学的刺激和启迪分不开。

韩愈之前的士大夫排佛反佛，仅仅只是为排佛而排佛、为反佛而反佛，只破而不立；韩愈的排佛反佛与他们不同的是：在排佛反佛的过程中，他不仅获得了一个看待儒家经典的新的视野，而且还通过借鉴与比照佛教思想来倡导和宣扬与之相对的儒家思想，破中有立，从而使排斥佛教与倡导儒学结合为一体，发人之所未发，开启了宋明新儒学的先河。因此，陈寅恪认为韩愈乃"唐代文化学术史上承先启后转旧为新关键点之人物也"④。

二

在《原道》和《论佛骨表》中，韩愈不仅要求把佛骨"投诸水火，永绝根本"⑤，而且还主张对佛教"人其人，火其书，庐其居"⑥，其排佛斥佛态度之决绝、言辞之激烈、手段之粗暴，可谓无以复加。当好友柳宗元对僧徒

① 《答陈生书》，《韩昌黎集》卷3。
② 《朱子语类》卷137，中华书局1986年版。
③ 《朱文公文集》卷73，《朱熹集》，四川教育出版社1996年版。
④ 陈寅恪：《论韩愈》，《历史研究》1954年第2期。
⑤ 《论佛骨表》，《韩昌黎集》卷39。
⑥ 《原道》，《韩昌黎集》卷39。

文畅礼遇有加时，韩愈即作《送浮屠文畅师序》来表达他的不满："今吾与文畅，安居而暇食，优游以生死，与禽兽异者，宁可不知其所自邪？夫不知者，非其人之罪也；知而不为焉，惑也；悦乎故，不能即乎新者，弱也；知而不以告人者，不仁也，告而不以实者，不信也。"① 依韩愈之见，作为儒者应对佛徒告之以圣人之道施之以圣人之教，否则，则是知而不为，不仁不信，未尽儒者之责。

尽管韩愈对柳宗元礼遇和友善僧徒颇有微词，但在佛风大盛的唐代，韩愈自己也无法避免不与佛教徒往来，事实上他与佛教徒亦屡有交往。朱熹曾说："退之虽辟佛，也多要接引僧徒。"② 检观韩愈文集，韩愈有诗或文相赠的僧人先后有十五人：此即澄观、惠师、灵师、盈上人、僧约、文畅、无本、广宣、颖师、秀师、澹师、高闲、令纵、大颠、译经僧等。如果对韩愈这些诗或文作一简约分析，也可以对韩愈与佛教的关系有所了解和把握。

在韩愈作序赋诗相赠的僧人中，澄观可以说是最早得韩愈赋诗相赠者，此即著名的《送僧澄观》诗。此诗前半段云："浮屠西来何施为，扰扰四海争奔驰。构楼架阁切星汉，夸雄斗丽止者谁。僧伽后出淮泗上，势到众佛尤恢奇。越商胡贾脱身罪，珪璧满船宁计资。清淮无波平如席，栏柱倾扶半天赤。火烧水转扫地空，突兀便高三百尺。影沉潭底龙惊遁，当昼无云跨虚碧。"③《送僧澄观》诗这一部分对佛教信徒修建寺塔时的穷奢极侈与劳民伤财严加斥责。此诗中间一部分云："道人澄观名籍籍。愈昔从军大梁下，往来满屋贤豪者。皆言澄观虽僧徒，公才吏用当今无。后从徐州辟书至，纷纷过客何由记。人言澄观乃诗人，一座竞吟诗句新。向风长叹不可见，我欲收敛加冠巾。"④ 从诗的这一部分来看，僧人澄观既有吏才又有诗才，可惜遁入空门，但韩愈表示"我欲收敛加冠巾"，也就是说，我要对其授之以圣人之道，劝其弃佛还俗用世。《送僧澄观》诗中的这种既对佛教大加斥责又对僧徒"我欲收敛加冠巾"可以说是韩愈的其他赠佛僧的诗文中也屡屡出现的两

① 《送浮屠文畅师序》，《韩昌黎集》卷20。
② 《朱子语类》卷139。
③ 《送僧澄观》，《韩昌黎集》卷7。
④ 《送僧澄观》，《韩昌黎集》卷7。

大主题。前文所提及的《送灵师》诗即如此，此诗的前一部分云："佛法入中国，尔来六百年。齐民逃赋役，高士着幽禅，官吏不之制，纷纷听其然。耕桑日失隶，朝署时遗贤。"① 这一部分可以说对佛教所造成的"齐民逃赋役，高士着幽禅"局面和危害作了毫不留情的抨击与谴责。中间一部分云："灵师皇甫姓，胤胄本蝉联。少小涉书史，早能缀文篇。中间不得意，失迹成延迁。逸志不拘教，轩腾断牵挛……材调真可惜，朱丹在磨研。方将敛之道，且欲冠其颠。"② 灵师早年博览书史善文章，但因不得志而遁入佛门，韩愈惜其才欲以圣人礼义教化他弃佛从儒，因此，韩愈在诗中称："方将敛之道，且欲冠其颠。"

韩愈之所以频交僧徒并常常欲对其"我欲收敛加冠巾""方将敛之道，且欲冠其颠"，他在《送浮屠文畅师序》中有一说明。他在此序中称："人固有儒名而墨行者，问其名则是，校其行则非，可以与之游乎？如有墨名而儒行者，问其名则非，校其行而是，可以与之游乎？扬子云称：'在门墙则挥之，在夷狄则进之。'吾取以为法焉。"③ 这表明：韩愈之所以如此对待僧徒，他所效法和采取的是扬雄所谓的"在门墙则挥之，在夷狄则进之"的原则。

对韩愈而言，"佛者夷狄之一法耳"，浮屠无非夷狄，故需"进之"。因此，他在《送浮屠文畅师序》中对浮屠文畅如此"进之"道："浮屠师文畅喜文章，其周游天下，凡有行必请于缙绅先生，以求咏歌其所志。贞元十九年春，将行东南，柳君宗元为之请。解其装，得所得叙诗累百余篇，非至笃好，其何能致多如是耶？惜其无以圣人之道告之者，而徒举浮屠之说赠焉。夫文畅，浮屠也。如欲闻浮屠之说，当自就其师而问之，何故谒吾徒而来请也？彼见吾君臣父子之懿，文物事为之盛，其心有慕焉，拘其法而未能入，故乐闻其说而请之。如吾徒者，宜当告之以二帝三王之道，日月星辰之行，天地之所以著，鬼神之所以幽，人物之所以蕃，江河之所以流，而语之，不当又为浮屠之说而渎告之也。民之初生，固若夷狄禽兽然。圣人者立，然后知宫居而粒食，亲亲而尊尊，生者养而死者藏。是故道莫大乎仁义，教莫正

① 《送灵师》，《韩昌黎集》卷2。
② 《送灵师》，《韩昌黎集》卷2。
③ 《送浮屠文畅师序》，《韩昌黎集》卷20。

乎礼乐刑政。施之于天下，万物得其宜；措之于其躬，体安而气平。尧以是传之舜，舜以是传之禹，禹以是传之汤，汤以是传之文武，文武以是传之周公、孔子，书之于册，中国之人世守之。今浮屠者，孰为而孰传之耶？"① 在韩愈看来，浮屠文畅之所以与我辈有诗文交往，是他对"吾君臣父子之懿，文物事为之盛"心有慕焉，既然他乐闻我圣人之道请学我圣人之道，那么，我们就"宜当告之以二帝三王之道"，告诉他"道莫大乎仁义，教莫正乎礼乐刑政"，因为此道此教源远流长是"中国之人世守之"者。尽管这些话语是韩愈的一面之词亦是他的一厢情愿，但韩愈确实是这么想也是这样做的。每当他见到僧徒中多才多艺、才华出众者，他便只惜其才调而完全忘记了其佛徒之身份，并情不自禁地欣赏之赞誉之，或视其为友、或欲招之为徒，或规之劝之循循诱导之。他在《送浮屠令纵西游序》中亦将他这种爱才惜才之情表现得淋漓尽致："其行异，其情同，君子与其进，可也。令纵，释氏之秀者，又善为文，浮游倘佯，迹接天下。藩维大臣，文武豪士，令纵未始不褰衣而负业，往造其门下。其有尊行美德，建功树业，令纵从而为之歌颂，典而不谀，丽而不淫，其有中古之遗风与！乘间致密，促席接膝，讥评文章，商较人氏，浩浩乎不穷，惬惬乎深而有归。于是乎吾忘令纵之为释氏之子也。"② 韩愈在此对令纵的好学善文、见识过人可谓赞誉有加，他甚至称"其行异，其情同，君子与其进可也""吾忘令纵之为释氏之子也"，其爱才惜才之心跃然纸上。

正是在韩愈这种爱才惜才之心的感召下，僧人也是诗人的无本亦即贾岛终于弃佛还俗，这是韩愈多年来用心良苦的成果，亦是他循循善诱地劝说下最为成功的范例，但亦仅此一例而已。实际上，无任韩愈是多么苦口婆心地劝之、用心良苦地告之，但那些僧侣们仍然是乐而不返依然故我。既然"孺子不可教""朽木不可雕"，故韩愈对那些本应"进之"的夷狄之徒有时也就只好采取那种"挥之"的态度。他在《送惠师》中曾愤怒地与元惠划清界限道："吾言子当去，子道非吾遵。江鱼不池活，野鸟难笼驯。吾非西方教，怜子狂且醇；吾嫉惰游者，怜子愚且谆。去矣各异趣，何为浪沾巾"③，

---

① 《送浮屠文畅师序》，《韩昌黎集·外集》卷3。
② 《送浮屠令纵西游序》，《韩昌黎集》卷21。
③ 《送惠师》，《韩昌黎集》卷2。

我与你"道不同不相与谋",你何须纠缠。在《赠译经僧》中对译经僧更是严加斥责道"万里休言道路赊,有谁教汝度流沙。只今中国方多事,不用无端更乱华"①,韩愈在此可谓义正词严,不稍假借。

三

安史之乱之前,在盛唐的八面威风中,士人们尚能在建功立业的外在事功中寄托其豪情和身心,安史之乱之后,那盛极一时的大唐帝国竟然一蹶不振、暮气沉沉,"白头宫女在,闲话说玄宗"。既然那盛唐的气象、盛唐的荣光、盛唐的辉煌不再,那些从建功立业、外在事功之中退身下来的士人们除了向内来安顿身心已别无他途,于是,逃佛尤其是逃禅者蔚然成风,那些久困于章句的文人更是趋之若鹜。柳宗元曾在《送僧浩初序》中称:"儒者韩退之与余善,尝病余嗜浮图,訾余与浮图游。近陇西李生础自东都来,退之又寓书罪余,且曰:'见《送元生序》,不斥浮图。'浮图诚有不可斥者,往往与《易》《论语》合,诚乐之,其于性情爽然,不与孔子异道。"②柳宗元面对好友韩愈对自己的一次次责怪与不满,不仅毫不掩饰自己"嗜浮图",而且还声称"浮图诚有不可斥者"。为何柳宗元认为"浮图诚有不可斥者"?他在《送僧浩初序》中如此说道:"吾之所取者与《易》《论语》合,虽圣人复生不可得而斥也。退之所罪者其迹也。曰:'髡而缁,无夫妇父子,不为耕农蚕桑而活乎人。'若是,虽吾亦不乐也。退之忿其外而遗其中,是知石而不知韫玉也。吾之所以嗜浮屠之言以此。今浩初闲其性,安其情,读其书,通《易》《论语》,唯山水之乐,有文而文之。有父子咸为其道,以养而居,泊焉而无求,则其贤于为庄、墨、申、韩之言,而逐逐然唯嗜利为务以相轧者,其亦远矣。"③对柳宗元而言,他之"嗜浮图"全然不在其对社会义务所持的那种否定态度,更不是向往僧侣的那种寺庙生活,而是僧徒那种"闲其性,安其情""泊焉而无求"的身心修养与精神境界,此亦即他所谓的"且凡为其道者,不爱官,不争能,乐山水而嗜闲安

① 《全唐诗》卷354(第二十四首),中华书局1960年版。
② 《送僧浩初序》,《柳河东集》卷25,吉林出版社2005年版。
③ 《送僧浩初序》,《柳河东集》卷25。

者为多，吾病世之逐逐然唯嗜利为务以相轧也，则舍是其焉从？"这表明他已强烈地感受到了佛教在精神生活和境界方面的吸引力以及其自身心灵的需求。依柳宗元之见，韩愈只知罪浮图之"迹"，而完全忽视浮图那种使人"性情爽然""闲其性，安其情""泊焉而无求"的身心修养与精神境界，是"忿其外而遗其中，是知石而不知韫玉也"。不仅如此，柳宗元借助佛教的这种身心修养与精神境的观照发现儒家的经典《易》《论语》中也有着与此相合能使人"性情爽然"的修养和境界，故益增其自信道："其于性情爽然，不与孔子异道。""吾之所取者与《易》《论语》合，虽圣人复生不可得而斥也。"

在中唐时与"韩柳"齐名亦是他们的友人的刘禹锡也同样宣称道："儒以中道御群生，罕言性命，故以世衰而演息；佛以大悲救诸苦，广启因业，故劫浊而益尊。"①"以中道御群生"的儒家因"罕言性命"，故致"世衰而演息"；而佛教之所以"劫浊而益尊"，即在于其有此"性命"之本，刘禹锡在此无疑是以此"性命"之学来作为衡量与判别儒佛高下的标准的。正因为如此，注重"性命"之学的刘禹锡晚年便一头扎进于佛典之中乐而忘返，他在述说自己这段早习儒书晚读佛典的经历时称："曩予习《礼》之《中庸》，至不勉而中，不思而得，悚然知圣人之德，学以至于无学。然而斯言也，犹示行者以室庐之奥尔，求其径术而布武，未易得也。晚读佛书，见大雄念物之普，级宝山而梯之，高揭慧火，巧熔恶见，广疏便门，旁束邪径，其所证入如舟沿川，未始念于前而日远矣，夫何勉而思之邪！是余知突奥于《中庸》，启键关于内典，会而归之，犹初心也"②。刘禹锡早年读《中庸》时虽强烈地感受到那种"不勉而中，不思而得"的圣人境界的吸引力，却因找不到登堂入室的路径，故不得不放弃。晚年读佛书时，他不仅发现佛典"高揭慧火，巧熔恶见，广疏便门，旁束邪径"，而且自己还亲身体证到了那种"如舟沿川，未始念于前而日远矣，夫何勉而思之邪"之境，这表明晚年的刘禹锡似乎通过读佛书找到了自己的安身立命之处。

柳宗元、刘禹锡早年皆习儒，踔厉风发，奋发进取，后在坎坷的人生

① 《袁州萍乡县杨岐山故广禅师碑》，《刘梦得文集》卷4，上海古籍出版社2013年版。
② 《赠别君素上人》，《刘梦得文集》卷7。

途中都被佛之身心修养与精神境界所吸引而沉溺于佛。既然韩愈与他们俩生活于同一个时代又彼此相交相识而为友，那么，一生"困厄悲愁"而又"攘斥佛老"不遗余力的韩愈是否同他们一样也有过被佛之修养境界的魅力所吸引而有所迷恋的经历呢？答案是肯定的。那也是在他晚年，在他向唐宪宗上他那封著名的《论佛骨表》后，"一封朝奏九重天，夕贬潮阳路八千"①，他由刑部侍郎贬为潮州刺史，在历经三个多月的艰辛跋涉后到达了去京长安路八千的蛮荒之地潮州，当时他的身心状况与处境且看他在《潮州刺史谢上表》中的自述："臣所领州，在广府极东界上，去广府虽云才两千里，然来往动皆经月。通海口，下恶水，涛泷壮猛，难计程期。飓风鳄鱼，患祸不测。州南近界，涨海连天，毒雾瘴氛，日夕发作。臣少多病，年才五十，发白齿落，理不久长，加以罪犯至重，所处又极远恶，忧惶惭悸，死亡无日。单立一身，朝无亲党，居蛮夷之地，与魑魅为群。苟非陛下哀而念之，谁肯为臣言者？""臣负罪婴衅，自拘海岛，戚戚嗟嗟，日与死迫，曾不得奏薄技于从官之内、隶御之间，穷思毕精，以赎罪过。怀痛穷天，死不闭目，瞻望宸极，魂神飞去。"②从韩愈这一谢表的文字来看，处于地僻而又险恶之环境下的韩愈此时不仅满目萧然、怀痛穷天、孤立无助，而且在忧惶惭悸、戚戚嗟嗟中频感理不久长、日与死迫、死亡无日。韩愈对死亡的这种恐惧与无助，并非他谢表上的一时夸张之语，在他刚踏上贬谪之途时那首《左迁至蓝关示侄孙湘》中所谓"知汝远来应有意，好收吾骨瘴江边"即已有之，即使后来他离开了潮州但每当忆及其所贬之途所贬之地的情景，他内心深处那种死亡的恐惧与无助仍挥之不去、心有余悸。例如："前岁之春，愈以罪犯黜守潮州。惧以谴死，且虞海山之波雾瘴毒为灾，以殒其命，舟次祠下，是用有祷于神。"③"元和十四年春，余以言事得罪，黜为潮州刺史。其地于汉为南海之揭阳，厉毒所聚，惧不得脱死，过庙而祷之。"④"惧以谴死""惧不得脱死"，毫无疑问，在韩愈踏上贬潮之途起死亡的阴影与恐惧即如魅相随，此确确实实是他当时的真实心态和处境。

---

① 《左迁至蓝关示侄孙湘》，《韩昌黎集》卷10。
② 《潮州刺史谢上表》，《韩昌黎集》卷39。
③ 《祭湘君夫人文》，《韩昌黎集》卷23。
④ 《黄陵庙碑》，《韩昌黎集》卷31。

面对生还无日、日与死迫、贬谪途中，韩愈虽平日宣称"事佛求福，乃更得祸"，但此时的他也不得不"有祷于神""过庙而祷之"以求神护佑；抵潮之后，韩愈尽管驱鳄兴学勤于政事尽其职守，但政事之余他所着力的无疑是：如何来排遣和化解那怀痛穷天、死亡无日的恐惧与无望？如何来慰藉和平衡自己那百无聊赖、生意几尽的心境？就在此孤独无助、无可告语之际，韩愈听说并见到了一个人，此即僧人大颠。关于大颠，据顺治《吴府志》卷十记载："释宝通，号大颠，潮阳县人。与药山惟俨同师惠照于西岩，既复游南岳，参石头希迁。后入罗浮瀑布岩……贞元五年（789）开白牛岩以居……七年（791）建灵山院……长庆四年（824）年九十有三，无疾而逝。"由此可见，大颠为禅宗六祖惠能的四传弟子，潮州灵山禅院的创立者。有关直接涉及韩愈与大颠交往的文字现存有韩愈的《与孟尚书书》和《与大颠师书》三封，由于韩愈的这三封《与大颠师书》真伪难辨历史上即已聚讼不已，故撇开不论，下面我们只就韩愈的《与孟尚书书》作一分析与讨论。

在《与孟尚书书》中，韩愈对自己与大颠的交往如此记述道："潮州时，有一老僧号大颠，颇聪明，识道理，远地无可与语者，故自山召至州郭，留十数日，实能外形骸，以理自胜，不为事物侵乱。与之语，虽不尽解，要自胸中无滞碍；以为难得，因与来往。及祭神至海上，遂造其庐，及来袁州，留衣服为别。"[①]从韩愈的这一叙述来看，他在潮州时听说了老和尚大颠之后，于是把他从灵山禅院招请到了州府衙署，韩愈也就与大颠相处了十数日，通过这十数日的相处，韩愈觉得这一老僧诚为难得和可贵。感佩之余，韩愈后来曾两次亲自去灵山禅院造访大颠，一次是在祭神于海上时借道灵山与其相会；另一次是在量移为袁州刺史即将离开潮州之际他特意又亲往灵山禅院访大颠并"留衣服为别"。韩愈在潮州仅七个月，但就是在这短短的七个月里他不仅留大颠在衙署十数日，而且竟连连造访大颠，这似乎与他平日所作所为大相径庭，因为他以往遇僧徒不是教之以圣人之道，就是严词斥责不假颜色，何以唯独对一蛮荒之地的老僧既敬且佩礼遇有加？对于韩愈与大颠的交往及其关系，朱熹曾有过许多分析与探讨。朱熹作为

---

① 《与孟尚书书》，《韩昌黎集》卷18。

宋代理学的集大成者，他不仅对宋代理学开创者们的思想作过全面的综合与整理，而且对那些理学形成过程中发挥过作用的文人与学者的思想也有过深入的探讨，朱熹对公认为理学先驱者的韩愈极为重视，他研究韩愈的文字达84篇①之多大大超出他前后的任何学者。以朱熹对韩愈的用力之勤了解之全探讨之深，历史上应无有任何学者能出其右，故下面主要依据朱熹的这些分析与探讨对韩愈与大颠的关系作进一步的说明与把握。

在《朱子语类》卷137中，朱子与门人在讨论韩愈与大颠的关系时，他曾有过一个说明："退之晚来觉没顿身己处，如招聚许多人博塞为戏，所与交如灵师惠师之徒皆欲饮酒无赖。及至海上见大颠，壁立万仞，自是心服。其言'实能外形骸，以理自胜，不为事物侵乱'，此是退之死矣。"②朱子的这一说明显然是顺韩愈自己所谓大颠"实能外形骸，以理自胜，不为事物侵乱。与之语，虽不尽解，要自胸中无滞碍"的说法而来，这应符合事实。在韩愈所交接的僧徒中，大颠之前都只是一些饮酒吟诗有文才的无赖和尚，无德更无行；大颠与他们不同的是：不仅是"颇聪明，识道理"，而且是一躬身践履有德有行具极高修养境界之高僧。综合韩愈与朱子的说明我们完全可以说：处于生死困穷之际的韩愈此时不仅为大颠德行兼备的人格魅力所倾倒，而且更为大颠"胸中无滞碍"的修养境界所深深折服。

对于韩愈之所以"心服"大颠的原因，朱子也为此作了进一步的分析："他也是不曾去做功夫。他于外面皮壳子上都见得，安排位次是恁地。于原道中所谓'寒而后为之衣，饥然后为之食，为宫室，为城郭'等，皆说得好。只是不曾向里面省察，不曾就身上细密做工夫。只从粗处去，不见得原头来处。如一港水，他只见得是水，却不见那源头来处是如何。把那道别做一件事。道是可以行于世，我今只是恁地去行。故立朝议论风采，亦有可观，却不是从里面流出。平日只以作文吟诗、饮酒博戏为事。及贬潮州，寂寥，无人共吟诗，无人共饮酒，又无人共博戏，见一个僧说道理，便为之动。如云'所示广大深迥，非造次可喻'，不知大颠与他说个什么，得恁地倾心信向。韩公所说底，大颠未必晓得；大颠所说底，韩公亦见不破。但是

---

① 参见吴文治：《韩愈资料汇编》，中华书局1983年版。

② 《朱子语类》卷137。

它说得恁地好后，便被它动了。"①"佛学自前也只是外面粗说，到梁达摩来，方说那心性。然士大夫未甚理会做工夫。及唐中宗时有六祖禅学，专就身上做工夫，直要求心见性。士大夫才有向里者，无不归他去。韩公当初若早有向里底工夫，亦早落在中去了。"② 从上述朱子分析韩愈"心服"大颠的原因来看，其原因概而言之有三点：首先，韩愈只是一个作文吟诗、饮酒博戏的文士而已；其次，韩愈既无内在的身心修养也无践履功夫；再次，韩愈对儒学只有粗浅表面的认识和知识并"不见得原头来处"。当然，这三点之间是相互联系、相互影响、相互制约的。

对于韩愈的文人习气这一点，朱子在研读韩愈诗文的过程中曾屡屡提及，例如，他在研读韩愈的文集后认为："今读其（韩愈）书，则出于诡谀、戏豫、放浪而无实者，自不为少。"③ 他在研读韩愈的诗后指出："然考其（韩愈）平生意向之所在，终不免于文士浮华放浪之习，世俗富贵利达之求。他当初本只是要讨官职做，始终只是这心。他只是要做得言语似六经，便以为传道。至其每日功夫，只是做诗博弈，酣饮取乐而已，观其诗便可见。"④ 其实，韩愈仅是一未脱文人之习的文士从北宋初僧人契嵩开始就有此看法，就是当时颇为推崇韩愈的欧阳修也觉得无法否认这一点："每见前世有名人，当论事时，感激不避诛死，真若知义者。及到贬所，则戚戚怨嗟，有不堪之穷愁形于文字。其心欢戚，不异庸人。虽韩文公不免此累。"⑤ 契嵩、欧阳修之后，人们一般都认同这一看法。可见，视韩愈为一未脱文人之习的文士并非朱子之私见，而是历史上人们的共识。

关于韩愈既无内在的身心修养也无践履功夫这一点，显然，从韩愈为一未脱文人之习的文士这一点即可以推出，因为一个终日把时间精力消磨与耗费在做文戏豫、吟诗博弈、酣饮取乐的文士绝不可能从事那种艰辛的日复一日、年复一年的身心修养与锻炼，当然也不可能真正去践履与实践自己的理念和思想。实际上，作为理学家的朱熹与作为文士的韩愈的最主要的区别

---

① 《朱子语类》卷 137。
② 《朱子语类》卷 137。
③ 《读唐志》，《朱文公文集》卷 70，四川教育出版社 1996 年版。
④ 《王氏续经说》，参见《韩愈资料汇编》，中华书局 1983 年版，第 401 页。
⑤ 《欧阳修全集》，中华书局 2001 年版，第 491 页。

就在于朱子终其一生有着持之以恒的"践履功夫"而韩愈则无此"践履功夫",而判别理学家与文士的标准可以说正在于此,故有此"践履功夫"的朱子在研究韩愈其人其学时自然极易见出这一点。当然,从韩愈本身的思想来看,他既没有为人之身心修养提供理论上的依据,也没有为人之身心修养提供任何具体可行的方法。就拿他那与人之身心修养最有关的性三品来说吧。韩愈称:"性之品有上中下三:上焉者,善焉而已矣;中焉者,可导而上下也;下焉者,恶焉而已矣。"①"曰上之性,就学而愈明;下之性,畏威而寡罪。是故上者可教,而下者可制也。其品则孔子谓不移也。"② 在韩愈看来,上品人性纯善无恶,下品人性恶而无善,中品人性或为善或为不善,并且每个人生来属何种品类是固定的,不可改变。既然此三种品类的人性是固定而不可变的,那么,生而性善的上品人性之人其实无需修身进德亦自然是圣人,而生而性恶的下品人性之人则无论多么努力去修身进德仍还是恶人。对生来即圣的上品人性之人而言,韩愈所谓"就学而愈明""上者可教"显然是多此一举之赘言;对生来即恶的下品人性之人而言,由于无法提升其道德,故除了"制之""畏威而寡罪"别无他途。至于中品之性,因其既不是指纯善无恶之性也不是指恶而无善之性,故无疑是指善恶相混之性,这就与扬雄所主张的"性善恶混"的观点并无不同,扬雄认为:"人之性也,善恶混。修其善则为善人,修其恶则为恶人。气也者,所以适善恶之马也与?"③司马光颇赞同扬雄的这一观点,故在注释扬雄这段话时称:"夫性者,人之所受于天以生者也,善与恶必兼有之,犹阴之与阳也。"④ 对"善恶混"的中品人性之人而言,因为其同时兼有天生的善与恶两性,若依此善恶相混之两性来从事其自身的身心修养,那么为善的可能性显然只有一半而已,故主张"性善恶混"的观点的人并没有为人之自身的修身进德提供理论上的依据,也可以说他们不重视人之自身的道德提升。扬雄所谓的"人之性也,善恶混。修其善则为善人,修其恶则为恶人"实际上是指:人同时兼有天生的善性和恶性,在外在的环境的影响和教育的型塑下,可以为善,可以

---

① 《原性》,《韩昌黎集》卷 11。
② 《原性》,《韩昌黎集》卷 11。
③ 《法言义疏》卷 3,中华书局 1987 年版,第 85 页。
④ 《法言义疏》卷 3,第 85 页。

为不善。韩愈所谓的"中焉者，可导而上下也"亦显然指："善恶混"的中品人性之人在外在的环境和教育的影响下或为善或为不善。一个"导"字也表明了"中焉者"的为善为不善是由外在的环境和教育的引导所致。正因为韩愈在人之自身的修身进德上既没有提供理论根据又没有提供践履之方，故他在《原道》中所反复强调的是"有圣人者立，然后教之以相生养之道""如古之无圣人，人之类灭久矣""明先王之道以道之"①。依韩愈之见，人类之所以能世代绵延、相生相养，全赖圣人之教先王之道之力。毫无疑问，韩愈所推崇的"圣人""先王"绝非人们修身进德的榜样与楷模，而是人类的救主和教化芸芸众生的教主。由此可见，韩愈不仅其自身缺乏内在的身心修养和践履功夫，而且他从根本上就不关注个人的修身进德和从身心上做工夫。

关于韩愈对儒学只有粗浅表面的认识和知识并"不见得原头来处"这一点，其实也与前面两点大有关系。由于韩愈作为一个终日吟诗饮酒博戏的文士并不关注个人的身心修养与修身进德更没有为其提供理论上的根据和践履之方，这就使得韩愈不仅不重视儒学自身的理论建设，而且对儒家思想也只停留在粗浅表面的认识上并没有进一步的推进和发展。如果说他早年"穷究于经传史百家之说，沉潜乎训义反复乎句读"②，是儒学的传统习惯使之然，那么，他后来倡导道统推崇孟子阐扬《大学》则主要是出于他当时在现实政治伦理上来排击佛老的考虑和需要，此无疑是一种以工具性、政治性为主导来标榜儒学宣扬儒学的思维和做法。在这种出自现实政治的需要的工具性思维主导下，韩愈显然不会真正去关心儒学自身的理论建设，当然更谈不上从"原头来处"去推进去发展儒学，实际上他所提倡的儒学还只是一种简单与浅陋的口号与宣言而已，因此，他所宣扬的儒学不仅在佛老那系统完备的理论面前缺乏理论上的说服力，而且在现实生活中也无法满足人们的需要真正与佛老抗衡。对韩愈来说，既然批判的武器不能让对手心悦诚服，于是，他坚决主张采用武器的批判对对手的一切形而下的东西完全、彻底、干净地消灭之。"人其人，火其书，庐其居"③"乞以此骨付之有司，投诸水火，

① 《原道》，《韩愈集》卷11。
② 《上兵部李侍昌黎郎书》，《韩昌黎集》卷15。
③ 《原道》，《韩昌黎集》卷11。

永绝根本，断天下之疑，绝后代之惑。"① 何等干净利落！又何等粗暴野蛮！
此可谓那种政治性、工具性思维的登峰造极。

作为一个以道自任的儒者，韩愈的儒家立场不容怀疑；作为一个毫无身
心修养戚戚怨嗟的文士，韩愈心服并向往老僧大颠"胸中无滞碍"之境也应
是无可否认的事实。何以兼顾协调此两者，其实正是后来七八年里理学家们
一直关注并致力解决的问题，作为理学先驱者的韩愈在面对此问题时的尴尬
与困扰则可想而知，当他与大颠游以致人们误以为他信奉佛教时，他只好对
天地鬼神发誓以自证道："天地鬼神，临之在上，质之在傍，又安得因一摧
折，自毁其道，以从于邪也！"②"胸中无滞碍"究竟何义？何以令激进排佛
的韩愈竟如此倾倒与向往？"胸中无滞碍"就是在任何情况下、任何环境中
都不为外在的诱惑冲击所牵引侵乱和内在的情感情绪所干扰破坏，时时保持
心境的平静和自得，此即《金刚经》所谓"应无所著而生其心"，这意味着
已不受感性自然法则的支配与制约，可谓一摆脱了自然因果性的自由之境。
这一无滞无碍的境界显然超出了社会伦理意义是一具有人之生存意义的超越
之境，换言之，这一无滞无碍之境所涵有的生存意义上的智慧和境界已超出
了纯粹伦理之意义而与宗教之境相通。对一个儒者来说，追求这一境界并不
以放弃儒家的生活态度与伦理道德之境为条件，而是为了更好地成就此伦理
道德之境真正达到道德的至善。具体就韩愈而言，这一境界尽管对遭受了巨
大的人生变故的韩愈有一种精神的震撼和发自心灵的强烈需要，但其并不影
响他的儒家立场，他也无须放弃自己的儒家信念。毫无疑问，这一无滞无碍
之境需要长期的身心修养与精神锻炼才能达致和实现，而非靠某种社会伦理
实践的方式即可获得。正是有见于佛道这一生存意义上的境界与智慧，后来
王阳明曾感慨道："人生动多牵滞，反不若他流外道之脱然也。"③ 因此，陈来
先生指出："佛老对儒家的挑战，从根本上来说，不在于如何对待伦理关系，
而在于面对人的生存情景及深度感受方面的问题提供给人以安身立命的答
案。"④"如果说中唐儒者对"无"的境界的向往多出于满足自己在坎坷的人

---

① 《论佛骨表》，《韩昌黎集》卷 39。
② 《与孟尚书书》，《韩昌黎集》卷 18。
③ 《与黄宗贤》，《阳明全书》卷 4。
④ 陈来：《有无之境》，人民出版社 1991 年版，第 241—242 页。

生旅途中安心立命的心灵需要，那么，宋儒则是力图从根本上把佛教的这种境界及实现此种境界的功夫扬弃到儒家内部中来。"① "在这个意义下，整个宋明理学发展的一个基本主题就是：如何在儒家有我之境的立场上消化吸收佛教（也包括道家文化）的无我之境。"②

(作者单位:武汉大学哲学学院)

---

①　陈来:《有无之境》，第 237—238 页。
②　陈来:《有无之境》，第 236 页。

宋明理学理治思想理论特性

徐公喜

宋明理治社会是以宋明理学思想为理论指导，以存天理灭人欲为理论基石、以修齐治平、克己复礼、天人合一、理一分殊为理论思维模式，以德礼政刑为现实路径，追求国家道德伦理化、道德化的统一、礼制与政治制度理性化、法律理学化，实现天下平的理想社会的治国之道。它们呈现众多特征，反映了宋明"以理治国"方略所形成的思想源流和特色，这一思想体系无疑具有现代价值。

一、融儒释道法思想为一体

宋明理学理治思想理论是在吸收宋以前及同时代先进文化的元素，批判地继承与创新，超越了前人理论，发展出具有时代性的治国理论。

宋明理学以"致广大，尽精微，综罗百代"之精神，吸取、发挥、折中了儒家圣贤思想合体精华，合理融合了佛释道家学说，继承与发挥了儒家圣贤道统思想，树立新儒之正统，又兼采道家的"道"，将道家"道"本体之心兼容阴阳与"气"的学说，理气结合，使理气观更加丰富多彩。以"理一分殊"思维方式取代"一多相容"的佛学精华。同时对法家"辟以止辟"观念表示了赞同，极力吸取并改造法家思想中有利于维护君主专制的思想，使思想更具有合理性、灵活性与可操作性。宋明理学也是折中融合了宋儒之学和其他学派学术成就的，使之成为理学体系思想的重要部分。可以说宋明理学思想渊源中有众多源头活水，溶摄文理学术，不愧为其一大特色。

薛瑄说以朱熹为代表的理学"萃众贤之言，……至大，至精，至密，发挥先贤之殆无余蕴"①。明王祎认为："自孔子而后，曾子子思继其微，至孟子而后，周程张子继其绝，至朱子而复明，朱子之道，固集至贤之大成者也。"②贺麟则提出："朱子之所以成为儒学之集大成者，乃在于他把握了孔孟的真精神和活灵魂，而不拘于儒家先学的个别思想和言论；既将这种真本质加以弘扬广大，又能够兼容并蓄佛、道二学，熔诸子百学为为一炉，从而才能建立一个博大恢宏、蔚为壮观的理学思想体系，且扩至知识学、道德学、教育学、政治学、自然科学等旁支，从而为儒家思想增添了新的血液、新的生命力；开创儒学发展的一代新风，使儒家思想生机勃发，绵延至今。这便叫作'言孔孟所未言，而默契孔孟所欲言之意；行孔孟所未行，而吻合孔孟必为之事'。"③ 不仅如此，宋明理学还融合了墨家思想精髓，通过吸收墨家义利观等不同学说来修正先秦儒家思想。对传统的义利观、本末观、"均贫富""抑兼并"等等思想观念进行新的思考，进行全新的诠释。强调"工商皆本""惠商恤民""经世致用""义利双行"，这是对传统"本末论"作重新的界定和评论。梁启超说："宋代程朱之学，正衣冠，尊瞻视，以坚苦刻厉绝欲节性为教，名虽为儒，而实兼采墨道（吾尝谓宋儒之说理杂儒佛，其制行杂儒墨），故墨学非乐之精于不知不觉间相缘而起。然宋学在当时，政府指为伪学而禁之，其势力之在社会者不大。逮元代而益微。及夫前明数百年间，朝廷以是为奖励，士夫以是为风尚，其浸润人心已久。"④

在此，需要特别指出的是，宋明理学对法家之学理念兼合，其博大宏伟思想体系蕴涵了极为丰富的法律思想，与法家之学保持着千丝万缕的联系，也是中国传统文化一直传承"内圣外王""阳儒阴法"的典范。宋明理学尤其是朱熹对法家"重刑"合乎仁义、体现"至德"的思想有所继承。宋明理学从实质上肯定了法家"辟以止辟"法价值观念的合理性，朱熹就认为："法家者流，往往患其过于惨刻，今之士大夫耻为法官，更相循袭，以

---

① 薛瑄：《读书录》卷 2，国家图书馆出版社 2011 年版。
② 王祎：《王忠文集》卷 9，《重建徽国公朱先生家庙记》，文渊阁《四库全书》本。
③ 贺麟：《弘扬朱子思想之真精神》，载《朱子学新论——纪念朱熹诞辰 860 周年国际学术会议论文集》，上海三联书店 1991 年版，第 32—33 页。
④ 钱谷融主编，绿林书房辑：《梁启超书话》，浙江人民出版社 1999 年版。

宽大为事，于法之当死者，反求以生之。殊不知'明五刑以弼五教'，虽舜亦不免，教之不从，刑以督之，惩一人而天下人知所劝诫，所谓'辟以止辟'，虽曰杀之，而仁爱之实已行乎其中。今非法以求其生，则人无所惩惧，陷于法者众，虽仁之，适以害之。"① 法律可以"使天下之人耸然不敢肆意为恶"②，理学融合了法家之学"壹法"、"一尊"、刑无等级、法不阿贵，强调必须统一立法权，统一法律的内容，要求天下治权一统于以皇权为代表的朝廷政治统治结构，立法权集中于朝廷王室，以为"先王之制，诸侯不得变礼乐，专征伐"③，"天下之政必出于一，而无多门之弊。"④ 而且主张保持法律的稳定性，不能轻易地改变原有立法。指出"圣人立法，一定而不可易者，兼当时人习惯，亦不以为异也"⑤，不能轻易地变法，而应当"谨守常法"，小变其法，"祖宗之所以为法，盖亦因事制宜，以趋一时之便"⑥。提倡的经世随时因事制宜的思想。这反映了朱熹对于变法是持十分谨慎态度和保持立法的稳定性与一贯性。要求做到"上下相安，各守其分"。对于"奸豪侵暴，细民挠法害政者，亦必绳治不少贷"，对于触犯刑法者就应当严刑惩治，应"察其敢有作过倡乱之人，及早擒捕，致之宪典"⑦。

在程朱思想形成过程中，以《中庸》"万物并育而不相害，道并行而不相悖"的精神，广泛地吸取了各学派学说中的合理内核，包容了儒释道及其他地域性学派思想。全祖望在《宋元学案》中指出，朱熹"综罗百代""遍求诸家，以收去集长之益，若墨守而屏弃一切焉，则非朱子学也"⑧。诚如钱穆先生所说，作为宋明理学的代表朱子不但"能集北宋以来理学之大成，并亦可谓其乃集孔子以下学术思想之大成"，也"必兼罗汉唐以下迄于唐代诸家说而会通求之"⑨，而这种思想融合方式也正是对诸子百家所具有的善于选

---

① 《朱子语类》卷 78，中华书局 1986 年版。

② 《戊申延和奏札》，《朱熹集》卷 14，四川教育出版社 1996 年版。

③ 《季氏》，《论语集注》卷 8。

④ 《己酉拟上封事》，《朱熹集》卷 12。

⑤ 《朱子语类》卷 87。

⑥ 《读两陈谏议遗墨》，《朱熹集》卷 70。

⑦ 《奏救荒事状》，《朱熹集》卷 16。

⑧ 《晦翁学案》，《宋元学案》卷 48。

⑨ 钱穆：《朱子学提纲》，巴蜀书社 1986 年版，第 1 页。

择、改造、综合继承。宋明理学具有相当鲜明"汇纳群流"包容性与多样性、综合均衡性的特点。

此外，朱熹为理学集大成者是历代学者的共识，但是仅仅认识到朱熹为理学集大成者是不够的，这并不能全面认识朱熹"致广大而尽精微"、综罗百代思想框架。朱熹之学不仅仅融合了儒释道优秀涵养，而且兼合墨、名、法先秦诸家，甚至于朱熹"通过哲学的洞察和想象的惊人努力，而把人的最高伦理价值放在以非人类的自然界为背景。或者（不如说）放在自然界整体的宏大结构（或象朱熹本人所称的万物之理）之内的恰当位置上"。李约瑟称朱熹是"中国历史上最高的综合思想家"①，把社会伦理价值与自然界整体融为一体，其学说既不同于先秦杂家，也不同于明清时期学者所谓杂家，同时又有别于宋明时代一般意义上的"道学"，以"新儒家""道学"或"理学"来概括朱熹之学是不适当的，我们应当看到朱熹之学更为广而杂，杂而有序，可以概以"宋代新杂家"。

二、发挥新意与创新

可以说，宋明理学能够明得前人本意，发挥自己新意，最能创新义，最能守传统，是承续性与创新性的结合。在《朱子学提纲》中钱穆先生多次提出朱子之学最大的精神就是创新与守旧的完美结合，能够依据原有的思想学术加以发挥，对原有思想体系进行更新，朱子之学注重对前人思想本意的推敲与阐发，发挥自己新的见解，旧义新解，以自己新的思想替代前人旧有概念与观念，"惟朱子，一面固最能创新义，一面又最能守传统"，钱穆就认为"朱子称赞横渠此一语，不仅谓其胜过了二程，抑且谓其胜过了孟子。此处即可见宋代理学家精神，一面极具传统性，另一面又极具开创性，而以朱子尤为代表"。创新有两个方面：一是能够依据原有的思想学术加以发挥，对原有思想体系进行更新，在对待汉唐经学上朱子就是"欲创造出一番新经学"，贵在发挥；另一方面就是能自立说，"朱子终是一卓越之理学家，因其

---

① 李约瑟：《中国科学技术史》第 2 卷，科学出版社、上海古籍出版社 2008 年版，第 485 页。

有创见，能自立说，与标准之经学家毕竟不同"，不仅仅满足于旧有体系的阐发，而是"实欲发展出一番新理学"①，从旧思想中发展出新体系。

康熙皇帝就认为先秦以来的各种思想，"不偏于刑名，则偏于好尚；不偏于杨墨，则偏于释道；不偏于辞章，则偏于怪诞：皆不近于王道之纯"②。而宋明理学"见其穷天地阴阳之蕴，明性命仁义之旨，揭主敬存诚之要，微而律数之精意。显而道统之源流，以至君德圣学，政教纲纪，靡不大小皆该，而表里咸贯，洵道学之渊薮，致治之准绳也"③。而且"体道亲切，说理详明，阐发圣贤之精微，可施诸政事，验诸日用，实裨益于身心性命者，惟有朱子之书，驾乎诸家之上"④。这是理学对包括儒释道法等思想学说进行折中与改造的功效，也使理学极大满足了"人君治天下"的政治要求。

宋明理学强调随时顺理，治道就要以顺理为核心内容的，思想的损益创新也必须把握着天理维持的中心内核。在论证三纲五常伦理等级制度时宋明理学引入了"理一分殊"的理论，以阐发等级制度的合理性。将义理视为判断是与非的最主要的标准，他认为"合于义理者为是，不合于义理者为非"⑤。理也与孔孟仁礼一样具有道德原则的规范要求，是人们有目的行为所应当遵循的基本准则，"君尊于上，臣恭于下，尊卑大小，截然不可侵犯"⑥。

三、具有形而上科学理性精神

为克服汉儒宇宙生化论神性主宰、缺乏本体论天人合一说的弊端，宋明理学借鉴佛教的本体论视角，加入人生道德内涵，建立以"理"为宇宙本原的宇宙生成论，由宇宙演化论推进到道德本体论，以道德理性的超越性与绝对性，构筑了包括理气论、太极说与"理一分殊"形上学的天理观。程伊川、朱熹提出"性即理""太极只是理"命题，吸取"无极"为宇宙本原之说，将"太极"与绝对的理、"义理""性""道""心"等同起来，而且性、

① 以上均见钱穆：《朱子学提纲》。
② 康熙：《御制文集》第四集，卷21，吉林出版社2005年版。
③ 《御制文集》第一集，卷19。
④ 康熙：《康熙几暇格物篇》，上海古籍出版社2007年版。
⑤ 《朱子语类》卷83。
⑥ 《朱子语类》卷68。

理、太极即是"天地之心",也是"形式"之理,建立以"理"为宇宙本原的宇宙生成论。同时宋明理学将物质性的、生理性的、功能性之"气"与天之理沟通,融合儒佛理气二元,强调"理一分殊"的理气关系,于"人性论""价值论""伦理说""修养论"等方面进行"理一分殊"之逻辑推衍,以"天命流行""天理流行""化育流行"论证道德形上学,无论是程朱言"理一分殊";张(载)王(船山)言"气一分殊";还是陆(象山)王(阳明)言"一心万殊";黄宗羲言"一本万殊"都具有道德形上学积极意义,形成一个道德形上学的庞大系统。宋明理学坚持和发展了"天人合一"思想观,创新"天人一体"理念。宋明理学的天人一体并不是通过直观的表达方式来显现,而是以"理"的范畴来阐发,"理"既表现了"天人一体"的宇宙观,又体现了人与自然、社会与自然道达到合一,有着很高的思辨哲理性及社会实用性。

程朱理学较先秦儒家更具进步性在于形上学论证方式的运用,借鉴佛教和道教在存在论上的先进成果,从儒家元典中挖掘其形而上学的因素,提炼出天理、理气、太极说与"理一分殊"。完成道德形上学建立可能性的问题,道德信条式的理论体系终于变成了形而上学的哲学理论体系。可以说,宋明理学具有很强烈的科学理性精神的。仍以《大学》为例,《大学》表面上看以"修身"为本,但其最终目的却是为了治国、平天下,即是以维护封建专制制度为出发点的。朱熹发现了《大学》的这种能够维护统治的政治功用,所以他对《大学》推崇备至。这也是把《大学》从《礼记》中抽出并编入"四书"的根本原因。而且从限制和规范君主行为角度讲,理学文化优于先秦儒家、法家或其他文化。阐述天人关系中,宋明理学能够较多地以丰富的自然科学知识使其思想更加具有科学理性精神。

四、与时俱进时代先进性

宋明理学作为学问渊博,"致广大,尽精微",在学术上涉猎范围极广,"上至无极太极,下而至一草一木一昆虫之微"[1],在对自然科学中的气化、

---

[1] 《朱子语类》卷15。

宇宙演化结构等进行了广泛的研究和深入地探讨，取得了显著的自然科学研究成果，这不仅对中国自然科学的发展起了重要的作用，而且它通过将自然科学研究成果与理学思想贯通在一起，推动了理学思想的发展。朱熹以较为丰富的自然科学知识，使其思想体系中加进更多的唯物客观的因素，包含着科学思辨理性的意义。

宋明理学继承发挥了圣贤以道统为己任的思想，认为圣人之道在中断数千年之后，终有周敦颐、二程、朱熹为续，发挥圣贤道统之言，以此树立了新儒之正统。而且朱子在《中庸章句序》中首次采用了"道统"一词，使"道统"思想概念化，道统之名得以升华，具有明确的创新观念。在发挥道统思想过程中，朱熹承续了二程"人心惟危，人欲也；道心惟微，天理也"思想，也以人心道心与人欲天理相通。宋明理学引"道"为"理"，作为思想体系本题及规律性范畴，将道家"道"本体之心、兼容阴阳与理学"气"的学说，理气结合，使理气观更加丰富多彩。宋明理学在它的发展过程中与时俱进，采及北宋以至于清与理学家同时之人思想学说。

理学各学派论辩相互兼举，使理学文化思想体系日益丰满。宋明理学各家各派之间以海纳百川的心态，互相吸收、互相诠释，具有互渗性的特征。他们以书院为基地，通过论辩、会讲、对话、答问、讲学等各种形式发扬治国学术理论与实践之道。仅朱熹时代，就发生了朱熹张栻仁学之辩、朱熹吕（祖谦）陆九渊三家鹅湖之会、陈亮辛弃疾鹅湖之会等等。在不断互相论辩、互相探索中，不仅激出了智慧的闪光，而且完善自己的道德哲学的体系。

宋明理学以宗法制度天地君亲师的信仰代替了对佛道偶像的崇拜；以积极入世的态度克服了佛、道消极出世的弊病；强化三纲五常伦理说教运用，使宋明理学更具有经世致用性，而成为中国传统社会后期正统的意识形态。宋明理学思想属于义理思想，但是也和儒家法家一样也是倡导等级、尊卑上下，朱熹指出法家思想坚持"秦之法，尽是尊君卑臣之事，所以后世不肯变"①。他们的思想以是否违反了三纲五常义理为准则，较前人更为直截了当地指出"凡听五刑自讼，必原父子之亲，立君臣之义以权之，盖必如此，然

---

① 《朱子语类》卷 134。

后轻重之序可得而论，浅深之量可得而测"，"凡以诉讼，必先论其尊卑上下长幼亲疏之分，然后听其曲直之辞"①。肯定了"各得其分"的诉权地位，视义理而为权为八议。使之逐渐成为日常事物行动准则，在法律角度上体现了法律是国家意志的体现，具有强制性的基本特征。宋明理学的道与理都是包括了伦常的仁义礼智、宗法等级之制，以理喻道之统，以道补儒。以三纲五常为内容的义理所具有的绝对性、不可侵犯性的思想性，为以后统治提供了依据。同时这也使宋明理学义理思想更具有现实性意义，摆脱了法家思想中那种冷冰冰少恩的机械性，使法、理、情很好地结合在一起，易于上上下下的实施与接受。

宋明理学充分发挥了先秦以来儒家传统中的"宗教性"，追求理学宗教化。理学的宗教性主要在两个层面上展开的：一是理学理论的宗教性。在理学的超越性、终极关怀，以及解决人的"安身立命"问题上的作用上都体现了其宗教性意义。宋明理学吸收了禅宗"性命道德"说，融入于"心性之学"，其思想体系中"天理""天道"等范畴无不留有佛性论思想印记，理学之"心性义理"某种程度上说是佛性化理论。理学家们在思考生命本源问题时展现出以"诚"为核心的"宗教感"，表现出了对历史文化传统以及古圣先贤的崇敬之情。从某种意义上言，"成圣之学"是宋明理学思想的主题，而"成圣之学"在本质上即是超越之学，体现了理学思想之宗教性。二是理学实践的宗教性。宋明理学非常注重个体的日常修养，所强调的主观内省、主静、居敬等实践修养方法将宗教性与礼教仪礼化结合起来，具有明显的宗教僧侣主义色彩。强调日用生活中礼仪宗教化程序的实施，便于包括无知的百姓对伦理纲常理解与接受。理学传播过程中，除专门孔庙、文庙外，各级教育机构包括中央国子监及地方州学及县学乃至书院教育都采取"庙学制"，举行祭祀孔孟程朱等圣贤的仪式，祭祀等礼仪已经成为教育生活的重要活动，直至晚清仍维持不变。这种"庙学制"的祭祀等礼仪并不是膜拜祈求神祇的庇佑，而是一种敬畏圣人、提升参与者的生命境界、实现圣人人格修养性礼仪。以提升儒学的超越性，并以此为中介重新搭建天与人、内圣与外王相沟通的桥梁。宋明理学具有与时俱进的时代性，以准确把握时代文化

---

① 《戊申延和奏札一》，《朱熹集》卷 14。

先进性。

五、重于政事经世社会性

以朱熹为代表的宋明理学体用皆备,重于政事治道。钱穆先生也有深刻体会,指出"朱子之学,重在内外合一,本末兼尽,精粗俱举,体用皆备"①,钱穆在《朱子学提纲》中指出:"朱子于政事治道之学,可谓于理学中最特出。试观其壬午、庚子、戊申诸封事,议论光明正大,指陈确切着实、体用兼备,理事互尽。厝诸北宋诸儒乃及古今名贤大奏议中,断当在第一流之列。又其在州郡之行政实绩,如南康军之救荒,在漳州之正经界,虽其事有成有败,然精其心果为,与夫强立不反之风,历代名疆吏施政,其可赞佩,亦不过如此。朱子之理学,固承袭程张,而其经学则继踵北宋诸儒。能涫经学理学为一途,则端赖有朱子。"② 宋明理学思想赋有经世致用的实践精神,是把治国之理的政治哲学作为其理论基础,较多地关注着治道,并没有将德、礼、政、刑排斥在治国方略之外,而是将其纳入在义理指导下平天下王道之中。朱熹思想所具有的深刻政治性,才使之能够成为引导中国社会后期几百年政治活动的思想规范。

宋明理学家有着丰富的国家治理实践历程。仅以朱熹为例,朱熹为仕九年,曾任泉州同安主簿、差监潭州南岳庙、知南康军、除两浙东路常平茶盐公事、江西提刑、知漳州、侍讲等职,以经世致用的儒学文化传统实施政治远大抱负之旅,"从容乎礼法之场,沉潜乎仁义之府"③。他发布了《经界申诸司状》《知南康榜文》,宣布了宽民力、敦风俗、砥士风等施政方略,力行经界,在五夫里进行社仓法的实践;他考订《祭礼》扩写为《家礼》《增损吕氏乡约》,制定了《申严昏礼状》《晓谕居丧持服遵礼律事》《劝女道还俗榜》,四处张贴,指出"惟礼律之文,婚姻为重,所以别男女,经夫妇,政风俗而防祸乱之原"④,主张变革盐法;他发布《约束差公人及朱钞事》《约

---

① 钱穆:《朱子学提纲》,第188页。
② 钱穆:《朱子学提纲》,第24页。
③ 《书画像自尊》,《朱熹集》卷85。
④ 《申严婚礼状》,《朱熹集》卷20。

束科差夫法》规定:"今后本县违法辄差公人下乡追扰,许人户赴军陈诉,定追犯人重断。"①朱熹巡历属县,查奏官员"弛慢不职",力劾前台州知州唐仲友。朱熹曾以江西提刑的身份起奏,其奏札主要涉及刑讼之事,指出:"近年以来,刑狱不当,轻重失宜,甚至涉于人伦风化之重者。有司议刑,亦从流宥之法,则天理民彝,几何不至于泯灭?"②主张"以经术义理裁之",论经总制钱改革、科罚之利弊等。朱熹还与郑景望、郑伯熊讨论了《虞书》《舜典》有关涉及刑法产生的理论基础以及有关罪疑从轻功疑从重、眚灾肆赦、怙终贼刑、过误必赦故犯必诛、五刑五用等具体法律理论与适用问题,作《舜典象刑说》,制定了《漳州晓谕词讼榜》及《约束榜》等。《约束榜》无疑是一非常重要的法律文告,可以说这是朱熹制定的一部诉讼程序法。在其文集中详细记载他经办的马踏少儿案、阿梁私通谋杀亲夫案、马辛斗杀案等案例,他知南康军时被宋孝宗称赞道:"朱熹政事却有可观。"③宋明理学产生之际,无论是其理论内涵还是语言都十分直白、简易。阳明心学也是如此。如在义理方面,阳明的"良知"说强调良知本体主体具有"圣愚无间"之平等性,认为良知本体不仅是内在,而且外显在"钱谷兵甲、搬柴运水"等日常行为及事事物物之中,更具有世俗化倾向,更容易被包括士大夫、平民百姓等接受。宋明理学一惯致力于社会教育,以讲学作为推动学说发展和传播的主要手段。南宋四大书院其中三大书院与朱熹有直接关系。书院对于理学思想的传播具有举足轻重的作用。阳明"平生冒天下之非诋推陷,万死一生,遑遑然不忘讲学"④,其"弟子甚众,都好讲学"⑤。

宋明理学思想体系,很多都是涉及小学、家礼等社会基层的运用,理论具有治道的针对性与实用性,内容简约化。朱熹十分重视他的学说的普及和通俗化,通常通过运用比较通俗浅近的词语解说理论,尤其擅长使用日常生活性的比喻阐述理学,而得以传播。朱熹认为治道时就应当"立个简易之法"⑥,"若

---

① 《差公人及朱钞事》,《朱熹集》卷99。

② 《宋纪》卷151。

③ 《朱熹传》,《宋史》卷429,中华书局1985年版。

④ 《传习录》卷中,《王阳明全集》,线装书局2012年版。

⑤ 何良俊:《四友斋丛说》,中华书局1959年版,第39页。

⑥ 《朱子语类》卷180。

圣贤有作，必须简易疏通，使见之而易知，推之而易行"①，倡导简易、世俗、致用的思想以实现有补治道。朱熹的《家礼》就是对古制的大胆革新，显示出"从俗、从众、变通"的精神，所定礼仪与古之礼比较语言简洁、简约，礼仪安排实用，便于操作易行；而且因情循俗，使之适应不通等级身份的人，为社会民众实际实施留下了较大的余地朱熹以义理惟核心的思想体系对于宋以后基层社会产生了巨大影响。他的理论对社会世俗礼仪、经济规范观念及行为上都产生了重大影响。广大徽商无不以朱子理学"诚信"接人待物，经营从商。宋明之际，从官府道民间，遵从朱熹家礼："洪武元年，令：民间婚娶，并依《朱子家礼》。"② 显然，理学家新的思想体系较之于法家更具有经世致用社会性。

宋明理学发展了孔孟以来的德礼政刑观，强化了德礼政刑的地位与适用，确立了"平天下"的价值观，推行着一整套的"阳儒阴法"措施，促成了理学的法典化。在实际运用中，将人治与法治相结合，正君心，严吏治，举贤才，公平慎刑，适应社会发展需要，成为维护与巩固封建专制统治需要的正统思想，理学思想在中国思想史及其政治式上具有极为重要的历史地位。我们必须全面理解理学思想的实用性，朱熹、王阳明、王夫之等都是内圣外王实践者。正由如此，宋明理学才能成为影响中国社会近八百年的宏大的思想体系。

六、理论模式多样性转变

一是以理治国的理论模式由承续性向创新性的转变。按照中国社会秩序治理方略，中国传统社会主要经历了以下阶段：以德治国（夏周商）、以礼治国（春秋战国）、以法治国（秦）、以礼法治国（汉唐）、以理治国（宋至清末）等不同阶段。在宋以前，因为所处历史特定环境不同，而出现治国核心的侧重点不同的情况。宋明以理治国的方略是在应对历史趋势的基础上，形成的一种在特定历史时期国家治理模式，它和唐宋之前中国历史所出

---

① 《朱子语类》卷84。
② 龙文彬：《明会要》礼九，中华书局1956年版。

现过的"礼治"社会，虽然具有浓厚的历史承续性，但它们在思维模式、价值内涵、社会性质、理论基础和具体措施等方面都有一定创新性的。相应的以理治国的思维模式也凸显由承续性向创新性转变的特性。从修齐治平来看，宋明理学家在理论和实践中讲求"立志""修身"，以求最终达到"内圣外王"、治国平天下，把道德自律、意志结构，把人的社会历史责任感、人与自然关系、人与人关系等方面，提高到本体论的高度，空前的建立人的伦理主体性的庄严和伟大，这都是对前人思想的承续和创新所在。从克己复礼看，宋明理学家吸取传统的"克己复礼为仁"的思想，将传统的复礼思想与天理、人欲联系，形成新的克己复理的观念，从复礼、复性到复理，虽然终极目标都是实现"仁"，思想上有其历史的承续性，也有其在新历史环境中的创新性。从天人合一来看，其发展演化的历史过程很漫长，但各个朝代的思想家一方面保持良好的继承性，另一方面结合更加合理性和现实性的因素，这使得宋明理学家将治国思维重点落在天人关系上，最终达到"仁"道，实现和合。宋明以理治国的思维模式都承续古代先哲思想，并结合时代特征，创新性地建立了新的理论体系，从而论证了宋明"以理治国"思想实现的可能性和现实性。

二是以理治国的理论模式由封闭性向开放性的转变。从汉代佛教传入中国，虽与中国传统儒家伦理道德、社会心理和思维方式等思想方面存在冲突，但它在处于混乱纷争中的中国不仅流行速度很快，而且世人的接受程度也很快。同时传统的中国道教吸收佛教的宇宙生化思想，使道教的宇宙思想更为完善。作为中国官方意识形态的儒家受到前所未有的双重挑战即外来佛教和本土道教的挑战，因此将三者思想实现在冲突中融合，以达到统一道德体系的目标，成为士大夫的理想追求。从隋唐提出三教合一的政策以来，也没得到完善的解决。到了宋明时期，理学家们尤其是朱熹"致广大，尽精微，综罗百代"，都吸收了儒、释、道各家之长，创造性地将三者融合，形成三教合一的理学体系，真正解决从汉代以来学术界一直不曾解决的重大理论问题，这使得传统儒家体系从而摆脱封闭的困境，走向开放的文化时代，成为官方意识形态，表现出极大的包容性和开放性。由此形成的以理治国的理论模式也是呈现封闭性向开放性的转变特性。如修齐治平思维之修身理论，它的理论基础是人性论。虽然从先秦到宋明时期的人性理论，都以不断的解决人的本质问题而努力，但直到宋明时期，才打破了儒家的旧框架，提出极具开放性的理论，解决了哲学史上关于人性问题的不休的争执。又如儒家的"天人合一"思想起源很早，追根溯源于殷周，历经孔孟学派、董仲舒和宋明理学三个发展阶段，从单纯地关注天、人、神关系的简单的神秘主义观念，发展到董仲舒粗略简单且包含政治目的的天人感应说，最终重任落到以心性本体论来论述"天人合一"说的宋明理学家身上。宋明理学家不仅将天人合一的思想提高到本体论的高度看待，突破传统的天人关系，而且还从道德属性出发，强调了道德存在的合理性和道德主体修养的必要性。

三是以理治国的理论模式由单一性向整体性的转变。在宋明理治社会体系中，从总体上看，修齐治平、理学复理、天人一体与德礼政刑综合治理都是"以理治国"理论模式的组成部分。虽然它们都有其存在的独立性和内在的思想性，但是在"以理治国"模式构成中，如果没有修齐治平，就不能认识到儒家伦理思想的精神实质、儒家的理想境界和儒家传统政治针对性；复理蕴藏克己复礼、复善、复性，宋明理学以道德主体的能动性和力行作用，寻求走向人生理想境界的路径；没有天人合一，就不能认识到天人关系与和合思想；精神都集中对道德主体、人与人、人与社会、人与自然等方面的有力探讨中，都为实现"仁"道而努力，都为实现"以理治国"提供了思想基础，因此三者形成统一的有机整体，缺一不可。从具体方面看：在修齐治平体系中，修身属于儒家思想的心灵伦理结构，儒家所倡导的格物、致知、诚意、正心，都属于修身的范畴；齐家属于儒家的宗法伦理结构，是心灵结构向外扩展的开端，三纲五常和四德五伦是其集中表现；治国属于儒家政治伦理结构；平天下为理学家人际伦理境界。修齐治平从单一的心灵、宗法、政治和人际伦理等方面，整体性地体现了儒家的理想境界，以及儒家伦理思想的精神实质。在克己复礼思维中，"克己"是为了达到"仁者爱人"的至善品质，实现自我塑造；通过"复礼—复善—复性"，目的重构社会秩序，关注人的日用行为，构建"仁"和"人"的理想境界；两者的有机结合就是为了实现"克己复礼为仁"的目标。以理对"克己复礼"重新阐述，要求克尽人欲，复尽天理，也就是克己复礼的功夫。这种对于天与人、人与自然、人与社会的关系从个别到综合探讨，这本身就是体现思维模式从单一性到整体性的表现。而中国古代对于天人关系的探索经历，从各种承前启后的思想到最后归结到宋明理学体系，都是经历从单一思维到整体思维的过程。因此无论从整体还是具体方面看，"以理治国"思维模式都体现了从单一性到整体性的转变特征。国家治理观念具有道、法、阴阳、儒等诸家政治思想的综合性特点。

四是以理治国的理论模式由静态性向动态性的转变。宋明特定的历史环境，酝酿着思想理论形态的转型。"宋明理学之所以称为新儒学，是指其在外来印度佛教文化哲学与本土道教文化哲学以及价值理想、理论形态转型的挑战下，将元典儒学作为滞留于伦理道德层次的心性之学，从形上学本体论层次给以观照，使传统儒学以心性为核心的伦理道德和价值理想（包括社会理想和人格理想）建构在具有理性力度的形上学本体论思维之上，通过诠释心性与本体、伦理与天道的联结以及人与生存世界、意义世界、可能世界的关系，使儒家道德学说获得形上性和整体性的阐发，传统儒学内部的逻辑结构、价值结构、道德结构等经此调整，获得新的生命。"[1] 其中的新，就是面临挑战，通过一系列生动活泼的学术精神而得到思想充实和精神体现，实现从静态向动态模式的发展趋势。以理治国的思维模式如在天人合一中，对于人的主体性精神的问题，也集中体现这一特性，使天人合一思想由一种静态思维向动态思维发展，呈现一派生生不息的活力。修齐治平与克己复礼都是讲究道德文化，义利兼顾哲学思想强调综合。

（作者单位：上饶师范学院朱子学研究所）

---

① 张立文：《朱熹评传》自序，长春出版社 2008 年版。

为善何以难

——宋明理学中的"道德意志"问题及其他 *

刘增光

为善去恶，是道德哲学或伦理学的核心议题。作为人，知善而行，知不善而不行，这就是善。否则，知善而不为，知不善却去为，便是恶。对于什么是善、恶进行实然性的描述，固然重要，但道德哲学或伦理学探究的更为深层的问题则是产生恶的原因，这一问题约可概括为：人知道什么是善，什么是恶，但为何在现实中却仍然会作恶而非为善？简言之，即道德知识（知）与道德行为（行）为何会脱节。中西哲学不约而同地都对此颇为关注，并从增强道德意志（moralwill）、消除道德意志之薄弱（theweaknessofmoralwill）的角度着手进行解决。① 在中国哲学中，为善去恶，又与积善成圣的问题紧密相关，宋明理学中的知行论便是中国哲学中对于这一道德哲学议题进行深入探究的典范，至今仍闪耀着其光辉的思想价值。

一、孟荀对"可"与"能"的判分

无疑，知行问题在孔子的时代已为儒者所关注，如《论语·雍也》记载孔子最喜欢的学生颜渊"有不善未尝不知，知之未尝复行"。被视为子思

　　* 本文受到第 52 批中国博士后科学基金资助（编号：2012M520836）暨教育部人文社会科学青年基金项目资助（编号：13YJC720026）。

　　① ［美］姜新艳：《意志薄弱者有什么样的知识?》，载姜新艳主编：《英语世界中的中国哲学》，中国人民大学出版社 2009 年版，第 540 页。

所作的《中庸》区分了三种知行：生知安行、学知利行、困知勉行，将生知安行的圣人视为"动容周旋无不中礼"者。但在儒家早期的文本中，对于为何普通人不能够做到如圣人那样却未有详细申述。直到孟子和荀子，才对这一道德哲学的问题有所论述，且特别体现在他们在思考人之成圣问题时对于"可"与"能"的判分上。

孟子认为人皆有良知，人皆有良能。"不学而能，谓之良知。不虑而知，谓之良知。"人因有四端之心，皆可成为具有"仁义礼智"四德之人，四端是"人皆可以为尧舜"的基础——"潜能"。《孟子·梁惠王上》又说："挟泰山以超北海，语人曰'我不能'，是诚不能也。为长者折枝，语人曰'我不能'，是不为也，非不能也。"为长者折枝，这是人可以为、也能为的。而挟泰山以超北海，则是人确实不能为的。因此，不为长者折枝，不去扶助老人，就不是"不可以为""不能为"的问题，而是"不去为"的问题。在孟子的论述中，我们看到，既然人皆有四端之心，有爱亲敬长的良知良能，那么，为何在"现实"生活中，人们往往可以为善却不能为善？知道什么为恶却往往明知故犯？人皆可以为尧舜，但在"现实"社会中，却并非人人都能成为圣人？"为善何以可而不能"，"成圣何以可而不能"。这一问题就是历史上儒家学者所探讨的核心问题，这一问题既关涉道德伦理，又关涉社会政治。孟子论述中的一个问题是：他将人生来具有的爱亲敬长称为良知良能，但"现实"中又难免有不孝不悌之人，故而此良知良能实际上也只能是一种"潜能"，即相当于"可以知，可以能"而非实然的"已经知已然能"。亚里士多德的"潜能"（energeia，potentiality）与"现实"（dunamis，actuality）之分，正可拿来合理地套用。孟子显然意识到了这个问题，所以他才强调要"扩充"四端之心。而这也正表明，在潜能和现实、可以为和能为之间的过渡并非是无条件的。只是，对于如何过渡、如何人能顺利扩充四端的问题，孟子并未给予确然的回答。

但荀子《性恶篇》中的一段话恰似在接着孟子之意说：

> "途之人可以为禹"，盍谓也？曰：凡禹之所以为禹者，以其为仁义法正也，然则仁义法正有可知可能之理。然而途之人也，皆有可以知仁义法正之质，皆有可以能仁义法正之具，然则其可以为禹明矣。……

今途之人者，皆内可以知父子之义，外可以知君臣之正。然则其可以知之质、可以能之具，其在途之人明矣。

此处的"可知"（"可以知"）"可能"（"可以能"）也正是说途之人具有知与能的潜能，而非已经知与已然能的现实。《荀子·性恶》中又说道：

"圣可积而至，然而皆不可积，何也？"曰："可以而不可使也。故小人可以为君子，而不肯为君子；君子可以为小人，而不肯为小人。……故途之人可以为禹，则然；途之人能为禹，未必然也。虽不能为禹，无害可以为禹。足可以遍行天下，然而未尝有遍行天下者也。……用此观之，然则可以为，未必能也；虽不能，无害可以为。然则能不能之与可不可，其不同远矣，其不可以相为明矣。"

根据上下文意，"圣可积而至，然而皆不可积"，正是在说途之人可以为禹，然而在现实中，途之人却不能为禹。其因为何？荀子的解答是，之所以不能为圣人，是因为途之人"可以为而不肯为"[①]。"肯"还是"不肯"就是横亘在"可为圣人"（潜能）与"不能为圣人"（现实）之间的巨大鸿沟。肯则能为，不肯则不能为。这就代表了荀子对道德行为发生过程中人之"道德意志"的思考，即人是否能够坚立其为善去恶的道德意志去为善成圣。这是荀子相对于孟子来说在思考上所推进的一步。两相比较，孟子和荀子都肯定了人有可以为善成圣的"潜能"，又都认肯在现实中存在人不能为善成圣的"现实"。但是在进一步思考的时候，孟子的性善论强调了人能够本其良知良能或四端之心"自觉"地"扩充"从而为善成圣，含有"知之必能行"之意，[②] 如"乍见孺子将入于井""齐宣王以羊易牛""舜之居深山之中……及其闻一善言，见一善行，若决江河，沛然莫之能御"，便是人自觉为善的例证。孟子侧重对道德行为中"自觉"因素方面的阐发，并未明确意识到道德行为中"自愿"因素的方面，即肯还是不肯的问题，这正是荀子所做的工作。故

---

① 参见方旭东：《绘事后素：经典解释与哲学研究》，北京大学出版社 2012 年版，第125—128 页。

② 参见杨泽波：《孟子性善论研究》，中国人民大学出版社 2010 年版，第 61—63 页。

大致说来，孟子重在道德行为发生过程中的道德知识问题——人可自觉地扩充和践行先天具有的道德原则，而非在道德原则的压力下去践行；荀子则重在道德意志——人如何能够自愿地去践行道德原则。当然，这与孟子和荀子对人性所持的不同立场是有关的。主人性有善端，会倾向于说人会自觉地"由仁义行"；主张人生来具有求利避害的趋向，则更倾向于思考人如何能去自愿地选择去为善。申言之，虽然孟子涉及了道德知识的问题，但他讲良知良能，人心本有四端，故其侧重在先天道德知识的扩充。由此看来，在孟子和荀子对知行问题的思考中，"道德知识"在他们的讨论范围内所占据的地位是极微弱的，二人一致认为人皆"可以知、可以能"。对于人之"知"是否有程度的差别，是否有真假的区别，并不为二人所关心，而这些问题正是在宋明理学中都予以深化的问题。

二、程朱理学从道德知识角度对道德意志的讨论

虽然荀子触及了道德意志的问题，对人何以不能为善成圣作了一个回答。但是，关于如何跨越潜能和现实的鸿沟，如何使人"增强"为善成圣的道德意志，从而在现实生活中切实地去为善成圣，荀子对此则未置一辞。据荀子所论，可以整理出道德知识——道德意志——道德行为的脉络。① 故而，要解决道德意志薄弱的问题，从道德知识入手，便是一条必由之路。程朱理学即主要着眼于此。朱熹基本继承了程颐对于知行关系的论述，并加以完善。故此下即主要以朱熹为主要讨论对象。

在道德哲学领域探讨"知"的问题，此"知"便是指道德知识，宋代理学所提领出的"德性之知"一词与此庶几相应。朱熹论及知行，其基本点是：知先行后，知轻行重，知行相须互发。前贤多有成果可参，此处不赘。据《朱子语类》所载，知行又常常被朱熹表述为"致知、力行""理会、践行""穷理、持守"等。② 朱熹说：

---

① 这相当于姜新艳所说的"知—欲—行"，但姜文并非是就荀子来说，而是就朱熹和亚里士多德说。参见姜新艳：《意志薄弱者有什么样的知识》，第 539 页。

② 参见陈来：《朱子哲学研究》，华东师范大学出版社 2008 年版，第 316 页。

方其知之而行未及之，则知尚浅。既亲历其域，则知之益明，非前日之意味。只争个知与不知，争个知得切与不切。且如人要做好事，到得见不好事，也似乎可做。方要做好事，又似乎有个做不好事底心从后面牵转去，这只是知不切。知，只有个真与不真之别。徐子融问：水火，明知其可畏，自然畏之，不待勉强。若是人欲，只缘有爱之之意，虽知之而不能不好之，奈何？曰：此亦未能真知而已。许多道理，皆是人身自有底。……也都知是善好做，恶不好做。只是见得不完全，见得不的确。所以说穷理，便只要理会这些子。人于道理不能行，只是在我之道理有未尽耳。①

在他看来，知而不能行，是因为"知尚浅"，或曰"知不切""知不真""见理不完全、不的确"。上引第二条表明了朱熹的观点，人知道什么是好事、什么是恶事，但是却仍然做不好事，表明此人道德意志不够坚定，被不好的事（如好利、求名之类的欲望）其不坚定的原因就是因为知不切，未得真知。反之，如果人达到真知的境界，知自然能行，便不存在知而不行的问题了，"既知则自然行得，不待勉强。"但是，这并不意味着朱熹就主张人应该彻底穷尽天下间一切物理后才去行，即不能说先真知才能去行。② 因为，唯有圣人才能生而即处于此境界。对于常人来说："若曰须待见得个道理然后做去，则'利而行之，勉强而行之'，工夫皆为无用矣!"③ 如果人必须像圣人那样真切地见道理之后才去做，那么《中庸》中说的"学知利行"和"困知勉行"都成了不知义理、无道德价值的修行功夫。这对于人之为善进学显然是极为消极的严酷打击。故而朱熹的观点是，在知先行后的前提下知行互发，对于圣人以外的人来说，真知的境界正是在"知行相须互发"的过程中而达到的。朱熹屡言"须是知得，方始行得"④，其意是说，人只有在明晓义理是非，以此作为道德实践的行为准则，才能去进行道德实践，此即是"循理而行"。否则人之行为就如无头之苍蝇，不合理，没有善恶之定准。但

---

① 《朱子语类》，岳麓书社 1997 年版，第 134、139、144、201、139、198 页。

② 参见陈来：《朱子哲学研究》，第 326 页。

③ 《朱子语类》，第 144 页。

④ 《朱子语类》，第 250 页。

在此前提下，"不可道知得了方始行"：

> 知与行，功夫须着并到。知之愈明，则行之愈笃，则知之益明。
> 二者皆不可偏废。如人两足相先后行，便会渐渐行得到。若一边软了，
> 便一步也进不得。然又须先知得，方行得。知与行须是齐头做，方能
> 互发……不可道知得了方始行。①

朱熹曾以日常生活化的吃饭和饮酒为例作说明："譬如吃饭，只管吃去，
自会饱。""如人饮酒，终日只是吃酒。但酒力到时，一杯深如一杯。"② 人在
吃饭的过程中自会真切地知道什么是"饱腹"，饮酒的酒量亦如此。而他最
常引的一个例子则是程颐所举的"虎伤人"。朱熹《大学或问》言：

> 天下之理不先知之，亦未有能勉以行之者……惟其烛理之明，乃
> 能不待勉强而自乐循理尔。……昔尝见有谈虎伤人者，众莫不闻，而其
> 间一人神色独变，问其所以，乃尝伤于虎者也。夫虎能伤人，人孰不
> 知，然闻之有惧有不惧者，知之有真有不真也。学者之知道必如此人之
> 知虎，然后为至也。若曰知不善之不可为犹为之，则亦未尝真知而已。③

只有被虎伤过的人才真切地知道虎之可怕。朱熹知行相发之说实际上
透露出，道德知识在本质上是"实践性知识"，而非耳闻目见的"理论性知
识"。故只是口耳记诵，并不能得真知。真知，是真实地体之于身、验之于
心的知识，程朱理学和陆王心学皆言"学贵自得""为己之学"，即是此意。
故唯有在实践性的体验和修证功夫中，才能使人的道德意识明晰化、自觉
化，也才能使人的道德意志坚定化，从而"乐循理"，自愿地、自得自乐地
去循天理而行。但不得不提的是，知先行后说与知行互发说二者在理论的

---

① 《朱子语类》，第 250、2538 页。

② 《朱子语类》，第 251 页。

③ 《朱子全书》第 6 册，上海古籍出版社、安徽教育出版社 2002 年版，第 524 页。这
一例子又见于《朱子语类》第 641 页。原出《河南程氏遗书》卷 18，载《二程集》，中华书局
1981 年版，第 187—188 页。内中原有"知有多少，煞有深浅"之语。

表述上有着冲突之处。依朱熹之说，一方面是"须是知得，方始行得"；另一方面是"不可道知得了方始行"。后者中的"知"自然是指"真知"，而对于常人来说，前者中的"知行相发"之"知"，是与知先行后的知相对应的。问题就在于：这一知先行后的"知"与"真知"究竟是何关系？按照朱熹的思想，对于常人来说，"知先行后"的"知"显然与"真知"尚有距离。如此一来，我们便可以质问：第一，对常人来说，他尚未达到真知，便去践履，此岂不是有如无头苍蝇的盲目性之嫌。第二，根据朱熹之言，若真知则自然能行。那么对常人来说，他尚未达到真知，那么他又如何能去进行道德践履，如何解释不知则不能行的情况。显然，这两个问题，恰构成一个悖论。进一步言之，知而不能行，是因为没有得到真知。那么，此真知与常人之"知"之间是有着本质的区别，还是主要是程度上的"深浅""切不切"的差别，如说知得九分八分之类？① 就朱熹的论述来看，他明确说："知，只是一个知，只是有深浅。"② 既肯定了常人之知与圣人之知有本质的区别，同时又认为这一本质区别是随着由浅入深而造成的。换句话说，常人之知通过知行互发的过程可以达到圣人的真知，这正与理学所秉持的"学以至于圣人"的宗旨一致。但绝不可由此即认为朱熹是在讲阳明学意义上的"圣凡同一"。因为朱熹是在心之功能的意义上说"知"，而非陆王心学本体之心意义上说。凡是心，便具知觉功能，这一点圣凡无别，否则，就如同说吃饭，圣人之"吃"与常人之"吃"不同，这显然是荒谬的。而对于未达真知便可以践履这一问题，朱熹则如是说道："就此略知得处着实体验，须有自然信得及处，便是真知也。"③ "略知"就可以去践行，"略知"与"真知"相对，是指知之浅、知之不切。联系朱熹的知行相发说可知，依朱熹之意，人有"略知，便可去践履，去着实体验，在践履体验中知行相发从而使知的程度不断加深彰明，从而达到真知。不难看出，这正是朱熹格物穷理而后豁然贯通的思路。旁证于朱熹的他处论述，也确实认为"物格知至"就是"信得及"处。朱熹在解释《论语·公冶长》"子使漆雕开仕。对曰：吾斯之未能信"

---

① 《朱子语类》，第 640 页。朱熹说："'行一不义，杀一不辜，得天下不为。'"……若说略行不义，略杀不辜，做到九分也未甚害，也不妨，这便是未信处。

② 《朱子语类》，第 641 页。

③ 《答赵恭父》，《朱子文集》卷 59，《朱子全书》第 23 册，第 2860 页。

时曾言：

> "行一不义，杀一不辜，得天下不为"。须是真见得有不义不辜处，
> 便不可以得天下。若说略行不义，略杀不辜，做到九分也未甚害，也不
> 妨，这便是未信处。这里更须玩味省察，体认存养……所谓脱然如大寐
> 之得醒，方始是信处耳。问：格物穷理之初，事事物物也要见到那里了。
> 曰：固是要见到那里。然也约摸是见得，直到物格知至，那时方信得及。
>
> 知，只是一个知，只是有深浅。须是知之深，方信得及，如漆雕
> 开"吾斯之未能信"是也。①

可见，朱熹正是以知之深刻、信得及为真知的特点。值得注意的是，
朱熹引入了"信得及"以作解。朱熹《集注》亦谓："斯，指此理而言。信，
谓真知其如此，而无毫发之疑也。开自言未能如此，未可以治人。"②《语类》
所记则更明确："或问：'吾斯之未能信'，如何？曰：'斯'之一字甚大。……
事君以忠，事父以孝，皆是这个道理。若自信得及，则虽欲不如此做，不可
得矣。若自信不及，如何勉强做得！""真知其如此……须是自见得这道理
分明方得……漆雕开却知得，但知未深耳，所以未敢自信。"③据此以观，朱
熹认为，在孔子看来，漆雕开可以出仕，但是漆雕开却自认"未能信（得
及）"。未能信得及，也即未达于真知。易言之，在朱熹的论述中，"信得
及"是能去做的条件。"虽欲不如此做，不可得矣"的说法表明，只要是"信得
及"，人就一定会去做，其中有一种不容已的践履动力。有此"信"，便有去
为善进学的强大的道德意志。因此，在朱熹对知行关系的讨论中，实则已经
触及"道德信念"的问题——是否相信自己之"知"足以去"行"，认识到
了道德信念也是道德行为的动力，是否"信得及"也是影响"道德意志"是
否坚定的因素。当然，"道德信念"已经是不同于"道德知识"的另外一个
问题了。因此，朱熹将"真知"等同于"信得及"，将"道德知识"混淆于
"道德信念"，有其不合理的地方。但是，他说"知得深，便信得笃""知之

---

① 《朱子语类》，第640、641页。
② 朱熹：《四书章句集注》，中华书局1983年版，第76页。
③ 《朱子语类》，第639、641页。

深，方信得及"，① 这一通过"以知识统摄信念"来统一两者的思路却颇有启发意义。应该说，"信念"（信仰）与"知识"的关系，自古迄今都是科学家、哲学家所探讨的重大课题，而朱熹则给出了自己的一种答案。就宋明理学的发展来说，朱熹对道德信念、道德意志、道德知识、道德行为之间复杂关系的思考，对于王阳明的心学有着重要影响，这也是不争的事实。但王阳明对这几者关系的思考又有进于朱熹者，尤其是他对于道德信念的思考。

三、阳明心学从道德信念角度对道德意志的讨论

王阳明主张知行合一，这一为学宗旨也与他思想成熟期的致良知思想相对应，"致"就是行，"致良知"就是知行合一。依知行合一之意，若人知而不能行，其因即在于未得知行合一的"真知"，未能复其知行的本体。《传习录》卷上载：

> 爱因未会先生"知行合一"之训……爱曰："如今人尽有知得父当孝、兄当弟者，却不能孝、不能弟，便是知与行分明是两件。"先生曰："此已被私欲隔断，不是知行的本体了。未有知而不行者。知而不行，只是未知。圣贤教人知行，正是安复那本体，不是着你只恁的便罢。故《大学》指个真知行与人看，说'如好好色，如恶恶臭'。见好色属知，好好色属行。只见那好色时已自好了，不是见了后又立个心去好。闻恶臭属知，恶恶臭属行。只闻那恶臭时已自恶了，不是闻了后别立个心去恶……就如称某人知孝、某人知弟，必是其人已曾行孝行弟，方可称他知孝知弟，不成只是晓得说些孝弟的话，便可称为知孝弟。又如知痛，必已自痛了方知痛；知寒，必已自寒了；知饥，必已自饥了；知行如何分得开？此便是知行的本体，不曾有私意隔断的。圣人教人，必要是如此，方可谓之知，不然，只是不曾知。……某尝说知是行的主意，行是知的功夫；知是行之始，行是知之成。若会得时，只说一个知已自有行在，只说一个行已自有知在。……某今说个知行合

---

① 《朱子语类》，第 639、641 页。

一，正是对病的药。又不是某凿空杜撰，知行本体原是如此。今若知得宗旨时，即说两个亦不妨，亦只是一个；若不会宗旨，便说一个，亦济得甚事？只是闲说话。"①

王阳明区分了知之真假，"真知"就是知行合一之知，是知行本体。故"真知"即是"真知行"。这仍大致因循了程朱理学从道德知识层面解决人知行脱节的问题。但是，王阳明的思路又与朱熹有明显差异。他认为"未有知而不行者"，其正面表述是：知行合一，知则必能行。只要知行本体不被私欲阻隔，就一定能够即知即行。据此，我们似乎可以说，王阳明完全没有考虑道德行为发生过程中的道德意志因素。慎思之，其实不然，与荀子、朱熹将道德意志视为道德知识转化为道德行为之间的因素不同，王阳明是将道德意志因素放在了道德知识之前，当然，知行合一也就意味着道德意志因素也在道德行为之前。这正是王阳明思路的特异所在，而却与孟子未考虑道德意志的思路有形似之处。这一点，与阳明心学继承了陆九渊心学对"立志""先立其大"的强调有关。王阳明《书朱守谐卷》载：

> 守谐问为学，予曰："立志而已。"问立志，予曰："为学而已。"守谐未达。予曰："人之学为圣人也，非有必为圣人之志，虽欲为学，谁为学？……故立志者，为学之心也；为学者，立志之事也……"守谐曰："人之言曰：'知之未至，行之不力。'予未有知也，何以能行乎？"予曰："是非之心，知也，人皆有之。子无患其无知，惟患不肯知耳；无患其知之未至，惟患不致其知耳。故曰：'知之非艰，行之惟艰。'今执途之人而告之以凡为仁义之事，彼皆能知其为善也；告之以凡为不仁不义之事，彼皆能知其为不善也。途之人皆能知之，而子有弗知乎？如知其为善也，致其知为善之知而必为之，则知至矣；如知其为不善也，致其知为不善之知而必不为之，则知至矣。②知犹水也，人心之无

---

① 《王阳明全集》，上海古籍出版社1992年版，第3—4页。
② 这句话虽文意缠绕，无非是讲知行合一。"知为善之知""知为不善之知"即指能够知道和判断什么是善与不善的良知，"致其知为善之知"即指致良知。知行合一，方为"知至"。

不知，犹水之无不就下也；决而行之，无有不就下者。决而行之者，致
知之谓也。此吾所谓知行合一者也。"①

　　在王阳明看来，仁义礼智，皆是人心所本有之知，故而不用担心人不
能知，所担心的应该是人"不肯知"。"无患其无知，惟患不肯知耳；无患其
知之未至，惟患不致其知耳。故曰：'知之非艰，行之惟艰。'"可见，与朱
熹以知为难不同，王阳明以知为易，心学之"易简"于此体现。对道德行为
的发生来说，解决"不肯知"的问题才是关键。只要人肯知，就一定能知，
而知则一定能行。解决的方案就是"立志"，立定成圣为学的意志。道德意
志坚定，人就有了去知、去行的动力。这一思路与荀子迥异，荀子认为知而
不能行是因为人"不肯行"。而王阳明则在知行合一的主张下，认为人之所
以不能知行合一，不能知且行的根源在于"不肯知"。正因此，在荀子思想
中，道德意志是用来填补道德知识与道德行为之间的鸿沟，而在王阳明那
里，道德知识与道德行为本即是一，之间不存在鸿沟，故而不需要用道德意
志来填补。
　　这样一来，王阳明又面临着一个问题，如何能够使人立定成圣为学的
道德意志？积善成圣、优入圣域，对于常人来说，是难以企及的理想。如此
之"难"，难道不会使人在艰难之前退却不前而非立定为善成圣的意志吗？
看来，只有将成圣之工夫简易化，才能将这一"难"之大山消平。王阳明所
主张的圣愚齐同，即是消平大山，使"愚公亦能移山"的理论工具。但圣愚
齐同作为一命题，是不可实证的，因为充天塞地都是日常生活化的常人。这
一命题只能是一信念，以"信"的方式来体认，即人须确信自己能够成为圣
人。且看王阳明的以下说法：

　　　　人胸中各有个圣人，只自信不及，都自埋倒了。……良知在人，随
　　你如何不能泯灭，虽盗贼亦自知不当为盗，唤他做贼，他还忸怩。
　　　　心之良知是谓圣……愚不肖者，虽其蔽昧之极，良知又未尝不存
　　也。苟能致之，即与圣人无异矣。此良知所以为圣愚之同具，而人皆

　　① 《文录五》，《王阳明全集》卷8，第276—277页。

可以为尧舜者，以此也。是故致良知之外无学矣。……每以启夫同志，无不跃然以喜者，此亦可以验夫良知之同然矣。间有听之而疑者，则是支离之习没溺既久，先横不信之心而然。

孔子有鄙夫来问……鄙夫自知的是非，便是他本来天则，虽圣人聪明，如何可与增减得一毫？他只不能自信，夫子与之一剖决，便已竭尽无余了。①

据此可知，依王阳明之见，人之成圣的根基就在于"人人自有，各个圆成"②的无间于圣凡的良知本心。若信不及，则此良知便"自埋倒了"；若信得及，去除支离意见之蔽昧，良知便呈现出来。由此，确信自我能够成圣即在于自我要树立起良知自足、时刻完满的"信心"。换言之，道德意志的坚定与否，取决于对于自我良知完满的自信程度。程度越高，意志越定，则对良知之体认就越真切，致良知之致也就越坚决。"从某种意义上可以说，阳明学最为强调为学功夫以及为人行事，都要对良知充满'自信'。"③无疑，王阳明对知而不行的探究亦已深入至"道德信念"层面。陆九渊曾批评朱熹之学说："彼亦可受用，只是信此心未及。"④这正可从一个侧面反映直信本心的陆王之学与程朱之学的差异。

申言之，这种差异在于，朱熹对知的理解，是从知之深浅来区分真知和常知，即"知"有程度的差别。而在王阳明这里，圣人与愚夫愚妇所具的良知，是没有任何分别的，绝不存在程度深浅的差别。⑤王阳明"满街皆是圣人"和"精金喻圣"之说便明示此旨。⑥在阳明看来，圣凡之别，在于是否能"致"良知。即上文所引"苟能致之，即与圣人无异"。这种差别根源

---

① 《王阳明全集》，第93、280、112页。

② 《王阳明全集》，第31页。

③ 吴震：《〈传习录〉精读》，复旦大学出版社2011年版，第131页。

④ 《陆九渊集》，中华书局1980年版，第459页。

⑤ 当然，此处所言王阳明的"知"是就"本体的知行"意义上讲，而非"非本体的知行"意义上讲，因为在王阳明看来，"知而不行"的"知"就是"未知"。对于王阳明"本体的知行"与"非本体的知行"的区分，参见陈来：《有无之境》，北京大学出版社2006年版，第89页。

⑥ 详细分析参见吴震：《〈传习录〉精读》，第144—154页。

于朱熹、王阳明分别从知觉功用、本体良知的角度论心的差别，功用的发挥有程度的差别，则知便有深浅，而本体之知则只有明暗的差别，而不可作深浅之类的量化分析。也正因此，虽然二人俱从道德信念、道德知识的层面触及道德意志薄弱的问题，但是，取径却近乎相反。朱熹是以道德知识统摄道德信念，而王阳明则说"自信则良知无所惑而明"，①因循的是通过树立对良知之信念从而明了本心良知即先验地具有知晓是非善恶的道德判断能力的思路，以道德信念统摄道德知识。我们可将二人对于道德意志薄弱问题的解决思路各自简化为一个序列，以观览其异同：

朱熹：道德知识（道德信念）→道德意志→道德行为。

王阳明：道德信念（道德知识）→道德意志→道德知识／道德行为。

（注："（ ）"为统摄之意，"／"为并列相即之意。）

在朱熹思想中，作为道德原则的天理，可以通过格物穷理的方式去认知，"虚灵知觉"之心可以认知和把握天理。而在王阳明的思想中，"心即理""心外无理""尔那一点良知，是尔自家底准则"，②故对于道德原则的认知便是以心去认知心，以良知认知良知。此即是王阳明所道"良知自知"，这一点正是阳明心学的基本特质之一。据上所列王阳明的序列来看，起点是统摄道德知识的道德信念，终点是与道德行为合一的道德知识，正构成了"良知自知"的循环。良知既是"知"的主体，又是"知"的客体。他将致良知与知行合一结合起来说：

> 如知其为善也，致其知为善之知而必为之，则知至矣；如知其为不善也，致其知为不善之知而必不为之，则知至矣。③知犹水也，人心之无不知，犹水之无不就下也；决而行之，无有不就下者。决而行之者，致知之谓也。此吾所谓知行合一者也。④

---

① 《王阳明全集》，第74页。

② 《王阳明全集》，第15、92页。

③ 这句话虽然文意缠绕，无非是讲知行合一。"知为善之知""知为不善之知"即指能够知道和判断什么是善与不善的良知，"致其知为善之知"即指致良知。知行合一，方为"知至"。

④ 《文录五》，《王阳明全集》卷8，第276—277页。

　　"知为善之知""知为不善之知"即指能够知道和判断什么是善、不善的良知，而此能够知道和判断的主体又自然只能是本心良知，即"人心之无不知"的"人心"或"良知无不知"的"良知"。良知即是判断是非善恶的道德主体，同时又先验地具有判断是非善恶的道德法则，良知自我立法，是道德主体和道德法则的统一。① 因此，良知之存在具有先验性、内在性，而其发用则具有"无不知"的确然性，即对每一个行为之正当性的理性把握。② 相对于程朱理学的天理说，王阳明的这一思想极大彰显了行为主体的"道德自由"。③ 但也正因为良知一方面具有遍在天下的公共性；另一方面有着属于自我的个体性，故而将确然性的保证奠基于每个个体都具有的良知，就难免造成对确然性诉求的主观性和随意性。当然，这绝非阳明立教之本意，是属于人病，而非法病，但这也确实是王学末流所发生的弊病。如主张"良知现成"者以直下承当、直信本心为功夫，便有以情识为良知、认欲望为本心的流弊。王阳明本是以良知作为鼓动道德意志进而使人知善而必行的保障，至其末流狂儒，良知被替换为情识欲望，那么坚定道德意志的依循良知也就幻化成随欲而动。④ 这至少表明，以良知作为人之知善而必能行的绝对保障，内中尚有缺陷，自信良知的理论并不完善，或许，使人知而必行，还需寻求另外的保障。

---

　　① 牟宗三从良知的先验性、普遍性和良知自我立法的角度，将王阳明的良知比之于康德的自由意志："良知是先验的，这没有问题，你不能说良知是后天得到的。要是后天得到，你得到，我没得到，那么，我没有良知啦？这不成。所以，良知一定是本有的，而且人所同然……这就是良知的普遍性、本有性……王阳明讲这个先验、本有、普遍的良知，作用就在说明道德行为，决定是非的方向……王阳明讲良知，康德讲自由意志（freewill），二者一样。康德讲一致的作用是什么呢？作用是立法，为我们的行动立法。道德法则从意志提供出来，提供出来就可以决定我们的行为的方向。"（牟宗三：《四因说讲演录》，上海古籍出版社1998年版，第50—51页）这种比较是有道理的，但考虑到王阳明在体用一原的框架下讲良知必然要发用，离用则无体，而人也只能因用求体，这与康德伦理学的形式主义特征则绝难相符。

　　② 在王阳明的思想中，人之"'知过''改过'其实是由良知自知得到保证的"。参见吴震：《〈传习录〉精读》，第114页。

　　③ 参见何信全：《哈耶克自由理论研究》，北京大学出版社2004年版，第45页。

　　④ 朱熹弟子徐子融向朱熹询问："若是人欲，只缘有爱之之意，虽知之而不能不好之，奈何？"（《朱子语类》，第201页）此即表明欲望对人牵畔力量之强大，人难免会以欲望为本心。

四、从信仰良知到信仰神灵

就阳明良知说而言，穷究至"信念"的层次，便不能再加追问，如不能问"我为何要自信良知？"在某种意义上，这可类比于信仰基督教的人不能追问："我为何要信仰上帝"这样的问题，一问即已落入"不信"。套用孔子之言，"人而无信，不知其可也"。就此可说，王阳明的"良知"近乎一种绝对命令。对于此本心良知，你必须相信，否则为善成圣都无从谈起，人文价值的世界也便失去奠基，信念几乎成为了建立价值世界的终极基础。事实上，王阳明自己曾一语道破天机，他说："我此论学是无中生有的工夫，诸公须要信得及只是立志。"[1] 也就是说，自信良知在我，良知才能真地在我。同理，相信自己可以成为圣人，也才能真的成为圣人。"信"就是"无中生有"的独门锁钥。这便是阳明良知学本即含有的"信仰"意味。[2]

以强调自信良知、以良知作为信念，这一理论的合理性，可借德国当代著名哲学家罗伯特·施佩曼（Robert Spaemann）之说以作辩护："人的生命是有限的，而正反理由的辩论是无休止的，在对正确与错误观念获得普遍性的统一的认识之前，生命必须采取行动，每一个个体都必须作出何时摆脱无止境的思考、停止辩论的决定，从而怀着信念去行动。""这种让我们停止辩论的信念就是我们所说的良心。"[3] 考虑到现实生活的复杂，人之行为所涉及的因素并非单一，故人总可以为自己的行动寻找理由，并考虑正反理由从而作出好的行为选择，而这种正反理由的辩论在现实中很可能是无休止的，"俟河之清，人寿几何"，故而人必须停止这种无止境的正反考虑，果断去行动，而能使人做到这一点的便是依循良知，确立对良知的信念。陆九渊和王阳明强调人要立定为善成圣之志向，从某种意义上说也正是欲使人从各种关于正反理由的思虑考虑中超拔出来，以自作主宰，尚友圣贤。[4]

---

① 《王阳明全集》，第 32 页。

② 彭国翔明确指出："阳明晚年思想中已经流露出对良知信仰的意味。"参见彭国祥：《王畿的良知信仰论与晚明儒学的宗教化》，《中国哲学史》2002 年第 3 期。

③ ［德］罗伯特·施佩曼：《道德的基本概念》，上海译文出版社 2007 年版，第 58 页。

④ 参见唐君毅：《中国哲学原论》，中国社会科学出版社 2005 年版，第 272—274 页。

良知学的这一思想面向在其后学中得到了充分展开，尤其是主张现成良知说的"二溪"——王龙溪和罗近溪。如果说"信得及"一语在朱熹理学中的出现尚且是"零星半点"，那么在王阳明及其后学的讲学文字中则堪称是"满天繁星"，这充分体现出阳明学对道德信念的强调。如与良知关联的"信得及""信得过"之语在《王龙溪先生全集》中就出现有二十八次之多，①"简直到了俯拾皆是的地步"，这"显然已有了更为浓厚的'信仰'的意味"②。但是，虽然在王龙溪这里，良知作为信仰的对象已具有了相对客体性的意义，但这并非如西方基督教的"绝对的他者"，不是有意志的人格神，而是仍因循了王阳明自信良知的思路，良知作为超越的存在就在主体性当中。③

但这一思路在泰州学派罗近溪这里有所改变。罗近溪鉴于王学内部之流弊以及社会风气之放荡，提出了"天心""上帝临监"的思想。就前者说，人要"与天为徒"，使人心合天心，因为人心本源出天心，天心才是人心之本质。就后者说，近溪屡屡以具有人格意志力量的上帝、帝、天或者天公作为监察和赏罚人之行为善恶的超越性实体。④ 这样一来，就在作为主体的人之心以外另立一个心，以天心正人心；在良知这一人人完具的内在的道德法庭之外，又悬设了一个由上帝、天公掌控的道德法庭。且与基督教的上帝不直接掌控人间事务不同，近溪思想中的上帝、天公是时时勘察人间，具有赏善罚恶力量的外在化的人格神。而在王阳明思想中，良知就是人为善去恶的绝对保障，并无需外在上帝或者天之意志的作用。⑤ 换言之，在近溪这里，人之坚定为善去恶的道德意志，需要依赖于外在超越神灵的监督和敦促，或者说人需要敬畏外在的神灵方能行善。"而良知就在心中这一心学的基本信

① 参彭国翔：《王畿的良知信仰论与晚明儒学的宗教化》，《中国哲学史》2002 年第 3 期。
② 《王阳明全集》，《传习录》下，第 120 页；吴震：《〈传习录〉精读》，第 131 页。
③ 彭国翔：《王畿的良知信仰论与晚明儒学的宗教化》，《中国哲学史》2002 年第 3 期。
④ 详细分析参见吴震：《罗汝芳评传》，南京大学出版社 2005 年版，第 381—428 页。
⑤ 王阳明说："充天塞地中间，只有这个灵明……我的灵明，便是天地鬼神的主宰。天没有我的灵明，谁去仰他高？地没有我的灵明，谁去俯他深？鬼神没有我的灵明，谁去辨他吉凶灾祥？天地鬼神万物，离却我的灵明，便没有天地鬼神万物了。我的灵明，离却天地鬼神万物，亦没有我的灵明。"（《传习录下》）这正体现出王阳明"良知"的自足性，天地鬼神、吉凶祸福并不能外于良知。

念也发生根本转向，转而相信在人心之外、之上，还有上帝的存在，而且上帝可以主宰人类的命运。"① 基于良知的道德信念，也就转变成了基于上帝存在的道德信念。明末清初盛行的劝善运动，如源于《太上感应篇》的功过格修行方式、对《为善阴骘书》与文昌帝君的信仰、② 对于道教净明道派预言将有世界大乱而八百地仙降临以平息乱事的"龙沙谶"信仰，③ 等等，都具有浓厚的信仰外在神灵的性质。且当时信而行之的儒者所在多有。即使是佛教，当时流行的净土念佛思想也有着希冀死后借助阿弥陀佛之力而往生极乐的信仰因素。阳明学对人在道德行为中的自力的强调，至此即转变为对他力的信仰。由此，在对人为善去恶的讨论中，道德知识就几乎无足轻重，如在功过格的修行中，只要按照表格中所列善行、恶性的名目去一一记录即可，无需行为主体去深刻理解其背后的道德法则。故其序列可大致概括为：

（对神的）道德信念→道德意志→道德行为。

这与上自孔孟，下讫朱熹、王阳明以来的儒学传统，未免有所偏离。虽然，这一偏离在很大程度上激活了先秦儒学本即或隐或显存有的宗教性的资源。

结　语

纵观宋明理学关于道德意志及其相关问题的讨论，即可看到：朱子理学主要是以人关于天理的"真知"作为增强人道德意志以行善去恶的保障，王阳明的良知学则主要是以人人本有、人人自信自知的良知作为增强人道德意志的保障，而罗近溪及晚明的很多儒者则有着以外在超越的、有人格意志的上帝、天公等作为增强人道德意志保障的倾向。其中，程朱理学的天理，在

---

① 吴震：《罗汝芳评传》，第 413 页。

② 即使是信奉程朱理学甚严的儒者，也对此笃信不已。如吕维祺（1587—1641）在《孝芝》中言自己曾三次梦遇文昌帝君。其中一次是 36 岁时在新安芝泉书院时的一次梦境，"夜梦文昌衣金龙绿绯，立于斗山之麓，揖先生，语久之，曰：佑汝子孙世世不失书香"。梦醒之后，他得知斗山之上原有一座文昌祠，久已废弃，于是，他绘出梦中的文昌帝形象，并在其讲学所在地为之祠。（《吕维祺先生年谱》卷 1，北京图书馆出版社 1999 年版，第 571 页）

③ 参见张艺曦：《飞升出世的期待——明中晚期士人与龙沙谶》，《新史学》第 22 卷第 1 期。

某种意义上是对社会伦理规范、道德法则进行抽象建构的结果,故相对于王阳明的良知来说也具有外在性。而衡诸古今中西关于道德意识的讨论,道德意识的起源无外乎有三个:内心的起源、外在的起源、超越的起源。与此对应的就有三种道德意识的根据。[1] 据此可说,朱子理学倾向于以外在社会作为道德意识的根据,阳明心学倾向于以内心作为道德意识的根据,而晚明士人则倾向于以超越的人格化上帝作为道德意识的根据。故宋明理学对于道德意志及其相关问题的讨论,其前后的演变和转折,有着内在的逻辑,同时,也有着外在的必然性。天下病虚,则救之以实。天下病实,则救之以虚。宋明理学家怀抱着重整人心、收拾世道的现实关切,对道德意志问题的思考逐层转进,从理论上穷尽了如何解决这一道德哲学议题的各个维度,故而体现出了相当的思想深度。对于今天中国哲学的研究来说,这应该是一笔值得继承和加以发扬的宝贵"家当"。

(作者单位:复旦大学哲学学院)

---

① 参见倪梁康:《心的秩序———一种现象学心学研究的可能性》,江苏人民出版社 2010 年版,第 41—59 页。

二程"终身不甚推濂溪"原因分析

陈延菊

"二程子终身不甚推濂溪"一语出自全祖望，成为反对周程授受关系的重要论点。全氏之言吸取了明代学者丰道生的观点，并提出新的例证："二程子终身不甚推濂溪，并未得与马、邵之列。"后来反对周程授受的学者大多也以此为据，甚至提出新的例证，如二程"周茂叔穷禅客"之言。考察二程之言，上述论据均属事实。而附有《太极图》的《太极图说》出于程门，二程终身未尝言及，也是不争的事实。由此便出现了一个显而易见的矛盾，即周程授受与二程"终身不甚推濂溪"同时成立。只有解决了这一矛盾，才能真正全面呈现周程关系。那么，二程"终身不甚推濂溪"的原因到底是什么呢？

极力推崇周敦颐并主张周程授受的张栻和朱熹也注意到二程对于《太极图说》的态度。真德秀在《西山读书记》中记录了张栻和朱熹关于这一问题的讨论。首先是张栻提出这一问题，朱熹在回信中说："敬夫以书来曰：先生所与门人讲论问答之言，见于书者详矣。其于《西铭》，盖屡言之，至此图，则未尝一言及也。谓其必有微意，是则固然。然所谓微意者，果何谓耶？"① 朱熹对这个问题的解答是："熹窃谓以为此图立象尽意，剖析幽微，周子盖不得已而作也。观其手授之意，盖以为惟程子为能当之。至程子而不言，则疑其未有能受之者尔。夫既未能默识于言意之表，则弛心空妙，入

---

① 真德秀：《西山读书记》卷30，文渊阁《四库全书》本，上海人民出版社1996年版。

耳出口,其弊必有不胜言者。"① 朱熹认为周敦颐之所以授二程以《太极图》,是因为二程能当之,而二程之所以不授此图,是因为找不到可以传授之人,二程担心如果贸然授图,而所受之人若不能识得其中之意蕴,则可能弛心空妙,堕入狂怪之地。朱熹的这个解释实是无奈之举。

二程不言《太极图》根本的原因还在于二程学说与周敦颐的不同。如前所论,二程在诸如人生境界的追求方面的确受到了周敦颐的影响,但是在学术的主旨上则与周敦颐不同。二程受学于周敦颐时年纪尚轻,而时间也十分有限,周敦颐对二程的影响主要是在人生境界的追求以及为学的方向方法上的影响,在具体内容上的影响虽有,但相比较于二程后来丰富的学术成就而言,那些影响就显得很小了,这应是二程"终身不甚推濂溪"的主要原因。

但是,周程授受是客观之事实,作为儒家学者,无论是周敦颐还是二程都十分重视儒家尊师重道的传统,故而仅仅以学术差异来解释二程"终身不甚推濂溪"是不够的。下面,我们将从更多的角度出发,尝试对这一问题作出新的诠释。

一、地域因素

周敦颐一生游宦于今天的江西、湖南、重庆、广东、四川等地,均在南方,担任的几乎也都是州县一层级别不高的地方官,没有做过京官。而二程兄弟虽也在江西、江苏、四川等地或为官或守孝或侍父而居,因种种原因在这些南方之地停留过,但时间总体上并不长久,其人生的大部分光阴是在北方度过的,尤其是以当时的京师开封和洛阳为主。即使是在南方期间,二程与周敦颐也再无同时居于一地的时候。可见,这种长时间的南北相隔,也在客观上造成了双方缺少交流的事实。而当时的学术中心无疑是在开封、洛阳等地,而周敦颐一生在南方为官,从未做过京官,从未在学术中心挣得一席之地,这也就不难理解为何周敦颐在北宋之时学术之名并不显赫。

---

① 真德秀:《西山读书记》卷30,文渊阁《四库全书》本,上海人民出版社1996年版。

二、交游因素

周敦颐除了早年曾受到其舅郑向教导之外，没有正式的师承，属于自学成才一类，他步入仕途也不是通过科举选拔的路径，所以他在学术上无师少友。在周敦颐一生中可考的重要交游有蒲宗孟、赵抃、傅耆、潘兴嗣。我们先对他们作一些简单的了解。

蒲宗孟（1022—1088）在周敦颐的一生中是一个很重要的人物，这不仅是因为他与周敦颐的亲戚关系，更因为他在周敦颐死后作了一篇《濂溪先生墓碣铭》，引起了后世的许多争议。蒲宗孟本人在北宋历史上也是一个颇有些名气的人物，他参与过王安石的"熙宁变法"，也曾指斥司马光之说为"邪说"，颇为士人所不喜。同时他为治尚严刑峻法，是一个申韩法家式的人物，而生活起居又奢侈无度，《宋史》记载他的一则佚闻说："尝以书抵苏轼云：'晚年学道有所得。'轼答之曰：'闻所得甚高，然有二事相劝：一曰慈，二曰俭也。'盖针其失云。"① 说明他的为人是有伤于"慈"和"俭"的。因此自南宋以来，就不断有人对他所作的《濂溪先生墓碣铭》表示怀疑，认为其中有作伪之处。但不管怎么说，蒲宗孟因钦佩周敦颐而"以妹归之"，和他结为至亲，说明他对于周敦颐还是有着一定程度的了解，他的《濂溪先生墓碣铭》作为研究周敦颐的第一手资料，其重要性是不可取代的。

赵抃，字阅道，谥"清献"，因此宋人的记载中多称之为"赵清献"。赵抃为政宽厚简易，但又敢于抨击权贵，在任殿中侍御史时有"铁面御史"之称。在个人思想方面，赵抃也是北宋士大夫出入佛老的一个代表人物，对禅宗思想有很深的领悟。赵抃最初对周敦颐有所误解，后在虔州再次相见后交往就颇为密切了，二人同游马祖山，赵抃作《同周敦颐国博游马祖山》诗记其事，二人酬答往来诗数首。特别是周敦颐晚年引疾致仕之后，赵抃时以大学士出知成都，闻讯后上疏请求朝廷留任周敦颐，可惜的是朝命下达之时周敦颐已经因病去世。赵抃不仅把周敦颐看作一名能干的下属，更欣赏周敦颐的品行和人格，把他当作肝胆相照的朋友。赵抃本人也不是一名俗吏，

---

① 脱脱等：《宋史》，中华书局 1977 年版，第 10572 页。

《宋史》说他晚年时学道有得，临死生而不乱，有着很高的精神境界，这样的人与周敦颐必然有着某种思想共鸣之处。

周敦颐与傅耆结识是在宋仁宗嘉祐二年（1057），也就是他入蜀后的第二年。傅耆是遂宁人，字伯成（一说字伯寿）。傅耆年少而有俊才，博学多闻，早有声望，与周敦颐结识后，多次往返通书，与周敦颐切磋学问，也曾经和周敦颐见面，升堂问学。傅耆本人有《和周茂叔席上酬孟翱太傅》的诗记叙和周敦颐论学的情景说："升堂听高论，惟愁日景促。经义许叩击，诗章容往复。"① 可见二人相知颇深，在学术思想方面有很多的共同语言。也正因为如此，周敦颐将自己注释《易》的单篇文章《妇说》拿给傅耆看，希望能得到他的意见。傅耆则认为《妇说》"意远而不迂，词简而有法"②，给予了很高的评价。

从《濂溪先生周元公年表》来看，周敦颐除了在蜀时与傅耆交往颇多之外，此后在嘉祐六年（1061）傅耆登第时，还曾和他在京师相遇，并给他写了一封贺信。在宋英宗治平四年（1067）时，还专程从邵州给傅耆寄去了自己改定过的《同人说》。这些都说明周敦颐与傅耆是相当交好的。

潘兴嗣所作《濂溪先生墓志铭》成为后来历代学者研究周敦颐的重要资料，尤其对研究周敦颐的著作情况具有重要的史料价值。潘兴嗣不仅对周敦颐的生平十分了解，对周敦颐的学术思想也十分清楚，他对周敦颐"尤善谈名理，深于易学"的评价十分中肯。至和元年，周敦颐在南昌为官时得暴疾，差点死去，前往探视的正是潘兴嗣。嘉祐六年，周敦颐由京师开封往虔州就任通判之职，道经江州，始有卜居庐山之意，因筑濂溪书堂于庐山之麓。此后，与周敦颐交好者莫不知周敦颐欲以庐山濂溪为终老之所，然首知此意者却是潘兴嗣。周敦颐谓潘氏曰："可止可仕，古人无所必……此濂溪者，异时与子相从于其上，歌咏先王之道，足矣。"③ 周潘二人相知之深非同一般。此外，二人还多有唱酬，可惜周敦颐诗不见存留，潘兴嗣赠周敦颐的诗现有四首可见。

---

① 《周敦颐集》，岳麓书社 2007 年版，第 143 页。

② 此傅耆回复周敦颐《与傅耆伯成书》，附于周敦颐《与傅耆伯成书》，《周敦颐集》，第 125—127 页。

③ 《周敦颐集》，第 167 页。

潘兴嗣与王安石、曾巩是好友，也曾做过县尉之职，因不满上司而辞官，后有再次为官的机会，也被他拒绝了。他是一个有着浓厚道家情怀的隐士，自号清逸居士。《能改斋漫录》卷十八载有一则幼女成仙的道教故事，潘兴嗣"言之为作长歌道其略"，其对这类成仙成神的道教故事十分感兴趣。

从周敦颐的交游来看，蒲宗孟参与王安石新法，指斥司马光之说为"邪说"，颇为士人所不喜；赵抃，曾在京师为官，也因王安石新法而受到排挤，是一个出入佛老的代表人物，与二程也没有交好的迹象可寻；傅耆在学术上与周敦颐交流最多，但是与二程也似乎没有交集；潘兴嗣为官时只是地方官员，与二程没有交集，且潘兴嗣更是一个具有浓厚道家情怀的隐士，与佛教人士也多往来，这自然也不与二程相合。而唯一既与二程交好又对周敦颐赏识的惟吕公著。宋神宗熙宁元年（1068），朝廷本来准备调任周敦颐为郴州知州，但当时周敦颐的好友赵抃在朝任知谏院，他和朝廷重臣吕公著一起推荐周敦颐升任广南东路转运判官。他在荐牍中说周敦颐"操行清修，才术通敏，凡所临莅皆有治声"①，并极力担保说："臣今保举。堪充刑狱、钱谷繁难任使。如蒙朝廷擢用，后犯正入己赃，臣甘当同罪。其人与臣不是亲戚。谨具状闻，伏候敕旨。"② 表现出对周敦颐的高度信任。周敦颐在给吕公著的《谢启》中也说："在薄官有四方之游，于高贤无一日之雅。"③ 可见二人素未谋面从无私交，吕公著对周敦颐的信任完全是因为周敦颐往日的声名和治绩。

三、后学因素

周敦颐最有名的学生是程颢、程颐兄弟，但是在二程受学于周敦颐之前，他已经开始讲学。度正《濂溪先生周元公年表》庆历元年辛巳："尝被台檄摄袁州卢溪镇市征局，鲜事，袁之进士来讲学于公斋者甚众。"④ 是年，周敦颐25岁。此后每到一地，几乎都有讲学活动。但这样的记录只是泛泛

---

① 《周敦颐集》，第293页。
② 《周敦颐集》，第293页。
③ 《周敦颐集》，第293页。
④ 《周敦颐集》，第287页。

而谈，既无人数可考，亦无人名可寻。鉴于周敦颐为官多为州县一层级别不高的地方官，可见其讲学规模其实是不大的，故而从当时周敦颐学说的传播来看，其规模十分有限，其影响也自然不会很大。这与二程"终身不甚推濂溪"也是有一定关系的。

四、佛道因素

二程受周敦颐的影响，援佛入儒，但二程排佛的立场是十分鲜明的。相比之下，周敦颐对佛教的态度就温和许多。据度正《濂溪先生周元公年表》记载，周敦颐在任提点广南东路刑狱时，还曾经到潮州、惠州和阳山。在潮州时，他参观了唐代大颠和尚的遗迹，并作了一首题为《按部至潮州题大颠壁》的诗，云："退之自谓如夫子，《原道》深排释老非。不识大颠何似者，数书郑重更留衣。"① 韩愈因为谏唐宪宗迎佛骨，"一封朝奏九重天，夕贬潮阳路八千"。在潮州他与僧人大颠和尚往来密切，传说曾有《与大颠三书》，因此有人认为韩愈此时已不再坚持反佛立场，而是在思想上倒向了佛教。从周敦颐的诗来看，他似乎并不以韩愈的"排佛"为然。周敦颐的思想虽然以儒家为主，但对于佛道，并不像后世的理学家那样排斥，因此他在诗文中表现出对韩愈自比孔子、深排佛老的不以为然。

蒲宗孟《濂溪先生墓碣铭》中说周敦颐"生平襟怀飘洒，有高趣，常以仙翁隐者自许。尤乐佳山水，遇适意处，终日徜徉其间。酷爱庐阜，买田其旁，筑室以居，号曰濂溪书堂。乘兴结客，与高僧道人，跨松萝，蹑云萝，放肆于山巅水崖，弹琴吟诗，经月不返。"② 从中可见，当时人认为周敦颐是一个"仙翁隐者"式的高士。二程师事周敦颐之后，程颢有出入老释的经历，或也是受到周敦颐的影响，由此二程对周敦颐的佛道情结也亲有体会。有鉴于周敦颐对佛道的态度，二程"终身不甚推濂溪"也就不足为奇了。

---

① 《周敦颐集》，第133页。
② 《周敦颐集》，第167页。

五、政治因素

周敦颐一生虽然都是在南方做州县一级别的地方官，远离京师这个政治中心，但作为理学家的他在北宋不被推崇还是受到一部分政治因素的影响。

熙宁二年（1069），宋神宗不顾反对，坚决以王安石参知政事进行改革，号为新法。王安石的新法是针对当时国家财政窘迫和人民生活困苦而发起的，客观来说是一种进步。程颢开始时也是新法的支持者，后因政见不合成为反对新法的旧党一派的重要成员。以王安石为首的新党一派势力得到发展，旧党成员则多被去职。而此时，周敦颐由尚书驾部员外郎转虞部侍郎，擢提点广南东路刑狱，这是他一生仕途的最高峰。此时54岁的周敦颐走到了人生最为辉煌的阶段，可谓是意气风发。"君尽心职事，务在矜恕，虽瘴疠僻远，无所惮劳。"[1] 这种锐意上进、务在矜恕的作风本身就有几分新政气象。周敦颐对新政的支持不仅表现在他的行为上，在思想上也有迹可寻。据蒲宗孟《濂溪先生墓碣铭》记载，周敦颐在任上重病之际曾给他去过一封信，称颂新政是"数百年无有难能之事"，且因自己卧病不起，不能为新政的推行效力而深感遗憾。蒲宗孟引述周敦颐的来信说：

> 先时以书抵宗孟曰："上方兴起数百年无有难能之事，将图太平天下，微才小智，苟有所长者，莫不皆获自尽，吾独不能补助万分，又不得窃须臾之生，以见尧舜礼乐之盛。今死矣，命也。"其语如此，呜呼！可哀也已。[2]

如前所述，周敦颐一生均在地方为官，深知民间之疾苦政治之得失，对利国利民之新政，他持赞成态度也是顺理成章。这与他的人生理想"志伊尹之所志，学颜子之所学"也相契合，故当他的政治生涯刚刚走到高峰之

---

① 《周敦颐集》，第166页。
② 《周敦颐集》，第168页。

时，遇到新政，自然一拍即合。所以当他正意气风发之时，却因病使命运急转直下，他的"今死矣，命也"的哀叹也就不足为奇了。

虽然，周敦颐在新政刚刚开始不久就因病致仕，且因其远离政治中心，并没有更多的参与新旧党争，但他支持新政的政治立场应是可以肯定的。而此时仍与他交好的蒲宗孟也是一位新政的支持者。这也许就是熙宁六年（1073）周敦颐去世，而此时因新政去职的程颢以及同样和他居洛讲学的程颐，既没有去祭奠这位他们少年时共同的老师，也没有任何悼念性质的行为，甚至都没有提及的原因之一。

（作者单位：中国人民武装警察部队警官学院）

李石与宋代蜀学

粟品孝　熊　英

　　李石（1108—1181？）字知几，号方舟，资中人，是南宋前期崛起的蜀中"名士"①。虽然他生逢动荡的两宋更替之际，遭时多艰，宦业未显，事功不著，但却以"迈往之才，博古之学，高妙之文"②著称一时。其在宋代学术发展史上的重要地位，在清代王梓材等人所补《宋元学案补遗》中已有初步显示，该书在《苏氏蜀学略补遗》中以苏轼后人苏符门人的身份对其人其学作了些介绍；近人又进一步将其经学方面的论著汇集成册，名曰《方舟经学》，收入《丛书集成初编》中。至迟从 20 世纪 90 年代开始，随着蜀学研究的展开与推进，一些学者将其纳入宋代四川学术文化发展体系中进行专门研究，较早的有胡昭曦、张茂泽二先生的《宋代蜀学刍论》③一文和有笔者参与的《宋代蜀学研究》④一书，主要是将李石置于宋代蜀学发展的"低谷和转型时期"，侧重其学术源流、思想旨趣以及教育成就的论述。之后邹重华先生发表《士人学术交游圈：一个学术史研究的另类视角（以宋代四川为例）》⑤，对李石的学术交游情况进行了较为详细的清理。接着长期致力于理

---

　　①　楼钥：《书从兄少虚教授金书金刚经后》，《攻媿集》卷 73，文渊阁《四库全书》影印本。

　　②　周必大：《李知几运使》，《文忠集》卷 186，文渊阁《四库全书》影印本。

　　③　胡昭曦、张茂泽：《宋代蜀学刍论》，《四川大学学报》1993 年第 4 期。

　　④　胡昭曦、刘复生、粟品孝：《宋代蜀学研究》，巴蜀书社 1997 年版。

　　⑤　邹重华：《士人学术交游圈：一个学术史研究的另类视角（以宋代四川为例）》，香港中文大学《中国文化研究所报》2000 年新第 9 期。

学与蜀学研究的蔡方鹿先生推出《宋代四川理学研究》① 一书，对李石的哲学政治思想、经学思想和三教融合思想分别作了专门论述。

已有研究虽然对李石与宋代蜀学的关系有一些开创性论述，但明显不够具体和深入，限制了我们对李石及其对宋代蜀学发展演变历程的影响等方面的全面认识。为此，本文拟在前贤论著的基础上，从李石的学术源流、学术内容及其后学与张栻、朱熹、魏了翁等人的联系诸方面来考察，裨有助于对李石和宋代蜀学的进一步研究。

一、李石对蜀学传统的继承

蜀学具有久远深厚的传统，其中易学思想很有特色，引人瞩目；苏氏蜀学又在北宋异军突起，影响广泛。李石在形成自己的学术思想时，对它们多所继承。

（一）李石对巴蜀治《易》传统的继承

巴蜀易学源远流长，治《易》传统深厚，理学大儒程颐更有"易学在蜀"② 的论断。李朝正先生在其《巴蜀〈易〉学源流考述》③ 一文中说："《周易》虽是中古代一部卜筮之书，但相当广泛地展现了中国古代社会政治、经济、文化、伦理道德、生活方式、古民习俗、心理结构等多方面的内容，并且成为儒、道、释、墨、法、名、阴阳各家思想体系的本源和基础。"因此历代治《易》者众多，而"蜀人读《易》、授《易》、解《易》特别用心、用力"。自汉代严遵、扬雄以来，蜀人治《易》逐渐成为一种风气。至唐代李鼎祚著《周易集解》，收集了汉代以来 35 家《易》注，保存了早已亡佚的易象，成为易学史上的经典之作。宋代经历五代动乱，急需确立稳定的社会秩序，儒学地位配合政治需要得到提升，《易》学作为六经之首随之被重视。宋代蜀中易学异常发达，主要表现在：易学研究者众多，学派林立，易学著作丰富。据相关统计，宋代四川治《易》的学者可考见者有 82 位，著作

---

① 蔡方鹿：《宋代四川理学研究》，载《巴蜀〈易〉学源流考述》，线装书局 2003 年版。

② 脱脱：《谯定传》，《宋史》卷 459，中华书局 1985 年版。

③ 李朝正：《巴蜀〈易〉学源流考述》，《社会科学研究》1990 年第 5 期。

128 部。① 其中蜀人陈抟、谯定及常活动于蜀地的邵雍等人的治《易》成就很高。而就派别来说，当时就有宗古易的数象派，宗王弼、刘牧的义理派，宗易的本言与蕴言的数理派，宗邵雍、朱熹、程颐的纯理学派以及易卦互体派等。② 治《易》风格也发生变化，宋代学者治《易》不再拘泥于烦琐的考证和章句释义，而是借《易》发挥自己的思想和见解，李石即为其一。

李石重视易学，平日即"素琴三尺，枕一编，《周易》在床头"③，且主张"《易》求其深"④。在很多文章中都以易论事，今存《方舟集》卷八至卷十就有多篇以易为指导思想的文章。除了已佚的《易外疏》之外，后人有专门辑《方舟易学》二卷，收其易学专著。其《易》学"坚持汉儒荀爽、虞翻关于《周易》卦变、互体的学说，认为卦相二至四、三至五，两体交互，各成一卦"⑤，故被称为易卦互体派。但其治《易》的目的不在于研究卦相，而是得仁、求义理、究圣人之道，这样就把象数和义理结合起来了。

李石认为："易，天数也，一定于天数不可逃，虽人谋不能及。……卜筮者，天假之于祸福，使人知所避就。"⑥ 就是说《周易》八卦及六十四卦之数都是上天注定的天数，人为的因素不能影响它。人们通过占卜得知这种注定好了的祸福，来调整自己的行为，以趋利避害。这里李石强调了《周易》的功用（占卜）和《易》数的天定（客观性）。

除了对《易》数的研究，李石对《易》象也有自己的理论见解。李石谈《易》象云：

> 《易》以象为主，象以卜筮为主，卜筮所至则意所至，意至则忘象，可也。用《易》，君子各以己意求《易》，卜筮先之，以为己利，不利之符，而吉凶悔吝所系，如禀命于父母，受教于师友，此象得以专之而致其信，意契夫人意。意得则象可忘矣。⑦

① 参见胡昭曦、刘复生、粟品孝：《宋代蜀学研究》，巴蜀书社 1997 年版，第 222 页。
② 参见李朝正：《巴蜀〈易〉学源流考述》，《社会科学研究》1990 年第 5 期。
③ 李石：《八声甘州·怀归》，载唐圭璋编：《全宋词》卷 2，中华书局 1997 年版。
④ 《答胡龙学干纪瑞雪书》，《方舟集》卷 10，文渊阁《四库全书》影印本。
⑤ 李朝正：《巴蜀〈易〉学源流考述》，《社会科学研究》1990 年第 5 期。
⑥ 《左氏卦例》，《方舟集》卷 20。
⑦ 《利涉论》，《方舟集》卷 8。

就是说人们通过占卜以趋利避害，最终忘记"象"而得到"意"，这个"意"又被他引申为得仁，求义理。"圣人用《易》以卜筮为始，可也。文王处忧患，见于日用，曰王用、曰南征、曰南狩，以此取约而得天下……文王仁，得之；孔子仁，得之；颜子之仁，又得之。系词追释之后，岂特卜筮而已哉？"① 在象数和占卜的基础上得到仁，才是李石认为的治《易》目的所在。这样就把卜筮和义理结合起来了，与宋代巴蜀《易》学由重考据辞章转为发挥义理的风气相契合。

对于易卦互体，李石也有自己的解释：

> 《易》者，以天地五行而生数，由数而生卦，因三而成六，贞悔内外，以数通于天地五行，而八卦相资为用，以三而五，而五行互体，以六而八，而八卦互体。则《易》之变化内外上下不相应数，有所穷，数穷则生成之理，或几乎息矣。《易》之有互体，出汉人二郑，学《易》者，以互体出刘牧，非也。因取说卦占象，与卦爻相通者，为互体以应天地五行之数，作互体例。②

因为这些议论多托空言而无实际根据，故而易卦互体派只属治《易》中的少数派。但李石治《易》的很多心得仍然得到了很好的传承。李石《易》学下传门人刘伯熊，再传伯熊族弟刘光祖，刘伯熊作《东溪易传》，未完，光祖作《续东溪易传》将其完善，持论与李石如出一辙。刘光祖与李石门人李嘉谋及"同调"朱熹的渊源也使得李石易学思想的影响进一步扩大。

（二）李石对苏氏蜀学的继承

苏氏蜀学由苏洵创立，苏轼、苏辙兄弟时发展成熟。总的来说，它是以儒学为主体和核心并援佛老入儒的学术思想体系。后来因为自身不重视传道授业，只以文学成就而非义理之学为后世称道。苏学大显于神宗、哲宗两朝，虽然北宋后期曾因政治因素被禁，实际上是有禁不止，直到南宋初期仍

---

① 《古君臣论》，《方舟集》卷 8。
② 《周易十例略》，《方舟集》卷 19。

很盛行。陆游在《老学庵笔记》中就谈道："建炎以来，尚苏氏文章，学者翕然从之"，以至于有"苏文熟，吃羊肉；苏文生，吃菜羹"①的民谣，可见苏学传播甚广。李石就是当时深受苏学影响的众多学者之一，他博学而以文词见长，在学术上主张儒、释、道三教融合，这些都是对苏学传统的继承。

1. 李石受苏氏文学熏染的表现

李石与眉山苏氏渊源极深。他与苏轼后人苏符、苏籍、苏峤等人相交深厚，彼此之间时常讲论学问、切磋文字。他对苏轼的人品和文章也极为景仰，在所作《苏文忠集御序跋》中称赞苏轼文章："文不浮，质不塞。"②还作《游黄州东坡》诗表达对苏轼的钦慕：

斯文元祐间，一代人物好。我生嗟巳后，不及见此老。何来东坡上，雪堂厌荒草。此州三家村，大江流浩浩。四海矜重名，六丁护残稿。伤心逐客令，失脚空山道。昔为魑魅僧，今作神明祷。小桥行吟处，风叶付谁扫？③

正由于李石在文学上受苏氏影响极大，故《四库全书·〈方舟集〉提要》说其文"以阂肆见长，虽间失之险僻，而大致自为古雅；诸体诗纵横跌宕，亦以眉山门径为近也"④。而苏轼文风豪迈，文章有滔滔汩汩一日千里之势，所以二者文风都古雅大气，纵横洒脱。

以诗词来说，李石诗词，孤傲与豁达并存，与苏词之超然豪放有异曲同工之妙。"家无三日谷，园有四时花……物我相轩轾，乘除只自知。"⑤《临江仙·醉饮》云："有宅一区家四壁，年年花柳深春。父兄随处宴鸡豚。折腰归去，何苦傍侯门。疑射九乌留白日，假饶立到黄昏。卧龙老矣及三分。不如把手，堂上宴芳尊。"又《南乡子·醉饮》："裹帽樵银须，我是蓬莱旧酒徒。除了茅君谁是伴，麻姑。洞里仙浆不用沽。弱水渺江湖。醉里笙歌醉

① 陆游：《老学庵笔记》卷8，中华书局1979年版，第100页。
② 《苏文忠集御序跋》，《方舟集》卷13。
③ 《游黄州东坡》，《方舟集》卷1。
④ 《四库全书·〈方舟集〉提要》，文渊阁《四库全书》影印本。
⑤ 《方舟二首》，《方舟集》卷2。

里扶。纵饮菊潭餐菊蕊，茱萸。医得人间瘦也无。"① 字里行间流露的洒脱和无奈，与苏轼"轻云微月，二更酒醒船初发。孤城回望苍烟合。记得歌时，不记归时节。巾偏扇坠藤床滑，觉来幽梦无人说。此生飘荡何时歇，家在西南，长作东南别""长恨此身非我有，何时忘却营营。夜阑风静谷纹平，小舟从此逝，江海寄余生"② 何其相似！

就散文而言，方舟文与东坡文均以简约古雅见长。李石论说文恳恻激烈，文笔犀利精辟而不偏执，读之使人诚服；记叙之文则笔法曲折、行文流畅。其中，论说文与苏轼文风格更相似。例如其《分重地以委心腹论》③ 一文即说理透彻，辩论纵横捭阖，颇有苏轼进策遗风。难怪宋人陈造将李石与东坡并提，说二人不仅遭际相似，李石更是继承了东坡文风："盛哉，坡仙一代名师而当路欲杀之，方舟亦起辄颠顿……二公同时之人，熏灼目前而寂寥身后……如拱侍文翁而承坡仙……挥扫时伟矣。"④

虽然李石不是单纯的文人，更多的时候是从事学术活动的学者，但他在苏氏文章的濡染中不断进步，其诗文受到当时很多宿儒文师的高评，就连当时的宰相同时也是李石文友的周必大也称方舟为文"无一语虚发，名效乐天，实启少陵之关键，感激叹服，执卷不能释手"⑤。把唐代白居易与杜甫都牵扯其中，虽有夸大之嫌，但一定程度上也肯定了李石的诗文造诣。而这些与眉山苏氏的影响是分不开的。

2. 李石论三教融合与苏学口吻相似

在论三教关系时，李石打破了儒家传统的排斥佛老观念，认为释、老教人为善，可与儒并存于世。在应用时只需"去其不合而用其合"，"欲用其教，去其空虚诡幻无益于身而有害于教者，可也"⑥。比如关于"孝"的观念，李石认为"吾儒百行以孝为本，而二氏亦以孝为本"⑦，三教皆讲孝道，

① 唐圭璋编：《全宋词》卷2，中华书局1997年版。
② 《醉落魄·离京口作》《临江仙·夜归临皋》，《苏轼词选》卷5，上海古籍出版社2002年版。
③ 《分重地以委心腹论》，《方舟集》卷9。
④ 《四库全书·〈江湖长翁集〉提要》，文渊阁《四库全书》影印本。
⑤ 周必大：《与李知几石运使书》，《文忠集》卷186。
⑥ 《释老论》，《方舟集》卷9。
⑦ 《灵泉寺慈氏阁铭》，《方舟集》卷14。

故可以会通。不仅如此，李石还说："老子岂不知仁义与道浑然中物，因其失，而致其严，以为散乱致防。"① 以此说明老子也讲仁义；而"岂唯老释圣人宅心于虚，以受万物之托，寂然自冥于无所思虑。睥百姓日用以给而救其过者，此吾儒之正道"②，即儒家圣人也同老子一样懂得清净寡欲。这些都是李调和儒、释、道，使之一体的表现。这些论调与苏学颇相近。苏氏蜀学吸取儒家伦理思想，以仁义礼智，君臣父子的伦理原则来阐述"道"，以此为本，结合佛老的本体论和有无说，即苏学在哲学意义上的三教合一。③ 另外，李石主张三教融合是与其"事通学博"的观点相一致。他认为："君子之于天下事也，欲求其通，故学欲其博。……所谓通者，于文武则兼资，于儒墨则曰并用，于三才则曰无不知，于六艺则无不习。"以此看来，三教合一不过是"兼众人之善""合众人之智"④ 的一种表现。这与苏轼主张广泛学习是一致的。三教合一是李石学术的一大特色，从中可以看到苏氏蜀学的影响。

二、李石与宋代蜀学的转型及再盛

蜀学作为宋代学术的分支，其发展轨迹与后者是密切联系的。宋学的发展和演变与时代政治紧密相连，其轨迹大致如下：⑤ 宋仁宗统治期间（庆历前后）为宋学的形成阶段，以宋初三先生李觏、欧阳修、范仲淹为代表；仁宗晚年到神宗初为大发展阶段，以荆公学派、温公学派、苏学派和洛、关为代表的理学派这四大学派为代表。仁宗嘉祐二年（1057），欧阳修主持贡试，张载、程颐、苏轼、苏辙皆中进士，此后张载创立"关学"，二程创立"洛学"，三苏创立"苏氏蜀学"，此为著名的"元祐学术"，它们与王安石的"新学"、司马光的"朔学"、邵雍的"象数学"竞相发展。在这些派别中，以王安石为首的荆公学派占主导地位，而以二程、张载为首的洛、关理学派终北宋一代只处于形成阶段。南宋一朝，宋学发展到演变阶段，主要表

---

① 《老子辩上》，《方舟集》卷 13。
② 《老子辩下》，《方舟集》卷 13。
③ 参见蔡方鹿：《二苏论"道"及蜀学学风》，《社会科学研究》1987 年第 3 期。
④ 《崔浩高允论》，《方舟集》卷 9。
⑤ 漆侠：《宋学的发展与演变》，《文史哲》1995 年第 1 期。

现为王安石学术与"元祐学术"特别是二程洛学的继续对立和斗争，后者逐渐兴盛并在朱熹、陆九渊的发展下最终成为南宋学术的主导。北宋末南宋初王安石学术依靠政治庇护仍处于主导地位，"元祐学术"则备受打击。从徽宗崇宁元年（1102）到高宗绍兴二十五年（1155）学术受政治斗争（包括党争）影响很大，自哲宗绍述熙丰，大黜"元祐党人"始，洛党和蜀党代表就一直受到打击，徽宗崇宁元年，朝廷诏集元祐党人，谓之"奸党"，二苏、范百禄等俱入党籍；次年，下诏禁止刊行《唐鉴》及三苏等人文集，追查程颐著书等。① 直至 1126 年钦宗即位，被禁二十余年的"元祐学术"方解禁。至绍兴二十五年秦桧死，"元祐学术"特别是洛学才得以自由发展。南宋初，部分人将北宋亡国的责任推向王安石又导致"新学"受到冲击，虽然仍具有很大的影响力，但二程洛学发展得更迅速，尤其在理学名儒杨时、胡安国胡宏父子的积极努力下，洛学得到广泛传播，遍及湖南、四川、福建、浙江等地，至乾道、淳熙年间已形成一股强大的思潮，后经朱熹、陆九渊及其后学的进一步努力，理学逐渐成熟并上升为居于统治地位的官方学术。李石生活的南宋初期正值宋代学术发展的低潮和演变阶段，作为宋学不可或缺部分的蜀学也相应地处于低谷和转型期。

此时的蜀学发展较为复杂，一方面处在低潮期；另一方面又处于多种学术的融合时期。蜀学最初主要以"元祐学术"特别是苏学为宗，北宋中期一度兴盛，但苏学不重师徒嬗传，即便不受南宋"学禁"影响，仍无大的发展，此时洛学在全国范围的传播则与之形成鲜明对比，但其在四川地区的传播极为有限，蜀学因此陷入低潮。同时，因"靖康之变"，"中原衣冠不南渡，则西入于蜀"②。如著名学者邵伯温、晁公武及李石师祖尹焞等皆于此时来蜀，传播学术。而苏学、范学继续在蜀中传播，它们与其他学术融汇在一起，构成蜀学。但是这种融合并非无所宗主，而是以苏学和洛学为主，发展趋势则是由前者转向后者，宋代蜀学开始转型。

宋代蜀学的转型主要是指从以苏氏蜀学为主转向以程颐洛学为主，二

---

① 脱脱：《徽宗本纪》，《宋史》卷 19。

② 刘光祖：《昭德晁公文集序》，载傅增湘辑：《宋代蜀文辑存》卷 70，龙门书店影印本 1971 年版。

者从激烈斗争到融合会归的过程，即"洛蜀会同"的过程。① 苏学因为不重视门户学统而最终衰隐；而程颐首创的洛学则谨守门户，学统严整，后经朱熹集大成，最终成为官方正统学术。这一过程表现出的双方既融合借鉴又对立斗争的两面性在李石身上都得到了充分的体现。

李石一方面继承苏氏蜀学的文学成就以及有关三教融合的思想；另一方面又将洛学的很多东西融入自己的学术中。从师承上看，李石有尹焞传人范淑、张子觉作为业师，学术本源已具洛学成分。尹焞为程颐再传，虽然留蜀时间不长，但也介入了传洛学入蜀的潮流。而李石对程颐洛学景仰已久，有诗为证："弹我清风弦，酌我明月罍。栖迟元祐鬼，零落伊水魂。金玉百世师，丹青几代孙。"② 非但如此，李石更直言自己所学乃"性命道学"，说："石自冬至后入室打坐，唯不敢废学。所谓学，性命道学也。"③ 这些都说明了李石学术是融合苏学与洛学的，与南宋初期蜀学从苏学为主转向洛学为主所表现出的既融合又对立的趋势是一致的，从这种意义上说，李石是宋代蜀学转型的推动者之一。

不仅如此，李石还对宋代蜀学的进一步发展和在南宋中期的再盛作出了贡献，主要表现在以下两方面：

第一，李石长期馆于成都范氏之门，主讲成都府学，且与川中朋友会文讲学，为蜀学的进一步发展准备了广泛的文化基础。李石"久游范氏门"，与范灌、范圭、范仲宝交厚。范氏为蜀中名门，往来多为时之名士、地方精英，李石参与其中，使得这种学术氛围更为浓厚。而他主讲成都府学时，成都、眉州、普州、彭州、邛州、简州、绵州、双流以及家乡资中等地的士子们皆来求学，弟子遍布全川，这批人对整个四川地区的学术发展起了很大的作用。而李石之盛名还波及东南一带，福建、江浙等地的士人们亦慕名而来，其学术影响也借此扩展到蜀地以外的范围。通过开门授徒和以文会友，李石逐渐成为当时蜀中学术圈的重要人物。

第二，宋代蜀学再盛的重要人物中，不少与李石存在直接或间接的关

① 参见胡昭曦：《宋代蜀学的转型》，载《胡昭曦宋史论集》，西南师范大学出版社 1997年版。

② 《伊川祠呈程咏之》，《方舟集》卷 1。

③ 《答胡龙学干纪瑞雪书》，《方舟集》卷 10。

系。有的是门人，如范仲黼；有的是再传，如刘光祖；有的与李石存在渊源关系，如魏了翁。范仲黼主要师从张栻（号南轩），其学术成就在于使南轩之学西返回蜀并扩大影响，同时他还发展范氏家学，使之理学化。关于范仲黼在蜀中传播南轩学术，《宋元学案》记载道："初，南轩虽蜀产，而居湖湘，其学未甚通于蜀，先生（范仲黼）始从南轩学，杜门十年，不汲汲于进取，鹤山（魏了翁）谓其'剖析精微，罗络隐遁，直接五峰（胡宏）之传。'晦翁、东莱皆推敬之。后以著作郎知彭州，学者称月舟先生。晚年，讲学二江之上，南轩之教遂大行于蜀中。"不仅指出南轩学术在范仲黼的大力倡导下大行于蜀，而且还提到魏了翁、朱熹、吕祖谦对范仲黼学术造诣的高评。范仲黼还与虞刚简、程遇孙等九先生讲学成都东门外二江之上，与宇文绍节、陈概等人讲论学术，共同传播张栻理学，极大地促进了蜀学理学化的进程。"宣公（张栻）居长沙之二水，而蜀中反疏。然自宇文挺臣（绍节）、范文叔（仲黼）、陈平甫（概）传之入蜀，二江之讲舍，不下长沙……"① 为张栻理学融入蜀学作出了突出贡献。

范仲黼对家学的发展则是指他继续援引程学，使范学进一步融入洛学学统的过程。范学草创于范镇、范百禄，形成于范祖禹，发展变化于范仲黼。② 在范祖禹时期，范氏就对洛学与苏学两不偏袒，采取较为宽和的态度。既推崇苏学之文章，论调又与洛学相似。到范仲黼时期，因其学主张栻，实为程门后学，范学随之融入洛学学统。范仲黼在蜀中倡导南轩之学和发展范氏家学，都是在适应蜀学逐渐理学化的趋势，南宋中后期，随着理学在四川地区的深入，蜀学也再次兴盛。

作为李石再传的刘光祖为学主张"博参诸老，融会其异同；旁综百家，而搜揽其精粹"。因其护卫"道学"，又盛赞朱熹"明先圣之道，为今宿儒"③，《宋元学案》将其列为"晦翁同调"。但他并不纯以程朱理学为宗，尤其在对待洛蜀之争时主张协调统一。认为："苏程二氏之学，其源则一，而用之不同，皆有得于经术者也。"光祖于道学多有研究，将之解释为"以居仁由义为道，以正心诚意为学"，认为为学的最终目的在于"明圣人之道已

---

① 黄宗羲等：《二江诸儒学案》，《宋元学案》卷 72，中华书局 1986 年版，第 2407 页。
② 胡昭曦：《宋代"世显以儒"的成都范氏家族》，载《胡昭曦宋史论集》。
③ 真德秀：《刘阁学墓志铭》，《西山文集》卷 43，文渊阁《四库全书》影印本。

修其身"。这种学主会通的开明态度和宽大胸怀极其适应南宋初蜀学融合这一特性。而刘光祖也以此为理学在蜀中的传播作出了贡献。

李石的多位门人与理学名儒魏了翁存在渊源关系。魏氏字华父,号鹤山,世称鹤山先生,邛州蒲江(今四川蒲江)人。魏了翁对经学、理学、易学都有精深研究。其经学思想主张义理从考据出,把义理和考据结合起来,颇具特色。其理学思想是在朱熹、陆九渊之后不久便会合朱陆,超越朱学,而有心学倾向,预示着理学的发展趋势。"这是张栻思想特色的继承和发展,也是朱陆之后学术融合的表现。"① 其易学兼具象数与义理,强调从象数中求得儒家义理。魏氏不仅发展了理学,而且在理学确立统治地位的过程中发挥了重大作用。就蜀学而言,则是极大地促进了理学在蜀中的传播,是南宋中期蜀学再盛的重要人物。

魏氏生长于蜀,且主要活动于蜀,是南宋蜀学的集大成者,其学术受一些蜀中学者的影响,反之又对很多蜀籍学者产生影响。李石门人李侨、李嘉谋和再传刘光祖与之皆有往来,渊源颇深。李侨妻谢氏与蒲江魏氏为同乡,魏了翁因此得以结识这位名重于蜀的学者,李侨卒后,魏了翁为其作《墓志铭》,详述其人其学,当对他十分了解,李侨在学术上的思想也很可能被魏了翁借鉴和吸收。同时,魏了翁又是李嘉谋的外甥女婿,因为妻子杜氏的关系常游李氏门,李嘉谋曾语之曰:"坎离而大较,则体性相须,精神互足;体不立则信无以行,精不蕴则神无以发。"对这番言论,魏了翁感慨道:"以是始信君之所蓄者厚,而世不能尽知之也。"② 表达了自己对妻舅经学见解的肯定。李石再传刘光祖从刘伯熊学《易》,其门人游似在与魏了翁谈论易学时,曾提及其治《易》路径,"劝阅注疏,以为不先此而立论,恐徒高明而不实",这与魏了翁重视考据和整顿易疏是一致的,故了翁"深然之"③。魏了翁汲取以上诸人的学术见解,使自己的学术逐渐完善,并终成南宋蜀学再盛的关键人物。

从李石对蜀学传统的继承和与宋代蜀学的关系中可以看出,他是宋代

---

① 参见蔡方鹿:《魏了翁评传》,巴蜀书社 1993 年版,第 351、359—360 页。

② 魏了翁:《承议郎通判叙州李君墓志铭》,《鹤山集》卷 81,文渊阁《四库全书》影印本。

③ 《丘刘诸儒学案》,《宋元学案》卷 79,第 2643 页。

蜀学发展的积极推动者，而在南宋初期蜀学转型的过程中，他所培养的多位门人都成为蜀学理学化的参与者，李石也成为蜀学发展史上从两宋之交的低潮期到南宋中期高潮期的承接者，对宋代蜀学的发展作出了自己独到的贡献。

（作者单位：四川大学历史文化学院；四川省艺术研究院）

朱熹的《文集》与《语类》中
几则重要材料年代新考

谢晓东

　　《晦庵先生朱文公文集》（下文简称为《文集》）是后人编辑的朱熹的文集，一共 120 卷。其中，所载朱子书信就达 58 卷，合计 2300 余封。陈来先生对此一一考订，而以系年之例编之，著成"一划时代之作也"①。确实，该书对于研究朱熹哲学尤其是对于研究其发展历程，具有重大价值。不过，正如陈来先生坦言，该书"尚有未备，此当俟来日补正，亦幸高明有以教正之也"②。笔者不才，偶有所得，欲小补于陈先生的力作。在作朱熹道心人心思想的专题研究中，发现《文集》中 6 封有关联的重要书信的年代，不应该在辛亥（1191），而应该这之前两年的己酉（1189）或稍前；与此同时，通过《文集》，证明了《朱子语类》（以下简称《语类》）中的一条关键语录的年代不在辛亥，而当在丁未（1187）与戊申（1188）间。笔者的论证过程如下。

一、《朱子语类》中的《朱子语录姓氏》
所指引的年代不一定可靠

　　《朱子语类》记载的多是朱熹的晚年话语，故而对于研究朱熹哲学尤其是其晚年思想，具有重要价值。《语类》里有《朱子语录姓氏》（以下简称

---

　　①　这句话是国际朱子学权威陈荣捷先生为陈来先生的《朱子书信编年考证》一书所作的"序"里的原话。详见陈来：《朱子书信编年考证》，三联书店 2007 年版，"序"第 2 页。

　　②　陈来：《朱子书信编年考证·编例》，第 3 页。

《语录姓氏》），颇有利于人们研究语录的具体年代或大致年代范围，因而具有较为重要的价值。比如，关于余大雅所记的语录，《语录姓氏》是这么描述的："余大雅，字正叔，上饶人，戊戌以后所闻，池录三。"① 据此，可以获得诸多有用信息：余大雅是姓名，正叔是字，他是江西上饶人，其所记的语录是戊戌（淳熙五年，1178）以后所闻。也就是说，余大雅所记录的语录是戊戌以后所听到的，从而给出了一个大致时间范围。至于池录三，则表明余大雅所记的语录是在池州刊的《朱子语录》的第三卷。池州刊的《朱子语录》和后来流行的黎靖德编辑的《朱子语类》，体例颇为不同，其中一大区别是：前者把一个人所记的语录集中安排在一起，而后者则把同一主题的语录编在一起。再比如，《语录姓氏》里有关郑可学的基本信息："郑可学，字子上，莆田人，辛亥所闻，饶录十六。"比较后可以发现，相对于余大雅的信息，郑可学所录的语录的年代非常确定，就是辛亥年（1191）所录，而不像前者只是提供了一个大概范围。关于语录所记的年代，还有一种类型，可视为第二种的变形。比如《语录姓氏》里关于陈淳的基本信息："陈淳，字安卿，临漳人，庚戌、己未所闻，饶录十三、十四。"也就是说，陈淳所记的语录有两个年代：一是庚戌（1190）、一是己未（1199）。至于池录和饶录，则指的是首部和第二部《朱子语录》，编辑者分别是李道传和李性传。②

但是，《语录姓氏》所指引的年代，不一定完全可靠。为了论证的方便，本文就以刚才所提到的郑可学为例来说明这一点。根据《语录姓氏》，可学所记录的语录的年代非常明确，那就是辛亥。事情真的是这样吗？

> 一日晚，同王春先生亲戚、魏才仲请见。问："吾友年几何？"对云："三十七。"曰："已自过时。若于此因循，便因循了。昔人读书，二十四五时须已立得一门庭。"③

---

① 《朱子语类》，中华书局 1986 年版，"序目"第 13 页。除需特别注明外，后文引用《朱子语类》均随文引并简称为《语类》。

② 关于《语类》的历史，可以参阅胡适的《〈朱子语类〉的历史》一文，收入《胡适全集》第 8 卷，安徽教育出版社 2003 年版，第 397—407 页。

③ 《朱子语类》卷 118，第 2840 页。

这段语录是朱熹训门人郑子上，乃可学自录。根据《持斋先生郑公墓志铭》提供的信息，郑可学卒于嘉定五年壬申，享年 62 岁。① 嘉定五年是 1212，再辅以享年 62 岁的信息，可以计算出其生年是 1151 年。于是，可以确定其生卒年是 1151—1212。② 根据他的自述，在本条语录中，郑的年龄是 37 岁。计算后，可以得出该条语录的年代应该在丁未（淳熙十四年，1187）。无独有偶，《语类》中还有一条语录：

> 问德粹："在四明，曾到天章育王否？"曰："到。"曰："亦曾参禅否？"曰："有时夜静无事，见长老入室，亦觉心静。"先生笑，因问："德光如何？"滕曰："不问渠法门事，自是大管人事。"先生曰："皆如此。今年往莆中吊陈魏公，回途过雪峰，长老升堂说法，且胡鹘过。及至接人，却甚俗，只是一路爱便宜，才说到六七句，便道仰山大王会打供，想见宗杲也是如此。"可学。杂论。③

这条语录也是郑可学所记，其关键句是："今年往莆中吊陈魏公。"王懋竑与束景南均认为，朱熹南下莆田吊唁陈俊卿是在丁未（淳熙十四年）春正月。④ 综合前两条可学自录的语录，发现年代均为丁未，这就和《语录姓氏》所指引的"辛亥所闻"相矛盾。田中谦二在《朱门弟子师事年考》中也注意到了这两条语录，只不过由于他把郑氏的生年定为 1152 年，故而认为第一条语录乃戊申（淳熙十五年，1188）所录。⑤ 由此可见，郑可学所记录的，混入了以前所闻的语录，故而《语录姓氏》所指引的年代不一定完全可靠。此外，田中谦二还指出，《语录姓氏》关于余大雅所录乃戊戌以后所闻

---

① 陈宓：《复斋先生龙图陈公文集》卷 21，《续修四库全书本》第 319 册，第 518—520 页。

② 田中谦二、陈荣捷和方彦寿均认为其生年是 1152 年，不知所据为何。由于田中谦二的著作年代最早，故而可以视为这种看法的代表。具体可参见 [日] 田中谦二：《朱门弟子师事年考》，收入《东方学报》1973 年第 44 期、1975 年第 48 期。关于郑可学生卒年的记载是在第 201 页。陈荣捷：《朱子门人》，华东师范大学出版社 2007 年版，第 236 页；方彦寿：《朱子书院门人考》，华东师范大学出版社 2000 年版，第 115 页。

③ 《朱子语类》卷 126，第 3030—3031 页。

④ 王懋竑：《朱熹年谱》，中华书局 1998 年版，第 163 页；束景南：《朱熹年谱长编》卷下，华东师范大学出版社 2001 年版，第 858 页。

⑤ [日] 田中谦二：《朱门弟子师事年考》，《东方学报》1973 年第 44 期。

的指引也不够准确。他证明,大雅初学于朱子的时间,不是淳熙五年的戊戌(1178),而应当是淳熙六年的己亥(1179),因而余大雅所录乃戊戌以后所闻应调整为己亥以后所闻。①

根据田中谦二的研究,郑子上归事朱子四次,首次在 1187 年春到 1188 年春,其次在 1190 年至 1191 年,再次为 1192 年到 1193 年,最后一次是在 1198 年秋冬之间。既然有四次是长时间和朱子在一起,所记录的语录应不止 1187 年和 1191 年(辛亥)所闻。但是,本文无意于继续进行详细的考证了,而是只想强调一点:《语录姓氏》所指引的年代不一定完全可靠,因而人们就必须批判性地使用其年代指引。此外,就《语类》本身的价值而言,也不能高估。笔者在 2004 年就曾指出,非常有必要从大处着眼考察《朱子语类》本身的价值和局限性。②

二、《朱子语类》中的一条语录的巧妙运用

根据陈来先生的考证,《答郑子上》十、十一的年代在辛亥(1191),而《答郑子上》二、三、四的年代"当在辛亥稍前"③。笔者以为,陈先生的考证有待商榷。《答郑子上》十、十一的正确年代应当是己酉(1189 年),再具体一些就是,不会晚于己酉秋九月,但也不会早于己酉三月十八日,因为朱子在那天正式序定了《中庸章句》。而相应地,《答郑子上》二、三、四的年代则当在己酉稍前,但应不会早于戊申(1188)十一月七日朱子呈上《戊申封事》。与此同时,《答蔡季通二》的正确年代应当也在己酉(1189)而不是辛亥,具体时间和《答郑子上》十、十一大致相同。笔者的证明过程如下:

通过余大雅(正叔)的相关材料可以证明这一点。考《朱子语录姓氏》,余大雅所录乃"戊戌以后所闻",也就是 1178 年以后。即使这个年代指引存在一年的误差,但在此处则影响不大。根据余大雅的同乡挚友陈文蔚(才卿)所提供的《余正叔墓碣》:"己酉秋九月,予往省先生,值正叔将归,

---

① [日] 田中谦二:《朱门弟子师事年考》,《东方学报》1973 年第 44 期。
② 谢晓东:《〈朱子语类〉中两条重要语录辨误》,《中国哲学史》2004 年第 1 期。
③ 陈来:《朱子书信编年考证》,第 341—342 页。

语别武夷溪上。未两月而讣闻矣，实十一月乙丑也，年五十二。"① 以及《祭余正叔》："今岁之夏，公复入闽。九月之处，我往公归，适相邂近于武夷道上，踌躇言别，不忍遽舍。"② 可以认为，余大雅卒于己酉（1189）冬十一月乙丑。在余大雅去世之前，他从江西上饶到武夷山向朱熹当面问学，时间跨度是从夏天到九月之初，大概有三个月。九月初离开福建回到江西，一个多月后就去世了。③ 正是在这几个月里，余大雅和朱子来往密切，《语类》中就有不少他所闻和对答的语录。

"因郑子上书来问人心、道心，先生曰：'此心之灵，其觉于理者，道心也；其觉于欲者，人心也。'可学窃寻中庸序，以人心出于形气，道心本于性命。盖觉于理谓性命，觉于欲谓形气云云。可学近观中庸序所谓'道心常为一身之主，而人心每听命焉'，又知前日之失。向来专以人可以有道心，而不可以有人心，今方知其不然。人心出于形气，如何去得！然人于性命之理不明，而专为形气所使，则流于人欲矣。如其达性命之理，则虽人心之用，而无非道心……可学以为必有道心，而后可以用人心，而于人心之中，又当识道心。若专用人心而不知道心，则固流入于放僻邪侈之域；若只守道心，而欲屏去人心，则是判性命为二物，而所谓道心者，空虚无有，将流于释老之学，而非虞书之所指者。未知然否？"大雅云："前辈多云，道心是天性之心，人心是人欲之心。今如此交互取之，当否？"曰："既是人心如此不好，则须绝灭此身，而后道心始明。且舜何不先说道心，后说人心？"大雅云："如此，则人心生于血气，道心生于天理；人心可以为善，可以为不善，而道心则全是天理矣。"曰："人心是此身有知觉，有嗜欲者，如所谓'我欲仁'，'从心所欲'，'性之欲也，感于物而动'，此岂能无！但为物诱而至于陷溺，则为害尔。故圣人以为此人心，有知觉嗜欲，然无所

① 陈文蔚：《克斋集》卷12，文渊阁《四库全书》本第1171册，第95页。
② 《克斋集》卷11，第83页。
③ 关于陈文蔚的这两则材料，最初转引自束景南：《朱熹年谱长编》卷下，华东师范大学出版社2001年版，第969页。在核对原文后，发现《朱熹年谱长编》的引文和原文略有出入，其中较严重者是把《祭余正叔》一文的所在卷数写错了，应该是卷11而不是卷4。

主宰，则流而忘返，不可据以为安，故曰危。道心则是义理之心，可以为人心之主宰，而人心据以为准者也……故当使人心每听道心之区处，方可。然此道心却杂出于人心之间，微而难见，故必须精之一之，而后中可执……今郑子上之言都是，但于道心下，却一向说是个空虚无有之物，将流为释老之学。然则彼释迦是空虚之魁，饥能不欲食乎？寒能不假衣乎？能令无生人之所欲者乎？虽欲灭之，终不可得而灭也。"大雅。①

这条对答语录很长，乃余大雅所记。因为提到了《中庸章句序》，所以该语录的时间段可以断定为不会晚于己酉秋九月初余大雅离开福建武夷山回江西上饶，但也不会早于己酉三月十八日朱子作《中庸章句序》。再借助余大雅当年夏天去武夷山的信息，可以进一步把时间锁定为己酉夏到秋九月。而本条语录也提到了朱子和郑子上讨论人心道心。其中"大雅云"之前的一段，应该是来自于郑子上给朱子的讨论人心道心的书信。考之《晦庵先生朱文公文集》卷五十六，《答郑子上十一》中有这样的句子。"'此心之灵，其觉于理者，道心也；其觉于欲者，人心也。'可学蒙喻此语，极有开发。但先生又云：'向答季通书，语未莹，不足据以为说。'可学窃寻《中庸序》云：'人心出于形气，道心本于性命。'而答季通书，乃所以发明此意。今如所云，却是一本性命说而不及形体。可学窃疑向所闻此心之灵一段所见差谬，先生欲觉其愚迷，故直于本原处指示，使不走作，非谓形气无预而皆出于心。愚意以为觉于理，则一本于性命而为道心；觉于欲，则涉于形气而为人心。如此所见，如何？"② 由于此信的内容和结构都与上引语录非常接近，故而可以确定语录所提到的书信便是《答郑子上十一》。《答郑子上十》的开端也是讲道心人心的，首先概括了可学的观点如下，"此心之灵，即道心也。道心苟存而此心虚，则无所不知，而岂特知此数者而止耶？"然后，朱子谈到了自己的看法，"此心之灵，其觉于理者，道心也；其觉于欲者，人

① 《朱子语类》卷 62，第 1487—1489 页。

② 朱熹：《答郑子上十一》，《晦庵先生朱文公文集》卷 56，朱杰人、严佐之、刘永翔主编：《朱子全书》第 23 册，上海古籍出版社、安徽教育出版社 2010 年版，第 2682—2683 页。

心也。昨答季通书，语却未莹，不足据以为说"①。由此，可以认为，《答郑子上十一》乃承《答郑子上十》之论，②故而后者也应当作于己酉年。由于《答郑子上十》中有"作答季通书，语却未莹，不足据以为说"的话语，同时《答郑子上十一》中也有这样的话："但先生又云：'向答季通书，语未莹，不足据以为说。'"那么，这里的答季通书又是朱子给蔡元定的百余书信中的哪一封呢？陈来先生认为，这里所说的与季通书，是指朱子答蔡季通书第二书（《文集四十四》）。③笔者经过仔细对照分析认为，首句为"人之有生，性与气合而已"的《答蔡季通》④（也就是陈先生所说的答蔡季通书第二书），确实就是《答郑子上十》中所提到的"作答季通书"。陈先生根据《语录姓氏》的指引，由于可学录皆在辛亥，故该书应当是作于辛亥。⑤但是，根据田中谦二和笔者的研究，"可学录皆在辛亥"的指引是错误的。在具备了其他直接证据的情况下（就是上文所引的超长语录），可以有把握地认为《答蔡季通二》的正确年代也应当是己酉（1189）而不是辛亥，具体时间和《答郑子上》十、十一大致相同而略早。

《答郑子上三》和《答郑子上四》都很短，但是在信的开头都提到了道心人心问题。前者的内容是："所喻人心、道心之说，比旧益精密矣。但常如此虚心精察，自然见得旧说是非，渐次长进矣，甚善甚善。今如所云'必有道心，然后可以用于人心'一下数语，亦未莹也。"⑥后者开篇即云："道心之说甚善。人心自是不容去除，但要道心为主，即人心自不能夺，而亦莫非道心之所为矣。然此处极难照管，须臾间断，即人欲便行矣。"⑦根据内容可以判断，朱熹《答郑子上三》对其有鼓励，也指出了其不足，而在《答郑子上四》，则赞扬其说得很好。可见后者比前者有进步，故而其时间

---

① 《答郑子上十》，《晦庵先生朱文公文集》卷56，第2680页。
② 陈来也认为《答郑子上十一》乃承《答郑子上十》之论，具体参见《朱子书信编年考证》，第341页。
③ 陈来：《朱子书信编年考证》，第341—342页。
④ 《答蔡季通二》，《晦庵先生朱文公文集》卷44，《朱子全书》第22册，第1989—1990页。
⑤ 陈来：《朱子书信编年考证》，第332页。
⑥ 《晦庵先生朱文公文集》卷56，第2676页。
⑦ 《晦庵先生朱文公文集》卷56，第2677页。

应该也比前者要晚。由于陈来先生把前面提到的给郑和蔡的三封书信都确定在了辛亥，所以他认为这两封论道心人心的书信"则应当在辛亥稍前"①。但是，根据笔者的研究，这两封书信的年代应该确定在己酉稍前，但应不会早于戊申（1188）十一月七日朱子呈上《戊申封事》。②因为《答郑子上三》和《答郑子上四》都没有提到《中庸章句序》，所以不能确认其具体的撰写年代，其大致范围应该是戊申末（十一月七日）到己酉秋九月之间。戊申十一月七日换算成公历，则是1188年的11月26日，故而也可以说是1188年年末。

《答郑子上二》有云："《孟子》求放心一条寻常亦草草看了，以今观之，真是学问之要，不可不留意。"③而《答郑子上三》亦云："孟子云：'学问之道无他，求其放心而已'，岂是此事之外更无他事？"可见，两书都谈到了《孟子》中的求放心章，所以李绂就认为这两封书信"意同"，都反映了朱子晚年（51岁之后）向陆象山的学术宗旨"求放心"靠拢的倾向，"如符节之相合也"④。朱陆异同的大义理问题此处不予考察，只需指出两书联系紧密即可。由于两书都谈到了《孟子》中的求放心章，所以有学者就认为按理《答郑子上三》应当是承《答郑子上二》而来。⑤由于三和四都确定在公元1189年或1188年年末，所以《答郑子上二》也应当如此。⑥综上所述，上述六封关联密切的书信的年代，前三封信可以确定在公元1189年，后三封信大略在1188年年末到1189年。

---

① 陈来：《朱子书信编年考证》，第342页。

② 笔者早就发现《戊申封事》和《中庸章句序》中的道心人心思想是完全一致的，但由于后者广为人们所知，所以笔者也选用了《中庸章句序》而不是《戊申封事》作为朱子道心人心思想的晚年定论。具体论证请参阅拙文《寻求真理——朱熹对道心人心问题的探索》，《河北大学学报》2005年第3期。

③ 《答郑子上二》，《晦庵先生朱文公文集》卷56，第2676页。

④ 李绂：《朱子晚年全论》，中华书局2000年版，第211页。

⑤ 陈来：《朱子书信编年考证》，第341页。

⑥ 王懋竑认为《答郑子上二》作于"辛亥后"，惜其未明所据。即便是这样，也和陈来的"辛亥稍前"的认定有一定距离。具体参阅氏著：《朱熹年谱·朱子论学切要语卷之二》，中华书局1998年版，第451页。在《答郑子上》二、三、四一并处理的思路上，笔者同于陈来。

三、《文集》与《语类》的互证是研究朱熹哲学的基本进路

上文所举的例子是通过确定了年代的《朱子语类》中的语录来考定《文集》中的书信的年代，其实，这不是单向的，也可以从确定了的《文集》中的文本的年代来纠正《语类》里的语录的年代。需要指出的是，本文考《文集》和《语类》的相关材料的年代都是以道心人心问题为主线的，下面继续以郑可学为例来说明之。

"问：'动于人心之微，则天理固已发现，而人欲亦已萌。天理便是道心，人欲便是人心'。曰：'然'。"① 这条语录是郑可学所录，根据《语录姓氏》，郑所录均在辛亥（1191）。虽然上文的研究告诉我们，这个年代指引不完全正确，但是，在没有别的证据的情况下，人们还是应该假定可学所录的其他语录均为辛亥所录。不过，这条语录的情况比较特殊，因为它涉及了非常精微的义理问题，所以其年代就异常关键。根据田中谦二的研究，郑子上归事朱子四次。那么，有没有办法弄清这条语录到底所记的是哪一阶段的何年呢？在这里，就需要运用《文集》的权威来提供线索了。朱熹道心人心思想的晚年定论阐发于《中庸章句序》，在《文集》里，笔者找到了该序，为了论证的需要，兹引序的相关部分如下：

> 盖尝论之：心之虚灵知觉，一而已矣，而以为有人心、道心之异者，则以其或生于形气之私，或原于性命之正，而所以为知觉者不同，是以或危殆而不安，或微妙而难见耳。然人莫不有是形，故虽上智不能无人心，亦莫不有是性，故虽下愚不能无道心。二者杂于方寸之间，而不知所以治之，则危者愈危，微者愈微，而天理之公卒无以胜夫人欲之私矣。精则察夫二者之间而不杂也，一则守其本心之正而不离也。从事于斯，无少闲断，必使道心常为一身之主，而人心每听命焉，则危者安、微者著，而动静云为自无过不及之差矣。②

---

① 《朱子语类》卷78，第2667页。
② 《晦庵先生朱文公文集》卷76，《朱子全书》第24册，第3673—3675页。

该文撰于淳熙十六年己酉三月十八日，乃公元 1189 年。在此，朱熹确立了自己关于道心人心问题的最后见解。不过，序言里"盖尝论之"的说法引起了笔者的兴趣，经过发掘，发现序言里关于道心人心问题的陈述，在前一年末的《戊申封事》①里就出现了，而且文字几乎完全相同。②故而准确说来，朱熹的道心人心思想的晚年定论可以追溯到戊申年末。根据笔者和一些学者的研究，朱熹道心人心思想的晚年定论的基本标志就是确立了人心、道心的普遍性（"虽上智不能无人心"，"虽下愚不能无道心"）。这就意味着，朱熹告别了"人心，人欲。道心，天理"③的二程的人心人欲说，走向了明确反对程子的观点："'人心，人欲也，'此语有病。虽上智不能无此，岂可谓全不是。"④基于众所周知的原因，即便是观点不同，朱子对二程也是很少直接批评。因而类似这种明确否定二程观点的"重话"，颇为少见。所以，朱熹在《戊申封事》后，就不可能赞成二程的等同道心人心与天理人欲的说法。⑤但是，本段开端所引的这条语录却似乎表明，朱子在辛亥（1191）依旧认同二程的人心人欲说。⑥那么，如何解决这个矛盾呢？既然朱子已经对自己和二程的区别了然于心，所以他本人应该是不会说出前引语录的类似话语的。事实上，该语录的相关话语也不是朱熹说的，而是可学说的。只不过根据语录，"然"的回答表明，朱熹赞成了可学的观点。可问题是，朱熹是不可能赞成可学的观点的。那么，在假设这条语录的记载的话语是真的前提下，如何解决存在两个朱熹的矛盾呢？在笔者看来，存在这么一种合理的解

① 《晦庵先生朱文公文集》卷 11，《朱子全书》第 20 册，第 589—616 页。
② 为了节省篇幅，此处就不具体引用《戊申封事》里关于道心人心的话语了。
③ 《河南程氏外书》卷 2，《二程集》，中华书局 2004 年版，第 364 页。
④ 《朱子语类》卷 78，第 2010 页。
⑤ 具体论述请参阅李明辉：《朱子对"道心"、"人心"的诠释》，《湖南大学学报》（社会科学版）2008 年第 1 期；谢晓东、杨妍：《朱子哲学中道心人心论与天理人欲论之内在逻辑关系探析》，《江苏社会科学》2007 年第 2 期；谢晓东：《宋明理学中的道心人心问题——朱熹与心学的思想比较》，《厦门大学学报》（哲社版）2009 年第 6 期。
⑥ 许家星就运用这条语录（和其他两条语录）证明，朱熹在《中庸章句序》之后，依然认可二程的人心人欲说，从而试图否定笔者在 2004 年发表于《中国哲学史》的论文的论证。具体论述参阅氏著："人心与人欲——《〈朱子语类〉中两条重要语录辨误》之辨误"，《学术界》2012 年第 7 期。对许文的全面反驳可以参见拙著：《朱子哲学中的"欲""人欲""人心""道心"与"天理"——答许家星博士》，收入《两岸四地"朱子学与地域文化"学术研讨会论文集》，第 87—100 页。

释，可以在不否定语录为真的情况下解决矛盾：那就是把该条语录的时间提到《中庸章句序》和《戊申封事》之前。根据这个思路，有理由相信，该语录极有可能是郑子上第一次归事朱子时（1187 年春到 1188 年春）所闻，那时，朱子还没有确立道心人心思想的晚年定论。在这种情况下，朱子是认同二程观点的，所以就出现了郑子上和朱子师徒的上述问答。

那么，逻辑上是否还存在另外一种情况，就是郑子上自己没有搞清楚相关的人心与人欲等的精微差别，而在辛亥年误记了这一句。在我看来，这种情况也不可能存在。我们知道，人心道心问题是郑子上和朱子师徒书信交流和平时谈话的一个重点。在朱熹给郑可学的十七封书信里，第三、第四、第十和第十一书的开篇即谈道心人心问题，朱子纠正了后者诸如"必有道心，然后可以用于人心"的观点，也鼓励他有进步，"所喻人心、道心之说，比旧益精密矣"①。看来，郑可学在道心人心问题上是有旧看法的。而这种旧观点，可能就来自于首次归事朱子的 1187 年春到 1188 年春，也可能来自于他阅读的二程论著。但不管来自于哪里，其实都是同样的学说，因为那时朱子本人也接受的是二程的观点。

此外，笔者还可以提供一些材料来间接证明郑子上在辛亥年已经掌握了朱熹的道心人心新思想。看一下这两条语录的全文。

> 符舜功问："学者当先防人欲，正如未上船，先作下水计。不如只于天理上做功夫，人欲自消。"曰："尧舜说便不如此，只云：'人心惟危，道心惟微。'渠只于两者交界处理会。尧舜时未有文字，其相授受口诀只如此。"方伯谟云："人心道心，伊川说，天理人欲便是。"曰："固是。但此不是有两物，如两个石头样，相挨相打。只是一人之心，合道理底是天理，徇情欲底是人欲，正当于其分界处理会。五峰云'天理人欲，同行异情'，说得最好。及至理会了精底、一底，只是一个人。"又曰："'执中'是无执之'执'。如云：'以尧舜之道要汤'，何曾'要'来？"璘。可学录别出。
>
> 舜功问："人多要去人欲，不若于天理上理会。理会得天理，人欲

---

① 《答郑子上三》，《晦庵先生朱文公文集》卷 56，第 2676 页。

自退。"曰："尧舜说不如此。天理人欲是交界处，不是两个。人心不成都流，只是占得多；道心不成十全，亦是占得多。须是在天理则存天理，在人欲则去人欲。尝爱五峰云'天理人欲，同行而异情'，此语甚好。"舜功云："陆子静说人心混混未别。"曰："此说亦不妨。大抵人心、道心只是交界，不是两个物，观下文'惟精惟一'可见。"德粹问："既曰'精一'，何必云'执中'？"曰："'允'字有道理。惟精一，则信乎其能执中也。"因举子静说话多反伊川。如"君子喻于义，小人喻于利"，解云："'惟其深喻，是以笃好。'渠却云'好而后喻'，此语亦无害，终不如伊川。"通老云："伊川云：'敬则无己可克。'"曰："孔门只有个颜子，孔子且使之克己，如何便会不克？此语意味长！"可学。①

比较一下这同一场对话的两条不同记录，不难发现，郑子上的语录中没有滕璘所记的关于道心人心便是天理人欲的话语。这种门人记录的差别何其大的情况，一方面生动地说明了《语类》的学术价值不能估计过高；另一方面也同时说明了，很可能是郑子上在 1189 年就已经掌握了朱子关于人心不同于人欲的新说，故而他在辛亥（根据《语录姓氏》，假定这两条语录都录自 1191 年）就可以不记录这种过时的人心人欲说。而滕璘则此前没有受到过类似的洗礼，于是就抄录了方伯谟的那个说法。方伯谟此人，根据陈荣捷的研究，是"淡于义理，浓于文词"②，故而对人心与人欲的精微差别，可能较难以把握。在他说出那种伊川关于人心人欲等同的话语时，朱熹或许也懒得纠正。朱熹虽然没有直接纠正，但也强调了人心道心不是有两物。这可能是抽象肯定而具体否定的做法。

最后，还可以通过郑子上所录的一段话表明他在辛亥年确实已经能够完全理解朱熹关于道心人心的新思想。

季通以书问中庸序所云"人心形气"。先生曰："形气非皆不善，只

① 《朱子语类》卷 78，第 2015 页。
② 陈荣捷：《朱子门人》，第 30—31 页。

是靠不得。季通云：'形气亦皆有善。'不知形气之有善，皆自道心出。由道心，则形气善；不由道心，一付于形气，则为恶。形气犹船也，道心犹柁也。船无柁，纵之行，有时入于波涛，有时入于安流，不可一定。惟有一柁以运之，则虽入波涛无害。故曰：'天生蒸民，有物有则。'物乃形气，则乃理也。"可学。①

这段对话对朱熹道心人心思想的记录非常到位，因而不可能发生在1187年春到1188年春，当时可学第一次师事朱子于武夷山，那时朱熹还没有序定《中庸章句》（1189年作序），也就不可能和蔡元定书信讨论《中庸章句序》中的人心道心问题。而据上文的研究，朱、蔡和郑的上述几封讨论朱熹道心人心新说的信件，都写作于己酉（1189）年间。而据田中谦二的研究，1189年郑可学并没有和朱熹在一起，所以也就没有可能记录下上文中所提到的这条语录。在没有足够证据的情况下，我们还是认可该条语录的记录年份是辛亥（1191）。在这条语录里，可学记录的朱熹的人心道心话语就非常符合朱熹的本意（或晚年定论）。而这条语录和本节开端所引用的可学所录的语录明显冲突。开端所引的语录体现的是朱子在道心人心方面的旧思想，也就是二程的思想。但是，在戊申（1188）十一月七日朱子呈上《戊申封事》和次年三月（己酉三月十八日）的《中庸章句序》里，朱熹的道心人心思想和从前相比发生了明显断裂，他告别了二程人心人欲也的旧观点，而发展出了崭新的思想。基于此，笔者根据可学所录的不必都是辛亥年的前提，推断其乃1187年春到1188年春所录，而那时，朱熹在道心人心思想领域，仍然信奉的是二程的人心人欲也的观点。

在朱熹哲学研究领域，存在着两种错误倾向：一是重视第一手材料《文集》、贬低二手资料《语类》；二则是偏信《语类》。② 这两种倾向的焦点在于如何正确对待《语类》。而本文的研究则表明，《语类》一方面具有相当的价

---

① 《朱子语类》卷62，第1486—1487页。

② 朱子的著作极为丰富，其思想又居于集大成的地位。在这种情况下，一些学者可能对朱子本人的浩瀚的著作望而生畏，而只通过阅读比较容易的《朱子语类》来学习和研究朱子的思想。正如陈荣捷先生所言："学者讨论朱子，几乎全靠《朱子语类》。"参见陈荣捷：《朱子新探索》，华东师范大学2007年版，第272页。

值；另一方面学者也必须要慎思明辨，从而批判性地使用其中的语录。也就是说，《文集》与《语类》的批判性互证，才是研究朱熹哲学的基本进路。正是基于这种思路，本文才能秉着以"大胆地假设、小心地求证"为特征的实证的怀疑精神，以道心人心的研究为主线，首先通过《语类》中的一条非常有价值的长语录证明了《文集》中的六封有关联的重要书信的年代所在，从而纠正了《朱子书信编年考证》对它们的错误系年；继而通过以《文集》中的《戊申封事》《中庸章句序》和上文所提到的书信里面所揭示的人心与人欲相区别的义理，证明了《语类》中一条重要语录的年代不在辛亥，而当在之前三至四年的丁未春至戊申春。

（作者单位：厦门大学哲学系）

朱熹政治伦理哲学论略

陆永胜

    统观朱熹哲学的研究成果，有两种不同的视角及新的变化，令人玩味：一是建构性研究，侧重纯粹义理思辨的论证，属于形而上的研究；二是批判性研究，立足现实政治伦理的批判，属于相对形而下的研究。在目前学术界，二者有了各自的变化。前者的研究可谓极尽其至，在研究的总体趋向上由宏大研究转入了微观、精致化研究；后者的研究在时代政治和学术思潮的引导下，由批判转向建构，一改笼统的道德说教，与历史政治、民间秩序、地域文化、生态建设相结合，积极开拓其建构性作用。近十年来，二者又出现了交叉演变的趋向。前者不满足于自身的"空疏"，后者不满足于自身的"务实"，开始走上一条内在义理与实践相结合、并相互论证的道路。笔者认为，这种学术路向体现了一种对待朱子学、宋明理学乃至整个儒学的严肃认真、科学客观的态度。"回到儒学"即回到儒学本身，直面儒学本质，就是要从发生学出发，关注儒学或某种学派的发生、发展、完成与衰落，及其与各层面、各方面因素的互动。唯有如此，才能保证儒学的实践本质，避免重蹈"知而不行""知行不一"的恶俗风气。

    毋庸置疑，朱子学乃至整个宋明理学和儒学，在实质上即是从一定时代的道德规范出发，为其寻找永恒的自然法则依据和论证，以维护当时的社会制度体系和价值标准。这是儒学的现实价值。这种论证目的最终又导致了一种超自然的论证模式，加强了伦理、人性的超社会、超人类的先验色彩。这是儒学的精神价值。因此，朱熹哲学与其说是一种思辨哲学，不如说是一种为当时的社会结构、政权合法性、社会伦理、政治伦理及个人伦理提供合理性形上论证的政治伦理哲学。朱熹的政治伦理哲学以天理为最高准绳,以三代文化价值理念为核心,以政治伦理论证为支撑,以完美个体人格的发展为手段,以建构和谐国家为目标,借以实现其政治理念。同时为其政治理念提供本体论、方法论和价值论依据,并进而把这种政治理念扩大到宇宙万物。

一、天理周流——政治伦理的形上根据

目前,国内学界普遍认为朱熹哲学是理一元论,理具有至高无上的地位,但又是客观的,惟其如此,它才能成为政治伦理的根据。朱熹的理气观是以理先气后、理乘气动、理本气用为中心的体用论,由此,理在理论和实践上都可以含摄现实政治,成为社会政治伦理的所源出者。

朱熹对于理的论证是从无极与太极的关系辨析入手的。朱熹在《太极解义》中将周敦颐《太极图说》首句定为"无极而太极",而没有采用《濂溪传》中的"自无极而为太极"或时人杨方的九江注本"无极而生太极",除了版本的因素之外,更重要的是朱熹认为无极不是高于太极的某种实体,无极即是太极。这一理解在其他两个版本是很难圆成的。在朱熹哲学中,太极即是最高范畴。而在对太极的解义中,朱熹则以"理"来释之:"太极只是一个理字。"① 并且在《太极图说解》中以太极为"形而上之道"和"动静阴阳之理"。而理和道又具有密切的关系,如朱熹说:"道,须是合理与气看,理是虚底事物,无那气质,则此理无安顿处。"②"道是统名,理是细目","道字包得大,理是道字里面许多理脉"③。在朱熹哲学中,道与理是具有相同内涵的概念。如此一来,太极、理、道就具有了相同的地位和内涵。

在《太极解义》中,朱熹赋予了太极以"本体"的地位:

此(太极)所谓无极而太极也,所以动而阳、静而阴之本体也。

① 《朱子语类》卷1,中华书局1986年版,第2页。
② 《朱子语类》卷74,第1896页。
③ 《朱子语类》卷6,第99页。

然非有以离乎阴阳也，即阴阳而指其本体，不杂乎阴阳而为言耳。①

太极是本体，是阴阳动静与存在的所以根据，它不离阴阳，但又不杂于阴阳。这里所体现的正是体用观的本体论思想。因为太极和理，阴阳即气的关系，我们可以将此理解为理为本体、气为用的本体论思想。由此，理的本体地位得以确立。对此，《太极图说解》中还有更明确的论述：

> 太极者，本然之妙也；动静者，所乘之机也。太极，形而上之道也；阴阳，形而下之气也。……推之于前而不见其始之合，引之于后而不见其终之离也。故程子曰：动静无端，阴阳无始，非知道者。孰能识之！②

可见，太极是本体，阴阳动静是太极（理）借以外化的过程和表现。太极和阴阳之气虽有形上与形下之别，在时间上无始无终，但二者始终不离不弃。这里显然继承了程颐"体用一源"的思想。

理的本体地位和理气的体用观的确立，为政治、伦理、人性的论证等提供了本体论依据。如朱熹说："宇宙之间，一理而已，天得之而为天，地得之而为地，而凡生于天地之间者，又各得之而为性。其张之为三纲，其纪之为五常，盖皆此理之流行，无所适而不在。"③ 理具有绝对的本体地位，是一切事物的原因和所从出。作为普遍的法则，理是自然、生命、社会伦理道德产生和存在的依据，是整个宇宙得以如此的"终极原因"。

理和万物关系的论证一方面巩固了理的本体地位；另一方面也使理染上了俗世色彩。就现实而言，理落实为"所当然"和"所以然"。如朱熹说："天下之物则必然有所以然之故与其所当然之则，所谓理也。"④ "（理是）其所当然而不容己者与其所以然而不可易者。"⑤ "所当然"指社会道德伦理规

---

① 《太极图说》，《朱文公文集》卷 49，《朱子全书》，上海古籍出版社 2002 年版。
② 《太极图说解》，《朱文公文集》卷 45。
③ 《读大纪》，《朱文公文集》卷 70，《朱子全书》第 23 册，第 3376 页。
④ 《大学或问》上，《朱子全书》第 6 册，第 512 页。
⑤ 《大学或问》上，《朱子全书》第 6 册，第 515 页。

范和准则；"所以然"则指事物的本质及发生、发展的客观规律。这样，理就不仅和自然法则也和社会道德规范联系起来，并且成为二者的先验规定。如朱熹说：

> 天地中间，上是天，下是地，中间有许多日月星辰，山川草本，人物禽兽，此皆形而下之器也。然这形而下之器之中，便各自有个道理，此便是形而上之道。①

> 夫天下之事，莫不有理，为君臣者有君臣之理，为父子者有父子之理，为夫妇、为兄弟、为朋友以至于出入起居，应事接物之际，亦莫不各有理焉。②

"理"在现世的落实即是自然界表现出来的自然法则和社会政治伦理中表现出来的社会道德规范、人生准则等等。理和它们具有内在的统一性，但又不能完全等同，而是"理一分殊"的关系。值得指出的是，朱熹认为既然自然法则和伦理原则有着共同的本源，因此二者也是具有共通性的，"天理流行，触处皆是：暑寒来，川流山峙，父子有亲，君臣有义之类，无非这理"③。伦理原则和自然原则的统一在某种程度上导致天理在本原层面的天道与人道的统一，同样也导致了人对于物的主体化色彩或者说心学色彩，那么站在天理的角度必然导致万物一体的论证结果。在此意义上，李泽厚先生所说："万事万物之所以然（'必然'）当即人们所必须（'应当'）崇奉、遵循、服从的规律、法则、秩序，即'天理'是也。"④就具有深刻的内涵。

"体用一源"和"理一分殊"两条思维原则，使"理"在朱熹哲学中具有两个层面的内涵，在天道系统，天理与气质相对，是万事万物生化的本体依据，在人道系统，天理与人欲相对，是制约万事的价值准则。⑤天理的超

---

① 《朱子语类》卷 62，第 1496 页。
② 《甲寅行宫便殿奏礼二》，《朱文公文集》卷 14，《朱子全书》第 20 册，第 668—669 页。
③ 《邵州州学镰溪先生祠记》，《朱文公文集》卷 80，第 3804 页。
④ 李泽厚：《中国古代思想史论》，天津社会科学出版社 2003 年版，第 220 页。
⑤ 张立文、祁润兴：《中国学术通史》（宋元明卷），人民出版社 2004 年版，第 361 页。

越性、实在性和先验性成就了其"客观性"并使其最终成为政治伦理抉择的先验根据。

但同时我们也应该看到，朱熹对于天理本体和政治伦理原则与自然原则统一的论证，也带有极大的风险性，在宋代以后的社会政治实践中，理学家用伦理原则涵摄物理法则，从而使物理世界伦理化，使天地万物获得了道德位格，成为人化的世界；但同时也用物理法则消解了人的生理需求和心理欲望，导致伦理生活物理化，抑制了人的情感欲望的追求，这一点也成为宋明理学饱受批评的原因所在。当然，现存的大量文史资料也证明，理学家例如朱熹也并非是不关注人的个体情欲，只是在统治者对天理强化的过程中，将社会的最高道德标准降低为最低道德标准，成为普遍的道德规范，并以社会、家庭、个人伦理强化之，使之深入人心，最终成为"灭人欲存天理"的工具。其实，这里的两个实践例子也正好从反面论证了在朱熹哲学中天理构成了政治伦理的形上根据。

二、理一分殊——天理与政治伦理的转接机制

理一分殊不但是朱熹哲学的两个思维原则之一，它同时还是天理与政治伦理的转接机制，也就是说，天理外化为政治伦理正是通过理一分殊的机制实现的，当然，这一机制中仍然内含着"体用一源"的思维原则，这也正导致了理一分殊的复杂性。

理一分殊最早来源于程颐。在程颐那里，理一分殊一般是就伦理学的意义来讲的，即"理"指道德原则，"一"和"殊"相对，指共同性和差别性，"分"则指本分和等分。朱熹接受了程颐的这一思想，如他说："盖以乾为父，以坤为母，有生之类，无物不然，所谓理一也。而人物之生，血脉之属，各亲其亲，各子其子，则其分安得而不殊哉！"① 这里包含着普遍的道德原则与具体的道德规范之间的关系，进而言之，即是普遍与特殊、统一与差别的关系。从伦理学的意义上讲，既然"殊"指具体的道德规范，各自具有特殊性和差异性，如"因行街云，阶砖便有阶砖之理，因坐云，竹椅便有竹

---

① 《西铭解义》，转引自《张子全书》卷1，文渊阁《四库全书》本。

椅之理"①。那么"分"就不是把理一块一块的分给，因为这样就破坏了理的统一性，而且设计了一个理之外的主体。这里的"分"应该是赋予的意思，是在天理作为本体和主体统一的前提下的赋予。正如陈荣捷先生所说："理一分殊一语始见于程颐的书信，这里的分并非按其平声意指分开，实际上这里应读去声，指义务、所得份、赋受。"②从"分"的赋予义讲，现实的行为规范的道德意义是由天理赋予的。至于为什么万事万物各有不同的理，朱熹则说得不甚明确：

> 花瓶便有花瓶底道理，书灯便有书灯底道理，水之润下，火之炎上，金之从革，木之曲直，土之稼墙，一一都有性，都有理。人若用之，又著顺它理始得。若把金来削做木用，把木来镕做金用，便无此理。③

显然，朱熹这里没有从天理的角度，自上而下说明为什么事物各有其不同的理，而是从事物各自的"用"的角度来论证事物各具其理的必然性。这显然是一个自下而上的论证逻辑，从效用来验证本质，是不合于朱熹的一贯思维的。但是，这种思维方式对于社会政治伦理的论证具有极大的适用性，因为它进一步引导出了朱熹"格物致知"的功夫方法，从而使其学说更为圆融。

在朱熹哲学中，理一分殊还可以从体用关系进行考察。在"体用一源"原则的关照下，"理一分殊"的"理一"即是本，"分殊"则是末，二者是本原和派生的关系。如朱熹曾对此形象地说过：

> 太极如一木生上，分而为枝干，又分而生花生叶，生生不穷。到得成果子，里面又有生生不穷之理，生将出去，又是无限个太极，更无停息。④

---

① 《朱子语类》卷4。
② 陈荣捷：《论朱熹与程颐之间》，《中国哲学》第10辑。
③ 《朱子语类》卷97。
④ 《朱子语类》卷95，叶贺孙录。

一种生木，一木生枝，枝生花叶，进而生果，万果同理，进而言之，一种与万果同理。这种派生关系显然是一种宇宙论的表述，但这里显然肯定了一种之理和万果各具之理是相同的。与这种推论结果相似的则是朱熹对理一分殊的本体论阐述。

朱熹曾在语类中以"月印万川"的比喻说明理一分殊的道理：

> 郑问：理性命章何以下分字？曰：不是割成片去，只如月映万川相似。①

> 问：理性命章注云：子其本而之末，则一理之实而万物分之以为体，故万物各有一太极，如此则是太极有分裂乎？曰：本只是一太极，而万物各有秉受，又自各全具一太极尔。如月在天，只一而已，及散在江湖，则随处可见，不可谓月已分也。②

在朱熹看来，理一即是月，分殊即是万川之月，二者在量上具有一与多的关系，在质上，朱熹则强调"不是割成片去"，"不可谓月已分也"，即是说，天上之月和万江之月在内容上是相同的。进而言之，太极是一，是本体，一物各具一太极，作为"一"的太极和"一物各具一太极"的太极是相同的。正如朱熹所言"盖合而言之，万物统体一太极也；分而言之，一物各具一太极也"。需要说明的是，万物的集合体并不是太极，万物的本体才是太极，各物所具之太极就本体性质而言是相同的。从宇宙论和本体论出发所论述的一理与分理相同的结论在某种意义上正是"格物致知"功夫由量变达到质变的理论契机。

由此，我们可以看出，从本体论、宇宙论的角度，朱熹都强调了作为"一"的"理"和万物各具之"理"的相同性，但从本体和主体性角度出发，朱熹则认为作为"一"的"理"和万物各具之"理"是不同的。这种矛盾体现了朱熹"理一分殊"的多层次含义，但有一点是一致的，即三种角度的解释都肯定了"理一"的本体或本原地位。

---

① 《朱子语类》卷94，陈淳录。
② 《朱子语类》卷94，周谟录。

那么这种多层次的诠释对于政治伦理的论证具有什么价值和意义呢?首先,它肯定了仁、义、礼、智、信、忠、慈、孝、悌、恭、俭、让等社会政治伦理之间的差异性,但同时也肯定了它们共同的本体。如朱熹认为"三纲五常"即是天理在社会伦理政治生活中的具体表现和要求,天理"张之为三纲,其纪之为五常,盖皆此理之流行,无所适而不在"①。"纲,网上大绳也。三纲者,君为臣纲,父为子纲,夫为妻纲。"② 三纲五常各不相同,但其理则一。正是因为伦理规范的多样性,在个体活动中,每一人都可以在其中找到自己的位置:"父子、君臣、夫妇、长幼所不能无者,……即日用而有天理,则于君臣、父子、夫妇、长幼之间,应对、酬酢、食息、视听之顷,无一而非理者,亦无一之可紊,一有所紊,天理丧矣。"③ 每一个人在日常生活中,遵循伦理规范即是遵循天道,违反伦理规范,即是违反了天道。这样,朱熹就为社会秩序、个人行为设置了无法抗拒的天理原则。

其次,天不变、道不变、理不变、政治伦理也不变。这就为政治伦理规范的稳定提供了天理保证。如朱熹说:"三纲五常,天理民彝之大节,而治道之本根也。"④ 因为天理是三纲五常的根本,每一个人皆应合大节,天下才能治平。而在现实政治实践中,君是天理的体现,他对臣民具有统辖权,臣民要维护君的至高无上地位:"臣之事君,犹子之事父,东西南北,惟命是从,此古今不易之理也。""仁莫大于父子,义莫大于君臣,是谓三纲之要,五常之本,人伦天理之至,无所逃于天地之间。"天理广大,万物容纳其中,君臣父子也不例外。家庭伦理要上升到政治伦理,最终以维护社会制度和君主统治为目的。

再次,就积极的意义而言,天理与万理的一致性,使得儒士可以据所明之理来以学为政,影响君主,进而达到得君行道,以至平天下。而在另一方面,朱熹在天理涵摄的伦理原则下,承认人的地位、身份的不同,正如天理赋予万物的理之不同一样。"人在天地间,自农商工贾等而上之,不知其几,皆其所当尽者。小大虽异,界限截然……但必知夫所处之职,乃天职之

---

① 《读大纪》,《朱文公文集》卷70,《朱子全书》第23册,第3376页。
② 《通书注》,《朱子全书》第13册,第113页。
③ 《答廖子晦》,《朱文公文集》卷45,《朱子全书》第22册,第2083页。
④ 《朱子语类》卷13,第256页。

自然，而非出于人为。"① 人不同，并不否定最终的理之同，这正为士人自下而上地影响政治提供了另一理据。因此，理一分殊的三层意涵"论证了三纲五常社会关系网络的必然性和合理性"②，为形上天理向现实政治伦理的落实提供了合理的转换机制和逻辑论证。

三、理先气后——政治伦理的原则

理气关系是朱熹哲学讨论的核心问题之一。朱熹对于理气关系的认识经历了一个长期的发展过程。虽然每个阶段的观点有异，但理本论的立场是没有变化的。朱熹对理先气后的论证，实则是从本体论的层面论证伦理原则的普遍性和必然性，并由理的优先性将道德原则推向了绝对。

朱熹对理气关系的论证总体上是从两个方面展开的：一是构成论；一是本源论。特别是在朱熹思想的晚期，二者不是可以截然分开的。从构成论上讲，朱熹认为理与气是形上与形下的关系，二者共存于一体。"'形而上者为道，形而下者为器'，说这形而下之器之中，便有那形而上之道，若便将形而下之器，作形而上之道，则不可。"③ 理是形上的，气是形下的，理存于其中，但气不等于理。朱熹的这一种认识显然是严格区分了理气的层次，那么，在结果上就有可能导致两种不同的结论：一是理、气是根本不同的两类事物，因此无所谓先后。这是朱熹早期的观点；二是理虽不同于气，但气是理所生者。

> 正所以见一阴一阳虽属形器，然其所以一阴而一阳者，是乃道体之所为也。④
>
> 天地之间有理有气。理也者，形而上之道也，生物之本也。气也者，形而下之器也，生物之具也。是以人物之生必禀此理然后有性，

---

① 《朱子语类》卷 13，第 235—236 页。

② 刘泽华主编：《中国政治思想史》（隋唐宋元明清卷），浙江人民出版社 1996 年版，第310 页。

③ 《朱子语类》卷 62，第 1436 页。

④ 《答陆子静第五》，《朱子文集》卷 36。

必禀此气然后有形。①

从这里来看，朱熹的思想有所发展，开始肯定理先气后，但其论证角度仍然是构成论，他仅仅认识到理气在万物构成上的不同作用，理是第一性的，气是第二性的，理能生气，理气不可分离。这种认识并没有质的飞跃。

基于构成论的理先气后这一命题对于政治伦理的论证在某种意义上具有更实惠的价值，因为它的论证着眼点是在伦理规范的构成上即内容和形式方面。每一种伦理规范在内容上，都是一种"礼"如"五常"（仁、义、礼、智、信）和"五伦"（忠、孝、悌、忍、善为）等，它们是我们所说的"德"，是一种观念形态的存在。伦理规范的形式则是"仪"，指具体的操作程序、规定、禁忌等等，它更多地展现于实践的层面。礼仪关系的论证使每一种礼仪程序得到了合理性的解释和存在的合法性。"仪"的强化反过来加强了"德"的稳固性和优先地位。

从本源论上论证理先气后是在朱熹的晚年。朱熹在 68 岁时回答学生关于理气先后的疑问时就和以前的回答有所不同：

> 或问理在先气在后，曰：理与气本无先后之可言，但推上去时，却如理在先，气在后相似。②
> 或问：必有是理然后有是气，如何？曰：此本无先后之可言，然必欲推其所以来，则须说先有是理。③

朱熹在这里首先似乎是否定了理气有先后的说法，但在强调"推上去""推其所以来"的条件下，又肯定理在先、气在后。这里，需要分析的是"推"字，推向何方？这是一个问题。如果"推"指向结果，那么强调的即是时间顺序，也就是说理在时间上先于气。因为时间上的结果实际上关涉构成论，这样的"推"的结果在朱熹与陆九渊关于无极太极辩论时就已经形成，自然无必要再"推"。如果"推"指向本源，那么，理作为本体，虽然

---

① 《答黄道夫一》，《朱子文集》卷 58。
② 《朱子语类》卷 1，曾祖道录。
③ 《朱子语类》卷 1，万人杰录。

在现实中，它和气共在于事物，但在逻辑上则是在先的。

> 要之也先有理。只不可说是今日有是理，明日却有是气。也须有
> 先后。且如万一山河大地都陷了，毕竟理却只在这里。①

这段话录于朱熹 69 岁时，与前两段引文不同的是，朱熹首先肯定理在先，
然后进行分析指出，理气之先后不是时间上的先后，因为山河大地都陷了
时，理仍然存在。可见，理可以超越时空，超越物质局限。理既可以与物质
并存，也可以存在于物质消灭之后，顺而推之，理也可以存在于物质产生之
前。因此，理的存在不受物质生灭限制，它的存在是一种逻辑在先的存在。

朱熹关于理气先后的最后一则语录是在其 70 岁时由学生林学履记录的：

> 若论其生则俱生，太极依旧在阴阳里，但言其次序，须有这实理
> 方始有阴阳也，其理则一。虽然，自见在事物而观之则阴阳函太极，
> 推其本则太极生阴阳。②

在这段语录中，朱熹基本是重复了上引其 68 岁、69 岁时的三段语录的内容。
"论其生则俱生"仍是强调构成论中的理气不离，"言其次序"即是从究竟的
本源意义上讲的，也就是"推其本"的意思，因此它们和"推上去""推其
所以来"一样，强调的是逻辑顺序，而非时间顺序。所以"自见在事物而观
之则阴阳函太极"，而在本源上"太极生阴阳"，这里的"生"不是物质的
"生"，而是逻辑上的"生"，即逻辑在先性。

朱熹对于理相对于气的逻辑在先的论证，在某种意义上是对理的绝对
本体地位的肯定。这种本源论的理先气后命题为政治伦理等道德观念提供了
形上根据，可以说，现实的"礼"获得了天理的依据。"礼"作为一种道德
观念是"理"在社会政治伦理层面的显现，而"仪"则是"礼"的具体实施
方式和手段。由此，由"理"—"礼"—"仪"构成了一条由形上本体—意

---

① 《朱子语类》卷 1，胡泳录。
② 《朱子语类》卷 75。

识观念—实践行为贯穿三个层面的映射线。需要说明的是，这条映射线是由朱熹理先气后的构成论和本源论两部分共同完成的，这样就圆融地完成、并可以合理解释形上和形下两个层面如何贯通的问题。而且在这一映射线中，作为道德观念和伦理法则的"礼"处于理和仪的中间，起到了桥梁作用，因此具有更为灵活的阐释空间。从现实政治伦理的角度而言，"礼"以本体之理为依据，因此具有无可否定的权威性、合法性、合理性和永恒性，这就为皇权、等级制度等提供了充分的本体依据。同时，"礼"又为行为层面的"仪"制定规范，并强化仪式，最终使人们达到对理的认同。

四、心统性情——政治伦理的人性论证

心统性情在朱熹哲学中是一个心性论命题，主要指涉心、性、情三者之间的关系。而在朱熹政治伦理哲学中，心、性、情三者的内涵、层次及其间的关系则使天理和伦理道德、伦理规范之间具有了内在的涵括与层级联系。总体而言，相对于天理对政治伦理的形上合法性论证，心统性情则将对政治伦理的论证向下拉入到道德个体的层面，通过对个体人性已发、未发之别等的辨析，为政治伦理制度和规范的施行提供合法性论证，因此在论证视角上，呈现出下沉的趋势。

先秦儒家对于性善的论证基本是从效用入手的，在实质上，这种论证方法仅在于证明善性的存在，无法解释性善的来源。如朱熹说："孟子不曾推原源头，不曾说上面一截，只是说成之者性也。"① 正是"基于对传统儒家性善论未能在性与天道之间建立起一种直接联系的不满"②，朱熹提出了"性即理"说，这一提法的潜在前提即是性与理不是同一层次的范畴。朱熹对此有清楚的论述：

> 须是如说一阴一阳之谓道，继之者善也、成之者性也处，方是说性与天道尔。③

---

① 《朱子语类》卷4，黄义刚录。
② 陈来：《朱子哲学研究》，华东师范大学出版社2000年版，第195页。
③ 《朱子语类》卷74，潘时举录。

"继之者善"，方是天理流行之处，人物所资以始；"成之者性"，则此理各自有个安顿处，故为人为物，或昏或明方是定。若是未有形质，则此性是天地之理，如何把做人物之性得。①

"继之者善"方是天道、天理，是万物所资以始。"成之者性"则是天理在人、物中的安顿处。二者的关系在朱熹看来是"公共底"和"自家底"，以哲学讲，则是形上与形下、体与用的关系，即是说，成之者性源自继之者善。同时，二者关系的辨析同时告诉我们，性是落实在人、物之中的。而人、物是气积聚的不同形质，精英之气积聚之形质即是人，渣滓之气积聚之形质即是物。因此，论性必然要上联系理，下联系气，理是性之体，气是性的承载者。进而言之，有气无性，即是混沌之气。因此，二程主张"论性不论气，不备；论气不论性，不明"。对于理和性的关系，我们也可以说，论理不论性，无落实；论性不论理，无本源。

从理、性、气的关系出发，朱熹阐述了天命之性和气质之性的区别：

问"人生而静以上"一段。曰：程先生说性，有本然之性，有气质之性。人具此形体，便是气质之性。"才说性"，此性字是杂气质与本来性说。"便已不是性"，这性字却是本然性。②

"人生而静"是未发时，"以上"即人物未生时，不可谓性。才谓之性便是人生以后，此理堕在形气之中，不全是性之本体矣。然其本体又未尝外此，要人即此而见得其不杂于此者耳。③

朱熹在这里对理与性的层次有严格的规定，理就在气之外，性就在气之内，性与理不能等同，因为性是人生以后的事，"人生而静以上"阶段，理只是理，人未生，所以无所谓性。"人生而静以下"阶段方始有性，因此，性即理是就此阶段而言。因为人是气之形质，人禀理之性便是天命之性，便是本然之性。天命之性也是在形质之中的，但它是没有被气质熏染的本然之

---

① 《朱子语类》卷74，程瑞蒙录。
② 《朱子语类》卷95，叶贺孙录。
③ 《答严时亨一》，《朱子文集》卷61。

性。如果被气质熏染了，便成了气质之性。因为性的规定性，无论是天命之性还是气质之性，严格讲，我们都不能说性即理，而应该是性之本体即理。由此可见，朱熹的性理说在本质上是一种一元多层次论，而不是二元论。

朱熹对于"情"的来源的论证相对比较简略，如朱熹曾说：

> 恻隐、羞恶、辞让、是非，情也。仁、义、礼、智，性也。心，统性情也。端，绪也。因其情之发，而性之本然可得而见，犹物在中而绪见于外也。①

在这里，朱熹以情为四端，性为四德。四德发而为四端，通过四端，四德得以显现。因此，性与情是体用关系，性是内在本质，情是这种内在本质的外部表现。

中国传统儒学中的情除了四端之情还包含另外两种含义，即七情和某种具体思维模式（思、念虑等），后二者的来源问题显然在朱熹"性是体，情为用"的理论框架内是难以解决的。遗憾的是，朱熹也没有作其他方面的论证来解决这个问题，因此，他的"情"是比较狭义的。而朝鲜李朝学者李退溪等以七情出于气，四端出于理，把情分为本然之情和气质之情，不啻为理解七情所从出及其善恶的有益启示。

朱熹对于"心"的认识和其理气观、体用观有密切的联系。在朱熹，心属于气，心在人的一生中都在发挥着作用，因此都是处于"已发"状态，那么未发时便不是心，而是心之体即性。所以，心的未发、已发有内外之别，而无先后之别。朱熹在乙丑之悟时说："心为已发，性为未发"。未发之心无过而不及，不偏不倚，故谓之"中"。"中"是未发之心的状态，不是性。同样，发而中节谓之"和"，"和"是已发之心的状态，不是情。因此，未发已发在某种意义上即是对性情理解的维度。同时，我们需要进一步辨析，未发之心也只是心不是性，已发之心也只是心不是情，虽然，心未发和性和性未发为情时、心已发和情和性发为情时在时间上是平行的，但性未发时仍有心在，性居于心中，性已发时仍有心在，情居于心中。所以，心统性情。

---

① 《孟子集注》，《四书集注》，岳麓书社 2004 年版，第 267 页。

由以上的分疏，我们可以知道，性并不是心。"性如心之田地，充此中虚，莫非是理而已。心是神明之舍，为一身之主宰，性便是许多道理，得之于天而具于心者。"① 在朱熹看来，心还有"道心"与"人心"的区别，那么道心和人心与性、理有什么关系呢？弄清这个问题有助于我们理解道德伦理在施行层面的依据。朱熹说：

> 人只有一个心，但知觉得道理底是道心，知觉得声色臭味底是人心。……道心人心本只是一个物事；但所知觉不同。②

朱熹这里显然是从广义的心的知觉意义来讲的，从知觉的主体来讲，只有一个。但知觉到道德意识则是道心，知觉到各种情欲则是人心，无论人心、道心毕竟都是心。如朱熹还讲道："只是这一个心，知觉从耳目之欲上去，便是人心；知觉从义理上去，便是道心。"③ 二者的区别还在于：第一，道心发自以理为内容的人的本性，隐藏在人的内心深处，微妙难见；人心源于构成人的血肉之躯的形气，不加控制则易于流为不善。所以说"道心惟微，人心惟危"。第二，道心、人心，圣凡同具。基于圣人的标准，道心觉于理，固然无恶。人心如有恶，则圣人将不成为圣人。因此朱熹认为人心有善有恶。如果人心之欲为人的基本的、正当的生理欲望，则是无恶的。"人心亦未是十分不好的人欲，只是饥欲食，寒欲衣之心尔。"④ 但如果人心不受道心的控制，产生了超出基本需求的欲望，则是恶的人欲、私欲了。因此朱熹强调道心为主，人心听命，即是要求用道德意识支配个人的一切思想和行为，使个人的情欲受到道德观念的指导和控制。如他说"必使道心常为一身之主，而人心每听命焉，则危者安，微者著，而动静云为自无过不及之差矣"⑤。可见，道心、人心实质差异就在于二者发用时所呈现的善恶之别，因此，道心、人心显然都属于已发之心，都不是性。"人心者气质之心。"可

---

① 《朱子语类》卷 98，周谟录。
② 《朱子语类》卷 78，肖佐录。
③ 《朱子语类》卷 78，林学蒙录。
④ 《朱子语类》卷 78，肖佐录。
⑤ 《中庸章句序》，《四书集注》，第 19 页。

见，道心与人心之间也不是体用关系。

基于以上对心、性、情、性即理等范畴和命题的辨析，我们可以得到如下结论：理属于形而上的层次，心、性、情则属于气的层次，因此，理不能等同于心、性、情中的任何一个范畴；理是本体，性是理在气质中的体现，性因为有了气的属性而不能说是理；性落实于气之形质——人的心中，人禀理而为天命之性，天命之性为气质所染而为气质之性；天命之性和气质之性在本然上是相同的，或者说气质之性的本然状态就是天命之性；天命之性和气质之性是性存在的两种不同状态，二者具有样态的差异，但没有体用关系；性发为情，但朱熹没有解决天命之性和气质之性发用后分别为何情的问题，笔者认为，从二者的性质而言，天命之性与理同为至善，发而为四端之情，气质之性发而为七情，但七情和四端之情并不矛盾，甚至有重合的地方，因此七情可能为善，也可能为不善；天命之性和气质之性居于心中，其有无不受心之未发、已发所影响；未发之心也只是心不是性，已发之心也只是心不是情；心未发和性和性未发为情时、心已发和情和性发为情时在时间上是平行的，但性未发时仍有心在，性居于心中；性已发时仍有心在，情居于心中。性是心之体，情是心之用，心是统体用的总体；心有未发、已发，但只有心已发时，才可谓道心、人心。道心和人心是同一个知觉主体；心知觉道德意识，则为道心，心知觉了情欲，则为人心，但道心不等于道德意识，人心不等于情欲；心之体为性（理），道心不是天命之性，人心也不是气质之性；道心与人心没有体用关系，但人心受道心的规范。道心为善但隐微，是为惟微人心则有善有不善，是为惟危。

根据心、性、情三者的关系，我们可以看出，朱熹对心统性情这一命题的论证是建基于二程的"易—道—神"这一思维模式的：

> 仁义礼智，性也；恻隐羞恶辞让是非，情也；以仁爱，以义恶，以礼让，以智知者，心也。性者心之理也，情者心之用也，心者性情之主也。程子曰："其体则谓之易，其理则谓之道，其用则谓之神"，正谓此也。①

---

① 《元亨利贞说》，《朱子文集》卷67。

可见，朱熹在这里把心、性、情分别与二程的易、道、神相对应。那么，何以能够如此对应？朱熹根据程颢的"其体则谓之易，其理则谓之道，其用则谓之神"进行了进一步的发挥："其阖辟变化之体则谓之易，然所以能阖辟变化之理则谓之道，其功用著见处则谓之神。"① 易就是阖辟变化的总体，显然，这里的体不是体用之体，而是流行变化的总体过程。道是阖辟变化的所以者，即理。神是道的功用变化。如此，朱熹在易—道—神的思维模式下又建立了一个体—理—用的模式，此下才是心—性—情。"其理属之人则谓之性，其体谓之人则谓之心，其用属之人则谓之情。"心、性、情三者最终都在人这里得以落实。同时这一思维模式的三个表达式具有纵向和横向的整齐对应性。易、体、心指总体而言，道、理、性则分别是神、用、情的根据或本体。道、理、性和神、用、情分别对应易、体、心的两个方面。在这一思维模式下，从道德意识活动出发，我们可以说，心是思维意识活动的总体范畴，心的内在道德本质是性，心中具体的情感念虑为情，因此，心统性情也可以说是心兼性情。

另外，从心的主宰作用出发，心统性情还可以理解为心主性情。"心者，人之所以主于身者也；一而不二者也；为主而不为客者也；命物而不命于物者也。"② 心作为唯一的一个意识活动主体，主宰并支配全身的一切活动，显示出高度的能动性和意志自由。但是，在理学中，心对身的主宰作用，不仅仅是指心对身体器官、肢体的支配作用，更注重指心作为意志，具有选择的自由，具有高度的自主性和能动性。除了主宰身，心同时还有"命物"的作用，在朱熹哲学，物者，事也，物事在某种意义上是相通的。因此，朱熹也把"命物"释为"应万事"。"心者人之知觉，主于身而应事物者也。"③ 如果分而论之，物指不依赖意识的客观存在，事则指一个实践范畴，指主体的实践活动，甚至包括思维和情感活动。但在朱熹那里"命物"或"应事物"绝不是说心可以支配一切客观事物，而是指心对于人所从事的实践活动具有支配作用，而且心对人的情欲具有制约作用，对意识活动具有理性的自我控制。

---

① 《朱子语类》卷 95，叶贺孙录。

② 《观心说》，《朱子文集》卷 67。

③ 《大禹谟解》，《朱子文集》卷 65。

正是基于心的主宰作用，朱熹说：

> 性是体，情是用，性情皆出于心，故心能统之。统如统兵之统，言有以主之也。①
>
> 性以理言，情乃发用处，心即管摄性情者也。②
>
> 性，本体也；其用，情也；心，则统性情也、该动静而为之主宰也。③

朱熹在这里强调心对性情的统率管摄的主宰作用。但性情为二，性为体，情为用，心如何主宰？朱熹说："未发而知觉不昧者，岂非心之主乎性者乎？已发而品节不差者，岂非心之主乎情者也。"④可见，心对性的主宰要从未发处入手，"知觉不昧"意在强调一种未发功夫，在朱熹，即是主敬功夫。在朱熹看来，虽然性对意识活动起支配作用，但这种支配作用发挥的前提即是心能保持"中"的状态。因为，作为认识主体的心如明镜，唯有保持无偏僻、无成见、无任何情绪干扰，才能在认识和应接事物时不出现偏差，这也是性的要求。因此，心对性的主宰即表现为保持未发之心的"中"的状态。心未发的主敬提撕功夫的直接对象是心，但客观上决定了性能否作用于人的现实思维。所以朱熹说："心，主宰之谓也。动静皆主宰，非是静时无所用，乃至动时方有主宰也。"⑤心对于情的主宰主要从已发处入手，"品节不差"主要指理智对情感的控制。"情根乎性而宰乎心，心为之宰，则其动也无不中节矣。……盖虽曰中节，然是亦情也，但其所以中节者乃心耳。"⑥可见，心对情的主宰即是保持已发之心或情的"和"的状态，也就是发挥性对情欲的主导作用。同时也应包括人在社会生活中形成的道德观念对各种情欲以及非道德观念和实践的裁制与规范。总之，心对性情的主宰即是要使性不空寂，发挥其能动性，使情不放肆，符合天理规范。正如朱熹所说："情

---

① 《朱子语类》卷98，黄卓录。

② 《朱子语类》卷5，程端蒙录。

③ 《孟子纲领》，《朱子文集》卷74。

④ 《答胡广仲五》，《朱子文集》卷42。

⑤ 《朱子语类》卷5，程端蒙录。

⑥ 《答张敬夫三十七》，《朱子文集》卷33。

本乎性，故与性为对，心则于斯二者有所知觉而能为之统御者也。未动而无以统之则空寂而已，已动而无以统之则放肆而已。"① 此言正是从反面强调了心对性情的主宰作用。

心统性情是朱熹哲学的一个重要命题，其内涵丰富，范畴较多，因此辨析不易。这一命题在朱熹政治伦理哲学中也具有重要的意义。

第一，在朱熹政治伦理哲学中，如果说理先气后侧重于指向本体的向上回溯，意在为现实政治伦理需求作形上合法本体论证的话，那么，心统性情则是侧重道德伦理在社会层面的向下发用和展开，意在为个体意识活动和社会实践提供道德规范和依据。在朱熹哲学，心、性、情已落实到气的层面，和现实社会拉近了距离并融入其中，直接和道德个体、道德理则、实践行为相结合，具有切实的价值意义。就心兼性情而言，在某种程度上肯定了道德主体是理性和感性的统一体，而且具于理性的自觉。心主性情则在某种程度上肯定了主体的道德修养功夫的必要性，而且这一功夫即是主体的自觉意识行为，也是理（或者说社会意志）的要求。

第二，就道德主体而言，心统性情则表明该主体是性理、情用自具的，也就是说道德理性制约和道德情感发用的主体只有一个，没有第二个。因此，我们可以说，心统性情这一命题既包含有道德自律的依据，也包含有道德他律的依据。性之体为理，性之用为情，性对情的规定作用其实体现了理的规定性，或者说具有天理的形上依据。而性的理性规范是有心主导的，并作用于自身的。因此说，这种德性内化具有明显的自律性。这种自律性在某种意义上强化了个体的道德信仰，从而为天理是从。而这正是封建统治所乐于看到和极力促成的结果。另外，情为性之发，情有善有恶。这就为统治者提供了道德他律的依据，进而加强道德规范和礼仪，强化制度管理，通过不断的外在强化，从而使人的道德实践行为变成一种自觉。在客观上也使其达到遵从天理和服从君命的目的。

第三，心统性情这一命题内含着道心与人心的紧张。虽然人心并非全为不善，但如果不受道心的控制即可流为恶，从而造成危害。因此，就个体来讲，如果人心恣意发展就不可能达到道德境界，成为君子，人就沦为小

① 《答冯作肃》，《朱子文集》卷41。

人。因此，就要加强理想人格培养，提高个体的道德自觉。就社会来讲，如果私欲泛滥，社会秩序、道德规范将会遭到破坏，现有制度与规范将受到颠覆，这显然不是政治伦理建构的目标。因此，这就要求注重当时社会的等级秩序和价值体系。但不可否认的是，以道心统率人心，在某种程度上势必会造成以道德理性扼制人性的自然需求，把个人利益降低到最低限度以服从社会对个体的要求，由此，进一步表现为社会礼仪制度压抑人性的现象。所以，以道心统率人心对于个体的发展和良性的社会制度建设而言是一把双刃剑。

第四，如果说到心与人心的关系侧重于个体道德的建构，并为之提供人格论证，那么天命之性和气质之性的关系则更侧重于社会道德的建构，并为之提供人性论证。道心和人心属于已发之心，二者没有体用关系，道心仅仅是规范人心的标准。相对而言，天命之性则比之道心更为根本，其以理为本体，未发即是至善，已发即是至善之情。气质之性因为被形质所染，故有善有不善。而且，相对于人心，气质之性显然指的是类存在，且注重于此种人性的与生俱来性质。朱熹以气质之性论人性，实际上是肯定了现实社会中存在的各种差别，以及社会政治生活中的不平等。因此，在某种意义上，气质之性"为君主制度的必然性、合理性和绝对性找到一个理论的支点。"① 但同样的类似道心统率人心的双刃剑一样，气质之性论证了人性差异的合理性，也为现实的不平等提供了更多的理论依据，却在事实上造成"中国传统政治哲学走向平等理念的门径也就被彻底堵塞了"②。

总之，朱熹在其人性论中引入了"气"的概念，将心、性、情纳入到"气"的层面，这就找到了沟通性善论（天理）与现实道德差别的理论桥梁，并为解决这一人性中的逻辑矛盾和为此而建构的伦理政治原则及道德实践提供了人性论支撑。

五、格物致知——穷理与践行的功夫

格物致知是朱熹哲学的核心命题之一。在朱熹政治伦理哲学，格物致

---

① 刘泽华主编：《中国政治思想史》（隋唐宋元明清卷）第 326 页。
② 孙晓春：《中国传统政治哲学》，吉林人民出版社 2003 年版，第 137 页。

知作为一种功夫方法，其出发点和终极目标都是理，而其方法论来源则是理一分殊，也可以说格物致知是分殊的具体展现。在具体的功夫过程中，格物致知表现出内在的丰富性和条理性。格物致知在朱熹政治伦理哲学中的意义就在于在理气关系的架构内使理落实到具体的道德践行过程中，并使主体之知、行及诚挚的心态融为一体，成为使现实政治伦理生活循理而行的重要功夫手段。

朱熹的理一分殊思想是继承李侗而来。就李侗而言，他拈出二程"理一分殊"的话头，本意是要朱熹摒弃佛学，抛弃其"天下之理一而已"的调和儒佛的观点。因为在李侗看来，在"理一"的层面，儒佛难易分清彼此，只有将"理一"落实到人伦日用践履上，才能真正区别儒佛的本质不同，因此，李侗重视"分殊"更甚于重视"理一"。朱熹接受了李侗理一分殊的思想，但在某种意义上，又改变了李侗的目的，从注重分殊入手建构起他的格物论。

　　圣人未尝言理一，多只言分殊。能于分殊中事事物物、头头顶顶上理会得其当然，方知理本一贯。不知万殊各有一理而徒言理一，不知理一在何处。①

　　理虽只是一理，学者且要去万理中千头万绪都理会过来，四面凑合来，自见得是一理。不去理会那万理，只去理会那一理，只是空想象。②

朱熹这里明显接受了李侗注重分殊的思想，认为从具体的分殊的事事物物入手，不断积累，才能达到对理一的把握，否则便只是空想象。这种格物穷理的方法的终极目标即是对理的把握。那么何以分殊能够达到理一？这其实是格物穷理的方法论的出发点的问题。在朱熹哲学，理在本源上是逻辑在先于气的，但在现实中，理气共存于现实具体事物。而且，从构成论讲，理是第一性的，气是第二性的，理生气，理离不开气，气也离不开理。因

---

① 《朱子语类》卷 27。
② 《朱子语类》卷 117。

此，穷理必须即物而格。

因此，格物致知的出发点和最终归宿都是理，显示出理在朱熹政治伦理哲学中的宰制地位，但这还不足以充分论证理对现实生活的影响。因此，我们还需要考察格物致知这一具体功夫过程，以显现理对现实政治伦理、生活伦理的影响、指导和支撑。理并不是仅仅在格物致知功夫的两端，它还贯通功夫的过程。

格物是《大学》"八目"之一，朱熹曾说："此一书之间要紧只在格物两字认得，……本领全只在这两字上。"在淳熙元年甲午，朱熹在答江德功的书信中对格物的内涵有了较系统的论述：

> 夫天生庶民，有物有则。物者形也，则者理也，形者所谓形而下者也，理者所谓形而上者也。人之生也，固不能无是物也，而不明其物之理，则无以顺性命之正而处事物之当。故必即是物以求之。知求其理矣，而不至夫物之极，则物之理有未穷，而吾之知亦未尽，故未至其极而后已。此谓格物而至于物则物理尽者也。物理皆尽，则吾之知识廓然贯通、无有蔽碍，而意无不诚、心无不正矣。[1]

在朱熹看来，天下有事物，也有事物之理。人生在世，必明事物之理，然后才能顺性命之正而恰当地处理事物。那么，如何明事物之理，朱熹提出要"即是物以求之"，"物之理有未穷，而吾之知亦未尽"，"至其极而后已"。概而言之即是"即物""穷理""至极"，这正是"格物"的主要内涵，"即物"是穷理的前提，"至极"是穷理的目标，"穷理"则是功夫的最核心内容。在朱熹的哲学语境中，穷理就包含着即物穷理并至其极的意思。因此，格物即是穷理。

格物是朱熹哲学功夫的核心，格物即是穷理，那么致知与格物的关系如何？朱熹在《大学章句》中补格物致知传说：

> 所谓致知在格物者，言欲致吾之知，在即物而穷其理也。盖人

---

[1] 《答江德功第二》，《朱子文集》卷44。

心之灵莫不有知，而天下之物莫不有理，惟于理有未穷，故其知有不尽也。①

在朱熹，"吾之知"应有两层含义，即主体能知的知觉和主体知觉的结果，前者是认识能力，后者是认识结果即知识。致知即是要即物穷理，而且只有至极物理，才能致尽吾知。如果理有未穷，则人心之知识有未尽。因此，必须经过即物穷理以至其极的切实功夫，人心的知识才能达到无所不尽。

但是，作为具体的功夫过程，格物和致知并不是存在先后顺序的功夫。"但能格物则知自至，不是别一事也。"②"致知格物只是一事，非是今日格物明日致知。"③可见，格物与致知是同时并进的功夫，二者并不互相独立。但在逻辑上，致知是格物的目的和结果。二者的区别在于侧重的对象不同。"致知是自我而言，格物是就物而言，若不格物，何缘得知？"④"格物以理言也，致知以心言也。"⑤格物与致知是同一认识过程的不同方面而已，格物是就主体作用的对象言，致知是就功夫过程在主体方面引起的结果言。所以二者"只是一本，无两样功夫也"⑥。格物和致知会出现如上的关系，还在于在朱熹哲学中，"格物"和"物格"、"致知"和"知至"是不同概念。在朱熹看来，格物是一个功夫动作或过程，物格则是格物完成后的事件。致知是知识充广的过程，知至则是知识积累达到豁然贯通的结果。由此，格物和致知的关系便不难理解。

可见，格物致知作为一种为学之方和功夫过程遵循着内在的理——格物致知——理的逻辑结构，也就是说，在某种意义上，格物致知是理在现实层面的落实与征显。理和现实政治伦理的关系便在格物致知的展开中呈现。

虽然朱熹认为格物的核心是穷理，但"物"到底指什么？对于不同的物如何去"格"？朱熹对此也有所讨论。他说："大而天地阴阳，细而昆虫草

① 《大学章句》，《四书集注》第9页。
② 《答黄子耕五》，《朱子文集》卷51。
③ 《朱子语类》卷115，林格录。
④ 《朱子语类》卷15，黄义刚录。
⑤ 《朱子语类》卷15，黄义刚录。
⑥ 《答陈才卿五》，《朱子文集》卷59。

木，皆当理会，一物不理会，这里便缺此一物之理。"① "盖天下之事皆谓之物，而物之所在莫不有理，且如草木禽兽，虽是至微至贱，亦皆有理。"② 在朱熹看来，物即指天下万事万物，具有无穷的多样性。因为对象的多样性，因此格物的方法也是多样的：

> 若其用力之方，则或考之事为之著，或察之念虑之微，或求之文字之中，或索之讲论之际。使于身心性情之德、人伦日用之常，以至天地鬼神之变，鸟兽草木之宜，自其一物之中，莫不有见其所当然而不容己与其所以然而不可易者。③

朱熹列举了四种穷理的"用力之方"，这对于万物来说，当然不可能是全部，但应该是最主要的几种。因为就以上四种方法指向的对象而言，基本包含了一个人日常生活中的主要方面。概而言之，朱熹的"物"可以分为三类：人间之事、人的念虑和客观自然事物。就格物之方而言，则明显注重道德践履，如对"身心性情之德""人伦日用之常""天地鬼神之变"的探究，当然也有对知识的学习，如对"鸟兽草木之宜"的探究。就格物的目的而言，则是探求事物之"所当然"与"所以然"。在朱熹哲学"理本体"的体系内，"所以然"在某种意义上把事物之理引向了道德伦理的范畴，虽然我们不能否定朱熹的格物说中也有认识论的意义，但显然不是主要的方面。因此在某种意义上，"所当然"主要指人的行为规范和礼法制度。因此，格物致知作为一种方法论，在很大的程度上是强调人的道德践履要符合天理，或者说要符合皇权、封建制度和封建社会的根本利益。当然，它也不否认人对知识的广泛掌握。作为一种方法论，格物致知的目的不在于对封建制度的论证，而是着眼于人的道德建设，当然，这种道德建设是以服务封建制度为前提的。鉴于朱熹的士大夫立场，因此，其格物致知就是要求士人或官僚不但具有完善的道德境界，还要有充分的学问知识，即要求真善同一，即真即

---

① 《朱子语类》卷117，陈淳录。
② 《朱子语类》卷15，杨道夫录。
③ 《大学或问》卷2。

善，即善即真，不能离善而求真，求善即在求真之中。① 正是在这一意义上，我们可以说格物致知作为为学之方，转化为了为德之方，它为封建士大夫提供了认识与修养的基本方法，旨在最终提高人的道德境界。

格物致知作为为学之方，其过程是由量变到质变的，也就是一个由积累达到贯通的过程。

> 问：一理通则万理通，其说如何？曰：伊川尝云，虽颜子虽未到此。天下岂有一理通便解万理皆通？也须积累将去。如颜子高明，不过闻一知十，亦是大段聪明了。学问却有渐，无急迫之理。有人尝说学问只用穷究一个大处，则其他皆通，如某正不敢如此说。须是逐旋做将去，不成只用穷究一个，其他更不用管，便都理会得，岂有此理！②

朱熹否定"一理通则万理"，强调"也须积累将去。"其思想理论基础显然是理一分殊，强调一和多的关系。但作为具体的方法，则不是本体论的由一推出多，而是由多推出一的归纳法。朱熹认为要达到对"理一"的把握，就必须今日格一物明一理，明日格一物明一理，日积月累，才能豁然贯通。如他说：

> 是以大学始教，必使学者即凡天下之物，莫不因其已知之理而益穷之，以求至乎其极，至于用力之久，而一旦豁然贯通焉。则众人之表里精粗无不到，而吾心之全体大用无不明矣。此谓格物，此谓知之至也。③

"豁然贯通"即是达到了对"理一"的把握。这种"豁然贯通"显然是建基于广泛的具体经验知识的，和佛教的不依赖经验的顿悟有明显的区别。理是一，是普遍之理，具体经验知识是多，是特殊。所以，这里由多到一，

---

① 陈来：《朱子哲学研究》，第 302 页。
② 《朱子语类》卷 18，周明作录。
③ 《大学章句》，《四书集注》，第 9 页。

就是由特殊到普遍。这一方法论意义在于它首先强调了积累过程的重要性，其次指明了既定的目标实现的必然性。就政治伦理哲学，这一方法论的三点内涵显得尤为重要。首先，从成德的角度言，为学的积累过程也就是成德的积累过程，一个人要成就道德境界，必须从点点滴滴的具体事情做起，注重道德践履中的具体行为规范，只有这样才能达到圣人境界，把握普遍的道德原理。其次，理一是为学的目标，也是为德的目标。在朱熹政治伦理哲学，天理是皇权、封建制度的所以然者，明理就是对普遍的道德原理的把握，而且这一把握是"为德"的必然结果。在这一预设的必然性论证中，为德其实又转化为了为政。因为在朱熹政治伦理哲学体系内，对理（道德原理）的把握，最终要达到的目的是对皇权、封建制度的认可，并加强这一认识，甚至将这种认识化成人的非理性（自然）认识。

在格物致知的功夫过程中，朱熹虽然强调格事事物物的重要性，但他也同样认识到，天下物事太多，穷尽一个人的一生，也未必可以穷究完。因此，他提出了推类的方法，值得说明的是，推类是格物致知功夫过程的一个阶段或方面，并不是另外一个功夫。如朱熹说：

> 今以十事言之，如理会得七八件，则那两三件触类可通，若四旁都理会得，则中间所未通者其道理亦是如此。①

"触类可通"也可以说就是举一反三，即把已知之理运用到其他事物上，而不必一一穷格天下所有事物。推类的理论前提仍然是理一分殊，强调了理一的普遍本体意义。推类可以说贯穿了格物致知的整个过程，既可以在明一理后即同类相推，达到贯通，也可以在贯通之后再推类，达到境界。因此，在朱熹政治伦理哲学，在格物致知的框架内，就个人而言，推类可以是成德之方，也可以是为政之方，即个人可以把已明之理推向他人、社会，如"幼吾幼以及人之幼，老吾老以及人之老"。如此，个人伦理就转化为了社会伦理。如，由父子之孝向君臣之忠的转化及由个人之孝向社会伦理原则的普及等。

---

① 《朱子语类》卷18，万人杰录。

当然，无论是就个人而言的为学之方、为德之方、为政之方，还是个人伦理向社会伦理的转化，格物致知功夫中都蕴含这样的原则：即知和行的统一、格致和涵养主敬的统一。

中国儒学中的知行关系有别于西方哲学中对知识来源问题的讨论，而是侧重于道德知识和道德践履的关系的讨论。其实，无论是前者还是后者，在朱熹哲学中都有所体现。鉴于儒家伦理哲学的特色，后者显然是主要的方面。因此，知行关系是格物致知说的题中应有之意。

在朱熹哲学体系中，知和行是有特定的规定性的。在朱熹，"行者不是泛然而行，乃行其所知之行也"①。"知，谓知其事之所当然。"② 由这里朱熹对知、行的规定，我们得以看出朱熹在知行关系上的总体认识：即知先行后。这一思想在朱熹与张栻、陆九渊的问辩中都有体现。但行后并非意味着行不重要，恰恰相反，朱熹非常注重作为行的道德践履在社会伦理生活中的重要性，因为它是道德知识的实现。所谓知先意在强调理性知识对实践行为的指导。知与行不可分割，所以朱熹说："知行常相须，如目无足不行，足无目不见，论先后知为先，论轻重行为重。"③ 也正是在这样的意义上，朱熹为了避免知行不一和知而不行的弊病，提出了"真知乐行"的问题。真知乐行是程颐较早用来解决人如何可以不勉强地乐于从事道德原则的践履。在程颐，真知即是高度自觉化的道德自觉，乐行即是高度自觉的道德行为。真知乐行拒绝人为的勉强，强调道德理性的完全、彻底、高度的内化以及道德行为的完全、高度的自觉，知了即去行，如"好善如好好色，恶恶如恶恶臭"，完全主动出自内心，自觉地从事道德践履，并成为一种情感享受，如孔子的"从心所欲不逾矩"一样，从而进至一种道德境界。朱熹继承了程颐的思想，强调道德主体真知乐行，达到"不勉而中，不思而得，从容中道"的境界。如他对《中庸》"三知三行"中"生知安行"的强调："生而神灵不待教而于此无不知"，"安于义理不待习而于此无所弗"④。"知而未能行，乃未能得之于己，岂特未能用而已乎？然此所谓知者亦非真知也。真知则未有不能行

① 《答张敬夫四十二》，《朱子文集》卷32。
② 《孟子集注》《四书集注》，第338页。
③ 《朱子语类》卷9，李闳祖录。
④ 《中庸或问》卷2。

者。"① 朱熹对知和行的要求是以高度自觉化为标准的，当然在"生知安行"之下，朱熹承认还有"学知利行""困知勉行"两个层次。虽然朱熹认为三者"及其成功一也"，强调最后的道德自觉境界，但毋庸置疑的是，朱熹的真知乐行始终是在知先行后的框架内讲的，这和王阳明在知行合一的体系内讲真知必能行是不同的。王阳明是在真知的意义上说知，朱熹的知则是有不同层次的。因此，朱熹的真知乐行并非指必须在达到真知后才去行，略知之后也同样可以行，通过知、行的不断交替融合发展推进，最后达到真知乐行的境界。

朱熹的格物致知说中凸显出来的知行关系，特别是真知乐行的关系及对道德自觉境界的肯定对封建政治伦理的建构和稳定具有重要的意义。首先，朱熹的"生知安行""学知利行""困知勉行"把现实中知行分为了三个不同的层次，这样既为人的道德修养提出了目标，同时也为封建道德伦理对人的制约作用提供了合理性说明。在朱熹政治伦理哲学，知是符合统治需要的道德知识，行即是依这样的道德知识而行，一个人能够真知乐行，即是把这种道德知识高度的内化，并自觉地去履行，这样就完全符合社会对个体的需要。如果一个人不能达到真知乐行，那就说明还需不断学习并依道德规范进行自我修炼，在社会道德监督下去为人、为事。在某种意义上，道德规范对于大多数人都是一种约束和强迫，但在真知乐行标准的衡量下，这种制约是有合理性、合法性的。其次，真知乐行强调人的理性和行为的自觉，表面上看是对个体道德修养的要求，但实际上是从社会伦理的角度出发提出的要求，因此，在价值取向上，最终必将引向服从或服务于社会道德伦理、社会制度等建设的需要。朱熹作为宋代士大夫中的一员，这一立场是明确无疑的。在这个意义上，我们似乎可以说，古代士人基本都是以学为政的。再次，真知乐行所体现的富有情感色彩的道德境界对士人具有强大的吸引力，并促使他们积极去践行符合社会价值要求理念，甚至将这种理念以讲学或身体力行的方式传达给他人，形成一种社会风尚，从而形成一种接受环境，加强人们对社会政治伦理观念的接受、遵守和践行意识，最终起到对社会结构、制度、价值理念等的稳定、甚至加固作用。

---

① 《张无垢中庸解》，《朱子文集》卷72。

涵养主敬是朱熹格物致知功夫过程中不可缺少的因素。如果说格物致知是主体的行为功夫，那么涵养主敬显然更侧重于主体的内在心理意志。涵养指人的道德修养和努力，主敬指人的精神意志力。在朱熹哲学，涵养主敬和格物致知没有前后、内外之别。

> 主敬者存心之要，而致知者进学之功，二者交相发，则知日益明，守日益固。①
>
> 穷理涵养，要当并进，盖非稍有所知，无以致涵养之功，非深有所存，无以尽义理之奥。正当交相为用而齐致其功。②
>
> 尝闻之程夫子言曰，涵养须是敬，进学则在致知，此二言者，实学者立身进步之要，而二者之功盖未尝不交相发也。③

"二者交相发""交相为用"指出了主敬与致知、穷理与涵养两对不同功夫间的相互促进的关系。"涵养须是敬"则表明涵养与主敬的同一性。在朱熹哲学，格物与致知是同一功夫的两个不同面向，因此这里引言中呈现的两对功夫其实是一对功夫，即涵养主敬与格物致知的关系，二者是"并进"的。所谓"并进"即是指从意识发起的角度讲。如果从具体的行为角度讲，涵养主敬即在格物致知之前、之中、也在之后。分而言之，涵养有未发时涵养，也有已发时涵养。特别是作为未发时的涵养，既是致知之本，也为穷理准备了主体方面的条件。当未发之时，主敬为收摄身心，内无妄思，已发时为力行的"主一"，外无妄动。所以，涵养主敬是格物致知功夫中不可或缺的主体因素，它们促进了为学、为德、甚或说为政的功夫。

总之，格物致知的丰富内涵为天理与功夫实践层面的结合提供了有力的理论支撑和论证，并为朱熹的政治伦理哲学提供了方法论。因此，在某种意义上，格物致知为政治伦理的合理性提供给了实践证明。

朱熹政治伦理哲学以对天理的形上论证为前提，然后从天理出发，以体用一源、理一分殊两条思维原则涵摄现实政治制度与规范，为其提供天理

---

① 《答徐元敏》，《朱子文集》卷38。

② 《答游诚之二》，《朱子文集》卷45。

③ 《答陈师德》，《朱子文集》卷56。

合法性、合理性和永恒性论证。朱熹政治伦理哲学是历史的产物，有其客观存在的必然性和理论价值的合理性，它对社会政治的关注，体现了儒家与儒士的责任与理想，在某种意义上也可以说是一种"实学"。

对于朱子学、甚至儒学的政治伦理思想研究一直存在着两种不同的观点：一种认为，政治伦理哲学是朱子学的本有之意，是儒学本质与原初价值的体现；一种认为偏离了学术理论研究的轨道，有牵强附会之嫌。笔者认为可以从三个方面来思考这个问题：第一，朱熹作为中国哲学史上的最伟大思想家之一，对于他的哲学，我们是否可以以这样的"功利"视角来看待？抑或说，朱熹哲学已经超越了这一"功利"层次？第二，如果说朱熹哲学已经超越了这一"功利"层次，那么朱熹哲学对天理的论证，对概念的辨析，对功夫逻辑的建构……仅仅是为了展示逻辑的力量，知识的演绎？抑或仅仅是为了修身养性？第三，如果说朱熹哲学仅仅是知识的学问或为了修身养性，那么是否存在着我们低估了朱熹哲学的价值的问题？

（作者单位：南京大学哲学系）

朱子小学教育思想研究*

邓庆平

虽然朱子自谓"于《大学》用工甚多"①，但此主要是从义理发明的角度来说。就其教育实践和言论来看，朱子平生也非常重视小学教育，不仅亲自从事针对童蒙的小学教育实践，②与学生经常探讨小学教育问题，还编撰了不少小学教育的教材、学规等著述。本文即关注如下问题：朱子为何要重视小学？他是怎么重视的？他所理解的小学应该承担什么样的教育功能？怎么承担？为何重视小学的问题与其小学观直接相关，怎么重视的问题除了考察其小学教育实践之外，还主要可以通过教育内容与教育方法的新设计来考察。

一、作为大学前提的小学

"小学"最初是指为贵族子弟设置的初级学校。《礼记·保傅篇》："及太子少长知（女已）色则入于小学，小学者所学之宫也……古者八岁而就外舍，学小艺焉，履小节焉。"此处小学即初级教育的机构，所学为小艺。《周礼·保氏》上说："保氏掌谏王恶而养国子之道，乃教六艺：一曰五礼，二曰

---

　　* 本文为 2013 年国家社科基金项目"朱子门人与朱子学研究"（13CZX044）与江西省教育科学"十二五"2013 年度课题"默会维度下的朱子小学教育思想研究"的成果。
　　① 《朱子语类》卷 14，中华书局 2007 年版，第 258 页。
　　② 朱子的小学教育即是童蒙教育，这可以从《小学》一书的序言可以看出，其中提到《小学》一书乃是"授之童蒙"。

六乐，三曰五射，四曰五驭，五曰六书，六曰九数。"又"乃教之六仪：一曰祀祭之容，二曰宾客之容，三曰朝廷之容，四曰丧纪之容，五曰军旅之容，六曰车马之容。"可见在周代教育中，小学本指学习六艺（小艺）和六仪（小节），涉及识字、写字和一些道德教育。后来内容重心逐渐转向语言文字，许慎《说文解字叙》云："《周礼》八岁入小学，保氏教国子，先以六书。"段玉裁注云："六书者，文字声音义理之总汇也。"西汉时称"文字学"为"小学"，小学也逐渐成为一种学问的名称。东汉崔寔《四民月令》上记载："正月：农事未起，命成童以上入太学，学五经，不见冰释，命幼童入小学学篇章。"篇章即文字、文章之学。唐宋以后又称"小学"为字学。读书必先识字，掌握字形、字音、字义，学会使用。到清代的《四库全书》，把小学书分为训诂、字书、韵书三类。小学附庸于经学，以经学为大学，故称语言文字之学为小学。可见从教育的角度来看，古代"小学"的一个重要含义就是指语言文字方面的学习。

"小学与大学之名古已有之，但只是到了朱熹这里，小学与大学之分，才具有了真正的教育阶段论意义。"① 朱子在理学的立场上明确界定了小学与大学在教育内容、目标与方法上的差异，在小学教育史上实现了一次变革。这个变革集中体现在他的小学观上。所谓小学观是指朱熹对于小学的总体看法，其核心问题即是如何看待小学在人生教育过程中的地位与价值。朱子关于这一点的讨论首先是在批判当时小学教育现状和回顾古人小学教育状况的基础上提出的：

陆子寿言：古者教小子弟，自能言能食，即有教，以至洒扫应对之类，皆有所习，故长大则易语。今人自小即教做对，稍大即教作虚诞之文，皆坏其性质。②

余正叔尝言："今人家不善教子弟。"先生曰："风俗弄得到这里，可哀!"③

---

① 张瑞璠主编：《中国教育哲学史》第二卷，山东教育出版社2000年版，第199页。
② 《朱子语类》卷7，第126页。
③ 《朱子语类》卷7，第127页。

如今为学甚难，缘小学无人习得。①

　　由于受到科举考试的指挥棒影响，到宋代，蒙学的一个主要任务便是学习作文，以备科举，而作文的最初便是练习作对子。而传统儒学教育的目标是如何成就道德，如何成为圣贤，因此，自能言能食即有教，且教的是日常生活当中的应事接物之道，所谓"行有余力，则以学文"。因此在试图复兴传统儒学精神的理学家看来，自小就将学习的注意力集中于"学文"这是本末倒置的做法。"今人不善教子弟"，是社会风俗衰败不古的一个重要表现，也是造成"如今为学甚难"的重要原因。对于古今小学教育的比较，朱熹也在《仪礼经传通解卷第九》中引述程子所言："古之古者八岁入小学，十五岁入大学，择其才可教者聚之，不肖者复之田亩。盖士农不易业，既入学则不治农，然后士农判。古之士者，自十五入学，至四十方仕，中间自有二十五年学，又无利可趋，则所志可知，须去趋善，便自此成德。后之人，自童稚间，已有汲汲趋利之意，何由得向善？故古人必使四十而仕，然后志定。只营衣食却无害，惟利禄之诱最害人。"② 强调古今小学所志不同，一个是趋善成德；一个是汲汲趋利，利禄之诱是损害当今小学教育的最大因素。这是理学家们思考小学教育问题时的一个现实背景。因此，朱熹提倡的是回归古者小学状况，如其在《小学原序》中所言："古者小学，教人以洒扫应对进退之节、爱亲敬长隆师亲友之道，皆所以为修身、齐家、治国、平天下之本。而必使其讲而习之于幼稚之时，欲其习与智长、化与心成，而无扞格不胜之患也。"③ 所谓"洒扫应对进退之节、爱亲敬长隆师亲友之道"，皆是道德行为的教育，要从小开始学习。因此，朱熹说：

---

　　① 《朱子语类》卷8，第132页。
　　② 朱熹：《仪礼经传通解》卷9，《朱子全书》第2册，上海古籍出版社、安徽教育出版社2002年版，第380页，下文所引《朱子全书》版本同此。此文与《二程集》原文相比在"然后士农判"与"古之士者"之间删了一句话"在学之养，若士大夫之子则不虑无养，虽庶人之子，既入学则亦必有养。"参见《河南程氏遗书》卷15，《二程集》，中华书局2004年版，第166页。
　　③ 《朱子全书》第13册，第393页。

古者小学已自养得小儿子这里定，已自是圣贤坯模了。①

后生初学，且看《小学》之书，那是做人底样子。②

《小学》是朱子与其弟子刘清之所编撰的童蒙教育教材，其主旨即是围绕"做人底样子"回归古者小学状况。虽然朱子也认为小学阶段要学习识字等基本的文化知识，但他反复强调小学教育的重心应该在于"做人底样子"，在于培养圣贤坯子。所谓"做人底样子"是从外在表现来讲儒家的行为特征，而圣贤坯模是从内在实质来讲圣贤的品性资质。他所推行的小学教育理念便是要恢复小学教育的本来状态，要把重心放在做人上面。

从宋明理学史来看，重视小学的道德教育，可以说是他们的共识之一。程伊川曰：

> 大学之法，以豫为先。盖人之幼也，智愚未有所主，则当以格言至论，日陈于前。盈耳充腹，久自安习，若固有之也，日复一日，虽有谗说摇惑，不能入也。若为之不豫，及乎稍长，意虑偏好生于内，众口辩言铄于外，欲其纯全，不可得已。③

此段文字，后来被朱熹收入于《近思录》。大学需要以小学为前提。由于幼儿智愚未有所主的心理特点，小学时期应该以儒家的格言至论作为主要教育内容，这样小学才能成为大学预备。

> 人多以子弟轻俊为可喜，而不知其可忧也。有轻俊之质者，必教之以通经学，使近本，而不以文辞末习，则所以矫其偏质而复其德性也。④

这里就明确提出小学不能专注于文辞之学，必须以儒家经典为主要内

---

① 《朱子语类》卷7，第124页。
② 《朱子语类》卷7，第127页。
③ 《河南程氏粹言》卷2，《二程集》，第1250页。
④ 《河南程氏粹言》卷1，《二程集》，第1294页。

容，这样才可以矫正天资上的偏失而恢复其本有德性。

虽然程子关于小学的论述不是很多，与朱子一样，程子也非常重视小学的德教，但程子所设定之教育内容侧重的是儒家经典的传授，而朱子则基于小学大学之区分，直接指出小学以儒家德行为主，这是二人的最大区别。

与朱子同时的吕祖谦也看到了小学教育当中道德与功利的问题，他认为："教小儿，先教以恭谨，不轻忽，不躁等，读书乃是余事。今日之有资质者，父兄便教以科举之文，不容不躁等。皆因父兄无识见，至有以得一等便为成材者。"① 小学教育不能混乱秩序，先要教之以恭谨，恭谨乃是道德本性，而读书学习科举之文乃是后一步的事。

相比而言，朱子对小学的议论还与其大学观联系在一起，更为系统深入：

> 古人小学养得小儿子诚敬善端发见了。然而大学等事，小儿子不会推将去，所以又入大学教之。②

这里指出小学之所以能养成圣贤坯模，其实质即是诚敬善端发见。但大学阶段与小学阶段的生活内容有所扩大，比如齐家治国平天下之事，自然不会成为小儿子的生活内容，故此需要入大学教之。

就小学与大学的关系来看，一方面，朱子认为小学与大学的教育重心是有区别的：

> 小学是直理会那事；大学是穷究那理，因甚恁地。③
> 小学者，学其事；大学者，学其小学所学之事之所以。④
> 小学是事，如事君，事父，事兄，处友等事，只是教他依此规矩做去。大学是发明此事之理。⑤

---

① 转引自吴军豹主编：《豫章书院修身科讲义》，江西人民出版社 2013 年版，第 99 页。
② 《朱子语类》卷 7，第 124 页。
③ 《朱子语类》卷 7，第 124 页。
④ 《朱子语类》卷 7，第 124 页。
⑤ 《朱子语类》卷 7，第 125 页。

作为不同教育阶段教育任务不同，一个是事，即处理人伦关系的道德行为；一个是事上之理，即事之所以然的义理。而就二者之间的关系来说，小学是大学的前提与基础：

> 古人于小学小事中，便皆存个大学大事底道理在。大学，只是推将开阔去。向来小时做底道理存其中，正似一个坯素相似。①
>
> 古者小学已自养得小儿子这里定，已自是圣贤坯模了，但未曾有圣贤许多知见。及其长也，令入大学，使之格物、致知，长许多知见。节②
>
> 古者，小学已自暗养成了，到长来，已自有圣贤坯模，只就上面加光饰。如今全失了小学工夫，只得教人且把敬为主，收敛身心，却方可下工夫。又曰："古人小学教之以事，便自养得他心，不知不觉自好了。到得渐长，渐更历通达事物，将无所不能。今人既无本领，只去理会许多闲汩董，百方措置思索，反以害心。"贺孙③

朱子总是通过讲述古人的教育状况来揭示小学与大学的应有关系。就年龄来说，古人八岁入小学，十五岁入大学，而且就朱子《小学》一书中所言来看，小学还不仅是八岁以后的教育，其实还包括在母亲腹中的胎儿时期一直到大学之前，因此，小学自然是大学的前提。就教育内容来看，小学是大学的基础。小学教育以洒扫应对等日常之事为主，以德行的培养为关键，"自养得他心，不知不觉自好了"，已经"存个大学大事底道理在"，打造了圣贤坯模，大学则是在此坯模上"加光饰"，即在小学基础上通过发明义理增加一些圣贤的知见，此义理是对小学所学德行的内在义理根据的阐发，其目的在于从理论上说明和论证儒家道德行为的合理性根据，只有这样才能"渐更历通达事物，将无所不能"。

对于儒家教育来说，道德行为贯穿儒家教育整个过程，既是儒家教育的基本途径，也是儒家教育的起点和目的。义理发明则主要是从理论上对儒

---

① 《朱子语类》卷8，第132页。
② 《朱子语类》卷7，第124页。
③ 《朱子语类》卷7，第125页。

家道德行为合理性的说明与论证，且义理的发明必须具备良好的道德实践经验，所谓"行有余力，则以学文"，行为较之于义理具有根本意义上的优先性，此即小学对于大学来说的基础地位。

朱熹还从知行关系的角度来说明小学与大学之间的关系：

泛论知行之理，而就一事之中以观之，则知之为先，行之为后，无可疑者。然合夫知之浅深、行之大小而言，则非有以先成乎其小，亦将何以驯致乎其大者哉？盖古人之教，自其孩幼而教之以孝悌诚敬之实，及其少长，而博之以诗书礼乐之文，皆所以使之即夫一事一物之间，各有以知其义理之所在，而致涵养践履之功也。（自注：此小学之事，知之浅而行之小者也。）及其十五成童，学于大学，则其洒扫应对之间，礼乐射御之际，所以涵养践履之者，略已小成矣。于是不离乎此而教之以格物以致其知焉。致知云者，因其所已知者推而致之，以及其所未知者而极其至也，是必至于举天地万物之理而一以贯之，然后为知之至。而所谓诚意、正心、修身、齐家、治国、平天下者至是而无所不尽其道焉。（自注：此大学之道，知之深而行之大者也。）今就其一事之中而论之，则先知后行固各有其序矣。诚欲因夫小学之成以进乎大学之始，则非涵养履践之有素，亦岂能居然以夫杂乱纷纠之心而格物以致其知哉？且《易》之所谓忠信修辞者，圣学之实事贯始终而言者也。以其浅而小者言之，则自其常视毋诳、男唯女俞之时，固已知而能之矣。知至至之，则由行此，而又知其所至也，此知之深者也；知终终之，则由知至而又进以终之也，此行之大者也。故《大学》之书，虽以格物致知为用力之始，然非谓初不涵养履践而直从事于此也，又非谓物未格、知未至，则意可以不诚，心可以不正，身可以不修，家可以不齐也。但以为必知之至，然后所以治己治人者，始有以尽其道耳。若曰"必俟知至而后可行"，则夫事亲、从兄、承上、接下，乃人生之所不能一日废者，岂可谓吾知未至而暂辍，以俟其至而后行哉！①

① 《答吴晦叔》，《晦庵先生朱文公文集》卷42，《朱子全书》第22册，第1914—1915页。

就一事来看，知先行后是无疑的。但就个人具体的成长过程来看，小学所学为知浅行小者，而大学乃是知深行大者，深大者须以浅小者为基础，大学须以小学为基础。他认为小学时所学之洒扫应对、礼乐射御之事皆是未发时涵养践履之工夫。盖古时之小学虽然是在一事一物上用功，然而其目的却在于养心。而大学之格致诚正、修齐治平则是学者应事接物之义理发明及其力行也。在朱子看来，须是小学时善养得未发之心体，大学时之已发方能使事物各得其理。"诚欲因夫小学之成以进乎大学之始，则非涵养履践之有素，亦岂能居然以夫杂乱纷纠之心而格物以致其知哉？"因此，"是以大学之序，特因小学已成之功，而以格物致知为始。"① 从个人成长的具体工夫上说，则先须涵养践履，然后方能格物致知。朱子在这里所说的践履只是以道德行为来养心而已，并无我们通常所理解地将书本之理付诸实际的意思。

从默会知识的角度来看，在行为实践过程中形成的默会知识构成了表现为语言的命题知识的前提与基础，小学围绕事的教育对于围绕义理的大学而言的前提与基础意义就是类似的，因此小学所学到的默会知识与大学阶段围绕经典所学到的明言知识一起构成了完整的理学知识。然而，大学义理必须基于小学之功的基础之上来讲，这个前提通常为后人所忽视，人们理解朱子理学思想往往直接自《大学》开始围绕四书来阐发其抽象义理，这是很不合适的。这也是造成目前朱子学研究者往往忽略其小学教育思想的重要原因。

小学学得好，大学才能不费力。若无良好的小学教育所培养的道德行为作为经验基础，在大学阶段的义理发明必然会费力且易走偏。因此，当古人这个理想模式遭遇小学教育现状时，当小学教育处于偏失状态时，应该如何补课的问题就相应出现了：

> 古人便都从那小学中学了，所以大来都不费力，如礼乐射御书数，大纲都学了。及至长大，也更不大段学，便只理会穷理、致知工夫。而今自小失了，要补填，实是难。但须庄敬诚实，立其基本，逐事逐物，理会道理。待此道理通透，意诚心正了，就切身处理会，旋了去

① 《答胡广仲》，《晦庵先生朱文公文集》卷42，《朱子全书》第22册，第1894—1895页。

理会礼乐射御书数。今则无所用乎御，如礼乐射书数，也是合当理会底，皆是切用。但不先就切身处理会得道理，便教考究得些礼文制度，又干自家身己甚事！①

古人于小学存养已熟，根基已深厚，到大学，只就上面点化出些精彩。古人自能食能言便已教了，一岁有一岁工夫，到二十，圣人资质已自有十分（寓作三分）。大学只出治光彩。今都蹉过，不能转去做，只据而今当地头立定脚做去，补填前日欠缺，栽种后来合做底（寓作根株）。如二十岁觉悟，便从二十岁立定脚力做去；三十岁觉悟，便从三十岁立定脚力做去。纵待八九十岁觉悟，也当据见定札住硬寨做去。②

朱熹于此，特别强调发现问题之后就应该立即补课，所谓"只据而今当地头立定脚做去，补填前日欠缺，栽种后来合做底（寓作根株）"。而且，此时若是年龄已大，无法转回去做，即可在逐事逐物上，将大学工夫与小学工夫相结合来做，"但须庄敬诚实，立其基本"此是贯穿小学、大学的根本工夫，"逐事逐物，理会道理。待此道理通透，意诚心正了，就切身处理会"，此则主要是大学工夫，"而旋了去理会礼乐射御书数"，则又落实在小学所教的"事"上。

朱子还认为，作为大学之前提与基础的小学与大学又具有内在的一致性、统一性：

问："大学与小学，不是截然为二。小学是学其事，大学是穷其理，以尽其事否？"曰："只是一个事。小学是学事亲，学事长，且直理会那事。大学是就上面委曲详究那理，其所以事亲是如何，所以事长是如何？"③

器远前夜说："敬当不得小学。"某看来，小学却未当得敬。敬已是包得小学。敬是彻上彻下工夫。虽做得圣人田地，也只放下这敬不得。

① 《朱子语类》卷7，第125页。
② 《朱子语类》卷7，第125页。
③ 《朱子语类》卷7，第125页。

如尧舜，也终始是一个敬。如说"钦明文思"，颂尧之德，四个字独将这个"敬"做擗初头。如说"恭己正南面而已"，如说"笃恭而天下平"，皆是。①

小学与大学的内在一致与统一主要体现两个方面：其一，小学与大学都属于儒家成人之教的一部分。儒家教育的根本目标即是成为圣贤（也即做理想的人），打造圣贤坯模的小学与增添圣贤知见的大学一同构成完整的儒家教育全过程，"只是一个事"；其二，小学与大学在工夫层面都须主敬。主敬自程子提出以来，被朱熹视为贯彻上下、始终、内外、动静的"圣门第一义"②，自然也是小学与大学阶段都须主敬。朱熹还举出日常生活的小事例来说明小学教育中"敬"的重要：

　　小童添炭，拨开火散乱。先生曰：可拂杀了，我不爱人恁地，此便是烧火不敬。所以圣人教小儿洒扫应对，件件要谨。某外家子侄，未论其贤否如何，一出来便齐整，缘是他家长上元初教诲得如此。只一人外居，气习便不同。③

小学教育得如何，从日常生活中随处可见的小事就可以一目了然。一个是随意拨开炭火，使得火星四处散乱，朱熹认为其行为背后是烧火"不敬"，做事缺乏谨严的态度，根源在于小学教育没有教好。而他的外家子侄，一出来就穿着非常齐整，给人以谨愿的外貌，这是敬的外在表现，其实质是原因在于家长的教育得法。

由上可见，朱熹以"事"与"理"明确区分小学与大学教育的重心所在，在对古代小学教育的描述和当时小学教育现状的批评之上，朱熹提出了新的小学教育思想，强调小学教育要以培养"做人底样子"为主要目标，提倡道德行为方式的养成教育。可以说，他在小学教育史上实现了理学家对传

---

① 《朱子语类》卷7，第126页。
② "'敬'字工夫，乃圣门第一义，彻头彻尾，不可顷刻间断。"参见《朱子语类》卷12，第210页。
③ 《朱子语类》卷7，第126页。

统小学教育观念的变革。自然，这种变革首先就要落实在他对小学教育内容的设计之上。

二、关于做人的《小学》

朱熹在《仪礼经传通解》的中间设置了《学礼》，其内容有：一：上，学制；下，学义。二：弟子职。三：少仪。四：曲礼。五：臣礼。六：上，仲律；下，律吕义。七：诗乐。八：礼乐记。九：书数。十：学记。十一：《大学》。十二：《中庸》；十三：《保傅》；十四：《践阼》；十五：五学。其中后五章为大学，第十章适合于小学与大学两个阶段，① 而前九章是关于小学的。小学部分的第一章是关于小学的通论，后八章即是六艺中的礼、乐、书、数四个事项，这四项当中关于礼的部分占了一半多，这是朱熹在整理和解释《仪礼》一书时整理的古代小学教育内容的部分。而朱子本人对于小学教育的内容设置，在他所编辑的《小学》中有更为集中的体现。

在《小学》一书中，朱子首先就回答了这个问题，即《立教第一》，其提要称："述此篇俾为师者知所以教，而弟子知所以学。"② 正文中，朱熹通过引用《列女传》《周礼》《大司徒》《弟子职》等，朱子列举了众多古代小学教育任务的言说，从这些材料中我们至少可以明白几点：

其一，朱子所谓的小学，从时间跨度上来说是从胎教开始直至大学。在《大学章句序》当中提到："人生八岁，则自王公以下，至于庶人之子弟，……皆入小学，而教之以洒扫、应对、进退之节，礼乐、射御、书数之文。"一直到十五岁，再入大学。"此又学校之教、大小之节所以分也。"③ 这里是就小学与大学的教育机构设置来讲。事实上对孩童的教育应该从更早开始。在《小学》之《立教第一》第一条就引用《列女传》的一段话：

《列女传》曰，古者，妇人妊子，寝不侧、坐不边、立不跸。不食

---

① 朱熹此条的按语："《小戴》第十八篇，言古者学校教人传道授业之序，与其得失兴废之所由。盖兼大、小学而言之也。"（参见《朱子全书》第 2 册，第 38 页）

② 《朱子全书》第 12 册，第 395 页。

③ 《大学章句》，《四书章句集注》，中华书局 2001 年版，第 1 页。

邪味。割不正不食，席不正不坐。目不视邪色，耳不听淫声。夜则令瞽诵诗。道正事。如此则生子，形容端正，才过人矣。①

做人的问题事实上在生命孕育时就已经开始，一直到离开母体而出生，也同样存在教育问题。这里对孕妇在饮食、睡眠、坐立、所看与所听都有一定的要求，连晚上都要请那人诵《诗经》来对孕妇实行教育，这样生下的孩子形貌端正，才能过人。这说明母亲十月怀胎时的言行举止具有教育意义，在《稽古第四》的第一条，朱子就引述了文王之母善为胎教的例子来证实这一论断。胎教的重要性在后来也广为接受，后世蒙学读物《增广贤文》当中就提到"训子须从胎教始，端蒙必自《小学》初"。

其二，父母在小学教育中扮演重要角色。从《立教第一》我们可以看到，除了老师之外，家长也是童蒙教育的实施者。从胎教来说，母亲成为孩童的第一任教育者，到八岁入小学之前，父母一直是孩子主要的教育者。这点从《稽古》篇中对应《立教第一》的实例可以证明，其中所举出文王之母、孟珂之母和作为孔鲤之父的孔子，均为父母教子之事。即使入小学之后，虽然老师成为了孩子的主要老师，但因小学需要涉及初步的文化学习，在德行教育方面还是需要家长的参与和配合。

其三，小学教育内容的设置围绕童蒙在日常生活当中如何做人这个主题来展开。朱熹说"圣人千言万语，只是要教人做人。"② 小学教育是培养"做人底样子"。所谓"做人底样子"，其实质是一种生活方式。《小学》的教育对象是日常生活当中的现实童蒙，而非抽象理论意义上的一般人。相比于大学阶段的大人来说，由于年龄的原因，童蒙的生活内容远未完全展开，比如齐家、治国、平天下等事不太可能成为童蒙的生活内容。于是《小学》所设置的具体教育内容就围绕童蒙的生活内容来具体展开，通过具体可行的道德规范教育以养成儒家所提倡道德化的生活方式。在《小学》中分为"明伦"与"敬身"两章，这是《小学》一书的主体所在。

明伦。也即与他人的交往相处之道，这里包括父子、君臣、夫妇、长

---

① 《朱子全书》第 12 册，第 395 页。
② 《朱子语类》卷 121，第 2945 页。

幼、朋友的相处之道。"父子有亲，君臣有义，夫妇有别，长幼有序，朋友有信，此人之大伦也。"① 这里的五种关系基本涵盖了传统社会当中个体的生存结构，是儒家历来所强调的道德教化之基本内容，包括家庭生活和社会生活两方面。朱子《小学》的教育也首先着眼于此。从"明伦"的具体内容可以看出，《小学》的重心并非泛泛而论一般的相处之道，而是具体介绍若干日常生活情境当中具体行为的操作之法。朱熹的用心不在于五伦的义理，而在从小处着手下工夫，逐渐养成儒家五伦的基本。

敬身。这里讲述的是童蒙的自我相处之道，涉及的是与自我有关的身体行为，既包括内在的精神活动，如认知、情感、意志、态度等，被称为"心术之要"，还有外在的威仪以及衣食活动，被分别为"威仪之则""衣服之制""饮食之节"。如果说明伦所涉及的人伦秩序当中的人，讲述的更多的是属于公共生活领域的问题，那这一部分侧重更多的是独处时的自我要求，属于私人生活领域。

童蒙的生活内容包括私人生活、家庭生活和社会生活等方面。现实的人首先就是具体人伦关系当中的人，其次是与自我的关系当中的人。而如何做人也就是如何对待他人、如何对待自我以及在此过程中伴随的如何应事接物。要注意的是所谓"敬身"的重心在于敬，但"明伦"的重心并非在于义理之"明"，而在于秩序之明，在于按照明伦的要求去做。

总体看来，小学教育以事上的教育为主，即生活礼仪教育为主，所谓洒扫应对进退之节，礼乐射御书数。围绕"明伦""敬身"的小学之教是一条由内至外，由己及人，由小到大，由末至本的个人成长之道。

其四，《小学》特别重视前人道德行为实例的教育意义。对于德行教育来说，教育的目的不在于对于道德行为规则的抽象理解，而在于道德行为习惯的养成，即道德行为规则在受教育者日常行为当中的完全落实。一般的行为规则要真正落实到日常行为当中，既取决于对规则的理解，更取决于日常生活当中的模仿实践。可以说，任何行为习惯的养成都需要多次的行为模仿实践，而行为实例就很好的展现了这种模仿行为的具体操作过程。这就是前人的行为实例在教育过程中的重要价值。可贵的是，朱子充分注意到了这一

---

① 《孟子集注》，《四书章句集注》，中华书局 2001 年版，第 255 页。

点。在《稽古》中就主要从传统儒家经典当中围绕立教、明伦和敬身的主题列举了许多相应的道德行为实例，以此证实前面所言的行为操作法则的可行性。而在《小学》整个外篇当中，"历传记，接见闻，述嘉言，纪善行"①，采集了众多理学家如张载、二程及其弟子等的言论和古今道德楷模的事例，来扩充内篇当中的"明伦"和"敬身"这两个小学教育的主要内容。

三、事上教化——朱子提倡的小学教育方法

由于小学教育以做人的德行教育为根本任务，因此，在教育方法上就必须与传统应对科举的教育方法有所区别。除了上面提到的要及早施教等观念之外，朱熹还提到了一些至今依然有价值的教育方法：

第一，重视躬行实践。

> 先生下学，见说《小学》，曰："前贤之言，须是真个躬行佩服，方始有功。不可只如此说过，不济事。"②

陈淳长期从事童蒙教育实践，他在讲习《小学》时，朱子特别提出，小学教育最重要的是躬行实践，而不在于言说式的理解。这点其实是德行教育的本质使然。德行教育本身本非知识教育，也非义理教育，而是实践教育，这种教育活动的实质是一种符合道德标准的行为模式的养成，而这种行为模式只能通过不断的实践行为来逐渐养成，因此德行教育的展开只能以实践的方式来进行，其教育的成绩也直接体现在日常行为当中。

第二，注意儿童的接受心理特点。

> 天命，非所以教小儿。教小儿，只说个义理大概，只眼前事。或以洒扫应对之类作段子，亦可。每尝疑《曲礼》"衣毋拨，足毋蹶；将上堂，声必扬；将入户，视必下"等叶韵处，皆是古人初教小儿语。列

---

① 《朱子全书》第 12 册，第 433 页。
② 《朱子语类》卷 7，第 127 页。

女传孟母又添两句曰："将入门，问孰存。"①

　　注意小儿的接受心理，不以阐明抽象义理为主，而是从眼前事开始，通过日常生活中显而易见的事上教育，注重培养道德行为习惯。同时在教材编排上注意协韵，帮助小儿记忆。受其影响，朱子门人如程端蒙、陈淳等编辑了押韵的小学教育教材，如《小学字训》（又称《性理字训》）《启蒙初诵》《训蒙雅言》等，在后世影响很大②。

　　　　教小儿读诗，不可破章。道夫③
　　　　先生初令义刚训二三小子，见教曰："授书莫限长短，但文理断处便住。若文势未断者，虽多授数行，亦不妨。盖儿时读书，终身改口不得。尝见人教儿读书限长短，后来长大后，都念不转。如训诂，则当依古注。"问："向来承教，谓小儿子读书，未须把近代解说底音训教之。却不知解与他时如何？若依古注，恐他不甚晓。"曰："解时却须正说，始得。若大段小底，又却只是粗义，自与古注不相背了。"义刚

　　这里指出了读诗的一个重要原则：读诗时不可拘泥于文字长短，而应以文意完整为一单位。这是由于儿时读书习惯一旦形成就很难改变，而对诗的理解特别强调整体性，这种整体性表现在审美心理学、文学和音乐上。④ 在对于古注的问题上，既要避免幼童难以理解，也要注意解说时需要正说，与古注不相背离。
　　第三，制作学规，帮助小学教育的实施。
　　朱子在从事教育实践过程中，除了编撰用以教学的教材之外，还积极编撰了不少学规来作为辅助，著名的有《白鹿洞书院揭示》《童蒙须知》等。《白鹿洞书院揭示》并不仅限于小学阶段，而《童蒙须知》则直接针对小学

---

　　① 《朱子语类》卷7，第126页。
　　② 可参见邓庆平：《朱子门人与朱子学》，中国人民大学2011年博士论文，第178—184页。
　　③ 《朱子语类》卷7，第125页。
　　④ 可参见台湾学者康云山：《朱熹"教小儿读〈诗〉不可破章"析论——朱熹的童蒙诗歌教学理论》，《南师语学报》2003年第1期。

教育而言，因此这里主要围绕该书来讨论。

《童蒙须知》，又被称为《训学斋规》，虽名为学规，但其实也属于小学教育的重要部分，其与《小学》当一起来看。《童蒙须知》的内容分为五个部分：衣服冠履、语言步趋、洒扫涓洁、读书写文字、杂细事宜，涉及日常生活中的穿衣、言语、家务、读书、写字和其他行为，有利于辅助《小学》的顺利实施。如果说《小学》作为小学教育的教材，以供入小学之后讲习之用，那《童蒙须知》则对应的教育对象更广泛，内容以私人生活的日常行为规范为主，且异常细致。《小学》的重心即是童蒙做人的日常行为规范，而《童蒙须知》则涉及不少童蒙日常学习相关的礼仪，比如读书写字的部分，因此也可以视为《小学》的重要补充。

到今天，我们的中小学生，也制定有相应的《中小学生守则》《小学生日常行为规范》《中学生日常行为规范》等学规。这些学规乃是"根据中小学生身心发展特点和规律，《守则》从大处着眼，对学生思想品德形成和行为习惯养成提出了基本要求，《规范》从小处着眼，从行为习惯养成入手，提出具体的、操作性较强的要求。"但其中缺乏理论性，而且就实际推广来说，与目前小学的教育内容缺少内在的一致性，在小学教育实践当中不受重视。《童蒙须知》与之相比有几个特征：没有大话空话，更贴近日常生活，内容更细致完整，更具实践的操作性，且作为童蒙日常行为规范其本身即《小学》的教育内容之一。

此外，朱子还提倡对女子进行教育，对女子施教也以事上规范教育为主：

> 问："女子亦当有教。自《孝经》之外，如《论语》，只取其面前明白者教之，何如？"曰："亦可。如曹大家《女戒》、温公《家范》，亦好。"①

对女子的教育，除了一般的儒家经典之外，还可以使用直接针对女子行为规范的《女戒》《家范》等。

---

① 《朱子语类》卷7，第127页。

    总的来说，朱子小学教育思想有如下几个特征：教育观念上，强调德行教育的优先性；教育内容设置上，极具仿效性和操作性；教育方法上，既注意到了家长在小儿德行教育方面的重要影响，也注意到小儿的心智特点，更特别强调学规的重要性。由于小学与大学的紧密关联，朱子的小学教育思想成为其思想体系的重要组成部分。随着朱子学的逐步官学化，其小学教育思想也成为后世几百年间指导蒙学教育实践最重要的教育思想。

（作者单位:江西师范大学政法学院哲学系）

试论杨简心学

何　静

　　杨简（1141—1226），字敬仲，浙江慈溪人，因筑室家乡德润湖（慈湖）上，世称慈湖先生。他是陆九渊门下最有影响的学生。杨简继承并发展了陆九渊的心学思想，克服了其中的理本论留存，从而建构了彻底的心本论；他提倡毋意，反对程朱格物致知的方法论。他启迪了包括"四句教"和《大学问》在内的阳明心学之心本论和工夫论的形成，可以说杨简心学简约高洁。杨简是陆王心学之承上启下式的人物。

一、建构彻底的心本论

　　陆九渊的本心说糅合了孟子的本心论又借鉴了佛道的心本论，即他所言的心既是伦理心、是非心也是本体心。杨简继承陆九渊的本心说，他也说自备众德的伦理心和不虑而知的是非心："人心自神，人心自灵，人心自备众德，不学而能，不虑而知，自温自良，自恭自俭，自温而厉，自威而不猛，自恭而安"；"此心虚明无体，精神四达，至灵至明，是是非非，云为变化，能事亲，能事君，上能从兄，能友弟，能与朋友交，能泛应而曲当，不学而能，不虑而知，未尝不清明。"① 讲到杨简对陆九渊伦理心、是非心的深刻认同就不免提到"扇讼一悟"的典故。据载杨简在富阳主簿任上时，曾问陆九渊何谓本心，陆以孟子的"四端"对，杨谓："简儿时已晓得，毕竟如

---

① 张寿镛辑：《四明丛书》第 11 册，《慈湖遗书》，广陵书社 2006 年版，第 6746、6618 页。

何是本心?"陆九渊始终不易其说,杨简也一直未醒悟。刚巧有扇讼,作为主簿的杨简立马断是判非,陆九渊随后指点:"闻适来断扇讼,是者知其为是,非者知其为非,此即敬仲本心。"① 杨简当下大悟,这也成了他拜陆九渊为师的机缘。既然本心能明辨是非,因此杨简也上承陆九渊不以儒家的经典和圣人为权威的思想,如他批评孟子的存心之言:"孟子曰:'养心莫善于寡欲,虽有不存焉者,寡矣。'且心非有体之物也。有体则有所,有所则可以言存。心本无体,无体则何所存?"② 在杨简看来心本无体,何来存心之说?他还批孟子分心与性为二:"孟子有存心养性之说,致学者多疑惑心与性之为二,此亦孟子之疵。"③ 杨简认为"性即心",他把性与心直接等同,自然也就不满孟子的心性分离。杨简对陆九渊的超越体现在心本论上,陆九渊云:"宇宙便是吾心,吾心即是宇宙。千万世之前,有圣人出焉,同此心同此理也。千万世之后,有圣人出焉,同此心同此理也。东南西北有圣人出焉,同此心同此理也。"④ 可见他的心本论尚有程朱理本论的留存,而作为弟子的杨简则清除了这种残余,成为彻底的心本论者。他言:"斯心即天之所以清明也,即地之所以博厚也,即日月之所以明,四时之所以行,万物之所以生也,即古今圣贤之所以同也";"天者,吾心之高明;地者,吾心之博厚;男者,吾心之乾;女者,吾心之坤;万物者,吾心之散殊。"⑤ 就是说天之所以清明、地之所以博厚、日月所以明、四时所以行、万物所以生,全赖心得以存在,而天地乾坤万物俱是心的表现。这其中,杨简发挥陆九渊"六经注我"的思想,也把儒家的《六经》看成是心体之发用:"三百篇……良心之所发也";"人心本正,……直而达之,则《关雎》求淑女以事君子,本心也;《鹊巢》昏礼天地之大义,本心也;《柏舟》忧郁而不失其正,本心也;《墉·柏舟》之矢言靡它,本心也。由是心而品节焉,《礼》也;其和乐,《乐》也;得失吉凶,《易》也;是非,《春秋》也;达之于政事,《书》也";"礼即人心之妙用";"《易》者,已也,非有他也。以《易》为书,不

---

① 《陆九渊集》,中华书局 1980 年版,第 487—488 页。
② 《四明丛书》第 11 册,《慈湖遗书》,第 6801 页。
③ 《四明丛书》第 11 册,《慈湖遗书》,第 6705—6706 页。
④ 《陆九渊集》,第 273 页。
⑤ 《四明丛书》第 11 册,《慈湖遗书》,第 6611、6686 页。

以《易》为己，不可也；以《易》为天地之变化，不以《易》为己之变化，不可也。天地，我之天地；变化，我之变化，非他物也。"① 杨简列举《关雎》《鹊巢》、邶风和墉风中的《柏舟》以表明《诗》是本心的流露，他同时指出《礼》《乐》《春秋》和《易》分别是心之节度、心之和乐、心之是非和心之得失吉凶变化的表示，而《尚书》也是心之达于政事。

杨简的著述曾无数次地引用《孔丛子·记问》中的孔子言"心之精神是谓圣"。尽管《孔丛子》早被学界认定是伪作，内中所谓的孔子言也是伪托，但这并不妨碍杨简的"六经注我"，他借圣人以自重，对心之精神作解释："心之精神，无方无体，至静而虚明，有变化而无营为。禹曰'安女止'，明其本静止也；舜曰'道心'，明此心即道也。"② 杨简讲心之精神无具体形状、至静、虚明、有变化，和前面他对心的描述同出一辙，所谓"此心虚明无体，精神四达，至灵至明，是是非非"；"澄然寂然，变化孔彰。斯妙也，自古谓之心"。可见他所说的心之精神和心是一回事。实际上在杨简的论述中，这二者就是等同的，如他言："孔子曰：'心之精神是谓圣。'此心初无圣贤庸愚之间，百姓日用此心之妙而不自知"③；"孔子又尝告子思'心之精神是谓圣'，明乎此心之未始不善，未始不神，未始或息，则乾道在我矣。"④ 概言之，杨简的心之精神即心，也即道心，因此他言"心之精神是谓圣"在其理论体系中是自恰的、圆融的。后来王阳明发展成"心之良知是谓圣"⑤，这也是阳明心学的体系所致。因为不像杨简的心至善浑沦，王阳明的心之体即良知，至善，而王阳明的心之用如意却是有善有恶、有是有非的，王阳明本人就说："有善有恶意之动"；"意与良知当分别明白。凡应物起念处，皆谓之意义。意则有是有非"⑥。要之，王阳明的心之体或说良知才是杨简所言的心，故王阳明需以心之良知来等同圣。在杨简，若说心之良知是谓圣，反多了良知这一赘词。需指出的是，王阳明好友湛甘泉对杨简心之精神的解读则有误。湛甘泉谓："慈湖立命，全在心之精神一句，元非孔子之言，

① 《四明丛书》第 11 册，《慈湖遗书》，第 6710—6711、6605—6606、6753、6674 页。
② 《四明丛书》第 11 册，《慈湖遗书》，第 6608 页。
③ 《四明丛书》第 11 册，《慈湖遗书》，第 6619 页。
④ 《四明丛书》第 1 册，《慈湖遗书》，第 217 页。
⑤ 《王阳明全集》，浙江古籍出版社 2010 年版，第 297 页。
⑥ 《王阳明全集》，第 231 页。

乃异教宗指也";"夫心之精神,人皆有之,然必得其精神之中正,乃可以语道,而遽以精神为圣,则牛马之奔奔、昆虫之欣欣、凡知觉运动者皆可谓圣矣,如蠢动含灵,皆可谓曰佛性矣,而可乎?"① 他指责杨简的心之精神一句非孔子言,乃佛教宗旨。认为杨简不当以心之精神为圣,而应以得精神中正者谓之道,否则牛马之奔奔、昆虫之欣欣、凡知觉运动者皆可谓之圣,就好像佛教说蠢动含灵皆具佛性一样。湛甘泉实际上是把杨简所说的心之精神理解成了万物的知觉和作用,因而认为言知觉作用为性就会陷入荷泽宗以知觉为佛性、洪州禅以作用为佛性的误区。

二、主张毋意的工夫论

杨简的工夫论主要的就是毋意、无意、不起意。毋意一词源自《论语》,《子罕》篇曰"子绝四——毋意、毋必、毋固、毋我",即是说孔子没有四种毛病,他不主观臆测,不绝对肯定,不拘泥固执,不自以为是。程颢的新解是"'毋意',毋私意也"②。杨简拓展道:"何谓意?微起焉皆谓之意,微止焉皆谓之意。意之为状,不可胜穷,有利有害,有是有非,有进有退,有虚有实,有多有寡,有散有合,有依有违,有前有后,有上有下,有体有用,有本有末,有此有彼,有动有静,有今有古。若此之类,虽穷日之力,穷年之力,纵说横说,广说备说,不可得而尽";"孔子曰:'毋意,毋必,毋固,毋我。'意之状,大概无踰斯四者。"③ 杨简提出微起、微止的思虑、意念就是意,意态万象,不可穷尽,但可总括为四种即意、必、固、我,而必、固、我三种又可归为意。他说:"何谓必?必亦意之必。必如此,必不如彼,必欲如彼,必不欲如此。……何谓固?固亦意之固。固守而不通,……固守而不化,……何为我?我亦意之我。意生故我立,意不生我亦不立。"④"必"是意中的绝对肯定,"固"是意中的固守不通,"我"是意的

---

① 湛若水:《杨子折衷》,《泉翁大全集》卷79,台湾商务印书馆文渊阁《四库全书》本1983年版。
② 《二程集》,中华书局1981年版,第360页。
③ 《四明丛书》第11册,《慈湖遗书》,第6612、6610页。
④ 《四明丛书》第11册,《慈湖遗书》,第6613页。

伴生物。杨简还曰："周公仰而思之，夜以继日，非意也；孔子临事而惧，好谋而成，非意也。""孔子曰：'居处恭'，恭而已，无意也；'执事敬'，敬而已，无意也；'与人忠'，忠而已，无意也。……所谓复礼，复我本有之礼，三千三百，经条明白，不劳作意。'出门如见大宾，使民如承大祭'，亦何意之有？"故习尚熟，微蔽尚有，意虑萌蘖即与道违"；"盖人心即道，作好焉，始失其道；作恶焉，始失其道；微作意焉，辄偏辄党，始为非道。所以明人心之本善，所以明起意之为害"；"道心，人所自有，无俟乎求，惟私意蔽之，始昏始惑。"总括上述，杨简认为思虑、意念符合儒家伦理的就是毋意、不起意，反之故意作好作恶、有违道德规范的就是意，意也即是私意。因此王阳明弟子邹东廓的评论是对的："慈湖所谓不起意者，不起私意也。"① 杨简还指出不起意并非什么都不干，循理而为、做事合理的就是不起意："不起意，非谓都不理事。凡做事，只要合理，若起私意则不可。如事亲从兄治家接物，若子哭颜渊恸与见其过而内自讼，此是云为变化，非起意。"② 湛甘泉曾斥杨简的毋意、不起意是寂灭、槁木死灰，他说："不起而为意，便是寂灭"；"本体为心，动念为意，一感一应，其能寂灭乎？"③ "意得其中正者即不私、不偏，未闻一切意皆可无，无则槁木死灰矣。"④ 显然他又错解了杨简的毋意说。

杨简还以"毋意"为标准来评判《周易》《大学》和《中庸》，他说："《易·上系》曰：'圣人洗心。'《大学》曰：'先正其心。'……'洗心''正心'之说行，则为揠苗，非徒无益，而又害之"；"《大学》之书则不然，曰'无所不用其极'，曰'止于至善'，曰'必正其心'，曰'必诚其意'，反以作意为善，反蔽人心本有之善，似是而非也，似深而浅也，似精而粗也"；"子思曰：'喜怒哀乐之未发谓之中，发而皆中节谓之和。中也者，天下之大本也；和也者，天下之达道也。'孔子未尝如此分裂，子思何为如此分裂？此乃学者自起如此意见，吾本心未尝有此意见。方喜怒哀乐之未发也，岂曰此吾之中也？谓此为中，则已发之于意矣，非未发也；及喜怒哀乐之发也，岂曰吾

---

① 董平编校整理：《邹守益集》，凤凰出版社 2007 年版，第 522 页。

② 《四明丛书》第 11 册，《慈湖遗书》，第 6798 页。

③ 湛若水：《泉翁大全集》卷 79，《杨子折衷》。

④ 湛若水：《泉翁大全集》卷 80，《杨子折衷》。

今发而中节也？发则即发，中则即中，皆不容私。大本达道，亦皆学者徐立此名"①。杨简认为人心本善本正本清明，因此《周易》的《系辞上传》和《大学》所言的洗心、正心都是揠苗助长的行为。《大学》提倡要"无所不用其极""止于至善""必正其心"等是故意做好，是以起意为善，反而遮蔽了人心的本有之善，乃似是而非。他又批评《中庸》未发谓中、已发谓和及大本达道之言皆是子思起意的结果。

需指出的是，杨简之前或同时的理学家都围绕着存理灭欲的主题提倡灭人欲的具体工夫，而杨简却极少谈灭欲，他主要谈毋意、不起意。杨简那么重视意，当然与儒家的长期熏陶有关，儒家如《论语》讲毋意，《大学》有诚意说等，除此之外，我们说跟佛教不无关系。杨简深受佛学熏染，而对中国佛教天台宗、华严宗和禅宗皆有直接影响的《大乘起信论》就云："一切法皆从心起妄念而生。……当知世间一切境界，皆依众生无明妄心而得住持"；"一切诸法唯依妄念而有差别，若离心念，则无一切境界之相。"② 即是说大千世界一切诸法皆依虚妄意念而起，若能毋念，离开了妄念，也就没有世界之相。惠能禅宗云："世人性净，犹如清天，惠如日，智如月，知惠常明。于外著境，妄念浮云盖覆，自性不能明。"③ 是谓世人本性清净，只是为妄念覆盖，若能吹却妄念，又能复归清净自性。惠能禅宗还倡"无念为宗，无相为体，无住为本"的"三无"法门，这"三无"并非百无所思，不对境起念，而是在念念相续的同时又不著于任何的处境和意念，也即不生妄念。联系杨简之重视意、说心本善、为意所害、而毋意能回复寂然澄然之虚明心、同时毋意并非断绝思虑的理论体系，显见得是受到了佛教的启示。尤其是后期禅宗有"青青翠竹，尽是真如，郁郁黄花，无非般若"④"运水搬柴，无非佛事"⑤ 之说，认为只要心中有对佛理的正见，举凡行住坐卧皆是佛道。而杨简之毋意的一个主要内容便是如前所述——只要恪守儒家的道德伦理，

① 《四明丛书》第 11 册，《慈湖遗书》，第 6618、6794、6796 页。

② 真谛译：《大乘起信论》，中华书局 1992 年版，第 59、17 页。

③ 石峻、楼宇烈等编：《中国佛教思想资料选编》第二卷第四册，中华书局 1983 年版，第 11 页。

④ 《大藏新纂卍续藏经》第 80 册，河北省佛教协会虚云印经功德藏倡印 2006 年版，第 311 页。

⑤ 《大藏新纂卍续藏经》第 63 册，第 456 页。

做任何事也都是毋意，可见禅宗的思维方式对杨简的浸润。

在工夫论上，杨简和陆九渊颇有分歧。杨简反对陆九渊提倡的收拾精神一说，也不赞成陆九渊之附和程朱的格物致知说。当闻听张元度持守陆九渊之收拾精神时，杨简云："收之拾之，乃成造意；休之静之，犹是放心。学问之道无他，求其放心而已矣。吾心本无妄，舍无妄而更求，乃成有妄。"①在他看来，心之精神本善本清明，寂然不动感而遂通，不疾而速不行而至，因此无需再加收拾，否则便是故意造作，便是起意。

杨简也不满程朱格物致知的方法论，他言："格物不可以穷理言。文曰格耳，虽有至义，何为乎转而为穷？文曰物耳，初无理字义，何为乎转而为理？据经直说，格有去义，格去其物耳。"杨简反对程朱的格物穷理说，认为解格物为穷理是错误。格虽有"至"的含义，但怎能转为"穷"义？物本来就无"理"之义，又怎能转为"理"义？根据儒家经典，格有"去"之义，格物即格去其物的意思。杨简接着言："格物之论，论吾心中事耳。吾心本无物，忽有物焉，格去之可也。物格则吾心自莹，尘去则鉴自明，滓去则水自清矣。天高地下，物生之中，十百千万，皆吾心耳，本无物也。天下同归而殊途，一致而百虑，天下何思何虑？事物之纷纷，起于念虑之动耳。思虑不动，何者非一？何者非我？思虑不动，尚无一与我，孰为衣与食？比如此而后可以谓之格物。格物而动于思虑，是其为物愈纷纷耳，尚何以为格？若曰'今日格一物，明日又格一物，穷尽万理乃能知至'，吾知其不可也。"② 这是说格物即格去我心中的物执（思虑），吾心本自清明无物，是思虑起动导致事物纷纷。只要去掉思虑则吾心复归明莹。思虑不起才可称为格物。若为格物而动心起念，这样就越发导致心中事物纷至沓来，还说什么格物？因此像程颐"今日格一物，明日又格一物，穷尽万理乃能知至"是不可能的。杨简认为程朱的格物致知不仅治学方向错误，而且还会造成大害："道非心外"；"夫人心即道，本不假求，学者自昏，误求之外"；"致学者求道于心外，岂不大害！……早悟此心之即道，而不他求也。至哉，人心之灵乎！至神至明，至刚至健，至广至大，至中至正，至纯至粹至精，而不假外

---

① 《四明丛书》第 11 册，《慈湖遗书》，第 6632 页。

② 《四明丛书》第 11 册，《慈湖遗书》，第 6757—6758 页。

求也。"① 他还赋诗："此道元来即是心，人人抛却去求深。不知求却翻成外，若是吾心底用寻?"② 要言之，杨简认为道（理）在心中，人们无须外心以求道（理），所谓的格物即格去心中的念虑，使心回归清明。说到底，他的格物也即毋意、不起意。

"瞻彼慈湖，云间月澄"，杨简试图以清明之心挥洒种种的善，而以毋意来消解人世间种种的恶。杨简心学的"心—毋意"结构可说是"易简直截"，"直超上悟"。王畿曰："慈湖之学得于象山，超然自悟本心，乃易简直截根源。"③ 钱德洪也云："德洪尝伏读先生遗书，乃窃叹先生之学直超上悟者乎。"④ 应该说，王阳明这二位高弟的赞誉于杨简心学是贴切的。

三、点拨了阳明心学

王阳明熟稔杨简心学，正德末年门生顾惟贤寄赠《慈湖文集》，他回信说："承寄《慈湖文集》，客冗未能遍观。"⑤ 归越后他当有闲暇遍观了，他评杨简："慈湖不免著在无意上"；"杨慈湖不为无见，又著在无声无臭上见了。"⑥ 在王阳明看来，杨简不乏见地，但太过执著于毋意，实质上取消了儒家内圣外王的种种工夫。杨简对王阳明的影响具体表现在：

其一，对王阳明的心本论和工夫论有启迪。前言杨简的心乃伦理心是非心，他克服了陆九渊的理本论残余，认为心是万物的存在依据，包括《六经》在内的万物俱是心之发用。在杨简看来，既然"心即道""道非心外"，因此程朱的格物外求为非，他主张格物就是格去心中的意念，格物工夫就在心上做。王阳明和杨简的上述思路一脉相承，王阳明也认为心（良知）是伦理心是非心，他提出"心外无理"；"良知者，孟子所谓'是非之心，人皆有之'者也。是非之心，不待虑而知，不待学而能，是故谓之良知"⑦。他

---

① 《四明丛书》第 11 册，《慈湖遗书》，第 6700、6797、6815 页。
② 《四明丛书》第 11 册，《慈湖遗书》，第 6661 页。
③ 吴震编校整理：《王畿集》，凤凰出版社 2007 年版，第 114 页。
④ 钱明编校整理：《徐爱钱德洪董澐集》，凤凰出版社 2007 年版，第 172 页。
⑤ 《王阳明全集》，第 1048 页。
⑥ 《王阳明全集》，第 1693、127 页。
⑦ 《王阳明全集》，第 168、1019 页。

直承陆九渊、杨简等对儒家权威的审视态度,"但致良知成德业,谩从故纸费精神";"夫学贵得之心,求之于心而非也,虽其言出于孔子,不敢以为是也"①。他也认为心(良知)是万物的存在根据,包括《六经》在内的万物皆是其发用:"天地万物,俱在我良知的发用流行中,何尝又有一物超于良知之外,能作得障碍?""盖《四书》《五经》不过说这心体,这心体即所谓道";"《六经》者,吾心之记籍也,而《六经》之实则具于吾心。"②王阳明也同样提出理在心中,反对外心以求理,反对程朱的格物穷理说。他说:"夫求理于事事物物者,如求孝之理于其亲之谓也。求孝之理于其亲,则孝之理其果在于吾之心邪?抑果在于亲之身邪?假而果在于亲之身,则亲没之后,吾心遂无孝之理欤?"③他声明理不在客观事物上,也不在道德实践的对象上,理只存在于人的心中,理即是无私欲之蔽的心体的自然发用,"此心无私欲之蔽,即是天理,不须外面添一分。以此纯乎天理之心,发之事父便是孝,发之事君便是忠,发之交友治民便是信与仁"④。和杨简一样,王阳明主张格物工夫就在心上作:"乃知天下之物本无可格者。其格物之功,只在身心上作。"⑤王阳明言格物:"物者,事也,凡意之所发必有其事,意所在之事谓之物。格者,正也,正其不正以归于正之谓也。正其不正者,去恶之谓也。归于正者,为善之谓也。夫是之谓格。"⑥他认为物就是事,凡意念所向必有其事,而意有善有恶,因此所谓的格物也就是正其心中不善的念头,以善念指导具体践履。总之,杨简对王阳明提出"心即理""心外无理",反对程朱的格物致知、外心求理的思想是有作用的。

其二,对王阳明的"四句教"有启发。王阳明在正德年间谈诚意,也谈存理灭欲,更多的是把善恶归结为人欲,而自从正德末年得到《慈湖文集》后,他更关注的是意的作用,以至在嘉靖年间作的四句教的第二句便是"有善有恶意之动",认为善恶出自于意,应该说这跟杨简也有关。另外,杨简心学对王阳明四句教中所含的"一悟本体,即见功夫,物我内外,一齐尽

---

① 《王阳明全集》,第827、82页。

② 《王阳明全集》,第117、16、271页。

③ 《王阳明全集》,第49页。

④ 《王阳明全集》,第3页。

⑤ 《王阳明全集》,第132页。

⑥ 《王阳明全集》,第1019页。

透"的利根人之修行方法有启迪，它也直接影响了王龙溪的先天正心之学。

杨简形容心体，曾以明镜作喻："此心之灵，明踰日月，其照临有甚于日月之照临。日月能照容光之地，不能照蔀屋之下。此心之神，无所不通；此心之明，无所不照。昭明如鉴，不假致察，美恶自明，洪纤自辨。……鉴未尝有美恶，而亦未尝无美恶；鉴未尝有洪纤，而亦未尝无洪纤；吾心未尝有是非利害，而亦未尝无是非利害。"① 他以镜子能鉴别美丑大小又不滞留于美丑大小来说明心体能明辨是非利害但又不滞于是非利害。他的这一思想被王阳明发挥，后者四句教的首句"无善无恶心之体"的一层含义就是心体明莹无滞。当然王阳明的阐述更为详尽："人心本体原是明莹无滞的"；"良知之体皦如明镜，略无纤翳。妍媸之来，随物见形，而明镜曾无留染，……明镜之应物，妍者妍，媸者媸，……妍者妍，媸者媸，一过而不留。"② 王阳明认为心体之无善无恶就像明镜照物，能美丑立现，同时又能物去不留。

杨简曾这样论说："胡不观箕子为武王陈《洪范》乎？箕子之言，极曰'无偏无陂，遵王之义；无有作好，遵王之道；无有作恶，遵王之路。无偏无党，王道荡荡；无党无偏，王道平平；无反无侧，王道正直。'论极如箕子，诚足以发挥人心之极矣。盖人心即道，作好焉，始失其道；作恶焉，始失其道"③；"不起意，非谓都不理事。凡作事，只要合理，若起私意则不可。如事亲从兄治家接物，若子哭颜渊恸与见其过而内自讼，此是云为变化，非起意。"杨简借《尚书·洪范》中的箕子言，说人心不故意作好恶，公正无偏，同时言人心即道（理），毋意就是言行举止循理而为，强调毋意并非不作事，而是不故意作好作恶，不起私意妄为。他的上述思想也被王阳明吸收到四句教中。王阳明"无善无恶心之体"还有一层含义便是心体持平公正、一循于理，所谓"圣人无善无恶，只是无有作好，无有作恶，不动于气。然遵王之道，会其有极，便自一循天理，便有个裁成辅相。……不作好恶，非是全无好恶，却是无知觉的人。谓之不作者，只是好恶一循于理，不去又着一分意思。如此，即是不曾好恶一般"④。王阳明也引用箕子言，认为无善无恶是不

---

① 《四明丛书》第 11 册，《慈湖遗书》，第 6612—6613 页。
② 《王阳明全集》，第 129、76 页。
③ 《四明丛书》第 11 册，《慈湖遗书》，第 6794 页。
④ 《王阳明全集》，第 32 页。

故意作好或作恶，是循理而行，无有私意妄为的意思，并且强调不作好恶不是没有好恶，只是好恶一循于理，不加一分私意。从上显见杨简对王阳明的引领。

其三，对王阳明的《大学问》有启示。杨简说："《大学》曰：'欲治其国者先齐其家，欲齐其家者先修其身，欲修其身者先正其心。'判身与心而离之，病已露矣，犹未著白。至于又曰：'欲正其心者先诚其意，欲诚其意者先致其知，致知在格物。'噫，何其支也！……岂于心之外必诚其意，诚意之外又欲致知，致知之外又欲格物哉？取人大中至正之心纷然而凿之，岂不为毒？""心未始不正，何用正其心？又何用诚其意？又何须格物？""人心何尝不正？……一欲正心，便是起意。"① 他批评《大学》先正心后修身是身心二离，而格物然后致知、然后诚意、然后正心更是支离。认为心大中至正，因此毋需正心，既然心正故也毋需再诚意格物，否则便是起意。

受杨简提撕，当然也是阳明心学本身的圆熟所致，王阳明在《大学问》中，也提出不必正心，"盖心之本体本无不正"；也反对就八节目之间的节节分疏，"盖身、心、意、知、物者，是其工夫所用之条理，虽亦各有其所，而其实只是一物。格、致、诚、正、修者，是其条理所用之工夫，虽亦皆有其名，而其实只是一事"②。他把修身正心诚意致知格物看成是同一件事同一个工夫，也就是致良知。他是这样论证的："吾身自能为善而去恶乎？必其灵明主宰者欲为善而去恶，然后其形体运用者始能为善而去恶也。故欲修其身者，必在于先正其心也。然心之本体则性也。性无不善，则心之本体本无不正也。……自其意念发动而后有不正。故欲正其心者，必就其意念之所发而正之，……然意之所发有善有恶，不有以明其善恶之分，亦将真妄错杂，……故欲诚其意者，必在于致知焉。……今于良知之善恶者，无不诚好而诚恶之，则不自欺其良知而意可诚也已。然欲致其良知，……是必实有其事矣。故致知必在于格物。……今焉于其良知所知之善者，即其意之所在之物而实为之，无有乎不尽。于其良知所知之恶者，即其意之所在之物而实去之，无有乎不尽。然后物无不格，而吾良知之所知者无有亏缺障蔽，而得以

① 《四明丛书》第 11 册，《慈湖遗书》，第 6793—6794、6795、6716 页。
② 《王阳明全集》，第 1018 页。

极其至矣。夫然后吾心快然无复余憾而自谦矣，夫然后意之所发者，始无自欺而可以谓之诚矣。"①王阳明认为修身关键在于正心，因为身是受心主宰的，而心之本体是性，性无不善，故心之本体本无不正，毋需做工夫。他和杨简的区别在于，杨简以意为恶，王阳明则承继从《大学》到朱熹的思路，认为意有善有恶，因此做正心的工夫实际是做诚意的工夫。然要诚意首先得明辨意之善恶，这就必须致知、致良知。良知知善知恶，只有诚实无欺地按良知之好恶而好恶这才是意诚，同时致知诚意都必须实实在在地按良知之好恶去为善去恶也即格物，也即是说致知诚意的工夫最终都必须落实在格物上。只有实实在在地按照良知之好恶去为善去恶无有不尽，才可以说是物格知至意诚心正身修。

在《大学问》中，王阳明的万物一体思想也受到了杨简的导引。杨简曾数度谈到他对万物一体的觉悟："少年闻先大夫之诲，宜时复反观。某后于循理斋燕坐反观，忽然见我与天地万物万事万理澄然一片，向者所见万象森罗，谓是一理通贯尔，疑象与理未融一，今澄然一片，更无象与理之分，更无间断，不必言象，不必言理，亦不必言万，亦不必言一，自是一片。看唤作甚莫，唤作天亦得，唤作地亦得，唤作人亦得，唤作象亦得，唤作理亦得，唤作万亦得，唤作一二三四皆得。"②杨简奉父教诲作反观工夫，一日于循理斋燕坐反观，悟到天地万物、万事万理的融通为一。此后他也有过反复，曾起过心物二分之见，当然最终他又复归万物一体观。可见杨简对万物一体的境界不仅有理性认识，还有深刻的心理体验，从中他又自然推出"天下为一家，中国为一人"③，这本来也即《礼记·礼运》中的宏愿。而这些对王阳明的影响是明显的，他在《大学问》中就言："大人者，以天地万物为一体者也，其视天下犹一家，中国犹一人焉。"④

（作者单位：宁波大学马克思主义学院）

---

① 《王阳明全集》，第 1018—1020 页。
② 《四明丛书》第 11 册，《慈湖遗书》，第 6817 页。
③ 《四明丛书》第 11 册，《慈湖遗书》，第 6786—6787 页。
④ 《王阳明全集》，第 1015 页。

真德秀《心经》与韩国心法学[*]

朱人求

真德秀（1178—1235）为南宋大儒，人称"西山先生"。全祖望称："乾淳诸老之后，百口交推，以为正学大宗者，莫如西山。"韩国退溪誉之为"朱门以后第一人"。真德秀的著作主要有《大学衍义》《心经》《西山文集》《西山读书记》和《政经》，其中《大学衍义》和《心经》为其代表作。《大学衍义》是南宋末期和元明清经筵必讲之书、科举考试和谈论经世学者必读的典籍，对朝鲜和越南帝王之学的形成和发展影响深远。《心经》对韩国儒学影响至巨，退溪因《心经》而接续程朱理学，毕生"敬之如神灵，尊之如父母"，茶山尊《心经》乃终身笃行的"治心之术"。韩国宋熹准编辑的《心经注解丛编》更是收录了《心经》注解文本 102 种，《心经注解丛编补遗》又增补了 74 种，几乎各家各派都有《心经》的注解文献，《心经》俨然成为韩国心性之学尤其是心法学的阐释与建构的重要思想载体。

一、《心经》与《心经附注》

《心经》是真德秀于 1232 年再守泉州时辑录传统儒家经典与程朱理学关于心法学理论而成的一部有关心性修养的书。《心经》以《尚书·大禹漠》"人心惟危，道心惟微，惟精惟一，允执厥中"的"十六字心传"开篇，至

---

  * 本文为国家社科基金项目（12BZX039）、中央高校基本科研业务费项目（2013221003）、教育部重大招标项目（2012003、2012007）的阶段性成果。

朱熹的《尊德性斋铭》结束，共 38 条，包括：《书》1 条，《诗》3 条，《易》5 条，《论语》3 条，《中庸》2 条，《大学》2 条，《乐记》3 条，《孟子》12 条，周敦颐 2 条，程颐 1 条，范祖禹《心箴》1 条，朱熹 3 条，末附真德秀《心经赞》。《心经》始终围绕着"治心"的主题，集中阐发了儒家圣贤的心法之学，极力倡导儒学心性修养工夫论，表现为与陆王本体之心学迥然不同的心法之心学传统。

所谓心法，西山称之为"圣人养心之要法"①，元代王充耘在其《传授心法之辨》中认为心法即"治心之法"："夫所谓心法者，盖言治心之法耳。其意以为人能操存制伏此心，使之无过不及，然后能治天下，故圣贤以此相授受。"② 概而言之，心法就是古代圣贤认识心性、修养心性的根本方法。所谓心法学，即系统阐释圣贤认识心性、修养心性的学说。人能恪守心法，对内可成就道德，对外能修齐治平。关于心法的内涵，真德秀认为："人心惟危以下十六字，乃尧舜禹传授心法，万世圣学之渊源。人主欲学尧舜，亦学此而已矣。"③ 真西山把《尚书·大禹谟》中的"人心惟危，道心惟微，惟精惟一，允执厥中"十六字作为尧舜禹道统相传的心法，并视之为万世圣学的渊源，帝王为学的根本。这一思想直接继承于朱熹，只不过真德秀把十六字心传视为帝王为学的根本，把道统与政统贯通为一。儒家心法的圣圣传授，其谱系就构成道统。朱熹最早提出"道统"的观念，④ 他继承二程，建立道统，以"危微精一"阐释其理想的"道统"。在《中庸章句序》中，他说："上古圣人继天立极，而道统之传有自来矣。其见于经，则允执厥中者，尧之所以授舜也。人心惟危，道心惟微，惟精惟一，允执厥中，舜之所以授禹也……自是以来，圣圣相承。"⑤ 尧舜禹之后，成汤文武周公孔子承接道统，孔子继往开来，传道与颜子、曾子、子思，孟子私淑孔子，到了宋明，周子二程承接千年不传之绪。朱熹自觉地以道统自任，他的道统观首推十六字心传，率先确立了道统的哲学内涵，功不可没。

---

① 真德秀：《大学衍义》卷 2，《四库全书》本。
② 真德秀：《读书管见》卷上，《四库全书》本。
③ 真德秀：《大学衍义》卷 2。
④ 陈荣捷：《朱子与道统》《朱子道统之哲学性》，《新儒学论集》，台湾"中央研究院"文哲研究所 1995 年版。
⑤ 《朱文公文集》卷 76，《朱熹集》，四川教育出版社 1996 年版。

真德秀《心经》对朱子心性之学的发展主要体现在三个方面：

第一，心法学（或心法之心学）的提出。真德秀的《心经赞》体现了"圣贤言心之要旨"。其《心经赞》一开始就说："舜禹授受，十有六言，万世心学，此其渊源。"此所谓"十有六言"，即上面所说的"十六字心传"，它也是儒家道统相互传授的心法。其所谓"心学"即"心法学"，是指广义的圣贤之学，即自尧舜禹文武周公孔孟一脉相承的儒家修心养性之学，其具体所指就是儒家的心法之心学。心法之心学的提出是对宋儒空谈心性的反动，它既具有道统的历史文化内涵，也关切现实世界的具体事功，是真德秀"明理达用"的实学思想的具体落实。诚如《心经序》所言："先生之心学，由考亭而溯濂洛洙泗之原，存养之功至矣。"所以，《心经》是一部系统阐释儒家心性修养的经典，《心经》所倡导的心法学是与陆王本体心学迥然不同的心学。"缅观往昔，百圣相传，敬之一言，实其心法。盖天下之理，惟中为至正，惟诚为至极。然敬所以中，不敬则无中也。敬而后能诚，非敬则无以为诚也。"①"敬"是"中"和"诚"存在的充分条件，没有"敬"就不可能有"中"和"诚"。"敬"也是"仁"赖以存在的根本原因，"敬者仁之所以存，未有敬而不仁，亦未有仁而不本于敬者也"②。至于道统十六字心传，真西山最为重视的"危微"和"精一"，无非教人时刻保持警醒，时刻用道心和主宰人心，以天理来防范人欲，在本质上，它们都不过是"敬"的工夫的细化而已。

第二，心学工夫③的简化。关于真德秀心性之学的内涵，狄百瑞尤其重视国内学者较少关注的《心经》。狄百瑞认为，朱子与真德秀及后追随者的学说成为多民族国家获得公共道德和自我训练的共同语言的历程同时就是经书的压缩简约过程。首先压缩为《四书》，后压缩为《大学》，次编为《大学》中自我修养的八条目。最后又被压缩为正心一条，并把正心说成是政

---

① 真德秀：《南雄州学四先生祠堂记》，《西山文集》卷26，台湾商务印书馆文渊阁《四库全书》1983年版。

② 《送刘伯谆宰江宁序》，《西山文集》卷28。

③ 心学工夫的系统化理论我们又称之为工夫心学，这是心法学与本体心学相互重叠的部分，二者有相通性，是彼此可以对话的共同点。或者说，心法学与本体心学的根本不同在于对本体的设定，具体体现为"性即理"与"心即理"的差异。在心法学中，心是认识心和道德心；在本体心学中，心则具有本体的意义。而在工夫论与境界论领域，二者同大于异。

体的基础。① 这是狄百瑞最富有启发性的观点之一。其实，在《大学衍义》和《心经》中，真西山继承和发展了程朱的思想，把"正心"的工夫凝练为"主敬"的工夫，提出"敬为心法""敬为修身立政之本""戒惧慎② 独者，敬也"等命题，以道心治理人心，儒家道统和政统、修身和立政从此紧密相连，把儒家"主敬"的理论推向了一个新的高度。③

第三，心学工夫的个体化与宗教化。与程朱性理学所要求的居敬穷理相比，真德秀《心经》所倡导的心法学更适用于个体的、内在的道德修养。在《心经》中，真德秀一再强调"慎独"的概念，其《大学衍义》更把治国平天下的希望也寄托在君主一身的内在道德修养之上。田浩也认为，真德秀是朱学最杰出的下一代领袖，在工夫修养方面，他比其他道学家更强调"敬"和克制私欲。④ 在《心经》中，真德秀还一再引用这种道德化的上帝无处不在的神圣性，来强化学者对于道德的畏惧心理，如引《诗经》之言："上帝临女，无贰尔心"，"无贰无虞，上帝临女"，又在其后附自己的《读书记》对此的解释："此武王伐纣之事。诗意虽主伐纣而言，然学者平居讽咏其辞，凛然如上帝之实临其上，则所以为闲邪存诚之助，顾不大哉。"这是中国哲学发展史上一个非常值得注意的理论发展倾向：心学工夫的宗教化。

综上所述，真德秀的《心经》提供了这样一个心法学的解释框架：尧舜禹圣圣相传的十六字心法是万世心学的渊源，其精神主旨在于"主敬"，以"道心"宰制"人心"，以"天理"遏制"人欲"。"主敬"的心法学也是帝王为学的根本，道统与政统贯通为一。帝王只要持敬修身，即可收到齐家治国平天下的功效，这一理念在《大学衍义》中也有系统的论述。

研究真德秀的《心经》不能不涉及 260 年后程敏政的《心经附注》。程敏政（约 1445—1499），字克勤，号篁墩，安徽休宁人，著有《道一编》《心经附注》等。弘治五年（1492）8 月，程敏政附注《心经》，对真德秀所提出的心性修养哲学的尊崇，并期望用《心经》"主敬"的思想来拯救明代中期

---

① Wm.DeBary, Neo-ConfucianOrthodoxyandtheLearningoftheMind-and-Heart, NewYork: ColumbiaUniversity, 1981, pp.67-185.

② "慎"，原作"谨"，真西山避孝宗讳，今改"谨"为"慎"。

③ 参见朱人求：《敬为心法》，载陈来主编：《哲学与时代：朱子学国际学术研讨会论文集》，华东师范大学出版社 2012 年版。

④ 田浩：《朱熹的思维世界》，台湾允晨文化实业股份有限公司 1996 年版，第 349 页。

的社会现实问题。从真德秀的《心经》到程敏政的《心经附注》，儒家心法学也得到了进一步发展和深化。

首先，主敬成圣思想体系的确立。程敏政认为《心经》之作，乃着眼于纠正朱熹后学的偏失，教人涵养操存。他说："一部《心经》，不出敬字一言，……读此书，俨乎若上帝之下临。"（《心经附注序》）《心经附注》亦于"敬"有特别详明的阐释。程敏政不仅在《心经附注序》中提出了"敬者，圣学始终之要也。盖是经所训，不出敬之一言"的主题，而且在《心经附注》中着力搜集了从二程、朱子到真德秀、王柏、程复心、吴澄等人对于敬的论述，表明心学化发展到程敏政，已经开始对性理学有关敬的理论进行总结和整理。在敬的基本内容上，从真德秀到程敏政，都主要是以二程对容貌辞气的外在行为要求，与心要主一的内在要求为基本内容，再加上谢上蔡对程子主一的强调（即所谓敬是常惺惺法），与朱子对程子言敬的强调，形成了心法学言敬的基本准则：内外交养。同时，主敬的目的也不再是为了求理，而是为了成圣贤。

其次，朱陆早异晚同的提出。朱子学在南宋末年以后便开始沿着心法学的方向发展，其标志就是真德秀的《心经》。到了明代，儒家心学开始沿着程敏政《心经附注》所代表的心法之心学，与王阳明的心即理之本体心学两个方向展开。程敏政的《心经附注》基本上保持了《心经》作为修养经的性质，但也不能不说他在《心经附注》中一点也没有贯彻自己的学术观点。例如，他在朱熹的《尊德性斋铭》下，引用了元代理学家吴澄关于尊德性道问学的言论。朱熹注重道问学，而陆九渊则注重尊德性。这是理学与心学的重要分歧之一。程敏政之所以援引吴澄之言，因为他认为朱陆之学"其初则诚若冰炭之相反，其中则觉夫疑信之相半，至于终则有若辅车之相倚"（《道一编序》）。他所著《道一编》从头至尾就是论证这一思想，而他之所以要论证朱陆始异而终同，目的是想纠正朱陆之学所产生的流弊，以收去短集长之功效。程敏政关于朱陆早异晚同的思想，成为王阳明所谓"朱子晚年定论"之说的嚆矢。如果我们通过心法学与本体心学之间的异与同来看朱陆与朱王，这种早异晚同的理论十分可疑。二者最大的差异在于本体的差异，而在工夫与境界领域，二者始终是同大于异，何来"和合朱陆"、"早异晚同"之论？持此论者，多只是在维护狭隘的门户之见而已。

二、《心经》与退溪主敬之心法学

1232 年，真德秀《心经》成书，1492 年，程敏政附注《心经》。《心经》较早传入朝鲜，据韩国学者宋熹准编辑的《心经注解丛编》所载 17 世纪朝鲜学者朴世采（1631—1695）对《心经》在朝鲜的传播情况的介绍，说："听松成（守琛）先生尝藏《心经》二卷……世采谨按：篁墩《附注》作于弘治壬子（1492），距正德己卯（1519）间阅二纪，迄未闻为中国学者所重，而独我静庵先生、一时诸贤，亟读而好之，仍得表出镂梓，盛行于东方。"① 又说："此书本非中国所重，惟我静庵先生表章之，退溪先生笃好之。"② 同时，在退溪以前的岭南学派的发展中，李彦迪与周世鹏也都很重视《心经》的心学思想，尤其是周世鹏，曾著有《心经心学图》一卷，并曾接受明宗的命令，进《心学图》《人心道心图》等二十余图。可惜今不存。朝鲜正祖皇帝自丙申（1776）即位便建奎章阁，广收天下图书，朝鲜《奎章总目》中就收录了大量的《心经》的抄本。③ 宋熹准编辑的《心经注解丛编》更是收录了《心经》注解 102 种。可以说，在退溪表彰《心经》之后，韩国古代思想家在阐发自己的心性之学时都或多或少从《心经》中吸取了宝贵的思想资源，与《心经》进行自觉不自觉的思想对话。

退溪是韩国大儒，岭南人称之为"东方的朱夫子"，其思想对韩国儒学史影响深远。退溪 23 岁游太学始见《心经》，他自述："少时游学汉中，始见此书于逆旅而求得之。虽中以病废而有晚悟难成之叹，然而其初感发兴起于此事者，此书之力也。"④ 退溪毕生以弘扬朱子理学为己任，在很大程度上是受了《心经》的影响。退溪研讨《心经》恒久不衰，老而弥笃。晚年居陶山时，"鸡鸣而起，必庄诵一遍，谛听之，乃《心经附注》也"⑤。对于《心经》，退溪可以说是倾注了毕生的心血，直到易箦前数日还在精心校订《心

① 宋熹准编：《心经注解丛编》第一册，学民文化社 2005 年版，第 68 页。
② 宋熹准编：《心经注解丛编》第一册，第 68 页。
③ 张伯伟编：《朝鲜时代书目丛刊》（2），中华书局 2004 年版，第 180 页。
④ 《退溪全书》（二），第 326 页，成均馆大学校大东文化研究院 1978 年版。
⑤ 《退溪全书》（四），第 24 页。

经附注》。总之,《心经》不仅引导退溪走上了认识和实践性理学的心路历程,而且自始至终地影响了退溪关于性理学与心法学的探索与完善。概而言之,退溪心法学有三大贡献:

第一,退溪心法学集中体现了他对道统的自觉承传和准确把握,并通过心法学的建构贯通道统、学统与政统。

《心经》是一部集中阐述儒家心性修养的经典。对于真德秀《心经》的要旨,李退溪正是从修养论上把握的,认为"存天理,灭人欲"为其心法学之核心。他曾概括说:"一部《心经》,无非遏人欲、存天理事。"① 不仅如此,退溪还有意打破学问、成德与政治之间的隔阂,追求三者之间的圆融统合。他说:"帝王之学,心法之要,渊源于大舜之命禹,其言曰:'人心惟危,道心惟微,惟精惟一,允执厥中。'夫以天下相传,欲使之安天下也,其为付嘱之言,宜莫急于政治,而舜之于禹,丁宁告戒,不过如此者,岂不以学问成德为治之大本,则天下之政治皆自此而出乎?"② 只不过,退溪进一步把道统、学统、政统三者合而为一,学问也好、成德也罢,甚至于天下政治,皆出于尧舜禹圣圣相传的心法之学。

李退溪的心学是心法之心学,他依据寓西山《心经》所阐发的心法学,最终归结为"存天理,灭人欲"的道德"严格主义"③,走向知行一致。"一部《心经》,无非遏人欲,存天理事,在公能精之一之,每遇欲境,便当挥勿旗以退三军而已,更安有他法哉!"④ 李退溪《雨晴述怀》诗中曰:"翻天开一片烛幽鉴,篹墩旨诀西山经。一顺风月要人看,万古青山依旧青。"⑤ 在他们看来,内心主敬专一,神明昭彻,其理具足,应接事物,事事中理。这显然与心学派的心如枯木死灰、内心一片空寂完全不同。可见,李退溪心法学

---

① 《退溪全书》(二),第257页。

② 《戊辰六条疏》,《退溪全书》(一),第184页。

③ 李明辉认为,"存天理,灭人欲"并非禁欲主义,而是康德的"严格主义"(Rigorismus)。康德所谓"严格主义"意谓:在道德行为中,行为者若非将道德法则纳入其格律中而为"善",就是将违背道德法则的动机纳入其格律中而为"恶";在此并不存在"非善非恶"或"亦善亦恶"的折中之道。参见李明辉:《朱子对"道心"、"人心"的诠释》,蔡振丰编:《东亚朱子学的阐释与发展》,台湾大学出版中心2009年版,第104—106页。

④ 《答李平叔》,《退溪全书》(二),第257页。

⑤ 《退溪全书》(一),第62页。

具有强烈的务实精神。

第二，以《圣学十图》为代表的"主敬"心学体系的建构深受《心经》影响。

李退溪在真西山"敬静为一"的基础上，提出主敬"通贯动静"，认为"敬为圣学之始终"①。有意思的是，在处理心物关系时，退溪极为推崇明道"定性书"中的"动亦定，静亦定。无将迎，无内外"，"物来顺应"的思想，主张敬贯动静、内外。他说："真西山谓敬静为一。敬字工夫，通贯动静，不须言静而自足。"②主静是通过无欲工夫来体现静的太极境界。李退溪说："敬以为本，而穷理以致知，反躬以践实，此乃妙心法而传道学之要。"③穷理属于格物，是知，反躬践实属于修身，是行，主敬贯帛始终。这样，主敬、穷理、践实三者互进，是知行一致。

李退溪的《圣学十图》，完成于明穆宗隆庆二年戊辰（1568）。在《进圣学十图札》中，退溪集中论述了《圣学十图》的心法学意义，提出《圣学十图》表达的是圣贤修身养性之心法学及其理论根源，他说："圣学有大端，心法有大要，揭之以为图，指之以为说，为入道之门，积德之基。"《圣学十图》集中阐发了退溪关于圣贤心学、心法的理解，前五图本于天道，旨在明人伦、懋德业；后五图源于心性，旨在勉日用、崇敬畏。《圣学十图》始终贯彻了敬的精神，是敬的工夫的具体落实，指示初学入道之门。"盖上二图是求端扩充体天尽道极致之处，为《小学》《大学》之标准本原；下六图是明善诚身，崇德广业用力之处，为《小学》《大学》之田地事功，而敬者，又彻上彻下，著功受效，皆当从事而勿失者也。故朱子之说如彼，而今兹十图，皆以敬为主焉。"④这与程敏政以敬之一字再注《心经》是同样的思想。换言之，《圣学十图》所表达的，正是《心经》的圣贤心法学。前两图（《太极图》和《西铭图》）揭示心法学之本体与境界，《小学图》《大学图》与《白鹿洞规图》揭示心法学的社会化适应模式——在教化中落实为现实人生准则，后五图直指身心修炼之道，其内容直接来源于《心经》，敬则为《圣学

① 《敬斋箴》，《退溪全书》（一），第210页。
② 《退溪全书》（三），第259页。
③ 《戊辰六条疏》，《全书》（一），第186页。
④ 《退溪全书》（一），第203页。

十图》一以贯之的内在精神。退溪在《第四大学图》中说："然则敬之一字，岂非圣学终始之要也哉"①；在《第九敬斋箴图》中说："敬为圣学之始终。"②在《第十夙兴夜寐箴图》中说："作圣之要，其在斯乎。"③ 总之，主敬成圣才是退溪思想的最终目的。

第三，李退溪尊信《心经》，与他坚持朱子学立场并批判陆王心学并行不悖。

李退溪把真西山的《心经》作为孔孟程朱的儒家经典的精粹读本。李退溪说："吾观是书，其经则自《诗》《书》《易》以及于程朱说，皆圣贤大训也，其注则由濂、洛、关、闽兼取于后来诸贤之说，无非至论也。"④ 又说："《心经》一部书所萃，皆孔孟濂洛闽湖群哲之绪言。"⑤ 这就是说，真西山的《心经》和朱熹一样，集孔孟儒家思想之大战（成），集濂洛关闽理学之大成，因而是研究和学习朱子学的基本经典。尊信《心经》其实就是坚持真德秀极力推崇的朱子学，在《心经后论》中，退溪批判了程敏政朱陆早异晚同的观点，坚决反对"心即理"的本体论立场。他强调说，朱陆之不同，其性质在于"此儒彼禅，此正彼邪，此公平彼私狠"⑥。李退溪治学，"一以朱学为的，见人之尊陆学者，必深排而痛绝之"⑦。他由排斥陆学，进而批判阳明学。他的《白沙诗教辨》《传习录论辩》和《白沙诗教传习录抄传因书其后》有一个共同论点，即白沙（陈献章）、阳明（王守仁）之学皆禅学。这样一来，阳明心学就成了异端。可见，李退溪尊信《心经》与他坚持朱子学立场并批判陆王心学，是并行不悖的。尊信《心经》其实就是坚持朱子学，这里不存在容纳和接受陆王心学思想的问题。

退溪是韩国大儒，岭南人称之为"东方的朱夫子"，其思想对韩国儒学史影响深远。退溪对《心经》的尊崇深深影响了韩国儒学的文化生态，它促使韩国儒学心性论一步步走向心法学，并自觉地排斥陆王一系的本体心学。

① 《退溪全书》（一），第 203 页。
② 《退溪全书》（一），第 210 页。
③ 《退溪全书》（一），第 211 页。
④ 《心经后论》，《退溪全书》（二），第 328 页。
⑤ 《心经后论》，《退溪全书》（二），第 327 页。
⑥ 《退溪全书》（二），第 827 页。
⑦ 《退溪全书》（四），第 42 页。

在研究与接受《心经》心法学的过程中，退溪通过对门人弟子的《心经》讲授而形成了退溪学派的心法学传统，并为后世留下了大量的《心经》注解文本。代表性的著作有：赵穆的《心经禀质》和《进心学图》、金富伦的《心经札记》、李成亨的《心经讲录》与曹好益的《心经质疑考误》等。退溪学派对《心经》的尊崇，很快引起了朝鲜性理学界对《心经》的研究热潮。但尤其是退溪在《心经后论》中所表达的对圣贤心法学思想的推崇与发展，无形中使朝鲜性理学也沿着心法之心学方向发展。而这种影响的明显的标志，就是栗谷李珥对《心经》的研究。

三、《心经》与栗谷主诚之心法学

栗谷（1536—1584）曾经问学于退溪，并从退溪那里接受了《心经》的心法学思想。据《朝鲜王朝实录》记载，栗谷曾著有《心学图》。宋熹准编辑的《心经注解丛编》也收录了栗谷的《学蔀通辨跋》和《人心道心说》，前者力辩陆王心学之非，使迷者回归正道；后者肯定人心道心兼情意，人心即道心，人心道心之发是气发理乘，故要以诚来确立心之本体，使道心主宰人心。这些足以证明《心经》对栗谷的影响。概言之栗谷的心法学主要特色如下。

第一，"诚"既是圣圣相传的道统心法，也是栗谷思想体系的核心。

"诚"在真德秀思想体系中占有重要地位，《大学衍义》以"诚心"为帝王之学的出发点，《西山读书记》卷17专言"诚"，《西山文集》反复强调"诚"的根源性、现实性和贯通性，《心经》《政经》也十分重视"诚"的本体与功用。真德秀论"诚"则以《易经》《中庸》《大学》为依托，绍承程朱，结合现实道德实践与政治实践，赋予"诚"以本体的、道德的和时代的新意。在本体意义上，真德秀把"中""仁""诚""一""太极"与道（"天理"）等同，从不同的层面来阐释最高的本体，极大地丰富了"天理"的内涵，也极大地丰富了真德秀诚学的理论内涵。①

在道统的精神层面，真德秀把"诚"作为道统的精神，诚学是其捍卫

---

① 参见朱人求：《真德秀对朱熹诚学的继承与发展》，《哲学动态》2009年第11期。

道统、力斥伪学的理论工具。他甚至强调尧舜禹文武周公相传之道就是他所力举的真实无妄之"诚"："然则所以相传者果何道邪？曰：尧、舜、禹、汤之中，孔子、颜子之仁，曾子之忠恕，子思之中之诚，孟子之仁义，此所谓相传之道也。……曰中曰仁曰诚，皆道之全体。是三者果一乎？果二乎？臣尝论之，中也者，以其天理之正而无所偏倚也；仁也者，以其天理之公而不蔽于私欲也；诚也者，以其天理之实而不杂以伪妄也。虽所从言者不同，而其道则一而已尔。"① 由于圣贤相传之道就是中、仁、诚，它们都是道的全体，都是天理的表现，三者有其内在的一致性。然而，"诚"是"愿望的道德"，是天道，是理想的道德境界，达到"诚"必须经由"现实的道德"——"敬"的功夫来落实。就这样，真西山的道统论不再是虚无缥缈的空想，而是包含了功夫论在内的可以实现的理想，每个人经由"敬"的功夫和修养，自强不息，完全可以承接道统，成圣成贤，达到天人合一的理想境界。"圣人之敬，纯亦不已，即天也。君子之敬，自强不息，由人而天也。"②

与真德秀主"敬"思想不同的是，栗谷认为，"诚"是圣圣相传的道统心法。"人心道心，兼情意而言。"③ "其发直出于正理，而气不用事，则道心也，七情之善一边也。发之之际，气已用事，则人心也，七情之合善恶也。知其气之用事，精察而趋乎理，则人心听命于道心也。不能精察而惟其所向，则情盛欲炽，而人心愈危道心愈微矣。精察与否，皆是意之所为。故自修莫先于诚意。"④ 在《人心道心图说》中，栗谷坚持要以道心节制人心，但二者只是一个心。"治心者，于一念之发，知其为道心，则扩而充之。知其为人心，则精而察之，必以道心节制，而人心常听命于道心，则人心亦为道心矣。"⑤ 栗谷认为，人心道心都是理发气乘，人心道心包含了情意的内容，人心道心是否向善，是否达到精一都是"意"的发动作用的后果，因此，"诚意"才是圣圣相传的道统心法的核心内容和首要工夫。栗谷反复强调："学者当以诚其意为用功之始。"⑥ "然则《大学》之诚其意，《论语》之忠信，

① 《大学衍义》卷13。
② 《大学衍义》卷28。
③ 《答成浩原》，《栗谷全书》，第192页。
④ 《栗谷全书》，第192页。
⑤ 《栗谷全书》，第282—283页。
⑥ 《栗谷全书》，第1108页。

《孟子》之反身而诚，与《中庸》之诚之者，莫非实心之诚乎？"① 又说，"敬"是《大学》之主旨，"仁"是《论语》的主旨，"存天理"是《孟子》的主旨，"诚"为《中庸》之主旨，这四子所言之旨，皆有"不同之同，不一之一"。"由是观之，诚者敬之原也，敬者反乎诚之功也，理则仁之在乎天者也，仁则理之赋于人者也。敬以复礼，以全天理，则此非至诚之道乎？千歧万路，俱达于国，横说竖说，皆贯于一。则不同之同，不一之一，其是之谓乎？"② 总而言之："君子之学，诚笃而已。"③ "敬是用功之要，诚实收功之地，由敬而至于诚矣。"④ 圣圣相传的道统心法不是"敬"而是"诚"，这才是栗谷心法学的最终结论。

栗谷认为圣贤道统的传续，始自伏羲，而终于朱子。在先秦，道统的传承经由伏羲、黄帝、尧、舜、禹、汤、文王、武王、周公、孔子、曾子、子思、孟子，而"道统之传，止于孟子而中绝"⑤。两宋自周茂叔接续千古之不传的道统，其后又有张载、邵雍、二程、朱子的发扬光大，所谓"道统之传，自周子继绝，至朱子而大著"⑥。栗谷的道统观与真德秀的思想十分相似。他的道统传授的谱系，基本认同黄榦⑦、真德秀和赵复⑧的道统图谱，他的独特之处在于突出了人心即道心，"诚"为心法，进一步促进了韩国儒学的本土化。⑨ 栗谷主"诚"的哲学集中体现在深受《心经》和《大学衍义》影响的《圣学辑要》之中。

第二，《圣学辑要》是栗谷主诚的思想体系集中体现。

---

① 《栗谷全书》，第 1108 页。

② 《栗谷全书》，第 1109 页。

③ 《圣学辑要》，《栗谷全书》，第 495 页。

④ 《圣学辑要》，《栗谷全书》，第 480 页。

⑤ 《圣学辑要·圣贤道统》，《栗谷全书》，第 597 页。

⑥ 《圣学辑要·圣贤道统》，《栗谷全书》，第 603 页。

⑦ 参见黄榦：《圣贤道统传授总叙说》，《勉斋集》卷 3，《四库全书》本。

⑧ 元代赵复的道统图谱在尧、舜、禹之前增加了伏羲和神农。赵复撰写《传道图》称："乃原羲农尧舜，所以继天立极，孔子颜孟，所以垂世立教，周程张朱氏，所以发明绍续者。"（《元史·赵复传》）

⑨ 真正完成韩国道统的本土化的学者是栗谷的再传弟子宋时烈，他把箕子纳入道统系统，认为箕子韩国道统的源头，并提出了自己主"直"之心法学。参见韩国哲学学会编：《韩国哲学史》（中），中国社会科学文献出版社 1996 年版，第 290—292 页；[韩] 崔根德：《韩国儒学思想》，学苑出版社 1998 年版，第 340 页。

真德秀诚学思想集中体现在《大学衍义》①之中，对栗谷心法学影响较大。《大学衍义》在韩国影响深远，它不仅是韩国"六经"之一，还是经筵讲席和科举考试的必读书。②真德秀积极宣传和发扬朱子学，创造了经典诠释的新体例——衍义体，在元明清风行一时。所谓"衍义体"，就是以真德秀《大学衍义》诠释体例作为典范的经典诠释方式。《大学衍义》开创了一种遵循"确立纲目，先经后史，诸子议论，自己按语"的原则和次序的经典诠释体例。在儒教文化圈影响下的高丽时代、朝鲜时代、日本德川时代和越南后黎朝时期、阮朝时期，衍义体也备受推崇。③栗谷也曾仿照真德秀《大学衍义》，以四书五经为依据，参酌先儒的学说和史传纪录，探索政治与为学之要，编辑成《圣学辑要》，献给当时才 25 岁的宣祖（1568—1608）。栗谷自叙："诚能仿《大学》之指，以分次序，而精选圣贤之言，以填实之。使节目详明，而辞约理尽，则领要之法，其在斯矣。是以进于吾君。"④《圣学辑要》分五大部分：统说、修己、正家、为政、圣贤道统，下分三十四目，其纲目框架近于《大学衍义》。其体例"先举撮要之言为章，引诸说以为注。其章则以四书五经为主，而间以先贤之说补其不足，注则以本注为主，而杂引经传诸书"⑤。栗谷援引经典，及先儒之说，除了尊朱述朱之外，也继承并发扬真氏的思想，阐发以"诚意"为主的心法学思想体系以及治国纲要。

栗谷深受《中庸》"诚者，物之始终，不诚无物"的影响，朱子治心，以"敬"为自始至终一以贯之的心法。栗谷在肯定朱子"主敬"的存养工夫的同时，其学问、思辨、修己、治人之道，均采取《中庸》"诚之"的方法。《圣学辑要》共分为五篇：统说、修己、正家、为政、圣贤道统，而"诚"

---

① 在某种意义上，真德秀《心经》是其《大学衍义》的浓缩精华版，《心经》所阐述的心性修养论在《大学衍义》中都有大段的论述，《心经》所摘录的圣贤经典语录在《大学衍义》中几乎都有引用。

② 真德秀《大学衍义》在朝鲜和韩国影响较大。据《四库全书》记载，高丽六年（元至正十七年，1357），高丽王接受大臣尹泽的建议，于经筵讲习《大学衍义》。"六年。……（尹）泽尝乞以《大学衍义》及《崔承老上成宗书》进讲，又谏王信佛，又劝节用。上皆深纳之。"（《朝鲜史略》卷 11）

③ 参见朱人求：《衍义体：经典阐释的新模式》，《哲学动态》2008 年第 4 期。

④ 《圣学辑要序》。

⑤ 《圣学辑要凡例》。

是其一以贯之之理。"统说"篇总论修己、正家、为政之道，栗谷综合《中庸》和《大学》首章作为《圣学辑要》的主旨。"按圣贤之说，不过曰修己治人而已。今辑《中庸》《大学》首章之说，实相表里，而修己治人之道，无不该尽。盖天命之性，明德之所具也。率性之道，明德之所行也。修道之教，新民之法度也。戒惧者，静存而正心之属也。慎独者，动察而诚意之属也。致中和而位育者，明德、新民、止于至善而明明德于天下之谓也。"①通过修己治人以达到致中和、明明德，这是《圣学辑要》一书的理论旨趣。"修己"篇又分总论、立志、收敛、穷理、诚实、矫气质、养气、正心、检身、恢德量、辅德、敦笃、功效等十三章，"诚之"是其内在的、首位一贯的精神。栗谷称："诚之之意，实贯上下诸章。如志无诚则不立，理无诚则不格，气质无诚则不能变化。他可推见也。"②又说："诚实为躬行之本。"③反复重申诚意是自修之首，是修己治人的根本。《正家》篇和《为政》篇进一步强化"诚意"的重要性。栗谷强调，道统与政统的结合，才能教化天下，带来王道政治。"惟天下至诚为能化。至诚而能化人者，愚闻之矣。不诚而能化人者，愚未之闻也。尧以至诚，协和万邦，而黎民于变时雍。舜以至诚，从欲以治，而四方风动，彰信兆民。而若旱之望云者，成汤之至诚也。发政施仁，而天下归心者，文王之至诚也。位家宰，正百官，而海不扬波者，周公之至诚也。苟能以至诚化天下，则虽有一二之不化者，亦何害于天下之尽化哉！"④可见，栗谷深受《中庸》诚学思想的影响，深信诚能成己成物，圣人能够修己治人，圣人尽己之性，即可尽人之性、尽物之性，教化天下。在《圣贤道统》篇中，栗谷则把圣贤代代相承的道统直接理解为"诚"。

栗谷之"诚"，本质上是实理之诚，是实心之诚。"诚者，天之实理，心之本体。"⑤与朱子不同的是，栗谷更为重视实心之"诚"，认为诚心又分为三个层次，他说："君子之好善如好好色，恶恶如恶恶臭，皆务决去而求必得之，则诚其意之事，而自修之首也。修其人事之当然，而择善固执，思而

---

① 《圣学辑要》，《栗谷全书》，第 426 页。
② 《圣学辑要》，《栗谷全书》，第 465 页。
③ 《圣学辑要》，《栗谷全书》，第 463 页。
④ 《栗谷全书》，第 1100 页。
⑤ 《圣学辑要》，《栗谷全书》，第 480 页。

得，勉而中，则诚之者之事，而人道之诚也。全其天理之本然，而不勉而中，不思而得，从容中道，则诚者之事，而天道之诚也。"① 这三个层次即是三种修养境界，诚意是修身之首，修身经由人道之诚，最后达到天道之诚的境界，也即圣人境界。诚意、修身是《大学》修养的阶梯，天道之诚则属于至诚的境界，也是《中庸》的终极追求。

栗谷曾经问学于退溪，并从退溪那里接受了《心经》的心法学。栗谷曾著有《心学图》《学蔀通辨跋》和《人心道心说》，对退溪的心法学既有继承也有扬弃和发展。他对心性问题的思考框架基本源于退溪的心法学传统，也源于退溪对《心经》心法学的关注、阐释、与发展。也正因如此，在以栗谷为宗的畿湖学派的承传中，也继承了对《心经》的重视与研究，如金长生著有《心经记疑》，赵翼著有《心法》《持敬图说》《心学宗方》，宋时烈著有《心经释疑》等，而金昌协曾对国王讲解《心经附注》并留下了《心经经庭讲义》，则意味着《心经》已经成为朝鲜性理学的不可分割的内容。

四、《心经》与茶山主恕之心法学

丁若镛（1762—1836）李氏朝鲜时期哲学家，实学家，字美镛，号茶山、舆犹堂等，著有《与犹堂全书》《孟子要义》《周易四笺》《易学绪言》《经世遗表》《牧民心书》《大学枝言》《心经密验》等。茶山是朝鲜实学思想的集大成者，他将经世致用、利用厚生、实事求是的实学与西学精神融会贯通，从而完成了自己思想体系的建构。从茶山对《心经》的接受中可见《心经》对韩国实学思想的影响。笔者认为，茶山的心法学有三大亮点。

第一，《心经》乃终身笃行的"治心之术"。

茶山极力推崇朱子《小学》和真德秀《心经》，认为二书为儒家经典之菁华。《小学》治其外，《心经》治其心，二者所揭示的乃终身笃行之道。嘉庆乙亥年（1815）夏天，茶山完成他的《心经密验》一书。在书的开篇他写道："余穷居无事，《六经》《四书》既究索有年，其有一得既诠录而藏之矣。于是求其所以笃行之方，唯《小学》《心经》为诸经之拔英者，学苟于二书

---

① 《栗谷全书》，第 1107 页。

潜心力践。《小学》以治其外，《心经》以治其内，则庶几希贤有路。顾余一生放倒，桑榆之报顾不在是乎？《小学枝言》者，所以补旧注也。《心经密验》者，所以验之于身以自警也。从今至死之日，意欲致力于治心之术，所以穷经之业，结之以《心经》也。嗟乎！能践否乎？"① 朱子《小学》与真德秀《心经》，在韩国被视为为学的起点。朱子《小学》是中国影响较大的一部蒙学教材，全书共六卷，其中《内篇》四卷分别为《立教》《明伦》《敬身》《稽古》，辑录的都是上古三代的圣贤言行，这是《小学》全书的主体部分。《外篇》分为《嘉言》《善行》二卷，辑"汉以来贤人"之言行，是对《内篇》内容的推衍和增广。《小学》的重点在于立教、明伦、敬身，其中又以明伦、敬身为主教育蒙童立身处世。可见，注重道德与礼仪的实践是朱子的"小学"教育的关键。朱子之提倡小学的目的本是为了给大学作铺垫、打基础。茶山私淑退溪，退溪教人，"先之于《小学》，次及《大学》，次及《心经》，次及《语》《孟》，次及朱书，而后及诸经。"② 并认为"初学下手用功之地，莫切于《心经》一部。"③ 茶山补注了《小学》，对《心经》则倾注了毕生心血。他以《心经》自警，以《心经》的修养心性的方法来检修自身身心，终身行之，认为《心经》不仅是人生自始至终当行之道，而且是人生的最终归宿。人一辈子皓首穷经，最终必须以《心经》作为自己的归宿。

第二，"虚灵知觉"之"心"与"以嗜好为性"之"性"奠定了茶山心法学的理论根基。

《心经密验》系茶山晚年（54 岁）成熟之作，该书专辟《心性总义》一章对其心性之学作了系统的全面的总结，这一点在研究茶山心论和"性嗜好说"的论著中鲜有系统论述。在《心性总义》中，茶山首先认同朱子对心的界定，把心理解为"虚灵知觉"。茶山认为，人身是"神形妙合"的结果，人的"虚灵知觉"在古经中并没有一个字来专门指称。"后世欲分而言之者，或假借他字，或连属数字。曰心曰神曰灵曰魂，皆假借之言也。"孟子言"大体"，佛氏言"法身"，"皆连属之言也"。"古经言心非大体之专名。惟

① 丁若镛：《心经密验》，《与犹堂全书》第四册，《大学讲义》卷 2，景仁文化社 1970 年版，第 25 页。

② 《言行通录·学问》，《退溪全书》（四），第 31 页。

③ 《言行通录·学问》，《退溪全书》（四），第 26 页。

其含蓄在内运用向外者谓之心。"① 茶山之心只有一个心，即含蓄在内之内心和运用向外之外心的统一体。② 五脏之心主管血气的活动，茶山通称为"内衷"，"故衷之内笃曰内心，其外饰曰外心"③，外心是"内衷"在不同情境下的具体呈现，是"心"的运用向外，外心又表现为忧心、欢心、仁心、机心等，人心、道心也只是一个心，都可以用朱子的"虚灵知觉"来统称。

茶山人性论极具特色，如果说，在心论上茶山极力尊崇朱子；那么，在人性论上，茶山则走向了朱子学的反动。韩国学者郑仁在评价说，茶山的"性嗜好说"应视为朝鲜时期韩国哲学史上的一座里程碑，因为他的学说摆脱了朱子学"理气论"的束缚，提出了一门崭新的人性论学说。④ 茶山最早在对《论语》的注释中提出了"性也者，以嗜好厌恶而立名"⑤，后来在解释《中庸》的"天命之谓性"，时同样也指出："据性字本义而言之，则性者，心之嗜好也。"⑥ 在《孟子要义》中，也有"性之字义，其不在于嗜好乎?"⑦ 在《心经密验》中，茶山系统地提出了"性嗜好说"。茶山的"性嗜好"思想，追其根源就是"心之嗜好"。他主张"性之为字当读之，如雉性、鹿性、草性、木性，本以嗜好立名，不可作高远广大说也。召诰曰节性唯日其迈，王制曰修六礼以节民性，孟子曰动心忍性，皆以嗜好为性也。嗜好有两端，一以目下之耽乐为嗜好，如云雉性好山，鹿性好野，猩猩之性好酒醴，此一嗜也。一以毕竟之生成为嗜好，如云稻性好水，黍性好燥，葱蒜之性好鸡粪，此一嗜好也。"⑧ 关于性的种类，茶山认为有两种：一是"目下之耽乐"之形体嗜好，指的是因当下的快乐而形成的嗜好；二是"毕竟之生成"之灵知嗜

① 丁若镛：《心经密验》，《与犹堂全书》第四册，《大学讲义》卷2，第25页。

② 许多学者引用茶山《答李汝弘》中的一段话来论证茶山之"心"有五脏之心、灵明之心和心之所发之心三种含义（参见《与犹堂全书》第三册，卷19，第244页）。殊不知，心只有一个心，五脏之心和心之所发之心都要统一于虚灵知觉之心，《心经密验》之"惟其含蓄在内运用向外者谓之心"才是茶山的定论。

③ 丁若镛：《心经密验》，《与犹堂全书》第四册，《大学讲义》卷2，第25页。

④ 郑仁在：《西学和丁茶山"性嗜好"学说》，参见黄俊杰编：《东亚视域中的茶山学与朝鲜儒学》，台湾大学出版中心2006年版，第208页。

⑤ 《论语古今注》，《与犹堂全书》第五册，《大学讲义》卷9，第16页。

⑥ 《中庸自箴》，《与犹堂全书》第四册，《大学讲义》卷3，第3页。

⑦ 《与犹堂全书》第四册，《大学讲义》卷1，第33页。

⑧ 丁若镛：《心经密验》，《与犹堂全书》第四册，《大学讲义》卷2，第25—26页。

好，指的是人生的把本质，即由生命本质而形成的嗜好。他将"节性""乐善耻恶""动心忍性"和"耳目口体之性"归结为形体的嗜好，"天命之性""天道""性善"以及"尽性"之性则归结为灵知的嗜好。

动物有动物之性，草木有草木之性，都是它们本身固有的嗜好之性，不是什么性理学所说的"天理"之性。茶山借助于身体的本能来说明"性嗜好"，认为性不是观念的和形而上学的，而是实实在在具体的体现，这与朱子的"性即理"有着根本的区别。他说："今人推尊性字，奉之为天样大物，混之以太极阴阳之说，杂之以本然、气质之论，渺茫幽远，恍惚夸诞，自以为毫无缕析，万天下不发之秘，而卒之无补于日用常行之则，亦何益之有矣，斯不可以不辨。"① 认为性理学过于偏重于"理"而忽视生活实践，所以，他批判性理学的形而上学"人性"是虚空和渺茫的。而且，"本然"二字的源于佛书，佛教本然之性的理论讲自在讲轮回，"逆天慢命，悖理伤善"，"本然二字，既与六经四书诸子百家之书都无出处"，只有《楞严经》反复重申，怎么能与圣人之言相吻合呢？② 茶山认为人具有灵智之嗜好与形体之嗜好，并且，欲望是人先天所具有的，人如果没有了欲望就不成其为人。"吾人灵体之内本有愿欲一端，若无此欲心则天下万事都无可做。"③ 茶山坚决反对朱子的"存天理、灭人欲"的思想，充分肯定人欲的合理性和正当性，人的欲求是人类生命活动中不可缺少的源动力，没有欲望，人类无法成就任何事情。茶山的人性论深受西方灵魂论的影响，其注重欲望的"性嗜好说"无疑给朝鲜性理学带来了一场"哥白尼式的革命"，故有人称其学为"改新儒学"④。

第三，《心经密验》揭橥茶山主"恕"之心法学。

---

① 丁若镛：《心经密验》，《与犹堂全书》第四册，《大学讲义》卷2，第26页。

② 参见丁若镛：《心经密验》，《与犹堂全书》第四册，《大学讲义》卷2，第28页。

③ 丁若镛：《心经密验》，《与犹堂全书》第四册，《大学讲义》卷2，第39页。

④ 所谓"改新儒学"（Anti-Neo-Confucianism），即对理学和礼学的革新。茶山批判理学、训诂学、相术学、阳明学等传统学派，把性理、训诂、文章、科举、术数五门学科视为儒学的障碍，力图恢复洙泗学（原本的孔子学），寻求儒学真理。参见李乙浩：《改新儒学的实学本质》，收入其《茶山的理解》，玄岩社1977年版，第343—369页。笔者认为，把茶山视为朱子学的反动并不可取，在人性论上茶山反朱子，但在心论、道统论等诸多领域，茶山仍认同朱子，故将茶山视为朱子学的革新者比较恰当。

在《心经密验》中，茶山赞成栗谷的心法授受谱系，把伏羲、神农、黄帝都纳入道统谱系。《心经》开篇的十六字心传，语出伪《古文尚书·大禹谟》，后世多有疑问。茶山认为伪《古文尚书》的引言虽然参考了荀子引述《道经》的言论，然而，"人心之危，道心之微，此二句乃是至理所寓，精确无比。况道家所言多系羲、农、黄帝之遗文，人心道心亦必是五帝以来相传之道，绝非后人之所能道也。今此二句，为万世心学之宗"①。"人心之危，道心之微"是五帝相传之道，它构成了万世心法学的源头，茶山对此确信无疑。茶山进一步指出："人心惟危者，吾之所谓权衡也。心之权衡可善可恶，天下之危殆不安未有甚于是者。道心惟微者，吾之所谓性好也。天命之谓性，率性之为道，斯之谓道心也。孟子曰：'人之异于禽兽者几希。''几希'者，微也。性之乐善，虽根于天赋，而为物欲所蔽，存者极微，唯君子察之。"② 这里"人心惟危"指的是心的权衡，"道心惟微"指人性乐善耻恶的嗜好与本能。

茶山不仅以《心经》为自己毕生的归宿，还认为，尧舜禹圣圣相传的心法学就在《心经》之中，它就是孔子学说一以贯之之道——恕道。茶山在注解《心经》终篇朱子的《尊德性斋铭》时指出："成圣成贤之法不外乎一贯。若使一贯之旨讲得真切，尊德性者知可以下手矣。草庐何为而病之！顾一贯之说，有古今之异。古之所谓一贯者，以一恕字贯六亲，贯五伦，贯经礼三百，贯曲礼三千。其言约而博，其志要而远。以恕事父则孝，以恕事君则忠，以恕牧民则慈，所谓仁之方也。今之所谓一贯者，天地阴阳之化，草木禽兽之生，纷纷错杂，芸芸溅溅者，始终一理，中散为万殊，末复合于一理也。"③ 茶山认为，恕道是古人相传之道，是历代圣圣相传的心法。在今天，朱子的"理一分殊"之道才是天地万物一以贯之之理，这是茶山对心法学所特有的阐释。

有意思的是，《心经》和《心经附注》在中国思想史上并没有受到重视，但远在韩国却备受推崇，这一独特的文化现象值得我们进一步深思。纵观韩国《心经》诠释学思想史，《心经》在韩国的文化传播一方面固然与退溪的

---

① 丁若镛：《心经密验》，《与犹堂全书》第四册，《大学讲义》卷2，第29页。
② 丁若镛：《心经密验》，《与犹堂全书》第四册，《大学讲义》卷2，第29页。
③ 丁若镛：《心经密验》，《与犹堂全书》第四册，《大学讲义》卷2，第41页。

激赏紧密相关，更为重要的是《心经》和《心经附注》所代表的心法学坚持了程朱理学的基本立场，满足了 16 世纪朝鲜"士祸"之后的社会现实的需要，从而发展出一种独立的以诚敬工夫为中心的心法学理论。以退溪、栗谷、茶山为代表的韩国心法学的发展与完善与朝鲜性理学中的中心主题——四端七情之辨、人心道心之辨、人性物性之辨息息相关，从而起到了引领时代风潮的作用。此外，韩国思想家尊崇程朱理学、批判陆王心学也为韩国心法学的发展清扫了思想上的障碍，为《心经》在韩国的传播创造了良好的文化生态。而在宋代中国，真德秀的《心经》主要在宫廷内传播，影响甚微。260 年后，程敏政附注《心经》，此时阳明学的极度兴盛则严重消解了《心经》的吸引力和影响力。不过，我们欣喜地看到，在朱子之后，朱子学有一个走向心法学的发展趋势，其标志就是真德秀的《心经》，宋末元初经历了王柏、程复心的心学图式化，及元代吴澄心法学的展开，直到明代程敏政《心经附注》的成书，在中国本土，这一努力尽管没有汇成蔚为大观的时代潮流，但它足以与王学形成对话之势。而在韩国，《心经》因为适应了韩国时代发展的需要而开展出关注现实人生、注重实践的生动活泼的心法学理论，从而建构了一种崭新的思想形态，形成风靡一时的哲学思潮，促成了韩国朱子学与本土朱子学之间的深度对话与交流，这也是《心经》始终未曾料及的美妙的机缘与巧合。

（作者单位：厦门大学哲学系）

皇极的本体化及其政治意蕴

——以真德秀的皇极说为中心

宋道贵

皇极概念出自《尚书·洪范》的第五畴——"建用皇极"。在汉唐经学中，对皇极的解释以孔光（前65—5，字子夏）所首倡的"大中"之训最为流行，应劭（约153—196，字仲瑗）、伪孔传及孔颖达（574—648，字冲远）的《尚书正义》均采此说。对于这一训解，朱熹力辩其非，而以人君立至极之标准代之。作为南宋后期的"正学大宗"（全祖望语），真德秀则在继承朱熹上述诠释的基础上，将皇极与太极统合起来，以皇极的本体化为君主独揽最高的政治权力及其政治合法性提供了理学的本体论论证。

一、皇极与太极

在宋代的《洪范》学中，随着义理之学的兴起，皇极逐渐取代了五行，成为诠释的焦点。不过，以"大"训"皇"、以"中"训"极"的传统训诂依然流行。直到朱熹才明确地否定了皇极的"大中"之训，提出了别具心裁的新解：

> 盖皇者，君之称也；极者，至极之义、标准之名，常在物之中央，而四外望之以取正焉者也。故以极为在中之准的则可，而便训极为中则不可。[1]

---

① 《皇极辩》，《晦庵先生朱文公文集》卷72，《朱子全书》第24册，上海古籍出版社、安徽教育出版社2002年版，第3454页。

这一训释所隐含的意蕴是，人君虽在政治上居于至尊之位，但必须通过修身成就完美的德行，才能建立至极之标准。换言之，人君正心修身的道德实践乃是构成其政治统治之合法性的基础。正是在此意义上，朱熹强调皇极乃是"人君为治之心法"①。至于皇极与理学本体论之间的思想关联，朱熹并没有作出明确的理论界定。这一任务是由作为朱熹后学的真德秀来完成的。

真德秀对于朱熹的皇极诠释极为推崇，在其《大学衍义》中，收录了朱熹的《皇极辨》全文。他认为，朱熹的新诠将修身立政的内圣外王之旨纳入皇极的内涵之中，破除了汉唐以来在此问题上的因循固陋之弊，契合了箕子的本指，使之重新彰明于数千载之后。由此，突出了朱熹对箕子之本指的阐扬接续之功。

在此基础上，真德秀将皇极与太极这对概念贯穿起来，从理学本体论的层面对"皇极"概念的内涵作了进一步的阐发。

众所周知，在汉唐的宇宙论中，太极指作为宇宙之始源的混沌未分的元气。到了宋代，周敦颐以"无极而太极"的命题，将太极规定为超越于具体事物之上的形上本体。② 根据朱熹的解释，"太极之义正谓理之极致耳"③。这样，太极就超越了形而下的气的层面，而指向了作为本体的理。对于太极的这一意义转变，真德秀作了如下概括：

> 大抵自周子以前，凡论太极皆以气言。庄子以为道在太极之先，所谓太极乃是指作天地人三者气形已具而浑沦未判者之名，而道又别是一悬空底物在太极之先，则道与太极为二矣。不知道即太极，太极即道，以其通行而言则曰道，以其极至而言则曰极，又何尝有二耶……倘非周子启其秘应，而朱子又阐而明之，孰知太极之为理而非

---

① 《朱子语类》卷79，《朱子全书》第17册，第2704页。

② 围绕着"无极而太极"的内涵问题，朱熹与陆九渊曾进行过激烈的争论。朱熹解为"无极即是无形，太极即是有理"，采取的是本体论的思路。而陆九渊则认为在太极之上再加无极，是"叠床上之床"，太极之下再加真体，则是"架屋下之屋"，落入了老子"有生于无"之旨。这是一种宇宙生成论的思路。（参见《朱陆太极图说辩》，《周子通书》，上海古籍出版社2000年版，第104—124页）本文倾向于朱熹的理解。

③ 《答程可久》，《晦庵先生朱文公文集》卷37，《朱子全书》第21册，第1642页。

气也哉？①

他认为，以"浑沦未判"之元气言太极，而将道推到太极之先的观点，其实质是将道与太极割裂为二；而周敦颐与朱熹从形而上的本体之理上言太极，则揭示了道与太极的本质统一，即"道即太极，太极即道"。

不仅如此，真德秀还融合各种儒家经典中对道的不同界定，强调在终极的意义上只有一个道：

> 道一也，以其不偏不倚无过不及则谓之中，尧、舜、禹之相授是也；以其纯一无间则谓之一，伊尹之告太甲者是也；以其极至不可加则谓之极，《易》之太极、《书》之皇极是也；以其真实无妄则谓之诚，子思、孟子之所论是也……其名虽异，而为道则一，学者宜参味之。②

依真德秀之见，道之自身具有不同的本体特征，从这些不同的特征出发，就分别有了"中""一""极""诚"等不同的称谓。不过，上述称谓虽有所不同，但最高的本体却只有一个，即"道一也"。其中，我们需要特别注意的是真德秀提到了太极与皇极，并指出"极"字之义是"以其极至不可加则谓之极"。很显然，无论是太极，还是皇极，都是本体论的概念，指向的是道的不同的层面。对此，真德秀有明确的揭示：

> 太极之极，皇极之极，其义一也。太极指天道而言，皇极指人道而言。然太极未尝不行乎人道之中，皇极未尝不以天道为本。盖一而二、二而一者也。③

这条按语反映了真德秀对太极与皇极之关系的基本界定。他对太极与皇极"一而二、二而一"的论断，一方面突出了两者具有天道与人道之别，是其

---

① 真德秀：《西山读书记》卷16，《读书记四种》第四册，北京图书馆出版社1998年版，第342页。

② 《西山读书记》卷16，《读书记四种》第四册，第339页。

③ 《西山读书记》卷16，《读书记四种》第四册，第350页。

"二"也；另一方面，他又强调了二者的本质联系，即太极构成了皇极的天道基础，而皇极则是太极的人道展现，是其"一"也。由此可见，在真德秀的这一论述中，典型地体现了中国传统的天人合一的思维模式。

必须指出，真德秀这里所谓的人道虽然与天道并举，但其意义限定在"人君立至极之标准"上，其思想内容主要是具有政治规范意义的治道，并不是指人伦社会的普遍规范，因而是一个狭义的人道概念。与此相关联，当真德秀强调"太极未尝不行乎人道之中，皇极未尝不以天道为本"时，其目的在于为人君政治实践的合法性提供理学的本体论论证。也即是说，作为天道的太极之理超越于人君的政治权力之上，具有统摄一切的规范性。因此，与其说是"人君立至极之标准"，倒不如说至极之标准即在于太极之理。

总之，真德秀在继承朱熹的皇极训解的基础上，把皇极提升到本体论的层面加以探讨，并与作为天道的太极之理相贯通，实现了皇极的本体化。由此也真正将皇极观念融进了理学的思想系统之中，从而推动了皇极思想的发展。

二、皇极与党争

朱熹与真德秀之所以强烈反对皇极的"大中"之训，并不是单纯的词义训诂问题，而是有着深刻的政治背景，其矛头所指乃是在皇极口号下所进行的激烈的党争。

就皇极的"大中"之训而言，其本义是强调无党无偏的中道精神。由于这一训解与宋代消除党争的政治需要相契合，因而逐步渗透到现实的政治领域，成为宋代政治史上的一个重要观念。

在北宋时期，皇极观念与政治相结合的典范当数宋徽宗初年所推行的"建中"之政。所谓"建中"，即是"持大中至正之道"①，其名义乃取之于《洪范》的皇极说。贯彻在政事上，即是要求"政无新旧，惟义理是守；人无彼此，惟贤材当用"②。而实质上，"建中"之政是当时主张变法的新党与

①　《宋史全文》卷14，黑龙江人民出版社2005年版，第778页。
②　《宋史全文》卷14，第778页。

强调守祖宗法度的旧党之间取得政治均势的体现。徽宗即位之初，由向太后（神宗皇后）垂帘听政，共预军国大事。面对神宗以来新旧两党激烈的政治纷争，徽宗与向太后都认为有必要调停两党，以消除朋党之弊。不过，两人的政治立场并不一致，徽宗偏向于新党，而向太后则支持旧党。这种帝后共政的结果，体现在人事的安排上，则是新旧两用之。其中，以旧党中人韩忠彦（1038—1109，字师朴）为尚书左仆射，兼门下侍郎，为首相，以新党中人曾布（1036—1107，字子宣）为尚书右仆射，兼中书侍郎，为次相。由于两党之间在治国的大政方针上分歧严重，"建中"之政试图以"以大中至正之道调一两党"①的初衷根本无法实现。随着元符三年（1100）五月向太后撤帘还政，并于数月后去世，旧党逐渐失去了皇权的支持。以崇宁元年（1102）五月韩忠彦罢相为标志，仅仅持续了三年的"建中"之政便宣告结束，新党重新取得政治的主导地位。

而到了南宋孝宗后期，王淮（1126—1189，字季海）为相。在退位的高宗所施加的政治压力之下，孝宗暂时压抑了"恢复"的政治冲动，而接受了以维持宋金和议格局为主要内容的所谓"安静"的基本国策。为了消弭当时士大夫围绕着"战"与"和"的问题所展开的政治纷争，王淮以皇极为用人的基本原则，强调不问党派、任人唯贤的中道精神，以此来稳定动荡的政局。应该说，在王淮执政初期，对于皇极原则的贯彻确实不遗余力，广揽了各派人物。只不过，随着他与朱熹关系的日趋紧张，特别是由朱熹弹劾唐仲友（1136—1188，字与政，号说斋）案所导致的全面破裂，以王淮为代表的官僚集团以"道学"为名，以"伪学"设禁，开始对理学士大夫进行全面的政治打压。至此，皇极又转而成为官僚集团排斥异己、吸引同类的政治依据。②

淳熙十四年（1187），高宗驾崩。为了改变当时因循苟安、不思进取的政治局面，孝宗一方面罢去了王淮的相位，并开始大量擢用理学士大夫；另一方面，又于淳熙十六年（1189）禅位于光宗，寄望于新皇帝能承此而有所

---

① 《宋史全文》卷 14，第 776 页。

② 余英时先生认为，在王淮执政时期，"皇极"乃是"国是"的名号。参见余英时：《朱熹的历史世界》下册，三联书店 2004 年版，第 811—821 页。

作为，以实现其"恢复"之志。① 但是，官僚集团并不甘心失去手中的权力，他们鼓动光宗回到高宗所定的"安静"的国策，并重申"皇极"政治原则，以与孝宗的政治部署相抗衡。在党争激化的形势之下，皇极所包含的"中道"精神在政治上根本无法体现，反而成为官僚集团借以压制理学士大夫的政治工具。②

由孝宗除旧布新的人事安排所激起的理学士大夫与官僚集团的党争在绍熙五年（1194）宁宗即位后进一步加剧，同样拥立宁宗有功的韩侂胄（1152—1207，字节夫）在官僚集团的支持下，将作为理学集团政治领袖的赵汝愚（1140—1196，字子直）赶出了朝廷。从庆元元年（1195）开始，又力诋"道学"为伪学，发动"庆元党禁"，理学士大夫纷纷遭到斥逐。在这场攻守已经易势的党争中，官僚集团再次祭出了皇极的旗号。《庆元党禁》载：

> 时知名之士罢斥相继，人情汹汹，侂胄患之，侍御史杨大法、右正言刘德秀乃乞降诏，以"国是""尊君""中道"等事训饬在廷，有不如诏者，重置典宪。五月十三日，命直学士院傅伯寿降诏如请。③

杨大法（生卒年不详，字符范）、刘德秀（1135—1207，字仲洪，号退轩）皆是韩侂胄党羽，他们所提出的"国是""尊君""中道"等政纲，以皇帝诏书的形式确定下来。而所谓的"中道"，即是皇极。在当时党禁日益严酷的政治氛围之下，"中道"或皇极所指向的对象显然是被当权者斥为"逆党"的理学士大夫，因而实际上成为官僚集团打击理学士大夫的政治口号。④

不过，官僚集团对理学士大夫的政治清洗引起了皇权的警惕，首先是将宁宗扶上皇位的太皇太后吴氏（高宗皇后）表达了强烈的不满：

① 关于孝宗晚年的政治部署，参见余英时：《朱熹的历史世界》，《孝宗与理学家》第524—622页。
② 关于光宗一朝围绕"皇极"的争论，及朱熹对"皇极"新诠的政治背景，详见余英时：《朱熹的历史世界》，第821—845页。
③ 《庆元党禁》，《知不足斋丛书》第12集，第15页。
④ 关于"皇极"与"庆元党禁"之关系，参见余英时：《朱熹的历史世界》下册，第840—844页。

中书舍人汪义端引唐李林甫故事，以伪学之党皆名士，欲根株断除之。一时号为君子，无不斥逐。太皇太后闻而非之。①

在她的影响下，宁宗也亲降手诏，重申"建中"之意：

党祸既作，隆慈与上欲消之。御笔："今后给舍台论奏，不必更及旧事，务在平正，以副朕救偏建中之意。"②

在这道御笔中，宁宗直接沿用了北宋徽宗初年作为政纲的所谓"建中"的说法，强调其"平正"的涵义，以此来阻止官僚集团对理学士大夫政治攻击的进一步升级。也就是说，皇权重申"建中"之意，其目的在于平衡两派，即"建皇极而融会于党偏"③，以维持政治的稳定。

对于韩侂胄执政期间"国是"的纷扰变化，魏了翁曾概括道：

庆元之初，尝为"变更"之说矣，未几而易以"安静"；未几又为"皇极"之说矣，未几而易以"振作"。④

由此可见，无论是官僚集团所谓的"中道"，还是皇权所谓的"建中"，都可归入魏了翁这里所谓的皇极之说中。不过，由于不同的政治利益，使得官僚集团与皇权对于皇极的政治内涵的解读呈现出了相当大的差异。

开禧三年（1207）十一月，韩侂胄被史弥远（1164—1233，字同叔）与杨皇后（1162—1232）矫诏所杀。第二年，史弥远升任右丞相，开始了长达26年的专权擅政时期。由于这一时期强调革除韩侂胄的弊政，因而以"更化"为名。其内容主要包括以下两个方面：一是恢复和议，于嘉定元年（1208）与金国重订和约，史称"嘉定和议"；二是废除"伪学"之禁，重新

① 《庆元党禁》，《知不足斋丛书》第12集，第18页。
② 李心传：《建炎以来朝野杂记》甲集卷6，"御笔禁言旧事"条，中华书局2000年版，第140页。
③ 岳珂：《桯史》卷11，"周益公降官"条，中华书局1981年版，第124页。
④ 魏了翁：《答馆职策一道》，《全宋文》第310册，上海辞书出版社、安徽教育出版社2006年版，第201页。

起用理学士大夫。就用人而言，史弥远与主和派官僚结成新的官僚集团，他的亲信几乎把持了从中央到地方的重要职位。《续资治通鉴》载：

> 时杨皇后专国政，弥远用事久，宰执、侍从、台谏、蕃阃皆所引荐，权势熏灼。①

相比之下，重新起复的一些理学官员虽位居清要，但却并不掌握实权。因此，所谓的"收召诸贤"②，乃是出于笼络人心的政治需要，并不是要重用理学士大夫，其用意只是"以爵禄縻天下士"③。对此，时任尚书右司郎官的吴潜（1195—1262，字毅夫，号履斋）于绍定四年（1231）上书理宗，请求：

> 明诏二三大臣，和衷竭虑，力改弦辙，收召贤哲，选用忠良。贪残者屏，回邪者斥，怀奸党贼者诛，贾怨误国者黜。毋并进君子、小人以为包荒，毋兼容邪说、正论以为皇极，以培国家一线之脉，以救生民一旦之命。④

按，史弥远死于绍定六年（1233）。在这道奏疏中，吴潜实际上对史弥远执政时期贯彻在政治中的皇极观念提出了批评，他认为这一观念的实质是君子与小人并进、邪说与正论兼容。也即是说，直到史弥远执政后期，皇极仍继续发挥着作为政纲的功能。

可以看出，皇极作为一种政治观念，当它落实到宋代的政治实践之中，其所包含的宽大包容之意被片面地强调，陷于无原则的调和，是非不分，善恶不明，从而遗失了其作为"中道"所具有的"大中至正"的本义。而且，在党争已经成为宋代政治常态的情况下，试图以皇极所蕴含的"中道"精神来调和矛盾，其结果不仅没有消除党争，反而使党争进一步加剧。朱熹与真

---

① 毕沅：《续资治通鉴》卷第 162，中华书局 1957 年版，第 4406 页。
② 脱脱等：《宋史》卷 437，中华书局 1977 年版，第 12965 页。
③ 脱脱等：《宋史》卷 437，第 12959 页
④ 脱脱等：《宋史》卷 418，第 12515—12516 页。

德秀之所以力批两汉以来以"大中"释皇极的传统训解，正是要破除皇极观念落实到现实的政治实践中所产生的这一意义扭曲。

三、皇极与君权

如前所述，真德秀在皇极的训释上完全继承了朱熹的新诠，并从本体论的层面作了理论推进，不过，两人的皇极说所包含的政治意蕴却呈现出相当大的差异。

在朱熹的皇极说中，强调的是人君以身立极，即人君只有通过修身的道德实践，才能建立至极之标准，换言之，人君在政治领域中主要发挥道德仪范的作用，因而皇极落实到政治权力上，揭示的是一个无为而化的"虚君"观念。[①]

而真德秀则先后目睹了韩侂胄与史弥远两个权相的专权擅政之弊，这种政治现实促使他更加强调"君尊臣卑"的君臣关系。他指出：

> 臣按：天无二日，土无二王，尊无二上，故妾不可以并后，庶不可以加嫡，臣不可以拟君。此天地之常经，古今之大义也。[②]

在这则按语中，真德秀将后与妾、嫡与庶、君与臣之间的地位差别说成是"天地之常经"，"古今之大义"，强调了不可逾越的尊卑界限。如仅就君臣关系来说，真德秀特别反对以臣"拟君"，认为这一不守君臣之定分的僭越行为违背了天下之常理，是不能长久的。在他看来，君尊臣卑之所以会转向君弱臣强，乃是由于人君柔懦怠惰而不能掌握政治权力所致。其曰：

> 君尊臣卑，天下之定分。卑者宜弱而反强者，由尊者当尊而反弱也。尊者何以弱？柔懦而不自立，怠惰而不自振，此其所以弱也。君既弱矣，威福之权必有所归，此臣之所以强也。君倡臣和，天下之常

---

① 参见余英时：《朱熹的历史世界》下册，第849页。
② 真德秀：《大学衍义》卷37，台湾文友书店1968年版，第1131页。

理。君既弱，不能司出令之权，而其臣自相倡和而不禀于君……为人君者其可不以乾健自励也哉！①

可见，人君的至高无上的地位必须落实到政治权力上，即"司出令之权"，否则，必然会导致"威福之权"下移，从而出现君弱臣强的局面。因此，总揽权纲乃是人君的基本职责，也是维持其至尊地位的基本保证。

在儒家的政治思想中，其实一直存在着尊君的观念，如孔子曾说："天下有道，则礼乐征伐自天子出；天下无道，则礼乐征伐自诸侯出。"（《论语·季氏》）鲜明地体现了他以周天子为尊的政治信念。而真德秀在其《大学衍义》中也直接引述了孔子的这一说法，并作按语曰：

> 是时季氏以大夫而专鲁国之政，阳虎以家臣而专季氏之政，孔子之言盖伤之也。天无二日，尊无二上，天下之事惟天子得专之。故天下有道，则礼乐征伐自天子出，而诸侯不能干焉；天下无道，则天子不能有其柄，而诸侯得以窃之矣。诸侯犹不可专，况大夫乎！大夫犹不可专，况家臣乎！②

根据孔子的这一思想，真德秀强调，天子不是一种象征性的虚位，他必须掌握处分天下之事的最高政治权力。因此，在三代之世，天子操礼乐征伐之权以号令诸侯，乃是君主制的正常形态；而春秋之世，天子大权旁落，被诸侯、大夫，甚至是家臣所窃取，则是君主制之变态。联系前面对宋代政治史的论述，可以看到，真德秀的这一评论，实际上体现了他对宁宗时期及理宗前期皇权势微、相权独大的权力结构的反思。当然，所谓"天下之事惟天子得专之"，并不是不要臣下的参与，而是把人君作为权力的源头，在此基础上建立君与臣之间的正常权力关系。

除此之外，真德秀还特别重视《洪范》"惟辟作福"一节，强调其主旨乃在于揭示"万世君臣之大法"：

---

① 真德秀：《大学衍义》卷9，第328—329页。
② 真德秀：《大学衍义》卷9，第332页。

臣按：此箕子为武王陈万世君臣之大法也。福威者，上之所以御下；玉食者，下之所以奉上。曰"惟辟"者，戒其权不可下移；曰"无有"者，戒其臣不可上僭也……《洪范》九畴，箕子受之大禹，大禹受之于天，片言只辞，莫非天理，而可违乎？①

可以看出，所谓的"君臣之大法"，实质上也就是君臣之间的上下尊卑之分、名分之辨。其内容主要体现在相互关联的两个方面：一是要求人君揽权，威福之权不能下移；二是要求臣下守其本分，不可僭越而窃人君之权。而且，真德秀还将《洪范》九畴与超越的天理挂起钩来，这样，"惟辟作福"一节所阐述的君臣名分也就成了天理的具体展现，具有绝对不容违背的规范意义。

据此，我们再来看真德秀的皇极说，对于君权的强调实际上也渗透进他对皇极的诠释之中。如其曰：

皇者君之称，极者极至之义，标准之名，位乎中而四方所取则也，故居人君之位者，由一身而至万事，莫不尽至而后可以为民之极。②

在这条论述中，真德秀首先照搬了朱熹的解释。值得注意的是所谓"由一身而至万事"的说法，意谓人君必须由修身而扩展到对政事的处理。这里的"万事"，指的是政事，即其所谓"事者政之目，政者事之纲"③。这就与前述"天下之事惟天子得专之"贯通起来，暗含了人君对最高政治权力的垄断。所以真德秀紧接着指出：

君当揽权，无使威福之移于下，臣当循法，无使颛恣而僭乎上，为治之道无越乎此。④

这里，"君当揽权"之说，明确道出了真德秀皇极说的政治意蕴。而在

---

① 真德秀：《大学衍义》卷9，第327—328页。
② 真德秀：《大学衍义》卷9，第136—137页。
③ 真德秀：《大学衍义》卷13，第447页。
④ 真德秀：《大学衍义》卷9，第137页。

担任礼部侍郎期间所上的第一封奏札中，他更将人君的政治权力概括为以下两个方面：

> 委任臣工者，人君之大体；躬亲听断者，人君之大权。二义并行，初不相悖。必使政令出于公朝而绝多门之私，威柄归于王室而无倒持之失，则君道立矣。①

真德秀认为，"委任臣工"与"躬亲听断"是人君所应掌握的两项基本的政治权力，也是君道得以确立的关键。② 因此，真德秀的皇极之说与他的尊君之论融合在了一起，从而使得皇极在某种程度上成为君权的代名词。

结　语

综上所述，可以看出，真德秀沿着朱熹的皇极诠释，继续借否定"大中"之训对贯穿在宋代政治中的被扭曲的政治原则进行批判，并将皇极与太极相贯通，实现了皇极的本体化。这一理论推进具有双重的理论意义：一方面，太极作为天道贯彻于作为人道的皇极之中，为人君的道德实践与政治实践提供了最高的本体依据与价值基础；另一方面，由于皇极蕴含着人君的政治权力，因而，强调皇极以天道为本，也就等于将人君的政治权力与作为最高本体的太极相沟通，从而为人君的政治权力的合法性作了理学的本体论论证。因此，在政治意蕴上，与朱熹的皇极说所蕴含的无为而化的"虚君"观念有所不同，真德秀的皇极说更加强调人君对最高政治权力的掌握，以消除丞相专权擅政的政治弊端。当然，就权力结构而言，拥有了最高的政治权力并不能保证人君必然有所作为，反而极有可能导向另一个极端——君主专制。

（作者单位：西南石油大学政治学院）

---

① 《召除礼侍上殿奏札一》，《真文忠公文集》卷4，《宋集珍本丛刊》第75册，线装书局2004年版，第689页。

② 按：真德秀的这封奏札于宝庆元年（1225）年6月12日进呈给理宗皇帝，其矛头指向的正是史弥远的专权擅政。

贵州明代心学大师孙应鳌与王阳明的思想渊源

王路平　张　鹏

　　孙应鳌生活在中晚明时期，这一时期正是阳明心学历经曲折从发展到壮大的重要阶段。从嘉靖初年开始，阳明心学已经成为一个具有广泛性影响的学派登上中国历史舞台，阳明弟子遍布全国，阳明心学不断在全国各地传播。王阳明谪居贵州龙场期间，先后在龙场和贵阳讲学，造就了一批俊彦，贵州成为阳明心学的发源地。继王阳明之后，一批外省籍王门弟子和再传弟子，又纷纷来到贵州，他们在贵州立祠堂、办书院，亲自讲课，传授师说。在王阳明的贵州籍弟子和外省籍弟子的共同努力下，贵州形成了一个持续数十年的王学冲击波，崇奉王阳明的书院达二十多所。孙应鳌正是在这样一种王学环境中不断吸收阳明心学，并通过与浙中王门的王宗沐、泰州王门的徐樾、赵贞吉、罗汝芳、耿定向，江右王门的邹守益父子、罗洪先、胡直、邹元标，南中王门的除阶，楚中王门的蒋信，黔中王门的李渭、马迁锡等王门弟子的广泛交往，相互切磋，对各派理论学习理解，消化吸收，发展创新，从而形成了自己的心学理论体系。

　　孙应鳌作为王阳明的再传弟子，其思渊源来源于王阳明。孙应鳌最初接触阳明心学是从拜阳明弟子徐樾为师开始的。嘉靖二十四年，江西贵溪人徐樾来贵州任提学副使，在贵阳开讲心学，孙应鳌此时正当立冠之年，有缘亲听徐樾的讲学，此后，孙应鳌就以徐樾为师，立愿学习心学。孙应鳌与王阳明虽然未有直接关系，王阳明去世时，孙应鳌才两岁，但孙应鳌思想的形成与王阳明有着很深的渊源，这种痕迹从后来孙应鳌的诗作《梦阳明先生述怀》中便可以明显看出："平居学道心，晚路孰期许。年往惭无闻，归来宅幽隉。先觉遗良模，神交倏相与。缠绵心曲事，恳款梦中语。精爽偕寤言，意气同居处。徒增觉后悲，拊循转凄楚。拥衾结长思，望斗怀遐举。遗我大还诀，誓以铭肤膂。"① 诗的前两句讲他未了解阳明心学以前学业无成的苦闷；三、四、五句讲他得知阳明心学以后，与王阳明在梦中恳切交谈而心旷神怡、意气相投的情景；末两句讲他梦醒之后的惆怅和立志发扬阳明心学的决心。诗中称王阳明为"先觉"，称阳明遗教为"良模"，充分反映了孙应鳌对王阳明本人及其学说的崇拜和倾倒之情。

孙应鳌的思想以"心物一体"作为起点展开，推及境界为"合天地万物为一体"，用他自己的话说：即心是仁，即仁是心，心外无仁，仁外无心；天理、宇宙之理在"心"上求，人为万物之灵，人的心便是宇宙的心，以心为宗是孙应鳌思想的出发点和归属点，其以心为最高范畴，构建了心一元论的宇宙观，这与王阳明的心学是一致的。从逻辑上看，王阳明的心学体系是以心（良知）为起点而渐次展开的，他发展了陆九渊"宇宙便是吾心，吾心便是宇宙"的思想，提出"心外无理"的主张，认定心是宇宙的本源。王阳明认为，理不在心之外，而在心之中，"夫物理不外吾心，外物心而求物理，无物理矣"②。理内在于心，从另一侧面看也就是心本于理，"心也者，吾所得于天之理"③。所谓"得于天"，亦即自天禀受。在这里，理内在于心，并不是在本体论意义上销理入于心，而是表现为理通过天之所赋而构成了主体意识（心）的内容。阳明所说的理，大致包括两方面的涵义：其一，指实理："天地感而万物化生，实理流行也。"④ 这种内在于事物相互作用过程的理，大致与一般的存在规律和本质相同。其二，指表现于事亲事君之中的道德律："是理也，发之于亲，则为孝。发之于友，则为信。"⑤ 作为制约孝亲忠君等活动的道德律，理也就是行为的规范。一般来说，王阳明所谓的"理"多指第二种情况。与程朱理学主张"理在心外"不同，王阳明心学主张"心"就是"理"，"心"就是"良知"。把"良知"（即心）提到哲学本体论的高度。

---

① 莫友芝：《黔诗纪略》卷 5，贵州人民出版社 1993 年版。
② 《传习录中》，《王阳明全集》，上海古籍出版社 1992 年版，第 42 页。
③ 《答徐成之》，《王阳明全集》，第 809 页。
④ 《五经臆说十三条》，《王阳明全集》，第 978 页。
⑤ 《书诸阳伯卷》，《王阳明全集》，第 277 页。

王阳明认为所有道德规范统统包含在"吾心""良知"之中，只要在"心上做功夫，不去袭义于外"，便能达到理想的境界，实现"王道之真"。

孙应鳌发挥了王阳明以"心"为宇宙本体的思想，不仅在"心"上求理，在"心"上做功夫，而且将"心"的能动性视为宇宙的能动性，"天地生物之心，即人之本心也。了得此心则何动何静、何见何不见？不了得此心何从而见，何以谓之见？所以教人复，复则刚，反则顺，动则刚长。见得此后，无往非天地之心，即无往非人之本心，动亦是，静亦是。非以复为天地之心，是教人变复处看天地之心也。"① "天地之心，生生是也。天地之心，无在而无不在，生生不已。"② 孙应鳌认为人的"心"是可以扩展的，"大其心"可以使人的精神境界与天地同"大"，人心的知觉灵明与天地变化一致，就可以进入天人合一的状态，"天地之大，大以道非大以形，君子取法天地，法此道也，……故大其心则是以尽天地，非尽天地也，尽道也，……凡万象之变化于天地者皆吾心之变化。"③ 在这里，孙应鳌把"心""易""道"三者结合起来，提出了一个"得易"问题，"得易"即是掌握"变易之道"，《周易·系辞》云："一阴一阳之谓道"，"生生之谓易"，这个变易之道即天地万物变化的规律。人之所以能同天地"合其大"，也就是一个道的问题，就是"得易"。"得易"以后，人就能够与天地相似而不违。"圣人所以为圣人，不过与天地相似不违而已。……然天地大矣，何以能相似？盖天地易而已矣，圣人得易故与天地相似，得易者得心也。"④ 如此一来，人"心"与天地万物之间的界限便被打通，"我"与天地万物便进入浑然一体的精神境界，宇宙间的运动变化，都是"我"之意向所作为，在浑然与物同体的境界中，消除了主观与客观的对立，人心同天地一样的"廓然而大公"。

王阳明的"良知"学说，主张"吾心之良知，即所谓天理也"⑤，"良知之在人心，不但圣贤，虽常人亦无不如此"⑥。王阳明认为人类在本质上是没有区别的，"天理"是人最根本的东西，人人同具，古今如此，不是天生具

① 孙应鳌：《淮海易谈》卷2，《孙应鳌文集》，贵州教育出版社1996年版，第57页。
② 孙应鳌：《淮海易谈》卷2，《孙应鳌文集》，贵州教育出版社1996年版，第56页。
③ 《淮海易谈》卷1，《孙应鳌文集》，第24页。
④ 《淮海易谈》卷4，《孙应鳌文集》，第123页。
⑤ 《传习录中》，《王阳明全集》，第45页。
⑥ 《传习录中》，《王阳明全集》，第69页。

有圣愚的差别。孙应鳌进一步发挥这种观点，"世人莫不有聪明，可惜不在自己性分上留聪明，世人莫不有作用，可惜不在自己性分上善作用，终归无益，其何有成。"①"忠信之资，圣凡同具，能充之便做得圣人，不能充便止于乡人。"② 这就是说，若世人肯在自己性分上留聪明，肯定自己性分上善的作用，就不会与圣人有差别。孙应鳌在这里指出圣人与世人之间的差别，不是在先天具有"良知"这一点上，而是在后天是否作用上。这样的修养论，为"人皆可以为尧舜"指出了途径。王阳明说："所谓致知格物者，致吾心之良知于事事物物也。吾心之良知即所谓天理也。致吾心良知之天理于事事物物，则事事物物皆得其理矣。致吾心之良知者致知也，事事物物皆得理者格物也。是合心与理为一者。"③ 王阳明说的"致知格物"是把心之"良知天理"贯彻到事物中去，使事事物物与我心的"良知"相符合。孙应鳌继承王阳明的衣钵，不仅认为心上之理可通事物，而且可以践履，"知，即吾心之良知；仁，即吾心之良能；勇，即知、仁合一而乾乾不息者。知、仁、勇，总是一个人进德之序如此耳。进德者，以致知为入门，以践履为实地，以强立不返为全功。不惑，此心之无疑也；不忧，此心之无累也；不惧，即无疑、无累之无退转怯懦也，一理也"④。这种践履的目标是天地万物一体。

如何实现"万物一体"，王阳明设计的路线是心—良知—天理—致良知，按照这个逻辑，当生命个体去"致良知"，去反身诚求天理，就会得"道"成为圣人，而当全部生命个体都去"致良知"，那么我们的社会便出现满街都是圣人，"万物一体"的儒家理想便得以实现。对于王阳明"万物一体"的思想，孙应鳌一脉继承并且提出了更具体的实现设想，"仁"这个至高的道德原则是和"心"密切联系在一起的。"仁，人心也，人心，即天理也。当理而无私心之谓仁，得其心之所安之谓仁，无一毫惜身为名之念以杂其心为仁。"⑤ 仁德与心是一致的，圣门之学全在求"仁"，"大人之学，识仁则大，不识仁则小"⑥。"仁"不仅具有社会的道德意义，而且还具有超道德

① 《幽心瑶草》，《孙应鳌文集》，第 339 页。
② 《幽心瑶草》，《孙应鳌文集》，第 338 页。
③ 《传习录中》，《王阳明全集》，第 45 页。
④ 《四书近语》卷 4，《孙应鳌文集》，第 236 页。
⑤ 《四书近语》卷 6，《孙应鳌文集》，第 311 页。
⑥ 《四书近语》卷 1，《孙应鳌文集》，第 165 页。

的意义。"天地以一阴一阳化生万物，所谓仁也。"①"爱者，天地生物之心，所谓仁也。"②"仁"本来是社会中表示"爱"的一种道德行为，在这里已扩展成为"合天地万物为一体"的境界。在这里，孙应鳌理解的"仁"的方式与王阳明是一致的，王阳明认为，人与天地万物一体，是由人心中的"仁"沟通的，如孺子入井，而必有怵惕恻隐之心，可见孺子本与"我"为一体。在"仁"的沟通下，我与他人，以至鸟兽、草木、瓦石也是连为一体的。所谓"其心之仁"，便是"良知"，人之与"天地万物一体"，乃是人心中之"仁"使然。孙应鳌认为，"仁"的实现是需要心体感应的，需要"体仁"，最后才能"达仁"，"若能因其善质而善充之，高明者柔以适于中，沉潜者刚克以适于中，使心德不偏本体，以后而无气质之私，便就是仁"③。达到了仁，也就实现了人的至善之性，就能完成人的最完善的人格。一般说来，人是自然界的异化，从自然生出，而又与自然相对立。而孙应鳌说的"体仁"，便是要取消这种异化，所谓："君子之体仁也，思诚而已矣。""思诚"就是《中庸》所说的"诚之"，即"未诚"而"求诚"。人之所以"未诚"，是因为每一个人都以自己的身体为"我"，而与一切别的东西对立起来，立身行事往往只"从自家躯壳上起念"，这就是私，私把人限制住了，所以不能认识"合天地万物而为一体"的道理，因此，所谓"体仁"，便是要破除这种限制，以达到与天地万物一体的境界。"元者善之长，君子体仁，是以长人。仁言体，盖天地万物之备于我者，无少缺欠，无少渗漏，真浑然无所不包，我之此身真与天地万物合体矣。"④"知体仁即知所以合天，即知所以用易，知所以用易，即知我与天地万物一体。"⑤"君子之体仁也，思诚而已矣。思诚然后诚，诚然后我真与天地万物同为一体。"⑥一个人如果将这个对于社会的道德行为推广为对于宇宙的道德行为，那便是反身而诚，就达到了"万物备我"的"一体"境界。一个人有了这种境界，那可以说他就享受了极大的快乐（乐莫大焉），也就可以纳有限于无限，寓永恒于宇宙之间。

① 《淮海易谈》卷4，《孙应鳌文集》，第126页。
② 《淮海易谈》卷4，《孙应鳌文集》，第124页。
③ 《四书近语》卷4，《孙应鳌文集》，第260—261页。
④ 《淮海易谈》卷1，《孙应鳌文集》，第12页。
⑤ 《淮海易谈》卷1，《孙应鳌文集》，第14页。
⑥ 《淮海易谈》卷1，《孙应鳌文集》，第14页。

孙应鳌与王阳明的思想渊源关系，最明显、最突出的表现在孙应鳌的易学思想上。孙应鳌易学与王阳明易学都同属于义理易学中的心学派，孙应鳌易学继承和发展了王阳明的心性易学。王阳明一生并未撰写有关于《周易》的全面系统的专著，然在其一生为学成德过程中，《周易》一书对他的影响却是不可低估的。李贽甚至"断以先生之书为足继夫子之后，盖逆知其从读《易》来也"①，在《王阳明全集》中提及《易》的地方除去重复者约计四十余处，这些地方的记载，全面体现出阳明易学与心学的关联。孙应鳌所著《淮海易谈》四卷，全面系统地阐述了他的易学思想。谈者，从心而出，随心而论。"易谈"之名，既表明孙应鳌对《周易》一书的内容深为熟悉，同时又为孙应鳌对《周易》义理的随心阐发提供了更加自由的空间。从王阳明到孙应鳌的易学，其间的思想脉络和理路，既多有共通传接之处，又表现了孙应鳌对王阳明易学的发展创新。这主要表现在以下三个方面：

第一，心之常道为《周易》之本。

对《周易》一书，历来仁者见仁，智者见智。阳明认为，经以载道，《周易》和其他儒家经典一样，都只是载道之书，作传道之用。阳明《稽山书院尊经阁记》云："《六经》者非他，吾心之常道也。故《易》也者，志吾心之阴阳消息者也。"②对阳明而言，《六经》之道，心道也；《六经》之学，心学也。阳明对《六经》作出的心学诠释，突出体现了他超越经典的意识、惟道以崇的信念和敢于创新的精神。

对于《周易》一书，孙应鳌认为，《易》会《五经》之全，是《五经》之源。他说："《诗》《书》之理即《易》之理，特《诗》专注于性情，《书》专注于政事……而《易》则会其全耳。"他认为易道穷尽了天地鬼神之奥，"《易》不作，则天地鬼神之道不着"，而"天地鬼神之奥，便是《五经》之源。"③孙应鳌继承了阳明经以载道的思想，并进而认为经本于心，易本于心，故以心之常道为《周易》之本。王阳明和孙应鳌对《周易》一书的宗旨，具有相同或类似的看法，这就决定了他们的治《易》的方法、理路和视角具有相同的趋向，即以心学的观点来解读周易，这也进而决定了他们的易

① 《阳明先生道学钞序》，《王阳明全集》，第 1603 页。
② 《稽山书院尊经阁记》，《王阳明全集》，第 254 页。
③ 《淮海易谈》卷 4，《孙应鳌文集》，第 122 页。

学思想多有共通一致的地方，同时这也说明孙应鳌是在阳明心学的视域中来诠释《周易》的。

第二，易道精义在于精粗内外合一，寂感体用一原。

阳明通过玩易以领悟易道精义。他在贵州龙场所作的《玩易窝记》云："阳明子之居夷也，穴山麓之窝而读《易》其间。……精粗一，外内翕，视险若夷，而不知其夷之为厄也。于是阳明子抚几而叹曰：'嗟乎！此古之君子所以甘囚奴，忘拘幽，而不知其老之将至也夫！吾知所以终吾身矣。'名其窝曰'玩易'，而为之说曰：夫《易》，三才之道备焉。古之君子，居则观其象而玩其辞，动则观其变而玩其占。观象玩辞，三才之体立矣；观变玩占，三才之用行矣。体立，故存而神；用行，故动而化。神，故知周万物而无方；化，故范围天地而无迹。无方，则象辞基焉；无迹，则变占生焉。"① "精粗一，内外翕"以及"体立而用行"的思想正是阳明龙场玩易所悟的可以终其一生的易道精义。"精粗一"即精粗合一。"一"亦有大道归一，一以贯之之意。从后来阳明在天泉证道时要汝中、德洪二人之见相资为用，以接引利根之人和平常之人。其学精，方能接引利根之人，其学粗，方能接引平常之人。阳明之学，不精便不足以致其一，不粗便不足以全其用。精粗合一是阳明心学的一大特色。"内外翕"，"翕"是和顺，协调一致之意，"内外翕"是内外畅达，内外合一之意。《周易·系辞上》说，《易》有"象、辞、变、占"四个方面的圣人之道。阳明认为，通过观象玩辞，可以体认易道本体；通过观变玩占，则可以体认易道发用。体之立，存而神，神而无方；用之行，动而化，化而无迹。体立，用方行，用行，体方显。这就是阳明玩易所悟的"体立而用行"之道。

阳明在许多地方又喜欢引用《周易·系辞上传》的"寂然不动，感而遂通"的话来描述和说明体立而用行之道。他说："光光只是心之本体，看有甚闲思虑？此便是寂然不动，便是未发之中，便是廓然大公！自然感而遂通，自然发而中节，自然物来顺应。"② "心这本体即是天理，天理只是一个，更有何可思虑得？天理原自寂然不动，原自感而遂通，学者用功虽千思万

---

① 《玩易窝记》，《王阳明全集》，第897—898页。
② 《传习录上》，《王阳明全集》，第22页。

虑，只是要复他本来体用而已，不是以私意去安排思索出来。"① 所谓"寂然不动"，是就其"体立"而言，所谓"感而遂通"，是就其"用行"而言。阳明认为，心之本体即是良知，良知即是天理，原是寂然不动，感而遂通的，而一旦本体立定，天地万物，便俱在我良知的发用流行中。良知本体能保持其虚灵明觉，它就能随事事物物应感而动，知善知恶，为善去恶。而"致吾心良知之天理于事事物物"的过程，亦即是体立而用行的过程。

孙应鳌继承了王阳明易学"精粗一，内外翕"的思维方式，在看待天与人、性与命、心与物、心与气、物和道、体和用等关系上，无不显现出"精粗一，内外翕"思维方式的痕迹。在体用观上，孙应鳌继承了阳明"寂然感通"之说且独有创见。他认为："吾心之妙万物，以寂然不动，感而遂通耳。"②"人心之易，不外乎寂然感通。"③ 阳明之后，其心学传人邹守益、聂豹、罗先等曾经对"寂然不动，感而遂通"之说进行辩难，各持己见。到孙应鳌时，针对当时学界有人将寂和感、体和用分而为二的倾向，他提出了"寂感体用一原"说。他说："寂感，人心也，寂感之间，圣人所谓一贯也。虽寂，而天下之故未尝不感；虽感，而本然之真未尝不寂，故寂、感非二，是以两句说话，明此心之本体也。"④ 在孙应鳌看来，"寂"并非"空寂"，"虚"并非"虚无"，"静"并非绝对的"静"。他对那种将"寂""虚""静"当作绝对的观点进行了批评。指出："夫虚无寂静，圣人未尝不以之教人，但虚者以实而虚，无者以有而无，寂者以感而寂，静者以动而静，所以为大中至正，不偏不倚也。外实以言虚，外有以言无，外感以言寂，外动以言静，畔道甚矣！"⑤ 孙应鳌的"寂感体用一原"说，将虚实、有无、寂感、动静，在其相互关联中来理解，求其统一，视为一原，尤为强调本心原非空寂以及感通的重要作用。他说："寂非沦于无，感非滞于有，则一是谓之中，万事万化之所由起也。"⑥ 孙应鳌所处的时代，王学末流空疏浅薄，虚浮空谈之风日盛，孙应鳌的"寂感体用一原"说，强调体非空寂，强调感应在事物

① 《启问道通书》，《王阳明全集》，第 58 页。
② 《淮海易谈》卷 4，《孙应鳌文集》，第 129 页。
③ 《淮海易谈》卷 4，《孙应鳌文集》，第 130 页。
④ 《淮海易谈》卷 4，《孙应鳌文集》，第 129 页。
⑤ 《淮海易谈》卷 4，《孙应鳌文集》，第 146 页。
⑥ 《淮海易谈》卷 4，《孙应鳌文集》，第 144 页。

生生不息变化不已的过程中的地位和作用，从理论趋向上，已明显具有避虚就实，贬抑空疏，走向实学的倾向，这是孙应鳌易学体用观的独特之处。

第三，从以《易》证良知到以吾心释《易》。

阳明之学，最终归结为"致良知"三字。对于"致良知"，他说："《易》谓'知至，至之。'知至者，知也；至之者，致知也。此知行之所以一也。近世格物致知之说，只一知字尚未有下落，若致字工夫，全不曾道着矣。此知行之所以二也。"①"知至，至之"语出《周易·乾卦》："知至至之，可与几也。知终终之，可与存义也。""知至"本意为极尽其所知也；"至之"本意为求其致用也。阳明此处将"知至"释为"知"，即心中本有的良知；将"至之"释为"致知"，即致良知。他在这里的阐释，阻断了致知在格物，物格而后知至的由外及内的认识论路径，为其心学工夫论去除了障碍。

对于良知本体，阳明认为良知与易是合而为一的，良知即易。《传习录下》载："良知即是易，其为道也屡迁，变动不居，周流六虚，上下无常，刚柔相易，不可为典要，惟变所适。此知如何捉摸得？见得透时便是圣人。"②阳明认为，良知之道是至简至易，亦至精至微的。它变动不息，无方无体，捉摸不得，能悟透此道便是圣人。良知即易，良知之道即是易道。

孙应鳌继承了阳明"良知即易"的思想。他引用阳明的话论述说："闻与见即所谓知也。阳明曰：'良知只是一个天理自然明觉发见处，只是一个真诚恻恒，便是他本体。'故此知即是易理，易理极真实极光明，随他发见流行处，当下具足，更无来去……物即是我，我即是天地。闻者闻此而已，见者见此而已。"③阳明认为，心、性、命同出一源，都是大道在身、在人、在天的不同表现，在根本上，它们是完全相通为一的。在这一点上，孙应鳌同阳明的看法同出一辙。他认为，易、道、性、心、身、人、万物是一气贯通，循环无端的。他说："易也者，道也；道也者，性也；性也者，心也；心也者，身也；身也者，人也；人也者，万物也；万物也者，易也。人得易而生者也，性也；以生而名也，心也；以主宰而名也，身也；以形色而名也，

① 《与陆原静》，《王阳明全集》，第189页。
② 《已下门人黄省曾录》，《王阳明全集》，第125页。
③ 《淮海易谈》卷4，《孙应鳌文集》，第149页。

万物也；以变化而名也，而会之曰道，宗之曰一，得其一而道备矣。"①

由此可见，从王阳明到孙应鳌的易学思想具有极深的渊源。从大的视角而言，他们释《易》，都依循"以心学解《易》"和"以《易》证心学"的治《易》模式，他们都力图通过对易理的阐发而为人生立定一种安身立命的道德理想和人格追求；从小的方面而言，孙应鳌易学对阳明易学所涉及的每一个论题，或继承，或创新，几乎都有阐发，将心学和易学相互贯通，互为印证。从现存的资料来看，阳明易学，更加注重了"以《易》证心学"（以《易》证良知）的方面，其易学思想也多散见于他对心学体系的建构阐释当中；而孙应鳌的《淮海易谈》作为一部全面系统的易学专著，体例上的完整性自不待言，思想的表达也相对集中完备，内容上"以心学释《易》"（以吾心释《易》）的倾向则更加突出。总体而言，孙应鳌易学是对阳明易学的继承、深化和创新。在继承阳明易学思想的同时，孙应鳌易学又以其释《易》体例的完整性、易学思想的独创性以及影响的广泛性，而成为义理易学心学派传承中的杰出代表，成为贵州易学发展史上的一座里程碑。

民国《贵州通志·人物志》把孙应鳌的思想核心归纳为："以求仁为宗，以尽人合天为求仁始终，而其致功扼要在诚意慎独。"所谓"以仁为宗"实际上是以心为宗，人心是孙应鳌思想的出发点和归宿点。孙应鳌继承王阳明"心外无理"的思想，指出心和仁是内容等同的概念。"以仁为宗"是他心一元论本体论的核心。所谓"以尽人合天为求仁之始终"，说明儒家传统的"天人合一"论，是他的主要方法论原则。所谓"致功扼要在诚意慎独"，则说明孙应鳌的认识论是通过发挥王阳明"诚其意，毋自欺"的"格物"工夫去实现的。可以看出，不论是本体论、方法论和认识论，还是易学思想以及其他思想，孙应鳌的思想均没有超出王学道德伦理型哲学的范围，孙应鳌的思想直接传承王阳明的心学，但又对王阳明心学有所发展，有所创新。

（作者单位：贵州省社会科学院文化研究所；贵州省易学与国学研究中心）

---

① 《淮海易谈》卷4，《孙应鳌文集》，第155页。

退溪"礼缘仁情"中的易学思想

彭彦华

退溪学《易》讲《易》述《易》，完全是为了进修践履。退溪既继承朱子，又与朱子有所不同。他认为"《易》乃理数渊源之书"，而不赞成朱子"《易》本为卜筮之书"的观点。退溪体悟《易》的时中之义至精，且身体力行之。他主张礼有因有革，有常有变，礼在践履中从俗、从宜、从权，其基点是"缘仁情"。

退溪李滉（1501—1570）先生是有世界意义的文化名人，其影响之大之深，非同凡响。退溪被岭南人誉为"东方朱夫子"，李栗谷被畿湖人称为"东方圣人"，两人成为了李朝性理学的"双璧""两贤"。退溪是朝鲜李朝朱子学大家，他主张礼有因有革，有常有变。礼在践履中从俗、从宜、从权，而逐渐民族化，也即创新的过程，其基点是"缘仁情"而制礼。这一观点显然得益于退溪的易学思想。仔细阅读启明汉文学研究会编印刊行的《退溪学文献全集》之后，感受良深，深知退溪的易学是深刻的、高明的、全面的。

一

退溪看待一切学问都从是否有利于进修践履这一角度出发，所以他说论切于学者日用工夫，退溪学《易》讲《易》述《易》，完全是为了进修践履，按圣贤标准磨炼自己，绝不停留在音义句读的表面功夫上，也不做术数占卜之事。从未想以《易》成名，然而实际上他是没有易学专家之名的真正易学大家。退溪既继承朱子，又与朱子有所不同。

退溪学问以朱子为宗，自己曾明确宣称："朱子吾之师表也，非朱子之言不敢言，非朱子之行不敢行，而动静云为出处行藏唯晦庵是循。晦庵虽不得见，而晦庵之道在兹焉。"① 在易学上大抵亦如此。朱子重视《太极图说》，退溪也重视。朱子尊重邵康节，退溪也尊重。朱子相信圣人据河图洛书画八卦，退溪也相信。朱子作《启蒙》，退溪潜心研究《启蒙》，作《启蒙传疑》。退溪易学得自朱子，继承朱子。

但是，退溪学贵自得，对《易》有自己的体悟，实际上对朱子的易学思想并未百分之百地继承过来，而是有所取舍，有所不同。

我们知道，朱子对伊川程子的《易传》持批评态度，因此才有《本义》之作。朱子尝言："伊川《易传》，又自是程氏之易也。"② 又言："某看康节易了，却看别人的不得。"③ 显然不满意程子《易传》。退溪 20 岁读《易》，讲究其义，至于废寝忘食。究竟是读谁的《易》，退溪本人从未交代过，我们不知道。可以肯定当时退溪读的不是朱子的《本义》，因为退溪后来说："读《易》欲以《本义》为先，此亦从来所见如此。世儒虑及此者自少，虽或有之，皆牵于讲业而未果去取。则方其读时同于世儒之牵，及见得此意后，昏病不能读。主《本义》兼《程传》以还洁净精微之旧，正有望于高明之今日也。"④ 意谓他当年未曾读《本义》，现在昏病不能读，大有抱憾终生之意。至于对《程传》的态度，这里他既说"主《本义》兼《程传》"，就说明他很重视《程传》。有一次国王问："《程传》《本义》何为先？"退溪竟如此回答："《易》之道明消长盈虚之理、进退语默之机不失乎时中也。占侯，《易》之末也。《程传》宜先。"⑤ 认为《易》，理是本，占是末，学《易》主要应当学《易》之理，以把握时中，占是极次要的。《程传》正是如此，所以主张学《易》宜以《程传》为先。这就与朱子不同。我们因此推测，退溪 20 岁开始读的《周易》，可能是《程传》。

朱子不止一次地强调说："《易》本卜筮之书，后人以为止于卜筮，至王

① 《溪山记善录》，《退溪学文献全集》(18)，启明汉文学研究会研究资料丛书，学民文化社 1991 年版，第 472 页。

② 《朱子语类》卷 67，转引自钱穆：《朱子新学案》第四册，三民书局 1989 年版，第 45 页。

③ 《朱子语类》卷 67，转引自钱穆：《朱子新学案》第四册，第 47 页。

④ 《退溪先生书节要》卷 6，《退溪学文献全集》(6)，第 642 页。

⑤ 《陶山及门诸贤录》卷 3，《退溪学文献全集》(20)，第 280 页。

弱用老庄解后，人便只为理，而不以为卜筮，亦非。今人不看卦爻而看系辞，是犹不看刑统，而看刑统之序例也，安能晓。须以卜筮之书看之。"① 又说："近世言《易》者，直弃卜筮而虚谈义理，致文义牵强而无归宿，此弊久矣。要须先以卜筮占决之意求经文本义，而复以传释之。"② 又说："《易》本为卜筮而作，其言皆依象数，以断吉凶。今其法已不传，诸儒之言象数者，例皆穿凿。言义理者又太汗漫，故其书为难读。此《本义》《启蒙》所以作也。"③ 又说："读《易》之法，窃疑卦爻之词，本为卜筮者断吉凶，而因以训诫。至《彖》《象》《文言》之作，始因其吉凶训诫之意而推说其义理而明之。后人但见孔子所说义理，而不复推求文王、周公之本意，因鄙卜筮为不足言。"④ 又说；"象数乃作《易》根本，卜筮乃其用处之实。"⑤ 又说："大抵《易》之书，本为卜筮而作，故其词必根于象数，而非圣人己意之所为。其所劝诫，亦以施诸筮得此卦此爻之人。近世言《易》者殊不知此，所以其说虽有义理而无情理。虽大儒先生在所不免。"⑥ 很明显，朱子的意思有三：第一，《易》本为卜筮而作，本为卜筮之书；第二，象数是作《易》之根本，《易》之实际用处是卜筮。鄙薄卜筮为不足言，是不对的；第三，卦爻辞本为卜筮者断吉凶而作。孔子《易传》因卦爻辞吉凶训诫之意而推说义理以明之。

今翻检《退溪学文献全集》，绝不见退溪有《易》本为卜筮而作、《易》本为卜筮之书的言论。退溪倒是非常肯定地说"《易》乃理数渊源之书"⑦。说《易》为理数渊源之书，与说《易》本为卜筮之书，有很大的差异。退溪是这样说的："《易》乃理数渊源之书，诚不可不读，但不如《语》《孟》《庸》《学》之切于学者日用功夫。故先生或以为'非学之急其实莫及于究理尽性之学也。'所喻学不践履，虽有所知，奚贵？此真切至之言。读《易》时苟

---

① 《朱子语类》卷66，转引自钱穆：《朱子新学案》，第20页。
② 《朱子语类》卷3，转引自钱穆：《朱子新学案》，第21页。
③ 《朱子语类》卷60，转引自钱穆：《朱子新学案》，第22页。
④ 《朱子语类》卷33，转引自钱穆：《朱子新学案》，第28页。
⑤ 《朱子语类》卷4，转引自钱穆：《朱子新学案》，第35页。
⑥ 《朱子语类》卷38，转引自钱穆：《朱子新学案》，第35页。
⑦ 《退溪先生书节要》卷6，《退溪学文献全集》(6)，第618页。

忽此意，浸与义理不相交涉而日远矣，甚可惧也。"① 退溪不仅在理论中如此，在实践上也是明确反对卜筮的。请看退溪先生关于卜筮的具体言行：

于占筮则曰今也筮草不生，占室难立，不可以亵妄交神明，虽知其说、究其道，而一切不为。②

先生于卜筮之事，虽知其说，亦不喜为之。③

问巫觋邪妄岂可信哉！先生曰此言甚善，但不能穷理未必能保其不惑耳。④

巫觋祈祷之事，一切严禁不接门庭。⑤

可见退溪先生虽知卜筮之法，但是坚决不信卜筮，更不为卜筮。而且对于民间流行的用生辰八字测命之事亦深致质疑。他说："人之在母十月，形质心性靡不该具而后生出，是岂初受胞胎时五行未备，清浊粹驳寿命通塞之兆都未有定，至于生出日时俄顷之间方始来植袭人，都变换了他前所禀得底，以今所袭换者为此人贤愚贵贱修短之所定乎？似无此理。"⑥ 这就从根本上否定了以人出生之年、月、日、时之八字测人一生之命运的可信性。

退溪没有说过朱子"《易》本为卜筮之书"一说不对的话，但是从他只说"《易》是理数渊源之书"，强调《易》本有象数也有义理来看，他是不赞成朱子"《易》本为卜筮之书"这一论断的。

二

《周易》讲变化，变化必表现为过程；既是过程则必有时，时通过卦爻表现。六十四卦是个大过程，一卦即此大过程之一时。只一卦无所谓时。六爻成一卦，一卦是个小过程，一爻即此小过程之一时，只一爻也无所谓时，

---

① 《退溪先生书节要》卷6，《退溪学文献全集》(6)，第618页。
② 《溪山记善录》，《退溪学文献全集》(18)，第479页。
③ 《溪山记善录》，《退溪学文献全集》(18)，第420页。
④ 《溪山记善录》，《退溪学文献全集》(18)，第421页。
⑤ 《濂溪先生言行录》，《退溪学文献全集》(18)，第287页。
⑥ 《李子粹语》卷1，《退溪学文献全集》(7)，第142页。

时在六十四卦和六爻的流行变动中显。故有"六位时成,时乘六龙"①和"卦者时也,爻者适时之变者也"②之说。客观世界的运动变化以"时"的形式表现出来,反映到人的头脑就是"时"的观念,所以《周易》很重"时"。《周易》是讲变化的书,讲变化就是讲时。六十四卦三百八十四爻其实是对客观世界作时间上的划分。一卦即一时,乾是乾之时,坤是坤之时,屯是屯之时,蒙是蒙之时。一时之中又有变动,故有初、二、三、四、五、上六爻,各为一时之中的一个点。时是世界变化的客观形式,也是人的意识,人的关于变化的观念。可以说"时"是《周易》赖以产生的认识论基础。《周易》贵中贵正更贵时。中与正说到底都可以归到时上。因此,时的观念是《周易》哲学的中心观念。《周易》六爻当位为好,居二五之中为最好。这是因为当位居中恰是变而通之时。表现在自然界是阴阳调谐,刚柔和顺,一切全无窒碍。推及人事,是关系顺遂,行为合宜,处处不见抵牾。就人事而言,行为合乎时宜是中,故孔子时、中连言,讲"君子而时中也"③。时中,究其极,就是中。中是《周易》哲学精神的一大特色。它源自尧舜。尧禅位与舜,舜与禹,皆交代"允执其中"④一句话。至孔子、孟子而发扬光大。

　孟子以权喻中,最为明通。他说:"可以速而速,可以久而久,可以处而处,可以仕而仕,孔子也。"这话等于说,孔子这个人最大的特点是一个时字。孟子接着说:"伯夷,圣之清者也。伊尹,圣之任者也。柳下惠,圣之和者也。孔子,圣之时者也。"⑤这话等于说,在诸多圣人中,他人的长处皆在一偏,唯孔子适时而变,不拘一偏。作为一个圣人,孔子之高明处也是与别的圣人不同处就在一个时字。孟子在答弟子问伯夷、伊尹、孔子之同的时候说:"得百里之地而君之,皆能以朝诸侯,有天下。行一不义,杀一不辜,而得天下,皆不为也,是则同。"⑥伯夷、伊尹、孔子三人"行一不义,杀一不辜,皆不为也",意谓仁义是三人共同之处。孔子之伟大、高明之处不在仁义而在时。仁义,伯夷、伊尹都能做到,而时则唯孔子能行。孔

---

① 《周易·乾·彖》。

② 王弼:《周易略例》,载楼宇烈:《王弼集校释》,中华书局1980年版,第604页。

③ 《礼记·中庸》。

④ 《论语·尧曰》。

⑤ 《孟子·万章下》。

⑥ 《孟子·公孙丑上》。

子讲"无可无不可"①和"过犹不及"②,是中之确解。前句指示做事要因时制宜,把握时机。后句指示因时制宜之后,行动起来还要把握分寸,使无不及亦无过。

《周易》强调积极的人生应该既不逃避现实也不做现实中的被动者,要认识并把握客观世界,像孔子那样做到"知天命","耳顺","从心所欲不逾矩",③实现主客观统一的目标。所以《周易》贵时,贵时的用意显然是指示人们把握、适应变化中的客观世界,以便在大自然和社会的制约中获得尽可能多的自由。孔子懂辩证法,善于用变化的眼光看世界,因而极重时的问题,因时制宜是他说话做事看人的重要标准。孔子总是根据时变,根据客观世界的现实状况决定自己行动的方向,最善于使自己的主观世界同客观世界统一起来。子思作《中庸》,发挥《周易》中之哲学,创中和概念,以喜怒哀乐之未发喻中,发而皆中节喻和,谓中为天下之大本,和为天下之达道,尤具理论意义。这等于中概念被施用于本体和现象界,未发而真实存有的中称中,犹如本体。已发亦真实存有的中称和,犹如现象界。中与和其实是一,不是二。由此可见《周易》和《中庸》不把本体与现象分开对待。退溪体悟《易》理至深至精,融贯胸中,随时拈来便用。在为学之法上,退溪一重读书二重践履。读书为践履,践履本于读书,两者决不偏废。他读《周易》当然也落实到日用践履上。即占卜邪妄之术一切不为,则于《易》必钻研体究、融会贯通义理以用于德行进修、日用践履无疑。

《易》贵时中,退溪对《易》时中之义体会至深。其答闵判书箕书曰:"可进而进,以进为恭;可不进而不进,以不进为恭。可之所在即恭之所在。"丁若镛《陶山私淑录》评论说:"此如孟子所云'莫如我敬主也,可之所在即恭之所在'一语。此正君子时中之义,称量至精,移易不得,一生当念念不忘者也。"④

退溪总结自己一生进退的经验说:"凡所以求合于古人之道者,恒由于退身而辄乖于致身。正如鲁男子所谓以吾之不可学柳下惠之可,岂不然哉!

---

① 《论语·微子》。

② 《论语·先进》。

③ 《论语·为政》。

④ 《陶山私淑录》,《退溪学文献全集》(23),第109页。

盖义之所在，随时随人变动不居。在诸公则进为义，欲使之为我所为，不可也。在我则退为义，欲使之为诸公所为，亦不可也。"①

退溪就特殊情况下处理问题的办法说："凡事到无可奈何处，无恰好道理，则不得已择其次者而从之，乃所为权，亦此时所当止之处也。"②

退溪又说："凡吾这显晦语默不可不随时消息以善身也。"③ 又说："尧舜君民虽君子之志，岂有不度时不量力而可以有为者乎！"④ 又对大王殿下问说："《易》之道明消长盈虚之理，进退语默之机，不失乎时中也。"⑤

《系辞下》："不可为典要，唯变所适。"《论语·微子》："无可无不可。"《孟子·离娄下》："唯义所在。"都是《易》的时中之义，退溪体悟可谓至精，且身体力行之。这集中体现在退溪礼缘仁情的思想中。

三

退溪承继朱学，而又有所创新。他主张礼有因有革，有常有变。"昏礼颓废，世无行之者。丁卯因朴櫷之来。始仿古礼为婿妇礼见仪，然恐其有骇于闻见，不能尽从古礼。不数年京乡士大夫昏嫁之时，不独行此礼见之仪，往往直行古礼，究其所以则盖权舆于此也。"⑥ 婚礼尽从与不尽从古礼，因时因习而变，若不变而守常因循，则不合时宜和习俗。这是因为"《周礼》恐其大繁密，难施行也"⑦ 的缘故。既然不能施行，就需要改革，这也是基于"《仪礼》经传犹有所未备，不可备信而断事，世间杂书亦不可不看，以相参验去取也"⑧。退溪继承朱熹等两宋理学家"六经注我"义理解经思想的影响，打破汉唐以来"疏不破注"思想的束缚，提出不可偏信《仪礼》经传断事，而应该参验世间杂书来去取，充分体现他因时而变而革的思想。

---

① 《退溪先生书节要》卷4，《退溪学文献全集》(5)，第408页。
② 《李子粹语》卷3，《退溪学文献全集》(7)，第336页。
③ 《李子粹语》卷3，《退溪学文献全集》(7)，第338页。
④ 《李子粹语》卷3，《退溪学文献全集》(7)，第33页。
⑤ 《陶山及门诸贤录》卷3，《退溪学文献全集》(20)，第280页。
⑥ 《增补退溪全书》(4)，成均馆大学校，大东文化研究院1985年版，第218页。
⑦ 《增补退溪全书》(5)，第270页。
⑧ 《增补退溪全书》(5)，第270页。

退溪认为，对礼的因与革、常与变、取与舍，既要慎重，不要任意而变，也不一定"今制"就是合理的，"国制"就是合宜的；又要重视变革，在变革中使古礼与韩民族的社会习惯礼俗、生活方式相结合，适合于韩民族的需要，换言之即韩化。他指出，礼是符合于现实社会需要的，具有现代价值，应遵循古礼。"闻蒙儿（安道小字阿蒙）尚居宿于内。《礼》云：'男子十年出就外传，居宿于外'。今此儿已十三四岁，尚未出外可乎！闻巫女出入，此事甚害家法。"① 礼之内外之分，是与当时社会伦理、生活方式相关联的，是相因的常礼，不可违背。尽管退溪注重礼在当时社会的变化和运用，但也并不认为"今制"都是合理的。"问改葬服缌麻三月古礼也，七日今制也。今之改葬父母而为之服者以古乎？以今乎？曰：'以今似非'。"② 应该根据古礼，改葬服缌麻三月。不仅"今制"，即使"国制"，也不一定合理。譬如，"问《家礼》不论公卿、大夫、士而并许祭四代，但国制则六品以上祭三代，七品以下祭二代，如此之礼何以处之？"先生曰："国制如此，虽曰不敢违，然孝子慈孙依古礼，断然行之，则岂有不可。……至于国制七品以下祭二代之说，尤所难行，在七品以下时虽祭二代，而秩跻六品则应祭三代，此时固可追造神主乎？且六品以上得祭三代，而或因罪削官，则并与曾祖神主而毁之乎？一造一毁，一视子孙爵秩之高下，宁有是理，此殊不可晓。"③ 国制对《家礼》这种依子孙爵秩高下的规定，给实行《家礼》带来很多困难和"一造一毁"的尴尬局面。

礼的韩民族化，即礼在践履中从俗、从宜、从权。退溪与子寯信中说："丧主于哀。每事考《家礼》兼问时俗通行之宜，勉力操心，勿取讥议于人，至可至可。"④ 所谓"时俗通行之宜"，他举例说："今京中士大夫丧礼虽未尽合礼，亦多可观。汝等若不及于古而又取讥于今，则其何以立身乎！"⑤ 从时俗、从行宜，使礼在践履中得到完善和走向民族化。退溪又与子书中说："汝有非轻之病，不可固执，况疟疾本因脾胃受病而作，今送干脯数脡，令

---

① 《增补退溪全书》(4)，第 222 页。
② 《增补退溪全书》(4)，第 222 页。
③ 《增补退溪全书》(4)，第 223 页。
④ 《增补退溪全书》(4)，第 220—221 页。
⑤ 《增补退溪全书》(4)，第 220—221 页。

汝从权开素，汝不可违吾闷恳之意。今日即用肉汁，虽开素仍带经带不妨，但不可对人饮食或与众坐，当有饮食之事则起避之，此非饰伪，讳食而然，乃自贬以示不敢齿人之意也，盖为病开素，不得已从权故耳。"① 服丧期间应食素，这是礼，但恰遇生病须食肉，只得开素而从权变，可见，易学时中思想在民族化过程中得到灵活运用。

礼的韩民族化过程，亦是其创造的过程。创造就是在以往礼的损益中转化出新的礼如："'问葬后考妣合祭。'曰：丧有先后，则吉凶有异，不可更援已吉之主而混祭。今世之俗葬后必合祭，此礼古所未有也。"② 礼的创造不是简单地从"今世之俗"或迎合"今世之俗"，而是视其是否具有其现实合理性和合法性。譬如，"祭时当立，据礼文无疑。但对国俗生时子弟无侍立之礼，祭时不能尽如古礼，如墓祭、忌祭皆循俗为之，惟于时祭则三献以前，皆立侑食后乃坐，此家间所行之礼也，未知今意如何？"③ 韩民族习俗无侍立之礼，可以按习俗来践履，这就是与古礼的不同之处。又如退溪答问："'丧三年不祭礼也，朱子独废此一事，恐有未安之论，尤有以合今之宜，得礼之正，卒哭之后当依朱子之说，行之可也。但我国俗，本不制墨衰出入，只有丧服，着衰入家庙，既云不可，况服所谓丧服而行祭于庙乎？坐此废祭尤未安，其有不悖礼而可以行之者乎？为此俗追制墨衰以为庙祭之服，则既有丧服，又有墨衰事涉繁乱，当如何而可也？'答曰：'今制未有墨衰，恐未易论至此也，或只用白衣，无妨；但对冠带用纯白以祭，亦极未安，权用玉色，未知何如？或令子弟代行亦可。'"④ 依"今制"不制墨衰，而用白衣，冠带用玉色，这是可行的，是从时俗、从行宜。改造已有之礼，使之符合民族的国俗；再者把循俗与中国之礼融合起来，也是一种创造的形式。"问：'中国人家皆有正寝，故告请神主，有出就正寝之文，我国之人无正寝而袭称正寝，颇为未安，今俗改称正堂，不知可否？'答：'正寝谓前堂，今人以家间设祭接宾处通谓之正寝。'"⑤ 正寝不必改为正堂，正寝就是前堂，使今俗与

① 《增补退溪全书》(4)，第 221 页。
② 《增补退溪全书》(4)，第 222 页。
③ 《退溪学文献全集》(9)，第 4560 页。
④ 《退溪学文献全集》(9)，第 4352 页。
⑤ 《退溪学文献全集》(9)，第 4565 页。

正寝结合，以前堂设祭接宾处为正寝。

礼的民族化创造的基本点是"缘仁情"，即缘韩民族之人情。"既曰朔望奠，则固当不比于朝夕之略，世俗所为，合于高氏礼，斯为得之。朱子谓如朝奠仪者，谓只一献无其他，三献节文耳。非谓设馔只如朝奠也，但礼缘仁情，设馔有加于朝夕而只献一杯，近于欠略。"① 退溪认为礼缘仁情，即人的情感。这是制定礼的出发点。朱熹讲朝奠仪只献一杯，近于欠略，在仁情上过不去，所以做了新的变化。这也体现了礼的"与时偕行"。问"华藻之荐，簠簋之用，古人所尚，而朱子之时已不能复，今之时又与朱子时不同，何时？"退溪曰："温公《书仪》已不能尽依古，朱子《家礼》的古礼，《书仪》而又简于《书仪》，今俗又异于朱子时，安得一一依得。"② 礼依时代的变化而变化，司马光的《书仪》，已不泥于古礼，朱熹的《家礼》又酌古礼和《书仪》，比《书仪》又简易，韩国的今俗异于朱子，所以不必都依朱子之礼。这也是礼的民族化创造的依据——"与时偕行"。

退溪先生是醇儒，其贯通礼仪，纵横深究，无可比者。退溪一生所为乃性理之学，圣贤之学，别无旁骛。其为学的规模甚大，"宁学圣人而不至，不欲以一艺一行成名"③，素以"学不践履，虽有所知，奚贵"④ 自励。学问之重点在"四书"和《心经》，而重点之重点在于持敬进修，反躬践履。然而于易学功夫极深，至熟至精。《荀子·大略》说："善为《易》者不占。"即是认为真正懂《易》的人是不用卜筮的，直接用《易》的卦和辞认识世界，指导行动，退溪恰是善为《易》的人。

（作者单位：中国孔子基金会《孔子研究》编辑部）

---

① 《退溪学文献全集》(9)，第 4493 页。
② 《退溪学文献全集》(9)，第 4177 页。
③ 《李子粹语》卷 1，《退溪学文献全集》(7)，第 181 页。
④ 《李子粹语》卷 2，《退溪学文献全集》(7)，第 201 页。

王徵的天主教义理思想发微

侯潇潇　陈欣雨

王徵（1571—1644）比之同时代的杨廷筠、李之藻、徐光启① 等人，名气稍隐，且系统研究他的人相对不多；然而他在引进西学学术、介绍西方科学技术及制作机械上，其功不在杨、徐、李之下，被称为“文理兼备，道器共修，通人也”②。他生活的时期，自万历而至崇祯，整个明代呈现出宗教多元，诸学交存③ 的局面，而对信仰的抉择伴随着他整个生命历程，从最初的儒生转而研究佛老，最后皈依天主教，在王徵自题墓词旁的对联中言及：“迄垂老日，不分畏天爱人之两念，总期自尽心性于两间。”可见到他的信仰历程和最后归宿。然而也许正是由于信仰的原因，他没有得到公正的历史待遇，在三百余卷的《明史》中王徵仅现其名而没有立传，并只简单数语介绍政治遭遇，而不提学术研究及其宗教信仰。④ 陈垣先生称“今《陕西通

---

① 王徵比杨廷筠（1557—1627）小 14 岁，比徐光启（1562—1633）小 9 岁，比李之藻（1565—1630）小 6 岁。

② 李奭学：《太上忘情：汤若望译王徵笔记崇一堂日记随笔初探》，载钟彩均主编：《明清文学与思想中之情、礼、欲：学术思想篇》，台北“中央研究院”文哲所 2009 年版，第 331 页。

③ “先之以王门诸子的道学革新运动，继之以东林派的反狂禅运动，而佛学，西学，古学，错综交织于其间。这一幕思想史剧，可算是惹恼生动了。”见嵇文甫：《晚明思想史论》，东方出社 1996 年版，“序言”第 1 页。

④ 仅在《明史·祝万龄传》后见到王徵其名。“佥事泾阳王徵、太常寺卿耀州宋师襄、怀庆通判咸宁窦光仪、仪封知县长安徐方敬、芮城知县咸宁徐芳声、举人宗室朱谊巉及席增光皆里居，城破，并抗节死。”见张廷玉等撰：《明史》25 册卷 294，《列传一百八十二》，“忠义六”，中华书局 1974 年版，第 7550 页。

志》、《泾阳志》皆有王君传，然不详，且于其信仰均不之载。"① 而黄节先生对此事忿忿不平，认为这"非徵之不幸，而中国之不幸也。后之人修史之罪也。"② 本文侧重以王徵的"第一部也是最重要的一部天主教著作"③《畏天爱人极论》④（下文简称《畏》）一文为切入点，从王徵的思想渊源、借鉴文本及其核心话题等方面去探析王徵的天主教义理思想，从而分析其学术特色以及在耶儒文化融合中所处的地位和影响。

一、思想变化：根植传统，转而西学

王徵所处的时代正是明朝的落寞岁月，学术语境也发生着改变。程朱理学虽为钦定官学，却已不再是整个学术的主流；阳明心学成为儒家的中流砥柱⑤；道教和佛教随着社会的松弛而大肆发展，各种宝卷经文风行于世。此外，明代还有诸多民间宗教，最为典型的便是白莲教，因由简明教义，通俗易懂，故在民间传布甚广。⑥ 而这一时期最主要的学术事件乃为天主教的第三次入华。⑦ 传教士们不仅带着传教的任务，宣传教义，而且学习汉语，取汉文名字，穿华服，学习中华习俗；不仅深入各省，调查民情民俗，历史掌故，物产工艺等，而且从事学术研究，研究中国古籍，历史，绘制中国地

---

① 陈垣：《泾阳王徵传》，见《王徵全集》附录三，陕西出版集团、三秦出版社 2011 年版，第 414 页。

② 黄节：《王徵传》，见《王徵全集》附录三，第 409 页。

③ 《王徵全集》附录二，"年谱"第 390 页。

④ 王徵《畏天爱人极论》，两万余言，著于 1628 年，郑鄤为之序。除《王徵全集》外，收录于《明末清初耶稣会思想文献汇编》（郑安德编，北京大学宗教研究所 2003 年版，卷 3 第三十四册，第 447 页。此外，还收录于法国国家图书馆密特朗图书馆，参见《巴黎国家图书馆天主宗教汉籍目录》，《明清天主宗教汉语文献总书目》，肖清和整理，中、韩、日类，十八章，编号为 6868）。

⑤ 单在《明儒学案》中所收著的学者及学术派别、观点，以王守仁为中心的心学学者"占学案总数的一半以上"。参见黄宗羲：《明儒学案》，中华书局 1985 年版，"前言"第 2 页。

⑥ "白莲结社，遍及四方，教主阡头，所在成聚。"参见张廷玉等撰：《明史》19 册卷 226，第 5937 页。

⑦ 1580—1631 年，为葡萄牙在"保教权"保护下的耶稣会士独自在华传教阶段；1631—1684 年，为西班牙多明我会士、方济各会士、奥斯定会士打破葡萄牙"保教权"加入耶稣会士来华传教阶段；1684—1800 年，为罗马教廷派遣其他修会传教士来华传教阶段。参见 Nicolas Standaert, *Handbook of Christianity in China*, Vol.1, Boston：Brill, 2001, p.296。

图等，可谓对中华学问不涉及。在华的活动亦愈来愈繁密①，其中金尼阁带来七千部西书②更是轰动了整个社会，这七千部书籍囊括从宗教、伦理、文学到天文、科技等诸多学术领域，不仅有形而下的器用之学，还有形而上的数理之识。由于当时杨廷筠、李之藻、徐光启等亲缘西学的人都还在世，社会上西学之风隆起。

王徵虽自小随舅父习正统儒学，并且考取功名，奔仕途之路。然一直在信仰的道路上摸索。他首先将儒学称为"圣贤之学"，言称自己是有志学圣贤人的，不仅常引孔子之言，并赞孟子的"仰不愧于天，俯不怍于人"为"吾圣贤千古壮神法"。③而对道教，从王徵早年修习道家功法二十余年、晚年又自号"了一道人"可见一斑，对于道教经典的研读和著作，王徵由于不满于旧人标注的古本《周易参同契注》，自己重新加以注释、修订，并对《百字碑》进行了注解。④此外他还著有《元真人传》《活人丹方》等道家著作。可见，王徵对道家经典是熟通的且饶有兴趣，多有心得。对于佛教，王徵"曾有一个时期耽于佛学，喜读释典。"⑤尽费参究，然对佛虽多有谈及，但基本上都是批驳和论辩之辞，多次以"佞佛""媚佛"相称，认为佛不但不尊天主，还傲然自尊于诸天之上，猖狂放肆，"独怪夫佛之猖狂自任"⑥。对于佛教的经典文献，王徵亦并无具体涉及，仅用"佛书"二字笼统概之，并先将佛书和古代圣贤书对立起来，认为"凡出佛书无理之谈，悉吾圣贤书中所不载。"⑦亦不能将佛教之书与天主之教同日而语，佛教所倡六道轮回之说实际上是盗窃西学之天堂地狱说，附会穿凿，妄言鼓动世人，实为狂妄之书，可见对其的嫌隙。被王徵尊称为"庞子"的西洋传教士庞迪

---

①　在金尼阁来华之前，已经有多位耶稣会传教士在华。1614年金尼阁重返欧洲是为了号召更多的传教士前来中国。参见 Anne-Marie Logan and Liam M.Brockey，Nicolas Trigault，SJ：A Portrait by Peter Paul Rubens，*Metropolitan Museum Journal*，Vol. 38 (2003)，p.157。

②　方豪：《中国天主教史人物传》上册，中华书局1988年版，第237页。

③　《王徵全集》卷8，第119页。

④　参见《王徵全集》卷8，第118页。

⑤　李之勤：《明末陕西泾阳王徵着译考》，载《王徵全集》，附录五"着译考"，第469页。

⑥　《王徵全集》卷8，第125页。

⑦　《王徵全集》卷8，第128页。

我（Didaeusde Pantoja，1571—1618）① 的《七克》② 一书，对王徵的信仰影响甚为深刻，他一方面深入研习，并在北京与庞迪我会晤交谈；另一方面也与金尼阁、龙华民、邓玉函、汤若望等传教士交往甚密，不仅学习拉丁文，翻译西学，还与之著书立说③，融入到了学习西学的潮流中，更甚，领洗奉教，终其一生④。陈桓先生称其："若王君者，亦徐、李之流也。"⑤ 可见王徵由最初的儒生，转而修黄老之道，最终皈依天主教，这是和当时的时代思潮分不开的。而对于利玛窦的《天主实义》，王徵也将其置于经典的高度。在《畏天爱人极论》一文中有提到"《经》《语》"，如《经》："曰天堂之乐，天主所备，以待仁人者，目所未见，耳所未闻，人心所未及忖度者也。"⑥ "夫经中称天堂之景，其详悉具《畸人篇》内。"⑦《语》云："鸟得羽翼以翔山林，人禀义理以穷事物。"从引文看，在这里的《经》并非指代先秦经典《五经》，《语》也并非指代《论语》，而是特指利玛窦所著的《天主实义》，这里将

---

① 庞迪我，明代末年来到中国的天主教耶稣会西班牙籍传教士。参见［法］费赖之撰，冯承钧译：《在华耶稣会士列传及书目》，中华书局1995年版。第73—76页。另参见方豪：《中国天主教史人物传》上册，中华书局1988年版，第237页。

② 庞迪我译述《七克》7卷，本文使用上海土山湾印书馆1931年版。《七克》，又名《七克真训》，关于其本，有北京大学图书馆李之藻辑《天学初函》明末刻本（《七克》被收录），中国国家图书馆藏有明《天学初函》刻本（《七克》被收录）、清嘉庆三年（1789）京都始胎大堂藏刻本《七克》、咸丰七年（1857）沙勿略顾校订的白话刻本《七克真训》，北京救世堂1904年刻本《七克真训》、上海土山湾慈母堂1904年铅印本、上海土山湾印书馆1919年铅印本、兖州府天主堂1920年铅印本、上海土山湾印书馆1931年《七克》的重印本、北京遗使会印书馆1934年铅印本。此外，通过对肖清和所编辑整理的《明清天主宗教汉语文献总书目/汉语天主教文献总书目（明末清初部分）》（Catalogue of Christian Texts in Chinese during Ming and Qing dynasties）的检索，在法国巴黎国家图书馆、梵蒂冈图书馆、罗马耶稣会士档案馆等处均藏有庞迪我《七克》，且均有多个版本。

③ 如将汤若望神父关于西方圣人苦修的故事辑成《崇一堂日记随笔》（现存于梵蒂冈图书馆，Borgia Cinese，336—3°，p.1；另参见《王徵全集》，第161—176页），笔述方德望神父的《杜奥定先生东来渡海苦迹》，参见《王徵全集》，第157页。与邓玉涵神父共同翻译、编撰的《远西奇器图说录最》，参见《王徵全集》第191—256页等。

④ 关于王徵受洗具体时间，钟鸣旦认为在1616—1622年之间，参见 Nicolas Standaert：Wang Zheng's Ultimate Discussion of the Awe of Heaven and Care of Human Beings，*Orientalia Lovaniensia Periodica*29（1998），p.187。在《王徵全集》中认为是1616年，参见《王徵全集·附录·年谱》，第385页。

⑤ 陈垣：《泾阳王徵传》，载《陈垣学术论文集》第1集，中华书局1980年版，第227页。

⑥ 庞迪我译述：《七克》卷7，上海土山湾印书馆1931年版，第129页。

⑦ 庞迪我译述：《七克》卷7，第130页。

其称之为"《经》《语》",一方面是由于当时利玛窦的著作特别是《天主实义》风靡一时,成为诸多士人了解西方天主教教义的进阶,且书中多借先儒经典特别是关于上帝言论以合于天主,"大旨主于使人尊信天主,以行其教"①。王徵试图融合天主教义和儒家之学。另一方面,因《天主实义》乃至《畏天爱人极论》本身所运用的撰着方式均是以对话的形式的天主要理问答(Catechism)②,这不仅是耶稣会士传教作品的文风形式,而且与儒家经典《论语》所采取的问答、语录体有异曲同工之妙,故在书中王徵儒耶相契,不仅称其为"《经》",亦称其为"《语》",是模仿传统文化中"十三经"的模式,将《天主实义》也奉为经典,赋予其权威地位。

由上可知,王徵的《畏天爱人极论》并非毫无根由的"自圆其说",而是求教多方,引他人言阐发己意,且不仅仅停留在他人观点上,进行了一定的学术和合与创新,故在《畏天爱人极论》一文中,其引儒、释、道、耶之书皆有,特别是儒学,陈俊民在《"理学"、"天学"之间——论晚明士大夫与传教士"会通中西"之哲学深意》中将王徵的《畏天爱人极论》称为"耶化的'理学'"。③宋伯胤在《王徵的"天学"与"儒学"》中亦称王徵将基督教的义理与儒家的伦理想结合④。在当时代多元宗教的盛行下,王徵将西学和圣贤之学相对,在已学与未学、新学与旧学、远学与近学中呈现出自己的思想特色。

二、核心话题:畏天爱人,重心修德

王徵始终"独笃信西儒所说天主之教"⑤,钟鸣旦在其《王徵的〈畏天爱人极论〉》(*Wang Zheng's Ultimate Discussion of the Awe of Heaven and Care*

---

① 《天主实义》卷2(两江总督采进本),《四库全书总目》卷125,《子部卷35·杂家类存目二》。

② 参见柯毅霖:《晚明基督论》,王志成、思竹、汪建达译,四川人民出版社1999年版,第76页。

③ 陈俊民:《"理学"、"天学"之间——论晚明士大夫与传教士"会通中西"之哲学深意》(上、下),《中国哲学史》2004年第1期。

④ 宋伯胤:《王徵的"天学"与儒学》第3卷第6期,上智编译馆馆刊1948年版,第238页。

⑤ 《王徵全集》卷8,第118页。

of Human Beings)① 中分析了王徵对基督教义的基本认同。而对于天主教的宗旨，"绎其旨要，则为畏天爱人之常"②。在王徵眼里，"畏天爱人"即是天主教信仰的旨归。纵观《畏天爱人极论》一文，王徵的核心话题定在"天主"二字（文中出现 69 次），在王徵看来，因天主之名而成天主之教，因天主之德而得天主之位。关于"天主"的名称如何统合是首要解决的问题，在中国传统文化中关于"上帝""天""主""天帝"等对至上者的称谓古已有之，但无明确的"天主"这一说法。早在利玛窦在华时，就已经试图传统文化中的"上帝"与天主教所宣扬的"上帝"等同起来了，"吾天主，乃古经书所称上帝也"③；而"天主"这一称呼乃为适应中国人认识而出现的，"其实，吾西国原无是称"④，正是由于担心世人将天地万物之主错认为是自然苍苍之天，故"于天加一主字，以明示一尊，更无两大之意"⑤。从而突出天主的主宰地位。此外，西文中所表示万物之主宰的"God""Yehowah""Yahweh""Jesus"等词语涉及翻译问题，有意译之称，亦有音译之称，故关于"天主"的称谓在中文表达中很丰富，有传统所言的"天""上帝""大主宰"等；还有外来翻译词语如"陡斯""罢德肋"⑥ 等，名异而质同，其实皆为"天主"，皆是世人对真正大主宰的尊称。在王徵看来，"天主"便是生天、生地、生人、生物之一真正大主宰，"则谓之天也可，天主也可，陡斯也可，上帝也亦可，而奚拘于名号之异同哉?"⑦ 可见，关于天主的称呼可以多样，但是天主的实质是被规范的，即为万物唯一之主宰。

① Nicolas Standaert，"Wang Zheng's Ultimate Discussion of the Awe of Heaven and Care of Human Beings"，*Orientalia Lovaniensia Periodica*，1998（29），pp.163-188.

② 《王徵全集》卷 8，第 118。

③ 朱维铮主编：《利玛窦中文著译集》，复旦大学出社 2001 年版，第 21 页。此外，关于对中国传统文化中关于至高无上者尊号研究，参见白晋：《识根本真宰明鉴》，原稿现存于罗马耶稣会士档案馆，Japonica-Sinica 1V5，C. 文中系统罗列了 31 个中国传统文化中作为天地万物之真宰的称呼，并引传统经典以论证。包括帝、上皇、天之主宰、造物者、无名、天地、古帝、皇天、主宰、道理、神（古主字）、上帝、昊天、真宰、道、阴阳、惟一、天帝、上天、宰、理、乾坤、太极、帝天、天、主、自然、父母、太一、三一等。

④ 《王徵全集》卷 8，第 121 页。

⑤ 《王徵全集》卷 8，第 121 页。

⑥ "陡斯"为拉丁文 Deus 的音译，为救世主耶稣；"罢德肋"为拉丁文 Pater 的音译，为父亲、圣父。

⑦ 《王徵全集》卷 8，第 121 页。

在确定天主之名后，王徵具体阐释"畏天爱人"之义。在王徵看来，先"畏天"后"爱人"，"畏天"是"爱人"的前提，而"爱人"是"畏天"的具体表现，"王徵的言述之最大特点，将天主教的'爱上主你的天主'改造为畏天"①，"畏天"便是要知天主、尊天主、畏天主、事天主。不仅要知天主唯一之地位是独一无二的，而且要知天主之命。而君子、小人之分，"只在一念畏不畏分途"②。君子畏天命，小人因不知而不畏。如若知道天命有主，犹如知道地上之主的赏罚一般，如若知道了天命之出于主，则为君子、为善人。故将孔子言"君子有三畏"作为学者"摄心法尔"，从而尊天主、畏天主，即是钦崇天主，"故肃心持志，而独钦崇一天主万物之上"③。畏天主之诫命，亦是普世遵守的诫命。最后，是要事天主，王徵认为恭敬天主、钦崇天主、朝拜天主，并非为了获得依靠与安慰，而是因他是我们的创造者，只有如同孝顺父母那样，不仅要有心，还要落实在行上，去事奉天主，体天主之德，尊天主之位。而在此基础上，"爱人"即是为了天主，爱人如爱己，天主爱人，而我若爱天主，亦爱他所爱，"然真爱天主者，必由尊起敬，由敬起爱"④，如果能够笃爱一天主，自然能爱人，从而使仁爱居心，慈爱成性。如果人人知爱，人人相爱，那么便是世间美好之境了。在王徵这里，"畏天爱人"这四个字囊括了天主教的"十诫"，是上帝对人类的戒律，是世人得到救赎、死后升入天堂的保证。"果能畏天爱人，而实尽其道乎，无论异日者，必升天堂，必不堕地狱。"⑤为了拉近中西文化的距离，"畏天爱人"不仅为天主教所有，它还包含在传统圣贤之学里面，"畏天爱人之说，吾圣贤久已言之。"⑥这样天主教与圣贤之学之间便有了融合的可能性。

要做到"畏天爱人"，王徵认为要从"心"做起，自心而始，进而修德。由于当时心学兴盛，他近取阳明心学，以"心"作为体察万物之本原的思想，强调主体意识；而佛老二教，无论是佛心佛性还是道家所讲的明心养性，都讲究征心见性；加上天主教也讲"心"，"吾西学从古以来，所阐发天

---

① 孙尚扬、钟鸣旦：《1840 年前的中国基督教》，学苑出版社 2004 年版，第 236 页。
② 《王徵全集》卷 8，第 122 页。
③ 《王徵全集》卷 8，第 125 页。
④ 《王徵全集》卷 8，第 137 页。
⑤ 《王徵全集》卷 8，第 137 页。
⑥ 《王徵全集》卷 8，第 119 页。

命人心，凡切身心、性命与天载、声臭至理者，不下七余部"①。故在《畏天爱人极说》中，无论东海西海，心同理同，处处用"心"言志，出现最多的就是"人心"（10 次）"心神"（6 次）"真心"（4 次）。在王徵看来，首先，人有二心，兽心与人心，正是因为有此二心，故有二性：形性与神性，形乃身体，神乃灵魂，各自心性，各自掌管。而人心至神，故乃容万物。"全如人观百雉之城，可置之于方寸之心。"② 何为心神？心神乃为人身体的主宰，统领人的身体"喻如一人之身有一主焉，心神是也，所以统领五官、四体而纲维乎百为者，悉此焉宰之"。而心神的性质却是辄复走放，反复无常的，需要照看其心，保持真心勿失。首先，要明白天主作为万世的救世主，人心必然归属于他，故人心皆知有天主，"盖人心虽当式微凌夷之际，隐隐一念犹咸知有真主在也"③。其次，修养德行，然而德行关乎日常生活中的行、住、坐、卧，故德行的品类繁多，不能具体一一道来，但论其纲要，则众德以仁为要，德为仁以本。"论其纲，则仁为要焉。"④ "爱人之仁乃其吃紧第一义也。"⑤ 王徵重视仁的作用，用《易·乾》中"君子体仁，足以长人"来论说，乾之元亨利贞中，元为善之长也，故体仁，以仁为本乃主导善之元，可见其重要性。在他看来，西方所传来的天主之教，其所讲最根本的德行便是仁，而关于仁的学说二言以穷之，就是爱万物之上的天主与爱人如己。

由"心"到"仁"，便是"畏天爱人"的实践工夫，天主至公、至仁、至义，故谦逊而仁爱，德施而弥溥。"盖惟天上主，始可当仁者耳。"⑥ 天主是唯仁者，亦是至仁者。而在天主的仁爱下，以望畏之心来修德，有所望畏，才会谦卑，才会远离傲然自尊，这样才能做到隽德之精，多含于内，故"此仁之德所以为尊"。⑦ 要勇于克己从而进德，克己需要持之以恒，德行亦需日积月累，故"充积于德"，唯有能束缚自己的言行，才能够在德行上得到升华。并且修德者还应区分修德与为恶的荣罚。如果仅为得到天报而行

---

① 《王徵全集》卷 8，第 120 页。
② 《王徵全集》卷 8，第 135 页。
③ 《王徵全集》卷 8，第 123 页。
④ 《王徵全集》卷 8。
⑤ 《王徵全集》卷 9，第 139 页。
⑥ 《王徵全集》卷 8，第 127 页。
⑦ 《王徵全集》卷 8，第 136 页。

善，也是图利，是不可取的，而应以修德而行德，是德自身的美成就了德行。"即圣人之行德也，其大意悉为上帝，为德美"，① 以此修德乃至纯备，从而通向古今仁义之人所聚之天堂。可见，在王徵的修德工夫里，"仁"是工夫论中的一个核心词汇，他引用《周易》而非儒家《论语》《孟子》，可见他并没有把天主之仁等同于儒学之仁，儒学之仁讲究推及他人，虽有亲疏长幼之别，却并没有主张爱所有人，对志不同道不合的之人、小人、有怨之人并非以仁待之；而天主之仁，却是天主之下一切人，都一视同仁，只要你能够爱天主，那么自然能爱人。

林乐昌在《明末儒家基督徒的天观重构及其意义》中将王徵着重思考的问题归结于探究人性的本质和道德人格的根据问题，以及对超越于人性之上的终极实在（天命本质）的探寻。② 究其根本，即是对畏天爱人的终极确立以及对修身方式的探索。

三、思想特色：辩论善恶，重视实践

天主教一方面具有扣人心弦的道德说服力，具有浓厚的入世情怀；另一方面又承载着对生命本质问题的追问，具有深刻的终极关怀。再加上传教士们基本都奉行利玛窦的"本土化"的传教策略，基于文化接纳的立场上，努力避免在异质文化中无谓的偏见和冲突，如传教士汤尚贤于1701年12月17日给父亲塔尔特尔（Tartre）先生的信里所言："为了适应这个帝国的风俗习惯，我们必须从头到脚脱胎换骨，将欧洲人改造成地地道道的中国人。"③传教士们不断与儒生、士大夫接触，在传播天主教教义的同时，也讲授西方的科学技术与哲学历史，解读西方哲学与思想的进程，在这个过程中，也吸引着诸多儒生、士大夫不仅接受了天主教信仰，而且也"用明显的'外来'学说重新阐释儒家思想"，④ 从而形成独特的耶儒融合的义理诠释模式。耶儒

---

① 《王徵全集》卷8，第132页。
② 参见林乐昌：《明末儒家基督徒的天观重构及其意义》，《人文杂志》2010年第2期。
③ [法]杜赫德编：《耶稣会士中国书简集》（中国回忆录），郑德弟、吕一民、沈坚译，大象出版社2001年版，第191页。
④ 钟鸣旦：《杨廷筠——明末天主教儒者》，圣神研究中心1987年版，第256页。

的融合，势必对其他宗教（特别是佛教）以及民间信仰诸如此类的"偶像崇拜"采取排斥与批评的态度，一是由于佛教作为独立的宗教，其教义和教规与天主教大相径庭，而天主教在华的传播时常受到佛教的阻挠和干扰。传教士马若瑟神父曾写道："这里有很多和尚。没有任何地方的魔鬼能比在这里更善于模仿人们在天主教会里赞美上帝时所用的神圣方式了"，"这些撒旦的僧侣们""表面慈悲，其实他们五花八门的宗教体系里充满了荒谬，而且其中多半是放荡堕落之徒"。① 说明天主教和佛教之间是难以相容的。二是自利玛窦开始，就开著书批评佛教之风，大旨对佛教的至高佛祖、"空"和"心"的概念以及轮回观念进行批驳。然而由于基督教和佛教都是宗教，难免会有偏颇之处，然而作为儒生，特别是那些在信仰上经历过徘徊选择过程的儒生，相对于传教士而言，更早也更切身地经历着佛教文化，很多均是对佛教进行深入研究的。故对佛教的批驳也更加深入。如徐光启著有《辟释氏诸妄》②《辩学疏稿》等文，主要就日常行为对佛教的"地狱观""轮回学说"等具体观念进行批评，也对净土宗、禅宗的理论以及对佛教义理无现实效用进行驳斥等。而杨廷筠著有《天释明辨》《代疑篇》《代疑续篇》等篇，在重视道德礼仪的基础上，认为佛教的六道轮回不仅否定现实，也不能彻底拯救灵魂，专门辨别天主教与佛教真伪之别，以"穷究天学奥旨"③。此外，朱宗元《答客问》《拯世略说》和刘凝的《觉斯录》等，都从不同方面对佛教的学说进行批驳。

王徵将"善恶"问题作为佛教和天主教论辩的核心，通过善恶来分天堂与地狱，作为别善恶之所；由于善恶乃为诸家共论，因此他对佛家信徒不辨善恶、盲目信从进行了批驳。他主张明善恶、正善恶；并且他还用善恶之果来论证灵魂不灭，从而修善恶、行善恶。在王徵看来，我们所居的世界叫蒙铎④，是一个整体的范畴，处于善恶未分的状态，"蒙铎者，善恶未分之总

---

① 马若瑟 1699 年 2 月 17 日给拉雪兹神父的信，参见［法］杜赫德编：《耶稣会士中国书简集》（中国回忆录），郑德弟、吕一民、沈坚译，第 140 页。

② 该本在梵蒂冈图书馆，题目为《辟妄》，参见于梵蒂冈图书馆 Borgia Cinese，第 324—16、334—11 页。

③ 利玛窦等撰，吴相湘编：《天主教东传文献》，台湾学生书局 1965 年版，第 235 页。

④ "蒙铎"一词，为外来词汇。拉丁文为 Mundus，西班牙文和葡萄牙文为 Mundo，法语为 Monde，意大利文为 Mondo。乃为世界 World 的意思。

称"①。而天主至仁至公至义，故分天地，别善恶，明赏罚，无不尽之，从而形成天堂、地狱，天堂乃为善报之所，地狱则为恶报所在，故此，善恶分，则天堂、地狱成。而天堂、地狱亦将善恶分、善恶别，从而善人升天，恶者堕狱。明确自己的信仰立场，王徵首先对现实中的佛家信徒进行了批评。在他眼里，佛是"佞佛""媚佛"，而且佛所宣扬的六道轮回实为荒谬可笑，不过是对天主教中天堂、地狱之说的窃取和妄加言辞，故信佛之人，是被佛蒙蔽了是非之心，从而不能分辨善恶，自以为是在行善，却是在行恶，误入歧途，这无异于助纣为虐，"彼佞佛之切而自以为至善利者，不犹事篡逆者，弥竭其忠，弥显其奸佞乎？"②

更进一步，王徵还辩驳了儒家所宣扬的"善恶报在子孙"③的观念。他认为此说法不但否定了天堂、地狱的存在，也和天主的存在有冲突。我是我，子孙是子孙，我自己所行的善恶，全都在子孙身上体现，全然无理，这是不公平的。"我自为我，子孙自为子孙，夫我所亲行善恶，尽以还之子孙，其可为公乎？"④何况如果有人没有子嗣，他的善恶报如何实现呢？故王徵认为这样的报是不仁不义的，如我的恶报在子孙的善上，是不仁的；抑或我的善报在子孙的恶上，是不义的，从不利于扬善惩恶的实现。因此我为善为恶，与子孙的为善为恶是分开的。此外，王徵还用善恶论证明了灵魂不灭，一方面人有魂有魄，不同于禽兽、草木，故死后魄归尘土，而魂不灭，"维有灵魂常在不灭，所遗声名善恶，实与我生无异"⑤。另一方面，人爱善名，"今夫人心皆欲传播善名而忌遗恶声"⑥，然而善不积不足以扬名，恶不积不足以除名，故才区分君子、小人，让人各有所善恶之报，如果人死则魂灭，那何必还要去近君子而远小人呢？故此在修善避恶上，王徵认为对待每日所行之事，逐日进行省察，告诫自己诸恶莫做，众善奉行，并及时对恶根进行剪除以促善行，"凡已半日间所思、所言、所行善恶，有善者，自劝继之；

---

① 《王徵全集》卷8，第126页。
② 《王徵全集》卷8，第126页。
③ 《王徵全集》卷8，第132页。
④ 《王徵全集》卷8，第132页。
⑤ 《王徵全集》卷8，第135页。
⑥ 《王徵全集》卷8，第135页。

有恶者，自惩绝之"①。勿以善小而不为，勿以恶小而为之，从而反省觉悟，自制守戒，止恶行善。不难看出，王徵的善恶观是以承认天主为至善者为前提的，天堂、地狱且为善恶别的居所，正是因为天堂、地狱的存在，故"六道轮回""报应在子孙"等观念一一被批驳，他重点是要将善恶观放置于天主教的背景下诠说，然而从他的修行工夫日省吾身、克己复礼及避恶向善又可看出实际上他依然是对儒家独善其身工夫的借鉴。

在此基础上，王徵以"仁"修德实践着他的天主教信仰，一方面他建立"仁会"等慈善团体，赈灾救贫；另一方面他还造"崇一堂"供西洋传教士们居住，以"行"证明爱主爱人。他不仅实现着自我的信仰救赎，并在晚年受洗入教；也通过著书立说来启迪人心，据其七世孙王介记述，"生平著述百万言，字字金石与玉屑"②，他通过具体的实践活动影响着世人。王徵不仅在为自己寻求安身立命之信仰，亦试图匡正晚明颓靡之士风。

综而论之，王徵的天主教义理思想是由当时多元宗教信仰的人文语境决定的，在以儒、释、道、耶多宗教的文本为文献依据下，从核心话题"天主"的确立到善恶观的诠释，从思想主旨畏天以爱人到重心修仁德的工夫论，完成着自己的信仰求索。他以畏天爱人为主，从而学究天人，笔参造化，不仅融通中西，学术精微，还以经济救世，感化众人，在中外文化交流史及天主教的发展史上占有着重要的学术地位。

（作者单位：中国人民大学哲学院）

---

① 《王徵全集》卷 8，第 136 页。

② 王介：《读明史甲申之变先端节公殉国略述梗概百韵》，载《王徵全集》附录三，第 423 页。

论韩国朱子学者宋时烈的"直"儒学

李甦平

宋时烈（1607—1689）号龙庵、字英甫，为沙溪长生的门生，被称为溪门之杰。宋时烈一生历仕仁祖、孝宗、显宗、肃宗等四朝，为朝鲜朝历史上不可多得的学者政治家。

韩国学者李丙焘评价宋时烈说：

> 龙庵，其学一主于朱子，而于东儒，以栗谷为第一，故言必称朱子、栗谷。其言行进退，亦准于朱栗门法。门人权尚夏（遂庵）撰其墓表曰："朱子之道，至栗谷而复明；栗谷之业，至先生而益广。栗谷如天开日月，先生如地负海涵"云云。余亦以为，朱子之学，至栗谷而发展之以论理，栗谷之论理，至龙庵而益彻底矣。①

宋时烈一生仕途，一进一退，一起一落，波澜壮阔，艰苦卓绝。这种特殊的阅历使他深谙为人处世的所为和准则，并提出了关于"直"的哲学思考。这是宋时烈作为一名学者政治家的一个重要贡献。

与此相应，宋时烈作为一名政治家学者，其学脉属栗谷一系。宋时烈的学生权尚夏在为其撰写的《墓表》中说："睡翁公（宋时烈之父）……尝责勉曰：朱子后孔子也，栗谷后朱子也。学朱子者，当自栗谷始。先生（即宋时烈）自儿时已受此教，遂自任以圣贤之学及师沙溪先生，尽得其所传

---

① 李丙焘：《韩国儒学史论》，亚细亚文化社 1986 年版，第 181 页。

于栗谷者。又专读朱子书以成家计。"① 宋时烈可算是栗谷的再传弟子，故十分尊崇栗谷，并以栗谷上承朱子和孔子。他常说："朱子后孔子也，栗谷后朱子也。学孔子当自栗谷始。"② 因此，"读书当以栗谷先生所定次第为主"。③ 关于读书，宋时烈认为："我东儒贤，寒暄堂尊《小学》，静庵尊《近思录》，退陶尊《心经》，栗谷尊《四书》，沙溪尊《小学》《家礼》"。④ 寒暄堂即金宏弼（1454—1504），静庵即赵光祖（1482—1519）。此二人是朝鲜朝士祸期间士林领袖，被视为坚守义理思想传统的性理学派的代表。宋时烈举他们所尊书籍，意为尊崇和正本。退溪所尊的《心经》，不是朱子所自撰，宋时烈有诋贬之意。而栗谷所尊的《四书》，乃是朱熹所注；沙溪所尊的《小学》和《家礼》，则为朱熹所重视，故宋时烈认为读书应当从《小学》《家礼》和朱熹注《四书》开始。这是为学入头处。

尊栗谷必尊朱熹，尊朱子的言论在《宋子大全》中俯拾皆是。如：

> 先生每言曰：言言皆是者，朱子也；事事皆是也，朱子也。故已经乎朱子言行者，夹履行之而未尝疑也。⑤

宋时烈认为朱子的言行举动皆为真理，按照朱子的言行而言行，绝无错误。他不仅自己以朱子之言行为准则，而且还劝谏朝鲜君主应重视朱子之言行。

> 上曰：卿言必称朱子，卿几何年读朱子书，如此惯熟乎？
> 对曰：臣自少读《大全》《语类》，心诚好之。而心力未强，其未读者尚多矣。
> 上曰：朱子之言行，果可一一行之乎？
> 对曰：古圣之言，或以时势异宜，而有不能行者。至于朱子，则时

① 《墓表·附录》卷13，《宋子大全》7，保景文化社1993年版，第280页。
② 《年谱·附录》卷2，《宋子大全》7，第12页。
③ 《年谱·附录》卷2，《宋子大全》7，第18页。
④ 《龙庵先生言行录》下篇，《宋子大全》8，第548页。
⑤ 《龙庵先生言行录》下篇，《宋子大全》8，第549页。

势甚近，且其所遭之时与今日正相似，故臣以为其言一一可行也。①

宋时烈视朱子—栗谷—沙溪为性理学主脉，而他的"直"哲学也成为
对栗谷思想的具体化和实践化。

关于宋时烈学问之主旨，《墓表》中有这样一段记录：

> （先生）尝以为天地之所以生万物，圣人之所以应万事，直而已。
> 孔孟以来相传者，惟是一直字，以此为终身服行之。凡是以其动静，
> 言为正大光明。如青天白日，人得以见之。此其为学之大略也。②

这表明宋时烈一生为学，在于一"直"字。这个"直"，就是《墓表》
所说的"正大光明"的意思。宋时烈认为这是孔孟相传下来，后朱子又继承
并留传于世的一点真骨血。

> "直"是孔、孟、朱三圣同一揆也。③

宋时烈认为孔子—孟子—朱子三圣为人处世的准则是一样的，这一准
则就是"直"。孔孟朱三圣的所言、所行，都遵循着"直"这一尺度，即动
静举止、为人处世，皆正大光明。宋时烈以圣人为楷模，将"直"作为终身
服行的准则。宋时烈之所以视"直"为三圣相传于世的真理，是因为这是朱
子临终前的重要遗嘱。他在《示诸子孙姪孙等》书信中说：

> 朱子之学，以穷理、存养、践履、扩充为主，而以敬为通贯始终
> 之功。至于临箦而授门人真诀，则曰：天地之所以生万物，圣人之所以
> 应万事，直而已。明日又请，则曰：道理只如此，但须刻苦坚固。盖孔
> 子曰：人之生也直，罔之生也幸而免。孟子所以养浩然之气者，亦惟此

---

① 《拾遗》卷7，《宋子大全》7，第547页。
② 《墓表·附录》卷13，《宋子大全》7，第280页。
③ 《杂著》卷134，《宋子大全》4，第696页。

一字而已。①

这段话揭示了宋时烈关于"直"哲学思想的三个重要内容。即：

第一，宋时烈的"直"哲学凸显了人的主体性。

笔者以为韩国儒学与中国儒学和日本儒学相比较，它的一个突出特点就是具有一种强烈的民族主体性，而这种民族主体性又常常通过对人的主体性的张扬而表现出来。栗谷一系，就是以强调"气"的功能和价值而凸显出人的主体能动性。作为栗谷二传弟子的宋时烈则将"气"具体化、实践化、道德化为一个"直"。他将"直"作为人之所以为人的一个重要标帜，认为人就是因为具备了"直"的品质，才可以挺立于天地之间，才可以为万物之灵，才可以尽人之职责。对此，宋时烈常缅怀先师沙溪先生和朱子的教导，如他在《杂著》中记有：

> 沙溪先生之学专出于"确"之一字，而每以"直"之一字为立心之要。此朱子易箦时授门人之单方也。其言曰：天地之所以生万物，圣人之所以应万事，直而已矣。②

> 朱子于易箦前数日，诸子问疾而请教焉，则应之曰：为学之要，唯事事审求其是，决去其非，积集久之心与理一，自然所发皆无私曲。圣人应万事，天地生万物，直而已矣。又曰：道理亦只是如此，但相与倡率，下坚苦工夫，牢固著足，方有进步处。我文元公先生每诵此，以教小子曰：吾平生所为，虽有不善，未尝不以告人。虽发于心，而未见于外者，苟有不善，未尝不以语人。汝须体此心此一直字。③

可见，"直"就是"立心之要"。所谓"立心"，按照朱子的解释和沙溪的体悟，就是要尽净私欲，以达到审事求是，决去其非，慎独为善，进而再达到集久之心与理一，洞然通达的境界。这种境界也就是宋时烈所说的"心直""身直""无所不直"的境界。他说：

---

① 《杂著》卷 134，《宋子大全》4，第 696 页。
② 《杂著》卷 131，《宋子大全》4，第 650 页。
③ 《杂著》卷 136，《宋子大全》4，第 718 页。

自吾心直而吾躬直，吾事直，以至于无所不直而以无负生直之理矣。①

宋时烈认为从"心直"可以达到"身直"，进而达到"无所不直"的境界。这与上述的去私欲——去非求是——心与理一是同一个意思。两者讲的都是"生直之理"。这种"生直之理"其实质就是一种人应追求的道德境界。这种境界也就是正大无私、光明磊落的道德体现。只有具备了这种道德品质，达到了这种道德境界，才是天地间一顶天立地的人。而只有这样的人，才可以"应万事"，即肩负起社会的责任和道义。所以，"直"揭示了人的功能，张扬了人的价值，显示了人的主体性。

宋时烈的"直"哲学不是一种凭空杜撰的概念，而是他从自己的毕生实践中，从对先贤为人处世的体悟中，总结出的一种主体道德哲学。

如上所述，宋时烈认为朱子的临终真传——"直"的思想来源于孔子。孔子在《论语·雍也》篇中说："人之生也直，罔之生也幸而免。"孔子的意思是说，人的生存是由于正直，不正直的人也可以生存，那是由于他侥幸地免于祸害。这表明孔子把"直"（正直）作为人之为人的根本。在人类社会中，具有正直品行的人，才能充分发挥主体能动性。这就如同《论语·为政》篇所说：哀公问曰："何为则民服？"孔子对曰："举直错诸枉，则民服；举枉错诸直，则民不服。"鲁哀公问："要做些什么事才能使百姓服从呢？"孔子回答："把正直的人提拔起来放在邪曲的人之上，百姓就服从了；若把邪曲的人提拔起来放在正直的人之上，百姓就会不服从。"这也就是说，正直的人才能治理好国家。宋时烈对此感悟颇深。他一生跌宕起伏、屡遭诬陷，但因他能以"直"为道德操守，行为规范，所以虽在83岁高龄被赐死，但仅过六年（肃宗二十年，1695），又被肃宗追复官职，恢复名誉。他以"直"哲学成为遂庵权尚夏、南塘韩元震、华西李恒老、勉庵崔益弦、毅庵柳麟锡等为代表的义理学派的开创者。

同时，宋时烈也从朱熹的身世遭遇中体悟到"直"的价值。朱熹在七十年的生涯中，四十余年从事讲学和著述，十年为官，分别在高宗、孝

---

① 《杂著》卷135，《宋子大全》4，第750页。

宗、光宗、宁宗四朝。朱熹晚年，因朝廷内部斗争受牵连，以干预朝廷罪名被罢官，并被指控犯有十大罪状，如"不孝其亲""不敬于君""不忠于国""玩侮朝廷"等，实际上是对朱熹的攻击。更有甚者，还"更道学之名曰伪学"，"《六经》《语》《孟》《中庸》《大学》之书，为世大禁"，弄得朱熹的"门人故交，尝过其门凛不敢入"，以至"更名他师，……变易衣冠，狎游市肆，以自别其非党"。面对此情，朱熹仍"日与诸生讲学不休，或劝以谢遣生徒者，笑而不答"。临死前，还在修改《大学·诚意章》①。朱熹以正大光明之胸襟面对各种各样的诬陷和诽谤，至死不渝。在他死后9年，朝廷召赐朱熹遗表恩泽，"谥曰文"，称"朱文公"，并将朱熹的《四书集注》列入官学，作为法定教科书。之后，朱熹的著作又传入朝鲜半岛和日本，朱熹的思想成为朝鲜朝的官方哲学。

与朱熹的身世相类似的宋时烈在他的书信、杂著等文章中常常提到朱熹的遭遇，并反复强调朱熹临死之前将"直"传示门人弟子的重要性。宋时烈之所以认为朱熹能够成为一代伟大学者，正是由于他坚挺了"直"，以正大光明战胜了奸佞，以堂堂正气战胜了邪恶，做到了"心直""身直"，凸显了人的主体性的结果。这也是宋时烈对朱熹奉若神明的一个重要原因。

第二，宋时烈的"直"哲学揭示了宇宙万有的本质。

宋时烈认为"直"不仅凸显了人的主体性，而且还是宇宙万有的本质。如他在《李字说》中说：

> 余又告之曰：天尊地卑，阴降阳升，亦无非理之所以直也。直之道，顾不大欤？②

天尊地卑、阳升阴降、阴阳相合、万物化生，这是自然界的生化规律。对此，宋时烈从他的"直"哲学角度进行阐释。他认为，宇宙万有无不具有其自身的生成变化的"理之直"（规律）。所谓"理之直"，就是真实无妄，没有丝毫之假，宇宙万有正是具有这种真实的"直理"，才能正常地生长、发

---

① 参见《朱熹传》，《宋史》卷429，中华书局1977年版。
② 《杂著》卷135，《宋子大全》4，第704页。

芽、变化,这就是"直之道"。这种"直理""直之道"也就是宋时烈一生反复强调,并被他视为朱门真骨血的"圣人所以应万事,天地所以生万物,直而已矣"。①"圣人所以应万事"已如上述。"天地所以生万物",正是因为"天地""万物"即宇宙万有自身蕴含有"直",即那种实实在在的"直理",所以天地才可以生育万物,万物才可以按照繁壮、衰落、再繁壮的程序变化着。这就是上面所说的"直之道",也就是宇宙万有的"生之道"。否则,"不直,则失其所以生之道,而将不免于死矣。"② 不直,宇宙万有就会丧失生命。可见,"直"是宇宙万有必须遵循的规律。同时,"直理"又内在于宇宙万有自身之中,故"直"又是宇宙万有的本质体现。

第三,宋时烈的"直"哲学与孟子"浩然之气"的关系。

宋时烈作为栗(谷)门弟子,将栗谷的重气思想向实践哲学方面作了发展和深化,提出了关于"直"的哲学。而他的"直"哲学又根植于栗门的重气理论之上。

栗谷的重气思想是受朱熹"理气观"的影响。在朱熹思想中,"理"与"气"有无先后,有无离合,这是一个复杂的问题。朱熹 44 岁时完成了《太极解义》(《太极图解》和《太极图书解》合称为《太极解义》)。《太极解义》是朱熹对周敦颐的《太极图》和《太极图说》的阐释。《太极图说》提出了"无极而太极,太极动而生阳,静而生阴"的宇宙发展图式。但由于过于简约,许多重要问题未阐明。朱熹以《太极图说》首句为"无极而太极",便以"理"解释太极,这就把周敦颐的《太极图说》纳入理学体系之中。朱熹以太极为"理",阴阳为"气",这就发生了理气关系问题。《太极图说》本言"太极动而生阳,静而生阴"。朱熹在《太极本义》中没有从理能生气,理先气后去理解和解释,这是值得注意的。例如他在《太极图说解》中没有提出理先气后的问题,反而强调理气的无始终、无离合。他说:"太极者,本然之妙也;动静者,所乘之机也。太极,形而上之道也;阴阳,形而下之气也。……推之于前而不见其始之合,引之于后而不见其终之离也。故程子曰:动静无端,阴阳无始,非识道者,孰能识之!"理与气,在时间上没有

---

① 《杂著》卷 136,《宋子大全》4,第 719 页。
② 《杂著》卷 135,《宋子大全》4,第 704 页。

开始和终结，两者又是不离不杂的。又如朱熹在与《太极解义》成稿同年的一封与友人的书信中说道："又曰五行阴阳、阴阳太极，则非太极之后别生二五，而二五之上先有太极也。"不是先有太极之理，以后才生阴阳二气；也不是在阴阳二气之先，已有一个太极之理。理与气无先后、无离合。这表明，在这一时期朱熹强调的是理气的无先后、无终始、无离合，而未形成理先气后的思想。

朱熹关于理先气后的思想是在50岁至60岁时形成的。但朱熹65岁以后至71岁去世之间，他的理先气后的理气观又发生了新的演变。如他68岁说：或问理在先气在后，曰：理与气本无先后之可言，但推上去时，却如理在先、气在后相似。这是说，理与气在本源上、实际上并无先后，但从理论上讲，理在气先。这表明，在朱熹思想中，理与气的关系为：第一，理与气实际上无所谓先后；第二，从逻辑上说，可以说理在气先。①

朝鲜朝时期的退溪学派着重吸收并发展了朱熹的理先气后思想，而栗谷学派则吸收并发展了朱熹的理气无先后、无离合的思想，进而提出了重气的主张。

身为栗门弟子的宋时烈忠实地继承了朱熹关于理气无先后、无离合的思想。如他在看朱子书后写下的《杂著》中，就有许多这方面的言论。

盖心，气也；智，性也，性则理也。气与理二者不可离而亦不可杂也。②

先生（指朱熹）尝言：天非气，无以命于人；人非气，无以受天所命。盖理与气元不相离故也。

死生有命之命，带气言之；天命之谓性之命，纯乎理言之。此说出语类人物之性篇，然以中庸首章注说及先生（指朱熹）所尝言，天非气无以命于人者言之，天命之性亦岂离气而言也。③

---

① 参见陈来：《朱熹哲学研究》，中国社会科学出版社1998年版，第5—8、18、24—25页。

② 《杂著》卷131，《宋子大全》4，第642页。

③ 《杂著》卷131，《宋子大全》4，第644页。

上述言论表明宋时烈是从理与气既不相离，亦不相杂的角度而突出气的功能和价值。循着这种思路，他对《孟子》的"浩然之气章"（或称为"知言养气章"）十分重视。他自己讲对这一篇曾下过很大工夫，反复诵读理解。他说：

> 余年十四时受读孟子书，始以为其义无难解者，则大喜。逐日课过，及至浩然章则茫然莫知其何等语也。愈进而请益，而愈如坚木，有时泚出于颡而或出愠语曰："孟子何故立言如是，使人难晓也。"先君子笑曰："汝且置此章而换受下章可也。"遂勉承命而中心蕴结如负罪过者。然至十七岁，慨然叹曰："书无难易而顾吾之功力有所未至尔。"遂闭门俯读至五六百遍，则虽句读上口圆滑而其义理则终未能窥闯矣。又复权行倚阁，然暇时又不住检看，以至老大则虽与初间有异，终有隔靴搔痒之叹矣。岁癸丑尹子仁来访于华阳，余请与通读，质其所疑而犹未能哂然于心矣。时复自解曰："朱先生于此章极力解说，而曰：'余不得孟子意而言者，天厌之！天厌之！'然则今日吾侪之如是辛苦，无足怪也。"①

宋时烈 14 岁开始读《孟子》书，对其中的"浩然之气章"下工夫最甚，可以说一生精力都在研读这一章。这说明孟子关于"浩然之气"的思想与他重气的观念有相通之处。

"浩然之气章"出于《孟子·公孙丑》篇第二章。对这章每个字、每句话的理解，他都记录在《杂著》中。其中最具代表性的论述有：

> 1. 孟子之学固主于心，而于言与气，亦未尝放过。必曰知言，必曰养气。②
>
> 2. 曾子谓子襄止吾往矣，孟子于此收杀，以义理之勇以扫去贲黝舍粗的勇，而只以缩之一字为本根。此缩字即下文所谓以直养之直字。

---

① 《杂著》卷 130，《宋子大全》4，第 627 页。
② 《杂著》卷 130，《宋子大全》4，第 621 页。

然则于此虽无浩然之名，而其本根血脉则已具矣。①

3.配义与道云云，上文所谓以直养者，以道养之之谓也。夫此气始从道义而生、而养之既成，则此气还以扶助道义。正如草木始生于根，而及其枝叶畅茂；则其津液反流于其根，而其根亦以深长。极其本而言之，则阴阳生乎太极，而及其阴阳既生，则反以运用乎太极，以生万化。大小虽殊，而其理则一也。②

4.先生又曰：以直养之直，即道义。而既以道义养成此气之后，则又便扶助此道义，此所谓配义与道者也。③

上述第一段论述表明宋时烈认为孟子在"浩然之气章"中讲的主要是气。从这一观点出发，他着重论述了孟子的"浩然之气"与"直"的关系。

这两者的关系主要有两方面内容，上述第二段主要就是讲另一方面，即浩然之气即是直。这是宋时烈在读曾子谓子襄曰："子好勇乎？吾尝闻大勇于夫子矣：自反而不缩，虽褐宽博，吾不惴焉；自反而缩，虽千万人，吾往矣。"这些话时写下的感悟。宋时烈认为孟子之所以能够用义理之勇扫去（孟）贲、（北宫）黝、（孟施）舍的粗鲁之勇，关键在于以缩为本根。并且，宋时烈按照朱熹的解读法，将"缩"字解释为"直"④。"缩"为"直"，孔子原话的意思就是：反躬自问，正义在我，对方纵是卑贱的人，我也不去恐吓他；反躬自问，正义确在我，对方纵是千军万马，我也勇往直前。进而，宋时烈认为这个"直"就是"浩然之气"，因为它们在"本根血脉"上是一样的。

"浩然之气"是孟子的一个专用名词，但对其确切的意义，孟子却又说"难言"。宋时烈在《杂著》中引朱熹的解释为解释："先生（指朱熹）尝谕：浩然之气若粗说，只是仰不愧、俯不怍，无所疑处。""浩然之气只是气，大概做一样人畏避退缩、事事不敢做；一样人未必识道理，然事事敢做，如项

---

① 《杂著》卷130，《宋子大全》4，第621页。

② 《杂著》卷130，《宋子大全》4，第622页。

③ 《语录·附录》卷14，《宋子大全》7，第306页。

④ 朱熹在《四书集注》中关于"吾尝闻大勇于夫子矣：自反而不缩，虽褐宽博，吾不惴焉；自反而缩，虽千万人，吾往矣"这段语中注有："夫子，孔子也。缩，直也。"

羽力拔山、气盖世,便是这样人。须有盖世之气,方得。""无浩然之气即如饥人。""无此气以扶持之,仁或见困于不仁,义或见陵于不义。"① 这表明,宋时烈认为"浩然之气"是一种"正气"(仰不愧、俯不怍),人具有了这种"正气",就会"事事敢做",决不"畏避退缩",否则,人无此气,就像饥饿的人一样。究其实质,浩然之气也就是仁义。仁义者,即有浩然之气者,便会做到"富贵不能淫,贫贱不能移,威武不能屈"。其中不淫、不移、不屈就是"直"。

另一方面,"浩然之气"与"直"相资相助。上述第三段论述是宋时烈对《孟子》"配义与道"体悟的心得记录。宋时烈这段话的意思是讲:浩然之气由道义而生,但此气养成后又对道义以扶助。宋时烈这一思想来源于朱熹。

如朱熹在对"其为气也,配义与道,无是馁也"进行解释时说:"配者,合而有助之义。义者,人心之裁制,道者,天理之自然。馁,饥乏而气不充体也。言人能养成此气,则其气合乎道义而为之助,使其行之勇决,无所疑惮;若无此气,则其一时所为,虽未必不出于道义,然其体有所不充,则亦不免于疑惧,而不足以有为矣。"朱子将"配"解为合而为之助,是很特别的训解。他将"其为气也,配义与道",解为浩然之气配合道义而又帮助道义,意即此气使人在实践道义时,能勇敢果决地实践出来。"无是馁也"的"是",朱子认为是指"气",即若无此气之助,道义便不容易实践出来,或人即使可一时表现出道义,但必不能持久。至于"无是馁矣"之"馁",是指人无浩然之气,则其体不充,便无气魄以担当道义之义,即是指人之体馁。朱子认为践行道义,须气为之助。朱子对自己的这种解释,十分自信,他说:"某解此段,若有一字是孟子意,天厌之!天厌之!"②

宋时烈对朱熹这一思想进行了发展,他从直哲学思维出发,认为"道义"就是"直"。上述第四段论述就是他回答学生提问时对道义的诠释。他认为"直"就是"道义","直"养成浩然之气以后,此"气"又扶助直,这就是"配义与道"的意思。按照宋时烈的逻辑,浩然之气有赖于直养之资

---

① 《杂著》卷 130,《宋子大全》4,第 625 页。
② 以上参见杨祖汉:《朱子对孟子学的诠释》,载黄俊杰主编:《孟子思想的历史发展》,台湾"中央研究院"中国文哲研究所筹备处 1995 年版,第 143—144 页。

助，如他说："先生（指朱子）尝以为养气之药头，只在于以直养"，"先生（指朱子）尝试至大至刚以直绝句，曰：若于直字断句，则养字全无骨筋，却似秃笔写字，其话没头。"① 所谓浩然之气有赖于直养，是说以正义、正大光明培植的气，一定也是一种纯正无私的正气。当这种正气养成后，又会扶助此"直"。所谓"直"有赖于浩然之气之相助，是说有浩然之气者，堂堂正正立于宇宙之间，一身傲骨，满腔正气。到此地位者，真可以说是一个顶天立地的"大人""伟丈夫"。这就是宋时烈所谓的"浩然之气"与"直"的相资相助的关系。就这样，宋时烈借助于《孟子》的"浩然之气"，将气实践化、道德化，演绎为他的直哲学。这是宋时烈性理学的一个突出特点。

（作者单位：中国社会科学院哲学所）

---

① 《杂著》卷130，《宋子大全》4，第625页。

从《论语》"游于艺"的训释看清初学风

陈　峰　肖永明

在经学史上，无论是"六经注我"，还是"我注六经"，其中都暗含着注者所处的时代背景及其理论预设。后世对经典的不同训释，为我们了解学人（们）的学术旨趣、派际差异以及特定时代的学风提供了某种可能。

《论语》自汉代以来，便成为朝廷建构官方意识形态的重要一环。同时，《论语》也内化为士大夫阶层的行为规范，成为士大夫安身立命的文本依据之一。出自《论语·述而》的"子曰'志于道，据于德，依于仁，游于艺'"一语，被古往今来的许多学者视为理解孔学原旨的关键。如近人钱穆便说："《论语》此章，实已包括孔学之全体而无遗。"① 正是因为此条的关键地位，历代的注释者莫不究心于兹。而其中对"游于艺"的理解，又成为了诸家差异最大的一处。关于"游于艺"的训释，歧解频出，这既显示了学人之间、学派之间的学术纷争，同时也折射了学术风气的递变。

根据詹云海的研究，清初的学者，在经书中特别重视对《春秋》与《论语》的训释。由明清鼎革所带来的夷夏之防，使得当时的士大夫多重《春秋》。相比《春秋》所倡导的"治人之学"，《论语》则更强调"修己之学"。② 清初诸儒，面对无可奈何的政治变局，必须思考在穷时如何独善其身的问题，《论语》中"志于道，据于德，依于仁，游于艺"便成为他们思考修身时最直接的思想来源。而关于其中分歧最大的"游于艺"一目，清初

---

① 钱穆：《学籥》，九州出版社 2010 年版，第 4 页。

② 詹云海：《清代实学思潮》，载台湾中山大学清代学术研究中心主编：《清代学术论丛》第 1 辑，文津出版社 2001 年版。

诸儒针对什么是"游"什么是"艺","艺"在古今上下有什么分别、"游于艺"与前三条目的关系为何、"游于艺"与孔学"下学而上达"的关系如何等问题，诸家都有不同层次的解读。纵观前辈时贤的训释，本文并无意得出"游于艺"一条的确解，而是梳理清初学者对"游于艺"一条的异解，把此条的训释放在各家的学术旨趣、脉络内加以理解，并分析其中所折射的学风递变，从而窥见"游于艺"的训释在《论语》学以及学术史上的意义。

一、清初以前诸家注"游于艺"

在分析清初诸儒对"游于艺"的训释之前，本文有必要对清初之前的注解有所交代。何晏《论语集解》中解释"志于道，据于德，依于仁，游于艺"时说：

> 志，慕也。道不可体，故志之而已。据，仗也。德有成形，故可据。依，倚也。仁者功施于人，故可倚。艺，六艺也。不足据依，故曰游。①

何晏的注，援引道家学说来阐释《论语》，将"不可体"的"道"认定为宇宙本体，儒家的名教也是本于自然的天道。而何晏释"游"为"不足依据"，也与《庄子·逍遥游》中"若夫乘天地之正，而御六气之辩，以游无穷者，彼且恶乎待哉"②之说相近。何晏注"艺"为"六艺"，即《周礼·保民》中所谓礼、乐、射、御、书、数。③

由于何晏的《论语集解》兼采汉魏众说，加上何晏特殊的政治地位，

---

① 何晏注，邢昺疏，朱汉民整理：《论语注疏》卷7，中华书局2000年版，第94页。
② 郭庆藩：《庄子集释》，中华书局2012年版，第19—20页。
③ 在"游于艺"的诠释史上，绝大多数学者都倾向将"六艺"解释成为"礼""乐""御""射""书""数"。也有人将"六艺"解释成为"六经"，或与《汉书艺文志》所举《六艺略》一门有关。至于学者多倾向将"六艺"释为《周礼·保民》的六科目，简朝亮在《论语集注补正述疏》卷4（华东师范大学出版社2013年版，第397页）中曾有过较为详细的分析，简朝亮认为"经"不可用"游"来修饰，且"经"不可能被置于《论语》此句末位。

《论语集解》在魏晋时流传甚广，也影响后世巨深。如梁代皇侃的《论语义疏》解释"游"时说："游者，履历之辞也。艺，六艺，谓礼、乐、书、数、射、御也。其轻于仁，故云不足依据，而宜遍游历以知之也。"① 皇说在沿袭何注的基础上，将"游"解释为"遍游历以知之"，更为具体。正如清末陈澧所说"何《注》始有玄虚之语……入于玄虚之境，亦可见此时学风"。② 宋初邢昺在《论语正义》中训释"游于艺"一条仍主张《周礼·保民》所说的"六艺"，仅是"所以饰身耳，劣于道德与仁，故不足依据，故但曰游"。③ 邢说主张"博施于民而能济众"的仁说，并无浓厚的玄学色彩，但其释"游"仍袭取何说成文。

朱熹的《论语集注》是"《论语》学"史上的集大成之作。朱熹在《论语集注》中对"志于道"这一条有较为详细的解读。其略云：

> 志者，心之所之之谓。道，则人伦日用之间所当行者是也。知此而心必之焉，则所适者正而无他歧之惑矣。据者，执守之意。德，则行道而有得于心者也。得之于心而守之不失，则终始唯一而有日新之功矣。依者，不违之谓。仁，则私欲尽去而心德之全也。功夫至此而无终食之违，则存养之熟无适而非天理之流行矣。游者，玩物适情之谓。艺则礼乐之文，射、御、书、数之法，皆至理所寓，而日用不可阙者也。④

由上可知，朱熹的《论语集注》改变了何晏以来玄虚的诠释路径，将"太上无极"的"道"重新界定成为"人伦日用之间所当行者"，暗含了在日常生活中践道、证道的工夫论；朱熹将"德"解释为"行道而有得于心"、"仁"为"私欲尽去而心德之全"，则是将此条的训释纳入了朱熹本人的义理学架构，从属于《论语集注》中"仁者，心之德，爱之理"⑤的纲领下。同

① 何晏集解，皇侃义疏：《论语集解义疏》卷4，商务印书馆1937年版，第87页。
② 陈澧：《东塾读书记》卷2，上海古籍出版社2012年版，第20页。
③ 何晏注，刑昺疏，朱汉民整理：《论语注疏》卷7，第95页。
④ 朱熹：《论语集注》卷4，《四书章句集注》，中华书局2010年版，第94页。
⑤ 朱熹：《论语集注》卷1，《四书章句集注》，第48页。

时，朱熹也对汉魏以来的古注有所取舍，朱子在"游"字的解释上不取何晏"不足依据"之说，而释之为"玩物适情"，这与皇侃所说"游者，履历之辞""宜遍游历以知之也"相近。既然"游"在朱熹的训释中成为了一项包含学与思的活动，那么"游于艺"与"志于道""据于德""依于仁"都属于身心修养的重要方面，都是体用合一的。朱熹的好友张栻在《癸巳论语解》中说"艺者，亦以养吾德性而已。"① 从张栻的行文来看，很有可能他是将"艺"就界定为书法绘画等艺术。朱熹不同意张栻之说，并写信与之商榷：

> 此解之云亦原于不屑卑近之意，故耻于游艺而为此说以自广耳……艺是合有之物，非必为其可以养德性而后游之也。②

也就是说，朱熹所理解的"艺"应当是"合有之物"，即包含本末与体用。不过，"艺"字在朱熹的时代已经有了更为丰富的内涵。考虑到语义与语境的变化，"艺"既可解释成为"礼""乐"等"六艺"，还可理解为书法绘画等艺术活动乃至科举考试。《论语集注》中所释"艺"仍是在高扬理想的道德主义，不过朱熹也不得不考虑"艺"在当时的意义变迁。《朱子语类》中也谈到了关于"游于艺"与前三者关系的不同解释：

> 艺是小学功夫，若说先后，则艺为先，而三者为后。若说本末，则艺其末，固不可徇末而忘本。习艺之功固在先。游者，从容潜玩之意，又当在后。《文中子》说："圣人志道、据德、依仁，而后艺可游。"此说得自好。③

此处朱熹将"艺"视为"小学功夫"，与《与张敬夫论癸巳论语说》所谓"合有之物"稍有区别。此处的"艺"属于"下学"的范畴，在修养身心之中属于"末"与"用"，因而"游于艺"便成为就成为了实现下学上达的

---

① 张栻：《癸巳论语解》卷4，《丛书集成初编》本，商务印书馆1937年版，第50页。
② 朱熹：《与张敬夫论癸巳论语说》，《晦庵先生朱文公文集》卷31，《朱子全书》第21册，上海古籍出版社、安徽教育出版社2002年版，第1368页。
③ 黎靖德编：《朱子语类》卷34，中华书局1986年版，第870页。

工夫。由于朱熹的《四书集注》在元仁宗后被悬为令甲，加之朱熹本人邃密的学风，朱注的权威性与影响力都是不言而喻的。清初诸儒对"游于艺"的讨论也大多是接续朱熹的《论语集注》而来。

在朱熹之后，王阳明对"游于艺"也有较为独特的解读。阳明将"志于道"这四条目比喻成为修建房屋的四个步骤。其略云：

> 只"志道"一句，便含下面数句工夫，自住不得。譬如做此屋，志于道是念念要去择地鸠材，经营成个区宅。据德却是经画已成，有可据矣。依仁却是常常住在区宅内，更不离去。游艺却是加些画采，美此区宅。①

如果按照阳明的比喻，"志于道"至于"游于艺"在时间上存在先后关系，而且前三者是本，"游于艺"则是末。阳明又说："艺者，义也，理之所宜者也，如诵诗读书弹琴习射之类，皆所以调习此心，使之熟于道也。"② 阳明将"艺"解为"义"，确能发人之所未发，但不免有穿凿之嫌。如此看来，"游于艺"在阳明的思想里是作为涵养义理的工夫而存在的。阳明此说，虽与朱熹《论语集注》多有不同，但其思想的进路与《朱子语类》所论大体类似。

由此观之，朱熹对"游于艺"的训释，对后世产生了巨大的影响。清初儒者，无论尊程朱一派，还有陆王学派、颜李学派，有关"游于艺"的训释，大多仍是接续《论语集注》的解读而来。不可否认的是，王阳明式别出心裁的解读在清初仍有较大影响，由此亦可窥见清初多元的学术格局。

二、陆王派关于"游于艺"的训释

明代中叶，王阳明建立起一套完整的心学理论体系，其学说风靡百余年，阳明门徒遍及天下。就前文所揭，阳明在解释《论语》时，往往不凭注

---

① 王阳明：《传习录》卷下，上海古籍出版社1992年版，第100页。
② 王阳明：《传习录》卷下，第100页。

疏,直出心解,将儒家经典的训释都统合到心学体系中来。

阳明的解经方法与具体的训释,在清初仍有较大影响。如刊布于顺治四年（1647）的《四书蕅益解》,智旭在该书的《论语点睛》部分便用天台宗的"六即"来解释"依于仁"的"仁"字,用"取之左右逢源,著于事物"（即万法）来解释"游于艺"的"艺",汇通儒佛,为我所用。智旭认为佛教的一切理论都是发明此心,心（仁、道、德）是体,万法（艺）是用。智旭此处援引李贽对《论语》此条的评价,认为"志于道"等是"学问阶级",这与王阳明在《传习录》中的解读是十分接近的,由此可见阳明学对当时社会、学术的渗透力。

另一方面,清初陆王派的儒者对"游于艺"也有不少论述。大体而言,他们的训释也沿袭阳明的解经思路,将"游于艺"纳入他们各自的心学理论当中。孙奇逢在所著《四书近指》中便说:"志、据、依、游,正学者用功字面。夫子自志学至从心,一生做此功课,此外无可用心处,此内原无可驻足处。"①孙奇逢在此将"游"释为"从心",则"游于艺"与前三者一样,既是理想的精神境界,同时也是修养工夫。《夏峰先生本传》称其"学以慎独为宗,体认天理为要,以日用伦常为实际。"②虽然孙奇逢自称"幼而读书,谨守程朱之训"③,但其学术宗旨仍在陆王一派,观其《理学宗传》的取材便可知晓。在孙奇逢看来,心是统该内外的,所谓的"志""据""依""游"都只是心体涵养过程中的某一方面而已。对心体的重视,一直贯穿在孙奇逢的整个学说中,孙氏所谓"从心""用心""养心""观心""洗心"诸说在其文集中屡见不鲜。简而言之,孙奇逢所说的"游于艺"便是"从心"之境,"用心"之法。此外,孙奇逢认同陆九渊"李白、杜甫、陶渊明皆有志于吾道"的观点,他进而言之:

> 愚谓诗亦道也,艺亦道也。无物不有,无时不然也。渊明三君子有志于道,所以为千古诗人之冠,具眼者自不独以诗人目之,离道而

---

① 孙奇逢:《四书近指》卷7,影印文渊阁四库本,第208册,上海古籍出版社1987年版,第697页。

② 魏裔介:《夏峰先生本传》,《夏峰先生集》卷首,中华书局2004年版,第5页。

③ 孙奇逢:《寄张蓬轩二》,《夏峰先生集》卷2,第61页。

云精于诗、精于文，小技耳。虽有可观，君子不贵也。①

孙奇逢此处的"艺"，并非《周礼》所谓的"六艺"，而是后世常说的诗文之艺。在孙奇逢看来，"艺"的具体内容是不重要的，而持艺者的向道之心才是评判人物的标准。孙奇逢所谓的"志于道"，实际上仍是陆王所说的"发明本心"。

比孙奇逢稍晚的李颙，也是清初关中陆王学派的代表人物。李颙以"悔过自新"为学问宗旨，对王阳明"致良知"之说尤为倾慕。其学以陆王之学为主体，旁采程朱学中工夫论的因素。李颙认为《四书》是圣贤"传心之书"②，故其所著《四书反身录》也多就自身的身心体验而写成。李颙在《四书反身录》中解释"游于艺"一条时说：

> "志道""据德""依仁"而后"游艺"，先本而后末，由内而及外，方体用兼该，华实并茂。今人所志惟在于艺，据而依之，以毕生平，逐末迷本，骛外遗内，不但体无其体，抑且用不成用，华而不实，可耻孰甚。③

在李颙看来"志道""据德""依仁"三者为本（体），"游艺"是末（用）。古人所说的"艺"，如礼、乐、射、御、书、数，都是日用不可缺者。而时人所谓的"艺"则多指诗文字画，无关于人伦日用。无论是《周礼》所谓的"六艺"，还是当时人所谓的诗文字画，都属于"末"的范畴。如果心体不能端正，那么"艺"也无法寄托。而后世举业、诗文、簿书这些"末艺"，更是妨碍修养身心的大厄。李颙说："古人以道为先，是以知道者多；今人以艺为先，是以知道者少。道成而上，艺成而下，审乎内外轻重之分，可与言'志'矣。"④所以，李颙在解读"游于艺"的时候，特别强调体用、本末的关系与古艺今艺的差别。整体上看，李颙的训释便是强调本心的

① 孙奇逢：《语录》，《夏峰先生集》卷13，第542页。
② 李颙：《题〈四书心解〉》，《二曲集》卷19，中华书局2006年版，第224页。
③ 李颙：《四书反身录》，《二曲集》卷34，第456页。
④ 李颙：《四书反身录》，《二曲集》卷34，第456页。

作用，学者唯有立其大体，才能保证"用"的纯粹性。换言之，只有在"志道""据德""依仁"的基础上，"游于艺"才不致偏差，从而达到实修身心的目的。

三、程朱派关于"游于艺"的训释

程朱理学在经历明中后期阳明心学的冲击之后，在清初出现了复起的趋势。清王朝在入主中原之后，大力提倡程朱理学，借以钳制思想、笼络人心。王学末流所带来玄虚学风，被不少学人认为是明朝灭亡的罪魁祸首。从民间学者方面来看，不少程朱理学的信徒，通过述朱，以期转移风气。

康熙十六年（1677），由康熙御定的《日讲四书解义》（下简称《解义》）刊行。康熙至始至终对明末以来日趋简易的学风有相当不满，故在《解义》中完全站在了朱学的立场，就此书《论语》部分而言，基本上是对朱熹《论语集注》亦步亦趋。在训释"游于艺"这一条时，《解义》将这一章认定为"孔子教人以心学之全功"①，然后按照朱熹所理解的"道""德""仁"稍作展开，并无新意。其释"游于艺"则云：

> 如诗书礼乐之文，射御书数之法，皆至理所寓，所谓艺也。诚能游心于此，朝夕涵泳，以陶养其性情，则有以通乎物理，周乎世用，而心亦无所放矣。盖道德仁艺所以会乎理之全，志、据、依、游所以尽其心之用，本末兼该，内外交养，而不失乎先后轻重之序焉。②

由此观之，《解义》与《论语集注》在这段话的训释稍有不同的是，《解义》将"诗""书"也纳入了"艺"的范畴。除了御定的经解作品之外，李光地的《读论语札记》也是清初官方理学在《论语》学上的代表作。李光地对《论语》"游于艺"一条较为重视，曾在其《读论语札记》中多次谈到他对"游于艺"的认识。其《读论语札记》云：

① 库纳勒等：《御制日讲四书解义》，华龄出版社2012年版，第91页。
② 库纳勒等：《御制日讲四书解义》，第91页。

凡身心性命之要曰道、曰德、曰仁，凡名物器数为艺，六艺皆载道者，而有本与末之别，如同礼乐也，庄敬和乐，不可斯需去身者本也。玉帛笾豆鼓舞铿锵者，末也。此所谓艺专以其末者言之。虽曰德成，而上艺成而下然。①

毋庸置疑的是，李光地认同朱熹《论语集注》中将"游于艺"视为统该体用、知行的看法。他进而提出，"艺"也有本末之分，礼乐背后所含盖的"理"才是"艺"的本体，而具体的名物器数则是"艺"的末端。李光地之说，仍不出朱熹《论语集注》范畴。至于陆陇其《四书讲义困勉录》及其门生焦袁熹所作《此木轩四书说》，在解释"游于艺"一条时仍是墨守朱熹《论语集注》的本有之义。

至于民间的程朱后学，在《论语》诠释上则较庙堂理学更为多元。吕留良的《四书讲义》在清初"四书学"上显得较为独特。陆宝千称吕留良为"南宋以来言朱学之异军"②，绝非虚誉。吕留良往往能发掘朱子学中较为隐蔽的思想资料，加以发挥，别开生面。吕留良解释"游于艺"时，则扼要地指出："艺与道、德、仁相为终始，在初学肄习则艺则粗浅，非艺粗浅，为艺工夫粗浅也。"③吕留良认为"艺"是体用合一的，而为艺工夫在不同的学习阶段则有精粗之分，深得朱注本旨。此外，吕留良还特别注意到《朱子语类》中"艺是小学功夫"这段话，这是以往程朱后学解《论语》此条所没有引用的。吕留良注意到"艺"在古今不同语境中的变化，更为全面地叙述了朱熹对"游于艺"的理解。王夫之早年所作的《读四书大全说》，亦属清初《四书》学上的力作。王夫之借评骘《四书大全》以建构自己的哲学体系，而在训释"游于艺"一条时说：

志道、据德、依仁，有先后而无轻重；志道、据德、依仁之与游

① 李光地：《读论语箚记》卷上，《榕村四书说》，影印文渊阁四库本，第210册，上海古籍出版社1987年版，第210页。
② 陆宝千：《清代思想史》，华东师范大学出版社2009年版，第157页。
③ 吕留良：《吕晚村先生四书讲义》卷10，续修《四库全书》本，第165册，上海古籍出版社2002年版，第449页。

艺，有轻重而无先后。故前分四支，相承立义。①

王夫之这一简要的结论，将朱熹《论语集注》与《朱子语类》的说法糅而为一，不执一偏，使得"游于艺"所彰显的义理架构更为缜密。

由上观之，清初官方理学在训释"游于艺"时多墨守朱熹《论语集注》之说；而民间的程朱后学则能注意到《论语集注》与《朱子语类》之间的细微差别，搜罗朱子的不同说法，加以排比论定。这种邃密的治学取向，对清初经史之学乃至乾嘉考证学均有一定的诱导作用。

四、颜李学派对"游于艺"的训释

颜元是清初著名的思想家。颜元不从心性义理上分辨孔孟、程朱，而从实事实行上为之分辨，故得出程朱理学无用的结论。四库馆臣认为颜元之学"大抵源出姚江，而加以刻苦，亦介然自成一家，故往往与宋儒立同异"②。颜元"目击明季诸儒崇尚心学，放诞纵恣之失，故力矫其弊，务以实用为宗，然其中多过激之谈，攻击先儒，未免已甚"③。他反感终日静坐、读书、讲学，而主张在实事中磨炼，经世致用，所著《朱子语类评》对朱熹及其后学充满揶揄之辞。其所著《四书正误》，也是集"平日偶辨朱子《集注》之误者"④ 而成。

具体到对"游于艺"的训释上来，颜元在《四书正误》中说：

> 吾凡与朱、陆两派讲学先生言周公、孔子三物之道，即言以六艺
> 入手，再无不举此章"游于艺"作辨柄者，渠亦不是果志道、据德、
> 依仁了方学艺，只艺学是实下手功夫，渠亦不肯落袖手高谈空架，做
> 此下学事，且以道、德、仁可以念头口头笔头热混者自己涂抹，并与

---

① 王夫之：《读四书大全说》卷 5，中华书局 1975 年版，第 307 页。
② 永瑢等：《四库全书总目提要》卷 97，中华书局 2008 年版，第 822 页。
③ 永瑢等：《四库全书总目提要》卷 97，第 823 页。
④ 李塨、王源：《颜习斋先生年谱》卷下，《颜元集》，中华书局 2009 年版，第 774 页。

朋友弟子交相涂抹耳。①

　　在颜元看来，六艺是为学的入门功夫。为学志道之初，就应该对精通六艺之学，而不是志道、据德、依仁了才开始学习六艺。颜元批评朱熹等人并非不知道六艺是入学门径，只是他们不肯实践下学之事，徒以高谈性理天道互相标榜而已。在批评程朱陆王的学风之后，颜元提出了自己所理解的孔门原旨：

　　　　夫子正恐德立仁熟之后便视艺为粗迹，不复理科，故又说个"游于艺"，盖如游玩景致，不大费力耳。三物之学，贯彻始终，不相离者也。②

颜元所谓的"艺"即包含礼、乐、射、御、兵、农、水、火等方面，将《周礼·保民》所谓的"六艺"拓展为关乎日常生活的方方面面。他将"游"字解释为"游玩"，意即六艺为日常生活中所必需的实学，从事既久，学者对六艺之学就能挥洒自如，如游玩一般，不甚费力。

　　李塨，与颜元有师生之谊，因其思想趋向与颜元相近，故后世合称之为颜李学派。在对"游于艺"的训释上，李塨明显受到颜元的影响，并在颜元基础上更进一步，愈阐愈密。李塨在《论语传注》中释"游"时说：

　　　　"游"即《学记》"息焉、游焉"之"游"，如涉水者之浮游、行路者之游行以循习乎艺也。程石开曰：游者，终身涵泳于艺中，如鱼之在水而不可斯需离也。③

李塨将"游"的意思与"息焉、游焉"之"游"等同，并以鱼水关系来比喻人与艺的关系。李塨所谓的"游"则不仅是游玩，而是一种终身融入所游之领域的一种学习状态。颜元释"游"为"游玩"，强调的是学习六艺并不费

①　颜元：《四书正误》卷3，《颜元集》，中华书局2009年版，第191页。
②　颜元：《四书正误》卷3，《颜元集》第191—192页。
③　李塨：《论语传注》，四存学会排印本1923年版，第34页。

力。而李塨则在其基础上强调，人与六艺即鱼与水之不可须臾离也，人须时时习行六艺，"学习以游之，作圣之全功也"①。

关于"艺"的具体内涵，李塨在《论语传注》中沿袭邢昺《论语正义》的方式，详述五礼、六乐、五射、六书、九数等条目，较颜元的训释更为细密、精致。颜元以宋学为无用之虚而主实行，李塨则更进一步，将所实行之状态与内容都详加辨析，使得颜李之学更趋落实。

结　语

学界常用"实学"这一名目来界定清初的学术，有一定的道理。但透过清初诸家对《论语》"游于艺"一条的训释，大体可知，"实学"一词只是从对当时学术的某一方面作了性质上的规定，而不能说明不同学派的具体差异。正如日本学者山井涌在《明末清初的经世致用之学》中所指出，明清之际的学术主流是经世致用之学，经世致用之学又包含了实践派、技术派以及经史之学派这三个面向。② 结合清初诸家对《论语》"游于艺"的训释来看，陆王派主张实修本心，在朝堂之外的程朱派则多对朱熹本人经典进行考证与议论，开后世考据实证之风，而颜李学派则强调将经典所记载的制度落实在现实生活之中，加以实行。不同学派的学术取向都渗透到了经典的诠释之中，折射了清初多元而复杂的学风。

（作者单位：湖南大学岳麓书院；湖南大学岳麓书院）

---

① 李塨：《论语传注》，第 34 页。
② 参见山井涌著，卢瑞容译：《明末清初的经世致用之学》，《史学评论》1986 年第 12 期。

康有为论宋明理学与先秦诸子

魏义霞

宋明理学并不是近代哲学视界中的"显学",近代思想家对先秦诸子的关注远远多于宋明理学。康有为十分关注先秦诸子对宋明理学的影响,除了韩非外,先秦诸子时常闪现在宋明理学之中,成为宋明理学的思想来源;甚至可以说,宋明理学便是先秦诸子代表的孔学、老学和墨学等各种思想要素的重新组合。这决定了康有为视界中的宋明理学是多种思想的和合体,虽然"为孔子传人",却"非孔子全体",故而"尚非嫡派"。事实上,他对宋明理学的定位是多重的,可谓庞杂之极,与先秦诸子的关系直观地展示了宋明理学的这一特征。

一、孔学与宋明理学

康有为承认宋明理学是孔子学脉,通过孔子、孟子和荀子与宋明理学的关系反复证明了孔学对宋明理学的影响。

首先,康有为多次指出周敦颐、二程、朱熹、陆九渊和王守仁等众多理学家都是孔子后学,他们的思想受到了孔子的影响和启发。正是在这个意义上,他不止一次地断言:

> 孔子"惟强可以自立",宋、明儒多在一"强"字做工夫,朱子之许尹和靖在是。①

---

① 《万木草堂口说·中庸》,《康有为全集》第二集,中国人民大学出版社 2007 年版,第 169 页。

孔子特立名字，而周子言名胜耻也。此语为上等人说法，专讲实
务，开宋朝学问者全在此。王阳明于心学的觉有得，一面讲学，一面
攻贼，一面定谋，一面答问，如此之人真可佩服。①

周子境遇甚好，从容不迫，的是有道之士。然亦深知孔子之
学……孔子言神字，以鬼神造化处言，周子言神应故妙。②

孔门贵思……学者最贵思，故孔子称君子有九思。《洪范》亦云：
思曰睿。大凡读书而不能思者，即甚聪明，亦是粗才。程子云：能穷所
以然之理，乃是第一等学人。周子云：不思则不能通微。皆提起思字，
圣门之大义所在也。③

在这里，康有为肯定周敦颐深知孔子学问，对《中庸》的解读能够
"打入实道"，对孔子之神、《周易》动静的阐发都是如此。此外，康有为一
再强调名是孔子大义，因为名具有培养耻辱感和道德感的作用。在这方面，
周敦颐、二程和王守仁等人则是典范。

在肯定宋明理学家的思想来源于孔子的前提下，康有为特别强调宋明
理学家对《周易》和《中庸》的发挥。他对这方面的论证可谓连篇累牍，下
仅举其一斑：

周子从《中庸》《系辞》发出《太极图说》。横渠从《中庸》发出
《正蒙》。④

朱子之学从周子出，六朝无人讲性理之学。诚极自然明，至诚之
极可以前知，有体寂然不动，有用感而遂通。孔子言神字，穷极生死
之故，极往知来，合仁义乃得为中和。《易》《礼》讲中和，孔子讲聪
明，《尧典》讲文明，《舜典》讲钦明，清明在躬，志气如神。周子的有
道术，先讲诚，次讲几，次讲明。⑤

① 《南海师承记·讲周子通书》，《康有为全集》第二集，第 233 页。
② 《南海师承记·讲周子通书》，《康有为全集》第二集，第 232 页。
③ 《南海师承记·讲周子通书》，《康有为全集》第二集，第 233 页。
④ 《南海师承记·讲宋学》，《康有为全集》第二集，第 252 页。
⑤ 《南海师承记·讲性理》，《康有为全集》第二集，第 233 页。

《通书》一篇，其自然处过于《正蒙》，诚之极自然勇猛，诚之极自然光明，诚之极自然智慧，诚之极自然慈悲。忠信二字施于学人，官宦尤须紧要。周子好言有无二字，故陆子非之，张横渠尝云：言有无者，诸子之陋也。此说最精。诚则无事矣，此句最好。周子发挥几字，盖本于《系辞》。"几者动之，微吉凶之先见也"二句，周子全发挥诚字，亦从《系辞》《中庸》出，通宋代学问皆然。①

就《周易》来说，康有为历来强调六经皆孔子作，《周易》是孔子晚年所作，在六经中举足轻重，而《周易》就是讲中和的。其实，不止《周易》，孔子极为重视中和，孔子的思想大都是讲中和的。对此，他反复强调：

一部《易经》，专讲中和。②

孔子最发挥中和，礼制全讲中和，而《诗》《书》《乐》亦贵中和，《易》凡于中爻，必有好之处。③

在此基础上，康有为指出，宋明理学家重视《周易》，并对之加以发挥，他们所讲的中和都是对孔子《周易》思想的发挥。在这方面，他尤其重视朱熹对中和的理解，特意作《中和解》来推崇和发微《中庸》的中和思想。就《中庸》来说，康有为认为，《中庸》只讲一个诚字，即"《中庸》以诚为主"④。由于受《中庸》的影响，宋明理学家都讲诚。对此，他不止一次地说道：

凡立教之人，皆从天地生生之理起，周子文章亦渊懿，周子发挥出见大心泰。《通书》起于诚，止于静，为立人极宗旨，此篇亦为通宋学下手之原。⑤

---

① 《南海师承记·讲周子通书》，《康有为全集》第二集，第232页。
② 《南海师承记·讲周子通书》，《康有为全集》第二集，第233页。
③ 《南海师承记·讲周子通书》，《康有为全集》第二集，第232页。
④ 《万木草堂讲义·七月初三夜讲源流》，《康有为全集》第二集，第283页。
⑤ 《南海师承记·讲周子通书》，《康有为全集》第二集，第233页。

宋朝之学出于周子,《文中子》一书皆出于周子,周子开宋、元、明千年学术。周子一生讲一个诚字,天地万物皆从诚字出,故《中庸》曰:不诚无物……周子以诚为主,从几字出。周子之学由《中庸》《系辞》出,其体谓之中,其用谓之庸,通乎中庸,谓之一贯。①

按照这个说法,宋代学术发端于周敦颐,宋明理学家的思想深受周敦颐的影响。如此说来,与《中庸》密不可分不仅仅是周敦颐思想的特征,而是代表了整个宋明理学的共同特征。不仅如此,宋明理学家在因循《周易》的同时解《中庸》,对二者的解读具有内在一致性。由于宋明理学家从体用的角度对《中庸》加以诠释,使中和成为《中庸》的大义。正是在这个意义上,康有为一而再、再而三地宣称:

理以《易》为至,凡讲性理不出中字外,无学问断不能讲性理……言圣人无欲自周子始。②

周子发挥几字最精。《易》言刚柔,尽天下之人不外刚柔……孔子言"有欲",周子言"无欲",各名一是,均持之有故,言之成理,以诚为祖,以无欲为宗,以几为用,以静为止,此《通书》之大旨也。③

《中庸》《系辞》似出于子思手笔,周子《通书》实从此出也。《中庸》专发一诚字。周子言:诚者,圣人之本。大哉乾元,万物资始。诚之原也。此语极精。《易经》乾道变,各正性命,周子首章能拈出……又言诚无为,几善恶,几字下得甚精。朱子之学得自程子,程子之学得自周子,周子诚实、光明、勇猛,诚一代大儒。周子言:寂而不动,诚也;感而遂通,神也。庄生所言孔子为神人,礼先乐后,亦是精粹之言。教众人要有欲,教学者要无欲,其道不同。《通书》止静与《太极》同。④

康有为一贯将《中庸》说成是孔子本人所作,在这里却指出其似乎是

① 《南海师承记·讲性理》,《康有为全集》第二集,第233页。
② 《南海师承记·讲性理》,《康有为全集》第二集,第233页。
③ 《南海师承记·续讲正蒙及通书》,《康有为全集》第二集,第234页。
④ 《南海师承记·续讲正蒙及通书》,《康有为全集》第二集,第234页。

子思手笔。尽管如此，他始终坚持子思是得孔学之精者，从这个角度看，《中庸》出自孔子或子思之手对于从《中庸》中演绎出来的宋明理学属于孔子之学并无影响。

其次，宋明理学与孔子思想相关在某种程度上意味着与康有为认定的孔子嫡传孟子相关。事实正是如此。在对宋明理学的追溯中，康有为十分关注孟子对宋明理学的影响，被他赞誉甚高的周敦颐、张载的思想均与孟子密切相关：第一，康有为多次指出周敦颐开宋明理学，引领了宋明理学家的致思方向。例如，"宋朝学开于周子。《太极图说》亦精……至于《通书》一篇，程子亦甚称之"①。第二，康有为对张载思想的精微宏大赞誉有加，对张载的《正蒙》一书更是倍加推崇。例如：

> 《正蒙》为宋儒第一篇文字，精深莫如《正蒙》，博大莫如《西铭》。②
>
> 通宋代言义理，最精者《正蒙》一书，皆凿凿说出。朱子谓其中有勉强地说，非也。周、程、张、朱四先生，以横渠为奇伟，《正蒙·诚明篇》"诚明所知乃天德"，王阳明良知之学本此。《诚明篇》"义命合一存乎理"，即孔子《纬书》所谓正命也。黄百家以为横渠破荒之言，亦未知孔子之义也。《中庸》发诚字，言"不诚无物"，物即果一样，不诚则不发生矣。学者如或浮华粉饰诈伪，直揽核一般耳。外观甚多，言不能发生，故君子以诚之为贵。横渠亦谓诚有是物，则有终有始。伪实不有，何终始之有？尽性然后知，生无所得，死无所丧，与心终无得亦无丧同。③

在对周敦颐、张载赞誉甚高的前提下，康有为多次证明周敦颐、张载的思想与孟子密不可分，周敦颐对《中庸》之诚的阐发尤其如此。于是，他反复说道：

---

① 《南海师承记·讲周子通书》，《康有为全集》第二集，第232页。
② 《南海师承记·续讲正蒙及通书》，《康有为全集》第二集，第233页。
③ 《南海师承记·讲正蒙》，《康有为全集》第二集，第232页。

天地万物皆从诚字出，故《中庸》曰：不诚无物。孟子曰：我善养吾浩然之气。诚之所至也。①

周子言：诚者，圣人之本。大哉乾元，万物资始。诚之原也。此语极精。《易经》乾道变，各正性命，周子首章能拈出。周子言：纯粹，至善也。至善二字非圣人本意，得之与佛、与孟子。②

这就是说，无论是孟子的孔门嫡传还是宋明理学家，以《中庸》为经典都使宋明理学与孟子密切相关成为不言而喻的事实。更为重要的是，康有为特别强调孟子在义理、近佛和性善方面对宋明理学的决定性影响，"孟言义理，故宋儒尊之"③。在他看来，宋明理学家擅长讲性和义理，因此呼吁学者"求义理于宋、明之儒，以得其流别"④。进而言之，康有为一面指出宋明理学家在义理方面深受孟子的影响，一面强调宋明理学家在入佛时尽讲虚理，致使理学成为清谈之学。尽管如此，这并不是说宋明理学家嗜佛而孟子不近佛，而是说正是孟子与佛学的相互造势使孟子对宋明理学产生了重要影响。众所周知，呼吁立孔教为国教的康有为一直彰显孔教与佛教的圆融无碍，在孔子以及孔子后学与佛教的关系中，他讲得最多的还是孟子与佛教的密切相关，"孟子用六祖之法，直指本心，即心是佛也"⑤。鉴于孟子长于心学的认识，康有为在指出孟子与宋明理学密切相关的同时，强调孟子与佛教——特别是与以直指本心为旨归的禅宗之间具有内在联系，甚至断定孟子得以在宋明理学中盛行是由于佛教的原因——孟子所讲的心、性善说与佛教所讲的佛和佛性别无二致。他不遗余力地宣称：

宋儒之学，皆本禅学，即孟子心学。⑥
宋学皆兼禅学，即本于孟子之心学。⑦

① 《南海师承记·讲性理》，《康有为全集》第二集，第 233 页。
② 《南海师承记·续讲正蒙及通书》，《康有为全集》第二集，第 234 页。
③ 《万木草堂口说·荀子》，《康有为全集》第二集，第 181 页。
④ 《与朱一新论学书牍》，《康有为全集》第一集，第 317 页。
⑤ 《万木草堂口说·孟荀》，《康有为全集》第二集，第 182 页。
⑥ 《万木草堂口说·学术源流》，《康有为全集》第二集，第 136 页。
⑦ 《康南海先生讲学记·古今学术源流》，《康有为全集》第二集，第 107 页。

佛言性善，宋人惑之，故特提出孟子。①

宋儒每附会孟子性善之说，故云：儒教不离敬静二字，异教每主静。②

孟子言性善，特为当时说法，宋儒不过拘守之耳。③

康有为强调孟子与佛学相关，宋明理学入佛与孟子不无关系。在他看来，孟子以心学见长，这使孟子与禅宗相近，也对宋明理学家特别是陆九渊、王守仁的心学产生了无与伦比的影响；甚至可以说，陆王心学就是从孟子那里出来的。于是，康有为再三断言：

孟子之学，其后开陆、王二派。④

陆子静专讲心学，得孟子之传。⑤

孟子之学，心学也。宋儒陆象山与明儒王阳明之学，皆出自孟子。⑥

在此基础上，康有为进而指出，孟子心学与佛学的即心即佛共同指向了性善说，这使孟子与佛学相合从而在宋明理学中扎下了根，也带动了宋明理学家对《中庸》的推崇。对此，他解释说："孟子性善之说，所以大行于宋儒者，皆由佛氏之故。盖宋儒佛学大行，专言即心即佛，与孟子性善暗合，乃反求之儒家，得性善之说，乃极力发明之。又得《中庸》'天命谓性'，故亦极尊《中庸》。然既以性善立说，则性恶在所必攻，此孟子所以得运二千年，荀子所以失运两千年也。"⑦ 按此说法，宋明理学家对孟子的性善说十分推崇，荀子却因为主张性恶而遭到了宋明理学家的贬斥。根据这一分

① 《万木草堂口说·学术源流（四）》，《康有为学术文化随笔》，中国青年出版社1999年版，第11页。
② 《南海师承记·讲宋学》，《康有为全集》第二集，第254页。
③ 《万木草堂口说·中庸》，《康有为全集》第二集，第169页。
④ 《康南海先生讲学记·儒家》，《康有为全集》第二集，第116页。
⑤ 《万木草堂口说·学术源流》，《康有为全集》第二集，第139页。
⑥ 《康南海先生讲学记·古今学术源流》，《康有为全集》第二集，第112页。
⑦ 《万木草堂口说·孟荀》，《康有为全集》第二集，第181页。

析康有为突出宋明理学家对孟子的膜拜和孟子对宋明理学家的影响："宋时心学大盛，于是独尊孟子，乃至以上配孔子，称孔孟焉。"①

康有为对孟子与宋明理学关系的论证引申出如下几个重要问题：第一，就宋明理学家而言，心学一派的代表陆九渊、王守仁的思想受孟子的熏染最深。其实，绝不止于陆王，所有的理学家在思想上都与孟子具有或深或浅的关系。第二，宋明理学家推崇孟子是因为孟子的思想与禅宗十分接近。第三，受到宋明理学家的青睐也是孟子与荀子命运悬殊的重要原因之一。第四，孟子的思想与《中庸》密切相关，这也成为其在宋明理学中备受推崇的原因。总之，在康有为看来，就孟子的性善说与佛教所讲的佛性密切相关而言，孟子对宋明理学的影响是全面的；就孟子长于心学而言，孟子对陆王心学的影响首屈一指；就孟子与《中庸》的密切相关而言，孟子对周敦颐以及对整个宋明理学的影响不容低估。

再次，康有为突出荀子对宋明理学的影响，宣称宋明理学在本质上属于荀学世界。诚然，与突出孟子对宋明理学的深刻影响相关，康有为断言："唐以前尊荀子，唐以后尊孟子。"② 按照这个说法，宋明理学作为唐以后者，应深受孟子的影响。尽管如此，这个区分是相对的，他本人在肯定宋明理学深受孟子熏染的同时，也非常强调荀子对宋明理学的影响，多次指出无论是荀子的人性思想还是变化气质的主张都拉近了荀子与宋明理学之间的距离。正是在这个意义上，康有为不厌其烦地指出：

> 宋儒言学，必本于性，出孟、荀。③
>
> 宋人以荀子言性恶，乃始抑荀而独尊孟。然宋儒言变化气质之性，即荀子之说，何得暗用之而显阐之？盖孟子重于心，荀子重于学。孟子近陆，荀子近朱，圣学原有此二派，不可偏废。而群经多传自荀子，其功尤大，亦犹群经皆注于朱子，立于学官也。二子者，孔门之门者也，舍门而遽求见孔子，不可得也。④

---

① 《孟子微·序》，《康有为全集》第五集，第 411 页。
② 《万木草堂口说·荀子》，《康有为全集》第二集，第 185 页。
③ 《万木草堂口说·中庸》，《康有为全集》第二集，第 174 页。
④ 《南海师承记·学章》，《康有为全集》第二集，第 213 页。

按照康有为的理解，宋明理学家的学问必出于孟子和荀子两个人，因为两人都得孔学大义，都是进入孔学之门，是学习孔子之道不可逾越的环节。所不同的是，由于孟、荀关注人性的方式和对人性的具体看法大不相同，宋明理学家在主观上往往是独尊孟子而贬抑荀子。其实，荀子与孟子一样对宋明理学影响巨大，宋明理学家在讲人性时都大讲特讲变化气质，这就是出于荀子。当然，由于孟、荀思想的差异，两人对宋明理学的影响也各有侧重，这种侧重以及由此导致的区分通过朱熹与陆王思想的分歧进一步彰显出来——朱熹源于荀子，陆王源于孟子。循着这个思路，他多次比较和解释道：

> 孔子之后，荀、孟甚似陆、朱。荀子似朱子，孟子似陆子。①
>
> 孟子高明，直指本心，是尊德性，陆、王近之。荀子沉潜，道问学，朱子近之。②
>
> 至宋儒大发挥理学，分朱、陆两派。朱子沉潜，一近圣人实学，有似荀子。陆子高明，一近圣人大义，有似孟子。③

康有为一贯强调，孟子与荀子在宋明理学中具有不同的后继者，陆王接续了孟子的衣钵，朱熹则延续了荀子的学脉。这个区分显然是相对的，因为他本人也承认荀子在宋明理学中具有广泛影响，荀子的势力所及绝不止朱熹一个人。就宋明理学家所讲的变化气质来说，都可以视为对荀子的致敬。对于这一点，康有为的论证可谓连篇累牍，下仅举其一斑：

> 荀子言变化气质最多。④
>
> 程子谓：学至变化气质，方为有功。朱子与荀子近。⑤
>
> 宋儒日攻荀子，而言变化气质，则不出荀子外。⑥

---

① 《万木草堂口说·学术源流》，《康有为全集》第二集，第139页。
② 《万木草堂口说·学术源流》，《康有为全集》第二集，第135页。
③ 《康南海先生讲学记·古今学术源流》，《康有为全集》第二集，第107页。
④ 《南海师承记·讲变化气质检摄威仪》，《康有为全集》第二集，第248页。
⑤ 《南海师承记·讲变化气质检摄威仪》，《康有为全集》第二集，第248页。
⑥ 《南海师承记·讲变化气质检摄威仪》，《康有为全集》第二集，第248页。

　　然宋儒言变化气质，已不能出荀子范畴。①

　　通天下之理不外一交而已。君与臣交，兄与弟交，夫与妇交，朋与友交，人与物交。佛之四大六根，老于声色之欲，皆欲绝之，我孔子则节之而已。张子每说必天人合一，故言至于命，然后能成，已成物而不失其道。张子、程子说理皆从高大落想。荀子言性恶，气质之性也。程子言学至变化气质方是有功。张子言形而有气质之性善。反之，则天地之性存焉。既要变化善反，非性恶而何？宋儒窃荀子而反攻荀子，不细心读书故也。朱子谓气节之说起于张、程，极有功于圣门，有补于后学，而不知荀子已先言之也。②

　　这就是说，从张载、二程到朱熹，宋明理学家所讲的人性问题——特别是变化气质之说都偷袭了荀子的思想，尽管他们在表面上异口同声地攻击荀子，宋明理学与荀子思想的渊源关系却是不可否认的。只有细读宋明理学家的著述才能发现这一点，否则将被表面现象所迷惑。

　　至此可见，按照康有为的说法，孟子和荀子都对宋明理学产生了重要的影响，然而宋明理学家对待两人的态度却大相径庭：推崇孟子，贬低荀子，以至唐以后成为孟子思想的天下，荀子的地位则一落千丈。尽管如此，这并不足以证明孟子比荀子对宋明理学的影响更大，恰好相反，宋明理学从本质上说是荀子之学。对此早年遵从师说的梁启超进行了详细解释：

　　则大同教派之大师，庄子、孟子也。小康教派之大师，荀子也。而自秦汉以后，政治学术，皆出于荀子。故二千年皆行小康之学，而大同之统殆绝之所由也。今先将荀子全书、提其纲领，凡有四大端。

　　一　尊君权，其徒李斯传其宗旨，行之于秦。为定法制，自汉以后。君相因而损益之，二千年所行，实秦制也。此为荀子政治之派。

　　二　排异说，荀子有《非十二子篇》，专以攘斥异说为事，汉初传经之儒，皆出荀子，故袭用其法，日以门户水火为事。

---

① 《万木草堂口说·孟荀》，《康有为全集》第二集，第181页。
② 《南海师承记·讲正蒙》，《康有为全集》第二集，第232页。

三　谨礼仪，荀子之学，不讲大义，而惟以礼仪为重，束身寡过，拘牵小节，自宋以后，儒者皆蹈袭之。

四　重考据，荀子之学，专以名物、制度、训诂为重，汉兴。群经皆其所传，龈龈考据，浸成马融、郑康成一派，至本朝（清）而大受其毒，此三者为荀子学问之派。

由是观之，二千年政治，既皆出荀子矣。而所谓学术者，不外汉学、宋学两大派。而实皆出于荀子，然则二千年来，只能谓为荀学世界，不能谓之为孔学世界也。①

这段话出自《论支那宗教改革》，是梁启超的一篇演讲稿，他在开头即申明自己是在"述"康南海之言。因此，上述观点可以视为康有为本人的看法。据此，荀子开出了汉儒和宋儒，不仅如此，荀子对宋明理学的影响如此之大，乃至整个宋明理学不是孔学世界而成了荀学世界。根据这个说法，可以进一步推导出两个结论：第一，荀子对宋明理学的影响不仅比孔子大，而且比孟子大，甚至无人可比。第二，由于荀子传承的是孔子的小康之学而不包括大同之学，在荀子的带领下，宋明理学偏离了孔子的大同之学，故而不是孔学"全体"或"嫡派"。

进而言之，从宋明理学不是孔子"嫡派"、不得"孔子全体"的认识出发，康有为认定他们不能与作为孔子嫡传的孟子、董仲舒等人的思想相比，故而在从事孔教复原的过程中第一阶段就将矛头指向了宋明理学，而这一切都源于宋明理学与荀子思想的密切相关。对此，梁启超介绍说：

其（指康有为——引者注）从事于孔教复原也，不可不先排斥俗学而明辨之，以拨云雾而见青天。于是其料简之次第，凡分三段阶：

第一排斥宋学，以其仅言孔子修己之学，不明孔子救世之学也。

第二排斥歆学，（刘歆之学）以其作伪，诬孔子，误后世也。

第三排斥荀学（荀卿之学），以其仅传孔子小康之统，不传孔子大同之统也……孔子立小康义以治现在之世界，立大同义以治将来之

---

① 《论支那宗教改革》，《梁启超全集》第一册，北京出版社1999年版，第264页。

世界。所谓六通四辟，小大粗精。其运无乎不在也。小康之义，门弟子皆受之，而荀卿一派为最盛。传于两汉，立于学官；及刘歆窜入古文经，而荀学之统亦篡矣。宋元明儒者，别发性理，稍脱刘歆之范围，而皆不出于荀学之一小支。①

根据梁启超的这个说法，康有为复原孔教的三个阶段中有两个阶段与排斥宋明理学相关，其对宋明理学的反感可见一斑；在第一阶段排斥宋明理学，是因为其只讲修己不讲救世，这使人想起了上文所说的荀子之学"惟以礼仪为重，束身寡过，拘牵小节，自宋以后，儒者皆蹈袭之"；在第三阶段排斥宋明理学，则是因为其与荀子相关，因为宋明理学"非孔子全体"，充其量只是传承孔子小康之说的荀子之学的一小支。在康有为看来，孔子以救世为宗旨，荀子以及受其影响的宋明理学家却束身寡过，其思想不出小康之学，在本质上是独善主义，与孔子的兼善主义背道而驰。对此，梁启超介绍说："孔教乃兼善主义，非独善主义。佛为一大事出世，说法四十九年，皆为度众生也。若非为众生，则从菩提树起，即入涅槃可矣。孔子之立教行道，亦为救民也。故曰：'天下有道。丘不与易也。'其意正如佛说所谓我不入地狱，谁入地狱之意也。故佛法以慈悲为第一义，孔教以仁慈为第一义。孔子曰：'苟志于仁矣，无恶也。'故孔子为救民故，乃至日日屈身，以干谒当时诸侯卿相，欲藉手以变革弊政，进斯民于文明幸福也。当时厌世主义一派颇盛，如楚狂长沮桀溺荷蓧丈人晨门微生亩之徒，皆攻难孔子。此等皆所谓声闻外道法也，而孔子则所谓行菩萨行也。然则学孔子者，当学其舍身弃名以救天下明矣，而自宋以后，儒者以束身寡过谨小慎微为宗旨，遂至流为乡愿一派，坐视国家之危亡，生民之疾苦，而不以动其心，见有忧国者，则谓为好事，谓为横议，相与排挤之。此支那千年以来最恶陋之习，此种见识，深入于人人之脑中，遂养成不痛不痒之世界，此支那致亡之由也。若能知孔子之在当时，为好事之人，为横议之人，而非谨守绳尺束身寡过之人，则全国之风气，必当一变矣。"②

---

① 《南海康先生传》，《梁启超全集》第一册，第486—487页。
② 《论支那宗教改革》，《梁启超全集》第一册，第265页。

通过康有为排斥宋明理学反过来可以看到他对宋明理学与荀子关系的理解。在他的视界中，如果说宋明理学是孔子的后学，不如说是荀子的后学更为恰当。从这个角度看，荀子对宋明理学的影响是巨大的；在这一点上，即使是孟子也无法与荀子相提并论。

二、老学与宋明理学

在强调宋明理学受孔学影响的同时，康有为肯定宋明理学受老学的影响。由于认定老学对中国文化影响广泛，在对老学传承谱系的说明和追溯中，他断言"老子后学，流派甚繁"。这使康有为所讲的老学对宋明理学的影响情况较为复杂，涉及老子、杨朱和庄子代表的原始道家，秦汉之后的养生家和神仙家（道教），魏晋玄学等各种文化形态。

首先，康有为十分重视老子对宋明理学的影响，同时强调在近老方面，周敦颐尤甚。于是，他再三表示：

> 周子颇得老学。[1]
> 周子多讲有无二字，恐入于老子之学，故陆子讥之。[2]
> 主静立人极句，周子最得力，诸贤亦最得力，老氏亦然。[3]

当然，在康有为那里，并不止于周敦颐一个人，近老是宋明理学家的共同特征。值得注意的是，康有为竭力推崇周敦颐，多次断言宋明理学以周敦颐的思想为开端。这样一来，既然宋明理学都是从周敦颐那里出来的，那么，周敦颐与老学的关系便不仅关乎周学本身，而是注定了由周学开出的整个宋明理学均与老学密不可分，甚至可以说以老学为主。事实正是如此。他肯定老、庄等原始道家对宋明理学的影响，具体表现为引领了宋明理学尚清谈的风气。如上所述，康有为肯定"孟言义理，故宋儒尊之"，同时揭露宋明理学家由于受老、庄影响，在讲性理时尽讲

---

① 《南海师承记·讲宋学》，《康有为全集》第二集，第 254 页。
② 《南海师承记·讲性理》，《康有为全集》第二集，第 233 页。
③ 《南海师承记·讲宋学》，《康有为全集》第二集，第 253 页。

虚理，致使理学成为清谈之学。正是在这个意义上，他指出："凡二千年
经说，自魏晋至唐，为刘歆之伪学；自宋至明，为向壁之虚学。"① 这里所
讲的宋明理学家尚清谈主要指空谈性理，坐而论道，离开人"求乐免苦"
的欲望和本性而空谈修身养性。正是在这个意义上，康有为不止一次地
声称：

> 朱子谓东坡少习张、苏之唇舌，未免太过。谓其拾老、庄之糟粕，
> 诚是也。②

> 名字孔子特立，朱子攻名，杂采老、庄之说，谬矣。后汉、前明
> 风俗之美，名学重也。③

> 自老学托为至高之论以攻儒，乃有为善无近名，名与身孰亲，名
> 者实之宾之论，而诃伯夷、伍子胥之杀身成名，此论实与儒相反。朱
> 子不察道本，震于高论而误采之，乃云：好名之人，矫情干誉，是以能
> 让千乘之国。然若非本轻富贵之人，则于得失之小者，反不觉其真情
> 之发见矣。自此人皆以好名为诟谇，凡修行抗志之人，君相世俗皆以
> 好名诮之，甚至志士畏避而强徇俗。古之人患伪善，今之人乃患伪恶。
> 此义既倡，适使人不敢为善，而相率同流合污，敢于为恶而已。此朱
> 子立义太高之过也。夫人必鞠躬杀身，而后人谓为忠。人必分财施舍，
> 而后人谓为惠，名亦不易立也。若皆不好名，则惟好实利，将若之何？
> 且古今数千年，亦未见有能让千乘而争箪食豆羹者。朱子之言，亦为
> 无实矣，故不得不正之。④

由此可见，老、庄对宋明理学的影响集中表现为尚清谈，这与康有为
界定的老学内容——尚虚一脉相承，在宋明理学中主要表现为不好名、排斥
功利等，这也是他将宋明理学说成是向壁虚学的主要原因。在这方面，康有
为多次指出，宋明理学尤其是朱熹攻名，显然是受了老子和庄子等人的影

---

① 《桂学答问》，《康有为全集》第二集，第 20 页。
② 《南海师承记·讲宋学》，《康有为全集》第二集，第 253 页。
③ 《万木草堂口说·中庸》，《康有为全集》第二集，第 167 页。
④ 《孟子微》，《康有为全集》第五集，第 481—482 页。

响，因为"为善无近名，难知如阴，守黑守雌，老学本弃名也"①。

其次，康有为指出，老学在魏晋时期极盛，玄学出于老学；宋明理学家受王弼的影响，也可以视为近老的一部分。何况老子的思想本身即从《易》而来，王弼对宋明理学的影响主要通过宋明理学家对《易》的解读表现出来，因为宋明理学家都是沿着王弼的玄学思路解《易》的。对此，康有为反复说道：

> 《易》与老氏同，但老言柔，而《易》言刚，则以老氏讥王氏之《易》不可也。惟陈、邵言图书，则全老氏矣。②

> 北朝郑氏，南朝王氏，唐亦王氏，宋虽立异义，仍用王氏。程、朱出，主张程、朱，兼数学，本传主张汉《易》。③

康有为肯定宋明理学与孔子晚年所作《易》密切相关，同时指出老子作为孔子后学传承了孔子之《易》，"偷得半部《易经》"而只言柔、不言刚，作为老子后学的王弼沿袭了老子解《易》的思路。在这个前提下，既然宋明理学家是沿着王弼代表的玄学家的思路解《易》的，那么他们对《易》的解读和阐释自然逃脱不了老子只言柔、不言刚的窠臼。其实，康有为多次指出周敦颐是老子后学，也是从周敦颐对《易》的解读侧重于柔或无这个角度立论的："周子之学，出于老子，然亦有出于《易》者。"④ 鉴于这种情况，康有为突出《易》对宋明理学家的影响不能仅理解为对孔子思想的发挥，而应同时理解为老学对宋明理学的影响。

再次，康有为强调老学在汉代的盛行，声称注重养生的道教、神仙家出自老子，进而追踪这一派对宋明理学的影响。为此，他再三揭示宋明理学尤其是周敦颐、邵雍等人的思想直接源于老子的后学魏伯阳和陈抟，通过突出两人对宋明理学的巨大影响，彰显老学在宋明理学中的势力。

魏伯阳是东汉桓帝时人，著名的炼丹术家，一说名翱，自号白牙子，

---

① 《孔子改制考》卷6，《康有为全集》第三集，第77页。
② 《万木草堂口说·易》，《康有为全集》第二集，第155页。
③ 《万木草堂口说·易》，《康有为全集》第二集，第155页。
④ 《康南海先生讲学记·古今学术源流》，《康有为全集》第二集，第111页。

会稽上虞人，他所著的《周易参同契》为后世道教所宗。葛洪在《神仙传》中记载了魏伯阳进山修炼、服丹成仙的故事。陈抟（？—989）是五代宋初道士，字图南，自号扶摇子，亳州真源（今河南鹿邑东）人，曾经隐居武当山，后移居华山，宋太宗赐号希夷先生。陈抟著《先天图》，并著《太极图》刻于华山石壁，被周敦颐和邵雍等人大力推崇。陈抟还著《指玄篇》，言导养和还丹之事。康有为紧紧抓住并大力渲染周敦颐、邵雍等人与魏伯阳、陈抟思想的直接渊源关系，特别强调周敦颐的思想与陈抟的《太极图》密切相关，而《太极图》可以上溯到《周易参同契》。循着这个思路，他一再指出：

> 邵子数学，出于魏伯阳，皆老子之学。①
>
> 《太极图》不可谓伪，此图全出《参同契》。老氏之学乃孔子一体，不得谓孔子无之。②

在这里，康有为肯定宋明理学与《周易参同契》以及由此演绎出来的《太极图》密切相关，借此证明宋明理学与魏伯阳和陈抟的思想密不可分，从根本上说都可以视为近老的一部分，只不过是按照他的一贯做法将之归到了孔子的名下而已。道理很简单，陈抟作为道教的代表是老子后学，老子的思想又是从孔子那里出来的。有鉴于此，在老子是孔子后学的意义上，说陈抟来源于孔子并无不可。与断言老子是孔子后学的思路别无二致，康有为肯定《周易参同契》出于孔子，声称："《参同契》出于孔子卦气，未可厚非。朱子注《参同契》，改名邹䜣。"③康有为肯定陈抟的《太极图》从魏伯阳的《周易参同契》中推演出来，在此基础上强调包括朱熹在内的宋明理学家都受此书影响。对此，他拿出了具体证据，即"极不得作中字解，若陆子言中，非也。极上不得加无字，若朱子之言无极，亦非也。无极乃老氏之学"。④众所周知，太极这一概念最早出于《易》，周敦颐在《太极图说》中系统地推演了"无极而太极"的观点，朱熹对之赞誉有加，反复阐发"无极

---

① 《万木草堂口说·易》，《康有为全集》第二集，第 155 页。

② 《南海师承记·讲宋学》，《康有为全集》第二集，第 252 页。

③ 《南海师承记·讲汉朝六朝唐宋学派》，《康有为全集》第二集，第 252 页。

④ 《南海师承记·讲宋学》，《康有为全集》第二集，第 253 页。

而太极"的思想。此外,朱熹对"无极而太极"的极力推崇还引发了与陆九渊兄弟的争论,著名的朱陆之争就与无极相关。显然,康有为在这个问题上是偏袒陆九渊兄弟的,因为康有为不赞同无极的提法,指责朱熹的做法是错误的,太极上头的"无"字表明朱熹的思想已经偏向老学。

至此可见,老学的加入急剧地增加了宋明理学成分构成的复杂性,成为康有为判断宋明理学不是孔学嫡传的一个重要参数。基于这种认识,康有为强调宋明理学出于孔子却不是孔子嫡传,乃至是"另一种学问",这突出了老学与宋明理学的亲缘性。在此,康有为还特意揭示了老学盛行的原因:"安丘先生当前汉末,老学尚有大师。如此时,虽儒学一统,而老学亦终不能灭。至桓帝频遣使祀之,晋时益盛,唐、宋后,另立为一教于一代制度、风俗、科举之外,力亦大矣。墨子当时与孔子争教兼行,号称儒、墨。而儒学一统之后,爝火不然。盖老学尚阴,清静自私,有合乎人之性者,且自然易行。"① 从这个角度看,老学在宋明理学中的盛行并非偶然,有其存在的人性基础;同时,宋明理学中的老学成分远过于墨学,"宋后,另立为一教于一代制度、风俗、科举之外,力亦大矣"也证明了这一点。

三、墨学与宋明理学

康有为认为,对义理津津乐道的宋明理学家重视对仁的发挥,并且习惯于在仁与性、理的联系中阐发仁。在这方面,周敦颐的《太极图说》和《通书》定人性最好,张载的"民胞物与"说气魄最好。然而,宋明理学家所讲的仁并非专门对孔子或孟子思想的发挥,而是在混合了佛学、老学思想的同时杂糅了墨学的成分。其中,张载在《西铭》中对仁的发挥便与墨子的兼爱相合。他分析说:

> 《太极》《通书》,识仁定性皆好,均出自《系辞》。②
> 世之议张子者谓其近于墨氏兼爱,其云"民同胞,物同与",以为

---

① 《孔子改制考》卷6,《康有为全集》第三集,第79页。
② 《南海师承记·续讲正蒙及通书》,《康有为全集》第二集,第233页。

近于佛氏之爱物，就张子论之，其与墨子《兼爱》《尚同》二篇相同者甚多，不必为其回护，然皆孔子所有也。张子未有言差等，故近于墨。墨子与孔子异者不在兼爱二字。孟子以兼爱攻墨子，尚未甚的。"天地之塞，吾其体"二语，张子发挥最精。①

其实，并不限于仁这一种思想，也不限于张载这一个人，墨学对宋明理学的影响同样是广泛而深入的，宋明理学家非功利的价值旨趣和人生追求以及天理人欲之辨等等均与墨学之间具有内在联系。对此，康有为论证并解释说："天既生人，则有人之任，不可逃；我受天之命而为人，则当尽人之道，不可弃。若欲逃弃人道之外，别求高妙清净，是即有我之至，其违天愈甚，去道愈远。孔子以天游之身，魂气无不之，神明无不在，偶受人身，来则安之，顺受其正。出为我之公卿，我则事之；入为我之父兄，我则事之。死丧之威，人所同有也，我则匍匐救之而不畏避。酒食之乐，人所娱生也，我亦醉饱同之，但不至乱。凡人间世之道，纤悉皆尽，无异常人。但终身应物，皆顺体魄之自然，因物付物，而神明超然，寂然不动。故终日行而未尝行，终日言而未尝言，何有于我也。在众无众，在身无身，万化而不厌，千变而不舍，深入而不痴，故洒扫即为神功，人事皆为道境。绝无奇特，即以绝无奇特为彼岸；不离人道，即以不离人道为极功。无大无小，无精无粗，自得安居者即为圣人，不自得安居者即为乡人。此盖化人之妙用，而孔子自道之也。不然，圣人虽谦，何至不能为乡人所能哉？儒者自命为卫道，而宋人最长于割地，凡高妙者，皆付之于释、道；乃至安身立命，超然自得者，亦付之于佛。则孔子之道只有克己寡欲、劬躬劳身而已。是墨子之道所以败也。宋贤言道之极，即入于墨，非孔子之道也。"②

按照康有为的说法，人之生既有不可推诿之责任，又有不容侵犯之权利。人与生俱来的"求乐免苦"的欲望和本性就是"人所娱生"的快乐源泉，自然不可抗拒。正因为如此，孔子讲乐，形体之乐成为孔子养魄的题中应有之义。在此基础上，他进一步指出，人有体魄神明，孔子之道魂魄兼

---

① 《南海师承记·续讲正蒙及通书》，《康有为全集》第二集，第233页。
② 《论语注》，《康有为全集》第六集，第450—451页。

养，故而大小精粗不离人道。宋明理学家远人而空谈义理，是受佛、老的影响；去人生之乐而苦人生，则循入墨学。基于这种理解，康有为一再老、墨并提，指出在非乐上二者具有一致性。这使宋明理学并非或老或墨，而是老、墨杂糅，乃至是佛学、老学和墨学的和合体。以朱熹的思想为例，"朱子之学短，左有墨学，有佛学，有老学，故攻人好名，非孔子之学。"① 单就宋明理学与墨学的关系来说，康有为特别指出，与孔子讲乐截然相反，墨子非乐，并由非乐而尚俭，与孔子讲乐而礼乐并提同时尚文南辕北辙。面对孔学与墨学的原则分歧，宋明理学家倒向了墨学，他们在对人生追求的看法上与墨子如出一辙。正是在这个意义上，康有为一而再、再而三地断言：

宋儒不讲礼，循入墨子。宋儒者，墨子之学也。②

宋人言性命，实指发挥心性，于命未有也。而拘迁太过，敝车羸马，已近墨学，故不传久焉。③

宋儒发义理而不甚言乐，朱子与元定，学而不精。④

综观康有为的思想可以发现，他往往突出老学与佛学的相通，甚至断言二者"相混"，并且从不同角度证明孔教与佛教相似，乃至将孔教比作佛教的华严宗。相比之下，他对佛学与墨学的比附并不多。尽管如此，为了彰显宋明理学家在苦人生上与墨学如出一辙，康有为佛、墨并提，用以共同指证宋明理学的特点。在他看来，宋明理学家尽谈虚理，远人以为道。在远人以为道上，佛、墨相同。这用他本人的话说便是："墨、佛近远人之道。"⑤ 更为重要的是，在远人以为道这一点上，宋明理学与佛、墨别无二致。有鉴于此，康有为曾经有过这样的比喻："宋儒于当时则近佛，比古则近墨。"⑥

可见，在对宋明理学的分析中，康有为十分重视宋明理学与墨学的关系。在这个前提下，有两点值得注意：第一，宋明理学家从墨子那里接受了

---

① 《万木草堂讲义·七月初三夜讲源流》，《康有为全集》第二集，第288页。
② 《万木草堂口说·荀子》，《康有为全集》第二集，第185页。
③ 《南海师承记·讲宋学》，《康有为全集》第二集，第253页。
④ 《万木草堂口说·乐学》，《康有为全集》第二集，第193页。
⑤ 《万木草堂口说·中庸》，《康有为全集》第二集，第167页。
⑥ 《万木草堂口说·中庸》，《康有为全集》第二集，第167页。

尚俭、非乐的衣钵，他们的天理人欲之辨以及对功名的漠视都与墨学密切相关。康有为认为墨子苦人生，不为名利，宋明理学家深受佛教苦行教义的浸染，不仅沿袭了墨子非乐的宗旨而且变本加厉。这就是说，在苦人生上，墨学与佛学相互造势，推波助澜，致使宋明理学在这方面积重难返、越陷越深。正是在这个意义上，他断言："后世儒者不明大道之统，礼乐之原，根佛氏苦行之义，蹈墨学太觳之风，王者因以束缚士人。于是高谈理气，溢为考据，而宫室、饮食、衣服、疾病之故，所以保身体、致中和、养神明，以为鄙事，置不讲。儒惟以敝车、羸马、陋室、蔬食自高，而异道发导引之说，富贵纵奢欲之尤，皆无关至道。自唐以后，城市敝陋，宫室尘湫，道路不治，秽恶易观，疫疾相踵，民不得安其生命，长其寿年。岂止陋邦番俗之风，亦非养民保民之义矣。盖佛氏养魂而弃身，故绝酒肉、断肢体，以苦行为道。孔子以人情为田，被服、别声、备色，加以节文，顺天理以养生命，岂以佛墨夷貊之自苦为哉？宋儒皆由佛出，故其道薄欲乐、苦身体为多，故多乐养生之道废。"[1] 第二，尽管宋明理学是"墨子之学"，大多数宋明理学家都深受墨学的影响，相比较而言，张载和朱熹的思想则更为典型。进而言之，张载和朱熹的思想都以墨学为主要来源，情形却大不相同：张载的"民胞物与"说侧重于对墨子兼爱、尚同的发挥，与佛学的"舍其类而爱其混"同流合污；朱熹的思想则接续了墨子非乐、尚俭的传统，在苦人生方面与佛学的苦行之义接近。进而言之，就张载与朱熹的比较而言，在循墨方面，朱熹的思想则更为典型。正因为如此，康有为在论证宋明理学家循墨时每每举朱熹的例子加以证明，同时念念不忘地强调朱熹在循墨中离孔子大道越来越远。如其云：

朱子之道极苦。[2]

朱子与蔡西山亦言乐，但以十六调求之，仍未得圣人制乐深意，因十六调以琵琶起故也。中国今之礼乐俱亡，以太尊古之故……孔子之乐，自朱子而尽削之，所谓不非而非。乐之最要者，在铿锵鼓舞。[3]

---

[1]《日本书目志》卷1，《康有为全集》第三集，第269页。

[2]《万木草堂讲义·七月初三夜讲源流》，《康有为全集》第二集，第288页。

[3]《南海师承记·讲乐》，《康有为全集》第二集，第224页。

　　舞乃各国所有，自日本、印度、暹罗、安南、缅甸、爪哇之舞，吾皆遍观之，惟吾国独无，则经朱子扫弃之也。然《诗》云嗜蹲舞，我六朝之铎舞、拂舞、鸠舞，《唐书·礼乐志》之大垂手、小垂手等名义，今欧美之舞皆有之，而日出新奇焉。霓裳羽衣之舞，今欧美女乐之翩跹，真有霓裳羽衣之观。试考汉、晋、六朝、唐女乐歌舞之行乐，及蹵鞠、打球、拔山、缘橦、秋千之游戏，乃与今欧美俗全相同。但我世宙已久，考道日深，自朱子出而泛扫之，遂为近世千年之俗。此道德之说求之太过致然，于是鞭辟太甚，有类于墨道矣。《庄子》论墨子曰：使人忧，使人悲，其道太觳。去天下之心，使民不堪，治之下也。去于天下，其去王也远矣。虽然，墨子真天下之好也，虽枯槁不舍也，才士也。夫今朱子言道德太过，亦遂使民不堪，去天下之心，其去王也远矣。今人心之慕于欧美，而去于朱子。朱子不王，亦以是夫？然朱子枯槁不舍，亦所谓天下之好也。惜使人忧耳。今欧美之政俗，其义之归宿在使人乐。①

　　在这里，康有为不仅指责朱熹非乐，苦人生，而且指出其对中国源远流长的舞乐文化造成了极大破坏，以至于后世之人皆受其苦。在此基础上，他进一步指出朱熹的此种思想是由于受墨学的影响甚深。饶有兴趣的是，就连康有为评价朱熹的话语也是套用了庄子在《天下篇》中评价墨子的话："夫今朱子言道德太过，亦遂使民不堪，去天下之心，其去王也远矣"。《天下篇》评价墨子的文字是："墨子真天下之好也，将求之不得也，虽枯槁不舍也，才士也夫。"鉴于对朱熹的这种评价以及朱熹思想与墨学的关系，康有为对朱熹的态度急转直下，由早年的"尊朱"转向"独好陆王"。

四、宋明理学与先秦诸子

　　通过与孔学、老学和墨学的关系，康有为展示了宋明理学思想来源的丰富性和复杂性。除了与孔子和孟子的关系外，宋明理学与老学、墨学乃至

---

　　① 《英国游记》，《康有为全集》第八集，第13页。

与荀学的关系本身在康有为看来就具有两面性。这些都注定了康有为对宋明理学的复杂评价，由此便不难想象他关于宋明理学既出于孔学又"非嫡派"的认定了。

首先，康有为对宋明理学的审视是多维度的，正是在多维度的审视中，他将宋明理学界定为孔学、老学、墨学与佛学的和合体。在他那里，宋明理学作为各种思想的和合体是共同的，每个人对各种思想的和合、侧重却不尽相同：周敦颐、邵雍以老学为主，张载的思想则佛、墨相合，陆王侧重孟子之学的同时融入佛学，朱熹等人接续荀学的同时则循入墨学。这样一来，由于在传承孔子之学的同时混入佛学，与老学有染，循入墨学，宋明理学虽然从孔学中发出来，却与孔子之学渐行渐远，从本质上说属于"另一种学问"。基于这种认识，在承认宋明理学出于孔子的前提下，康有为强调，宋明理学不是孔门正学，在孔子之学中属于"非嫡派"。正是在这个意义上，他一再宣称：

> 周、程、朱、张二千年来莫之能及也，其学为孔子传人，然尚非嫡派耳。①
>
> 宋儒自是一种学问，非孔子全体也。②

值得注意的是，在康有为那里，正如孔子与老子、墨子的关系一样，孔学与老学、墨学乃至与佛学的关系均是一笔糊涂账：第一，就孔子与老子、墨子之间的关系来说，一方面，他断言老、墨皆孔子后学；从这个意义上说，肯定宋明理学出于老、墨不能由此而断定其非孔子之学。另一方面，老、墨独立创教，是与孔子争教者；从这个意义上说，宋明理学近老循墨，显然不是孔子学问。第二，就孔教与佛教的关系而言，一方面，康有为断言二者圆融无碍，从这个意义上说，入佛并不构成对宋明理学的否定评价。另一方面，他断言佛教与孔教"相反"，这使与佛相混的宋明理学失去了孔子正学的地位。可以肯定的是，康有为对孔子、孟子的推崇是始终不渝的，对

---

① 《万木草堂口说·学术源流》（四），《康有为学术文化随笔》，第9页。
② 《万木草堂口说·中庸》，《康有为全集》第二集，第173页。

宋明理学的否定评价往往是因为认定宋明理学对老、墨、荀乃至佛的相互杂糅。

其次，康有为对宋明理学既有肯定评价，又有否定评价。在肯定的意义上，康有为对宋明理学赞誉有加，尤其是对周敦颐和张载等人给予了高度评价。下仅举其一斑：

> 宋儒当以张横渠为第一。①
>
> 关中张横渠得，心思之学。②
>
> 横渠之学深思独得。③
>
> 周、程、朱、张、邵五先生，真能穷天人之理者。④
>
> 北宋之学，发于范、欧阳，成于程子。南宋全是朱子之学。⑤
>
> 朱、张、吕、陆，南宋学派也。⑥
>
> 南宋之学，朱、张、吕、陆四大家。别有永嘉之学，而朱子集大成。⑦

在否定的意义上，康有为指出，由于融入了各种思想要素，宋明理学使孔子之学不再纯正，在精神实质上发生蜕变。例如，"宋儒发挥《中庸》最透，然于孔子之道无焉"⑧。

尽管对宋明理学有褒有贬，两相比较，康有为对宋明理学的评价是消极的。宋明理学将原本博大精深、无所不包的孔子之教弄得狭隘了，"割地"是康有为对宋明理学的主要控诉。按照他的说法，宋明理学家的这一行为使孔子失去了教主的地位，致使近代的中国舍弃原本就有的教主而投入耶教（基督教）。在康有为所讲的"割地"中，最主要的指孔子魂魄兼养，宋明理

---

① 《万木草堂讲义·七月初三夜讲源流》，《康有为全集》第二集，第 287 页。

② 《万木草堂口说·学术源流》，《康有为全集》第二集，第 139 页。

③ 《万木草堂口说·学术源流》，《康有为全集》第二集，第 138 页。

④ 《万木草堂口说·学术源流》，《康有为全集》第二集，第 139 页。

⑤ 《万木草堂口说·学术源流》，《康有为全集》第二集，第 139 页。

⑥ 《万木草堂口说·学术源流》，《康有为全集》第二集，第 139 页。

⑦ 《万木草堂口说·学术源流》，《康有为全集》第二集，第 136 页。

⑧ 《万木草堂口说·中庸》，《康有为全集》第二集，第 166 页。

学家则将这方面的内容从孔子的思想中删除，拱手让给了佛教和耶教。他对这个问题非常重视，三番五次地论证说：

> 鬼神者，物受之而不能知其去来，有虑而秉聪明，能存天地之神而成形之情。此孔子言人生最精微之论，与"知气在上"之旨可同参之。明此，而孔子治教之意乃知其本。或疑孔子为无神教，岂知此为朱子误乱之义，非孔子之教旨也。①

> 子曰：朝闻道，夕死可也……道者，天人之道。《易》所谓"原始要终，故知死生之说，鬼神之状，通乎昼夜之道而知"也。盖生死者，人身体所不免，惟知气在上，魂无不之，神气风霆。风霆流形，偶现者阳，复藏者阴。开阖往来，天道本无生死。盖本末始生，则亦未始死。死生如昼夜，昼夜旋转，实大明终始，则无昼无夜也。故人能养其神明完粹，常惺不昧，则朝而证悟，夕而怛化可也。孔子此言魂灵死生之道要，一言而了，精深玄微，惜后儒不传，遂使闻道者少。或者以归佛氏，而谓孔子不言灵魂，则甚矣后儒之割地也。②

> 《易》曰：原始反终，故知死生之说。精气为物，游魂为变，故知鬼神之情状。又曰：通乎昼夜之道而知。原始反终，通乎昼夜，言轮回也。死于此者复生于彼，人死为鬼，复生为人，皆轮回为之。若能知生所自来，即知死所归去；若能尽人事，即能尽鬼事。孔子发轮回游变之理至精，语至元妙超脱，或言孔子不言死后者，大愚也。尽人之事者，顺受其正，素位自得，则魂魄不坏，即能轮回无碍无尽；尽鬼之事者，修精气炼魂魄，存元神保灵魂也。若弃人事而专为此，则据守保任，先有滞碍，不能轮回矣。盖万千轮回无时可免，以为人故只尽人事，即身超度，自证自悟，而后可从事魂灵。知生者能知生所自来，即已闻道不死，故朝闻道、夕死可也。孔子之道无不有，死生鬼神，《易》理至详，而后人以佛言即避去，必大割孔地而后止，千古大愚无有如此。③

---

① 《礼运注》，《康有为全集》第五集，第 561 页
② 《论语注》，《康有为全集》第六集，第 404 页。
③ 《论语注》，《康有为全集》第六集，第 465—466 页。

按照康有为的说法，孔子大道无所不包、无所不备，其中就包括人之生死魂魄之说。孔子历来重视死后问题，言轮回就是讲灵魂之事的。不仅如此，《易》是孔子专门讲生死、神魂的著作，孔子"系《易》则极阴阳变化，幽明死生，神魂之道"①。与养魂兼养魄相一致，孔子重视人生，同时并重鬼神。例如，"孔子曰：气也者，神之盛也。魂也者，鬼之盛也。合鬼与神，教之至也。因物之精制为之，极明命鬼神，以为黔首，则百众以畏，万民以服，孔子意也。佛氏专言鬼，耶氏专言神，孔子兼言鬼神，而盛称其德。惟程、朱以为天地之功用，张子以为二气之良能，由于阮瞻《无鬼论》来，于是鬼神道息，非孔子神道设教意也。太古多鬼，中古少神。人愈智，则鬼神愈少。固由造化，然其实终不可灭也"②。

进而言之，康有为之所以一再突出孔子对鬼神、体魄并重，有两个重要原因：第一，康有为一贯强调孔子之道博大精深，无所不包，如果只讲形体而不讲灵魂则表明孔子之道偏而不全，这不符合孔子之道的基本特征。于是，他说道："凡道愈深远，人愈难见；道稍浅者近人，人则易窥。人情皆据所见以论人，以武叔而论孔子，如以三尺僬侥而窥龙伯大人，岂能见哉？今以粗迹所传，若《春秋》之太平，《礼运》之大同，《易》之群龙无首，朱子尚疑之，况其余乎？数千年推测六经，人人自以为是，而二千年未知平世大同之道，归魂游魂之说……故二千年来，得见孔子之道者寡矣。以为孔子专言形体，而不知其言灵魂；以为孔子专言人世，而不知其多言天神。其他德行、政事、言语、文学之科，独人立国，天下合群之义，莫不详委该备，所谓宗庙之美，百官之富，非子赣亲闻性与天道，何得尊叹之如此？后人据所见以妄议神灵者，如五色之珠，见青见黄皆不是。如天之大，苍苍无正色，杳杳无终极，若言是笠是弓，赞之攻之，总皆谬见而已。"③在此基础上，康有为进一步指出，宋明理学家以气释鬼神，致使鬼神从孔子思想中剔除出来。众所周知，气本论者张载和理本论者朱熹等人都用气来解释鬼神。张载说："鬼神者，二气之良能也。"④朱熹说："鬼神只是气。屈伸往来者，气

---

① 《论语注》，《康有为全集》第六集，第425页。
② 《中庸注》，《康有为全集》第五集，第376页。
③ 《论语注》，《康有为全集》第六集，第536页。
④ 《正蒙·太和》，《张载集》，中华书局1978年版。

也。"① 这被康有为所深恶痛绝。正由于宋明理学家将鬼神之说完全从孔子之道中剔除，致使孔子之道变得日益狭隘。对此，他强调："朱子言阴灵、阳灵，鬼神之分，向来说理如此。"②

第二，更为重要的是，康有为之所以强调孔子重灵魂，与其对宗教的理解密不可分。对此，他解释说："合无量数圆首方足之民，必有聪明首出者作师以教之。崇山洪波，梯航未通，则九大洲各有开天之圣以为教主。太古之圣，则以勇为教主；中古之圣，则以仁为教主；后古之圣，则以知为教主。同是圆颅方趾则不畏敬，不畏敬而无以耸其身，则不尊信，故教必明之鬼神。故有群鬼之教，有多神之教，有合鬼神之教，有一神之教。有托之木石禽畜以为鬼神，有托之尸像以为鬼神，有托之空虚以为鬼神，此亦鬼神之三统、三世也。有专讲体魄之教，有专讲魂之教，有兼言形魂之教，此又教旨之三统也。老氏但倡不神之说，阮瞻为无鬼之论，宋贤误释为二气良能，而孔子《六经》《六纬》之言鬼神者晦，而孔子之道微。岂知精气为物，游魂为变，《诗纬》以魂为物本，魂灵固孔子之道。而大地诸教乃独专之，此亦宋贤不穷理而误割地哉！"③ 从康有为给宗教所下的定义中可见，他对宗教的理解与对鬼神的信仰密不可分——尽管依据三统、三正的逻辑断言太古、中古和后古的信仰不同，对鬼神的敬畏却是宗教不变的信仰。依照这个标准，信仰鬼神是宗教的前提条件，只有确信孔子具有鬼神信仰才能判定孔子的思想是宗教。这使鬼神信仰成为断言孔子之道是宗教的根本标志。正是由于这个原因，康有为反复申辩，孔子既尊神又敬鬼，善于发挥孔子微言大义的董仲舒便能证明这一点，只可惜宋明理学家将鬼神从孔子的思想中剔除了，造成了后世对孔子轻视鬼神的误解。这是孔教衰微的重要原因。对此，他写道："人之性命虽变化于天道，实不知几经百千万变化而来，其神气之本，由于元。溯其未分，则在天地之前矣。人之所以最贵而先天者，在参天地为十端，在此也。精奥之论，盖孔子口说，至董生发之深博，与华严性海同。幸出自董生，若出自后儒，则以为剿佛氏之说矣。（尝窃愤儒生只能割地，佛言魂，耶言天，皆孔子所固有，不必因其同而自绝也。理本大同，哲

① 《朱子语类》卷3，中华书局1986年版。
② 《万木草堂口说·中庸》，《康有为全集》第二集，第167页。
③ 《日本书目志》卷3，《康有为全集》第三集，第297—298页。

人同具，否则人有宫室、饮食，而吾亦将绝食露处矣）"①为了以教治教，康有为一再指出，中国的孔子之教即是宗教，足以与西方的基督教相媲美。为此，针对基督教的各种特点，康有为强调孔教既有传教的神职人员、特制的服装，"墨者师，必如儒者之博士，西教牧师、神甫之类"②；又有天堂、地狱之说，"孔子以五行灾异治君，使有所畏也。佛言地狱即此意"③。鬼神也在其中。

康有为进而指出，宋明理学家的"割地"行为除了将鬼神、魂魄归之于气而使孔子失去了教主身份之外，还表现为离开人的身体和物质欲望空谈性理，在仁中删除了求乐的内容，对仁的理解日益狭隘。正是在这个意义上，他宣称："盖施仁大于守义，救人大于殉死。宋儒乃尚不知此义，动以死节责人，而不以施仁望天下。立义隘狭，反乎公理，悖乎圣义，而世俗习而不知其非，宜仁义之日微，而中国之不振。"④

此外，作为对孔子之道"割地"表现的还有，张载、朱熹等理学家将人的形体以及由此而来的各种欲望从人性中删除，对人性的理解日益狭隘。对此，康有为再三分析说：

> 张子所谓有气质之性，有义理之性，盖兼理气言之。其善乎？然莫精于董子之言也。曰：天地之所生谓之性情，情亦性也。天两有阴阳之施，身亦两有贪仁之性。《白虎通》亦言之，此实精微之论。盖魂气之灵，则仁。体魄之气，则贪。魂魄即阴阳也。魂魄常相争，魂气清明则仁多，魄气强横则贪气多。使魂能制魄，则君子。使魄强挟魂，则小人。吾尝见狂疾之人，只知食色，不识母妻，是其魂尽去而魄犹存也。若神人者，肌肤若冰雪，清明在躬，不为魄累，故死而犹存，盖魄死而魂犹存也。若其魂魄之清浊、明暗、强弱、偏全，互相冲突牵制，以为其发用于是，人性万端，人品万汇。尝为人性表考之，分为万度，错综参伍，曲折万变。但昔人不直指魂魄，或言阴阳，或言

---

① 《春秋董氏学》卷6，《康有为全集》第二集，第373—374页。
② 《孔子改制考》卷6，《康有为全集》第三集，第69页。
③ 《万木草堂口说·春秋繁露》，《康有为全集》第二集，第206页。
④ 《论语注》，《康有为全集》第六集，第493页。

性情，或言精气，皆以名不同而生惑。①

张横渠谓有气质之性，有义理之性。朱子谓性为人受于天之理，盖专用张子义理之性言之。②

朱子谓：性者，人之所得于天之理也。生者，人之所得于天之气也。性，形而上者也。气，形而下者也。人物之生，莫不有是性，亦莫不有是气。然以气言矣，则知觉运动，人与物各不异也。以理言之，则仁义礼智之禀，岂物之所得而全哉？此人之性所以无不善，而为万物之灵也……《易》曰：天地之大德曰生。言生即兼理气而言，无所不包。夫谓之大德，何尝不为理，何尝专就气言之？即孟子，亦言形色为天性，则性不专就理言，在孟子亦无异说矣。且孔子言：知气在上，若魂气则无不知。又曰：精气为物。又曰：元者，气之始也。无形以始，有形以生，造起天地万物之始，元气、知气、精气，皆理之至。盖盈天下皆气而已，由气之中，自生条理。物受生气，何尝不受生理？但与人不同。非止与人不同，亦物物不同也。朱子注《中庸》又言：人物之生，各有健顺五行之理。则言物亦受天生之全理，与此异矣。若以性不为生而为理者，然则性之文当不从生而从理乃可。朱子未知生与气，即未为知性，且持说未定。③

康有为强调，人之性取决于人之生，与生俱来的即为人之性。具体地说，人之生形神兼具，与生俱来的既有性又有情，这些都应该被一起归入性之范畴；人之生魂魄兼养，气质之性不可或缺。或者说，人的欲望和对形体快乐的追求也是人性的一部分。由此，他一面指责朱熹等理学家专门从义理之性来界定人性，进而将气质之性斥之为恶；一面宣称人之性善，将性善说与人的天赋权利和"求乐免苦"相互印证：人之性善，故而具有"求乐免苦"的资格和权利；如果像宋明理学家那样只言性恶而变化气质，便会导致人生苦不堪言，循入墨学。

再次，康有为对宋明理学的态度是前后变化的，在早期尤其是万木草

---

① 《孟子微》，《康有为全集》第五集，第 430 页。
② 《孟子微》，《康有为全集》第五集，第 429 页。
③ 《孟子微》，《康有为全集》第五集，第 432 页。

堂之时，康有为对宋明理学的推崇溢于言表。与早期对宋明理学的推崇一脉相承，康有为在万木草堂讲学时以宋明理学教授弟子。对此，梁启超介绍说，康有为"乃尽出其所学，教授弟子。以孔学、佛学、宋明学为体，以史学、西学为用"①。这个介绍表明，康有为在教学中是将宋明理学单独列出来的，并且与孔学、佛学相提并论。这既体现了康有为对宋明理学极为重视，又表明宋明理学不可归为孔学之中，按照康有为的说法便是既属于孔子传人又非嫡派。进而言之，如果说既出于孔子又非孔子正学注定了康有为对宋明理学既爱又恨的矛盾心理的话，那么，这种矛盾心理则决定了他对宋明理学前后不一的评价。可以看到，在后期的思想中，康有为一反常态，开始将宋明理学斥为荀学之一小支而极力排斥之，进而贬低荀子。此时的他尽管对陆九渊和王守仁怀有好感，对宋明理学却持完全排斥和否定态度："吾中国二千年来，凡汉、唐、宋、明，不别其治乱兴衰，总总皆小康之世也。凡中国二千年儒先所言，自荀卿、刘歆、朱子之说，所言不别其真伪、精粗、美恶，总总皆小康之道也。其故则以群经诸传所发明，皆三代之道，亦不离乎小康故也。"②

（作者单位：黑龙江大学哲学学院）

① 《南海康先生传》，《梁启超全集》第一册，第483页。
② 《礼运注》叙，《康有为全集》第五集，第553页。

唐君毅论朱熹与王阳明互补之成德工夫

曾春海

如学界所知，唐君毅（1909—1978）精通德国黑格尔辩证哲学且应用其历史辩证法来研究、诠释中国哲学流变史。他认为中国哲学具有深刻的内在慧命，由古至今流行不息。他试图以历史辩证法来消融中国哲学上的诸多问题，以庄子《齐物论》的不齐之齐将诸种不同的哲学论述各安其位地归结至终极关怀的深层奥义中。在他宏观的视域中看到中国哲学的曲折发展中有共同之处，各派别哲学间的差异，只是视此历程大方向之不同层次、面向的回应。因此，他在众说纷然的哲学论述间，同中有异，异中亦有同。他在这一哲学至高点的视域上省察朱熹和王阳明，皆在儒家道德心性之自觉与实践上，共同强调道德的自我及迈向圣贤的心灵境界。朱、王的不同在于入德之门径不同，亦即工夫实践的历程不同。朱熹的居敬穷理与王阳明的致良知皆主心灵的省思作用和所下的工夫路数及力度。两人的工夫论可聚焦于他们对《大学》"格物致知"、与透过"诚意正心"处理道德天理与人欲之私的纠结和存理克欲这两大问题。本文拟由唐先生道德自我之觉省，道德价值系于心性之实践工夫，以心明性，以理率欲，非以欲敬理，唐先生对朱熹"格物致知"工夫说之论评，及其对王阳明以致良知义来诠解大学文本"格物致知"之不同于朱熹处，在交叉分析两人在"格物致知"工夫的可相互补充处。由于篇幅的限制，两人对存天理克人欲的工夫将另撰文论述。本人对唐君毅体大思精的哲学与文化学说的研究有限，文中不免有粗陋处，诚盼方家们不吝赐教为祷。

852

一、唐君毅的道德自我与儒学核心价值观

唐君毅，四川宜宾人，幼年时期受宜宾、成都浓郁的乡土风情的人文熏陶。① 他在重庆联立中学毕业后，大学受业于北京大学和中央大学。就读北大时，他曾听过梁启超、胡适之、梁漱溟的演讲，不完全赞同梁漱溟的文化观点，反对胡适之对西方文化之过度推崇。彼时他领悟到志士仁人的精神可洋溢于宇宙，衍生出个人情感可含盖宇宙，发展成普遍化、客观化的思想②。1927 年，他转学至南京中央大学哲学系，从方东美的课堂中了解英美新实在论，从熊十力的课堂上学习新唯识论哲学，此外，他对康德所提"超越的统觉与理性"以及"道德上的当然在经验实然由之上"的论旨颇赞同，也欣赏德国哲学家费希特、黑格尔论述之"纯粹自我"和"纯思中的理性"，这对他以后所著成的《道德自我之建立》所表述的要义颇有启发性。他虽然喜好西方哲学中的唯心论，却在其深层心灵中积淀着强烈的中华文化意识，如他 20 岁作《咏史》言："江山代有哲人出，同此一心高明博厚长悠悠。"他主要的哲学与文化思想形塑于 30 岁之前的大学求学和教学研究的历程中③，他将一生的精力贯注于哲学的研究和著述，著作等身，其中具代表性的有 1955 年出版的《人文精神之重建》（又名《中西人文精神之返本开新》），核心命题为："人当是人，中国人当是中国人，现代世界中的中国人亦当是现代世界中的中国人。"1958 年出版的《文化意识与道德理性》，该书旨在为中西文化理想的融通做奠基，提出一文化哲学系统资以诠释人类

① 参见唐君毅：《中华人文与当今世界》，其中说："我对中国之乡土与固有之人闻风教之怀念，此实是推动我之谈一切世界中国文化问题之根本动力所在。"（第 333 页）可见他具有中国传统读书人的气质风范系从小由潜移默化而来。

② 他离乡入北大读书时，与其父在船上离别，感受到一人之悲可化为无限的共同之悲，后来在所著：《病里乾坤》忆及此事自谓："此心之凄动，遂不能自己，既自内出而生于吾心，亦若自天而降于己。"（第 9 页）他曾观看孙中山先生在广州的纪录片，其成仁成义之举动感动天下人，引发他人文心灵的大震撼。

③ 唐君毅所著《生命存在与心灵境界》"后序"中说："吾今之此书之根本义理，与对宇宙人生之根本信念，皆成于三十岁前。昔叔本华谓人之三十岁前为人生之本文，三十岁后则只为人生之注脚。吾以吾一生之学问历程证之，亦实如是。"（第 479 页）此书是他一生所出版的最后一本书，对其思想立场作了明确总结。

一切文化活动皆系道德自我或精神自我、超越自我之分殊化的表现。他在1966—1975 年十年间完成的《中国哲学原论》(导论篇、原性篇、原道篇、原教篇)巨著，计六大册两千多万字，有别于冯友兰中国哲学史的著述方式而采哲学专题专家研究的范式。1976 年他在病院完成的《生命存在与心灵境界》达一千两百页的巨著，次年出版，根据生命存在的三维度，开展出心灵的九境，体大思精而以儒家尽性至命为归极，这是他一生思想的结穴处，思想体系的完成终点处。

唐君毅对人生随着时势的变迁有着深刻的切己体验，他在其生命的前期对时代的感受和人生之体验，较多属于正向的价值，诸如美好、善良、幸福、积极乐观的心灵状态，生命后期的历史境遇所体验到的，则较多人生负面的感受，例如各种艰难困苦、虚妄、罪恶、焦虑不安、失望等。他自述说："年龄日长，不仅人生经验日增，而且人之心灵由山谷经过崎岖之道路，逐渐到山顶后，再回头看地面，遂对其凹凸不平之处，及何处是陷阱深渊，亦逐渐能加以指点分明。"① 蔡仁厚评他说："对人生和道德宗教体验之深微真切，在当前这个世界上，恐怕很少有人能和唐先生相比。"② 唐先生早年的学思历程主要关注在人生问题上，反映在所著《人生之体验》《道德自我之建立》《爱情之福音》《心物与人生》这四本书上，其一贯性的核心思想是"人生之本在心"这一命题，在身心的相互关系上，他确立心统率身这一主张。原因在于他认为心能融和万物，身则不能，例如，耳听松涛的澎湃声，心的意识就流注于松涛声而与之融合为一。一切物质的空间排列次序有其定点的客观限制，但是在心的意识活动中可以在思考时予以自由连结和组合。在时间历程中，过去的物质性存在物既不能回到现在，也不能从未来可能的存在上提前预先来到眼前的时间点。但是在人意识活动的回忆中，过去之物可召唤回到现在的心思中，未来之物也可在想象、预期中临在思绪里。在造型艺术中，心可依创意而将形质物的形貌予以灵活设计而做不同的呈现。此外，心有自我省察、理解的能力，形质物则不能，亦即由十四种原质形构的身体无法如心的自我认识般地流动于主观性和客观性的认识方式，兼具内外二重

---

① 《人生之体验续编》，广西师范大学出版社 2005 年版，第 139 页。

② 罗义俊编：《评新儒家》，上海人民出版社 1991 年版，第 502 页。

世界无穷的自由转化运思。因此，唐先生总结出人生活动的本质是心的意识活动，儒家的心性之学以心彰显性、认识性，在宋明理学的成德工夫上，系以"心"识"身"，以"理"率"欲"的进路，道德自我是道德心灵的自我，圣贤境界是心灵自我提升转化而臻的内心境界。

唐君毅整个哲学的核心观念立基于心为人生意义和价值的根本。他引朱熹诗作说："此身有物宰其中，虚澈灵台万境融，敛自至微充至大，寂然不动感而通。"① 人生最崇高的精神文化就在于知识的心灵追求知识真理，道德心灵求善和美感心灵追求审美品位。唐先生以心灵论道德而有道德自我的核心价值观，论艺术与美感，则是具象会心，情理浑融以提升人的心灵境界。他立基于心灵来论文化，则主张文化是道德理性分殊化的表现，论形上境界，则谓心通九境。他的哲学以"心"贯穿一切，可说是广义的心觉。他曾对此作赋说："唯人生之本质兮，唯此内在之精神，唯人生之目的兮，唯在实现此精神。旷观人生一切活动，唯系于精神表现之充量与否兮，然后知内在精神之为至真。"真、善、美是人心灵所追求的精神文化之顶级价值。不可否认的，儒家哲学，特别是宋明理学所聚焦的仁心仁性就是道德自我的自身。儒家在道德上的求善，其精髓要义在拓展仁者爱人的爱心，逐步实践于亲亲而仁民，由仁民而爱物。宋明理学的特质在成圣成贤的心性哲学，道德精神之充盈表现与否，决定了人生意义和价值之高低，道德自我的心灵精神之极度的彰显处就在于《大学》所谓的"明明德、亲民、止于至善"。我们可以说唐先生的生命精神与整个哲学的精神方向就在于立足人的价值生命——心源，开辟生命价值之活水源头，向前向上刚健不息地建立道德理想的人文世界，赋予中华人文精神蓬勃的生机和前进不已的动力。黄振华评唐先生的思想说："当唐先生发现哲学的最高境界是道德境界的时候，他即发现中国哲学的伟大价值，他发现中国哲学在道德理想的创建上有极高的成就。"② 就中国哲学发展史而言，儒家心性哲学发展的高峰当呈现在宋明理学，就理学的典范而言，又可以朱熹和王阳明为两种代表性的代表。唐先生受黑格尔辩证的综合精神影响，他对朱熹和王阳明的研

---

① 《人生之体验》，广西师范大学出版社 2005 年版，"序"。

② 黄振华：《唐君毅先生与现代中国》，载罗义俊编著：《评新儒家》，上海人民出版社1991 年版，第 510 页。

究取向不在拉开其间的大差异，而是将朱熹和王阳明的心性哲学可在成德之教的大前提，成圣成贤的终极目标上予以辩证性的互补而企求一综合性的统合。

二、唐君毅对朱熹心性实践工夫之论评

唐先生就道德自我的主体性言人若能自发出心性自觉性的德行实践，则人道德属性的心性潜在价值才得以逐步实现，人生境界才能随之而层层提升。他从中国哲学史的精神大方向，洞悉中国哲学在人生终极价值的大方向上有各家皆可相通的意义所在，那就是安身立命的立人极。就这一殊途同归的至高点再考察诸派各家之间的百虑和殊途，只是对此历程之不同层次及不同面向的回应。① 他从这一立基点出发，论及朱熹与先秦儒学和王阳明等其他儒者，在性善论及成圣成贤的终极价值理想上有普遍的共识，而在心性的成德之教的实践工夫上有所不同。笔者认为朱熹与王阳明在心性实践工夫上之所以不同，主要关键在两人对"心"的存有层级和属性之心与道德性的天理关系以及对人所以有道德恶的经验事实有不同的理解和诠释。我们可以先看看唐君毅对朱熹居敬穷理的成德之教如何理解和表述。

唐先生认为："中庸之诚、易传之乾坤，皆具有实现原则之意义，而畅发其重要性者，则为承周、张、二程之传之朱子。朱子之所以重理，即重其为一实现原理。"② 的确，在儒典中《中庸》言不诚无物，天道之诚表现在生物不测，为物不贰的宇宙万物生成现象上。《易经》也多有言："生生不息之谓易""天地有好生之德""天地之大德曰生"。北宋理学家周濂溪、张载、二程兄弟在宇宙生成论上，以不同的方式表述在天地间流行化育成万物的生生之理，朱熹分别以形上之"理"和形下之"气"诠释《易传》之"太极"

---

① 参见唐君毅:《生命存在与心灵境界》上、下，以哲学人类学为主轴，企图融贯形上学、人性论、知识论、道德哲学、宗教哲学，汇聚于对人之主体性的动态发展历程与立体性的结构层次构出系统化的架构性理论。他将前三境、中三境和三境连贯成一拾级而上的心灵提升脉络，细述人之心灵如何穿透此九境而甄于实现，他自谓此举乃遥契周濂溪的"立人极"的天人性命之学。

② 唐君毅:《中国哲学原论·导论篇》，台湾学生书局 1986 年版，第 456 页。

和"阴阳"。① 朱子透过理气范畴来解释人之心性是宇宙生成论所衍生而得，他说："人之所以生，理与气合而已。……凡人之所言语、动作、思虑、云为皆气也，而理存焉。"② 依朱子学"气"构成人的形质生命，包括生理与心理等实然生命，为形而下的器身，"理"系由天命赋人之所以为人的先验道德本性，亦即蕴涵孟子四端之理在内的一切德性之理，形上的道德之理是纯粹的善，他确立"性即理"的道德形上学之命题，人形质生命所构成之气则有厚薄、偏正、清浊等不同而造成人心理、生理上的种种个别差异，且有七情六欲之贪求，"心"由理与气结合而生，心是精爽之气有知觉、思虑、营为等作用，同时由于理气不离不杂，对应到心性则心性可辨而不可分，心具众理，有若饺子皮（心气之质性）包着馅（天命之众理，亦即性理）。

朱子的"心"源于理气的结合，乃采张载心统性情的结构，且立一总纲说："仁是性，恻隐是情，须从心上发出来，心统性情者也。"③ 于心有"气"的属性，自然有生理和心理上的七情六欲，朱子称为人欲而与形而上的道德本性所涵含之天理对峙且有互相矛盾的关系，心性的道德实践关键在于理气所结合的"心"是发于人欲的人心还是发于天理的道心？朱子说："夫谓人心之危者，人欲之萌也；道心之微者，天理之奥也。"④ 因此，朱子道德实践的工夫在"心"能克服人类的不当诱惑而随之陷溺向恶，心能在感物应事时发于天理彰显道心的天理灿然，换言之，心能贞定天理以调节人欲的工夫实践在朱子所提出的居敬穷理，亦即下"唯精唯一"的修心养性工夫，才能不过不及的契应天理的当然法则。

唐先生从遍读朱学的文献中，综摄出"求诸外而明诸内"⑤ 这一简明扼要的命题来阐明朱子格物致知的摄取道德知识之实践进路，他还具体且细致的解析朱子格物穷理的蕴意：

---

① 朱子曰："天地之间，有理有气，理也者，形而上之道也，生物之本也；气也者，形而下之器也，生物之具也。"见朱熹：《答黄道夫一》，载《朱子文集》；《朱熹集》，四川教育出版社 1996 年版，第 2798 页。
② 《朱子语类》卷 94，中华书局 1986 年版。
③ 《朱子语类》卷 5。
④ 《朱子文集》卷 67。
⑤ 唐君毅：《中国哲学原论·原教篇》，第 271、272 页。

朱子所谓格物穷理之事，实当自三面了解：其一是：吾人之心之向彼在外之物；二是：知此物之理，而见此理之在物，亦在我之知中；三是：我之"知此理"，即我之心体之有一"知此理"之用。此知理之用，即此心体所具此理之自显于此知中；故谓心体具理，即谓心具理以为其体，为其性也。然此性理之显，必待于心之有其所向所知之物而得显。故即其物以致其知、穷其理，即所以更显吾人之心体中所原具之此理，亦所以显吾人之性，而使吾人更知此性者。故穷理之事，即知性之事。知性本为知自己内在的心之体、心之性。然不接物而致其知、穷其理，又不能真昭显此性而知性。

在朱子"理一分殊"的形上说原理中，太极之理亦即生生之理遍在万物，气化出天地不同的物类及分殊化的个物。普遍具同一性之理散布内在于不同物类和个物中与其所禀受的殊别之气结合而有纷殊化的存在方式及表现方式。因此，人有人之理，人之性；牛马草木等亦有其不同的所以然之理及透过其不同的气禀而各有不同的表象。朱子认为人之心禀天地精爽之气有灵觉不昧的感觉及认识事物所以然之理的作用能力。依唐先生的分析，朱子所谓具认知能力的心灵其认知作用致用于在情境中人所对应的外在对象物，就认知心所能认知之理，即存在于心所对应的外物中，亦在我的概念化知识中。心也内具道德属性的性理为心之体，盖气包理，心内寓着性理。照唐先生的理解，先验的道德性理原是寂然不动的待用状态，必待人在客观世界中感遇外在对象，透过心所觉所知的作用才能显发出来，使灵觉灵知的心灵在主客合一的认知作用中显明，"心体中所原具之此理"使"吾人更知此性者"。因此，唐先生认为先验的道德性理固内寓心中，若心不对外物感应发生认识的作用，则心之体亦即所内具的性理就没有显现的机会，所谓"不接物而致其知，穷其理，又不能真昭显此性而知性"，其重点在"理"必待心接物，对物能觉能知才得昭显。唐先生的理解和表述持之有据，言之也有令人可理解的义理，然而，我们若再深思辨析其微处仍有不少待澄清的疑虑。

首先我们质疑唐先生谓心所格物穷理所获之知为"显吾人之心体中所原具之此理，亦所以显吾人之性"，问题是此性此理是人与生俱有、天命的先验道德感物的意向性，如见父思孝、见子思慈、见孺子将落井等所感应而自发出来的孝意、慈意、同情意等，是善良动机或道德意志呢，还是指孝德、慈德、仁德的先验形式原理，或形式原理与现实生活之实质内涵有机结合出来的，可操作、可实践之道德规约？若是文质彬彬的礼节或道德规约，试问发乎真情止乎礼义之虚实性，合乎中庸之道的合宜性，是否也是朱子在格物穷理以致知的对象范围内呢？唐先生依据朱子典籍确证出内在于心中的天命之性之性理，他所言"真昭显此性而知性"的无限道德属性的性理，较能理解的是道德意向性所显发的善的动机及行为目的，例如，由孝意实现完善的孝德，但不清楚的是人子见父思孝的孝思是否也具有先天的形式原理以及可依循的经验性的具体规范。若从知识与道德的关系而言，孔子曰："好仁不好学，其弊也愚"（《论语·阳货》）、"智者利仁"（《论语·里仁》），孔子的德行伦理学之要旨在于仁智双摄且摄智归仁以善尽仁德之道德良效。孔子利仁之智所把握者，不只是道德知识，也需要对道德情境有实然性的事实真理之真伪判断，因此，客观化的经验知识对先验的道德本性之具体落实而获致道德性的功德。孔子意识到道德在具体事件中如何做才能尽善尽美的问题，子曰："不曰如之何，如之何者，吾未如之何也已矣。"（《论语·卫灵公》）

朱子在所著《大学或问》第一章中，对其所谓"理"的范畴性质做了划分，他说："天下之物，则必有所以然之故与其所当然之则，所谓理也。""所以然之故"指事物的存在之理以及自然的因果法则，他说过："上而无极太极，下而至于一草一木一昆虫之微，亦各有理。"① 意指理包涉形上原理及现象界万事万物存在的、客观化的事实真理。至于"所当然之则"，意指人伦道德界所要求的应然之理，朱子也曾提及的如君之仁、臣之敬等，这是伦理学的研究范围。朱子说："须穷极事物之理到尽处，便有一个是，一个非，是底便行，非底便不行。凡自家自心上皆须体验一个是非。"② "且自一念之微以至事事物物，若静若动，凡居处、饮食、言语无不是事，无不各有个天理人欲，须是逐一验过。"③ 唐先生颇能契会朱子蕴意，且予以延伸含义指出：

> 此即使人由知之真而达于行之切。再一方及在使人由抽象普遍之道，

---

① 《朱子语类》卷15。
② 《朱子语类》卷15。
③ 《朱子语类》卷15。

以进而求具体特殊之道。……意在归向于"对——一具体特殊者，而初为人所未知之应物感物之道"之寻求。……此未知之善，非是原则性之孝慈忠敬之类；而是在上文所谓：在一具体特殊之情境中，毕竟以尽孝或尽忠为至善，或如何尽孝尽忠，方能具体特殊的表现此忠孝之类。①

又说：

善道或当然之理之决定，乃赖于对具体情境中之"我之为物""君、父、家、国之为物"之种种"实然及其所以然"之知，而受其规定；而此中所以决定善道与当然之理，亦即包涵物之实然及其所以然之理于其中，而互相交错，因而亦可以理之一名统称之。②

唐先生对笔者所提的诸般质疑，明确的厘清一些问题，有助于我们对朱子格致工夫有更开阔和深刻的理解，换言之，天理在经验世界中之实践，不但要了解先验的道德原理亦即当然之则，也应兼及对经验界实然性法则亦即所以然之理的了解。然而，形上的普遍性的道德原则如何在具体经验世界中"行之切"亦即德性之知与殊别性的事实之知相联结，统整出合乎情理中的道德判断和可操作性的实践之知与行动方针。朱子是否也有所涉及相关问题的论述，唐先生未予进一步搜集资料且予以述评，此外，唐先生曾分析中国哲学史中所谓理，主要有六义，诸如：文理之理、名理之理、空理之理、性理之理、事理之理、物理之理。③ 若能依此"理"的六范域来一一检验、解析朱子格物穷理之理有如何的相应或不相应，则将更能深入精辟地厘清朱子所致之知、所穷之理的更周备性之意义所在。

至于朱子格物致知以穷理的工夫，亦即强调知识可辅助德行，相较于陆象山、王阳明的心学有何精进处和可补足处，唐君毅针对这点提出他的看法，他说：

---

① 唐君毅：《中国哲学原论·导论篇》，第 336 页。
② 唐君毅：《中国哲学原论·导论篇》，第 338 页。
③ 参见唐君毅：《中国哲学原论·导论篇》，第 4 页。

此性理之原超越地内在于心，以为心之本体之义，朱子与陆王未有异。其与陆王之分别，唯在朱子于心之虚灵知觉，与其中之性理内容，必分别谈。故心之虚灵知觉本身，不即是性理。由是而人亦不能只反省其心发用之处，即以为足以性理之全。此心之接事物，而更求知其理，即所以昭显此性理。①

唐先生认为朱子厘清了虚灵之心不等于"性理"，却有显发心对性理的知解能力，其显发性理的能力，呈现在心应接外在事物之时际，这是朱子可补充阳明心学的不足处。唐先生指出朱子格致工夫旨在"昭显此性理"于心的灵明知觉中。我们可以举朱子格致孝慈之理为例证，朱子说："要知得透底……如当慈孝之类，只是格不尽。但物格于彼，则知尽于此矣。知得此理尽，则此个意便实。若有知未透处，这里面便黑了。"② 若孝慈之理有十分理，则当格尽到十分才能说格得孝慈之理尽，"知得透"其深刻含意在于人能格得"透"择自然洞悉孝慈之善者实有于己而落实了明明德的内在性理，唐先生认为"足以具性理之全……即所以昭显此性理"是朱子格致工夫可补足阳明心学于周备精密处。

三、阳明致良知教有补足于朱子格物工夫处

朱子将《礼记》中的《中庸》《大学》两篇与《论语》《孟子》集结成"四书"，其研究、注解和教学用力于斯达四十年之久，可谓其一生学术的精华所在。阳明于 18 岁受朱子学者娄谅启发成圣之道应经历格物穷理之工夫，乃有 21 岁在官署庭前格竹之举。阳明虽尽力于读书格物穷理的工夫，却自认为枉费精神，他总结其中的难题在格得书中理，诚不了自家意，乃以致良知诠解《大学》的"格物致知"为端正心中感遇外物所起的意念以充尽良知之践履。唐君毅认为《大学》的文本诠释史可反映宋代至民国以来儒家哲学思维重心的转折和变迁。他指出朱子和王阳明各持己学的诠释进路对儒学之

---

① 唐君毅：《中国哲学原论·原教篇》，第 274 页。
② 《朱子语类》卷 15。

分化影响至大。他认为《大学》文本言简意赅而有借诠释以开展其蕴意的不同可能性,朱子与阳明各有卓见,也各有超越《大学》文本的新义。他评朱子《大学》本传之补充没有必要,因为他在补传中所拟诠解处在"致知在格物"和"格物而后知至"两命题,他检视朱子的补传未证成人必知理而后意诚,以及唯其理有未知,故其意有不诚。质言之,朱子未扣紧格物致知与诚意的关系有否必然性,也未细究"物"的概念之丰富含义。他断言:"则朱子补传,实未尝补其所当补,而其所补,亦未尝贴切于原文也。"① 至于王阳明的诠解,唐君毅虽指出其以"致良知"释"致知"不符合《大学》"八目"的理脉,但是,他指出:"王阳明之说大学之致知为致良知,其说与朱子相较,实更易解释'知止而后意诚'及'欲诚其意者,必先致其知'二语……大学言物格而后知至,知至后意诚,而未尝言意诚而后知至,知至而后物格。如依王阳明之说,循上所论以观,实以'知善知恶,好善恶恶'之知,至于真切处,即意识,意诚然后方得为知之至。又必意诚而后知至处,意念所在之事,得其正,而后可言物格,是乃意诚而后知至,知至而后物格,非大学本文之序矣。"② 唐先生以"方以智"评朱子注,以"圆而神"评王阳明注,笔者认为朱王两人对《大学》之诠解各有其不同的哲学立基点和心性哲学的视域,各有其诠释脉络和实质义理,皆可视为创造性的诠释。

"方以智"是智德,"圆而神"是仁心流行发露的仁德,在摄知归仁,以智利仁的孔子德教的前提下,王阳明可以道德本心的良知有自发性的源源相继的道德自我之动力来补朱子知识心灵义胜于道德心灵义之不足。朱子的客观化合内外的精确明细的知识理性又可强化充实王阳明的道德理性,唐先生对朱王差异的评判语为:

> 阳明之学不同于朱子者,则在朱子之格物穷理,皆由人之知其所不知者以开出,而阳明之致良知,则由人之知其所已知者以开出。人由其所不知,乃日趋于广大;人之知其已知,则所以日进于高明。广大所以切物,高明所以切己;广大者方以智,高明者圆而神。③

---

① 《中国哲学原论·导论篇》,第309—311页。
② 《中国哲学原论·导论篇》,第311—313页。
③ 《中国哲学原论·导论篇》,第349页。

朱子对知识的探求可开阔眼界，增进广大的见识，阳明的返求本心之感悟能真切的扣紧道德自我的生命，开发道德动力提升道德境界而日进于高明之域。唐先生认为两人各有殊胜处，朱子的致广大可切中事物客观的所以然之理，王阳明的致精微和臻高明能切中人先验的道德本心，两人可互补统合成致广大尽精微之高大，周备地实践成圣成贤的典范人格。

朱子的格物致知兼顾性理的道德心性之知及其在道德实践上所涉及的经验世界的事实真理、实然之知或见闻之知。因此，朱子的格致之学所探索的知识不局限于知识论所言的知识之知。唐先生在这方面有其创见，他认为儒家传统所言之"智"不仅有知识之知的含义，在摄知归仁，以智利仁的成德之教的目的性下，还有更丰富和深刻的人生经验和安身立命的生命智慧含义，他指出：

> 中国传统所谓智，并不只是西方所谓知识。知识是人求知所得之一成果，而中国传统所谓智，则均不只指人之求知之成果，而是指人之一种德性，一种能力。中国所谓智者，恒不是指一具有许多知识的人。而至少亦当是能临事辨别是非善恶的人，或是临事能加以观察，想方法应付的人，或是善于活用已成之知识的人。①

儒家的核心价值既设定在成圣成贤的成德之教，则知行合一是必然的命题，求知是以切中成德之实践为目的，知之真，行之笃，仁智双摄，臻于致广大尽精神，既中庸亦高明的圣贤境域。换言之，道问学离不开尊德性，尊德性也离不开道问学。因此，朱子方以智的工夫实践和王阳明圆而神的致良知工夫应相即不离，相辅相成，共济于成德之教。唐先生认为朱王对《大学》"格物致知"的诠释皆不帖顺于文本的语意，他用训诂法提出自己的解法并吸收融合朱王的诠解。他借镜了郑玄对《礼记·缁衣》对"言有物而行有格"的注释"格同比式，又谓行有格，如行有类"的说法，认为："格物者，即吾人于物将至，而来接来感者，皆加以度量，而依赖以有其当然的所以应之感之之行事而不过之谓。"②他针对"格物"与"致知"这两概念可兼

---

①　唐君毅：《哲学概论》（上），台湾学生书局 1996 年版，第 17 页。

②　《中国哲学原论·导论篇》，第 321 页。

容而接合，将"格"这一关键字的含意释为至、来、感通等义涵。他择取"感通"义释"格"，则以"物至而感物"释"格物"，再由"格物"而穷理、致知，如此，合乎他以"感通"意连接心灵与境界的道德自我知自我提升人生境界的工夫进路。他在《生命存在与心灵境界》一书中对"感通"和"境界"的连贯关系做过深刻的论述，他认为感通作用是心灵发现世界，从而认识世界，更进而言说世界的中心枢纽。"境界"是道德心灵在实存的世界中深层感通的呈现，在"格物"的心与物之关系上，他说："言心灵之境，不言物者，因境义广而物义狭，物在境中，而境不必在物中，物实而境兼具虚实。"① 在他的"心灵之境"中可兼容道德、美感等事件在人类生命中多层多相的价值和意义，从而开显出世界的丰富而多彩的美妙性。

唐先生在《生命存在与心灵境界》一书中所采用的基本立场和理路是心本体论。他汲取了孟子的"尽心"说、陆象山的"心即理"命题以及王阳明的致良知教。他用生命心灵开为九境的心通九境说明物境关系乃心境相即，反对境为心所变现说，主张即心言境，不能离境而言心。他所谓"境"指境界，包含物而不同于物，境与物之别在于"物实而境兼虚与实"②。对他而言，"境"未必一定是浑然一体之境，境依层位样相可分九境互有界限也相通连。心灵若与境感通，则九境呈现出互为内在，若心灵与境不感通则互为外在。同理推知，"生命存在心灵""境界或世界"与感通，此三者透过感通，则三者相互涵摄，互为内在，而皆为真实，若心灵不起感通作用，则境界外在于生命存在心灵之外，有如一外在的客观存在。心灵的灵觉和感通作用，使心灵九境相互间有转易、进退、开阖与博约的关系，扼要言之，九境能随心灵的作用而上下转易变化，既可由低层位之境转化到高一层位之境，也可由高层位境转化至低层位境，例如，感觉互摄境可经观照凌虚境所得之相，再予以理想化而提升至道德实践境。唐君毅说："此九境之可始终相转，加环无端，而由低层之境进至高层之境，或由高层再退至低层，又为进退无恒，上下无常者也。"③ 我们透过唐先生心通九境的圆融统观性哲学将更能理解他何以对会通朱王的工夫互补所持的理据及信心，他对朱子可待陆、王心

---

① 唐君毅：《生命存在与心灵境界》（上），台湾学生书局 1986 年版，第 11 页。
② 唐君毅：《生命存在与心灵境界》（上），第 11 页。
③ 唐君毅：《生命存在与心灵境界》（下），第 274 页。

学补足处提出一论点：

> 宋明佛学之陆象山、王阳明一系之发展，更有进于朱子之所言者，则在朱子之言人心，乃在人气之灵上说，而人之受气，则依于天命；由此而其所谓心，虽能知理而具理，然其地位仍在天命之流行之下一层次上，而理对人之气与心，乃特呈一超越义。此中之关键，可说在朱子未能扣紧二程之穷理即尽性，尽心而至命、心、理、性、命之直接相贯而为一之义，而加以措思之故。……而更能以理看心，将心上提，以平齐于理，而说此心为与理为一之心，此理为心之理。①

他也对王阳明致良知工夫说之有待于朱子格物致知的道问学补足处，提出一可洽接点。他引据王阳明所言："良知不由见闻而有，而见闻莫非良知之用，故良知不滞于见闻，而亦不离于见闻。"② 他认为王阳明致良知教，蕴涵着视"德性之知"为体，把"闻见之知"当作"德性之知"的用之意义。"德性之知"与"见闻之知"对唐先生而言有"体"与"用"之联系关系，若由其心通九境说则更可证成他对朱王心性实践工夫说之互补的可能性。

最后，我们可借用唐君毅弟子霍韬晦在《中国哲学原论》（原教篇）的《导读》中的论点为本文结语。他说："心体具理，求诸外而明诸内，此（朱熹）即与陆王无异。唯一之分别，唐先生指出：则在朱子于心之虚灵知觉，与其中性理之内容，必分别说：即必先接物得其性理，然后引发吾内心之性理，这是一切心性工夫之起始，见闻之知亦可连于德性之知，而不必如陆王之严加分别。唐先生认为：这才是朱子言格物致知之精义所在，非陆王之言可及。"③

（作者单位：台湾中国文化大学）

---

① 《中国哲学原论·导论篇》，第386—387页。
② 王阳明：《答欧阳纯一》，《传习录》，黎明文化事业公司1997年版，第97页。
③ 霍韬晦：《导读》，载唐君毅：《中国哲学原论》（原教篇），中国社会科学出版社2006年版，第10页。

"张栻思想与现代社会"国际论坛综述

邓　洁

2013 年 10 月 18—21 日，"张栻思想与现代社会国际论坛——纪念张栻诞辰 880 周年"在四川师范大学召开，这次论坛由中华朱子研究会、四川师范大学、张浚张栻思想研究会、中国人民大学孔子研究院、香港孔教学院、湖南大学岳麓书院、湖南第一师范学院联合举办，来自美国、法国、德国、韩国、中国内地和台湾地区、香港地区的 110 余名专家学者出席了此次会议，收到学术论文六十多篇。

大会开幕式于 2013 年 10 月 19 日上午在四川师范大学学术厅举行。10月 20 日下午在四川师范大学广汉校区举行了张栻塑像落成揭幕仪式，与会学者还参观了张栻故里四川绵竹市的南轩中学。论坛举办期间，举行了大会专题发言、分组讨论和大型人文讲座等多项学术活动。

与会学者指出，张栻的民族文化主体精神，维护国家统一和民族团结的爱国精神，崇尚真理的精神，哲学创新精神，综罗各家的兼容心态和开放精神，科学求实精神，求知探索精神，躬行践履、经世致用精神，不计名利、从事书院教育的自由讲学精神，讲求伦理道德修养和道德自律精神等方面，集中体现了中华文化的精华。其思想对中国传统文化的哲学、政治、伦理、教育、经学、文学、史学、宗教等各个领域，在全国尤其是湖南、四川产生了广泛而深刻的影响，在中国文化史上占有重要地位。

与会海内外专家学者对张栻思想的理论贡献、地位、影响和现代价值，张栻思想的特色和学术旨趣等各个方面以及相关理学研究及其他学术研究等问题展开了深入研讨。

一、张栻思想的理论贡献、地位、影响和现代价值

张立文教授肯定了张栻作为湖湘学集大成人物的地位，并从中和之辩的角度，指出张栻虽未能建构其完整的理论思维体系，但其在当时思想界影响甚大。张栻在中和之辩中坚持"先察识而后存养"的心性修养工夫，而不取道南学派从主静中体验未发的寂然不动气象，以中体和用的分析范式，体认已发流行过程中主一居敬之功。成中英教授通过探讨朱熹与张栻关于心性问题的论辩，概括孟子以来心性之学的演变发展，提出"心之九义"说，即关于心的本体性、心的活动性、心的创发性、心的情感性、心的知觉性、心的意志性、心的实践性、心的统合性、心的贯通性的心之九义。与此相应，他提出下列九个同时基于体验与分析的重要命题：心本性情；心发性情；心体性情；心感性情；心知性情；心主性情；心践性情；心统性情；心贯性情。这些命题均是对心之功能的发挥，以显示了心之本于性之为体的本体意义，当然也同时显示了心之为知识与价值创发的功能。张劲松先生探讨了张栻在宋代道学中的宗主地位及其影响，指出张栻在宋代道学中占有宗主地位，为道学理论的建构和道的传播作出重要贡献。这得到朱熹、杨万里、方回、岳珂、杜杲、韩淲、真德秀等著名学者的肯定和高度评价。张栻融理入心，强调"性"为万物之主宰；主张经世致用、躬行践履，而具有自身思想的鲜明特点。张栻思想对湖湘学和蜀学，乃至在近代都产生了重要影响。探讨和弘扬张栻思想的当代价值，具有重要意义。蔡方鹿教授认为张栻重视民生，勤政爱民；加强民族团结，使边民和睦相处；提倡孝道，反对封建迷信；整顿社会治安，惩治贩卖妇女；反对侈靡之风，提倡简易朴实；重实事实功，整治贪腐；德刑结合，重视道德教化；内修外攘，爱国献身等经世致用的事功修为集中体现了他崇尚真理，维护国家统一，科学求实，求知探索，躬行践履的经世致用精神，也在一定程度上体现了中华传统文化的精华。即使对现代社会也有一定的借鉴意义和价值，这对于当前强调走群众路线，树务实之风，也是有所借鉴，而值得提倡的。张利明先生认为在文化领域，特别是学术界，应以张栻义利观作为行为准则，不为个人名利而损害学术界及文化领域的声誉，应该坚持重义轻利，注重自己的道德修养，诚信治学，老老实实

地做研究。对现代人来说，张栻的义利观在经济领域、政治领域还有文化领域都具有一定的启发，它能够启发我们在这些领域中如何处理公与私、义与利的关系问题。

二、张栻思想的特色和学术旨趣

朱汉民教授认为，湖湘学者追求道治一体的学术旨趣，故而他们没有沾染那种空谈心性的迂腐之习，在学术风格上，保持了内圣与外王、道德与事功的统一，体现出理学经世派的学术特色。并指出，胡安国、胡宏、张栻、游九言、彭龟年等一批理学家被合称为湖湘学派，不仅在于他们具有学术上的授受关系，而且在于他们有着共同的学术旨趣，这种共同的学术旨趣对后来的湖湘学者产生深刻的影响。探讨湖湘学派的学术旨趣，对深入挖掘湘学传统精神十分重要。蔡方鹿教授指出，张栻在对佛老的批判中，提出经世致用和求实、求理的实学思想，强调道德性命离不开日用之实，肯定人的生存欲望和物质利益需求；重躬行践履，主张知行互发，把知付诸行；重视笺注诂训之细节，提出"朴学"概念，把义理与训诂结合起来，这在一定程度上亦体现了张栻理学的特征。李振纲教授和邢靖懿讲师认为张栻不仅注重个人道德修养的完善状态，而且又有实事实功的要求，并要求义理之学、心性修养最终一定要体现在实政功业之中。将内圣作为手段，为外王的事功目的服务。指出张栻重视包括政治、军事、文化等方面的一切有用务实之学，既反对循名遗实的专于考索，又反对多寻空言的骛于高远，注重把性理哲学与经世致用、心性修养与躬行实线结合起来，以避免流于空谈义理、空疏无用的弊端，这体现了张栻的学术旨趣。陈代湘教授通过比较张栻与朱熹思想的异同来探讨张栻思想的特色，认为朱熹讲太极是理，不讲太极是心，张栻则既讲太极是性，又讲太极是心，太极要实现对宇宙世界的支配和主宰，必须通过"心"。朱熹所讲的心是认识主体，而不是万物本体，本体是理而不是心。张栻在这一点上与朱熹相异，而与陆九渊相通，这体现了张栻倾向于心学的思想特色。

三、张栻思想的相关探讨

张栻思想内涵丰富，与会学者从各个方面对其展开了深入探讨。

关于张栻与佛教的关系，刘学智教授认为，在宋代理学家崇儒排佛的思想背景下，张栻对佛教采取了极力排斥的态度。出于纠正当时社会上一些儒者受佛教"空虚"思想所"惑"，或"偏离"儒家正学，或名为"辟佛"却流于"诐淫邪道之域"，而"自陷于异端之中而不自知"的状况，张栻从立本虚实、心性与理欲以及修养工夫等方面，深入辨析儒佛之异，尽力去划清儒学与佛教"异端"在本体论、心性论和修养工夫论等方面的思想界限，从中既反映出张栻崇儒反佛立场的坚定性，同时也暴露出其自身思想方法的某种偏向和思想弱点。李承贵教授概括张栻对佛教认知、理解和评价主要表现为：对涉佛、嗜佛、传佛的儒家之批评，对佛教某些教理教义之批判，提出"反经""固本"以消除佛教影响之策略等三方面内容。这三项内容所反映的张栻佛教观基本特征是：培植本根：对消解佛教影响路径的新探索；亲物去物：对佛教与儒学差异的深切把握；此得彼失：对佛教及相关问题的偏颇评判。

关于心性问题，与会学者指出，张栻在同朱熹的学术交流中首次提出了"心主性情"的思想，这对朱熹启发很大，同时对理学的心性论产生了重要影响。向世陵教授认为张栻阐释人性善，其理论依据是他的性、仁义和太极的一体说。仁义从太极化生而来，构成人性的实质，所以性是善的。"善"不仅可以赞叹先天本性的美好，也可以确指后天真实的德性，这就是仁义。在张栻看来，性善的普遍必然是建立在性的普遍必然基础上，人物万象虽然表现不一，但同样都是禀赋太极性体而生，所以，物的普遍存在本身就是性无处不在的现实证明，以性为本的湖湘学的基本立场也由此得到昭示。杨柱才教授则以张栻《太极图说解》为中心，结合他的其他相关论说，认为张栻是从太极本体与太极之流行的关系来揭示性之本一与人物气禀之殊的关系。在张栻看来，从流行发现的意义上看，则太极之一与万物气禀之殊可以得到统一，而道与器也是相即不离的关系。不论以太极为至静之体，还是以性论太极，张栻都强调太极"流行"的意义，这是张栻《太极图说解》的一大特色。郭齐教授通过探讨张栻对胡宏性本体论的改造，得出以下结论：第一，对胡宏的性本体论，张栻是基本认同的。对其中的理论缺陷，张栻采取了改良而不是摒弃的办法。这说明张栻从胡宏问学时间虽然不长，但所受影响不可小视。第二，张栻治学以周程为究竟，终身崇信而笃守之。在张栻看来，其师胡宏既然源出洛学，在大本大原问题上不应有原则的差异，因此通过太极形性之说使胡宏的观点向二程靠拢。第三，对胡宏性本体论存在的问题，张栻主要是不满于将太极定性为形而下之气并置于从属地位，且称本体为性也有有静无动、有体无用之嫌，须加完善。张琴讲师认为性与太极是张栻建构其宇宙论与心性论思想体系的核心范畴。在人性论上，张栻反对胡宏"善不足以名之"的观点，将胡安国、胡宏的"不可以善恶言"的人性论修正为"粹然至善"的人性论。张栻认为人性具四德：仁、义、礼、智，而人皆有恻隐、羞恶、恭敬、是非之心，这四端与四德相对应，为人性所固有而非外铄。博士生肖永奎分析了张栻性论主要来源于三个方面：一是胡宏《知言》，二是二程，三是孟子。认为张栻在总结诠释前代性论思想的基础上，逐渐形成自身的体认，这些体认主要可以概括为太极即性、性之渊源至善、心主性情三个方面。博士生张卉认为张栻的性论主要针对人性论和伦理学的问题。他把仁、义、礼、智看作是人与生俱来的本然之性和人道之根本。他将性的外延缩小，把善作为性的本质规定性，同时把性与心、天联系起来，发展成更为精致的儒家心性哲学。

关于义利理欲问题，张利明先生认为最能体现张栻义利观的就是他在《孟子讲义序》所言"无所为"与"有所为"是义利之分的标杆，指出张栻"无所为"与"有所为"的判断标准是以道德审视行为，审视行为的动机，以行为的动机判断行为的价值，区分行为的善恶。动机是出于利则为不善，动机是出于义则为善。"无所为"也好，"有所为"也罢，二者都是行为，无所为而为的是义，有所为而为的是利。张栻主张在义利辨明之后，将道德修养与经世致用相结合，主张为学、为政都必务实，最终一定要体现在实政功业之中。邹啸宇博士生认为张栻理欲论的特质主要体现在如下两个方面：一是根据顺性之"无所为而然"与逆性之"有所为而然"，从"意之所向"即行为动机上十分精微地界定和分判天理与人欲，认为"天理"即顺性之"无所为而然者"，而"人欲"即逆性之"有所为而然者"。并以"人欲"特指人的私欲而对之加以彻底的否定和贬抑；以顺性合理之欲即为"天理"而对之加以极大地肯定和褒扬。二是竭力主张反躬以存天理遏人欲，即强调反求本心、向内用力以作存理遏欲的工夫。对张栻来说，存理遏欲的过程也就是一个存养本心的过程。舒大刚教授认为张栻在从事心性之微、义利之辨等“理学”问题探讨时，恰恰又是以“孝悌忠信”为其持论的最基本点和立足点，甚至成为他评判士类善否、学术良窳、官员忠奸、风俗清浊的基本准绳。

关于解经及张栻之著述，陈良中副教授以《癸巳论语解》为例来论述张栻与朱子思想论争，指出朱子对张栻《癸巳论语解》初稿提出修改意见98条，涉及对张栻解经用语，语言逻辑，字词训诂及义理的批评。对比剖析张栻《癸巳论语解》定稿与朱子对此书初稿的批评，张栻定稿或据朱子说改订，或不改，可见两人解经方法、旨趣和思想之异同。与朱子相较，张栻解经不重训诂，疏解语言多带有讲章的率意，而少朱子《四书章句集注》注疏体的谨严。二人解经皆以发掘圣人精神为宗旨，强调解经有益于学者践行，然朱子解经则一言不苟，相较更具自觉意识。粟品孝教授依据周木重辑的《濂溪周元公全集》，将新发现的张栻《太极解义》还原整理，前面的文字是周敦颐《太极图说》的原文，后面为张栻解说的文字，并结合宋刻残本《濂溪先生集》所录情况以及其他文献，以注释形式加以说明。这对学界的相关研究提供了方便。德国施维礼先生通过对张栻《孟子说·万章上二》的注释论述了儒家伦理思想的历史传承，指出张栻的注释论到了解读的方法以及段落之间内部关联。正因为张栻能够把过去的历史事件、孟子对此事件的分析、后人的注释以及其他文献的数据做一个合理的统合，儒家思想的传承才获得保证。章启辉教授论张栻《南轩易说》对于《易传》的解释，于先贤时贤皆有承接，但在趋时而主义理易学的同时回归《易传》理路：义理本于占筮，基于象数；在回归《易传》理路的同时又迥异于朱熹而更切近《易传》：以象为体，数为用，器为体，道为用，占筮、象数为体，义理为用，为其学术的经世致用确立易学基础，提供易理依据。台湾马耘先生针对《南轩易说》中张栻对《系辞》“形而上者谓之道，形而下者谓之器”之诠释内容作了辨析，厘清其关键概念之义涵，认为《南轩易说》中所论之“道器”问题，似非着重于分析万事万物之存在状态，而将其视为心性与修养问题之延伸。圣人以心性觉《易》，觉《易》即可贯通与万物共具之“性”，掌握用“器”之道。博士生辛晓霞认为，张栻借用《中庸》的“时中”来阐释孟子的“易地则皆然", 以"时中"为"同道""易地则皆然"定论开始, 以"其为当其可"做具体的论证, 又以杨墨不知"时中", 而辟异端, 明正学而结束。无论是从时、位的角度讲儒者气象, 还是从义利王霸之辨中引出儒者之安, 或是在辨明正学中强调儒者之责, 他的构建大致不出儒者的传统框架, 但又有鲜明的个人特色和时代特色, 体现了他正学的使命感和救世情怀。杨世文教授在做《张南轩文集编年笺注》及《张南轩年谱长编》的过程中, 深感弄清张栻每篇诗文的写作时间, 对于研究张栻学术思想的形成、发展至为重要, 故对现存张栻之著述中写给朱熹的74道书信逐一考证, 写成《张栻朱子书信编年考证》一文, 为学术界的研究提供了方便。邓洪波教授总结了张栻著作的整理情况, 指出朱熹所编《南轩文集》四十四卷, 今存版本至少有九种。此次整理收入《湖湘文库》的张栻著作以流传甚广的《张宣公全集》本为底本, 以文渊阁《四库全书》本为参校本, 改名《张栻集》, 收录《南轩文集》《论语解》《孟子说》三种著作。虽然, 这还不到张栻现存七种著作的一半, 但就篇幅而言, 已占其总量的百分之九十以上, 学术精华可谓尽入其中。表示日后还有机会辑刊南轩现存全部著作及其年谱、传记资料, 以成完璧。

关于张栻与他人的交往, 胡昭曦教授指出, 作为蜀人的张栻通过与蜀学人物和洛学人物的交往, 在湖南奠定了湖湘学派的规模, 其学术返传回蜀, 推进了传统蜀学同湖湘学、洛学的交融, 使洛学成为蜀中学术的主流和蜀学的再盛。金生杨教授认为, 张栻接受胡宏的指点, 使其学术变得精粹。但张栻的学术风格仍不失其父祖之学的影子, 对各家学术既不全是, 也不全非, 而采取了兼容并包, 各是其是, 各非其非。与朱熹不同, 张栻折中众说, 融以己意, 尽量兼载诸儒之说。邹锦良讲师认为, 周必大因与张浚同事孝宗而得以结识其子张栻, 其后两人经常探讨道学问题, 在两人的书札交往中, 即保存有对"知行"问题的辩论。周必大不赞同"知先行后"和道学家所提出的"知则无不能行"以及"未有不知而能行者"的论断, 在他看来, 道学似乎只有上智之人才能践履, 大多数的人只是借道学之名"贪名弃实, 相率为伪"。认为周必大和张栻由"知行"问题引发的争论, 实际上反映的是南宋时期旧儒学与新理学之间的歧异互动的现象。博士生钟雅琼考述了张栻与史尧弼、广都宇文氏、华阳范氏、丹棱李氏、陈概等蜀地学者的交游, 认为张栻虽远离桑梓故里, 讲学长沙、游历各地, 但其学终究还是在蜀有所传承。张栻的学术既呈现出醇然的程学基底，又融汇了蜀湘多种背景，确是理学与蜀学相融的前奏，他本人也在无意之中，为"洛蜀会同"提供了助力。

四、理学及其他学术研究成果

本次"张栻思想与现代社会"国际论坛对与张栻思想相关的理学及其他学术问题也展开了深入研讨，取得相应的成果，为理学及其他学术研究作出了贡献。

关于理学研究的见解，徐公喜教授认为宋明理治社会是以宋明理学思想为理论指导，融儒释道法思想为一体，以存天理灭人欲为理论基石，以修齐治平、克己复礼、天人合一、理一分殊为理论思维模式，以德礼政刑为现实路径，追求国家道德伦理化、道德化的统一、礼制与政治制度理性化、法律理学化，实现天下平的理想社会的治国之道。它们呈现众多特征，反映了宋明"以理治国"方略所形成的思想源流和特色和宋明理学理治思想的理论特性，这一思想体系无疑具有现代价值。陈延菊认为周程授受与二程"终身不甚推濂溪"同时成立，二程不言《太极图》根本的原因在于二程学说与周敦颐的不同。二程在诸如人生境界的追求方面的确受到了周敦颐的影响，但是在学术的主旨上则与周敦颐不同。这是二程"终身不甚推濂溪"的主要原因。并通过地域因素、交游因素、后学因素、佛道因素、政治因素等方面的探讨来进一步解释二程"终身不甚推濂溪"的原因。法国戴鹤白教授认为张栻父亲的《张浚行状》占有特殊的地位。可以认为《张浚行状》是传记文献和历史文献方面一篇杰作，至少是一部极为重要的作品，也预示了在中国文学传统小说塑造理想化历史人物先声。从某种意义上说，《张浚行状》也是朱熹本人及其政治思想的间接自画像。谢晓东教授对朱熹的《文集》与《语类》中几则重要材料的年代作出新考，发现《文集》中六封有关联的重要书信的年代，不应该在辛亥（1191），而应该这之前两年的己酉（1189）或稍前；与此同时，通过《文集》，证明了《朱子语类》中的一条关键语录的年代不在辛亥，而当在丁未（1187）与戊申（1188）间。宋道贵讲师认为真德秀沿着朱熹的皇极诠释，继续借否定"大中"之训对贯穿在宋代政治中的被扭曲的政治原则进行批判，并将皇极与太极相贯通，实现了皇极的本体化。

与朱熹的皇极说所蕴涵的无为而化的"虚君"观念有所不同，真德秀的皇极说更加强调人君对最高政治权力的掌握，以消除丞相专权擅政的政治弊端。

关于理学在海外的传播及中外文化交流，朱人求教授探讨了真德秀《心经》与韩国心法学的关系，指出《心经》对韩国儒学影响至巨，退溪因《心经》而接续程朱理学，毕生"敬之如神灵，尊之如父母"，茶山尊《心经》乃终身笃行的"治心之术"，韩国宋熹准编辑的《心经注解丛编》更是收录了《心经》注解文本102种，《心经注解丛编补遗》又增补了74种，几乎各家各派都有《心经》的注解文献，《心经》俨然成为韩国心性之学尤其是心法学的阐释与建构的重要思想载体。彭彦华教授探讨了退溪"礼缘仁情"中的易学思想，指出退溪学《易》讲《易》述《易》，完全是为了进修践履。退溪既继承朱子，又与朱子有所不同，他认为"《易》乃理数渊源之书"，而不赞成朱子"《易》本为卜筮之书"的观点。退溪体悟《易》的时中之义至精，且身体力行之。他主张礼有因有革，有常有变，礼在践履中从俗、从宜、从权，其基点是"缘仁情"。陈欣雨博士生以王徵的"第一部也是最重要的一部天主教著作"《畏天爱人极论》一文为切入点，从王徵的思想渊源、借鉴文本及其核心话题等方面去探析王徵的天主教义理思想，从而分析其学术特色以及在耶儒文化的融合中所处地位和影响。李甦平教授论述了韩国朱子学者宋时烈的"直"儒学，认为宋时烈提出了关于"直"的哲学思考，包括三个重要内容：第一，宋时烈的"直"哲学凸显了人的主体性；第二，宋时烈的"直"哲学揭示了宇宙万有的本质；第三，宋时烈的"直"哲学与孟子"浩然之气"有重要关系。

关于中华文明之哲学基础及与理学相关的各个时代的思想，陈来教授认为，中国文明的哲学基础主要体现为宇宙观。与西方近代以来的机械论的宇宙观相比，古典中国文明的哲学宇宙观是强调连续、动态、关联、关系、整体的观点，而不是重视静止、孤立、实体、主客二分的自我中心的哲学。从这种有机整体主义出发，宇宙的一切都是相互依存、相互联系的，每一事物都是在与他者的关系中显现自己的存在和价值，故人与自然、人与人、文化与文化应当建立共生和谐的关系。中国哲学的这种宇宙观不仅对古代中国文明提供了思想支撑，也为中国文明的价值观提供了哲学基础。文碧方教授指出，在中唐儒学的复兴运动中，韩愈可谓这场儒学复兴运动的主将，他在佛风劲吹的中唐倡导儒学，被视之为宋代新儒学的先驱，然而，他又与佛教徒屡有交往。作为一个以道自任的儒者，韩愈的儒家立场不容怀疑；作为一个毫无身心修养戚戚怨嗟的文士，韩愈心服并向往老僧大颠"胸中无滞碍"之境也应是无可否认的事实。何以兼顾协调此两者，其实正是后来理学家们一直关注并致力解决的问题。王路平研究员和张鹏副研究员指出，贵州明代心学大师孙应鳌作为王阳明的再传弟子，其思渊源来源于王阳明。王阳明谪居贵州龙场期间，先后在龙场和贵阳讲学，造就了一批俊彦，贵州成为阳明心学的发源地。孙应鳌正是在这样一种王学环境中不断吸收阳明心学，对各派理论学习理解，消化吸收，发展创新，从而形成了自己的心学理论体系。魏义霞教授探讨了康有为关于宋明理学与先秦诸子关系的见解，指出宋明理学并不是近代哲学视界中的"显学"，近代思想家对先秦诸子的关注远远多于宋明理学。康有为十分关注先秦诸子对宋明理学的影响，这决定了康有为视界中的宋明理学是多种思想的和合体，虽"为孔子传人"，却"非孔子全体"，故而"尚非嫡派"。台湾曾春海教授在其提交的《唐君毅论朱熹与王阳明互补之成德工夫》一文中，由唐先生道德自我之觉省，道德价值系于心性之实践工夫，以心明性，以理率欲，非以欲敬理，唐先生对朱熹"格物致知"工夫说之论评，及其对王阳明以致良知义来诠解大学文本"格物致知"之不同于朱熹处，交叉分析两人在"格物致知"工夫的可相互补充处。

此次论坛的举办，一定程度起到了唤起后人对张栻思想的追识、深入了解及对巴蜀文化、湖湘文化的再审视的作用，吸引国内外专家、学者对张栻思想展开深入、全面的研究。同时对学校的校园文化建设，弘扬优秀传统文化，重塑中华文明精神，重整道德标准，增强民族团结，亦有深远意义。四川师范大学作为论坛举办之地，为了进一步深入开展张栻与蜀学研究，已正式批准成立了"张栻思想与蜀学研究中心"，这将有利于增进对张栻与巴蜀文化的研究，为弘扬优秀传统文化和中华民族精神作出努力。

据悉，人民网、中国社会科学报、中国青年报、四川电视台、四川日报、教育导报、新浪网、凤凰网、四川新闻网等数十家媒体对论坛的举办作了相关报道。

（作者单位：四川师范大学政教学院）

策划编辑:方国根

责任编辑:李之美　夏　青　段海宝

图书在版编目(CIP)数据

张栻与理学/蔡方鹿 主编. -北京:人民出版社,2015.2
ISBN 978－7－01－014281－4

Ⅰ.①张…　Ⅱ.①蔡…　Ⅲ.①张栻(1133～1180)-理学-文集
　Ⅳ.①B244.995-53

中国版本图书馆 CIP 数据核字(2014)第 294001 号

张栻与理学

ZHANGSHI YU LIXUE

蔡方鹿　主编

人 民 出 版 社 出版发行
(100706　北京市东城区隆福寺街 99 号)

北京中科印刷有限公司印刷　新华书店经销

2015 年 2 月第 1 版　2015 年 2 月北京第 1 次印刷
开本:710 毫米×1000 毫米 1/16　印张:55.25
字数:874 千字

ISBN 978－7－01－014281－4　定价:129.00 元

邮购地址 100706　北京市东城区隆福寺街 99 号
人民东方图书销售中心　电话 (010)65250042　65289539